Entwurf einer Zivilprozeßordnung

Veröffentlicht durch das Reichsjustizministerium

Berlin 1931.

C. H. Beck'sche Verlagsbuchhandlung (Oskar Beck) in München · J. Bensheimer in Mannheim · Walter de Gruyter & Co. in Berlin · Carl Heymanns Verlag in Berlin · Otto Liebmann in Berlin · J. C. B. Mohr (Paul Siebeck) in Tübingen · W. Moeser, Buchhandlung in Leipzig. J. Schweitzer Verlag in München · Julius Springer in Berlin · Georg Stilke in Berlin · Franz Vahlen in Berlin.

Auslieferung bei: Walter de Gruyter & Co., Berlin und Leipzig.

Druck von Walter de Gruyter & Co., Berlin W 10

Inhaltsverzeichnis.

Erstes Buch.

Allgemeine Bestimmungen.

Erster Abschnitt.

Gerichte.

Erster Titel.

Sachliche Zuständigkeit der Gerichte.

§ 1.

Die sachliche Zuständigkeit der Gerichte wird durch das Gesetz über die Gerichtsverfassung bestimmt.

§ 2.

Insoweit nach dem Gesetze über die Gerichtsverfassung die Zuständigkeit der Gerichte von dem Werte des Streitgegenstandes abhängt, kommen die nachfolgenden Vorschriften zur Anwendung.

§ 3.

Das Gericht setzt den Wert des Streitgegenstandes nach freiem Ermessen fest; es kann eine beantragte Beweisaufnahme sowie von Amts wegen die Einnahme des Augenscheins und die Begutachtung durch Sachverständige anordnen.

§ 4.

Für die Wertberechnung ist der Zeitpunkt der Erhebung der Klage entscheidend; Früchte, Nutzungen, Zinsen und Kosten bleiben unberücksichtigt, wenn sie als Nebenforderungen geltend gemacht werden.

Bei Ansprüchen aus Wechseln im Sinne der Wechselordnung sind Zinsen, Kosten und Provision, die außer der Wechselsumme gefordert werden, als Nebenforderungen anzusehen.

§ 5.

Mehrere in einer Klage geltend gemachte Ansprüche werden zusammengerechnet.

§ 6.

Der Wert des Streitgegenstandes wird bestimmt: durch den Wert einer Sache, wenn deren Besitz, und durch den Betrag einer Forderung, wenn deren Sicherstellung oder ein Pfandrecht Gegenstand des Streites ist. Hat der Gegenstand des Pfandrechts einen geringeren Wert, so ist dieser maßgebend.

§ 7.

Der Wert einer Grunddienstbarkeit wird durch den Wert, den sie für das herrschende Grundstück hat, und wenn der Betrag, um den sich der Wert des dienenden Grundstücks durch die Dienstbarkeit mindert, größer ist, durch diesen Betrag bestimmt.

§ 8.

Ist das Bestehen oder die Dauer eines Pacht- oder Mietverhältnisses streitig, so ist der Betrag des auf die gesamte streitige Zeit fallenden Zinses und, wenn der fünfundzwanzigfache Betrag des einjährigen Zinses geringer ist, dieser Betrag für die Wertberechnung entscheidend.

§ 9.

Der Wert des Rechtes auf wiederkehrende Nutzungen oder Leistungen wird nach dem Werte des einjährigen Bezugs berechnet, und zwar:

auf den zwölfundeinhalbfachen Betrag, wenn der künftige Wegfall des Bezugsrechts gewiß, die Zeit des Wegfalls aber ungewiß ist;

auf den fünfundzwanzigfachen Betrag, bei unbeschränkter oder bestimmter Dauer des Bezugsrechts. Bei bestimmter Dauer des Bezugsrechts ist der Gesamtbetrag der künftigen Bezüge maßgebend, wenn er der geringere ist.

§ 10.

Mit einer Klage, für welche die Zuständigkeit des Landgerichts begründet ist, können auch Ansprüche, für welche die sachliche Zuständigkeit des Amtsgerichts begründet sein würde, geltend gemacht werden, sofern sie mit dem Gegenstand der Klage in rechtlichem Zusammenhang stehen und keine ausschließliche Zuständigkeit des Amtsgerichts begründet ist.

Die Entscheidung eines Landgerichts kann nicht aus dem Grunde angefochten werden, weil die Zuständigkeit des Amtsgerichts begründet gewesen sei.

§ 11.

Ist die Unzuständigkeit eines Gerichts auf Grund der Bestimmungen über die sachliche Zuständigkeit der Gerichte rechtskräftig ausgesprochen, so ist diese Entscheidung für das Gericht bindend, bei dem die Sache später anhängig wird.

Zweiter Titel.

Gerichtsstand.

I. Allgemeiner Gerichtsstand.

§ 12.

Das Gericht, bei dem eine Person ihren allgemeinen Gerichtsstand hat, ist für alle gegen sie zu erhebenden Klagen zuständig, sofern nicht ein anderes Gericht ausschließlich zuständig ist.

§ 13.

Der allgemeine Gerichtsstand einer Person wird durch den Wohnsitz bestimmt.

§ 14.

Ist der für den Wohnsitz eines Angehörigen der Reichswehr maßgebende Garnisonort in mehrere Gerichtsbezirke geteilt, so wird der als Wohnsitz geltende Bezirk von der Landesjustizverwaltung durch allgemeine Anordnung bestimmt.

§ 15.

Deutsche, die das Recht der Exterritorialität genießen, sowie die im Auslande angestellten Beamten des Reichs oder eines deutschen Landes behalten in Ansehung des Gerichtsstandes den Wohnsitz, den sie in ihrem Heimatlande hatten. In Ermangelung eines solchen Wohnsitzes gilt die Hauptstadt des Heimatlandes als ihr Wohnsitz; ist die Hauptstadt in mehrere Gerichtsbezirke geteilt, so wird der als Wohnsitz geltende Bezirk von der Landesjustizverwaltung durch allgemeine Anordnung bestimmt. Gehört ein Deutscher einem deutschen Lande nicht an, so gilt als sein Wohnsitz die Stadt Berlin; ist die Stadt Berlin in mehrere Gerichtsbezirke geteilt, so wird der als Wohnsitz geltende Bezirk von dem Reichsminister der Justiz durch allgemeine Anordnung bestimmt.

Auf Wahlkonsuln finden diese Bestimmungen keine Anwendung.

§ 16.

Der allgemeine Gerichtsstand einer Person, die keinen Wohnsitz hat, wird durch den Aufenthaltsort im Deutschen Reich und, wenn ein solcher nicht bekannt ist, durch den letzten Wohnsitz bestimmt.

§ 17.

Ist die beklagte Partei parteifähig, aber keine natürliche Person, so wird ihr allgemeiner Gerichtsstand durch ihren Sitz, bei Behörden durch den Amtssitz bestimmt. Wenn nicht ein anderes erhellt, gilt als Sitz der Ort, wo die Verwaltung geführt wird.

Für Gewerkschaften des Bergrechts tritt an die Stelle des Sitzes der Ort, wo das Bergwerk liegt.

Durch Statut oder in anderer Weise kann ein weiterer allgemeiner Gerichtsstand bestimmt werden.

§ 18.

Der allgemeine Gerichtsstand des Fiskus wird durch den Sitz der Behörde bestimmt, die berufen ist, den Fiskus in dem Rechtsstreit zu vertreten.

§ 19.

Ist der Ort, an dem eine Behörde ihren Sitz hat, in mehrere Gerichtsbezirke geteilt, so wird der Bezirk, der im Sinne der §§ 17, 18 als Sitz der Behörde gilt, für die Reichsbehörden von dem Reichsminister der Justiz, im übrigen von der Landesjustizverwaltung durch allgemeine Anordnung bestimmt.

II. Besondere Gerichtsstände.

1. Gerichtsstand des dauernden Aufenthaltsorts.

§ 20.

Halten sich Personen an einem Orte unter Verhältnissen auf, die ihrer Natur nach auf einen Aufenthalt von längerer Dauer hinweisen, so ist das Gericht ihres Aufenthaltsorts für alle Klagen zuständig, die gegen sie wegen vermögensrechtlicher Ansprüche erhoben werden.

Für Angehörige der Reichswehr, die nicht selbständig einen Wohnsitz begründen können, tritt der Garnisonort an die Stelle des Aufenthaltsorts. Die Vorschrift des § 14 gilt entsprechend.

2. Gerichtsstand der Niederlassung.

§ 21.

Hat jemand zum Betriebe einer Fabrik, einer Handlung oder eines anderen Gewerbes eine Niederlassung, von der aus er unmittelbar Geschäfte abschließt, so können gegen ihn alle Klagen, die auf den Geschäftsbetrieb der Niederlassung Bezug haben, bei dem Gerichte des Orts erhoben werden, wo die Niederlassung sich befindet.

Der Gerichtsstand der Niederlassung ist auch für Klagen gegen Personen begründet, die ein mit Wohn- und Wirtschaftsgebäuden versehenes Gut oder ein Miethaus als Eigentümer, Nutznießer oder Pächter bewirtschaften, soweit diese Klagen die auf die Bewirtschaftung des Gutes oder des Hauses sich beziehenden Rechtsverhältnisse betreffen.

3. Gerichtsstand des Sitzes der Verwaltung.

§ 22.

Im allgemeinen Gerichtsstand von Personengemeinschaften können auch die Klagen dieser Gemeinschaften gegen ihre Mitglieder als solche oder von Mitgliedern in dieser Eigenschaft gegeneinander erhoben werden.

4. Gerichtsstand des Vermögens.

§ 23.

Für Klagen wegen vermögensrechtlicher Ansprüche gegen eine Person, die im Deutschen Reich keinen Wohnsitz hat, ist das Gericht zuständig, in dessen Bezirke sich Vermögen von ihr oder der mit der Klage in Anspruch genommene Gegenstand befindet. Bei Forderungen gilt als der Ort, wo das Vermögen sich befindet, der Wohnsitz des Schuldners und, wenn für die Forderung eine Sache zur Sicherheit haftet, auch der Ort, wo die Sache sich befindet.

5. Dinglicher Gerichtsstand.

§ 24.

Für Klagen, die das Eigentum, eine dingliche Belastung oder die Freiheit von einer solchen zum Gegenstande haben, sowie für Grenzscheidungs-, Teilungs- und Besitzklagen ist, sofern es sich um unbewegliche Sachen handelt, das Gericht ausschließlich zuständig, in dessen Bezirke die Sache belegen ist.

Bei den eine Grunddienstbarkeit, eine Reallast oder ein Vorkaufsrecht betreffenden Klagen ist die Lage des dienenden oder belasteten Grundstücks entscheidend.

§ 25.

In dem dinglichen Gerichtsstande kann mit der Klage aus einer Hypothek, Grundschuld oder Rentenschuld die Schuldklage, mit der Klage auf Umschreibung oder Löschung einer Hypothek, Grundschuld oder Rentenschuld die Klage auf Befreiung von der persönlichen Verbindlichkeit, mit der Klage auf Anerkennung einer Reallast die Klage auf rückständige Leistungen erhoben werden, wenn die verbundenen Klagen gegen denselben Beklagten gerichtet sind.

§ 26.

In dem dinglichen Gerichtsstande können persönliche Klagen, die gegen den Eigentümer oder Besitzer einer unbeweglichen Sache als solchen gerichtet werden, sowie Klagen wegen Beschädigung eines Grundstücks oder auf Entschädigung für Enteignung eines Grundstücks erhoben werden.

6. Gerichtsstand der Erbschaft.

§ 27.

Klagen, welche die Feststellung des Erbrechts, Ansprüche des Erben gegen einen Erbschaftsbesitzer, Ansprüche aus Vermächtnissen oder sonstigen Verfügungen von Todes wegen, Pflichtteilsansprüche oder die Teilung der Erbschaft zum Gegenstande haben, können vor dem Gericht erhoben werden, bei dem der Erblasser zur Zeit seines Todes den allgemeinen Gerichtsstand gehabt hat.

Ist der Erblasser ein Deutscher und hatte er zur Zeit seines Todes im

Inlande keinen allgemeinen Gerichtsstand, so können die im Abs. 1 bezeichneten Klagen vor dem Gericht erhoben werden, in dessen Bezirke der Erblasser seinen letzten inländischen Wohnsitz hatte; in Ermangelung eines solchen Wohnsitzes finden die Vorschriften des § 15 Abs. 1 Satz 2, 3 entsprechende Anwendung.

§ 28.

In dem Gerichtsstande der Erbschaft können auch Klagen wegen anderer Nachlaßverbindlichkeiten erhoben werden, solange sich der Nachlaß noch ganz oder teilweise im Bezirke des Gerichts befindet oder die vorhandenen mehreren Erben noch als Gesamtschuldner haften.

7. Gerichtsstand des Erfüllungsortes.

§ 29.

Für Klagen aus Verträgen sowie auf Aufhebung oder Feststellung des Nichtbestehens eines Vertrags ist das Gericht des Ortes zuständig, wo die streitige Verpflichtung zu erfüllen ist.

Diese Vorschrift gilt für den durch Vereinbarung begründeten Erfüllungsort nur insoweit, als die Vereinbarung zwischen Kaufleuten getroffen ist.

8. Gerichtsstand des Meß- oder Marktortes.

§ 30.

Für Klagen aus den auf Messen und Märkten mit Ausnahme der Jahr- und Wochenmärkte geschlossenen Handelsgeschäften (Meß- und Marktsachen) ist das Gericht des Meß- oder Marktortes zuständig, wenn die Klage erhoben wird, während sich der Beklagte oder ein zur Prozeßführung berechtigter Vertreter von ihm am Orte oder im Bezirke des Gerichts aufhält.

9. Gerichtsstand der Vermögensverwaltung.

§ 31.

Für Klagen, die aus einer Vermögensverwaltung von dem Geschäftsherrn gegen den Verwalter oder von dem Verwalter gegen den Geschäftsherrn erhoben werden, ist das Gericht des Ortes zuständig, an dem die Verwaltung geführt ist.

10. Gerichtsstand der unerlaubten Handlung.

§ 32.

Für Klagen aus unerlaubten Handlungen ist das Gericht zuständig, in dessen Bezirke die Handlung begangen ist.

11. Gerichtsstand der Widerklage.

§ 33.

Das Prozeßgericht ist für die Widerklage auch in den Fällen, in denen es für sie als Klage nicht zuständig wäre, zuständig, sofern der Gegenstand der Widerklage mit dem der Klage oder den gegen die Klage vorgebrachten Verteidigungsmitteln in rechtlichem oder unmittelbarem wirtschaftlichem Zusammenhange steht. Dies gilt nicht, wenn für die Widerklage als Klage ein anderes Gericht ausschließlich zuständig sein würde.

12. Gerichtsstand des Hauptprozesses.

§ 34.

Für Klagen der Prozeßbevollmächtigten, der Beistände, der Zustellungsbevollmächtigten und der Gerichtsvollzieher wegen Gebühren und Auslagen ist das Gericht des Ortes zuständig, an dem der Hauptprozeß geführt wurde.

§ 35 (§ 64).

Nimmt während der Anhängigkeit eines Rechtsstreits ein Dritter die Sache oder das Recht, die den Gegenstand des Streites bilden, ganz oder teilweise für sich in Anspruch, so ist für eine Klage, mit der er seinen Anspruch gegen beide Parteien geltend macht, das Gericht zuständig, vor dem der Rechtsstreit in erster Instanz anhängig wurde.

III. Mehrheit der Gerichtsstände.

§ 36 (§ 35).

Unter mehreren zuständigen Gerichten hat der Kläger die Wahl.

IV. Bestimmung durch das höhere Gericht.

§ 37 (§ 36).

Das zuständige Gericht wird durch das im Instanzenzuge zunächst höhere Gericht bestimmt:

1. wenn das an sich zuständige Gericht in einem einzelnen Falle an der Ausübung des Richteramts rechtlich oder tatsächlich verhindert ist;
2. wenn es mit Rücksicht auf die Grenzen verschiedener Gerichtsbezirke ungewiß ist, welches Gericht für den Rechtsstreit zuständig sei;
3. wenn mehrere Personen, die bei verschiedenen Gerichten ihren allgemeinen Gerichtsstand haben, als Streitgenossen im allgemeinen Gerichtsstande verklagt werden sollen und für den Rechtsstreit ein gemeinschaftlicher besonderer Gerichtsstand nicht begründet ist;
4. wenn die Klage in dem dinglichen Gerichtsstande erhoben werden soll und die Sache in den Bezirken verschiedener Gerichte belegen ist;
5. wenn in einem Rechtsstreite verschiedene Gerichte sich rechtskräftig für zuständig erklärt haben;
6. wenn verschiedene Gerichte, von denen eines für den Rechtsstreit zuständig ist, sich rechtskräftig für unzuständig erklärt haben.

§ 38 (§ 37).

Über das Gesuch um Bestimmung des zuständigen Gerichts kann ohne vorgängige Verhandlung entschieden werden.

Eine Anfechtung des Beschlusses, der das zuständige Gericht bestimmt, findet nicht statt.

Dritter Titel.

Vereinbarung über die Zuständigkeit der Gerichte.

§ 39 (§§ 38, 40 Abs. 2).

Ein an sich unzuständiges Gericht erster Instanz wird durch ausdrückliche oder stillschweigende Vereinbarung der Parteien zuständig.

Die Vereinbarung ist unzulässig, wenn der Rechtsstreit andere als vermögensrechtliche Ansprüche betrifft, oder wenn für die Klage ein ausschließlicher Gerichtsstand begründet ist.

§ 40 (§ 39).

Stillschweigende Vereinbarung ist anzunehmen, wenn der Beklagte, ohne die Unzuständigkeit geltend zu machen, zur Hauptsache verhandelt hat.

§ 41 (§ 40 Abs. 1).

Eine für künftige Streitigkeiten getroffene Vereinbarung ist nur wirksam, wenn sie sich auf ein bestimmtes Rechtsverhältnis bezieht. Sie bedarf der Schriftform, doch genügt telegraphische Übermittelung oder Briefwechsel.

Vierter Titel.

Ausschließung und Ablehnung der Gerichtspersonen.

§ 42 (§ 41).

Ein Richter ist von der Ausübung des Richteramts kraft Gesetzes ausgeschlossen:

1. in Sachen, in denen er selbst Partei ist, oder in Ansehung derer er zu einer Partei in dem Verhältnisse eines Mitberechtigten, Mitverpflichteten oder Regreßpflichtigen steht;
2. in Sachen seines Verlobten oder Ehegatten, auch wenn die Ehe nicht mehr besteht;
3. in Sachen einer Person, mit der er in gerader Linie verwandt, verschwägert oder durch Annahme an Kindes Statt verbunden, in der Seitenlinie bis zum dritten Grade verwandt oder im zweiten Grade verschwägert ist, auch wenn die Ehe, durch welche die Schwägerschaft begründet ist, nicht mehr besteht;
4. in Sachen seiner Pflegeeltern oder seiner Pflegekinder;
5. in Sachen, in denen er als Prozeßbevollmächtigter oder Beistand einer Partei bestellt oder als gesetzlicher Vertreter einer Partei aufzutreten berechtigt ist oder gewesen ist;

6. in Sachen, in denen er als Zeuge oder Sachverständiger vernommen ist;
7. in Sachen, in denen er in einer früheren Instanz oder im schiedsrichterlichen Verfahren bei der Erlassung der angefochtenen Entscheidung mitgewirkt hat, sofern es sich nicht um die Tätigkeit eines beauftragten oder ersuchten Richters handelt.

§ 43 (§ 42).

Ein Richter kann sowohl in den Fällen, in denen er von der Ausübung des Richteramts kraft Gesetzes ausgeschlossen ist, als auch wegen Besorgnis der Befangenheit abgelehnt werden.

Wegen Besorgnis der Befangenheit findet die Ablehnung statt, wenn ein Grund vorliegt, der geeignet ist, Mißtrauen gegen die Unparteilichkeit eines Richters zu rechtfertigen.

Das Ablehnungsrecht steht in jedem Falle beiden Parteien zu.

§ 44 (§ 43).

Eine Partei kann einen Richter wegen Besorgnis der Befangenheit nicht mehr ablehnen, wenn sie sich bei ihm, ohne den ihr bekannten Ablehnungsgrund geltend zu machen, in eine Verhandlung eingelassen oder Anträge gestellt hat.

§ 45 (§ 44).

Das Ablehnungsgesuch ist bei dem Gerichte, dem der Richter angehört, anzubringen; es kann vor der Geschäftsstelle zu Protokoll erklärt werden.

Der Ablehnungsgrund ist glaubhaft zu machen; zur Versicherung an Eides Statt darf die Partei nicht zugelassen werden. Zur Glaubhaftmachung kann sich die Partei auf das Zeugnis des abgelehnten Richters berufen.

Der abgelehnte Richter hat sich über den Ablehnungsgrund dienstlich zu äußern.

Wird ein Richter, bei dem sich die Partei in eine Verhandlung eingelassen oder Anträge gestellt hat, wegen Besorgnis der Befangenheit abgelehnt, so ist glaubhaft zu machen, daß der Ablehnungsgrund erst später entstanden oder der Partei bekannt geworden sei.

§ 46 (§ 45).

Wird ein Amtsrichter abgelehnt, so entscheidet das Landgericht. Einer Entscheidung bedarf es nicht, wenn der Amtsrichter das Ablehnungsgesuch für begründet hält.

In anderen Fällen entscheidet über das Ablehnungsgesuch das Gericht, dem der Abgelehnte angehört; wenn aber dieses durch Ausscheiden des abgelehnten Mitglieds beschlußunfähig wird, das im Instanzenzuge zunächst höhere Gericht.

§ 47 (§ 46).

Die Entscheidung über das Ablehnungsgesuch kann ohne vorgängige Verhandlung ergehen.

Gegen den Beschluß, der das Gesuch für begründet erklärt, findet kein Rechtsmittel, gegen den Beschluß, der das Gesuch für unbegründet erklärt, findet sofortige Beschwerde statt.

§ 48 (§ 47).

Ein abgelehnter Richter hat vor rechtskräftiger Erledigung des Ablehnungsgesuchs nur solche Handlungen vorzunehmen, die keinen Aufschub gestatten.

Ist ein Ablehnungsgesuch durch eine unanfechtbare Entscheidung für unbegründet erklärt und bringt danach dieselbe Partei gegen den gleichen Richter ein neues Ablehnungsgesuch an, so wird hierdurch der Richter an der Ausübung seines Amtes so lange nicht gehindert, als nicht das Gesuch für begründet erklärt ist.

§ 49 (§ 48).

Das für die Erledigung eines Ablehnungsgesuchs zuständige Gericht hat auch dann zu entscheiden, wenn ein solches Gesuch nicht angebracht ist, ein Richter aber von einem Verhältnis Anzeige macht, das seine Ablehnung rechtfertigen könnte, oder wenn aus anderer Veranlassung Zweifel darüber entstehen, ob ein Richter kraft Gesetzes ausgeschlossen sei.

Die Entscheidung erfolgt ohne vorgängiges Gehör der Parteien.

§ 50 (§ 49).

Die Bestimmungen dieses Titels finden auf den Rechtspfleger und den Urkundsbeamten der Geschäftsstelle entsprechende Anwendung; die Entscheidung trifft das Gericht, bei dem er tätig ist.

Zweiter Abschnitt.

Parteien.

Erster Titel.

Parteifähigkeit, Prozeßfähigkeit.

§ 51 (neu).

Partei ist, wer einen Rechtsstreit selbst oder durch einen Vertreter führt.

Partei ist auch, wer bei Führung eines Rechtsstreites fremde Interessen kraft Amtes wahrnimmt, ohne dabei gesetzlicher Vertreter bestimmter Personen zu sein (Testamentsvollstrecker, Konkursverwalter u. a.). Obliegt in diesem Falle mehreren Personen die Wahrnehmung der Interessen, so können sie, falls sich aus anderen Gesetzen nichts Gegenteiliges ergibt, Prozeßhandlungen nur gemeinsam vornehmen.

§ 52 (§ 50).

Parteifähig ist, wer rechtsfähig ist.

Ein Verein, der nicht rechtsfähig ist, kann klagen und verklagt werden; in dem Rechtsstreite hat der Verein die Stellung eines rechtsfähigen Vereins.

§ 53 (§ 52).

Eine Person ist insoweit prozeßfähig, als sie sich durch Verträge verpflichten kann.

§ 54 (§ 51).

Die Vertretung nicht prozeßfähiger Parteien durch andere Personen (gesetzliche Vertreter) und die Notwendigkeit einer besonderen Ermächtigung zur Prozeßführung bestimmt sich nach den Vorschriften des bürgerlichen Rechtes, soweit nicht die nachfolgenden Paragraphen abweichende Bestimmungen enthalten.

§ 55 (§ 53).

Wird in einem Rechtsstreit eine prozeßfähige Person durch einen Pfleger vertreten, so steht sie für den Rechtsstreit einer nicht prozeßfähigen Person gleich.

§ 56 (§ 54).

Einzelne Prozeßhandlungen, zu denen nach den Vorschriften des bürgerlichen Rechts eine besondere Ermächtigung erforderlich ist, sind ohne sie gültig, wenn die Ermächtigung zur Prozeßführung im allgemeinen erteilt oder die Prozeßführung auch ohne eine solche Ermächtigung im allgemeinen statthaft ist. Das gilt nicht für Vergleiche.

§ 57 (§ 55).

Ein Ausländer, dem nach dem Rechte seines Landes die Prozeßfähigkeit mangelt, gilt als prozeßfähig, wenn ihm nach dem Rechte des Prozeßgerichts die Prozeßfähigkeit zusteht.

§ 58 (§ 56).

Das Gericht hat den Mangel der Parteifähigkeit, der Prozeßfähigkeit, der Legitimation eines gesetzlichen Vertreters und der erforderlichen Ermächtigung zur Prozeßführung von Amts wegen zu berücksichtigen.

Die Partei oder deren gesetzlicher Vertreter kann zur Prozeßführung mit Vorbehalt der Beseitigung des Mangels zugelassen werden, wenn mit dem Verzuge Gefahr für die Partei verbunden ist. Das Endurteil darf erst erlassen werden, nachdem die für die Beseitigung des Mangels zu bestimmende Frist abgelaufen ist.

§ 59 (neu).

Auf Antrag dessen, der gegen den Fiskus Klage zu erheben beabsichtigt, ist die Behörde zu bezeichnen, die berufen ist, den Fiskus in dem Rechtsstreite zu vertreten. Der Antrag muß die bestimmte Angabe des Gegenstandes und des Grundes des Anspruches enthalten.

Die Stelle, an welche der Antrag zu richten ist, wird für den Reichsfiskus von der Reichsregierung, im übrigen von den Landesregierungen durch allgemeine Anordnung bestimmt. Die in der Verfügung dieser Stelle bezeichnete Behörde gilt für die beabsichtigte Rechtsverfolgung als zur Vertretung des Fiskus berufen.

Soll durch die Erhebung der Klage eine Frist gewahrt oder die Verjährung unterbrochen werden, so tritt die Wirkung, sofern die Klage innerhalb einer Frist von einem Monat nach der Zustellung der Verfügung erhoben wird, bereits mit der Einreichung des in Abs. 1 bezeichneten Antrags ein.

§ 60 (§ 57).

Soll eine nicht prozeßfähige Partei verklagt werden, die ohne gesetzlichen Vertreter ist, so hat ihr der Vorsitzende des Prozeßgerichts, falls mit dem Verzuge Gefahr verbunden ist, auf Antrag des Klägers bis zu dem Eintritt des gesetzlichen Vertreters einen besonderen Vertreter zu bestellen.

Der Vorsitzende kann einen solchen Vertreter auch bestellen, wenn in den Fällen des § 20 eine nicht prozeßfähige Person bei dem Gericht ihres Aufenthaltsorts oder Garnisonorts verklagt werden soll.

§ 61 (§ 58).

Soll ein Recht an einem Grundstücke, das von dem bisherigen Eigentümer nach § 928 des Bürgerlichen Gesetzbuchs aufgegeben und von dem Aneignungsberechtigten noch nicht erworben worden ist, im Wege der Klage geltend gemacht werden, so hat der Vorsitzende des Prozeßgerichts auf Antrag einen Vertreter zu bestellen, dem bis zur Eintragung eines neuen Eigentümers die Wahrnehmung der sich aus dem Eigentum ergebenden Rechte und Verpflichtungen im Rechtsstreit obliegt.

Zweiter Titel.

Streitgenossenschaft.

§ 62 (§ 59).

Mehrere Personen können als Streitgenossen gemeinschaftlich klagen oder verklagt werden, wenn sie in Ansehung des Streitgegenstandes in Rechtsgemeinschaft stehen oder wenn sie aus demselben tatsächlichen und rechtlichen Grunde berechtigt oder verpflichtet sind.

§ 63 (§ 60).

Mehrere Personen können auch dann als Streitgenossen gemeinschaftlich klagen oder verklagt werden, wenn gleichartige und auf einem im wesentlichen gleichartigen tatsächlichen und rechtlichen Grunde beruhende Ansprüche oder Verpflichtungen den Gegenstand des Rechtsstreits bilden.

§ 64 (§ 61).

Streitgenossen stehen, soweit nicht aus den Vorschriften des bürgerlichen Rechts oder dieses Gesetzes sich ein anderes ergibt, dem Gegner dergestalt als einzelne gegenüber, daß die Handlungen des einen Streitgenossen dem anderen weder zum Vorteile noch zum Nachteile gereichen.

§ 65 (§ 62).

Die Streitgenossenschaft ist notwendig, wenn alle Streitgenossen nur gemeinschaftlich klagen oder verklagt werden können, oder wenn das streitige Rechtsverhältnis allen Streitgenossen gegenüber nur einheitlich festgestellt werden kann. Das gleiche gilt insoweit, als nach Lage des Falles widersprechende Entscheidungen gegenüber den Streitgenossen sinnwidrig wären.

Ist die Streitgenossenschaft notwendig, so werden, wenn ein Termin oder eine Frist nur von einzelnen Streitgenossen versäumt wird, die säumigen Streitgenossen als durch die nicht säumigen vertreten angesehen. Die säumigen Streitgenossen sind auch in dem späteren Verfahren zuzuziehen.

§ 66 (§ 63).

Das Recht zur Betreibung des Prozesses steht jedem Streitgenossen zu; zu allen Terminen, die auf Antrag eines Streitgenossen anberaumt werden, sind sämtliche Streitgenossen zu laden.

Dritter Titel.

Beteiligung Dritter am Rechtsstreite.

Der Beitritt.

§ 67 (§ 66).

Wer ein rechtliches Interesse daran hat, daß in einem zwischen anderen Personen anhängigen Rechtsstreite die eine Partei obsiege, kann dieser Partei zum Zwecke ihrer Unterstützung beitreten.

Der Beitritt ist in jeder Lage des Rechtsstreits bis zur rechtskräftigen Entscheidung zulässig; er kann auch mit der Einlegung eines Rechtsmittels verbunden werden.

§ 68 (§ 67).

Der Beitretende muß den Rechtsstreit in der Lage annehmen, in der er sich zur Zeit seines Beitritts befindet; er ist berechtigt, Angriffs- und Verteidigungsmittel geltend zu machen und alle Prozeßhandlungen wirksam vorzunehmen, insoweit nicht seine Erklärungen und Handlungen mit Erklärungen und Handlungen der Hauptpartei in Widerspruch stehen.

§ 69 (§ 68).

Der Beitretende wird im Verhältnis zu der Hauptpartei mit der Behauptung nicht gehört, daß der Rechtsstreit, wie er dem Richter vorgelegen habe, unrichtig entschieden sei; er wird mit der Behauptung, daß die Hauptpartei den Rechtsstreit mangelhaft geführt habe, nur insoweit gehört, als er durch die Lage des Rechtsstreits zur Zeit seines Beitritts oder durch Erklärungen und Handlungen der Hauptpartei verhindert worden ist, Angriffs- oder Verteidigungsmittel geltend zu machen, oder als Angriffs- oder Verteidigungsmittel, die ihm unbekannt waren, von der Hauptpartei absichtlich oder durch grobes Verschulden nicht geltend gemacht sind.

§ 70 (§ 69).

Insofern die Rechtskraft der in dem Hauptprozeß erlassenen Entscheidung auf das Rechtsverhältnis zwischen dem Beitretenden und dem Gegner von Wirksamkeit ist, gilt der Beitretende im Sinne des § 64 als Streitgenosse der Hauptpartei.

§ 71 (§ 70).

Der Beitritt geschieht durch Einreichung eines Schriftsatzes bei dem Prozeßgericht, im Falle des § 67 Abs. 2 Halbs. 2 bei dem Rechtsmittelgericht. Der Schriftsatz ist beiden Parteien zuzustellen. Er muß enthalten:

1. die Bezeichnung der Parteien und des Rechtsstreits;
2. die bestimmte Angabe des Interesses, das der Beitretende hat;
3. die Erklärung des Beitritts.

Außerdem finden die allgemeinen Bestimmungen über die vorbereitenden Schriftsätze Anwendung.

§ 72 (§ 71).

Über den Antrag auf Zurückweisung eines Beitritts wird nach vorgängiger Anhörung der Parteien und des Beitretenden entschieden. Der Beitritt ist zuzulassen, wenn der Beitretende sein Interesse glaubhaft macht.

Gegen den Beschluß findet sofortige Beschwerde statt.

Solange nicht die Unzulässigkeit des Beitritts rechtskräftig ausgesprochen ist, wird der Beitretende im Hauptverfahren zugezogen.

Die Streitverkündung.

§ 73 (§ 72).

Eine Partei, die für den Fall des ihr ungünstigen Ausganges des Rechtsstreits einen Anspruch auf Gewährleistung oder Schadloshaltung gegen einen Dritten erheben zu können glaubt oder den Anspruch eines Dritten besorgt, kann bis zur rechtskräftigen Entscheidung des Rechtsstreits dem Dritten den Streit verkünden.

Der Dritte ist zu einer weiteren Streitverkündung berechtigt.

§ 74 (§ 73).

Die Streitverkündung erfolgt durch Einreichung eines Schriftsatzes, in dem der Grund der Streitverkündung und die Lage des Rechtsstreits anzugeben ist. Der Schriftsatz ist dem Dritten zuzustellen und dem Gegner des Streitverkünders in Abschrift mitzuteilen. Die Streitverkündung wird erst mit der Zustellung an den Dritten wirksam.

§ 75 (§ 74).

Wenn der Dritte dem Streitverkünder beitritt, so bestimmt sich sein Verhältnis zu den Parteien nach den Vorschriften der §§ 67—72.

Lehnt der Dritte den Beitritt ab, oder erklärt er sich nicht, so wird der Rechtsstreit ohne Rücksicht auf ihn fortgesetzt.

In allen Fällen dieses Paragraphen kommen gegen den Dritten die Vorschriften des § 69 mit der Abweichung zur Anwendung, daß statt der Zeit des Beitritts diejenige Zeit entscheidet, zu welcher der Beitritt infolge der Streitverkündung möglich war.

§ 76 (§ 75).

Wird von dem verklagten Schuldner einem Dritten, der die geltend gemachte Forderung für sich in Anspruch nimmt, der Streit verkündet, und tritt der Dritte in den Streit ein, so ist der Beklagte, wenn er den Betrag der Forderung zugunsten der streitenden Gläubiger unter Verzicht auf das Recht zur Rücknahme hinterlegt, auf seinen Antrag aus dem Rechtsstreit unter Verurteilung in die durch seinen unbegründeten Widerspruch veranlaßten Kosten zu entlassen und der Rechtsstreit über die Berechtigung an der Forderung zwischen den streitenden Gläubigern allein fortzusetzen. Dem Obsiegenden ist der hinterlegte Betrag zuzusprechen und der Unterliegende auch zur Erstattung der dem Beklagten entstandenen, nicht durch dessen unbegründeten Widerspruch veranlaßten Kosten, einschließlich der Kosten der Hinterlegung, zu verurteilen.

Benennung des rechten Besitzers.

§ 77 (§ 76).

Wer als Besitzer einer Sache verklagt ist, die er auf Grund eines Rechtsverhältnisses der im § 868 des Bürgerlichen Gesetzbuchs bezeichneten Art zu besitzen behauptet, kann vor der Verhandlung zur Hauptsache unter Einreichung eines die Benennung des mittelbaren Besitzers enthaltenden Schriftsatzes und einer Streitverkündungsschrift die Ladung des mittelbaren Besitzers zur Erklärung beantragen. Bis zu dieser Erklärung oder bis zum Schluss des Termins, in dem sich der Benannte zu erklären hat, kann der Beklagte die Verhandlung zur Hauptsache verweigern.

Bestreitet der Benannte die Behauptung des Beklagten oder erklärt er sich nicht, so ist der Beklagte berechtigt, dem Klageantrage zu genügen.

Wird die Behauptung des Beklagten von dem Benannten als richtig anerkannt, so ist dieser berechtigt, mit Zustimmung des Beklagten an dessen

Stelle den Prozeß zu übernehmen. Die Zustimmung des Klägers ist nur insoweit erforderlich, als er Ansprüche geltend macht, die unabhängig davon sind, daß der Beklagte auf Grund eines Rechtsverhältnisses der im Abs. 1 bezeichneten Art besitzt.

Hat der Benannte den Prozeß übernommen, so ist der Beklagte auf seinen Antrag von der Klage zu entbinden. Die Entscheidung ist in Ansehung der Sache selbst auch gegen den Beklagten wirksam und vollstreckbar.

§ 78 (§ 77).

Ist von dem Eigentümer einer Sache oder von demjenigen, dem ein Recht an einer Sache zusteht, wegen einer Beeinträchtigung des Eigentums oder seines Rechtes Klage auf Beseitigung der Beeinträchtigung oder auf Unterlassung weiterer Beeinträchtigungen erhoben, so finden die Vorschriften des § 77 entsprechende Anwendung, sofern der Beklagte die Beeinträchtigung in Ausübung des Rechtes eines Dritten vorgenommen zu haben behauptet.

Vierter Titel.

Prozeßbevollmächtigte und Beistände.

I. Anwaltszwang.

§ 79 (§ 78).

Vor den Landgerichten und vor allen Gerichten höherer Instanz müssen die Parteien sich durch einen bei dem Prozeßgerichte zugelassenen Rechtsanwalt als Bevollmächtigten vertreten lassen (Anwaltsprozeß).

Diese Vorschrift findet auf das Verfahren vor einem beauftragten oder ersuchten Richter, auf den Sühnetermin in Ehesachen (§ 575) sowie auf Prozeßhandlungen, die vor dem Rechtspfleger oder dem Urkundsbeamten der Geschäftsstelle vorgenommen werden können, keine Anwendung. Sie findet ferner keine Anwendung auf die beklagte Partei, die in dem ersten Termin einen Vergleich schließt oder den Anspruch anerkennt.

Ein bei dem Prozeßgericht zugelassener Anwalt kann sich selbst vertreten.

II. Befugnis zur Bestellung eines Prozeßbevollmächtigten.

§ 80 (§ 79).

Insoweit eine Vertretung durch Anwälte nicht geboten ist, können die Parteien den Rechtsstreit selbst oder durch jede prozeßfähige Person als Bevollmächtigten führen.

III. Nachweis der Prozeßvollmacht.

§ 81 (§ 80).

Der Bevollmächtigte weist die Bevollmächtigung dadurch nach, daß er eine schriftliche Vollmacht vorlegt. Die Vollmacht ist zu den Gerichtsakten abzugeben. Beschränkt sich die Vollmacht nicht auf den einzelnen Rechtsstreit, so genügt die Bezugnahme auf andere Akten des Gerichts, bei dem der Prozeß geführt wird, wenn sich die Vollmacht in ihnen befindet.

Das Gericht kann auf Antrag des Gegners die öffentliche Beglaubigung einer Privaturkunde anordnen. Wird der Antrag zurückgewiesen, so ist dagegen kein Rechtsmittel zulässig.

IV. Umfang der Prozeßvollmacht.

§ 82 (§ 81).

Die Prozeßvollmacht ermächtigt zu allen den Rechtsstreit betreffenden Prozeßhandlungen, einschließlich derjenigen, die durch eine Widerklage, eine Wiederaufnahme des Verfahrens und die Zwangsvollstreckung veranlaßt werden; zur Bestellung eines Vertreters sowie eines Bevollmächtigten für die höheren Instanzen; zur Erledigung des Rechtsstreits durch Vergleich, Verzicht oder Anerkenntnis; zur Empfangnahme der von dem Gegner zu erstattenden Kosten.

§ 83 (§ 82).

Die Vollmacht für den Hauptprozeß umfaßt die Vollmacht für das einen Arrest oder eine einstweilige Verfügung betreffende Verfahren.

§ 84 (§ 83).

Eine Beschränkung des gesetzlichen Umfanges der Vollmacht hat dem Gegner gegenüber nur insoweit rechtliche Wirkung, als diese Beschränkung die Erledigung des Rechtsstreits durch Vergleich, Verzicht oder Anerkenntnis betrifft.

Insoweit eine Vertretung durch Anwälte nicht geboten ist, kann eine Vollmacht für einzelne Prozeßhandlungen erteilt werden.

§ 85 (§ 84).

Mehrere Bevollmächtigte sind berechtigt, sowohl gemeinschaftlich als einzeln die Partei zu vertreten. Eine abweichende Bestimmung der Vollmacht hat dem Gegner gegenüber keine rechtliche Wirkung.

§ 86 (§ 85).

Die von dem Bevollmächtigten vorgenommenen Prozeßhandlungen verpflichten die Partei ebenso, wie wenn sie von der Partei selbst vorgenommen wären. Dies gilt von Geständnissen und anderen tatsächlichen Erklärungen, insoweit sie nicht von der miterschienenen Partei sofort widerrufen oder berichtigt werden.

V. Beendigung der Prozeßvollmacht.

§ 87 (§ 86).

Die Vollmacht wird weder durch den Tod des Vollmachtgebers noch durch eine Veränderung in betreff seiner Prozeßfähigkeit oder seiner gesetzlichen Vertretung aufgehoben; der Bevollmächtigte hat jedoch, wenn er nach

Aussetzung des Rechtsstreits für den Nachfolger im Rechtsstreit auftritt, dessen Vollmacht beizubringen.

§ 88 (§ 87).

Die Kündigung des Vollmachtvertrags wird für das Verfahren erst wirksam, wenn das Erlöschen der Vollmacht und in Anwaltsprozessen die Bestellung eines anderen Anwalts dem Gericht angezeigt ist. Die Anzeige ist der Gegenpartei zuzustellen und wird dieser gegenüber erst mit der Zustellung wirksam.

Der Bevollmächtigte wird durch die von ihm vorgenommene Kündigung nicht gehindert, für den Vollmachtgeber so lange zu handeln, bis dieser für Wahrnehmung seiner Rechte in anderer Weise gesorgt hat.

VI. Prüfung der Prozeßvollmacht.

§ 89 (§ 88).

Der Mangel der Vollmacht kann von dem Gegner in jeder Lage des Rechtsstreits gerügt werden.

Das Gericht hat, insoweit eine Vertretung durch Anwälte nicht geboten ist, das Vorhandensein der Vollmacht, falls Zweifel darüber bestehen, von Amts wegen zu prüfen.

VII. Einstweilige Zulassung eines Vertreters ohne Prozeßvollmacht.

§ 90 (§ 89).

Handelt jemand für eine Partei als Geschäftsführer ohne Auftrag oder als Bevollmächtigter ohne Beibringung einer Vollmacht, so kann er gegen oder ohne Sicherheitsleistung für Kosten und Schäden zur Prozeßführung einstweilen zugelassen werden. Das Endurteil darf erst erlassen werden, nachdem die für die Beibringung der Genehmigung zu bestimmende Frist abgelaufen ist. Ist zu der Zeit, zu der das Endurteil erlassen wird, die Genehmigung nicht beigebracht, so ist der einstweilen zur Prozeßführung Zugelassene zum Ersatze der dem Gegner infolge der Zulassung erwachsenen Kosten zu verurteilen; auch hat er dem Gegner die infolge der Zulassung entstandenen Schäden zu ersetzen.

Die Partei muß die Prozeßführung gegen sich gelten lassen, wenn sie auch nur mündlich Vollmacht erteilt oder wenn sie die Prozeßführung ausdrücklich oder stillschweigend genehmigt hat.

VIII. Beistand.

§ 91 (§ 90).

Insoweit eine Vertretung durch Anwälte nicht geboten ist, kann eine Partei mit jeder prozeßfähigen Person als Beistand erscheinen.

Das von dem Beistand Vorgetragene gilt als von der Partei vorgebracht, insoweit es nicht von dieser sofort widerrufen oder berichtigt wird.

Fünfter Titel.

Prozeßkosten.

I. Die Grundsätze für die Kostenentscheidung.

§ 92 (§ 91).

Die unterliegende Partei hat die Kosten des Rechtsstreits zu tragen, insbesondere die dem Gegner erwachsenen Kosten zu erstatten, soweit sie zur zweckentsprechenden Rechtsverfolgung oder Rechtsverteidigung notwendig waren. Die Kostenerstattung umfaßt auch die Entschädigung des Gegners für die durch notwendige Reisen oder durch die notwendige Wahrnehmung von Terminen entstandene Zeitversäumnis; die für die Entschädigung von Zeugen geltenden Vorschriften finden entsprechende Anwendung.

Die Gebühren und Auslagen des Rechtsanwalts der obsiegenden Partei sind in allen Prozessen zu erstatten, Reisekosten eines auswärtigen Rechtsanwalts jedoch nur insoweit, als die Zuziehung zur zweckentsprechenden Rechtsverfolgung oder Rechtsverteidigung notwendig war. Die Kosten mehrerer Rechtsanwälte sind nur insoweit zu erstatten, als sie die Kosten eines Rechtsanwaltes nicht übersteigen, oder als in der Person des Rechtsanwalts ein Wechsel eintreten mußte.

Zu den Kosten des Rechtsstreits im Sinne der Abs. 1, 2 gehören auch die Gebühren, die durch ein Güteverfahren vor einer Gütestelle der im § 234 Nr. 1 bezeichneten Art entstanden sind. Dies gilt nicht, wenn zwischen der Beendigung des Güteverfahrens und der Klageerhebung mehr als ein Jahr verstrichen ist.

§ 93 (§ 92).

Wenn jede Partei teils obsiegt, teils unterliegt, so sind die Kosten gegeneinander aufzuheben oder verhältnismäßig zu teilen. Sind die Kosten gegeneinander aufgehoben, so fallen die Gerichtskosten jeder Partei zur Hälfte zur Last.

Das Gericht kann der einen Partei die gesamten Prozeßkosten auferlegen, wenn die Zuvielforderung der anderen Partei verhältnismäßig geringfügig war und keine besonderen Kosten veranlaßt hat, oder wenn der Betrag der Forderung der anderen Partei von der Festsetzung durch richterliches Ermessen, von der Ausmittelung durch Sachverständige oder von einer gegenseitigen Berechnung abhängig war.

§ 94 (§ 93).

Hat der Beklagte nicht durch sein Verhalten zur Erhebung der Klage Veranlassung gegeben, so fallen dem Kläger die Prozeßkosten zur Last, wenn der Beklagte den Anspruch sofort anerkennt.

Hat der Kläger die im § 207 Abs. 2 vorgeschriebene Angabe in der Klageschrift unterlassen oder hat er einen unzureichenden Grund angegeben, so hat er sowohl im Falle des sofortigen Anerkenntnisses als auch im Falle der Versäumnis des Beklagten die Kosten des Rechtsstreits insoweit zu tragen, als sie die des Mahnverfahrens übersteigen.

§ 95 (neu).

Das Gericht kann der obsiegenden Partei einen Teil der Kosten auferlegen, wenn die Belastung der unterliegenden Partei mit sämtlichen Kosten deshalb unbillig erscheint, weil die zu entscheidende Rechtsfrage zweifelhaft war oder weil die obsiegende Partei es unterlassen hatte, über das den Gegenstand des Streits bildende Rechtsgeschäft eine Urkunde aufzunehmen, obwohl ihr das nach Lage der Umstände zuzumuten war, oder eine unvollständige oder unklare Beurkundung veranlaßt hatte.

§ 96 (neu).

Hat der Beklagte den Kläger vor Zustellung der Klage befriedigt, so sind ihm auf Antrag des Klägers gleichwohl unbeschadet der Vorschrift des § 94 Abs. 2 die Kosten des Rechtsstreits aufzuerlegen, wenn er durch Leistungsverzug die Einreichung der Klageschrift veranlaßt hat.

§ 97 (§ 94).

Macht der Kläger einen auf ihn übergegangenen Anspruch geltend, ohne daß er vor der Erhebung der Klage dem Beklagten den Übergang mitgeteilt und auf Verlangen nachgewiesen hat, so fallen ihm die Prozeßkosten insoweit zur Last, als sie dadurch entstanden sind, daß der Beklagte durch die Unterlassung der Mitteilung oder des Nachweises veranlaßt worden ist, den Anspruch zu bestreiten.

§ 98 (§ 95).

Die Partei, die einen Termin oder eine Frist versäumt, oder die Verlegung eines Termins, die Vertagung einer Verhandlung, die Anberaumung eines Termins zur Fortsetzung der Verhandlung oder die Verlängerung einer Frist durch ihr Verschulden veranlaßt, hat die dadurch verursachten Kosten zu tragen.

§ 99 (§ 96).

Die Kosten eines ohne Erfolg gebliebenen Angriffs- oder Verteidigungsmittels können der Partei auferlegt werden, die es geltend gemacht hat, auch wenn sie in der Hauptsache obsiegt.

§ 100 (§ 97).

Die Kosten eines ohne Erfolg eingelegten Rechtsmittels fallen der Partei zur Last, die es eingelegt hat.

Die Kosten der Berufungsinstanz sind der obsiegenden Partei ganz oder teilweise aufzuerlegen, wenn sie auf Grund eines neuen Vorbringens obsiegt, das sie nach freiem Ermessen des Gerichts in erster Instanz geltend zu machen imstande war oder mit dem sie in erster Instanz nach §§ 261, 262, 266 Abs. 2 zurückgewiesen worden ist.

Die Kosten der Revisionsinstanz in Rechtsstreitigkeiten über Ansprüche, für welche die Landgerichte ohne Rücksicht auf den Wert des Streitgegenstandes ausschließlich zuständig sind, hat auch im Falle des Obsiegens die Reichs- oder die Staatskasse zu tragen, wenn der Wert des Streitgegenstandes die für die amtsgerichtliche Zuständigkeit festgesetzte Wertgrenze nicht übersteigt und der Vertreter des Reichs oder des Landes die Revision eingelegt hat.

§ 101 (§ 98).

Die Kosten eines abgeschlossenen Vergleichs sind als gegeneinander aufgehoben anzusehen, wenn nicht die Parteien ein anderes vereinbart haben. Dasselbe gilt von den Kosten des durch Vergleich erledigten Rechtsstreits, soweit nicht darüber bereits rechtskräftig erkannt ist.

II. Anfechtung der Kostenentscheidung.

§ 102 (§ 99).

Die Anfechtung der Entscheidung über den Kostenpunkt ist unzulässig, wenn nicht gegen die Entscheidung in der Hauptsache ein Rechtsmittel eingelegt wird.

Ist die Hauptsache durch eine auf Grund eines Anerkenntnisses ausgesprochene Verurteilung erledigt oder ist eine Entscheidung in der Hauptsache nicht ergangen, so findet gegen die Entscheidung über den Kostenpunkt mit der Beschränkung des § 533 Abs. 2 sofortige Beschwerde statt. Das gleiche gilt von der in § 222 Abs. 2 vorgesehenen Kostenentscheidung. Vor der Entscheidung über die Beschwerde ist der Gegner zu hören.

III. Kostenhaftung von Streitgenossen und Kosten eines Beitritts.

§ 103 (§ 100).

Besteht der unterliegende Teil aus mehreren Personen, so haften diese für die Kostenerstattung nach Kopfteilen.

Bei einer erheblichen Verschiedenheit der Beteiligung am Rechtsstreite kann nach dem Ermessen des Gerichts die Beteiligung zum Maßstab genommen werden.

Hat ein Streitgenosse ein besonderes Angriffs- oder Verteidigungsmittel geltend gemacht, so haften die übrigen Streitgenossen für die dadurch veranlaßten Kosten nicht.

Werden mehrere Beklagte als Gesamtschuldner verurteilt, so haften sie auch für die Kostenerstattung, unbeschadet der Vorschrift des Abs. 3, als Gesamtschuldner. Die Vorschriften des bürgerlichen Rechts, nach denen sich diese Haftung auf die im Abs. 3 bezeichneten Kosten erstreckt, bleiben unberührt.

§ 104 (§ 101).

Die durch einen Beitritt (§ 67) verursachten Kosten sind dem Gegner der Hauptpartei aufzuerlegen, soweit er nach den Bestimmungen der §§ 92—101 die Kosten des Rechtsstreits zu tragen hat; soweit dies nicht der Fall ist, sind sie dem Beitretenden aufzuerlegen.

Gilt der Beitretende als Streitgenosse der Hauptpartei (§ 70), so sind die Vorschriften des § 103 maßgebend.

IV. Verurteilung Dritter zur Tragung von Kosten.

§ 105 (§ 102).

Urkundsbeamte der Geschäftsstelle, gesetzliche Vertreter, Rechtsanwälte und andere Bevollmächtigte sowie Gerichtsvollzieher können durch das Prozeßgericht auch von Amts wegen zur Tragung derjenigen Kosten verurteilt werden, die sie durch grobes Verschulden veranlaßt haben.

Die Entscheidung kann ohne Verhandlung erfolgen. Vor der Entscheidung ist der Beteiligte zu hören.

Gegen die Entscheidung findet sofortige Beschwerde statt.

V. Durchführung des Kostenerstattungsanspruchs.

§ 106 (§ 103).

Der Anspruch auf Erstattung der Prozeßkosten kann nur auf Grund eines zur Zwangsvollstreckung oder zum Zwangsvollzug geeigneten Titels geltend gemacht werden.

Das Gesuch um Festsetzung des zu erstattenden Betrags ist bei der Geschäftsstelle des Gerichts erster Instanz anzubringen. Die Kostenberechnung, ihre zur Mitteilung an den Gegner bestimmte Abschrift und die zur Rechtfertigung der einzelnen Ansätze dienenden Belege sind beizufügen.

§ 107 (§ 104).

Über das Festsetzungsgesuch entscheidet der Rechtspfleger. Die Entscheidung ist den Parteien zuzustellen, dem Gegner des Antragstellers unter Beifügung der Abschrift der Kostenberechnung.

Zur Berücksichtigung eines Ansatzes genügt, daß er glaubhaft gemacht ist. Hinsichtlich der einem Rechtsanwalt erwachsenen Auslagen an Post-, Telegraphen- und Fernsprechgebühren genügt die Versicherung des Rechtsanwalts, daß diese Auslagen entstanden sind.

Über Erinnerungen gegen den Festsetzungsbeschluß entscheidet das Gericht, dessen Rechtspfleger den Beschluß erlassen hat. Die Erinnerungen sind binnen einer Notfrist von zwei Wochen, die mit der Zustellung des Beschlusses beginnt, zu erheben. Die Entscheidung kann ohne vorgängige Verhandlung erfolgen. Das Gericht kann vor der Entscheidung anordnen, daß die Vollstreckung des Festsetzungsbeschlusses auszusetzen sei. Gegen die Entscheidung des Gerichts findet sofortige Beschwerde statt.

§ 108 (§ 105).

Der Festsetzungsbeschluß kann auf das Urteil und die Ausfertigungen gesetzt werden, sofern bei der Anbringung des Gesuchs eine Ausfertigung des Urteils noch nicht erteilt ist und eine Verzögerung der Ausfertigung nicht eintritt. Eine besondere Ausfertigung und Zustellung des Festsetzungsbeschlusses findet in diesem Falle nicht statt. Den Parteien ist der festgesetzte Betrag mitzuteilen, dem Gegner des Antragstellers unter Beifügung der Abschrift der Kostenberechnung. Die Verbindung des Festsetzungsbeschlusses mit dem Urteil soll unterbleiben, sofern dem Festsetzungsgesuch auch nur teilweise nicht entsprochen wird.

Der Anbringung eines Festsetzungsgesuchs bedarf es nicht, wenn die Partei vor der Verkündung des Urteils die Berechnung ihrer Kosten eingereicht hat; in diesem Falle ist die dem Gegner mitzuteilende Abschrift der Kostenberechnung von Amts wegen anzufertigen.

§ 109 (§ 106).

Sind die Prozeßkosten ganz oder teilweise nach Quoten verteilt, so hat nach Anbringung des Festsetzungsgesuchs der Rechtspfleger den Gegner aufzufordern, die Berechnung seiner Kosten binnen einer einwöchigen Frist bei der Geschäftsstelle einzureichen. Die Vorschriften des § 108 finden keine Anwendung.

Nach fruchtlosem Ablauf der einwöchigen Frist ergeht die Entscheidung ohne Rücksicht auf die Kosten des Gegners, unbeschadet seines Rechts, den Anspruch auf Erstattung nachträglich geltend zu machen. Der Gegner haftet für die Mehrkosten, die durch das nachträgliche Verfahren entstehen.

§ 110 (§ 107).

Ergeht nach der Kostenfestsetzung eine Entscheidung, die den Wert des Streitgegenstandes festsetzt, so ist, falls diese Entscheidung von der der Kostenentscheidung zugrunde liegenden Wertberechnung abweicht, auf Antrag die Kostenfestsetzung entsprechend abzuändern. Über den Antrag entscheidet der Rechtspfleger des Gerichts erster Instanz.

Der Antrag ist binnen der Frist von einem Monat bei der Geschäftsstelle anzubringen. Die Frist beginnt mit der Zustellung und, wenn es einer solchen nicht bedarf, mit der Verkündung des den Wert des Streitgegenstandes festsetzenden Beschlusses.

Die Vorschriften des § 107 Abs. 3 finden Anwendung.

Sechster Titel.

Sicherheitsleistung.

I. Art der Sicherheitsleistung.

§ 111 (§ 108).

In den Fällen der Bestellung einer prozessualen Sicherheit kann das Gericht nach freiem Ermessen bestimmen, in welcher Art und Höhe die Sicherheit zu leisten ist. Soweit das Gericht eine Bestimmung nicht getroffen hat und die Parteien ein anderes nicht vereinbart haben, ist die Sicherheitsleistung durch Hinterlegung von Geld oder solchen Wertpapieren zu bewirken, die nach § 234 Abs. 1, 3 des Bürgerlichen Gesetzbuchs zur Sicherheitsleistung geeignet sind. Wird Sicherheitsleistung durch Bürgschaft zugelassen, so ist die Sicherheitsleistung bewirkt, wenn der hierzu Verpflichtete demjenigen, dem die Sicherheit geleistet werden soll, eine der Vorschrift des § 239 des Bürgerlichen Gesetzbuchs entsprechende Erklärung des Bürgen übergeben oder zugestellt hat. Das Gericht, das die Sicherheitsleistung durch Bürgschaft zuläßt, soll bestimmt bezeichnen, welche Art von Bürgen als tauglich anzusehen ist.

Die Vorschriften des § 234 Abs. 2 und des § 235 des Bürgerlichen Gesetzbuchs finden entsprechende Anwendung.

II. Rückgabe der Sicherheit.

§ 112 (§ 109).

Ist die Veranlassung für eine Sicherheitsleistung weggefallen, so hat auf Antrag der Rechtspfleger des Gerichts, das die Bestellung der Sicherheit angeordnet oder zugelassen hat, eine Frist zu bestimmen, binnen deren ihm die Partei, zu deren Gunsten die Sicherheit geleistet ist, die Einwilligung in die Rückgabe der Sicherheit, im Falle der Sicherheitsleistung durch Bürgschaft den Verzicht auf die Rechte aus der Bürgschaft, zu erklären oder die Erhebung der Klage wegen ihrer Ansprüche nachzuweisen hat.

Nach Ablauf der Frist hat der Rechtspfleger auf Antrag die Rückgabe der Sicherheit anzuordnen und im Falle der Sicherheitsleistung durch Bürgschaft festzustellen, daß die Rechte aus der Bürgschaft erloschen sind, wenn nicht inzwischen die Erhebung der Klage nachgewiesen ist. Der Beschluß wird erst mit der Rechtskraft wirksam.

Die Anträge sowie die Einwilligung in die Rückgabe der Sicherheit und der Verzicht auf die Rechte aus der Bürgschaft können vor der Geschäftsstelle zur Niederschrift erklärt werden. Die Entscheidungen können ohne vorgängige Verhandlung ergehen.

Gegen den Beschluß, der den im Abs. 1 vorgesehenen Antrag ablehnt, steht dem Antragsteller, gegen die im Abs. 2 bezeichnete Entscheidung steht beiden Teilen nach Maßgabe des § 542 und § 543 Abs. 4 die sofortige Beschwerde zu.

III. Verpflichtung von Ausländern und Staatlosen zur Sicherheitsleistung.

§ 113 (§ 110).

Ausländer sind, wenn sie als Kläger auftreten, verpflichtet, dem Beklagten auf dessen Verlangen wegen der Prozeßkosten Sicherheit zu leisten. Das gleiche gilt für Staatlose, die ihren Wohnsitz nicht im Inlande haben.

Diese Verpflichtung tritt nicht ein:

1. wenn nach den Gesetzen des Staates, dem der Kläger angehört, ein Deutscher in gleichem Falle zur Sicherheitsleistung nicht verpflichtet ist;
2. im Urkunden- oder Wechselprozesse;
3. bei Widerklagen;

4. bei Klagen, die infolge einer öffentlichen Aufforderung angestellt werden;
5. bei Klagen aus Rechten, die im Grundbuch eingetragen sind.

Gibt der Reichsminister der Justiz im Reichsgesetzblatt bekannt, daß einem Staate gegenüber die Voraussetzung des Abs. 2 Nr. 1 erfüllt ist, so ist diese Bekanntmachung für die Gerichte bindend. Ergeben sich hinsichtlich eines in derartigen Bekanntmachungen nicht aufgeführten Staates Zweifel, ob die Voraussetzung des Abs. 2 Nr. 1 erfüllt ist, so ist hierüber die Erklärung des Reichsministers der Justiz einzuholen. Die Erklärung ist für das Gericht bindend.

§ 114 (§ 111).

Der Beklagte kann auch dann Sicherheitsleistung verlangen, wenn die Voraussetzungen für die Verpflichtung zur Sicherheitsleistung im Laufe des Rechtsstreits eintreten und nicht ein zur Deckung ausreichender Teil des erhobenen Anspruchs unbestritten ist.

IV. Höhe der Sicherheit. Verfahren bei der Anordnung der Sicherheitsleistung.

§ 115 (§ 112).

Die Höhe der zu leistenden Sicherheit wird von dem Gerichte nach freiem Ermessen festgesetzt.

Bei der Festsetzung ist derjenige Betrag der Prozeßkosten zugrundezulegen, den der Beklagte wahrscheinlich aufzuwenden haben wird. Die dem Beklagten durch eine Widerklage erwachsenden Kosten sind hierbei nicht zu berücksichtigen.

Ergibt sich im Laufe des Rechtsstreits, daß die geleistete Sicherheit nicht hinreicht, so kann der Beklagte die Leistung einer weiteren Sicherheit verlangen, sofern nicht ein zur Deckung ausreichender Teil des erhobenen Anspruchs unbestritten ist.

§ 116 (§ 113).

Das Gericht hat dem Kläger bei Anordnung der Sicherheitsleistung eine Frist zu bestimmen, binnen deren die Sicherheit zu leisten ist. Nach Ablauf der Frist ist auf Antrag des Beklagten, wenn die Sicherheit bis zur Entscheidung nicht geleistet ist, die Klage für zurückgenommen zu erklären oder, wenn über ein Rechtsmittel des Klägers zu verhandeln ist, dieses zu verwerfen.

Siebenter Titel.

Armenrecht.

I. Voraussetzungen für die Bewilligung des Armenrechts.

§ 117 (§ 114 Abs. 1).

Eine Partei hat auf Bewilligung des Armenrechts Anspruch, wenn

1. sie außerstande ist, ohne Beeinträchtigung des für sie und ihre

Familie notwendigen Unterhalts die Kosten des Prozesses zu bestreiten

und

2. die beabsichtigte Rechtsverfolgung oder Rechtsverteidigung nicht mutwillig oder aussichtslos erscheint.

Das Gericht kann zwecks Prüfung dieser Voraussetzungen den Gegner hören, Erhebungen anstellen und vom Antragsteller eine Glaubhaftmachung seiner Angaben fordern.

Die Vorschrift des Abs. 1 gilt auch für offene Handelsgesellschaften und Kommanditgesellschaften mit der Maßgabe, daß bei der Prüfung der zu Nr. 1 aufgeführten Voraussetzungen neben den Verhältnissen der persönlich haftenden Gesellschafter auch die Vermögenslage der Gesellschaft zu berücksichtigen ist.

Personengesamtheiten anderer Art, Stiftungen und Anstalten, die gemeinnützigen Zwecken dienen, kann unter der Voraussetzung des Abs. 1 Nr. 2 das Armenrecht bewilligt werden, wenn die Aufbringung der Prozeßkosten die Erfüllung ihrer Aufgaben gefährden würde. Eine Partei kraft Amtes hat auf Bewilligung des Armenrechts Anspruch, wenn der Inhaber der von ihr vertretenen Vermögensmasse, sofern er verfügungsberechtigt wäre, den Rechtsstreit selbst führen könnte und dabei auf Bewilligung des Armenrechts Anspruch haben würde.

§ 118 (§ 114 Abs. 2).

Angehörige fremder Staaten haben auf das Armenrecht nur insoweit Anspruch, als die Gegenseitigkeit verbürgt ist. Gibt der Reichsminister der Justiz im Reichsgesetzblatt bekannt, daß einem Staate gegenüber diese Voraussetzung erfüllt ist, so ist die Bekanntmachung für die Gerichte bindend. Ergeben sich hinsichtlich eines in derartigen Bekanntmachungen nicht aufgeführten Staates Zweifel über das Bestehen der Gegenseitigkeit, so ist hierüber die Erklärung des Reichsministers der Justiz einzuholen. Die Erklärung ist für das Gericht bindend.

II. Wirkungen der Armenrechtsbewilligung.

§ 119 (§ 115).

Durch die Bewilligung des Armenrechts erlangt die Partei:

1. die einstweilige Befreiung von der Berichtigung der rückständigen und künftig erwachsenden Gerichtskosten, der den Zeugen und den Sachverständigen zu gewährenden Vergütung und der sonstigen baren Auslagen sowie der Stempelsteuer;
2. die Befreiung von der Sicherheitsleistung für die Prozeßkosten;
3. das Recht, daß ihr, insoweit eine Vertretung durch Anwälte geboten ist, zur vorläufig unentgeltlichen Wahrnehmung ihrer Rechte ein Rechtsanwalt und für etwaige im Parteibetriebe vorzunehmende Zustellungen ein Gerichtsvollzieher beigeordnet werde.

Ist die arme Partei imstande, die Kosten des Prozesses zu einem Bruchteil zu bestreiten, so ist in dem Beschluß über die Bewilligung des Armenrechts zu bestimmen, daß wegen dieses Teils die aus Abs. 1 sich ergebende einstweilige Befreiung von der Berichtigung der Gerichtskosten sowie der Gebühren und Auslagen des Anwalts nicht eintritt.

§ 120 (§ 116).

Insoweit nicht eine Vertretung durch Anwälte geboten oder ein Anwalt gemäß § 34 der Rechtsanwaltsordnung beigeordnet ist, kann einer armen Partei, die nicht im Bezirke des Prozeßgerichts wohnt, zur unentgeltlichen Wahrnehmung ihrer Rechte ein Justizbeamter, der nicht als Richter angestellt ist, oder ein Rechtskundiger, der die vorgeschriebene erste Prüfung für den Justizdienst bestanden hat, auf Antrag beigeordnet werden. Die infolgedessen erwachsenden baren Auslagen werden von der Staatskasse bestritten und als Gerichtskosten in Ansatz gebracht.

§ 121 (§ 117).

Die Bewilligung des Armenrechts hat auf die Verpflichtung zur Erstattung der dem Gegner erwachsenden Kosten keinen Einfluß.

§ 122 (§ 120).

Die Bewilligung des Armenrechts für den Kläger, den Berufungskläger und den Revisionskläger hat zugleich für den Gegner die einstweilige Befreiung von den im § 119 Abs. 1 Nr. 1 bezeichneten Kosten zur Folge.

III. Verfahren zur Erlangung des Armenrechts.

§ 123 (§ 118).

Das Gesuch um Bewilligung des Armenrechts ist bei dem Prozeßgericht anzubringen; es kann zur Niederschrift der Geschäftsstelle erklärt werden.

Dem Gesuch ist ein von der obrigkeitlichen Behörde der Partei ausgestelltes Zeugnis beizufügen, in dem unter Angabe des Standes oder Gewerbes, der Vermögens- und Familienverhältnisse der Partei sowie des Betrags der von dieser zu entrichtenden direkten Staatssteuern das Unvermögen zur Bestreitung der Prozeßkosten, im Falle des § 117 Abs. 3 Satz 1 auch die Gemeinnützigkeit der von der Partei verfolgten Zwecke ausdrücklich bezeugt wird. Für Personen, die unter Vormundschaft stehen, kann das Zeugnis auch von der vormundschaftlichen Behörde ausgestellt werden; soll von einem unehelichen Kinde ein Anspruch auf Unterhalt gegen seinen Vater geltend gemacht werden, so bedarf es des Zeugnisses nicht.

In dem Gesuch ist das Streitverhältnis unter Angabe der Beweismittel darzulegen.

§ 124 (§ 118 a).

Wird in Streitigkeiten über vermögensrechtliche Ansprüche auf ein Armenrechtsgesuch der Gegner zur Niederschrift der Geschäftsstelle des

Prozeßgerichts gehört und einigen sich hierbei beide Parteien über den streitigen Anspruch, so ist der Vergleich zur Niederschrift des Richters, und wenn die Geschäftsstelle eines anderen Gerichts um die Anhörung ersucht war, zur Niederschrift des Richters dieses Gerichts zu nehmen.

§ 125 (§ 119).

Die Bewilligung des Armenrechts erfolgt für jede Instanz besonders, für die erste Instanz einschließlich der Zwangsvollstreckung.

In der höheren Instanz bedarf es des Nachweises des Unvermögens nicht, wenn das Armenrecht in der vorherigen Instanz bewilligt war. Hat der Gegner das Rechtsmittel eingelegt, so ist in der höheren Instanz nicht zu prüfen, ob die Rechtsverfolgung oder Rechtsverteidigung der Partei mutwillig oder aussichtslos erscheint.

IV. Entziehung und Erlöschen des Armenrechts.

§ 126 (§ 121).

Das Armenrecht kann zu jeder Zeit entzogen werden, wenn sich ergibt, daß eine Voraussetzung der Bewilligung nicht vorhanden war oder nicht mehr vorhanden ist.

§ 127 (§ 122).

Das Armenrecht erlischt mit dem Tode der Person, der es bewilligt ist.

V. Kostenbeitreibung beim Gegner der armen Partei.

§ 128 (§ 123).

Die Gerichtskosten, von deren Berichtigung die arme Partei einstweilen befreit ist, können von dem in die Prozeßkosten verurteilten Gegner nach Maßgabe der für die Beitreibung rückständiger Gerichtskosten geltenden Vorschriften eingezogen werden.

Die Gerichtskosten, von deren Berichtigung der Gegner der armen Partei einstweilen befreit ist, sind von diesem einzuziehen, soweit er in die Prozeßkosten verurteilt oder der Rechtsstreit ohne Urteil über die Kosten beendigt ist.

§ 129 (§ 124).

Die für die arme Partei bestellten Gerichtsvollzieher und Rechtsanwälte sind berechtigt, ihre Gebühren und Auslagen von dem in die Prozeßkosten verurteilten Gegner beizutreiben.

Eine Einrede aus der Person der armen Partei ist nur insoweit zulässig, als die Aufrechnung von Kosten verlangt wird, die nach der in demselben Rechtsstreit über die Kosten erlassenen Entscheidung von der armen Partei zu erstatten sind.

VI. Verpflichtung der armen Partei zur Kostennachzahlung.

§ 130 (§ 125).

Haben sich die Vermögensverhältnisse einer Partei, auf Grund deren sie zum Armenrechte zugelassen wurde, soweit gebessert, daß sie imstande ist, die Beträge, von deren Berichtigung sie einstweilen befreit war, ganz oder teilweise nachzuzahlen, so ordnet das Gericht eine entsprechende Verpflichtung der Partei zur Nachzahlung an. Die Verpflichtung trifft in den Fällen, in denen einer Partei kraft Amtes das Armenrecht bewilligt ist, den Inhaber der von ihr vertretenen Vermögensmasse, sobald dieser die Verfügung darüber erlangt hat.

Absatz 1 gilt entsprechend in betreff derjenigen Beträge, von deren Berichtigung der Gegner einstweilen befreit war, soweit die arme Partei in die Prozeßkosten verurteilt ist.

VII. Form und Anfechtung der im Verfahren über das Armenrecht ergehenden Entscheidungen.

§ 131 (§ 126).

Über das Gesuch um Bewilligung des Armenrechts, über seine Entziehung und über die Verpflichtung zur Nachzahlung der Beträge, von deren Berichtigung die zum Armenrechte zugelassene Partei oder der Gegner einstweilen befreit ist, kann ohne vorgängige Verhandlung entschieden werden.

§ 132 (§ 127).

Der Beschluß, durch den das Armenrecht bewilligt wird, ist unanfechtbar. Gegen den Beschluß, durch den das Armenrecht verweigert oder entzogen oder die Nachzahlung von Kosten angeordnet wird, findet die Beschwerde statt. Dies gilt nicht in den Fällen, in denen das Berufungsgericht den Beschluß erlassen hat.

VIII. Strafvorschrift gegen Erschleichung des Armenrechts.

§ 133 (neu).

Eine Partei, die durch unwahre Angaben das Armenrecht erschlichen hat, ist zu einer Ordnungsstrafe in Geld oder zur Strafe der Ordnungshaft bis zu 6 Wochen und für den Fall, daß die Geldstrafe nicht beigetrieben werden kann, zur Ordnungshaft bis zu sechs Wochen zu verurteilen.

Gegen den Beschluß findet die sofortige Beschwerde statt.

Dritter Abschnitt.

Verfahren.

Erster Titel.

Zustellungen.

I. Zustellungen von Amts wegen.

§ 134 (neu).

Die Zustellungen erfolgen, soweit nicht ein anderes vorgeschrieben ist, von Amts wegen.

§ 135 (§§ 166, 193, 195, 202, 204, 209, 211).

Die Zustellung ist von der Geschäftsstelle zu veranlassen. Sie wird durch die Post oder den Gerichtswachtmeister, bei den Vollstreckungsgerichten auch durch den Gerichtsvollzieher ausgeführt.

§ 136 (§§ 170, 196, 210).

Die Zustellung besteht in der den §§ 138—171 entsprechenden Zuleitung einer Ausfertigung oder einer beglaubigten Abschrift des zuzustellenden Schriftstücks.

Urteile sind, wenn sie nach § 309 zugestellt werden, in Ausfertigung zuzustellen. Das gleiche gilt für Beschlüsse und Verfügungen, die mit der Zustellung wirksam werden.

In anderen Fällen genügt die Zustellung einer beglaubigten Abschrift. Die Übereinstimmung mit der Urschrift muß von einer Geschäftsstelle, einem Gerichtsvollzieher, einem Rechtsanwalt oder einem Notar beglaubigt sein. Behörden können die von ihnen eingereichten Abschriften selbst beglaubigen.

§ 137 (§§ 169 Abs. 1, § 496 Abs. 2 Satz 2).

Die Beteiligten sollen ihre Anträge und Erklärungen mit der zur Zustellung erforderlichen Zahl von Abschriften einreichen. Andernfalls werden diese, wenn die Nachforderung nicht tunlich erscheint, auf Kosten der Beteiligten bei Gericht hergestellt.

Das gleiche gilt bei den von Anwälten und Behörden eingereichten Schriftstücken für die Beglaubigung der Abschriften.

§ 138 (§ 189).

Bei der Zustellung an den Vertreter mehrerer Beteiligter oder an einen von mehreren Vertretern genügt die Zuleitung nur eines Stückes, dagegen sind einem Zustellungsbevollmächtigten mehrerer Beteiligter so viele Stücke zu übergeben, wie Beteiligte vorhanden sind.

§ 139 (§ 187).

Ergibt sich, daß ein unter Verletzung zwingender Zustellungsvorschriften zugeleitetes Schriftstück in die Hände des Prozeßbeteiligten gelangt ist, an den die Zustellung dem Gesetze gemäß gerichtet war oder gerichtet werden konnte, so kann die Zustellung als in dem Zeitpunkt bewirkt angesehen werden, in dem der Beteiligte das Schriftstück erhalten hat.

Das Gericht prüft, wenn es an einer formgerechten Zustellung fehlt, in freier Würdigung des Sachverhalts, ob der Zustellungszweck erreicht ist und wann das für einen Beteiligten bestimmte Schriftstück in seinen Besitz gelangte. Die Entscheidung ist unanfechtbar.

§ 140 (neu).

Die für einen Beteiligten bestimmte Zustellung kann, soweit dieses Gesetz keine Vorschrift darüber enthält, auch an denjenigen gerichtet werden, der nach den allgemeinen Rechtsvorschriften zur Vertretung des Beteiligten befugt ist.

§ 141 (§ 171).

Zustellungen für nicht prozeßfähige Personen sind an deren gesetzliche Vertreter zu richten.

Bei Behörden, Gemeinden, Vereinen und Stiftungen genügt es, wenn die Zustellung an den Vorsteher gerichtet wird.

Bei mehreren gesetzlichen Vertretern oder Vorstehern genügt es, wenn die Zustellung an einen von ihnen gerichtet wird. Das gleiche gilt, wenn in derselben Rechtsangelegenheit mehrere Personen gemeinschaftlich als Parteien kraft Amtes beteiligt sind.

§ 142 (§ 173).

Mit gleicher Wirkung wie an die Parteien kann die Zustellung an den Generalbevollmächtigten sowie in Angelegenheiten, die den Betrieb eines Handelsgewerbes betreffen, an den Prokuristen gerichtet werden.

§ 143 (neu).

Ist ein Zustellungsbevollmächtigter benannt, so kann die Zustellung an ihn mit gleicher Wirkung wie an den Prozeßbeteiligten gerichtet werden.

§ 144 (§§ 174, 175 Abs. 1).

Wohnt eine Partei nicht im Deutschen Reiche und hat sie auch keinen Prozeßbevollmächtigten aufgestellt, der am Ort oder innerhalb des Amtsgerichtsbezirkes wohnt, in dem das Prozeßgericht seinen Sitz hat, so hat sie dem Gericht in der ersten mündlichen Verhandlung oder, wenn sie dem Gericht vorher einen Schriftsatz einreicht, in diesem einen Zustellungsbevollmächtigten zu benennen, der in dem bezeichneten Orte oder Bezirke wohnt.

Die gleiche Verpflichtung kann von dem mit der Sache befaßten Richter oder Rechtspfleger einer Partei auferlegt werden, die nicht in dem im ersten Absatz bezeichneten Orte oder Bezirke wohnt und keinen daselbst wohnhaften Prozeßbevollmächtigten bestellt hat. Die Anordnung kann ohne vorgängige Verhandlung ergehen, sie ist unanfechtbar. Die für das Mahnverfahren getroffene Anordnung wirkt auch für das nachfolgende Streitverfahren.

§ 145 (§§ 176, 178).

In einem anhängigen Rechtsstreit sind Zustellungen an den für die Instanz bestellten Prozeßbevollmächtigten zu richten. Das gilt nicht für das Verfahren der Zwangsvollstreckung und des Zwangsvollzuges.

Als zu der Instanz gehörig sind auch diejenigen Prozeßhandlungen anzusehen, die das Verfahren vor dem Instanzgericht infolge Einspruchs oder einer Aufhebung des Urteils des Instanzgerichts zum Gegenstand haben.

§ 146 (§ 210 a Abs. 1).

Ist ein Schriftsatz zuzustellen, durch den ein Rechtsmittel eingelegt wird, so ist die Zustellung an den Prozeßbevollmächtigten der Instanz zu richten, deren Entscheidung angefochten wird, in Ermangelung eines solchen an den Prozeßbevollmächtigten erster Instanz. Ist von der Partei bereits ein Prozeßbevollmächtigter für die höhere, zur Verhandlung und Entscheidung über das Rechtsmittel zuständige Instanz bestellt, so kann die Zustellung auch an diesen gerichtet werden.

§ 147 (§§ 177, 210 a Abs. 2).

Ist der Aufenthalt eines Prozeßbevollmächtigten unbekannt oder ist ein Prozeßbevollmächtigter, an den die Zustellung nach § 146 gerichtet werden kann, nicht vorhanden, so ist die Zustellung an den, wenngleich nur für die erste Instanz bestellten Zustellungsbevollmächtigten, in Ermangelung eines solchen an die Partei selbst zu richten und, wenn sie einen Zustellungsbevollmächtigten zu bestellen hatte, die Bestellung aber unterlassen hat, durch Aufgabe zur Post (§ 160) auszuführen.

§ 148 (§ 172).

Schriftstücke, die Unteroffizieren oder Mannschaften der Reichswehr zuzustellen sind, sollen dem Chef der zunächst vorgesetzten Kommandobehörde (Chef der Kompagnie, Eskadron, Batterie usw.) oder dem bestimmungsgemäßen Vertreter ausgehändigt werden. Die Kommandobehörde soll in der Anschrift angegeben werden.

§ 149 (neu).

Die Zustellung wird dadurch ausgeführt, daß das zu übergebende Schriftstück demjenigen, an den die Zustellung gerichtet ist, auf einem der in den §§ 150 bis 171 vorgesehenen Wege zugänglich gemacht wird.

§ 150 (§§ 190, 193, 194, 195, 211, 212).

Ein Schriftstück kann dadurch zugestellt werden, daß das zu übergebende Schriftstück in einem mit dem Gerichtssiegel verschlossenen, mit der Anschrift versehenen Briefumschlag der Post oder dem Gerichtswachtmeister, bei Zustellungen, die das Vollstreckungsgericht veranlaßt, auch dem Gerichtsvollzieher, mit dem Auftrage der Aushändigung übergeben und dieser Auftrag ausgeführt wird.

Der Briefumschlag soll mit dem Vermerk »Zustellung« versehen werden und eine Geschäftsnummer tragen, die in den Akten vermerkt werden soll.

Der Gerichtswachtmeister und der Gerichtsvollzieher kann ein Schriftstück demjenigen, an den die Zustellung gerichtet ist, auch offen aushändigen. In diesem Falle soll die Anschrift und die Geschäftsnummer auf das zu übergebende Schriftstück gesetzt werden.

§ 151 (§ 180).

Das zu übergebende Schriftstück kann dem, welchem es zugestellt werden soll, an jedem Ort ausgehändigt werden, an dem er angetroffen wird. Hat er jedoch an diesem Orte eine Wohnung oder einen Geschäftsraum, so soll die Aushändigung, soweit dies nicht untunlich erscheint, zunächst in der Wohnung und dem Geschäftsraum versucht werden.

§ 152 (§ 188).

In den Stunden von 9 Uhr abends bis 6 Uhr morgens sowie an Sonntagen und staatlich anerkannten allgemeinen Feiertagen kann die Annahme verweigert werden, wenn nicht auf dem übergebenen Brief oder offenen Schriftstück vermerkt ist, daß der Rechtspfleger des Gerichts, das die Zustellung veranlaßt, bei Zustellungen, die das Vollstreckungsgericht veranlaßt, dieses die Erlaubnis zur Vornahme der Zustellung erteilt hat.

Zur Erteilung der Erlaubnis ist auch der Rechtspfleger des Amtsgerichts zuständig, in dessen Bezirk das Schriftstück ausgehändigt werden soll.

§ 153 (§§ 181, 183, 184, 185).

Kann das zu übergebende Schriftstück demjenigen, an den die Zustellung gerichtet ist, nicht ausgehändigt werden, weil er nicht angetroffen wird oder an der Annahme verhindert ist, so kann es mit der Aufforderung zur Weitergabe

in der Wohnung einem darin anwesenden erwachsenen Hausgenossen oder dem im selben Hause wohnhaften Hauswirt, Vermieter oder Hausmeister oder deren Ehefrau,

im Geschäftsraum einem dort leitend oder als Vertreter des Leiters tätigen erwachsenen Betriebsangehörigen oder Amtsgenossen,

in Betrieben, in denen für die Behandlung der Personalangelegenheiten eine besondere Abteilung eingerichtet ist, auch einem Beamten oder Angestellten dieser Abteilung

ausgehändigt werden, sofern diese nicht an dem Verfahren als Gegner beteiligt sind.

§ 154 (neu).

Ist eine Zustellung an einen Kranken in einem Krankenhaus oder an einen Gefangenen im Gefängnis vorzunehmen und kann diesen das Schriftstück nicht ausgehändigt werden, so kann es mit der Aufforderung zur Weitergabe dem Vorstand des Krankenhauses oder des Gefängnisses oder deren bestimmungsmäßigen Vertretern ausgehändigt werden.

Ist ein Schriftstück an die Angehörigen eines Betriebs an einem Orte zuzustellen, der für den Zustellungsbeamten nicht oder nur unter ungewöhnlichen Schwierigkeiten erreichbar ist, so kann es mit der Aufforderung zur Weitergabe einem Beamten oder Angestellten der örtlichen Betriebsleitung ausgehändigt werden.

§ 155 (§ 186).

Kann das zu übergebende Schriftstück nicht ausgehändigt werden, weil die Annahme ohne rechtfertigenden Grund verweigert wird, so gilt es als ausgehändigt, wenn es an dem Platze zurückgelassen wird, an dem die Aushändigung versucht wurde.

§ 156 (§§ 182, 184 Abs. 2).

Wird in der Wohnung und, wenn dem Zustellungsbeamten daneben ein Geschäftsraum angegeben war, auch in diesem niemand angetroffen, dem das zu übergebende Schriftstück ausgehändigt werden kann, so gilt es als ausgehändigt, wenn es bei der Postanstalt des Zustellungsorts oder bei dem Gemeindevorsteher oder dem Polizeivorsteher dieses Ortes niedergelegt und die Niederlegung durch eine schriftliche Anzeige dem Empfänger bekannt gemacht wird. Die Anzeige soll in der bei gewöhnlichen Briefen am Zustellungsort üblichen Weise bestellt oder, falls dies nicht tunlich ist, an der Tür der Wohnung befestigt oder einer in der Nachbarschaft wohnenden Person zur Weitergabe an den Empfänger ausgehändigt werden.

§ 157 (§ 190 Abs. 1 u. 4, § 195 Abs. 2 u. 3, § 212).

Über die Aushändigung oder Niederlegung hat der mit der Ausführung der Zustellung beauftragte Beamte eine Urkunde zu errichten und zu unterschreiben. Die Zeit der Zustellung soll er auf dem zu übergebenden Brief oder offenen Schriftstück vermerken. Der Vermerk kann auch mittels Durchschreibens hergestellt werden.

Die Urkunde soll der Postbote der Postanstalt, der Gerichtswachtmeister der Geschäftsstelle, der Gerichtsvollzieher dem Vollstreckungsgericht übermitteln. Die Postanstalt soll die ihr übermittelte Urkunde an die Geschäftsstelle weiterleiten.

§ 158 (§§ 191, 195 Abs. 2, § 212).

Die Zustellungsurkunde muß ersehen lassen:

1. Ort und Zeit der Zustellung;
2. wer den Auftrag zur Zustellung gegeben hat und an wen sie gerichtet war;

3. die Bezeichnung der Person, der das zu übergebende Schriftstück ausgehändigt wurde; bei einer Ersatzzustellung ferner den Grund, durch den die Aushändigung an diese Person gerechtfertigt wird sowie, daß sie zur Weitergabe aufgefordert wurde; im Falle der Niederlegung, wie die Vorschriften über sie befolgt wurden;
4. daß der seinem Verschluß und seiner Geschäftsnummer nach bezeichnete Brief ausgehändigt oder niedergelegt wurde oder daß die Annahme verweigert und der Brief am Zustellungsorte zurückgelassen wurde.

§ 159 (§ 212 a).

Zum Nachweis der Zustellung an einen Rechtsanwalt oder an eine Behörde genügt eine unterschriebene, mit Ort und Zeitangabe versehene Empfangsbestätigung des Anwalts oder der Behörde.

§ 160 (§§ 175, 192, 213).

Hat die zur Benennung eines Zustellungsbevollmächtigten verpflichtete Partei die Benennung unterlassen, so können alle Zustellungen bis zur nachträglichen Benennung in der Weise ausgeführt werden, daß das zu übergebende Schriftstück unter der Anschrift der Partei nach ihrem Wohnort als einfacher Brief zur Post gegeben wird. Die Postsendung soll mit der Bezeichnung »Einschreiben« versehen werden, wenn die Partei es beantragt und zur Zahlung der Mehrkosten sich bereit erklärt.

Mit der Aufgabe zur Post ist die Zustellung ausgeführt, auch wenn die Sendung als unbestellbar zurückkommt.

In den Akten ist zu vermerken, zu welcher Zeit und unter welcher Anschrift die Aufgabe geschehen ist; der Vermerk ist zu unterschreiben.

§ 161 (neu).

Ein Schriftstück kann auch dadurch zugestellt werden, daß das zu übergebende Schriftstück an der Amtsstelle demjenigen eingehändigt wird, an den die Zustellung gerichtet werden konnte. In den Akten und auf dem eingehändigten Schriftstück ist zu vermerken, wann dies geschehen ist; der Vermerk ist zu unterschreiben.

§ 162 (§ 203).

Die öffentliche Zustellung kann von dem mit der Sache befaßten Richter oder Rechtspfleger angeordnet werden:

1. wenn der Aufenthalt einer Partei unbekannt ist;
2. wenn die Zustellung an eine Partei im Ausland stattfinden müßte und die Befolgung der hierfür bestehenden Vorschriften nicht möglich ist oder keinen Erfolg verspricht.

Ist der Zustellungsempfänger der deutschen Gerichtsbarkeit nicht unterworfen, so kann die öffentliche Zustellung angeordnet werden, wenn sie nach Nr. 2 statthaft und die Vermittelung des Auswärtigen Amtes ergebnislos geblieben ist. Müßte eine Zustellung in der Wohnung oder dem Geschäftsraum eines der deutschen Gerichtsbarkeit nicht Unterworfenen stattfinden, so kann die öffentliche Zustellung angeordnet werden, wenn dieser die Zustimmung zum Betreten der Räume verweigert und die Vermittelung des Auswärtigen Amtes ergebnislos geblieben ist.

§ 163 (§§ 204, 205).

Die öffentliche Zustellung besteht darin, daß ein beglaubigter Auszug des zuzustellenden Schriftstücks an der Gerichtstafel angeheftet wird. Der Auszug muß das Gericht, die Parteien, die Sache und den wesentlichen Inhalt des zuzustellenden Schriftstücks, bei Ladungen insbesondere deren Zweck und die Zeit des Termins ersehen lassen.

Ist eine Ladung zuzustellen, so ist der Auszug außerdem einmal im Deutschen Reichsanzeiger einzurücken. Weitere Veröffentlichungen können angeordnet werden.

§ 164 (§ 206).

Ein Schriftstück, das keine Ladung enthält, ist öffentlich zugestellt, wenn seit der Anheftung an der Gerichtstafel zwei Wochen verstrichen sind. Die Zustellung ist gültig, auch wenn das Schriftstück vorzeitig von der Tafel entfernt wurde.

Eine Ladung ist an dem Tage öffentlich zugestellt, an dem die im Abs. 1 bezeichnete Frist abgelaufen und seit der letzten Einrückung in die öffentlichen Blätter ein Monat verstrichen ist.

Die Fristen können bei der Anordnung der öffentlichen Zustellung verlängert werden.

Die Befolgung der Zustellungsvorschriften ist aktenkundig zu machen.

§ 165 (neu).

Leitet die öffentliche Zustellung ein gerichtliches oder, ohne daß ein gerichtliches Verfahren vorangegangen wäre, ein vollstreckungsgerichtliches Verfahren ein, so soll dem Abwesenden für dieses Verfahren zugleich ein Vertreter bestellt werden.

§ 166 (§§ 199, 200, 202 Abs. 2).

Um Zustellungen, die im Ausland zu bewirken sind, werden die Behörden des fremden Staates oder die konsularischen oder diplomatischen Vertreter des Reichs ersucht.

Zustellungen an einen Deutschen, der das Recht der Exterritorialität genießt, oder an den Vorsteher eines deutschen Konsulats werden durch das Auswärtige Amt bewirkt.

Die Zustellung wird durch eine Bescheinigung der Behörde oder des Beamten, welche die Zustellung bewirkt haben, oder durch eine den Vorschriften des ausländischen Rechts entsprechende Zustellungsurkunde nachgewiesen.

§ 167 (§ 201).

Um Zustellungen an Personen, die zu einem im Ausland befindlichen oder zu einem mobilen Truppenteil oder zur Besatzung eines in Dienst gestellten Kriegsfahrzeuges gehören, werden die vorgesetzten Kommandobehörden ersucht. § 166 Abs. 3 gilt entsprechend.

II. Zustellungen auf Betreiben der Parteien.

§ 168 (§§ 208, 221 Abs. 2).

Auf die im Parteibetrieb stattfindenden Zustellungen finden die Vorschriften über die Zustellung von Amts wegen entsprechende Anwendung, soweit nicht aus den nachstehenden Vorschriften sich ein anderes ergibt.

Eine gesetzliche oder richterliche Frist, deren Beginn von der Zustellung abhängig ist, beginnt mit dieser auch gegen diejenige Partei, die die Zustellung hat bewirken lassen.

§ 169 (§§ 166 Abs. 1, 167 Abs. 1, 169, 193, 194 Abs. 1, 195).

Mit der Zustellung hat die Partei einen Gerichtsvollzieher zu beauftragen. Ein mündlicher Auftrag genügt. Zur Ausführung der Zustellung kann sich der Gerichtsvollzieher auch der Post bedienen.

Dem Gerichtsvollzieher ist das zuzustellende Schriftstück in Urschrift mit den erforderlichen Abschriften zu übergeben. Er soll die Zeit der Übergabe auf der Urschrift und den Abschriften vermerken und der Partei auf Verlangen bescheinigen. Auf dem zu übergebenden Schriftstück soll er den Auftraggeber vermerken.

Die Zustellungsurkunde soll dem Gerichtsvollzieher und von diesem mit der Urschrift dem Auftraggeber übermittelt werden.

§ 170 (§ 198).

Sind die Parteien durch Anwälte vertreten, so kann ein Schriftstück auch dadurch zugestellt werden, daß der zustellende Anwalt das zu übergebende Schriftstück dem anderen Anwalt übermittelt (Zustellung von Anwalt zu Anwalt). § 159 findet entsprechende Anwendung. Der zustellende Anwalt hat dem anderen Anwalt auf Verlangen eine Bescheinigung über die Zustellung zu erteilen.

Auch Schriftsätze, die nach den Vorschriften dieses Gesetzes von Amts wegen zuzustellen wären, können statt dessen von Anwalt zu Anwalt zugestellt werden, wenn nicht gleichzeitig dem Gegner eine gerichtliche Anordnung mitzuteilen ist. In dem Schriftsatz soll die Erklärung enthalten sein, daß er von Anwalt zu Anwalt zugestellt werde. Die Zustellung ist dem Gericht, sofern dies für die von ihm zu treffende Entscheidung erforderlich ist, nachzuweisen.

§ 171 (§ 207).

Die Bewilligung einer den §§ 162 bis 167 entsprechenden Zustellung kann die Partei beantragen. Der Antrag kann bei der Gechäftsstelle des

Amtsgerichts ihres Wohnsitzes oder Aufenthalts gestellt werden. Soll durch die Zustellung eine Frist gewahrt oder der Lauf der Verjährung oder eine Frist unterbrochen werden, so treten, wenn die Zustellung demnächst ausgeführt wird, ihre Wirkungen bereits mit der Einreichung des Antrags ein.

Zweiter Titel.

Termine, Fristen und Ladungen.

§ 172 (§ 497 Abs. 1 Satz 2, § 216 Abs. 2, 3).

Die Termine werden von Amts wegen bestimmt, wenn Anträge oder Erklärungen eingereicht werden, über die nur nach vorgängiger mündlicher Verhandlung entschieden werden kann, oder über die mündliche Verhandlung vom Gericht angeordnet ist.

Die Bestimmung der Termine erfolgt binnen vierundzwanzig Stunden durch den Richter.

Auf Sonntage und staatlich anerkannte allgemeine Feiertage sind Termine nur in Notfällen anzuberaumen.

§ 173 (§§ 497, 217).

Nach der Bestimmung des Termins hat die Geschäftsstelle die Ladung der Parteien zu veranlassen.

Die Ladung einer Partei ist nicht erforderlich, wenn ihr der Termin bei der Einreichung oder Anbringung der Klage oder des Antrags, auf Grund dessen die Terminsbestimmung stattfindet, mitgeteilt worden ist. Die Mitteilung ist zu den Akten zu vermerken.

Die Frist, die in einer anhängigen Sache zwischen der Zustellung der Ladung und dem Terminstag liegen soll (Ladungsfrist), beträgt mindestens drei Tage, in Meß- und Marktsachen mindestens vierundzwanzig Stunden.

§ 174 (§ 218).

Zu Terminen, die in verkündeten Entscheidungen bestimmt sind, ist eine Ladung der Parteien unbeschadet der Vorschrift des § 241 Abs. 2 nicht erforderlich.

§ 175 (§ 219).

Die Termine werden an der Gerichtsstelle abgehalten, sofern nicht die Einnahme eines Augenscheins an Ort und Stelle, die Verhandlung mit einer am Erscheinen vor Gericht verhinderten Person oder eine sonstige Handlung erforderlich ist, die an der Gerichtsstelle nicht vorgenommen werden kann.

Der Reichspräsident und der Präsident eines deutschen Landes sind nicht verpflichtet, persönlich an der Gerichtsstelle zu erscheinen.

§ 176 (§ 220).

Der Termin beginnt mit dem Aufruf der Sache.

Der Termin ist von einer Partei versäumt, wenn sie bis zu seinem Schlusse nicht verhandelt.

§ 177 (§ 221 Abs. 1, § 221 Abs. 2 ist jetzt § 168 Abs. 2).

Der Lauf einer richterlichen Frist beginnt, sofern nicht bei ihrer Festsetzung ein anderes bestimmt wird, mit der Zustellung des Schriftstücks, in dem die Frist festgesetzt ist, und, wenn es einer solchen Zustellung nicht bedarf, mit der Verkündung der Frist.

§ 178 (§ 222).

Für die Berechnung der Fristen gelten die Vorschriften des Bürgerlichen Gesetzbuchs.

Fällt das Ende einer Frist auf einen Sonntag oder staatlich anerkannten allgemeinen Feiertag, so endigt die Frist mit Ablauf des nächstfolgenden Werktags.

Bei der Berechnung einer Frist, die nach Stunden bestimmt ist, werden Sonntage und staatlich anerkannte allgemeine Feiertage nicht mitgerechnet.

§ 179 (§ 223).

Der Lauf einer Frist wird durch die Gerichtsferien gehemmt. Der noch übrige Teil der Frist beginnt mit dem Ende der Ferien zu laufen. Fällt der Anfang der Frist in die Ferien, so beginnt der Lauf der Frist mit deren Ende.

Die vorstehenden Bestimmungen finden auf Notfristen und Fristen in Feriensachen keine Anwendung.

Notfristen sind nur diejenigen Fristen, die in diesem Gesetz als solche bezeichnet werden.

§ 180 (§ 224).

Durch Vereinbarung der Parteien können Fristen, mit Ausnahme der Notfristen, abgekürzt werden.

Auf Antrag können richterliche und gesetzliche Fristen abgekürzt oder verlängert werden, wenn erhebliche Gründe glaubhaft gemacht sind, gesetzliche Fristen jedoch nur in den besonders bestimmten Fällen.

Im Falle der Verlängerung wird die neue Frist von dem Ablauf der vorigen Frist an berechnet, wenn nicht im einzelnen Falle ein anderes bestimmt ist.

§ 181 (§ 225).

Über das Gesuch um Abkürzung oder Verlängerung einer Frist kann ohne vorgängige Verhandlung entschieden werden.

Die Abkürzung oder wiederholte Verlängerung darf nur nach vorgängigem Gehör des Gegners bewilligt werden.

Der Beschluß, durch den das Gesuch um Verlängerung einer Frist zurückgewiesen wird, ist unanfechtbar.

§ 182 (§ 226).

Einlassungsfristen, Ladungsfristen sowie diejenigen Fristen, die für die Zustellung vorbereitender Schriftsätze bestimmt sind, können auf Antrag abgekürzt werden.

Die Abkürzung der Einlassungs- und der Ladungsfristen wird dadurch nicht ausgeschlossen, daß infolge der Abkürzung die mündliche Verhandlung durch Schriftsätze nicht vorbereitet werden kann.

Der Richter kann bei Bestimmung des Termins die Abkürzung ohne vorgängiges Gehör des Gegners und des sonst Beteiligten verfügen; diese Verfügung ist dem Beteiligten abschriftlich mitzuteilen.

§ 183 (§ 227).

Das Gericht kann aus erheblichen Gründen auf Antrag oder von Amts wegen einen Termin aufheben. Beschlüsse hierüber können ohne Verhandlung ergehen.

Der Beschluß über die Aufhebung eines Termins ist, falls er ohne Verhandlung ergeht, mit Gründen zu versehen. Auch die Zurückweisung eines Antrags auf Aufhebung eines Termins ist unanfechtbar.

Die Vorschriften der Abs. 1, 2 gelten auch für die Verlegung eines Termins und für die Vertagung einer Verhandlung.

§ 184 (§ 229).

Die in diesem Titel dem Gericht und dem Richter beigelegten Befugnisse stehen dem beauftragten oder ersuchten Richter in bezug auf die von diesen zu bestimmenden Termine und Fristen zu.

Dritter Titel.

Folgen der Versäumnis.

Wiedereinsetzung in den vorigen Stand.

§ 185 (§ 230).

Die Versäumung einer Prozeßhandlung hat zur Folge, daß die Partei mit der vorzunehmenden Prozeßhandlung ausgeschlossen ist.

§ 186 (§ 231).

Einer Androhung der gesetzlichen Folgen der Versäumung bedarf es nicht; sie treten von selbst ein, sofern nicht dieses Gesetz einen auf Verwirklichung des Rechtsnachteils gerichteten Antrag erfordert.

Im letzteren Falle kann, solange nicht der Antrag gestellt und die Verhandlung darüber geschlossen ist, die versäumte Prozeßhandlung nachgeholt werden.

§ 187 (§§ 233, 232 Abs, 2).

Einer Partei, die trotz Anwendung aller ihr nach Lage der Umstände zuzumutenden Sorgfalt verhindert war, eine Notfrist oder die Frist zur Begründung der Berufung oder der Revision oder die ihr gemäß § 483, § 517 Abs. 7 gesetzte Frist einzuhalten, ist auf Antrag die Wiedereinsetzung in den vorigen Stand zu erteilen.

Hat eine Partei die Einspruchsfrist versäumt, so ist ihr die Wiedereinsetzung auch dann zu erteilen, wenn sie von der Zustellung des Versäumnisurteils ohne ihr Verschulden keine Kenntnis erlangt hat.

Das Verschulden eines Vertreters der Partei steht im Sinne der Abs. 1, 2 ihrem eigenen Verschulden gleich.

§ 188 (§ 234).

Die Wiedereinsetzung muß innerhalb der Frist eines Monats beantragt werden.

Die Frist beginnt mit dem Tage, an dem das Hindernis gehoben ist.

Nach Ablauf eines Jahres, von dem Ende der versäumten Frist an gerechnet, kann die Wiedereinsetzung nicht mehr beantragt werden.

§ 189 (§ 236; § 235 ist fortgefallen).

Die Form des Antrags auf Wiedereinsetzung richtet sich nach den Vorschriften, die für die versäumte Prozeßhandlung gelten. Der Antrag muß enthalten:

1. die Angabe der die Wiedereinsetzung begründenden Tatsachen;
2. die Angabe der Mittel für deren Glaubhaftmachung;
3. die Nachholung der versäumten Prozeßhandlung oder, wenn diese bereits nachgeholt ist, die Bezugnahme hierauf.

§ 190 (§ 237).

Über den Antrag auf Wiedereinsetzung entscheidet das Gericht, dem die Entscheidung über die nachgeholte Prozeßhandlung zusteht.

§ 191 (§ 238).

Das Verfahren über den Antrag auf Wiedereinsetzung ist mit dem Verfahren über die nachgeholte Prozeßhandlung zu verbinden. Das Gericht kann jedoch das Verfahren zunächst auf die Verhandlung und Entscheidung über den Antrag beschränken.

Auf die Entscheidung über die Zulässigkeit des Antrags und auf die Anfechtung der Entscheidung finden die Vorschriften Anwendung, die in diesen Beziehungen für die nachgeholte Prozeßhandlung gelten. Der Partei, die den Antrag gestellt hat, steht jedoch der Einspruch nicht zu.

Die Kosten der Wiedereinsetzung fallen dem Antragsteller zur Last, soweit sie nicht durch einen unbegründeten Widerspruch des Gegners entstanden sind.

Vierter Titel.

Unterbrechung und Aussetzung des Verfahrens.

§ 192 (§ 239).

Stirbt eine Partei, so wird das Verfahren bis zur Aufnahme durch die Rechtsnachfolger unterbrochen.

Wird die Aufnahme verzögert, so sind auf Antrag der Gegenpartei die Rechtsnachfolger zur Aufnahme und zugleich zur Verhandlung der Hauptsache zu laden.

Die Ladung ist mit dem den Antrag enthaltenden Schriftsatz den Rechtsnachfolgern selbst zuzustellen. Die Ladungsfrist wird von dem Richter bestimmt.

Erscheinen die Rechtsnachfolger in dem Termine nicht, so ist auf Antrag die behauptete Rechtsnachfolge als zugestanden anzunehmen und zur Hauptsache zu verhandeln.

Der Erbe ist vor der Annahme der Erbschaft zur Fortsetzung des Rechtsstreits nicht verpflichtet.

§ 193 (§ 240).

Im Falle der Eröffnung des Konkurses über das Vermögen einer Partei wird das Verfahren, wenn es die Konkursmasse betrifft, unterbrochen, bis es nach den für den Konkurs geltenden Bestimmungen aufgenommen oder das Konkursverfahren aufgehoben wird.

§ 194 (§ 241).

Verliert eine Partei die Prozeßfähigkeit oder stirbt der gesetzliche Vertreter einer Partei oder hört seine Vertretungsbefugnis auf, ohne daß die Partei prozeßfähig geworden ist, so wird das Verfahren unterbrochen, bis der gesetzliche Vertreter oder der neue gesetzliche Vertreter von seiner Bestellung dem Gericht Anzeige macht, oder bis der Gegner seine Absicht, das Verfahren fortzusetzen, dem Gericht anzeigt.

Die Anzeige des gesetzlichen Vertreters ist dem Gegner der durch ihn vertretenen Partei, die Anzeige des Gegners ist dem Vertreter von Amts wegen mitzuteilen.

Diese Vorschrift findet entsprechende Anwendung, wenn eine Nachlaßverwaltung angeordnet wird.

§ 195 (§ 242).

Tritt während des Rechtsstreits zwischen einem Vorerben und einem Dritten über einen der Nacherbfolge unterliegenden Gegenstand der Fall der Nacherbfolge ein, so finden, sofern der Vorerbe befugt war, ohne Zustimmung des Nacherben über den Gegenstand zu verfügen, hinsichtlich der Unterbrechung und der Aufnahme des Verfahrens die Vorschriften des § 193 entsprechende Anwendung.

§ 196 (§ 243).

Wird im Falle der Unterbrechung des Verfahrens durch den Tod einer Partei ein Nachlaßpfleger bestellt oder ist ein zur Führung des Rechtsstreits berechtigter Testamentsvollstrecker vorhanden, so kommen die Vorschriften des § 195 und, wenn über den Nachlaß der Konkurs eröffnet wird, die Vorschriften des § 194 in betreff der Aufnahme des Verfahrens zur Anwendung.

§ 197 (§ 244).

Stirbt in Anwaltsprozessen der Anwalt einer Partei oder wird er unfähig, die Vertretung der Partei fortzuführen, so tritt eine Unterbrechung des Verfahrens ein, bis der bestellte neue Anwalt von seiner Bestellung dem Gericht Anzeige macht; die Anzeige ist dem Gegner von Amts wegen mitzuteilen.

Wird diese Anzeige verzögert, so ist auf Antrag des Gegners die Partei selbst zur Verhandlung der Hauptsache zu laden oder zur Bestellung eines neuen Anwalts binnen einer von dem Richter zu bestimmenden Frist aufzufordern. Wird dieser Aufforderung nicht Folge geleistet, so ist das Verfahren als aufgenommen anzusehen. Bis zur nachträglichen Anzeige der Bestellung eines neuen Anwalts können alle Zustellungen an die zur Anzeige verpflichtete Partei, sofern diese weder am Orte des Prozeßgerichts noch innerhalb des Amtsgerichtsbezirks wohnt, in dem das Prozeßgericht seinen Sitz hat, durch Aufgabe zur Post (§ 160) erfolgen.

§ 198 (§ 245).

Hört infolge eines Krieges oder eines anderen Ereignisses die Tätigkeit des Gerichts auf, so wird für die Dauer dieses Zustandes das Verfahren unterbrochen.

§ 199 (§ 246).

Fand in den Fällen des Todes, des Verlustes der Prozeßfähigkeit, des Wegfalls des gesetzlichen Vertreters, der Anordnung einer Nachlaßverwaltung oder des Eintritts der Nacherbfolge (§§ 193, 195, 196) eine Vertretung durch einen Prozeßbevollmächtigten statt, so tritt eine Unterbrechung des Verfahrens nicht ein; das Prozeßgericht hat jedoch auf Antrag des Bevollmächtigten, in den Fällen des Todes und der Nacherbfolge auch auf Antrag des Gegners die Aussetzung des Verfahrens anzuordnen.

Die Dauer der Aussetzung und die Aufnahme des Verfahrens richtet sich nach den Vorschriften der §§ 193, 195—197; in den Fällen des Todes und der Nacherbfolge ist die Ladung mit dem Schriftsatz, in dem sie beantragt ist, auch dem Bevollmächtigten zuzustellen.

§ 200 (§ 247).

Befindet sich eine Partei zu Kriegszeiten im Militärdienst, oder hält sich eine Partei an einem Orte auf, der durch obrigkeitliche Anordnung oder durch Krieg oder durch andere Zufälle von dem Verkehre mit dem Prozeßgericht abgeschnitten ist, so kann dieses auch von Amts wegen die Aussetzung des Verfahrens bis zur Beseitigung des Hindernisses anordnen.

§ 201 (§ 248).

Das Gesuch um Aussetzung des Verfahrens ist bei dem Prozeßgericht anzubringen; es kann zur Niederschrift der Geschäftsstelle erklärt werden.

Die Entscheidung kann ohne vorgängige mündliche Verhandlung erfolgen.

§ 202 (§ 249).

Die Unterbrechung und Aussetzung des Verfahrens hat die Wirkung, daß der Lauf einer jeden Frist aufhört und nach Beendigung der Unterbrechung oder Aussetzung die volle Frist von neuem zu laufen beginnt.

Die während der Unterbrechung oder Aussetzung von einer Partei in Ansehung der Hauptsache vorgenommenen Prozeßhandlungen sind der anderen Partei gegenüber ohne rechtliche Wirkung.

Durch die nach dem Schlusse einer mündlichen Verhandlung eintretende Unterbrechung wird die Verkündung der auf Grund dieser Verhandlung zu erlassenden Entscheidung nicht gehindert.

§ 203 (§ 250).

Die Aufnahme eines unterbrochenen oder ausgesetzten Verfahrens und die in diesem Titel erwähnten Anzeigen geschehen durch Einreichung eines Schriftsatzes. Der Schriftsatz ist der Gegenpartei zuzustellen.

§ 204 (§ 251).

Das Gericht hat das Ruhen des Verfahrens anzuordnen, wenn beide Parteien dies beantragen und anzunehmen ist, daß wegen Schwebens von Vergleichsverhandlungen oder aus sonstigen wichtigen Gründen diese Anordnung zweckmäßig ist. Die Anordnung hat auf den Lauf der im § 187 Abs. 1 bezeichneten Fristen keinen Einfluß.

Vor Ablauf von drei Monaten kann das Verfahren nur mit Zustimmung des Gerichts aufgenommen werden.

§ 205 (§ 252).

Gegen die Entscheidung, die auf Grund der Vorschriften dieses Titels oder auf Grund anderer gesetzlicher Bestimmungen die Aussetzung des Verfahrens anordnet oder ablehnt, findet Beschwerde, im Falle der Ablehnung sofortige Beschwerde statt.

Zweites Buch.

Das Verfahren in erster Instanz.

Erster Abschnitt.

Verfahren vor den Amtsgerichten.

Erster Titel.

Das Verfahren bis zum Urteil.

I. Die Klageschrift.

§ 206 (§ 253 Abs. 1, 2, § 496 Abs. 2).

Die Klage wird bei dem Prozeßgericht schriftlich eingereicht oder mündlich zur Niederschrift der Geschäftsstelle angebracht.

Die Klageschrift oder Niederschrift muß enthalten:
1. die Bezeichnung der Parteien und des Gerichts,
2. die Angabe dessen, was der Kläger begehrt, in Gestalt eines bestimmten Antrags,
3. die Angabe der Tatsachen, die zur Begründung des Antrags dienen sollen,
4. die Unterschrift des Klägers oder seines gesetzlichen Vertreters oder Bevollmächtigten.

§ 207 (§ 253 Abs. 3, 4 in Verb. m. §§ 130, 131).

In die Klageschrift sollen ferner aufgenommen werden:
1. Angaben über den Wert des Streitgegenstandes, wenn dieser nicht in einer bestimmten Geldsumme besteht und die Zuständigkeit des Gerichts von dem Werte abhängt;
2. die Bezeichnung des Standes oder Gewerbes und des Wohnorts der Parteien und ihrer Vertreter;
3. die Bezeichnung der Beweismittel, deren sich der Kläger für seine Behauptungen bedienen will.

Verfolgt der Kläger mit der Klage einen Anspruch, der im Mahnverfahren geltend gemacht werden könnte, so soll er in der Klageschrift den Grund angeben, der es rechtfertigt, daß er, anstatt einen Zahlungsbefehl zu beantragen, Klage erhebt.

Urkunden, auf die der Kläger Bezug nimmt, soll er, soweit sie sich in seinem Besitze befinden, in Urschrift oder in Abschrift beifügen. Sind die Urkunden dem Gegner bereits bekannt oder von bedeutendem Umfange, so genügt ihre genaue Bezeichnung mit dem Erbieten, Einsicht zu gewähren.

§ 208 (§ 260).

Mehrere Anträge des Klägers gegen denselben Beklagten können, auch wenn sie auf verschiedenen Gründen beruhen, in einer Klage verbunden werden, wenn für das gesamte Klagebegehren das Prozeßgericht zuständig ist und die Anträge in derselben Prozeßart geltend gemacht werden.

§ 209 (§ 254).

Wird mit der Klage auf Rechnungslegung oder auf Vorlegung eines Vermögensverzeichnisses oder auf Leistung des Offenbarungseides die Klage auf Herausgabe desjenigen verbunden, was der Beklagte aus dem zugrunde liegenden Rechtsverhältnisse schuldet, so kann die bestimmte Angabe der Leistungen, die der Kläger beansprucht, vorbehalten werden, bis die Rechnung mitgeteilt, das Vermögensverzeichnis vorgelegt oder der Offenbarungseid geleistet ist.

§ 210 (neu).

Eine Klage kann nur unbedingt erhoben werden. Der Kläger kann jedoch mit dem Klageantrag für den Fall seiner Erfolglosigkeit einen auf andere tatsächliche oder rechtliche Gesichtspunkte gestützten weiteren Antrag verbinden, wenn das Durchgreifen des zweiten Antrags von der Erfolglosigkeit des Hauptantrags abhängt.

Der Beklagte kann eine Widerklage für den Fall erheben, daß der Kläger mit seinem Klagebegehren Erfolg hat, sofern hiervon das Durchgreifen der Widerklage abhängt.

§ 211 (neu).

Wer auf Herausgabe einer Sache klagt und gegen den Beklagten für den Fall seines Unvermögens zur Herausgabe einen Anspruch auf Schadensersatz hat, kann beantragen, daß der Beklagte zur Herausgabe und, falls die herauszugebende Sache bei der Vollstreckung nicht vorgefunden werden sollte, zum Schadensersatz verurteilt wird.

Hat der Kläger, der einen Anspruch auf Zahlung geltend macht, das Recht, vom Beklagten beim Unterbleiben der Zahlung die Herausgabe einer Sache zu fordern, so kann er beantragen, den Beklagten für den Fall, daß die Zwangsvollstreckung wegen des Zahlungsanspruchs fruchtlos ist, zur Herausgabe der Sache zu verurteilen.

§ 212 (§ 255; vgl. a, § 510 b).

Hat der Kläger für den Fall, daß der Beklagte nicht vor dem Ablauf einer ihm zu bestimmenden Frist den erhobenen Anspruch befriedigt, das Recht, Schadensersatz wegen Nichterfüllung zu fordern oder die Aufhebung eines Vertrags herbeizuführen, so kann er verlangen, daß die Frist im Urteil bestimmt wird.

Das gleiche gilt, wenn dem Kläger das Recht, die Anordnung einer Verwaltung zu verlangen, für den Fall zusteht, daß der Beklagte nicht vor dem Ablauf einer ihm zu bestimmenden Frist die beanspruchte Sicherheit leistet, sowie im Falle des § 2193 Abs. 2 des Bürgerlichen Gesetzbuchs für die Bestimmung einer Frist zur Vollziehung der Auflage.

Der Kläger kann im Falle des Abs. 1 den Anspruch auf Schadensersatz bereits in der Klage geltend machen und beantragen, den Beklagten für den Fall, daß er ihn in der zu bestimmenden Frist wegen seines Hauptanspruchs nicht befriedigt, zur Leistung von Schadensersatz zu verurteilen. Die Höhe des Schadensersatzes bestimmt das Gericht nach freiem Ermessen.

II. Zustellung der Klageschrift.

§ 213 (§ 498 Abs. 1, 2).

Nach der Anberaumung des Termins zur Verhandlung über die Klage ist dem Beklagten mit der Ladung die Klageschrift oder die die Klage enthaltende Niederschrift zuzustellen.

Mit der Zustellung der Klageschrift soll die Aufforderung an den Beklagten verbunden werden, etwaige gegen die Behauptungen des Klägers vorzubringende Einwendungen und Beweismittel unter genauer Bezeichnung der zu beweisenden Tatsachen unverzüglich dem Gerichte durch Schriftsatz mitzuteilen.

III. Die vorbereitenden Schriftsätze.

§ 214 (vgl. § 129 Abs. 2).

Die Einreichung weiterer Schriftsätze zur Vorbereitung der mündlichen Verhandlung bleibt, soweit nicht das Gericht die Einreichung anordnet, den Parteien überlassen.

§ 215 (vgl. § 496 Abs. 2 und 4).

Auf die vorbereitenden Schriftsätze finden die für die Klageschrift gegebenen Vorschriften entsprechende Anwendung. An Stelle der Zustellung genügt jedoch nach dem Ermessen des Gerichts formlose Mitteilung.

Auch auf sonstige Anträge und Erklärungen einer Partei findet die Vorschrift über die Anbringung der Klage (§ 206 Abs. 1) Anwendung.

§ 216 (vgl. §§ 132 u. 272).

Vorbereitende Schriftsätze, die neue Tatsachen oder ein anderes neues Vorbringen, insbesondere neue Beweismittel oder Anträge enthalten, sind so zeitig einzureichen, daß der Gegner in der Lage ist, in der nächsten mündlichen Verhandlung eine Erklärung darauf abzugeben.

Verstößt eine Partei gegen diese Vorschrift oder kommt sie einer gemäß §§ 213 Abs. 2 und 214 getroffenen gerichtlichen Anordnung nicht rechtzeitig nach, und wird dadurch die Vertagung eines Termins herbeigeführt, so ist die Partei in die dadurch entstandenen Kosten sowie zu einer Strafgebühr in Höhe einer vollen Gebühr (§ 8 GKG.) zu verurteilen, sofern nicht das Gericht zu der Überzeugung gelangt, daß die Partei kein Verschulden trifft.

Gegen den Beschluß findet sofortige Beschwerde statt. Das Gericht kann die Weitergabe der Beschwerde bis zur Erledigung der Instanz aussetzen, wenn ihm dies, um eine Verzögerung der Erledigung des Rechtsstreits zu verhüten, angebracht erscheint.

IV. Einlassungsfrist.

§ 217 (§§ 262, 499, 261 Abs. 2).

Zwischen der Zustellung der Klageschrift und dem Termin zur mündlichen Verhandlung muß ein Zeitraum von mindestens drei Tagen liegen (Einlassungsfrist), wenn die Zustellung an einem Orte bewirkt wird, der Sitz des Prozeßgerichts ist oder im Bezirke des Prozeßgerichts liegt oder von dem ein Teil zu diesem Bezirke gehört. Wenn die Zustellung sonst im Inlande zu bewirken ist, beträgt die Einlassungsfrist mindestens eine Woche. In Meß- und Marktsachen beträgt die Einlassungsfrist vierundzwanzig Stunden.

Ist die Zustellung im Auslande vorzunehmen, so hat das Gericht bei der Festsetzung des Termins die Einlassungsfrist zu bestimmen.

Der Termin zur mündlichen Verhandlung soll nur soweit hinausgerückt werden, als es zur Wahrung der Einlassungsfrist geboten erscheint, sofern es nicht zur sachgemäßen Vorbereitung erforderlich ist, den Termin weiter hinaus anberaumen.

V. Die Rechtshängigkeit und ihre Wirkungen. — Klageänderung.

§ 218 (vgl. § 263 Abs. 1, § 498 Abs. 3, § 496 Abs. 3).

Mit der Zustellung der Klageschrift wird die Streitsache rechtshängig.

Soll durch die Zustellung eine Frist gewahrt oder die Verjährung oder eine andere Frist unterbrochen werden, so tritt diese Wirkung, sofern die Zustellung demnächst erfolgt, bereits mit der Einreichung oder Anbringung der Klage ein.

§ 219 (§ 263 Abs. 2).

Die Rechtshängigkeit hat folgende Wirkungen:

1. während der Dauer der Rechtshängigkeit kann die Streitsache von keiner Partei anderweit anhängig gemacht werden;
2. die Zuständigkeit des Prozeßgerichts wird durch eine Veränderung der sie begründenden Umstände nicht berührt.

§ 220 (§§ 268, 264).

Auch nach dem Eintritt der Rechtshängigkeit darf der Kläger, sofern die Begründung der Klage im wesentlichen dieselbe bleibt,

1. seine tatsächlichen oder rechtlichen Anführungen ergänzen oder berichtigen;
2. den Klageantrag in der Hauptsache oder in bezug auf Nebenforderungen erweitern oder beschränken;
3. statt des ursprünglich geforderten Gegenstandes wegen einer später eingetretenen oder ihm bekannt gewordenen Veränderung einen anderen Gegenstand oder das Interesse fordern.

Eine weitergehende Änderung der Klage ist nach dem Eintritt der Rechtshängigkeit nur zulässig, wenn der Beklagte einwilligt oder das Gericht sie für sachdienlich erachtet.

§ 221 (§ 269).

Die Einwilligung des Beklagten in die Änderung der Klage ist anzunehmen, wenn er, ohne der Änderung zu widersprechen, sich in einer Verhandlung auf die abgeänderte Klage eingelassen hat.

§ 222 (neu).

Soll ein Dritter neben oder an Stelle einer Partei in den Prozeß eintreten, so bedarf es unbeschadet der Vorschrift des § 220 Abs. 2 seiner Zustimmung.

Scheidet infolge der Klageänderung der ursprünglich Beklagte aus, so sind die ihm entstandenen Kosten dem Kläger aufzuerlegen, es sei denn, daß er durch sein Verhalten dem Kläger Anlaß gegeben hat, die Klage gegen ihn zu richten.

§ 223 (§ 270).

Die Entscheidung, daß eine Änderung der Klage nicht vorliege oder daß die Änderung zuzulassen sei, ist unanfechtbar.

§ 224 (§ 265).

Dadurch, daß nach dem Eintritt der Rechtshängigkeit die im Streit befangene Sache oder der durch Klage oder Widerklage geltend gemachte Anspruch auf einen Dritten übertragen oder mit dem Rechte eines Dritten belastet wird, tritt in der Parteistellung der Streitteile keine Änderung ein.

Die Befugnis des Rechtsnachfolgers, den Prozeß als Hauptpartei an Stelle des Rechtsvorgängers zu übernehmen, bestimmt sich nach den Vorschriften der §§ 220 Abs. 2, 222. Tritt der Rechtsnachfolger dem Streite bei, so findet der § 70 keine Anwendung.

Hat der Kläger veräußert oder abgetreten, so kann ihm, sofern das Urteil nach § 330 gegen den Rechtsnachfolger nicht wirksam sein würde, der Einwand entgegengesetzt werden, daß er zur Geltendmachung des Anspruchs nicht mehr befugt sei.

§ 225 (§ 266).

Ist über das Bestehen oder Nichtbestehen eines Rechts, das für ein Grundstück in Anspruch genommen wird, oder einer Verpflichtung, die auf einem Grundstück ruhen soll, zwischen dem Besitzer und einem Dritten ein Rechtsstreit anhängig, so ist im Falle der Veräußerung des Grundstücks der Rechtsnachfolger berechtigt und auf Antrag des Gegners verpflichtet, den Rechtsstreit in der Lage, in der er sich befindet, als Hauptpartei zu übernehmen.

Diese Bestimmung kommt insoweit nicht zur Anwendung, als ihr Vorschriften des bürgerlichen Rechts zugunsten derjenigen, die Rechte von einem Nichtberechtigten herleiten, entgegenstehen. In einem solchen Falle findet, wenn der Kläger veräußert hat, die Vorschrift des § 224 Abs. 3 Anwendung.

§ 226 (§ 267).

Die Vorschriften des bürgerlichen Rechts über die sonstigen Wirkungen der Rechtshängigkeit bleiben unberührt. Diese Wirkungen sowie alle Wirkungen, die durch die Vorschriften des bürgerlichen Rechts an die Anstellung, Mitteilung oder gerichtliche Anmeldung der Klage, an die Ladung oder Einlassung des Beklagten geknüpft werden, treten unbeschadet der Vorschriften des § 171 Satz 3 und des § 218 Abs. 2 mit der Erhebung der Klage ein.

VI. Zurücknahme der Klage.

§ 227 (§ 271).

Der Kläger kann seine Klage durch Erklärung in der mündlichen Verhandlung oder durch Einreichung eines Schriftsatzes zurücknehmen. Die Rücknahme ist nach dem Beginn der streitigen Verhandlung des Beklagten zur Hauptsache unwirksam, wenn der Beklagte widerspricht und glaubhaft macht, daß er an der Erledigung des Streites durch gerichtliche Entscheidung ein rechtliches Interesse hat. Der Widerspruch muß, wenn die Klage in Anwesenheit des Beklagten in der mündlichen Verhandlung zurückgenommen wird, sofort, in andern Fällen spätestens zu Beginn der ersten auf die Klagerücknahme folgenden Verhandlung erklärt werden.

Die Zurücknahme der Klage hat zur Folge, daß der Rechtsstreit als nicht anhängig geworden anzusehen ist; sie verpflichtet den Kläger, die Kosten des Rechtsstreits zu tragen, sofern nicht über sie bereits rechtskräftig erkannt ist. Auf Antrag des Beklagten ist diese Verpflichtung durch Beschluß auszusprechen. Der Beschluß kann ohne mündliche Verhandlung ergehen. Er unterliegt der sofortigen Beschwerde.

Wird die Klage von neuem angestellt, so kann der Beklagte, sofern ihm nicht das Armenrecht bewilligt war, die Einlassung verweigern, bis die Kosten erstattet sind.

VII. Die Verhandlung.

§ 228 (§ 128 ZPO. u. § 7 EntlVO.).

Das erkennende Gericht verhandelt mit den Parteien über den Rechtsstreit mündlich, soweit nicht dieses Gesetz Ausnahmen zuläßt.

Mit Einverständnis der Parteien kann das Gericht eine Entscheidung ohne mündliche Verhandlung treffen. Sofern für die Vorbereitung der Entscheidung noch schriftliche Erklärungen der Partei erforderlich werden, kann das Gericht Fristen bestimmen, innerhalb deren die Parteien ihre Erklärungen einzureichen haben.

Jede Partei hat ihre Erklärungen über tatsächliche Umstände vollständig und der Wahrheit gemäß abzugeben.

§ 229 (§ 136 Abs. 1 u. 2).

Der Richter eröffnet und leitet die Verhandlung.

Er erteilt in der mündlichen Verhandlung das Wort und kann es demjenigen, der seinen Anordnungen nicht Folge leistet, entziehen.

§ 230 (§ 136 Abs. 3 u. 4).

Der Richter hat Sorge zu tragen, daß die Sache in einer Verhandlung ohne Unterbrechung zu Ende geführt werde; erforderlichenfalls hat er den Termin zur Fortsetzung der Verhandlung sofort zu bestimmen.

Er schließt die Verhandlung, wenn die Sache vollständig erörtert ist, und verkündet die Urteile und Beschlüsse des Gerichts. In den Fällen einer schriftlichen Verhandlung gilt diese, sofern nicht der Richter selbst ein anderes bestimmt, als in dem Augenblick geschlossen, in dem die schriftlich abgefaßte Entscheidung des Gerichts der Geschäftsstelle zur Zustellung an die Parteien übergeben oder in den Fällen, in denen ihre Verkündung erforderlich ist, ein Termin zu ihrer Verkündung anberaumt wird.

VIII. Das Güteverfahren.

§ 231 (§ 54 AGG. u. § 499 b Abs. 3 ZPO.).

Die mündliche Verhandlung beginnt vorbehaltlich der Vorschrift des § 234 mit einer Verhandlung zum Zwecke der gütlichen Einigung der Parteien

(Güteverhandlung). In der Ladung zum Termin soll dieser ausdrücklich als Termin zur Güteverhandlung bezeichnet werden.

Das Gericht kann die zur Vorbereitung der Güteverhandlung ihm dienlich erscheinenden Maßnahmen treffen. Ordnet es das persönliche Erscheinen der Parteien an, so finden die Vorschriften des § 241 Abs. 2, 3 Anwendung.

§ 232 (§ 499 c).

In der Güteverhandlung erörtert das Gericht das gesamte Streitverhältnis in freier Würdigung aller Umstände mit den Parteien und sucht einen gütlichen Ausgleich herbeizuführen. Zur Aufklärung des Sachverhalts kann ein Augenschein eingenommen werden. Andere Aufklärungsmaßnahmen können insoweit getroffen werden, als sie sofort ausgeführt werden können; hierbei sollen Zeugen nur uneidlich gehört werden.

§ 233 (vgl. §§ 499 e u. f).

Sind beide Parteien in der Güteverhandlung erschienen und mißlingt der Versuch der Einigung, so tritt das Gericht auf Antrag einer Partei soweit möglich sofort, sonst in einem alsbald anzuberaumenden neuen Termin in die streitige Verhandlung ein. Dem Antrag soll erst entsprochen werden, nachdem die Partei, die ihn stellt, sich auf die in § 232 vorgesehene Erörterung eingelassen hat.

Bleibt im Gütetermin eine Partei aus, so ist auf Antrag der erschienenen Partei in die streitige Verhandlung einzutreten. Stellt die Partei den Antrag nicht oder bleiben beide Parteien aus, so ist ein neuer Termin zur Güteverhandlung anzuberaumen oder das Ruhen des Verfahrens anzuordnen.

IX. Die Streitverhandlung.

§ 234 (vgl. § 495 a Abs. 1 Satz 2).

Die mündliche Verhandlung beginnt sofort mit der Streitverhandlung,

1. wenn wegen des Anspruchs innerhalb des letzten Jahres vor einer durch die Landesjustizverwaltung eingerichteten oder anerkannten Gütestelle ein Ausgleich unter den Parteien erfolglos versucht worden war;
2. in Urkunden- und Wechselprozessen;
3. bei der Verhandlung von Widerklagen;
4. wenn nach dem Ermessen des Gerichts die sofortige Streitverhandlung durch einen sonstigen wichtigen Grund gerechtfertigt wird, insbesondere der Versuch einer gütlichen Einigung mit Rücksicht auf die Art des Anspruchs, die Verhältnisse der Beteiligten oder andere besondere Umstände aussichtslos erscheint.

§ 235 (§§ 137 Abs. 1, 139 Abs. 1 u. 2).

Die streitige Verhandlung wird dadurch eingeleitet, daß die Parteien ihre Anträge stellen.

Der Richter hat dahin zu wirken, daß die Parteien über alle erheblichen

Tatsachen sich vollständig erklären und die sachdienlichen Anträge stellen, insbesondere auch ungenügende Angaben der geltend gemachten Tatsachen ergänzen und die Beweismittel bezeichnen. Er hat zu diesem Zwecke, soweit erforderlich, das Sach- und Streitverhältnis mit den Parteien nach der tatsächlichen und der rechtlichen Seite erschöpfend zu erörtern und Fragen zu stellen. Er hat auf die Bedenken aufmerksam zu machen, die in Ansehung der von Amts wegen zu berücksichtigenden Punkte obwalten.

§ 236 (§ 272 b).

Der Richter hat schon vor der streitigen Verhandlung alle Anordnungen zu treffen, die angebracht erscheinen, damit der Rechtsstreit tunlichst in einer mündlichen Verhandlung erledigt wird.

Zu diesem Zwecke kann er insbesondere

1. den Parteien die Ergänzung oder Erläuterung ihrer vorbereitenden Schriftsätze, in geeigneten Fällen unter Fristsetzung gemäß § 239, sowie die Vorlegung von Urkunden, Stammbäumen, Plänen, Rissen und Zeichnungen aufgeben;
2. Behörden oder Beamte um Mitteilung von Urkunden oder um Erteilung einer amtlichen Auskunft ersuchen;
3. das persönliche Erscheinen der Parteien anordnen;
4. Zeugen, auf die eine Partei sich bezogen hat, zur mündlichen Verhandlung laden oder von ihnen nach Maßgabe der Vorschriften des § 376 schriftliche Auskünfte einholen;
5. die Einnahme des Augenscheins sowie die Begutachtung durch Sachverständige anordnen und ausführen oder Sachverständige zur mündlichen Verhandlung laden.

Anordnungen der unter Nr. 4, 5 bezeichneten Art sollen nur ergehen, wenn der Beklagte dem Klageanspruche bereits widersprochen hat. Erfordert die Ausführung der Anordnung die Abhaltung eines Termins, so ist dieser tunlichst mit dem Termin zur mündlichen Verhandlung zu verbinden.

§ 237 (§ 137 Abs. 2 und 3).

Die Parteien haben sich über das Streitverhältnis in freier Rede zu erklären. Zur Ergänzung ihres Vortrags kann eine Partei auf Schriftstücke Bezug nehmen, soweit das Gericht dies für angemessen hält und der Gegner nicht widerspricht. Schriftstücke dürfen nur insoweit vorgelesen werden, als es auf ihren wörtlichen Inhalt ankommt.

§ 238 (§ 138).

Jede Partei hat sich über die von dem Gegner behaupteten Tatsachen zu erklären.

Tatsachen, die nicht ausdrücklich bestritten werden, sind als zugestanden anzusehen, wenn nicht die Absicht, sie bestreiten zu wollen, aus den übrigen Erklärungen der Partei hervorgeht. Dies gilt bei einer Erklärung mit Nichtwissen nur für Tatsachen, die eigene Handlungen der Partei oder Gegenstand ihrer eigenen Wahrnehmung gewesen sind.

§ 239 (vgl. § 279 a).

Erachtet das Gericht bestimmte Punkte für aufklärungsbedürftig, so soll es, wenn ihm dies zur Förderung des Prozeßganges dienlich erscheint, den Parteien aufgeben, sich darüber innerhalb einer bestimmten Frist in einem Schriftsatz zu erklären.

§ 240 (§ 272 a).

Kann eine Partei in der mündlichen Verhandlung auf eine Behauptung des Gegners eine Erklärung nicht abgeben, weil ihr die Behauptung nicht rechtzeitig vor dem Termine mitgeteilt ist, so kann auf ihren Antrag das Gericht eine Frist bestimmen, innerhalb deren sie die Erklärung in einem Schriftsatz nachbringen kann, und gleichzeitig einen Termin zur Verkündung einer Entscheidung anberaumen, der auch über eine Woche hinaus angesetzt werden kann. Ist bis zu dem Termin der Schriftsatz dem Gegner zugestellt oder gemäß § 215 Abs. 1 Satz 2 mitgeteilt, so ist sein Inhalt bei der Entscheidung zu berücksichtigen; wird der Schriftsatz bis zu dem Termin nicht eingereicht, so gilt die Behauptung des Gegners als nicht bestritten.

§ 241 (§ 141).

Das Gericht kann das persönliche Erscheinen einer Partei zur Aufklärung des Sachverhalts oder zur Vornahme eines Sühneversuchs (§ 279) anordnen; von der Anordnung soll abgesehen werden, wenn der Partei wegen weiter Entfernung ihres Aufenthaltsorts vom Gerichtssitz oder aus sonstigen wichtigen Gründen die persönliche Wahrnehmung des Termins nicht zugemutet werden kann.

Wird das Erscheinen angeordnet, so ist die Partei von Amts wegen zu laden. Die Ladung ist der Partei selbst zuzustellen, auch wenn sie durch einen Prozeßbevollmächtigten vertreten wird.

Bleibt die Partei im Termin aus, so können gegen sie die gleichen Ordnungsstrafen wie gegen einen im Vernehmungstermine nicht erschienenen Zeugen, jedoch mit Ausnahme der Ordnungshaft, verhängt werden. Dies gilt nicht, wenn die Partei zur Verhandlung einen Vertreter entsendet, der zur Aufklärung des Tatbestandes in der Lage und zur Abgabe der gebotenen Erklärungen, insbesondere zu einem Vergleichsabschlusse, ermächtigt ist. Die Partei ist auf die Folgen ihres Ausbleibens in der Ladung hinzuweisen.

§ 242 (§ 144).

Das Gericht kann die Einnahme des Augenscheins sowie die Begutachtung durch Sachverständige von Amts wegen anordnen.

§ 243 (§ 145).

Das Gericht kann anordnen, daß mehrere in einer Klage erhobene Ansprüche in getrennten Prozessen verhandelt werden.

Dasselbe gilt, wenn der Beklagte eine Widerklage erhoben hat und der Gegenanspruch mit dem Gegenstand der Klage nicht in rechtlichem Zusammenhange steht.

Macht der Beklagte die Aufrechnung einer Gegenforderung geltend, die mit der in der Klage geltend gemachten Forderung nicht in rechtlichem Zusammenhange steht, so kann das Gericht anordnen, daß über die Klage und über die Aufrechnung getrennt verhandelt werde; die Vorschriften des § 296 finden Anwendung.

§ 244 (§ 146).

Das Gericht kann anordnen, daß bei mehreren auf denselben Anspruch sich beziehenden selbständigen Angriffs- oder Verteidigungsmitteln (klagebegründenden Tatsachen, Einreden, Repliken usw.) die Verhandlung zunächst auf eines oder einige dieser Angriffs- oder Verteidigungsmittel zu beschränken ist.

§ 245 (§ 147).

Das Gericht kann die Verbindung mehrerer bei ihm anhängiger Prozesse derselben oder verschiedener Parteien zum Zwecke der gleichzeitigen Verhandlung und Entscheidung anordnen, wenn die Ansprüche, die den Gegenstand dieser Prozesse bilden, in rechtlichem Zusammenhange stehen oder in einer Klage hätten geltend gemacht werden können.

§ 246 (§ 148).

Das Gericht kann, wenn die Entscheidung des Rechtsstreits ganz oder zum Teil von dem Bestehen oder Nichtbestehen eines Rechtsverhältnisses abhängt, das den Gegenstand eines anderen anhängigen Rechtsstreits bildet oder von einer Verwaltungsbehörde festzustellen ist, anordnen, daß die Verhandlung bis zur Erledigung des anderen Rechtsstreits oder bis zur Entscheidung der Verwaltungsbehörde auszusetzen sei.

§ 247 (§ 149).

Das Gericht kann, wenn sich im Laufe eines Rechtsstreits der Verdacht einer strafbaren Handlung ergibt, deren Ermittelung auf die Entscheidung von Einfluß ist, die Aussetzung der Verhandlung bis zur Erledigung des Strafverfahrens anordnen.

§ 248 (§ 150).

Das Gericht kann die von ihm erlassenen, eine Trennung, Verbindung oder Aussetzung betreffenden Anordnungen wieder aufheben.

§ 249 (§ 151).

Hängt die Entscheidung eines Rechtsstreits davon ab, ob eine Ehe nichtig ist, so hat das Gericht, wenn die Nichtigkeit nur im Wege der Nichtigkeitsklage geltend gemacht werden kann, auf Antrag das Verfahren auszusetzen und, falls die Nichtigkeitsklage noch nicht erhoben ist, eine Frist zur Erhebung der Klage zu bestimmen. Ist die Nichtigkeitsklage rechtskräftig erledigt oder wird sie nicht vor dem Ablauf der bestimmten Frist erhoben, so ist die Aufnahme des ausgesetzten Verfahrens zulässig.

§ 250 (§ 152).

Hängt die Entscheidung eines Rechtsstreits davon ab, ob eine im Wege der Anfechtungsklage angefochtene Ehe anfechtbar ist, so hat das Gericht auf Antrag das Verfahren auszusetzen. Ist der Rechtsstreit über die Anfechtungsklage erledigt, so findet die Aufnahme des ausgesetzten Verfahrens statt.

§ 251 (§ 153).

Hängt die Entscheidung eines Rechtsstreits davon ab, ob ein Kind, dessen Ehelichkeit im Wege der Anfechtungsklage angefochten worden ist, unehelich ist, so finden die Vorschriften des § 250 entsprechende Anwendung.

§ 252 (§ 154).

Wird im Laufe eines Rechtsstreits streitig, ob zwischen den Parteien eine Ehe besteht oder nicht besteht, und hängt von der Entscheidung dieser Frage die Entscheidung des Rechtsstreits ab, so hat das Gericht auf Antrag das Verfahren auszusetzen, bis der Streit über das Bestehen oder Nichtbestehen der Ehe im Wege der Feststellungsklage rechtskräftig erledigt ist.

Diese Vorschrift findet entsprechende Anwendung, wenn im Laufe eines Rechtsstreits streitig wird, ob zwischen den Parteien ein Eltern- und Kindesverhältnis besteht oder nicht besteht oder ob der einen Partei die elterliche Gewalt über die andere zustehe oder nicht zustehe, und von der Entscheidung dieser Fragen die Entscheidung des Rechtsstreits abhängt.

§ 253 (§ 155).

In den Fällen der §§ 249—251 kann das Gericht auf Antrag die Anordnung, durch die das Verfahren ausgesetzt ist, aufheben, wenn der Rechtsstreit, der die Nichtigkeit oder die Anfechtung der Ehe oder die Anfechtung der Ehelichkeit zum Gegenstande hat, verzögerlich betrieben wird.

§ 254 (§ 156).

Das Gericht kann die Wiedereröffnung einer Verhandlung, die geschlossen war, anordnen.

§ 255 (§ 157).

Mit Ausnahme der Rechtsanwälte sind Personen, die das Verhandeln vor Gericht geschäftsmäßig betreiben, als Bevollmächtigte und Beistände in der mündlichen Verhandlung ausgeschlossen. Sie sind auch dann ausgeschlossen, wenn sie als Partei einen ihnen abgetretenen Anspruch geltend machen und nach der Überzeugung des Gerichts der Anspruch abgetreten ist, um ihren Ausschluß von der mündlichen Verhandlung zu vermeiden.

Das Gericht kann Parteien, Bevollmächtigten und Beiständen, die nicht Rechtsanwälte sind, wenn ihnen die Fähigkeit zum geeigneten Vortrag mangelt, den weiteren Vortrag untersagen. Diese Anordnung ist unanfechtbar.

Die Vorschrift des Abs. 1 findet auf Personen, denen das mündliche Verhandeln vor Gericht durch eine seitens der Justizverwaltung getroffene Anordnung gestattet ist, keine Anwendung. Die Justizverwaltung soll bei ihrer Entschließung sowohl auf die Eignung der Person als auch darauf Rücksicht nehmen, ob im Hinblick auf die Zahl der bei dem Gericht zugelassenen Rechtsanwälte ein Bedürfnis zur Zulassung besteht.

§ 256 (§ 158).

Ist eine bei der Verhandlung beteiligte Person zur Aufrechterhaltung der Ordnung von dem Orte der Verhandlung entfernt worden, so kann auf Antrag gegen sie in gleicher Weise verfahren werden, als wenn sie sich freiwillig entfernt hätte. Das gleiche gilt im Falle des § 255 Abs. 2, sofern die Untersagung bereits in einer früheren Verhandlung geschehen war.

X. Behandlung der Verfahrenseinreden und der von Amts wegen zu berücksichtigenden Verfahrensmängel.

§ 257 (§ 274).

Die folgenden, das Verfahren betreffenden Einreden sind gleichzeitig und vor der Verhandlung des Beklagten zur Hauptsache vorzubringen:

1. die Einrede der Unzuständigkeit des Gerichts, sofern es sich nicht umeine ausschließliche Zuständigkeit handelt,
2. die Einrede des Schiedsvertrags,
3. die Einrede der mangelnden Sicherheit für die Prozeßkosten,
4. die Einrede, daß die zur Erneuerung des Rechtsstreits erforderliche Erstattung der Kosten des früheren Verfahrens noch nicht erfolgt sei.

Nach dem Beginne seiner Verhandlung zur Hauptsache kann der Beklagte diese Einreden nur vorbringen, wenn er glaubhaft macht, daß er ohne sein Verschulden nicht imstande gewesen sei, sie vor der Verhandlung zur Hauptsache geltend zu machen.

§ 258 (§ 275).

Über die in § 257 bezeichneten Einreden kann besonders verhandelt und durch Urteil entschieden werden.

Das gleiche gilt, wenn hinsichtlich der Zulässigkeit des Rechtswegs, hinsichtlich der Rechtshängigkeit (§ 219) und in den Fällen einer ausschließlichen Zuständigkeit hinsichtlich der Zuständigkeit des Gerichts, ferner hinsichtlich der Parteifähigkeit oder Prozeßfähigkeit einer Partei oder hinsichtlich ihrer gesetzlichen Vertretung Bedenken bestehen oder von einer Partei geltend gemacht sind.

Das Urteil, das die Einreden verwirft oder die in Abs. 2 bezeichneten Bedenken für unbegründet erklärt, ist in betreff der Rechtsmittel als Endurteil anzusehen; das Gericht kann jedoch auf Antrag anordnen, daß zur Hauptsache zu verhandeln sei.

§ 259 (§§ 276 u. 506).

Ist auf Grund der Bestimmungen über die örtliche oder sachliche Zuständigkeit der Gerichte die Unzuständigkeit des Gerichts auszusprechen, so hat das angegangene Gericht, sofern das zuständige Gericht bestimmt werden kann, auf Antrag des Klägers durch Beschluß sich für unzuständig zu erklären und den Rechtsstreit an das zuständige Gericht zu verweisen. Sind mehrere Gerichte zuständig, so erfolgt die Verweisung an das vom Kläger gewählte Gericht. Solange die Klage noch nicht zugestellt ist, kann der Beschluß ohne vorgängige Verhandlung ergehen.

Der Beschluß ist unanfechtbar; mit der Verkündung des Beschlusses gilt der Rechtsstreit als bei dem im Beschlusse bezeichneten Gericht anhängig. Der Beschluß ist für dieses Gericht bindend.

Die im Verfahren vor dem angegangenen Gericht erwachsenen Kosten werden als Teil der Kosten behandelt, die bei dem im Beschlusse bezeichneten Gericht erwachsen. Dem Kläger sind die entstandenen Mehrkosten auch dann aufzuerlegen, wenn er in der Hauptsache obsiegt.

Wird durch Widerklage oder Erweiterung des Klageantrags (§ 220 Abs. 1) ein Anspruch erhoben, der zur Zuständigkeit des Landgerichts gehört, oder wird gemäß § 263 ein Feststellungsantrag gestellt, für den das Landgericht zuständig ist, so hat das Amtsgericht, sofern eine Partei vor weiterer Verhandlung zur Hauptsache dies beantragt, sich durch Beschluß für unzuständig zu erklären und den Rechtsstreit an das Landgericht zu verweisen. Die Vorschriften des Abs. 2, 3 Satz 1 finden entsprechende Anwendung.

XI. Nachträgliches Vorbringen von Angriffs- und Verteidigungsmitteln.

§ 260 (§ 278).

Angriffs- und Verteidigungsmittel (Einreden, Widerklagen usw.) können bis zum Schlusse derjenigen Verhandlung, auf die das Urteil ergeht, geltend gemacht werden.

Das Gericht hat, wenn durch das nachträgliche Vorbringen eines Angriffs- oder Verteidigungsmittels die Erledigung des Rechtsstreits verzögert wird, der obsiegenden Partei, die nach freier richterlicher Überzeugung imstande war, das Angriffs- oder Verteidigungsmittel zeitiger geltend zu machen, die Prozeßkosten ganz oder teilweise aufzuerlegen.

§ 261 (§ 279).

Angriffs- oder Verteidigungsmittel, die von einer Partei nachträglich vorgebracht werden, können zurückgewiesen werden, wenn durch deren Zulassung die Erledigung des Rechtsstreits verzögert werden würde und nach der freien Überzeugung des Gerichts die Partei in der Absicht, den Prozeß zu verschleppen, oder aus grober Nachlässigkeit das Angriffs- oder Verteidigungsmittel nicht rechtzeitig vorgebracht hat.

§ 262 (§ 279 a).

Ist eine Partei der Aufforderung des Gerichts, innerhalb einer Frist sich über bestimmte Punkte in einem vorbereitenden Schriftsatz zu erklären (§ 239), nicht nachgekommen, so kann die Erklärung, wenn sie später nachgeholt wird, unberücksichtigt bleiben, wenn die Partei die Verspätung nicht genügend entschuldigt und die Berücksichtigung der verspäteten Erklärung eine Verzögerung des Verfahrens zur Folge haben würde.

XII. Zwischenfeststellungsklage und Widerklage. Rechtshängigkeit eines erst im Laufe des Prozesses erhobenen Anspruchs.

§ 263 (§ 280).

Bis zum Schlusse derjenigen Verhandlung, auf die das Urteil ergeht, kann der Kläger durch Erweiterung des Klageantrags, der Beklagte durch Erhebung einer Widerklage beantragen, daß ein im Laufe des Prozesses streitig gewordenes Rechtsverhältnis, von dessen Bestehen oder Nichtbestehen die Entscheidung des Rechtsstreits ganz oder zum Teil abhängt, durch richterliche Entscheidung festgestellt werde.

§ 264 (§ 281).

Ein erst im Laufe des Prozesses erhobener Anspruch wird mit dem Zeitpunkte rechtshängig, in dem er in der mündlichen Verhandlung geltend gemacht oder ein den Erfordernissen des § 206 Abs. 2 Nr. 2, 3 entsprechender Schriftsatz zugestellt oder gemäß § 215 Abs. 1 Satz 2 mitgeteilt wird.

XIII. Allgemeine Grundsätze des Beweisverfahrens.

§ 265 (§ 282).

Jede Partei hat unter Bezeichnung der Beweismittel, deren sie sich zum Nachweis oder zur Widerlegung tatsächlicher Behauptungen bedienen will, den Beweis anzutreten und über die von der Gegenpartei angegebenen Beweismittel sich zu erklären.

Wie bei den einzelnen Beweismitteln die Partei den Beweis anzutreten die Vorschriften des fünften bis neunten Titels bestimmt.

§ 266 (§ 283).

Beweismittel und Beweiseinreden können bis zum Schlusse derjenigen Verhandlung, auf die das Urteil ergeht, geltend gemacht werden.

Auf das nachträgliche Vorbringen von Beweismitteln und Beweiseinreden finden die Vorschriften der §§ 260 Abs. 2, 261 und 262 entsprechende Anwendung.

§ 267 (§ 284).

Die Beweisaufnahme und die Anordnung eines besonderen Beweisaufnahmeverfahrens durch Beweisbeschluß wird durch die Vorschriften des vierten bis zehnten Titels bestimmt.

§ 268 (§ 285).

Das Gericht hat die Parteien zur Erklärung über das Ergebnis der Beweisaufnahme zu veranlassen.

Sind die Beweise nicht vor dem Prozeßgericht erhoben, so haben die Parteien das Ergebnis auf Grund der Beweisverhandlungen vorzutragen.

§ 269 (§ 286).

Das Gericht hat unter Berücksichtigung des gesamten Inhalts der Verhandlungen und des Ergebnisses einer etwaigen Beweisaufnahme nach freier Überzeugung zu entscheiden, ob eine tatsächliche Behauptung für wahr oder für nicht wahr zu erachten sei. In dem Urteile sind die Gründe anzugeben, die für die richterliche Überzeugung leitend gewesen sind.

An gesetzliche Beweisregeln ist das Gericht nur in den durch dieses Gesetz bezeichneten Fällen gebunden.

§ 270 (§ 287).

Ist unter den Parteien streitig, ob ein Schaden entstanden sei, und wie hoch sich der Schaden oder ein zu ersetzendes Interesse belaufe, so entscheidet hierüber das Gericht unter Würdigung aller Umstände nach freier Überzeugung. Ob und inwieweit eine beantragte Beweisaufnahme oder von Amts wegen die Begutachtung durch Sachverständige anzuordnen sei, bleibt dem Ermessen des Gerichts überlassen. Das Gericht kann den Beweisführer über den Schaden oder das Interesse vernehmen; § 441 Abs. 1 Satz 1, 3, Abs. 2, 3 finden entsprechende Anwendung.

Die Vorschriften des Abs. 1 Satz 1, 2 finden bei vermögensrechtlichen Streitigkeiten auch in anderen Fällen entsprechende Anwendung, soweit unter den Parteien die Höhe einer Forderung streitig ist und die vollständige Aufklärung aller hierfür maßgebenden Umstände mit Schwierigkeiten verbunden ist, die zu der Bedeutung der streitigen Forderung in keinem Verhältnis stehen.

§ 271 (§ 288).

Die von einer Partei behaupteten Tatsachen bedürfen insoweit keines Beweises, als sie im Laufe des Rechtsstreits von dem Gegner bei der Verhandlung oder zur Niederschrift eines ersuchten Richters zugestanden sind.

§ 272 (§ 289).

Die Wirksamkeit des gerichtlichen Geständnisses wird dadurch nicht beeinträchtigt, daß ihm eine Behauptung hinzugefügt wird, die ein selbständiges Angriffs- oder Verteidigungsmittel enthält.

Inwiefern eine vor Gericht abgegebene einräumende Erklärung ungeachtet anderer zusätzlicher oder einschränkender Behauptungen als ein Geständnis anzusehen sei, bestimmt sich nach der Beschaffenheit des einzelnen Falles.

§ 273 (§ 290).

Der Widerruf hat auf die Wirksamkeit des gerichtlichen Geständnisses nur dann Einfluß, wenn die widerrufende Partei beweist, daß das Geständnis der Wahrheit nicht entspreche und durch einen Irrtum veranlaßt sei. In diesem Falle verliert das Geständnis seine Wirksamkeit.

§ 274 (§ 291).

Tatsachen, die bei dem Gericht offenkundig sind, bedürfen keines Beweises.

§ 275 (§ 292).

Stellt das Gesetz für das Vorhandensein einer Tatsache eine Vermutung auf, so ist der Beweis des Gegenteils zulässig, sofern nicht das Gesetz ein anderes vorschreibt.

§ 276 (§ 293).

Das in einem anderen Staate geltende Recht, die Gewohnheitsrechte und Statuten bedürfen des Beweises nur insofern, als sie dem Gericht unbekannt sind. Bei Ermittelung dieser Rechtsnormen ist das Gericht auf die von den Parteien beigebrachten Nachweise nicht beschränkt; es ist befugt, auch andere Erkenntnisquellen heranzuziehen.

§ 277 (§ 294).

Wer eine tatsächliche Behauptung glaubhaft zu machen hat, kann sich aller Beweismittel, die sofort erhoben werden können, mit Ausnahme des Antrags auf Parteivernehmung bedienen, auch zur Versicherung an Eides Statt zugelassen werden.

XIV. Verlust von Verfahrensrügen.

§ 278 (§ 295).

Die Verletzung einer das Verfahren und insbesondere die Form einer Prozeßhandlung betreffenden Vorschrift kann nicht mehr gerügt werden, wenn die Partei auf die Befolgung der Vorschrift verzichtet, oder wenn sie bei der nächsten Verhandlung, die auf Grund des betreffenden Verfahrens stattgefunden hat oder in der darauf Bezug genommen ist, den Mangel nicht gerügt hat, obgleich sie an der Verhandlung teilgenommen hatte und ihr der Mangel bekannt war oder bekannt sein mußte.

Die vorstehende Bestimmung kommt nicht zur Anwendung, wenn Vorschriften verletzt sind, auf deren Befolgung eine Partei wirksam nicht verzichten kann.

XV. Sühneversuch.

§ 279 (§ 296).

Das Gericht soll, auch wenn die Güteverhandlung (§ 231) erfolglos geblieben ist, die gütliche Erledigung des Rechtsstreits während des weiteren Verfahrens versuchen, sofern ihm eine solche Erledigung angebracht erscheint. Es kann, wenn der Sühneversuch außerhalb seines Sitzes vorgenommen werden soll, auch ein anderes Gericht darum ersuchen. Die Vorschrift des § 241 findet auch auf das Verfahren vor dem ersuchten Richter Anwendung.

XVI. Die Niederschrift.

§ 280 (§ 159).

Über die mündliche Verhandlung vor dem Gericht, einschließlich der Güteverhandlung, ist eine Niederschrift aufzunehmen.

Die Niederschrift enthält:

1. den Ort und den Tag der Verhandlung;
2. die Namen des Richters, des Urkundsbeamten der Geschäftsstelle und des etwa zugezogenen Dolmetschers;
3. die Bezeichnung des Rechtsstreits;
4. die Namen der erschienenen Parteien, gesetzlichen Vertreter, Bevollmächtigten und Beistände;
5. die Angabe, ob öffentlich oder unter Ausschluß der Öffentlichkeit verhandelt ist.

§ 281 (§§ 160, 510 a).

Der Gang der Verhandlung ist nur im allgemeinen anzugeben.

Durch Aufnahme in die Niederschrift sind festzustellen:

1. die Anerkenntnisse, Verzichtleistungen und Vergleiche, durch die der geltend gemachte Anspruch ganz oder teilweise erledigt wird;
2. die Anträge und die Erklärungen, die eine Partei über den Antrag, sie gemäß § 434 zu vernehmen, abgegeben hat; an Stelle der Feststellung in der Niederschrift genügt die Bezugnahme auf den Inhalt eines vorbereitenden Schriftsatzes;
3. sonstige Erklärungen einer Partei, insbesondere Geständnisse, insoweit, als das Gericht bei dem Schlusse der mündlichen Verhandlung die Feststellung für angemessen erachtet;
4. die Aussagen der Zeugen und Sachverständigen, hierbei ist eine Bezugnahme auf die Niederschrift über eine frühere Vernehmung zulässig;
5. das Ergebnis eines Augenscheins;
6. die Entscheidungen (Urteile, Beschlüsse und Verfügungen) des Gerichts, sofern sie nicht der Niederschrift schriftlich beigefügt sind;
7. die Verkündung der Entscheidungen.

Der Aufnahme in die Niederschrift steht die Aufnahme in eine Schrift gleich, die der Niederschrift als Anlage beigefügt und als solche darin bezeichnet ist.

§ 282 (§ 161).

Die Feststellung der Aussagen der Zeugen und Sachverständigen sowie des Ergebnisses eines Augenscheins kann unterbleiben, wenn der Beweis vor dem Prozeßgericht aufgenommen wird und das Endurteil der Berufung nicht unterliegt. In diesem Falle ist in der Niederschrift nur zu bemerken, daß die Vernehmung stattgefunden habe.

Abs. 1 gilt nicht, soweit die Aussage beeidigt wird.

§ 283 (§ 162).

Die Niederschrift ist insoweit, als sie die Nr. 1—5 des § 281 oder den Verzicht auf schriftliche Begründung des Schiedsurteils (§ 459) betrifft, den Beteiligten vorzulesen oder zur Durchsicht vorzulegen. In der Niederschrift ist zu bemerken, daß dies geschehen und die Genehmigung erfolgt sei oder welche Einwendungen erhoben sind.

§ 284 (§ 163).

Die Niederschrift ist von dem Richter und dem Urkundsbeamten der Geschäftsstelle zu unterschreiben. Im Falle der Verhinderung des Richters genügt die Unterschrift des Urkundsbeamten.

Von der Zuziehung eines Urkundsbeamten kann nach Bestimmung des Richters abgesehen werden.

§ 285 (§ 163 a).

Niederschriften größeren Umfanges, insbesondere über die Aussagen von Zeugen und Sachverständigen und über das Ergebnis eines Augenscheins, können in einer gebräuchlichen Kurzschrift als Anlage der Niederschrift (§ 281 Abs. 2) aufgenommen werden. In diesem Falle ist die Anlage stets den Beteiligten vorzulesen und allein von dem Urkundsbeamten der Geschäftsstelle zu unterzeichnen. § 283 Satz 2 findet Anwendung. Nach Beendigung des Termins ist unverzüglich eine Übertragung der Anlage der Niederschrift in die gewöhnliche Schrift anzufertigen und von dem Urkundsbeamten der Geschäftsstelle zu beglaubigen. Die Übertragung tritt für das weitere Verfahren an die Stelle der Anlage.

Der Nachweis der Unrichtigkeit der Übertragung ist jederzeit zulässig.

§ 286 (§ 164).

Die Beobachtung der für die mündliche Verhandlung vorgeschriebenen Förmlichkeiten kann nur durch die Niederschrift bewiesen werden. Gegen ihren diese Förmlichkeiten betreffenden Inhalt ist nur der Nachweis der Fälschung zulässig.

§ 287 (§ 165).

Zu den Verhandlungen, die außerhalb der Sitzung vor einem Richter stattfinden, ist ein Urkundsbeamter der Geschäftsstelle gleichfalls zuzuziehen. § 284 Abs. 2 findet Anwendung.

XVII. Akteneinsicht.

§ 288 (§ 299).

Die Parteien können von den Prozeßakten Einsicht nehmen und sich daraus durch die Geschäftsstelle Ausfertigungen, Auszüge und Abschriften erteilen lassen.

Dritten Personen kann der Vorstand des Gerichts ohne Einwilligung der Parteien die Einsicht der Akten nur gestatten, wenn ein rechtliches Interesse glaubhaft gemacht wird.

Die Entwürfe zu Urteilen, Beschlüssen und Verfügungen, die zu ihrer Vorbereitung gelieferten Arbeiten, sowie die Schriftstücke, die Abstimmungen oder Strafverfügungen betreffen, werden weder vorgelegt noch abschriftlich mitgeteilt.

Zweiter Titel.

Urteil.

I. Voraussetzung und Gegenstand des Endurteils.

§ 289 (§ 300).

Ist der Rechtsstreit zur Endentscheidung reif, so hat sie das Gericht durch Endurteil zu erlassen.

Dasselbe gilt, wenn von mehreren zum Zwecke gleichzeitiger Verhandlung und Entscheidung verbundenen Prozessen nur der eine zur Endentscheidung reif ist.

§ 290 (§ 308).

Das Gericht ist nicht befugt, einer Partei etwas zuzusprechen, was nicht beantragt ist. Dies gilt insbesondere von Früchten, Zinsen und anderen Nebenforderungen.

Über die Verpflichtung, die Prozeßkosten zu tragen, hat das Gericht auch ohne Antrag zu erkennen.

§ 291 (§ 301).

Ist von mehreren in einer Klage geltend gemachten Ansprüchen nur der eine oder ist nur ein Teil eines Anspruchs oder bei erhobener Widerklage nur die Klage oder die Widerklage zur Endentscheidung reif, so hat sie das Gericht durch Endurteil (Teilurteil) zu erlassen.

Die Erlassung eines Teilurteils kann unterbleiben, wenn das Gericht sie nach Lage der Sache nicht für angemessen erachtet.

§ 292 (§§ 257—259).

Zur Leistung oder zur Duldung der Zwangsvollstreckung darf das Gericht nur verurteilen, wenn der Kläger die Leistung sofort oder Zug um Zug gegen eine Gegenleistung fordern darf.

Zur künftigen Leistung darf das Gericht nur verurteilen, wenn

1. die Fälligkeit einer nicht von einer Gegenleistung abhängigen Geldforderung oder die Durchführbarkeit des Anspruchs auf Räumung eines Grundstücks, eines Wohnraums oder eines anderen Raumes an den Eintritt eines Kalendertags geknüpft ist;
2. die Besorgnis gerechtfertigt ist, daß der Schuldner sich der rechtzeitigen Leistung entziehen werde;
3. bei wiederkehrenden Leistungen auch nur wegen einer von ihnen die Voraussetzungen der Verurteilung vorliegen.

§ 293 (§ 721).

Das Gericht kann, wenn es zur Räumung eines Wohnraums verurteilt, dem Schuldner auf Antrag in dem Urteil eine den Umständen nach angemessene Frist zur Räumung gewähren.

§ 294 (§ 256).

Auf Feststellung des Bestehens oder Nichtbestehens eines Rechtsverhältnisses darf das Gericht nur erkennen, wenn der Kläger ein rechtliches Interesse an der alsbaldigen Feststellung hat.

§ 295 (neu).

Auf Begründung, Änderung oder Aufhebung von Rechtsverhältnissen darf das Gericht nur in den vom Gesetze zugelassenen Fällen erkennen.

II. Vorbehalts- und Zwischenurteil.

§ 296 (§ 302).

Hat der Beklagte die Aufrechnung einer Gegenforderung geltend gemacht, und steht diese Einrede mit der in der Klage geltend gemachten Forderung nicht in rechtlichem Zusammenhange, so kann, wenn nur die Verhandlung über die Forderung zur Entscheidung reif ist, diese unter Vorbehalt der Entscheidung über die Aufrechnung erlassen werden.

Enthält das Urteil keinen Vorbehalt, so kann die Ergänzung des Urteils nach Vorschrift des § 313 beantragt werden.

Das Urteil, das unter Vorbehalt der Entscheidung über die Aufrechnung ergeht, ist in betreff der Rechtsmittel und der Zwangsvollstreckung als Endurteil anzusehen.

In betreff der Aufrechnung, über die die Entscheidung vorbehalten ist, bleibt der Rechtsstreit anhängig. Soweit sich in dem weiteren Verfahren ergibt, daß der Anspruch des Klägers unbegründet war, ist das frühere Urteil aufzuheben, der Kläger mit dem Anspruch abzuweisen und über die Kosten anderweit zu entscheiden. Der Kläger ist zum Ersatze des Schadens verpflichtet, der dem Beklagten durch die Vollstreckung des Urteils oder durch eine zur Abwendung der Vollstreckung gemachte Leistung entstanden ist. Der Beklagte kann den Anspruch auf Schadensersatz in dem anhängigen Rechtsstreit geltend machen; wird der Anspruch geltend gemacht, so ist er als zur Zeit der Zahlung oder Leistung rechtshängig geworden anzusehen.

§ 297 (§ 303).

Ist ein selbständiges Angriffs- oder Verteidigungsmittel oder ein Zwischenstreit zur Entscheidung reif, so kann das Gericht durch Zwischenurteil entscheiden.

§ 298 (§ 304).

Ist ein Anspruch nach Grund und Betrag streitig, so kann das Gericht über den Grund vorab entscheiden.

Das Urteil ist in betreff der Rechtsmittel als Endurteil anzusehen; das Gericht kann jedoch, wenn der Anspruch für begründet erklärt ist, auf Antrag anordnen, daß über den Betrag zu verhandeln sei.

§ 299 (§ 305).

Durch die Geltendmachung der dem Erben nach den §§ 2014, 2015 des Bürgerlichen Gesetzbuchs zustehenden Einreden wird eine unter dem Vorbehalte der beschränkten Haftung ergehende Verurteilung des Erben nicht ausgeschlossen.

Das gleiche gilt für die Geltendmachung der Einreden, die im Falle der fortgesetzten Gütergemeinschaft dem überlebenden Ehegatten nach dem § 1489 Abs. 2 und den §§ 2014, 2015 des Bürgerlichen Gesetzbuchs zustehen.

III. Verzicht- und Anerkenntnisurteil.

§ 300 (§ 306).

Verzichtet der Kläger in der Verhandlung auf den geltend gemachten Anspruch, so ist er auf Grund des Verzichts mit dem Anspruch abzuweisen, wenn der Beklagte die Abweisung beantragt.

§ 301 (§ 307).

Erkennt eine Partei den gegen sie geltend gemachten Anspruch in der Verhandlung ganz oder zum Teil an, so ist sie auf Antrag dem Anerkenntnisse gemäß zu verurteilen.

IV. Urteilsfällung und -verkündung.

§ 302 (§ 309).

Das Urteil, das auf Grund mündlicher Verhandlung ergeht, kann nur von dem Richter gefällt werden, vor dem sie stattgefunden hat. Als eine solche mündliche Verhandlung ist diejenige nicht anzusehen, die einer ohne mündliche Verhandlung gefällten Entscheidung vorangegangen ist, auch wenn ihr Ergebnis bei der Entscheidung mit berücksichtigt wird; das gleiche gilt im Falle der Entscheidung nach Lage der Akten für eine mündliche Verhandlung, die vor dem Termin, auf Grund dessen die Entscheidung ergeht, stattgefunden hat.

§ 303 (§ 310).

Das Urteil wird in dem Termin, in dem die mündliche Verhandlung geschlossen wird, oder in einem sofort anzuberaumenden Termin, der nicht über eine Woche hinaus angesetzt werden soll, verkündet. Letzteres gilt auch für Urteile, die gemäß § 228 Abs. 2 ohne mündliche Verhandlung ergehen.

§ 304 (§ 311).

Das Urteil wird durch Vorlesung der Urteilsformel verkündet. Versäumnisurteile, Urteile, die auf Grund eines Verzichts oder Anerkenntnisses erlassen werden, können verkündet werden, auch wenn die Urteilsformel noch nicht schriftlich abgefaßt ist.

Die Entscheidungsgründe werden, wenn dies für angemessen erachtet wird, durch Verlesung oder mündliche Mitteilung des wesentlichen Inhalts bekannt gemacht.

§ 305 (§ 312).

Die Wirksamkeit der Verkündung eines Urteils ist von der Anwesenheit der Parteien nicht abhängig. Die Verkündung gilt auch derjenigen Partei gegenüber als bewirkt, die den Termin versäumt hat.

Die Befugnis einer Partei, auf Grund eines verkündeten Urteils das Verfahren fortzusetzen oder von dem Urteil in anderer Weise Gebrauch zu machen, ist von der Zustellung an den Gegner nicht abhängig, soweit nicht dieses Gesetz ein anderes bestimmt.

V. Inhalt des Urteils.

§ 306 (§ 313).

Das Urteil enthält:

1. die Bezeichnung der Parteien einschließlich der Personen, die einer Partei gemäß §§ 67 ff. beigetreten sind, ihrer gesetzlichen Vertreter und der Prozeßbevollmächtigten nach Namen, Stand oder Gewerbe, Wohnort und Parteistellung;
2. die Bezeichnung des Gerichts und die Namen der Richter, die bei der Entscheidung mitgewirkt haben;
3. eine gedrängte Darstellung des Sach- und Streitstandes auf Grundlage der mündlichen Vorträge der Parteien unter Hervorhebung der gestellten Anträge (Tatbestand);
4. die Entscheidungsgründe;
5. die von der Darstellung des Tatbestandes und der Entscheidungsgründe äußerlich zu sondernde Urteilsformel.

Die Darstellung des Tatbestandes kann durch eine Bezugnahme auf den Inhalt der vorbereitenden Schriftsätze und auf die in der Niederschrift getroffenen Feststellungen ersetzt werden, soweit sich aus ihnen der Sach- und Streitstand richtig und vollständig ergibt. In jedem Falle sind jedoch die erhobenen Ansprüche genügend zu kennzeichnen und die dazu vorgebrachten Angriffs- und Verteidigungsmittel ihrem Wesen nach hervorzuheben.

Wird durch Versäumnisurteil nach dem Antrag des Klägers erkannt, so kann das Urteil in abgekürzter Form auf die bei den Akten befindliche Urschrift der Klage oder auf ein damit zu verbindendes Blatt gesetzt werden. In diesem Falle ist das Urteil als Versäumnisurteil zu bezeichnen. Des Tatbestandes, der Entscheidungsgründe und der Bezeichnung der mitwirkenden Richter bedarf es nicht. Der Bezeichnung der Parteien, ihrer gesetzlichen Vertreter und der Prozeßbevollmächtigten bedarf es nur insoweit, als von den Angaben der Klageschrift abgewichen wird. In der Urteilsformel kann auf die Klageschrift Bezug genommen werden. Wird das Urteil auf ein Blatt gesetzt, das mit der Klageschrift verbunden wird, so soll die Verbindungsstelle mit dem Gerichtssiegel versehen oder die Verbindung mit Schnur und Siegel bewirkt werden.

§ 307 (§ 314).

Der Tatbestand des Urteils liefert rücksichtlich des mündlichen Parteivorbringens Beweis. Dieser Beweis kann nur durch die Niederschrift über die Verhandlung entkräftet werden.

§ 308 (§ 315).

Das Urteil ist von dem Richter zu unterschreiben.

Ein Urteil, das bei der Verkündung noch nicht in vollständiger Form abgefaßt war, ist vor Ablauf einer Woche, vom Tage der Verkündung an gerechnet, in vollständiger Abfassung der Geschäftsstelle zu übergeben. Kann dies ausnahmsweise nicht geschehen, so ist innerhalb der Woche das von dem Richter unterschriebene Urteil unter Weglassung des Tatbestandes und der Entscheidungsgründe der Geschäftsstelle zu übergeben. In diesem Falle sind Tatbestand und Entscheidungsgründe alsbald nachträglich anzufertigen, von dem Richter besonders zu unterschreiben und der Geschäftsstelle zu übergeben.

Der Urkundsbeamte der Geschäftsstelle hat auf dem Urteil den Tag der Verkündung zu bemerken und diese Bemerkung zu unterschreiben.

VI. Zustellung des Urteils.

§ 309 (§ 317).

Die Urteile werden beiden Parteien zugestellt. Versäumnisurteile sind nur der Partei zuzustellen, zu deren Ungunsten sie ergangen sind.

Hat die obsiegende Partei zur Stellung des Vollstreckungsantrags die Mitwirkung der Geschäftsstelle in Anspruch genommen, so soll die Zustellung an die Gegenpartei, sofern sie nicht durch einen Prozeßbevollmächtigten vertreten ist, dem Vollstreckungsgericht überlassen werden.

Solange das Urteil nicht verkündet und nicht unterschrieben ist, dürfen Ausfertigungen, Auszüge und Abschriften davon nicht erteilt werden. Die Urteile werden, sofern nicht von einer Partei ein anderes beantragt wird, unter Weglassung des Tatbestandes und der Entscheidungsgründe ausgefertigt und zugestellt. Die Zustellung einer solchen Ausfertigung steht, soweit nicht ein anderes bestimmt ist, in den Wirkungen der Zustellung eines vollständigen Urteils gleich.

Die Ausfertigungen und Auszüge der Urteile sind von dem Urkundsbeamten der Geschäftsstelle zu unterschreiben und mit dem Gerichtssiegel zu versehen.

Ist das Urteil nach § 306 Abs. 3 in abgekürzter Form hergestellt, so erfolgt die Ausfertigung in gleicher Weise unter Benutzung einer beglaubigten Abschrift der Klageschrift oder in der Weise, daß das Urteil durch Aufnahme der im § 306 Abs. 1 Nr. 1, 2, 5 bezeichneten Angaben vervollständigt wird.

VII. Wirkung des Urteils.

§ 310 (§ 318).

Das Gericht ist an die Entscheidung, die in den von ihm erlassenen End- und Zwischenurteilen enthalten ist, gebunden.

VIII. Berichtigung und Ergänzung des Urteils.

§ 311 (§ 319).

Schreibfehler, Rechenfehler und ähnliche Versehen, durch die das von dem Gericht Gewollte in dem Urteil unrichtig wiedergegeben wird, sind jederzeit von dem Gericht auch von Amts wegen zu berichtigen.

Über die Berichtigung kann ohne vorgängige mündliche Verhandlung entschieden werden. Der Beschluß, der eine Berichtigung ausspricht, wird auf dem Urteil und den Ausfertigungen vermerkt.

Gegen den Beschluß, durch den der Antrag auf Berichtigung zurückgewiesen wird, findet kein Rechtsmittel, gegen den Beschluß, der eine Berichtigung ausspricht, findet sofortige Beschwerde statt.

§ 312 (§ 320).

Enthält der Tatbestand des Urteils Unrichtigkeiten, die nicht unter die Bestimmung des vorstehenden Paragraphen fallen, Auslassungen, Dunkelheiten oder Widersprüche, so kann die Berichtigung durch Einreichung eines Schriftsatzes beantragt werden.

Der Schriftsatz ist dem Gegner des Antragstellers zuzustellen. Das Gericht kann über den Antrag mündliche Verhandlung anordnen. Geschieht das nicht, so kann ein Beschluß erst ergehen, wenn sich der Gegner des Antragstellers geäußert hat oder seit der Zustellung des den Antrag enthaltenden Schriftsatzes an ihn eine Woche verstrichen ist.

Das Gericht entscheidet ohne vorgängige Beweisaufnahme. Die Entscheidung kann nur von dem Richter getroffen werden, der das Urteil gefällt hat. Eine Anfechtung des Beschlusses findet nicht statt. Der Beschluß, der eine Berichtigung ausspricht, wird auf dem Urteil und den Ausfertigungen bemerkt.

Die Berichtigung des Tatbestandes hat eine Änderung des übrigen Teils des Urteils nicht zur Folge.

§ 313 (§ 321).

Wenn ein nach dem ursprünglich festgestellten oder nachträglich berichtigten Tatbestande von einer Partei geltend gemachter Haupt- oder Nebenanspruch oder wenn der Kostenpunkt oder ein Antrag aus § 293 bei der Endentscheidung ganz oder teilweise übergegangen ist, so ist auf Antrag das Urteil durch nachträgliche Entscheidung zu ergänzen.

Die nachträgliche Entscheidung ist binnen einer einwöchigen Frist, die mit der Zustellung des Urteils beginnt, durch Einreichung eines Schriftsatzes zu beantragen.

Auf den Antrag ist, unbeschadet der Vorschrift des § 228 Abs. 2, ein Termin zur mündlichen Verhandlung anzuberaumen. Dem Gegner des Antragstellers ist mit der Ladung zu diesem Termin der den Antrag enthaltende Schriftsatz zuzustellen.

Die Verhandlung hat nur den nicht erledigten Teil des Rechtsstreits zum Gegenstande.

IX. Vorläufige Vollstreckbarkeit.

§ 314 (vgl. §§ 708, 709).

Urteile über vermögensrechtliche Ansprüche sind, wenn der Gegenstand der Verurteilung und, soweit sie auf Klageabweisung lauten oder gemäß §§ 294, 295 ergangen sind, wenn der Gegenstand der Entscheidung an Geld oder Geldeswert die Summe von 500 Reichsmark nicht übersteigt, für vorläufig vollstreckbar zu erklären.

Auch wenn die Voraussetzungen des Abs. 1 nicht vorliegen, sind für vorläufig vollstreckbar zu erklären:

1. Urteile, die auf Grund eines Anerkenntnisses eine Verurteilung aussprechen oder sich auf die Entscheidung über den Kostenpunkt beschränken;
2. Versäumnisurteile;
3. Urteile, die im Urkunden- oder Wechselprozeß erlassen werden;
4. Urteile, die die Verpflichtung zur Entrichtung von Alimenten oder zur Entrichtung einer nach den §§ 843, 844 des Bürgerlichen Gesetzbuchs geschuldeten Geldrente aussprechen, soweit die Entrichtung für die Zeit nach der Erhebung der Klage und für das der Erhebung der Klage vorausgehende letzte Vierteljahr zu erfolgen hat;
5. Urteile über Streitigkeiten zwischen dem Vermieter und dem Mieter oder Untermieter von Wohnräumen oder anderen Räumen oder zwischen dem Mieter und dem Untermieter solcher Räume wegen Überlassung, Benutzung oder Räumung, sowie wegen Zurückhaltung der von dem Mieter oder dem Untermieter in die Mietsräume eingebrachten Sachen;

6. Urteile über Streitigkeiten zwischen Reisenden und Wirten, Fuhrleuten, Schiffern, Flößern oder Auswanderungsexpedienten in den Einschiffungshäfen, die über Wirtszechen, Fuhrlohn, Überfahrtsgelder, Beförderung der Reisenden und ihrer Habe und über Verlust und Beschädigung der letzteren, sowie Streitigkeiten zwischen Reisenden und Handwerkern, die aus Anlaß der Reise entstanden sind;
7. alle Urteile der Oberlandesgerichte in vermögensrechtlichen Streitigkeiten.

§ 315 (§ 710).

Andere Urteile sind gegen eine der Höhe nach zu bestimmende Sicherheit für vorläufig vollstreckbar zu erklären. Auf Antrag sind sie auch ohne Sicherheitsleistung für vorläufig vollstreckbar zu erklären, wenn glaubhaft gemacht wird, daß der Gläubiger zur Sicherheitsleistung nicht in der Lage ist und daß die Aussetzung der Vollstreckung ihm einen schwer zu ersetzenden oder einen schwer zu ermittelnden Nachteil bringen würde.

§ 316 (§ 704 Abs. 2).

Urteile in Ehesachen und in Rechtsstreitigkeiten, die die Feststellung des Rechtsverhältnisses zwischen Eltern und Kindern zum Gegenstande haben, dürfen nicht für vorläufig vollstreckbar erklärt werden. Das gleiche gilt von anderen Urteilen, die ihrem Inhalt nach erst mit der Rechtskraft wirksam werden können.

§ 317 (neu).

Insoweit sich an die vorläufige Vollstreckbarkeit eines Urteils andere Wirkungen als die Ermöglichung der Zwangsvollstreckung knüpfen, finden die Vorschriften der § 869 Abs. 2, § 870 Abs. 1, § 871 entsprechende Anwendung.

§ 318 (§ 712).

Wird glaubhaft gemacht, daß die Vollstreckung des Urteils dem Schuldner einen nicht zu ersetzenden Nachteil bringen würde, so ist in den Fällen der §§ 314, 315 Satz 1 auf Antrag des Schuldners auszusprechen, daß das Urteil nicht vorläufig vollstreckbar sei; in den Fällen des § 315 Satz 2 ist der Antrag des Gläubigers zurückzuweisen.

§ 319 (§ 713).

Das Gericht kann auf Antrag die vorläufige Vollstreckbarkeit von einer vorgängigen Sicherheitsleistung abhängig machen. Diese Vorschrift findet auf die in § 314 Nr. 7 bezeichneten Urteile keine Anwendung.

Das Gericht hat auf Antrag dem Schuldner nachzulassen, durch Sicherheitsleistung oder durch Hinterlegung die Vollstreckung abzuwenden, wenn nicht der Gläubiger sich erbietet, vor der Vollstreckung Sicherheit zu leisten.

§ 320 (§ 713 a).

Die in den §§ 318 und 319 zugunsten des Schuldners zugelassenen Anordnungen sollen nicht ergehen, wenn die Voraussetzungen, unter denen ein Rechtsmittel gegen das Urteil stattfindet, nach dem Ermessen des Gerichts unzweifelhaft nicht vorliegen.

§ 321 (§ 714).

Die in den §§ 315, 318, 319 erwähnten Anträge sind vor dem Schlusse der Verhandlung zu stellen, auf die das Urteil ergeht.

§ 322 (§ 715).

In den Fällen der §§ 315, 319 kann der Rechtspfleger des Gerichts, das die Sicherheitsleistung angeordnet oder zugelassen hat, auf Antrag die Rückgabe der von dem Gläubiger geleisteten Sicherheit anordnen, und im Falle der Sicherheitsleistung durch Bürgschaft das Erlöschen der Rechte aus der Bürgschaft feststellen, wenn ein Zeugnis über die Rechtskraft des für vorläufig vollstreckbar erklärten Urteils vorgelegt wird. Die Vorschriften des § 112 Abs. 4 finden entsprechende Anwendung.

§ 323 (§ 716).

Ist eine Entscheidung über die vorläufige Vollstreckbarkeit nicht erfolgt, so kommen wegen Ergänzung des Urteils die Vorschriften des § 313 zur Anwendung.

§ 324 (§ 717).

Die vorläufige Vollstreckbarkeit tritt mit der Verkündung eines Urteils, das die Entscheidung in der Hauptsache oder die Vollstreckbarkeitserklärung aufhebt oder abändert, insoweit außer Kraft, als die Aufhebung oder Abänderung erfolgt.

Wird ein für vorläufig vollstreckbar erklärtes Urteil aufgehoben oder abgeändert, so ist der Kläger zum Ersatze des Schadens verpflichtet, der dem Beklagten durch die Vollstreckung des Urteils oder durch eine zur Abwendung der Vollstreckung gemachte Leistung entstanden ist. Der Beklagte kann den Anspruch auf Schadensersatz in dem anhängigen Rechtsstreit geltend machen; wird der Anspruch geltend gemacht, so ist er als zur Zeit der Zahlung oder Leistung rechtshängig geworden anzusehen.

Die Vorschriften des Abs. 2 finden auf Urteile der Oberlandesgerichte in vermögensrechtlichen Streitigkeiten mit Ausnahme der Versäumnisurteile keine Anwendung. Soweit ein solches Urteil aufgehoben oder abgeändert wird, ist der Kläger auf Antrag des Beklagten zur Erstattung des von diesem auf Grund des Urteils Gezahlten oder Geleisteten zu verurteilen. Die Erstattungspflicht des Klägers bestimmt sich nach den Vorschriften über die Herausgabe einer ungerechtfertigten Bereicherung. Wird der Antrag gestellt, so ist der Anspruch auf Erstattung als zur Zeit der Zahlung oder Leistung rechtshängig geworden anzusehen; die mit der Rechtshängigkeit nach den

Vorschriften des bürgerlichen Rechts verbundenen Wirkungen treten mit der Zahlung oder Leistung auch dann ein, wenn der Antrag nicht gestellt wird.

X. Die Rechtskraft.

§ 325 (§ 705).

Urteile werden mit dem Ablauf der für die Einlegung des zulässigen Rechtsmittels oder des zulässigen Einspruchs bestimmten Frist rechtskräftig, sofern nicht das Rechtsmittel oder der Einspruch rechtzeitig eingelegt wird.

§ 326 (§ 706).

Zeugnisse über die Rechtskraft der Urteile sind auf Grund der Prozeßakten von der Geschäftsstelle des Gerichts erster Instanz und, solange der Rechtsstreit in einer höheren Instanz anhängig ist, von der Geschäftsstelle des Gerichts dieser Instanz zu erteilen.

Insoweit die Erteilung des Zeugnisses davon abhängt, daß gegen das Urteil ein Rechtsmittel nicht eingelegt ist, genügt ein Zeugnis der Geschäftsstelle des für das Rechtsmittel zuständigen Gerichts, daß bis zum Ablauf der Notfrist eine Rechtsmittelschrift nicht eingereicht sei. Eines Zeugnisses der Geschäftsstelle des Revisionsgerichts, daß eine Revisionsschrift nach § 532 nicht eingereicht sei, bedarf es nicht.

§ 327 (§ 322).

Urteile sind der Rechtskraft nur insoweit fähig, als über die durch Klage oder Widerklage geltend gemachte Rechtsfolge oder über eine Rechtsfolge des Verfahrensrechts entschieden ist.

Hat der Beklagte die Aufrechnung einer Gegenforderung geltend gemacht, so ist die Entscheidung, daß die Gegenforderung nicht besteht oder gegen die Klageforderung aufgerechnet ist, bis zur Höhe des Betrags, für den die Aufrechnung geltend gemacht worden ist, der Rechtskraft fähig.

§ 328 (§ 323).

Tritt im Falle der Verurteilung zu künftig fällig werdenden wiederkehrenden Leistungen eine wesentliche Änderung derjenigen Verhältnisse ein, die für die Verurteilung zur Entrichtung der Leistungen, für die Bestimmung der Höhe der Leistungen oder der Dauer ihrer Entrichtung maßgebend waren, so ist jeder Teil berechtigt, im Wege der Klage eine entsprechende Abänderung des Urteils zu verlangen.

Die Klage ist nur insoweit zulässig, als die Gründe, auf die sie gestützt wird, erst nach dem Schlusse der Verhandlung, in der eine Erweiterung des Klageantrags oder die Geltendmachung von Erweiterungen spätestens hätte erfolgen müssen, entstanden sind und durch Einspruch nicht mehr geltend gemacht werden können.

Die Abänderung des Urteils darf nur für die Zeit nach Erhebung der Klage erfolgen.

§ 329 (§ 324).

Ist bei einer nach den §§ 843—845 oder nach den §§ 1578—1582 des Bürgerlichen Gesetzbuchs erfolgten Verurteilung zur Entrichtung einer Geldrente nicht auf Sicherheitsleistung erkannt, so kann der Berechtigte gleichwohl Sicherheitsleistung verlangen, wenn sich die Vermögensverhältnisse des Verpflichteten erheblich verschlechtert haben; unter der gleichen Voraussetzung kann er eine Erhöhung der in dem Urteil bestimmten Sicherheit verlangen.

§ 330 (§ 325).

Das rechtskräftige Urteil wirkt für und gegen die Parteien und diejenigen Personen, die nach dem Eintritt der Rechtshängigkeit Rechtsnachfolger der Parteien geworden sind oder den Besitz der in Streit befangenen Sache in solcher Weise erlangt haben, daß eine der Parteien oder ihr Rechtsnachfolger mittelbarer Besitzer geworden ist.

Die Vorschriften des bürgerlichen Rechts zugunsten derjenigen, die Rechte von einem Nichtberechtigten herleiten, finden entsprechende Anwendung.

Betrifft das Urteil einen Anspruch aus einer eingetragenen Reallast, Hypothek, Grundschuld oder Rentenschuld, so wirkt es im Falle einer Veräußerung des belasteten Grundstücks in Ansehung des Grundstücks gegen den Rechtsnachfolger auch dann, wenn dieser die Rechtshängigkeit nicht gekannt hat. Gegen den Ersteher eines im Wege der Zwangsversteigerung veräußerten Grundstücks wirkt das Urteil nur dann, wenn die Rechtshängigkeit spätestens im Versteigerungstermin vor der Aufforderung zur Abgabe von Geboten angemeldet worden ist.

§ 331 (§ 326).

Ein Urteil, das zwischen einem Vorerben und einem Dritten über einen gegen den Vorerben als Erben gerichteten Anspruch oder über einen der Nacherbfolge unterliegenden Gegenstand ergeht, wirkt, sofern es vor dem Eintritt der Nacherbfolge rechtskräftig wird, für den Nacherben.

Ein Urteil, das zwischen einem Vorerben und einem Dritten über einen der Nacherbfolge unterliegenden Gegenstand ergeht, wirkt auch gegen den Nacherben, sofern der Vorerbe befugt ist, ohne Zustimmung des Nacherben über den Gegenstand zu verfügen.

§ 332 (§ 327).

Ein Urteil, das zwischen einem Testamentsvollstrecker und einem Dritten über ein der Verwaltung des Testamentsvollstreckers unterliegendes Recht ergeht, wirkt für und gegen den Erben.

Das gleiche gilt von einem Urteil, das zwischen einem Testamentsvollstrecker und einem Dritten über einen gegen den Nachlaß gerichteten Anspruch ergeht, wenn der Testamentsvollstrecker zur Führung des Rechtsstreits berechtigt ist.

§ 333 (§ 328).

Die Rechtskraft des Urteils eines ausländischen Gerichts kann im Inland nicht geltend gemacht werden:

1. wenn die Gerichte des Staates, dem das ausländische Gericht angehört, nach den deutschen Gesetzen nicht zuständig sind;
2. wenn der unterlegene Beklagte ein Deutscher ist und sich auf den Prozeß nicht eingelassen hat, sofern die den Prozeß einleitende Ladung oder Verfügung ihm weder in dem Staate des Prozeßgerichts in Person noch durch Gewährung deutscher Rechtshilfe zugestellt ist;
3. wenn in dem Urteil zum Nachteil einer deutschen Partei von den Vorschriften des Artikel 13 Abs. 1, 3 oder der Artikel 17, 18, 22 des Einführungsgesetzes zum Bürgerlichen Gesetzbuch oder von der Vorschrift des auf den Artikel 13 Abs. 1 bezüglichen Teiles des Artikel 27 desselben Gesetzes oder im Falle des Artikel 9 Abs. 3 zum Nachteil der Ehefrau eines für tot erklärten Ausländers von der Vorschrift des Artikel 13 Abs. 2 abgewichen ist;
4. wenn die Anerkennung des Urteils gegen die guten Sitten oder die öffentliche Ordnung verstoßen würde;
5. wenn die Gegenseitigkeit nicht verbürgt ist.

Die Vorschrift der Nr. 5 steht der bindenden Wirkung des Urteils nicht entgegen, wenn das Urteil einen nicht vermögensrechtlichen Anspruch betrifft und nach den deutschen Gesetzen ein Gerichtsstand im Inland nicht begründet war. Das gleiche gilt, wenn die Ehe deutscher Staatsangehöriger von einem ausländischen Gericht geschieden worden ist, bei dem für die Klage nach den Vorschriften des ausländischen Rechtes ein Gerichtsstand des Wohnsitzes oder des dauernden Aufenthalts begründet war, sofern ein allgemeiner Gerichtsstand des Ehemanns im Inlande nicht begründet war.

§ 334 (§§ 722, 723).

Das Urteil eines ausländischen Gerichts, das nach dem für dieses geltenden Recht die Rechtskraft erlangt hat, kann, wenn aus ihm die Zwangsvollstreckung betrieben werden soll, durch ein Vollstreckungsurteil für vollstreckbar erklärt werden. Das Urteil ist nicht zu erlassen, wenn die Rechtskraft des ausländischen Urteils aus einem der in § 333 angegebenen Gründe im Inland nicht wirksam ist. Eine weitere Nachprüfung der Gesetzmäßigkeit des ausländischen Urteils findet nicht statt.

§ 335 (neu).

Ist im Ausland ein Urteil der im § 295 bezeichneten Art ergangen und handelt es sich um ein Rechtsverhältnis, auf das nach deutschem Recht das Recht des ausländischen Gerichts anzuwenden war, so ist für die Wirkung des Urteils auf das Rechtsverhältnis auch im Inland nicht § 333, sondern das nach deutschem Recht anzuwendende ausländische Recht maßgebend.

XI. Verkündung und Zustellung von Beschlüssen.

§ 336 (§ 329).

Beschlüsse des Gerichts, die auf Grund des Ergebnisses eines zur mündlichen Verhandlung bestimmten Termins ergehen, müssen verkündet werden. Die Vorschriften der §§ 302, 303 finden auf Beschlüsse des Gerichts, die Vorschriften des § 305 und des § 309 Abs. 2, Abs. 3 Satz 1, Abs. 4 auf Beschlüsse des Gerichts und auf Verfügungen eines ersuchten Richters entsprechende Anwendung. Solche Beschlüsse und Verfügungen sind, sofern sie der sofortigen Beschwerde unterliegen, mit Ausnahme der in §§ 344, 660 Abs. 4 bezeichneten, den Parteien zuzustellen.

Nicht verkündete Beschlüsse des Gerichts und nicht verkündete Verfügungen eines ersuchten Richters sind den Parteien zuzustellen.

Dritter Titel.

Versäumnisurteil und Entscheidung nach Lage der Akten.

§ 337 (§ 330).

Erscheint der Kläger im Termin zur mündlichen Verhandlung nicht, so ist auf Antrag das Versäumnisurteil dahin zu erlassen, daß der Kläger mit der Klage abzuweisen sei.

§ 338 (§ 331).

Beantragt der Kläger gegen den im Termin zur mündlichen Verhandlung nicht erschienenen Beklagten das Versäumnisurteil, so ist das tatsächliche mündliche Vorbringen des Klägers als zugestanden anzunehmen. Soweit es den Klageantrag rechtfertigt, ist nach dem Antrag zu erkennen; soweit dies nicht der Fall, ist die Klage abzuweisen.

§ 339 (§ 331 a).

Beim Ausbleiben einer Partei im Termin zur mündlichen Verhandlung hat das Gericht auf Antrag des Gegners statt eines Versäumnisurteils eine Entscheidung nach Lage der Akten zu erlassen, wenn der Sachverhalt für eine derartige Entscheidung hinreichend geklärt erscheint. Ein Urteil darf in diesem Falle nur in einem besonderen, auf mindestens eine Woche hinaus anzusetzenden Termin verkündet werden. Das Gericht hat der nicht erschienenen Partei durch eingeschriebenen Brief den Verkündungstermin bekanntzugeben. Die Verkündung unterbleibt, wenn die nicht erschienene Partei dies vor dem Verkündungstermin beantragt und glaubhaft macht, daß sie in dem Verhandlungstermin ohne ihr Verschulden ausgeblieben ist.

§ 340 (§ 332).

Als Verhandlungstermine im Sinne der vorstehenden Paragraphen sind auch diejenigen Termine anzusehen, auf welche die mündliche Verhandlung vertagt ist, oder die zu ihrer Fortsetzung vor oder nach dem Erlaß eines Beweisbeschlusses bestimmt sind.

§ 341 (§ 333).

Als nicht erschienen ist auch diejenige Partei anzusehen, die in dem Termin zwar erscheint, aber nicht verhandelt.

§ 342 (§ 334).

Wenn eine Partei in dem Termin verhandelt, sich jedoch über Tatsachen, Urkunden oder über einen Antrag auf Parteivernehmung nicht erklärt, so finden die Vorschriften dieses Titels keine Anwendung.

§ 343 (§ 335).

Der Antrag auf Erlassung eines Versäumnisurteils oder einer Entscheidung nach Lage der Akten ist zurückzuweisen:

1. wenn die erschienene Partei die vom Gerichte wegen eines von Amts wegen zu berücksichtigenden Umstandes erforderte Nachweisung nicht zu beschaffen vermag;
2. wenn die nicht erschienene Partei nicht ordnungsmäßig, insbesondere nicht rechtzeitig geladen war;
3. wenn der nicht erschienenen Partei ein tatsächliches mündliches Vorbringen oder ein Antrag nicht rechtzeitig mittels Schriftsatzes mitgeteilt war.

Wird die Verhandlung vertagt, so ist die nicht erschienene Partei zu dem neuen Termin zu laden.

§ 344 (§ 336).

Gegen den Beschluß, durch den der Antrag auf Erlassung des Versäumnisurteils zurückgewiesen wird, findet sofortige Beschwerde statt. Wird der Beschluß aufgehoben, so ist die nicht erschienene Partei zu dem neuen Termin nicht zu laden.

Die Ablehnung eines Antrags auf Entscheidung nach Lage der Akten ist unanfechtbar.

§ 345 (§ 337).

Das Gericht kann von Amts wegen die Verhandlung über den Antrag auf Erlassung des Versäumnisurteils oder einer Entscheidung nach Lage der Akten vertagen, wenn es dafür hält, daß die von dem Vorsitzenden bestimmte Einlassungs- oder Ladungsfrist zu kurz bemessen, oder daß die Partei durch Naturereignisse oder durch andere unabwendbare Zufälle am Erscheinen verhindert worden sei. Die nicht erschienene Partei ist zu dem neuen Termin zu laden.

§ 346 (§ 338).

Der Partei, gegen die ein Versäumnisurteil erlassen ist, steht dagegen der Einspruch zu.

§ 347 (§ 339).

Die Einspruchsfrist beträgt eine Woche; sie ist eine Notfrist und beginnt mit der Zustellung des Versäumnisurteils.

Muß die Zustellung im Ausland oder durch öffentliche Bekanntmachung erfolgen, so hat das Gericht die Einspruchsfrist im Versäumnisurteil oder nachträglich durch besonderen Beschluß, der ohne vorgängige mündliche Verhandlung erlassen werden kann, zu bestimmen.

§ 348 (§ 340).

Der Einspruch wird durch Einreichung der Einspruchsschrift bei dem Prozeßgerichte eingelegt.

Die Einspruchsschrift muß enthalten:

1. die Bezeichnung des Urteils, gegen das der Einspruch gerichtet wird;
2. die Erklärung, daß gegen dieses Urteil Einspruch eingelegt werde.

Die Einspruchsschrift soll zugleich dasjenige enthalten, was zur Vorbereitung der Verhandlung über die Hauptsache erforderlich ist.

§ 349 (§ 340 a).

Nach der Einlegung des Einspruchs hat das Gericht zur mündlichen Verhandlung über ihn und die Hauptsache einen Termin zu bestimmen und den Parteien bekannt zu machen. Mit der Bekanntmachung ist der Gegenpartei die Einspruchsschrift zuzustellen.

§ 350 (§ 341).

Das Gericht hat von Amts wegen zu prüfen, ob der Einspruch an sich statthaft und ob er in der gesetzlichen Form und Frist eingelegt sei. Fehlt es an einem dieser Erfordernisse, so ist der Einspruch als unzulässig zu verwerfen.

§ 351 (§ 342).

Ist der Einspruch zulässig, so wird der Prozeß in die Lage zurückversetzt, in der er sich vor Eintritt der Versäumnis befand.

§ 352 (§ 343).

Insoweit die Entscheidung, die auf Grund der neuen Verhandlung zu erlassen ist, mit der in dem Versäumnisurteil enthaltenen Entscheidung übereinstimmt, ist auszusprechen, daß diese Entscheidung aufrecht erhalten werde. Insoweit diese Voraussetzung nicht zutrifft, wird das Versäumnisurteil in dem neuen Urteil aufgehoben.

§ 353 (§ 344).

Ist das Versäumnisurteil in gesetzlicher Weise ergangen, so sind die durch die Versäumnis veranlaßten Kosten, soweit sie nicht durch einen unbegründeten Widerspruch des Gegners entstanden sind, der säumigen Partei auch dann aufzuerlegen, wenn infolge des Einspruchs eine abändernde Entscheidung erlassen wird.

§ 354 (§ 345).

Einer Partei, die den Einspruch eingelegt hat, aber in der zur mündlichen Verhandlung bestimmten Sitzung oder in derjenigen Sitzung, auf welche die Verhandlung vertagt ist, nicht erscheint oder nicht zur Hauptsache verhandelt, steht gegen das Versäumnisurteil, durch das der Einspruch verworfen wird, ein weiterer Einspruch nicht zu.

§ 355 (§ 346).

In betreff des Verzichts auf den Einspruch und seine Zurücknahme finden die Vorschriften über den Verzicht auf die Berufung und ihre Zurücknahme entsprechende Anwendung.

§ 356 (§ 347).

Die Vorschriften dieses Titels finden auf das Verfahren, das eine Widerklage oder die Bestimmung des Betrags eines dem Grunde nach bereits festgestellten Anspruchs zum Gegenstande hat, entsprechende Anwendung.

War ein Termin lediglich zur Verhandlung über einen Zwischenstreit bestimmt, so beschränkt sich das Versäumnisverfahren und das Versäumnisurteil auf die Erledigung dieses Zwischenstreits. Die Vorschriften dieses Titels finden entsprechende Anwendung.

§ 357 (§ 251 a).

Erscheinen in einem Termin beide Parteien nicht oder stellt beim Ausbleiben einer Partei, ohne daß es zur Vertagung kommt, die erschienene Partei keine Anträge zur Sache, so kann das Gericht nach Lage der Akten entscheiden. § 339 Satz 2—4 findet entsprechende Anwendung.

Ergeht eine Entscheidung nach Lage der Akten nicht, so bestimmt das Gericht von Amts wegen einen neuen Termin zur mündlichen Verhandlung und gibt ihn den Parteien bekannt oder ordnet das Ruhen des Verfahrens an.

Vierter Titel.

Allgemeine Bestimmungen über die Beweisaufnahme.

§ 358 (§ 355).

Die Beweisaufnahme erfolgt vor dem Prozeßgerichte. Sie ist nur in den durch dieses Gesetz bestimmten Fällen einem anderen Gerichte zu übertragen.

Der Beschluß, durch den die eine oder die andere Art der Beweisaufnahme angeordnet wird, ist unanfechtbar.

§ 359 (§ 356).

Steht der Aufnahme des Beweises ein Hindernis von ungewisser Dauer entgegen, so ist eine Frist zu bestimmen, nach deren fruchtlosem Ablaufe das Beweismittel nur benutzt werden kann, wenn dadurch das Verfahren nicht verzögert wird. Die Frist kann ohne mündliche Verhandlung bestimmt werden.

§ 360 (§§ 357, 367, 368).

Den Parteien ist gestattet, der Beweisaufnahme beizuwohnen.

Erscheint eine Partei oder erscheinen beide Parteien in dem Termine zur Beweisaufnahme nicht, so ist die Beweisaufnahme gleichwohl insoweit zu bewirken, als dies nach Lage der Sache geschehen kann.

Eine nachträgliche Beweisaufnahme oder eine Vervollständigung der Beweisaufnahme ist bis zum Schlusse derjenigen Verhandlung, auf die das Urteil ergeht, auf Antrag anzuordnen, wenn das Verfahren dadurch nicht verzögert wird oder wenn die Partei glaubhaft macht, daß sie ohne ihr Verschulden außerstande gewesen sei, in dem früheren Termin zu erscheinen, und im Falle des Antrags auf Vervollständigung, daß durch ihr Nichterscheinen eine wesentliche Unvollständigkeit der Beweisaufnahme veranlaßt sei.

Wird ein neuer Termin zur Beweisaufnahme oder zu ihrer Fortsetzung erforderlich, so ist dieser Termin, auch wenn der Beweisführer oder beide Parteien in dem früheren Termin nicht erschienen waren, von Amts wegen zu bestimmen.

§ 361 (§ 357 a).

Beschließt das Gericht eine Beweiserhebung, so ist der Beweis, soweit dies tunlich, sofort zu erheben, insbesondere sollen Zeugen und Sachverständige, falls sie zur Stelle sind oder ihre unverzügliche Gestellung möglich ist, sofort vernommen werden.

§ 362 (§§ 358, 359).

Ein besonderer Beweisbeschluß ist nur erforderlich, wenn die Beweisaufnahme nicht in derselben Verhandlung, in der sie beschlossen worden ist, ausgeführt werden kann.

Der Beweisbeschluß enthält:

1. die Bezeichnung der streitigen Tatsachen, über die der Beweis zu erheben ist;
2. die Bezeichnung der Beweismittel unter Benennung der zu vernehmenden Parteien, Zeugen oder Sachverständigen;
3. die Bezeichnung der Partei, die sich auf das Beweismittel berufen hat.

§ 363 (§ 360).

Vor der Erledigung des Beweisbeschlusses kann keine Partei dessen Änderung auf Grund der früheren Verhandlungen verlangen. Das Gericht kann jedoch auf Antrag einer Partei oder von Amts wegen den Beweisbeschluß auch ohne erneute Verhandlung insoweit ändern, als der Gegner zustimmt oder es sich nur um die Berichtigung oder Ergänzung der im Beschluß angegebenen Beweistatsachen oder um die Vernehmung anderer als der im Beschluß angegebenen Zeugen oder Sachverständigen handelt. Die gleiche Befugnis hat der ersuchte Richter. Die Parteien sind tunlichst vorher zu hören und in jedem Falle von der Änderung unverzüglich zu benachrichtigen.

§ 364 (§ 362).

Soll der Beweis durch ein anderes Gericht erhoben werden, so erläßt der Rechtspfleger des Prozeßgerichts das Ersuchungsschreiben, sofern sich nicht der Richter dies vorbehält.

Die auf die Beweisaufnahme sich beziehenden Verhandlungen übersendet der ersuchte Richter in Urschrift der Geschäftsstelle des Prozeßgerichts. Diese benachrichtigt die Parteien von dem Eingang.

§ 365 (§ 363).

Soll der Beweis im Ausland erhoben werden, so ersucht der Richter die zuständige Behörde darum.

Kann ein Reichskonsul den Beweis erheben, so ist das Ersuchen an diesen zu richten, falls nicht besondere Gründe eine andere Art der Erledigung zweckmäßig erscheinen lassen.

§ 366 (§ 365).

Der ersuchte Richter ist ermächtigt, falls sich Gründe ergeben, welche die Beweisaufnahme durch ein anderes Gericht sachgemäß erscheinen lassen, dieses Gericht um die Aufnahme des Beweises zu ersuchen. Die Parteien sind von dieser Verfügung in Kenntnis zu setzen.

§ 367 (§ 366).

Der ersuchte Richter hat die zur Durchführung des Beweisverfahrens erforderlichen Entscheidungen selbst zu treffen. Er kann jedoch in den Fällen, in denen ihm dies durch die Sachlage geboten erscheint, nach Anhörung der Parteien die Entscheidung dem Prozeßgericht überlassen. In diesem Falle hat er die für die Entscheidung erheblichen Erklärungen der Beteiligten in die Niederschrift aufzunehmen.

§ 368 (§ 369).

Entspricht die von einer ausländischen Behörde vorgenommene Beweisaufnahme den für das Prozeßgericht geltenden Gesetzen, so kann daraus, daß sie nach den ausländischen Gesetzen mangelhaft ist, kein Einwand entnommen werden.

§ 369 (§ 370).

Wird der Beweis vor dem Prozeßgericht erhoben, so ist der Termin, in dem die Beweisaufnahme stattfindet, zugleich zur Fortsetzung der mündlichen Verhandlung bestimmt.

In dem Beweisbeschlusse, der anordnet, daß die Beweisaufnahme vor einem ersuchten Richter stattfinden solle, kann zugleich der Termin zur Fortsetzung der mündlichen Verhandlung vor dem Prozeßgerichte bestimmt werden. Ist dies nicht geschehen, so wird nach Beendigung der Beweisaufnahme dieser Termin von Amts wegen bestimmt und den Parteien bekanntgemacht.

Fünfter Titel.

Beweis durch Augenschein.

§ 370 (§ 371).

Den Beweis durch Augenschein tritt eine Partei dadurch an, daß sie den Gegenstand des Augenscheins und die zu beweisenden Tatsachen bezeichnet.

Kann die Augenscheinseinnahme ohne Mitwirkung des Gegners des Beweisführers nicht durchgeführt werden und verweigert dieser seine Mitwirkung, so entscheidet das Gericht nach freiem Ermessen, ob es die durch den Augenschein zu beweisende Tatsache für erwiesen erachtet.

§ 371 (§ 372).

Das Prozeßgericht kann anordnen, daß bei der Einnahme des Augenscheins ein oder mehrere Sachverständige zuzuziehen sind.

Es kann die Einnahme des Augenscheins, wenn diese außerhalb seines Bezirkes stattzufinden hat, einem anderen Gericht übertragen und diesem auch die Ernennung der zuzuziehenden Sachverständigen überlassen.

Sechster Titel.

Zeugenbeweis.

§ 372 (§ 373).

Den Zeugenbeweis tritt eine Partei dadurch an, daß sie den Zeugen benennt und die Tatsachen bezeichnet, über die er vernommen werden soll.

§ 373 (§ 375).

Die Aufnahme des Zeugenbeweises kann, sofern der Ort, an dem die Vernehmung stattzufinden hat, außerhalb des Bezirkes des Prozeßgerichts liegt, einem anderen Gericht übertragen werden:

1. wenn zur Ausmittlung der Wahrheit die Vernehmung des Zeugen an Ort und Stelle dienlich erscheint oder nach gesetzlicher Vorschrift der Zeuge nicht an Gerichtsstelle, sondern an einem anderen Orte zu vernehmen ist;
2. wenn der Zeuge verhindert ist, vor dem Prozeßgericht zu erscheinen;

3. wenn sich der Zeuge in so großer Entfernung vom Sitze des Prozeßgerichts aufhält, daß seine Vernehmung vor diesem unzweckmäßig erscheint.

Der Reichspräsident und der Präsident eines deutschen Landes sind in ihrer Wohnung zu vernehmen.

§ 374 (§ 376).

Amtsträger, frühere Amtsträger und solche Personen, die, ohne Amtsträger zu sein, im Dienste einer Behörde oder einer Körperschaft des öffentlichen Rechts tätig sind oder waren, dürfen über Umstände, auf die sich ihre Pflicht zur Amtsverschwiegenheit bezieht, als Zeugen nur mit Genehmigung der Dienstbehörde vernommen werden, die ihnen vorgesetzt war, als sie die Kenntnis der Tatsachen erlangt haben. Hatten sie keine vorgesetzte Dienstbehörde, so wird die Genehmigung von der Behörde, bei der sie damals tätig gewesen sind, und, wenn sie bei keiner Behörde tätig waren, von der staatlichen Aufsichtsbehörde erteilt. Für die Mitglieder einer Landesregierung bedarf es der Genehmigung der Landesregierung.

Abs. 1 gilt entsprechend für Soldaten.

Die Genehmigung darf nur versagt werden, wenn die Ablegung des Zeugnisses dem Wohle des Reichs oder eines deutschen Landes Nachteil bereiten oder die Erfüllung öffentlicher Aufgaben ernstlich gefährden oder erheblich erschweren würde.

Für die Mitglieder der Reichsregierung gelten die Vorschriften des Reichsministergesetzes vom 27. März 1930 (Reichsgesetzbl. I S. 96).

Die Genehmigung ist durch das Prozeßgericht einzuholen und dem Zeugen bekanntzumachen.

Der Reichspräsident und der Präsident eines deutschen Landes können unter der Voraussetzung des Abs. 3 das Zeugnis verweigern. Dies gilt auch für einen früheren Präsidenten, soweit es sich um Tatsachen handelt, die sich während seiner Amtsführung ereignet haben oder die ihm infolge seiner Amtsführung bekannt geworden sind.

§ 375 (§ 377).

Die Ladung der Zeugen ist von der Geschäftsstelle unter Bezugnahme auf den Beweisbeschluß auszufertigen und von Amts wegen zuzustellen. Das Gericht kann statt der Zustellung eine andere Form der Benachrichtigung anordnen.

Die Ladung muß enthalten:

1. die Bezeichnung der Parteien;
2. die allgemeine Angabe des Gegenstands der Vernehmung;
3. die Anweisung, zur Ablegung des Zeugnisses bei Vermeidung der durch das Gesetz angedrohten Ordnungsstrafen in dem nach Zeit und Ort zu bezeichnenden Termin zu erscheinen.

Bildet den Gegenstand der Vernehmung eine Auskunft, die der Zeuge voraussichtlich an der Hand seiner Bücher oder anderer Aufzeichnungen zu geben hat, so kann dem Zeugen die Pflicht auferlegt werden, die für die Auskunft erforderlichen Nachforschungen und Prüfungen vorher vorzunehmen. Ebenso kann, wenn den Gegenstand der Vernehmung eine Auskunft bildet, die sich auf eine Sache oder Örtlichkeit bezieht, dem Zeugen die Pflicht auferlegt werden, sich durch eine Besichtigung der Sache oder der Örtlichkeit auf die Aussage vorzubereiten. Die Anordnung ist dem Zeugen in der Ladung mitzuteilen.

§ 376 (§ 377 Abs. 3, 4).

Bildet den Gegenstand der Vernehmung eine Auskunft, die der Zeuge voraussichtlich an der Hand seiner Bücher oder anderer Aufzeichnungen zu geben hat, so kann das Gericht anordnen, daß der Zeuge zum Termin nicht zu erscheinen braucht, wenn er vorher die Beweisfrage schriftlich beantwortet und dabei die Richtigkeit und Vollständigkeit seiner Angaben an Eides Statt versichert.

Das gleiche kann auch in anderen Fällen geschehen, sofern das Gericht nach Lage der Sache, insbesondere mit Rücksicht auf den Inhalt der Beweisfrage, eine schriftliche Erklärung des Zeugen für ausreichend erachtet und die Parteien damit einverstanden sind.

§ 377 (§ 378).

Ein Soldat wird als Zeuge durch Ersuchen der Militärbehörde geladen.

§ 378 (§ 379).

Das Gericht kann die Ladung davon abhängig machen, daß der Beweisführer einen Vorschuß zur Deckung der Staatskasse wegen der durch die Vernehmung des Zeugen erwachsenden Auslagen hinterlegt.

Erfolgt die Hinterlegung nicht binnen der bestimmten Frist, so unterbleibt die Ladung, wenn die Hinterlegung nicht so zeitig nachgeholt wird, daß die Vernehmung ohne Verzögerung des Verfahrens erfolgen kann.

§ 379 (§ 380).

Ein ordnungsmäßig geladener Zeuge, der falsche Angaben zu seiner Entschuldigung vorschützt, um nicht erscheinen zu müssen, oder der nicht erscheint, ist, ohne daß es eines Antrags bedarf, in die durch sein Verhalten verursachten Kosten und zu einer Ordnungsstrafe in Geld oder zur Ordnungshaft bis zu drei Monaten und für den Fall, daß die Ordnungsstrafe in Geld nicht beigetrieben werden kann, zur Ordnungshaft bis zu sechs Wochen zu verurteilen.

Im Falle wiederholter falscher Entschuldigung oder wiederholten Ausbleibens ist die Strafe noch einmal zu erkennen, auch kann die zwangsweise Vorführung des Zeugen angeordnet werden. Angehörige der Reichswehr werden durch die Militärbehörde vorgeführt.

Gegen diese Beschlüsse findet die Beschwerde statt.

§ 380 (§ 381).

Die Verurteilung in Strafe und Kosten sowie die Anordnung der zwangsweisen Vorführung unterbleiben, wenn das Ausbleiben des Zeugen genügend entschuldigt ist. Erfolgt nachträglich genügende Entschuldigung, so werden die gegen den Zeugen getroffenen Anordnungen wieder aufgehoben.

Die Anzeigen und Gesuche des Zeugen können schriftlich oder zur Niederschrift der Geschäftsstelle oder mündlich in dem zur Vernehmung bestimmten neuen Termin angebracht werden.

§ 381 (§ 382).

Die Mitglieder einer Landesregierung sind an ihrem Amtssitz oder, wenn sie sich außerhalb ihres Amtssitzes aufhalten, an ihrem Aufenthaltsorte zu vernehmen.

Die Mitglieder des Reichsrats oder des Staatsrats eines deutschen Landes sind während ihres Aufenthalts am Sitze des Reichsrats oder des Staatsrats an diesem Sitze, und die Mitglieder des Reichstags, des Reichswirtschaftsrats oder eines Landtags während der Tagung und ihres Aufenthalts am Orte der Versammlung an diesem Orte zu vernehmen. Dasselbe gilt, wenn nicht die Körperschaft selbst, aber ein von ihr eingesetzter Ausschuß versammelt ist, für die Mitglieder des Ausschusses.

Zu einer Abweichung von den vorstehenden Bestimmungen bedarf es:

für die Mitglieder einer Landesregierung der Genehmigung der Landesregierung,

für die Mitglieder des Reichstags, des Reichsrats, des Reichswirtschaftsrats, eines Landtags oder eines Staatsrats der Genehmigung dieser Körperschaften und im Falle des Abs. 2 Satz 2 der Genehmigung des Ausschusses.

Für die Mitglieder der Reichsregierung gelten die Vorschriften des Reichsministergesetzes vom 27. März 1930 (Reichsgesetzbl. I S. 96).

§ 382 (§ 383).

Zur Verweigerung des Zeugnisses sind berechtigt:

1. der Verlobte einer Partei;
2. der Ehegatte einer Partei, auch wenn die Ehe nicht mehr besteht;
3. diejenigen, die mit einer Partei in gerader Linie verwandt, verschwägert oder durch Annahme an Kindesstatt verbunden oder in der Seitenlinie bis zum dritten Grade verwandt oder bis zum zweiten Grade verschwägert sind, auch wenn die Ehe, durch welche die Schwägerschaft begründet ist, nicht mehr besteht;
4. die Pflegeeltern und Pflegekinder einer Partei;
5. Geistliche in Ansehung desjenigen, was ihnen bei der Ausübung der Seelsorge anvertraut worden oder zugänglich geworden ist;
6. Personen, denen kraft ihres Amtes, Standes oder Gewerbes Tatsachen anvertraut worden oder zugänglich geworden sind, deren Geheimhaltung durch ihre Natur oder durch gesetzliche Vorschrift

geboten ist, in betreff der Tatsachen, auf welche die Verpflichtung zur Verschwiegenheit sich bezieht.

Die unter Nr. 1—4 bezeichneten Personen sind vor der Vernehmung über ihr Recht zur Verweigerung des Zeugnisses zu belehren. Sie können den Verzicht auf dieses Recht auch während der Vernehmung widerrufen.

Die Vernehmung der unter Nr. 5, 6 bezeichneten Personen ist, auch wenn das Zeugnis nicht verweigert wird, auf Tatsachen nicht zu richten, über die der Zeuge voraussichtlich ohne Verletzung der Verpflichtung zur Verschwiegenheit nicht aussagen kann.

§ 383 (§ 384).

Das Zeugnis kann verweigert werden:

1. über Fragen, deren Beantwortung dem Zeugen oder einer Person, zu der er in einem der im § 382 Nr. 1—4 bezeichneten Verhältnisse steht, einen unmittelbaren vermögensrechtlichen Schaden verursachen würde;
2. über Fragen, deren Beantwortung dem Zeugen oder einem seiner im § 382 Nr. 1—4 bezeichneten Angehörigen zur Unehre gereichen oder die Gefahr strafgerichtlicher Verfolgung zuziehen würde;
3. über Fragen, die der Zeuge nicht würde beantworten können, ohne ein Betriebs-, Geschäfts-, Kunst- oder Erfindungsgeheimnis zu offenbaren;
4. über die Frage, wie der Zeuge bei einer auf Gesetz beruhenden geheimen Wahl oder Abstimmung in öffentlichen Angelegenheiten gewählt oder gestimmt hat.

Im Falle der Nr. 4 ist der Zeuge über sein Recht zur Verweigerung des Zeugnisses zu belehren. In den anderen Fällen soll der Zeuge belehrt werden, wenn die Umstände des Falles dies nahelegen.

§ 384 (§ 385).

In den Fällen des § 382 Nr. 1—4 und des § 383 Nr. 1 darf der Zeuge das Zeugnis nicht verweigern:

1. über die Errichtung und den Inhalt eines Rechtsgeschäfts, bei dessen Errichtung er als Zeuge zugezogen war;
2. über Geburten, Verheiratungen oder Sterbefälle von Familienmitgliedern;
3. über Tatsachen, welche die durch das Familien- oder Pflegeverhältnis bedingten Vermögensangelegenheiten betreffen;
4. über diejenigen auf das streitige Rechtsverhältnis sich beziehenden Handlungen, die von ihm selbst als Rechtsvorgänger oder Vertreter einer Partei vorgenommen sein sollen.

Die im § 382 Nr. 5, 6 bezeichneten Personen dürfen auf Grund dieser Vorschrift das Zeugnis nicht verweigern, wenn sie von der Verpflichtung zur Verschwiegenheit entbunden sind.

§ 385 (§ 386).

Der Zeuge, der das Zeugnis verweigert oder geltend macht, daß seine Vernehmung nach § 374 unzulässig sei, hat vor dem zu seiner Vernehmung bestimmten Termin schriftlich oder zum Protokoll der Geschäftsstelle oder in diesem Termin die Tatsachen, auf die er die Weigerung gründet, anzugeben und glaubhaft zu machen.

Zur Glaubhaftmachung genügt in den Fällen des § 374 und des § 382 Nr. 5, 6 die mit Berufung auf einen geleisteten Diensteid abgegebene Versicherung.

Hat der Zeuge seine Weigerung schriftlich oder zur Niederschrift der Geschäftsstelle erklärt, so ist er nicht verpflichtet, in dem zu seiner Vernehmung bestimmten Termin zu erscheinen.

Von dem Eingang einer Erklärung des Zeugen oder von der Aufnahme einer solchen zur Niederschrift hat die Geschäftsstelle die Parteien zu benachrichtigen.

§ 386 (§§ 387—389).

Hält das Gericht oder in den Fällen, in denen der Zeuge durch einen ersuchten Richter vernommen werden soll, dieser Richter die Zeugnisverweigerung für unberechtigt oder beantragt eine Partei, die Zeugnisverweigerung für unrechtmäßig zu erklären, so wird darüber durch Beschluß entschieden.

Vor der Entscheidung sind die Parteien zu hören. Wird die Entscheidung in dem zur Vernehmung bestimmten Termin erlassen, so bedarf es der Anhörung der in diesem Termin nicht erschienenen Partei nicht.

Gegen den Beschluß findet sofortige Beschwerde statt.

§ 387 (§ 390).

Wird das Zeugnis ohne Angabe eines Grundes oder, nachdem der vorgeschützte Grund rechtskräftig für unerheblich erklärt ist, verweigert, so ist der Zeuge, ohne daß es eines Antrags bedarf, in die durch die Weigerung verursachten Kosten sowie zu einer Ordnungsstrafe in Geld und für den Fall, daß diese nicht beigetrieben werden kann, zur Ordnungshaft bis zu sechs Wochen zu verurteilen.

Im Falle wiederholter Weigerung ist auf Antrag zur Erzwingung des Zeugnisses die Erzwingungshaft anzuordnen, jedoch nicht über den Zeitpunkt der Beendigung des Prozesses in der Instanz hinaus. Die Vorschriften über die Erzwingungshaft im Zwangsvollstreckungsverfahren finden entsprechende Anwendung.

Die im Abs. 1 vorgesehenen Ordnungsstrafen können auch gegen einen Zeugen verhängt werden, der sich weigert, einer ihm nach § 375 Abs. 3 auferlegten Pflicht nachzukommen.

Gegen diese Beschlüsse findet die Beschwerde statt.

§ 388 (§§ 391, 392).

Ein Zeuge ist unbeschadet der aus § 390 sich ergebenden Ausnahmen zu beeidigen, wenn das Gericht dies mit Rücksicht auf die Bedeutung der

Aussage oder zur Herbeiführung einer wahrheitsgemäßen Aussage für geboten erachtet und die Parteien auf die Beeidigung nicht verzichten. Der Zeuge hat den Eid nach der Vernehmung zu leisten. Die Eidesnorm geht dahin, daß der Zeuge nach bestem Wissen die reine Wahrheit gesagt und nichts verschwiegen habe.

§ 389 (cf. EGStGB.).

Vor der Vernehmung wird der Zeuge zur Wahrheit ermahnt und darauf hingewiesen, daß er in den vom Gesetz vorgesehenen Fällen unter Umständen seine Aussage zu beeidigen habe.

§ 390 (§ 393).

Unbeeidigt sind zu vernehmen:

1. Personen, die zur Zeit der Vernehmung das sechzehnte Lebensjahr noch nicht vollendet oder wegen mangelnder Verstandesreife oder wegen Verstandesschwäche von dem Wesen und der Bedeutung des Eides keine genügende Vorstellung haben;
2. Personen, die nach den Bestimmungen der Strafgesetze unfähig sind, als Zeugen eidlich vernommen zu werden.

§ 391 (cf. EGStGB.).

Ein Zeuge, der nach § 382 Abs. 1 Nr. 1—4, § 383 Nr. 1, 2, 4 § 384 sein Zeugnis hätte verweigern können, kann auch nach der Vernehmung die Beeidigung (§ 388) verweigern; er ist hierüber zu belehren.

Im übrigen steht die Verweigerung der Beeidigung der Zeugnisverweigerung gleich.

§ 392 (§ 394).

Jeder Zeuge ist einzeln und in Abwesenheit der später abzuhörenden Zeugen zu vernehmen.

Zeugen, deren Aussagen sich widersprechen, können einander gegenübergestellt werden.

§ 393 (§ 395).

Die Vernehmung beginnt damit, daß der Zeuge über Vornamen und Zunamen, Alter, Stand oder Gewerbe und Wohnort befragt wird. Erforderlichenfalls sind ihm Fragen über solche Umstände, die seine Glaubwürdigkeit in der vorliegenden Sache betreffen, insbesondere über seine Beziehungen zu den Parteien vorzulegen. Der Zeuge soll nach Vorstrafen nur gefragt werden, wenn ihre Feststellung notwendig ist, um die Glaubwürdigkeit des Zeugen zu beurteilen. Die Frage soll sich nicht auf solche Vorstrafen erstrecken, die der Zeuge vor mehr als zehn Jahren erhalten oder verbüßt hat.

§ 394 (§ 396).

Der Zeuge ist zu veranlassen, dasjenige, was ihm von dem Gegenstande seiner Vernehmung bekannt ist, im Zusammenhang anzugeben.

Zur Aufklärung und zur Vervollständigung der Aussage, sowie zur Erforschung des Grundes, auf dem die Wissenschaft des Zeugen beruht, sind nötigenfalls weitere Fragen zu stellen.

§ 395 (§ 397).

Die Parteien sind berechtigt, dem Zeugen diejenigen Fragen vorlegen zu lassen, die sie zur Aufklärung der Sache oder der Verhältnisse des Zeugen für dienlich erachten.

Der Richter kann den Parteien gestatten und hat ihren Anwälten auf Verlangen zu gestatten, an den Zeugen unmittelbar Fragen zu richten.

Zweifel über die Zulässigkeit einer Frage entscheidet das Gericht.

§ 396 (§ 398).

Das Prozeßgericht kann nach seinem Ermessen die wiederholte Vernehmung eines Zeugen anordnen.

Hat ein ersuchter Richter bei der Vernehmung die Stellung der von einer Partei angeregten Frage verweigert oder den Beweisbeschluß nicht erschöpft, so kann das Prozeßgericht die nachträgliche Vernehmung des Zeugen über die noch nicht erledigten Fragen anordnen.

§ 397 (§ 399).

Die Partei kann auf einen Zeugen, den sie vorgeschlagen hat, verzichten, der Gegner kann aber verlangen, daß der erschienene Zeuge vernommen und daß eine bereits begonnene Vernehmung fortgesetzt werde.

§ 398 (§ 400).

Der um eine Beweisaufnahme ersuchte Richter ist ermächtigt, wenn der Zeuge nicht erscheint oder sein Zeugnis oder dessen Beeidigung verweigert, die gesetzlichen Verfügungen zu treffen, auch sie, soweit dies überhaupt zulässig ist, selbst nach Erledigung des Auftrags wieder aufzuheben. Das gleiche gilt, wenn der Zeuge sich weigert, einer im § 375 Abs. 3 ihm auferlegten Pflicht nachzukommen. Der ersuchte Richter ist ferner ermächtigt, über die Zulässigkeit einer dem Zeugen vorgelegten Frage vorläufig zu entscheiden und die nochmalige Vernehmung eines Zeugen vorzunehmen.

§ 399 (§ 401).

Jeder Zeuge hat nach Maßgabe der Gebührenordnung auf Entschädigung für Zeitversäumnis und, wenn sein Erscheinen eine Reise erforderlich macht, auf Erstattung der Kosten Anspruch, die durch die Reise und den Aufenthalt am Orte der Vernehmung verursacht werden.

Sind dem Zeugen bei der Erfüllung einer im § 375 Abs. 3 ihm auferlegten Pflicht oder bei schriftlicher Beantwortung der Beweisfrage (§ 376) Auslagen erwachsen, so sind diese zu erstatten.

Siebenter Titel.

Beweis durch Sachverständige.

§ 400 (§ 402).

Auf den Beweis durch Sachverständige finden die Vorschriften über den Beweis durch Zeugen entsprechende Anwendung, insoweit nicht in den nachfolgenden Paragraphen abweichende Bestimmungen enthalten sind.

§ 401 (§ 403).

Der Beweis wird durch die Bezeichnung der zu begutachtenden Punkte angetreten. Die für den Beweis durch Augenschein in § 370 Abs. 2 getroffene Vorschrift findet entsprechende Anwendung.

§ 402 (§ 404).

Das Prozeßgericht wählt die zuzuziehenden Sachverständigen aus und bestimmt ihre Anzahl. Es kann sich auf die Ernennung eines einzigen Sachverständigen beschränken. An Stelle der zuerst ernannten Sachverständigen kann es andere ernennen.

Sind für gewisse Arten von Gutachten Sachverständige öffentlich bestellt, so sollen andere Personen nur dann gewählt werden, wenn besondere Umstände es erfordern.

Das Gericht kann die Parteien auffordern, Personen zu bezeichnen, die geeignet sind, als Sachverständige vernommen zu werden.

Einigen sich die Parteien über bestimmte Personen als Sachverständige, so hat das Gericht dieser Einigung Folge zu geben; das Gericht kann jedoch die Wahl der Parteien auf eine bestimmte Anzahl beschränken.

§ 403 (§ 405).

Das Prozeßgericht kann den um die Beweisaufnahme ersuchten Richter zur Ernennung der Sachverständigen ermächtigen. Er hat in diesem Falle die in dem vorstehenden Paragraphen dem Prozeßgerichte beigelegten Befugnisse auszuüben.

§ 404 (§ 406).

Ein Sachverständiger kann aus denselben Gründen, die zur Ablehnung eines Richters berechtigen, abgelehnt werden. Ein Ablehnungsgrund kann jedoch nicht daraus entnommen werden, daß der Sachverständige als Zeuge vernommen worden ist.

Das Ablehnungsgesuch ist bei demjenigen Gericht oder Richter, der den Sachverständigen ernannt hat, vor seiner Vernehmung, bei schriftlicher Begutachtung vor Einreichung des Gutachtens anzubringen. Nach diesem Zeitpunkt ist die Ablehnung nur zulässig, wenn glaubhaft gemacht wird, daß der Ablehnungsgrund vorher nicht geltend gemacht werden konnte. Das Ablehnungsgesuch kann zur Niederschrift der Geschäftsstelle erklärt werden.

Der Ablehnungsgrund ist glaubhaft zu machen; zur Versicherung an Eides Statt darf die Partei nicht zugelassen werden.

Die Entscheidung obliegt den im zweiten Absatz bezeichneten Gericht oder Richter; eine vorgängige mündliche Verhandlung der Beteiligten ist nicht erforderlich.

Gegen den Beschluß, der die Ablehnung für begründet erklärt, findet kein Rechtsmittel, gegen den Beschluß, der die Ablehnung für unbegründet erklärt, findet sofortige Beschwerde statt.

§ 405 (§ 407).

Der zum Sachverständigen Ernannte hat der Ernennung Folge zu leisten, wenn er zur Erstattung von Gutachten der erforderten Art öffentlich bestellt ist oder wenn er die Wissenschaft, die Kunst oder das Gewerbe, deren Kenntnis Voraussetzung der Begutachtung ist, öffentlich zum Erwerbe ausübt oder wenn er zur Ausübung derselben öffentlich bestellt oder ermächtigt ist.

Zur Erstattung des Gutachtens ist auch verpflichtet, wer sich hierzu vor Gericht bereit erklärt hat.

§ 406 (§ 408).

Dieselben Gründe, die einen Zeugen berechtigen, das Zeugnis zu verweigern, berechtigen einen Sachverständigen zur Verweigerung des Gutachtens. Das Gericht kann auch aus anderen Gründen einen Sachverständigen von der Verpflichtung zur Erstattung des Gutachtens entbinden.

Die Vernehmung eines öffentlichen Beamten als Sachverständigen findet nicht statt, wenn die vorgesetzte Behörde des Beamten erklärt, daß die Vernehmung den dienstlichen Interessen Nachteile bereiten würde. Für die Mitglieder einer Landesregierung wird diese Erklärung von der Landesregierung abgegeben. Für die Mitglieder der Reichsregierung gelten die Vorschriften des Reichsministergesetzes vom 27. März 1930 (Reichsgesetzbl. I S. 98).

Wer bei einer richterlichen Entscheidung mitgewirkt hat, soll über Fragen, die den Gegenstand der Entscheidung gebildet haben, nicht als Sachverständiger vernommen werden.

§ 407 (§ 409).

Wenn ein ordnungsmäßig geladener, zur Erstattung des Gutachtens verpflichteter Sachverständiger falsche Angaben zu seiner Entschuldigung vorschützt, um nicht erscheinen zu müssen, wenn er nicht erscheint oder ohne gesetzlichen Grund sich weigert, das Gutachten zu erstatten oder einer nach §§ 375 Abs. 3, 400 ihm auferlegten Pflicht nachzukommen oder sein Gutachten zu beeidigen, so wird er zum Ersatze der Kosten und zu einer Ordnungsstrafe in Geld verurteilt. Im Falle wiederholten Ungehorsams kann die Strafe noch einmal erkannt werden.

Gegen den Beschluß findet Beschwerde statt.

§ 408 (§ 410).

Wird der Sachverständige beeidigt, so erfolgt die Beeidigung vor oder nach Erstattung des Gutachtens. Die Eidesnorm geht dahin, daß der Sachverständige das von ihm erforderte Gutachten unparteiisch und nach bestem Wissen und Gewissen erstatten werde oder erstattet habe.

Ist der Sachverständige für die Erstattung von Gutachten der betreffenden Art im allgemeinen beeidigt, so genügt die Berufung auf den geleisteten Eid; sie kann auch in einem schriftlichen Gutachten erklärt werden.

§ 409 (§ 411).

Wird schriftliche Begutachtung angeordnet, so hat der Sachverständige das von ihm unterschriebene Gutachten auf der Geschäftsstelle niederzulegen. Das Gericht kann ihm hierzu eine Frist bestimmen.

Versäumt ein zur Erstattung des Gutachtens verpflichteter Sachverständiger die Frist, so kann er zu einer Ordnungsstrafe in Geld verurteilt werden. Der Straffestsetzung muß eine Strafandrohung unter Setzung einer Nachfrist vorausgehen. Im Falle wiederholter Fristversäumnis kann die Strafe in der gleichen Weise noch einmal erkannt werden. § 407 Abs. 2 findet entsprechende Anwendung.

Das Gericht kann das Erscheinen des Sachverständigen anordnen, damit er das schriftliche Gutachten erläutere.

§ 410 (§ 412).

Das Gericht kann eine neue Begutachtung durch dieselben oder durch andere Sachverständige anordnen, wenn es das Gutachten für ungenügend erachtet.

Das Gericht kann die Begutachtung durch einen anderen Sachverständigen anordnen, wenn ein Sachverständiger nach Erstattung des Gutachtens mit Erfolg abgelehnt ist.

§ 411 (§ 413).

Der Sachverständige hat nach Maßgabe der Gebührenordnung auf Entschädigung für Zeitversäumnis, auf Erstattung der ihm verursachten Kosten und außerdem für angemessene Vergütung seiner Mühewaltung Anspruch.

§ 412 (§ 414).

Insoweit zum Beweise vergangener Tatsachen oder Zustände, zu deren Wahrnehmung eine besondere Sachkunde erforderlich war, sachkundige Personen zu vernehmen sind, kommen die Vorschriften über den Zeugenbeweis zur Anwendung.

Achter Titel.

Beweis durch Urkunden.

I. Beweiskraft der Urkunden.

§ 413 (§ 415).

Urkunden, die von einer öffentlichen Behörde innerhalb der Grenzen ihrer Amtsbefugnisse oder von einer mit öffentlichem Glauben versehenen Person innerhalb des ihr zugewiesenen Geschäftskreises in der vorgeschriebenen Form aufgenommen sind (öffentliche Urkunden), begründen, wenn sie über eine vor der Behörde oder der Urkundsperson abgegebene Erklärung errichtet sind, vollen Beweis des durch die Behörde oder die Urkundsperson beurkundeten Vorganges.

Der Beweis, daß der Vorgang unrichtig beurkundet sei, ist zulässig.

§ 414 (§ 416).

Privaturkunden begründen, sofern sie von den Ausstellern unterschrieben oder mittels gerichtlich oder notariell beglaubigten Handzeichens unterzeichnet sind, vollen Beweis dafür, daß die in ihnen enthaltenen Erklärungen von den Ausstellern abgegeben sind.

§ 415 (§ 417).

Die von einer Behörde ausgestellten, eine amtliche Anordnung, Verfügung oder Entscheidung enthaltenden öffentlichen Urkunden begründen vollen Beweis ihres Inhalts.

§ 416 (§ 418).

Öffentliche Urkunden, die einen anderen als den in den §§ 413, 415 bezeichneten Inhalt haben, begründen vollen Beweis der darin bezeugten Tatsachen.

Der Beweis der Unrichtigkeit der bezeugten Tatsachen ist zulässig, sofern nicht dieser Beweis durch Gesetz ausgeschlossen oder beschränkt wird.

Beruht das Zeugnis nicht auf eigener Wahrnehmung der Behörde oder der Urkundsperson, so findet die Vorschrift des ersten Absatzes nur dann Anwendung, wenn sich aus dem Gesetz ergibt, daß die Beweiskraft des Zeugnisses von der eigenen Wahrnehmung unabhängig ist.

§ 417 (§ 419).

Inwiefern Durchstreichungen, Radierungen, Einschaltungen oder sonstige äußere Mängel die Beweiskraft einer Urkunde ganz oder teilweise aufheben oder mindern, entscheidet das Gericht nach freier Überzeugung.

II. Antretung des Urkundenbeweises.

§ 418 (§ 420).

Der Urkundenbeweis wird dadurch angetreten, daß der Beweisführer die Urkunde vorlegt.

§ 419 (§ 421).

Behauptet der Beweisführer, daß sich die Urkunde im Besitze des Gegners befinde, so tritt er den Beweis durch den Antrag an, dem Gegner die Vorlegung der Urkunde aufzugeben. Der Gegner ist über den Antrag zu hören. Bestreitet er den Besitz der Urkunde, so ist er über ihren Verbleib zu vernehmen. In der Ladung zum Vernehmungstermin ist ihm aufzugeben, nach dem Verbleib der Urkunde sorgfältig zu forschen. Im übrigen sind auf die Vernehmung die Vorschriften der §§ 439 ff. anwendbar. Die Vorlegung der Urkunde ist nur anzuordnen, wenn das Gericht zu der Überzeugung kommt, daß sich die Urkunde im Besitze des Gegners des Beweisführers befindet.

§ 420 (§§ 422, 423).

Widerspricht der Gegner seiner Verpflichtung zur Vorlegung der Urkunde, so ist der Antrag abzulehnen, wenn der Gegner dem Beweisführer gegenüber nach den Vorschriften des bürgerlichen Rechts weder zur Herausgabe noch zur Vorlegung der Urkunde verpflichtet ist und glaubhaft macht, daß er ein berechtigtes Interesse daran hat, die Vorlegung zu verweigern. Der Widerspruch ist unbeachtlich, sofern sich der Gegner im Prozesse, wenn auch nur in einem vorbereitenden Schriftsatze, selbst auf die Urkunde zum Beweise berufen hat.

§ 421 (§ 427).

Kommt der Gegner der Anordnung, die Urkunde vorzulegen, nicht nach, oder kommt im Falle des § 419 Satz 3 das Gericht zu der Überzeugung, daß er nach dem Verbleib der Urkunde nicht sorgfältig geforscht hat, so kann eine vom Beweisführer beigebrachte Abschrift der Urkunde als richtig angesehen werden. Ist eine Abschrift der Urkunde nicht beigebracht, so können die Behauptungen des Beweisführers über die Beschaffenheit und den Inhalt der Urkunde als bewiesen angenommen werden.

§ 422 (§§ 428—431).

Behauptet der Beweisführer, daß sich die Urkunde im Besitze eines Dritten befindet, so tritt er den Beweis durch den Antrag an, ihm zur Herbeischaffung der Urkunde eine Frist zu bestimmen. Das Gericht kann die Frist ohne mündliche Verhandlung bestimmen.

Der Gegner kann die Fortsetzung des Verfahrens vor dem Ablaufe der Frist beantragen, wenn der Beweisführer die Herbeischaffung der Urkunde verzögert oder mit seinem Anspruch gegen den Dritten im Prozeßwege abgewiesen ist.

§ 423 (§ 432).

Behauptet der Beweisführer, daß sich die Urkunde im Besitze einer öffentlichen Behörde oder eines öffentlichen Beamten befindet, so tritt er den Beweis durch den Antrag an, die Behörde oder den Beamten um die Mitteilung der Urkunde zu ersuchen.

Diese Vorschrift findet auf Urkunden, welche die Parteien nach den gesetzlichen Vorschriften ohne Mitwirkung des Gerichts zu beschaffen imstande sind, keine Anwendung.

Verweigert die Behörde oder der Beamte die Mitteilung der Urkunde in Fällen, in denen eine Verpflichtung zur Vorlegung vom Beweisführer geltend gemacht wird, so findet § 422 Anwendung.

Das Gericht kann den Beweisantritt nach Abs. 1 auch in den Fällen zulassen, in denen sich die Urkunde nach der Behauptung des Beweisführers im Besitze einer Großbank, einer Versicherungsgesellschaft oder einer ähnlichen Unternehmung befindet.

§ 424 (neu).

Akten einer Verwaltungsbehörde können als Beweismittel nur mit Genehmigung der vorgesetzten Dienstbehörde verwendet werden. Die Genehmigung kann für bestimmte Arten von Akten allgemein erteilt werden. § 374 Abs. 1—5 finden entsprechende Anwendung.

In jedem Falle hat das Prozeßgericht von den Akten den Parteien nur diejenigen Teile zugänglich zu machen, die das Beweisthema betreffen.

§ 425 (§ 434).

Kann eine Urkunde wegen erheblicher Hindernisse nicht an Gerichtsstelle vorgelegt werden oder erscheint dies wegen der Wichtigkeit der Urkunde und der Besorgnis des Verlustes oder der Beschädigung bedenklich, so kann das Gericht anordnen, daß die Urkunde an einem anderen Orte oder vor einem anderen Gericht vorgelegt werde.

§ 426 (§ 435).

Eine öffentliche Urkunde kann in Urschrift oder in einer beglaubigten Abschrift, die hinsichtlich der Beglaubigung die Erfordernisse einer öffentlichen Urkunde erfüllt, vorgelegt werden; das Gericht kann jedoch anordnen, daß der Beweisführer die Urschrift vorlege oder die Tatsachen angebe und glaubhaft mache, die ihn an der Vorlegung der Urschrift verhindern. Bleibt die Anordnung erfolglos, so entscheidet das Gericht nach freier Überzeugung, welche Beweiskraft der beglaubigten Abschrift beizulegen ist.

§ 427 (§ 436).

Der Beweisführer kann nach Vorlegung einer Urkunde nur mit Zustimmung des Gegners auf dieses Beweismittel verzichten.

III. Prüfung der Echtheit von Urkunden.

§ 428 (§ 437).

Urkunden, die nach Form und Inhalt als von einer öffentlichen Behörde oder von einer mit öffentlichem Glauben versehenen Person errichtet sich darstellen, haben die Vermutung der Echtheit für sich.

Das Gericht kann, wenn es die Echtheit für zweifelhaft hält, auch von Amts wegen die Behörde oder die Person, von der die Urkunde errichtet sein soll, zu einer Erklärung über die Echtheit veranlassen.

§ 429 (§ 438).

Ob eine Urkunde, die als von einer ausländischen Behörde oder von einer mit öffentlichem Glauben versehenen Person des Auslandes errichtet sich darstellt, ohne näheren Nachweis als echt anzusehen sei, hat das Gericht nach den Umständen des Falles zu ermessen.

Zum Beweise der Echtheit einer solchen Urkunde genügt die Legalisation durch einen Konsul oder Gesandten des Reichs.

§ 430 (§§ 439, 510).

Über die Echtheit einer Privaturkunde hat sich der Gegner des Beweisführers nach Vorschrift des § 238 zu erklären.

Befindet sich unter der Urkunde eine Namensunterschrift, so ist die Erklärung auf die Echtheit der Unterschrift zu richten.

Erfolgt die Erklärung trotz Aufforderung des Richters nicht, so ist die Urkunde als anerkannt anzusehen, wenn nicht die Absicht, die Echtheit bestreiten zu wollen, aus den übrigen Erklärungen der Partei hervorgeht.

§ 431 (§ 440).

Die Echtheit einer nicht anerkannten Privaturkunde ist zu beweisen.

Steht die Echtheit der Namensunterschrift fest oder ist das unter einer Urkunde befindliche Handzeichen gerichtlich oder notariell beglaubigt, so hat die über der Unterschrift oder dem Handzeichen stehende Schrift die Vermutung der Echtheit für sich.

§ 432 (§ 443).

Urkunden, deren Echtheit bestritten ist oder deren Inhalt verändert sein soll, werden bis zur Erledigung des Rechtsstreits auf der Geschäftsstelle verwahrt, sofern nicht ihre Auslieferung an eine andere Behörde im Interesse der öffentlichen Ordnung erforderlich ist.

IV. Folgen der Beiseiteschaffung einer Urkunde durch den Gegner des Beweisführers.

§ 433 (§ 444).

Ist eine Urkunde von einer Partei in der Absicht, deren Benutzung dem Gegner zu entziehen, beseitigt oder zur Benutzung untauglich gemacht, so können die Behauptungen des Gegners über die Beschaffenheit und den Inhalt der Urkunde als bewiesen angesehen werden.

Neunter Titel.

Beweis durch Parteivernehmung.

§ 434 (vgl. §§ 445, 446).

Eine Partei, die den ihr obliegenden Beweis mit anderen Beweismitteln nicht vollständig geführt oder die andere Beweismittel nicht vorgebracht hat, kann den Beweis dadurch antreten, daß sie beantragt, den Gegner über die zu beweisenden Tatsachen zu vernehmen.

Der Antrag ist unzulässig über eine Tatsache, deren Gegenteil das Gericht für erwiesen erachtet.

§ 435 (§§ 452, 455).

Verweigert eine Partei die Aussage oder gibt sie auf Verlangen des Gerichts keine Erklärung ab, so hat das Gericht unter Berücksichtigung der gesamten Sachlage, insbesondere der von der Partei im Falle der Weigerung hierfür etwa vorgebrachten Gründe nach freiem Ermessen zu entscheiden, ob es die vom Gegner aufgestellten Behauptungen als erwiesen betrachten will.

§ 436 (§ 450).

Das Gericht kann über eine zu beweisende Tatsache auch den Beweisführer vernehmen, wenn eine Partei dies beantragt und die andere damit einverstanden ist.

§ 437 (§§ 472, 476).

Besteht die zu vernehmende Partei aus mehreren Streitgenossen, so bestimmt das Gericht nach freiem Ermessen, ob einzelne der Streitgenossen oder alle zu vernehmen sind.

§ 438 (§ 475).

Auch ohne Antrag einer Partei und ohne Rücksicht auf die Beweislast kann das Gericht, wenn das Ergebnis der Verhandlungen und einer etwaigen Beweisaufnahme nicht ausreicht, um seine Überzeugung von der Wahrheit oder Unwahrheit einer zu erweisenden Tatsache zu begründen, die Vernehmung einer Partei oder beider Parteien über die streitige Tatsache anordnen.

§ 439 (§§ 460, 461, 453).

Die Vernehmung einer Partei wird in allen Fällen durch Beschluß angeordnet. Die Partei ist, wenn sie in einem besonderen Termin vernommen werden soll, zu diesem Termin unter Mitteilung des Beweisbeschlusses persönlich zu laden.

Die Ausführung des Beschlusses ist auszusetzen, wenn nach seiner Erlassung über die gleichen Beweistatsachen neue Beweismittel vorgebracht werden, sofern diese nicht als verspätet zurückgewiesen werden. Nach Erhebung der neuen Beweise ist von der Parteivernehmung abzusehen, wenn das Gericht die Beweisfrage für hinreichend geklärt erachtet.

§ 440 (vgl. § 380 öst. ZPO.).

Auf die Vernehmung einer Partei finden die Vorschriften der §§ 373, 374, 393 Satz 1, 394, 395 entsprechende Anwendung.

§ 441 (§ 377 öst. ZPO.).

Wenn das Ergebnis der unbeeideten Aussage einer Partei nicht ausreicht, um das Gericht von der Wahrheit oder Unwahrheit der zu beweisenden Tatsache zu überzeugen, so kann es anordnen, daß die Partei ihre Aussage zu beeidigen habe. Waren beide Parteien vernommen, so kann die eidliche Aussage über die gleichen Tatsachen nur von einer Partei gefordert werden. Die Eidesnorm geht dahin, daß die Partei nach bestem Wissen die reine Wahrheit gesagt und nichts verschwiegen habe.

Der Gegner kann auf die Beeidigung verzichten.

Die Beeidigung einer Partei, die wegen wissentlicher Verletzung der Eidespflicht rechtskräftig verurteilt ist, ist unzulässig.

§ 442 (§§ 465, 467).

Erscheint die Partei in dem zu ihrer Vernehmung bestimmten Termine nicht, so ist die Aussage als verweigert anzusehen und zur Hauptsache zu verhandeln.

Soll auf die Verhandlung ein Urteil oder ein Beweisbeschluß ergehen, so ist die Entscheidung in einem besonderen, über eine Woche hinaus anzusetzenden Termine zu verkünden.

§ 443 (§§ 466, 467).

Macht die ausgebliebene Partei glaubhaft, daß sie am Erscheinen im Vernehmungstermin trotz Anwendung aller ihr nach Lage der Umstände zuzumutenden Sorgfalt gehindert wurde, so ist sie auf ihren Antrag nachträglich zu vernehmen. Der Antrag ist nur innerhalb der Notfrist von einer Woche nach dem Termin zulässig; er kann zur Niederschrift der Geschäftsstelle angebracht werden.

War im Falle des Abs. 1 auf die Verhandlung im Termin zur Vernehmung der Partei ein Termin zur Verkündung einer Entscheidung anberaumt worden, so ist dieser zugleich zur Vernehmung der Partei bestimmt. Andernfalls ist ein besonderer Termin zur Vernehmung der Partei anzuberaumen und zu diesem die Partei erneut zu laden.

§ 444 (§ 468).

Erscheint die Partei auch in dem zweiten zur Vernehmung bestimmten Termin nicht, so ist ein nochmaliger Antrag auf Vernehmung nicht zulässig.

§ 445 (§§ 473, 474).

Ist eine Partei nicht prozeßfähig, so kann nur die Vernehmung ihres gesetzlichen Vertreters beantragt oder gemäß § 438 angeordnet werden. Sind mehrere gesetzliche Vertreter vorhanden, so findet § 437 entsprechende Anwendung. Minderjährige, die das sechzehnte Lebensjahr vollendet haben, sowie Volljährige, die wegen Geistesschwäche, Verschwendung oder Trunksucht entmündigt sind, können über Tatsachen, die in ihren eigenen Handlungen bestehen oder Gegenstand ihrer Wahrnehmung sind, vernommen und auch beeidigt werden, sofern dies vom Gericht nach den Umständen des Falles für zulässig erachtet wird. Das gleiche gilt von einer prozeßfähigen Partei, die in dem Rechtsstreite durch einen Pfleger vertreten wird.

Auf Volljährige, die unter vorläufige Vormundschaft gestellt sind, finden in betreff der Vernehmung und Beeidigung die gleichen Vorschriften Anwendung, die nach Abs. 1 Satz 3 im Falle der Entmündigung gelten.

Zehnter Titel.

Verfahren bei der Abnahme von Eiden.

§ 446 (§ 478).

Der Eid muß von dem Schwurpflichtigen in Person geleistet werden.

§ 447 (§ 479).

Das Prozeßgericht kann anordnen, daß die Eidesleistung vor einem anderen Gericht erfolge, wenn der Schwurpflichtige am Erscheinen vor dem Prozeßgerichte verhindert ist oder in großer Entfernung von dessen Sitze sich aufhält.

Der Reichspräsident und der Präsident eines deutschen Landes leisten den Eid in ihrer Wohnung.

§ 448 (§ 480).

Vor der Leistung des Eides hat der Richter den Schwurpflichtigen in angemessener Weise auf die Bedeutung des Eides hinzuweisen.

§ 449 (§ 481).

Der Eid wird in der Weise geleistet, daß der Richter die Eidesnorm mit der Eingangsformel:

»Sie schwören«

vorspricht und der Schwurpflichtige darauf die Worte spricht (Eidesformel):

»Ich schwöre es!«

Der Schwörende soll bei der Eidesleistung die rechte Hand erheben.

§ 450 (§ 483).

Stumme, die schreiben können, leisten den Eid mittels Abschreibens und Unterschreibens der Eidesformel.

Stumme, die nicht schreiben können, leisten den Eid mit Hilfe eines Dolmetschers durch Zeichen.

§ 451 (§ 484).

Gibt ein Schwurpflichtiger an, daß er Mitglied einer Religionsgesellschaft sei, der das Gesetz den Gebrauch gewisser Beteuerungsformeln an Stelle des Eides gestattet, so steht eine Erklärung unter der Beteuerungsformel dieser Religionsgesellschaft der Eidesleistung gleich.

Elfter Titel.

Sicherung des Beweises.

§ 452 (§ 485).

Auf Gesuch einer Partei kann die Einnahme des Augenscheins und die Vernehmung von Zeugen und Sachverständigen zur Sicherung des Beweises angeordnet werden. Der Antrag ist nur zulässig, wenn der Gegner zustimmt oder zu besorgen ist, daß das Beweismittel verloren oder seine Benutzung erschwert werde, ferner wenn eine sofortige Beweiserhebung zur Sicherung einer vollen Aufklärung des zwischen den Parteien streitigen Sachverhalts geboten erscheint, oder wenn der gegenwärtige Zustand einer Sache festgestellt werden soll und der Antragsteller ein rechtliches Interesse an dieser Feststellung hat.

§ 453 (§ 486).

Das Gesuch ist bei dem Gericht anzubringen, vor dem der Rechtsstreit anhängig ist; es kann vor der Geschäftsstelle zu Protokoll erklärt werden.

In Fällen dringender Gefahr kann das Gesuch auch bei dem Amtsgericht angebracht werden, in dessen Bezirke die zu vernehmenden Personen sich aufhalten oder der in Augenschein zu nehmende Gegenstand sich befindet.

Bei dem bezeichneten Amtsgericht muß das Gesuch angebracht werden, wenn der Rechtsstreit noch nicht anhängig ist.

§ 454 (§ 487).

Das Gesuch muß enthalten:

1. die Bezeichnung des Gegners;
2. die Bezeichnung der Tatsachen, über welche die Beweisaufnahme erfolgen soll;
3. die Bezeichnung der Beweismittel unter Benennung der zu vernehmenden Zeugen und Sachverständigen;
4. die Darlegung des Grundes, der die Besorgnis rechtfertigt, daß das Beweismittel verloren oder seine Benutzung erschwert werde. Dieser Grund ist glaubhaft zu machen.

§ 455 (§ 490).

Über das Gesuch kann ohne vorgängige mündliche Verhandlung entschieden werden.

In dem Beschlusse, der dem Gesuche stattgibt, sind die Tatsachen, über die der Beweis zu erheben ist und die Beweismittel unter Benennung der zu vernehmenden Zeugen und Sachverständigen zu bezeichnen. Eine Anfechtung dieses Beschlusses findet nicht statt.

Der Gegner ist zur Beweisaufnahme unter Zustellung des diese anordnenden Beschlusses und einer Abschrift des Gesuchs so zeitig zu laden, daß er in dem Termin seine Rechte wahrzunehmen vermag.

Die Nichtbefolgung dieser Vorschrift steht der Beweisaufnahme nicht entgegen.

§ 456 (§ 494).

Wird von dem Beweisführer ein Gegner nicht bezeichnet, so ist seinem Gesuche nur stattzugeben, wenn er glaubhaft macht, daß er ohne sein Verschulden zur Bezeichnung des Gegners außerstande sei.

Das Gericht kann in diesem Falle dem unbekannten Gegner zur Wahrnehmung seiner Rechte einen Vertreter bestellen.

§ 457 (§ 492).

Die Beweisaufnahme erfolgt nach den für die Aufnahme des betreffenden Beweismittels überhaupt geltenden Vorschriften.

Die Niederschrift über die Beweisaufnahme ist bei dem Gerichte, das sie angeordnet hat, aufzubewahren.

§ 458 (§ 493).

Jede Partei hat das Recht, die Beweisverhandlungen in dem Prozesse zu benutzen.

Dies gilt nicht, wenn der Gegner in dem Termine zur Beweisaufnahme deshalb nicht erscheinen konnte, weil er nicht rechtzeitig geladen war und das Unterbleiben der rechtzeitigen Ladung auf einem Verschulden des Beweisführers beruht.

Zwölfter Titel.

Schiedsurteilsverfahren.

§ 459 (§ 20 EntlVO.).

Bei Streitigkeiten über vermögensrechtliche Ansprüche bestimmt, wenn der Wert des Streitgegenstandes zur Zeit der Einreichung der Klage 100 RM. nicht übersteigt, das Gericht sein Verfahren nach freiem Ermessen. Ein in diesem Verfahren ergehendes Endurteil ist, sofern es nicht als Versäumnisurteil erlassen wird, als Schiedsurteil zu bezeichnen. Das Schiedsurteil steht einem im ordentlichen Verfahren ergangenen rechtskräftigen Endurteil gleich. Die Nichtigkeitsklage findet gegen ein solches Urteil außer in den Fällen des § 545 ZPO. auch statt, wenn der Partei in dem Verfahren das rechtliche Gehör nicht gewährt worden ist. Das gleiche gilt, wenn das Schiedsurteil nicht mit Gründen versehen ist, es sei denn, daß die Parteien in der Verhandlung vor dem Gericht ausdrücklich auf schriftliche Begründung verzichtet haben; der Verzicht ist in die Niederschrift aufzunehmen.

Zweiter Abschnitt.
Verfahren vor den Landgerichten.

Erster Titel.
Allgemeine Vorschriften.

§ 460 (vgl. § 495).

Auf das Verfahren vor den Landgerichten finden die für das amtsgerichtliche Verfahren getroffenen Vorschriften entsprechende Anwendung, soweit sich nicht aus der Verfassung der Landgerichte und aus den nachfolgenden Vorschriften Abweichungen ergeben.

§ 461 (vgl. zu Abs. 2 §§ 130 Nr. 6, 253 Abs. 4 zu Abs. 3 §§ 262, 217).

Die Vorschrift, daß die Klageschrift und vorbereitende Schriftsätze zur Niederschrift der Geschäftsstelle angebracht werden können, findet keine Anwendung. Die im § 215 Abs. 2 bezeichneten Anträge und Erklärungen können nur in den Fällen zur Niederschrift der Geschäftsstelle angebracht werden, in denen dies in anderen Vorschriften dieses Gesetzes besonders zugelassen ist.

Die Klageschrift und alle sonstigen Eingaben einer Partei, die dem Anwaltzwang unterliegen, sind, sofern sie nicht lediglich der Vorbereitung der mündlichen Verhandlung dienen, von dem Prozeßbevollmächtigten der Partei zu unterzeichnen. Vorbereitende Schriftsätze sollen gleichfalls von dem Prozeßbevollmächtigten unterzeichnet werden.

Abgesehen von Meß- und Marktsachen (§§ 173, 217) beträgt die Einlassungsfrist 2 Wochen, die Ladungsfrist eine Woche.

§ 462 (zu vgl. § 253 Abs. 3 Nr. 1).

Bei der Zustellung der Klage ist die im § 213 Abs. 2 vorgesehene Aufforderung, sofern nicht die Klage an einen Rechtsanwalt zuzustellen ist, dahin zu richten, daß der Beklagte einen bei dem Prozeßgericht zugelassenen Anwalt bestellt, und durch diesen seine etwa vorzubringenden Einwendungen unter Angabe der Beweismittel in einem Schriftsatz dem Gericht unverzüglich mitteilt. Zur Einreichung der Klagebeantwortung kann der Vorsitzende dem Beklagten auch eine bestimmte Frist setzen. In diesem Falle finden, wenn der Beklagte die Klagebeantwortung nicht rechtzeitig einreicht, § 262 und § 266 Abs. 2 entsprechende Anwendung.

Neues Vorbringen einer Partei, mit Einschluß von Beweismitteln und Beweiseinreden, kann auch dann zurückgewiesen werden, wenn sie dieses Vorbringen nicht rechtzeitig (§ 216) in einem vorbereitenden Schriftsatz mitgeteilt hat, sofern die Unterlassung nach der freien Überzeugung des Gerichts auf der Absicht der Prozeßverschleppung oder auf grober Nachlässigkeit beruht und die Berücksichtigung des neuen Vorbringesn eine Verzögerung des Verfahrens zur Folge haben würde, die bei rechtzeitiger schriftlicher Vorbereitung vermieden worden wäre.

§ 463 (§ 296).

Das Gericht kann mit der Vornahme eines Sühneversuchs (§ 279) ein Mitglied beauftragen. Im übrigen findet unbeschadet der Vorschrift des § 470 Abs. 1 Satz 1 ein Güteverfahren vor dem Landgericht nicht statt.

§ 464 (§§ 297, 137 Abs. 4).

In der mündlichen Verhandlung sind die Anträge aus den vorbereitenden Schriftsätzen zu verlesen.

Soweit vorbereitende Schriftsätze nicht mitgeteilt sind oder die Anträge nicht enthalten, sind die Anträge aus einem der Niederschrift als Anlage beizufügenden Schriftsatz zu verlesen. Dasselbe gilt von Anträgen, die von früher verlesenen in wesentlichen Punkten abweichen.

Die Verlesung kann durch eine Bezugnahme auf die die Anträge enthaltenden Schriftsätze ersetzt werden, soweit das Gericht es für ausreichend erachtet.

Anträge, bei denen diese Vorschriften nicht beachtet sind, werden nicht berücksichtigt.

Neben dem Anwalt ist auch der Partei selbst auf Antrag das Wort zu gestatten.

§ 465 (vgl. §§ 136, 139).

Soweit nach den Vorschriften über das amtsgerichtliche Verfahren Maßnahmen vom Richter zu treffen sind, obliegen sie dem Vorsitzenden, soweit sie vom Gericht zu treffen sind, der Kammer. Im Falle des § 124 Abs. 1 kann an die Stelle des Vorsitzenden ein von ihm beauftragtes Mitglied des Gerichts treten. Die Kammer hat auch darüber zu befinden, ob im Sinne des § 230 Abs. 2 die Sache vollständig erörtert ist. § 302 Satz 1 gilt für sämtliche an der mündlichen Verhandlung beteiligte Mitglieder des Gerichts.

Der Vorsitzende hat in der mündlichen Verhandlung mit den Parteien sowie bei der Vernehmung von Zeugen, Sachverständigen und Parteien, jedem Mitglied des Gerichts auf Verlangen zu gestatten, Fragen zu stellen.

§ 466 (§§ 140, 315, § 320 Abs. 4).

Wird eine auf die Sachleitung bezügliche Anordnung des Vorsitzenden oder eine von dem Vorsitzenden oder einem Gerichtsmitgliede gestellte Frage von einer bei der Verhandlung beteiligten Person als unzulässig beanstandet, so entscheidet die Kammer.

Das Urteil ist von sämtlichen Richtern, die bei der Entscheidung mitgewirkt haben, zu unterschreiben. Ist ein Richter verhindert, seine Unterschrift beizufügen, so wird dies unter Angabe des Verhinderungsgrundes von dem Vorsitzenden und bei dessen Verhinderung von dem ältesten beisitzenden Richter unter dem Urteil vermerkt.

Bei der Entscheidung über die Berichtigung des Tatbestandes (§ 312) wirken nur diejenigen Richter mit, die bei dem Urteil mitgewirkt haben. Ist ein Richter verhindert, so gibt bei Stimmengleichheit die Stimme des Vorsitzenden und bei dessen Verhinderung die Stimme des ältesten Richters den Ausschlag.

§ 467 (§§ 361, 375).

Beschließt das Prozeßgericht eine Beweisaufnahme, die außerhalb der Gerichtsstelle stattzufinden hat, so kann es mit der Beweisaufnahme ein Mitglied beauftragen. Der beauftragte Richter ist im Beweisbeschluß zu bezeichnen. Der Termin zur Beweisaufnahme ist, wenn er nicht im Beweisbeschluß bestimmt ist, durch den beauftragten Richter zu bestimmen.

Auf das Verfahren vor dem beauftragten Richter finden im übrigen die im amtsgerichtlichen Verfahren für das Verfahren vor dem ersuchten Richter geltenden Vorschriften entsprechende Anwendung.

§ 468 (§ 329).

Die in § 336 für Verfügungen des ersuchten Richters getroffenen Vorschriften gelten auch für Verfügungen des Vorsitzenden und des beauftragten Richters.

Zweiter Titel.

Das Verfahren vor dem Einzelrichter.

§ 469 (§ 348).

Zur Vorbereitung der Entscheidung der Kammer ist jede Sache zunächt vor dem Einzelrichter zu verhandeln, der auch den Termin hierzu bestimmt. Es kann jedoch nach Bestimmung des Vorsitzenden hiervon abgesehen werden, wenn eine Vorbereitung nach den Umständen nicht erforderlich erscheint. Sind Umstände dieser Art dem Kläger bekannt, so soll er sie in der Klageschrift angeben.

Erweist sich im Falle des Abs. 1 Satz 2 die Vorbereitung durch den Einzelrichter erst nach dem Beginn der Verhandlung vor der Kammer als erforderlich, so kann sie durch Beschluß der Kammer angeordnet werden.

§ 470 (§ 349).

Der Einzelrichter hat zunächst die gütliche Beilegung des Rechtsstreits zu versuchen. Kommt ein Vergleich nicht zustande, so hat er für eine erschöpfende Erörterung des gesamten Sach- und Streitverhältnisses zu sorgen. Er hat zu entscheiden:

1. über Verweisungen in den Fällen der §§ 97, 98 des Gerichtsverfassungsgesetzes, sowie über die in §§ 243—253 bezeichneten Maßnahmen;
2. über das Armenrecht, soweit die Armenrechtsbewilligung nach dem Beginn des Verfahrens vor dem Einzelrichter beantragt wird;
3. über Verfahrenseinreden der im § 257 Nr. 1, 3, 4 bezeichneten Art, soweit über sie besonders verhandelt und entschieden wird. Das gleiche gilt im Falle des § 258 Abs. 2 für die Entscheidung über die

Rechtshängigkeit, die Parteifähigkeit, die Prozeßfähigkeit oder über den Mangel der gesetzlichen Vertretung einer Partei;

4. bei Zurücknahme der Klage, Verzicht auf den geltend gemachten Anspruch oder Anerkenntnis des Anspruchs;
5. bei Versäumnis einer Partei. In diesem Falle kann der Einzelrichter auch eine Entscheidung nach Lage der Akten gemäß § 339 erlassen;
6. in den Fällen des § 357, soweit der Einzelrichter hier die Entscheidung nach Lage der Akten für angezeigt hält;
7. über Anträge auf Einstellung der Zwangsvollstreckung.

Im übrigen hat der Einzelrichter die Sache so weit zu fördern, daß sie tunlichst durch eine Verhandlung vor der Kammer erledigt werden kann. Er kann zu diesem Zweck auch Beweise erheben; dies soll nur insoweit geschehen, als es zur Vereinfachung der Verhandlung vor der Kammer wünschenswert ist und die Beweiserhebungen solche sind, zu deren sachgemäßer Würdigung die Kammer voraussichtlich ohne unmittelbaren Eindruck von dem Verlauf der Beweisaufnahme in der Lage sein wird. Ist die Sache zur Verhandlung vor der Kammer reif, so wird der Termin hierzu von Amts wegen anberaumt. Besteht über die Verhandlungsreife zwischen dem Einzelrichter und dem Vorsitzenden Meinungsverschiedenheit, so entscheidet die Kammer.

Im Einverständnisse beider Parteien kann der Einzelrichter an Stelle der Kammer entscheiden.

§ 471 (§ 350).

Einzelrichter im Sinne der §§ 469, 470 ist in Sachen der Zivilkammern der Vorsitzende oder ein von ihm zu bestimmendes Mitglied der Kammer, in Sachen der Kammern für Handelssachen der Vorsitzende.

Für die Anfechtung von Entscheidungen des Einzelrichters gelten dieselben Vorschriften wie für die Anfechtung entsprechender Entscheidungen der Kammer.

Drittes Buch.
Rechtsmittel.

Erster Abschnitt.
Berufung.

I. Zulässigkeit der Berufung.

§ 472 (§ 511).

Die Berufung findet gegen die in erster Instanz erlassenen Endurteile mit Ausnahme der Schiedsurteile (§ 459) statt.

§ 473 (§ 511 a).

In Rechtsstreitigkeiten über vermögensrechtliche Ansprüche ist die Zulässigkeit der Berufung dadurch bedingt, daß der Wert des Beschwerdegegenstandes den Betrag von 100 RM. übersteigt.

In betreff des Wertes des Beschwerdegegenstandes kommen die §§ 3—9 zur Anwendung; hierbei tritt für die Anwendung des § 4 Abs. 1 Halbsatz 1 an die Stelle des Zeitpunkts der Klageerhebung der Zeitpunkt der Einlegung des Rechtsmittels.

Der Berufungskläger hat den Wert glaubhaft zu machen; zur Versicherung an Eides Statt darf er nicht zugelassen werden.

Insoweit es sich um die Unzulässigkeit des Rechtswegs handelt sowie in Rechtsstreitigkeiten über Ansprüche, für welche die Landgerichte ohne Rücksicht auf den Wert des Streitgegenstandes ausschließlich zuständig sind, findet die Berufung ohne Rücksicht auf den Wert des Beschwerdegegenstandes statt.

§ 474 (§ 512).

Der Beurteilung des Berufungsgerichts unterliegen auch diejenigen Entscheidungen, die dem Endurteile vorausgegangen sind, sofern sie nicht nach den Vorschriften dieses Gesetzes unanfechtbar oder mit der Beschwerde anfechtbar sind.

§ 475 (§ 512 a).

Die Berufung kann in Streitigkeiten über vermögensrechtliche Ansprüche nicht darauf gestützt werden, daß das Gericht erster Instanz seine örtliche Zuständigkeit mit Unrecht angenommen hat.

§ 476 (§ 513).

Ein Versäumnisurteil kann von der Partei, gegen die es erlassen ist, mit der Berufung nicht angefochten werden.

Ein Versäumnisurteil, gegen das der Einspruch an sich nicht statthaft ist, unterliegt der Berufung insoweit, als sie darauf gestützt wird, daß der Fall der Versäumung nicht vorgelegen habe.

§ 477 (§ 514).

Die Wirksamkeit eines nach Erlassung des Urteils erklärten Verzichts auf das Recht der Berufung ist nicht davon abhängig, daß der Gegner die Verzichtleistung angenommen hat.

II. Zurücknahme der Berufung.

§ 478 (§ 515).

Der Berufungskläger kann die Berufung durch Erklärung in der mündlichen Verhandlung oder durch Einreichung eines Schriftsatzes zurücknehmen; der Schriftsatz ist der Gegenpartei zuzustellen. § 227 Abs. 1 Satz 2, 3 findet entsprechende Anwendung.

Die Zurücknahme hat den Verlust des Rechtsmittels und die Verpflichtung zur Folge, die durch das Rechtsmittel entstandenen Kosten zu tragen. Auf Antrag des Gegners sind diese Wirkungen durch Beschluß auszusprechen.

Der Beschluß kann ohne Verhandlung ergehen; er unterliegt der sofortigen Beschwerde.

III. Berufungsfrist und Einlegung der Berufung.

§ 479 (§ 516).

Die Berufungsfrist beträgt einen Monat; sie ist eine Notfrist und beginnt mit der Zustellung des Urteils.

§ 480 (§ 517).

Wird innerhalb der Berufungsfrist ein Urteil gemäß § 313 durch eine nachträgliche Entscheidung ergänzt, so beginnt mit der Zustellung der nachträglichen Entscheidung der Lauf der Berufungsfrist auch für die Berufung gegen das zuerst ergangene Urteil von neuem. Wird gegen beide Urteile von derselben Partei Berufung eingelegt, so sind beide Berufungen miteinander zu verbinden.

§ 481 (§ 518).

Die Berufung wird durch Einreichung der Berufungsschrift bei dem Berufungsgericht eingelegt.

Die Berufungsschrift muß enthalten:

1. die Bezeichnung des Urteils, gegen das die Berufung gerichtet wird;
2. die Erklärung, daß gegen dieses Urteil Berufung eingelegt werde.

Mit der Berufungsschrift soll eine Ausfertigung oder beglaubigte Abschrift des angefochtenen Urteils vorgelegt werden.

Die allgemeinen Bestimmungen über die vorbereitenden Schriftsätze finden auch auf die Berufungsschrift Anwendung.

IV. Berufungsbegründung und Prozeßkostenvorauszahlung.

§ 482 (§ 519).

Der Berufungskläger muß die Berufung begründen.

Die Berufungsbegründung ist, sofern sie nicht bereits in der Berufungsschrift enthalten ist, in einem Schriftsatz bei dem Berufungsgerichte einzureichen. Die Frist für die Berufungsbegründung beträgt einen Monat. Sie beginnt mit der Einlegung der Berufung. Der Vorsitzende kann sie auf Antrag verlängern.

Die Berufungsbegründungsschrift muß enthalten:

1. die Erklärung, inwieweit das Urteil angefochten wird und welche Abänderungen des Urteils beantragt werden (Berufungsanträge);
2. die bestimmte Bezeichnung der im einzelnen anzuführenden Gründe der Anfechtung (Berufungsgründe) sowie der neuen Tatsachen, Beweismittel und Beweiseinreden, die die Partei zur Rechtfertigung ihrer Berufung anzuführen hat.

In der Berufungsbegründung soll ferner der Wert des nicht in einer bestimmten Geldsumme bestehenden Beschwerdegegenstandes angegeben werden, wenn von ihm die Zulässigkeit der Berufung abhängt.

Die allgemeinen Bestimmungen über die vorbereitenden Schriftsätze finden auch auf die Berufungsbegründung Anwendung.

§ 483 (§ 519 Abs. 6).

Der Vorsitzende hat eine Frist zu bestimmen, innerhalb deren der Berufungskläger die für die Berufungsinstanz von ihm erforderte Prozeßgebühr zu zahlen hat. Von der Fristbestimmung soll der Berufungskläger persönlich benachrichtigt werden. Die Frist kann auf Antrag vom Vorsitzenden verlängert werden. Der Antrag kann zur Niederschrift der Geschäftsstelle gestellt werden.

Die Vorschrift des Abs. 1 findet keine Anwendung, soweit dem Berufungskläger das Armenrecht bewilligt ist oder ihm Gebührenfreiheit zusteht. Es kann ihm ferner Befreiung von der Kostenvorauszahlung bewilligt werden, wenn er glaubhaft macht, daß ihm die alsbaldige Zahlung der Gebühr mit Rücksicht auf seine Vermögenslage Schwierigkeiten bereiten würde. Die Entscheidung über dieses Gesuch ist auch im Falle der Ablehnung unanfechtbar. Hat der Berufungskläger vor Ablauf der Frist die Bewilligung des Armenrechts oder die Befreiung von der Kostenvorauszahlung beantragt, so endet die Frist nicht vor Ablauf von zwei Wochen nach der Zustellung des auf dieses Gesuch ergehenden Beschlusses.

§ 484 (§ 519 a).

Die Berufungsschrift und die Berufungsbegründung sind der Gegenpartei zuzustellen. Mit der Zustellung der Berufungsschrift ist der Zeitpunkt mitzuteilen, in dem die Berufung eingelegt ist.

V. Prüfung der Zulässigkeit der Berufung.

§ 485 (§ 519 b).

Das Berufungsgericht hat von Amts wegen zu prüfen, ob die Berufung an sich statthaft, ob sie in der gesetzlichen Frist und Form eingelegt und begründet und ob im Falle des § 483 Abs. 1 die Kostenvorauszahlung rechtzeitig geleistet ist. Mangelt es an einem dieser Erfordernisse, so ist die Berufung als unzulässig zu verwerfen.

Die Entscheidung kann ohne mündliche Verhandlung durch Beschluß ergehen; sie unterliegt in diesem Falle der sofortigen Beschwerde, sofern gegen ein Urteil gleichen Inhalts die Revision zulässig wäre. Stellt sich, nachdem die Berufung wegen nicht rechtzeitiger Kostenvorauszahlung verworfen ist, heraus, daß die Zahlung noch innerhalb der gesetzten Frist eingegangen ist, so ist die Verwerfung des Rechtsmittels durch Beschluß aufzuheben.

§ 486 (§ 520).

Wird die Berufung nicht durch Beschluß als unzulässig verworfen, so ist der Termin zur mündlichen Verhandlung zu bestimmen und den Parteien bekanntzumachen. In der Bekanntmachung soll der Berufungsbeklagte, sofern die Zustellung nicht an einen Rechtsanwalt erfolgt, darauf hingewiesen werden, daß er sich vor dem Berufungsgerichte durch einen bei diesem Gerichte zugelassenen Rechtsanwalt als Bevollmächtigten vertreten lassen muß.

In betreff der Frist, die zwischen dem Zeitpunkt der Bekanntmachung des Termins und der mündlichen Verhandlung liegen muß, finden die Vorschriften des § 217 entsprechende Anwendung.

VI. Anschlußberufung.

§ 487 (§§ 521, 522a Abs. 1).

Der Berufungsbeklagte kann sich der Berufung durch Einreichung eines Schriftsatzes anschließen, selbst wenn er auf die Berufung verzichtet hat oder wenn die Berufungsfrist verstrichen ist. Die Vorschrift des § 264 bleibt unberührt.

Die Vorschriften über die Anfechtung des Versäumnisurteils durch Berufung finden auch auf seine Anfechtung durch Anschließung Anwendung.

§ 488 (§ 522).

Die Anschließung verliert ihre Wirkung, wenn die Berufung zurückgenommen oder als unzulässig verworfen wird.

Hat der Berufungsbeklagte innerhalb der Berufungsfrist sich der Berufung angeschlossen, so wird es so angesehen, als habe er die Berufung selbständig eingelegt.

§ 489 (§ 522 a Abs. 2, 3).

Die Anschlußberufung muß vor Ablauf der Berufungsbegründungsfrist (§ 482 Abs. 2) und, sofern sie nach deren Ablauf eingelegt wird, in der Anschlußschrift begründet werden.

Die Vorschriften des § 481 Abs. 2, 4, des § 482 Abs. 3, 5 und der §§ 484, 485 finden entsprechende Anwendung.

VII. Das weitere Verfahren.

§ 490 (§ 523).

Auf das weitere Verfahren finden die in erster Instanz für das Verfahren vor den Landgerichten geltenden Vorschriften entsprechende Anwendung, soweit sich nicht Abweichungen aus den Bestimmungen dieses Abschnittes ergeben.

§ 491 (§§ 525, 718).

Vor dem Berufungsgerichte wird der Rechtsstreit in den durch die Anträge bestimmten Grenzen von neuem verhandelt.

Über die vorläufige Vollstreckbarkeit ist auf Antrag vorab zu verhandeln und zu entscheiden.

Die in der Berufungsinstanz über die vorläufige Vollstreckbarkeit erlassene Entscheidung ist unanfechtbar.

§ 492 (§ 526).

Bei der mündlichen Verhandlung haben die Parteien das durch die Berufung angefochtene Urteil sowie die dem Urteil vorausgegangenen Entscheidungen nebst den Entscheidungsgründen und den Beweisverhandlungen insoweit vorzutragen, als dies zum Verständnis der Berufungsanträge und zur Prüfung der Richtigkeit der angefochtenen Entscheidung erforderlich ist.

Im Falle der Unrichtigkeit oder Unvollständigkeit des Vortrags hat der Vorsitzende dessen Berichtigung oder Vervollständigung zu veranlassen.

§ 493 (§ 528).

Verfahrenseinreden der im § 257 bezeichneten Art dürfen nur geltend gemacht werden, wenn die Partei glaubhaft macht, daß sie ohne ihr Verschulden außerstande gewesen sei, sie in erster Instanz vorzubringen. Das gleiche gilt, wenn bei vermögensrechtlichen Ansprüchen für die Klage die Zuständigkeit eines Sondergerichts oder für eine bei dem Amtsgericht erhobene Klage die ausschließliche Zuständigkeit des Landgerichts begründet ist, von der Einrede der Unzuständigkeit des Gerichts, sofern der Beklagte in erster Instanz zur Hauptsache verhandelt hat; eine Prüfung der Zuständigkeit von Amts wegen findet nicht statt.

§ 494 (§ 529).

Die Parteien können Angriffs- und Verteidigungsmittel, die in erster Instanz nicht geltend gemacht sind, insbesondere neue Tatsachen und Beweismittel vorbringen.

Angriffs- und Verteidigungsmittel sowie Beweismittel und Beweiseinreden, die in erster Instanz nicht geltend gemacht worden sind und deren Berücksichtigung die Erledigung des Rechtsstreits verzögern würde, sind jedoch nur zuzulassen, wenn nach der freien Überzeugung des Gerichts die Partei sie weder in der Absicht, den Prozeß zu verschleppen, noch aus grober Nachlässigkeit erst in zweiter Instanz vorgebracht hat. Diese Vorschrift gilt entsprechend für das Vorbringen einer Partei, das in erster Instanz nach den §§ 261, 262, 266 Abs. 2, 462 Abs. 2 zurückgewiesen worden ist.

Die Vorschrift des Abs. 2 Satz 1 findet ferner entsprechende Anwendung, wenn der Berufungskläger ein neues Vorbringen, dessen Geltendmachung in der Berufungsinstanz zulässig ist, entgegen der Vorschrift des § 482 nicht in der Berufungsbegründung mitgeteilt hat.

Die Erhebung einer Widerklage ist nur zulässig, wenn der Gegner einwilligt oder das Gericht die Geltendmachung des mit ihr verfolgten Anspruchs im anhängigen Verfahren für sachdienlich erachtet.

Macht der Beklagte die Aufrechnung einer Gegenforderung geltend, so ist die hierauf begründete Einwendung zurückzuweisen, wenn nicht der Kläger in die Geltendmachung einwilligt oder der Beklagte glaubhaft macht, daß er ohne sein Verschulden außerstande gewesen sei, die Aufrechnung in erster Instanz geltend zu machen.

§ 495 (§ 530).

Die Verletzung einer das Verfahren erster Instanz betreffenden Vorschrift kann in der Berufungsinstanz nicht mehr gerügt werden, wenn in Gemäßheit der Bestimmung des § 278 die Partei das Rügerecht bereits in erster Instanz verloren hat.

§ 496 (§ 531).

Die in erster Instanz unterbliebenen oder verweigerten Erklärungen über Tatsachen, Urkunden und Anträge auf Parteivernehmung können in der Berufungsinstanz nachgeholt werden.

§ 497 (§ 532).

Das in erster Instanz abgelegte gerichtliche Geständnis behält seine Wirksamkeit auch für die Berufungsinstanz.

§ 498 (vgl. § 489 österr. ZPO.).

Das Berufungsgericht kann die Vernehmung oder Beeidigung einer Partei, die in erster Instanz die Vernehmung oder die Beeidigung ihrer Aussage verweigert hatte, nur anordnen, wenn es die Überzeugung gewonnen hat, daß die Partei genügende Gründe hatte, die Vernehmung oder die Beeidigung zu verweigern, und daß diese Gründe seither fortgefallen sind.

Wurde eine Partei in erster Instanz vernommen und auf ihre Aussage beeidigt, so kann über dieselbe Tatsache die eidliche Vernehmung des Gegners vom Berufungsgericht nicht angeordnet werden.

§ 499 (§ 534).

Ein nicht oder nicht unbedingt für vorläufig vollstreckbar erklärtes Urteil erster Instanz ist, soweit es durch die Berufungsanträge nicht angefochten wird, auf den im Laufe der mündlichen Verhandlung gestellten Antrag von dem Berufungsgerichte durch Beschluß für vorläufig vollstreckbar zu erklären.

§ 500 (§ 536).

Das Urteil erster Instanz darf nur insoweit abgeändert werden, als eine Abänderung beantragt ist.

§ 501 (§ 537).

Gegenstand der Verhandlung und Entscheidung des Berufungsgerichts sind alle einen zuerkannten oder aberkannten Anspruch betreffenden Streitpunkte, über die in Gemäßheit der Anträge eine Verhandlung und Entscheidung erforderlich ist, selbst wenn über diese Streitpunkte in erster Instanz nicht verhandelt oder nicht entschieden ist.

§ 502 (§ 538).

Das Berufungsgericht hat die Sache, insofern ihre weitere Verhandlung erforderlich ist, an das Gericht erster Instanz zurückzuverweisen:

1. wenn durch das angefochtene Urteil ein Einspruch als unzulässig verworfen ist;
2. wenn das angefochtene Urteil nur über Verfahrenseinreden (§ 257) oder die im § 258 Abs. 2 aufgeführten verfahrensrechtlichen Bedenken entschieden hat;
3. wenn im Falle eines nach Grund und Betrag streitigen Anspruchs durch das angefochtene Urteil über den Grund des Anspruchs vorab entschieden oder die Klage abgewiesen ist, es sei denn, daß der Streit über den Betrag des Anspruchs zur Entscheidung reif ist;
4. wenn das angefochtene Urteil im Urkunden- oder Wechselprozeß unter Vorbehalt der Rechte erlassen ist;
5. wenn das angefochtene Urteil ein Versäumnisurteil ist.

Im Falle der Nr. 2 hat das Berufungsgericht die sämtlichen Verfahrenseinreden zu erledigen.

§ 503 (§ 539).

Leidet das Verfahren erster Instanz an einem wesentlichen Mangel, so kann das Berufungsgericht unter Aufhebung des Urteils und des Verfahrens, soweit das letztere durch den Mangel betroffen wird, die Sache an das Gericht erster Instanz zurückverweisen.

§ 504 (§ 542).

Die Vorschriften über das Versäumnisverfahren in erster Instanz finden entsprechende Anwendung.

Beantragt der Berufungskläger gegen den im Termin zur mündlichen Verhandlung nicht erschienenen Berufungsbeklagten das Versäumnisurteil, so ist, soweit das festgestellte Sachverhältnis nicht entgegensteht, das tatsächliche mündliche Vorbringen des Berufungsklägers für zugestanden zu erachten und in Ansehung einer zulässigerweise beantragten Beweisaufnahme anzunehmen, daß sie das in Aussicht gestellte Ergebnis gehabt habe.

§ 505 (§ 543).

Bei der Darstellung des Tatbestandes im Urteil ist eine Bezugnahme auf das Urteil voriger Instanz nicht ausgeschlossen.

Wird das Urteil des Berufungsgerichts mit der Verkündung rechtskräftig, so bedarf es einer Zustellung durch dieses Gericht nicht. Andere Urteile sind, mit Ausnahme der Versäumnisurteile, in einer vollständigen Ausfertigung zuzustellen.

§ 506 (§ 544).

Die Geschäftsstelle des Berufungsgerichts hat innerhalb vierundzwanzig Stunden, nachdem die Berufungsschrift eingereicht ist, von der Geschäftsstelle des Gerichts erster Instanz die Prozeßakten einzufordern.

Nach Erledigung der Berufung sind die Akten der Geschäftsstelle des Gerichts erster Instanz nebst einer beglaubigten Abschrift des in der Berufungsinstanz erlassenen Urteils zurückzusenden.

Zweiter Abschnitt.

Revision.

I. Zulässigkeit der Revision.

§ 507 (§ 545).

Die Revision findet gegen die in der Berufungsinstanz von den Oberlandesgerichten erlassenen Endurteile statt.

§ 508 (§ 546).

In Rechtsstreitigkeiten über vermögensrechtliche Ansprüche ist die Zulässigkeit der Revision durch einen den Betrag von sechstausend Reichsmark übersteigenden Wert des Beschwerdegegenstandes bedingt.

In betreff des Wertes des Beschwerdegegenstandes kommen die Vorschriften der §§ 3—9 mit der Maßgabe des § 473 Abs. 2 zur Anwendung.

Der Revisionskläger hat diesen Wert glaubhaft zu machen; zur Versicherung an Eides Statt darf er nicht zugelassen werden.

§ 509 (§ 547).

Ohne Rücksicht auf den Wert des Beschwerdegegenstandes findet die Revision statt:

1. insoweit es sich um die Unzulässigkeit des Rechtswegs oder die Unzulässigkeit der Berufung handelt;
2. in den Rechtsstreitigkeiten über Ansprüche, für welche die Landgerichte ohne Rücksicht auf den Wert des Streitgegenstandes ausschließlich zuständig sind.

§ 510 (§ 548).

Der Beurteilung des Revisionsgerichts unterliegen auch diejenigen Entscheidungen, die dem Endurteile vorausgegangen sind, sofern sie nicht nach den Vorschriften dieses Gesetzes unanfechtbar sind.

II. Revisionsgründe.

§ 511 (§ 549).

Die Revision kann nur darauf gestützt werden, daß die Entscheidung auf der Verletzung eines Reichsgesetzes oder eines Gesetzes, dessen Geltungsbereich sich über den Bezirk des Berufungsgerichts hinaus erstreckt, beruhe.

Die Revision kann nicht darauf gestützt werden, daß das Berufungsgericht das Vorbringen einer Partei unter Verletzung der Vorschrift des § 494 zugelassen hat. In Rechtsstreitigkeiten über vermögensrechtliche Ansprüche kann ferner die Revision nicht darauf gestützt werden, daß das Gericht seine örtliche Zuständigkeit mit Unrecht angenommen hat.

§ 512 (§ 550).

Das Gesetz ist verletzt, wenn eine Rechtsnorm nicht oder nicht richtig angewendet worden ist.

§ 513 (§ 551).

Eine Entscheidung ist stets als auf einer Verletzung des Gesetzes beruhend anzusehen:

1. wenn das erkennende Gericht nicht vorschriftsmäßig besetzt war;
2. wenn bei der Entscheidung ein Richter mitgewirkt hat, der von der Ausübung des Richteramts kraft Gesetzes ausgeschlossen war, sofern nicht dieses Hindernis mittels eines Ablehnungsgesuchs ohne Erfolg geltend gemacht ist;
3. wenn bei der Entscheidung ein Richter mitgewirkt hat, obgleich er wegen Besorgnis der Befangenheit abgelehnt und das Ablehnungsgesuch für begründet erklärt war;
4. wenn das Gericht seine Zuständigkeit oder Unzuständigkeit mit Unrecht angenommen hat;
5. wenn eine Partei in dem Verfahren nicht nach Vorschrift der Gesetze vertreten war, sofern sie nicht die Prozeßführung ausdrücklich oder stillschweigend genehmigt hat;
6. wenn die Entscheidung auf Grund einer mündlichen Verhandlung ergangen ist, bei der die Vorschriften über die Öffentlichkeit des Verfahrens verletzt sind;
7. wenn die Entscheidung nicht mit Gründen versehen ist.

III. Revisionsfrist und Einlegung der Revision.

§ 514 (§ 552).

Die Revisionsfrist beträgt einen Monat; sie ist eine Notfrist und beginnt mit der Zustellung des in vollständiger Form abgefaßten Urteils.

§ 515 (§ 553).

Die Revision wird durch Einreichung der Revisionsschrift bei dem Revisionsgericht eingelegt. Die Revisionsschrift muß enthalten:

1. die Bezeichnung des Urteils, gegen das die Revision gerichtet wird;
2. die Erklärung, daß gegen dieses Urteil die Revision eingelegt werde.

Die allgemeinen Vorschriften über die vorbereitenden Schriftsätze finden auch auf die Revisionsschrift Anwendung.

§ 516 (§ 553 a).

Mit der Revisionsschrift soll eine Ausfertigung oder beglaubigte Abschrift des angefochtenen Urteils vorgelegt werden.

Die Revisionsschrift ist der Gegenpartei zuzustellen. Hierbei ist der Zeitpunkt mitzuteilen, in dem die Revision eingelegt ist.

IV. Die Revisionsbegründung und Prozeßkostenvorauszahlung.

§ 517 (§ 554).

Der Revisionskläger muß die Revision begründen.

Die Revisionsbegründung ist, sofern sie nicht bereits in der Revisionsschrift enthalten ist, in einem Schriftsatz bei dem Revisionsgerichte einzureichen. Die Frist für die Revisionsbegründung beträgt einen Monat; sie beginnt mit der Einlegung der Revision und kann auf Antrag von dem Vorsitzenden verlängert werden.

Die Revisionsbegründung muß enthalten:

1. die Erklärung, inwieweit das Urteil angefochten und dessen Aufhebung beantragt werde (Revisionsanträge);
2. die Angabe der Revisionsgründe, und zwar:
   a) die Bezeichnung der verletzten Rechtsnorm;
   b) insoweit die Revision darauf gestützt wird, daß das Gesetz in bezug auf das Verfahren verletzt sei, die Bezeichnung der Tatsachen, die den Mangel ergeben.

In der Revisionsbegründung soll ferner der Wert des nicht in einer bestimmten Geldsumme bestehenden Beschwerdegegenstandes angegeben werden, wenn die Zulässigkeit der Revision von diesem Werte abhängt.

Die Vorschriften des § 515 Abs. 2 und des § 516 Abs. 2 Satz 1 finden auf die Revisionsbegründung entsprechende Anwendung.

Nach dem Ablauf der Begründungsfrist ist die Geltendmachung neuer Revisionsgründe nicht zulässig.

Die für das Berufungsverfahren gegebenen Vorschriften über die Vorauszahlung der Prozeßgebühr (§ 483) finden entsprechende Anwendung.

V. Prüfung der Zulässigkeit der Revision und Zurückweisung der Revision durch Beschluß.

§ 518 (§ 554 a).

Das Revisionsgericht hat von Amts wegen zu prüfen, ob die Revision an sich statthaft, ob sie in der gesetzlichen Form und Frist eingelegt und begründet und ob im Falle des § 517 Abs. 7 (§ 483 Abs. 1) die Kostenvorauszahlung rechtzeitig geleistet ist. Mangelt es an einem dieser Erfordernisse, so ist die Revision als unzulässig zu verwerfen.

Die Entscheidung kann ohne vorgängige mündliche Verhandlung durch Beschluß erfolgen. § 485 Abs. 2 Satz 2 findet entsprechende Anwendung.

§ 519 (§ 555).

Wird die Revision nicht durch Beschluß als unzulässig verworfen, so ist der Termin zur mündlichen Verhandlung zu bestimmen und den Parteien bekanntzumachen.

In betreff der Frist, die zwischen dem Zeitpunkt der Bekanntmachung des Termins und der mündlichen Verhandlung liegen muß, finden die Vorschriften des § 217 entsprechende Anwendung.

Ist das Revisionsgericht einstimmig der Auffassung, daß das angefochtene Urteil nicht auf einer mit der Revision angreifbaren Gesetzesverletzung beruht und daß die Sache einer mündlichen Verhandlung nicht bedarf, so kann es die Revision ohne vorgängige Verhandlung durch Beschluß zurückweisen.

VI. Anschlußrevision.

§ 520 (§ 556).

Der Revisionsbeklagte kann sich bis zum Ablauf der Begründungsfrist der Revision anschließen, selbst wenn er auf die Revision verzichtet hat.

Die Anschließung erfolgt durch Einreichung der Revisionsanschlußschrift bei dem Revisionsgerichte. Die Anschlußrevision muß in der Anschlußschrift begründet werden. Die Vorschriften des § 487 Abs. 2, der §§ 488, 515, des § 516 Abs. 2 Satz 1, des § 517 Abs. 3, 6 und des § 518 finden entsprechende Anwendung.

VII. Das weitere Verfahren.

§ 521 (§ 557).

Auf das weitere Verfahren finden die in erster Instanz für das Verfahren vor den Landgerichten geltenden Vorschriften entsprechende Anwendung, soweit nicht Abweichungen aus den Bestimmungen dieses Abschnitts sich ergeben.

§ 522 (§ 557 a).

Die Vorschriften der §§ 469—471 (Verfahren vor dem Einzelrichter) finden keine Anwendung.

§ 523 (§ 558).

Die Verletzung einer das Verfahren der Berufungsinstanz betreffenden Vorschrift kann in der Revisionsinstanz nicht mehr gerügt werden, wenn nach der Vorschrift des § 278 die Partei das Rügerecht bereits in der Berufungsinstanz verloren hat.

§ 524 (§ 559).

Der Prüfung des Revisionsgerichts unterliegen nur die von den Parteien gestellten Anträge und, soweit die Revision darauf gestützt wird, daß das Gesetz in bezug auf das Verfahren verletzt sei, nur die nach Maßgabe der §§ 517, 520 geltend gemachten Revisionsgründe. Bei der Prüfung, ob sonst das Gesetz verletzt sei, ist das Revisionsgericht an die von den Parteien geltend gemachten Revisionsgründe nicht gebunden.

§ 525 (§ 560).

Ein nicht oder nicht unbedingt für vorläufig vollstreckbar erklärtes Urteil des Berufungsgerichts ist, insoweit es durch die Revisionsanträge nicht angefochten wird, auf den im Laufe der mündlichen Verhandlung gestellten Antrag von dem Revisionsgerichte für vorläufig vollstreckbar zu erklären.

§ 526 (§ 561).

Der Beurteilung des Revisionsgerichts unterliegt nur das Parteivorbringen, das aus dem Tatbestande des Berufungsurteils oder dem Sitzungsprotokoll ersichtlich ist. Außerdem können nur die im § 517 Abs. 3 Nr. 2 b erwähnten Tatsachen berücksichtigt werden.

Hat das Berufungsgericht festgestellt, daß eine tatsächliche Behauptung wahr oder nicht wahr ist, so ist diese Feststellung für das Revisionsgericht bindend, es sei denn, daß in bezug auf die Feststellung ein zulässiger und begründeter Revisionsangriff erhoben ist.

§ 527 (§ 562).

Die Entscheidung des Berufungsgerichts über das Bestehen und den Inhalt von Gesetzen, auf deren Verletzung die Revision nach § 511 nicht gestützt werden kann, ist für die auf die Revision ergehende Entscheidung maßgebend.

§ 528 (§ 563).

Ergeben die Entscheidungsgründe zwar eine Gesetzesverletzung, stellt die Entscheidung selbst aber aus anderen Gründen sich als richtig dar, so ist die Revision zurückzuweisen.

§ 529 (§ 564).

Insoweit die Revision für begründet erachtet wird, ist das angefochtene Urteil aufzuheben.

Erfolgt die Aufhebung des Urteils wegen eines Mangels des Verfahrens, so ist zugleich das Verfahren insoweit aufzuheben, als es durch den Mangel betroffen wird.

§ 530 (§ 565).

Im Falle der Aufhebung des Urteils ist die Sache zur anderweitigen Verhandlung und Entscheidung an das Berufungsgericht zurückzuverweisen. Die Zurückverweisung kann an einen anderen Senat des Berufungsgerichts erfolgen.

Das Berufungsgericht hat die rechtliche Beurteilung, die der Aufhebung zugrunde gelegt ist, auch seiner Entscheidung zugrunde zu legen.

Das Revisionsgericht hat jedoch in der Sache selbst zu entscheiden:

1. wenn das Urteil nur wegen Gesetzesverletzung bei Anwendung des Gesetzes auf das festgestellte Sachverhältnis aufgehoben wird und nach letzterem die Sache zur Endentscheidung reif ist;
2. wenn das Urteil wegen Unzuständigkeit des Gerichts oder wegen Unzulässigkeit des Rechtswegs aufgehoben wird.

Kommt in den Fällen der Nr. 1, 2 für die in der Sache selbst zu erlassende Entscheidung die Anwendbarkeit von Gesetzen in Frage, auf deren Verletzung die Revision nach § 511 nicht gestützt werden kann, so kann die Sache zur anderweiten Verhandlung und Entscheidung an das Berufungsgericht zurückverwiesen werden.

§ 531 (§ 566).

Die für die Berufung geltenden Vorschriften über die Anfechtbarkeit der Versäumnisurteile, über die Verzichtleistung auf das Rechtsmittel und seine Zurücknahme, über die Vertagung der mündlichen Verhandlung, über die Behandlung von Verfahrenseinreden, über den Vortrag der Parteien bei der mündlichen Verhandlung, über die Einforderung und Zurücksendung der Prozeßakten und über die Zustellung der Urteile finden auf die Revision entsprechende Anwendung.

§ 532 (§ 566 a).

Gegen die in erster Instanz erlassenen Endurteile der Landgerichte kann mit den folgenden Maßgaben unter Übergehung der Berufungsinstanz unmittelbar die Revision eingelegt werden.

Die Übergehung der Berufungsinstanz bedarf der Einwilligung des Gegners. Die schriftliche Erklärung der Einwilligung ist der Revisionsschrift beizufügen; sie kann auch von dem Prozeßbevollmächtigten der ersten Instanz abgegeben werden.

Die Revision kann nicht auf Mängel des Verfahrens gestützt werden.

Die Einlegung der Revision und die Erklärung des Einverständnisses damit gelten als Verzicht auf das Rechtsmittel der Berufung.

Verweist das Revisionsgericht die Sache zur anderweitigen Verhandlung und Entscheidung zurück, so kann die Zurückverweisung nach seinem Ermessen auch an dasjenige Oberlandesgericht erfolgen, das für die Berufung zuständig gewesen wäre. In diesem Falle gelten für das Verfahren vor dem Oberlandesgerichte die gleichen Grundsätze, wie wenn der Rechtsstreit auf eine ordnungsmäßig eingelegte Berufung beim Oberlandesgericht anhängig geworden wäre.

Die Vorschrift im § 530 Abs. 2 findet in allen Fällen der Zurückverweisung entsprechende Anwendung.

Von der Einlegung der Revision nach Abs. 1 hat die Geschäftsstelle des Revisionsgerichts innerhalb vierundzwanzig Stunden der Geschäftsstelle des Landgerichts Nachricht zu geben.

Dritter Abschnitt.

Beschwerde.

§ 533 (§ 567).

Das Rechtsmittel der Beschwerde findet in den in diesem Gesetz besonders hervorgehobenen Fällen und gegen solche eine vorgängige mündliche Verhandlung nicht erfordernde Entscheidungen statt, durch die ein das Verfahren betreffendes Gesuch zurückgewiesen ist.

Im Falle des § 102 Abs. 2 unterliegt die Entscheidung einer sofortigen Beschwerde nur, wenn die Beschwerdesumme den Betrag von fünfzig Reichsmark übersteigt.

Gegen die Entscheidung der Oberlandesgerichte ist eine Beschwerde nicht zulässig. Ausgenommen sind Beschlüsse, durch die eine Berufung nach § 485 oder die besondere Vollstreckungsbeschwerde (§ 843 Nr. 6) als unzulässig verworfen wird oder bei denen es sich um die Versagung der Vollstreckbarerklärung eines Schiedsspruchs aus einem der in § 757 Nr. 2 und 3 bezeichneten Gründe handelt (§ 759 Abs. 3).

§ 534 (§ 568).

Über die Beschwerde entscheidet das im Instanzenzuge zunächst höhere Gericht.

Gegen die Entscheidung des Beschwerdegerichts ist, soweit nicht in ihr ein neuer selbständiger Beschwerdegrund enthalten ist, eine weitere Beschwerde nicht zulässig.

Entscheidungen der Landgerichte in betreff der Prozeßkosten, mit Ausnahme der im § 105 bezeichneten, unterliegen nicht der weiteren Beschwerde.

§ 535 (§ 569).

Die Beschwerde wird bei dem Gericht eingelegt, von dem oder von dessen Vorsitzenden die angefochtene Entscheidung erlassen ist; sie kann in dringenden Fällen auch bei dem Beschwerdegericht eingelegt werden.

Die Beschwerde ist schriftlich einzulegen; sie kann auch zur Niederschrift der Geschäftsstelle erklärt werden, wenn der Rechtsstreit bei einem Amtsgericht anhängig ist oder anhängig war, wenn die Beschwerde das Armenrecht betrifft oder von einem Zeugen oder Sachverständigen erhoben wird.

§ 536 (§ 570).

Die Beschwerde kann auf neue Tatsachen und Beweise gestützt werden. Im Falle der Beschwerde über die Kostenentscheidung (§ 102 Abs. 2) findet jedoch § 494 Abs. 2 entsprechende Anwendung.

§ 537 (§ 571).

Erachtet das Gericht oder der Vorsitzende, dessen Entscheidung angefochten wird, die Beschwerde für begründet, so haben sie ihr abzuhelfen; andernfalls ist die Beschwerde vor Ablauf einer Woche dem Beschwerdegerichte vorzulegen.

§ 538 (§ 572).

Die Beschwerde hat nur dann aufschiebende Wirkung, wenn sie gegen eine der in dem § 216 Abs. 3, § 241 Abs. 3 oder in den §§ 379, 387, 407, 583 erwähnten Entscheidungen gerichtet ist.

Das Gericht oder der Vorsitzende, dessen Entscheidung angefochten wird, kann anordnen, daß ihre Vollziehung auszusetzen sei.

Das Beschwerdegericht kann vor der Entscheidung eine einstweilige Anordnung erlassen; es kann insbesondere anordnen, daß die Vollziehung der angefochtenen Entscheidung auszusetzen sei.

§ 539 (§ 573).

Über die Beschwerde kann ohne vorgängige mündliche Verhandlung entschieden werden.

Ordnet das Gericht eine schriftliche Erklärung an, so kann sie ein Anwalt abgeben, der bei dem Gerichte zugelassen ist, von dem oder von dessen Vorsitzenden die angefochtene Entscheidung erlassen ist. In den Fällen, in denen die Beschwerde zur Niederschrift der Geschäftsstelle eingelegt werden darf, gilt das gleiche auch für die Abgabe der Erklärung.

§ 540 (§ 574).

Das Beschwerdegericht hat von Amts wegen zu prüfen, ob die Beschwerde an sich statthaft und ob sie in der gesetzlichen Form und Frist eingelegt sei. Mangelt es an einem dieser Erfordernisse, so ist die Beschwerde als unzulässig zu verwerfen.

§ 541 (§ 575).

Erachtet das Beschwerdegericht die Beschwerde für begründet, so kann es dem Gericht oder dem Vorsitzenden, von denen die beschwerende Entscheidung erlassen war, die erforderliche Anordnung übertragen.

§ 542 (§ 576).

Wird die Änderung einer Entscheidung des beauftragten oder ersuchten Richters, des Rechtspflegers oder des Urkundsbeamten der Geschäftsstelle verlangt, so ist die Entscheidung des Prozeßgerichts nachzusuchen. § 538 gilt entsprechend.

Die Beschwerde findet gegen die Entscheidung des Prozeßgerichts statt.

Die Bestimmung des ersten Absatzes gilt auch für das Reichsgericht und die Oberlandesgerichte.

§ 543 (§ 577).

Für die Fälle der sofortigen Beschwerde gelten die nachfolgenden besonderen Bestimmungen.

Die Beschwerde ist binnen einer Notfrist von zwei Wochen einzulegen, die mit der Zustellung, in den Fällen der §§ 344 und 660 Abs. 4 mit der Verkündung der Entscheidung beginnt. Die Einlegung bei dem Beschwerdegerichte genügt zur Wahrung der Notfrist, auch wenn der Fall nicht dringlich ist. Liegen die Erfordernisse der Nichtigkeits- oder der Restitutionsklage vor, so kann die Beschwerde auch nach Ablauf der Notfrist innerhalb der für diese Klagen geltenden Notfristen erhoben werden.

In den Fällen der §§ 112, 133, 621, 645 wird die Entscheidung erst mit der Rechtskraft wirksam.

In den Fällen des § 542 muß auf dem für die Einlegung der Beschwerde vorgeschriebenen Wege die Entscheidung des Prozeßgerichts binnen der Notfrist nachgesucht werden. Das Prozeßgericht hat das Gesuch, wenn es ihm nicht entsprechen will, dem Beschwerdegerichte vorzulegen.

Viertes Buch.

Wiederaufnahme des Verfahrens.

§ 544 (§ 578).

Die Wiederaufnahme eines durch rechtskräftiges Endurteil geschlossenen Verfahrens kann durch Nichtigkeitsklage und durch Restitutionsklage betrieben werden.

Werden beide Klagen von derselben Partei oder von verschiedenen Parteien erhoben, so ist die Verhandlung und Entscheidung über die Restitutionsklage bis zur rechtskräftigen Entscheidung über die Nichtigkeitsklage auszusetzen.

§ 545 (§ 579).

Die Nichtigkeitsklage findet statt:

1. wenn das erkennende Gericht nicht vorschriftsmäßig besetzt war;
2. wenn ein Richter bei der Entscheidung mitgewirkt hat, der von der Ausübung des Richteramts kraft des Gesetzes ausgeschlossen war, sofern nicht dieses Hindernis mittels eines Ablehnungsgesuchs oder eines Rechtsmittels ohne Erfolg geltend gemacht ist;
3. wenn bei der Entscheidung ein Richter mitgewirkt hat, obgleich er wegen Besorgnis der Befangenheit abgelehnt und das Ablehnungsgesuch für begründet erklärt war;
4. wenn eine Partei in dem Verfahren nicht nach Vorschrift der Gesetze vertreten war, sofern sie nicht die Prozeßführung ausdrücklich oder stillschweigend genehmigt hat.

In den Fällen der Nr. 1, 3 findet die Klage nicht statt, wenn die Nichtigkeit mittels eines Rechtsmittels geltend gemacht werden konnte.

§ 546 (§ 580).

Die Restitutionsklage findet statt:

1. wenn der Gegner durch Beeidigung der bei seiner Vernehmung von ihm gemachten Aussage sich einer in den §§ 184, 186 a des Allgemeinen Deutschen Strafgesetzbuchs mit Strafe bedrohten Handlung schuldig gemacht hat;
2. wenn eine Urkunde, auf die das Urteil gegründet ist, fälschlich angefertigt oder verfälscht war;
3. wenn ein Zeuge oder Sachverständiger bei einem Zeugnis oder Gutachten, auf welches das Urteil gegründet ist, sich einer in den §§ 184, 186 a des Allgemeinen Deutschen Strafgesetzbuchs mit Strafe bedrohten Handlung schuldig gemacht hat;
4. wenn das Urteil von dem Vertreter der Partei oder von dem Gegner oder dessen Vertreter durch eine in Beziehung auf den Rechtsstreit verübte Handlung erwirkt ist, die mit einer im Wege des gerichtlichen Strafverfahrens zu verhängenden öffentlichen Strafe bedroht ist;

5. wenn ein Richter bei dem Urteil mitgewirkt hat, der sich in Beziehung auf den Rechtsstreit einer Verletzung seiner Amtspflichten gegen die Partei schuldig gemacht hat, sofern die Verletzung mit einer im Wege des gerichtlichen Strafverfahrens zu verhängenden öffentlichen Strafe bedroht ist;
6. wenn eine Partei die Rechtskraft eines Urteils durch arglistige Täuschung erschlichen hat;
7. wenn jemand, der als Zeuge oder Partei unbeeidigt vernommen wurde, seine Aussage, auf die das Urteil gegründet war, zur Niederschrift eines Gerichts widerruft;
8. wenn das Urteil eines ordentlichen Gerichts, eines Sondergerichts oder eines Verwaltungsgerichts, auf welches das Urteil gegründet ist, durch ein anderes rechtskräftig gewordenes Urteil aufgehoben ist;
9. wenn die Partei
   a) ein in derselben Sache erlassenes, früher rechtskräftig gewordenes Urteil oder
   b) eine andere Urkunde auffindet oder zu benutzen in den Stand gesetzt wird, die eine ihr günstigere Entscheidung herbeigeführt haben würde.

§ 547 (§ 581).

In den Fällen des vorhergehenden Paragraphen Nr. 1—5 findet die Restitutionsklage nur statt, wenn wegen der strafbaren Handlung eine rechtskräftige Verurteilung ergangen ist, oder wenn ein Strafverfahren aus anderen Gründen als wegen Mangels an Beweis nicht eingeleitet oder durchgeführt werden kann.

Der Beweis der Tatsachen, welche die Restitutionsklage begründen, kann durch Antrag auf Vernehmung der Gegenpartei nicht geführt werden.

§ 548 (§ 582).

Die Restitutionsklage ist nur zulässig, wenn die Partei ohne ihr Verschulden außerstande war, den Restitutionsgrund in dem früheren Verfahren, insbesondere durch Einspruch oder Berufung oder mittels Anschließung an eine Berufung, geltend zu machen.

§ 549 (§ 583).

Mit den Klagen können Anfechtungsgründe, durch die eine dem angefochtenen Urteil vorausgegangene Entscheidung derselben oder einer unteren Instanz getroffen wird, geltend gemacht werden, sofern das angefochtene Urteil auf dieser Entscheidung beruht.

§ 550 (§ 584).

Für die Klagen ist ausschließlich zuständig: das Gericht, das in erster Instanz erkannt hat; wenn das angefochtene Urteil oder auch nur eines von mehreren angefochtenen Urteilen von dem Berufungsgericht erlassen wurde, oder wenn ein in der Revisionsinstanz erlassenes Urteil auf Grund des § 546 Nr. 1—3, 7, 8, 9 angefochten wird, das Berufungsgericht; wenn ein in der Revisionsinstanz erlassenes Urteil auf Grund der §§ 545, 546 Nr. 4, 5, 6 angefochten wird, das Revisionsgericht.

§ 551 (§ 585).

Auf die Erhebung der Klagen und das weitere Verfahren finden die allgemeinen Vorschriften entsprechende Anwendung, sofern nicht aus den Vorschriften dieses Gesetzes sich eine Abweichung ergibt.

§ 552 (§ 586).

Die Klagen sind vor Ablauf der Notfrist eines Monats zu erheben.

Die Frist beginnt mit dem Tage, an dem die Partei von dem Anfechtungsgrunde Kenntnis erhalten hat, jedoch nicht vor eingetretener Rechtskraft des Urteils. Nach Ablauf von zehn Jahren, von dem Tage der Rechtskraft des Urteils an gerechnet, sind die Klagen unstatthaft.

Die Vorschriften des vorstehenden Absatzes finden auf die Nichtigkeitsklage wegen mangelnder Vertretung keine Anwendung; die Frist für Erhebung der Klage läuft von dem Tage, an dem der Partei und bei mangelnder Prozeßfähigkeit ihrem gesetzlichen Vertreter das Urteil zugestellt ist.

§ 553 (§ 587).

In der Klage muß die Bezeichnung des Urteils, gegen das die Nichtigkeits- oder Restitutionsklage gerichtet wird, und die Erklärung, welche dieser Klagen erhoben werde, enthalten sein.

§ 554 (§ 588).

Als vorbereitender Schriftsatz soll die Klage enthalten:

1. die Bezeichnung des Anfechtungsgrundes;
2. die Angabe der Beweismittel für die Tatsachen, die den Grund und die Einhaltung der Notfrist ergeben;
3. die Erklärung, inwieweit die Beseitigung des angefochtenen Urteils und welche andere Entscheidung in der Hauptsache beantragt werde.

Dem Schriftsatze, durch den eine Restitutionsklage erhoben wird, sind die Urkunden, auf die sie gestützt wird, in Urschrift oder in Abschrift beizufügen. Befinden sich die Urkunden nicht in den Händen des Klägers, so hat er zu erklären, welchen Antrag er wegen ihrer Herbeischaffung zu stellen beabsichtigt.

§ 555 (§ 589).

Das Gericht hat von Amts wegen zu prüfen, ob die Klage an sich statthaft und ob sie in der gesetzlichen Form und Frist erhoben sei. Mangelt es an einem dieser Erfordernisse, so ist die Klage als unzulässig zu verwerfen.

Die Tatsachen, die ergeben, daß die Klage vor Ablauf der Notfrist erhoben ist, sind glaubhaft zu machen.

§ 556 (§ 590).

Die Hauptsache wird, insoweit sie von dem Anfechtungsgrunde betroffen ist, von neuem verhandelt.

Das Gericht kann anordnen, daß über Grund und Zulässigkeit der Wiederaufnahme des Verfahrens vor der Verhandlung über die Hauptsache verhandelt und entschieden werde. In diesem Falle ist die Verhandlung über die Hauptsache als Fortsetzung der Verhandlung über Grund und Zulässigkeit der Wiederaufnahme des Verfahrens anzusehen.

Das für die Klagen zuständige Revisionsgericht hat die Verhandlung über Grund und Zulässigkeit der Wiederaufnahme des Verfahrens zu erledigen, auch wenn die Erledigung von der Feststellung und Würdigung bestrittener Tatsachen abhängig ist.

§ 557 (§ 591).

Rechtsmittel sind insoweit zulässig, als sie gegen die Entscheidungen der mit den Klagen befaßten Gerichte überhaupt stattfinden.

Fünftes Buch.
Urkunden- und Wechselprozeß.

§ 558 (§ 592).

Ein Anspruch, der die Zahlung einer bestimmten Geldsumme oder die Leistung einer bestimmten Menge anderer vertretbarer Sachen oder Wertpapiere zum Gegenstande hat, kann im Urkundenprozeß geltend gemacht werden, wenn die sämtlichen zur Begründung des Anspruchs erforderlichen Tatsachen durch Urkunden bewiesen werden können. Als ein Anspruch, der die Zahlung einer Geldsumme zum Gegenstande hat, gilt auch der Anspruch aus einer Hypothek, einer Grundschuld oder einer Rentenschuld.

§ 559 (§ 593).

Die Klage muß die Erklärung enthalten, daß im Urkundenprozeß geklagt werde.

Die Urkunden müssen in Urschrift oder in Abschrift der Klage oder einem vorbereitenden Schriftsatze beigefügt werden. Im letzteren Falle muß zwischen der Zustellung des Schriftsatzes und dem Termin zur mündlichen Verhandlung ein der Einlassungsfrist gleicher Zeitraum liegen.

§ 560 (§ 595).

Widerklagen sind nicht statthaft.

Als Beweismittel sind bezüglich der Echtheit oder Unechtheit einer Urkunde sowie bezüglich anderer als der im § 558 erwähnten Tatsachen nur Urkunden und Antrag auf Parteivernehmung zulässig.

Der Urkundenbeweis kann nur durch Vorlegung der Urkunden angetreten werden.

§ 561 (§ 596).

Der Kläger kann, ohne daß es der Einwilligung des Beklagten bedarf, bis zum Schlusse der mündlichen Verhandlung von dem Urkundenprozesse in der Weise abstehen, daß der Rechtsstreit im ordentlichen Verfahren anhängig bleibt.

§ 562 (§ 597).

Insoweit der in der Klage geltend gemachte Anspruch an sich oder infolge einer Einrede des Beklagten als unbegründet sich darstellt, ist der Kläger mit dem Anspruch abzuweisen.

Ist der Urkundenprozeß unstatthaft, ist insbesondere ein dem Kläger obliegender Beweis nicht mit den im Urkundenprozeß zulässigen Beweismitteln angetreten oder mit solchen Beweismitteln nicht vollständig geführt, so wird die Klage als in der gewählten Prozeßart unstatthaft abgewiesen, selbst wenn in dem Termin zur mündlichen Verhandlung der Beklagte nicht erschienen ist oder der Klage nur auf Grund von Einwendungen widersprochen hat, die rechtlich unbegründet oder im Urkundenprozeß unstatthaft sind.

§ 563 (§ 598).

Einwendungen des Beklagten sind, wenn der dem Beklagten obliegende Beweis nicht mit den im Urkundenprozeß zulässigen Beweismitteln angetreten oder mit solchen Beweismitteln nicht vollständig geführt ist, als im Urkundenprozeß unstatthaft zurückzuweisen.

§ 564 (§ 599).

Dem Beklagten, der dem geltend gemachten Anspruch widersprochen hat, ist in allen Fällen, in denen er verurteilt wird, die Ausführung seiner Rechte vorzubehalten.

Enthält das Urteil keinen Vorbehalt, so kann die Ergänzung des Urteils nach Vorschrift des § 313 beantragt werden.

Das Urteil, das unter Vorbehalt der Rechte ergeht, ist in betreff der Rechtsmittel und der Zwangsvollstreckung als Endurteil anzusehen.

§ 565 (§ 600).

Wird dem Beklagten die Ausführung seiner Rechte vorbehalten, so bleibt der Rechtsstreit im ordentlichen Verfahren anhängig.

Soweit sich in diesem Verfahren ergibt, daß der Anspruch des Klägers unbegründet war, finden die Vorschriften des § 296 Abs. 4 Satz 2—4 Anwendung.

Erscheint in diesem Verfahren eine Partei nicht, so finden die Vorschriften über das Versäumnisurteil entsprechende Anwendung.

§ 566 (§ 602).

Werden im Urkundenprozesse Ansprüche aus Wechseln im Sinne der Wechselordnung geltend gemacht (Wechselprozeß), so kommen die nachfolgenden besonderen Vorschriften zur Anwendung.

§ 567 (§ 603).

Wechselklagen können sowohl bei dem Gerichte des Zahlungsorts als bei dem Gericht angestellt werden, bei dem der Beklagte seinen allgemeinen Gerichtsstand hat.

Wenn mehrere Wechselverpflichtete gemeinschaftlich verklagt werden, so ist außer dem Gerichte des Zahlungsorts jedes Gericht zuständig, bei dem einer der Beklagten seinen allgemeinen Gerichtsstand hat.

§ 568 (§ 604).

Die Klage muß die Erklärung enthalten, daß im Wechselprozeß geklagt werde.

Die Einlassungsfrist beträgt mindestens vierundzwanzig Stunden, wenn die Klage an dem Orte, der Sitz des Prozeßgerichts ist, zugestellt wird; mindestens drei Tage, wenn die Klage an einem anderen Orte zugestellt wird, der im Bezirke des Prozeßgerichts oder, falls dieses ein Amtsgericht ist, im Bezirke des dem Amtsgericht übergeordneten Landgerichts liegt, oder von dem ein Teil zu diesem Bezirke gehört; mindestens eine Woche, wenn die Klage sonst im Inland zugestellt wird. Das gleiche gilt von der Ladungsfrist, soweit sie nicht nach den allgemeinen Vorschriften kürzer als die im ersten Satze festgesetzte Einlassungsfrist ist.

In den höheren Instanzen beträgt die Einlassungs- und Ladungsfrist mindestens vierundzwanzig Stunden, wenn die Zustellung der Berufungs- oder Revisionsschrift oder der Ladung an dem Orte erfolgt, der Sitz des höheren Gerichts ist; mindestens drei Tage, wenn die Zustellung an einem anderen Orte erfolgt, der ganz oder zum Teil in dem Landgerichtsbezirke liegt, in dem das höhere Gericht seinen Sitz hat; mindestens eine Woche, wenn die Zustellung sonst im Inland erfolgt.

§ 569 (§ 605).

Soweit es zur Erhaltung des wechselmäßigen Anspruchs der rechtzeitigen Protesterhebung nicht bedarf, ist als Beweismittel bezüglich der Präsentation des Wechsels Antrag auf Parteivernehmung zulässig.

Zur Berücksichtigung einer Nebenforderung genügt, daß sie glaubhaft gemacht ist.

Sechstes Buch.

Ehesachen.
Feststellung des Rechtsverhältnisses zwischen Eltern und Kindern.
Entmündigungssachen.

Erster Abschnitt.

Verfahren in Ehesachen.

I. Gerichtsstand.

§ 570 (§ 606 Abs. 1 u. 4).

Für die Rechtsstreitigkeiten, welche die Scheidung, Nichtigkeit oder Anfechtung einer Ehe oder die Feststellung des Bestehens oder Nichtbestehens einer Ehe zwischen den Parteien oder die Herstellung des ehelichen Lebens zum Gegenstande haben (Ehesachen), ist das Landgericht, bei dem der Ehemann seinen allgemeinen Gerichtsstand hat, ausschließlich zuständig.

Gehören beide Ehegatten zur Zeit der Klageerhebung einem fremden Staat an, so kann, vorbehaltlich der Vorschriften des § 571, die Klage in einer Ehesache im Inland nicht erhoben werden, wenn nach den Gesetzen des Staates, dem der Ehemann angehört, eine Zuständigkeit im Inland nicht gegeben ist oder das im Inland ergehende Urteil in diesem Staate nicht anerkannt werden würde. Diese Beschränkung gilt nicht für die Klage auf Scheidung einer Ehe, die nach den Gesetzen des Staates, dem der Ehemann angehört, nicht gültig ist. Für die Zuständigkeit gelten in diesem Falle, wenn der Ehemann im Inland keinen allgemeinen Gerichtsstand hat, die Vorschriften des § 571 Abs. 1 Satz 1 entsprechend.

Ist in Deutschland ein rechtskräftiges Urteil ergangen, so kann seine Wirksamkeit in Beziehung auf das Inland nicht deswegen bestritten werden, weil nach den Vorschriften des Abs. 2 die Klage im Inland nicht hätte erhoben werden dürfen.

§ 571 (§ 606 Abs. 2, 3).

Ist der Ehemann zur Zeit der Klageerhebung ein Deutscher und hat er im Inland keinen allgemeinen Gerichtsstand, so kann die Klage bei dem Landgericht erhoben werden, in dessen Bezirk er den letzten Wohnsitz im Inlande hatte; in Ermangelung eines solchen Wohnsitzes finden die Vorschriften des § 15 Abs. 1 Satz 2, 3 entsprechende Anwendung. Das gleiche gilt, sofern der Ehemann im Inland keinen allgemeinen Gerichtsstand hat, in dem Falle, daß der Ehemann, der zur Zeit der Eheschließung Deutscher war, zur Zeit der Klageerhebung Ausländer ist, wenn die Ehefrau zur Zeit der Klageerhebung Deutsche ist.

Ist eine Deutsche eine Ehe mit einem Ausländer eingegangen und hat dieser im Inland keinen allgemeinen Gerichtsstand, so können, sofern nicht nach Abs. 1 Satz 1 ein Gerichtsstand begründet ist, die Nichtigkeitsklage, die Anfechtungsklage und die Klage auf Feststellung des Nichtbestehens der Ehe von der Ehefrau bei dem Landgericht erhoben werden, in dessen Bezirk sie den letzten Wohnsitz im Inlande hatte; in Ermangelung eines solchen Wohnsitzes finden die Vorschriften des § 15 Abs. 1 Satz 2, 3 entsprechende Anwendung. Das gleiche gilt in dem Falle des Abs. 1 Satz 2, wenn die Ehefrau zur Zeit der Klageerhebung Ausländerin ist, aber zur Zeit der Eheschließung Deutsche war.

Liegen die Voraussetzungen des Abs. 2 vor, so kann die Ehefrau, sofern sie ihren dauernden Aufenthalt im Inland hat, die Klage auf Scheidung der Ehe und Herstellung des ehelichen Lebens bei dem Landgericht erheben, in dessen Bezirk der Ort ihres dauernden Aufenthalts liegt.

§ 572.

Für die Anwendung der Vorschriften des § 571 stehen Deutschen Staatlose gleich, die zuletzt Reichsangehörige waren oder niemals einem Staate angehörten, jedoch von einem Reichsangehörigen oder von einem Staatlosen abstammen, der zuletzt Reichsangehöriger war. Staatlose, die zuletzt einem fremden Staat angehörten oder die niemals einem Staat angehörten, jedoch von den Angehörigen eines fremden Staates oder von einem Staatlosen abstammen, der zuletzt einem fremden Staate angehörte, stehen im Sinne des § 571 Ausländern gleich.

Die Anwendung der im § 571 für Deutsche gegebenen Vorschriften wird dadurch nicht gehindert, daß ein Ehegatte außer dem Reiche noch einem anderen Staat angehört. Gehört ein Ehegatte, der nicht Reichsangehöriger ist, mehreren Staaten an, so sind im Sinne des § 570 Abs. 2 unter den Gesetzen des Staates, dem er angehört, die Gesetze sämtlicher Staaten, denen er angehört, zu verstehen.

II. Sühneversuch.

§ 573 (vgl. § 609).

Wer eine Scheidungsklage oder eine Klage auf Herstellung des ehelichen Lebens beabsichtigt, hat bei dem für diese Klage zuständigen Gericht einen Sühneversuch zu beantragen. In dem Antrage hat er die Gründe, auf die er seine Klage stützen will, anzugeben. Der Antrag kann zur Niederschrift der Geschäftsstelle des Gerichts gestellt werden.

§ 574 (§§ 611, 608).

Der Sühneversuch ist nicht erforderlich, wenn der Aufenthalt des Beklagten unbekannt oder im Ausland ist, wenn dem Sühneversuch ein anderes schwer zu beseitigendes Hindernis entgegensteht, das von dem Kläger nicht verschuldet, oder wenn die Erfolglosigkeit des Sühneversuchs mit Bestimmtheit vorauszusehen ist.

Über das Vorhandensein dieser Voraussetzungen entscheidet der Vorsitzende des Landgerichts ohne vorgängiges Gehör des Beklagten.

Wird, ohne daß die Voraussetzungen des Abs. 1 vorliegen, alsbald die Klage auf Scheidung oder auf Herstellung des ehelichen Lebens eingereicht, so hat der Vorsitzende die Anberaumung des Termins zur mündlichen Verhandlung abzulehnen.

§ 575 (§ 610).

Der Sühnetermin wird von dem Vorsitzenden oder einem von ihm zu bestimmenden Mitgliede des Gerichts abgehalten. Zu dem Sühnetermin ist das persönliche Erscheinen der Parteien anzuordnen. § 241 Abs. 2, 3 finden Anwendung. Dem Gegner ist mit der Ladung eine Abschrift des Antrags zuzustellen.

Erscheint der Kläger oder erscheinen beide Parteien im Sühnetermin nicht, so hat der Kläger die Anberaumung eines neuen Sühnetermins zu beantragen. Erscheint der Kläger, aber nicht der Beklagte, so kann der Richter auf Antrag oder von Amts wegen einen neuen Sühnetermin anberaumen. Geschieht dies nicht oder erscheint der Beklagte auch im neuen Sühnetermin nicht, so ist der Sühneversuch als mißlungen anzusehen.

III. Prozeßfähigkeit.

§ 576 (§ 612).

In Ehesachen ist ein in der Geschäftsfähigkeit beschränkter Ehegatte prozeßfähig; dies gilt jedoch insoweit nicht, als nach § 1336 Abs. 2 Satz 2 des Bürgerlichen Gesetzbuchs nur sein gesetzlicher Vertreter die Ehe anfechten kann.

Für einen geschäftsunfähigen Ehegatten wird der Rechtsstreit durch den gesetzlichen Vertreter geführt. Der gesetzliche Vertreter ist jedoch zur Erhebung der Klage auf Herstellung des ehelichen Lebens nicht befugt; zur Erhebung der Scheidungsklage oder der Anfechtungsklage bedarf er der Genehmigung des Vormundschaftsgerichts.

IV. Prozeßvollmacht.

§ 577 (§ 613).

Der Bevollmächtigte des klagenden Ehegatten bedarf einer besonderen, auf den Rechtsstreit gerichteten Vollmacht. Das Gericht hat den Mangel der Vollmacht von Amts wegen zu berücksichtigen.

V. Klageänderung.

§ 578 (§ 614).

Bis zum Schlusse derjenigen Verhandlung, auf die das Urteil ergeht, können andere als die in der Klage vorgebrachten Klagegründe geltend gemacht werden.

Das neue Vorbringen und die Erhebung einer Widerklage ist von einem Sühneversuche nicht abhängig.

VI. Klagenverbindung.

§ 579 (§ 615).

Die Klage auf Herstellung des ehelichen Lebens, die Scheidungsklage und die Anfechtungsklage können verbunden werden.

Die Verbindung einer anderen Klage mit den erwähnten Klagen sowie die Erhebung einer Widerklage anderer Art ist unstatthaft.

VII. Ausschluß von Scheidungsgründen.

§ 580 (§ 616).

Der Kläger, der mit der Scheidungsklage oder der Anfechtungsklage abgewiesen ist, kann das Recht, die Scheidung zu verlangen oder die Ehe anzufechten, nicht mehr auf Tatsachen gründen, die er in dem früheren Rechtsstreit geltend gemacht hat oder die er in dem früheren Rechtsstreit oder durch Verbindung der Klagen geltend machen konnte. Das gleiche gilt im Falle der Abweisung der Scheidungsklage oder der Anfechtungsklage für den Beklagten in Ansehung der Tatsachen, auf die er eine Widerklage zu gründen imstande war.

VIII. Beschränkungen der Parteiverfügung.

§ 581 (§ 617).

Die Vorschrift über die Wirkung eines Anerkenntnisses kommt nicht zur Anwendung.

Die Vorschriften über die Folgen der unterbliebenen oder verweigerten Erklärung über Tatsachen oder über die Echtheit von Urkunden, die Vorschriften über den Verzicht der Parteien auf die Beeidigung der Gegenpartei oder von Zeugen und Sachverständigen, die Vorschriften über die Wirkung eines gerichtlichen Geständnisses finden keine Anwendung in Ansehung solcher Tatsachen, welche die Scheidung oder die Anfechtung der Ehe oder das Recht, die Herstellung des ehelichen Lebens zu verweigern, begründen sollen.

In einem Rechtsstreit, der die Nichtigkeit der Ehe oder die Feststellung des Bestehens oder Nichtbestehens einer Ehe zwischen den Parteien zum Gegenstande hat, finden die im Abs. 2 bezeichneten Vorschriften sowohl in Ansehung solcher Tatsachen, welche die Nichtigkeit oder das Nichtbestehen der Ehe, als auch in Ansehung solcher Tatsachen keine Anwendung, welche die Gültigkeit oder das Bestehen der Ehe begründen sollen.

IX. Verfahren bei Säumnis des Beklagten.

§ 582 (§ 618).

Erscheint der Beklagte in dem auf die Klage zur mündlichen Verhandlung anberaumten Termin nicht, so kann erst in einem neuen, auf Antrag des Klägers zu bestimmenden Termin verhandelt werden; das Gericht kann aber, soweit ihm dies zur Vorbereitung der Verhandlung dienlich erscheint, den allein erschienenen Kläger hören.

Der Beklagte ist zu jedem Termin, der nicht in seiner Gegenwart anberaumt wurde, zu laden.

Die Vorschriften der Abs. 1, 2 finden keine Anwendung, wenn der Beklagte durch öffentliche Zustellung geladen, aber nicht erschienen ist.

Ein Versäumnisurteil gegen den Beklagten ist unzulässig.

Die Vorschriften der Abs. 1—4 finden auf den Widerbeklagten entsprechende Anwendung.

X. Anordnung des persönlichen Erscheinens.

§ 583 (§ 619).

Das Gericht kann das persönliche Erscheinen einer Partei anordnen und sie über die von ihr oder von dem Gegner behaupteten Tatsachen vernehmen.

Ist die zu vernehmende Partei am Erscheinen vor dem Prozeßgerichte verhindert oder hält sie sich in großer Entfernung von dessen Sitze auf, so kann die Vernehmung durch einen beauftragten oder ersuchten Richter erfolgen.

Gegen die nicht erschienene Partei ist wie gegen einen im Vernehmungstermin nicht erschienenen Zeugen zu verfahren; auf Haft darf nicht erkannt werden.

XI. Aussetzung des Verfahrens.

§ 584 (§ 620).

Hat der Kläger die Aussetzung des Verfahrens über eine Scheidungsklage beantragt, so darf das Gericht auf Scheidung nicht erkennen, bevor die Aussetzung stattgefunden hat. Die Aussetzung ist von Amts wegen anzuordnen, wenn die Scheidung auf Grund des § 1568 des Bürgerlichen Gesetzbuchs beantragt ist und die Aussicht auf Aussöhnung der Parteien nicht ausgeschlossen erscheint.

Auf Grund dieser Bestimmungen darf die Aussetzung im Laufe des Rechtsstreits nur einmal, und höchstens auf zwei Jahre, angeordnet werden.

§ 585 (§ 621).

Die Aussetzung des Verfahrens über eine Klage auf Herstellung des ehelichen Lebens kann das Gericht von Amts wegen anordnen, wenn eine Aussöhnung der Parteien nicht unwahrscheinlich ist.

Auf Grund dieser Bestimmung darf die Aussetzung im Laufe des Rechtsstreits nur einmal, und höchstens auf ein Jahr, angeordnet werden.

XII. Befugnisse des Gerichts zu Ermittlungen von Amts wegen.

§ 586 (§ 622).

Zum Zwecke der Aufrechterhaltung der Ehe kann das Gericht Tatsachen, die von den Parteien nicht vorgebracht sind, berücksichtigen und die Aufnahme von Beweisen von Amts wegen anordnen. Vor der Entscheidung sind die Parteien zu hören.

Diese Vorschriften finden in einem Rechtsstreit, der die Nichtigkeit der Ehe oder die Feststellung des Bestehens oder Nichtbestehens einer Ehe zwischen den Parteien zum Gegenstande hat, auch zum Zwecke der Ermittlung, ob die Ehe nichtig ist oder nicht besteht, Anwendung.

XIII. Scheidung wegen Geisteskrankheit.

§ 587 (§ 623).

Auf Scheidung wegen Geisteskrankheit darf nicht erkannt werden, bevor das Gericht einen oder mehrere ärztliche Sachverständige über den Geisteszustand des Beklagten gehört hat.

XIV. Scheidung wegen Ehebruchs.

§ 588 (§ 624).

Wird wegen Ehebruchs auf Scheidung erkannt und ergibt sich aus den Verhandlungen, mit welcher Person der Ehebruch begangen worden ist, so ist diese Person in dem Urteil festzustellen.

XV. Zurückweisung verspäteten Vorbringens in der Berufungsinstanz.

§ 589 (§ 626).

Die Vorschriften über die Zurückweisung verspäteten Vorbringens finden in der Berufungsinstanz nur insoweit Anwendung, als der Berufungskläger sein neues Vorbringen entgegen der Vorschrift des § 482 nicht in der Berufungsbegründung mitgeteilt oder die Partei nach der freien Überzeugung des Gerichts in der Absicht, den Prozeß zu verschleppen, ihre Angriffs- oder Verteidigungsmittel nicht früher vorgebracht hat.

XVI. Vorläufige Anordnungen des Prozeßgerichts.

§ 590 (§ 627).

Hat der Rechtsstreit die Scheidung, Nichtigkeit oder Anfechtung der Ehe zum Gegenstande, so kann das für die Ehesache zuständige Gericht auf Antrag eines der Ehegatten durch Beschluß für die Dauer des Rechtsstreits das Getrenntleben der Ehegatten gestatten, die gegenseitige Unterhaltspflicht der Ehegatten nach Maßgabe des § 1361 des Bürgerlichen Gesetzbuchs ordnen, wegen der Sorge für die Person der gemeinschaftlichen minderjährigen Kinder, soweit es sich nicht um die gesetzliche Vertretung handelt, Anordnungen treffen und die Unterhaltspflicht der Ehegatten den Kindern gegenüber im Verhältnis der Ehegatten zueinander regeln.

Der Beschluß ist zulässig, sobald der Termin zur mündlichen Verhandlung oder im Falle einer Scheidungsklage der Termin zum Sühneversuche bestimmt oder im Wege der Widerklage die Scheidung beantragt oder die Ehe angefochten ist. Das gleiche gilt für den Fall der Klage auf Feststellung des Bestehens einer Ehe, wenn die Nichtigkeitsklage als Widerklage erhoben ist.

Der Antrag kann zur Niederschrift der Geschäftsstelle gestellt werden. Er soll die Voraussetzungen für den Erlaß des Beschlusses glaubhaft machen.

Der Beschluß kann ohne Verhandlung ergehen. Solange das Verfahren vor dem Einzelrichter schwebt, hat dieser die Entscheidung zu treffen. Gegen den Beschluß findet die Beschwerde statt. Wird Beschwerde eingelegt, so kann das Gericht auch zur Entscheidung über die Frage, ob es der Beschwerde abhelfen will (§ 537), mündliche Verhandlung anordnen.

Ist der Beschluß vom Oberlandesgericht erlassen, so kann bei diesem Gericht seine Abänderung beantragt werden, wenn geltend gemacht wird, daß der Beschluß zu Unrecht erlassen sei. Das Gericht hat über den Antrag auf Grund mündlicher Verhandlung zu entscheiden.

§ 591 (§ 627).

Von dem Beschluß hat das Prozeßgericht, wenn ein gemeinschaftliches minderjähriges Kind der Ehegatten vorhanden ist, dem Vormundschaftsgerichte Mitteilung zu machen.

Wegen veränderter Umstände, insbesondere wegen des Fortfalls der Voraussetzungen kann die Aufhebung des Beschlusses beantragt werden. Über den Antrag wird durch Beschluß entschieden. § 590 Abs. 3—5 finden entsprechende Anwendung.

§ 592 (neu).

Ist in einem Rechtsstreite ein Scheidungsurteil verkündet, durch das ein Ehegatte für allein schuldig erklärt ist, so hat das Gericht auf Antrag die Unterhaltspflicht nach Maßgabe des § 1579 des Bürgerlichen Gesetzbuchs durch Beschluß zu regeln.

Der Beschluß wird mit der Rechtskraft des Scheidungsurteils, auf Grund dessen er ergangen ist, vollziehbar. § 590 Abs. 3, 4 und § 591 Abs. 2 finden entsprechende Anwendung.

Auf Antrag des Unterhaltspflichtigen hat das Gericht eine Frist zu bestimmen, innerhalb deren der Unterhaltsberechtigte wegen seiner Ansprüche die Klage zu erheben hat. Die Frist ist so zu bestimmen, daß ihr Lauf mit der Rechtskraft des Scheidungsurteils beginnt. Wird die Frist nicht innegehalten, so hat das Gericht auf Antrag den Beschluß aufzuheben. Die Entscheidung unterliegt der sofortigen Beschwerde.

XVII. Tod eines Ehegatten vor rechtskräftiger Erledigung des Verfahrens.

§ 593 (§ 628).

Stirbt einer der Ehegatten vor der Rechtskraft des Urteils, so ist der Rechtsstreit in Ansehung der Hauptsache als erledigt anzusehen.

XVIII. Wirkung des Urteils im Falle der Nichtigkeits- oder Anfechtungsklage.

§ 594 (§ 629).

Das auf eine Nichtigkeitsklage oder eine Anfechtungsklage ergehende Urteil wirkt, sofern es bei Lebzeiten beider Ehegatten rechtskräftig wird, für und gegen alle. Ist jedoch die Nichtigkeitsklage auf Grund des § 1326 des Bürgerlichen Gesetzbuchs erhoben, so wirkt das Urteil, durch das sie abgewiesen wird, gegen den Dritten, mit dem die frühere Ehe geschlossen war, nur dann, wenn er an dem Rechtsstreit teilgenommen hat.

Diese Vorschriften gelten auch für ein Urteil, durch welches das Bestehen oder Nichtbestehen einer Ehe festgestellt wird.

XIX. Benachrichtigung des Vormundschaftsgerichts.

§ 595 (§ 630).

Nach dem Eintritt der Rechtskraft des Urteils hat das Prozeßgericht, wenn ein gemeinschaftliches minderjähriges Kind der Ehegatten vorhanden ist, dem Vormundschaftsgerichte Mitteilung zu machen.

XX. Sondervorschriften für das Verfahren im Falle der Nichtigkeitsklage.

§ 596 (§ 631).

Für die Nichtigkeitsklage gelten die in den nachfolgenden Paragraphen enthaltenen besonderen Vorschriften.

§ 597 (§ 632).

Die Klage kann von jedem der Ehegatten sowie von dem Staatsanwalt erhoben werden, im Falle des § 1326 des Bürgerlichen Gesetzbuchs auch von dem Dritten, mit dem die frühere Ehe geschlossen war. Im übrigen kann die Klage von einem Dritten nur erhoben werden, wenn für ihn von der Nichtigkeit der Ehe ein Recht oder von der Gültigkeit der Ehe eine Verpflichtung abhängt.

Die von dem Staatsanwalt oder einem Dritten erhobene Klage ist gegen beide Ehegatten, die von einem Ehegatten erhobene Klage ist gegen den anderen Ehegatten zu richten.

§ 598 (§ 633).

Mit der Nichtigkeitsklage kann nur eine Klage auf Feststellung des Bestehens oder Nichtbestehens einer Ehe zwischen den Parteien verbunden werden.

Eine Widerklage ist nur statthaft, wenn sie eine Nichtigkeitsklage oder eine Feststellungsklage der im Abs. 1 bezeichneten Art ist.

§ 599 (§ 607, § 634).

Die Staatsanwaltschaft ist zur Mitwirkung befugt.

Der Verhandlung vor dem erkennenden Gerichte sowie vor einem beauftragten oder ersuchten Richter kann der Staatsanwalt beiwohnen. Er ist von dem ersten zur mündlichen Verhandlung bestimmten Termin von Amts wegen in Kenntnis zu setzen.

Er kann sich über die zu erlassende Entscheidung gutachtlich äußern und neue Tatsachen und Beweismittel vorbringen. Er kann, auch wenn er die Klage nicht erhoben hat, den Rechtsstreit betreiben, insbesondere selbständig Anträge stellen und Rechtsmittel einlegen.

In der Niederschrift ist der Name des Staatsanwalts anzugeben, auch sind darin die von dem Staatsanwalte gestellten Anträge aufzunehmen.

§ 600 (§ 635).

Das Versäumnisurteil gegen den im Termin zur mündlichen Verhandlung nicht erschienenen Kläger ist dahin zu erlassen, daß die Klage als zurückgenommen gelte.

§ 601 (§ 636).

Wird ein Rechtsmittel von dem Staatsanwalt oder einer Privatpartei eingelegt, so sind im ersteren Falle die Privatparteien, im letzteren Falle die übrigen Privatparteien und der Staatsanwalt, sofern er Partei ist, für das Rechtsmittelverfahren als die Gegner anzusehen.

§ 602 (§ 637).

Unterliegt der als Partei auftretende Staatsanwalt, so ist die Staatskasse zur Erstattung der dem obsiegenden Gegner erwachsenen Kosten in Gemäßheit der Bestimmungen des fünften Titels des zweiten Abschnitts des ersten Buches zu verurteilen.

§ 603 (§ 638).

Die Vorschriften der §§ 598, 600 finden auf die Klage, welche die Feststellung des Bestehens oder Nichtbestehens einer Ehe zwischen den Parteien zum Gegenstande hat, entsprechende Anwendung.

XXI. Aufhebung der ehelichen Gemeinschaft.

§ 604 (§ 639).

Im Sinne dieses Abschnitts ist unter Scheidung auch die Aufhebung der ehelichen Gemeinschaft zu verstehen.

Zweiter Abschnitt.

Verfahren in Rechtsstreitigkeiten, welche die Feststellung des Rechtsverhältnisses zwischen Eltern und Kindern zum Gegenstand haben.

§ 605 (§ 640).

Auf einen Rechtsstreit, der die Feststellung des Bestehens oder Nichtbestehens eines Eltern- und Kindesverhältnisses zwischen den Parteien oder die Feststellung des Bestehens oder Nichtbestehens der elterlichen Gewalt der einen Partei über die andere zum Gegenstand hat, finden die Vorschriften der §§ 577, 581 Abs. 1, 3 und der §§ 582, 583, 586, 589, 593, 600 entsprechende Anwendung.

Mit einer der im Abs. 1 bezeichneten Klagen kann eine Klage anderer Art nicht verbunden werden. Eine Widerklage anderer Art kann nicht erhoben werden.

§ 606 (§ 641).

Wird die Ehelichkeit eines Kindes oder die Anerkennung der Ehelichkeit von dem Ehemanne der Mutter durch Erhebung der Anfechtungsklage angefochten, so finden die Vorschriften der §§ 577, 581 Abs. 1, 2, 582, 583, des § 586 Abs. 1, 589, 593 entsprechende Anwendung.

Der Ehemann ist prozeßfähig, auch wenn er in der Geschäftsfähigkeit beschränkt ist. Für einen geschäftsunfähigen Ehemann wird der Rechtsstreit durch den gesetzlichen Vertreter geführt; der gesetzliche Vertreter kann die Anfechtungsklage nur mit Genehmigung des Vormundschaftsgerichts erheben.

Mit der einen Anfechtungsklage kann nur die andere Anfechtungsklage verbunden werden. Eine Widerklage kann nicht erhoben werden.

§ 607 (§ 642).

Ist in den Fällen der §§ 605, 606 der Beklagte ein Deutscher und hat er im Inland keinen allgemeinen Gerichtsstand, so kann die Klage bei dem Landgericht erhoben werden, in dessen Bezirk er den letzten Wohnsitz im Inland hatte; in Ermangelung eines solchen Wohnsitzes finden die Vorschriften des § 15 Abs. 1 Satz 2, 3 entsprechende Anwendung. Das gleiche gilt, sofern der Beklagte im Inland keinen allgemeinen Gerichtsstand hat, in dem Falle, daß der Beklagte früher Deutscher war, zur Zeit der Klageerhebung aber Ausländer ist, sofern der Kläger zur Zeit der Klageerhebung Deutscher ist. Die Vorschriften des § 570 Abs. 2, 3, § 572 gelten entsprechend.

§ 608 (§ 643).

In den Fällen der §§ 605, 606 wirkt das Urteil, sofern es bei Lebzeiten der Parteien rechtskräftig wird, für und gegen alle. Ein Urteil, welches das Bestehen des Eltern- und Kindesverhältnisses oder der elterlichen Gewalt feststellt, wirkt jedoch gegenüber einem Dritten, der das elterliche Verhältnis oder die elterliche Gewalt für sich in Anspruch nimmt, nur dann, wenn er an dem Rechtsstreit teilgenommen hat.

§ 609 (§ 644).

Die Vorschriften der §§ 605—608 gelten nicht für einen Rechtsstreit, der die Feststellung des Bestehens oder Nichtbestehens der unehelichen Vaterschaft zum Gegenstande hat.

Dritter Abschnitt.

Verfahren in Entmündigungssachen.

A. Entmündigung wegen Geisteskrankheit und Geistesschwäche.

§ 610 (§ 645).

Die Entmündigung wegen Geisteskrankheit oder wegen Geistesschwäche erfolgt durch Beschluß des Amtsgerichts.

Der Beschluß wird nur auf Antrag erlassen.

I. Der Entmündigungsantrag.

§ 611 (§ 646).

Der Antrag kann von dem Ehegatten, einem Verwandten oder demjenigen gesetzlichen Vertreter des zu Entmündigenden gestellt werden, dem die Sorge für die Person zusteht. Gegen eine Person, die unter elterlicher Gewalt oder unter Vormundschaft steht, kann der Antrag von einem Verwandten nicht gestellt werden. Gegen eine Ehefrau kann der Antrag von einem Verwandten nur gestellt werden, wenn auf Aufhebung der ehelichen Gemeinschaft erkannt ist oder wenn der Ehemann die Ehefrau verlassen hat oder wenn der Ehemann zur Stellung des Antrags dauernd außerstande oder sein Aufenthalt dauernd unbekannt ist.

In allen Fällen ist auch der Staatsanwalt bei dem vorgesetzten Landgerichte zur Stellung des Antrags befugt, wenn es das öffentliche Interesse erfordert, insbesondere, wenn offenbar die Gefahr besteht, daß der zu Entmündigende sich oder andere gefährden kann.

§ 612 (§ 647).

Der Antrag kann bei dem Gerichte schriftlich eingereicht oder zur Niederschrift der Geschäftsstelle angebracht werden. Er soll eine Angabe der ihn begründenden Tatsachen und die Bezeichnung der Beweismittel enthalten.

II. Zuständigkeit.

§ 613 (§ 648).

Für das Verfahren ist das Amtsgericht, bei dem der zu Entmündigende seinen allgemeinen Gerichtsstand hat, ausschließlich zuständig. Die Landesjustizverwaltung kann die Zuständigkeit für den Bezirk mehrerer Amtsgerichte einem von ihnen zuweisen. Hierfür sollen tunlichst Amtsgerichte ausgewählt werden, an deren Sitz oder in deren Nähe sich eine Heilanstalt befindet.

Gegen einen Deutschen, der im Inland keinen allgemeinen Gerichtsstand hat, kann der Antrag bei dem Amtsgerichte gestellt werden, in dessen Bezirke der zu Entmündigende den letzten Wohnsitz im Inland hatte; in Ermangelung eines solchen Wohnsitzes finden die Vorschriften des § 15 Abs. 1 Satz 2, 3 entsprechende Anwendung. Die Vorschriften des § 572 Abs. 1 Satz 1 und Abs. 2 Satz 1 gelten entsprechend.

Befindet sich der zu Entmündigende in einer Heilanstalt, so ist auch das Amtsgericht zuständig, in dessen Bezirk die Heilanstalt liegt.

III. Das Verfahren.

§ 614 (§ 649).

Das Gericht kann vor der Einleitung des Verfahrens die Beibringung eines ärztlichen Zeugnisses anordnen.

§ 615 (§ 650).

Das Gericht kann nach der Einleitung des Verfahrens, wenn es mit Rücksicht auf die Verhältnisse des zu Entmündigenden erforderlich erscheint, die Verhandlung und Entscheidung dem Amtsgericht überweisen, in dessen Bezirke der zu Entmündigende sich aufhält.

Die Überweisung ist nicht mehr zulässig, wenn das Gericht den zu Entmündigenden vernommen hat (§ 619 Abs. 1).

Wird die Übernahme abgelehnt, so entscheidet das im Instanzenzuge zunächst höhere Gericht. Das in § 613 Abs. 3 bezeichnete Gericht kann die Übernahme nur aus dem im Abs. 2 bezeichneten Grunde ablehnen.

§ 616 (§ 651).

Wenn nach der Übernahme des Verfahrens durch das Gericht, an welches es überwiesen wurde, der zu Entmündigende seinen Aufenthalt wechselt, so ist dieses Gericht zu einer weiteren Überweisung befugt.

Die Vorschriften des § 615 finden entsprechende Anwendung.

§ 617 (§ 652).

Der Antragsteller und der zu Entmündigende sind befugt, Anträge zu stellen und den Terminen beizuwohnen; sie sind von der Einleitung des Verfahrens sowie von einer Überweisung (§§ 615, 616) und von allen Terminen in Kenntnis zu setzen. Das gleiche gilt in allen Fällen für den Staatsanwalt.

Ist der zu Entmündigende nicht imstande, seine Rechte auszuüben oder würde durch seine Mitwirkung die ordnungsmäßige Durchführung des Verfahrens gehindert, so ist an seiner Stelle sein gesetzlicher oder von ihm bestellter Vertreter zuzuziehen. In Ermangelung eines solchen kann das Gericht dem zu Entmündigenden, falls dies zur Wahrung seiner Rechte erforderlich erscheint, einen Beistand bestellen, der ihn im Verfahren vertritt.

§ 618 (§ 653).

Das Gericht hat unter Benutzung der in dem Antrag angegebenen Tatsachen und Beweismittel von Amts wegen die zur Feststellung des Geisteszustandes erforderlichen Ermittlungen zu veranstalten und die erheblich erscheinenden Beweise aufzunehmen. Zuvor ist dem zu Entmündigenden Gelegenheit zur Bezeichnung von Beweismitteln zu geben, desgleichen demjenigen gesetzlichen Vertreter des zu Entmündigenden, dem die Sorge für die Person zusteht, sofern er nicht die Entmündigung beantragt hat.

Als Zeuge kann auch der Antragsteller vernommen werden. Im übrigen finden für die Vernehmung und Beeidigung der Zeugen und Sachverständigen die Bestimmungen im siebenten und achten Titel des ersten Abschnitts des zweiten Buches Anwendung. Im Falle des § 387 kann die Haft von Amts wegen angeordnet werden.

§ 619 (§ 654).

Der zu Entmündigende ist persönlich unter Zuziehung eines oder mehrerer Sachverständiger zu vernehmen. Zu diesem Zwecke sowie zur Ermöglichung der ärztlichen Untersuchung kann die Vorführung des zu Entmündigenden angeordnet werden.

Die Vernehmung kann auch durch einen ersuchten Richter erfolgen.

Die Vernehmung darf nur unterbleiben, wenn sie mit besonderen Schwierigkeiten verbunden oder nicht ohne Nachteil für den Gesundheitszustand des zu Entmündigenden ausführbar ist.

§ 620 (§ 655).

Die Entmündigung darf nicht ausgesprochen werden, bevor das Gericht einen oder mehrere ärztliche Sachverständige über den Geisteszustand des zu Entmündigenden gehört hat.

§ 621 (§ 656).

Mit Zustimmung des Antragstellers kann das Gericht anordnen, daß der zu Entmündigende auf die Dauer von höchstens sechs Wochen in eine Heilanstalt gebracht werde, wenn dies nach ärztlichem Gutachten zur Feststellung des Geisteszustandes geboten erscheint und ohne Nachteil für den Gesundheitszustand des zu Entmündigenden ausführbar ist. Vor der Entscheidung sind die im § 611 bezeichneten Personen soweit tunlich zu hören.

Gegen den Beschluß, durch den die Unterbringung angeordnet wird, steht dem zu Entmündigenden, dem Staatsanwalt und binnen der für den zu Entmündigenden laufenden Frist den sonstigen im § 611 bezeichneten Personen sowie einem vom zu Entmündigenden bestellten Vertreter oder ihm bestellten Beistand die sofortige Beschwerde zu.

§ 622 (§ 657).

Sobald das Gericht die Anordnung einer Fürsorge für die Person oder das Vermögen des zu Entmündigenden für erforderlich hält, ist der Vormundschaftsbehörde zum Zwecke dieser Anordnung Mitteilung zu machen.

§ 623 (§ 681).

Das Gericht kann die Beschlußfassung über die Entmündigung aussetzen, wenn Aussicht besteht, daß der Zustand des zu Entmündigenden sich bessern werde.

§ 624 (§ 658).

Die Kosten des Verfahrens sind, wenn die Entmündigung erfolgt, von dem Entmündigten, anderenfalls von der Staatskasse zu tragen.

Insoweit einen der im § 611 Abs. 1 bezeichneten Antragsteller bei Stellung des Antrags nach dem Ermessen des Gerichts ein Verschulden trifft, können ihm die Kosten ganz oder teilweise zur Last gelegt werden.

§ 625 (§ 659).

Der über die Entmündigung zu erlassende Beschluß ist dem Antragsteller und dem Staatsanwalte zuzustellen.

§ 626 (§ 660).

Der die Entmündigung aussprechende Beschluß ist der Vormundschaftsbehörde mitzuteilen und, wenn der Entmündigte unter elterlicher Gewalt oder unter Vormundschaft steht, auch demjenigen gesetzlichen Vertreter zuzustellen, dem die Sorge für die Person des Entmündigten zusteht. Im Falle der Entmündigung wegen Geistesschwäche ist der Beschluß außerdem dem Entmündigten selbst zuzustellen.

§ 627 (neu).

Der Beschluß ist nach Eintritt der Rechtskraft dem für den Geburtsort des Entmündigten zuständigen Amtsgericht, bei außerhalb des Reichs geborenen dem Reichsjustizministerium und, wenn der Entmündigte Grundeigentum besitzt oder im Handelsregister eingetragen ist, auch dem Grundbuchamt und dem Registergericht mitzuteilen.

Über die Entmündigten ist bei dem Amtsgericht ihres Geburtsorts, für außerhalb des Reichs geborene bei dem Reichsjustizministerium, eine Liste zu führen, aus der schriftlich oder mündlich jedem Auskunft zu erteilen ist, der ein berechtigtes Interesse glaubhaft macht.

Die näheren Vorschriften über die Führung der Liste erläßt der Reichsminister der Justiz. Er bestimmt insbesondere, inwieweit und unter welchen Voraussetzungen Abschriften aus der Liste erteilt werden können.

§ 628 (§ 661).

Die Entmündigung wegen Geisteskrankheit tritt, wenn der Entmündigte unter elterlicher Gewalt oder unter Vormundschaft steht, mit der Zustellung des Beschlusses an denjenigen gesetzlichen Vertreter, dem die Sorge für die Person zusteht, anderenfalls mit der Bestellung des Vormundes in Wirksamkeit.

Die Entmündigung wegen Geistesschwäche tritt mit der Zustellung des Beschlusses an den Entmündigten in Wirksamkeit.

§ 629 (§ 662).

Der die Entmündigung ablehnende Beschluß ist auch demjenigen zuzustellen, dessen Entmündigung beantragt war.

IV. Beschwerde.

§ 630 (§ 663).

Gegen den Beschluß, durch den die Entmündigung abgelehnt wird, steht dem Antragsteller und dem Staatsanwalte die sofortige Beschwerde zu.

In dem Verfahren vor dem Beschwerdegerichte finden die Vorschriften der §§ 617, 618 entsprechende Anwendung.

V. Anfechtungsklage.

§ 631 (§ 664).

Der die Entmündigung aussprechende Beschluß kann im Wege der Klage binnen der Frist eines Monats angefochten werden.

Zur Erhebung der Klage sind der Entmündigte selbst, derjenige gesetzliche Vertreter des Entmündigten, dem die Sorge für die Person zusteht, und die übrigen im § 611 bezeichneten Personen befugt.

Die Frist beginnt im Falle der Entmündigung wegen Geisteskrankheit für den Entmündigten mit dem Zeitpunkt, in dem er von der Entmündigung Kenntnis erlangt, für die übrigen Personen mit dem Zeitpunkt, in dem die Entmündigung in Wirksamkeit tritt. Im Falle der Entmündigung wegen Geistesschwäche beginnt die Frist für den gesetzlichen Vertreter des unter elterlicher Gewalt oder unter Vormundschaft stehenden Entmündigten mit dem Zeitpunkt, in dem ihm der Beschluß zugestellt wird, für den Entmündigten selbst und die übrigen Personen mit der Zustellung des Beschlusses an den Entmündigten.

§ 632 (§ 665).

Für die Klage ist das Landgericht ausschließlich zuständig, in dessen Bezirke das Amtsgericht, das über die Entmündigung entschieden hat, seinen Sitz hat.

§ 633 (§ 666).

Die Klage ist gegen den Staatsanwalt zu richten. Wird die Klage von dem Staatsanwalt erhoben, so ist sie gegen denjenigen gesetzlichen Vertreter des Entmündigten zu richten, dem die Sorge für die Person zusteht.

Hat eine der im § 611 Abs. 1 bezeichneten Personen die Entmündigung beantragt, so ist sie unter Mitteilung der Klage zum Termin zur mündlichen Verhandlung zu laden. Sie gilt im Falle des Beitritts im Sinne des § 65 als Streitgenosse der Hauptpartei.

§ 634 (§ 667).

Mit der die Entmündigung anfechtenden Klage kann eine andere Klage nicht verbunden werden.

Eine Widerklage ist unzulässig.

§ 635 (§ 668).

Will der Entmündigte die Klage erheben, so ist ihm auf seinen Antrag von dem Vorsitzenden des Prozeßgerichts ein Rechtsanwalt als Vertreter beizuordnen.

§ 636 (§ 669).

Bei der mündlichen Verhandlung haben die Parteien die Ergebnisse der bei dem Amtsgerichte stattgehabten Sachuntersuchung, soweit es zur Prüfung der Richtigkeit des angefochtenen Beschlusses erforderlich ist, vollständig vorzutragen.

Im Falle der Unrichtigkeit oder Unvollständigkeit des Vortrags hat der Vorsitzende dessen Berichtigung oder Vervollständigung, nötigenfalls unter Wiedereröffnung der Verhandlung, zu veranlassen.

§ 637 (§ 670).

Die Vorschriften des § 581 Abs. 1, 3 und der §§ 582, 586 finden entsprechende Anwendung.

Die eidliche Parteivernehmung ist ausgeschlossen.

§ 638 (§ 671).

Die Bestimmungen der §§ 619, 620 finden in dem Verfahren über die Anfechtungsklage entsprechende Anwendung.

Von der Vernehmung Sachverständiger darf das Gericht Abstand nehmen, wenn es das vor dem Amtsgericht abgegebene Gutachten für genügend erachtet.

§ 639 (§ 672).

Wird die Anfechtungsklage für begründet erachtet, so ist der die Entmündigung aussprechende Beschluß aufzuheben. Die Aufhebung tritt erst mit der Rechtskraft des Urteils in Wirksamkeit. Auf Antrag können jedoch zum Schutze der Person oder des Vermögens des Entmündigten einstweilige Verfügungen nach Maßgabe der §§ 1013 bis 1018 getroffen werden.

§ 640 (§ 673).

Unterliegt der Staatsanwalt, so ist die Staatskasse zur Erstattung der dem obsiegenden Gegner erwachsenen Kosten in Gemäßheit der Bestimmungen des fünften Titels des zweiten Abschnitts des ersten Buchs zu verurteilen.

Ist die Klage von dem Staatsanwalt erhoben, so hat die Staatskasse in allen Fällen die Kosten des Rechtsstreits zu tragen.

§ 641 (§ 674).

Das Prozeßgericht hat der Vormundschaftsbehörde und dem Amtsgerichte von jedem in der Sache erlassenen Endurteile Mitteilung zu machen.

VI. Die Wiederaufhebung der Entmündigung.

§ 642 (§ 675).

Die Wiederaufhebung der Entmündigung erfolgt auf Antrag des Entmündigten oder desjenigen gesetzlichen Vertreters des Entmündigten, dem die Sorge für die Person zusteht, oder des Staatsanwalts durch Beschluß des Amtsgerichts.

§ 643 (§ 676).

Für die Wiederaufhebung der Entmündigung ist das Amtsgericht ausschließlich zuständig, bei dem der Entmündigte seinen allgemeinen Gerichtsstand hat.

Ist der Entmündigte ein Deutscher und hat er im Inland keinen allgemeinen Gerichtsstand, so kann der Antrag bei dem Amtsgerichte gestellt werden, das über die Entmündigung entschieden hat. Das gleiche gilt, wenn ein Ausländer, der im Inland entmündigt worden ist, im Inland keinen allgemeinen Gerichtsstand hat.

Die Bestimmungen des § 612 und der §§ 614—620 finden entsprechende Anwendung.

§ 644 (§ 677).

Die Kosten des Verfahrens sind von dem Entmündigten, wenn das Verfahren von dem Staatsanwalt ohne Erfolg beantragt ist, von der Staatskasse zu tragen.

§ 645 (§ 678).

Der über die Wiederaufhebung der Entmündigung zu erlassende Beschluß ist dem Antragsteller und im Falle der Wiederaufhebung dem Entmündigten sowie dem Staatsanwalte von Amts wegen zuzustellen.

Gegen den Beschluß, durch den die Entmündigung aufgehoben wird, steht dem Staatsanwalte die sofortige Beschwerde zu.

Die rechtskräftig erfolgte Wiederaufhebung ist der Vormundschaftsbehörde mitzuteilen.

§ 646 (§ 679).

Wird der Antrag auf Wiederaufhebung von dem Amtsgericht abgelehnt, so kann diese im Wege der Klage beantragt werden.

Zur Erhebung der Klage ist derjenige gesetzliche Vertreter des Entmündigten, dem die Sorge für die Person zusteht, und der Staatsanwalt befugt.

Will der gesetzliche Vertreter die Klage nicht erheben, so kann der Vorsitzende des Prozeßgerichts dem Entmündigten einen Rechtsanwalt als Vertreter beiordnen.

Auf das Verfahren finden die Vorschriften der §§ 632—634, 636—641 entsprechende Anwendung.

B. Die Entmündigung wegen Verschwendung oder Trunksucht.

§ 647 (§ 680).

Die Entmündigung wegen Verschwendung oder wegen Trunksucht erfolgt durch Beschluß des Amtsgerichts.

Der Beschluß wird nur auf Antrag erlassen.

Auf das Verfahren finden die Vorschriften des § 611 Abs. 1 und der §§ 612, 613, 617 Abs. 1 Satz 1 und Abs. 2, der §§ 618, 622, 623, 627, 630 und im Falle der Entmündigung wegen Trunksucht auch die Vorschriften der §§ 611 Abs. 2, 617 Abs. 1 Satz 2 entsprechende Anwendung. § 619 findet mit der Maßgabe entsprechende Anwendung, daß die Zuziehung von Sachverständigen dem Ermessen des Gerichts überlassen bleibt.

Bei der Entmündigung wegen Verschwendung wirkt die Staatsanwaltschaft nicht mit.

Die landesgesetzlichen Vorschriften, nach denen eine Gemeinde oder ein der Gemeinde gleichstehender Verband oder ein Fürsorgeverband berechtigt ist, die Entmündigung wegen Verschwendung oder wegen Trunksucht zu beantragen, bleiben unberührt.

§ 648 (§ 682).

Die Kosten des amtsgerichtlichen Verfahrens sind, wenn die Entmündigung erfolgt, von dem Entmündigten, anderenfalls von dem Antragsteller und, wenn der Staatsanwalt den Antrag gestellt hat, von der Staatskasse zu tragen.

§ 649 (§ 683).

Der über die Entmündigung zu erlassende Beschluß ist dem Antragsteller und dem zu Entmündigenden zuzustellen.

Der die Entmündigung aussprechende Beschluß tritt mit der Zustellung an den Entmündigten in Wirksamkeit. Der Vormundschaftsbehörde ist ein solcher Beschluß mitzuteilen.

§ 650 (§ 684).

Der die Entmündigung aussprechende Beschluß kann binnen der Frist eines Monats von dem Entmündigten im Wege der Klage angefochten werden.

Die Frist beginnt mit der Zustellung des Beschlusses an den Entmündigten.

Die Klage ist gegen denjenigen, der die Entmündigung beantragt hatte, falls aber dieser verstorben, oder sein Aufenthalt unbekannt oder im Ausland ist, gegen den Staatsanwalt zu richten.

Auf das Verfahren finden die Vorschriften der §§ 632, 634, 636, 637, 639 bis 641 entsprechende Anwendung.

§ 651 (§ 685).

Die Wiederaufhebung der Entmündigung erfolgt auf Antrag des Entmündigten oder desjenigen gesetzlichen Vertreters des Entmündigten, dem die Sorge für die Person zusteht, durch Beschluß des Amtsgerichts unter entsprechender Anwendung der §§ 612, 618, des § 643 Abs. 1, 2, des § 644 und des § 645 Abs. 1, 3.

§ 652 (§ 686).

Wird der Antrag auf Wiederaufhebung von dem Amtsgericht abgelehnt, so kann diese im Wege der Klage beantragt werden.

Zur Erhebung der Klage ist derjenige gesetzliche Vertreter des Entmündigten befugt, dem die Sorge für die Person zusteht. Will dieser die Klage nicht erheben, so kann der Vorsitzende des Prozeßgerichts dem Entmündigten einen Rechtsanwalt als Vertreter beiordnen.

Die Klage ist gegen denjenigen, der die Entmündigung beantragt hatte, falls aber dieser verstorben oder sein Aufenthalt unbekannt oder im Ausland ist, gegen den Staatsanwalt zu richten.

Auf das Verfahren finden die Vorschriften der §§ 632, 634, 636, 637, 639—641 entsprechende Anwendung.

§ 653 (§ 687).

Die Entmündigung einer Person wegen Verschwendung oder wegen Trunksucht sowie die Wiederaufhebung einer solchen Entmündigung ist von dem Amtsgericht öffentlich bekanntzumachen.

Siebentes Buch.

Aufgebotsverfahren.

I. Allgemeine Vorschriften.

§ 654 (§ 946).

Eine öffentliche gerichtliche Aufforderung zur Anmeldung von Ansprüchen oder Rechten findet mit der Wirkung, daß die Unterlassung der Anmeldung einen Rechtsnachteil zur Folge hat, nur in den durch das Gesetz bestimmten Fällen statt.

Für das Aufgebotsverfahren ist das durch das Gesetz bestimmte Gericht zuständig.

§ 655 (§ 947).

Der Antrag kann schriftlich oder zur Niederschrift der Geschäftsstelle gestellt werden. Die Entscheidung kann ohne vorgängige mündliche Verhandlung erfolgen.

Ist der Antrag zulässig, so hat das Gericht das Aufgebot zu erlassen. In das Aufgebot ist insbesondere aufzunehmen:

1. die Bezeichnung des Antragstellers;
2. die Aufforderung, die Ansprüche und Rechte spätestens im Aufgebotstermin anzumelden;
3. die Bezeichnung der Rechtsnachteile, welche eintreten, wenn die Anmeldung unterbleibt;
4. die Bestimmung eines Aufgebotstermins.

§ 656 (§ 948).

Das Aufgebot wird durch Anheftung an die Gerichtstafel und durch einmalige Einrückung in den Deutschen Reichsanzeiger bekanntgemacht, sofern nicht das Gesetz für den betreffenden Fall eine abweichende Anordnung getroffen hat.

Das Gericht kann anordnen, daß das Aufgebot noch in andere Blätter und zu mehreren Malen eingerückt werde.

§ 657 (§ 949).

Auf die Gültigkeit der öffentlichen Bekanntmachung hat es keinen Einfluß, wenn das anzuheftende Schriftstück von dem Orte der Anheftung zu früh entfernt ist oder wenn im Falle wiederholter Bekanntmachung die vorgeschriebenen Zwischenfristen nicht eingehalten sind.

§ 658 (§ 950).

Zwischen dem Tage, an dem das Aufgebot in den Deutschen Reichsanzeiger eingerückt oder zum ersten Male eingerückt ist, und dem Aufgebotstermin muß, sofern das Gesetz nichts abweichendes anordnet, ein Zeitraum (Aufgebotsfrist) von mindestens sechs Wochen liegen.

§ 659 (§ 951).

Eine Anmeldung, die nach dem Schlusse des Aufgebotstermins, jedoch vor Erlassung des Ausschlußurteils erfolgt, ist als rechtzeitig anzusehen.

§ 660 (§ 952).

Das Ausschlußurteil ist in öffentlicher Sitzung auf Antrag zu erlassen.

Einem in der Sitzung gestellten Antrag wird ein Antrag gleichgeachtet, der vor dem Aufgebotstermin schriftlich gestellt oder zur Niederschrift der Geschäftsstelle erklärt worden ist.

Vor Erlassung des Urteils kann eine nähere Ermittelung, insbesondere die Versicherung der Wahrheit einer Behauptung des Antragstellers an Eides Statt, angeordnet werden.

Gegen den Beschluß, durch den der Antrag auf Erlassung des Ausschlußurteils zurückgewiesen wird, sowie gegen Beschränkungen und Vorbehalte, die dem Ausschlußurteile beigefügt sind, findet sofortige Beschwerde statt.

§ 661 (§ 953).

Wird in einer Anmeldung das von dem Antragsteller zur Begründung des Antrags behauptete Recht bestritten, so ist nach Beschaffenheit des Falles entweder das Aufgebotsverfahren bis zur endgültigen Entscheidung über das angemeldete Recht auszusetzen oder in dem Ausschlußurteile das angemeldete Recht vorzubehalten.

§ 662 (§ 954).

Wenn der Antragsteller weder in dem Aufgebotstermin erschienen ist noch vor dem Termin den Antrag auf Erlassung des Ausschlußurteils gestellt hat, so ist auf seinen Antrag ein neuer Termin zu bestimmen. Der Antrag ist nur binnen einer vom Tage des Aufgebotstermins laufenden Frist von sechs Monaten zulässig.

§ 663 (§ 955).

Wird zur Erledigung des Aufgebotsverfahrens ein neuer Termin bestimmt, so ist eine öffentliche Bekanntmachung des Termins nicht erforderlich.

§ 664 (§ 956).

Das Gericht kann die öffentliche Bekanntmachung des wesentlichen Inhalts des Ausschlußurteils durch einmalige Einrückung in den Deutschen Reichsanzeiger anordnen.

§ 665 (§ 957).

Gegen das Ausschlußurteil findet ein Rechtsmittel nicht statt.

Das Ausschlußurteil kann bei dem Landgericht, in dessen Bezirke das Aufgebotsgericht seinen Sitz hat, mittels einer gegen den Antragsteller zu erhebenden Klage angefochten werden:

1. wenn ein Fall nicht vorlag, in dem das Gesetz das Aufgebotsverfahren zuläßt;
2. wenn die öffentliche Bekanntmachung des Aufgebots oder eine in dem Gesetze vorgeschriebene Art der Bekanntmachung unterblieben ist;
3. wenn die vorgeschriebene Aufgebotsfrist nicht gewahrt ist;
4. wenn der erkennende Richter von der Ausübung des Richteramts kraft Gesetzes ausgeschlossen war;
5. wenn ein Anspruch oder ein Recht ungeachtet seiner Anmeldung nicht dem Gesetze gemäß in dem Urteil berücksichtigt ist;
6. wenn die Voraussetzungen vorliegen, unter denen die Restitutionsklage wegen einer strafbaren Handlung stattfindet.

§ 666 (§ 958).

Die Anfechtungsklage ist binnen der Notfrist eines Monats zu erheben. Die Frist beginnt mit dem Tage, an dem der Kläger Kenntnis von dem Ausschlußurteil erhalten hat, in dem Falle jedoch, wenn die Klage auf einem der im § 665 Nr. 4, 6 bezeichneten Anfechtungsgründe beruht und dieser Grund an jenem Tage noch nicht zur Kenntnis des Klägers gelangt war, erst mit dem Tage, an dem der Anfechtungsgrund dem Kläger bekannt geworden ist.

Nach Ablauf von zehn Jahren, von dem Tage der Verkündung des Ausschlußurteils an gerechnet, ist die Klage unstatthaft.

§ 667 (§ 959).

Das Gericht kann die Verbindung mehrerer Aufgebote anordnen, auch wenn die Voraussetzungen des § 245 nicht vorliegen.

II. Aufgebotsverfahren zum Zwecke der Todeserklärung.

§ 668 (§ 960).

Für das Aufgebotsverfahren zum Zwecke der Todeserklärung gelten die nachfolgenden besonderen Bestimmungen.

§ 669 (§ 961).

Zuständig ist das Gericht, in dessen Bezirke der Verschollene den letzten inländischen Wohnsitz hatte. In Ermangelung eines solchen Wohnsitzes wird das zuständige Gericht für Angehörige eines deutschen Landes von der Landesjustizverwaltung durch allgemeine Anordnung, für andere Verschollene von dem Reichsminister der Justiz durch allgemeine Anordnung bestimmt.

§ 670 (§ 962).

Antragsberechtigt ist der gesetzliche Vertreter des Verschollenen sowie jeder, der an der Todeserklärung ein rechtliches Interesse hat.

Der gesetzliche Vertreter bedarf zu dem Antrag der Genehmigung des Vormundschaftsgerichts.

§ 671 (§ 963).

Der Antragsteller hat die zur Begründung des Antrags erforderlichen Tatsachen vor der Einleitung des Verfahrens glaubhaft zu machen.

§ 672 (§ 964).

In das Aufgebot ist aufzunehmen:

1. die Aufforderung an den Verschollenen, sich spätestens im Aufgebotstermin zu melden, widrigenfalls die Todeserklärung erfolgen werde;
2. die Aufforderung an alle, die Auskunft über Leben oder Tod des Verschollenen zu erteilen vermögen, spätestens im Aufgebotstermin dem Gericht Anzeige zu machen.

§ 673 (§ 965).

Die Aufgebotsfrist muß mindestens sechs Monate betragen.

§ 674 (§ 966).

In den Fällen der §§ 15—17 des Bürgerlichen Gesetzbuchs kann die Bekanntmachung des Aufgebots durch öffentliche Blätter unterbleiben. Das gleiche gilt, wenn seit der Geburt des Verschollenen hundert Jahre verstrichen sind.

Unterbleibt die Bekanntmachung durch öffentliche Blätter, so muß die Aufgebotsfrist mindestens sechs Wochen betragen; sie beginnt in diesem Falle mit der Anheftung des Aufgebots an die Gerichtstafel.

§ 675 (§ 967).

Jeder Antragsberechtigte kann neben dem Antragsteller oder statt des Antragstellers in das Verfahren eintreten. Durch den Eintritt erlangt er die rechtliche Stellung eines Antragstellers.

§ 676 (§ 968).

Das Gericht hat unter Benutzung der in dem Antrag angegebenen Tatsachen und Beweismittel von Amts wegen die zur Feststellung des Sachverhalts erforderlichen Ermittlungen zu veranstalten und die geeignet erscheinenden Beweise aufzunehmen.

§ 677 (§ 969).

Wird derjenige, der sich als der angeblich Verschollene meldet, als solcher von dem Antragsteller nicht anerkannt, so ist das Verfahren auszusetzen.

§ 678 (§ 970).

Das Gericht hat die Todeserklärung nur auszusprechen, wenn die zu ihrer Begründung erforderlichen Tatsachen für erwiesen erachtet werden.

In dem Urteil ist der Zeitpunkt des Todes nach Maßgabe des § 18 Abs. 2 des Bürgerlichen Gesetzbuchs festzustellen.

§ 679 (§ 971).

Die dem Antragsteller erwachsenen Kosten, die zur zweckentsprechenden Durchführung des Verfahrens notwendig waren, fallen, wenn die Todeserklärung erfolgt, dem Nachlaß zur Last.

§ 680 (§ 972).

Die Erledigung der Aufgebotsanträge kann von der Landesjustizverwaltung für mehrere Amtsgerichtsbezirke einem Amtsgericht übertragen werden. Auf Verlangen des Antragstellers findet das Verfahren vor dem nach § 669 zuständigen Gericht statt.

Wird das Aufgebot durch ein anderes als das nach § 669 zuständige Gericht erlassen, so ist das Aufgebot auch durch Anheftung an die Gerichtstafel des letzteren Gerichts öffentlich bekanntzumachen.

§ 681 (§ 973).

Die Anfechtungsklage findet außer den Fällen des § 665 Abs. 2 auch dann statt, wenn die Todeserklärung mit Unrecht erfolgt oder der Zeitpunkt des Todes des Verschollenen unrichtig festgestellt ist.

§ 682 (§ 974).

Zur Erhebung der Anfechtungsklage ist jeder berechtigt, der an der Aufhebung der Todeserklärung oder an der Berichtigung des Zeitpunktes des Todes ein rechtliches Interesse hat.

Die Anfechtungsklage ist gegen denjenigen zu richten, der die Todeserklärung erwirkt hat, falls aber dieser die Klage erhebt oder falls er verstorben oder sein Aufenthalt unbekannt oder im Ausland ist, gegen den Staatsanwalt.

§ 683 (§ 975).

Auf das Verfahren über die Anfechtungsklage finden die Vorschriften der §§ 634, 636, 637, des § 640 Abs. 1 und des § 664 entsprechende Anwendung.

§ 684 (TodeserklVO. § 12 Abs. 2; § 976).

Erhebt der für tot Erklärte die Anfechtungsklage, so ist die Klage an keine Frist gebunden.

Im übrigen ist die Anfechtungsklage, sofern sie nicht auf einen der im § 665 Abs. 2 bezeichneten Gründe gestützt wird, nur innerhalb der Frist von einem Monat zulässig. Die Frist beginnt mit der Erlassung des die Todeserklärung aussprechenden Urteils. Die mündliche Verhandlung findet nicht vor Ablauf dieser Frist statt.

Mehrere Anfechtungsprozesse sind zum Zwecke gleichzeitiger Verhandlung und Entscheidung zu verbinden. Die Vorschrift des § 65 findet Anwendung.

Wird infolge einer Anfechtungsklage die Todeserklärung aufgehoben oder eine andere Todeszeit festgestellt, so wirkt das Urteil für und gegen alle.

§ 685 (TodeserklVO. § 13).

Hat der Verschollene die Todeserklärung überlebt, so kann er ihre Aufhebung bei dem Amtsgerichte beantragen.

Der Antrag kann schriftlich oder zur Niederschrift der Geschäftsstelle gestellt werden. Der Antrag soll eine Angabe der ihn begründenden Tatsachen und die Bezeichnung der Beweismittel enthalten.

Zur Stellung des Antrags ist auch der Staatsanwalt berechtigt.

§ 686 (TodeserklVO. §§ 14, 15).

Vor der Entscheidung ist der Staatsanwalt sowie derjenige zu hören, der die Todeserklärung erwirkt hat.

Der § 676 gilt entsprechend.

Ergeben sich Zweifel, ob der Antragsteller der für tot Erklärte ist, so ist der Antrag zurückzuweisen und der Antragsteller auf den Weg der Anfechtungsklage zu verweisen.

§ 687 (TodeserklVO. § 16).

Die Entscheidung kann ohne mündliche Verhandlung ergehen. Sie erfolgt durch Beschluß. Gegen die Aufhebung der Todeserklärung findet kein Rechtsmittel statt; gegen die Zurückweisung des Antrags steht dem Antragsteller die sofortige Beschwerde zu.

§ 688 (TodeserklVO. § 17).

Der Antrag auf Aufhebung der Todeserklärung hat dieselben Wirkungen wie die Erhebung der Anfechtungsklage.

Ist die Todeserklärung durch Klage angefochten, so ist das Verfahren über die Anfechtungsklage bis zur Entscheidung über den Antrag auszusetzen.

Wird die Todeserklärung aufgehoben, so wirkt der Beschluß für und gegen alle.

III. Aufgebotsverfahren zum Zwecke der Ausschließung des Eigentümers eines Grundstücks nach § 927 des Bürgerlichen Gesetzbuches.

§ 689 (§ 977).

Für das Aufgebotsverfahren zum Zwecke der Ausschließung des Eigentümers eines Grundstücks nach § 927 des Bürgerlichen Gesetzbuchs gelten die nachfolgenden besonderen Bestimmungen.

§ 690 (§ 978).

Zuständig ist das Gericht, in dessen Bezirk das Grundstück belegen ist.

§ 691 (§ 979).

Antragsberechtigt ist, wer das Grundstück seit der im § 927 des Bürgerlichen Gesetzbuchs bestimmten Zeit im Eigenbesitze hat.

§ 692 (§ 980).

Der Antragsteller hat die zur Begründung des Antrags erforderlichen Tatsachen vor der Einleitung des Verfahrens glaubhaft zu machen.

§ 693 (§ 981).

In dem Aufgebot ist der bisherige Eigentümer aufzufordern, sein Recht spätestens im Aufgebotstermin anzumelden, widrigenfalls seine Ausschließung erfolgen werde.

IV. Aufgebotsverfahren zum Zwecke der Ausschließung eines Hypotheken-, Grundschuld- oder Rentenschuldgläubigers auf Grund der §§ 1170, 1171 des Bürgerlichen Gesetzbuches.

§ 694 (§ 982).

Für das Aufgebotsverfahren zum Zwecke der Ausschließung eines Hypotheken-, Grundschuld- oder Rentenschuldgläubigers auf Grund der §§ 1170, 1171 des Bürgerlichen Gesetzbuchs gelten die nachfolgenden besonderen Bestimmungen.

§ 695 (§ 983).

Zuständig ist das Gericht, in dessen Bezirk das belastete Grundstück belegen ist.

§ 696 (§ 984).

Antragsberechtigt ist der Eigentümer des belasteten Grundstücks.

Im Falle des § 1170 des Bürgerlichen Gesetzbuchs ist auch ein im Rang gleich- oder nachstehender Gläubiger, zu dessen Gunsten eine Vormerkung nach § 1179 des Bürgerlichen Gesetzbuchs eingetragen ist, und bei einer Gesamthypothek, Gesamtgrundschuld oder Gesamtrentenschuld außerdem derjenige antragsberechtigt, der auf Grund eines im Range gleich- oder nachstehenden Rechtes Befriedigung aus einem der belasteten Grundstücke verlangen kann, sofern der Gläubiger oder der sonstige Berechtigte für seinen Anspruch einen vollstreckbaren Schuldtitel erlangt hat.

§ 697 (§ 985).

Der Antragsteller hat vor der Einleitung des Verfahrens glaubhaft zu machen, daß der Gläubiger unbekannt ist.

§ 698 (§ 986).

Im Falle des § 1170 des Bürgerlichen Gesetzbuchs hat der Antragsteller vor der Einleitung des Verfahrens auch glaubhaft zu machen, daß nicht eine das Aufgebot ausschließende Anerkennung des Rechtes des Gläubigers erfolgt ist.

Ist die Hypothek für die Forderung aus einer Schuldverschreibung auf den Inhaber bestellt oder der Grundschuld- oder Rentenschuldbrief auf den Inhaber ausgestellt, so hat der Antragsteller glaubhaft zu machen, daß die Schuldverschreibung oder der Brief bis zum Ablauf der im § 801 des Bürgerlichen Gesetzbuchs bezeichneten Frist nicht vorgelegt und der Anspruch nicht gerichtlich geltend gemacht worden ist. Ist die Vorlegung oder die gerichtliche Geltendmachung erfolgt, so ist die im Abs. 1 vorgeschriebene Glaubhaftmachung erforderlich.

Zur Glaubhaftmachung genügt in den Fällen der Abs. 1, 2 die Versicherung des Antragstellers an Eides Statt, unbeschadet der Befugnis des Gerichts, anderweitige Ermittlungen anzuordnen.

In dem Aufgebot ist als Rechtsnachteil anzudrohen, daß die Ausschließung des Gläubigers mit seinem Rechte erfolgen werde.

Wird das Aufgebot auf Antrag eines nach § 696 Abs. 2 Antragsberechtigten erlassen, so ist es dem Eigentümer des Grundstücks mitzuteilen.

§ 699 (§ 987).

Im Falle des § 1170 des Bürgerlichen Gesetzbuchs hat der Antragsteller sich vor der Einleitung des Verfahrens zur Hinterlegung des dem Gläubiger gebührenden Betrags zu erbieten.

In dem Aufgebot ist als Rechtsnachteil anzudrohen, daß der Gläubiger nach der Hinterlegung des ihm gebührenden Betrags seine Befriedigung statt aus dem Grundstück nur noch aus dem hinterlegten Betrage verlangen könne und sein Recht auf diesen erlösche, wenn er sich nicht vor dem Ablauf von dreißig Jahren nach der Erlassung des Ausschlußurteils bei der Hinterlegungsstelle melde.

Hängt die Fälligkeit der Forderung von einer Kündigung ab, so erweitert sich die Aufgebotsfrist um die Kündigungsfrist.

Das Ausschlußurteil darf erst dann erlassen werden, wenn die Hinterlegung erfolgt ist.

V. Aufgebotsverfahren zum Zwecke der Ausschließung des Berechtigten bei der Vormerkung, dem Vorkaufsrecht und dem Pfandrecht an Schiffen.

§ 700 (§ 988).

Die Vorschriften des § 695, des § 696 Abs. 1, des § 697, des § 698 Abs. 1—4 und des § 699 finden auf das Aufgebotsverfahren zum Zwecke der in den §§ 887, 1104, 1112, 1269 des Bürgerlichen Gesetzbuchs für die Vormerkung, das Vorkaufsrecht, die Reallast und für das Pfandrecht an Schiffen bestimmten Ausschließung des Berechtigten entsprechende Anwendung.

In den Fällen der §§ 887, 1104, 1112 des Bürgerlichen Gesetzbuchs ist auch derjenige antragsberechtigt, der auf Grund eines im Range gleich- oder nachstehenden Rechtes Befriedigung aus dem Grundstück verlangen kann, sofern er für seinen Anspruch einen vollstreckbaren Schuldtitel erlangt hat. Das Aufgebot ist dem Eigentümer des Grundstücks von Amts wegen mitzuteilen.

VI. Aufgebotsverfahren zum Zwecke der Ausschließung von Nachlaßgläubigern auf Grund des § 1970 des Bürgerlichen Gesetzbuchs.

§ 701 (§ 989).

Für das Aufgebotsverfahren zum Zwecke der Ausschließung von Nachlaßgläubigern auf Grund des § 1970 des Bürgerlichen Gesetzbuchs gelten die nachfolgenden besonderen Bestimmungen.

§ 702 (§ 990).

Zuständig ist das Amtsgericht, dem die Verrichtungen des Nachlaßgerichts obliegen. Sind diese Verrichtungen einer anderen Behörde als einem Amtsgericht übertragen, so ist das Amtsgericht zuständig, in dessen Bezirke die Nachlaßbehörde ihren Sitz hat.

§ 703 (§ 991).

Antragsberechtigt ist jeder Erbe, sofern er nicht für die Nachlaßverbindlichkeiten unbeschränkt haftet.

Zu dem Antrag sind auch ein Nachlaßpfleger und ein Testamentsvollstrecker berechtigt, wenn ihnen die Verwaltung des Nachlasses zusteht.

Der Erbe und der Testamentsvollstrecker können den Antrag erst nach der Annahme der Erbschaft stellen.

§ 704 (§ 992).

Dem Antrag ist ein Verzeichnis der bekannten Nachlaßgläubiger mit Angabe ihres Wohnorts beizufügen.

§ 705 (§ 993).

Das Aufgebot soll nicht erlassen werden, wenn die Eröffnung des Nachlaßkonkurses beantragt ist.

Durch die Eröffnung des Nachlaßkonkurses wird das Aufgebotsverfahren beendigt.

§ 706 (§ 994).

Die Aufgebotsfrist soll höchstens sechs Monate betragen.

Das Aufgebot soll den Nachlaßgläubigern, die dem Nachlaßgericht angezeigt sind und deren Wohnort bekannt ist, von Amts wegen zugestellt werden. Die Zustellung kann durch Aufgabe zur Post erfolgen.

§ 707 (§ 995).

In dem Aufgebot ist den Nachlaßgläubigern, die sich nicht melden, als Rechtsnachteil anzudrohen, daß sie, unbeschadet des Rechtes, vor den Verbindlichkeiten aus Pflichtteilsrechten, Vermächtnissen und Auflagen berücksichtigt zu werden, von dem Erben nur insoweit Befriedigung verlangen können, als sich nach Befriedigung der nicht ausgeschlossenen Gläubiger noch ein Überschuß ergibt.

§ 708 (§ 996).

Die Anmeldung einer Forderung hat die Angabe des Gegenstandes und des Grundes der Forderung zu enthalten. Urkundliche Beweisstücke sind in Urschrift oder in Abschrift beizufügen.

Das Gericht hat die Einsicht der Anmeldungen jedem zu gestatten, der ein rechtliches Interesse glaubhaft macht.

§ 709 (§ 997).

Sind mehrere Erben vorhanden, so kommen der von einem Erben gestellte Antrag und das von ihm erwirkte Ausschlußurteil, unbeschadet der Vorschriften des Bürgerlichen Gesetzbuchs über die unbeschränkte Haftung, auch den anderen Erben zustatten. Als Rechtsnachteil ist den Nachlaßgläubigern, die sich nicht melden, auch anzudrohen, daß jeder Erbe nach der Teilung des Nachlasses nur für den seinem Erbteil entsprechenden Teil der Verbindlichkeit haftet.

Die Erlassung des Aufgebots mit Androhung des im Abs. 1 Satz 2 bestimmten Rechtsnachteils kann von jedem Erben auch dann beantragt werden, wenn er für die Nachlaßverbindlichkeiten unbeschränkt haftet.

§ 710 (§ 998).

Im Falle der Nacherbfolge findet die Vorschrift des § 709 Abs. 1 Satz 1 auf den Vorerben und den Nacherben entsprechende Anwendung.

§ 711 (§ 999).

Ist eine Ehefrau die Erbin und gehört der Nachlaß zum eingebrachten Gute oder zum Gesamtgut, so kann sowohl die Ehefrau als der Ehemann das

Aufgebot beantragen, ohne daß die Zustimmung des anderen Teiles erforderlich ist. Das gleiche gilt, wenn der Nachlaß zum Gesamtgut gehört, auch nach der Beendigung der Gemeinschaft. Der von dem einen Ehegatten gestellte Antrag und das von ihm erwirkte Ausschlußurteil kommen auch dem anderen Ehegatten zustatten.

§ 712 (§ 1000).

Hat der Erbe die Erbschaft verkauft, so kann sowohl der Käufer als der Erbe das Aufgebot beantragen. Der von dem einen Teile gestellte Antrag und das von ihm erwirkte Ausschlußurteil kommen, unbeschadet der Vorschriften des Bürgerlichen Gesetzbuchs über die unbeschränkte Haftung, auch dem anderen Teile zustatten.

Diese Bestimmungen finden entsprechende Anwendung, wenn jemand eine durch Vertrag erworbene Erbschaft verkauft oder sich zur Veräußerung einer ihm angefallenen oder anderweit von ihm erworbenen Erbschaft in sonstiger Weise verpflichtet hat.

§ 713 (§ 1001).

Die Bestimmungen der §§ 702—708, 711, 712 finden im Falle der fortgesetzten Gütergemeinschaft auf das Aufgebotsverfahren zum Zwecke der nach dem § 1489 Abs. 2 und dem § 1970 des Bürgerlichen Gesetzbuchs zulässigen Ausschließung von Gesamtgutsgläubigern entsprechende Anwendung.

VII. Aufgebotsverfahren zum Zwecke der Ausschließung von Schiffsgläubigern.

§ 714 (§ 1002).

Für das Aufgebotsverfahren zum Zwecke der Ausschließung von Schiffsgläubigern auf Grund des § 765 des Handelsgesetzbuchs und des § 110 des Gesetzes, betreffend die privatrechtlichen Verhältnisse der Binnenschiffahrt, gelten die nachfolgenden besonderen Bestimmungen.

Zuständig ist das Gericht, in dessen Bezirke sich der Heimatshafen oder der Heimatsort des Schiffes befindet.

Unterliegt das Schiff der Eintragung in das Schiffsregister, so kann der Antrag erst nach der Eintragung der Veräußerung des Schiffes gestellt werden.

Der Antragsteller hat die ihm bekannten Forderungen von Schiffsgläubigern anzugeben.

Die Aufgebotsfrist muß mindestens drei Monate betragen.

In dem Aufgebot ist den Schiffsgläubigern, die sich nicht melden, als Rechtsnachteil anzudrohen, daß ihre Pfandrechte erlöschen, sofern nicht ihre Forderungen dem Antragsteller bekannt sind.

VIII. Aufgebotsverfahren zum Zwecke der Kraftloserklärung einer Urkunde.

§ 715 (§ 1003).

Für das Aufgebotsverfahren zum Zwecke der Kraftloserklärung einer Urkunde gelten die nachfolgenden besonderen Bestimmungen.

§ 716 (§ 1004).

Bei Papieren, die auf den Inhaber lauten oder die durch Indossament übertragen werden können und mit einem Blankoindossamente versehen sind, ist der bisherige Inhaber des abhanden gekommenen oder vernichteten Papiers berechtigt, das Aufgebotsverfahren zu beantragen.

Bei anderen Urkunden ist zu dem Antrag berechtigt, wer das Recht aus der Urkunde geltend machen kann.

§ 717 (§ 1005).

Für das Aufgebotsverfahren ist das Gericht des Ortes zuständig, den die Urkunde als den Erfüllungsort bezeichnet. Enthält die Urkunde eine solche Bezeichnung nicht, so ist das Gericht zuständig, bei dem der Aussteller seinen allgemeinen Gerichtsstand hat, und in Ermangelung eines solchen Gerichts dasjenige, bei dem der Aussteller zur Zeit der Ausstellung seinen allgemeinen Gerichtsstand gehabt hat.

Ist die Urkunde über ein im Grundbuch eingetragenes Recht ausgestellt, so ist das Gericht der belegenen Sache ausschließlich zuständig.

§ 718 (§ 1006).

Die Erledigung der Anträge auf Erlassung des Aufgebots zum Zwecke der Kraftloserklärung eines auf den Inhaber lautenden Papiers kann von der Landesjustizverwaltung für mehrere Amtsgerichtsbezirke einem Amtsgericht übertragen werden. Auf Verlangen des Antragstellers findet das Verfahren vor dem nach § 717 zuständigen Gericht statt.

Wird das Aufgebot durch ein anderes als das nach § 717 zuständige Gericht erlassen, so ist das Aufgebot auch durch Anheftung an die Gerichtstafel des letzteren Gerichts öffentlich bekanntzumachen.

Unberührt bleiben die landesgesetzlichen Vorschriften, in denen für das Aufgebotsverfahren zum Zwecke der Kraftloserklärung von Schuldverschreibungen auf den Inhaber, die ein deutsches Land oder früherer Bundesstaat oder eine ihm angehörende Körperschaft, Stiftung oder Anstalt des öffentlichen Rechtes ausgestellt oder für deren Bezahlung ein deutsches Land oder früherer Bundesstaat die Haftung übernommen hat, ein bestimmtes Amtsgericht für ausschließlich zuständig erklärt wird.

§ 719 (§ 1007).

Der Antragsteller hat zur Begründung des Antrags:

1. entweder eine Abschrift der Urkunde beizubringen, oder den wesentlichen Inhalt der Urkunde und alles anzugeben, was zu ihrer vollständigen Erkennbarkeit erforderlich ist;
2. den Verlust der Urkunde sowie diejenigen Tatsachen glaubhaft zu machen, von denen seine Berechtigung abhängt, das Aufgebotsverfahren zu beantragen;
3. sich zur Versicherung der Wahrheit seiner Angaben an Eides Statt zu erbieten.

§ 720 (§ 1008).

In dem Aufgebot ist der Inhaber der Urkunde aufzufordern, spätestens im Aufgebotstermine seine Rechte bei dem Gericht anzumelden und die Urkunde vorzulegen. Als Rechtsnachteil ist anzudrohen, daß die Kraftloserklärung der Urkunde erfolgen werde.

§ 721 (§ 1009).

Das Aufgebot wird durch Anheftung an die Gerichtstafel und in dem Lokale der Börse, wenn eine solche am Sitze des Aufgebotsgerichts besteht, sowie durch einmalige Einrückung in den Deutschen Reichsanzeiger öffentlich bekanntgemacht.

Das Gericht kann anordnen, daß das Aufgebot noch in andere Blätter und zu mehreren Malen eingerückt werde.

Betrifft das Aufgebot ein auf den Inhaber lautendes Papier und ist in der Urkunde vermerkt oder in den Bestimmungen, unter denen die erforderliche staatliche Genehmigung erteilt worden ist, vorgeschrieben, daß die öffentliche Bekanntmachung durch bestimmte andere Blätter zu erfolgen habe, so muß das Aufgebot auch in diese Blätter eingerückt werden. Das gleiche gilt bei Schuldverschreibungen, die von einem deutschen Lande oder früheren Bundesstaate ausgegeben sind, wenn die öffentliche Bekanntmachung durch bestimmte Blätter landesgesetzlich vorgeschrieben ist.

§ 722 (§ 1010).

Bei Wertpapieren, für die von Zeit zu Zeit Zins-, Renten- oder Gewinnanteilscheine ausgegeben werden, ist der Aufgebotstermin so zu bestimmen, daß bis zu ihm der erste einer seit der Zeit des glaubhaft gemachten Verlustes ausgegebenen Reihe von Zins-, Renten- oder Gewinnanteilscheinen fällig geworden ist und seit seiner Fälligkeit sechs Monate abgelaufen sind.

Vor Erlassung des Ausschlußurteils hat der Antragsteller ein nach Ablauf dieser sechsmonatigen Frist ausgestelltes Zeugnis der betreffenden Behörde, Kasse oder Anstalt beizubringen, daß die Urkunde seit der Zeit des glaubhaft gemachten Verlustes ihr zur Ausgabe neuer Scheine nicht vorgelegt sei und daß die neuen Scheine an einen anderen als den Antragsteller nicht ausgegeben seien.

§ 723 (§ 1011).

Bei Wertpapieren, für die Zins-, Renten- oder Gewinnanteilscheine zuletzt für einen längeren Zeitraum als vier Jahre ausgegeben sind, genügt es, wenn der Aufgebotstermin so bestimmt wird, daß bis zu ihm seit der Zeit des glaubhaft gemachten Verlustes von den zuletzt ausgegebenen Scheinen solche für vier Jahre fällig geworden und seit der Fälligkeit des letzten von ihnen sechs Monate abgelaufen sind. Scheine für Zeitabschnitte, für die keine Zinsen, Renten- oder Gewinnanteile gezahlt werden, kommen nicht in Betracht.

Vor Erlassung des Ausschlußurteils hat der Antragsteller ein nach Ablauf dieser sechsmonatigen Frist ausgestelltes Zeugnis der betreffenden Behörde, Kasse oder Anstalt beizubringen, daß die für die bezeichneten vier Jahre und später etwa fällig gewordenen Scheine ihr von einem anderen als dem Antragsteller nicht vorgelegt seien. Hat in der Zeit seit dem Erlasse des Aufgebots eine Ausgabe neuer Scheine stattgefunden, so muß das Zeugnis auch die im § 722 Abs. 2 bezeichneten Angaben enthalten.

§ 724 (§ 1012).

Die Vorschriften der §§ 722, 723 finden insoweit keine Anwendung, als die Zins-, Renten- oder Gewinnanteilscheine, deren Fälligkeit nach diesen Vorschriften eingetreten sein muß, von dem Antragsteller vorgelegt werden. Der Vorlegung der Scheine steht es gleich, wenn das Zeugnis der betreffenden Behörde, Kasse oder Anstalt beigebracht wird, daß die fällig gewordenen Scheine ihr von dem Antragsteller vorgelegt worden seien.

§ 725 (§ 1013).

Bei Wertpapieren, für die Zinsen-, Renten- oder Gewinnanteilscheine ausgegeben sind, aber nicht mehr ausgegeben werden, ist, wenn nicht die Voraussetzungen der §§ 722, 723 vorhanden sind, der Aufgebotstermin so zu bestimmen, daß bis zu ihm seit der Fälligkeit des letzten ausgegebenen Scheines sechs Monate abgelaufen sind.

§ 726 (§ 1014).

Ist in einer Schuldurkunde eine Verfallzeit angegeben, die zur Zeit der ersten Einrückung des Aufgebots in den Deutschen Reichsanzeiger noch nicht eingetreten ist, und sind die Voraussetzungen der §§ 722—725 nicht vorhanden, so ist der Aufgebotstermin so zu bestimmen, daß seit dem Verfalltag sechs Monate abgelaufen sind.

Unterliegen Wertpapiere, bei denen die Voraussetzungen der §§ 722 bis 725 nicht vorliegen, einer Auslosung, so ist der Aufgebotstermin so zu bestimmen, daß bis zu ihm drei Monate seit einer nach der Bekanntmachung des Aufgebots erfolgten Auslosung abgelaufen sind.

§ 727 (§ 1015).

Die Aufgebotsfrist muß mindestens sechs Monate betragen. Der Aufgebotstermin darf nicht über ein Jahr hinaus bestimmt werden; solange ein so naher Termin nicht bestimmt werden kann, ist das Aufgebot nicht zulässig.

§ 728 (§ 1016).

Meldet der Inhaber der Urkunde vor dem Aufgebotstermin seine Rechte unter Vorlegung der Urkunde an, so hat das Gericht den Antragsteller hiervon zu benachrichtigen und ihm die Einsicht der Urkunde innerhalb einer zu bestimmenden Frist zu gestatten. Auf Antrag des Inhabers der Urkunde ist zu ihrer Vorlegung ein Termin zu bestimmen.

§ 729 (§ 1017).

In dem Ausschlußurteil ist die Urkunde für kraftlos zu erklären.

Das Ausschlußurteil ist seinem wesentlichen Inhalte nach durch den Deutschen Reichsanzeiger bekanntzumachen. Die Vorschriften des § 721 Abs. 3 finden entsprechende Anwendung.

In gleicher Weise hat nach eingetretener Rechtskraft die Bekanntmachung des auf die Anfechtungsklage ergangenen Urteils, soweit dadurch die Kraftloserklärung aufgehoben wird, zu erfolgen.

§ 730 (§ 1018).

Wer das Ausschlußurteil erwirkt hat, ist dem durch die Urkunde Verpflichteten gegenüber berechtigt, die Rechte aus der Urkunde geltend zu machen.

Wird das Ausschlußurteil infolge einer Anfechtungsklage aufgehoben, so bleiben die auf Grund des Urteils von dem Verpflichteten bewirkten Leistungen auch Dritten, insbesondere dem Anfechtungskläger, gegenüber wirksam, es sei denn, daß der Verpflichtete zur Zeit der Leistung die Aufhebung des Ausschlußurteils gekannt hat.

§ 731 (§ 1019).

Bezweckt das Aufgebotsverfahren die Kraftloserklärung eines auf den Inhaber lautenden Papiers, so hat das Gericht auf Antrag an den Aussteller sowie an die in dem Papier und die von dem Antragsteller bezeichneten Zahlstellen das Verbot zu erlassen, an den Inhaber des Papiers eine Leistung zu bewirken, insbesondere neue Zins-, Renten- oder Gewinnanteilscheine oder einen Erneuerungsschein auszugeben (Zahlungssperre); mit dem Verbot ist die Benachrichtigung von der Einleitung des Aufgebotsverfahrens zu verbinden. Das Verbot ist in gleicher Weise wie das Aufgebot öffentlich bekanntzumachen.

Das an den Aussteller erlassene Verbot ist auch den Zahlstellen gegenüber wirksam, die nicht in dem Papiere bezeichnet sind.

Die Einlösung der vor dem Verbot ausgegebenen Zins-, Renten- oder Gewinnanteilscheine wird von dem Verbote nicht betroffen.

§ 732 (§ 1020).

Ist die sofortige Einleitung des Aufgebotsverfahrens nach § 727 Satz 2 unzulässig, so hat das Gericht die Zahlungssperre auf Antrag schon vor der Einleitung des Verfahrens zu verfügen, sofern die übrigen Erfordernisse für die Einleitung vorhanden sind. Auf den Antrag finden die Vorschriften des § 655 Abs. 1 Anwendung. Das Verbot ist durch Anheftung an die Gerichtstafel und durch einmalige Einrückung in den Deutschen Reichsanzeiger öffentlich bekanntzumachen.

§ 733 (§ 1021).

Wird die Zahlungssperre angeordnet, bevor seit der Zeit des glaubhaft gemachten Verlustes Zins-, Renten- oder Gewinnanteilscheine ausgegeben worden sind, so ist die Beibringung des im § 722 Abs. 2 vorgeschriebenen Zeugnisses nicht erforderlich.

§ 734 (§ 1022).

Wird das in Verlust gekommene Papier dem Gerichte vorgelegt oder wird das Aufgebotsverfahren in anderer Weise ohne Erlassung eines Ausschlußurteils erledigt, so ist die Zahlungssperre von Amts wegen aufzuheben. Das gleiche gilt, wenn die Zahlungssperre vor der Einleitung des Aufgebotsverfahrens angeordnet worden ist und die Einleitung nicht binnen sechs Monaten nach der Beseitigung des ihr entgegenstehenden Hindernisses beantragt wird. Ist das Aufgebot oder die Zahlungssperre öffentlich bekanntgemacht worden, so ist die Erledigung des Verfahrens oder die Aufhebung der Zahlungssperre von Amts wegen durch den Deutschen Reichsanzeiger bekanntzumachen.

Im Falle der Vorlegung des Papiers ist die Zahlungssperre erst aufzuheben, nachdem dem Antragsteller die Einsicht nach Maßgabe des § 728 gestattet worden ist.

Gegen den Beschluß, durch den die Zahlungssperre aufgehoben wird, findet sofortige Beschwerde statt.

§ 735 (§ 1023).

Bezweckt das Aufgebotsverfahren die Kraftloserklärung einer Urkunde der im § 808 des Bürgerlichen Gesetzbuchs bezeichneten Art, so finden die Vorschriften des § 718, des § 721 Abs. 3, des § 729 Abs. 2 Satz 2 und der §§ 731 bis 734 entsprechende Anwendung. Die Landesgesetze können über die Veröffentlichung des Aufgebots und der im § 729 Abs. 2, 3 und in den §§ 731, 732, 734 vorgeschriebenen Bekanntmachungen sowie über die Aufgebotsfrist abweichende Vorschriften erlassen.

§ 736 (§ 1024).

Bei Aufgeboten, die auf Grund der §§ 887, 927, 1104, 1112, 1162, 1170, 1171, 1269 des Bürgerlichen Gesetzbuchs sowie auf Grund des § 765 des Handelsgesetzbuchs und des § 110 des Gesetzes, betreffend die privatrechtlichen Verhältnisse der Binnenschiffahrt, ergehen, können die Landesgesetze die Art der Veröffentlichung des Aufgebots und des Ausschlußurteils sowie die Aufgebotsfrist anders bestimmen, als in den §§ 656, 658, 664 vorgeschriebenen ist.

Bei Aufgeboten, die auf Grund des § 1162 des Bürgerlichen Gesetzbuchs ergehen, können die Landesgesetze die Art der Veröffentlichung des Aufgebots, des Ausschlußurteils und des im § 729 Abs. 3 bezeichneten Urteils sowie die Aufgebotsfrist auch anders bestimmen, als in den §§ 721, 726, 727, 729 vorgeschrieben ist.

Achtes Buch.

Schiedsgerichtliches Verfahren.

Schiedsvertrag.

§ 737 (§ 1025).

Die Vereinbarung, daß ein Streit anstatt auf dem Rechtsweg vor einem Schiedsgericht ausgetragen werden solle (Schiedsvertrag), hat insoweit rechtliche Wirkung, als die Parteien berechtigt sind, über den Gegenstand des Streites einen Vergleich zu schließen.

§ 738 (neu).

Der Schiedsvertrag ist unwirksam, wenn eine Partei ihre wirtschaftliche oder soziale Überlegenheit dazu ausgenutzt hat, den anderen Teil zu seinem Abschluß oder zur Annahme von Bestimmungen zu nötigen, die ihr im Verfahren, insbesondere hinsichtlich der Ernennung oder Ablehnung der Schiedsrichter, ein erhebliches Übergewicht über den anderen Teil einräumen.

§ 739 (§§ 1026, 1027).

Ein Schiedsvertrag über künftige Streitigkeiten ist unwirksam, wenn er sich nicht auf ein bestimmtes Rechtsverhältnis und die aus diesem entspringenden Streitigkeiten bezieht.

Der Vertrag muß ausdrücklich geschlossen werden und bedarf der Schriftform; andere Vereinbarungen als solche, die sich auf das Schiedsgericht beziehen, darf die Urkunde nicht enthalten. Der Mangel der Form wird durch die Einlassung auf die schiedsgerichtliche Verhandlung zur Hauptsache geheilt.

Ist der Schiedsvertrag für beide Teile ein Handelsgeschäft, so findet Abs. 2 nur Anwendung, wenn eine der Parteien oder beide Parteien zu den in § 4 des Handelsgesetzbuchs bezeichneten Gewerbetreibenden gehören.

Schiedsrichter.

§ 740 (§ 1028).

Ist in dem Schiedsvertrag eine Bestimmung über die Ernennung der Schiedsrichter nicht enthalten, so wird von jeder Partei ein Schiedsrichter ernannt. Eine Bestimmung, die der einen Partei, wenn auch nur unter gewissen Voraussetzungen, das Recht einräumt, einen Schiedsrichter auch für die andere zu ernennen, ist unwirksam.

Besteht das Schiedsgericht aus mehreren Schiedsrichtern, so sind diese, wenn der Vertrag nichts anderes vorsieht, befugt, einen Obmann zu wählen.

§ 741 (§ 1029).

Steht die Ernennung der Schiedsrichter den Parteien zu, so hat die betreibende Partei dem Gegner den Schiedsrichter schriftlich mit der Aufforderung zu bezeichnen, binnen einer einwöchigen Frist seinerseits ein Gleiches zu tun.

Nach fruchtlosem Ablauf der Frist wird der Schiedsrichter auf Antrag der betreibenden Partei von dem zuständigen Gericht ernannt.

§ 742 (§ 1030).

Eine Partei ist an die Ernennung eines Schiedsrichters dem Gegner gegenüber gebunden, sobald dieser die Anzeige von der Ernennung erhalten hat.

§ 743 (§ 1031).

Wenn ein nicht in dem Schiedsvertrag ernannter Schiedsrichter, den eine Partei zu ernennen hatte, stirbt oder aus einem anderen Grunde wegfällt oder die Übernahme oder die Ausführung des Schiedsrichteramtes verweigert, so kann der Gegner sie auffordern, binnen einer einwöchigen Frist einen anderen Schiedsrichter zu bestellen. Nach fruchtlosem Ablauf der Frist wird der Schiedsrichter auf Antrag der betreibenden Partei von dem zuständigen Gericht ernannt.

War der Schiedsrichter von einem Dritten zu ernennen, so kann unter den Voraussetzungen des Abs. 1 jede Partei diesen ersuchen, binnen einer einwöchigen Frist einen anderen Schiedsrichter zu ernennen. Abs. 1 Satz 2 findet entsprechende Anwendung.

§ 744 (neu; vgl. § 1032 Abs. 3).

Wer geschäftsunfähig oder in der Geschäftsfähigkeit beschränkt oder nicht im Besitze der bürgerlichen Ehrenrechte ist, kann nicht Schiedsrichter sein.

§ 745 (§ 1032).

Ein Schiedsrichter kann abgelehnt werden:

1. aus den im § 744 aufgeführten Gründen;
2. aus den Gründen, die zur Ablehnung eines Richters berechtigen;
3. sofern er nicht durch Vertrag ernannt ist, wenn er die Erfüllung seiner Pflichten ungebührlich verzögert;
4. wenn er taub oder stumm ist oder unter Pflegschaft steht.

§ 746 (neu).

Die Schiedsrichter sind verpflichtet, über die ihnen bei ihrer Tätigkeit bekannt gewordenen Tatsachen und Verhältnisse Verschwiegenheit zu bewahren.

Das gleiche gilt für etwaige andere Organe des Schiedsgerichts.

Außerkrafttreten des Schiedsvertrags.

§ 747 (§ 1033).

Der Schiedsvertrag tritt außer Kraft, sofern nicht für den betreffenden Fall durch eine Vereinbarung der Parteien Vorsorge getroffen ist:

1. wenn bestimmte Personen in dem Vertrage zu Schiedsrichtern ernannt sind und ein Schiedsrichter stirbt oder aus einem anderen

Grunde wegfällt oder die Übernahme des Schiedsrichteramtes verweigert oder von dem mit ihm geschlossenen Vertrage zurücktritt oder die Erfüllung seiner Pflichten ungebührlich verzögert;

2. wenn der Obmann des Schiedsgerichts durch die Einigung der Parteien oder durch die Schiedsrichter bestellt werden soll und diese Bestellung nicht zustande kommt;
3. wenn das Schiedsgericht die Entscheidung ablehnt; zur Ablehnung der Entscheidung ist das Schiedsgericht in jeder Lage des Verfahrens befugt, unbeschadet einer aus ihrem Vertragsverhältnis gegenüber den Parteien sich ergebenden Verpflichtung der Schiedsrichter zum Schadensersatz;
4. wenn das Schiedsgericht den Parteien anzeigt, daß sich unter den Schiedsrichtern Stimmengleichheit ergeben habe.

Über das Erlöschen des Schiedsvertrags entscheidet auf Antrag einer Partei das ordentliche Gericht.

Verfahren.

§ 748 (§ 1034).

Das Schiedsgericht hat vor Erlassung des Schiedsspruchs die Parteien zu hören und das dem Streite zugrunde liegende Sachverhältnis zu ermitteln, soweit es diese Ermittelung für erforderlich erachtet.

Die bei einem deutschen Gerichte zugelassenen Rechtsanwälte dürfen als Bevollmächtigte oder Beistände von dem Schiedsgericht nicht zurückgewiesen werden; entgegenstehende Vereinbarungen sind unwirksam.

Im übrigen wird das Verfahren in Ermangelung einer Vereinbarung der Parteien von dem Schiedsgericht nach freiem Ermessen bestimmt.

§ 749 (§ 1035).

Das Schiedsgericht kann Zeugen und Sachverständige vernehmen, die freiwillig vor ihm erscheinen.

Eide können vor dem Schiedsgericht nicht geleistet, Versicherungen an Eides Statt von ihm nicht gefordert und vor ihm nicht abgegeben werden.

§ 750 (§ 1036).

Eine von dem Schiedsgerichte für erforderlich gehaltene Handlung, zu deren Vornahme es nicht befugt ist, ist auf seinen Antrag oder auf den Antrag einer Partei von dem zuständigen Gericht vorzunehmen, sofern sie nicht für unzulässig erachtet wird.

Dem Gerichte, das die Vernehmung oder Beeidigung eines Zeugen oder eines Sachverständigen angeordnet hat, stehen auch die Entscheidungen zu, die im Falle der Verweigerung des Zeugnisses oder Gutachtens erforderlich werden.

Von dem Termin zur Beweisaufnahme ist das Schiedsgericht zu benachrichtigen. Den Schiedsrichtern ist die Anwesenheit bei der Beweisaufnahme zu gestatten; die Stellung von Fragen kann ihnen gestattet werden.

§ 751 (§ 1037).

Das Schiedsgericht kann das Verfahren beginnen oder fortsetzen und den Schiedsspruch erlassen, auch wenn die Unzulässigkeit des schiedsgerichtlichen Verfahrens behauptet, insbesondere wenn geltend gemacht wird, daß ein rechtsgültiger Schiedsvertrag nicht oder nicht mehr bestehe, daß sich der Schiedsvertrag auf den auszutragenden Streit nicht beziehe oder daß ein Schiedsrichter zu den schiedsrichterlichen Verrichtungen nicht befugt sei.

Schiedsspruch.

§ 752 (§ 1038).

Ist der Schiedsspruch von mehreren Schiedsrichtern zu erlassen, so entscheidet, sofern nicht der Schiedsvertrag ein anderes bestimmt, die absolute Mehrheit der Stimmen.

§ 753 (§ 1039).

Der Schiedsspruch ist unter Angabe des Tages der Fällung von den Schiedsrichtern zu unterschreiben. Ist ein Schiedsrichter verhindert oder verweigert er offenbar grundlos die Unterschrift, so kann sie auf Antrag einer Partei von dem zuständigen Gericht durch die auf dem Schiedsspruch zu vermerkende Feststellung dieser Umstände ersetzt werden.

Der Schiedsspruch wird in dem Zeitpunkt wirksam, in dem er beiden Parteien zugestellt ist.

Er soll mit den Zustellungsnachweisen und den Akten auf der Geschäftsstelle des zuständigen Gerichts niedergelegt werden.

Die Zustellung und Niederlegung kann im Auftrag des Schiedsgerichts von einem der Schiedsrichter bewirkt werden. Von der Zustellung und Niederlegung sollen die Parteien benachrichtigt werden.

§ 754 (§ 1040).

Der gültige Schiedsspruch hat die Wirkung eines Vertrags, der das zwischen den Parteien streitige Rechtsverhältnis feststellt. Gegenüber einem gültigen Schiedsspruch kann sich keine Partei ohne Zustimmung der anderen auf die ursprüngliche Rechtslage berufen.

§ 755 (neu).

Der Schiedsspruch ist nichtig

1. wenn ein Schiedsvertrag nicht abgeschlossen oder der abgeschlossene unwirksam war;
2. wenn der Inhalt des Spruchs gegen die guten Sitten oder gegen die öffentliche Ordnung verstößt.

Im übrigen kann ein Schiedsspruch nur durch gerichtliche Entscheidung außer Kraft gesetzt werden.

§ 756 (§ 1041).

Die Aufhebung des Schiedsspruchs kann beantragt werden:

1. wenn der Schiedsvertrag außer Kraft getreten war oder der Schiedsspruch sonst auf einem unzulässigen Verfahren beruht;
2. wenn die Partei in dem Verfahren nicht nach Vorschrift der Gesetze vertreten war, sofern sie nicht die Prozeßführung ausdrücklich oder stillschweigend genehmigt hat;
3. wenn der Partei in dem Verfahren das rechtliche Gehör nicht ausreichend gewährt oder der von ihr als Bevollmächtigter oder Beistand zugezogene Rechtsanwalt (§ 748 Abs. 2) zurückgewiesen war;
4. wenn der Schiedsspruch nicht mit Gründen versehen ist;
5. wenn die Voraussetzungen vorliegen, unter denen in den Fällen des § 546 Nr. 1—8 die Restitutionsklage stattfindet.

Aus dem in Nr. 4 erwähnten Grunde kann der Schiedsspruch nur aufgehoben werden, wenn die Parteien nichts anderes vereinbart haben.

Im Aufhebungsverfahren kann auch die Nichtigkeit des Schiedsspruchs geltend gemacht werden.

§ 757 (§ 1042).

Aus dem Schiedsspruch findet die Zwangsvollstreckung nur statt, wenn er für vollstreckbar erklärt ist.

Der Antrag ist abzulehnen

1. wenn den Vorschriften des § 753 Abs. 1 bis 3 nicht genügt ist;
2. wenn der Schiedsspruch nach § 755 Abs. 1 nichtig ist;
3. wenn einer der im § 756 bezeichneten Aufhebungsgründe vorliegt.

Im Falle der Nr. 2 ist gleichzeitig die Nichtigkeit, im Falle der Nr. 3 gleichzeitig die Aufhebung des Schiedsspruchs auszusprechen.

§ 758 (§§ 1042 a, 1042 b).

Über den Antrag auf Vollstreckbarerklärung kann ohne mündliche Verhandlung durch Beschluß entschieden werden; vor der Entscheidung ist der Gegner zu hören. Im Falle einer mündlichen Verhandlung wird durch Endurteil entschieden. Die Vorschriften des § 213 Abs. 2 und des § 462 Abs. 1 finden entsprechende Anwendung.

Wird ein Nichtigkeits- oder Aufhebungsgrund geltend gemacht, so ist, sofern nicht die alsbaldige Ablehnung des Antrags gerechtfertigt erscheint, mündliche Verhandlung anzuordnen.

Ist die Klage auf Aufhebung des Schiedsspruchs oder auf Feststellung seiner Nichtigkeit bei dem zuständigen Gericht des ersten oder zweiten Rechtszuges anhängig, so ist die Vollstreckbarerklärung im Wege der Widerklage zu beantragen.

§ 759 (§ 1042 c).

Der Beschluß, durch den der Schiedsspruch für vollstreckbar erklärt wird, ist für vorläufig vollstreckbar zu erklären.

Gegen den Beschluß findet Widerspruch statt. Wird Widerspruch erhoben, so ist über die Vollstreckbarerklärung des Schiedsspruchs durch Endurteil zu entscheiden. Die Vorschriften der §§ 324, 869 bis 871 finden entsprechende Anwendung.

Der Beschluß, durch den der Antrag auf Vollstreckbarerklärung abgelehnt wird, unterliegt der sofortigen Beschwerde. Ist das Beschwerdegericht ein Oberlandesgericht, so ist gegen seinen die Beschwerde zurückweisenden Beschluß, wenn es sich um einen der in § 757 Nr. 2 und 3 bezeichneten Ablehnungsgründe handelt, die weitere Beschwerde ohne die in § 584 Abs. 2 vorgesehene Beschränkung jedoch nur dann statthaft, wenn ein Urteil gleichen Inhalts der Revision unterläge.

§ 760 (§ 1042 d).

Der Widerspruch ist innerhalb einer mit der Zustellung beginnenden Notfrist von zwei Wochen durch Einreichung einer Widerspruchsschrift einzulegen; § 347 Abs. 2 gilt entsprechend. Die Widerspruchsschrift soll zugleich dasjenige enthalten, was zur Vorbereitung der mündlichen Verhandlung erforderlich ist.

Ist der Beschluß vom Amtsgericht erlassen, so kann der Widerspruch auch zur Niederschrift der Geschäftsstelle erklärt werden.

§ 761 (§ 1043 Abs. 1).

Ist der Schiedsspruch rechtskräftig für vollstreckbar erklärt, so kann die Nichtigkeit nur noch durch Klage geltend gemacht und die Aufhebungsklage nur noch auf die in § 756 Nr. 5 bezeichneten Gründe gestützt werden; die Partei muß glaubhaft machen, daß sie ohne ihr Verschulden außerstande gewesen ist, die Nichtigkeit oder den Aufhebungsgrund in dem früheren Verfahren geltend zu machen.

§ 762 (§ 1043 Abs. 2, 3).

Die Klage auf Nichtigerklärung oder auf Aufhebung des Schiedsspruchs ist im Falle des vorstehenden Paragraphen binnen der Notfrist von einem Monat zu erheben.

Die Frist beginnt mit dem Tage, an dem die Partei von der Nichtigkeit oder von dem Aufhebungsgrunde Kenntnis erhalten hat, jedoch nicht vor eingetretener Rechtskraft der Entscheidung über die Vollstreckbarerklärung. Nach Ablauf von zehn Jahren, von dem Tage der Rechtskraft der Entscheidung an gerechnet, ist die Klage unstatthaft.

Wird der Schiedsspruch für nichtig erklärt oder aufgehoben, so ist zugleich die Vollstreckbarerklärung aufzuheben.

Ausländische Schiedssprüche.

§ 763 (§ 1044).

Ein ausländischer Schiedsspruch, der nach dem für ihn maßgebenden Recht verbindlich geworden ist, wird, soweit nicht Staatsverträge ein anderes bestimmen, in dem für inländische Schiedssprüche vorgeschriebenen Verfahren für vollstreckbar erklärt. § 753 findet keine Anwendung. Der Antrag auf Vollstreckbarerklärung ist abzulehnen:

1. wenn der Schiedsspruch rechtsunwirksam ist; für die Rechtswirksamkeit des Schiedsspruchs ist, soweit nicht Staatsverträge ein anderes bestimmen, das für das Schiedsverfahren geltende Recht maßgebend;
2. wenn die Anerkennung des Schiedsspruchs gegen die guten Sitten oder die öffentliche Ordnung verstoßen würde, insbesondere wenn der Spruch eine Partei zu einer Handlung verurteilt, deren Vornahme nach den deutschen Gesetzen verboten ist;
3. wenn die Partei nicht ordnungsgemäß vertreten war, sofern sie nicht die Prozeßführung ausdrücklich oder stillschweigend genehmigt hat;
4. wenn der Partei in dem Verfahren das rechtliche Gehör nicht ausreichend gewährt war.

An Stelle der Nichtigerklärung oder Aufhebung des Schiedsspruchs tritt die Feststellung, daß er im Inlande nicht anzuerkennen ist.

Wird der Schiedsspruch, nachdem er für vollstreckbar erklärt worden ist, im Ausland für nichtig erklärt oder aufgehoben, so kann im Wege der Klage die Aufhebung der Vollstreckbarerklärung beantragt werden. Auf die Klage finden die Vorschriften des § 762 mit der Maßgabe entsprechende Anwendung, daß die Notfrist mit der Kenntnis der Partei von der rechtskräftigen Nichtigerklärung oder Aufhebung des Schiedsspruchs beginnt.

Vergleiche.

§ 764 (§ 1044 a).

Hat sich der Schuldner in einem schiedsgerichtlichen Vergleich der sofortigen Zwangsvollstreckung unterworfen, so findet die Zwangsvollstreckung aus dem Vergleich statt, wenn er für vollstreckbar erklärt ist. Der Vergleich darf nur für vollstreckbar erklärt werden, wenn er unter Angabe des Tages seines Zustandekommens von den Schiedsrichtern und den Parteien unterschrieben und auf der Geschäftsstelle des zuständigen Gerichts niedergelegt ist; § 753 Abs. 4 ist entsprechend anwendbar.

Die Vollstreckbarerklärung ist abzulehnen, wenn der Vergleich der Rechtswirksamkeit entbehrt oder seine Anerkennung gegen die guten Sitten oder die öffentliche Ordnung verstoßen würde.

Die Vorschriften der §§ 758 bis 760 finden entsprechende Anwendung; die Geltendmachung der Rechtsunwirksamkeit des Vergleichs steht der Geltendmachung der Nichtigkeit eines Schiedsspruchs gleich.

Zuständiges Gericht.

§ 765 (§ 1045).

Wenn nichts anderes vereinbart ist, ist als Gericht im Sinne der §§ 741, 743, 750, 753 das Amtsgericht zuständig, in dessen Bezirk das Schiedsgericht seinen Sitz hat, in Ermangelung eines solchen das Amtsgericht, bei dem der betreibende Teil seinen allgemeinen Gerichtsstand hat.

Die Entscheidungen können ohne vorgängige Verhandlung gefällt werden. Der Gegner ist mit Ausnahme des Falles des § 750 vor der Entscheidung zu hören.

Gegen die Entscheidung findet sofortige Beschwerde statt.

§ 766 (§ 1046).

Für die gerichtliche Entscheidung über die Ablehnung eines Schiedsrichters oder über das Erlöschen eines Schiedsvertrags, für die Vollstreckbarerklärung von Schiedssprüchen und schiedsgerichtlichen Vergleichen sowie für die Klagen, welche die Unzulässigkeit des schiedsgerichtlichen Verfahrens, die Nichtigkeit oder die Aufhebung eines Schiedsspruchs oder der Vollstreckbarerklärung eines solchen oder die Rechtsunwirksamkeit eines schiedsgerichtlichen Vergleichs zum Gegenstande haben, ist in Ermangelung einer abweichenden Vereinbarung neben dem Amts- oder Landgericht, das für die Geltendmachung des Anspruchs zuständig sein würde, das Amts- oder Landgericht zuständig, in dessen Bezirk das Schiedsgericht seinen Sitz hat oder hatte.

§ 767 (§ 1047).

Unter mehreren nach den §§ 765, 766 zuständigen Gerichten ist und bleibt dasjenige Gericht zuständig, an das sich eine Partei oder das Schiedsgericht (§§ 750, 753) zuerst gewendet hat.

Statutarische Schiedsgerichte.

§ 768 (§ 1048).

Auf Schiedsgerichte, die in gesetzlich statthafter Weise durch letztwillige oder andere nicht auf Vereinbarung beruhende Verfügung angeordnet werden, finden die Bestimmungen dieses Buches entsprechende Anwendung.

Hängt die Wirksamkeit der Anordnung für den einzelnen von seinem Beitritt zu einer Vereinigung oder von einer Mitgliedschaft ab, so muß die Unterwerfung unter das Schiedsgericht zu gesonderter Urkunde ausdrücklich erklärt werden; § 739 Abs. 3 ist entsprechend anwendbar.

Neuntes Buch.
Zwangsvollstreckung und Zwangsvollzug.

Erster Abschnitt.
Zwangsvollstreckung.

Erster Titel.
Allgemeine Bestimmungen.

I. Vollstreckungsgericht.

§ 769 (§§ 689 Abs. 1, 753, 764, 828 Abs. 1, 873, 883 ff., 887, 899).

Die Zwangsvollstreckung liegt den Amtsgerichten als den Vollstreckungsgerichten ob.

Vollstreckungsantrag.

§ 770 (§§ 753—755, 828 Abs. 1, 873, 883 ff., 887 ff.).

Die Durchführung der Vollstreckung hat der Gläubiger bei dem Vollstreckungsgerichte zu beantragen; er kann hierzu die Mitwirkung der Geschäftsstelle des Streitgerichts in Anspruch nehmen, von dem der Schuldtitel herrührt. Der Gläubiger soll in dem Antrag tunlichst mitteilen, was ihm über die Verhältnisse des Schuldners bekannt ist, sowie etwaige Anregungen über die Art der Vollstreckung geben. Über einen bei dem Vollstreckungsgerichte mündlich gestellten Antrag braucht eine Niederschrift nicht aufgenommen zu werden.

Kommt nach Lage der Sache zunächst nur die Vollstreckung in bewegliche Sachen in Betracht, so gibt das Vollstreckungsgericht den Antrag dem Gerichtsvollzieher zur Pfändung. In diesem Auftrag ist der Auftrag zur Zustellung des Schuldtitels mitenthalten, wenn der Nachweis für die Zustellung nicht vorliegt.

Art der Durchführung.

§ 771 (neu).

Über die Art der Durchführung der Zwangsvollstreckung bestimmt, soweit nicht besondere Anträge vorgesehen sind, das Vollstreckungsgericht, und zwar derart, daß die Befriedigung des Gläubigers auf die schnellste, einfachste und billigste Weise herbeigeführt wird und unnötige Härten gegen den Schuldner vermieden werden.

Soweit keine Bedenken bestehen, soll den Anregungen des Gläubigers über die Art der Durchführung der Vollstreckung entsprochen werden.

Zur Einstellung des Verfahrens, zur Abstandnahme von einzelnen Maßregeln und zum Aufschub der Durchführung genügt ein Antrag des Gläubigers.

Anhörung und mündliche Verhandlung.

§ 772 (neu).

Das Vollstreckungsgericht ist in jeder Lage des Verfahrens befugt, den Gläubiger und den Schuldner sowie etwa beteiligte Dritte zum Erscheinen oder zu schriftlichen Erklärungen aufzufordern. Wird die Aufforderung von dem Gläubiger oder dem Schuldner nicht befolgt, ohne daß zureichende Hinderungsgründe vorliegen, so gilt dies als Zustimmung zu den als beabsichtigt mitgeteilten Maßnahmen. Auf diese Rechtsfolge ist in der Aufforderung hinzuweisen.

Das Vollstreckungsgericht kann eine mündliche Verhandlung anordnen.

Wahrheitspflicht.

§ 773 (neu).

Macht der Schuldner, um den Gegner zu benachteiligen, außerhalb der Vermögensoffenlegung oder einer unter eidesstattlicher Versicherung abgegebenen Vermögenserklärung dem Vollstreckungsgericht oder dem Gerichtsvollzieher unrichtige Angaben, so hat ihn das Vollstreckungsgericht durch Beschluß zu der in § 133 vorgesehenen Strafe zu verurteilen.

Ermittelungsbefugnisse.

§ 774 (neu; vgl. § 807).

Das Vollstreckungsgericht kann Ermittelungen anstellen, insbesondere Akten und Urkunden heranziehen, Zeugen und Sachverständige in entsprechender Anwendung der für das Streitverfahren geltenden Grundsätze vernehmen und, falls dies mit Rücksicht auf die Bedeutung der Aussage oder zur Herbeiführung einer wahrheitsgemäßen Aussage geboten erscheint, beeidigen sowie Versicherungen an Eides Statt erfordern. Das Vollstreckungsgericht kann ferner von dem Schuldner, wenn dies zur Sicherung des Erfolgs der Vollstreckung eines Geldanspruchs geboten erscheint, eine schriftliche Vermögenserklärung unter eidesstattlicher Versicherung ihrer Richtigkeit erfordern, und ihm, wenn nach Lage der Umstände diese Art der Erklärung keinen genügenden Erfolg verspricht, durch Beschluß die Offenlegung seines Vermögens aufgeben. Die Vorschrift des § 866 bleibt unberührt.

Ermittelungen, die erheblichere Kosten verursachen, sind, von dringenden Fällen abgesehen, nur zulässig, wenn der Gläubiger einverstanden ist. Werden die Ermittelungen zugunsten eines Dritten angestellt, dessen Kostenpflicht in Betracht kommt, so soll auch das Einverständnis dieses Dritten eingeholt werden.

Regt ein Beteiligter bestimmte Ermittelungen an, so soll der Anregung stattgegeben werden, wenn sie sachdienlich erscheint.

Vermögensoffenlegung.

§ 775 (§ 807).

Bei der Offenlegung seines Vermögens hat der Schuldner ein Vermögensverzeichnis einzureichen, aus dem ersichtlich sind

1. seine sämtlichen Rechte und Verpflichtungen;
2. die in den letzten zwei Jahren vorgenommenen Veräußerungen, soweit sie unentgeltlich waren, einschließlich derjenigen, die dem Gläubiger eine Befriedigung oder Sicherung gewährten, die er nach dem ursprünglichen Vertrage nicht oder noch nicht beanspruchen konnte

oder

an den Ehegatten des Schuldners vor oder während der Ehe, an seinen Verlobten, an seine oder seines Ehegatten oder Verlobten Verwandte in auf- und absteigender Linie, an seine oder seines Ehegatten oder Verlobten voll- und halbbürtigen Geschwister oder an den Ehegatten eines der Genannten stattfanden.

Das Vollstreckungsgericht kann ferner zur Ermittelung der Erwerbsverhältnisse des Schuldners und derjenigen von ihm innerhalb der letzten zwei Jahre vorgenommenen Verfügungen über Vermögensgegenstände, die über das Maß des bei ordnungsmäßiger Geschäfts- und Wirtschaftsführung Gewöhnlichen hinausgehen, sowie hinsichtlich der unter § 885 fallenden Veräußerungen bestimmte Fragen stellen. Auch diese Fragen zu beantworten, ist der Schuldner verpflichtet.

Der Schuldner hat einen Eid dahin zu leisten, daß er die von ihm verlangten Angaben nach bestem Wissen und Gewissen richtig und vollständig gemacht habe.

§ 776 (§§ 807, 900).

Zur Offenlegung des Vermögens bestimmt das Vollstreckungsgericht einen Termin, zu dem es den Schuldner lädt. Der Gläubiger soll von dem Termin benachrichtigt werden; ihm soll auf Verlangen gestattet werden, Fragen zu stellen.

§ 777 (neu).

Den Schuldner, der ohne ausreichende Entschuldigung in dem zur Offenlegung des Vermögens bestimmten Termin nicht erscheint oder die Offenlegung verweigert, hat das Vollstreckungsgericht durch Beschluß zu der in § 133 vorgesehenen Strafe zu verurteilen.

Das gleiche gilt, wenn der Schuldner eine schriftliche Vermögenserklärung nicht zu dem ihm bestimmten Zeitpunkt abgibt oder die Abgabe der eidesstattlichen Versicherung verweigert.

Die Strafe kann aufgehoben oder gemildert werden, wenn der Schuldner seine Verpflichtung nachträglich erfüllt.

§ 778 (§§ 901, 913).

Ist die in § 777 Abs. 1 bezeichnete Strafe vollstreckt worden und weigert sich der Schuldner weiterhin, seine Pflicht zur Offenlegung zu erfüllen, so ordnet das Vollstreckungsgericht auf Antrag des Gläubigers gegen ihn durch Beschluß die Erzwingungshaft an.

Der Antrag kann nur binnen zwei Monaten seit der Vollstreckung der Strafe gestellt werden. Die Aufnahme des Schuldners in das Gefängnis ist nur binnen drei Monaten seit der Vollstreckung der Strafe zulässig.

§ 779 (§ 902).

Ist der Schuldner in Erzwingungshaft genommen, so kann er zu jeder Zeit bei dem für den Haftort zuständigen Vollstreckungsgericht beantragen, die Offenlegung seines Vermögens entgegenzunehmen. Dem Antrag soll unter Beiziehung des Gläubigers ohne Verzug stattgegeben werden.

Nach Leistung des Eides wird der Schuldner aus der Erzwingungshaft entlassen und der Gläubiger hiervon in Kenntnis gesetzt.

Rechts- und Ordnungsvoraussetzungen.

§ 780 (neu; vgl. §§ 726—731, 767, 771).

Bedarf es während der Anhängigkeit des Vollstreckungsverfahrens der Entscheidung über das Vorliegen einer durch eine zwingende Vorschrift aufgestellten Vollstreckungsvoraussetzung (Rechtsvoraussetzung), so liegt diese Entscheidung, soweit nichts anderes bestimmt ist, dem Vollstreckungsgericht ob.

Über andere Vollstreckungsvoraussetzungen (Ordnungsvoraussetzungen) kann nur im Vollstreckungsverfahren entschieden werden.

Verweisung auf den Rechtsweg.

§ 781 (neu; vgl. §§ 726—731, 767, 771).

Ist über den Antrag des Gläubigers auf Erteilung der besonderen Vollstreckungsklausel (§ 798 Abs. 1) oder auf Umstellung eines Schuldtitels (§ 834 Abs. 2) zu entscheiden und hat der Gläubiger den ihm obliegenden Nachweis nicht auf die im § 798 Abs. 2 bezeichnete Art erbracht, so kann das Vollstreckungsgericht, nachdem die Beteiligten gehört waren, den Antragsteller auf den Rechtsweg verweisen, wenn es diesen zum Austrag der Sache für geeigneter hält. Das gleiche gilt, wenn ein Antragsteller einen vollstreckungsabwendenden Umstand (§ 818 Abs. 1) oder im Falle des § 821 Abs. 1 ein an einer im Gewahrsam des Schuldners befindlichen Sache bestehendes Drittrecht (§ 820 Abs. 1) geltend macht.

Ist ein vollstreckungsabwendender Umstand oder ein Drittrecht geltend gemacht, so soll der Antragsteller nicht eher auf den Rechtsweg verwiesen werden, als das Vollstreckungsgericht in der Lage ist, zu der Frage der vorläufigen Einstellung der Vollstreckung (§ 869) Stellung zu nehmen. Das gleiche gilt, wenn im Falle des § 834 Abs. 2 beim Beginn der Vollstreckung die Rechtsvoraussetzungen gegeben waren.

Beschluß und Verfügung.

§ 782 (neu).

Hat das Vollstreckungsgericht über das Vorliegen einer Rechtsvoraussetzung zu entscheiden, so entscheidet es durch Beschluß; vor der Erlassung des Beschlusses sollen die Beteiligten gehört werden. Im übrigen befindet das Vollstreckungsgericht, sofern die Beschlußform nicht eigens vorgeschrieben ist, durch Verfügung.

Die Beschlüsse sollen, soweit nichts anderes bestimmt ist, mit einer Begründung versehen werden. Sie sind den Beteiligten zuzustellen. Wurde ein Antrag abgewiesen und der Gegner nicht gehört, so genügt die Zustellung an den Antragsteller.

Verfügungen sind den Beteiligten insoweit bekanntzugeben, als dies ausdrücklich vorgeschrieben ist oder durch die Rücksicht auf die Beteiligten geboten erscheint. Über die Form der Bekanntgabe befindet, vorbehaltlich besonderer Vorschriften, das Vollstreckungsgericht.

Akteneinsicht.

§ 783 (§§ 299, 760).

Dem Gläubiger und dem Schuldner sowie einem an dem Verfahren beteiligten Dritten soll auf Begehren die Einsicht in die Akten und die Entnahme von Abschriften gestattet sowie Abschrift einzelner Aktenstücke erteilt werden. Das gleiche gilt für Dritte, die an dem Verfahren unbeteiligt sind, falls sie glaubhaft machen, daß sie der Akteneinsicht bedürfen, um ihre Rechte sachgemäß wahren zu können.

In jedem Falle soll jedoch die Akteneinsicht und die Erteilung von Abschriften insoweit verweigert werden, als das überwiegende Bedürfnis eines der Beteiligten die Geheimhaltung erfordert.

Wird gegen die Gewährung oder Versagung der Akteneinsicht Erinnerung eingelegt, so ist über sie durch Beschluß zu entscheiden.

Urkundenerteilung.

§ 784 (§§ 792, 896).

Das Vollstreckungsgericht ist befugt, die Ausstellung eines Erbscheins oder anderer Urkunden, die einem Beteiligten auf Antrag von einer Behörde, einem Beamten oder einem Notar zu erteilen wären, an Stelle des Beteiligten zu beantragen, wenn dies zum Betrieb des Verfahrens erforderlich erscheint. An die Stelle einer etwa erforderlichen Versicherung an Eides Statt tritt die amtliche Erklärung des Vollstreckungsgerichts.

Bedarf der Gläubiger einer solchen Urkunde, so kann er die Erteilung an Stelle des Schuldners verlangen.

Vertreterbestellung.

§ 785 (§§ 779 Abs. 2, 787).

Ist ein Beteiligter nicht unbeschränkt geschäftsfähig und ohne gesetzlichen Vertreter, so kann das Vollstreckungsgericht für ihn einen Vertreter bestellen, falls mit dem Verzuge Gefahr verbunden ist. Das gleiche gilt in Ansehung einer unvertretenen Vermögensmasse und des zukünftigen Eigentümers eines nach § 928 des Bürgerlichen Gesetzbuchs aufgegebenen Grundstücks, sowie wenn wegen Abwesenheit eines unvertretenen Beteiligten die Bestellung eines Vertreters geboten ist.

Zuständigkeit.

§ 786 (§§ 689 Abs. 2, 764 Abs. 2, 802, 827, 828, 853 bis 855, 873, 899).

Soweit nichts anderes bestimmt ist, ist zur Vollstreckung eines Anspruchs dasjenige Vollstreckungsgericht ausschließlich zuständig, in dessen Bezirk sich zur Zeit der Antragstellung der Wohnsitz, der Sitz, die geschäftliche Niederlassung oder Vermögen des Schuldners befindet. Sind diese Verhältnisse nicht bekannt, so begründet der Aufenthalt des Schuldners die Zuständigkeit.

Sind mehrere Vollstreckungsgerichte zur Vollstreckung des gleichen Anspruchs zuständig, so schließt dasjenige, bei dem der Antrag zuerst gestellt ist, die übrigen aus.

Bedarf es einer Entscheidung über die Zuständigkeit, so wird sie durch Beschluß getroffen.

§ 787 (neu).

Tritt an dem gleichen Gegenstand oder Erlös ein Pfandrecht auf Grund von Vollstreckungsverfahren ein, die bei verschiedenen Vollstreckungsgerichten anhängig sind, so soll, wenn an den Verfahren neben anderen Vollstreckungsgerichten das Vollstreckungsgericht des jetzigen Wohnsitzes oder Sitzes, oder, falls der Schuldner einen Wohnsitz oder Sitz nicht hat, das Vollstreckungsgericht der jetzigen Hauptniederlassung des Schuldners beteiligt ist, dieses, sonst das nachpfändende Vollstreckungsgericht den Weiterbetrieb der sämtlichen Vollstreckungsverfahren durch Beschluß übernehmen.

§ 788 (neu).

Wird die Vollstreckung bei dem Vollstreckungsgericht der Niederlassung oder des Vermögens anhängig, so soll dieses Vollstreckungsgericht, falls der Schuldner einen Wohnsitz oder Sitz hat, das Vollstreckungsgericht des Wohnsitzes oder des Sitzes hiervon benachrichtigen. Hat der Schuldner weder einen Wohnsitz noch einen Sitz und wird die Vollstreckung bei dem Vollstreckungsgericht des Vermögens oder einer Zweigniederlassung anhängig, so soll hiervon das Vollstreckungsgericht der Hauptniederlassung benachrichtigt werden. Die Benachrichtigungspflicht gilt bei einem Wechsel des Wohnsitzes, des Sitzes oder der Hauptniederlassung entsprechend, wenn eine Verfahrensübernahme (§ 787) in Betracht kommt.

§ 789 (neu).

Das Vollstreckungsgericht kann eine Sache an ein anderes Vollstreckungsgericht abgeben, für dessen Tätigkeit zur Zeit der Abgabe die Zuständigkeitsvoraussetzungen bestehen, wenn die Abgabe die Erreichung des Vollstreckungszwecks fördert und das andere Vollstreckungsgericht einverstanden ist.

Ist eine Vollstreckungshandlung außerhalb des Bezirks des Vollstreckungsgerichts notwendig, so wird sie auf Ersuchen des Vollstreckungsgerichts von demjenigen Vollstreckungsgericht veranlaßt, in dessen Bezirk sie vorzunehmen ist.

§ 790 (vgl. § 512 a, § 549 Abs. 2).

Die örtliche Unzuständigkeit eines Vollstreckungsgerichts wird geheilt, sobald ein Beschluß dieses Vollstreckungsgerichts unanfechtbar geworden ist.

Rechtspfleger.

§ 791 (GerEntlGes.).

Die Geschäfte des Vollstreckungsgerichts können, soweit dieses Gesetz keine Ausnahme vorsieht (§ 1023), von Rechtspflegern wahrgenommen werden.

Die Gültigkeit eines Geschäfts hängt nicht davon ab, ob es ein Richter oder ein Rechtspfleger vorgenommen hat.

II. Voraussetzungen für die Durchführung der Vollstreckung.

1. Schuldtitel.

Schuldtitel.

§ 792 (§§ 704, 722, 794).

Die Zwangsvollstreckung findet statt:

1. aus Endurteilen deutscher Gerichte, die rechtskräftig oder vorläufig vollstreckbar sind;
2. aus Vergleichen, die nach Erhebung der Klage oder in einem Verfahren auf Arrest oder auf einstweilige Verfügung zwischen den Parteien oder zwischen den Parteien und einem Dritten zur Beilegung des Rechtsstreits seinem ganzen Umfang nach oder in betreff eines Teiles des Streitgegenstandes vor einem deutschen Gericht oder in einem Güteverfahren vor einer Gütestelle der im § 234 Nr. 1 bezeichneten Art abgeschlossen sind, sowie aus Vergleichen, die gemäß § 124 zur Niederschrift des Richters genommen sind;
3. aus rechtskräftigen oder ohne Rücksicht auf den Eintritt der Rechtskraft wirksamen Beschlüssen und Verfügungen, soweit sie die Verpflichtung zu einer Leistung an einen Beteiligten aussprechen, insbesondere aus Kostenfestsetzungsbeschlüssen;
4. aus rechtskräftigen Urteilen ausländischer Gerichte, die auf Klage des Gläubigers durch das Vollstreckungsurteil eines deutschen Gerichts für vollstreckbar erklärt worden sind oder nach völkerrechtlichen Vereinbarungen einer solchen Vollstreckbarerklärung nicht bedürfen;
5. aus den für vollstreckbar erklärten Schiedssprüchen und schiedsgerichtlichen Vergleichen, sofern die Entscheidung über die Vollstreckbarkeit rechtskräftig oder für vorläufig vollstreckbar erklärt ist;
6. aus Urkunden, die von einem deutschen Gericht oder von einem deutschen Notar innerhalb der Grenzen seiner Amtsbefugnisse in der vorgeschriebenen Form aufgenommen sind, sofern die Urkunde einen Anspruch betrifft, der die Zahlung einer bestimmten Geldsumme oder die Leistung einer bestimmten Menge anderer

vertretbarer Sachen oder Wertpapiere zum Gegenstande hat und der Schuldner sich in der Urkunde der sofortigen Zwangsvollstreckung unterworfen hat. Als ein Anspruch, der die Zahlung einer Geldsumme zum Gegenstande hat, gilt auch der Anspruch aus einer Hypothek, einer Grundschuld oder einer Rentenschuld;

7. aus den von einem deutschen Vollstreckungsgericht beurkundeten Vergleichen.

Vollstreckungsklausel.

§ 793 (§§ 724, 795, 795 a).

Dem Antrag auf Durchführung der Vollstreckung aus den im § 792 Nr. 1—6 bezeichneten Schuldtiteln muß eine mit der Vollstreckungsklausel versehene Ausfertigung des Titels (vollstreckbare Ausfertigung) beigefügt werden.

Zur Zwangsvollstreckung aus einem gemäß § 108 auf das Urteil gesetzten Kostenfestsetzungsbeschluß genügt die vollstreckbare Ausfertigung des Urteils.

Ein Beschluß der in §§ 590—592 bezeichneten Art bedarf der Vollstreckungsklausel nicht.

Einfache Vollstreckungsklausel.

§ 794 (§§ 725, 734).

Die Vollstreckungsklausel wird auf Antrag durch Verfügung erteilt. Sie lautet:

»Vorstehende Ausfertigung wird dem usw. (Bezeichnung der Partei) zum Zwecke der Zwangsvollstreckung erteilt.«

Sie ist der Ausfertigung am Schlusse beizufügen, von dem sie erteilenden Beamten zu unterschreiben und mit dem Gerichts- oder Amtssiegel zu versehen.

Vor der Aushändigung einer vollstreckbaren Ausfertigung soll auf der Urschrift des Schuldtitels vermerkt werden, für welche Partei und zu welcher Zeit die Ausfertigung erteilt wurde.

Stellt der Gläubiger den Vollstreckungsantrag durch Vermittlung der Geschäftsstelle des Streitgerichts (§ 770 Abs. 1 Satz 1 a. E.), so gilt er zugleich als Antrag auf Erteilung der vollstreckbaren Ausfertigung.

§ 795 (§ 733).

Eine weitere vollstreckbare Ausfertigung soll derselben Partei, sofern nicht die zuerst erteilte Ausfertigung zurückgegeben wird, nur erteilt werden, wenn ein ausreichendes rechtliches Bedürfnis glaubhaft gemacht wird. Der Schuldner kann vor der Erteilung gehört werden.

Von der Erteilung einer weiteren vollstreckbaren Ausfertigung soll der Gegner in Kenntnis gesetzt werden. Die Ausfertigung soll als weitere ausdrücklich bezeichnet werden.

§ 796 (§§ 724 Abs. 2, 797, 797 a).

Für die Erteilung der Vollstreckungsklausel ist zuständig:

1. bei den streitgerichtlichen Schuldtiteln der Rechtspfleger des Gerichts des ersten Rechtszugs und, wenn der Rechtsstreit bei einem höheren Gericht anhängig ist, der Rechtspfleger dieses Gerichts;
2. bei gerichtlichen Urkunden der Rechtspfleger des Gerichts, das die Urkunde verwahrt, bei notariellen Urkunden der Notar, der die Urkunde verwahrt; befindet sich die Urkunde in der Verwahrung einer Behörde, so hat diese die Vollstreckungsklausel zu erteilen;
3. bei den vor einer Gütestelle der im § 234 Nr. 1 bezeichneten Art abgeschlossenen Vergleichen das Vollstreckungsgericht, in dessen Bezirk die Gütestelle ihren Sitz hat, wenn aber der Vorsteher der Gütestelle von der Landesjustizverwaltung zur Erteilung der Klausel ermächtigt ist, dieser.

Die vorstehenden Zuständigkeitsvorschriften gelten auch für die Erteilung weiterer Ausfertigungen nach § 795, doch tritt hierfür an Stelle der verwahrenden Behörde (Nr. 2) oder des Vorstehers einer Gütestelle (Nr. 3) das Vollstreckungsgericht, in dessen Bezirk die Behörde oder die Gütestelle ihren Sitz hat.

Auch soweit für die Erteilung der Vollstreckungsklausel andere Stellen als die Vollstreckungsgerichte zuständig sind, gelten für sie die Vorschriften des vollstreckungsgerichtlichen Verfahrens.

Ist keine andere Stelle zur Erteilung der Vollstreckungsklausel für zuständig erklärt, so ist das Vollstreckungsgericht zuständig, dem die Durchführung der Vollstreckung obliegt.

Besondere Vollstreckungsklausel.

§ 797 (§ 726).

Ist die Vollstreckung von dem Eintritt eines Termins oder einer Bedingung abhängig, so darf die Vollstreckungsklausel nur erteilt werden, wenn der Termin oder die Bedingung eingetreten ist.

Die Beschränkung des Abs. 1 gilt nicht, wenn der Termin kalendermäßig bestimmt ist oder wenn die Bedingung in einer dem Gläubiger obliegenden Sicherheitsleistung oder darin besteht, daß eine herauszugebende Sache bei der Vollstreckung nicht vorgefunden wurde (§ 211 Abs. 1), daß die Vollstreckung eines Zahlungsanspruchs fruchtlos war (§ 211 Abs. 2) oder daß der Schuldner binnen der ihm gesetzten Frist den Hauptanspruch nicht erfüllt hat (§ 212 Abs. 3).

Hängt die Vollstreckung von einer Zug um Zug zu bewirkenden Leistung des Gläubigers an den Schuldner ab, so ist der Nachweis, daß der Schuldner befriedigt oder im Verzug der Annahme ist, nur dann erforderlich, wenn die dem Schuldner obliegende Leistung in der Abgabe einer Willenserklärung besteht.

§ 798 (§ 726 Abs. 1).

Die nach § 797 Abs. 1 und 3 erforderlichen Beschlüsse werden auf Antrag des Gläubigers erlassen. Der Antrag muß mit einer Begründung versehen sein und soll die Beweismittel bezeichnen; etwaige Beweisurkunden sollen beigefügt werden.

Sind die Voraussetzungen für die Erteilung der besonderen Vollstreckungsklausel offenkundig gegeben oder durch öffentliche oder öffentlich beglaubigte Urkunden dargetan oder sind sie zugestanden, so braucht der Schuldner vor der Erlassung des Beschlusses nicht gehört zu werden und genügt an Stelle der Zustellung des Beschlusses an den Gläubiger dessen Benachrichtigung von der Erteilung der Klausel.

§ 799 (§ 731).

Vermag der Gläubiger den Nachweis nicht auf die in § 798 Abs. 2 bezeichnete Art zu erbringen, so sind in Abweichung von § 796 zur Beschlußfassung über den Antrag zuständig:

1. bei den im § 796 Nr. 1 bezeichneten Schuldtiteln der Vorsitzende des Streitgerichts;
2. bei den im § 796 Nr. 2 bezeichneten Schuldtiteln das Vollstreckungsgericht, in dessen Bezirk die Urkunde verwahrt wird;
3. bei den im § 796 Nr. 3 bezeichneten Schuldtiteln stets das Vollstreckungsgericht, in dessen Bezirk die Gütestelle ihren Sitz hat.

Wird die Erteilung der Klausel in einem Urteil angeordnet, so hat in jedem Falle der nach § 796 zuständige Beamte, Notar oder Gütevorsteher die Klausel zu erteilen und das Urteil in der Klausel zu erwähnen.

Der Gläubiger kann seinen Antrag auf dem Klagewege verfolgen, ohne daß es einer Verweisung auf den Rechtsweg bedarf.

Mahnverfahren.

§ 800 (§§ 794 Nr. 4, 688, 689, 699, 700, 702).

Die Zwangsvollstreckung von Ansprüchen auf Zahlung einer bestimmten Geldsumme oder auf Leistung einer bestimmten Menge anderer vertretbarer Sachen oder Wertpapiere oder auf Duldung der Zwangsvollstreckung wegen solcher Ansprüche findet auch statt aus den von einem deutschen Vollstreckungsgericht beschlossenen Zahlungsbefehlen, wenn ein frist- und formgerechter Widerspruch nicht eingelegt worden (§ 807, § 811 Abs. 2, § 812 Abs. 2) oder wenn der Widerspruch, sei es auch unter dem Vorbehalt der Ausführung der Rechte, zurückgewiesen ist (§ 811 Abs. 3 Satz 2, § 812 Abs. 3, 4).

Als ein Anspruch, der die Zahlung einer Geldsumme zum Gegenstand hat, gilt auch der Anspruch aus einer Hypothek, einer Grundschuld oder einer Rentenschuld.

§ 801 (§§ 702, 689 Abs. 2).

Der Antrag auf Erlassung des Zahlungsbefehls kann schriftlich oder zur Niederschrift der Geschäftsstelle gestellt werden. Er gilt, sofern der Gläubiger nichts anderes bemerkt, zugleich als Antrag auf Durchführung der Vollstreckung.

Die Vorschriften der §§ 786 bis 788 und 790 finden Anwendung.

§ 802 (§ 690).

Der Antrag muß enthalten:

1. die Bezeichnung der Beteiligten nach Name, Beruf und Wohnort;
2. die Bezeichnung des Vollstreckungsgerichts;
3. die bestimmte Angabe des Betrages oder Gegenstandes sowie des Grundes und der Fälligkeit der Schuld.

Der Antrag soll außerdem den Zuständigkeitsgrund angeben und, falls die Benachrichtigung des Vollstreckungsgerichts des Wohnsitzes, des Sitzes oder der Hauptniederlassung in Betracht kommt (§ 788), auch die hierfür notwendigen Angaben tunlichst enthalten. Er soll ferner das Streitgericht benennen, dem er im Falle des Widerspruchs vorgelegt werden soll. Die letztere Angabe kann nachgeholt werden, solange das Vollstreckungsgericht die Akten dem Streitgericht noch nicht vorgelegt hat. Gibt der Gläubiger kein Streitgericht an, so gilt das Amtsgericht, dem das Vollstreckungsgericht angehört, als von ihm benannt.

§ 803 (§§ 691, 702).

Über den Antrag soll spätestens am Tage nach seinem Eingang Beschluß gefaßt werden. Der Schuldner ist nicht zu hören, Ermittelungen (§ 774) finden nicht statt.

Entspricht der Antrag nicht den Voraussetzungen des § 802 oder ergibt seine Prüfung durch das Vollstreckungsgericht, daß nach seinem Inhalt der behauptete Anspruch überhaupt oder zur Zeit nicht begründet ist, so wird der Antrag durch Verfügung zurückgewiesen. Die zurückweisende Verfügung ist zu begründen und dem Antragsteller zuzustellen. Ein weiteres Rechtsmittel als die Erinnerung findet nicht statt.

Kann dem Antrag nur zum Teil nicht stattgegeben werden, so kann der Zahlungsbefehl im übrigen erlassen werden.

§ 804 (neu; vgl. §§ 257—259).

Ist der Antrag zu einer Zeit gestellt, zu der die an den Eintritt eines Kalendertags geknüpfte Leistungspflicht des Schuldners noch nicht bestand, so soll die Bescheidung unter Benachrichtigung des Gläubigers ausgesetzt werden, es sei denn, daß es sich um später fällig werdende Teilbeträge wiederkehrender Leistungen handelt, oder daß der Gläubiger glaubhaft macht, durch ein längeres Zuwarten werde die Vollstreckung gefährdet. Steht eine Bedingung oder eine andere als eine kalendermäßige Befristung aus, so soll ein Zahlungsbefehl nicht ergehen.

§ 805 (§ 692).

Der Zahlungsbefehl enthält außer den im § 802 Nr. 1—3 bezeichneten Erfordernissen des Antrags die Aufforderung an den Schuldner, den Gläubiger wegen des Anspruchs nebst den geforderten Zinsen und der dem Betrage nach zu bezeichnenden Kosten des Verfahrens zu befriedigen, widrigenfalls der Anspruch nach dem ungenützten Ablauf der Widerspruchsfrist zwangsweise werde vollstreckt werden.

Außerdem soll der Zahlungsbefehl eine Belehrung über die Möglichkeit und die Erfordernisse des Widerspruchs enthalten.

§ 806 (§§ 693, 688 Abs. 2).

Der Zahlungsbefehl ist dem Schuldner zuzustellen; die Zustellung soll unverzüglich herbeigeführt werden.

Soll durch die Zustellung eine Frist gewahrt oder die Verjährung oder eine Frist unterbrochen werden, so tritt die Wirkung, wenn die Zustellung demnächst ausgeführt wird, bereits mit der Einreichung oder Anbringung des Gesuchs um Erlassung des Zahlungsbefehls ein.

Öffentlich und im Ausland können Zahlungsbefehle nicht zugestellt werden.

Der Gläubiger soll von der Erlassung und Zustellung Kenntnis erhalten.

§ 807 (§ 694).

Hat der Schuldner Einwendungen zu erheben, die den Bestand des geltend gemachten Anspruchs zur Zeit der Erlassung des Zahlungsbefehls betreffen, so kann er binnen einer Woche bei dem Vollstreckungsgericht schriftlich oder zur Niederschrift der Geschäftsstelle Widerspruch einlegen; die Frist beginnt mit der Zustellung des Zahlungsbefehls. Der Widerspruch besteht in einer Erklärung, aus der hervorgeht, daß der Erklärende sich zu Unrecht in Anspruch genommen glaubt. Der Widerspruch kann auf einen Teil des Anspruchs beschränkt werden.

Das Vollstreckungsgericht kann die Widerspruchsfrist auf Antrag abkürzen.

Das Vollstreckungsgericht vermerkt den Eintritt der Vollstreckbarkeit auf dem Zahlungsbefehl. Der Zurückweisung eines nicht frist- und formgerechten Widerspruchs bedarf es nicht.

Ergibt sich, daß der Schuldner die im Abs. 1 Satz 2 bezeichnete Erklärung der Wahrheit zuwider abgegeben hat, so hat ihn das mit der Sache befaßte Streitgericht durch Beschluß zu der in § 133 vorgesehenen Strafe zu verurteilen. Die Vorschriften über das vollstreckungsgerichtliche Verfahren sind anwendbar.

§ 808 (§§ 696—698).

Ist der Widerspruch frist- und formgerecht erhoben, so endet das Vollstreckungsverfahren, ohne daß es einer Einstellung bedarf. Das Vollstreckungsgericht benachrichtigt den Gläubiger von dem Widerspruch, fordert ihn auf, dem Antrag auf Erlassung des Zahlungsbefehls die in § 206 Nr. 3 und § 207

Nr. 3 verlangten Angaben, soweit sie in dem Antrag noch nicht vollständig enthalten waren, in einem Schriftsatz dem Streitgericht unverzüglich nachzureichen und übersendet die Akten dem vom Gläubiger benannten oder als von ihm benannt geltenden Streitgericht (§ 802 Abs. 2 Satz 2—4).

Ist das Streitgericht ein Amtsgericht, so wird die Vereinbarung seiner sachlichen Zuständigkeit vermutet, bis sie vom Schuldner in der Verhandlung bestritten wird. Ist die Sache dem Landgericht vorgelegt oder an dieses verwiesen worden, so kann die Zurücknahme des als Klageschrift geltenden Antrags auf Erlassung des Zahlungsbefehls bis zum Eintritt in die Verhandlung zur Niederschrift der Geschäftsstelle erklärt werden.

§ 809 (§ 696 Abs. 4).

Der Antrag auf Erlassung des Zahlungsbefehls in Verbindung mit dem Nachtragsschriftsatz vertritt für das weitere Verfahren die Klageschrift. Die Rechtshängigkeit bei dem vom Gläubiger bezeichneten oder als von ihm bezeichnet anzusehenden Streitgericht gilt als mit der Zustellung des Zahlungsbefehls eingetreten. Die Kosten des Mahnverfahrens gelten als ein Teil der Kosten des entstehenden Rechtsstreits.

Zur Herstellung des Urteils in abgekürzter Form (§ 306 Abs. 3, § 309 Abs. 5) kann der Zahlungsbefehl an Stelle der Klageschrift benutzt werden.

§ 810 (neu).

Erhebt der Schuldner binnen zwei Wochen nach Ablauf der Widerspruchsfrist einen formgerechten Widerspruch, so kann ihm das Vollstreckungsgericht auf Antrag die Wiedereinsetzung in den vorigen Stand erteilen, wenn er glaubhaft macht, daß die Versäumnis unverschuldet war und daß der Austrag auf dem Rechtsweg aussichtsvoll ist.

Hat der Schuldner von der Zustellung des Zahlungsbefehls erst nach Ablauf der Widerspruchsfrist Kenntnis erhalten, so läuft die im Abs. 1 bezeichnete Frist vom Tage der Kenntniserlangung an.

Über den Antrag wird durch Beschluß befunden. Der Beschluß ist unanfechtbar.

Urkundenzahlungsbefehl.

§ 811 (EntlVO. §§ 3, 4).

Wenn der Gläubiger eine Urkunde vorlegt, aus der sich die Leistungspflicht des Schuldners ergibt, kann auf seinen Antrag ein Urkundenzahlungsbefehl erlassen werden.

Die Widerspruchsfrist beträgt 5 Tage; § 807 Abs. 2 ist anwendbar.

Der Schuldner ist in dem Zahlungsbefehl aufzufordern, seine Einwendungen und ihre Beweismittel in seinem Widerspruch anzugeben. Kommt er dieser Aufforderung nicht nach oder sind die angegebenen Beweismittel im Urkundenstreit nicht zulässig, so ist der Widerspruch vom Vollstreckungsgericht durch Beschluß zurückzuweisen, gleichzeitig jedoch auszusprechen, daß dem Schuldner die Ausführung seiner Rechte im ordentlichen Streitverfahren vorbehalten bleibt. In diesem Falle wird die Sache durch den frist- und formgerechten Widerspruch im ordentlichen Streitverfahren, andernfalls im Urkundenstreitverfahren mit der Folge anhängig, daß die Rechtshängigkeit als mit der Zustellung des Zahlungsbefehls eingetreten gilt.

Der Urkundenzahlungsbefehl soll eine Belehrung über die besonderen Erfordernisse des Widerspruchs enthalten.

Wechselzahlungsbefehl.

§ 812 (EntlVO §§ 3, 4).

Der Urkundenzahlungsbefehl über einen aus einem Wechsel im Sinne der Wechselordnung oder aus einem Scheck im Sinne des Scheckgesetzes erhobenen Anspruch wird als Wechsel-(Scheck-)Zahlungsbefehl bezeichnet.

Die Widerspruchsfrist beträgt 2 Tage; § 807 Abs. 2 ist anwendbar.

Der Widerspruch kann nur auf Einwendungen gestützt werden, die nach Artikel 82 der Wechselordnung, § 18 Abs. 2 des Scheckgesetzes zulässig sind; die Zulässigkeit muß aus dem Widerspruch ersichtlich sein. Ein hiergegen verstoßender Widerspruch ist vom Vollstreckungsgericht durch Beschluß zurückzuweisen.

§ 811 Abs. 3, 4 gelten entsprechend.

Landesgesetzliche Titel.

§ 813 (§ 801).

Die Landesgesetzgebung ist nicht gehindert, auf Grund anderer als der in den §§ 792, 800 erwähnten Schuldtitel die gerichtliche Zwangsvollstreckung zuzulassen und insoweit von den Vorschriften dieses Gesetzes abweichende Bestimmungen über die Zwangsvollstreckung zu treffen.

Außerhalb des Landes, in dem die Vollstreckung aus dem Schuldtitel zugelassen ist, kann sie auf Grund des Schuldtitels durchgeführt werden, wenn ein Gericht jenes Landes darum ersucht.

2. Die übrigen Voraussetzungen.

Namentliche Bezeichnung und Zustellungen.

§ 814 (§ 750).

Die Durchführung der Vollstreckung darf nur beginnen, wenn diejenigen, für und gegen die sie stattfinden soll, in dem Schuldtitel namentlich bezeichnet sind und der Schuldtitel dem Schuldner bereits zugestellt ist oder gleichzeitig zugestellt wird. Der erneuten Zustellung des Zahlungsbefehls bedarf es nicht.

Soweit die Erteilung der Vollstreckungsklausel nach § 797 Abs. 1, 3 davon abhängt, daß ein Termin oder eine Bedingung eingetreten ist, darf die Durchführung nur beginnen, wenn auch die Vollstreckungsklausel dem Schuldner bereits zugestellt ist oder gleichzeitig zugestellt wird.

Termin und Bedingung.

§ 815 (§ 751).

Ehe der Termin oder die Bedingung eingetreten ist, von deren Eintritt die Vollstreckung abhängt, darf die Durchführung nicht beginnen. Ist die Vollstreckung von dem Eintritt eines Kalendertags abhängig, so darf ihre Durchführung nur beginnen, wenn der Kalendertag abgelaufen ist.

Hängt die Vollstreckung von einer dem Gläubiger obliegenden Sicherheitsleistung ab, so darf die Durchführung nur beginnen, wenn die Sicherheit geleistet, dies durch eine öffentliche oder öffentlich beglaubigte Urkunde nachgewiesen und eine beglaubigte Abschrift dieser Urkunde bereits zugestellt ist oder gleichzeitig zugestellt wird. Wird die Sicherheit auf andere Weise geleistet als durch die Hinterlegung von Geld oder solchen Wertpapieren, die nach § 234 Abs. 1, 3 des Bürgerlichen Gesetzbuchs zur Sicherheitsleistung geeignet sind, so tritt, falls der Nachweis nicht durch eine öffentliche oder öffentlich beglaubigte Urkunde erbracht wird, an deren Stelle der auf Antrag des Gläubigers zu erlassende Beschluß des Vollstreckungsgerichts, der die Sicherheit als geleistet feststellt. Der Antrag muß mit einer Begründung versehen sein und soll die Beweismittel bezeichnen; etwaige Beweisurkunden sollen beigefügt werden.

§ 816 (§§ 756, 765).

Ist die Vollstreckung von einer Zug um Zug zu bewirkenden Leistung des Gläubigers an den Schuldner abhängig, so darf die Durchführung der Vollstreckung nur beginnen, wenn der Schuldner die Leistung empfangen oder in einer den Verzug der Annahme begründenden Weise angeboten erhalten hat, dies durch eine öffentliche oder öffentlich beglaubigte Urkunde nachgewiesen oder auf Antrag des Gläubigers durch einen Beschluß des Vollstreckungsgerichts festgestellt und eine beglaubigte Abschrift der Urkunde oder der Beschluß dem Schuldner bereits zugestellt ist oder gleichzeitig zugestellt wird. Der Antrag auf Erlassung des Beschlusses muß mit einer Begründung versehen sein und soll die Beweismittel bezeichnen; etwaige Beweisurkunden sollen beigefügt werden. Eines solchen Nachweises oder Beschlusses bedarf es nicht, wenn der Gerichtsvollzieher selbst die Leistung an den Schuldner bewirkt oder sie ihm in einer den Verzug der Annahme begründenden Weise anbietet; er soll dies in seiner Niederschrift beurkunden.

Ist die Vollstreckung eines Schadensersatzanspruchs davon abhängig, daß eine herauszugebende Sache bei der Vollstreckung nicht vorgefunden wurde (§ 211 Abs. 1), so darf die Vollstreckung des Schadensersatzanspruchs nur durchgeführt werden, wenn die Vollstreckung des Herausgabeanspruchs ergebnislos geblieben ist; der Gerichtsvollzieher soll die Ergebnislosigkeit in seiner Niederschrift beurkunden. Dies gilt im Falle des § 211 Abs. 2 entsprechend.

Fristen.

§ 817 (§ 798).

Aus einem Kostenfestsetzungsbeschlusse, der nicht auf das Urteil gesetzt ist, darf die Durchführung der Zwangsvollstreckung erst beginnen, wenn der Schuldtitel mindestens zwei Wochen, aus einer vollstreckbaren Urkunde (§ 792 Nr. 6) erst, wenn er mindestens eine Woche vorher zugestellt ist.

Vollstreckungsabwendende Umstände.

§ 818 (§§ 767, 775).

Die Durchführung der Vollstreckung darf nicht begonnen und fortgesetzt werden, wenn feststeht, daß die Schuld nach dem Verhandlungsschluß, nach der Erlassung eines Zahlungsbefehls oder nach der Errichtung eines anderen Schuldtitels getilgt oder erlassen oder daß eine Stundung gewährt ist (vollstreckungsabwendende Umstände).

Soweit andere Einwendungen, die den zu vollstreckenden Anspruch selbst betreffen, zulässig sind, müssen sie auf dem Klagewege verfolgt werden.

Die Bestimmungen über den einstweiligen Verfahrensaufschub und über die vorläufige Einstellung (§§ 839, 869) bleiben unberührt.

§ 819 (§§ 767, 775).

Will der Schuldner einen vollstreckungsabwendenden Umstand geltend machen, so steht ihm hierfür, solange darüber noch kein Beschluß ergangen ist, die Erinnerung (§§ 838, 844), andernfalls die besondere Vollstreckungsbeschwerde (§§ 838, 842, 843) zu. Die Vorschriften über die Verweisung auf den Rechtsweg (§ 781) bleiben unberührt.

Ein vollstreckungsabwendender Umstand kann im Vollstreckungsverfahren nicht berücksichtigt werden, wenn ein rechtskräftiges oder vorläufig vollstreckbares Urteil entgegensteht oder wenn über ihn bereits ein gerichtliches Verfahren anhängig ist.

Drittrechte.

§ 820 (§§ 771, 774).

Die Vollstreckung darf nicht in einen Gegenstand durchgeführt werden, an welchem einem Dritten ein die Veräußerung hinderndes Recht zusteht. Als ein solches Recht gilt auch ein Herausgabeanspruch.

Will ein Dritter sein entgegenstehendes Recht geltend machen, so steht ihm hierfür, solange darüber noch kein Beschluß ergangen ist, die Erinnerung (§§ 838, 844), andernfalls die besondere Vollstreckungsbeschwerde (§§ 838, 842, 843) zu. Die Vorschriften über die Verweisung auf den Rechtsweg (§ 781) bleiben unberührt.

§ 821 (§§ 771, 774).

Befindet sich eine Sache im Gewahrsam des Schuldners, so darf die Vollstreckung in sie begonnen und fortgesetzt werden, solange das Recht des Dritten nicht feststeht.

Haftet der Schuldner nur beschränkt, so darf vorbehaltlich der Vorschrift des § 854 die Vollstreckung in eine Sache trotz seines Gewahrsams erst stattfinden, wenn feststeht, daß sie zu dem haftenden Vermögen gehört.

Die Bestimmungen über den einstweiligen Verfahrensaufschub und über die vorläufige Einstellung (§§ 839, 869) bleiben unberührt.

Nähere Anordnungen über die Schuldtitel.

§ 822 (§ 735).

Zur Zwangsvollstreckung in das Vermögen eines nicht rechtsfähigen Vereins genügt ein Schuldtitel gegen den Verein.

§ 823 (§ 736).

Zur Zwangsvollstreckung in das Vermögen einer nach § 705 des Bürgerlichen Gesetzbuchs eingegangenen Gesellschaft ist ein Schuldtitel gegen alle Gesellschafter erforderlich.

§ 824 (§ 737).

Der Schuldtitel wegen einer vor der Bestellung des Nießbrauchs an einem Vermögen entstandenen Verbindlichkeit des Bestellers muß gegen den Besteller auf Leistung und gegen den Nießbraucher auf Duldung der Zwangsvollstreckung lauten, wenn der Anspruch in die dem Nießbrauch unterliegenden Gegenstände ohne Rücksicht auf den Nießbrauch soll vollstreckt werden können.

Das gleiche gilt bei einem Nießbrauch an einer Erbschaft in Ansehung der Nachlaßverbindlichkeiten.

§ 825 (§ 739).

Bei dem Güterstande der Verwaltung und Nutznießung, der Errungenschaftsgemeinschaft oder der Fahrnisgemeinschaft ist zur Zwangsvollstreckung in das eingebrachte Gut der Ehefrau ein Schuldtitel gegen die Ehefrau auf Leistung und gegen den Ehemann auf Duldung der Zwangsvollstreckung in das eingebrachte Gut erforderlich.

§ 826 (§ 740).

Bei dem Güterstande der allgemeinen Gütergemeinschaft, der Errungenschaftsgemeinschaft oder der Fahrnisgemeinschaft ist zur Zwangsvollstreckung in das Gesamtgut ein Schuldtitel gegen den Ehemann erforderlich und genügend.

§ 827 (§ 741).

Betreibt die Ehefrau selbständig ein Erwerbsgeschäft, so genügt zur Vollstreckung in das eingebrachte Gut oder in das Gesamtgut ein Schuldtitel gegen die Frau. Doch ist die Vollstreckung unstatthaft, wenn das Rechtsgeschäft in Ansehung des eingebrachten Gutes oder des Gesamtgutes dem Manne gegenüber nicht wirksam ist.

§ 828 (§ 743).

Nach Beendigung der allgemeinen Gütergemeinschaft, der Errungenschaftsgemeinschaft oder der Fahrnisgemeinschaft ist vor der Auseinandersetzung die Zwangsvollstreckung in das Gesamtgut nur statthaft, wenn gegen beide Ehegatten ein Schuldtitel auf Leistung oder gegen den einen ein solcher auf Leistung und gegen den anderen ein solcher auf Duldung der Vollstreckung vorliegt.

§ 829 (§ 745).

Im Falle der fortgesetzten Gütergemeinschaft ist zur Zwangsvollstreckung in das Gesamtgut ein Schuldtitel gegen den überlebenden Ehegatten erforderlich und genügend.

Nach der Beendigung der fortgesetzten Gütergemeinschaft findet der § 828 mit der Maßgabe Anwendung, daß an die Stelle des Ehemanns der überlebende Ehegatte, an die Stelle der Ehefrau die anteilsberechtigten Abkömmlinge treten.

§ 830 (§ 746).

Zur Zwangsvollstreckung in das der elterlichen Nutznießung unterliegende Vermögen des Kindes genügt ein Schuldtitel gegen das Kind.

§ 831 (§ 747).

Zur Zwangsvollstreckung in einen Nachlaß ist, wenn mehrere Erben vorhanden sind, bis zur Teilung ein Schuldtitel gegen alle Erben erforderlich.

§ 832 (§ 748).

Unterliegt ein Nachlaß der Verwaltung eines Testamentsvollstreckers, so ist zur Zwangsvollstreckung in den Nachlaß ein Schuldtitel gegen den Testamentsvollstrecker erforderlich und genügend, es sei denn, daß dem Testamentsvollstrecker nur die Verwaltung einzelner Nachlaßgegenstände zusteht oder daß ein Pflichtteilspruch vollstreckt werden soll.

Umstellung.

§ 833 (§§ 724—729, 738, 742, 744, 749).

Die Vollstreckung kann auch für und gegen jeden durchgeführt werden, der nach dem Eintritt der Rechtshängigkeit, nach der Zustellung eines Zahlungsbefehls oder nach der Errichtung eines anderen Schuldtitels an Stelle eines der ursprünglich Beteiligten oder neben einem solchen in den Anspruch, in die Leistungspflicht oder in die Haftung durch Rechtsnachfolge, Schuldübernahme oder auf andere Weise derart eintrat, daß seine Rechtslage durch die des Vorgängers bedingt ist.

Ist gegenüber einem Testamentsvollstrecker ein nach § 332 dem Erben gegenüber wirksames Urteil ergangen, so kann die Vollstreckung daraus gegen den Erben durchgeführt werden, auch wenn die Verwaltung des Testamentsvollstreckers noch besteht.

§ 834 (§§ 750 Abs. 2, 779 Abs. 1).

Kann die Vollstreckung gemäß § 833 für oder gegen andere als die in dem Schuldtitel Bezeichneten durchgeführt werden, so ist ihr Beginn und, falls sie rechtmäßig begonnen hatte, ihre Fortsetzung erst statthaft, wenn der Schuldtitel oder die vollstreckbare Ausfertigung durch Beschluß auf die nunmehr Beteiligten umgestellt und der umgestellte Schuldtitel bereits zugestellt ist oder gleichzeitig zugestellt wird, es sei denn, daß eine gegen den Erblasser begonnene Vollstreckung in den Nachlaß fortzusetzen ist.

Über die Umstellung wird auf Antrag des Gläubigers befunden. Das Vollstreckungsgericht befindet jedoch von Amts wegen, wenn in den an einer herauszugebenden Sache Berechtigten oder nach dem rechtmäßigen Beginn der Durchführung in den an dem gepfändeten Gegenstand Berechtigten ein Wechsel eintrat (§ 885 Satz 1). In den Fällen des § 885 Satz 2 und 3 kann das Vollstreckungsgericht die Umstellung von Amts wegen beschließen oder die Antragstellung dem Gläubiger überlassen. Die Vorschriften der §§ 798, 799 Abs. 3 gelten entsprechend.

§ 835 (§ 799).

Hat sich der Eigentümer eines mit einer Hypothek, einer Grundschuld oder einer Rentenschuld belasteten Grundstücks in einer nach § 792 Nr. 6 aufgenommenen Urkunde der sofortigen Zwangsvollstreckung unterworfen und ist der Schuldtitel auf einen anderen als den in der Urkunde bezeichneten Gläubiger umgestellt (§ 834), so genügt, wenn der nunmehrige Gläubiger als solcher im Grundbuch eingetragen ist, als Begründung des Umstellungsbeschlusses der Hinweis auf diesen Eintrag.

Die Vorschrift findet auf den Erbbauberechtigten entsprechende Anwendung.

§ 836 (§ 800).

Der Eigentümer kann sich in einer nach § 792 Nr. 6 aufgenommenen Urkunde in Ansehung einer Hypothek, einer Grundschuld oder einer Rentenschuld der sofortigen Zwangsvollstreckung in der Weise unterwerfen, daß die Zwangsvollstreckung gegen den jeweiligen Eigentümer des Grundstücks zulässig sein soll. Die Unterwerfung bedarf in diesem Falle der Eintragung in das Grundbuch. Bei der Zwangsvollstreckung gegen einen späteren Eigentümer, der im Grundbuch eingetragen ist, genügt als Begründung des Umstellungsbeschlusses der Hinweis auf diesen Eintrag. Für die in § 845 bezeichneten Klagen ist in diesem Falle das Gericht ausschließlich zuständig, in dessen Bezirk das Grundstück belegen ist.

Die Vorschrift findet auf den Erbbauberechtigten entsprechende Anwendung.

§ 837 (§§ 724 Abs. 2, 730, 731, 796 Abs. 3, 797 Abs. 5, 797 a Abs. 3).

Zuständig für die Umstellung des Schuldtitels ist das Vollstreckungsgericht, bei dem die Durchführung der Vollstreckung für oder gegen den bisher Beteiligten beantragt worden ist. Ist der Titel von einem Streitgericht errichtet, so ist auch das in § 796 Nr. 1 bezeichnete Gericht zuständig, über eine beantragte Umstellung zu befinden.

Ist der Antrag auf Durchführung noch nicht gestellt, so ist im Falle des § 792 Nr. 7 das Vollstreckungsgericht, das den Vergleich beurkundet hat, im Falle eines Vorbehaltes des Gläubigers nach § 801 Abs. 1 Satz 2 das Vollstreckungsgericht zuständig, das den Zahlungsbefehl erlassen hat. Bei den in § 796 Nr. 1 aufgeführten Titeln ist das dort bezeichnete Streitgericht, bei den in § 796 Nr. 2 und 3 aufgeführten Titeln sowohl das zur Durchführung der Vollstreckung zuständige als auch das in § 799 Abs. 1 Nr. 2 und 3 bezeichnete Vollstreckungsgericht zuständig.

§ 796 Abs. 3, 4 und § 799 Abs. 2 finden entsprechende Anwendung.

III. Rechtsmittel und Kosten der Vollstreckung.

Rechtsmittel.

§ 838 (§§ 732, 766, 793).

Die Beschlüsse des Vollstreckungsgerichts sind vorbehaltlich der §§ 807, 1003 durch die Vollstreckungsbeschwerde anfechtbar. Im übrigen findet gegen das Verfahren des Vollstreckungsgerichts und des Gerichtsvollziehers die Erinnerung statt.

Die Rechtsmittel müssen mit einer Begründung versehen sein und sollen die Beweismittel bezeichnen; etwaige Beweisurkunden sollen beigefügt werden.

§ 839 (vgl. § 572).

Dadurch, daß ein Rechtsmittel statthaft oder eingelegt ist, wird die Durchführung der Vollstreckung und der Vollzug einer Einstellungsanordnung (§§ 861, 863) nicht gehemmt, sofern nicht nach der Einlegung des Rechtsmittels die vorläufige Einstellung nach § 869 beschlossen wird. Doch kann das Vollstreckungsgericht mit Rücksicht auf die Statthaftigkeit eines Rechtsmittels und der vorläufigen Einstellung (§ 862) auch schon vor der Einlegung des Rechtsmittels den Fortgang des Verfahrens durch Beschluß bis zum Ablauf der Beschwerdefrist oder einer in dem Beschluß zu bestimmenden Frist und für den Fall der Einlegung eines Rechtsmittels bis zur Beschlußfassung nach § 869 einstweilen aufschieben, wenn eine abweichende Entscheidung nicht ausgeschlossen erscheint und der sofortige Vollzug einen nicht zu ersetzenden Nachteil zur Folge hätte.

Der Beschluß ist unanfechtbar.

§ 840 (§ 793).

Die Vollstreckungsbeschwerde ist vor Ablauf einer Notfrist von einer Woche, die mit der Zustellung des Beschlusses beginnt, bei dem Vollstreckungsgericht schriftlich oder zur Niederschrift der Geschäftsstelle einzulegen.

Die Akten sollen dem Beschwerdegericht unverzüglich, jedoch im Falle der Statthaftigkeit der vorläufigen Einstellung (§ 862) nicht eher vorgelegt werden, als das Vollstreckungsgericht in der Lage ist, zu der Frage der vorläufigen Einstellung der Vollstreckung (§ 869) Stellung zu nehmen. Legt das Vollstreckungsgericht die Akten dem Beschwerdegerichte vor, so finden weitere Ermittelungen des Vollstreckungsgerichts nicht statt.

Solange die Akten nicht dem Beschwerdegerichte vorgelegt sind, kann das Vollstreckungsgericht seinen Beschluß ändern; zur Verweisung auf den Rechtsweg (§ 781) ist es nicht mehr befugt.

Die Vorschriften der §§ 533 Abs. 3, 534 Abs. 3, 536, 540, 541, 543 Abs. 2 Satz 3 gelten entsprechend.

§ 841 (§ 793).

Über die Vollstreckungsbeschwerde entscheidet das im Instanzenzuge zunächst höhere Gericht durch Beschluß. Ihm stehen zugleich die Befugnisse des Vollstreckungsgerichts zu. Die Vorschriften über das vollstreckungsgerichtliche Verfahren gelten entsprechend.

Die Entscheidung über das Vorliegen der Vollstreckungsvoraussetzungen hat die Wirkung eines rechtskräftigen Urteils.

Eine weitere Vollstreckungsbeschwerde findet nur unter der im § 534 Abs. 2 bezeichneten Voraussetzung statt.

§ 842 (§§ 731, 767, 771, 772, 773, 768, 785, 805, 810, 865).

Die besondere Vollstreckungsbeschwerde findet statt, wenn das Vollstreckungsgericht durch Beschluß

über den Eintritt des Termins oder der Bedingung in den Fällen des § 797 Abs. 1 und 3, § 815 Abs. 1 Satz 1,

über einen vollstreckungsabwendenden Umstand (§ 818 Abs. 1),

über ein Drittrecht (§ 820),

über die Voraussetzungen für die Umstellung eines Schuldtitels (§ 833),

über ein der Vollstreckung entgegenstehendes Veräußerungsverbot oder eine Nacherbfolge (§ 852),

über das Bestehen einer Haftungsbeschränkung (§§ 854, 856),

über das Erlösteilnahmerecht eines Dritten (§ 886),

über den Antrag eines Grundstücksgläubigers bei Pfändung stehender Früchte (§ 890 Abs. 2),

über das Recht des Grundstücksgläubigers bei Pfändung eines zum beweglichen Vermögen gehörenden Gegenstandes (§ 942 Abs. 3)

entschieden oder den Rückruf (§ 857) angeordnet hat.

§ 843.

Für die besondere Vollstreckungsbeschwerde gelten folgende Sonderbestimmungen:

1. die Beschwerdefrist beträgt zwei Wochen;
2. wenn der Wert des Streitgegenstandes die für die amtsgerichtliche Zuständigkeit in vermögensrechtlichen Streitigkeiten festgesetzte Wertgrenze übersteigt, ist zur Entscheidung über die Beschwerde das Oberlandesgericht berufen, anderenfalls ist das Landgericht zuständig; § 259 findet entsprechende Anwendung;

3. die Beschwerde muß von einem bei einem deutschen Gerichte zugelassenen Rechtsanwalt eingelegt werden. Ihre Begründung muß den im § 206 Abs. 2 Nr. 2 und 3 aufgestellten Erfordernissen einer Klageschrift genügen; § 207 Abs. 1 und 3 gelten entsprechend;
4. erweist sich die Beschwerde als form- und fristgerecht eingelegt, so ist Termin zur Streitverhandlung anzuberaumen. Die Beschwerdeschrift ist vom Beschwerdegericht dem Gegner in entsprechender Anwendung des § 213 zuzustellen; mit der Zustellung wird der in ihr geltend gemachte Anspruch rechtshängig;
5. auf das Verfahren finden im übrigen die Vorschriften des zweiten Buches über das Verfahren in erster Instanz Anwendung. Vor dem Beschwerdegericht müssen die Streitteile durch einen bei dem Beschwerdegericht zugelassenen Rechtsanwalt vertreten werden. Mit der Beschwerde kann eine auf die Fehlerhaftigkeit der Vollstreckung gestützte Klage auf Schadensersatz oder auf Herausgabe einer ungerechtfertigten Bereicherung verbunden werden, auch wenn nicht für beide Ansprüche das Streitgericht zuständig und die Streitart zulässig ist;
6. gegen das Urteil des Oberlandesgerichts findet die Revision nach den allgemeinen Regeln statt; der Beschluß des Oberlandesgerichts, der eine Beschwerde als unzulässig verwirft, unterliegt der sofortigen Beschwerde (§ 543), sofern gegen ein Urteil gleichen Inhalts die Revision zulässig wäre. Die entsprechenden Entscheidungen des Landgerichts sind unanfechtbar.

§ 844 (§§ 766, 576).

Über eine Erinnerung entscheidet das Vollstreckungsgericht. Betrifft die Erinnerung eine Rechtsvoraussetzung der Vollstreckung (§ 780 Abs. 1), so wird über sie durch Beschluß, im übrigen wird über sie durch Verfügung entschieden, soweit die Beschlußform nicht eigens vorgeschrieben ist.

Eine weitere Erinnerung findet nicht statt. Richtet sich die Erinnerung gegen den Rechtspfleger und hilft ihr dieser nicht ab, so hat der Richter über sie zu befinden.

Klagen.

§ 845 (vgl. § 767).

Will der in Anspruch Genommene außerhalb des Vollstreckungsverfahrens gegen den Gläubiger geltend machen, daß der zur Vollstreckung gebrachte Anspruch oder die Leistungspflicht nicht bestehe oder nicht bestanden habe, so muß er den Nichtbestand des Anspruchs oder der Leistungspflicht beweisen und in der von ihm zu erhebenden Klage alle Einwendungen vorbringen, die er zur Zeit der Erhebung der Klage vorzubringen vermag.

Zur Entscheidung über die Klage ist das sachlich zuständige Streitgericht ausschließlich zuständig, dem das Vollstreckungsgericht angehört oder in dessen Bezirk es seinen Sitz hat. An dessen Stelle ist bei streitgerichtlichen Schuldtiteln das Streitgericht des ersten Rechtszugs zuständig.

Die Zuständigkeitsvorschriften des zweiten Absatzes gelten auch für die Klage, mittels welcher der Streit über eine von Abs. 1 nicht betroffene Rechtsvoraussetzung der Vollstreckung zum Austrag gebracht werden soll. Die Zuständigkeit des Streitgerichts des ersten Rechtszuges ist jedoch auf die Fälle beschränkt, in denen mittels der Klage das Vorliegen der Voraussetzungen für die Erteilung der besonderen Vollstreckungsklausel zu einem streitgerichtlichen Schuldtitel (§ 797 Abs. 1 und 3) oder für die Umstellung eines solchen Schuldtitels (§§ 833, 834) geltend gemacht oder bestritten wird.

Kosten.

§ 846 (§ 788).

Die Kosten der Zwangsvollstreckung fallen, soweit sie notwendig waren (§ 92), dem Schuldner zur Last. Sie sind mit dem Anspruch beizutreiben; die Verfahrenskosten sind aus der Haftungsmasse vorweg zu befriedigen.

Die Kosten der Zwangsvollstreckung sind dem Schuldner zu erstatten, wenn rechtskräftig festgestellt ist, daß der zur Vollstreckung gebrachte Anspruch nicht bestand.

Hat ein Dritter, um die Freigabe eines in Gewahrsam des Schuldners vorgefundenen Gegenstandes wegen eines die Veräußerung hindernden Rechtes zu erwirken, die Erinnerung oder die Vollstreckungsbeschwerde eingelegt und wären die Kosten im Hinblick auf den Erfolg des Rechtsmittels dem Gläubiger aufzuerlegen, so können sie dem Dritten auferlegt werden, wenn der Gläubiger den beschlagnahmten Gegenstand freigegeben hat und ihm nach dem Ermessen des Gerichts eine frühere Freigabe nicht zumutbar war.

Wird der Rückruf beschlossen, so trägt der Dritte die Kosten.

Zweiter Titel.

Durchführung der Vollstreckung.

I. Allgemeine Bestimmungen.

Beginn.

§ 847 (neu).

Ohne daß es einer besonderen Anordnung bedarf, beginnt die Durchführung der Vollstreckung, sobald sie statthaft und zulässig ist.

Hält das Vollstreckungsgericht Ermittelungen für notwendig, so soll die Durchführung der Vollstreckung durch sie weder verzögert noch gefährdet werden.

Ersuchen.

§ 848 (§ 789).

Wird zum Zwecke der Zwangsvollstreckung das Einschreiten einer Behörde erforderlich, so ersucht das Vollstreckungsgericht die Behörde um ihr Einschreiten.

§ 849 (§ 790).

Soll die Zwangsvollstreckung gegen einen Angehörigen der Reichswehr in Kasernen oder anderen militärischen Dienstgebäuden oder auf Kriegsfahrzeugen stattfinden, so ersucht das Vollstreckungsgericht die zuständige Militärbehörde um die Durchführung der Vollstreckung.

Die gepfändeten Gegenstände sollen dem vom Vollstreckungsgericht bezeichneten Gerichtsvollzieher übergeben werden.

§ 850 (§ 791).

Soll die Zwangsvollstreckung in einem ausländischen Staat stattfinden, dessen Behörden hierzu Hilfe leisten, so ersucht das Vollstreckungsgericht die zuständige Behörde des Auslandes um die Durchführung der Vollstreckung.

Kann ein Reichskonsul die Vollstreckung vornehmen, so soll das Ersuchen an diesen gerichtet werden.

Voraushaftung.

§ 851 (§ 777).

Hat der Gläubiger eine bewegliche Sache des Schuldners in Besitz, in Ansehung deren ihm ein Pfandrecht oder ein Zurückbehaltungsrecht für seine Forderung zusteht, so ist die Vollstreckung in das übrige Vermögen insoweit unzulässig, als die Forderung durch den Wert der Sache gedeckt ist. Steht dem Gläubiger ein solches Recht in Ansehung der Sache auch für eine andere Forderung zu, so gilt das gleiche, wenn auch diese Forderung durch den Wert der Sache gedeckt ist.

Wird wegen einer Verletzung der in Abs. 1 enthaltenen Vorschriften Erinnerung erhoben, so ist über sie durch Beschluß zu entscheiden.

Veräußerungsverbot und Nacherbschaft.

§ 852 (§§ 772, 773).

Solange ein Veräußerungsverbot der in §§ 135, 136 des Bürgerlichen Gesetzbuchs bezeichneten Art besteht, darf der Gegenstand, auf den es sich bezieht, wegen eines persönlichen Anspruchs oder auf Grund eines infolge des Verbots unwirksamen Rechtes nur gepfändet, nicht verwertet werden; § 1006 Abs. 2 Satz 2 findet Anwendung.

Die gleiche Beschränkung gilt für die Ansprüche der Gläubiger des Vorerben hinsichtlich der zu einer Vorerbschaft gehörenden Gegenstände, soweit nach § 2115 des Bürgerlichen Gesetzbuchs eine Vollstreckungsmaßregel nach dem Eintritt der Nacherbfolge unwirksam wäre.

Erbenhaftung.

§ 853 (§ 778).

Solange der Erbe die Erbschaft nicht angenommen hat, kann die Vollstreckung eines Anspruchs, der sich gegen den Nachlaß richtet, nur in den Nachlaß durchgeführt werden.

Wegen eigener Verbindlichkeiten des Erben ist eine Zwangsvollstreckung in den Nachlaß erst nach der Annahme der Erbschaft statthaft.

§ 854 (§ 781).

Bei der Durchführung der Vollstreckung gegen den Erben des Schuldners bleibt, vorbehaltlich eines etwaigen vorläufigen Verfahrensaufschubs nach § 839 oder einer etwaigen vorläufigen Einstellung nach § 869, die Beschränkung der Haftung unberücksichtigt, solange sie nicht feststeht.

§ 855 (§§ 782, 783, 784).

Steht eine sachliche Haftungsbeschränkung fest, so können die Ansprüche der Nachlaßgläubiger nur in den Nachlaß, die Ansprüche der übrigen Gläubiger nur in das eigene Vermögen des Schuldners vollstreckt werden.

Steht eine zeitliche Haftungsbeschränkung fest, so darf während der Dauer der in §§ 2014, 2015 des Bürgerlichen Gesetzbuchs bestimmten Fristen und, falls vor ihrem Ablauf ein Antrag auf Eröffnung des Nachlaßkonkurses oder des gerichtlichen Vergleichsverfahrens zur Abwendung des Konkurses gestellt wird, bis zur endgültigen Entscheidung über diese Anträge zur Vollstreckung der Ansprüche von Nachlaßgläubigern nur eine Pfändung, nicht eine Verwertung vorgenommen werden; § 1006 Abs. 2 Satz 2 findet Anwendung. Das gleiche gilt für die Vollstreckung von Ansprüchen anderer Gläubiger, falls sie in den Nachlaß durchgeführt werden soll.

§ 856 (§ 786).

Die Bestimmungen der §§ 854, 855 finden auf die nach § 1489 des Bürgerlichen Gesetzbuchs eintretende beschränkte Haftung, die Bestimmungen des § 854 auf die nach den §§ 419, 1480, 1504, 2187 des Bürgerlichen Gesetzbuchs eintretende beschränkte Haftung entsprechende Anwendung.

Rückruf.

§ 857 (neu).

Das Vollstreckungsgericht ist befugt, unter den Voraussetzungen, unter denen der Gläubiger zur Anfechtung einer Rechtshandlung des Schuldners außerhalb des Konkurses berechtigt ist, und insoweit der Gläubiger beanspruchen kann, daß dasjenige, was durch die anfechtbare Handlung aus dem Vermögen des Schuldners veräußert, weggegeben oder aufgegeben ist, als noch zu diesem gehörig von dem Empfänger zurückgewährt werde, den Rückruf eines anfechtbar veräußerten Gegenstandes zu beschließen. Dies gilt nicht für Gegenstände, die der Zwangsvollstreckung in das unbewegliche Vermögen unterliegen. Eine vom Gläubiger herbeigeführte Wahrung der Anfechtungsfrist kommt dem Rückruf zustatten.

Von dringenden oder offensichtlich klar liegenden Fällen abgesehen, soll der Gläubiger vor der Anordnung des Rückrufs gehört werden. Der Rückruf ist auch dem Gläubiger und dem Schuldner durch Zustellung bekanntzugeben. Widerspricht der Gläubiger, so darf der Rückruf nicht beschlossen werden; ist er beschlossen, so ist der Beschluß auf Widerspruch des Gläubigers aufzuheben.

§ 858 (neu).

Das Vollstreckungsgericht kann einen Gegenstand, dessen Rückruf erwogen wird, schon bei der Einleitung des Rückrufverfahrens mittels geeigneter Anordnungen durch Beschluß sicherstellen. Macht das Vollstreckungsgericht von dieser Befugnis Gebrauch, so ist es zu den erforderlichen Ermittelungen verpflichtet. Im Falle des § 10 des Anfechtungsgesetzes sind an Stelle des Rückrufs nur Sicherungsmaßregeln statthaft.

Ist der Gegenstand, hinsichtlich dessen das Rückrufsverfahren eingeleitet wird, bereits gepfändet, so tritt an die Stelle der Einstellung nach § 861 die vorläufige Einstellung (§ 869); Abs. 1 Satz 2 gilt entsprechend.

Wird der Rückruf abgelehnt, so findet ein Rechtsmittel nicht statt.

§ 859 (neu).

Der Rückruf wird mit der Zustellung an den betroffenen Dritten wirksam. Hatte eine Pfändung bereits stattgefunden, so ist sie so zu beurteilen, als wäre der Rückruf schon zur Zeit ihrer Vornahme wirksam gewesen.

Durch den Rückruf werden die Hindernisse beseitigt, die der Beschlagnahme des Gegenstandes infolge seiner Zugehörigkeit zu dem Vermögen des Dritten oder wegen dessen Gewahrsams entgegenstehen.

Wird der zurückgerufene Gegenstand nicht mehr vorgefunden, so gilt der seinem Wert entsprechende Geldbetrag als zurückgerufen. Der Geldbetrag ist bei der Anordnung des Rückrufs oder nachträglich in einem besonderen Beschlusse festzusetzen.

Sind vertretbare Sachen zurückgerufen, so können bei dem Dritten Sachen von gleicher Menge, Art und Güte gepfändet werden. Ist ein Geldbetrag zurückgerufen, so ist die Vollstreckung gegen den Dritten wie wegen einer Geldforderung statthaft.

Richtet sich der Rückruf gegen den Ehegatten des Schuldners, so kann er ohne Rücksicht auf die sich aus dem Güterstande ergebenden Rechte des Schuldners vollzogen werden.

Quittung und Hinterlegung.

§ 860 (§§ 757, 720, 839; vgl. § 819).

Die Leistungen zur Tilgung eines Anspruchs sollen auf dem Schuldtitel vermerkt und dem Schuldner quittiert werden. Dazu ist auch der Gerichtsvollzieher befugt.

Das Recht des Schuldners, eine Quittung des Gläubigers zu fordern, wird hierdurch nicht berührt.

Ist in Gemäßigkeit des § 319 Abs. 2 dem Schuldner nachgelassen, durch Sicherheitsleistung oder durch Hinterlegung die Vollstreckung abzuwenden, so sind gepfändetes Geld, der Erlös gepfändeter Gegenstände und die Leistungen des Drittschuldners zu hinterlegen.

Einstellung.

§ 861 (neu).

Ergibt sich, daß die Voraussetzungen für die Durchführung der Vollstreckung nicht oder nicht mehr bestehen, so wird das Verfahren durch Beschluß eingestellt. Dies gilt entsprechend für die Aufhebung einzelner Vollstreckungsmaßregeln.

Im Falle des § 771 Abs. 3 sowie wenn der Zweck des Verfahrens offensichtlich erreicht ist, genügt an Stelle eines Beschlusses eine Verfügung; eine Bekanntgabe ist nicht erforderlich.

§ 862 (neu).

An die Stelle der Einstellung kann die vorläufige Einstellung (§ 869) treten, wenn deren Voraussetzungen gegeben sind. Bestehen jedoch Zweifel hinsichtlich eines Umstandes, dessen Vorliegen feststehen muß, so ist die vorläufige Einstellung vorbehaltlich der Vorschriften im Abs. 2 und in § 834, § 858 Abs. 2, § 885, § 960 Abs. 3 nur statthaft, wenn das Vorliegen jenes Umstandes bereits durch einen vollstreckungsgerichtlichen Beschluß festgestellt ist.

Müßte eine Vollstreckungsmaßregel wegen Verletzung eines Drittrechts (§§ 820, 821) aufgehoben werden und wird das Rückrufsverfahren nicht eingeleitet, so kann von Amts wegen an Stelle der Aufhebung die vorläufige Einstellung der Vollstreckung auf die Dauer einer dem Gläubiger zum Nachweis der Erhebung der Anfechtungsklage zu setzenden Frist und für den Fall der Wahrung der Frist bis zur vorläufig vollstreckbaren Erledigung des Anfechtungsrechtsstreits beschlossen werden.

§ 863 (neu).

Das Vollstreckungsgericht kann das Verfahren ferner durch Verfügung einstellen, wenn sich ergibt, daß die Erreichung seines Zweckes wegen Unzulänglichkeit der Habe des Schuldners unmöglich ist. Gleichzeitig ordnet es nach näherer Maßgabe des § 867 durch Beschluß die Eintragung des Schuldners in das Schuldnerverzeichnis an.

Ist das Verfahren nach Abs. 1 eingestellt worden, so kann es jederzeit fortgesetzt werden, ohne daß ein neuer Antrag erforderlich ist.

Wird gegen die in Abs. 1 Satz 1 bezeichnete Verfügung die Erinnerung eingelegt, so ist über sie durch Beschluß zu entscheiden.

Sicherung künftiger Vollstreckung.

§ 864 (neu).

Soweit die pfändbare Habe des Schuldners zur sofortigen Befriedigung des Gläubigers nicht ausreicht, der Schuldner aber Einkünfte oder Vermögen zu erwarten hat, woraus der Gläubiger, wenn auch nur durch Teilzahlungen oder nur teilweise befriedigt werden kann, kann das Vollstreckungsgericht durch Beschluß die zur Sicherung der Vollstreckung eines Geldanspruchs in Ansehung dieser Befriedigungsmittel erforderlichen Anordnungen treffen und von der Einstellung nach § 863 vorläufig absehen.

Zu diesem Zwecke kann das Vollstreckungsgericht dem Schuldner eine Anzeigepflicht auferlegen, ihm die Verfügung über Rechte und Sachen, aus denen die Befriedigung stattfinden soll, unter Beachtung der Pfändungsbeschränkungen schon jetzt entziehen, eine entsprechende Überwachung anordnen und Verstöße des Schuldners mit der im § 974 vorgesehenen, vorher anzudrohenden Strafe ahnden. Ein Pfandrecht wird durch die Anordnung nicht begründet.

Dauervollstreckung.

§ 865 (neu).

Bei der Vollstreckung von Geldansprüchen ist die Einstellung nach § 863 nicht zulässig, soweit der Schuldner über laufende Einnahmen verfügt, aus denen der Gläubiger nach und nach, sei es auch nur teilweise, befriedigt werden kann (Dauervollstreckung).

Einstellungsbedingung.

§ 866 (§§ 807, 903, 914).

Wenn der Schuldner gestellt werden kann und nicht offensichtlich vermögenslos ist, soll die Vollstreckung eines Geldanspruchs nicht eher wegen Nichterreichbarkeit des Zweckes eingestellt werden, als der Schuldner sein Vermögen offengelegt (§ 775) oder die Erzwingungshaft wegen Verweigerung der Offenlegung verbüßt hat oder die in § 778 Abs. 2 bezeichneten Fristen abgelaufen sind. An Stelle der Offenlegung kann sich das Vollstreckungsgericht mit einer schriftlichen Vermögenserklärung und der eidesstattlichen Versicherung ihrer Richtigkeit begnügen, wenn es eine solche nach Lage des Falles für ausreichend hält.

Hat der Schuldner im laufenden Kalenderjahr oder in einem der vorangegangenen drei Jahre sein Vermögen offengelegt, so kann die Vollstreckung eingestellt werden, ohne daß es einer neuen Offenlegung bedarf, es sei denn, daß Anhaltspunkte für einen zwischenzeitlichen Vermögenserwerb bestehen.

Schuldnerlisten.

§ 867 (§ 915).

Bei jedem Vollstreckungsgericht soll ein Verzeichnis über die Schuldner geführt werden, gegen die es die Vollstreckung eines Geldanspruchs wegen Nichterreichbarkeit des Zweckes eingestellt hat. In dem Verzeichnis ist der Betrag der ungedeckt gebliebenen Forderungen und der Bruchteil, zu dem die Gläubiger befriedigt wurden, anzugeben.

Eine Eintragung soll durch Unkenntlichmachung des Namens gelöscht werden, wenn der Gläubiger nachträglich befriedigt wurde; wird wegen Verletzung dieser Vorschrift Erinnerung erhoben, so ist über sie durch Beschluß zu entscheiden. Im übrigen sind die Einträge zehn Jahre lang aufzubewahren; die Frist beginnt mit dem Schluß des Kalenderjahres, in dem die Eintragung stattfand.

§ 868 (§ 915).

Über das Bestehen oder Nichtbestehen einer bestimmten Eintragung ist jedermann auf Antrag Auskunft zu erteilen; statt dessen kann auch die Einsicht in das Verzeichnis gewährt werden.

Abschriften aus dem Verzeichnis können nur unter der Bedingung erteilt und entnommen werden, daß die Einhaltung der im § 867 Abs. 2 Satz 1 vorgesehenen Löschungspflicht gesichert erscheint. Die näheren Vorschriften erläßt der Reichsminister der Justiz.

Die Veröffentlichung des Verzeichnisses in Druckerzeugnissen, die jedermann zugänglich sind, ist nicht gestattet.

Vorläufige Einstellung.

§ 869 (§§ 707, 719, 732 Abs. 2, 766 Abs. 1 Satz 2, 769, 770, 771 Abs. 3).

Wird in einem Gesuch um die Wiedereinsetzung in den vorigen Stand oder um Bewilligung der Wiederaufnahme des Verfahrens, in einem Rechtsmittel, in einem Antrag oder in einer Klage eine Entscheidung verlangt, die rechtlich auf die Zwangsvollstreckung von Einfluß ist, so kann das Vollstreckungsgericht auf Antrag den Beginn oder die Fortsetzung der Vollstreckung gegen Sicherheitsleistung oder ohne solche vorläufig einstellen oder von einer Sicherheitsleistung abhängig machen; gegen Sicherheitsleistung können auch schon erfolgte Vollstreckungsmaßregeln aufgehoben werden.

In gleicher Weise kann das Streitgericht, bei dem die Sache anhängig ist, auf Antrag die vorläufige Einstellung des Verfahrens anordnen und diese Anordnung, auch wenn sie vom Vollstreckungsgericht getroffen ist, aufheben, abändern oder bestätigen.

Hat das Vollstreckungsgericht eine Sache auf den Rechtsweg verwiesen (§ 781), so kann es die vorläufige Einstellung nur auf die Dauer einer von ihm zu bestimmenden Frist anordnen, binnen welcher die Anordnung des Streitgerichts beizubringen ist. Ist das Vollstreckungsgericht zur Beschlußfassung über die Hauptsache nicht zuständig, so kann es die vorläufige Einstellung überdies nur in dringenden Fällen anordnen.

§ 870 (neu).

Über die vorläufige Einstellung wird durch Beschluß befunden. Die Beschlüsse sind unanfechtbar.

Hat das Vollstreckungsgericht die Vollstreckung wegen eines Umstandes, der im Vollstreckungsverfahren geltend gemacht werden kann, vorläufig eingestellt, so soll es die Sach- und Rechtslage durch Ermittelungen klären, es sei denn, daß es den Antragsteller auf den Rechtsweg verweist (§ 781) oder daß es die Akten dem Beschwerdegericht vorlegt (§ 840 Abs. 2).

§ 871 (neu).

Die vorläufige Einstellung soll nur angeordnet werden, wenn ihre Voraussetzungen glaubhaft gemacht sind.

Wird der Rechtsbestand eines Schuldtitels angefochten, so soll die Anordnung nur ergehen, wenn glaubhaft gemacht wird, daß mit der Aufhebung des Schuldtitels zu rechnen ist.

Allgemeine Vollstreckungsbeschränkung.

§ 872 (neu).

Die Vornahme einer Vollstreckungshandlung ist unzulässig, wenn sie auch unter Berücksichtigung des Schutzbedürfnisses des Gläubigers eine mit den allgemeinen Sittlichkeitsbegriffen unvereinbare Härte bedeutet. Dies gilt insbesondere für eine Vollstreckungsmaßregel, die das Leben oder die Gesundheit des Schuldners oder seiner Angehörigen unmittelbar gefährden würde.

Wird wegen Verletzung der in Abs. 1 enthaltenen Vorschrift Erinnerung erhoben, so ist über sie durch Beschluß zu entscheiden.

Gerichtsvollzieher.

§ 873 (vgl. §§ 754, 755).

Der Gerichtsvollzieher hat die ihm nach diesem Gesetz obliegenden Handlungen ohne besonderes Geheiß nach Maßgabe des § 771 Abs. 2 und der ihm etwa vom Vollstreckungsgericht erteilten Weisungen vorzunehmen.

§ 874 (§ 761).

Der Gerichtsvollzieher soll eine Vollstreckungshandlung zur Nachtzeit (§ 152) sowie an Sonntagen und staatlich anerkannten allgemeinen Feiertagen nur vornehmen, wenn das Vollstreckungsgericht dies angeordnet hat. Die Anordnung soll vorgewiesen werden.

§ 875 (§ 758).

Der Gerichtsvollzieher ist befugt, die Wohnung und die Behältnisse des Schuldners zu durchsuchen, soweit dies der Zweck der Vollstreckung erfordert.

Er ist befugt, die verschlossenen Haustüren, Zimmertüren und Behältnisse öffnen zu lassen.

Er ist, wenn er Widerstand findet, zur Anwendung von Gewalt befugt und kann zu diesem Zwecke die Unterstützung der polizeilichen Vollzugsorgane nachsuchen. Ist militärische Hilfe erforderlich, so veranlaßt das Vollstreckungsgericht das weitere.

§ 876 (§ 759).

Wird bei einer Vollstreckungshandlung Widerstand geleistet oder ist bei einer in der Wohnung des Schuldners erfolgenden Vollstreckungshandlung weder der Schuldner noch ein zu dessen Familie oder Gesinde gehörender Erwachsener gegenwärtig, so soll der Gerichtsvollzieher zwei Erwachsene oder einen Gemeinde- oder Polizeibeamten als Zeugen zuziehen.

§ 877 (§ 762).

Der Gerichtsvollzieher soll über jede Vollstreckungshandlung eine Niederschrift aufnehmen.

Die Niederschrift soll enthalten:

1. Ort und Zeit der Aufnahme;
2. den Gegenstand der Vollstreckungshandlung unter kurzer Erwähnung der wesentlichen Vorgänge, sowie eine Angabe über den Schätzungswert gepfändeter Gegenstände (§ 892);
3. die Namen der Beteiligten, mit denen verhandelt ist;
4. deren Unterschrift und die Bemerkung, daß die Unterzeichnung nach vorgängiger Verlesung oder Vorlegung zur Durchsicht und nach vorgängiger Genehmigung erfolgt sei;
5. die Unterschrift des Gerichtsvollziehers.

Hat einem der in Nr. 4 bezeichneten Erfordernisse nicht genügt werden können, so soll der Grund angegeben werden.

§ 878 (§ 763).

Die Aufforderungen und sonstige Mitteilungen, die zu den Vollstreckungshandlungen gehören, soll der Gerichtsvollzieher mündlich erlassen und vollständig in die Niederschrift aufnehmen.

Kann die Mitteilung nicht mündlich erfolgen, so soll der Gerichtsvollzieher die Niederschrift durch Zustellung bekanntgeben. Die Befolgung dieser Vorschrift soll in der Niederschrift bemerkt werden. Eine öffentliche Zustellung findet nicht statt.

§ 879 (vgl. §§ 775, 776).

Der Gerichtsvollzieher hat mit einer ihm obliegenden Vollstreckung einzuhalten oder sie zu beschränken und die von ihm vorgenommenen Vollstreckungsmaßregeln aufzuheben, wenn der Gläubiger dies bei ihm beantragt.

Er hat ferner von der Pfändung abzusehen und eine von ihm bereits vorgenommene Vollstreckungsmaßregel aufzuheben

1. wenn ihm die Ausfertigung einer vollstreckbaren oder vollziehbaren Entscheidung vorgelegt wird, aus der sich ergibt, daß die Zwangsvollstreckung nicht statthaft oder nicht zulässig oder daß sie eingestellt (§ 861) ist;
2. wenn ihm eine öffentliche Urkunde vorgelegt wird, aus der sich ergibt, daß die zur Abwendung der Vollstreckung nachgelassene Sicherheitsleistung oder Hinterlegung erfolgt ist;
3. wenn ihm durch eine öffentliche Urkunde oder eine von dem Gläubiger ausgestellte Privaturkunde nachgewiesen wird, daß der Gläubiger nach der Zustellung des Zahlungsbefehls, nach der Erlassung des Urteils oder nach der Errichtung eines anderen Schuldtitels befriedigt worden ist;
4. wenn ihm ein Postschein vorgelegt wird, aus dem sich ergibt, daß nach der Zustellung des Zahlungsbefehls, nach der Erlassung des

Urteils oder nach der Errichtung eines anderen Schuldtitels die zur Befriedigung des Gläubigers erforderliche Summe zur Auszahlung an diesen bei der Post eingezahlt oder dem Gläubiger überwiesen ist.

Der Gerichtsvollzieher hat mit der Fortsetzung der ihm obliegenden Vollstreckung einzuhalten, wenn ihn das Vollstreckungsgericht hierzu anweist oder wenn ihm die Ausfertigung einer gerichtlichen Entscheidung vorgelegt wird, aus der sich ergibt, daß die Vollstreckung vorläufig eingestellt ist; eine von ihm bereits vorgenommene Vollstreckungsmaßregel aufzuheben, ist der Gerichtsvollzieher in diesem Falle nur befugt, wenn dies in der Entscheidung angeordnet ist. Das gleiche gilt, wenn dem Gerichtsvollzieher durch eine Urkunde der in Abs. 2 Nr. 3 bezeichneten Art nachgewiesen wird, daß der Gläubiger dem Schuldner nach dem in Nr. 3 bezeichneten Zeitpunkt eine Stundung bewilligt hat.

§ 880 (neu).

Solange keine vollstreckbare oder vollziehbare Entscheidung entgegensteht, darf der Gerichtsvollzieher von der Beschlagnahme eines im Gewahrsam des Schuldners vorgefundenen Gegenstandes wegen der Nichtzugehörigkeit zur haftenden Vermögensmasse nur im Falle der Offensichtlichkeit absehen.

Unter den gleichen Voraussetzungen ist er zur Aufhebung einer von ihm bereits vorgenommenen Vollstreckungsmaßregel befugt.

II. Zwangsvollstreckung von Geldansprüchen.

1. Zwangsvollstreckung in das bewegliche Vermögen.

A. Allgemeine Bestimmungen.

Pfändung.

§ 881 (§ 803).

Die Zwangsvollstreckung in das bewegliche Vermögen erfolgt durch Pfändung. Die Pfändung ist unzulässig, soweit die Bestimmungen der §§ 955—967 entgegenstehen. Sie soll nicht weiter ausgedehnt werden, als zur Befriedigung des Gläubigers und zur Deckung der Kosten der Vollstreckung erforderlich ist; wird wegen Verletzung dieser Vorschrift Erinnerung erhoben, so ist über sie durch Beschluß zu entscheiden.

Sie soll unterbleiben, wenn sich von der Verwertung der zu pfändenden Gegenstände ein Überschuß über die Kosten der Vollstreckung nicht erwarten läßt.

Sind weitere Zwangsvollstreckungen zu erwarten und besteht der Verdacht, daß der Schuldner damit umgehe, sich der Befriedigungspflicht zu entziehen, so kann das Vollstreckungsgericht durch Beschluß die Maßregeln anordnen, die zum Vollzuge eines Arrestes getroffen werden können.

Pfandrecht.

§ 882 (§ 804).

Durch eine gültige Pfändung erwirbt der Gläubiger ein Pfandrecht an dem gepfändeten Gegenstand, sofern die Rechtsvoraussetzungen (§ 780

Abs. 1) für die Pfändung gegeben waren. Fehlte es an einer Ordnungsvoraussetzung (§ 780 Abs. 2), so erlischt das Pfandrecht mit der Aufhebung der Pfändung.

Wird, nachdem ein Gegenstand gepfändet worden war, die Vollstreckung eines weiteren Anspruchs gegen den Schuldner beantragt, so entsteht für diesen Anspruch, sobald die Voraussetzungen für die Durchführung seiner Vollstreckung eingetreten sind, ein Pfandrecht an dem Gegenstand oder dem Erlös. Dieses Pfandrecht soll in den Akten vermerkt und den beteiligten Gläubigern, dem Schuldner und einem etwaigen Drittschuldner bekanntgegeben werden. Reicht die Pfandmasse nicht zur Befriedigung beider Ansprüche aus, so soll sie durch Fortführung der Pfändung erweitert werden.

Der Beitritt weiterer Gläubiger (Abs. 2 Satz 1) ist ausgeschlossen, sobald die Verfügung über das Verwertungsergebnis getroffen oder ein Teilungsplan aufgestellt ist.

Sind für verschiedene Ansprüche bei verschiedenen Vollstreckungsgerichten Pfändungen vorgenommen worden, so steht das Pfandrecht den Gläubigern gemeinsam zu.

Rang.

§ 883 (§ 804).

Das Pfandrecht gewährt dem Gläubiger im Verhältnis zu anderen Gläubigern dieselben Rechte, wie ein durch Vertrag erworbenes Pfandrecht; es geht Pfand- und Vorzugsrechten vor, die für den Fall des Konkurses den durch Rechtsgeschäft bestellten Pfandrechten nicht gleichgestellt sind.

Das früher begründete Pfandrecht geht dem später begründeten vor. Können jedoch im Falle des § 882 Abs. 2, 4 nicht beide Ansprüche aus dem pfändbaren Vermögen des Schuldners befriedigt werden, so werden sie, sofern die Voraussetzungen für die Durchführung der Vollstreckung des zweiten Anspruchs binnen zehn Tagen seit der ersten Pfändung eingetreten sind, gleichmäßig befriedigt. Vollstreckbare gesetzliche Unterhaltsforderungen der Verwandten, Ehegatten, früheren Ehegatten und unehelichen Kinder werden jedoch für das laufende Vierteljahr mit unter sich gleichem Rang vorweg gedeckt.

Durch eine zwecks Erweiterung der Pfandmasse vorgenommene Pfändung (§ 882 Abs. 2 Satz 3) wird eine neue Frist nicht in Lauf gesetzt; im Falle des § 882 Abs. 4 beginnt die Frist mit der zuerst vorgenommenen Pfändung. Wird ein Pfandrecht mit Rücksicht darauf, daß es erst nach Ablauf der zehntägigen Frist entstanden ist, gemäß Abs. 2 Satz 2 nicht mit dem gleichen Rang berücksichtigt, so finden auf sein Verhältnis zu etwa noch entstandenen weiteren Pfandrechten die Vorschriften des Abs. 2 entsprechende Anwendung.

§ 884 (neu).

Ohne Rücksicht auf die zehntägigen Fristen nehmen diejenigen Gläubiger an der gleichmäßigen Befriedigung nicht mehr teil, deren Pfandrecht

wenn Geld gepfändet wurde, später als an dem Tage vor der Pfändung, wenn über einen Verwertungserlös oder über die Leistung eines Drittschuldners zu verfügen ist, später als an dem Tage vor deren Eingang

zur Kenntnis des Vollstreckungsgerichts gelangt ist. Diese Gläubiger stehen denen gleich, deren Pfandrecht innerhalb der nächst späteren Frist entstand.

§ 885 (neu).

Räumt der Schuldner einem Dritten an einem gepfändeten Gegenstand ein Recht ein, so steht es ohne Rücksicht auf den guten Glauben den Pfändungspfandrechten im Range nach. Räumt der Schuldner, nachdem eine Pfändung stattgefunden hatte, einem Dritten ein Recht an einem noch ungepfändeten Gegenstand ein, so steht sein Recht den später entstandenen Pfändungspfandrechten im Range nach, wenn sie innerhalb der zur Zeit der Rechtseinräumung laufenden Frist zur Entstehung gelangen. Diese Vorschriften gelten entsprechend für ein von einem Dritten erworbenes gesetzliches Pfandrecht.

Sicherungsrechte Dritter.

§ 886 (§ 805).

Die Pfändung eines Gegenstandes ist statthaft, auch wenn an ihm ein Pfand- oder Vorzugsrecht eines Dritten besteht; ist eine Sache zu pfänden, so gilt dies nur, wenn der Dritte sich nicht in ihrem Besitz befindet.

Das Recht des Dritten ist jedoch ohne Rücksicht darauf, ob seine Forderung fällig ist oder nicht, bei der Verteilung des Erlöses entsprechend zu berücksichtigen, wenn es durch einen Beschluß des Vollstreckungsgerichts anerkannt ist. Der Beschluß ist zu erlassen, wenn das Recht feststeht.

Das gleiche gilt für das Recht des nicht im unmittelbaren Besitz befindlichen Eigentümers, wenn der wirtschaftliche Zweck des Eigentumserwerbs oder -vorbehalts die Sicherung einer Forderung war und im Falle des Eigentumsvorbehalts die Tilgung der Schuld soweit fortgeschritten ist, daß bei verständiger Würdigung der Sachlage ein berechtigtes Bedürfnis des Eigentümers nach Aussonderung nicht mehr anerkannt werden kann. Der Schuldner kann der Befriedigung des Eigentümers durch den Gläubiger nicht widersprechen.

Eigentumserwerb.

§ 887 (§ 806).

Wird ein Gegenstand auf Grund der Pfändung gültig veräußert, so erlangt der Erwerber daran freies Eigentum, es sei denn, daß die Rechtsvoraussetzungen für die Veräußerung nicht bestanden (§ 780 Abs. 1) und er den Mangel kannte.

Ein Anspruch auf Gewährleistung findet nicht statt.

B. Zwangsvollstreckung in Sachen.

Besitzergreifung.

§ 888 (§§ 808, 809).

Körperliche Sachen werden dadurch gepfändet, daß der Gerichtsvollzieher sie in Besitz nimmt.

Die Pfändung ist nur zulässig, wenn sich die Sachen im Gewahrsam des Schuldners, des Gläubigers oder eines zur Herausgabe bereiten Dritten befinden. Wird wegen Verletzung dieser Vorschrift Erinnerung erhoben, so ist über sie durch Beschluß zu entscheiden.

Siegelanlegung.

§ 889 (§§ 808, 809).

Andere Sachen als Geld, Kostbarkeiten und Wertpapiere können in dem Gewahrsam, in dem sie vorgefunden wurden, belassen werden, sofern hierdurch die Befriedigung des Gläubigers nicht gefährdet wird. Werden die Sachen in dem Gewahrsam belassen, so ist die Gültigkeit der Pfändung dadurch bedingt, daß durch Anlegung von Siegeln oder auf sonstige Weise die Pfändung erkennbar gemacht wird.

Wird die Befriedigung des Gläubigers dadurch, daß der Schuldner die gepfändete Sache weiterhin benutzt, besonders gefährdet, so kann der Gerichtsvollzieher die zur Verhinderung der Weiterbenutzung erforderlichen Vorkehrungen treffen.

Der Gerichtsvollzieher soll den Schuldner von der geschehenen Pfändung in Kenntnis setzen.

Stehende Früchte.

§ 890 (§ 810).

Die Pfändung von Früchten, die von dem Boden noch nicht getrennt sind, ist nur statthaft, solange sie nicht im Wege der Zwangsvollstreckung in das unbewegliche Vermögen beschlagnahmt worden sind. Die Pfändung soll nicht früher als einen Monat vor der gewöhnlichen Zeit der Reife stattfinden.

Ein Gläubiger, der ein Recht auf Befriedigung aus dem Grundstück hat, kann dieses Recht wie ein die Veräußerung hinderndes Recht (§ 820) geltend machen, wenn die Pfändung nicht für einen im Falle der Zwangsvollstreckung in das Grundstück vorgehenden Anspruch erfolgt ist. Wird das Recht geltend gemacht, so ist die Pfändung nicht statthaft.

Sachgesamtheiten.

§ 891 (neu).

Warenlager und andere Sachgesamtheiten mit wechselndem Bestande können, wenn das Vollstreckungsgericht dies unter Anordnung einer entsprechenden Überwachung beschließt, unter Wahrung der Erfordernisse des § 889 Abs. 1 Satz 2 in der Weise gepfändet werden, daß der Schuldner berechtigt ist, einzelne Bestandteile im ordnungsmäßigen Wirtschaftsbetrieb herauszunehmen. Dem Pfandrecht ist der jeweils vorhandene Bestand unterworfen.

Die Anberaumung des Versteigerungstermins beschließt das Vollstreckungsgericht. Mit der Zustellung der Terminsanberaumung an den Schuldner und im Falle der Anordnung einer anderweitigen Verwertung mit der Zustellung dieser Anordnung an ihn verwandelt sich das Pfandrecht in ein solches an den Einzelsachen.

Schätzung.

§ 892 (§§ 813, 814; § 1 Bek. 8. X. 14).

Die gepfändeten Sachen sollen bei der Pfändung auf ihren gewöhnlichen Verkaufswert geschätzt werden. Die Schätzung des Wertes von Kostbarkeiten soll einem Sachverständigen übertragen werden.

Ist die Schätzung des Wertes bei der Pfändung nicht möglich, so soll sie unverzüglich nachgeholt und ihr Ergebnis nachträglich in der Niederschrift über die Pfändung vermerkt werden.

Zur Pfändung von Früchten, die von dem Boden noch nicht getrennt sind, und zur Pfändung von Gegenständen der im § 955 Nr. 4 bezeichneten Art bei Personen, die Landwirtschaft betreiben, soll ein landwirtschaftlicher Sachverständiger zugezogen werden, sofern anzunehmen ist, daß der Wert der zu pfändenden Gegenstände den Betrag von eintausend Reichsmark übersteigt.

Die Landesjustizverwaltung kann bestimmen, daß auch in anderen Fällen ein Sachverständiger zugezogen werden soll.

Verwertung.

§ 893 (§§ 814, 816 Abs. 1).

Vorbehaltlich anderweitiger Anordnungen werden gepfändete Sachen durch den Gerichtsvollzieher öffentlich versteigert.

Die Versteigerung soll nicht vor Ablauf von zwei Wochen seit dem Tag der Pfändung stattfinden. Das Vollstreckungsgericht kann Ausnahmen bewilligen, insbesondere um die Gefahr einer beträchtlichen Wertminderung der zu versteigernden Sache abzuwenden oder um unverhältnismäßige Kosten einer längeren Aufbewahrung zu vermeiden.

§ 894 (§ 815 Abs. 1).

Gepfändetes Geld soll der Gerichtsvollzieher dem Gläubiger abliefern. Reicht der gepfändete Geldbetrag nicht zur Befriedigung aller beteiligten Gläubiger aus, so kann der Gerichtsvollzieher die Verteilung dem Vollstreckungsgericht überlassen und muß sie ihm überlassen, wenn ein Gläubiger es beantragt; auch kann das Vollstreckungsgericht anordnen, daß das Geld ihm übergeben werde.

§ 895 (§ 815 Abs. 2).

Ist das Geld im Gewahrsam des Schuldners gepfändet worden und wird dem Gerichtsvollzieher glaubhaft gemacht, daß der Aushändigung an den Gläubiger das Recht eines Dritten entgegensteht, so soll er das gepfändete Geld unter Benachrichtigung des Dritten dem Vollstreckungsgericht übergeben. Beantragt der Dritte nicht binnen einer Woche seit der Übergabe des Geldes an das Vollstreckungsgericht bei diesem die Anerkennung seines Rechtes und die entsprechende Befriedigung, so soll die Zwangsvollstreckung fortgesetzt werden.

Wird eine Pfändungsbeschränkung geltend gemacht, so kann der Gerichtsvollzieher den Geldbetrag dem Vollstreckungsgericht zwecks weiterer Verfügung übergeben.

§ 896 (§ 815 Abs. 3).

Die dem Vollstreckungsgericht zustehende Bestimmung über das gepfändete Geld trifft es vorbehaltlich der Vorschrift in § 934 durch Verfügung.

Die Wegnahme des Geldes durch den Gerichtsvollzieher gilt als Zahlung von seiten des Schuldners, sofern das Geld nicht vom Vollstreckungsgericht zu verteilen (§ 894) oder zu hinterlegen (§ 860 Abs. 3) ist.

§ 897 (§ 816 Abs. 2).

Die Versteigerung findet regelmäßig in der Gemeinde statt, in der die Pfändung geschehen ist. Doch kann das Vollstreckungsgericht, wenn dies zur Erreichung des Vollstreckungszweckes förderlich erscheint, bestimmen, daß sie anderwärts stattfinden solle. Auch kann es allgemein sowie von Fall zu Fall den Ort bezeichnen, an dem die Versteigerung vorgenommen werden soll.

Zeit und Ort der Versteigerung sollen unter allgemeiner Bezeichnung der zu versteigernden Sachen öffentlich bekanntgemacht werden. Das Vollstreckungsgericht kann weitere Benachrichtigungen anordnen. Auch kann es das Unterbleiben der Bekanntmachung gestatten, wenn diese zur Erreichung des Vollstreckungszweckes nicht erforderlich erscheint.

Bei der Versteigerung finden die Vorschriften des § 1239 Abs. 1 Satz 1, Abs. 2 des Bürgerlichen Gesetzbuchs entsprechende Anwendung.

§ 898 (neu).

Der versteigernde Beamte hat die Befugnis, Personen, die die sachgemäße Durchführung der Versteigerung stören oder hindern, wegzuweisen.

§ 899 (§ 817).

Dem Zuschlag an den Meistbietenden soll ein dreimaliger Aufruf vorausgehen; die Vorschriften des § 156 des Bürgerlichen Gesetzbuchs finden Anwendung.

Eine zugeschlagene Sache darf nur gegen bare Zahlung abgeliefert werden.

Hat der Meistbietende nicht zu der in den Versteigerungsbedingungen bestimmten Zeit oder in Ermangelung einer solchen Bestimmung nicht vor dem Schlusse des Versteigerungstermins die Ablieferung gegen Zahlung des Kaufgeldes verlangt, so wird die Sache anderweit versteigert. Der Meistbietende wird zu einem weiteren Gebote nicht zugelassen; er haftet für den Ausfall, auf den Mehrerlös hat er keinen Anspruch.

Wird der Zuschlag dem Gläubiger erteilt, so ist dieser bis zur Höhe seiner Beteiligung an dem Erlös von der Verpflichtung zur baren Zahlung befreit und gilt, insoweit diese Befreiung eintritt, als von dem Schuldner befriedigt. Diese Bestimmungen finden keine Anwendung, wenn der Schuldner die Vollstreckung durch Sicherheitsleistung oder Hinterlegung abwenden darf.

§ 900 (neu).

Ein Gebot kann auch schriftlich gestellt werden. Es soll mit der Angabe der Wohnung des Bieters versehen, datiert und handschriftlich unterzeichnet sein. Der Zuschlag soll auf das Gebot nur erteilt werden, wenn rechtzeitig vor Beginn der Versteigerung der angebotene Betrag nachweislich durch Hinterlegung oder auf andere Weise derart sichergestellt ist, daß das Vollstreckungsgericht ihn im Falle des Zuschlags an den Bieter alsbald einzuziehen vermag.

§ 901 (§ 820; Bek. 8. X. 14).

Der Gerichtsvollzieher muß von der Erteilung des Zuschlags absehen, wenn das Meistgebot nicht mindestens die Hälfte des gewöhnlichen Verkaufswertes der Sache erreicht (Mindestgebot). Die weiteren Anordnungen trifft das Vollstreckungsgericht. Der gewöhnliche Verkaufswert und das Mindestgebot sollen bei dem Ausbieten bekanntgegeben werden.

Der Zuschlag ist ferner nicht zu erteilen, wenn ein nach § 886 anerkannter vorgehender Vorzugsberechtigter, dessen Forderung durch das Meistgebot keine Deckung findet, widerspricht.

Gold- und Silbersachen dürfen auch nicht unter ihrem Gold- und Silberwert zugeschlagen und können gegebenenfalls freihändig zu diesem Werte veräußert werden, wenn er die Hälfte des gewöhnlichen Verkaufswertes erreicht.

§ 902 (§ 818).

Die Versteigerung wird geschlossen, sobald der Erlös zur Befriedigung des Gläubigers und zur Deckung der Kosten der Zwangsvollstreckung hinreicht.

§ 903 (§ 819).

Den nach Abzug der Kosten des Verfahrens verbleibenden Erlös soll der Gerichtsvollzieher den beteiligten Gläubigern abliefern und einen etwaigen Überschuß dem Vollstreckungsgericht übergeben.

Die Bestimmungen der § 894 Satz 2, §§ 895, 896 finden entsprechende Anwendung.

§ 904 (§ 821).

Gepfändete Wertpapiere sollen, wenn sie einen Börsen- oder Marktpreis haben, von dem Gerichtsvollzieher aus freier Hand zum Tageskurse verkauft werden, falls ein höherer Preis nicht erzielbar erscheint. Das gleiche ist bei anderen vertretbaren Sachen zulässig, bei denen diese Preisbildung stattfindet.

§ 905 (§§ 822, 823).

Lautet ein Wertpapier auf Namen, so kann das Vollstreckungsgericht die Umschreibung auf den Namen des Käufers erwirken und die hierzu erforderlichen Erklärungen an Stelle des Schuldners abgeben.

Ist ein Inhaberpapier durch Einschreibung auf den Namen oder in anderer Weise außer Kurs gesetzt, so kann das Vollstreckungsgericht die Wiederinkurssetzung erwirken und die hierzu erforderlichen Erklärungen an Stelle des Schuldners abgeben.

§ 906 (§ 824).

Die Versteigerung gepfändeter, von dem Boden noch nicht getrennter Früchte ist erst nach der Reife zulässig. Sie kann vor oder nach der Trennung der Früchte stattfinden; im letzteren Falle soll der Gerichtsvollzieher die Aberntung bewirken lassen.

§ 907 (§ 825).

Wenn eine Versteigerung ergebnislos geblieben ist, oder aus anderen Gründen eine andere als die vorgeschriebene Verwertungsart der Erreichung des Vollstreckungszweckes dienlicher erscheint, kann das Vollstreckungsgericht durch Beschluß über die anderweitige Verwertung befinden.

Die Bestimmungen des § 893 Abs. 2, § 896 Abs. 1, § 901 sind entsprechend anwendbar.

C. Zwangsvollstreckung in Forderungen und andere Vermögensrechte.

Pfändung.

§ 908 (§§ 829, 834, 836 Abs. 2).

Soll eine Geldforderung gepfändet werden, so erläßt das Vollstreckungsgericht eine Verfügung, worin es dem Drittschuldner verbietet, an den Schuldner zu zahlen und zugleich dem Schuldner gebietet, sich jeder die Gläubiger benachteiligenden Verfügung über die Forderung, insbesondere ihrer Einziehung zu enthalten. Vor der Pfändung ist der Schuldner nicht zu hören.

Die Pfändungsverfügung gilt zugunsten des Drittschuldners als rechtsbeständig, bis sie aufgehoben wird und die Aufhebung zu seiner Kenntnis gelangt.

§ 909 (§ 829).

Die Verfügung ist dem Drittschuldner zuzustellen. Mit der Zustellung an ihn ist die Pfändung bewirkt und der Drittschuldner, soweit das Vollstreckungsgericht nichts anderes anordnet, zur Leistung an das Vollstreckungsgericht berechtigt und verpflichtet; hierauf ist der Drittschuldner in der Verfügung hinzuweisen.

Nach der Zustellung an den Drittschuldner soll die Verfügung auch dem Schuldner zugestellt werden, sofern nicht die öffentliche Zustellung erforderlich wird. An Stelle einer Zustellung im Auslande tritt die Zustellung durch Aufgabe zur Post.

§ 910 (§ 853).

Die bei ihm eingehenden Leistungen des Drittschuldners führt das Vollstreckungsgericht vorbehaltlich der Vorschrift im § 934 durch Verfügung an die Berechtigten ab.

Ist an einer Geldforderung ein Pfändungspfandrecht für mehrere Gläubiger begründet, so ist der Drittschuldner, auch wenn eine andere Anordnung vorliegt, berechtigt, an das Vollstreckungsgericht zu leisten.

§ 911 (§ 830).

Zur Pfändung einer Forderung, für die eine Hypothek besteht, ist außer der Pfändungsverfügung die Übergabe des Hypothekenbriefs an den Gläubiger zu Händen des Vollstreckungsgerichts erforderlich. Wird die Übergabe im Wege des Vollzugs der Pfändungsverfügung bewirkt, so gilt sie als geschehen, wenn der Gerichtsvollzieher den Brief zum Zwecke der Ablieferung wegnimmt. Ist die Erteilung des Hypothekenbriefes ausgeschlossen, so ist die Eintragung der Pfändung in das Grundbuch erforderlich; die Eintragung erfolgt auf Ersuchen des Vollstreckungsgerichts.

Wird die Pfändungsverfügung vor der Übergabe des Hypothekenbriefes oder der Eintragung der Pfändung dem Drittschuldner zugestellt, so gilt die Pfändung diesem gegenüber mit der Zustellung als bewirkt.

Diese Vorschriften finden keine Anwendung, soweit es sich um die Pfändung der Ansprüche auf die in § 1159 des Bürgerlichen Gesetzbuchs bezeichneten Leistungen handelt. Das gleiche gilt bei einer Sicherungshypothek im Falle des § 1187 des Bürgerlichen Gesetzbuchs von der Pfändung der Hauptforderung.

§ 912 (§ 831).

Forderungen aus Wechseln und anderen Papieren, die durch Indossament übertragen werden können, werden dadurch gepfändet, daß der Gerichtsvollzieher diese Papiere für den Gläubiger zu Händen des Vollstreckungsgerichts in Besitz nimmt.

Erweiterung der Pfändungswirkung.

§ 913 (§ 832).

Das Pfändungspfandrecht, das an einer Gehaltsforderung oder einer ähnlichen in fortlaufenden Bezügen bestehenden Forderung erworben wird, erstreckt sich auch auf die nach dem Pfandrechtserwerb fällig werdenden Beträge.

§ 914 (§ 833).

Das Pfändungspfandrecht an einem Diensteinkommen ergreift auch das Einkommen, das der Schuldner infolge der Versetzung in ein anderes Amt, der Übertragung eines neuen Amts oder einer Gehaltserhöhung zu beziehen hat.

Auf den Fall der Änderung des Dienstherrn findet diese Bestimmung keine Anwendung. Doch kann das Vollstreckungsgericht dem Schuldner durch Beschluß die Verpflichtung auferlegen, jeden Stellenwechsel unverzüglich anzuzeigen, und für die Verletzung dieser Pflicht die im § 974 vorgesehene Strafe androhen; die Geldstrafe kann ohne Rücksicht auf die Lohn- und Gehaltspfändungsbeschränkungen beigetrieben werden.

Der Beschluß nach Abs. 2 bewirkt im Verhältnis zum Schuldner und hinsichtlich der im § 883 Abs. 2 bezeichneten Folgen, daß die Pfändung trotz des Wechsels des Dienstherrn fortbesteht. Auf diese Folgen ist der Schuldner in der Abs. 2 Satz 2 vorgesehenen Anordnung hinzuweisen.

Drittschuldnererklärung.

§ 915 (§ 840).

Der Drittschuldner hat binnen einer Woche seit der Zustellung der Pfändungsverfügung dem Vollstreckungsgericht zu erklären:

1. ob und wieweit er die Forderung als begründet anerkenne und Zahlung zu leisten bereit und imstande sei;
2. ob und welche Ansprüche von anderen an die Forderung gemacht werden;
3. ob und wegen welcher Ansprüche an der Forderung ein Pfändungspfandrecht bereits bestehe und bei welchem Vollstreckungsgericht das Verfahren anhängig sei.

Der Drittschuldner kann die Erklärung dem Gerichtsvollzieher gegenüber abgeben.

Die Aufforderung zur Abgabe der Erklärung ist in die Pfändungsverfügung aufzunehmen.

Verwertung.

§ 916 (§ 835).

Soweit es zur Geltendmachung der Forderung erforderlich und keine andere Verwertung angeordnet ist, soll die Forderung durch Verfügung dem Gläubiger, im Falle des Vorhandenseins mehrerer Gläubiger einem von ihnen, mit seinem Einverständnis zur Einziehung überwiesen werden. Hat ein Gläubiger die Pfändung der Forderung beantragt oder die Forderung vorgepfändet (§ 924), so gilt er als mit der Überweisung an ihn einverstanden.

Zur Beitreibung der Forderung ist nur derjenige Gläubiger befugt, dem sie zur Einziehung überwiesen ist. Die Forderung kann vorbehaltlich einer anderen Anordnung des Vollstreckungsgerichts nur zu Händen des Vollstreckungsgerichts beigetrieben werden. Dies gilt entsprechend für die Verwertung einer beweglichen Sache, an der zugunsten der gepfändeten Forderung ein Pfandrecht besteht.

§ 917 (§ 836; vgl. § 837).

Die Überweisungsverfügung ist dem Gläubiger zuzustellen; der Schuldner, der Drittschuldner und etwaige weitere Gläubiger sollen von ihr in Kenntnis gesetzt werden, der Schuldner jedoch nur dann, wenn ihm die Geltendmachung der gepfändeten Forderung erst durch die Überweisung unmöglich wird. Die Überweisungsverfügung ersetzt die Erklärungen des Schuldners und der übrigen etwa beteiligten Gläubiger, von denen die Berechtigung zur Einziehung der Forderung abhängig ist.

Der Schuldner ist verpflichtet, dem Gläubiger die zur Geltendmachung der Forderung nötige Auskunft zu erteilen und ihm die über die Forderung vorhandenen Urkunden herauszugeben. Die Erfüllung dieser Pflichten kann das Vollstreckungsgericht durch den Vollzug der Pfändungsverfügung erzwingen.

§ 918 (§§ 842, 843).

Die Einziehung der Forderung obliegt dem Gläubiger, dem sie überwiesen ist. Er ist dem Schuldner und den übrigen Gläubigern gegenüber zu ihr verpflichtet. Solange die Forderung nicht einem Gläubiger zur Einziehung überwiesen ist, bleibt das Recht und die Verpflichtung des Schuldners unberührt, von dem Drittschuldner die Leistung gemäß § 909 Abs. 1, § 910 zu verlangen.

Verzichtet der Gläubiger auf das Pfandrecht, so bleibt er, wenn an der Forderung noch Pfändungspfandrechte anderer Gläubiger bestehen, zur Einziehung bis auf eine anderweitige Bestimmung des Vollstreckungsgerichts verpflichtet.

§ 919 (§ 841).

Klagt der Gläubiger die Forderung ein, so ist er verpflichtet, dem Schuldner gerichtlich den Streit zu verkünden, sofern nicht eine Zustellung im Ausland oder eine öffentliche Zustellung erforderlich wird.

§ 920 (§ 856).

Jeder Gläubiger, der ein Pfändungspfandrecht an dem Anspruch hat, kann sich dem klagenden Gläubiger in jeder Lage des Rechtsstreits als Streitgenosse anschließen.

Die Gläubiger, die sich dem Kläger nicht angeschlossen haben, hat der Drittschuldner durch Einreichung eines Schriftsatzes zur Verhandlung beizuziehen.

Die Entscheidung, die in dem Rechtsstreit über den in der Klage erhobenen Anspruch erlassen wird, ist für und gegen sämtliche Gläubiger wirksam.

Gegen einen Gläubiger, der nicht zur Verhandlung beigezogen wurde, obwohl er dazu hätte beigezogen werden sollen, kann der Drittschuldner sich auf die ihm günstige Entscheidung nicht berufen.

§ 921 (§ 838).

Ist eine durch ein Pfandrecht an einer beweglichen Sache gesicherte Forderung einem Gläubiger zur Einziehung überwiesen, so kann der Schuldner zur Herausgabe des Pfandes an das Vollstreckungsgericht im Wege des Vollzugs der Pfändungsverfügung angehalten werden. Doch kann das Vollstreckungsgericht den Vollzug davon abhängig machen, daß dem Schuldner von den beteiligten Gläubigern auf näher zu bestimmende Art Sicherheit für die Haftung geleistet werde, die für ihn aus einer Verletzung der dem Gläubiger dem Verpfänder gegenüber obliegenden Verpflichtungen entstehen kann. Wird gegen die Verfügung des Vollstreckungsgerichts Erinnerung erhoben, so ist über sie durch Beschluß zu entscheiden.

§ 922 (§ 844).

Das Vollstreckungsgericht kann durch Beschluß über eine andere Art der Verwertung befinden, wenn dies zur Erreichung des Vollstreckungszweckes dienlich erscheint. Vor der Anordnung soll der Gläubiger, falls er sich mit der Überweisung an ihn einverstanden erklärt hatte (§ 916 Abs. 1), gehört werden, wenn er im Inland einen bekannten Aufenthalt hat. Auch die übrigen Beteiligten sollen gehört werden, soweit dies nicht nach der Lage des Falles untunlich erscheint.

§ 910 Abs. 1 gilt entsprechend.

Vorpfändung.

§ 923 (neu).

Der Gerichtsvollzieher kann schon vor der Pfändung dem Drittschuldner und dem Schuldner erklären, daß die Pfändung bevorstehe und der Drittschuldner nicht mehr an den Schuldner zahlen, der Schuldner nicht mehr zum Nachteil der Gläubiger über die Forderung verfügen dürfe und insbesondere ihrer Einziehung sich enthalten müsse (Vorpfändung). Die Bekanntgabe an den Drittschuldner hat durch Zustellung zu geschehen. Dem Schuldner kann die Vorpfändung gegen Nachweis auch mündlich eröffnet werden. § 915 findet entsprechende Anwendung.

Die Zustellung an den Drittschuldner und im Verhältnis zum Schuldner schon die Bekanntgabe an diesen hat, wenn die Forderung noch nicht gepfändet war, die Wirkung einer Pfändung. Doch ist die Verwertung erst nach der endgültigen Pfändung zulässig, über welche das Vollstreckungsgericht unverzüglich befindet.

§ 924 (§ 845).

Auf Grund eines der in § 792 aufgeführten vollstreckbaren Schuldtitel kann auch der Gläubiger durch den Gerichtsvollzieher dem Drittschuldner und dem Schuldner eine Vorpfändungserklärung (§ 923 Abs. 1) zustellen lassen, ohne daß es der vorgängigen vollstreckbaren Ausfertigung und der Zustellung des Schuldtitels oder seiner Umstellung bedarf. Von der Vorpfändung soll der Gerichtsvollzieher das Vollstreckungsgericht in Kenntnis setzen.

Die Zustellung an den Drittschuldner und im Verhältnis zum Schuldner schon die Zustellung an diesen hat, wenn die Forderung noch nicht gepfändet war, die Wirkung einer Arrestpfändung (§ 1006). Die Wirkung erlischt mit dem Ablauf von drei Wochen seit der Zustellung an den Drittschuldner.

Das Vollstreckungsgericht hebt die Vorpfändung schon vor dem Ablauf der im Abs. 2 Satz 2 bezeichneten Frist als unwirksam auf, wenn die Vollstreckungsvoraussetzungen für sie nicht bestehen.

Herausgabe und Leistungsansprüche.

§ 925 (§ 846; vgl. §§ 854, 855).

Die Zwangsvollstreckung in Ansprüche, welche die Herausgabe oder Leistung körperlicher Sachen zum Gegenstande haben, geschieht nach den Vorschriften der §§ 908—924 unter Berücksichtigung der nachfolgenden Bestimmungen.

§ 926 (§ 847).

Bei der Pfändung eines Anspruchs, der eine bewegliche körperliche Sache betrifft, fordert das Vollstreckungsgericht zur Herausgabe an den Gerichtsvollzieher auf.

Auf die Verwertung der Sache finden die Vorschriften über die Verwertung gepfändeter Sachen Anwendung.

§ 927 (§ 848).

Bei der Pfändung eines Anspruchs, der eine unbewegliche Sache betrifft, fordert das Vollstreckungsgericht zur Herausgabe an einen von dem Vollstreckungsgericht der belegenen Sache auf Ersuchen zu bestellenden Sequester auf.

Ist der Anspruch auf Übertragung des Eigentums gerichtet, so hat die Auflassung an den Sequester als Vertreter des Schuldners zu geschehen. Mit dem Übergange des Eigentums auf den Schuldner erlangt der Gläubiger eine Sicherungshypothek für seine Forderung. Der Sequester hat die Eintragung der Sicherungshypothek zu bewilligen.

Die Zwangsvollstreckung in die herausgegebene Sache wird nach den für die Zwangsvollstreckung in unbewegliche Sachen geltenden Vorschriften bewirkt.

Andere Vermögensrechte.

§ 928 (§ 857).

Auf die Durchführung der Vollstreckung in andere Vermögensrechte, die nicht Gegenstand der Zwangsvollstreckung in das unbewegliche Vermögen sind, finden die vorstehenden Bestimmungen entsprechende Anwendung.

Ist ein Drittschuldner nicht vorhanden, so ist die Pfändung mit dem Zeitpunkt als bewirkt anzusehen, in welchem dem Schuldner das Gebot, sich jeder die Gläubiger benachteiligenden Verfügung über das Recht zu enthalten, zugestellt ist.

Ein unveräußerliches Recht ist in Ermangelung besonderer Vorschriften der Pfändung insoweit unterworfen, als die Ausübung einem anderen überlassen werden kann.

Das Vollstreckungsgericht kann bei der Zwangsvollstreckung in unveräußerliche Rechte, deren Ausübung einem anderen überlassen werden kann, besondere Anordnungen beschließen. Es kann insbesondere bei der Zwangsvollstreckung in Nutzungsrechte eine Verwaltung anordnen; in diesem Falle wird die Pfändung durch Übergabe der zu benutzenden Sache an den Verwalter bewirkt, sofern sie nicht durch Zustellung der Verfügung bereits vorher bewirkt ist.

Kann das Recht selbst veräußert werden, so kann auch diese Veräußerung von dem Vollstreckungsgericht beschlossen werden.

Auf die Zwangsvollstreckung in eine Reallast, eine Grundschuld oder eine Rentenschuld finden die Vorschriften über die Zwangsvollstreckung in eine Forderung, für die eine Hypothek besteht, entsprechende Anwendung. Doch gilt dies nicht für die dem Eigentümer ohne die Forderung zustehende Hypothek und für die ihm zustehende Grundschuld.

Schiffsparten.

§ 929 (§ 858).

Auf die Durchführung der Vollstreckung in den Anteil an einem im Schiffsregister eingetragenen Schiffe (Schiffspart) finden die Bestimmungen des § 928 mit folgenden Abweichungen Anwendung.

Für die Durchführung der Vollstreckung ist, auch wenn die Vollstreckung des Anspruchs bei einem anderen Vollstreckungsgericht beantragt worden ist, nur das Vollstreckungsgericht zuständig, in dessen Bezirk sich der Heimatshafen oder der Heimatsort des Schiffes befindet (Schiffsvollstreckungsgericht).

Die Vollstreckung findet nur auf Antrag statt; der Gläubiger kann den Antrag unter Vorlegung einer vollstreckbaren Ausfertigung eines Schuldtitels der in § 792 Nr. 1—6 bezeichneten Art bei dem Schiffsvollstreckungsgericht unmittelbar stellen, sofern er nicht die Durchführung der Vollstreckung des Anspruchs bei dem Vollstreckungsgericht beantragt hat. Dem Antrag auf Anordnung der Veräußerung der Part ist ein Auszug aus dem Schiffsregister beizufügen, der alle die Part betreffenden Eintragungen enthält; der Auszug darf nicht älter als eine Woche sein.

Die Pfändungsverfügung soll dem Korrespondentreeder zugestellt werden; die Pfändung wird auch mit dieser Zustellung wirksam.

Das Schiffsvollstreckungsgericht soll von der Erlassung der Pfändungsverfügung der Registerbehörde und sowohl von der Erlassung der Pfändungsverfügung als auch von der des Veräußerungsbeschlusses dem Vollstreckungsgericht unverzüglich Mitteilung machen, bei dem die Vollstreckung des Anspruchs anhängig ist oder der Schuldner seinen Wohnsitz, seinen Sitz oder in Ermangelung dieser seine Hauptniederlassung hat.

Die Verfügung über den Erlös trifft das Schiffsvollstreckungsgericht, sofern nicht das im Abs. 5 bezeichnete Vollstreckungsgericht sie sich vorbehält. Forderungen, für die ein Pfandrecht an der Part eingetragen ist, sind nach dem Inhalt des Schiffsregisters bei der Verteilung zu berücksichtigen.

Pfändbarkeit von Anteils- und ähnlichen Rechten.

§ 930 (§ 859).

Der Anteil eines Gesellschafters an dem Gesellschaftsvermögen einer nach § 705 des Bürgerlichen Gesetzbuchs eingegangenen Gesellschaft ist der Pfändung unterworfen. Der Anteil eines Gesellschafters an den einzelnen zu dem Gesellschaftsvermögen gehörenden Gegenständen ist der Pfändung nicht unterworfen.

Die gleichen Vorschriften gelten für den Anteil eines Miterben an dem Nachlaß und an den einzelnen Nachlaßgegenständen.

§ 931 (§ 860).

Bei dem Güterstande der allgemeinen Gütergemeinschaft, der Errungenschaftsgemeinschaft oder der Fahrnisgemeinschaft ist der Anteil eines der Ehegatten an dem Gesamtgut und an den einzelnen dazu gehörenden Gegenständen der Pfändung nicht unterworfen. Das gleiche gilt bei der fortgesetzten Gütergemeinschaft von den Anteilen des überlebenden Ehegatten und der Abkömmlinge.

Nach der Beendigung der Gemeinschaft ist der Anteil an dem Gesamtgute zugunsten der Gläubiger des Anteilsberechtigten der Pfändung unterworfen.

§ 932 (§ 861 Abs. 1 Satz 1, § 862 Abs. 1).

Das Recht, das bei dem Güterstande der Verwaltung und Nutznießung dem Ehemann an dem eingebrachten Gute zusteht, ist der Pfändung nicht unterworfen.

Das Recht, das dem Vater oder der Mutter kraft der elterlichen Nutznießung an dem Vermögen des Kindes zusteht, ist der Pfändung nicht unterworfen. Das gleiche gilt von den ihnen nach den §§ 1655, 1656 des Bürgerlichen Gesetzbuchs zustehenden Ansprüchen, solange die Ansprüche nicht fällig sind.

§ 933 (§ 852).

Der Pflichtteilsanspruch ist der Pfändung nur unterworfen, wenn er durch Vertrag anerkannt oder rechtshängig geworden ist.

Das gleiche gilt für den nach § 526 des Bürgerlichen Gesetzbuchs dem Schenker zustehenden Anspruch auf Herausgabe des Geschenks.

D. Verteilungsverfahren.

§ 934 (§ 872).

Hat das Vollstreckungsgericht über einen nicht zur Befriedigung aller beteiligten Gläubiger ausreichenden Geldbetrag oder Erlös zu verfügen, so findet das Verteilungsverfahren (§§ 935—940) statt, wenn es von einem Gläubiger beantragt oder vom Vollstreckungsgericht für zweckmäßig erachtet wird.

§ 935 (§ 874).

Das Verteilungsverfahren beginnt mit der Aufstellung des Teilungsplans durch das Vollstreckungsgericht; der Teilungsplan soll unverzüglich aufgestellt und zur Einsicht ausgelegt werden.

Von dem Bestande der Masse wird der Betrag der Kosten des Verfahrens vorweg in Abzug gebracht.

§ 936 (vgl. §§ 873, 875, 876).

Das Vollstreckungsgericht benachrichtigt die Gläubiger von der Auslegung des Teilungsplans und gibt ihn ihnen durch Zustellung mit dem Zusatz bekannt, daß sie vor Ablauf einer mit der Zustellung beginnenden Frist von zwei Wochen bei dem Vollstreckungsgericht Widerspruch dagegen einlegen können.

Wird kein Widerspruch eingelegt, so soll der Teilungsplan ausgeführt werden.

§ 937 (§§ 876, 875 Abs. 2).

Wird Widerspruch eingelegt, so lädt das Vollstreckungsgericht die Gläubiger und den Schuldner zu einem Termin. Die Ladung des Schuldners, der sich im Ausland befindet oder dem öffentlich zugestellt werden müßte, kann durch Aufgabe zur Post zugestellt werden.

Über den Widerspruch hat sich jeder an ihm beteiligte Gläubiger in dem Termin zu erklären. Wird der Widerspruch von den Beteiligten als begründet anerkannt oder kommt anderweit eine Einigung zustande, so soll der Plan demgemäß berichtigt und ausgeführt werden. Erledigt sich der Widerspruch nicht, so soll der Plan insoweit ausgeführt werden, als er von dem Widerspruch nicht betroffen wird.

§ 938 (§ 877).

Gegen einen Gläubiger, der in dem Termin weder erschienen ist noch vor dem Termin bei dem Vollstreckungsgericht Widerspruch eingelegt hat, wird angenommen, daß er mit der Ausführung des Planes einverstanden sei.

Ist ein nicht erschienener Gläubiger bei dem Widerspruch beteiligt, den ein anderer Gläubiger eingelegt hat, so wird angenommen, daß er diesen Widerspruch nicht als begründet anerkenne.

§ 939 (§ 878).

Bleibt ein Widerspruch unerledigt, so führt das Vollstreckungsgericht den Teilungsplan aus, sofern ihm nicht der widersprechende Gläubiger binnen zwei Wochen seit dem Termin nachweist, daß er gegen die beteiligten Gläubiger Klage erhoben habe.

§ 940 (§ 879).

Örtlich zuständig für die Klage ist das Gericht, in dessen Bezirk das Vollstreckungsgericht seinen Sitz hat.

Sämtliche aus den Widersprüchen gegen den Teilungsplan entstehenden Klagen können bei dem auch nur für eine der Klagen sachlich zuständigen Landgericht anhängig gemacht werden, sofern nicht alle Beteiligten hierfür die einheitliche Zuständigkeit des Amtsgerichts vereinbaren.

2. Zwangsvollstreckung in das unbewegliche Vermögen.

§ 941 (§ 864).

In das unbewegliche Vermögen wird die Vollstreckung nur auf Antrag durchgeführt.

Ihr unterliegen außer den Grundstücken die Berechtigungen, für welche die sich auf Grundstücke beziehenden Vorschriften gelten, und die im Schiffsregister eingetragenen Schiffe.

Die Vollstreckung in den Bruchteil eines Grundstücks oder einer Berechtigung ist nur statthaft, wenn der Bruchteil in dem Anteil eines Miteigentümers besteht oder wenn sich der Anspruch des Gläubigers auf ein Recht gründet, mit dem der Bruchteil als solcher belastet ist.

§ 942 (§ 865).

Die Vollstreckung in das unbewegliche Vermögen umfaßt auch die Gegenstände, auf die sich bei Grundstücken und Berechtigungen die Hypothek, bei Schiffen das eingetragene Pfandrecht erstreckt.

Die Pfändung dieser Gegenstände ist nur statthaft, soweit sie nicht Zubehör sind. Im übrigen unterliegen sie der Vollstreckung in das bewegliche Vermögen, solange sie nicht im Wege der Vollstreckung in das unbewegliche Vermögen beschlagnahmt worden sind.

Soweit die Pfändung gemäß Abs. 2 nicht statthaft ist, gelten die Gläubiger, die ein Recht auf Befriedigung aus dem Grundstück haben, als von der Vollstreckung betroffen (§ 820).

§ 943 (§ 866).

Die Zwangsvollstreckung in ein Grundstück kann durch Eintragung einer Sicherungshypothek für die Forderung, durch Zwangsversteigerung und durch Zwangsverwaltung durchgeführt werden.

Der Gläubiger kann verlangen, daß eine dieser Maßnahmen allein oder neben den übrigen ausgeführt werde.

§ 944 (§ 866 Abs. 3).

Die Eintragung einer Sicherungshypothek ist nur für einen Anspruch statthaft, dessen Betrag fünfhundert Reichsmark übersteigt. Die Vorschriften der §§ 4, 5 finden entsprechende Anwendung.

Wird die Zwangsvollstreckung in das Grundstück von mehreren Gläubigern durch Beantragung der Eintragung von Sicherungshypotheken betrieben, so haben ihre Sicherungshypotheken, sofern deren Eintragung binnen dreißig Tagen seit der ersten Eintragung bei dem Grundbuchamt beantragt worden ist, den gleichen Rang und den Vorrang vor den Rechten, die nach jener ersten Eintragung zur Entstehung gelangt oder wirksam geworden sind; dem Antrag bei dem Grundbuchamt steht das Ersuchen an das Grundbuchamt gleich (§ 945 Abs. 1). Ist eine dieser Sicherungshypotheken für eine vollstreckbare gesetzliche Unterhaltsforderung (§ 883 Abs. 2) eingetragen, so geht sie den anderen Gläubigern der gleichen Gruppe vor. Die für die vollstreckbare Forderung einer öffentlichen Kasse eingetragene Sicherungshypothek steht der für eine vollstreckbare Unterhaltsforderung eingetragenen im Range gleich.

Das Rangverhältnis ist im Grundbuch zu vermerken.

§ 945 (§ 867).

Die Eintragung einer Sicherungshypothek in das Grundbuch kann der Gläubiger unter Vorlegung einer vollstreckbaren Ausfertigung eines Schuldtitels der im § 792 Nr. 1—6 bezeichneten Art bei dem Grundbuchamt unmittelbar beantragen, sofern er nicht die Durchführung der Vollstreckung des Anspruchs bei dem Vollstreckungsgericht beantragt hat. Der Antrag kann auch bei dem zur Durchführung der Vollstreckung zuständigen Vollstreckungsgericht gestellt werden; in diesem Fall ersucht das Vollstreckungsgericht das Grundbuchamt um die Eintragung.

Von der Eintragung soll das Grundbuchamt den Antragsteller und das ersuchende Vollstreckungsgericht benachrichtigen. Hat der Gläubiger den Antrag bei dem Grundbuchamt unmittelbar gestellt, so benachrichtigt das Grundbuchamt das Vollstreckungsgericht des Wohnsitzes, des Sitzes oder in Ermangelung dieser das der Hauptniederlassung von der Eintragung.

Mit der Eintragung entsteht die Hypothek. Das Grundstück haftet auch für die dem Schuldner zur Last fallenden Kosten der Eintragung.

Sollen mehrere Grundstücke des Schuldners mit der Hypothek belastet belastet werden, so ist der Betrag der Forderung auf die einzelnen Grundstücke zu verteilen; die Größe der Teile bestimmt der Gläubiger.

§ 946 (§ 868).

Verliert die Vollstreckungsmaßregel ihre Rechtsgrundlage, so erwirbt der Eigentümer des Grundstücks die Hypothek. Das gilt insbesondere, wenn die zur Abwendung der Vollstreckung nachgelassene Sicherheitsleistung oder Hinterlegung stattfindet.

§ 947 (§ 869).

Die Zwangsversteigerung und die Zwangsverwaltung werden durch ein besonderes Gesetz geregelt.

§ 948 (§ 870).

Auf die Durchführung der Vollstreckung in eine Berechtigung, für welche die sich auf Grundstücke beziehenden Vorschriften gelten, finden die Vorschriften über die Zwangsvollstreckung in Grundstücke entsprechende Anwendung.

Die Durchführung der Vollstreckung in ein eingetragenes Schiff ist nur im Wege der Zwangsversteigerung statthaft.

§ 949 (§ 871).

Unberührt bleiben die landesgesetzlichen Vorschriften, nach denen, wenn ein anderer als der Eigentümer einer Eisenbahn oder Kleinbahn den Betrieb der Bahn kraft eigenen Nutzungsrechts ausübt, das Nutzungsrecht und gewisse dem Betriebe gewidmete Gegenstände in Ansehung der Zwangsvollstreckung zum unbeweglichen Vermögen gehören und die Zwangsvollstreckung abweichend von den Vorschriften der Reichsgesetze geregelt ist.

3. Schuldnerschutzbestimmungen.

Schuldnerschutzmaßregeln.

§ 950 (neu).

Das Vollstreckungsgericht kann auf Antrag des Schuldners zwischen diesem und dem Gläubiger ein gütliches Übereinkommen über die Abwicklung des Schuldverhältnisses vermitteln, wenn dies zur Befriedigung des Gläubigers förderlich erscheint. War der Schuldner unverschuldet in Zahlungsschwierigkeiten geraten, und hat er die Erledigung der Angelegenheit nicht verschleppt, so kann das Vollstreckungsgericht die Vermittelung in allen Fällen übernehmen, in denen die wirtschaftliche Lage des Gläubigers dadurch nicht gefährdet wird.

Der Schuldner kann den Antrag stellen, wenn ein Zahlungsbefehl ergangen oder ein Schuldtitel der in § 792 bezeichneten Art erwirkt ist. Ist die Widerspruchsfrist gegen den Zahlungsbefehl noch nicht abgelaufen, so muß der Antrag das Anerkenntnis der Schuld und der Haftung enthalten. Der Antrag kann auch zur Niederschrift des Gerichtsvollziehers gestellt werden. Er soll mit einer Begründung versehen sein und die Beweismittel bezeichnen; etwaige Beweisurkunden sollen beigefügt werden.

Sind die Voraussetzungen für die Durchführung der Vollstreckung gegeben, so soll von der Pfändung nur abgesehen werden, wenn dadurch die Verwirklichung des Rechtes des Gläubigers nicht gefährdet wird und die Pfändung eine unnötige Härte gegen den Schuldner darstellen würde. Wird von der Pfändung abgesehen, so gilt sie hinsichtlich der im § 883 Abs. 2 bezeichneten Wirkungen als an dem Tage nach Ablauf des Tages geschehen, an dem die Voraussetzungen für die erste Pfändung erfüllt waren; § 883 Abs. 3 findet entsprechende Anwendung.

§ 951 (neu).

Kommt ein Übereinkommen zustande, so wird es vom Vollstreckungsgericht durch Beschluß bestätigt, wenn die Voraussetzungen des § 950 Abs. 1 nach dem Ermessen des Vollstreckungsgerichts gegeben sind und das Übereinkommen sachgemäß erscheint. Insbesondere soll auch auf diejenigen Ansprüche Bedacht genommen werden, hinsichtlich derer die Voraussetzungen für die Durchführung der Vollstreckung noch nicht oder nur mit der Folge des schlechteren Ranges (§ 883 Abs. 2) bestehen.

Der Anspruch kann nur mit den sich aus dem Übereinkommen ergebenden Beschränkungen vollstreckt werden.

Das Vollstreckungsgericht überwacht die Ausführung des bestätigten Übereinkommens.

§ 952 (neu).

Um den Verfall der Wirtschaftskraft eines zahlungswilligen Schuldners hintanzuhalten, kann ihm das Vollstreckungsgericht auf seinen Antrag zur freiwilligen Erfüllung seiner Verbindlichkeit durch Beschluß Zahlungsfristen bewilligen, wenn dies unter Berücksichtigung aller Umstände angemessen erscheint und die wirtschaftliche Lage des Gläubigers nicht gefährdet wird. Daß ein nach § 950 vorgenommener Einigungsversuch ergebnislos geblieben ist, steht der Bewilligung von Zahlungsfristen nicht entgegen.

Das Vollstreckungsgericht kann die Fristbewilligung an Bedingungen knüpfen, durch deren Erfüllung die Einhaltung der Verpflichtungen sichergestellt wird. § 950 Abs. 2, 3, § 951 Abs. 1 Satz 2 und Abs. 2, 3 sind entsprechend anwendbar.

§ 953 (neu).

In entsprechender Anwendung der Vorschriften des § 952 kann das Vollstreckungsgericht an Stelle der Bewilligung von Zahlungsfristen gegen den Schuldner, auch wenn andere pfändbare Habe vorhanden ist, durch Beschluß die Dauervollstreckung (§ 865) anordnen.

§ 954 (neu).

Das Vollstreckungsgericht kann eine Schuldnerschutzmaßnahme aufheben oder einschränken, wenn sich nachträglich herausstellt, daß die bei ihrer Bewilligung angenommenen Voraussetzungen nicht vorlagen oder wenn sie weggefallen sind oder wenn der Fortbestand des Schutzes wegen des Verhaltens des Schuldners nicht mehr gerechtfertigt erscheint.

Über die Aufhebung oder Einschränkung wird durch Beschluß befunden.

Pfändungsbeschränkungen.

§ 955 (§ 811 Nr. 1—7, 9—13).

Nicht gepfändet werden sollen:

1. die der Führung des Haushalts dienenden Sachen wie die Kleidungsstücke, die Betten, die Wäsche, das Haus- und Küchengerät, insbesondere die Heiz- und Kochöfen, soweit diese Sachen für den Bedarf des Schuldners oder zur Erhaltung eines angemessenen Hausstandes unentbehrlich sind;
2. die für den Schuldner, seine Familie und seine Hausangestellten auf vier Wochen erforderlichen Nahrungs-, Feuerungs- und Beleuchtungsmittel oder, soweit nicht § 956 Platz greift und solche Vorräte auf zwei Wochen nicht vorhanden und ihre Beschaffung für diesen Zeitraum auf anderem Wege nicht gesichert ist, der zur Beschaffung erforderliche Geldbetrag;
3. eine Milchkuh oder nach der Wahl des Schuldners statt einer solchen zwei Ziegen oder zwei Schafe nebst den zum Unterhalt und zur Streu für diese auf vier Wochen erforderlichen Futter- und Streuvorräten oder, soweit nicht § 956 Platz greift und solche Vorräte auf zwei Wochen nicht vorhanden und ihre Beschaffung für diesen Zeitraum auf anderem Wege nicht gesichert ist, dem zur Beschaffung erforderlichen Geldbetrage, wenn die bezeichneten Tiere für die Ernährung des Schuldners, seiner Familie und seines Gesindes unentbehrlich sind;
4. bei Personen, welche Landwirtschaft betreiben, das zum Wirtschaftsbetrieb erforderliche Gerät und Vieh nebst dem nötigen Dünger, sowie die landwirtschaftlichen Erzeugnisse, soweit sie zur Fortführung der Wirtschaft bis zu der Zeit erforderlich sind, zu der gleiche oder ähnliche Erzeugnisse voraussichtlich gewonnen werden;
5. bei Arbeitnehmern in landwirtschaftlichen Betrieben, die neben der Barentlohnung Naturalvergütungen erhalten, das mit diesen ernährte Vieh;
6. bei geistigen Arbeitern, Künstlern, Handwerkern, gewerblichen Arbeitern und anderen Personen, die aus Handarbeit oder sonstigen persönlichen Leistungen ihren Erwerb ziehen, die zur persönlichen Fortsetzung der Erwerbstätigkeit unentbehrlichen Gegenstände;
7. bei Witwen und den minderjährigen Erben der unter Nr. 6 bezeichneten Personen, wenn sie das Erwerbsgeschäft für ihre Rechnung durch einen Stellvertreter fortführen, die zur persönlichen Fortführung des Geschäfts durch den Stellvertreter unentbehrlichen Gegenstände;

8. bei Offizieren, Beamten, Geistlichen, Lehrern an öffentlichen Unterrichtsanstalten, Rechtsanwälten, Notaren sowie Ärzten und Hebammen, die zur Verwaltung des Dienstes oder Ausübung des Berufs erforderlichen Gegenstände, sowie angemessene Kleidung;
9. die zum Betrieb einer Apotheke unentbehrlichen Geräte, Gefäße und Waren;
10. die Bücher und anderen Gegenstände, die zum Gebrauch des Schuldners und seiner Familie in der Kirche, einer Unterrichtsanstalt oder zur beruflichen Ausbildung oder bei der häuslichen Andacht bestimmt und erforderlich sind, sofern es sich nicht um Kostbarkeiten handelt;
11. die in Gebrauch genommenen Haushaltungs- und Geschäftsbücher, die Familienpapiere, sowie die Trauringe, Orden und Ehrenzeichen, ferner, soweit es sich nicht um Kostbarkeiten handelt, Familienbriefe, Familienbilder und Verlobungsringe;
12. künstliche Gliedmaßen, Brillen und andere wegen körperlicher Gebrechen notwendige Hilfsmittel, soweit diese Gegenstände zum Gebrauche des Schuldners und seiner Familie bestimmt sind;
13. die zur unmittelbaren Verwendung für die Taufe, die Eheschließung oder die Bestattung bestimmten Gegenstände, soweit es sich nicht um Kostbarkeiten handelt.

Die Pfändung ist zulässig, wenn dem Schuldner für die gepfändete Sache ein Ersatzstück überlassen wird, das zur Erfüllung des geschützten Zweckes genügt.

Ist vorauszusehen, daß die Unentbehrlichkeit einer Sache demnächst wegfällt, so ist die Pfändung in der in § 889 vorgesehenen Form zulässig, jedoch soll die Verwertung erst nach dem Fortfall der Unentbehrlichkeit stattfinden.

§ 956 (vgl. § 811 Nr. 8).

Ist eine nach §§ 958—967 unpfändbare Forderung ausbezahlt, so erstreckt sich der ihr gewährte Schutz auf den Geldbetrag, der dem der Pfändung nicht unterworfenen Teil der Forderung für die Zeit von der Pfändung bis zum nächsten Termin der Zahlung gleichkommt.

Die Bestimmungen des § 959 sind entsprechend anwendbar.

§ 957 (§ 812).

Gegenstände, die zum gewöhnlichen Hausrat gehören und im Haushalt des Schuldners gebraucht werden, sollen nicht gepfändet werden, wenn ohne weiteres ersichtlich ist, daß durch ihre Verwertung nur ein Erlös erzielt werden würde, der zu dem Werte außer allem Verhältnisse steht.

§ 958 (§ 850 Nr. 1; Lohnpf.VO. 1, 2; § 850 Abs. 4).

Das Einkommen, das der Schuldner auf Grund eines bürgerlich rechtlichen Verhältnisses aus geistiger oder körperlicher Arbeit bezieht, soll, wenn es nicht aus der Verwertung wirtschaftlicher Anlagen erworben wird, bei Ausbezahlung für Monate oder Bruchteile von Monaten bis zum Betrage von monatlich 195 Reichsmark, bei Ausbezahlung für Wochen bis zum Betrage von wöchentlich 45 Reichsmark, bei Ausbezahlung für Tage bis zum Betrage von täglich 7,50 Reichsmark und, soweit das Einkommen diese Beträge übersteigt, zu einem Drittel des Mehrbetrags nicht gepfändet werden.

Hat der Schuldner seinem Ehegatten, früheren Ehegatten, Verwandten oder einem unehelichen Kinde Unterhalt zu gewähren, so erhöht sich der unpfändbare Teil des Mehrbetrags für jede Person, der Unterhalt zu gewähren ist, um ein Sechstel, höchstens jedoch auf zwei Drittel des Mehrbetrags. Übersteigt der Bezug die Summe von 650 Reichsmark für den Monat, von 150 Reichsmark für die Woche, von 25 Reichsmark für den Tag, so findet auf den Mehrbetrag die Vorschrift in Satz 1 keine Anwendung.

Ändern sich die Verhältnisse, die nach Abs. 1, 2 für die Bestimmung des unpfändbaren Teiles des Bezugs maßgebend sind, so erweitert oder beschränkt sich die Pfändung nach Maßgabe der eingetretenen Änderung von dem auf deren Eintritt nächstfolgenden Zeitpunkt ab, an dem der Bezug fällig wird.

Beträge, die nach den Bestimmungen der Steuergesetze oder sonstiger gesetzlicher Vorschriften von dem Drittschuldner einzubehalten sind, sind bei der Ermittelung des pfändbaren Teils von dem Bezug abzuziehen.

Die Beschränkungen der Abs. 1, 2 gelten nicht, wenn eine gesetzliche Unterhaltsforderung eines Verwandten, Ehegatten, früheren Ehegatten oder unehelichen Kindes für die Zeit nach Erhebung der Klage oder nach der Zustellung des Zahlungsbefehls und für das diesem Zeitpunkt vorausgehende letzte Vierteljahr vollstreckt wird. Doch soll dem Schuldner der Betrag belassen werden, dessen er nach dem Ermessen des Vollstreckungsgerichts zur Bestreitung des notdürftigen Unterhalts für sich und seine mit ihm in häuslicher Gemeinschaft lebenden unterhaltsberechtigten Angehörigen sowie mit Rücksicht auf die Erfüllung einer ihm gesetzlich obliegenden, nach den Vorschriften des bürgerlichen Rechts dem Anspruch des Gläubigers gleichstehenden oder vorgehenden Unterhaltspflicht für den gleichen Zeitraum bedarf. Der dem Schuldner nach Satz 2 dieses Absatzes verbleibende Teil seiner Bezüge soll den Betrag, der nach Abs. 1 bis 4 dem Schuldner verbleiben soll, nicht übersteigen.

Der Schutz erlischt, sobald die Forderung in eine dauernde Anlage umgewandelt ist.

§ 959 (neu).

Besteht das Arbeitseinkommen nicht in regelmäßig fließenden im voraus fest bestimmten Bezügen, so tritt der Schutz nur auf Antrag ein.

Der Antrag soll mit einer Begründung versehen sein und die Beweismittel bezeichnen; etwaige Beweisurkunden sollen beigefügt werden.

Das Vollstreckungsgericht kann den Schutz einschränken, wenn dies nach seinem Ermessen erforderlich ist, um eine Gefährdung des Gläubigers zu vermeiden.

§ 960 (neu).

Das Entgelt für die Arbeit eines Schuldners bleibt im Sinne dieses Gesetzes Arbeitseinkommen des Schuldners auch dann, wenn es im voraus, gleichviel unter welcher Bezeichnung, einem Dritten zugewendet wird. Hat das Vollstreckungsgericht demgemäß die Pfändung des Forderungsrechts des Dritten durch Beschluß für zulässig erklärt, so ist sie statthaft, wie wenn das Forderungsrecht dem Schuldner zustände.

Ist für eine Arbeitstätigkeit des Schuldners eine unverhältnismäßig niedrige oder gar keine Vergütung vereinbart, wird er aber tatsächlich, sei es auch nur durch die Gewährung des Unterhalts, mit einem Wertbetrag entlohnt, der die dem Anspruch des Gläubigers gegenüber bestehende Pfändungsgrenze übersteigt, so gilt die angemessene Barvergütung als dem Schuldner vom Drittschuldner geschuldet. Die Pfändung dieses Forderungsrechts des Schuldners ist statthaft, wenn das Vollstreckungsgericht sie unter Feststellung des Bestandes und der Höhe der Forderung durch Beschluß für zulässig erklärt hat. Der § 1617 des Bürgerlichen Gesetzbuchs steht der Feststellung nicht entgegen.

Ist die Pfändung schon vorgenommen gewesen, als der in Abs. 1, 2 bezeichnete Beschluß erging, so wirkt er auf den Zeitpunkt der Pfändung zurück.

§ 961 (LohnpfVO. §§ 3, 4).

Für die Pfändung

1. des Ruhegehalts von Personen, die in einem bürgerlich-rechtlichen Dienst- oder Arbeitsverhältnis beschäftigt gewesen sind;
2. der Bezüge eines Handlungsgehilfen, der auf Grund der Vorschriften der §§ 74—75a des Handelsgesetzbuchs in der Fassung des Gesetzes vom 10. Juni 1914 (Reichsgesetzbl. S. 209) für die Zeit nach der Beendigung des Dienstverhältnisses eine Entschädigung beanspruchen kann;
3. von Geldrenten, die nach § 843 des Bürgerlichen Gesetzbuchs wegen einer Verletzung des Körpers oder der Gesundheit zu entrichten sind

gelten die Vorschriften des § 958 entsprechend.

§ 962 (§ 850 Nr. 8, 9).

Das Diensteinkommen der Beamten, der Angehörigen der Reichswehr, der Geistlichen sowie der Ärzte und Lehrer an öffentlichen Anstalten, die Bezüge dieser Personen nach ihrer Versetzung in den dauernden oder zeitlichen oder in den einstweiligen Ruhestand, sowie die Pensionen der Offiziere und Deckoffiziere der früheren Wehrmacht sollen bis zum Betrage von monatlich 195 Reichsmark und, soweit die Bezüge diesen Betrag übersteigen, zu zwei Dritteln des Mehrbetrags nicht gepfändet werden.

Die Beihilfen und Zulagen, die den in Abs. 1 bezeichneten Personen mit Rücksicht auf das Vorhandensein unterhaltsberechtigter Angehöriger gewährt werden, sollen weder gepfändet werden, noch sind sie bei der Ermittelung der pfändbaren Beträge zu berücksichtigen. Das gleiche gilt für die Einkünfte, die zur Bestreitung eines Dienstaufwandes bestimmt sind.

Die Vorschriften des § 958 Abs. 4 bis 6 sind entsprechend anwendbar.

Bezieht ein Schuldner neben einem Einkommen nach § 958 ein solches nach § 962, so wird der pfändungsfreie Betrag nach Maßgabe des § 962 aus der Einkommensgesamtsumme berechnet.

§ 963 (§ 850 Nr. 7, 8 a. E.).

Für die Pfändung der Bezüge von Witwen und Waisen und der ihnen aus Witwen- und Waisenkassen zukommenden Beträge sowie der Erziehungsgelder und Studienstipendien gelten die Vorschriften des § 962 entsprechend.

Die den Hinterbliebenen zu gewährenden Sterbe- oder Gnadenbezüge sollen nicht gepfändet werden.

§ 964 (§ 850 Nr. 2 bis 6).

Nicht gepfändet werden sollen ferner

1. die auf gesetzlicher Vorschrift beruhenden Unterhaltsforderungen und die nach § 844 der Bürgerlichen Gesetzbuchs wegen der Entziehung einer solchen Forderung zu entrichtende Geldrente;
2. die fortlaufenden Einkünfte, die ein Schuldner aus Stiftungen oder sonst auf Grund der Fürsorge und Freigebigkeit eines Dritten oder auf Grund eines Altenteils- oder Auszugsvertrags bezieht, soweit der Schuldner zur Bestreitung des notdürftigen Unterhalts für sich, seinen Ehegatten und seine unterhaltsberechtigten Verwandten dieser Einkünfte bedarf;
3. die aus Kranken-, Hilfs- und Sterbekassen zu beziehenden Hebungen, soweit nicht eine andere gesetzliche Regelung getroffen ist;
4. das Diensteinkommen der Angehörigen mobiler Formationen.

Die Vorschriften der Versicherungs-, Versorgungs- und sonstigen Gesetze über die Pfändung von Ansprüchen bestimmter Art bleiben unberührt.

§ 965 (§ 851).

In Ermangelung besonderer Vorschriften ist die Pfändung einer Forderung insoweit unzulässig, als die Forderung nicht übertragbar ist.

Eine nach § 399 des Bürgerlichen Gesetzbuchs nicht übertragbare Forderung kann insoweit gepfändet und zur Einziehung überwiesen werden, als die Pfändung des geschuldeten Gegenstandes zulässig ist.

Der Anspruch auf Zustimmung zu der Berichtigung des Grundbuchs (§ 894 des Bürgerlichen Gesetzbuchs) kann gepfändet werden.

§ 966 (§ 861 Abs. 1 Satz 2, § 862 Abs. 2).

Die bei dem Güterstand der Verwaltung und Nutznießung von dem Ehemann erworbenen Früchte des eingebrachten Gutes sollen nicht gepfändet werden, soweit sie zur Erfüllung der in den §§ 1384 bis 1387 der Bürgerlichen Gesetzbuchs bestimmten Verpflichtungen des Ehemanns, zur Erfüllung der ihm seiner Ehefrau, seiner früheren Ehefrau oder seinen Verwandten gegenüber gesetzlich obliegenden Unterhaltspflicht und zur Bestreitung seines standesgemäßen Unterhalts erforderlich sind.

Auf die Pfändung der von dem Vater oder der Mutter kraft der elterlichen Nutznießung erworbenen Früchte finden die Vorschriften des Abs. 1 mit der Maßgabe entsprechende Anwendung, daß die in den §§ 1655, 1656 des Bürgerlichen Gesetzbuchs bezeichneten Ansprüche, wenn sie fällig sind, den erworbenen Früchten gleichstehen.

§ 967 (§ 863).

Ist der Schuldner als Erbe nach § 2338 der Bürgerlichen Gesetzbuchs durch die Einsetzung eines Nacherben beschränkt, so sollen die Nutzungen der Erbschaft nicht gepfändet werden, soweit sie zur Erfüllung der dem Schuldner seinem Ehegatten, seinem früheren Ehegatten oder seinen Verwandten gegenüber gesetzlich obliegenden Unterhaltspflicht und zur Bestreitung seines standesgemäßen Unterhalts erforderlich sind. Das gleiche gilt, wenn der Schuldner nach § 2338 des Bürgerlichen Gesetzbuchs durch die Ernennung eines Testamentsvollstreckers beschränkt ist, für seinen Anspruch auf den jährlichen Reinertrag.

Die Pfändung ist unbeschränkt zulässig, wenn der Anspruch eines Nachlaßgläubigers oder ein auch dem Nacherben oder dem Testamentsvollstrecker gegenüber wirksames Recht geltend gemacht wird.

Diese Vorschriften finden entsprechende Anwendung, wenn der Anteil eines Abkömmlings an dem Gesamtgute der fortgesetzten Gütergemeinschaft nach § 1513 Abs. 2 des Bürgerlichen Gesetzbuchs einer Beschränkung der im Abs. 1 bezeichneten Art unterliegt.

§ 968 (neu).

Wird wegen einer Verletzung der in §§ 955 bis 959 und in §§ 961 bis 967 enthaltenen Vorschriften Erinnerung erhoben, so ist über sie durch Beschluß zu entscheiden.

III. Zwangsvollstreckung von Ansprüchen auf Herausgabe und auf Handlungen oder Unterlassungen.

Herausgabeansprüche.

§ 969 (§ 883).

Hat der Schuldner eine bewegliche Sache oder eine Mehrheit bestimmter beweglicher Sachen herauszugeben, so werden sie ihm durch den Gerichtsvollzieher weggenommen und dem Gläubiger übergeben.

Erforderlichenfalls (§ 774 Abs. 1) hat der Schuldner an Eides Statt zu versichern,

daß er die Sache nicht besitze, auch nicht wisse, wo sie sich befinde.

Das Vollstreckungsgericht kann eine der Lage der Sache entsprechende Änderung der Versicherung beschließen. Insbesondere kann es auch Auskunft darüber verlangen, auf welche Weise der Schuldner den Besitz verlor und wo sich seines Wissens die Sache jetzt befindet.

Sofern nach Lage der Umstände und mit Rücksicht auf die Bedeutung der Angelegenheit, die eidesstattliche Versicherung des Schuldners zur Ermittelung der Wahrheit nicht ausreichend erscheint, kann das Vollstreckungsgericht vom Schuldner die Beeidigung seiner Angaben fordern.

Die § 775 Abs. 3, §§ 776—779, 866, 867 finden entsprechende Anwendung.

Die Vorschriften dieses Paragraphen gelten entsprechend, wenn der Schuldner verpflichtet ist, ein Kind oder eine andere unselbständige Person herauszugeben.

§ 970 (§ 884).

Hat der Schuldner eine bestimmte Menge vertretbarer Sachen oder Wertpapiere zu leisten, so findet die Vorschrift des § 969 Abs. 1 entsprechende Anwendung.

§ 971 (§ 885).

Hat der Schuldner eine unbewegliche Sache oder ein bewohntes Schiff herauszugeben, zu überlassen oder zu räumen, so setzt der Gerichtsvollzieher den Schuldner aus dem Besitz und weist den Gläubiger in den Besitz ein.

Bewegliche Sachen, die nicht Gegenstand der Vollstreckung sind, werden von dem Gerichtsvollzieher weggeschafft und dem Schuldner oder, wenn dieser abwesend ist, einem erwachsenen Hausangehörigen des Schuldners übergeben oder zur Verfügung gestellt.

Ist weder der Schuldner noch einer der Bezeichneten anwesend, so soll der Gerichtsvollzieher die Sachen auf Kosten des Schuldners in das Pfandlager schaffen oder anderweit verwahren.

Verzögert der Schuldner die Abforderung, so kann das Vollstreckungsgericht den Verkauf der Sachen und die Verwahrung des Erlöses beschließen.

§ 972 (§ 886).

Befindet sich eine herauszugebende Sache im Gewahrsam eines Dritten, so wird der Anspruch des Schuldners auf Herausgabe der Sache unter Anordnung der Leistung an den Gläubiger nach den Vorschriften über die Pfändung einer Geldforderung für den Gläubiger gepfändet und ihm erforderlichenfalls zur Einziehung überwiesen.

Vertretbare Handlungen.

§ 973 (§ 887).

Erfüllt der Schuldner die Verpflichtung nicht, eine Handlung vorzunehmen, deren Vornahme durch einen Dritten möglich ist, so ermächtigt das Vollstreckungsgericht auf Antrag den Gläubiger, die Handlung auf Kosten des Schuldners vornehmen zu lassen.

Der Gläubiger kann zugleich beantragen, den Schuldner zur Vorauszahlung des voraussichtlichen Kostenbetrags anzuhalten, unbeschadet des Rechtes auf eine Nachforderung, wenn die Vornahme der Handlung einen größeren Kostenaufwand verursacht.

Auf die Vollstreckung zur Erwirkung der Herausgabe oder Leistung von Sachen finden die vorstehenden Bestimmungen keine Anwendung.

Unvertretbare Handlungen.

§ 974 (§ 888).

Kann eine Handlung durch einen Dritten nicht vorgenommen werden, so hält, wenn sie ausschließlich von dem Willen des Schuldners abhängt, das Vollstreckungsgericht den Schuldner auf Antrag zu ihrer Vornahme durch Erzwingungsstrafen in Geld oder durch Erzwingungshaft an. Das Höchstmaß der Erzwingungsstrafe in Geld ist unbeschränkt.

Diese Bestimmung kommt bei der Verpflichtung zur Herstellung des ehelichen Lebens und bei der Verpflichtung zur Leistung von Diensten aus einem Dienstvertrage nicht zur Anwendung.

§ 975 (§ 888 a).

Lautet der Schuldtitel auf die Leistung einer Entschädigung im Falle der nicht rechtzeitigen Vornahme der Handlung, so ist die Vollstreckung nach §§ 973, 974 ausgeschlossen.

Offenbarungseid.

§ 976 (§ 889).

Hat der Schuldner auf Grund der Vorschriften der bürgerlichen Gesetze den Offenbarungseid zu leisten, so nimmt das Vollstreckungsgericht den Eid ab; § 776 findet entsprechende Anwendung. Leistet der Schuldner der Ladung keine Folge oder verweigert er die Leistung des Eides so verfährt das Vollstreckungsgericht nach § 974. Ist der Schuldner in Erzwingungshaft genommen, so finden die Vorschriften des § 779 Anwendung.

Unterlassungen.

§ 977 (§ 890).

Handelt der Schuldner der Verpflichtung zuwider, eine Handlung zu unterlassen oder die Vornahme einer Handlung zu dulden, so verhängt das Vollstreckungsgericht gegen ihn auf Antrag des Gläubigers wegen jeder Zuwiderhandlung eine Ordnungsstrafe in Geld oder die Ordnungshaft bis zu sechs Monaten. Das Maß der Gesamtstrafe darf zwei Jahre Ordnungshaft nicht übersteigen; das Höchstmaß der Ordnungsstrafe in Geld ist unbeschränkt.

Die Strafe muß in dem Schuldtitel angedroht gewesen sein. War die Androhung nicht in dem Schuldtitel enthalten, so wird sie auf Antrag des Gläubigers nachgeholt.

Das Vollstreckungsgericht kann dem Schuldner auf Antrag des Gläubigers auch die Leistung einer Sicherheit für den durch fernere Zuwiderhandlungen entstehenden Schaden auf bestimmte Zeit auferlegen.

Verfahren.

§ 978 (§ 891).

Über die in §§ 973 bis 977 erwähnten Anträge wird durch Beschluß befunden; vorher ist der Schuldner zu hören.

Wenn es sich um einen streitgerichtlichen Schuldtitel handelt, ist außer dem Vollstreckungsgericht das Streitgericht des ersten Rechtszugs zuständig; für sein Verfahren gelten die Vorschriften des vollstreckungsgerichtlichen Verfahrens. Der Gläubiger kann die Anträge unter Vorlegung einer vollstreckbaren Ausfertigung des Schuldtitels bei dem Streitgericht unmittelbar stellen.

§ 979 (§ 892).

Leistet der Schuldner gegen die Vornahme einer Handlung Widerstand, die er nach den Bestimmungen der §§ 973, 977 zu dulden hat, so kann den Gläubiger vom Vollstreckungsgericht ein Gerichtsvollzieher beigegeben werden, der nach den Bestimmungen des § 875 Abs. 3 und des § 876 zu verfahren hat.

Willenserklärungen.

§ 980 (§ 894).

Lautet ein Urteil oder ein Schiedsspruch auf die Abgabe einer Willenserklärung, so gilt die Erklärung als abgegeben, sobald das Urteil rechtskräftig geworden oder der Schiedsspruch rechtskräftig für vollstreckbar erklärt ist.

Ist die Willenserklärung in dem Urteil von einer Gegenleistung abhängig gemacht, so tritt diese Wirkung ein, sobald nach den Bestimmungen der §§ 797—799 eine vollstreckbare Ausfertigung des rechtskräftigen Urteils erteilt ist.

§ 981 (§ 895).

Ist durch ein vorläufig vollstreckbares Urteil der Schuldner zur Abgabe einer Willenserklärung verurteilt, auf Grund deren eine Eintragung in das Grundbuch oder das Schiffsregister erfolgen soll, so gilt die Eintragung einer Vormerkung oder eines Widerspruchs als bewilligt.

§ 982 (§ 896).

Soll auf Grund eines Urteils, das eine Willenserklärung des Schuldners ersetzt, oder eines solchen Schiedsspruchs eine Eintragung in ein öffentliches Buch oder Register vorgenommen werden, so kann der Gläubiger den Antrag bei dem Grundbuchamt unmittelbar stellen. Im übrigen ersucht das Vollstreckungsgericht um die Eintragung.

§ 983 (§ 897).

Ist der Schuldner zur Übertragung des Eigentums oder zur Bestellung eines Rechtes an einer beweglichen Sache verurteilt, so gilt die Übergabe der Sache als erfolgt, wenn der Gerichtsvollzieher die Sache zum Zwecke der Ablieferung an den Gläubiger wegnimmt.

Das gleiche gilt, wenn der Schuldner zur Bestellung einer Hypothek, Grundschuld oder Rentenschuld oder zur Abtretung oder Belastung einer Hypothekenforderung, Grundschuld oder Rentenschuld verurteilt ist, für die Übergabe des Hypotheken-, Grundschuld- oder Rentenschuldbriefs.

§ 984 (§ 898).

Auf einen Erwerb, der sich nach den §§ 980, 983 vollzieht, finden die Vorschriften des bürgerlichen Rechtes zugunsten derjenigen, welche Rechte von einem Nichtberechtigten herleiten, Anwendung.

Dritter Titel.

Ordnungs- und Erzwingungshaft.

§ 985 (§§ 908, 909).

Beschließt das Vollstreckungsgericht die Anordnung der Ordnungs- oder Erzwingungshaft, so erläßt es einen Haftbefehl, in dem der Gläubiger, der Schuldner und der Grund der Verhaftung genau zu bezeichnen sind.

Die Verhaftung obliegt dem Gerichtsvollzieher. Er zeigt bei der Verhaftung dem Schuldner den Haftbefehl vor und teilt ihn ihm auf Verlangen abschriftlich mit.

§ 986 (§ 910).

Vor Vollziehung der Ordnungs- oder Erzwingungshaft gegen einen Beamten, einen Geistlichen oder einen Lehrer an einer öffentlichen Unterrichtsanstalt soll der Gerichtsvollzieher der vorgesetzten Dienstbehörde Anzeige machen. Die Verhaftung ist erst zulässig, wenn die vorgesetzte Behörde für die dienstliche Vertretung des Schuldners gesorgt hat. Die Behörde ist verpflichtet, die erforderlichen Anordnungen unverzüglich zu treffen und den Gerichtsvollzieher hiervon in Kenntnis zu setzen.

§ 987 (§ 912).

Soll die Ordnungs- oder Erzwingungshaft gegen einen Angehörigen der Wehrmacht vollzogen werden, so ersucht das Vollstreckungsgericht die vorgesetzte Heeresbehörde um den Vollzug.

§ 988 (§ 904).

Die Vollziehung der Ordnungs- oder Erzwingungshaft ist unzulässig:

1. gegen die Mitglieder des Reichstags oder eines Landtags während der Tagung, sofern nicht die Versammlung den Vollzug genehmigt;

2. gegen Militärpersonen, die zu einem mobilen Truppenteil oder zur Besatzung eines in Dienst gestellten Kriegsfahrzeuges gehören;
3. gegen den Schiffer, die Schiffsmannschaft und alle übrigen auf einem Seeschiff angestellten Personen, wenn das Schiff zum Abgehen fertig (segelfertig) ist.

§ 989 (§ 905).

Die Vollziehung der Ordnungs- oder Erzwingungshaft wird unterbrochen:
1. gegen Mitglieder des Reichstags oder eines Landtags für die Dauer der Tagung, wenn die Versammlung die Freilassung verlangt;
2. gegen Militärpersonen, die zu einem mobilen Truppenteil oder auf ein in Dienst gestelltes Kriegsfahrzeug einberufen werden, für die Dauer dieser Verhältnisse.

§ 990 (§ 906).

Gegen einen Schuldner, dessen Gesundheit durch den Vollzug des Haftbefehls einer nahen und erheblichen Gefahr ausgesetzt wird, soll, solange dieser Zustand dauert, die Ordnungs- oder Erzwingungshaft nicht vollzogen werden.

§ 991 (§ 907).

Die Ordnungs- oder Erzwingungshaft wird in einem Raume vollzogen, in dem sich nicht zugleich Untersuchungs- oder Strafgefangene befinden.

§ 992 (neu).

Wird wegen einer Verletzung der in §§ 986, 988 bis 990 enthaltenen Vorschriften Erinnerung erhoben, so ist über sie durch Beschluß zu entscheiden.

§ 993 (§§ 913, 911).

Die Erzwingungshaft darf die Dauer von sechs Monaten nicht übersteigen.

Die Aufnahme des Schuldners in das Gefängnis ist nur zulässig, wenn der Gläubiger die Haft- und Verpflegungskosten für mindestens eine Woche vorausbezahlt. Wird die Zahlung nicht spätestens bis zum Mittag des letzten Tages erneuert, für den sie geleistet ist, so wird der Schuldner von Amts wegen aus der Erzwingungshaft entlassen.

Gegen den Schuldner, der aus diesem Grunde oder ohne seine Zutun auf Antrag des Gläubigers aus der Erzwingungshaft entlassen ist, ist eine neuerliche Verhaftung auf Antrag desselben Gläubigers nicht zulässig.

Zweiter Abschnitt.

Arrest und einstweilige Verfügungen.

Arrest.

§ 994 (§ 916).

Der Arrest findet zur Sicherung der Zwangsvollstreckung in das bewegliche oder unbewegliche Vermögen wegen einer Geldforderung oder wegen eines Anspruchs statt, der in eine Geldforderung übergehen kann.

Die Statthaftigkeit des Arrests wird nicht dadurch ausgeschlossen, daß der Anspruch betagt oder bedingt ist, es sei denn, daß der bedingte Anspruch wegen der entfernten Möglichkeit des Eintritts der Bedingung einen gegenwärtigen Vermögenswert nicht hat.

§ 995 (§ 917).

Der dingliche Arrest soll nur angeordnet werden, wenn zu besorgen ist, daß ohne seine Verhängung die Vollstreckung vereitelt oder wesentlich erschwert werden würde.

Als ein zureichender Arrestgrund ist es anzusehen, wenn der Anspruch im Auslande vollstreckt werden müßte.

§ 996 (§ 918).

Der persönliche Sicherheitsarrest soll nur angeordnet werden, wenn er erforderlich ist, um die gefährdete Zwangsvollstreckung in das Vermögen des Schuldners zu sichern.

Anordnung.

§ 997 (§§ 919, 944).

Für die Anordnung des Arrests ist sowohl das Gericht der Hauptsache als auch das Vollstreckungsgericht zuständig, in dessen Bezirk der mit Arrest zu belegende Gegenstand oder die in ihrer Freiheit zu beschränkende Person sich befindet (Arrestbehörden).

Auch für das Gericht der Hauptsache gelten die Vorschriften über das vollstreckungsgerichtliche Verfahren. Über das Gesuch kann an Stelle des Gerichts der Vorsitzende befinden, sofern er nicht die vorgängige mündliche Verhandlung anordnet.

§ 998 (§ 943).

Als Gericht der Hauptsache im Sinne der Vorschriften dieses Abschnitts ist das Gericht erster Instanz und, wenn die Hauptsache in der Berufungsinstanz anhängig ist, das Berufungsgericht anzusehen.

Der Rechtspfleger des Gerichts der Hauptsache ist für die nach § 112 zu treffenden Anordnungen ausschließlich zuständig, wenn die Hauptsache anhängig ist oder anhängig gewesen ist.

§ 999 (§ 920).

Das Gesuch soll die Bezeichnung des Anspruchs unter Angabe des Geldbetrags oder des Geldwerts sowie die Bezeichnung des Arrestgrundes enthalten.

Der Anspruch und der Arrestgrund sollen glaubhaft gemacht werden.
Das Gesuch kann zur Niederschrift der Geschäftsstelle gestellt werden.

§ 1000 (§ 921 Abs. 2).

Auch wenn der Anspruch oder der Arrestgrund nicht glaubhaft gemacht ist, kann der Arrest angeordnet werden, sofern wegen der dem Gegner drohenden Nachteile Sicherheit geleistet wird. Die Anordnung des Arrestes kann von einer solchen Sicherheitsleistung abhängig gemacht werden, selbst wenn der Anspruch und der Arrestgrund glaubhaft gemacht ist.

§ 1001 (vgl. § 922).

Über das Arrestgesuch wird durch Beschluß befunden. Der Beschluß bestimmt auch über die Kosten des Verfahrens.

Ist der Beschluß nicht von dem Vollstreckungsgericht des Wohnsitzes oder des Sitzes des Schuldners erlassen worden, so soll, falls der Schuldner einen Wohnsitz oder Sitz hat, dieses Vollstreckungsgericht benachrichtigt werden. Das gleiche gilt zugunsten des Vollstreckungsgerichts der Hauptniederlassung.

§ 1002 (§§ 923, 926).

In dem Arrestbefehl soll ein Geldbetrag festgestellt werden, durch dessen Hinterlegung der Vollzug des Arrestes gehemmt und die Aufhebung der zum Vollzuge des Arrests bereits getroffenen Maßnahmen herbeigeführt wird.

Ist die Hauptsache nicht anhängig, so soll die Arrestbehörde auf Antrag anordnen, daß die Partei, die den Arrestbefehl erwirkt hat, binnen einer zu bestimmenden Frist Klage zu erheben oder einen Zahlungsbefehl zu erwirken habe. Wird dieser Anordnung nicht Folge geleistet, so wird der Arrestbefehl auf Antrag durch Beschluß aufgehoben. Anhängig im Sinne dieser Vorschrift ist die Hauptsache auch dann, wenn ein Zahlungsbefehl zugestellt ist.

Der in Abs. 2 bezeichnete Antrag kann zur Niederschrift der Geschäftsstelle gestellt werden.

§ 1003 (§§ 924, 925).

Gegen den ohne Anhörung des Schuldners erlassenen Arrestbefehl findet Widerspruch statt. Über den Widerspruch befindet das Gericht, das den Arrestbefehl erlassen hat. Im übrigen ist der Arrestbeschluß durch die Vollstreckungsbeschwerde anfechtbar. Die weitere Vollstreckungsbeschwerde findet nicht statt.

Der Widerspruch kann zur Niederschrift der Geschäftsstelle eingelegt werden. Er muß mit einer Begründung versehen und glaubhaft gemacht sein; er hat keine aufschiebende Wirkung.

Der auf den Widerspruch oder auf die Vollstreckungsbeschwerde des Schuldners ergehende Beschluß muß auf Grund einer Verhandlung erlassen werden. Das gleiche gilt für den Fall der Vollstreckungsbeschwerde des Gläubigers, wenn der Arrest auf Widerspruch aufgehoben oder beschränkt wurde.

Das Gericht kann den Arrest ganz oder teilweise bestätigen, abändern oder aufheben, auch die Bestätigung, Abänderung oder Aufhebung von einer Sicherheitsleistung abhängig machen.

§ 1004 (§ 927).

Auch wenn der Arrestbefehl bestätigt worden ist, kann er wegen glaubhaft gemachter veränderter Umstände, insbesondere wegen Erledigung des Arrestgrundes oder auf Grund des Erbietens zur Sicherheitsleistung auf Antrag durch Beschluß aufgehoben werden.

Zuständig ist die Arrestbehörde. Ist die Hauptsache anhängig, so ist das Gericht der Hauptsache zuständig.

Vollzug.

§ 1005 (§§ 928, 929).

Der Vollzug des Arrestbefehls ist vor der Zustellung an den Schuldner und ohne Rücksicht auf eine bestehende Bedingung oder Befristung statthaft.

Im übrigen finden auf den Vollzug des Arrestes die Vorschriften über den Vollzug von Anordnungen (§§ 1020—1022) Anwendung, soweit nicht die folgenden Paragraphen Abweichungen enthalten.

§ 1006 (§ 930).

In bewegliches Vermögen wird der Arrest durch Pfändung vollzogen. Die Pfändung geschieht nach denselben Grundsätzen wie jede andere Pfändung und begründet ein Verfügungsverbot zugunsten des Gläubigers; § 135 Abs. 1 Satz 2 des Bürgerlichen Gesetzbuchs findet keine Anwendung.

Gepfändetes Geld wird hinterlegt, gepfändete Forderungen können bei Fälligkeit zu Händen der Arrestbehörde eingezogen werden. Die Versteigerung einer beweglichen körperlichen Sache und die Verwahrung des Erlöses kann durch Beschluß angeordnet werden, wenn die Gefahr einer beträchtlichen Wertverringerung besteht oder die Aufbewahrung unverhältnismäßige Kosten verursachen würde.

§ 1007 (§ 931).

Die Vorschriften des § 1006 gelten auch für den Vollzug des Arrestes in ein Schiff, das im Schiffsregister eingetragen ist.

Die Arrestpfändung wird unter Angabe des nach § 1002 Abs. 1 festgestellten Geldbetrags als Verfügungsverbot in das Schiffsregister eingetragen.

§ 1008 (§ 932).

Der Vollzug des Arrestes in ein Grundstück oder in eine Berechtigung, für welche die sich auf Grundstücke beziehenden Vorschriften gelten, erfolgt durch Eintragung eines Verfügungsverbots zugunsten des Gläubigers unter Angabe des nach § 1002 Abs. 1 festgestellten Geldbetrags; § 135 Abs. 1 Satz 2 des Bürgerlichen Gesetzbuchs findet keine Anwendung.

§ 1009 (§ 933).

Der Vollzug des persönlichen Sicherheitsarrestes richtet sich, wenn er durch Sicherungshaft erfolgt, nach den Vorschriften der §§ 985 bis 993 und wenn er durch sonstige Beschränkung der persönlichen Freiheit erfolgt, nach den von der Arrestbehörde zu treffenden besonderen Anordnungen, für welche die Beschränkungen der Haft maßgebend sind. In den Haftbefehl ist der nach § 1002 Abs. 1 festgestellte Geldbetrag aufzunehmen.

§ 1010 (§ 941).

Hat auf Grund des Arrestbefehls eine Eintragung in das Grundbuch oder in ein Register stattzufinden, so ersucht die Arrestbehörde um die Eintragung.

§ 1011 (§ 934).

Wird der in dem Arrestbefehl genannte Geldbetrag hinterlegt, so hebt die Arrestbehörde die zwecks Vollzuges des Arrests getroffenen Maßregeln durch Beschluß auf.

Sie kann die Aufhebung auch beschließen, wenn die Fortdauer besondere Aufwendungen erfordert und der Arrestgläubiger den nötigen Geldbetrag nicht vorschießt.

Einstweilige Verfügungen.

§ 1012 (§ 935).

Einstweilige Verfügungen in Beziehung auf den Streitgegenstand sind zulässig, wenn zu besorgen ist, daß durch eine Veränderung des bestehenden Zustandes die Verwirklichung des Rechtes einer Partei vereitelt oder wesentlich erschwert werden könnte.

§ 1013 (§ 936).

Auf die Anordnung einstweiliger Verfügungen und das weitere Verfahren finden die Vorschriften über die Anordnung von Arresten und über das Arrestverfahren entsprechende Anwendung, soweit nicht die nachfolgenden Paragraphen abweichende Vorschriften enthalten.

§ 1014 (§ 937).

Für die Erlassung einstweiliger Verfügungen ist das Gericht der Hauptsache zuständig.

Von einer Verhandlung soll nur in dringenden Fällen abgesehen werden.

§ 1015 (§ 938).

Das Gericht bestimmt nach freiem Ermessen, welche Anordnungen zur Erreichung des Zweckes erforderlich sind.

Die einstweilige Verfügung kann auch in einer Sequestration sowie darin bestehen, daß dem Gegner eine Handlung geboten oder verboten, insbesondere die Veräußerung, Belastung oder Verpfändung eines Grundstücks untersagt wird.

§ 1016 (§ 939).

Nur unter besonderen Umständen kann durch Sicherheitsleistung der Vollzug der einstweiligen Verfügung abgewendet und die Aufhebung der bereits zu ihrem Vollzug getroffenen Maßregeln herbeigeführt werden.

§ 1017 (§ 940).

Einstweilige Verfügungen sind auch zu dem Zwecke der Regelung eines einstweiligen Zustandes in bezug auf ein streitiges Rechtsverhältnis zulässig, sofern diese Regelung, insbesondere bei dauernden Rechtsverhältnissen, zur Abwendung wesentlicher Nachteile oder zur Verhinderung drohender Gewalt oder aus anderen Gründen nötig erscheint.

Ordnet die einstweilige Verfügung bestimmte Leistungen an den Gläubiger an, so stehen für den Vollzug die Mittel der Zwangsvollstreckung zur Verfügung.

§ 1018 (§ 942).

In dringenden Fällen kann das Vollstreckungsgericht, in dessen Bezirke sich der Streitgegenstand befindet, eine einstweilige Verfügung erlassen, unter Bestimmung einer Frist, innerhalb deren der Gegner die Anberaumung eines Termins zur mündlichen Verhandlung über die Rechtmäßigkeit und Ordnungsmäßigkeit der einstweiligen Verfügung bei dem Gericht der Hauptsache zu beantragen hat.

Die einstweilige Verfügung, auf Grund deren eine Vormerkung oder ein Widerspruch gegen die Richtigkeit des Grundbuchs oder des Schiffsregisters eingetragen werden soll, kann von dem Vollstreckungsgericht, in dessen Bezirke das Grundstück gelegen ist oder der Heimathafen oder der Heimatsort des Schiffes sich befindet, erlassen werden, auch wenn der Fall für dringlich nicht erachtet wird. Die im Abs. 1 bezeichnete Frist wird nur auf Antrag des Gegners bestimmt.

Nach fruchtlosem Ablaufe der Frist hebt das Vollstreckungsgericht die erlassene Verfügung auf Antrag durch Beschluß auf.

§ 1019 (§ 945).

Erweist sich die Anordnung eines Arrestes oder einer einstweiligen Verfügung als von Anfang an ungerechtfertigt oder wird die Anordnung auf Grund des § 1002 Abs. 2 Satz 2 oder des § 1018 Abs. 3 aufgehoben, so ist die Partei, welche die Anordnung erwirkt hat, verpflichtet, dem Gegner den Schaden zu ersetzen, der ihm aus der Vollziehung der angeordneten Maßregel oder dadurch entsteht, daß er Sicherheit leistet, um die Vollziehung abzuwenden oder die Aufhebung der Maßregel zu erwirken.

Dritter Abschnitt.
Vollzug gerichtlicher und vollstreckungsgerichtlicher Anordnungen.

§ 1020 (vgl. § 794 Nr. 3, § 929 Abs. 1).

Anordnungen, die der Vollziehung bedürfen, sind von Amts wegen zu vollziehen, sobald sie rechtskräftig oder ohne Rücksicht auf den Eintritt der Rechtskraft wirksam sind.

Einer vollstreckbaren Ausfertigung bedürfen sie nicht.

§ 1021 (neu).

Das Vollstreckungsgericht veranlaßt den Vollzug seiner Anordnungen.

Den Vollzug streitgerichtlicher Anordnungen herbeizuführen, steht dem Vorsitzenden des Gerichts zu, das sie erlassen hat. Er hat hierbei die Befugnisse des Vollstreckungsgerichts und kann den Gerichtsvollziehern seines Bezirkes Weisungen erteilen wie das Vollstreckungsgericht, dem sie angehören; dieses Vollstreckungsgericht soll benachrichtigt werden.

Der Vorsitzende kann um den Vollzug seiner Anordnungen auch ein Vollstreckungsgericht ersuchen.

Die Befugnisse des Vorsitzenden stehen auch dem von ihm mit dem Vollzug beauftragten Mitglied seines Gerichts zu.

§ 1022 (vgl. § 795, §§ 929 Abs. 1).

Im übrigen finden auf den Vollzug die Bestimmungen über die Zwangsvollstreckung entsprechende Anwendung, soweit nicht für einzelne Anordnungen hiervon abweichende Bestimmungen getroffen sind.

Vierter Abschnitt.
Vorbehalte für den Richter.

§ 1023 (GerEntlGes.).

Die nachfolgend aufgeführten Geschäfte sind dem Richter vorbehalten:

1. die Anordnung einer mündlichen Verhandlung (§ 772 Abs. 2) und die auf Grund der Verhandlung ergehenden Beschlüsse und Verfügungen;
2. die Beeidigung von Zeugen und Sachverständigen (§ 774), die

Anordnung und Entgegennahme der Vermögensoffenlegung (§ 775) und der in § 969 Abs. 2, 4 § 976 vorgesehenen Versicherungen und Eide;

3. die Verweisung auf den Rechtsweg (§ 781);
4. die Entscheidung über die Gewährung der Akteneinsicht im Falle des § 783 Abs. 2;
5. die Bescheidung der Anträge auf Erlassung des Zahlungsbefehls in den Fällen der §§ 804, 811, 812;
6. die Beschlußfassung über die in § 842 bezeichneten Angelegenheiten, soweit nicht § 798 Abs. 2 anwendbar ist;
7. die in § 850 vorgesehenen Ersuchen;
8. die Herbeiführung des Vollzugs der Pfändungsverfügung in den Fällen der § 917 Abs. 2, § 921;
9. die Pfändungsverfügung und die Ablehnung der Pfändung in den Fällen der §§ 927—929;
10. die Beschlußfassung nach §§ 773, 777, 778, § 807 Abs. 4, § 810, § 811 Abs. 3 Satz 2, § 812 Abs. 3, 4, § 840 Abs. 3, § 858 Abs. 1, § 864, § 869, § 872 Abs. 2, § 881 Abs. 3, § 891, § 914 Abs. 2, § 959, § 960, § 971 Abs. 4, §§ 978, 992;
11. die dem Vollstreckungsgericht nach Maßgabe des § 840 Abs. 2, §§ 937, 944, 945, 950—954, 1001 Abs. 1, 1002 Abs. 1, §§ 1003—1010, § 1011 Abs. 2 obliegenden Geschäfte.

Erläuterungen
zum Entwurf einer neuen deutschen Zivilprozeßordnung.

A. Allgemeiner Teil.

I. Vorgeschichte und praktischer Zweck des Entwurfs.

Das große geschichtliche Verdienst der ZPO. von 1877 besteht nicht nur darin, daß sie dem deutschen Volke das lang ersehnte einheitliche Verfahrensrecht brachte und damit den Grundstein zur Rechtseinheit auf dem Gebiet des gesamten bürgerlichen Rechts legte; sie zeichnete sich auch durch eine hervorragend gründliche Durcharbeitung aller prozessualen Fragen und eine glänzende Folgerichtigkeit in der Ausgestaltung ihrer großen, den Strömungen ihrer Entstehungszeit angepaßten Grundsätze aus. Trotz dieser überragenden Vorzüge wurden aber schon wenige Jahre nach ihrer Einführung Zweifel laut, ob sie ihrer praktischen Aufgabe, einen sicheren und wirksamen Rechtsschutz zu gewährleisten, vollauf gerecht werde. Man erhob namentlich den Vorwurf, sie habe der Prozeßverschleppung zahlreiche Möglichkeiten eröffnet und dadurch mit dazu beigetragen, daß im Laufe der Jahre die Zivilprozesse immer langsamer erledigt wurden. Schon im Jahre 1885 klagte Otto Bähr (Iherings Jahrb. 1885 S. 432) »Bleiben die Zustände, wie sie gegenwärtig sind, so wage ich vorauszusagen, daß im Laufe eines Menschenalters der Wert unserer Rechtsprechung durch die Verlotterung des Prozesses tief gesunken sein wird«. Bei der Beratung der Prozeßnovelle von 1898 wurde ferner im Reichstage an den praktischen Ergebnissen unseres Prozeßverfahrens so vielseitig scharfe Kritik geübt, daß der Abgeordnete Lenzmann zusammenfassend ausrief: »Es freut mich vor allen Dingen, daß die sämtlichen Redner in dem einen Punkte übereinstimmen, daß unsere Zivilprozeßordnung nichts taugt.« Seitdem sind die Reformwünsche nicht wieder verstummt. Der 26. und 31. Juristentag (1902 und 1912) haben die Frage der Prozeßreform sehr eingehend behandelt und unübersehbar war die Fülle der Reformvorschläge, die seitdem das Schrifttum bis in die neueste Zeit hervorgebracht hat.

Auch bei der Beratung des Entwurfs zur Prozeßnovelle von 1909 in der Sitzung des Reichstags vom 5. November 1908 erklärte der preußische Justizminister: »Im Laufe der Zeit hat sich mehr und mehr die Überzeugung befestigt, daß das neue Verfahren des Jahres 1879 zu langsam und schwerfällig sei.«

Auf die Klagen über die praktischen Mängel unseres Prozeßverfahrens war es auch zurückzuführen, daß man bei Schaffung der Gewerbe- und Kaufmannsgerichte für deren Verfahren eine von der Zivilprozeßordnung grundlegend abweichende, wesentlich volkstümlichere Regelung schuf, und diese Tatsache war wiederum mitbestimmend dafür, daß die Gewerbegerichte außerhalb der ordentlichen Gerichtsbarkeit als Sondergerichte ausgestaltet wurden. Ein bedeutsames Anzeichen war es auch, daß die 1898 in Kraft getretene österreichische Prozeßordnung von 1895, der in vielem die deutsche zum Vorbild gedient hat, doch in entscheidenden Punkten von der deutschen weitgehend abwich und gerade dadurch ein so schleuniges, unmittelbares und darum lebensvolles Verfahren geschaffen hat, wie es in Deutschland nicht erreicht worden ist.

Die Reformwünsche sind schon vor dem Kriege nicht ohne Einfluß auf die Gesetzgebung geblieben; so brachte vor allem die Novelle vom 1. Juni 1909, teils vom gewerbegerichtlichen Verfahren, teils von der österreichischen Prozeßordnung beeinflußt, Änderungen des amtsgerichtlichen Verfahrens, die wenigstens die hauptsächlichsten Unzulänglichkeiten, die diesem Verfahren in der ursprünglichen Fassung der Prozeßordnung anhafteten, beseitigten.

Unter den schweren wirtschaftlichen Erschütterungen, die das Ende des Weltkrieges dem deutschen Volke brachte und unter denen es noch auf viele Jahre schwer zu leiden haben wird, gewannen naturgemäß die Reformwünsche eine vielfach erhöhte Bedeutung. Dem trug die Reichsregierung dadurch Rechnung, daß sie im Jahre 1920 im Reichsjustizministerium eine aus Vertretern der Wissenschaft, des Richter- und des Anwaltstandes gebildete Kommission einsetzte mit der Aufgabe, eine grundlegende Neugestaltung des Zivilprozesses vorzubereiten [1])

Die Zeitverhältnisse gestatteten indessen der Reichsregierung nicht, ihre ursprüngliche Absicht, mit Teilreformen zu warten, bis die Arbeiten der Kommission vollständig beendet waren, durchzuführen. Nachdem durch die Verordnung vom 22. Dezember 1923 einige der Vereinfachung und Beschleunigung dienende Einzelmaßnahmen getroffen waren, die insbesondere die Möglichkeit einer Entscheidung ohne mündliche Verhandlung erweiterten und das wertbeständige Urteil sowie das Schiedsurteilsverfahren einführten, erwies sich die Einführung weitergehender Reformen als unerläßlich. Sie wurden nicht nur aus den Kreisen der Wirtschaft und vom Anwaltstande gefordert, sondern auch im Reichstag wurde durch den dem Rechtsausschuß überwiesenen Antrag des Abgeordneten Schiffer, der grundlegende Änderungen des Verfahrensrechts anregte, die Reformfrage aufgerollt.

So kam es zu der Prozeßnovelle vom 13. Februar 1924, die auf den Ergebnissen der Beratungen der Zivilprozeßkommission aufgebaut, zuerst seit dem Inkrafttreten der Zivilprozeßordnung weitgehende grundsätzliche Um-

---

[1]) In die Kommission waren berufen: Professor Dr. Friedrich Stein, an dessen Stelle nach seinem Tode Professor Mendelssohn-Bartholdy trat, Reichsgerichtsrat a. D. Dr. Busch, Rechtsanwalt Justizrat Dr. Magnus, Oberlandesgerichtspräsident Dr. Levin, Ministerialrat Lucas, an dessen Stelle nach seinem Ausscheiden aus dem preußischen Justizministerium Ministerialrat Goldschmidt getreten ist, Senatspräsident Dr. Schultz vom Oberlandesgericht in München. Ferner hat in den ersten Jahren der Tätigkeit der Kommission noch der inzwischen verstorbene Rechtsanwalt Dr. Ernst Fuchs als korrespondierendes Mitglied teilgenommen.

gestaltungen am Verfahrensrecht vornahm. Die Novelle ist zwar als Verordnung auf Grund des Ermächtigungsgesetzes vom 8. Dezember 1923 erlassen, jedoch nicht nur im sogenannten Ermächtigungsausschuß des Reichstags, sondern schon vorher außer in den zuständigen Ausschüssen des Reichsrats namentlich auch noch im Rechtsausschuß des Reichstags eingehend beraten worden und hat die Zustimmung beider Ausschüsse des Reichstags erlangt.

Die Hauptneuerungen der Novelle waren: Abschaffung der Parteiherrschaft über Fristen und Termine in Verbindung mit der Einführung der Entscheidung nach Lage der Akten, stärkere Beteiligung des Gerichts an der Vorbereitung der Verhandlung, Verschärfung der Möglichkeiten, Verschleppungsversuchen durch Zurückweisung nachträglichen Vorbringens entgegenzutreten, Einführung des Einzelrichters beim Landgericht, des Güteverfahrens beim Amtsgericht, der Berufungsbegründung und der Sprungrevision.

Es lag in der Natur der Sache, daß sich in der unter dem Zwang der Umstände gewählten Novellenform die neuen Gedanken in die auf wesentlich abweichenden Grundsätzen aufgebaute Zivilprozeßordnung nicht völlig organisch einfügen ließen und durch diesen Umstand auch in ihrer praktischen Auswirkung beeinträchtigt wurden. Es verbreitete sich deshalb mehr und mehr die Auffassung, man dürfe bei der Novelle nicht stehen bleiben, müsse vielmehr, nachdem sie eine Zeitlang erprobt sei, nicht nur zwischen denjenigen ihrer Vorschriften, die sich bewährt haben, und denen, die einer Änderung bedürfen, sichten, sondern auch nach dieser Durchprüfung die ganze Prozeßordnung neu so aufbauen, daß die neuen Gedanken mit den aus dem alten Recht entnommenen eine innere Einheit bilden. Hierzu kommt, daß die Novelle als Akt der Notgesetzgebung sich auf diejenigen Teile der Zivilprozeßordnung beschränken mußte, deren Reform am dringendsten war, während noch auf zahlreichen anderen Gebieten die veränderten Zeitverhältnisse eine Änderung des bestehenden Rechts erforderlich erscheinen lassen, dies gilt z B. vom Parteieid, dessen Beseitigung in seiner jetzigen Form schon vielfach angeregt wurde und neuerdings von seiten des Reichstags nachdrücklich gefordert wird. Auch auf dem Gebiete der Ehesachen, sowie im schiedsgerichtlichen Verfahren werden weitgehende Anpassungen an die Bedürfnisse der Gegenwart als geboten erachtet, wie sich auf den beiden Juristentagen von 1926 und 1928 deutlich ergab.

Vor allem aber hatte die Novelle von 1924 das Verfahren der Zwangsvollstreckung noch nicht berührt, und gerade hier hat sich im Laufe der Zeit die Reformbedürftigkeit des bestehenden Rechts immer deutlicher herausgestellt. Es wird allgemein darüber geklagt, daß unsere Vollstreckung nicht energisch und nicht rationell genug arbeite; dem Schuldner ständen zu viele Möglichkeiten zu Gebote, sich dem Zugriff des Gläubigers zu entziehen, und, selbst wenn der Zugriff zunächst gelinge, könne noch durch den Widerspruch Dritter und die dadurch nötig werdenden Prozesse die Befriedigung des Gläubigers unter erheblicher Vermehrung seines Kostenrisikos lange hinausgeschoben werden. Vor allem klagt man auch darüber, daß der Offenbarungseid seiner eigentlichen Aufgabe, die rechtzeitige Ermittelung der der Vollstreckung zugänglichen Habe des Schuldners zu ermöglichen, nicht gerecht werde, da er zu spät erst zulässig sei und der Schuldner nicht dazu angehalten werden könne, auch über die v o r der Eidesleistung liegenden Veräußerungsgeschäfte

Auskunft zu geben. Es wird zwar vielfach die Ansicht vertreten, daß schon eine Änderung einzelner Vorschriften über den Offenbarungseid in Verbindung mit der Rückkehr zu dem alten System des vom Gläubiger frei wählbaren, und als dessen Beauftragter anzusehenden Gerichtsvollziehers hier Abhilfe schaffen würde. Wie indessen bei Erörterung der Zwangsvollstreckung näher zu zeigen ist, hier jedoch zum Verständnis der Zusammenhänge kurz angedeutet werden soll, häufen sich bei näherer Prüfung die Zweifel an der Durchführbarkeit und Richtigkeit dieses Gedankens. Man hat das System des freien Gerichtsvollziehers nicht ohne Grund, sondern wegen schwerer ihm anhaftender Mißstände verlassen; auch war die Auffassung, daß der Gerichtsvollzieher nicht allein als Beauftragter des Gläubigers nach dessen Weisungen, sondern in Ausübung eines öffentlichen Amtes handele, ein notwendiges Ergebnis der Entwicklung unserer allgemeinen Rechtsanschauungen. Erscheint schon mit Rücksicht auf diese Erwägungen die Rückbildung einer solchen Entwicklung schwer ausführbar, so würde sie auch die Hauptmängel unseres Verfahrens gar nicht treffen. Es würde vielleicht die Kraft des ersten Angriffs auf den Schuldner gesteigert werden, im selben Maße erhöht sich dann aber auch die Energie und Geschicklichkeit des Schuldners, alle die zahlreichen Möglichkeiten, sich (z. B. durch Verschiebung seiner Habe) der Vollstreckung zu entziehen, auszunützen.

Deshalb ist ernstlich zu erwägen, ob nicht auch im Vollstreckungsverfahren zur durchgreifenden Besserung der bestehenden Zustände eine grundsätzliche Änderung des Systems erforderlich wird, die in einem teilweisen Abbau des bisher die Vollstreckung beherrschenden Parteibetriebs bestehen müßte. Gerade weil das geltende Recht die Initiative der Vollstreckung ausschließlich dem Gläubiger überlassen hat, mußte es zur Vermeidung von Willkür und Ungerechtigkeit dem Schuldner so viel Rechtsbehelfe an die Hand geben, daß ein Mißbrauch leicht möglich wurde; es mußte aus gleichem Grunde auch den Offenbarungseid an Bedingungen knüpfen, nach deren Eintritt die Eidesabnahme in sehr vielen Fällen keinen praktischen Wert mehr hat. Der die Zwangsvollstreckung beherrschende Parteibetrieb verhinderte auch die Schaffung ausreichender Schuldnerschutzbestimmungen für diejenigen Schuldner, die guten Willens sind, und bewirkte dadurch mittelbar, daß man gegen Schiebungen selbst von böswilligen Schuldnern nicht mit dem nötigen Nachdruck vorgehen konnte. Bezeichnenderweise beruht die bekannte Stellungnahme des Reichsgerichts zu den sog. 1500 Mark-Verträgen hauptsächlich auf der Erwägung, daß solche Verträge häufig für den Schuldner das einzige Mittel seien, um gegenüber einer drohenden Gehaltspfändung sich und seine Familie vor dringendster Not zu schützen.

Eine Änderung des Vollstreckungsverfahrens in der hier angedeuteten Richtung gibt auch zugleich die Möglichkeit, im Sinne notwendiger Rationalisierung des Verfahrens dafür zu sorgen, daß künftig der Prozeßweg nicht mehr in dem starken Maße wie bisher dazu dient, dem Gläubiger für eine ernstlich gar nicht bestreitbare Forderung einen Vollstreckungstitel zu schaffen, worauf zum guten Teile die Überlastung unserer Prozeßgerichte mit zurückzuführen ist. Ein richtig ausgestaltetes Vollstreckungsverfahren, in welches dann das heutige Mahnverfahren hineinzuarbeiten ist, wird es ermöglichen, daß in ihm die große Mehrzahl der nicht bestreitbaren Ansprüche ohne jede Inanspruchnahme des Prozeßgerichts erledigt werden kann.

Diese für das Vollstreckungsverfahren in Aussicht zu nehmenden Änderungen üben wiederum starke Rückwirkungen auf die Gestaltung des eigentlichen Prozeßverfahrens aus.

Alle diese Erwägungen mußten schließlich zu dem Ergebnis führen, daß eine durchgreifende Prozeßreform nicht in Gestalt einer bloßen Novelle verwirklicht werden kann, sondern einen organischen Neuaufbau des Prozeßrechts erforderlich macht.

Dabei versteht es sich von selbst, daß Ziel der Arbeit nicht sein darf, eine möglichst große Zahl von Änderungen vorzunehmen. Vielmehr sind nach Möglichkeit bewährte Vorschriften des bestehenden Rechtes, soweit sie der veränderten grundsätzlichen Einstellung nicht widersprechen, ganz oder mit geringfügigen Änderungen zu erhalten.

Es ist ferner selbstverständlich, daß der Entwurf eines Gesetzes von der nicht nur die Juristenwelt, sondern vor allem das gesamte Wirtschaftsleben so nahe berührenden Bedeutung wie die Zivilprozeßordnung den gesetzgebenden Faktoren nicht vorgelegt werden kann, bevor über die Ziele des Entwurfs der Richterstand und der Anwaltsstand sowie die Vertreter der Prozeßrechtswissenschaft und die Verbände der Wirtschaft gehört sind und Stellung genommen haben. Die Erfahrung hat aber gelehrt, daß im Prozeßrecht eine bloße Beratung über Prinzipien wenig fruchtbar ist, daß vielmehr erst an der Hand eines in den Einzelheiten ausgearbeiteten Entwurfes über Tragweite und Durchführbarkeit der aufgestellten Grundsätze Klarheit gewonnen werden kann.

Der hiermit der Öffentlichkeit unterbreitete Entwurf hat hauptsächlich die Aufgabe, eine solche gründliche Prüfung der in ihm enthaltenen Grundgedanken zu ermöglichen. Er hat die Einzelheiten des Verfahrens so weit durchgearbeitet, als es zu diesem Zwecke erforderlich erschien. Wenn der vorliegende Entwurf der Form nach als Entwurf von Referenten zu betrachten ist, so fußt er doch auf den Arbeiten der Zivilprozeßkommission. Denn alle seine Teile sind in dieser Kommission eingehend durchberaten und nach den Ergebnissen der einzelnen Sitzungen wieder und wieder umgestaltet worden. Bei der Fülle der Probleme und der Bestrittenheit der meisten dabei aufzuwerfenden Fragen war freilich die Stellungnahme der Kommission vielfach keine einheitliche. Überwiegend entspricht aber der Entwurf der Ansicht der Mehrheit der Kommissionsmitglieder und auch wo dies nicht der Fall ist, enthält er keine Vorschläge, die nicht wenigstens die Minderheit mit so beachtlichen Gründen gebilligt hatte, daß es sich rechtfertigen läßt, sie zur öffentlichen Erörterung zu stellen.

Erst wenn die Ergebnisse der Kritik, die der Entwurf erfährt, vorliegen, wird die Reichsregierung sich entscheiden können, wie der Plan einer völligen Neugestaltung des Prozeßrechts weiter zu verwirklichen ist. Dann wird auch der Zeitpunkt gekommen sein, zu den vielfach in der Wirtschaft geäußerten Wünschen einer Rechtsangleichung mit Österreich auf dem Gebiete des Zivilprozesses Stellung zu nehmen.

II. Verhältnis des Entwurfs zur Frage einer allgemeinen Justizreform.

In neuerer Zeit wird vielfach die Ansicht geäußert, daß zur gründlichen Besserung unserer Zivilrechtspflege eine grundlegende Änderung unserer Gerichtsverfassung weit wichtiger sei, als eine Umgestaltung der Verfahrensvorschriften selbst. Es fehlt nicht an z. T. sehr einschneidenden Vorschlägen in dieser Richtung, unter diesen hat namentlich der Entwurf des früheren Reichsministers der Justiz Schiffer weitgehende Beachtung gefunden.

Mit Rücksicht hierauf erscheint noch eine kurze Darlegung darüber geboten, wie sich der vorliegende Entwurf zu diesen überaus wichtigen Fragen verhält.

Hier sei zunächst das große Problem der **Übertragung der Justizhoheit auf das Reich** erwähnt. Seine Lösung in bejahendem Sinne würde die Durchführung einer Prozeßreform gewiß erleichtern. Denn sie schüfe die Möglichkeit, daß die sachgemäße Anwendung des neuen Prozeßrechts im ganzen Reiche von einer Stelle aus einheitlich geleitet würde. Wie wichtig ein solcher Einfluß ist, hat das Beispiel Österreichs gezeigt, dessen Prozeß sich nur dadurch auf der Höhe erhielt, daß immer wieder, wenn ein Nachlassen der Gerichte in der Handhabung der auf Beschleunigung und Unmittelbarkeit des Verfahrens hinzielenden Vorschriften zutage trat, die Justizverwaltung mahnend und zielweisend eingriff. Gleichwohl ist es für die Grundsätze, nach denen das Verfahren im vorliegenden Entwurf im einzelnen ausgestaltet werden muß, ohne Einfluß, wie schließlich das Problem gelöst werden wird.

Ähnlich liegt es mit den Fragen aus dem Gebiete der allgemeinen Justizreform, die die **Ausbildung und Auswahl der Richter** zum Gegenstande haben. Auch hier liegt es auf der Hand, daß ein neues Prozeßgesetz um so besser wirken wird, je vorzüglicher die zu seiner Handhabung berufenen Richter befähigt sind. Im einzelnen ist es aber für die Ausgestaltung der Verfahrensvorschriften ohne Bedeutung, in welcher Weise jene Frage gelöst wird. Im übrigen darf an dieser Stelle darauf hingewiesen werden, daß das Reichsjustizministerium der Verbesserung und Vereinheitlichung der juristischen Ausbildung im Deutschen Reich schon seit längerer Zeit besondere Aufmerksamkeit gewidmet hat und die darüber mit den Ländern geführten Verhandlungen die im Reichsministerialblatt vom 20. September 1930 (S. 547) veröffentlichte Vereinbarung über die juristische Vorbildung zum Ergebnis gehabt haben.

Unmittelbar berührt dagegen das Prozeßrecht die gleichfalls in der Gegenwart viel erörterte Frage, ob nicht alle Sachen erster Instanz künftig von **Einzelrichtern** bearbeitet werden sollen. Ihre restlose Bejahung würde dahin führen, daß die bisherige Zweiteilung der Vorschriften für das Verfahren erster Instanz in amtsgerichtliches und landgerichtliches Verfahren aufzugeben wäre. Der Entwurf ist diesen Weg nicht gegangen. Er beruht auf der Erwägung, daß die bisherige, in den Rechten fast aller Kulturstaaten sich wiederfindende unterschiedliche Behandlung der als wichtiger und der als weniger wichtig erscheinenden Sachen ihre natürliche innere Berechtigung hat. Für Sachen von größerer Tragweite und von erheblicher rechtlicher Schwierigkeit sind die Vorteile der kollegialen Rechtsprechung unverkennbar. Wenn man z. B. an schwierigere Rechtsmaterien denkt, insbesondere solche, deren richtige Behandlung nicht nur gute Rechtskenntnisse, sondern auch Vertrautheit mit verwickelten technischen oder wirtschaftlichen Vorgängen voraussetzt (z.B. Patentrecht und verwandte Materien), so ist augenfällig, daß hier in einem Kollegium die besonderen Kenntnisse, die die einzelnen Mitglieder auf verschiedenen Gebieten haben, den anderen zugute kommen und daß vor allem ein neu eintretendes Mitglied sich unter der Führung der älteren Mitglieder viel leichter einarbeiten kann, als bei einzelrichterlicher Tätigkeit. Auch gibt die kollegiale Besetzung eines Gerichts die beste Gewähr für eine gewisse Stetigkeit der Rechtsprechung, während bei einem mit Einzelrichtern besetzten Gericht ein Wechsel der Besetzung leicht eine Veränderung der Einstellung des Gerichts zu wichtigen Fragen mit sich bringt. Ferner entspricht es einer alten Erfahrung, daß der Richter vor der Entscheidung verwickelter und schwieriger Fragen das Bedürfnis fühlt, sich mit seinesgleichen auszusprechen, um in solcher Wechselrede nicht nur Anregungen entgegenzunehmen, sondern auch seine eigenen Gedanken klarer und gründlicher auszugestalten, als dies bei stiller Überlegung möglich ist. Endlich kommt, wenn in einem Kollegium, insbesondere als Vorsitzender, eine Persönlichkeit von besonderen Qualitäten mitwirkt, ihre Begabung auch den Sachen zugute, die von nicht in gleicher Art befähigten Kollegen bearbeitet werden.

Auf Grund dieser Erwägungen wird man im ordentlichen Verfahren an der bestehenden Einrichtung festhalten müssen, daß als erste Instanz zwei Arten von Gerichten vorgesehen sind, nämlich für die große Mehrzahl der Sachen das mit Einzelrichtern besetzte Amtsgericht, für Sachen von größerer Bedeutung das als Kollegialgericht entscheidende Landgericht.

Auch der in letzter Zeit viel erörterten Anregung, beim Landgericht in vermögensrechtlichen Streitigkeiten bis zu einer bestimmten Wertstufe grundsätzlieh einen Einzelrichter entscheiden zu lassen, vermochte der Entwurf in Übereinstimmung mit der in der öffentlichen Diskussion dieser Frage überwiegend vertretenen Auffassung nicht zu entsprechen. Eine solche Maßnahme ließe sich gegenüber dem Werte, den der Entwurf der Kollegialgerichtsbarkeit beimißt, nur mit Ersparnisgründen rechtfertigen. Aber — ganz abgesehen davon, daß solche Gründe zur Rechtfertigung einer Maßnahme, die eine Gefahr der Verschlechterung der Rechtspflege in sich birgt, kaum ausreichen können — erscheint es auch zweifelhaft, ob eine erhebliche Ersparnis damit erzielt werden wird. Ein Einzelrichter kann am Landgericht nicht dieselbe Anzahl von Sachen erledigen wie ein Kollegium von dreien, günstigenfalls könnte er die Hälfte bewältigen. Die danach mögliche geringe Ersparnis würde aber dadurch aufgewogen, daß man Bedenken tragen müßte, Assessoren und Richter von nur durchschnittlichen Fähigkeiten, die unter Führung eines guten Vorsitzenden im Kollegium Ersprießliches leisten können, als Einzelrichter zu verwenden, daß man zu solchen vielmehr im wesentlichen nur bewährte Richter in gehobener Stellung mit entsprechend höherer Besoldung heranziehen könnte. Eine ganz andere Frage ist es, ob nicht die Wertsumme von 500 RM., die bis zum 1. April des Jahres 1931 die **Zuständigkeit der Amtsgerichte** von der der Landgerichte abgrenzte, zu niedrig gegriffen war. Vor dem Kriege betrug diese Summe 600 M. Es kommen deshalb, wenn man dazu die unbestreitbar vorhandene Verminderung der Kaufkraft des Geldes berücksichtigt, zahlreiche Sachen, die vor dem Kriege vor den Amtsgerichten erledigt worden wären, vor die Landgerichte, wodurch mit die nachstehend unter IV d näher dargelegte Überlastung der Landgerichte und Oberlandesgerichte herbeigeführt wurde, die sich, wie ebenfalls dort eingehender dargelegt wurde, auf das Verfahren vor diesen Gerichten sehr ungünstig ausgewirkt hat. In der Verordnung des Reichspräsidenten vom 1. Dezember 1930 ist aus diesen Gründen, um die Verteilung der Geschäfte unter die verschiedenen Arten von Gerichten annähernd wieder auf den früheren Stand zu bringen, die Wertgrenze für die amtsgerichtliche Zuständigkeit auf 800 RM. erhöht worden. Damit dürfte alles getan sein, was zur Erweiterung einzelrichterlicher Zuständigkeit erreichbar und angebracht erscheint.

Der Entwurf geht weiter davon aus, daß auch die **Oberlandesgerichte** in der Art, wie sie in Deutschland im Laufe einer langen geschichtlichen Entwicklung geworden sind, beibehalten werden, daß also namentlich die Größe ihrer Bezirke und damit zusammenhängend ihre geringe Anzahl im wesentlichen unverändert bleibt. Denn darauf beruht letzten Endes die Möglichkeit, diese Gerichte mit hervorragenden Kräften so zu besetzen, daß sich ihre Rechtsprechung auf der bisherigen Höhe hält und die Vorarbeit leistet, die nötig ist, damit das Reichsgericht seine höchstrichterliche Aufgabe voll erfüllen kann. Daneben haben die Oberlandesgerichte die wichtige Aufgabe, in den nicht an das Reichsgericht gelangenden Sachen in ihrem Bezirk für Rechtseinheit zu sorgen. Auch dieser Aufgabe werden sie um so besser gerecht werden können, je größer ihr Wirkungskreis ist. Tritt man dem bei, so ergibt sich von selbst, daß den Oberlandesgerichten nach wie vor nur Berufungen in größeren Sachen zuzuweisen sind, daß also die Berufungen in amtsgerichtlichen Sachen den Landgerichten verbleiben müssen.

Von entscheidender Bedeutung für den Aufbau des Entwurfs würde noch die Frage sein, ob es sich empfiehlt, ein besonderes **Bagatellverfahren vor nicht richterlichen Beamten (Rechtspflegern) einzuführen.** Der Entwurf geht davon aus, daß die Gefahren eines solchen Vorschlags seine Vorteile weit überwiegen. Es ist schon oft darauf hingewiesen, daß groß und klein sehr relative Bewertungen sind, für eine Partei der Streit um 50 bis 100 Mark größere Bedeutung haben kann wie für eine andere der Streit um tausende. Ferner erfordert die richtige Entscheidung kleiner Streitigkeiten nicht minder die besonderen Fähigkeiten eines geschulten Richters als die von großen Prozessen. Wenn nun auch die Rücksicht auf wirtschaftliche Zweckmäßigkeit es rechtfertigt, daß für kleinere Sachen den Parteien kein Kollegium und nicht unter allen Umständen ein Rechtsmittel gegen das Urteil des Gerichts zur Verfügung gestellt wird, so muß doch um so mehr daran festgehalten werden, daß der Einzelrichter, der den Streit endgültig entscheiden soll, auch die volle Befähigung zum Richteramt besitzt. Sehr beachtlich ist in diesem Zusammenhang, daß auch von seiten der Rechtspfleger aus ähnlichen Erwägungen die Übertragung richterlicher Entscheidungsgewalt nicht erstrebt wird. Daß im übrigen der Entwurf der Entlastung der Gerichte durch Rechtspfleger eine große Bedeutung beimißt, ist nachstehend unter IV, 2a (S. 265) dargelegt.

III. Der äußere Aufbau des Entwurfs.

Die Fülle der Neuerungen, die der Entwurf gegenüber der geltenden Zivilprozeßordnung bringt, machte es auch erforderlich, in der äußeren Anordnung des Stoffes wesentliche Änderungen vorzunehmen. Immerhin schließt sich auch hier der Entwurf, soweit dies mit seinem Gesamtplan verträglich ist, eng an das Bestehende an. Deshalb ist bis zum Ende der Vorschriften über das Armenrecht die bestehende Stoffanordnung erhalten geblieben, obwohl man bei den Vorschriften über Streitgenossen und Beteiligung Dritter am Rechtsstreite (§§ 59 bis 77) zweifeln kann, ob sie nicht, da sie die

Einleitung eines Prozesses zur Voraussetzung haben, besser im Anschluß an die Vorschriften über die Klageerhebung gebracht würden. Hier läßt sich für die geltende Anordnung immerhin anführen, daß der die Klageerhebung und das anschließende Verfahren betreffende Teil, wenn man die Vorschriften über Streitgenossen und Beteiligung Dritter am Rechtsstreit in ihn hineinfügen wollte, an Übersichtlichkeit verlieren würde.

Dagegen schien es nicht ratsam, den im dritten Abschnitt unter der Überschrift »Mündliche Verhandlung« eingefügten Verfahrensteil (§§ 128 bis 165) an seiner jetzigen Stelle zu belassen. Das damit erstrebte Ziel, die den beiden Prozeßarten (amtsgerichtlichem und landgerichtlichem Prozeß) und den verschiedenen Instanzen gemeinsamen Vorschriften gewissermaßen in einem allgemeinen Teil voranzustellen, ist durchaus nicht erreicht, da zahlreiche der im besonderen Teil (Verfahren erster Instanz vor den Landgerichten §§ 253 ff.) enthaltenen Vorschriften — infolge der Bezugnahme des § 495 — auch auf das amtsgerichtliche Verfahren und ebenso — infolge der Bezugnahme der §§ 523, 557 — auch auf das Verfahren der Rechtsmittelgerichte anwendbar sind. Im übrigen wird die Übersichtlichkeit des Gesetzes durch die bestehende Stoffanordnung keineswegs erhöht, im Gegenteil auch geübten Praktikern begegnet es nicht selten, daß sie im Zweifel sind, ob sie eine bestimmte Vorschrift im allgemeinen Teil oder im besonderen Teil (§§ 253 ff.) zu suchen haben. So ist z. B. kein innerer Grund ersichtlich, weshalb die Klage und ihre Wirkungen im besonderen, die vorbereitenden Schriftsätze dagegen im allgemeinen Teil geregelt sind, weshalb die Frist für die Einreichung eines neues Vorbringen enthaltenden Schriftsatzes im allgemeinen Teil (§ 132) bestimmt, die Verpflichtung, neues Vorbringen in gewissen Fällen schriftsätzlich vorzubereiten, aber im besonderen Teil (§ 272) ausgesprochen, oder weshalb die Frage des Zugeständnisses von Tatsachen z. T. im allgemeinen Teil (§ 138 Abs. 2) zum anderen Teil im besonderen (§§ 288 ff.) behandelt ist. Auch wenn man versuchen wollte, aus den Verfahrensvorschriften nach anderen Gesichtspunkten als denen des geltenden Rechts einzelne in einem allgemeinen Teil voranzustellen, z. B. die Vorschriften über Wirkungen der Rechtshängigkeit, Rechtskraft u. ä., würde man bei der Durchführung im einzelnen ebenfalls auf Schwierigkeiten stoßen und zu willkürlichen Scheidungen genötigt sein, so insbesondere wenn man, was ein Teil der Zivilprozeßkommission zur Erwägung empfahl, auch Verbindung von Klageanträgen, Eventualklagen, Feststellungsklagen usw. im allgemeinen Teil regeln wollte. Der Entwurf geht demgegenüber davon aus, daß es das natürlichere sei und auch das Verständnis seiner Zusammenhänge erleichtere, wenn das Verfahren im Gesetz nach Möglichkeit so dargestellt wird, wie es sich tatsächlich abspielt. Er behandelt deshalb die Vorschriften über vorbereitende Schriftsätze und mündliche Verhandlung, einschließlich der richterlichen Prozeßleitungsbefugnisse und der Niederschrift, einheitlich im Anschluß an die Klageerhebung in den besonderen Verfahrensvorschriften (§§ 214 ff.). Dabei sind auch die Vorschriften der Entlastungsverordnung, soweit sie bei der künftigen Neuregelung beizubehalten sein werden, insbesondere also der § 7 über Entscheidung ohne mündliche Verhandlung, mitaufgenommen.

Unbedenklich konnten dagegen an ihrer bisherigen Stelle (vor den Vorschriften über das Verfahren erster Instanz) die Vorschriften über Zustellungen, Ladungen, Termine und Fristen, Wiedereinsetzung in den vorigen Stand sowie Unterbrechung und Aussetzung des Verfahrens belassen werden. Denn diese Vorschriften sind nicht nur für das Streitverfahren, sondern auch außerhalb eines solchen, z. B. im Zwangsvollstreckungsverfahren, anwendbar.

Die äußerlich weitgehendste Änderung im Aufbau des Entwurfs besteht darin, daß als Grundlage für die Darstellung des Verfahrens erster Instanz nicht mehr das landgerichtliche, sondern das amtsgerichtliche Verfahren verwertet ist. Es ist schon mehrfach, besonders eingehend von dem besten Kenner unserer Prozeßordnung, von Friedrich Stein, darauf hingewiesen worden, daß die Zivilprozeßordnung sich mit den Tatsachen in Widerspruch setzte, wenn sie den landgerichtlichen Prozeß, der in Wirklichkeit nur in weniger als ein Zehntel aller vorkommenden Streitverfahren zur Anwendung kommt, als den Regelfall ausführlich behandelt, und das amtsgerichtliche Verfahren, das im Leben die Regel bildet, als Ausnahme mit wenigen Vorschriften abtut, um so die im großen und ganzen auch für dieses Verfahren anwendbaren Grundsätze des landgerichtlichen Rechtsstreits den eigentümlichen Bedürfnissen des Amtsgerichtsprozesses anzupassen. Es ist schon im ersten Abschnitt dieser Erläuterungen betont, zu welchen nachteiligen Folgen dieser Aufbau der ursprünglichen Fassung der Zivilprozeßordnung führte. Die wenigen Sondervorschriften über das amtsgerichtliche Verfahren berücksichtigten nicht genügend, daß es in erster Linie auf Parteien, die ohne Anwaltshilfe vor dem Gericht ihre Sache selbst führen wollen, zugeschnitten sein muß. So wurde das amtsgerichtliche Verfahren nicht volkstümlich und bedurfte für die Zwecke des gewerbegerichtlichen Verfahrens einer weitgehenden Umgestaltung.

Nachdem inzwischen in den Novellen zur ZPO. von 1909, 1923 und 1924 die Vorschriften über das amtsgerichtliche Verfahren im Sinne volkstümlicherer Ausgestaltung wesentlich verändert und vervollständigt sind, wird es an der Zeit sein, auch durch die Stellung im Aufbau des neuen Gesetzes der tatsächlichen Bedeutung des amtsgerichtlichen Verfahrens Rechnung zu tragen. Demgemäß beginnt im Entwurf das zweite Buch (§§ 206 ff.) mit einer ausführlichen Darstellung des amtsgerichtlichen Verfahrens, und daran schließt sich in einem zweiten Abschnitt die Darstellung der für das landgerichtliche Verfahren notwendigen Sondervorschriften.

Wesentliche Umänderungen im Aufbau des Gesetzes ergeben sich ferner auch durch die schon im Abschnitt I dieser Erläuterungen kurz berührten grundsätzlichen Umgestaltungen im Verfahren der Zwangsvollstreckung, insbesondere nach der Richtung, daß der Vollstreckungsteil als 9. Buch an den Schluß gestellt und das Mahnverfahren künftig klar als Vollstreckungseinleitungsverfahren im Vollstreckungsteil behandelt ist. Die sachliche Begründung hierfür ist in den allgemeinen Erläuterungen zum Vollstreckungsteil gegeben.

Neben diesen grundsätzlichen Umstellungen hat sich noch im einzelnen vielfach die Notwendigkeit ergeben, bestimmten Vorschriften einen anderen Platz anzuweisen, als sie im alten System der ZPO. hatten. So finden sich jetzt z. B. die Vorschriften über Feststellungsklagen sowie über Klagen auf künftige Leistung nicht mehr unter den Grundsätzen über die Klageerhebung, sondern in dem vom Urteil handelnden Abschnitt, ferner sind die Vorschriften über Vollstreckbarerklärung von Urteilen aus den Vollstreckungsvorschriften in den Abschnitt über Inhalt des Urteils übernommen. Alle solche Einzeländerungen sind in dem besonderen Teil dieser Erläuterungen hervorgehoben und dort auch näher begründet.

IV. Ziele des Entwurfs.

Als die Hauptziele, die mit einer Neuregelung des Prozesses anzustreben sind, sieht der Entwurf die folgenden an:

1. Beschleunigung des Verfahrens,
2. Vereinfachung und Rationalisierung der Prozeßeinrichtungen,
3. Durchprüfung sämtlicher bestehender Bestimmungen zwecks Beseitigung von Unstimmigkeiten und Zweifelsfragen, vor allem aber zwecks sachlicher Umgestaltung von Vorschriften, die den Anschauungen und Bedürfnissen der Gegenwart nicht mehr entsprechen.

1. Beschleunigung des Verfahrens.

a) Bedeutung des Problems.

Von den Ausnahmefällen summarischer Prozeßarten abgesehen, muß jede Prozeßordnung eines Kulturstaats die Verwirklichung der Gerechtigkeit erstreben und deshalb die Gewähr schaffen, daß über den Anspruch des Klägers erst befunden wird, nachdem seinem Gegner hinreichende Gelegenheit zur Verteidigung gegeben und eine gründliche Sachprüfung vom Gericht vorgenommen ist. Diese Notwendigkeit birgt selbstverständlich, namentlich bei hartnäckig mit allen Mitteln kämpfenden Parteien, den Keim zur Prozeßverzögerung in sich. So erklärt es sich, daß wir überall in der Prozeßgeschichte Klagen über einen zu umständlichen und langsamen Rechtsgang begegnen. Hieraus darf aber unmöglich der Schluß gezogen werden, daß der Gesetzgeber den Versuch erheblicher Prozeßbeschleunigung von vornherein als aussichtslos aufgeben muß. Denn andererseits lehrt die Geschichte auch, daß die verschiedenen Prozeßsysteme auf das Zeitmaß des Rechtsganges sehr verschiedenartig gewirkt haben, und das Beispiel Österreichs läßt vor allem erkennen, daß eine ganz durchgreifende Prozeßbeschleunigung bei Anwendung der geeigneten gesetzgeberischen Mittel keineswegs außerhalb des Bereichs der Möglichkeit liegt.

Es ist vielfach bezweifelt worden, ob tatsächlich in Deutschland von einer allgemeinen als Übel empfundenen Prozeßverzögerung gesprochen werden kann. Man hat auch hervorgehoben, es sei grundfalsch, bei der Prozeßgesetzgebung das Hauptgewicht auf die »Fixigkeit« zu legen, da darunter notwendig die »Richtigkeit« der Entscheidungen leiden müsse. In solchen Gedankengängen liegt eine gefährliche Verkennung der Tatsachen, wie sie wirklich liegen und der ernsten Gefahr, von der die deutsche Rechtspflege bedroht ist.

Der Zivilprozeß kann seinen Beruf, Rechtsschutz zu sein, nur erfüllen, wenn derjenige, der das Gericht anruft, auch die Gewähr hat, in angemessener Zeit zur Verwirklichung seines Anspruchs zu gelangen. Daß unter Umständen eine lange Verzögerung des Rechtsschutzes seiner völligen Versagung gleichkommt, haben die Jahre unseres schwersten wirtschaftlichen Niedergangs mit oft erschütternder Deutlichkeit gezeigt. Wenn auch diese Zeit überwunden ist, so sind doch unsere wirtschaftlichen Verhältnisse noch so gespannt und werden es voraussichtlich auf Jahrzehnte hinaus in dem Maße bleiben, daß es für den einzelnen unerträglich ist, den durch einen Rechtsstreit gebundenen Vermögenswert auf viele Monate, häufig sogar auf Jahre festgelegt zu sehen. Vor allem wächst mit der Aussicht, daß ein Prozeß erst nach langer Zeit zum Ziele führt, die Neigung säumiger Zahler, es auf einen Streit auch in Fällen ankommen zu lassen, in denen sie beim Besitz genügender Geldmittel anstandslos gezahlt hätten. Bei den bestehenden Kreditschwierigkeiten wiegt die Aussicht, durch die Einlassung auf den Streit ein langes Zahlungsziel zu erhalten, die Gefahr des damit verbundenen Kostenrisikos auf, ganz abgesehen von der Aussicht, daß der Gegner, der das streitige Geld meist dringend gebraucht, sich die beschleunigte Prozeßbeendigung durch eine sachlich nicht berechtigte Ermäßigung seiner Forderung erkauft. Schon unter diesem Gesichtspunkt trägt die Prozeßverzögerung zur Häufung der Prozesse und damit zur Vergrößerung der Belastung der Gerichte bei, ganz abgesehen davon, daß ein Geschäftsmann, der seine Forderungen nicht rechtzeitig beitreiben kann, auch mit der Abwicklung seiner eigenen Verbindlichkeiten in Schwierigkeiten gerät, was wieder eine Quelle neuer Prozesse eröffnet.

Man kann demgegenüber auch nicht einwenden, daß man es ruhig den Parteien überlassen dürfe, das Zeitmaß, in dem sie ihre Prozesse führen wollen, selbst zu bestimmen, da sie ihr Interesse am besten wahrzunehmen in der Lage seien. Denn in aller Regel ist es nur e i n e Partei, die unter geschickter Ausnutzung aller prozessualen Möglichkeiten die Prozeßverzögerung herbeiführt, und auch wenn der Gegner durch eigene Nachlässigkeit in der Prozeßführung einen Teil der Schuld mitträgt, ist er sich dessen meist nicht bewußt und macht das Ergebnis der Rechtspflege zum Vorwurf. Wer sich Mühe gibt, die Meinung der Rechtsuchenden über unsere Rechtspflege zu hören, wird feststellen müssen, daß in allen Volkskreisen ein verzögerter Rechtsgang mit tiefer Erbitterung, fast wie eine Rechtsverweigerung empfunden wird und der Volkstümlichkeit unserer Rechtspflege den schwersten Schaden zufügt. Es ist auch unverkennbar, daß die viel besprochene Ausbreitung der Schiedsgerichtsbarkeit, die bereits große Rechtsgebiete fast völlig der ordentlichen Gerichtsbarkeit entzogen hat, zwar nicht a l l e i n, aber doch m i t ihre Ursache in der Schwerfälligkeit unseres staatlichen Rechtsschutzes hat. Vor allem liegt hier auch eine der Ursachen für die große Ausdehnung, die im Laufe der Zeit die Sondergerichtsbarkeit gewonnen hat. Ferner kehrt bei den zahlreichen Gesetzen, die in neuerer Zeit Streitigkeiten, die an sich die ordentlichen Gerichte zu erledigen hätten, besonderen Schiedsstellen oder auch Verwaltungsstellen übertragen, in der Begründung immer die Bemerkung wieder, daß man den Parteien nicht zumuten könne, die in Frage kommenden Streitigkeiten in dem umständlichen und langwierigen Prozeßverfahren auszutragen.

Ein Gesetzgeber, dem das Ansehen und die Erhaltung unserer ordentlichen Rechtspflege am Herzen liegt, kommt daher nicht um die Aufgabe herum, alle Möglichkeiten zur Beschleunigung unseres Prozeßverfahrens mit Nachdruck anzuwenden. Daß dies nicht zu einer die Gerechtigkeit gefährdenden Überhastung führen darf, versteht sich von selbst. Auf der anderen Seite wäre aber auch nichts verfehlter als der Glaube, daß, je länger ein Prozeß dauere, um so gründlicher und gerechter auch die Entscheidung ausfallen müsse. Denn im engsten Zusammenhang mit einer verzögerlichen Prozeßerledigung steht regelmäßig die Zerstückelung des Verhandlungsstoffs in eine Reihe von Terminen und eine Fülle von Schriftsätzen sowie die Verzettelung des Beweismaterials auf eine Reihe von zeitlich weit auseinanderliegenden Beweisterminen. Diese Umstände sind aber zugleich der Tod einer wahren Mündlichkeit und Unmittelbarkeit des Verfahrens. Sie erschweren es dem Richter, rechtzeitig den Streitstoff zu übersehen und das Verfahren in die rechte Bahn zu lenken, und zwingen ihn, sich sein Urteil an der Hand von Schriftsätzen und

Protokollen zu bilden, wobei der eigentliche Sinn des Mündlichkeitsgrundsatzes verloren geht und nur zu leicht das so gewonnene Bild von der Wirklichkeit in jeder Richtung abweicht. Umgekehrt muß die zur Prozeßbeschleunigung erforderliche Zusammendrängung des gesamten Streitstoffs in eine wohl vorbereitete, nach Möglichkeit mit der Beweiserhebung verbundene mündliche Verhandlung das Gericht viel näher an die materielle Wahrheit heranführen, als es eine Akten- und Protokolljustiz je ermöglichen kann.

b) Ursachen und Bekämpfung der Prozeßverschleppung — die Novelle von 1924.

Die schleppende Erledigung eines Prozeßverfahrens findet ihren sichtbaren Ausdruck in einer unsachgemäßen Häufung von Terminen und Beweiserhebungen. Diese Häufung hat nicht nur den großen Nachteil, daß sie die Behandlung der einzelnen Sache schädigt, sondern sie vermehrt auch unnötig die Belastung des Gerichts, das sich auf dieselbe Sache in langen Pausen immer wieder und wieder und, weil die Termine häufig ohne Ergebnis verlaufen, oft ganz unnütz vorbereiten muß. Unter solcher Überlastung leiden dann auch die anderen Sachen, die das Gericht zu bearbeiten hat, es vergrößert sich die Zeitspanne, bis zu der im Falle einer Vertagung ein neuer Termin anberaumt werden kann. Diese Umstände sind aber nicht die eigentlichen Ursachen der Prozeßverschleppung, sondern vielmehr die Folge ungenügender Vorbereitung der einzelnen Termine, in der deshalb die letzte Ursache der Prozeßverschleppung zu erblicken ist. Der Streitstoff wird dem Gericht nicht in geschlossener Zusammenfassung einheitlich vorgeführt, sondern von den Parteien in langen Pausen stückweise vorgebracht. Die Wirkung dieses Übelstandes verstärkt sich noch dadurch, daß die Parteien häufig neue Behauptungen, die sie in einem Termin aufstellen, dem Gegner nicht rechtzeitig vorher in Schriftsätzen mitteilen, was naturgemäß in den meisten Fällen zu Vertagungen führt. Daraus ergibt sich, daß das Zivilprozeßverfahren nur beschleunigt werden kann, wenn für gründliche Vorbereitung der Termine und für straffe Konzentrierung des Streitstoffs gesorgt wird. Es ist vielfach vorgeschlagen, das Gericht solle vor Anberaumung des ersten Verhandlungstermins unter Setzung von Fristen einen erschöpfenden Schriftsatzwechsel der Parteien herbeiführen. Bei einem solchen Verfahren wären aber die Gefahren größer als die Vorteile. Sollen die Fristsetzungen wirken, so müßte das Vorbringen neuer in den Schriftsätzen nicht mitgeteilter Tatsachen ausgeschlossen werden, was auf eine starre Eventualmaxime hinauslaufen und die Mündlichkeit des Verfahrens illusorisch machen würde. Vor allem aber könnte der Richter bei nur schriftlicher Leitung der Vorbereitung nicht verhindern, daß die Parteien unwesentliche Dinge vortragen und in der mündlichen Verhandlung sich schließlich doch herausstellt, daß die Vorbereitung unter anderen Gesichtspunkten neu begonnen werden muß. Die Novelle von 1924, deren Hauptziel ja die Beschleunigung des Verfahrens war, ist deshalb andere Wege gegangen. Sie hat berücksichtigt, daß erfahrungsgemäß ein Verfahren um so prompter verläuft, je früher das Gericht Gelegenheit hat, in mündlicher Aussprache mit den Parteien auf seinen Gang einzuwirken. Deshalb hat sie von der allgemeinen Einführung eines längeren Schriftwechsels abgesehen, aber dafür gesorgt, daß das Gericht auf den Gang des Verfahrens in einem früheren Zeitpunkt und in weit höherem Maße als in der Prozeßordnung alter Fassung Einfluß nehmen kann. War früher die Herbeischaffung des Streitstoffes allein Aufgabe der Parteien und der Richter mehr auf eine abwartende Haltung verwiesen, so läßt ihn die Novelle an der Gestaltung des Prozesses tätig mitwirken. Diese Mitwirkung soll schon vor der mündlichen Verhandlung einsetzen. Der Beklagte ist im amtsgerichtlichen Verfahren zur schleunigen Mitteilung seiner Einwendungen und Beweismittel anzuhalten (§ 498 Abs. 2 der geltenden Fassung); im landgerichtlichen Verfahren mußte diese Aufforderung, da man hier den Parteibetrieb beibehalten hatte, der klagenden Partei überlassen bleiben (§ 253 Abs. 3 Nr. 1 der geltenden Fassung). Ferner ist die durch die Novelle 1909 im amtsgerichtlichen Verfahren dem Gericht gegebene Möglichkeit, schon vor dem Termin die Parteien zu Ergänzungen ihrer schriftlichen Erklärungen zu veranlassen und Beweismaterial heranzuziehen, auf alle Verfahrensarten ausgedehnt und ausgebaut worden (§ 272 b der geltenden Fassung). Auch während des weiteren Verlaufs des Verfahrens kann und soll das Gericht durch Auflagen an die Parteien dafür sorgen, daß die erforderlichen Sachaufklärungen rechtzeitig erfolgen (§ 279 a). Für das Berufungsverfahren ist endlich zwecks rechtzeitiger Vorbereitung der Berufungsbegründungszwang eingeführt worden, ähnlich wie schon die Novelle 1905 für das Revisionsverfahrens den Zwang zur Revisionsbegründung vorgesehen hatte.

Vor allem aber soll nach der Novelle 1924 das Gericht schon frühzeitig in mündlicher Erörterung der gesamten Sach- und Rechtslage die Parteien auf die noch der Aufklärung bedürftigen Punkte hinweisen und so zur rechtzeitigen Herbeischaffung des Streitstoffes beitragen. Im amtsgerichtlichen Prozeß dient hierzu das Güteverfahren. Dieses soll zwar in erster Linie den Rechtsfrieden fördern und vom Streitverfahren die zur gütlichen Beilegung geeigneten Sachen fernhalten; andererseits bietet es aber, wenn dieses Ziel nicht erreicht wird, dem Richter, der die gesamte Sach- und Rechtslage mit den meist persönlich anwesenden Parteien durchsprechen kann, die beste Möglichkeit, in verwickelteren Sachen eine Grundlage für eine umfassende Vorbereitung des Streittermins im Sinne des § 272 b geltender Fassung zu gewinnen. Im landgerichtlichen Verfahren soll der Einzelrichter die Fühlung mit den Parteien aufnehmen und mündlich mit ihnen den Sachverhalt so gründlich erörtern, daß danach vor dem Kollegium in einer einzigen, den gesamten Sachverhalt erschöpfenden Verhandlung die Sache zu Ende geführt werden kann. Damit ist der österreichische Gedanke des Vortermins vor dem Einzelrichter zwar aufgegriffen, aber wesentlich anders als in Österreich ausgestaltet, da das österreichische Verfahren vor dem Einzelrichter die *sachliche* Vorbereitung der Verhandlung vor dem Kollegium nicht zum Ziele hat.

Mit Rücksicht darauf, daß somit den Parteien reichliche Gelegenheit geboten wird, die Verhandlungstermine gründlich und umfassend vorzubereiten, hat die Novelle von 1924 sich auch für berechtigt gehalten, an Grundsätzen zu rühren, die den Gesetzgebern von 1877 noch als unantastbare Axiome galten. Es sind dies der *Grundsatz der freien Gestaltung des Streitstoffes* und der *Grundsatz der unbeschränkten Parteiherrschaft über die Termine*. Die in der Prozeßordnung alter Fassung nur äußerst dürftigen, wegen ihrer zu engen Voraussetzungen so gut wie niemals angewandten Möglichkeiten der Zurückweisung nachgeschleppten Vorbringens sind, um den Parteien einen Antrieb zu geben, die Gelegenheit zur rechtzeitigen Vorbereitung der Verhandlung auch voll auszunutzen, wesentlich verschärft (§§ 279, 279 a, 283 Abs. 2 der geltenden Fassung), ferner ist im Zusammenhang damit das sog. Novenrecht in der Berufungsinstanz, gleichfalls durch die Ermöglichung der Zurückweisung böswillig oder grob nachlässig nachgeschleppten Vorbringens, beschränkt worden (§ 529 geltender Fassung). In letzterer Maßnahme liegt u. a. auch der Zwang für den Berufungskläger, sich in den Fällen, in denen er zur Rechtfertigung der Berufung neuer Tatsachen bedarf, nicht mit einer nach der Fassung des § 519 nicht ausgeschlossenen sog. formalen Berufungsbegründung zu begnügen (vgl. § 529 Abs. 3 geltender Fassung). Das Recht der Parteien, Termine, die das Gericht anberaumt hat, durch freie Vereinbarung oder durch gemeinsames Ausbleiben zu vereiteln, ist in Anlehnung an das österreichische Recht ganz beseitigt. Termine können nur aus wichtigen sachlichen Gründen durch das Gericht aufgehoben werden, ebenso tritt auch das Ruhen des Verfahrens nur auf Gerichtsbeschluß ein (§§ 227, 251, 251a der geltenden Fassung). Bleiben, ohne daß die Aufhebung des Termins angeordnet ist, die Parteien aus, so ist dem Gericht die Möglichkeit gegeben, trotzdem den Prozeß durch eine Entscheidung nach Lage der Akten sachlich zu fördern, oder, wo dies nicht angezeigt ist, einen neuen Verhandlungstermin anzuberaumen oder das Ruhen des Verfahrens anzuordnen (§ 251 a geltender Fassung). Damit es die Parteien nicht aus bloßer Nachlässigkeit auf die Anordnung des Ruhens ankommen lassen, ist ferner, ähnlich wie in der österreichischen Zivilprozeßordnung, vorgesehen, daß ein ruhendes Verfahren vor Ablauf von drei Monaten nur mit Zustimmung des Gerichts aufgenommen werden darf (§ 251 Abs. 2 der geltenden Fassung). Im Zusammenhang hiermit ist, weil es sich dabei gleichfalls um eine der Bekämpfung der Prozeßverschleppung dienende Maßnahme handelt, noch zu erwähnen, daß in entscheidungsreifen Sachen beim Ausbleiben nur einer Partei auf Antrag des Gegners eine Aktenlageentscheidung ergehen muß (§ 331 a geltender Fassung), damit verhindert wird, daß jemand durch Terminsversäumung die endgültige Erledigung des Rechtsstreits in der Instanz beliebig hinausschieben kann.

c) Stellungnahme zu der an der Prozeßnovelle geübten Kritik.

Diese Grundsätze der Prozeßnovelle haben bei ihrem Inkrafttreten zunächst eine sehr geteilte Aufnahme gefunden. Während der Richterstand sie im allgemeinen freudig begrüßte, haben die Anwaltschaft und auch ein großer Teil der Vertreter der Prozeßrechtswissenschaft sie lebhaft bekämpft. Es wurde geltend gemacht, die von der Zivilprozeßordnung alter Fassung gegebene »fein abgewogene« Abgrenzung von Parteimacht und Richtermacht stellte die im Laufe einer langen historischen Entwicklung gewonnene, dem Wesen des Zivilprozesses am besten entsprechende Regelung dar. Dabei ist aber nicht gewürdigt, daß sich die Vorstellung vom Wesen des Zivilprozesses seit dem Inkrafttreten der Zivilprozeßordnung innerlich gewandelt hat. Wenn man auch nach wie vor anerkennen muß, daß es sich im Zivilprozeß um Privatrechte der Parteien handelt, über die diese frei verfügen können, und daß es deshalb im Belieben der Parteien stehen muß, ob sie einen Anspruch verfolgen oder aufgeben und was sie zur Rechtfertigung ihrer Anträge vortragen wollen, so hat man doch andererseits weit mehr als früher den Gedanken in den Vordergrund gestellt, daß der Zivilprozeß als staatliche Rechtsschutzeinrichtung dem öffentlichen Rechte angehört. Mit dieser Erkenntnis ist es unvereinbar, das Tempo des Rechtsganges ganz der Willkür der Parteien zu überlassen, ihnen die freie Möglichkeit zu gewähren, Termine, auf die sich das Gericht in mühevoller Arbeit vorbereitet, ohne zureichenden Grund durch Ausbleiben oder durch saumselige Vorbereitung der Verhandlung zu vereiteln und so eine unwirtschaftliche Kräftevergeudung für alle am Prozeß beteiligten Personen herbeizuführen. Der Staat, der die Verantwortung für den Erfolg seiner Rechtsschutzeinrichtungen trägt, muß vielmehr auf den Prozeßverlauf insoweit einwirken können, als dies zur Sicherung eines prompten Rechtsganges unerläßlich ist. Letzten Endes waren es ja auch nicht sowohl Zweckmäßigkeitserwägungen, die die Abgrenzung von Richter- und Parteimacht, so wie sie die Zivilprozeßordnung alter Fassung enthält, veranlaßt haben, als weit mehr die weltanschauliche und wirtschaftspolitische Einstellung ihrer Entstehungszeit. Die Zivilprozeßordnung alter Fassung ist beherrscht von den Grundsätzen des Individualismus. In dem an sich berechtigten Bestreben, den einzelnen auch im Prozeß gegen obrigkeitliche Bevormundung zu schützen, bekannte man sich zu dem manchesterlichen Gedanken des laissez faire laissez aller. Dieser Gedanke war es letzten Endes, der die von der Zivilprozeßordnung alter Fassung getroffene Abgrenzung von Richtermacht und Parteimacht sowie die Übertreibung des Grundsatzes der freien Gestaltung des Streitstoffs herbeigeführt hat. Die Prozeßordnung ist als eine Kampfregel für die vor dem Gericht streitenden Parteien gedacht. Es bleibt allein der Geschicklichkeit der Parteien überlassen, wie sie ihren Kampf ausfechten, das Gericht hat in der Hauptsache nur darüber zu wachen, daß die Kampfregeln innegehalten werden.

Eine solche Einstellung eines Prozeßgesetzes läßt sich aber, wie bereits Radbruch in seiner Heidelberger Antrittsvorlesung überzeugend dargelegt hat, nur rechtfertigen unter der Voraussetzung, daß alle Menschen in der Verfolgung ihrer Interessen gleich geschickt und gleich tatkräftig sind. Da diese Voraussetzung aber eine Utopie ist und da ohnehin im Prozeßkampf der Angegriffene, dem alles, was er bestreitet, bewiesen werden muß, die stärkere Stellung hat, so muß eine allein auf dem Grundsatz des laissez faire laissez aller aufgebaute Prozeßordnung notwendig geschickten Verschleppungsversuchen weitgehenden Vorschub leisten und des Antriebs zur beschleunigten Erledigung der Rechtsstreitigkeiten entbehren.

So wenig hiernach die alte Prozeßordnung der menschlichen Eigenart Rechnung getragen hat, so wenig hat sie andererseits berücksichtigt, daß der Prozeß keine Einzeltatsache ist, die allein nach dem Bedürfnis der in ihn verwickelten einzelnen Parteien geregelt werden darf, sondern eine Massenerscheinung. Es ist selbstverständlich, daß ein Gericht, das Prozesse in Massen zu erledigen hat, auch darauf Rücksicht nehmen muß, wie sich die unnötig schleppende Behandlung einzelner Prozesse und die damit verbundene unwirtschaftliche Überlastung des Gerichts auf die übrigen von ihm zu erledigenden Prozesse auswirkt. Die Erwägung, daß die Zivilprozeßordnung in ihrer ursprünglichen Fassung diese Zusammenhänge nicht genügend berücksichtigt, sondern die Prozeßgrundsätze so gestaltet hat, als ob die Prozeßparteien ohne soziale Verbundenheiten mit den übrigen Rechtsuchenden für sich allein stünden, hat auch Stein veranlaßt das Gesetz eine »große Robinsonade« zu nennen.

Auf allen anderen Gebieten unseres öffentlichen Lebens hat man inzwischen den Grundsatz des laissez faire laissez aller längst verlassen und erkannt, daß der Staat berechtigt und verpflichtet ist, insoweit als das allgemeine Wohl dies erfordert, der freien Betätigung des Einzelegoismus Schranken zu setzen.

Wenn nunmehr in letzter Zeit auch das Prozeßrecht die freie Betätigung des Einzelwillens insoweit einschränkt, als dies die Rücksicht auf die Erfüllung seiner Aufgaben als Rechtsschutzeinrichtung erheischt, so ist dies kein willkürlicher Bruch mit dem historisch Gewordenen, kein Rückschlag in den überwundenen Geist des Polizeistaats, sondern nur die naturgemäße Auswirkung der sozialen Gedanken, die seit dem Ausgang des vergangenen Jahrhunderts unsere Rechtsentwicklung beherrschen. Gerade in der richtigen Erkenntnis der sozialen Bedeutung des Prozesses und in ihrer folgerichtigen Auswertung lag der große Fortschritt, den die österreichische Prozeßordnung in der Prozeßrechtsgeschichte bedeutete und die Hauptursache ihrer großen Erfolge. Ihr Schöpfer Franz Klein hat in allen der Prozeßordnung gewidmeten Reden und Schriften diesen Gedanken in den Vordergrund gestellt und immer betont, daß der Zivilprozeß eine der Wohlfahrt der Gesellschaft dienende Einrichtung sei (zu vgl. insbes. Klein-Engel, Der Zivilprozeß Österreichs S. 186 ff.). Auch in Deutschland, dessen Prozeßrechtswissenschaft wie Wach in seinem Gutachten zum 26. Juristentage mit Recht ausführt, die Betrachtung des Prozesses als Wohlfahrtseinrichtung keineswegs fremd war, drängte die Entwicklung schon seit langem in gleicher Richtung, und zwar deutlich auch mit dem Ziele, daß die Parteiherrschaft über die Termine einzuschränken ist und die dem Gericht gegebenen Möglichkeiten, auf den Gang des Verfahrens fördernd einzuwirken, wesentlich zu verstärken sind. Die Rechtsprechung des Reichsgerichts, die das in der Zivilprozeßordnung a. F. begründete Frage*recht* zu einer Frage*pflicht* ausgestaltete, bedeutete schon einen ersten Anfang in der bezeichneten Richtung; auf dem 26. und 31. Juristentage traten diese Bestrebungen bereits zielbewußter hervor, namentlich bewegten sich die dort von Neukamp, Hamm, Wach und Vierhaus gemachten Ausführungen augenscheinlich in der Richtung einer Einschränkung der Parteiallmacht, einer Stärkung der richterlichen Prozeßleitung und straffer Konzentrierung des Streitstoffs. Dieselben Erwägungen lagen ferner schon dem § 501 in der Fassung der Novelle von 1909 zugrunde.

Diesen Gedankengängen haben sich auf die Dauer auch die Kreise nicht verschließen können, die der Prozeßnovelle anfangs ablehnend gegenüberstanden. Auch bei ihnen ist der anfänglichen Bekämpfung schließlich eine ruhigere Beurteilung, vielfach sogar offene Anerkennung gefolgt. So bemerkt z. B. Goldschmidt in seinem Lehrbuch des Zivilprozesses S. 19 von der Zivilprozeßnovelle von 1924, sie nehme »einen Teil der im Reichsjustizministerium vorbereiteten Zivilprozeßreformen vorweg, zu denen *die schon seit den achtziger Jahren des vorigen Jahrhunderts einsetzende Abkehr von der liberalen Staatsidee führen mußte*«. Ferner hat schon bei einer Mitgliederversammlung des Vereins Deutscher Landgerichtsanwälte am 5. April 1925 Rechtsanwalt Jessen unter dem Beifall der Teilnehmer nicht nur im allgemeinen der Prozeßnovelle weitgehende Anerkennung gezollt, sondern es namentlich auch als einen großen Fortschritt begrüßt, »daß jetzt der Bewegungsimpuls sofort in den Prozeß hineinkommt«. Gleichzeitig hat Jessen auch die häufig gehörte Kritik, der Prozeß der Novelle setze an die Stelle eines Streites der Parteien *vor* dem Gericht einen

Streit der Parteien mit dem Gericht, dadurch eindrucksvoll widerlegt, daß er hervorhob, die Novelle erstrebe nicht eine Bevormundung der Parteien, sondern eine enge Arbeitsgemeinschaft zwischen Gericht und Parteien zur Förderung des Rechtganges. In gleicher Richtung bewegen sich auch die Ausführungen, die später Rechtsanwalt Professor Dr. Walther Fischer in seinem Festvortrag auf dem Deutschen Anwaltstage 1929 in Hamburg gemacht hat. Er hat dort grundsätzlich anerkannt, daß die Einschränkung der sogenannten Parteiherrschaft über den Prozeß mit dem Wesen des Zivilprozesses keineswegs unvereinbar sei, sondern lediglich eine Folgerung der neuzeitlichen Auffassung des Zivilprozesses als einer den Zwecken des Staates gewidmeten öffentlichrechtlichen Einrichtung darstelle. Zur Vervollständigung dieser Darlegung darf auch noch darauf hingewiesen werden, daß die Notwendigkeit einer straffen, aktiven Prozeßleitung des Gerichts im Sinne einer Arbeitsgemeinschaft zwischen Gericht und Parteien schon längere Zeit vor der Novelle 24 im Schrifttum anerkannt worden ist, so besonders von Levin in seiner Schrift »Richterliche Prozeßleitung und Sitzungspolizei«.

Im Zusammenhang hiermit bedarf noch eine kritische Bemerkung der Erwähnung, die gegen die auf beschleunigte Zusammendrängung des Streitstoffs gerichtete grundsätzliche Einstellung der Prozeßnovelle (von Goldschmidt treffend als Konzentrationsmaxime bezeichnet) häufig vorgebracht worden ist. Man hat nämlich die Befürchtung ausgesprochen, die Gefahr, mit verspäteten Ausführungen ausgeschlossen zu werden, müsse die Parteien bestimmen, zu viele und zum Teil völlig unerhebliche Umstände in den Prozeß hineinzubringen und dadurch das Verfahren mit einem unnötigen Ballast zu beladen, der die Arbeit des Gerichts erschweren und es leicht zu unnötigen Beweisaufnahmen veranlassen könne. Daß diese Befürchtung sich jemals verwirklicht habe, ist nicht bekannt geworden, sie ist auch keineswegs schlüssig begründet. Gerade wenn der Prozeßstoff dem Gericht bruchstückweise und in langen Pausen vorgebracht wird, besteht die Gefahr, daß das Verfahren auf ein falsches Geleis gerät und Beweiserhebungen, die nach dem früheren Sachvortrag durchaus erheblich waren, sich auf Grund der Wendung, die die Sachlage durch ein nachträgliches Parteivorbringen erfährt, als unnötig herausstellen. Je schleuniger und vollständiger dagegen die Parteien dem Gericht ihr Material unterbreiten, um so rascher kann dieses das Wesentliche vom Unwesentlichen sondern und um so eher kann, wo eine Beweiserhebung erforderlich wird, ein einziger Beweisbeschluß die vollständige Aufklärung bringen.

Es dürfte im Anschluß an diese grundsätzlichen Ausführungen auch nicht ohne Interesse sein, daß sich in Japan, das die deutsche Zivilprozeßordnung im wesentlichen übernommen hatte, dieselben Klagen über schleppenden Rechtsgang erhoben wie im Deutschen Reiche und daß man sich auch dort genötigt sah, in einer Novelle vom 24. April 1926 grundsätzliche Reformen einzuführen, die sich im wesentlichen in der gleichen Richtung bewegen wie die Novelle von 1924 (Zeitschr. f. ausl. u. internationales Privatrecht 1929 S. 409 ff.).

d) Die praktische Auswirkung der Prozeßnovelle.

Wichtiger noch als der grundsätzliche, rechtspolitische Gesichtspunkt ist die Frage, wie sich die Neuerungen der Novelle praktisch bewährt haben. Hier standen als besonders bedeutsames Material neben der Prozeßstatistik namentlich die amtlichen Berichte zur Verfügung, die etwa sechs Monate nach dem Inkrafttreten der Novelle von den Landesjustizverwaltungen dem Reichsjustizministerium erstattet worden sind, sowie die Erörterungen innerhalb verschiedener Richtervereinigungen, an denen sich die Referenten des Ministeriums fortlaufend beteiligten.

Aus dem Material ist zu entnehmen, daß sich die im Zusammenhang dieser grundsätzlichen Erörterungen erwähnten Vorschriften der Prozeßnovelle im großen und ganzen reibungslos eingelebt haben. Eine Abnahme der Vertagungen, vor allem der Vereitelung von Terminen durch Ausbleiben der Parteien ist dabei fast durchweg wahrgenommen worden. Ebenso hat sich herausgestellt, daß die Gerichte jetzt in weit höherem Grade als früher in der Lage sind, von sich aus den Prozeßgang zu fördern. Freilich ist das Ausmaß dieser belebenden Wirkung in hohem Grade von der Umsicht und Tatkraft der Richter abhängig, die von den neuen Einrichtungen keineswegs überall den wünschenswerten Gebrauch gemacht haben. Wo dies nicht geschah, waren die Ursachen aber nicht etwa mit den neuen Vorschriften gemachte ungünstige Erfahrungen, sondern a priori erhobene Bedenken. Bezeichnend ist z. B., daß manche Gerichte, die sich zu einem Urteil nach Lage der Akten nicht entschließen konnten, dies damit begründeten, ein solches Verfahren könne zu nichts führen, weil ja die Entscheidung erst in einem späteren Termin verkündet werden dürfe und die Parteien von dem ihnen gewährten Recht, ihr Ausbleiben zu entschuldigen, und Unterlassung der Verkündung zu beantragen, stets Gebrauch machen würden. Demgegenüber haben die Gerichte, die häufiger Urteile nach Lage der Akten erließen, ausdrücklich erklärt, von der Entschuldigungsmöglichkeit sei fast nie Gebrauch gemacht, wohl aber habe die gelegentliche Anwendung des Aktenlageurteils den Erfolg gehabt, daß die Parteien, die noch sachliche Ausführungen zu machen hatten, die Termine weit sorgfältiger als früher wahrnahmen.

Von den Möglichkeiten der Ausschließung einer Partei mit verspätetem Vorbringen ist nur selten Gebrauch gemacht worden; viele Gerichte sind aber der Auffassung, daß schon die gelegentliche Anwendung der Vorschriften als heilsamer Druck auf die Parteien zu rechtzeitiger Vorbereitung gewirkt habe. Dies hat ein Senat des Kammergerichts auch namentlich von der Vorschrift des § 529 der Zivilprozeßordnung geltender Fassung gesagt und im Zusammenhang damit noch hervorgehoben, daß auch das Erfordernis der Berufungsbegründung die Berufungssachen weit schleuniger verhandlungsreif werden lasse als dies unter den alten Vorschriften möglich gewesen sei. Die gleichen Beobachtungen sind auch von anderen Oberlandesgerichten, darunter insbesondere dem Oberlandesgericht in München, mitgeteilt. Andererseits ist jedoch darüber geklagt worden, daß sich die Wirkung der Vorschriften über die Berufungsbegründung wesentlich vermindert habe, seit durch die Rechtsprechung des Reichsgerichts klargestellt sei, daß eine sog. formale, auf den Sachverhalt nicht näher eingehende Berufungsbegründung den Vorschriften des § 519 g. F. genügt. Von einer weiteren Erörterung von Einzelheiten soll an dieser Stelle, um die Übersicht nicht zu erschweren, abgesehen werden. In der Begründung zu den einzelnen Vorschriften wird darauf näher eingegangen werden. Dies gilt namentlich auch von den Bedenken, die gegen das Verfahren vor dem Einzelrichter erhoben worden sind und die fast ausschließlich nicht grundsätzlicher Art sind, sondern nur seine Ausgestaltung im einzelnen betreffen. Grundsätzlich ist zu der Einrichtung des Einzelrichters nur hervorzuheben, daß dieses Verfahren dort, wo es richtig gehandhabt wurde, wesentlich zur Entlastung der Kammersitzungen beitrug und es ermöglichte, daß die Verhandlungen vor der Kammer gut vorbereitet und mit besonderer Gründlichkeit durchgeführt werden konnten. Einen klaren Beleg hierfür bieten die in den Einzelerläuterungen zum Berufungsverfahren bei der Rechtfertigung der Streichung des § 523 a g. F. wiedergegebenen Ausführungen eines Senatspräsidenten des Kammergerichts. Vielfach wird von Praktikern auch hervorgehoben, der Einzelrichter könne die bei größeren Prozessen notwendigen vorbereitenden Erörterungen mit den Parteien zwangloser und fruchtbringender führen als das Kollegium und bei nötig werdenden Vertagungen kürzere Termine geben. Außerdem zeigt die Statistik, daß sich seit Einführung des Einzelrichters die Zahl der vor den Landgerichten geschlossenen Vergleiche ganz erheblich vermehrt hat. Freilich wird der Erfolg der Einzelrichtertätigkeit immer wesentlich von der Tatkraft und Umsicht der zu Einzelrichtern bestellten Persönlichkeiten abhängen und hierauf werden die geteilten Auffassungen, die zur Zeit über diese Einrichtung bestehen, zurückzuführen sein.

Anlangend die Prozeßstatistik, so enthält die Reichsstatistik über die hier interessierenden Fragen keine Angaben. Die Ergebnisse der preußischen Statistik sind, soweit sie für die Reformfragen von Interesse sind, diesem Teil der Begründung in einer besonderen Tabelle auf S. 284/285 angefügt. Die richtige Bewertung der statistischen Ergebnisse ist freilich besonders schwierig. Es sind zum Vergleich mit den Jahren 1895, 1905, 1912, 1913 die Jahre 1925 bis 1929 gegenübergestellt. Hinsichtlich der Prozeßdauer bei den Amtsgerichten ist dabei zu berücksichtigen, daß die Statistik von 1894 bis 1913 eine dauernd fortschreitende Verlangsamung des amtsgerichtlichen Prozeßganges zeigte. Während 1895 von den durch kontradiktorisches Urteil erledigten Sachen noch 63,3 % in weniger als drei Monaten erledigt waren, sank diese Ziffer bis 1913 auf 52 %. Während 1895 nur 3,3 % dieser Sachen länger als ein Jahr gedauert hatten, war dies 1913 schon bei 5,7 % der Fall. Dieser ständig zunehmenden Verlangsamung war nach dem Inkrafttreten der Novelle zunächst Einhalt getan. 1925 wurden von den durch kontradiktorisches Urteil beendeten Sachen bei den Amtsgerichten 58 % in weniger als drei Monaten erledigt und nur 3,9 % dauerten länger als ein Jahr. In den folgenden Jahren trat dann wieder eine allmähliche Verlangsamung ein, bis sich 1927, 1928 und 1929 der alte Stand von 1912 und 1913 neuerdings ergab. Bei der Bewertung dieser Zahlen muß nun aber berücksichtigt werden, daß im Jahre 1925 die Belastung der Gerichte, die sich erfahrungsgemäß auf das Zeitmaß der Prozeßerledigung höchst nachteilig auswirkt, ungleich größer war als in den Jahren 1912 und 1913 und daß sie seitdem ständig zugenommen hat. In der Zeit der Inflation, in der die Prozesse erheblich abgenommen hatten, war ein weitgehender Abbau von Richtern, insbesondere auch gerade von Prozeßrichtern beim Amtsgericht vorgenommen worden. Während 1913 bei den preußischen Amtsgerichten 3730 Richter beschäftigt waren und 1 811 318 ordentliche Prozesse anhängig wurden, waren 1925 nur 2863 Richter bei den Amtsgerichten beschäftigt, während die Zahl der Prozesse nicht kleiner geworden war. 1926 war die Zahl der Richter noch geringer, nämlich 2691, während die Zahl der ordentlichen Prozesse auf 2 382 550 gestiegen war. Die dann einsetzenden Richtervermehrungen schufen nur einen geringen Ausgleich. 1928 z. B. betrug die Zahl der Richter 3039, also nur 80 % von 1913, die Zahl der ordentlichen Prozesse dagegen 2 296 372, also 30 % mehr als 1913. Dabei ist aber weiter zu beachten, daß in der gleichen Zeit, nämlich von 1913 bis 1928, die Zahl der Mahnsachen, offenbar unter der Ein- und Nachwirkung des obligatorischen Mahnverfahrens, von 2 282 558 auf fast 5 000 000, 1929 sogar auf 5 459 324 gestiegen war. Daraus ergibt sich, daß viele Sachen, die früher in das ordentliche Prozeßverfahren gingen und dort durch Versäumnisurteil oder Anerkenntnisurteil schnell erledigt wurden, später vom Mahnverfahren abgefangen wurden, was zugleich zur Folge haben mußte, daß die ins Prozeßverfahren gelangenden Sachen zu einem weit höheren Bruchteil als früher kontradiktorisch wurden. Die Belastung der Gerichte mit ordentlichen Prozessen war also nicht nur quantitativ, sondern auch qualitativ erheblich gestiegen. Berücksichtigt man alle diese Umstände, so liegt die Annahme nahe, daß, wenn die Gesetzgebung alles beim alten gelassen hätte, die bis zum Jahre 1913 deutlich feststellbare ständige Verlangsamung des amtsgerichtlichen Verfahrens sich vom Jahre 1925 ab unter der verstärkten Überlastung der Gerichte ganz erheblich verschlimmert haben würde, während jetzt statt dessen zunächst eine merkliche Beschleunigung eintrat und auch die dann wieder einsetzende Verschlechterung trotz der weitaus ungünstigeren Geschäftsverhältnisse zu keinem schlechteren Ergebnis führte als die Jahre 1912 und 1913.

Im landgerichtlichen Verfahren erster Instanz lagen die Geschäftsverhältnisse der Gerichte nicht weniger ungünstig als bei den Amtsgerichten. So betrugen z. B. 1926 die bei den Zivilkammern und Kammern für Handelssachen anhängig gewordenen ordentlichen Prozesse über 220 000, 1913 dagegen nur 138 868, sie hatten sich also quantitativ um fast 60 % vermehrt, ganz abgesehen davon, daß die Prozesse unter dem Einfluß der wirtschaftlichen Verhältnisse nach dem Kriege und der verwickelten Nachkriegsgesetzgebung zweifellos auch an Schwierigkeit zugenommen haben. Demgegenüber hat eine Vermehrung der Richterzahl an den Landgerichten nicht stattgefunden, die Zahl war vielmehr 1926 erheblich kleiner als 1913 und hat erst 1928 den Stand von 1913 annähernd erreicht. Trotzdem wurden 1926 noch die Prozesse erster Instanz nicht langsamer, sondern sogar noch etwas schneller als 1913 erledigt. Während nämlich 1913 von den durch kontradiktorisches Urteil abgeschlossenen Sachen nur 45 % in weniger als 6 Monaten erledigt wurden und 24 % mehr als 1 Jahr beanspruchten, wurden 1926 in weniger als 6 Monaten fast 48 % erledigt und über 1 Jahr dauerten nur 17 %. In den folgenden Jahren hat sich dann freilich das Tempo der Prozesse wieder verlangsamt. 1928 und 1929 ist die Zahl der länger als 1 Jahr abhängig gebliebenen Sachen mit 24 und 25 % ebenso groß wie 1913 und die Zahl der in weniger als 6 Monaten erledigten Sachen sogar geringer als 1913, nämlich 38,7 und 37,2 % statt 45 %.

Im Verfahren vor den Oberlandesgerichten hat sich eine ziemlich erhebliche Beschleunigung des Verfahrens feststellen lassen. Hier betrug von 1895 bis 1907 die Zahl der durch kontradiktorisches Urteil erledigten Sachen, die in einem Zeitraum von weniger als 6 Monaten erledigt waren, durchschnittlich 46 %, die Zahl der über 1 Jahr anhängig gebliebenen 22 %. 1912 war die Zahl der bis zu 6 Monaten erledigten Sachen auf 39 % gesunken und die der länger als 1 Jahr anhängig gebliebenen auf 28 % gestiegen. Nachdem die Zahl der Richter an den preußischen Oberlandesgerichten von 510 auf 535 vermehrt war, trat 1913 eine geringe Besserung ein, die in 6 Monaten erledigten Sachen betrugen 42 %, die länger als 1 Jahr anhängig gebliebenen nur noch 24 %. In den Jahren 1925 bis 1927 beschleunigte sich, obwohl trotz allmählicher erheblicher Zunahme der Sachen die Richterzahl nicht über 529 erhöht wurde, das Verfahren soweit, daß 1927 in einem Zeitraum von 6 Monaten 54 % der durch kontradiktorisches Urteil entschiedenen Sachen erledigt wurden und nur 14,3 % länger als 1 Jahr anhängig blieben. Auch in dem für die Prozeßdauer im allgemeinen sehr ungünstig verlaufenen Jahre 1928 betrug die Zahl der bis zu 6 Monaten erledigten Sachen noch 48 %, die der länger als 1 Jahr anhängig gebliebenen nur 16 %.

Nicht ganz so günstig war das Ergebnis der im Berufungsverfahren vor den Landgerichten erledigten Sachen. Immerhin war auch hier bis 1927 eine Beschleunigung festzustellen. Es wurden von den durch kontradiktorisches Urteil erledigten Sachen 1927 innerhalb 6 Monaten 75 % erledigt (gegen 68 % im Jahre 1913) und länger als 1 Jahr waren nur 5 % anhängig (gegen 7 % im Jahre 1913); seit 1928 trat wieder ein Rückgang ein, so daß sich die gleichen Zahlen wie 1913 ergaben.

Abschließend kann aus dem gesamten über die Wirkung der Prozeßnovelle vorliegenden Material folgendes entnommen werden:

Eine bessere Ausnützung der vom Gericht anberaumten Termine ist durchweg erreicht, das früher allgemein beklagte Vertagungsunwesen und der damit zusammenhängende teilweise Leerlauf der Gerichte ist im wesentlichen beseitigt. Ferner ist trotz der überaus ungünstigen Verhältnisse, unter denen die Gerichte nach der Wiederbefestigung unserer Währung zu arbeiten hatten, verhindert, daß die vor dem Kriege, namentlich im amtsgerichtlichen Verfahren festzustellende ständige Verlangsamung des Prozeßganges weiter um sich griff. Es hat sich im Gegenteil, namentlich in den Jahren 1925 bis 1927 im amtsgerichtlichen Verfahren wie im Berufungsverfahren vor den Oberlandesgerichten eine erhebliche Belebung des Rechtsganges gezeigt. Man kann also keineswegs sagen, daß die hier erörterten Vorschriften der Prozeßnovelle nicht geeignet seien, eine Beschleunigung des Verfahrens herbeizuführen. Wenn die belebende Wirkung nicht in stärkerem Maße, als dies geschah, eingetreten ist, und in letzter Zeit wieder nachgelassen hat, so sind dafür neben der allzu starken Belastung der Gerichte allem Anschein nach folgende Ursachen in Betracht zu ziehen. Die neuen Grundsätze der Reform von 24 konnten sich, da sie im Wege der Novellengesetzgebung in die auf einem wesentlich anderen Gedankengange aufgebaute Zivilprozeßordnung eingefügt waren, nicht so auswirken, wie in einem organisch einheitlich angelegten Gesetze. Ferner ist es eine psychologisch leicht begreifliche Erscheinung, die früher schon in Österreich bemerkbar wurde, daß die lange Gewöhnung der Gerichte an das frühere Verfahren nachwirkt und deshalb ihr Eifer in der Anwendung der neuen Grundsätze nach und nach erlahmt. Auch scheint die Bereitwilligkeit der Parteien und Parteivertreter, die Gerichte bei ihren Beschleunigungsbestrebungen zu unterstützen, geringer geworden zu sein, als sich die anfangs gehegte Befürchtung, die Gerichte würden zur

Zurückweisung nachgeschleppten Vorbringens leicht geneigt sein, als unbegründet herausstellte. Gerade um diesen Hemmungen für die Durchsetzung der neuen Gedanken der Novelle von 1924 entgegenzuwirken, macht der Entwurf den Versuch, das Verfahren neu und einheitlich aufzubauen und schon dadurch die der Beschleunigung dienenden Vorschriften wirksamer zu gestalten. Es steht zu hoffen, daß die Gerichte wie die Parteivertreter, wenn sie ein ganz neues Prozeßgesetz anzuwenden haben, sich in seinen Geist besser einleben werden, als in den der Novelle 24 und einen starken neuen Antrieb zu einer prompteren Erledigung der Prozeßsachen erhalten. Die Einführung einer neuen Prozeßordnung wird auch eher die Möglichkeit eröffnen, durch einheitliche Maßnahmen der Justizverwaltungen im ganzen Reiche auf eine gleichmäßige Durchführung der neuen Grundsätze hinzuarbeiten und das Interesse der Gerichte an der Anwendung der neuen Grundsätze wach zu erhalten. Endlich sollen auch die im folgenden Abschnitt zu erörternden, der Rationalisierung und Vereinfachung des Verfahrens dienenden Vorschriften der Entlastung der Gerichte dienen und damit ein Haupthindernis für die richtige Handhabung der der Beschleunigung dienenden Vorschriften hinwegräumen.

Dieser Gedankengang wird wesentlich unterstützt durch die Tatsache, daß beim Amtsgericht Berlin-Mitte, dessen Prozeßrichter sich zu einer Vereinigung zusammengeschlossen und sich durch Veranstaltung von Vorträgen und Besprechungen um das Verständnis der Prozeßnovelle 1924 besonders bemüht haben, auch in den Jahren 1928, 1929 trotz der großen Belastung gerade dieses Gerichts die Dauer der Prozesse geringer war als bei dem Durchschnitt der anderen Gerichte. Hier wurden auch in den Jahren 1928, 1929 von den durch kontradiktorisches Urteil beendeten Sachen 55 % in einer Zeit von höchstens 3 Monaten erledigt und nur 4 % dauerten länger als 1 Jahr. Vor allem aber fallen ins Gewicht die großen Erfolge, die die Arbeitsgerichte hinsichtlich der Beschleunigung des Verfahrens erzielt haben. Wie die Erörterungen in den Kreisen der Vorsitzenden von Arbeitsgerichten und Landesarbeitsgerichten gezeigt haben, waren die Ursachen hierfür nicht in erster Linie die Abweichungen, die die Verfahrensvorschriften des Arbeitsgerichtsgesetzes von denen der Zivilprozeßordnung enthalten, sondern vor allem der Umstand, daß das auf beschleunigten Gang und straffe Konzentrierung angelegte arbeitsgerichtliche Verfahren eine besonders nachdrückliche Anwendung aller in dieser Richtung liegenden Vorschriften der Zivilprozeßordnung geltender Fassung nahelegte. Dabei wurde allgemein betont, daß bei den Landesarbeitsgerichten auch die im Verfahren beteiligten Anwälte sich dem neuen Geist bald willig anpaßten und sich daran gewöhnten, durch gründliche und rechtzeitige Vorbereitung der Termine das Gericht in seinen Beschleunigungsbestrebungen zu unterstützen. Die Folge davon war, daß 1928 bei den Arbeitsgerichten von den durch kontradiktorisches Urteil erledigten Sachen 27,3 % bereits in weniger als 2 Wochen, weitere 39,1 % in 2 Wochen bis zu einem Monat erledigt waren und nur 5,9 % länger als 3 Monate dauerten. Bei den Landesarbeitsgerichten wurden von den durch kontradiktorisches Urteil entschiedenen Sachen 77,7 % in weniger als 2 Monaten erledigt und nur 8,9 % dauerten drei Monate und länger (Wirtschaft und Statistik 1929 S. 643 f.).

e) Die Vorschriften des Entwurfs.

Der Entwurf hat nach alledem die im Zusammenhang mit dem Beschleunigungsproblem hier erörterten Vorschriften der Novelle von 1924 grundsätzlich aufrechterhalten und nur im einzelnen Unebenheiten und Unstimmigkeiten, die sich bisher bemerkbar gemacht haben, beseitigt. Über diese Änderungen und ihre Ziele ist das Nähere in der Einzelbegründung zu sagen. Hier sei nur kurz auf einige Neuerungen des Entwurfs hingewiesen, die von grundsätzlicher Bedeutung sind, weil sie dazu bestimmt sind, die hier erwähnten, der Konzentrierung des Verfahrens dienenden Vorschriften des geltenden Rechtes zu verstärken: Im landgerichtlichen Verfahren kann der Vorsitzende dem Beklagten in geeigneten Fällen schon zur Einreichung der Klagebeantwortungsschrift eine bestimmte Frist setzen; diese Fristsetzung hat die gleiche Wirkung wie die gegenwärtig in § 279 a geltender Fassung vorgesehene (§ 462 Abs. 1 S. 2 d. E. i Verb. m. § 262 d. E.). Ferner kann eine Partei in der landgerichtlichen Verhandlung mit neuem Vorbringen auch dann zurückgewiesen werden, wenn sie es aus grober Nachlässigkeit oder in Verschleppungsabsicht nicht durch Schriftsatz vorbereitet oder den Schriftsatz verspätet eingereicht hatte (§ 462 Abs. 2 d. E.). Im Berufungsverfahren ist zur Vermeidung der sogenannten formalen Berufungsbegründungen vorgesehen, daß der Berufungskläger, auch wenn er neue Tatsachen nicht vorzubringen hat, die Gründe, aus denen er die erstinstanzliche Entscheidung anfechten will, im einzelnen bestimmt zu bezeichnen hat. Endlich sind im Sinne von Anregungen, die aus den Berichten verschiedener Oberlandesgerichte zu entnehmen waren, die Vorschriften des geltenden § 529 Abs. 2, 3 über Zurückweisung neuen Vorbringens in Mußvorschriften verwandelt (§§ 482, 494 d. E.). Gleichfalls der strafferen Konzentrierung des Verfahrens dient endlich die Vorschrift, daß im landgerichtlichen Verfahren eine Beweiserhebung durch den beauftragten Richter nur noch stattfinden kann, wenn sie außerhalb der Gerichtsstelle vorzunehmen ist (§ 467 d. E.) und daß auch der Einzelrichter Beweise nur insoweit erheben soll, als dies zur Vereinfachung der Verhandlung vor der Kammer wünschenswert und ohne Beeinträchtigung der Unmittelbarkeit des Verfahrens durchführbar erscheint (§ 470 Abs. 2 d. E.). Diese Fragen berühren zwar bereits ein neues Problem, das noch an einer späteren Stelle ausführlicher zu behandeln ist, nämlich das Problem der Unmittelbarkeit. Es hängt indessen mit dem Problem der Konzentrierung und Beschleunigung des Verfahrens insofern eng zusammen, als die Erfahrung sowohl bei der Handhabung des österreichischen Prozesses als auch des Arbeitsgerichtsgesetzes gezeigt hat, daß sich ein Prozeß um so straffer und schleuniger gestaltet, je mehr darauf gehalten wird, daß die Beweise in unmittelbarem Zusammenhang mit der Streitverhandlung vor dem erkennenden Gericht erhoben werden.

2. Vereinfachung und Rationalisierung der Prozeßeinrichtungen zur Entlastung der Gerichte.

Auch auf diesem Gebiete enthält die bisherige Gesetzgebung bereits sehr wesentliche Ansätze. Es kommen dabei verschiedene Gesichtspunkte in Betracht.

a) Übertragung von bisher richterlichen Aufgaben auf nichtrichterliche Gerichtsbeamte.

Hier hat bereits das Gesetz zur Entlastung der Gerichte vom 11. März 1921 (RGBl. S. 229) es ermöglicht, daß die Landesjustizverwaltungen eine ganze Reihe dem Richter obliegender Entscheidungen Beamten der Geschäftsstelle übertrugen. Von besonderer Wichtigkeit waren dabei die Zahlungsbefehle sowie die Pfändungs- und Überweisungsbeschlüsse. Die vorzügliche Bewährung dieser Vorschriften ist allgemein anerkannt. Sie führte dahin, daß sich, da nicht jeder Beamte der Geschäftsstelle zur Erledigung der früher richterlichen Geschäfte geeignet ist, eine besondere Kategorie gehobener Beamten herausbildete, für die nach dem Vorgange von Preußen in zahlreichen Ländern auch eine besondere Bezeichnung »Rechtspfleger« eingeführt ist. Mit Rücksicht auf den unbestrittenen Erfolg der neuen Einrichtung schlägt der Entwurf vor, daß künftig die Entlastung der Richter durch Rechtspfleger nicht vom Ermessen der Landesjustizverwaltungen und damit vom örtlichen Bedürfnis abhängig zu machen ist, sondern die für die Entlastung in Betracht kommenden Geschäfte von vornherein in der Prozeßordnung dem Rechtspfleger übertragen werden. Damit wird zugleich dem dringenden Wunsche der Rechtspfleger genügt, daß ihrer besonderen Tätigkeit neben der des Urkundsbeamten der Geschäftsstelle eine klare reichsgesetzliche Grundlage gegeben wird. Eine wesentliche Erweiterung des bisherigen Aufgabenkreises der Rechtspfleger kommt im Prozeßverfahren nur auf dem Gebiete der Zwangsvollstreckung in Betracht. Insoweit ist die Frage in den Erläuterungen zum 9. Buch des Entwurfs (Zwangsvollstreckung) behandelt worden. Dagegen hält es der Entwurf nicht für zweckentsprechend, dem Rechtspfleger auch eigentliche Urteilstätigkeit z. B. in Bagatellsachen zu übertragen. Die nähere Begründung hierfür ist bereits am Schluß des Abschnitts II gegeben. Aus ähnlichen Erwägungen erschien es auch nicht angebracht, den Rechtspflegern den Erlaß von Versäumnisurteilen zu übertragen, ganz abgesehen davon, daß die Gerichte durch eine solche Maßnahme nur dann entlastet würden, wenn auch die dem Versäumnisurteil vorangehende Verhandlung vor dem Rechtspfleger allein stattfände. Das ist aber ausgeschlossen, wenn man nicht die Grenze zwischen richterlicher und Rechtspflegertätigkeit völlig verwischen oder ganz willkürlich ziehen will. Die einzige Verhandlung, bei der die Heranziehung des Rechtspflegers in Betracht gezogen werden könnte, wäre die Güteverhandlung. Aber auch hier überwiegen die Bedenken. Es läßt sich nicht verkennen, daß die schlichtende Tätigkeit keineswegs zu den minderwichtigen, eine juristische Vollbildung nicht erfordernden Geschäften gerechnet werden kann. Vielmehr bedarf es in sehr vielen Fällen, sowohl zur Herbeiführung als auch zur richtigen Formulierung eines gerichtlichen Vergleichs, einer völligen rechtlichen Beherrschung des Falles. Ohne Schaden für die Sache könnte man also nicht alle Gütesachen schlechthin, sondern nur den weniger wichtigen Teil von ihnen dem Rechtspfleger überweisen; dabei ließe sich der zur Behandlung durch den Rechtspfleger geeignete Teil der Sachen nicht von vornherein (etwa nach der Höhe des Streitwerts), sondern richtig nur nach der Lage des Einzelfalles bestimmen. Das müßte dahin führen, daß es, wie seinerzeit der Entwurf der Novelle von 1924 vorgeschlagen hatte, in die Hand des Richters gelegt würde, zu welchen Gütesachen er den Rechtspfleger heranziehen will. Eine solche Maßnahme, die damals vom Rechtsausschuß des Reichstags einstimmig abgelehnt wurde, widerspräche aber wieder dem berechtigten Bestreben des Entwurfs, zwischen richterlichen Geschäften und solchen der Rechtspfleger eine klare Abgrenzung zu schaffen. Dazu kommt das Bedenken, daß die zur Verhütung von Verzögerungen unentbehrliche Möglichkeit des sofortigen Überganges von der Güteverhandlung zur Streitverhandlung in den vom Rechtspfleger behandelten Gütesachen verloren geht und die erfolglos gebliebene Güteverhandlung ihren Zweck, dem Richter die umfassende Vorbereitung der Streitverhandlung zu ermöglichen, nicht erfüllen kann. Diese Bedenken fallen umsomehr ins Gewicht, als aus Erwägungen, die in der Einzelbegründung des Entwurfs näher dargelegt sind, der Entwurf das Güteverfahren nicht mehr als einen dem Streitverfahren vorgelagerten besonderen Prozeßabschnitt gestaltet, sondern es wie im arbeitsgerichtlichen Prozeß nach der Klageerhebung eintreten läßt. Dagegen sind auf anderen Gebieten auch im Prozeßverfahren dem Rechtspfleger noch neue Aufgaben zugewiesen, wie z. B. in § 364 d. E. die Erlassung von Ersuchungsschreiben.

b) Verringerung der Zahl der Streitverhandlungen.

α) Das Güteverfahren.

Der Hauptzweck des durch die Novelle 24 eingeführten Güteverfahrens bestand darin, Sachen, die besser durch gütlichen Ausgleich als durch einen langwierigen Rechtskampf erledigt werden, einer schleunigen friedlichen Lösung zuzuführen.

Das Güteverfahren ist zwar von allen Maßnahmen der Prozeßnovelle am heftigsten bekämpft worden, man wird aber dieser Angriffe wegen die neue Einrichtung umsoweniger preisgeben können, als sie sich nicht gegen den Gütegedanken selbst, sondern gegen Einzelheiten seiner Ausgestaltung, insbesondere dagegen richten, daß das Güteverfahren z. Zt. einen vom Prozeß streng abgeschiedenen besonderen Verfahrensabschnitt bildet. Das Arbeitsgerichtsgesetz hat den Beweis erbracht, daß man auch ohne diese Trennung vom Prozeßverfahren das Güteverfahren lebensvoll gestalten kann, und der Entwurf folgt diesem Vorbild, wie schon vorstehend unter a) ausgeführt wurde und in der Einzelbegründung näher erläutert ist. Im übrigen darf nicht vergessen werden, daß das Güteverfahren auf ein wiederholt vom Reichstag, insbesondere auch in einer Entschließung vom Jahre 1921 geäußertes Verlangen eingeführt wurde. Jene Entschließung kann auch nicht als Augenblickserfolg der Propaganda einer einseitig eingestellten Gruppe betrachtet werden. Die Güteidee wurzelt vielmehr in einer gesunden Volksanschauung, die im alten deutschen Prozeß herrschend war und sich noch bis in die neuere Zeit in landesrechtlichen Prozeßordnungen erhalten hatte, auch in vielen ausländischen Rechten klaren Ausdruck gefunden hat. Ihre Durchführung dient der Rechtspflege, da sie Streitigkeiten entweder schon vorbeugt, also Rechtshygiene an Stelle der Rechtschirurgie setzt, oder den Verlauf des Streites abkürzt und ihm die schädlichen, beide Parteien unnötig verbitternden Nebenwirkungen des bis zum Ende durchgeführten Prozeßkampfes nimmt. Die weit verbreitete Ansicht, daß die Gütevorschriften des geltenden Rechts ohne praktischen Erfolg geblieben seien, wird durch die Statistik widerlegt, die ergibt, daß in Preußen in den letzten Jahren durchschnittlich 500000 also $^1/_4$ der anhängig gewordenen Sachen im Güteverfahren erledigt wurden, und daß sich die Zahl der Vergleiche gegen die Ergebnisse der Jahre 1912 und 1913 absolut und relativ ganz erheblich vermehrt hat. Während sich nämlich früher neben je 100 kontradiktorischen Urteilen noch nicht 50 Vergleiche ergaben, kamen nach der Einführung der Prozeßnovelle auf 100 kontradiktorische Urteile im Durchschnitt fast 90 Vergleiche. Bei einzelnen Gerichten, und zwar gerade bei Großstadtamtsgerichten, wie z. B. Berlin und Essen, waren die Güteerfolge noch wesentlich größer, so kamen z. B. im Jahre 1925 beim Amtsgericht in Essen auf 100 kontradiktorische Urteile 150 Vergleiche und beim Amtsgericht Berlin-Mitte in den letzten Jahren auf 100 kontradiktorische Urteile durchschnittlich 140 Vergleiche. Die Statistik zeigt auch, daß der größte Teil der Vergleiche im Güteverfahren selbst, nur der kleinere Teil im nachfolgenden Streitverfahren geschlossen war; beim Amtsgericht Berlin-Mitte beträgt dieser Teil sogar nur etwa $^1/_5$ der Zahl der Gütevergleiche. Die vielfach gehörte Ansicht, daß der Anfang eines Prozesses zu Güteversuchen am wenigsten geeignet sei, hat somit keine Bestätigung gefunden.

β) Fernhaltung unstreitiger Sachen vom Prozeß.

Ein Hauptziel der Prozeßrationalisierung muß darin bestehen, daß das zeitraubende und unter Umständen viel Richterkraft in Anspruch nehmende Streitverfahren nicht für Sachen verwendet wird, bei denen es gar nicht darauf ankommt, einen Streit zu entscheiden, sondern dem Kläger für seinen unstreitigen, aber vom Gegner aus Saumseligkeit oder Geldmangel nicht befriedigten Anspruch einen Vollstreckungstitel zu verschaffen. Hierauf hat auch Carnelutti bei der Erläuterung seines Entwurfs einer neuen italienischen Prozeßordnung (Zeitschr. für ausländisches und internationales Privatrecht 1929 S. 5) sehr treffend hingewiesen und u. a. ausgeführt: »Der ganze Apparat des streitigen Verfahrens ist auf die Entscheidung des Streites eingestellt; er wird nicht nur schwerfällig, sondern geradezu gefährlich, wenn kein Streit da ist... Ist das richtig, so muß eine gute Prozeßordnung so eingerichtet sein, daß jede Verfahrensform nur eintritt, wenn der Rechtsstreit die Art hat, für die sie paßt, das Erkenntnisverfahren nur, wenn die Rechtsbeständigkeit des Anspruchs bestritten ist, und das Vollstreckungsverfahren nur, wenn der Anspruch materiell verletzt ist«. Auch diesen Gedanken hat die neuere Rechtsentwicklung in Deutschland bereits Rechnung getragen, und zwar war dies durch die Einrichtung des in der Entlastungsverordnung ursprünglich enthaltenen obligatorischen Mahnverfahrens geschehen. Man hat diese Einrichtung zwar wieder fallen lassen, sie wirkt aber noch immer insofern nach, als sich unter ihrer Herrschaft große Teile des rechtsuchenden Publikums, die früher vom Mahnverfahren nie Gebrauch machten, an letzteres gewöhnt haben. So ist es zu erklären, daß sich die Mahnsachen seit 1913 reichlich verdoppelt haben, während die Zahl der ordentlichen Prozesse bei den Amtsgerichten nur um etwa 30% gestiegen ist. Hinzu kommt, daß überall bei größeren Gerichten Einrichtungen getroffen wurden, die eine besonders schleunige Erledigung der Mahnsachen sicherstellten. Auch der Entwurf hat das Bestreben, Sachen, in denen in Wirklichkeit kein Streit besteht, sondern es nur darauf ankommt, die Befriedigung eines an sich unbestrittenen Anspruchs herbeizuführen, vom Streitverfahren fernzuhalten. Zu diesem Zweck sucht er das Mahnverfahren zu vereinfachen und in seinem eigentlichen Wesen als Vollstreckungs- nicht als Prozeßeinleitung klarer herauszuarbeiten. Näheres hierüber ist in der Erläuterung zu dem der Zwangsvollstreckung gewidmeten

Teil des Entwurfs dargelegt. Ferner wird zwar nicht das starre obligatorische Mahnverfahren wieder eingeführt, aber doch in anderer Weise der Gläubiger angehalten, unstreitige, zum Mahnverfahren geeignete Ansprüche nicht im Klagewege zu verfolgen: Wenn nämlich ein Gläubiger Klage erhebt, ohne darzulegen, daß er infolge Bestreitens des Schuldners oder aus einem sonstigen Grunde ein rechtliches Interesse an der Klage hat, so ist er im Falle unstreitiger Erledigung des Prozesses mit den durch die Wahl des Klagewegs veranlaßten Mehrkosten zu belasten (§ 94 Abs. 2 d. E.). Als Gegenstück zu diesen Maßnahmen sucht der Entwurf andererseits möglichst zu verhüten, daß der Schuldner einen im Mahnverfahren anhängig gewordenen Anspruch nur, um Zeit zu gewinnen, durch einen unbegründeten Widerspruch in den Prozeß treibt. Bisher war einem unnachgiebigen Gläubiger gegenüber auch für den gutwilligen Schuldner die einzige Möglichkeit, einen Zahlungsaufschub zu erlangen, die, daß er gegen den Zahlungsbefehl selbst dann Widerspruch erhob, wenn er die Forderung ernstlich nicht bestreiten konnte. Daraus erklärt es sich auch, daß der Widerspruch keiner Begründung bedurfte. Der Entwurf sieht dagegen die Möglichkeit vor, daß ein zahlungswilliger, aber in bedrängter Lage befindlicher Schuldner mit den aus den §§ 950 ff. ersichtlichen, der Sicherung des Gläubigers dienenden Maßgaben auf geradem Wege Aufschub erlangen kann. Er kann diesen Aufschub auch bereits bei der Zustellung des Zahlungsbefehls beantragen, wenn er gleichzeitig den Anspruch anerkennt (§ 950 Abs. 2). Andererseits muß nunmehr nach dem Entwurf der Schuldner, der gegen einen Zahlungsbefehl Widerspruch einlegen will, in seinem Widerspruch ausdrücklich zu erkennen geben, daß er sich zu Unrecht in Anspruch genommen glaubt (§ 807 Abs. 1 d. E.); stellt sich heraus, daß der Schuldner diese Erklärung wahrheitswidrig abgegeben hat, was z. B. meist in den heute recht häufigen Fällen anzunehmen wäre, in denen er im Streittermin ein Versäumnisurteil gegen sich ergehen läßt, so ist er wegen dieser Irreführung des Gerichts in eine Prozeßstrafe zu nehmen (§ 807 Abs. 4), auch kann ihm, weil er das Verfahren schuldhaft verzögert hat, kein Schuldnerschutz mehr gewährt werden (§ 950 Abs. 1 d. E.).

Werden alle diese Maßnahmen planmäßig angewendet, so ist zu erhoffen, daß es in weit umfassenderem Maße als bisher gelingt, Sachen, in denen ein ernster Streit nicht besteht, vom Prozeßgericht ganz fernzuhalten und dadurch eine erhebliche Entlastung der Prozeßgerichte herbeizuführen.

γ) Ersetzung des Klageverfahrens durch ein Beschlußverfahren.

Dem geltenden Prozeßrecht ist oft zum Vorwurf gemacht worden, daß es zu einer Häufung von Prozessen führe; hierbei kommt namentlich die Gestaltung unserer Zwangsvollstreckung in Betracht. Erhebt der Schuldner Einwendungen, die sich gegen den Fortbestand des Anspruchs richten, macht ein Dritter am Gegenstand der Vollstreckung ein die Veräußerung hinderndes Recht geltend, so kann ein solcher Streit immer nur in einem neuen Prozeß ausgetragen werden, und bei der Ausgestaltung, die die beschränkte Erbenhaftung gefunden hat, können sich sogar, worauf Stein schon eindringlich hingewiesen hat, an den Hauptprozeß eine ganze Reihe weiterer Prozesse anschließen. Ebenso kann ein Gläubiger, dessen Schuldner Vermögensstücke verschoben hat, sich den Zugriff auf diese Sachen nur durch einen neuen Prozeß ermöglichen. Selbst zur Erlangung der Vollstreckungsklausel bedarf der Gläubiger heute unter Umständen eines neuen Prozesses (§ 731 der Zivilprozeßordnung g. F.). Hier gibt die Einstellung des Entwurfs, der eine einheitliche Leitung des gesamten Vollstreckungsverfahrens durch das Vollstreckungsgericht vorsieht, die Möglichkeit von mancherlei Vereinfachungen. Das Vollstreckungsgericht, dem weitgehende Ermittlungsbefugnisse beigelegt sind, kann über die sämtlichen hier in Betracht kommenden Streitpunkte, wie in der Erläuterung zu den Vollstreckungsvorschriften noch näher dargelegt wird, im Beschlußweg entscheiden; nur für besonders verwickelte Fälle kommt künftig noch die im Entwurf ebenfalls vorgesehene Verweisung auf den Prozeßweg in Betracht (§ 781 d. E.). Ferner kann in Fällen, in denen der Gläubiger bei Vermögensverschiebungen des Schuldners zur Anfechtungsklage gegen einen Dritten berechtigt ist, das Vollstreckungsgericht im Beschlußwege den anfechtbar veräußerten Gegenstand zur Vollstreckung heranziehen (Rückruf — § 857 d. E.). Auch in den Fällen, in denen heute die gebräuchlichen Gehaltsschiebungen der Schuldner (1500 Markverträge, unentgeltliche Tätigkeit bei Verwandten usw.) zu Prozessen nötigen, ergibt die Regelung des Entwurfs (§ 960) die Möglichkeit einer einfachen Erledigung im Beschlußwege. Da nicht in allen Fällen das Beschlußverfahren zu einer ausreichenden Klärung führen kann und auch darauf Wert zu legen ist, daß die Rechtsprechung des Reichsgerichts für die hier in Betracht kommenden Fragen nicht völlig ausgeschaltet wird, so ist vorgesehen, daß in der Beschwerdeinstanz die Mehrzahl der hier erwähnten Angelegenheiten in ein förmliches, mit einem Urteil abschließendes Streitverfahren übergeleitet wird, das in Fällen, in denen der Wert des Beschwerdegegenstandes die für die Zuständigkeit der Amtsgerichte maßgebende Summe übersteigt, beim Oberlandesgericht stattfindet (§§ 842 ff.). Wenn danach auch künftig in solchen Sachen ein Prozeßverfahren möglich bleibt, so wird man doch annehmen können, daß die vorgeschlagene Regelung den weitaus größten Teil der heute um solche Fragen geführten Prozesse entbehrlich macht. Daneben läßt sich erhoffen, daß die hiermit ermöglichte schleunigere und sicherere Bekämpfung von Schuldnerschiebungen auch den Anreiz zu derartigen Maßnahmen verringern wird.

δ) Beschränkung des Rechtsschutzes.

Der unter anderem von Schiffer (Justizreform) gemachte Vorschlag, Streitigkeiten von geringer Bedeutung den Klageweg ganz zu verschließen, mag, wenn man in der Gerichtsentlastung den wichtigsten Zweck jeder Reform sieht, bestechen. Er erscheint aber nicht durchführbar, weil er, ausnahmslos verwirklicht, zu unerträglichen Unbilligkeiten führen und die Moral in den kleinen Geschäften des täglichen Lebens bedenklich erschüttern könnte. Wollte man aber den Grundsatz, wie ja auch Schiffer vorsieht, zur Vermeidung solcher Gefahren durch Ausnahmen durchbrechen, so würde man seinen praktischen Erfolg recht wesentlich beeinträchtigen, vor allem den unerwünschten Zustand schaffen, daß bei kleinen Streitigkeiten nicht nur darum gestritten wird, ob der Kläger im Recht ist, sondern zuerst die Vorfrage gelöst werden muß, ob er überhaupt befugt ist, mit seiner Sache die Entscheidung des Gerichts anzurufen. Dieser Vorschlag Schiffers hat deshalb auch in der Öffentlichkeit ganz überwiegend Ablehnung erfahren.

Sehr ernstlich ist dagegen hinsichtlich der Rechtsmittel eine Beschränkung in Betracht zu ziehen. Die bisherige Gesetzgebung ist hinsichtlich der Berufung hier sehr vorsichtig vorgegangen, z. Zt. beträgt die Berufungsgrenze 50, die Beschwerdegrenze 30 M. Im arbeitsgerichtlichen

Verfahren ist die Berufungsgrenze beträchtlich höher, nämlich 300 M. Sie für das ordentliche Verfahren einfach zu übernehmen, geht indessen nicht an, da die Verhältnisse im arbeitsgerichtlichen Prozeß in wesentlichen Punkten anders liegen als im amtsgerichtlichen. Einmal entscheidet beim Arbeitsgericht ein Kollegium; sodann ist dem Gericht die Möglichkeit gegeben, in Sachen von grundsätzlicher Bedeutung, die die Berufungssumme nicht erreichen, die Berufung zuzulassen, und endlich ist als Folge dieser Maßnahme für die Berufungsfähigkeit nicht der Wert des Beschwerdegegenstandes, sondern der Wert des Streitgegenstandes für maßgebend erklärt. Alle diese Besonderheiten hängen so eng mit der Eigenart der Arbeitssachen als eines begrenzten Kreises typischer Prozesse zusammen, daß sie sich auf den ordentlichen Prozeß nicht übertragen lassen. Hier ist vorzuziehen, wie bisher die Berufungssumme niedriger zu halten als im arbeitsgerichtlichen Verfahren, dafür aber von einer Zulassung der Berufung in an sich nicht berufungsfähigen Sachen abzusehen. Andererseits zwingt die bedrängte Lage unserer Gerichte und der Gedanke, daß es unwirtschaftlich ist, in kleinen Sachen einen Instanzenzug zu eröffnen, dessen Kosten in keinem Verhältnis mehr zum Wert des Streitgegenstandes stehen, zu einer Erhöhung der Berufungssumme. Der Entwurf schlägt 100 M. vor und als Beschwerdesumme 50 M.

Eine abermalige Erhöhung der Revisionssumme konnte dagegen zur Zeit nicht in Betracht gezogen werden, da die letzte Erhöhung auf 6000 M. bereits als der Höchstbetrag erscheint, über den nicht hinausgegangen werden kann, ohne daß wichtige Rechtsgebiete der Bearbeitung durch das Reichsgericht gänzlich entzogen werden. Es ist ferner eingehend erwogen worden, ob nicht noch auf andere Weise, z. B. durch Änderung der Vorschriften über die Revisionsgründe (Annäherung der Revision an die Kassation des französischen Rechtes) eine Verminderung der Zahl der Revisionen erreicht werden kann. In der Einzelbegründung wird näher darzulegen sein, aus welchen Erwägungen von einer solchen Maßnahme abgesehen ist. Auch der neuerdings von Schiffer gegebenen und von Abraham unterstützten Anregung, den Rechtsmittelzug dadurch zu vereinfachen, daß gegen landgerichtliche Urteile nur wahlweise entweder die Revision an das Reichsgericht oder die Berufung an das Oberlandesgericht gegeben wird, vermochte der Entwurf nicht zu folgen. Soweit der Gedanke berechtigt ist, hat ihm schon die Novelle 1924 durch die Ermöglichung der Sprungrevision Rechnung getragen. Die praktischen Erfahrungen zeigen, daß die Fälle, in denen nach der Entscheidung des Landgerichts die sofortige Anrufung des Reichsgerichts zweckmäßig ist, verhältnismäßig selten sind. Würde man eine Partei, die sich die Anrufung des Reichsgerichts sichern will, künftig zwingen, auch in Fällen, in denen die tatsächlichen Feststellungen des Landgerichts noch einer Ergänzung und Nachprüfung bedürfen, auf die Berufung zu verzichten und sofort Revision einzulegen, so würde das Reichsgericht mit ungenügend vorbereiteten Sachen belastet werden, in denen es regelmäßig zu einer Zurückverweisung in die erste Instanz gelangen müßte. Hinzu käme ferner, daß der Fortfall der vorzüglichen Vorarbeit, die heute die Oberlandesgerichte gerade auch auf rechtlichem Gebiete dem Reichsgericht leisten, der Entwicklung der reichsgerichtlichen Rechtsprechung nur nachteilig sein könnte.

ε) Verfahrensvereinfachungen innerhalb des Streitverfahrens.

Unter diesem Gesichtspunkt kommt für den amtsgerichtlichen Prozeß in erster Linie das bereits durch die Novelle 1923 (Beschleunigungsverordnung) eingeführte Schiedsurteilsverfahren in Betracht. Es hat sich in der Praxis als wirksames Mittel für eine beschleunigte Erledigung von Bagatellstreitigkeiten erwiesen und gibt, wie in der Einzelbegründung zu § 459 näher dargelegt wurde, die Möglichkeit, über im gewöhnlichen Verfahren unbedingt zwingende, bei kleinen Streitwerten aber oft als Härte empfundene Verfahrensformalitäten hinwegzugehen. Der Entwurf hat deshalb diese Einrichtung übernommen und ihr Anwendungsgebiet entsprechend der Heraufsetzung der Berufungsgrenze auf 100 M. auf Streitwerte bis zur gleichen Höhe ausgedehnt. Gleichzeitig bemüht sich der Entwurf, Zweifelsfragen, die sich auf diesem Gebiet bisher ergeben haben, durch die Neufassung auszuräumen. Die nähere Darstellung ist in der Einzelbegründung gegeben.

Im landgerichtlichen Verfahren bedeutet die durch die Novelle 1924 eingeführte Einrichtung des Einzelrichters insofern eine Vereinfachung, als bei den der abschließenden Kammerverhandlung vorangehenden vorbereitenden Verhandlungen die Mitwirkung zweier weiterer Richterkräfte erspart wird. Auch kann der einzelne die vorbereitenden Erörterungen beweglicher gestalten und, da er bei notwendig werdenden Vertagungen meist kürzere Termine anzuberaumen in der Lage ist als die Kammer, auch schleuniger zum Abschluß führen. Schon aus den Darlegungen zum Beschleunigungsproblem ergibt sich ferner, daß für die Durchführung der den Entwurf beherrschenden Konzentrationsmaxime der Einzelrichter nicht zu entbehren ist. Deshalb ist auch diese Einrichtung in den Entwurf übernommen. Auch hier galt es im übrigen, Unstimmigkeiten und Unklarheiten der ursprünglichen Form, in der das Einzelrichterverfahren eingeführt wurde, auszugleichen, wie dies in der Einzelbegründung näher zu erläutern sein wird.

In diesem Zusammenhang darf nicht unerwähnt bleiben, daß auch die schon unter dem Beschleunigungsgesichtspunkt berücksichtigte Aktenlageentscheidung eine Verfahrensvereinfachung bedeutet und ebenso die Entscheidung ohne mündliche Verhandlung, auf die noch bei der Erörterung des Mündlichkeitsproblems eingegangen werden soll.

Weitere Vereinfachungen des Verfahrens erstrebt der Entwurf in der Art, daß er in vielen Fällen über reine Prozeßfragen statt wie bisher durch Urteil durch Beschluß entscheiden läßt, z. B. über Zulassung eines Beitritts (bisher Nebenintervention — § 72 d. E.) über die Berechtigung einer Zeugnisverweigerung (§ 386 d. E. bisher § 387), über die Kosten bei Rücknahme der Klage oder der Berufung (§§ 227, 478 d. E.). Im gleichen Zusammenhange sind auch Vorschriften zu erwähnen wie § 102 Abs. 2 d. E., der für die selbständige Anfechtung einer Kostenentscheidung in keinem Falle mehr die Berufung, sondern nur noch die Beschwerde vorsieht, oder wie §§ 994 ff., die sowohl über die Anträge auf Verhängung von Arresten und einstweiligen Verfügungen wie über Widersprüche gegen solche nur in Beschlußform entscheiden lassen.

Zur Vereinfachung des Streitverfahrens dürfte es endlich auch beitragen, daß Entscheidungen der Gerichte über rein prozessuale Fragen in einzelnen Fällen ganz vermieden werden. Hierher gehört der § 59 d. E., der es einer Partei, die den Fiskus verklagen will, ermöglicht, die zur Vertretung des Fiskus zuständige Behörde vor Beginn des Prozesses in einem einfachen Verwaltungsverfahren zu ermitteln. Ferner soll, wenn über das Armenrechtsgesuch eines Ausländers oder über die Verpflichtung eines Ausländers zur Sicherheitsleistung für die Prozeßkosten zu entscheiden ist und die Entscheidung von der Verbürgung der Gegenseitigkeit abhängt, über diese Voraussetzung in Zweifelsfällen eine Auskunft des Reichsministers der Justiz eingeholt werden, die für die Gerichte bindend ist. Der Reichsminister der Justiz soll ferner auch ermächtigt werden, im Reichsgesetzblatt die Staaten, denen gegenüber in den bezeichneten Fällen die Gegenseitigkeit verbürgt ist, bekanntzugeben (§ 113 Abs. 3, § 118 d. E.). Diese Bekanntmachung soll für die Gerichte bindend sein.

Der von Schiffer und Abraham gemachte Vorschlag, den Zeugenbeweis für den Inhalt von Rechtsgeschäften in weitem Umfang auszuschließen, würde zwar eine sehr fühlbare Vereinfachung des Verfahrens bedeuten, gleichwohl vermochte ihn der Entwurf aus folgenden Erwägungen sich nicht zu eigen zu machen: Der Vorschlag hat sein Vorbild im französischen Recht. Dort entspricht aber die Beweisbeschränkung der materiellrechtlichen Regelung, die bereits seit lange zurückliegender Zeit — aus im wesentlichen fiskalischen Rücksichten — einen weitgehenden Beurkundungszwang für Verträge eingeführt hatte. An diesen Zwang hat sich die Bevölkerung im Laufe von Jahrhunderten so gewöhnt, daß die Beweisbeschränkung nicht als unbillige Härte empfunden wird. Bei uns ist die Entwicklung den umgekehrten Weg gegangen. An die Stelle des landesrechtlich aus der Zeit des Polizeistaats noch vielfach vorhanden gewesenen Beurkundungszwanges hat die neuere Gesetzgebung und insbesondere das Bürgerliche Gesetzbuch die grundsätzliche Formfreiheit der Verträge gesetzt, und der Verkehr hat sich auf diesen Grundsatz allgemein eingestellt. Wollte man jetzt den Beurkundungszwang indirekt durch Beschränkung des Zeugenbeweises einführen, so würde dies von der rechtsuchenden Bevölkerung als schwere Unbilligkeit empfunden werden, und die Mißstimmung darüber würde sich gegen die Rechtsprechung der Gerichte wenden. Dabei ist namentlich zu beachten, daß man, je mehr man den Zeugenbeweis einschränkt, um so mehr die Gerichte nötigen wird, ihre Entscheidung anstatt auf gründliche Erforschung des konkreten Sachverhalts auf abstrakt juristische Erwägungen abzustellen. Solche rein juristischen Urteilsbegründungen mögen in romanischen Ländern hingenommen werden, da die romanischen Völker dem Formalen eine besondere Bedeutung beimessen. Beim deutschen Volke aber, das, wie treffend auch neuerdings Pollack in einem Vortrag in der Internationalen Vereinigung für vergleichende Rechtswissenschaft und Volkswirtschaftslehre dargelegt hat, grundsätzlich anders eingestellt ist, läßt sich solches nicht erwarten. Es stellt überall den Inhalt über die Form und wird durch ein juristisch noch so fein erdachtes Urteil nicht befriedigt, wenn es das Gefühl hat, daß das Urteil auf einem tatsächlich nicht sorgfältig genug aufgeklärten Sachverhalt beruht. Deshalb wird man sich vor überstürzten Reformen in der Richtung der Beweisbeschränkung hüten müssen und nur vorsichtig versuchen können, die Bevölkerung nach und nach daran zu gewöhnen, daß sie in weiterem Umfange als bisher von der Möglichkeit der Beurkundung ihrer Rechtsgeschäfte Gebrauch macht. Einen ersten Versuch nach dieser Richtung bedeutet die Fassung des § 95 des Entwurfs, die es ermöglicht, daß eine Partei, die dadurch Zweifel über den Inhalt eines von ihr abgeschlossenen Rechtsgeschäfts verursacht hat, daß sie die Beurkundung unterlassen oder eine unvollständige oder unklare Beurkundung verschuldet hat, selbst im Falle ihres Obsiegens mit Kosten belastet werden kann (vgl. auch im folgenden unter 3 A e und die Einzelbegründung vor § 91). Ferner liegt in der gleichen Richtung die Neuerung des § 811 des Entwurfs, wonach der Widerspruch des Schuldners gegen einen Urkundenzahlungsbefehl zurückzuweisen ist, wenn für den Widerspruch andere als die im Urkundenprozeß zulässigen Beweismittel angegeben sind.

3. Beseitigung einzelner Unstimmigkeiten und Zweifelsfragen und zeitgemäße Umgestaltung von Vorschriften, die den Bedürfnissen der Gegenwart nicht mehr entsprechen.

Die aus diesem Gesichtspunkt am bestehenden Recht vorgenommenen Änderungen sind recht zahlreich. Hier können nur diejenigen aufgeführt werden, die von grundsätzlicher Bedeutung sind. Wegen der Einzelheiten auch dieser Neuerungen sowie wegen der Erwägungen, die für ihre Einführung bestimmend waren, darf im übrigen auf die Einzelbegründung verwiesen werden.

A. Zum Buch I Abschnitt 2: Parteien (§§ 50—127 g. F.).

a) Parteifähigkeit.

In § 51 ist der Parteibegriff umschrieben und dabei auch der Begriff der Partei kraft Amtes in das Gesetz eingeführt.

In § 52 Abs. 2 ist die Stellung des nicht rechtsfähigen Vereins dahin weiter entwickelt, daß ihm neben der ihm heute allein zustehenden passiven Parteifähigkeit auch die aktive Parteifähigkeit verliehen wird.

b) Streitgenossenschaft.

§ 65 sucht den Begriff der notwendigen Streitgenossenschaft schärfer als bisher zu bestimmen und reiht dabei die Fälle der lediglich logischen Notwendigkeit der Streitgenossenschaft in diesen Begriff mit ein.

c) Beteiligung Dritter am Rechtsstreit.

Die Hauptintervention ist als solche beseitigt und der Ausdruck »Nebenintervention« durch das deutsche Wort »Beitritt« ersetzt.

d) Anwaltszwang.

Der Anwaltszwang ist nur insofern gelockert, als im ersten Termin vor dem Landgericht (und zwar sowohl vor der Kammer wie vor dem Einzelrichter) der Beklagte zum Abschluß eines Vergleichs oder zur Anerkennung des Klageanspruchs keines Anwalts bedarf (§ 79 Abs. 2 des Entwurfs). Zwei weitere geringfügige Einschränkungen sind noch im Mahnverfahren (§ 808 Abs. 2 des Entwurfs) und im Arrestverfahren (§ 1002 Abs. 3 des Entwurfs) vorgesehen.

e) Prozeßkosten.

Von der unbedingten Kostenerstattungspflicht der unterliegenden Partei sind außer den schon bestehenden noch weitere Ausnahmen gemacht.

α) Die Kosten können auch dann gegeneinander aufgehoben oder verhältnismäßig geteilt werden, wenn die Belastung der unterliegenden Partei deshalb unbillig erscheint, weil die zu entscheidende Rechtsfrage zweifelhaft war. Das gleiche soll gelten, wenn die Belastung der unterliegenden Partei deshalb unbillig erscheint, weil die obsiegende Partei es unterlassen hatte, das den Gegenstand des Streites bildende Rechtsgeschäft, obwohl ihr das nach Lage der Umstände zuzumuten war, beurkunden zu lassen oder weil sie eine unvollständige oder unklare Beurkundung verschuldet hatte (vgl. hierzu vorstehend Nr. 2 b ε am Ende).

β) Wer ohne zureichenden Grund an Stelle des Mahnverfahrens den Klageweg gewählt hat, kann, wenn es nicht zu einer streitigen Verhandlung kommt, mit den dadurch entstandenen Mehrkosten belastet werden (§ 94 Abs. 2; zu vgl. auch vorstehend Nr. 2 b β).

f) Sicherheitsleistung für die Prozeßkosten.

Die Sicherheitsleistung durch Bürgschaft ist in § 111 d. E. näher geregelt. § 113 d. E. bestimmt, inwieweit Staatlose für die Prozeßkosten Sicherheit zu leisten haben. Endlich sind die vorstehend zu 2 b ε S. 272 erwähnten Neuerungen vorgesehen.

g) Armenrecht.

§ 117 Abs. 1 d. E. stellt klar, daß das Gericht zwecks Prüfung der Voraussetzungen für die Armenrechtsbewilligung den Gegner des Antragstellers hören, Erhebungen anstellen und vom Antragsteller eine Glaubhaftmachung seiner Angaben fordern kann.

Ferner wird in gewissen Fällen auch für Personengesamtheiten und für Parteien kraft Amtes die Bewilligung des Armenrechts ermöglicht (§ 117 Abs. 2, 3 d. E.).

Als Gegenmittel gegen die Erschleichung des Armenrechts wird in § 133 d. E. eine Prozeßstrafe, die auch in Verhängung der Ordnungshaft bestehen kann, vorgesehen. Es sind ferner hinsichtlich der Bewilligung des Armenrechts an Ausländer die zu 2 b ε S. 272 erwähnten Neuerungen vorgesehen.

h) Zustellungen.

Im Zusammenhang mit der allgemeinen Einführung des Amtsbetriebs (vgl. hierzu den folgenden Abschnitt) wird die Zustellung von Amts wegen als der Regelfall behandelt. Die Zustellungsvorschriften sind, soweit dies mit dem Zweck des Zustellungswesens irgend vereinbar schien, weniger formal als bisher gestaltet, vor allem ist ein großer Teil der Mußvorschriften, der sich bisher als eine unnötige Gefährdung von Interessen der Prozeßbeteiligten erwiesen hat, in Sollvorschriften verwandelt. Die Vorschriften über die Zustellung durch Niederlegung sind den heutigen Verkehrsbedürfnissen angepaßt.

B. Zum Buch II: Verfahren in erster Instanz.

a) Die Klage.

Außer den Änderungen, die sich bereits durch den Aufbau des Entwurfs ergeben (vgl. vorstehend unter III), enthält hier der Entwurf namentlich folgende Neuerungen. § 206 Abs. 2 Nr. 3 stellt klar, daß unter Klagebegründung die Angabe der klagebegründenden Tatsachen zu verstehen ist.

Nach § 207 Abs. 2 soll in Fällen, in denen das Mahnverfahren zulässig ist, der Kläger in der Klageschrift begründen, weshalb er den Klageweg gewählt hat (vgl. vorstehend zu A e β S. 274). § 210 enthält besondere Vorschriften über die Eventualklage. Die Eventualverurteilung regeln §§ 211 und 212, letzterer unter Erweiterung des Anwendungsgebiets des nach geltendem Recht auf das amtsgerichtliche Verfahren beschränkten § 510 b g. F.

b) Vorbereitende Schriftsätze.

Während zur Zeit die §§ 132 und 272 der Zivilprozeßordnung z. T. die Fristen für die Einreichung vorbereitender Schriftsätze verschieden regeln, nämlich § 132 eine feste Frist setzt, § 272 die Frist nach den Umständen des Einzelfalles bemißt, sieht § 216 d. E. nur eine Frist in letzterem Sinne vor und sucht ihrer Verletzung durch Androhung von Kostennachteilen vorzubeugen. Im landgerichtlichen Verfahren droht der Partei, die aus grober Nachlässigkeit oder in Verschleppungsabsicht neues Vorbringen entweder nicht rechtzeitig oder überhaupt nicht in einem Schriftsatz mitgeteilt hat, die Zurückweisung dieses Vorbringens (§ 462 Abs. 2; zu vgl. auch vorstehend unter IV, 1 e S. 264).

c) Die Wirkungen der Rechtshängigkeit sind von Amts wegen zu berücksichtigen (§ 219 d. E.).

d) Prozeßhindernde Einreden.

Bei der Neufassung der den §§ 274, 275 der Zivilprozeßordnung g. F. entsprechenden §§ 257, 258 d. E. ist tunlichst den Ergebnissen der Prozeßrechtswissenschaft Rechnung getragen und deshalb auch der die Rechtslage nicht richtig kennzeichnende Ausdruck prozeßhindernde Einreden vermieden worden.

e) Verhandlung.

Die Vorschrift des § 7 EntlVO. über die Entscheidung ohne mündliche Verhandlung ist in den Entwurf eingearbeitet (§ 228 Abs. 2), auch ist der Verlauf des schriftlichen Verfahrens und die Frage, wann dieses als geschlossen zu gelten hat, näher geregelt (§ 228 Abs. 2 und § 230 Abs. 2 d. E.). Ferner ist in zahlreichen Einzelvorschriften der bisher von der Zivilprozeßordnung gebrauchte Ausdruck »mündliche Verhandlung« mit Rücksicht darauf, daß das Gesetz unter Umständen auch eine schriftliche Verhandlung zuläßt, durch den Ausdruck »Verhandlung« ersetzt worden. § 303 d. E. sieht vor, daß auch ein ohne mündliche Verhandlung erlassenes Urteil der Verkündung bedarf; daß im Verfahren ohne mündliche Verhandlung ergehende Beschlüsse der Zustellung bedürfen, ergibt sich aus § 336 Abs. 2 d. E. in Verbindung mit Abs. 1.

f) Rechtskonsulenten.

An Stelle der im § 157 der Zivilprozeßordnung g. F. vorgesehenen, in das Ermessen des Gerichts gestellten Zurückweisung tritt im § 255 d. E. wie im § 11 des Arbeitsgerichtsgesetzes der gesetzliche Ausschluß, doch beschränkt sich dieser Ausschluß nach wie vor auf die mündliche Verhandlung. Andererseits sind die Vorschriften über die Zulassung von Rechtskonsulenten durch die Landesjustizverwaltungen in den durch die Bedürfnisse der Rechtspflege und die notwendige Rücksicht auf den Anwaltstand gebotenen Grenzen elastischer als bisher gefaßt.

g) Urteil.

Während das geltende Recht die Zulässigkeit der Klage auf künftige Leistung sowie der Feststellungsklage unter den Vorschriften über die Klage behandelt, regelt der Entwurf diese Frage in §§ 292, 294 unter den Vorschriften über das Urteil im Einklange mit den Ergebnissen der Prozeßrechtswissenschaft, nach denen es sich nicht sowohl um Voraussetzungen der Klageerhebung als vielmehr um die Voraussetzungen einer dem Kläger günstigen Sachentscheidung handelt. In demselben Zusammenhang wird auch das Rechtsgestaltungsurteil, das im geltenden Recht keine Erwähnung findet, besonders behandelt (§ 295 d. E.).

Verschiedene zur Zeit unter den Vorschriften über die Zwangsvollstreckung geregelte Fragen sind im Zusammenhang mit der weitgehenden Umgestaltung des Zwangsvollstreckungsrechts unter den Vorschriften über das Urteil behandelt, so insbesondere die vorläufige Vollstreckbarkeit (§§ 314—324 d. E.), Eintritt und Nachweis der Rechtskraft (§§ 325, 326 d. E.) sowie die Räumungsfrist (§ 293 d. E.).

Die Zustellung der Urteile läßt der Entwurf von Amts wegen bewirken, wobei aber zur Vermeidung unnötiger Zustellungen vorgesehen ist, daß Versäumnisurteile nur der Partei zuzustellen sind, zu deren Ungunsten sie ergangen sind (§ 309 Abs. 1 d. E.), und daß es, wenn das Urteil des Berufungsgerichts mit der Verkündung rechtskräftig wird (§ 505 Abs. 2 d. E.), einer Zustellung durch dieses Gericht nicht bedarf, was nach § 531 auch für Urteile des Revisionsgerichts gilt.

Im Anschluß an die Vorschriften über Anerkennung ausländischer Urteile ist in § 334 d. E. auch die bisher im § 722 der Zivilprozeßordnung g. F. behandelte Frage der Vollstreckbarerklärung dieser Urteile geregelt; ferner ist im § 333 Abs. 2 Satz 2 d. E. die Möglichkeit, fremde Scheidungsurteile ohne Prüfung der Gegenseitigkeit anzuerkennen, erweitert worden und im § 335 dem Umstande Rechnung getragen, daß ausländische Gestaltungsurteile, auch wenn die prozessualen Voraussetzungen für ihre Anerkennung nicht gegeben sind, auf Grund der Vorschriften des materiellen internationalen Privatrechts in Deutschland wirksam werden können.

h) Beweisaufnahme.

Die wichtigsten Neuerungen im Beweisverfahren sind folgende: Ähnlich wie im arbeitsgerichtlichen Verfahren hat das Gericht einen Zeugen nur zu beeidigen, wenn es dies mit Rücksicht auf die Bedeutung der Aussage oder zur Herbeiführung einer wahrheitsgemäßen Aussage für geboten erachtet (§ 388 d. E.).

Der gestabte Parteieid wird durch eine Vernehmung der Partei ersetzt, die sich jedoch von der österreichischen hauptsächlich dadurch unterscheidet, daß in der Regel nur auf Antrag der beweispflichtigen Partei deren Gegner vernommen werden kann (§ 434 d. E.). Diese Art der Beweiserhebung ist nur zulässig, soweit andere Beweise nicht vorgebracht sind oder nicht ausreichen. Darüber, ob die Partei auf ihre Aussage zu beeiden ist, entscheidet das Gericht nach Lage der Umstände (§ 441 d. E.). Nicht nur die Bedeutung einer Parteiaussage, sondern auch die Tatsache der Verweigerung der Aussage unterliegt der freien Beweiswürdigung des Gerichts (§ 435 d. E.). Das Gericht kann eine Parteivernehmung unter den gleichen Voraussetzungen, unter denen es nach geltendem Recht den richterlichen Eid auferlegen kann, auch von Amts wegen anordnen (§ 438 d. E.).

Die Vorschriften über den Urkundenbeweis sind nach Möglichkeit vereinfacht, insbesondere ist im Anschluß an den Fortfall des gestabten Parteieids auch der Editionseid beseitigt (§§ 419 ff. d. E.).

In diesem Zusammenhang ist auch hervorzuheben, worauf schon an anderer Stelle hingewiesen wurde, daß im landgerichtlichen Verfahren die Zeugenvernehmung durch einen beauftragten Richter nur noch zulässig ist, wenn sie außerhalb der Gerichtsstelle stattfindet (§ 467 d. E.) und daß auch der Einzelrichter Beweise nur insoweit selbst erheben soll, als dies ohne Beeinträchtigung der Unmittelbarkeit des Verfahrens durchführbar erscheint (§ 470 Abs. 2 d. E.).

C. Zum Buch III: Rechtsmittel.

a) Berufungsverfahren.

Die Berufungssumme ist auf 100 M. erhöht (§ 473 Abs. 1 d. E.), und es sind ferner die schon vorstehend unter IV 1 e näher aufgeführten Änderungen vorgenommen.

b) Revisionsverfahren.

Zur Entlastung des Reichsgerichts ist vorgesehen, daß das Revisionsgericht, wenn es einstimmig der Auffassung ist, daß das angefochtene Urteil nicht auf einer mit der Revision angreifbaren Gesetzesverletzung beruht, die Revision ohne mündliche Verhandlung durch Beschluß zurückweisen kann (§ 519 Abs. 3 d. E.).

D. Ehesachen.

Die Vorschriften des § 606 Abs. 2—4 g. F., die namentlich im Laufe der Nachkriegszeit zu zahlreichen Zweifeln Anlaß gegeben haben, sind vervollständigt und insoweit grundsätzlich geändert, als einer Deutschen, die einen Ausländer geheiratet hat, der im Inland keinen allgemeinen Gerichtsstand hat, unter Umständen auch die Erhebung der Scheidungsklage vor deutschen Gerichten ermöglicht wird (§§ 570—572).

Der Sühneversuch soll nicht mehr vor dem Amtsgericht, sondern vor einem Mitglied des für die Scheidungsklage zuständigen Landgerichts stattfinden (§§ 573—575 d. E.).

Die Staatsanwaltschaft ist nur noch in Ehenichtigkeitssachen zur Mitwirkung berufen (§ 597 d. E.).

E. Im Entmündigungsverfahren sind verschiedene Einzeländerungen vorgenommen, deren wichtigste die Zuständigkeit sowie die Einführung eines Entmündigungsregisters, das Interessenten zugänglich sein soll, betreffen (§§ 613 und 627 d. E.).

F. Zwangsvollstreckungsverfahren einschließlich der Arreste und einstweiligen Verfügungen.

Auf die weitgehenden grundsätzlichen Änderungen, die auf diesem Gebiete vorgenommen sind, ist schon im vorstehenden unter I (S. 243 f.) und IV, 2, β, γ (S. 268) hingewiesen worden.

G. Im Aufgebotsverfahren ist u. a. den Beanstandungen Rechnung getragen, die sich dagegen richten, daß dem für tot Erklärten, wenn er zurückkehrt, zur Zeit keine Möglichkeit zur Beseitigung der Todeserklärung gegeben ist (§§ 684 ff. d. E.).

H. Schiedsgerichtliches Verfahren.

Auch im schiedsgerichtlichen Verfahren waren die Neuerungen, die sich im Hinblick auf die seit 1877 vollständig geänderten Verhältnisse erforderlich machten, umfangreich. Das Verfahren ist in verschiedenen Richtungen vereinfacht worden. Für die Vollstreckbarerklärung von Schiedssprüchen ist das bereits durch die Novelle 1924 eingeführte Beschlußverfahren grundsätzlich beibehalten, und zwar in der Gestalt, die ihm das inzwischen ergangene Gesetz vom 25. Juli 1930 (RGBl. I S. 361) gegeben hat. Es wird danach auch die Frage, ob ein Grund zur Aufhebung des Schiedsspruchs vorliegt, im Verfahren über die Vollstreckbarkeit geprüft und entschieden. Die Vollstreckung ausländischer Schiedssprüche, mit der sich das frühere Recht nicht befaßte, ist ebenfalls in Übereinstimmung mit dem Gesetze vom 25. Juli 1930 näher geregelt. Mit verschiedenen neuen Vorschriften erstrebt der Entwurf Mißbräuchen im Schiedsgerichtsverfahren, insbesondere der Herbeiführung von Schiedsverträgen durch Ausnutzung der wirtschaftlichen Überlegenheit einer Partei, der Vereinbarung einer parteiischen Besetzung von Schiedsgerichten sowie der Ausschließung der Anwaltsvertretung in Schiedsverträgen vorzubeugen.

V. Stellung des Entwurfs zu den wichtigsten Prozeßmaximen.

Wenn auch die bisherige Darstellung die Stellungnahme des Entwurfs zu den grundlegenden Fragen des Prozeßrechts bereits erkennen läßt, so sei zur Vermeidung von Mißverständnissen sein Standpunkt gegenüber den wichtigsten Prozeßmaximen im Folgenden noch zusammenfassend dargelegt.

1. Partei- und Amtsbetrieb.

Die Frage, ob der äußere Betrieb des Verfahrens, insbesondere die Vornahme der Zustellungen und Ladungen in der Hand der Parteien oder der des Gerichts liegen soll, ist eine reine Zweckmäßigkeitsfrage, die nicht aus dem inneren Wesen des Zivilprozesses heraus beantwortet werden kann. Schon die Zivilprozeßordnung in ihrer alten Fassung hatte, obwohl sie grundsätzlich den Parteibetrieb einführte, wesentliche Ausnahmen von diesem Grundsatz, namentlich beim Beweisverfahren, vorgesehen. Im Laufe der Zeit ging die Entwicklung der Reformbestrebungen deutlich in der Richtung einer weiteren Ausdehnung des Amtsbetriebs, von der man sich eine Belebung des Prozeßganges versprach. Im Gewerbegerichtsgesetz wurde der Amtsbetrieb weitgehend durchgeführt und die Novelle 1909 folgte diesem Beispiel für das amtsgerichtliche Verfahren, ließ aber gleichzeitig auch im Verfahren vor den Kollegialgerichten für die Zustellung der Einspruchsschrift, der Berufungs- und Revisionsschrift die Zustellung von Amts wegen eintreten. Da sich alle diese Neuerungen bewährt haben, lag es für den Entwurf nahe, auch die Reste des Parteibetriebes zu beseitigen und einheitlich für alle Verfahrensarten den Amtsbetrieb einzuführen. Es besteht auch kein zwingender Grund, für Urteile eine Ausnahme zu machen, vielmehr sieht der Entwurf nach dem Vorbilde des Arbeitsgerichtsgesetzes ihre Zustellung von Amts wegen vor, wobei jedoch in der im vorstehenden Abschnitt unter IV, 3 B, g zum Ausdruck gebrachten Weise die Vermeidung unnötiger Urteilszustellungen angestrebt ist. Da die Urteilszustellung nicht allein zur Inlaufsetzung der Rechtsmittelfrist, sondern vor allem auch wie bisher (§ 750 g. F.) als Voraussetzung für die Zwangsvollstreckung in Frage kommt, ist vorgesehen, daß nicht nur das Prozeßgericht, sondern auch das Vollstreckungsgericht die Urteilszustellung veranlassen kann. Letzteres kommt namentlich dann in Frage, wenn für ein Prozeßgericht ein Anlaß zur Urteilszustellung nicht besteht, z. B. wenn es sich um ein mit seiner Verkündung rechtskräftig werdendes Berufungs- oder Revisionsurteil handelt (§ 505 Abs. 2, § 531 d. E.). Daneben kann aber die Möglichkeit der Urteilszustellung durch das Vollstreckungsgericht auch die einzige Unzuträglichkeit beseitigen, die die Urteilszustellung von Amts wegen nach sich ziehen könnte: während nach geltendem Recht, falls der Schuldner nicht durch einen Prozeßbevollmächtigten vertreten ist, die Urteilszustellung gleichzeitig mit der Vornahme der Zwangsvollstreckung erfolgen kann, würde dies nicht möglich sein, wenn in allen Fällen, in denen ein Urteil der Zustellung bedarf, diese Zustellung dem Prozeßgericht vorbehalten bliebe. Gerade im arbeitsgerichtlichen Verfahren ist diese den besonderen Bedürfnissen des Zwangsvollstreckungsverfahrens nicht genügend Rechnung tragende Regelung bereits mehrfach als eine Erschwerung der Vollstreckung empfunden worden. Deshalb sieht § 309 Abs. 2 d. E. vor, daß das Prozeßgericht, wenn die obsiegende Partei durch Vermittlung seiner Geschäftsstelle (gemäß § 770 d. E.) den Antrag auf Vollstreckung des Urteils gestellt hat, in den Fällen, in denen der Schuldner nicht durch einen Prozeßbevollmächtigten vertreten ist, die Urteilszustellung dem Vollstreckungsgericht überlassen soll, das es dann in der Hand hat, Pfändung und Urteilszustellung durch denselben Gerichtsvollzieher gleichzeitig vornehmen zu lassen.

Ferner ist in Anwaltsprozessen, um die Erleichterungen, die die Zustellung von Anwalt zu Anwalt bietet, nicht preiszugeben, vorgesehen, daß bei vorbereitenden Schriftsätzen, mit denen dem Gegner nicht gleichzeitig eine gerichtliche Anordnung (z. B. Ladung) mitzuteilen ist, an die Stelle der Zustellung von Amts wegen die Zustellung von Anwalt zu Anwalt treten kann: (§ 170 Abs. 2 d. E.).

2. Mündlichkeit.

Die Vorschriften der letzten Novellengesetzgebung sind vielfach dahin mißverstanden worden, daß sie grundsätzlich einen Abbau der Mündlichkeit anstrebten. Die in dieser Richtung in Betracht kommenden Vorschriften sind folgende: Beim Einverständnis der Parteien kann das Gericht, wenn es dies für angemessen hält, eine Entscheidung ohne mündliche Verhandlung treffen. Beim Verfahren durch Schiedsurteil (in Bagatellsachen) kann das Amtsgericht, da es sein Verfahren nach freiem Ermessen bestimmt, sogar ohne Einverständnis der Parteien von mündlicher Verhandlung absehen. Auch die Vorschriften über die Aktenlageentscheidung enthalten insoweit eine Lockerung des Mündlichkeitsgrundsatzes, als bei dieser Entscheidung neben dem in einer früheren Verhandlung mündlich Vorgetragenen auch inzwischen eingereichte Schriftsätze sowie inzwischen erwachsenes, noch nicht zum Gegenstand einer mündlichen Verhandlung gemachtes Beweismaterial berücksichtigt werden können. Dazu kommt noch die Ermöglichung nur schriftlicher Anhörung eines Zeugen sowie die Vorschrift, daß es zu gewissen Änderungen eines Beweisbeschlusses keiner mündlichen Verhandlung bedarf. Alle diese Vorschriften sind in den Entwurf übernommen worden, der Beweggrund dafür war aber in keiner Weise eine Minderbewertung der Mündlichkeit. Maßgebend waren vielmehr nur folgende Erwägungen:

Die Zivilprozeßordnung alter Fassung hat in der Mündlichkeit einen Selbstzweck gesehen, dessen Erreichung so wichtig erschien, daß dahinter alle mit ihm nicht vereinbaren Zweckmäßigkeitserwägungen zurücktreten mußten. Deshalb konnte, auch wenn ein Prozeß bereits mit aller Gründlichkeit erörtert war und nur noch eine einzige Beweiserhebung ausstand, nach deren Erledigung ohne eine neue mündliche Verhandlung beider Parteien eine kontradiktorische Sachentscheidung nicht ergehen. Jede Änderung eines einmal gefaßten Beweisbeschlusses erforderte, auch wenn es sich nur darum handelte, an Stelle des irrtümlich von einer Partei benannten Zeugen eine andere Person zu vernehmen, eine vorherige neue mündliche Verhandlung. Über die Berechtigung dieser strengen Regelung ließe sich streiten, wenn der beabsichtigte Erfolg einer wirklich durchgeführten vollen Mündlichkeit erreicht worden wäre. Indessen war das Gegenteil der Fall. Es zeigte sich auch hier die allgemeine Erfahrung, daß man ein Prinzip in der Praxis durch Überspannung nicht nur nicht durchsetzt, sondern im Gegenteil in seinem Bestand gefährdet. Die Übertreibung des Mündlichkeitsgrundsatzes hatte eine Überhäufung der Gerichte mit mündlichen Verhandlungen zur Folge. Damit aber wurden die Gerichte der zur wirklich mündlichen Verhandlung nötigen Zeit beraubt. Man gewöhnte sich daran, da sich die volle Mündlichkeit praktisch nicht durchführen ließ, den Vorschriften nur zum Schein zu genügen. In vielen Fällen mußte die Erklärung der Parteivertreter: »wir beziehen uns auf die Schriftsätze und stellen die Entscheidung anheim« die mündliche Verhandlung ersetzen. Die in der alten Prozeßordnung scheinbar so hervorragend folgerichtig durchgeführte Mündlichkeit stand deshalb zum großen Teil nur auf dem Papier. Wenn demgegenüber die Novellen in weiterem Umfange als bisher ein schriftliches Verfahren neben dem mündlichen ermöglichten, so geschah dies einmal, um den tatsächlichen Verhältnissen Rechnung zu tragen, um Gebote einzuschränken, die sich nicht durchführen lassen, vor allem aber, um durch die Ausnahmen vom Mündlichkeitsgrundsatz dem Gericht die erforderliche Zeit zu schaffen, die nötig ist, damit da, wo die Mündlichkeit praktisch wertvoll und prozeßfördernd ist, sie auch wirklich so gehandhabt werden kann, wie es dem Gesetze entspricht.

Der Entwurf geht grundsätzlich davon aus, daß im Regelfalle die mündliche Verhandlung das sicherste und beste Mittel der Sachaufklärung ist. Gerade deshalb sieht er auch von der vielfach empfohlenen Vorbereitung der ersten Verhandlung durch einen längeren, an gesetzliche Fristen gebundenen Schriftsatzwechsel ab. Er hält aber die Mündlichkeit nur insoweit für unentbehrlich, als der bezeichnete praktische Zweck es erfordert. Er behandelt also — insoweit in voller Übereinstimmung mit der österreichischen Prozeßordnung — die Mündlichkeit nicht mehr als Selbstzweck und sucht gerade durch diese Einschränkung des Mündlichkeitsprinzips die wahre Mündlichkeit nach Möglichkeit zu fördern.

3. Unmittelbarkeit.

Ähnlich verhält es sich mit dem Grundsatz der Unmittelbarkeit, d. h. mit dem Grundsatz, daß der gesamte Streitstoff dem erkennenden Gericht nach Möglichkeit unmittelbar vorgeführt wird. Die Zivilprozeßordnung hatte zwar diesen Grundsatz anerkannt. Die Überlastung der Gerichte, die durch den Gesamtaufbau der Prozeßordnung, insbesondere durch die Zurückdrängung der Richtermacht bei der Sammlung des Streitstoffes und die fast unbeschränkte Freiheit der Parteien in der Nachbringung von neuen Tatsachen und Beweismitteln mitverursacht war, führte indessen dahin, daß vor den Kollegialgerichten die Vernehmung von Zeugen und Sachverständigen in der großen Mehrzahl der Fälle in mißbräuchlicher Anwendung des § 375 Abs. 1 Nr. 2 der Zivilprozeßordnung g. F. nur noch vor einem Mitglied des Kollegiums als beauftragtem Richter stattfand. Dies bedeutet, insbesondere auch wegen der Trennung der Beweisaufnahme von der Verhandlung über den Beweis, den völligen Verlust der Unmittelbarkeit und bildete eine der Hauptursachen für die lange Dauer der landgerichtlichen Prozesse.

Die Novelle 1924 versuchte gerade hier Wandlung zu schaffen. § 357 a der Zivilprozeßordnung g. F. will zur Förderung der Unmittelbarkeit Beweisanordnung und Beweiserhebung nach Möglichkeit in eine einzige Verhandlung zusammendrängen, wobei sich dann von selbst versteht, daß im unmittelbaren Anschluß daran auch über das Ergebnis der Beweisaufnahme zu verhandeln ist. Die Einführung des Einzelrichters beim Landgericht hatte den Hauptzweck, die Kammer so zu entlasten, daß ihr nach Möglichkeit in einer einzigen und genügend ausführlichen Verhandlung der gesamte Streitstoff vorgeführt werden kann und die nötigen Beweismittel unter Beachtung der §§ 357 a und 272 b der Zivilprozeßordnung g. F. zu dieser Verhandlung bereitgestellt werden können. Lediglich damit die Kammer nicht durch die Notwendigkeit, auch Beweise von geringerer Wichtigkeit selbst zu erheben, an der Erreichung des vom Gesetz ihr gesteckten Zieles gehindert wird, ermöglichte es § 349 Abs. 2, daß der Einzelrichter auch Beweise selbst erheben kann.

Es bedeutet hiernach eine Verkennung der ganzen Richtung der Reform, wenn vielfach angenommen wurde, die Novelle habe mit den Vorschriften über den Einzelrichter den Gedanken der Unmittelbarkeit preisgegeben. Da dieses Mißverständnis sich auch in der Praxis der Gerichte gezeigt hat und die Einzelrichter vielfach ihre Aufgabe darin sehen, sämtliche Beweise selbst zu erheben, sucht der Entwurf die Grundgedanken der Novelle durch mehrere Einzeländerungen schärfer herauszuheben. Zunächst verschränkt es der bereits unter Abschn. IV, 1 e erwähnte § 467 d. E. den Kollegialgerichten, lediglich wegen starker Geschäftsbelastung Zeugen und Sachverständige durch einen beauftragten Richter vernehmen zu lassen. Der Entwurf folgt hier dem Vorbild des Arbeitsgerichtsgesetzes, das mit voller Strenge die Unmittelbarkeit der Beweisaufnahme fordert. Die Erfahrung hat gelehrt, daß diese Forderung nicht nur in Deutschland genau so gut, wie sich dies in Österreich längst erwiesen hat, sehr wohl durchführbar ist, sondern auch, daß sie zur Beschleunigung des Verfahrens ganz wesentlich beiträgt. Der Entwurf schneidet zwar, um den aufgestellten Grundsatz nicht zu überspannen, die Möglichkeit der Erhebung von Beweisen durch den Einzelrichter nicht ganz ab, schreibt aber ausdrücklich vor, daß solche Beweiserhebungen nur stattfinden sollen, soweit sie zur Entlastung der Verhandlung vor der Kammer geboten erscheinen und die Unmittelbarkeit des Verfahrens dadurch nicht beeinträchtigt wird. Mit anderen Worten, es sollen vom Einzelrichter nur die Beweise erhoben werden, für deren Würdigung es auf den unmittelbaren Eindruck von der Beweisaufnahmeverhandlung voraussichtlich nicht entscheidend ankommt. Auf diesem Wege sucht der Entwurf zu erreichen, daß die im alten Prozeßrecht vor den Kollegialgerichten fast verschwundene Unmittelbarkeit nach Möglichkeit wiederhergestellt wird.

Zu alledem kommt noch hinzu, daß die aus der Novelle 1924 entnommene Möglichkeit, das persönliche Erscheinen der Parteien zu erzwingen (§ 241 d. E.) sowie die neu vorgeschlagene Ersetzung des gestabten Parteieids durch eine Parteivernehmung (§§ 434 ff. d. E.) gleichfalls zur Förderung der Unmittelbarkeit des Verfahrens bestimmt und in hohem Grade geeignet sind.

4. Freie Gestaltung des Streitstoffs oder Eventualmaxime.

Bereits bei der Erörterung des Beschleunigungsproblems (oben IV 1, b S. 253 ff.) ist eingehend dargetan, daß in der Frage der Gestaltung des Streitstoffs die Novelle 1924 sich am weitesten grundsätzlich von der Zivilprozeßordnung alter Fassung entfernt und daß der Entwurf insoweit die Vorschriften der Novelle nicht nur übernommen, sondern sie auch in einzelnen Punkten vervollständigt, ja sogar für das Berufungsverfahren durch Umwandlung der Kannvorschriften in Mußvorschriften verschärft hat. Gleichwohl kann auch der Entwurf nicht dahin verstanden werden, daß er die Eventualmaxime einführe. Unter Eventualmaxime kann man nur eine Gestaltung des Prozesses verstehen, die die Parteien zwingt, in einem bestimmten Verfahrensabschnitt bei Gefahr des Ausschlusses alle von ihnen geltend zu machenden Behauptungen und Beweismittel erschöpfend vorzubringen. Man hat deshalb dieser Maxime mit Recht zum Vorwurf gemacht, daß sie die Parteien nötige, vorsorglich Behauptungen bereits in einem Augenblick vorzubringen, in dem kein vernünftiger Anlaß dazu bestehe, so daß unter Umständen eine Partei einander widersprechende Behauptungen aufstellen müsse, um nur, wenn eine Änderung der Prozeßlage zur Preisgabe ihres ursprünglich eingenommenen Standpunkts nötige, nicht mit der dann vorzubringenden neuen Verteidigung von vornherein ausgeschlossen zu sein. Gerade dies sucht auch der Entwurf durchaus zu vermeiden. Er behält den Grundsatz der freien Gestaltung des Streitstoffs sowohl für die erste wie für die Berufungsinstanz nicht nur tatsächlich bei, sondern spricht dies auch unter Beibehaltung der Vorschriften der §§ 278 Abs. 1, 529 Abs. 1 des geltenden Rechts (= § 260 Abs. 1, § 494 Abs. 1 d. E.) grundsätzlich aus. Nur dann, wenn eine Partei neues Vorbringen in einer prozeßverzögernden Weise nachschiebt, obwohl sie bei einer sachgemäßen Prozeßführung es zeitiger hätte geltend machen können und müssen, also wenn sie den Prozeß böswillig oder aus Nachlässigkeit verschleppt, kann eine Ausschließung mit dem neuen Vorbringen eintreten. Die Ausschließung kann daher in allen den Fällen, in denen das nachträgliche Vorbringen von Tatsachen und Beweismitteln den Grundsätzen einer vernünftigen und zweckmäßigen Prozeßführung entsprach, nicht in Frage kommen, wobei noch zu berücksichtigen ist, daß das Gericht nach den Vorschriften der Novelle 1924 und des Entwurfs in viel weiterem Maße als früher verpflichtet ist, die Parteien durch Ausübung des Fragerechts und Mitteilung der von ihm für entscheidend gehaltenen rechtlichen Gesichtspunkte (§ 139 Abs. 1 S. 2 der Zivilprozeßordnung g. F. und § 235 Abs. 2 d. E.) bei der Beibringung und Sichtung des Streitstoffs zu unterstützen.

5. Die Voraussehbarkeit des formellen Prozeßverlaufs.

Bei der wissenschaftlichen Kritik der Novelle 1924 ist vielfach stark betont worden, ein gutes Prozeßgesetz müsse den formalen Verlauf, den ein Verfahren annehme, klar voraussehen lassen. Die alte Prozeßordnung habe dieser Aufgabe voll genügt, die Neuerungen der letzten Jahre indessen, insbesondere die Novelle 1924 hätten vom normalen Verlauf so viele z. T. rein in das Ermessen des Gerichts gestellte Ausnahmen zugelassen, daß jetzt niemand mehr die Gestaltung eines Prozesses voraussehen könne. Neben dem mündlichen Verfahren könne weitgehend ein schriftliches eintreten; Schriftsätze, die in der Regel nur der Vorbereitung der Verhandlung dienen, könnten zu bestimmenden werden, wenn sich das Gericht zu einer Aktenlageentscheidung entschließe; ob das Gericht einen Zeugen mündlich oder nur schriftlich höre, hänge in vielen Fällen nur von seinem Ermessen ab, im Bagatellverfahren bestimme das Amtsgericht vollends sein Verfahren fast ganz nach freiem Ermessen usw. Der Entwurf hat gleichwohl diese Vorschriften übernommen und bei der Neugestaltung des Vollstreckungsverfahrens dem Vollstreckungsgericht neue Möglichkeiten einer freien Verfahrensgestaltung gegeben, so z. B. vorgesehen, daß es vom Ermessen des Vollstreckungsgerichts abhängt, ob über die gegen den Fortbestand des Anspruchs vom Schuldner erhobenen Einwendungen oder über das Widerspruchsrecht eines Dritten vom Vollstreckungsgericht selbst im Beschlußverfahren oder vom Prozeßgericht im Urteilsverfahren entschieden wird. Bei alledem geht der Entwurf von der Erwägung aus, daß gewiß für den Zivilprozeß feste Formen unerläßlich sind und in diesem Sinne die Forderung der Vorausberechenbarkeit des Prozeßverlaufs ihren guten Sinn hat. Aber der Grundsatz ist, wie fast alle Prozeßgrundsätze, nicht Selbstzweck und darf nicht übertrieben werden und zur Außerachtlassung der praktischen Notwendigkeiten führen. Sonst wird, wie z. B. bei der Übertreibung des Prinzips der Mündlichkeit, die Praxis nur zu leicht dahin gebracht, die starre Form nur scheinbar zu wahren, und die Achtung vor dem Gesetz wird gefährdet. Auf der anderen Seite ist eine gewisse Schmiegsamkeit der Prozeßvorschriften, die es dem Gericht ermöglicht, unter voller Einhaltung des Gesetzes das Verfahren dem Bedürfnis des Einzelfalls anzupassen, wie schon Heinsheimer in seiner Schrift über das Einzelrichterverfahren hervorgehoben hat, und auch Carnelutti in seinen Erörterungen über den Entwurf einer italienischen Zivilprozeßordnung ausführt, ein Vorzug. Denn formale

(Fortsetzung des Textes: S. 286)

Auszug aus der

	1895	1905	1907	1912
Amtsgerichte				
a) Zahl der Richter bei allen Preußischen Amtsgerichten				3683
b) Zahl der gewöhnlichen Mahnsachen				2016250
c) Zahl der gewöhnlichen Prozesse, einschl. der Gütesachen.....				1743815
d) Zahl der Versäumnis-, Verzichts- und Anerkenntnisurteile in gewöhnlichen Prozessen				940601
e) Zahl der kontradiktorischen Urteile in gewöhnlichen Prozessen				261303
f) Zahl der im Güteverfahren erledigten Sachen				—
g) Zahl der Vergleiche überhaupt				122845
h) Zahl der im Güteverfahren geschlossenen Vergleiche.........				—
Von den durch kontradiktorisches Urteil erledigten gewöhnlichen Prozessen insgesamt				258808
dauerten: bis zu 3 Monaten	63,3 %	57,4 %	53,8 %	135206 (52 %)
mehr als 3 Monate bis 1 Jahr	33,4 %	37,9 %	40,8 %	108628 (42,2 %)
über 1 Jahr	3,3 %	4,7 %	5,4 %	14974 (5,8 %)
II. A. Landgerichte erster Instanz				
Zahl der Richter				1881
a) Zahl der gewöhnlichen Prozesse in Zivil- (und Handelssachen)				111023 (24291)
b) Zahl der Vergleiche in gewöhnlichen Prozessen in Zivil- (und Handelssachen)				5155 (1406)
c) Zahl der kontradiktorischen Urteile in gewöhnlichen Prozessen in Zivil- (und Handelssachen)				43118 (7879)
d) Unter den in gewöhnlichen Prozessen durch kontradiktorisches Urteil erledigten Sachen insgesamt				47058
dauerten: bis zu 6 Monaten	52,2 %	53 %	48,9 %	22302 (47 %)
über 6 Monate bis zu 1 Jahr	29,6 %	28,4 %	30,3 %	14169 (30 %)
über 1 Jahr	18,2 %	18,6 %	20,8 %	10587 (23 %)
II. B. Landgerichte zweiter Instanz				
a) Zahl der gewöhnlichen Sachen in Zivil- (und Handelssachen)				72701 (1856)
b) Zahl der Vergleiche in gewöhnlichen Sachen in Zivil- (und Handelssachen)				2284 (98)
c) Zahl der kontradiktorischen Urteile in gewöhnlichen Sachen in Zivil- (und Handelssachen)				53879 (1272)
d) Unter den durch kontradiktorisches Urteil in gewöhnlichen Sachen erledigten Sachen insgesamt				54969
dauerten bis zu 6 Monaten	67,3 %	67,2 %	68,6 %	37752 (68 %)
über 6 Monate bis zu 1 Jahr	24 %	24 %	23,9 %	13510 (25,3 %)
über 1 Jahr	8,7 %	8,8 %	7,5 %	3707 (6,7 %)
III. Oberlandesgerichte				
a) Zahl der Richter				510
b) Zahl der Berufungen in gewöhnlichen Prozessen				27816
c) Zahl der Vergleiche in gewöhnlichen Prozessen				1551
d) Zahl der die Sache erledigenden kontradiktorischen Endurteile in gewöhnlichen Prozessen insgesamt..............				19084
dauerten: bis zu 6 Monaten	45,8 %	45,5 %	47,6 %	7528 (39 %)
über 6 Monate bis zu 1 Jahr	32 %	23,3 %	31 %	6201 (33 %)
über 1 Jahr	22,2 %	22,2 %	21,4 %	5355 (28 %)

preußischen Justizstatistik.

1913	1925	1926	1927	1928	1929
3730	2863	2691	2927	3039	3116
2282558	4024069	4475031	4571704	4958974	5459324
1811318	1849127	2382550	2167821	2296372	2412940
970762	763238	1178807	1012057	1121747	1155082
272179	248525	324807	336998	339037	348276
—	339072	467656	544751	489666	530961
125826	237623	287336	296902	290378	305850
—	132094	188822	196747	196890	208717
269377	248525	322954	331804	336407	344321
138395 (52 %)	145214 (58 %)	173326 (54 %)	173575 (52,3 %)	172474 (51 %)	179584 (52,1 %)
114897 (42 %)	94469 (38,1 %)	133894 (41,2 %)	138182 (42 %)	141794 (42,5)	142921 (41,5 %)
16085 (5,7 %)	8842 (3,9 %)	15734 (4,8 %)	20047 (5,7 %)	22139 (6,5 %)	21816 (6,4 %)
1942	1938	1885	1872	1938	1990
114803 (24065)	133165 (86982)	161921 (65164)	143988 (40627)	146229 (46960)	154453 (48325)
5270 (1441)	11363 (4545)	14571 (3800)	14420 (3071)	14112 (2805)	13792 (2687)
46430 (7678)	37815 (18137)	50196 (15797)	58158 (10699)	57822 (10736)	61083 (10853)
50198	55952	62289	65682	65140	67855
22884 (45 %)	24421 (43,5 %)	29633 (47,6 %)	26523 (40 %)	25211 (38,7 %)	25189 (37,2 %)
15589 (31 %)	19567 (35 %)	22144 (25,4 %)	25330 (39 %)	24386 (37 %)	25225 (37,1 %)
11725 (24 %)	11964 (21,5 %)	10512 (17 %)	13829 (21 %)	15543 (24,3 %)	17441 (25,7 %)
76115 (2847)	54323 (1183)	68634 (1553)	73283 (1638)	73600 (1679)	74915 (1759)
2164 (120)	4001 (71)	4126 (89)	5236 (153)	5950 (118)	5970 (142)
55923 (1709)	31094 (750)	37201 (926)	48296 (1100)	49488 (1191)	50236 1265)
57513	31844	38036	49133	50461	51011
38999 (68 %)	23900 (75 %)	27589 (72,5 %)	34067 (75 %)	34519 (68 %)	34011 (68 %)
14239 (25 %)	6425 (20 %)	8710 (23 %)	12539 (20 %)	12541 (25 %)	12976 (24,2 %)
4275 (7 %)	1519 (5 %)	1737 (4,5 %)	2527 (5 %)	3401 (7 %)	4024 (7,8 %)
535	527	527	527	529	529
28854	27807	31992	35702	36658	37791
1487	4174	2980	3964	4298	4462
17840	17385	16132	18114	19695	21295
7492 (42 %)	8148 (47 %)	8570 (53 %)	9755 (54 %)	9413 (48 %)	9745 (45,8 %)
5996 (34 %)	5317 (31,4 %)	4775 (30 %)	5752 (31,7 %)	7023 (36 %)	7306 (34,3 %)
4352 (24 %)	3893 (21,6 %)	2787 (17 %)	2607 (14,3 %)	3259 (16 %)	4244 (19,9 %)

Vorschriften werden von der Praxis um so williger befolgt werden, je sorgsamer das Gesetz davon absieht, ihre Einhaltung auch dort zu fordern, wo sie im Einzelfalle eine unnötige Fessel bedeuten würden.

6. Wahrheitspflicht oder Recht zur Prozeßlüge.

Die Stellungnahme eines Prozeßgesetzes zu diesem Problem hängt eng mit der Grundanschauung zusammen, auf der es aufgebaut ist. Steht ein Gesetz, wie die alte deutsche Zivilprozeßordnung, auf dem Standpunkt des laissez faire, laissez aller, soll die Partei ihr Verhalten im Prozesse überwiegend nach ihrem eigenen Interesse selbst bestimmen dürfen und der Richter in den Prozeßgang so wenig wie möglich eingreifen, so muß es der Partei überlassen bleiben, ob sie sich dem Gericht gegenüber ehrlich und rückhaltlos erklärt oder durch unwahre oder lückenhafte Angaben Vorteile zu gewinnen trachtet. Es ist allein Sache ihres Gegners, die Unwahrheit aufzudecken. Deshalb ist nach geltendem Recht eine Rechtspflicht der Partei zur Wahrheit nicht anzuerkennen. Die österreichische Prozeßordnung, die die soziale Bedeutung des Prozesses in den Vordergrund stellt und die Freiheit der Partei in der Prozeßführung einschränkt, wo dies zur Sicherung eines ordnungsmäßigen und zweckdienlichen Prozeßverlaufs geboten erscheint, mußte umgekehrt zur Bekämpfung der Prozeßlüge gelangen (§ 178), zumal bei ihr die persönliche Befragung der Partei durch das Gericht als Mittel der Sachaufklärung eine besonders wichtige Rolle spielt. Wie schon mehrfach hervorgehoben wurde, weicht der Entwurf, ebenso wie bereits die Novelle 1924, in der hier in Betracht kommenden Richtung grundsätzlich vom alten Prozeßrecht ab. Die Initiative des Gerichts bei der Aufklärung des Sachverhalts ist wesentlich verstärkt, dabei auch in weiterem Umfange die persönliche Befragung der Parteien durch das Gericht unter Begründung des Erscheinungszwanges der Parteien vorgesehen. Das freie Belieben der Parteien in der Gestaltung des Prozeßganges ist weitgehend eingeschränkt. Im Zusammenhang damit gelangte der Entwurf auch dazu, der Partei zu verbieten, eine an sich unstreitige Sache durch unberechtigte Erhebung des Widerspruchs gegen den Zahlungsbefehl in das Streitverfahren hineinzuziehen, und sieht für die Übertretung des Verbots gewisse prozessuale Nachteile vor (§ 807 Abs. 4, § 950 Abs. 1 d. E., vgl. auch vorstehend unter IV, 2, b β). Ferner bedroht der Entwurf, um mißbräuchlicher Benutzung des Armenrechts vorzubeugen, denjenigen, der das Armenrecht durch unwahre Angaben erschleicht, mit einer Prozeßstrafe (§ 133 d. E.).

Nach alledem lag die Frage nahe, ob nicht folgerichtig der Entwurf, wie das österreichische Recht, eine allgemeine Wahrheitspflicht der Parteien ausdrücklich feststellen soll. Der Entwurf hat die Frage bejaht (§ 228 Abs. 3). Allerdings mußte wie im österreichischen Recht, dieses Wahrheitsgebot in seiner Allgemeinheit ohne Sanktion bleiben; nur in Einzelpunkten, wie in den beiden vorstehend angegebenen, und gegenüber einem unwahrhaftigen Verhalten des Vollstreckungsschuldners (§ 773.) sind Prozeßstrafen gegen Verletzung der Wahrheitspflicht vorgesehen. Trotzdem ist, wie die Erfahrung in Österreich gezeigt hat, die ausdrückliche Feststellung der Wahrheitspflicht im Prozesse nicht ohne Bedeutung. Es ist für die Prozeßsitten nicht gleichgültig, ob die Lüge als prozessual erlaubtes Mittel oder als gesetzlich verbotene Machenschaft erscheint. Dem Anwaltstand wird seine

Standespflicht gebieten, die gesetzliche Verpflichtung zu achten, dadurch wird sie auch in der rechtsuchenden Bevölkerung bekannt und die Prozeßlüge, wenn auch nicht ausgerottet, so doch zurückgedrängt werden.

B. Besonderer Teil.

Erstes Buch.

Allgemeine Bestimmungen.

Erster Abschnitt.

Gerichte.

Erster Titel.

Sachliche Zuständigkeit der Gerichte.

Vorbemerkung:

Es ist gelegentlich, insbesondere von Stein, bemängelt worden, daß die geltende Zivilprozeßordnung nur die örtliche Zuständigkeit der Gerichte selbständig regelt, hinsichtlich der sachlichen Zuständigkeit aber auf das Gerichtsverfassungsgesetz verweist. Der Entwurf hat gleichwohl die bestehende Anordnung beibehalten, weil einmal auch die Strafprozeßordnung die Regelung der sachlichen Zuständigkeit der Strafgerichte dem Gerichtsverfassungsgesetz überläßt, und weil es auch innerlich gerechtfertigt erscheint, daß das Gerichtsverfassungsgesetz im Anschluß an die Organisation der einzelnen Gerichte zugleich deren Aufgabenkreis näher bestimmt.

Zu § 4. Die im geltenden § 4 enthaltene, auf dem Gesetz zur weiteren Entlastung der Gerichte vom 8. Juli 1922 beruhende Erwähnung der Berufungs- und Revisionsinstanz läßt sich systematisch nicht rechtfertigen, da es sich insoweit nicht um die sachliche Zuständigkeit der Gerichte, sondern um die Zulässigkeit der Rechtsmittel handelt, die im Abschnitt Berufung und Revision zu regeln ist (zu vgl. §§ 473 Abs. 2 u. 508 Abs. 2 d. E.).

Zu § 5. Hier ist der im geltenden Recht enthaltene Zusatz: »eine Zusammenrechnung des Gegenstandes der Klage und der Widerklage findet nicht statt«, fortgelassen worden. Nach § 4 ist für die zur Prüfung der sachlichen Zuständigkeit vorzunehmende Wertberechnung der Zeitpunkt der Erhebung der Klage entscheidend, es kann deshalb ohnehin die Widerklage für die Wertberechnung nicht in Betracht kommen. Auch im Zusammenhange mit der Vorschrift des jetzigen § 506 (im Entwurf § 259 Abs. 4) hat die hier fortgelassene Vorschrift des geltenden Rechtes keine Bedeutung, da § 506 verlangt, daß zur Begründung einer Verweisung des Rechtsstreits an das Landgericht der Gegenstand der Widerklage für sich allein bereits die amtsgerichtliche Zuständigkeit überschreitet.

Zu § 9 ist erwogen worden, ob es nicht zur Vereinfachung unserer Rechtsvorschriften beitrüge, wenn für die Wertberechnung des Rechtes auf wiederkehrende Nutzungen oder Leistungen in der Zivilprozeßordnung die gleichen Vorschriften wie im Gerichtskostengesetz gegeben werden. Da aber in der neueren Gesetzgebung der Streitwert für die Kostenberechnung noch weiter herabgesetzt ist als früher, z. B. für Mietstreitigkeiten und Unterhaltsstreitigkeiten auf den einjährigen Bezug (§ 10 Gerichtskostengesetz), würde eine gleichartige Wertberechnung für die sachliche Zuständigkeit dahin führen, daß wichtige Rechtsgebiete der Rechtsprechung des Reichsgerichts völlig entzogen würden. Aus diesem Grunde ist die alte Fassung des § 9 unverändert beibehalten.

Zu § 10. Der neu eingefügte erste Absatz des § 10 soll es ermöglichen, daß zusammenhängende Ansprüche, für deren einen die Zuständigkeit des Landgerichts begründet ist, während der andere ohne Rücksicht auf den Wert des Streitgegenstandes zur Zuständigkeit der Amtsgerichte gehört, gleichzeitig in einem Prozeß, nämlich beim Landgericht, ausgeklagt werden können. Es wird daher z. B. ein Hauswirt, dem ein Ladenbesitzer einen Rückstand von 2000 M. Miete schuldet, mit dem Prozeß auf Zahlung der Miete zugleich den Räumungsprozeß beim Landgericht führen können. Bei Mieträumen, die dem Mieterschutz unterliegen, würde dies indessen nicht in Frage kommen, da hier für die Mietschöffengerichte eine ausschließliche Zuständigkeit besteht.

Der Absatz 2 des § 10 enthält insofern eine Änderung des bestehenden Rechtes, als die zur Zeit nur für Urteile der Landgerichte ausgesprochene Unanfechtbarkeit wegen Unzuständigkeit auf alle landgerichtlichen Entscheidungen ausgedehnt ist.

Zweiter Titel.

Gerichtsstand.

Zu § 17. Die veränderte Fassung geht auf Vorschläge Steins zurück, der mit Recht die bisherige Kasuistik für überflüssig erachtet. Hierbei ist zu beachten, daß die neue Vorschrift des § 59, wonach eine Partei die zur Vertretung des Fiskus im Rechtsstreit berufene Behörde vor Beginn des Prozesses ermitteln kann, nicht nur für die Frage der ordnungsmäßigen gesetzlichen Vertretung des Fiskus, sondern auch für die Frage der sachlichen Zuständigkeit hier von Bedeutung wird.

Zu § 20. Auch im § 20 ist die im geltenden Recht enthaltene Aufzählung von Beispielen als überflüssig fortgelassen worden. Abs. 2 ist ebenfalls und zwar zum Zweck einer klareren Fassung lediglich redaktionell geändert.

Zu § 21. Hier ist, nach vielfach aus Kreisen der Wirtschaft geäußerten Wünschen das Miethaus dem landwirtschaftlichen Grundstück gleichgestellt. Die Wünsche der Wirtschaft erschienen hier um so beachtlicher, als gegenwärtig eine große Zahl von Miethäusern im Eigentum von Personen steht, die im Auslande wohnen.

Zu § 29. Die vereinfachte Fassung entspricht ebenfalls Vorschlägen Steins, der die Kasuistik der geltenden Fassung für bedenklich und irreführend hielt. Abs. 2 ist neu eingefügt und verfolgt den Zweck, geschäftsungewandte Personen dagegen zu schützen, daß aus der Vereinbarung eines Erfüllungsorts für sie Folgen hergeleitet werden, die sie nicht zu übersehen vermögen (zu vgl. auch die Bem. zu § 41).

Zu § 33. Der geltende § 33 ist, obwohl er sich unter den Zuständigkeitsvorschriften befindet, vom Reichsgericht dahin ausgelegt, daß er auch die Zulässigkeit der Widerklage begrenzt. Stein war in seinem Kommentar von jeher schon für das geltende Recht anderer Meinung und führte auch aus, daß für eine derartige Beschränkung der Zulässigkeit der Widerklage, wie sie das Reichsgericht annimmt, kein praktisches Bedürfnis bestehe. Diese Auffassung wird auch in den neuen von Jonas bearbeiteten Auflagen geteilt. Der Entwurf schließt sich dieser Auffassung an und sucht sie durch eine entsprechende Fassung des Gesetzes deutlich zu machen.

Zu § 35. Die in § 64 der geltenden ZPO. geregelte Hauptintervention ist eine Einrichtung, von der in der Praxis äußerst selten Gebrauch gemacht wird und die als solche völlig entbehrlich ist, da es sich von selbst versteht, daß jemand, der den Gegenstand, über den zwei Parteien sich streiten, für sich in Anspruch nimmt, den Anspruch durch Klage gegen beide Parteien verfolgen kann. Von Bedeutung ist aus der Vorschrift des § 64 nur die gleichzeitig in ihm enthaltene Zuständigkeitsregelung, die dem Dritten in allen Fällen die Möglichkeit gibt, die beiden streitenden Parteien vor dem gleichen Gericht, nämlich dem des Hauptprozesses, zu verklagen. Deshalb ist der bisherige § 64 unter entsprechender redaktioneller Umgestaltung unter die Zuständigkeitsvorschriften eingereiht worden.

Dritter Titel.

Vereinbarung über die Zuständigkeit der Gerichte.

Zu § 39. Der jetzige Abs. 2 des § 40 wird nach dem sachlichen Zusammenhang richtiger an dieser Stelle als zweiter Absatz anzufügen sein.

Zu § 41. Die hier vorgeschlagene Änderung dient ähnlich wie die Vorschrift des § 29 Abs. 2 dem Zwecke, geschäftsunkundige Personen dagegen zu schützen, daß sie eine Vereinbarung über den Gerichtsstand schließen, ohne sich über deren Bedeutung und Tragweite genügend im klaren zu sein.

Vierter Titel.

Ausschließung und Ablehnung der Gerichtspersonen.

Zu § 42. Die zu Nr. 2, 3 und 4 vorgeschlagenen Neuerungen entsprechen den im Entwurf eines Einführungsgesetzes zum Strafgesetzbuch Artikel 80 enthaltenen Vorschlägen.

Der neue Abs. 2 des **§ 48** soll verhindern, daß eine hartnäckige Partei durch Häufung von Ablehnungsgesuchen die Tätigkeit des Gerichts ungebührlich verzögert.

Die Streichung des Wortes »mündlich« vor dem Worte »Verhandlung« im Abs. 1 des **§ 47** d. E. trägt die Tatsache Rechnung, daß d. E. unter bestimmten Voraussetzungen auch eine schriftliche Verhandlung vorsieht (§ 228 d. E.).

Zu § 50. Die Einfügung des Rechtspflegers neben dem Urkundsbeamten der Geschäftsstelle dient dem schon in Abschnitt II S. 248 u. IV S. 265 des allgemeinen Teils dieser Erläuterungen näher begründeten Bestreben, die Fälle, in denen Urkundsbeamte der Geschäftsstelle bisher richterliche Geschäfte zu übernehmen haben, in der Zivilprozeßordnung selbst zu regeln.

Zweiter Abschnitt.

Parteien.

Erster Titel.

Parteifähigkeit und Prozeßfähigkeit.

Der neue **§ 51** will eine Definition des Parteibegriffs geben und sucht dabei die alte Streitfrage, ob der Konkursverwalter, Testamentsvollstrecker usw. Vertreter bestimmter Interessenten ist, im Sinne der Amtstheorie zu lösen.

Zu § 52. Es entspricht einem praktischen Bedürfnis, die prozessuale Gleichstellung der nichtrechtsfähigen Vereine mit den rechtsfähigen, die im geltenden Recht auf Passivprozesse der Vereine beschränkt ist, auch auf Aktivprozesse auszudehnen. Dies gilt um so mehr, als inzwischen das Arbeitsgerichtsgesetz in seinem § 10 gleiche Gedanken in weitem Umfange verwirklicht hat. Es ist kein befriedigendes Ergebnis, daß zur Zeit die nichtrechtsfähigen Gewerkschaften in Arbeitsstreitigkeiten parteifähig sind, aber erhebliche Schwierigkeiten haben, wenn sie vor dem ordentlichen Gericht gegen ihre Mitglieder auf Zahlung der Mitgliedsbeiträge klagen wollen. Zur Zeit suchen diese Gewerkschaften vielfach derartige Klagen auf einem Umwege, nämlich dadurch zu ermöglichen, daß sie in ihrem Statut ihren Vorstandsmitgliedern ein selbständiges Recht auf Einziehung der Mitgliedsbeiträge einräumen. Es sind aber in der Praxis sehr erhebliche Zweifel aufgetaucht, inwieweit derartige Bestimmungen wirksam sind.

Zu § 56. Bei der Anwendung des § 54 g. F. sind die Meinungen darüber, ob zu den Prozeßhandlungen die einer besonderen Ermächtigung nicht bedürfen auch solche gehören, die wie Verzichte, Anerkenntnisse und Vergleiche eine materiellrechtliche Verfügung über den Gegenstand des Streites in sich schließen, im Schrifttum geteilt. Die Praxis hat die Frage für Vergleiche überwiegend verneint. Der Entwurf tritt dem bei.

Der neue **§ 59** soll die Schwierigkeiten ausräumen, denen eine Partei ausgesetzt ist, die gegen den Fiskus Klage erheben will und im unklaren über die zu seiner Vertretung befugte Behörde ist. Damit wird zugleich auch vermieden, daß die sachliche Erledigung einer Rechtsstreitigkeit unter Umständen an einem Fehlgriff des Klägers hinsichtlich der den Fiskus vertretenden Behörde scheitert und die Gerichte in einem durch alle Instanzen durchgeführten Prozeßverfahren nur die Formalfrage der gesetzlichen Vertretung des Fiskus zu entscheiden haben (zu vgl. auch im allgemeinen Teil dieser Erläuterung Abschnitt IV 2 b, s S. 271).

Zweiter und dritter Titel.

Streitgenossenschaft und Beteiligung Dritter am Rechtsstreit.

Zu § 65. Es ist hier der Versuch gemacht, die bisherige zu zahlreichen Zweifeln Anlaß gebende Fassung des § 62 zu verdeutlichen. Gleichzeitig sind die heute nicht unter § 62 gehörigen Fälle der sogenannten logischen Notwendigkeit der Streitgenossenschaft in den Begriff der notwendigen Streitgenossenschaft einbezogen worden. Hierher würde z. B. der Fall gehören, daß ein Vermieter gegen seinen Mieter und gegen dessen Untermieter gleichzeitig auf Räumung klagt und die Entscheidung des Rechtsstreits beiden gegenüber nur davon abhängt, ob der zwischen dem Vermieter und dem Mieter geschlossene Mietvertrag gültig ist. In solchen Fällen muß ausgeschlossen sein, daß dem Mieter gegenüber die Gültigkeit des Mietvertrags festgestellt wird, dem Untermieter gegenüber aber z. B. weil er in einem Termine säumig ist, über dieselbe Frage anders entschieden werden kann. Ähnlich liegt der Fall, wenn gegen zwei Personen, die gemeinschaftlich einen Vertrag geschlossen haben, auf Erfüllung dieses Vertrags geklagt wird und es sich nur darum handelt, ob der Vertrag gültig zustandegekommen ist.

Im dritten Titel waren zunächst diejenigen Änderungen vorzunehmen, die durch die Einführung des Amtsbetriebs (vgl. allgemeiner Teil der Erläuterungen V 1 S. 278) erforderlich werden, es sind aber in einigen Punkten auch sachliche Änderungen vorgenommen worden.

Zu §§ 67 ff. In den Bemerkungen zu § 35 des Entwurfs ist bereits erörtert worden, weshalb die in § 64 der geltenden ZPO. enthaltene Vorschrift über die Hauptintervention in eine Zuständigkeitsvorschrift umgewandelt ist. Damit ist auch § 65 der geltenden ZPO. entbehrlich geworden, da in Fällen, in denen ein Bedürfnis besteht, den Streit um einen Gegenstand, den ein Dritter durch eine gegen beide Parteien erhobene Klage in Anspruch nimmt, auszusetzen, § 148 der geltenden ZPO. (= § 246 d. E.) eine genügende Handhabe bietet. Die Streichung der §§ 64 und 65 ermöglicht auch, weil künftig nur noch die Nebenintervention vorgesehen wird, von einer besonderen Bezeichnung hierfür abzusehen und unter Ausmerzung der Fremdworte statt von »Nebenintervention« und »Nebenintervenient« einfach vom »Beitritt« und vom »Beitretenden« zu sprechen.

Vierter Titel.

Prozeßbevollmächtigte und Beistände.

Vorbemerkung vor § 79:

An den bewährten Vorschriften über Prozeßbevollmächtigte und Beistände wird grundsätzlich nichts zu ändern sein. Das gilt vor allem auch für den Anwaltszwang bei den Kollegialgerichten. Es ist zwar in neuerer Zeit verschiedentlich geltend gemacht worden, daß der Anwaltszwang dort keine innere Berechtigung habe, wo die Partei selbst die Befähigung zum Richteramt besitzt oder, wie das Reich, die Länder und die Gemeinden, Beamte mit Richteramtsbefähigung als Prozeßvertreter zur Verfügung hat. Es ist ferner darauf hingewiesen, daß die Ausgaben für die Vertretung durch Rechtsanwälte in ihren Prozessen für Reich, Länder und Gemeinden sehr erheblich seien und man bei der bedrängten Wirtschaftslage der Gegenwart auf eine Entlastung jener Körperschaften durch Lockerung des Anwaltszwangs Bedacht nehmen müsse. Auf der anderen Seite darf indessen nicht außer acht gelassen werden, daß auch die Anwaltschaft unter den ungünstigen wirtschaftlichen Verhältnissen sehr schwer zu leiden hat und daß man schon aus diesem Grunde eine weitgehende Lockerung des Anwaltszwangs nur verantworten könnte, wenn allgemeine Interessen der Rechtspflege sie erforderten. Diese Voraussetzung ist aber keineswegs erfüllt. Der Anwaltszwang bei den Kollegialgerichten ist in erster Linie im Interesse der Rechtspflege eingeführt, damit für eine ordnungsmäßige Vorbereitung der Verhandlung vor den Kollegialgerichten gesorgt ist. Gerade mit Rücksicht hierauf steht die Reichsjustizgesetzgebung auch auf dem Grundsatz der Lokalisierung der Anwälte. Sie geht dabei von der Annahme aus, daß derjenige Anwalt, der ständig vor einem bestimmten Kollegialgericht auftritt und dessen Rechtsprechung und Verfahrensweise kennt, zur Vertretung vor diesem Gericht am besten geeignet ist. Mit diesem Gedankengang wäre es unverträglich, jede zum Richteramt befähigte Person zur Vertretung ihrer eigenen Interessen oder der Interessen einer Körperschaft, der sie angehört, zuzulassen. Ferner darf nicht verkannt werden, daß für die Führung eines Prozesses der Abstand, in dem ein bevollmächtigter Anwalt der Sache, deren er sich annimmt, gegenübersteht, nur förderlich sein, die Besonnenheit und Geschicklichkeit des Vertreters nur erhöhen kann. Umgekehrt werden, wie die Erfahrung gezeigt hat, auch tüchtige Juristen, wenn sie ihre eigenen Angelegenheiten vor Gericht vertreten, wegen der unmittelbaren persönlichen Beteiligung am Rechtsstreit häufig nicht den rechten Blickpunkt gewinnen, das Wesentliche vom Unwesentlichen nicht sicher scheiden und dadurch zu ihrem eigenen Schaden in ganz ähnliche Fehler verfallen wie juristisch nicht vorgebildete Parteien. Es würde deshalb nicht einmal im eigenen Interesse der zum Richteramt befähigten Parteien und der Korporationen, die über zum Richteramt befähigte Beamte verfügen, liegen, wenn man in der angedeuteten Weise zu ihren Gunsten den Anwaltszwang lockerte.

Nur insoweit weicht der Entwurf vom bestehenden Recht ab, daß er in **§ 79 Abs. 2** die Einzelausnahmen vom Anwaltszwang erweitert hat. Es ist vielfach als unzweckmäßig empfunden worden, daß z. B. in der ersten Verhandlung vor dem Einzelrichter, wenn die beklagte Partei ohne Anwalt erscheint, weil sie nicht streiten, sondern den Anspruch anerkennen oder einen Vergleich schließen will, nach den bestehenden Vorschriften einem solchen Wunsch der Partei nicht Rechnung getragen werden kann. Eine gleiche Sachlage kann sich unter Umständen auch in der ersten Verhandlung vor dem vollbesetzten Kollegialgericht ergeben. Deshalb ist vorgesehen, daß im ersten Termin und zwar ohne Unterschied, ob er vor der Kammer des Landgerichts oder vor dem Einzelrichter stattfindet, die beklagte Partei eines Anwalts nicht bedarf, wenn sie einen Vergleich schließt oder den Anspruch anerkennt.

Auf der anderen Seite lehnt der Entwurf auch den vielfach erörterten Gedanken ab, mit Rücksicht auf die Höhe der amtsgerichtlichen Zuständigkeit von der der Entwurf ausgeht (vgl. Abschnitt II des Allgemeinen Teils dieser Begründung S. 247) und die inzwischen durch die Notverordnung vom 1. Dezember 1930 bereits verwirklicht ist, von einer bestimmten Wertgrenze ab auch in amtsgerichtlichen Sachen den Anwaltszwang einzuführen. Das amtsgerichtliche Verfahren ist in seinem ganzen Aufbau, es sei nur auf das Güteverfahren hingewiesen, darauf zugeschnitten, daß hier die Parteien auch ohne Vertreter ihr Recht suchen können. Diese Einheitlichkeit würde zerstört werden, wenn man für gewisse Wertstufen den Anwaltszwang einführte. Hinzu kommt, daß häufig der Streitwert von einer Schätzung des Gerichts abhängt und sich auch im Laufe des Rechtsstreits ändern kann. Unter diesen Umständen könnte sich bei Einführung eines teilweisen Anwaltzwanges für Amtsgerichtsprozesse die Notwendigkeit der Anwaltsvertretung erst im Laufe des Verfahrens herausstellen, was dann zu unerwünschten Verzögerungen des Verfahrens führen müßte. Aus den gleichen Erwägungen erschien es auch nicht empfehlenswert, dem Gericht die Befugnis zu geben, im Einzelfall die Zuziehung von Rechtsanwälten anzuordnen, wobei noch hinzukommt, daß eine solche

Maßnahme von den Rechtsuchenden leicht als Willkür und als unbillige Erschwerung ihrer Rechtsverfolgung aufgefaßt werden könnte.

Zu § 81. Die geltende Fassung des § 80 ZPO., die eine Abgabe der Vollmacht zu den Gerichtsakten schlechthin vorschreibt, hat in den Fällen, in denen sich die Prozeßvollmacht aus einer Generalvollmacht ergibt, deren der Bevollmächtigte noch zu anderen Zwecken bedarf, in der Praxis vielfach zu Schwierigkeiten geführt. Die in § 81 Abs. 1 Satz 3 d. E. vorgeschlagene Neuregelung sucht diesen Schwierigkeiten zu begegnen.

Die Neufassung des geltenden § 87 (im Entwurf **§ 88**) ist lediglich durch die Einführung des Amtsbetriebs für Zustellungen erforderlich geworden.

Zu § 89 Abs. **2.** Nach der geltenden Fassung des § 88 muß das Gericht in Fällen, in denen eine Vertretung durch Anwälte nicht geboten ist, aber gleichwohl an Stelle einer Partei ein Prozeßbevollmächtigter auftritt, die Vorlegung einer schriftlichen Vollmacht selbst dann fordern, wenn keinerlei Grund zu Zweifeln besteht. Diese das Verfahren unter Umständen erheblich erschwerende Strenge sucht der Entwurf dahin zu mildern, daß die Prüfung der Vollmacht von Amts wegen nur eintritt, wenn Zweifel bestehen.

Fünfter Titel.

Prozeßkosten.

Vor § 92:

An dem auch das österreichische Recht beherrschenden Grundsatze, daß die unterliegende Partei in der Regel alle Kosten zu erstatten hat, wird festzuhalten sein. Zwar lassen sich gegen diesen Grundsatz, der in gewissem Sinne die Prozeßsucht fördert und keineswegs in allen Ländern herrschend ist, erhebliche Bedenken geltend machen. Er ist aber im deutschen Volke und auch im Bewußtsein der an der Rechtspflege beteiligten Personen so fest eingewurzelt, daß seine Aufgabe schwereren Bedenken unterliegt. Dies hat sich namentlich darin gezeigt, wie die gerichtliche Praxis sich zu der Tatsache stellte, daß die Novelle 1924 für die Kosten des Güteverfahrens eine Erstattung nur vorsah, wenn aus dem Güteverfahren ins Streitverfahren übergegangen wurde. Hier ist von den Gerichten immer wieder der Versuch gemacht worden, auch demjenigen, der im Güteverfahren seinen Antrag zurücknimmt, die Erstattung der Kosten des Gegners aufzuerlegen. Man konnte sich eben nicht mit dem Gedanken abfinden, daß jemand, der mit einer gerichtlichen Maßnahme gegen einen anderen unterlegen ist, seinem Gegner zur Kostenerstattung nicht verpflichtet sein sollte. § 91 ist aus diesen Gründen im § 92 des Entwurfs im wesentlichen unverändert geblieben. Die Streichung des bisherigen Abs. 3 ist lediglich die Folge davon, daß künftig das Güteverfahren nicht mehr einen der Klageerhebung vorausgehenden Verfahrensabschnitt bildet.

Die vorstehend erörterte grundsätzliche Einstellung schließt indessen nicht aus, daß die Ausnahmen von der Kostenerstattungspflicht, die bereits das geltende Recht enthält, nach einzelnen Richtungen erweitert werden. Auf dieser Erwägung beruht der neue **§ 95**: Wenn ein Prozeß lediglich der Austragung einer zweifelhaften Rechtsfrage dient und beide Parteien gute Gründe hatten, um von der Richtigkeit ihrer Rechtsauffassung überzeugt zu sein, so kann es unbillig erscheinen, daß die unterliegende Partei die gesamten Kosten des Rechtsstreits allein zu tragen hat. In diesem Falle sieht deshalb der Entwurf die Möglichkeit einer billigen Verteilung der Kosten vor. Ebenso erscheint es unbillig, den Unterliegenden mit allen Kosten des Rechtsstreits zu belasten, wenn über das Zustandekommen oder den Inhalt eines Rechtsgeschäfts gestritten wird und die obsiegende Partei das Streitigwerden der Frage selbst verschuldet hat, z. B. weil sie es unterlassen hatte, von der naheliegenden Möglichkeit einer Beurkundung des Rechtsgeschäfts Gebrauch zu machen oder weil sie eine unklare oder lückenhafte Beurkundung verschuldet hat. Deshalb soll auch in solchen Fällen eine billige Kostenverteilung eintreten können. Diese Regelung hat auch eine erhebliche rechtspolitische Bedeutung. Sie ist ein Schritt in der Richtung des von Schiffer angestrebten Zieles einer möglichst weitgehenden Ersetzung des Zeugenbeweises durch den Urkundenbeweis. Es kann in dieser Hinsicht auf den allgemeinen Teil der Erläuterungen IV 2 b ε S. 272 verwiesen werden.

Auch der dem § 93 (im Entwurf **§ 94**) angefügte zweite Absatz enthält eine Einschränkung der unbedingten Kostenpflicht der unterliegenden Partei. Er hängt zusammen mit dem Streben des Entwurfs, für eine möglichst weitgehende Scheidung der streitigen und unstreitigen Sachen zu sorgen und zu verhindern, daß das nur zur Streitentscheidung geeignete Prozeßverfahren mißbräuchlich für Fälle benutzt wird, in denen gar kein Streit besteht und es nur auf Erlangung eines Vollstreckungstitels ankommt. Deshalb soll eine Partei, die wegen einer unbestrittenen Forderung statt des Mahnverfahrens den Klageweg gewählt hat, die dadurch entstehenden Mehrkosten tragen, wenn sie in der Klageschrift keine ausreichenden Gründe für die Wahl des Klagewegs angegeben hat und der Beklagte im Streittermin entweder den Anspruch sofort anerkennt oder Versäumnisurteil gegen sich ergehen läßt (zu vgl. auch allgemeiner Teil dieser Erläuterungen IV 2 b β S. 267). Im Falle des Versäumnisurteils setzt die Anwendung des § 94 Abs. 2 selbstverständlich voraus, daß das Versäumnisurteil den Streit alsbald endgültig erledigt. Legt der Beklagte Einspruch ein, veranlaßt er also selbst Anberaumung eines neuen Verhandlungstermins, so ist § 94 Abs. 2 auch dann nicht anzuwenden, wenn es im neuen Termine zu einem zweiten Versäumnisurteil kommt. Da dies sich aus dem Zweck der Vorschrift ohne weiteres ergibt, bedurfte es keiner besonderen Hervorhebung im Text des Gesetzes.

Neu ist ferner **§ 96**. Nach geltendem Recht ist es, wenn der Kläger vor der Klagezustellung befriedigt wird, nur mit sehr künstlichen Mitteln (Umwandlung des Leistungsanspruchs in einen Schadensersatzanspruch unter ziffermäßiger Berechnung des Kostenbetrags) möglich, im gleichen Prozeß Ersatz seiner Kosten zu verfolgen. Hier soll § 96 eine einfache, leicht zu handhabende Regelung schaffen. Die Anwendung des § 96 setzt voraus, daß der Kläger seinen Anspruch alsbald auf die Kosten beschränkt, bestreitet er statt dessen die Zahlung zu Unrecht und beantragt er Verurteilung des Beklagten zur Zahlung, so ist er mit diesem Antrage sachlich abzuweisen und muß die Kosten des Rechtsstreites tragen. Einer Hervorhebung dieses selbstverständlichen Gesichtspunktes im Gesetze bedurfte es nicht.

Zu § 102 Abs. 2. Die bisherige unterschiedliche Behandlung der Anfechtung des Kostenpunktes, je nachdem über die Hauptsache durch Anerkenntnisurteil entschieden, oder eine Entscheidung in der Hauptsache nicht ergangen ist, entbehrt der inneren Berechtigung. Deshalb wird das einfache Beschwerdeverfahren für alle Fälle der nur den Kostenpunkt betreffenden Anfechtung einer Entscheidung vorgesehen.

Zu § 105 Abs. 2. Die Streichung des Wortes »mündliche« vor »Verhandlung« beruht auf den gleichen Erwägungen wie bei § 47.

Zu § 106. Im ersten Absatz des geltenden § 103 ist statt »auf Grund eines zur Zwangsvollstreckung geeigneten Titels« gesagt worden: »auf Grund eines zur Zwangsvollstreckung oder zum Zwangsvollzug geeigneten Titels«. Bestimmend hierfür war, daß nach der Vollstreckungsregelung des Entwurfs neben den auf Parteiantrag zu vollstreckenden Urteilen und Beschlüssen der Gerichte auch gerichtliche Anordnungen, die von Amts wegen zu vollziehen sind, zu einer Zwangsvollstreckung führen können (§§ 1020 ff.). Da zu solchen Anordnungen nach dem Entwurf auch Arreste und einstweilige Verfügungen gehören (§ 1005 Abs. 2), und da auch Arrestbefehle und einstweilige Verfügungen über die Kosten des Verfahrens zu befinden haben, müssen schon aus diesem Grunde auch die zur Zwangsvollziehung geeigneten Titel als Grundlage für Kostenfestsetzungsbeschlüsse zugelassen werden.

Zu § 109. Die Änderung der Fassung dieses Paragraphen ist eine Folge davon, daß der bisher auf das amtsgerichtliche Verfahren beschränkte Amtsbetrieb auf das landgerichtliche Verfahren ausgedehnt ist (vgl. allgemeiner Teil dieser Erläuterungen V 1 S. 278).

Sechster Titel.

Sicherheitsleistung.

Zu §§ 111 und 112. Die Vorschriften über die Sicherheitsleistung sind bereits durch die Novelle 1924 dem neuzeitlichen Bedürfnis angepaßt worden, so daß hier grundsätzliche Änderungen nicht mehr erforderlich sind. Wohl aber erscheint es zweckmäßig, einige Zweifel über die Art und Weise, wie sich die Sicherheitsleistung durch Bürgen vollzieht, auszuräumen. Der Zusatz, den § 111 zum geltenden § 108 macht, will in dieser Richtung lediglich das zum Ausdruck bringen, was schon zur Zeit als herrschende Meinung betrachtet werden kann. Der Zusatz, den § 112 zum geltenden § 109 macht, will es ermöglichen, daß die Sicherheitsleistung durch Bürgschaft in ebenso einfacher Weise rückgängig gemacht werden kann wie die Sicherheitsleistung durch Hinterlegung.

Die Einfügung des Rechtspflegers in § 112 beruht auf der schon mehrfach erwähnten Erwägung.

Zu § 113. Die hierin enthaltene Neufassung des geltenden § 110 Abs. 1 stellt klar, daß Staatlose einer Verpflichtung zur Sicherheitsleistung für die Prozeßkosten nur dann unterliegen, wenn sie ihren Wohnsitz nicht im Inlande haben. Diese Regelung entspricht dem Zweck, den die Einführung der Sicherheitsleistung für die Prozeßkosten verfolgt, wie bereits bei Stein-Jonas Anm. I 1 a zu § 110 näher dargetan ist.

Zu Abs. 3: Daraus, daß über die Frage der Gegenseitigkeit im Falle des § 110 und des § 114 der geltenden ZPO. die Gerichte selbständig und unabhängig zu entscheiden haben, ergeben sich mancherlei Unzuträglichkeiten. Vor allem besteht stets die Gefahr abweichender Stellungnahme bei verschiedenen Gerichten. Hinzu kommt, daß die Zahl der Staaten, mit denen ein Rechtsverkehr in Betracht kommt, erheblich zugenommen hat und es für die Gerichte immer schwieriger wird, über die Gegenseitigkeitsfrage sachgemäß zu entscheiden. Deshalb wird in Anlehnung an bewährte Vorschriften des österreichischen Prozeßrechts empfohlen, eine bindende Auskunft des Reichsministers der Justiz über die Gegenseitigkeitsfrage in Zweifelsfällen vorzusehen. Ferner wird der Reichsminister der Justiz ermächtigt, Staaten, denen gegenüber die Voraussetzungen des Abs. 2 Nr. 1 unbedenklich als erfüllt angesehen werden können, im Reichsgesetzblatt mit bindender Wirkung für die Gerichte bekanntzugeben.

Siebenter Titel.

Armenrecht.

Zu § 117. Es wird vielfach darüber geklagt, daß nach geltendem Recht auch für sehr zweifelhafte Ansprüche das Armenrecht erlangt werden kann, sofern nur der Klageantrag unter Bezeichnung zulässiger Beweismittel schlüssig begründet ist. Auch wenn in solchen Fällen nach Erhebung der Beweise Klageabweisung eintreten muß, ist doch meist der Beklagte geschädigt, weil er für die aufgewendeten Kosten von dem armen Gegner keinen Ersatz erhalten kann. Hier soll der Zusatz, den § 117 zum § 114 Abs. 1 ZPO. macht, den größten Mißständen vorbeugen. Wenn auch schon nach geltendem Recht einzelne Gerichte ähnlich verfahren, so wird doch die ausdrückliche Aufnahme des Gedankens in das Gesetz nicht überflüssig sein.

Abs. 2 sucht die noch umstrittene Frage, inwiefern einer offenen Handelsgesellschaft oder einer Kommanditgesellschaft das Armenrecht bewilligt werden kann, im Sinne der herrschenden Lehre zu regeln.

Der ebenfalls neue Abs. 3 trägt dem Umstande Rechnung, daß die im geltenden Recht begründete Unmöglichkeit, juristischen Personen oder prozeßfähigen Personengesamtheiten, die nicht rechtsfähig sind, das Armenrecht zu bewilligen, unter Umständen unbillig empfunden werden kann. Wenn z. B. eine Stiftung, die wohltätigen Zwecken dient, einen Prozeß führen will, der die Aussicht bietet, eine erhebliche Forderung einzutreiben und dadurch in den Besitz der zur Erfüllung ihrer Aufgaben nötigen Mittel zu gelangen, so ist es wenig zweckmäßig, daß dieser Stiftung das Armenrecht auch dann nicht bewilligt werden kann, wenn sie zur Zeit außerstande ist, die zum Prozeßbetriebe erforderlichen Mittel selbst aufzubringen. Eine ähnliche Lage kann sich auch bei kleineren Gemeinden ergeben. Der Entwurf sieht deshalb vor, daß Personengesamtheiten, Stiftungen, Anstalten, die gemeinnützigen Zwecken dienen, das Armenrecht bewilligt werden kann, wenn die Aufbringung der Prozeßkosten die Erfüllung ihrer Aufgaben gefährden würde. Durch diese Regelung würde unter anderem auch die Streitfrage, ob vor dem Arbeitsgericht im Kündigungseinspruchverfahren die durch den Betriebsrat vertretene Arbeitnehmerschaft das Armenrecht erlangen kann, in bejahendem Sinne entschieden sein, da unbedenklich die im Betriebsrätegesetz der Arbeiterschaft übertragenen Aufgaben als im öffentlichen Interesse liegend angesehen werden können. Während Abs. 1, 2 den dort erwähnten Parteien einen Anspruch auf Bewilligung des Armenrechts gewährt, stellt der Entwurf im Falle des Abs. 3 Satz 1 auch bei Erfüllung der in ihm aufgestellten Voraussetzungen die Armenrechtsbewilligung als Kannvorschrift in das Ermessen des Gerichts. Denn es mußte darauf Rücksicht genommen werden, daß im Einzelfalle besondere Umstände die Armenrechtsbewilligung unbillig erscheinen lassen können, z. B. wenn an einer die Voraussetzungen des Abs. 3 Satz 1 an sich erfüllenden Personengesamtheit vermögende Personen so nahe beteiligt sind, daß diesen die Aufbringung der zur Prozeßführung erforderlichen Mittel zugemutet werden kann. Weiterzugehen und auch andere Personengesamtheiten, vor allem auch Erwerbsgesellschaften, die wie z. B. Gesellschaften mit beschränkter Haftung und Aktiengesellschaften juristische Personen sind, die Erlangung des Armenrechts zu ermöglichen, besteht dagegen kein Anlaß, zumal bei solchen Unternehmungen die Prüfung, ob bei ihnen Personen beteiligt sind, die die zur Prozeßführung erforderlichen Mittel aufbringen könnten, oft ganz besondere Schwierigkeiten bereiten würde, auch die Ermöglichung der Armenrechtsbewilligung an Erwerbsgesellschaften eine unerträgliche Belastung der Staatskasse bedeuten würde. Die Frage, ob eine Personengesamtheit gemeinnützige Zwecke verfolgt, hat, sofern nicht für einzelne Arten von Gesellschaften Sondergesetze abweichende Vorschriften getroffen haben, das Gericht frei zu beurteilen. Die Grundlagen für die Beurteilung hat die das Armenrecht beantragende Personengesamtheit selbst beizubringen, in der Regel wird hier eine Bescheinigung der Aufsichtsbehörde (§ 123 d. E.) in Frage kommen.

Zweckmäßig erschien es weiterhin, im Entwurf klarzustellen, daß auch den Parteien kraft Amtes unter Umständen ein Anspruch auf Bewilligung des Armenrechts zusteht. Dies entspricht namentlich in den Fällen der Billigkeit, in denen die Partei kraft Amtes die Interessen einer bestimmten Vermögensmasse wahrnimmt und der Inhaber dieser Vermögensmasse, wenn er den Prozeß selbst führte, das Armenrecht erlangen würde. Auf der anderen Seite durfte die Ermöglichung des Armenrechtes für Parteien kraft Amtes nicht unbeschränkt eintreten. Wenn z. B. ein Konkursverwalter einen Prozeß führt, nicht um die Rechte des Gemeinschuldners geltend zu machen, sondern um die Anfechtungsrechte der Konkursgläubiger zu verfolgen, so würde es zu weit gehen, wenn auch hier das Armenrecht bewilligt werden könnte, weil dann praktisch die Konkursgläubiger ihre Anfechtungsrechte auf öffentliche Kosten zur Durchführung brächten. Auf diesen Erwägungen beruht es, daß einer Partei kraft Amtes das Armenrecht nur dann bewilligt werden kann, wenn sie den Rechtsstreit für den Inhaber der von ihr vertretenen Vermögensmasse führt und dieser, wenn er verfügungsberechtigt wäre, den Rechtsstreit im Armenrecht führen könnte. Der Entwurf befindet sich mit dieser Stellungnahme durchaus im Einklang mit einer kürzlich in Gruchots Beiträgen 1930 S. 396 ff. veröffentlichten Entscheidung des Reichsgerichts.

Zu § 118. Bisher haben Ausländer auf das Armenrecht nur insoweit Anspruch, als die Gegenseitigkeit verbürgt ist. Diese Wortfassung hat zu der Auslegung geführt, daß auch Staatlose auf Gewährung des Armenrechtes keinen Anspruch haben. Ein solches Ergebnis entspricht nicht den Zwecken, die der Grundsatz des jetzigen § 114 Abs. 2 verfolgt; denn das Verlangen der Verbürgung der Gegenseitigkeit beruht auf dem Vergeltungsgrundsatz, der aber Personen gegenüber, die keinem Staate, der die Gegenseitigkeit verbürgen könnte, angehören, nicht in Betracht kommen kann. Deshalb nimmt schon für das geltende Recht Stein-Jonas, Anm. III zu § 114 an, daß Staatlose ohne Beschränkung Anspruch auf das Armenrecht haben. Diesem Gedanken trägt § 118 des Entwurfs dadurch Rechnung, daß er an die Stelle des Wortes »Ausländer« die Worte »Angehörige fremder Staaten« setzt. Die weiteren in § 118 enthaltenen Neuerungen beruhen auf den bereits zu § 113 d. E. erörterten Erwägungen.

Zu § 119. Nach § 115 Nr. 3 der geltenden Fassung hat die arme Partei Anspruch darauf, daß ihr zur vorläufig unentgeltlichen Bewirkung von Zustellungen und von Vollstreckungshandlungen ein Gerichtsvollzieher beigeordnet werde. Da künftig die Vollstreckung nicht mehr vom Gerichtsvollzieher im persönlichen Auftrage der Partei, sondern auf Anordnung des Gerichts vorgenommen wird, bedarf es einer Beiordnung eines Gerichtsvollziehers zu Vollstreckungshandlungen nicht mehr. Auch für Zustellungen wird die Partei eines Gerichtsvollziehers in aller Regel nicht mehr bedürfen, da, wie schon wiederholt hervorgehoben wurde, der Entwurf in weitem Umfange den Amtsbetrieb durchführt. Immerhin kann die Zustellung im Parteibetrieb auch nach dem Entwurf noch für eine Vorpfändung in Betracht kommen (§ 924). Mit Rücksicht hierauf ist auch jetzt noch vorgesehen, daß der armen Partei für etwaige im Parteibetrieb vorzunehmende Zustellungen ein Gerichtsvollzieher beigeordnet wird. Abs. 2 des § 115 gewährte bisher die Möglichkeit, einer Partei, die die Prozeßkosten zu einem Bruchteil zu zahlen imstande ist, das Armenrecht nur teilweise zu bewilligen, lediglich für vermögensrechtliche Streitigkeiten. Infolgedessen kann namentlich bei Eheprozessen, die zur Zeit überwiegend im Armenrecht geführt werden, von § 115 Abs. 2 kein Gebrauch gemacht werden, und die mit dieser Vorschrift bezweckte Entlastung der Staatskasse von den mit der Armenrechtsbewilligung verbundenen Aufwendungen wird damit erheblich beeinträchtigt. Deshalb hat schon der Entwurf des Deutschen Anwaltvereins zur Reform der Armenrechtsvorschriften (abgedruckt in Jur. Wochenschr. 1930 S. 1035) vorgeschlagen, die Beschränkung der teilweisen Armenrechtsbewilligung auf vermögensrechtliche Streitigkeiten fallen zu lassen. Der vorliegende Entwurf folgt dieser Anregung, da ein zwingender Grund für die in § 115 Abs. 2 enthaltene Beschränkung nicht besteht. Nicht gefolgt ist der Entwurf indessen der weiteren Anregung des Entwurfs des Anwaltvereins, noch die weitere Möglichkeit einer auf Gestattung von Ratenzahlungen beschränkten Armenrechtsbewilligung zu schaffen. Es würde die praktische Handhabung der Armenrechtsvorschriften erheblich verwickeln, wenn zu den jetzt bestehenden zwei Formen der Armenrechtsbewilligung noch eine dritte träte. Andererseits erscheint es sehr fraglich, ob der praktische Erfolg die davon zu erwartenden Unzuträglichkeiten aufwiegen würde, da bei Parteien, die das Armenrecht in Anspruch nehmen, mit Nichteinhaltung der Ratenzahlungen und mit Fruchtlosigkeit von Beitreibungsversuchen gerechnet werden muß und abgesehen von den hierdurch bedingten Ausfällen die Überwachung und Beitreibung der Ratenzahlungen erhebliche Aufwendungen an Beamtenkräften zur Folge haben würde. Eine Regelung dahin, daß bei Nichteinhaltung der Ratenzahlungen das Armenrecht alsbald zu entziehen wäre, die an die bei Abzahlungsgeschäften übliche Verfallklausel erinnert, würde in der Öffentlichkeit schwerste Mißstimmung erwecken und auch kaum Abhilfe schaffen, da sie sich meist erst in einem Zeitpunkt auswirken würde, in dem der größte Teil der Gerichts- und Anwaltskosten schon erwachsen ist, häufig auch die Raten so klein gewählt werden müßten, daß der größte Teil der Abzahlungsraten erst nach der Beendigung des Rechtsstreits zu leisten wäre. Aus allen diesen Erwägungen wurden auch von der Mehrheit der Zivilprozeßkommission gegen den Gedanken der Armenrechtsbewilligung auf Ratenzahlung Bedenken erhoben.

Im Abs. 2 des § 119 (bisher § 115) sind ferner die Worte »ohne Beeinträchtigung des für sie und ihre Familie notwendigen Unterhalts« gestrichen worden. Wegen der Neueinfügung des § 117 Abs. 3 kann es nicht mehr in allen Fällen der Armenrechtsbewilligung darauf ankommen, ob eine Partei die Kosten des Prozesses ohne Beeinträchtigung des für sie und ihre Familie notwendigen Unterhalts bestreiten kann, vielmehr sind bei der Armenrechtsbewilligung für Personengesamtheiten, Stiftungen usw. andere Grundsätze maßgebend.

Zu § 120. In dem bisherigen § 116 war die Möglichkeit der Beiordnung eines Justizbeamten auf die Wahrnehmung der Rechte der Partei »in der mündlichen Verhandlung« beschränkt. Diese Beschränkung ist im Entwurf gestrichen. Sie kann in Einzelfällen den praktischen Nutzen der Beiordnung sehr beeinträchtigen, da nur der die Rechte der Partei in der mündlichen Verhandlung wirksam wahrnehmen kann, der auch bereits bei der Vorbereitung der Verhandlung für sie tätig wird. Außerdem kann sich für eine fern vom Prozeßgericht wohnhafte Partei auch außerhalb der Verhandlungstermine das Bedürfnis von einer am Gerichtsort befindlichen Person vertreten zu werden, ergeben.

Zu § 122. Lediglich aus Gründen der besseren Systematik ist der bisherige § 120 als § 122 hinter den dem früheren § 117 entsprechenden § 121 gestellt, weil es sich auch bei § 122 d. E. ebenso wie bei seinen §§ 119 bis 121 um die Wirkungen der Bewilligung des Armenrechts handelt.

Zu § 124. Der bisherige § 118 a, der sich bewährt hat, ist beibehalten worden. Es ist nur, um einigen aus der Praxis hervorgetretenen Wünschen zu genügen, dem Satz 2 hinzugesetzt worden, daß in den Fällen, in denen die Geschäftsstelle eines anderen Gerichts um die Anhörung ersucht ist, der Vergleich zur Niederschrift des Richters dieses Gerichts zu nehmen ist.

Zu § 125 ist erwogen worden, ob es sich empfiehlt, für Beschlüsse des Gerichts, die das Armenrecht wegen Aussichtslosigkeit der Rechtsverfolgung ablehnen, eine nähere Begründung vorzuschreiben. Eine Anregung nach dieser Richtung ist neuerdings aus Kreisen der Anwaltschaft gegeben worden. Der Entwurf trägt jedoch Bedenken ihr zu folgen. Wollte man die Begründung für alle Fälle vorschreiben, so würde dies zu einer unzweckmäßigen Mehrbelastung der Gerichte führen und in den nicht seltenen Fällen, in denen die Armenrechtsbewerber Querulanten sind, diesen nur Stoff zu immer erneuten Eingaben bieten. Es ist auch zu berücksichtigen, daß die Gerichte schon heute in Fällen, in denen ihnen eine nähere Begründung der Ablehnung des Armenrechts angebracht scheint, eine solche Begründung geben.

Zu § 130. Durch die Neufassung dieser Vorschrift werden aus den in § 117 für die Voraussetzungen der Armenrechtsbewilligung vorgeschlagenen Änderungen die notwendigen Folgerungen für die Verpflichtung zur Nachzahlung der gestundeten Kostenbeträge gezogen.

§ 132 berücksichtigt die Änderung, die der geltende § 127 durch die Notverordnung vom 1. Dezember 1930 erfahren hat. Versagte das Berufungsgericht das Armenrecht, so kam bisher eine Beschwerde dagegen mit Rücksicht auf § 567 Abs. 3 ZPO. nur in Frage, wenn das Berufungsgericht ein Landgericht war. Aber gerade hier läßt es der Umstand, daß das Landgericht als Berufungsinstanz in der Sache selbst endgültig entscheidet, zweckmäßiger erscheinen, auch seine Entscheidung über die Armenrechtsbewilligung der Anfechtung zu entziehen.

Der neue **§ 133** schlägt zur Vermeidung mißbräuchlicher Ausnutzung des Armenrechts in Anlehnung an österreichische Vorschriften (§ 65 österr.

ZPO.) das Mittel der Prozeßstrafe vor. Die Vorschrift hat insofern grundsätzliche Bedeutung, als sie mit der vom Entwurf vorgeschlagenen Verwerfung der Prozeßlüge (vgl. allgemeiner Teil dieser Erläuterungen Abschn. V, 6) innerlich zusammenhängt.

Dritter Abschnitt.

Verfahren.

Vorbemerkung.

Wie bereits im allgemeinen Teil dieser Erläuterung (Abschn. III S. 248 ff.) näher begründet wurde, hat der Entwurf die bisherige Einteilung der Zivilprozeßordnung in verschiedenen Punkten verlassen, insbesondere davon abgesehen, die gegenwärtig in den §§ 128 bis 165 vorab geregelten Verfahrensvorschriften weiter an dieser Stelle zu belassen. Er bringt demgemäß im dritten Abschnitt des 1. Buches nur noch die bisherigen Titel 2 bis 5 über Zustellung, Ladung, Termine und Fristen, Wiedereinsetzung in den vorigen Stand und Unterbrechung und Aussetzung. Dagegen sind die Vorschriften des 1. Titels (bisher §§ 128 ff.) sämtlich in die Verfahrensvorschriften des 2. Buches eingearbeitet. In der Überschrift der einzelnen Paragraphen ist jedesmal ersichtlich gemacht, aus welchem Paragraphen des geltenden Rechts die betreffende Vorschrift entnommen ist.

Erster Titel.

Zustellungen.

1. Für die wichtigsten prozessualen Benachrichtigungen reichen die von der Postordnung vorgesehenen Übermittelungsformen schon deswegen nicht aus, weil die Inanspruchnahme der Post nicht immer zweckmäßig ist. Dazu kommt, daß der gegen Rückschein eingeschriebene Brief nur an den Adressaten selbst ausgehändigt werden kann, also eine Ersatzzustellung nicht möglich ist (§ 40 Abs. X Post-Ordnung), und daß für ihn kein Annahmezwang besteht. Die Vorschriften der Post-Ordnung über die Behandlung der Briefe mit Zustellungsurkunde (§§ 27, 41 Post-Ordnung) genügen zwar in diesen Richtungen, bieten aber keine Gewähr für die Übereinstimmung des übergebenen Schriftstücks mit dem zuzustellenden. Mußte die Prozeßordnung aus diesen Gründen wie bisher eigene Vorschriften über die Zustellung treffen, so waren sie doch nur insoweit als zwingend aufzustellen, als sie die Zustellungswege einschließlich der Beurkundung, die Beglaubigung und — in gewissen Fällen — die Zustellungsrichtung betrafen, während sie im übrigen instruktionellen Charakter erhalten konnten, damit die Gültigkeit der Zustellung nicht durch unwesentliche Formverstöße in Frage gestellt werde. Da überdies die Erreichung des Zustellungszwecks nun ganz allgemein als Ersatz für eine formgerechte Zustellung gelten soll (§ 139), wird der den bisherigen Zustellungsvorschriften anhaftende und oft gerügte gefährliche Formalismus nach Möglichkeit vermieden.

2. Im Gegensatz zu der geltenden Prozeßordnung ist die Zustellung von Amts wegen als Regel, die Zustellung im Parteibetrieb als Ausnahme vorgesehen. Läßt man zunächst die Urteilszustellung außer Betracht, so ergab sich die Umkehrung des bisherigen Verhältnisses schon daraus, daß nun das amtsgerichtliche Verfahren als das Normalverfahren behandelt wird,

in dem schon bisher die Zustellungen von Amts wegen stattfanden. Die Zustellung von Amts wegen ist jetzt aber auch auf das landgerichtliche Verfahren übertragen, da sie in der Regel auf einfachere Weise und schneller zum Ziele führt, als die Zustellung im Parteibetrieb, und da es angezeigt erschien, die Klageerhebung künftig hinsichtlich ihrer formellen Behandlung der Rechtsmitteleinlegung anzunähern. Was die Zustellung der Urteile im besonderen betrifft, die künftig ebenfalls von Amts wegen erfolgen soll, so ist sie, von Sonderfällen abgesehen, zu zwei verschiedenen Zwecken notwendig: einmal zur Eröffnung der Rechtsmittelfristen und sodann zur Einleitung der Zwangsvollstreckung. Daß die Eröffnung der Rechtsmittelfristen und damit die Herbeiführung des endgültigen Abschlusses der durch ein Urteil beendeten Instanz nicht von einer Handlung der Parteien, sondern von einer Handlung des Gerichts abhängt, liegt durchaus im Sinne der Verstärkung des Amtsbetriebs, die sich der Entwurf der Beschleunigung wegen angelegen sein läßt; eine gewisse Vermehrung der Zustellungen, wie sie schon wegen des auf die Zustellung von Amts wegen nicht übertragbaren bisherigen § 221 Abs. 2 ZPO. notwendig wird, kann demgegenüber in Kauf genommen werden. Soweit eine Urteilszustellung gleichzeitig oder ausschließlich der Vollstreckungseinleitung dienen soll, würde sie dagegen an sich zweckmäßigerweise dem Parteibetrieb überlassen, wenn es nur auf diese Weise ermöglicht würde, daß die Zustellung und die Pfändung verbunden werden könnten. Da dies jedoch bei der Regelung, die der Entwurf für die Vollstreckungseinleitung und für die Zustellung der Urteile vorsieht, auch bei der Zustellung von Amts wegen erreichbar ist, brauchte auch aus diesem Grunde der Parteibetrieb für Urteilszustellungen nicht beibehalten zu werden (vgl. §§ 309 Abs. 2, § 770 Abs. 1 Satz 1 a. E., Begr. zu § 814).

3. Die Zustellung ist eine besondere Form der schriftlichen Benachrichtigung. Sie besteht darin, daß eine Ausfertigung oder beglaubigte Abschrift des zuzustellenden Schriftstücks auf einem der vorgesehenen Zustellungswege in einer bestimmten Richtung (Anschrift) in Lauf gesetzt (Herbeiführung der Zustellung) und dem Adressaten zugänglich gemacht wird (Ausführung der Zustellung). Die Ausführung kann in der Aushändigung, in der Zurücklassung (bei Annahmeverweigerung), in der Niederlegung, in der Übergabe an die Post (bei der Zustellung durch Aufgabe zur Post), in der neu vorgesehenen Einhändigung beim Amt, in dem Anschlag an der Gerichtstafel, bei Ladungen verbunden mit einer Veröffentlichung, und in der Übermittelung (bei der Zustellung von Anwalt zu Anwalt) bestehen.

1. Zustellungen von Amts wegen.

Zu § 134. Wegen der Urteilszustellungen siehe §§ 309, 505 in Verbindung mit §§ 770, 814, wegen der Zustellungen der Zahlungsbefehle § 806. Im Parteibetrieb findet die Zustellung in folgenden Fällen statt: § 132 BGB., § 4 AnfG., §§ 753, 924 des Entwurfs; siehe auch § 170 Abs. 2 (Ersetzung der Zustellung von Amts wegen durch die Zustellung von Anwalt zu Anwalt).

Zu § 135. Der Entwurf unterscheidet zwischen Veranlassung und Ausführung der Zustellung. Mit der ersteren befassen sich die §§ 136 bis 138, 140 bis 143, 145 bis 147, 150, 171; vgl. auch §§ 152, 156. Die Ausführung der Zustellung betreffen die §§ 149, 150 bis 161 (169, 170). Die §§ 148 und

162 ff. enthalten Vorschriften, die sich sowohl auf die Veranlassung als auch auf die Ausführung der Zustellung beziehen.

Zu § 136. Bisher war die Zustellung einer Ausfertigung nur in den Fällen der §§ 377, 402, 1039 ZPO. g. F. vorgeschrieben, doch war es üblich, auch Urteile, Beschlüsse und Verfügungen bei der Zustellung von Amts wegen in Ausfertigung zuzustellen. Der Entwurf schreibt dies nun ausdrücklich vor. Da es aber möglich ist, daß Urteile usw. von den Parteien als Beilage zu einem Schriftsatz oder lediglich als Grundlage für einen Vollstreckungsantrag eingereicht werden und nur aus diesem Anlaß zur Zustellung gelangen, ist der Zwang, eine Ausfertigung zuzustellen, auf die nach § 309 zuzustellenden Urteile und auf die an Stelle der Verkündung tretende Zustellung von Beschlüssen und Verfügungen beschränkt. Was die beglaubigten Abschriften betrifft, so kommt es bei ihnen nur darauf an, daß ihre Übereinstimmung mit der Urschrift von irgendeiner mit Beglaubigungsbefugnis ausgestatteten Stelle bestätigt ist, nicht aber darauf, daß eine ganz genau bestimmte Stelle die Beglaubigung vorgenommen hat. Die bisherigen Unterscheidungen sind daher aufgegeben, auch ist den Behörden die Beglaubigungsbefugnis beigelegt worden. Neu eingefügt sind ferner die Notare mit Rücksicht, aber nicht in Beschränkung auf ihre Urkunden; für diese genügen bei der Zustellung an den Vollstreckungsschuldner beglaubigte Abschriften.

Zu § 137. Die schon bisher bestehende Vorschrift ist etwas eingehender gefaßt worden, um die Erreichung ihres Zwecks (Verhinderung der Abwälzung von Parteiarbeit auf die Behörde) besser zu sichern.

Zu § 139. Die Heilung einer ungültigen Zustellung, die bisher (§ 187 ZPO.) auf Ladungen und auf die Fälle einer Verletzung der §§ 181 bis 186 (Ersatzzustellung und Zurücklassung) beschränkt war, und nur unter der Voraussetzung des Parteizugeständnisses eintrat, soll nun in allen Zustellungsfällen und bei Verletzung jeder zwingenden Zustellungsvorschrift möglich sein ohne Rücksicht darauf, in welcher Weise das Zugehen des Schriftstücks dargetan ist. Denn die Einhaltung der Zustellungsformen ist nicht Selbstzweck, sondern wird bedeutungslos, wenn der Zustellungszweck auf andere Weise erreicht wurde. Ist eine nicht zwingende Vorschrift verletzt, so steht dies der Gültigkeit der Zustellung nicht entgegen.

Der Zustellungszweck ist im allgemeinen erreicht, wenn der Prozeßbeteiligte, an den die Zustellung gerichtet war oder gerichtet werden konnte, trotz Verletzung der Vorschriften in den Besitz des Schriftstücks kam. Voraussetzung ist, daß die Zustellung an die Partei oder den Vertreter dem Gesetze gemäß gerichtet war oder gerichtet werden konnte. Ein Empfang durch die Partei selbst kann also nicht genügen, wenn die Zustellung an den Prozeßbevollmächtigten gerichtet werden mußte (§§ 145 ff. d. E.). Wohl aber kann es genügen, wenn die Zustellung zwar fälschlich an die Partei selbst gerichtet war, aber trotzdem in die Hand des Prozeßbevollmächtigten gelangte. Auch ein Verstoß gegen die Bestimmungen darüber, wann Amtsbetrieb, wann Parteibetrieb stattfindet, eine Verletzung der Vorschriften des § 149 über die Ausführung der Zustellung an denjenigen, an den sie gerichtet ist, und eine Verletzung der zwingenden Beurkundungsvorschriften ist heilbar. Z. B. kann der Empfang des Schriftstücks durch die Partei ausreichen, auch wenn die Zustellung an den Prokuristen gerichtet ist. Der Empfang braucht sich zwar nicht mehr aus einer Parteierklärung zu ergeben, er kann jetzt auch durch ein anderes sofort bereites Beweismittel, z. B. einen ohnedies erschienenen Zeugen, bestätigt werden. Doch findet nach wie vor eine eigene Beweisaufnahme nicht statt: ist der Empfang nicht ohne weiteres ersichtlich, so ist die Heilung unmöglich.

Im Unterschied zu bisher ist die Heilung nicht mehr zwingend angeordnet, sondern der gerichtlichen Würdigung überlassen, die für unanfechtbar erklärt ist. Die Fälle sind zu vielgestaltig, als daß eine einheitliche zwingende Regelung getroffen werden könnte. Bei der Würdigung des Sachverhaltes wird insbesondere zu berücksichtigen sein, ob nicht ein Fall vorliegt, in dem ein besonderes Maß von Sicherheit hinsichtlich des Zeitpunkts des Empfangs verlangt werden muß. Der Zustellungszweck besteht im allgemeinen darin, den Empfang des Schriftstücks sicher zu vermitteln und als geschehen nachzuweisen und oft, z. B. bei fristlosen Ladungen, bei der Zustellung eines Urteils zu Vollstreckungszwecken, kommt es auf weiteres nicht an. In anderen Fällen ist der Zustellungszweck aber nur erreicht, wenn der Zeitpunkt des Empfangs mit aller Bestimmtheit feststeht, z. B. wenn eine Frist in Lauf gesetzt wurde oder ein Pfandrecht zur Entstehung gelangen sollte. Läßt sich hier nur der Empfang, nicht aber mit ausreichender Sicherheit sein Zeitpunkt feststellen, so wird der Zustellungszweck manchmal nicht als erreicht gelten können.

Zu § 140. Sind mehrere Personen vorhanden, an die die Zustellung gerichtet (adressiert) werden könnte, z. B. eine Partei und ein Generalbevollmächtigter, so steht im allgemeinen die Wahl zwischen ihnen frei. Zwingende Beschränkungen sind jedoch in den §§ 145 bis 147 enthalten.

Wie bisher ist die Frage, an wen statt an die Partei eine Zustellung gerichtet werden kann, in der Prozeßordnung nicht abschließend geregelt. Daher verweist § 140 hierfür ausdrücklich auf die allgemeinen Vorschriften über die Vertretung.

Zu § 141. Da nach dem Entwurf alle Vereine klagen und verklagt werden können, sind in dem bisherigen § 171 Abs. 2 die Worte »welche als solche klagen und verklagt werden können,« fortgefallen. Ferner sind die Stiftungen in diesem Zusammenhange den Vereinen gleichgestellt. Neu ist die ausdrückliche Gleichstellung einer Mehrheit von Parteien kraft Amtes mit einer Mehrheit von Vorstehern.

Zu § 143. Der Zustellungsbevollmächtigte ist nicht der Prozeßbeteiligte, der von dem Schriftstück Kenntnis erlangen soll. Daher kann der Zustellungszweck (§ 139) nicht als erreicht gelten, wenn ihm ein Schriftstück unter Verletzung zwingender Vorschriften zugegangen ist, es sei denn, daß trotzdem die Partei selbst in den Besitz des Schriftstücks gelangte.

Auch der Prozeßbevollmächtigte (§§ 145 ff.) kann einen Zustellungsbevollmächtigten bestellen.

Zu §§ 145 bis **147.** Wie bisher müssen die Zustellungen in einem anhängigen Rechtsstreit an den Prozeßbevollmächtigten gerichtet werden; eine Zustellung an die Partei selbst kann auch nach § 139 nicht zur Geltung gelangen. Doch soll dieser Zwang nicht mehr für das Vollstreckungsverfahren und den Zwangsvollzug (§§ 1020 f.) gelten, da diese den Schuldner ganz unmittelbar betreffen. Das Arresterkenntnisverfahren ist im Sinne des § 145 ein Rechtsstreit, nicht aber das Arrestvollzugsverfahren. Eine Urteilszustellung an die Partei selbst genügt also nunmehr, auch wenn sie für den Prozeß, da fälschlich nicht an den Prozeßbevollmächtigten gerichtet, keine Wirksamkeit hat (Rechtsmittelfristen), als Vollstreckungsgrundlage (§ 814 Abs. 1, vgl. auch die Begr. zu § 814). Mit Rücksicht auf die Umgestaltung des Vollstreckungsverfahrens wird das Verfahren vor dem Vollstreckungsgericht nicht mehr als zur ersten Instanz gehörig angesehen. Die Wirksamkeit einer Zwangsvollstreckung wird deshalb künftig nicht mehr in Frage gestellt, wenn der Vollstreckungstitel statt an den Prozeßbevollmächtigten des Schuldners an letzteren persönlich zugestellt ist. Aus praktischen Gründen ist ferner auch für das Wiederaufnahmeverfahren sowie für das Verfahren vor dem Instanzgerichte, das ein neues Vorbringen in der Zwangsvollstreckungsinstanz zum Gegenstande hat, an dem Zwang zur Zustellung an den Prozeßbevollmächtigten nicht mehr festzuhalten. Wegen §§ 146, 147 vgl. bisher § 210 a.

Zu § 148. Wiederholt dem Sinne nach den bisherigen § 172 ZPO.

Zu § 149. Die Bestimmung erklärt sich daraus, daß der Deutlichkeit halber jetzt zwischen Richtung und Ausführung der Zustellung unterschieden wird, während bisher beides Zustellung genannt wurde (vgl. bisher § 173 ZPO. einerseits, § 181 ZPO. andererseits), obwohl die Richtung der Zustellung die Adresse, die Ausführung dagegen die Aushändigung betrifft.

Zu § 150. Das einfachere Verfahren der bisherigen Zustellung von Amts wegen (bisher § 211 ZPO.) ist beibehalten, auch für die Zustellung im Parteibetrieb ist kein anderes Verfahren vorgesehen. Insbesondere ist die Doppelbeurkundung (bisher § 194 Abs. 2 ZPO.) und die Übergabe einer Abschrift der Zustellungsurkunde (bisher § 190 Abs. 3, § 195 Abs. 2 ZPO.) allgemein weggefallen. Wie bisher bei der Zustellung im Parteibetrieb der Gerichtsvollzieher das zu übergebende Schriftstück offen aushändigen konnte, so soll dazu künftig der Gerichtswachtmeister und der Gerichtsvollzieher, also nicht die Post, auch bei der Zustellung von Amts wegen befugt sein, jedoch nur dann, wenn das Schriftstück dem Adressaten selbst ausgehändigt wird, also nicht in den Fällen der Ersatzzustellung.

Zu § 151. Wer am Zustellungsort eine Wohnung oder ein Geschäftslokal hat, konnte bisher die Annahme außerhalb der Wohnung und des Geschäftslokals verweigern. Da dieses Recht mißbraucht werden kann, ist nunmehr nur noch vorgesehen, daß die Zustellung zwar im allgemeinen zunächst in der Wohnung und im Geschäftsraum (§ 153) versucht werden soll, daß aber dann, wenn durch diese Rücksichtnahme die Erreichung des Zustellungszwecks gefährdet oder (z. B. wegen Annahmebereitschaft) ohne Grund erschwert würde, sofort an jedem Orte zugestellt werden kann. Eine Annahmeverweigerung (vgl. § 155) kann also nicht mehr auf die bloße Tatsache gestützt werden, daß am Zustellungsort eine Wohnung usw. besteht, wohl aber läge ein die Annahmeverweigerung rechtfertigender Grund vor, wenn z. B. dem Pfarrer auf der Kanzel, dem Professor im Kolleg zugestellt würde.

Zu § 152. Die Zeiten sind vereinheitlicht, die Zuständigkeit zur Erlaubniserteilung ist dem Rechtspfleger übertragen, die Mitteilung der Erlaubnis vereinfacht worden.

Zu § 153. Die Ersatzzustellung ist in mehrfacher Richtung neu geregelt und zwar aus drei Gründen. Einmal sollte die Niederlegung als unwillkommene Zustellungsform möglichst vermieden werden, dann galt es, Formalitäten, die die Gültigkeit der Zustellung ohne ausreichenden Grund gefährden könnten, möglichst auszuschließen und endlich war den geänderten sozialen und wirtschaftlichen Verhältnissen Rechnung zu tragen. Es wird jetzt davon ausgegangen, daß allgemein die Wohnung, während der Arbeitszeit aber auch die Arbeitsstätte, sofern sie in einem abgeschlossenen Raum besteht (Geschäftsraum), der Platz ist, an dem für jedermann eine Ersatzzustellung ermöglicht werden muß. Die bisherigen Bestimmungen haben sich daher vereinfachen und zusammenfassen lassen.

Was die Zustellung in der Wohnung betrifft, so wird nun jeder darin angetroffene erwachsene Hausgenosse als genügend angesehen, die Zugehörigkeit zur Familie also nicht mehr verlangt, womit die besondere Erwähnung der Bediensteten entbehrlich wurde. Außerdem aber sind der Hauswirt und Vermieter unter Hinzufügung des Hausmeisters und deren Ehefrauen jetzt in gleicher Weise wie jene Hausgenossen empfangsberechtigt, und zwar ohne ein Annahmeverweigerungsrecht zu haben. Von der Beschränkung der Ersatzzustellung in der Wohnung in den Fällen des bisherigen § 184 Abs. 2 ist nun abgesehen. Die Regelung der Zustellung in den Einzelheiten, die hiernach nicht mehr im Gesetz geregelt sind, ist den Dienstanweisungen, den Weisungen im Einzelfall und schließlich dem zweckmäßigen Befinden des Zustellungsorgans überlassen.

Das bisherige Geschäftslokal unterscheidet sich vom jetzigen Geschäftsraum einmal dadurch, daß es nicht mehr darauf ankommt, wer den Geschäftsraum hält, daß also im Geschäftsraum Ersatzzustellungen nicht nur für den Arbeitgeber (als welche bisher Gewerbetreibende, Rechtsanwälte, Notare, Gerichtsvollzieher und Behördenvorstände usw. aufgeführt waren), sondern für jeden dort beschäftigten Betriebsangehörigen möglich sind. Ferner braucht es sich nicht mehr um ein besonderes Geschäftslokal zu handeln, Wohnung und Geschäftsraum können auch zusammenfallen, dann ist die Ersatzzustellung unter beiden Gesichtspunkten möglich. Auch der Kreis der Personen ist verändert worden, an die im Geschäftsraum eine Zustellung ersatzweise ausgeführt werden kann. Wie in der Wohnung jeder erwachsene Hausgenosse, so soll im Geschäftsraum jeder darin leitend oder als Vertreter des Leiters tätige erwachsene Betriebsangehörige oder Amtsgenosse sowie der Angestellte einer Personalabteilung Zustellungen für jeden anderen Betriebsangehörigen in Empfang nehmen können; hiernach ist in Zukunft im Geschäftsraum eine Ersatzzustellung nicht nur für den Arbeitgeber, sondern für jeden Betriebsangehörigen möglich.

Neu ist ferner, daß mit jeder Erstazzustellung die Aufforderung zur Weitergabe des Schriftstücks zu verbinden ist; dies soll die Erreichung des Zustellungszwecks fördern. Von einer Sonderbehandlung der Klagezustellungen ist abgesehen worden, da die bisherigen Erfahrungen nicht so beschaffen sind, daß die bei jeder Sonderbehandlung unvermeidlichen Weitläufigkeiten als das geringere Übel erschienen.

§ 154 regelt einige Fälle ausdrücklich, in denen sich bisher nicht selten Schwierigkeiten ergaben. Kann der Zustellungsbeamte in einem Krankenhaus, einem Gefängnis oder an einer abgelegenen Arbeitsstätte (Bau der Zugspitzbahn) nicht zum Adressaten gelangen, so soll eine Ersatzzustellung an die im Text genannten Personen (Vorstand des Krankenhauses oder des Gefängnisses, Beamte oder Angestellte der örtlichen Betriebsleitung) möglich sein.

§ 155 entspricht dem Sinne nach dem bisherigen § 186.

Zu § 156. Wie bisher ist die Niederlegung nur für die Fälle vorgesehen, in denen eine Zustellung in der Wohnung versucht wurde; ist eine Zustellung nur im

Geschäftsraum mißglückt, so genügt dies nicht, um zur Niederlegung zu schreiten. Wohl aber ist jetzt in Abweichung von § 184 Abs. 2 ZPO. die Niederlegung auch dann allgemein möglich, wenn neben der Wohnung ein Geschäftsraum angegeben war und auch in diesem niemand angetroffen wurde, und umgekehrt, die Niederlegung ausgeschlossen, wenn in den Fällen des bisherigen § 183 der Geschäftsraum dem Zustellungsbeamten angegeben war und dort die Zustellung nicht versucht wurde.

An den Formalien der Niederlegung sind zwei Änderungen vorgenommen worden. Die amtsgerichtliche Geschäftsstelle ist als Niederlegungsort gestrichen worden, weil sie neben der Postanstalt, dem Gemeinde- und Polizeivorsteher entbehrlich ist. An Stelle des Türanschlags kann nun eine briefliche Anzeige der Niederlegung treten, die in der ortsüblichen Weise zu bestellen ist, also z. B. in den an der Wohnung der Adressaten angebrachten Briefeinwurf oder durch einen Spalt der Türe geschoben werden kann. Nur wo diese Art der Übermittelung nicht tunlich ist, kann der Zustellungsbeamte die Anzeige an der Tür befestigen oder sie einer in der Nachbarschaft wohnenden Person zur Weiterleitung an den Zustellungsempfänger aushändigen. Zweck dieser bereits im Entwurf eines Einführungsges. zum Strafgesetzbuch vorgesehenen Neuregelung ist, die sicherheitsgefährdende äußere Kennzeichnung einer Wohnung als derzeit unbewohnt, wo es angeht, zu vermeiden.

Zu §§ 157, 158. Die Zustellungsurkunde ist nach wie vor zwingend vorgeschrieben. Liegt überhaupt keine Zustellungsurkunde vor oder leidet sie an Verstößen, so kann je nach den Umständen § 139 Abhilfe schaffen. In § 157 Abs. 1 a. E. ist ausdrücklich klargestellt, daß der Zustellungsvermerk auch mittels Durchschreibens hergestellt werden kann, um die Verwendung sogenannter Fensterbriefe zu ermöglichen.

Zu § 159. Neu ist, daß jetzt als Zustellungsurkunde auch die Empfangsbestätigung einer Behörde genügt.

Zu § 161. Die für manche Fälle einfachste Art der Zustellung durch Einhändigung beim Amt (österreich. ZPO. § 114) fehlte bisher; nur für einen Einzelfall enthielt § 497 Abs. 2 ZPO eine ähnliche Vorschrift.

Zu §§ 162 bis **165.** Die öffentliche Zustellung ist nicht entbehrlich. Sie ist im allgemeinen wie bisher geregelt, doch braucht nicht mehr das vollständige Schriftstück, sondern nur noch ein Auszug angeheftet zu werden, auch ist, wenn die Zustellung ein Verfahren einleitet, nach § 165 zur Wahrung der Rechte des Abwesenden nun ein Vertreter zu bestellen (ähnlich österreich. ZPO. § 116). Die Kosten der Vertretung fallen dem das Verfahren Veranlassenden zur Last; sie sind ersetzbar. In die Bekanntmachung braucht der Name des Vertreters nicht aufgenommen zu werden.

§ 162 Abs. 2 stellt klar, daß in den dort aufgeführten Fällen die öffentliche Zustellung nicht schon stattfinden kann, wenn Abs. 1 Nr. 2 gegeben ist, sondern daß zunächst noch versucht werden muß, ob der Zustellungszweck nicht durch ein unmittelbares Benehmen des Auswärtigen Amtes mit dem Exterritorialen erreicht werden kann.

Zu § 166. In Abs. 3 wird ausdrücklich ausgesprochen, daß auch eine ausländische Zustellungsurkunde genügt.

II. Zustellungen auf Betreiben der Parteien.

Zu § 168. Die Fälle der Parteizustellung sind in der Bemerkung zu § 134 aufgeführt. Die Doppelwirkung der Zustellung (§ 221 Abs. 2 ZPO. g. F.) war für die Parteizustellung beizubehalten.

Zu § 169. Der Partei wird zu Zustellungszwecken wie bisher der Gerichtsvollzieher zur Verfügung gestellt, der die Ausführung selbst vornehmen oder durch die Post vornehmen lassen kann.

Zu § 170. Ähnlich wie in Österreich (§ 112 ZPO.) ist die Zustellung von Anwalt zu Anwalt wegen ihrer Einfachheit jetzt bei reinen Parteischriftsätzen auch als Ersatz für die Zustellung von Amts wegen zugelassen.

Zu § 171 entspricht inhaltlich dem geltenden § 207. Wegen der Rückwirkung bei Zustellungen von Amts wegen siehe § 218 Abs. 2, § 806 Abs. 2.

Zweiter Titel.

Termine, Fristen und Ladungen.

§ 172 Abs. 1. Die vorliegende Fassung ist eine Folge des Amtsbetriebs.

Zu § 172 Abs. 3 **§ 178** (bisher § 222) Abs. 2. Lediglich zur Klarstellung sind vor die Worte »allgemeinen Feiertag« die Worte »staatlich anerkannten« gesetzt worden.

Zu § 183 (bisher § 227). Auch hier ist aus den schon mehrfach erörterten Gründen zweimal an Stelle der Worte »ohne mündliche Verhandlung« gesetzt worden »ohne Verhandlung«.

Dritter Titel.

Folgen der Versäumnis. Wiedereinsetzung in den vorigen Stand.

Vor § 187. Der 1. Absatz des geltenden § 232 hatte lediglich vor Einführung des Bürgerlichen Gesetzbuchs einzelnen Landesrechten gegenüber praktische Bedeutung. Er ist daher zu streichen. Abs. 2 des bisherigen § 232 ist an anderer Stelle und in konkreterer Fassung aufgenommen worden (jetzt § 187 Abs. 3).

Zu § 187 (bisher §§ 233, 232 Abs. 2). Das geltende Recht hatte als Grund zur Wiedereinsetzung in den vorigen Stand nur Naturereignisse oder andere unabwendbare Zufälle vorgesehen. Damit war der Begriff der höheren Gewalt auch im Prozeßrecht eingeführt. Die Praxis ist indessen von der ursprünglich beabsichtigten Strenge des Gesetzes mehr und mehr abgewichen und zu einer milderen Auffassung gelangt, die es nur darauf abstellt, ob die Partei alles zur Abwendung der Fristversäumnis ihr zuzumutende unternommen hat. Die Neufassung des jetzigen § 187 sucht auch durch den Gesetzeswortlaut der tatsächlich bestehenden Rechtsauslegung Rechnung zu tragen. Abs. 3 ist in der vorangehenden Bemerkung erläutert.

Vor § 189. Der bisherige § 235 hat nur für die Fälle Bedeutung, in denen der der Einhaltung der Notfrist dienende Schriftsatz im Parteibetrieb zugestellt werden muß. Da künftig alle Schriftsätze von Amts wegen zugestellt werden sollen und hier der Fall, daß der vor Fristablauf eingereichte Schriftsatz erst nach Fristende zugestellt wird, durch den jetzigen § 496 (im Entwurf § 218) geregelt ist, wird § 235 gegenstandslos.

Zu § 189 (bisher § 236). Mit dem Fortfall des § 235 des geltenden Rechtes erübrigt sich auch der letzte Absatz des heutigen § 236. Ebenso ist der 2. Absatz des geltenden § 236 dadurch gegenstandslos geworden, daß das Verfahren bei der Abnahme von Parteieiden infolge der Einführung der Parteivernehmung wesentlich geändert worden ist. Aus dem gleichen Grunde mußte auch in dem bisherigen § 238 (jetzt **§ 191**) der Abs. 4 gestrichen werden.

Vierter Titel.

Unterbrechung und Aussetzung des Verfahrens.

In diesem Abschnitt sind nur diejenigen Änderungen vorgenommen, die durch die Einführung des Amtsbetriebs für Zustellungen und Ladung erforderlich wurden. Der bisherige § 251 a ist aus systematischen Gründen an den Schluß der Vorschriften über das Versäumnisverfahren (§ 357 d. E.) gesetzt worden.

Zweites Buch.

Das Verfahren in erster Instanz.

Erster Abschnitt.

Verfahren vor den Amtsgerichten.

Vorbemerkung: Während die geltende Zivilprozeßordnung der ausführlicheren Darstellung des Prozeßverlaufs das landgerichtliche Verfahren zugrunde legt und grundsätzlich die gleichen Verfahrensvorschriften mit einigen besonders hervorgehobenen Abweichungen auch für das amtsgerichtliche Verfahren durchgreifen läßt, geht der Entwurf den umgekehrten Weg, weil auf diese Weise der Bedeutung und Eigenart des amtsgerichtlichen Prozesses besser Rechnung getragen wird. Eine eingehendere Begründung für diese Maßnahme ist bereits im allgemeinen Teil dieser Erläuterung Abschnitt III S. 250 gegeben. Es ist auch dort (S. 249) sowie in der Vorbemerkung zu Buch 1 Abschnitt 3 (Verfahren S. 300) darauf hingewiesen, daß der Entwurf die bisher in diesem Abschnitt enthaltenen Verfahrensvorschriften der §§ 128—165 in den mit § 206 beginnenden besonderen Verfahrensteil hineingearbeitet hat. Gleichzeitig sind an den genannten Stellen auch die Gründe für diese Umstellung angegeben.

Erster Titel.

Das Verfahren bis zum Urteil.

Zu § 206. Die in der Vorbemerkung erwähnten Abweichungen der Anordnung des Entwurfs vom geltenden Recht nötigen dazu, der Vorschrift über die Klageerhebung den jetzigen § 253 Abs. 1, 2 in der Gestalt zugrunde zu legen, wie er unter Berücksichtigung von § 496 Abs. 2 zur Zeit auf das amtsgerichtliche Verfahren anwendbar ist.

Eine weitere Änderung schlägt der Entwurf für die Fassung des Abs. 2 Nr. 2 des jetzigen § 253 vor. Die geltende Fassung verlangt hier »die bestimmte Angabe des Gegenstandes und des Grundes des erhobenen Anspruchs«. Gegen diese Fassung läßt sich einwenden, daß nicht allein Ansprüche, sondern auch Gestaltungsrechte den Gegenstand einer Klage bilden können. Außerdem hat die Wahl des unbestimmten Ausdrucks »Grund des Anspruchs« zu den bekannten Auslegungsschwierigkeiten (Substantiierungs- und Individualisierungstheorie) geführt. Die vorgeschlagene Neufassung sucht diese Bedenken zu vermeiden, sie zerlegt die bisherige Nr. 2 in zwei Nummern; von diesen behandelt die neue Nr. 2 die Notwendigkeit eines bestimmten Klageantrags und die Nr. 3 die Klagebegründung und zwar in einer Fassung, die sich unzweideutig auf den Boden der Substantiierungstheorie stellt.

Zu Nr. 4 des **§ 206** ist folgendes zu bemerken: Das Erfordernis der Unterzeichnung der Klageschrift ergibt sich zur Zeit aus der in § 253 Abs. 4 enthaltenen Bezugnahme auf § 130 Nr. 6. Danach liegt hier dem äußeren Anscheine nach nur eine Sollvorschrift vor. Da es sich aber bei der Klageschrift nicht um einen lediglich vorbereitenden, sondern um einen bestimmenden Schriftsatz handelt, wird schon jetzt angenommen, daß das Erfordernis der Unterschrift für die Klage als Mußvorschrift zu betrachten ist (Stein-Jonas Anm. I, zu § 129 und A. III, 6 zu § 253). Auf diesen Erwägungen beruht die Fassung der Nr. 4.

Zu § 207. Da die vorbereitenden Schriftsätze, die ja der Klageerhebung nicht vorangehen, sondern ihr nachfolgen, im Entwurf nicht im ersten Buch vorwegbehandelt sind, sondern nach der Klageerhebung (§§ 213 ff.) geregelt werden, mußte die in § 253 Abs. 4 geltender Fassung enthaltene Bezugnahme fortfallen und der durch sie angedeutete Inhalt der Klageschrift in eine besondere Sollvorschrift aufgenommen werden. Dabei war zugleich auch die zur Zeit in § 253 Abs. 3 Nr. 2 enthaltene Sollvorschrift mit einzureihen (Abs. 3 Nr. 1 gilt schon heute nicht für das amtsgerichtliche Verfahren und soll künftig auch für das landgerichtliche keine Anwendung finden [Amtsbetrieb !] vgl. § 213 Abs. 2 d. E.).

Abs. 2 ist der Ausdruck des schon mehrfach erwähnten Bestrebens des Entwurfs, auf eine möglichst klare Scheidung zwischen streitigen und unstreitigen Sachen hinzuwirken und das Streitverfahren den wirklich streitigen Sachen vorzubehalten (vgl. allgem. Teil dieser Erl. Abschn. IV, 2, b, β). Der Kläger soll danach, wenn er einen zum Mahnverfahren geeigneten Anspruch im Klagewege geltend macht, die ihn dazu veranlassenden Gründe angeben. Der regelmäßige Grund wird sein, daß der Gegner seine Verpflichtung bestreitet. Ausnahmsweise können aber auch andere Umstände in Betracht kommen, z. B. wenn der Kläger nach Lage der Sache ein rechtliches Interesse an der rechtskräftigen Feststellung seines Anspruchs hat. Da die Vorschrift eine bloße Sollvorschrift ist, steht ihre Nichtbefolgung der Wirksamkeit der Klageerhebung nicht entgegen. Stellt sich aber im Verhandlungstermin heraus, daß der Beklagte dem Klagebegehren keinen Widerstand entgegensetzt, so können unter Umständen den Kläger, der der Vorschrift des § 207 Abs. 2 zuwidergehandelt oder für die Wahl des Klagewegs einen nicht stichhaltigen Grund angegeben hat, Kostennachteile treffen, wie sich aus § 94 Abs. 2 ergibt (zu vgl. auch die besondere Erläuterung zu diesem Paragraphen).

Zu § 208. Die Änderungen des jetzigen § 260, die in der vorgeschlagenen Fassung des § 208 enthalten sind, beruhen hauptsächlich auf Anregungen Steins. Der Ausdruck »mehrere Ansprüche« ist durch »mehrere Anträge« ersetzt, weil »Ansprüche« zu eng erscheint (vgl. zu § 206, wo bereits darauf hingewiesen ist, daß auch Rechte, die keine Ansprüche sind, wie z. B. Gestaltungsrechte, den Gegenstand der Klage bilden können).

Wenn ferner das geltende Recht die Zulässigkeit der Klagehäufung davon abhängig macht, daß für die mehreren Klagen dieselbe Prozeßart zulässig ist, so geht das zu weit; für die Klageverbindung muß genügen, daß die mehreren

Klagen in derselben Prozeßart tatsächlich geltend gemacht werden, die Zulässigkeit der Prozeßart hat erst für das Urteil Bedeutung.

§ 209 gibt § 254 der geltenden Fassung unverändert wieder.

Zu § 210. Die Zulässigkeit eines Eventualantrags unterliegt nach geltendem Recht keinerlei Bedenken. Ein Eventualantrag liegt dann vor, wenn der Kläger auf Grund ein und desselben Sachverhalts für den Fall, daß das Gericht die in erster Linie vom Kläger daraus abgeleitete Rechtsfolge nicht für begründet erachtet, in einem zweiten Antrag eine andere Rechtsfolge gezogen wissen will. Dies wird z. B. häufig praktisch bei Anfechtungsklagen, wenn es zweifelhaft erscheint, in welcher Weise der Anfechtungsgegner das anfechtbar Erworbene gemäß § 7 AnfGes. »als noch zum Vermögen des Schuldners gehörig zurückzugewähren hat«. Eine allgemeine gesetzliche Regelung des Eventualantrags erübrigt sich, da sich hier in der Praxis niemals Zweifel ergeben haben, vgl. jedoch zu § 211.

Anders verhält es sich mit der Eventualklage, die dann vorliegt, wenn der Kläger für den Fall, daß er mit der in erster Linie erhobenen Klage nicht durchdringen sollte, ein neues Klagebegehren geltend macht, der auf einen von der ursprünglichen Klage abweichenden Sachverhalt gestützt ist. Hier handelt es sich nicht um verschiedene aus einer einheitlichen Klagebegründung hergeleitete Anträge, sondern um verschiedene Klagen, von denen die eine von vornherein nur für den Fall der Erfolglosigkeit der anderen erhoben ist. Es liegt also insoweit eine bedingte Klageerhebung vor, gegen deren Zulässigkeit grundsätzliche Bedenken bestehen können, obwohl andererseits für solche Eventualklagen ein praktisches Bedürfnis unverkennbar besteht. Der Entwurf sucht die Frage in der gleichen Weise zu regeln, wie schon unter dem geltenden Recht nach der herrschenden Lehre zu verfahren ist (zu vgl. Rosenberg, Lehrbuch des deutschen Zivilprozeßrechts 2. Aufl. S. 286 f. III, 3, Goldschmidt, Zivilprozeßrecht S. 109, Stein-Jonas, Anm. II B zu § 260). Hiernach ist die Eventualklage nur insoweit zulässig, als das Durchgreifen des zweiten Klageantrags von der Erfolglosigkeit des ersten abhängt, der der Eventualklage zugrunde gelegte Sachverhalt also die Unrichtigkeit des mit der Hauptklage geltend gemachten Sachverhalts zur Voraussetzung hat. Klagt z. B. der gesetzliche Erbe gegen den vom Erblasser im Testament eingesetzten, im Besitz des Nachlasses befindlichen Testamentserben auf Herausgabe des Nachlasses mit der Begründung, daß der Erblasser das Testament im Zustande der Geisteskrankheit errichtet habe, so kann er für den Fall, daß diese Behauptung nicht erwiesen werden kann, mit seiner Hauptklage in Gestalt eines Eventualantrags die Klage auf den Pflichtteil verbinden. Hier ist die Hauptklage auf Ungültigkeit des Testaments gestützt, während die Eventualklage den entgegengesetzten Tatbestand, nämlich die Gültigkeit des Testaments zur Voraussetzung hat, es sind also zwei voneinander völlig verschiedene Klagen, aber der Erfolg der zweiten setzt die Erfolglosigkeit der ersten voraus und deshalb ist die eventuelle (also bedingte) Erhebung der zweiten Klage zulässig. Dagegen würde es nicht zulässig sein, daß der Kläger einen Anspruch, der auch beim Erfolg der Hauptklage gerechtfertigt sein würde, nur deshalb in eventum geltend macht, weil er beim Obsiegen mit der Hauptklage von der Verfolgung des Eventualanspruchs absehen will; z. B. der Kläger klagt auf Erfüllung eines Lieferungsvertrages und nur für den Fall seines Unterliegens auf Rückzahlung eines Darlehns, das er im Falle der Erfüllung des Lieferungsvertrags nicht weiter zu verfolgen beabsichtigt.

Abs. 2 des § 210 gibt dem gleichen Gedankengang für die Verteidigung des Beklagten Ausdruck, er ermöglicht es also, daß der Beklagte neben dem Antrag auf Klageabweisung, für den Fall von dessen Erfolglosigkeit einen Widerklageantrag stellt, sofern die Berechtigung der Widerklage von dem Erfolg der Klage abhängt.

An die Eventualklage knüpfen sich zwar noch weitere Fragen, z. B. welche Wirkung sie für die Rechtshängigkeit hat oder wie zu verfahren ist, wenn das Gericht trotz Abweisung der Hauptklage über die Eventualklage nicht erkannt hat. Hier wird sich aber trotz aufgetauchter Zweifel (vgl. einerseits Rosenberg a. a. O. S. 288 unter d, andererseits Stein-Jonas, Anm. II C zu § 260) eine ausdrückliche Regelung entbehren lassen.

Zu § 211. Diese Vorschrift will zwei in der Praxis häufige Fälle des Eventualantrags regeln und stellt dabei ein schon heute in der Praxis vielfach geübtes Verfahren auf eine sichere gesetzliche Grundlage.

Zu § 212. Diese Vorschrift gibt den Inhalt des jetzigen § 255 wieder, berücksichtigt aber zugleich auch die nach geltendem Recht durch § 510 b gegebene Möglichkeit, daß der in Abs. 1 erwähnte Schadensersatzanspruch im gleichen Verfahren eventuell geltend gemacht wird.

Nach § 212: Die Vorschriften der §§ 256—259 geltender Fassung sind entsprechend einer Anregung von Stein im Abschnitt Urteil §§ 294, 292 d. E. gebracht, weil es sich hierbei nicht um Voraussetzungen der Klage, sondern darum handelt, in welchen Fällen ein Urteil auf Feststellung oder auf künftige Leistung ergehen kann. Die herrschende Meinung bezeichnet schon jetzt die Voraussetzungen der §§ 256—259 geltender Fassung mit Recht als Voraussetzungen eines dem Kläger günstigen Sachurteils, so daß also das Gericht zwar ohne Bejahung des Feststellungsinteresses einer Feststellungsklage nicht stattgeben, diese jedoch aus sachlichen Gründen abweisen kann, auch wenn es die Frage des Vorhandenseins des Feststellungsinteresses unentschieden läßt.

Für die §§ 209 ff. d. E. gelten die gleichen Erwägungen nicht. Für sie rechtfertigt sich ihre räumliche Anschließung an die Vorschriften über die Klageerhebung schon dadurch, daß hier geregelt wird, wie in einzelnen Sonderfällen den Erfordernissen des bestimmten Antrags im Sinne des § 206 Abs. 2 Nr. 2 genügt wird.

Zu § 213. Diese Vorschrift gibt im wesentlichen § 498 Abs. 1 Satz 1 und Abs. 2 unverändert wieder. Abs. 1 Satz 2 ist wegen der Änderungen der Vorschriften über das Güteverfahren (vgl. zu § 231 d. E.) fortgefallen.

Zu § 214. Diese Vorschrift entspricht grundsätzlich dem § 129 Abs. 2 geltender Fassung, sie nimmt aber darauf Rücksicht, daß nach den in den Entwurf unter §§ 239, 240 aufgenommenen Vorschriften der (durch die Novelle von 1924 eingefügten) jetzigen §§ 279 a und 272 a auch im amtsgerichtlichen Verfahren einer Partei die Einreichung von Schriftsätzen auferlegt werden kann.

§ 215 gibt inhaltlich § 496 Abs. 2 und 4 des geltenden Rechts unverändert wieder; die abweichende Fassung erklärt sich dadurch, daß der Entwurf nicht wie das geltende Recht zuerst die vorbereitenden Schriftsätze regelt und auf diese Regelung bei den Vorschriften über die Klage verweist, sondern umgekehrt verfährt.

Zu § 216. Das geltende Recht hat in § 132 für die Einreichung von Schriftsätzen, die neue Tatsachen oder ein anderes neues Vorbringen enthalten, feste Fristen vorgeschrieben, andererseits aber in § 272 angeordnet, daß jede Partei dem Gegner »solche tatsächliche Behauptungen und Beweismittel und Anträge, auf welche dieselbe voraussichtlich ohne vorhergehende Erkundigung keine Erklärung abgeben kann, vor der mündlichen Verhandlung mittels Schriftsatzes so zeitig mitzuteilen hat, daß der Gegner die erforderliche Erkundigung noch einzuziehen vermag«. In der Praxis sind Zweifel entstanden, ob nur, wenn gegen § 272 verstoßen ist oder schon immer, wenn die Frist des § 132 nicht gewahrt ist, dem Gegner ein Vertagungsrecht (von den Anwälten vielfach als formelles Vertagungsrecht bezeichnet) zusteht. Der Entwurf beseitigt entsprechend seiner Grundeinstellung die feste Frist des § 132 und stellt damit klar, daß eine Vertagung nur eintreten kann, wenn der Schriftsatz so spät eingereicht ist, daß der Gegner nicht in der Lage war, bis zum Termin seine Erklärung vorzubereiten.

Um ein Druckmittel zur Beachtung dieser Vorschrift zu schaffen, ist in Abs. 2 des § 216 eine Kostenstrafe vorgesehen, die, um ihre Wirksamkeit zu sichern, als Mußvorschrift gefaßt ist. Damit die nicht zu entbehrende Beschwerdemöglichkeit das Verfahren nicht aufhält, sieht Abs. 3 die Möglichkeit vor, daß die Beschwerde erst nach der Beendigung der Instanz weitergegeben wird. Die aufschiebende Wirkung der Beschwerde ergibt sich aus § 538 d. E.

Eine Verpflichtung, die Verhandlung durch Schriftsätze vorzubereiten, sieht der Entwurf für das amtsgerichtliche Verfahren nur in den Grenzen des § 213 Abs. 2 und 214 in Verb. mit 239, 240 vor, eine weitergehende derartige Verpflichtung tritt jedoch im landgerichtlichen Verfahren ein (§ 462 Abs. 2 des Entwurfs). Zu beachten ist ferner, daß der Verstoß einer Partei gegen die in §§ 239 und 240 vorgesehene Pflicht zur schriftsätzlichen Erklärung nach dem letzten Satz des § 240 und nach § 262 des Entwurfs auch sachliche Nachteile zur Folge haben kann. Für den Verstoß gegen § 213 Abs. 2 des Entwurfs gilt das nicht, weil im amtsgerichtlichen Verfahren für die Aufforderung zur Klagebeantwortung eine bestimmte Frist nicht vorgesehen ist.

§ 217 faßt die Vorschriften des § 262 geltender Fassung mit der aus § 499 geltender Fassung sich ergebenden Abweichung und § 261 Abs. 2 zusammen. Von der Regel, daß der Termin zur Verhandlung nicht weiter hinaus anzuberaumen ist, als zur Wahrung der Einlassungsfrist erforderlich erscheint, sieht Abs. 3 eine Ausnahme vor, weil es unzweckmäßig erscheint, in verwickelten Fällen, die einer längeren Vorbereitung bedürfen, den ersten Termin mit einer so kurzen Frist anzuberaumen, daß von vornherein mit der Ergebnislosigkeit dieses Termins gerechnet werden muß.

Zu § 218. Abs. 1 entspricht dem § 263 Abs. 1 in Verb. mit § 498 Abs. 3 des geltenden Rechts, vermeidet aber den mit Recht von Stein als ungenau bemängelten Ausdruck »gilt als erhoben«. Abs. 2 gibt den Inhalt des § 496 Abs. 3 Satz 1 wieder. § 496 Abs. 3 Satz 2, 3 werden durch die Änderungen der Vorschriften über das Güteverfahren entbehrlich.

Zu § 219. Der Richtung des Entwurfs, vor allem auch dem Rationalisierungsgedanken entspricht es, daß die Rechtshängigkeit nicht nur auf Einrede des Beklagten, sondern von Amts wegen berücksichtigt wird.

§ 220 faßt die zurzeit in den §§ 264 und 268 enthaltenen Vorschriften über die Klageänderung zusammen und gestaltet sie, einem Vorschlage von Stein folgend, um. Wenn § 268 erklärt, daß die darin aufgeführten weitgehenden Änderungen des Klageantrags nicht als Klageänderung anzusehen seien, so ist das zum Teil nur eine Fiktion. In Wirklichkeit handelt es sich überwiegend um die Frage, wann eine Klageänderung zulässig ist; es empfiehlt sich, dies klar zum Ausdruck zu bringen.

§ 221 gibt den jetzigen § 269 im wesentlichen unverändert wieder, es ist nur statt »in einer mündlichen Verhandlung« aus den schon mehrfach erörterten Gründen »in einer Verhandlung« gesagt, weil darauf Rücksicht genommen werden muß, daß sich der Beklagte auch in einem nicht mündlichen Verfahren auf die geänderte Klage einlassen kann, z. B. in einem Verfahren ohne mündliche Verhandlung (§ 228 Abs. 2 des Entwurfs) oder in einem Schriftsatz, der in einer Aktenlageentscheidung (§§ 339, 357 des Entwurfs) zu berücksichtigen ist.

Zu § 222. Der in der Praxis häufig vorkommende Fall der Klageänderung, daß ein Dritter neben oder an Stelle einer Partei in einen Prozeß eintritt, ist bisher gesetzgeberisch nicht geregelt. Daraus ergeben sich mancherlei Zweifelsfragen. Der Entwurf versucht deshalb, einer Anregung Steins folgend, hier eine Regelung zu geben, die namentlich auch die Kostenverteilung für den Fall des Ausscheidens des ursprünglichen Beklagten mitumfaßt. Daß sich in diesem Falle eine Entscheidung über die Klage gegen den ursprünglich Beklagten erübrigt wird sich von selbst verstehen und deshalb keiner ausdrücklichen Hervorhebung bedürfen.

Zu § 224. Der Inhalt des jetzigen § 265 ist nicht geändert, seine Fassung bedurfte aber einer Umgestaltung. Die im Abs. 1 geltender Fassung enthaltene Feststellung der Zulässigkeit der Veräußerung einer res litigiosa erübrigt sich, da sie seit Einführung des Bürgerlichen Gesetzbuchs selbstverständlich ist. Ferner ist der erste Satz des Abs. 2 geltender Fassung, wonach die Veräußerung auf den Prozeß keinen Einfluß hat, insofern irreführend, als doch der Kläger im Falle der Veräußerung des eingeklagten Rechts zu einer Änderung seines Klageantrags genötigt ist.

Zu § 227. Der geltende § 271 ist insofern sachlich geändert, als zur Verhütung von Schikanen der Beklagte auch nach seiner Einlassung zur Hauptsache der Klagerücknahme nicht ohne weiteres, sondern nur bei Glaubhaftmachung eines rechtlichen Interesses an der Erledigung durch gerichtliche Entscheidung widersprechen kann. Ferner soll im Interesse der Verfahrensvereinfachung die Entscheidung über die Kosten im Falle der Klagerücknahme im Beschlußverfahren ergehen. Die in Abs. 3 des geltenden § 271 vorgesehene prozeßhindernde Einrede, daß die Kosten des Vorprozesses nicht erstattet seien, soll nach § 227 Abs. 3 d. E. nicht eingreifen, wenn dem Beklagten das Armenrecht bewilligt war, weil in diesem Falle dem Beklagten durch die Prozeßführung noch keine Ausgaben erwachsen sind. Die sonstigen Änderungen sind rein sprachlicher Art.

§ 228 enthält den Grundsatz des bisherigen § 128, faßt ihn aber neu, um dem Gedanken, daß das Gericht nicht nur passiv den Vortrag der Parteien entgegenzunehmen, sondern in Arbeitsgemeinschaft mit ihnen an der Gestaltung des Streitstoffes tätig mitzuwirken hat, klaren Ausdruck zu geben. Gleichzeitig weist § 228 auf die Ausnahmen hin, die der Entwurf unter Übernahme der Vorschriften der Novellengesetzgebung zuläßt und fügt den in der Praxis bewährten § 7 EntlVO. in das Gesetz ein. Bereits in dem allgemeinen Teil der Erläuterungen ist darauf hingewiesen, wie diese Maßnahmen des Entwurfs grundsätzlich zu bewerten sind, daß sie vor allem keinen Abbau der Mündlichkeit bezwecken. Sie sollen im Gegenteil dazu dienen, daß sich nach Beseitigung der das frühere Recht beherrschenden schematischen Übertreibung des Mündlichkeitsgrundsatzes die Mündlichkeit dort, wo sie zur Förderung des Rechtsganges nötig ist, um so lebendiger entwickelt.

Bekanntlich hat die Frage, inwieweit bei einer Entscheidung ohne mündliche Verhandlung und bei der Aktenlageentscheidung Schriftsätze und Beweisurkunden, die nicht vorgetragen sind, berücksichtigt werden dürfen, namentlich in der ersten Zeit nach dem Inkrafttreten der Novelle 1924 zu zahlreichen Zweifeln Anlaß gegeben. Wollte man im neuen Gesetz die Frage bis ins einzelne regeln, so wäre hier der geeignete Ort, um sämtliche dazu erforderlichen Vorschriften im Zusammenhang zu bringen. Nach der Auffassung des Entwurfs gehören aber derartige Einzelregelungen nicht in das Gesetz. Sie würden, wenn sie nicht lehrbuchartigen Umfang annehmen sollen, lückenhaft bleiben müssen. Das im § 399 der österreichischen Zivilprozeßordnung gegebene Beispiel einer Einzelregelung reizt nicht zur Nachahmung. Bedenkt man ferner, daß sich die Praxis nach anfänglichem Schwanken mit den vorhandenen Vorschriften ganz gut abgefunden hat und daß bei den Beratungen der Novelle 1924 der Rechtsausschuß des Reichstags ausdrücklich gegen eine Einzelregelung war, so wird man auch jetzt davon absehen können.

Nur in einem Punkt erschien eine Vervollständigung der bestehenden Vorschriften wünschenswert, nämlich, daß klargestellt wird, wann bei einem Verfahren ohne mündliche Verhandlung gemäß § 228 Abs. 2 des Entwurfs die schriftliche Verhandlung als geschlossen zu betrachten ist. Dem trägt § 230 Abs. 2 des Entwurfs Rechnung. Nach dessen Vorschrift kann ferner das Gericht den Zeitpunkt, in dem es die Verhandlung als geschlossen betrachtet, selbst bestimmen. Im Zusammenhang hiermit steht die in § 228 Abs. 2 dem Gericht eingeräumte Befugnis, den Parteien Fristen für die Einreichung ihrer schriftlichen Erklärungen zu setzen.

Die in § 7 Abs. 2 EntlVO. enthaltenen Vorschriften über die Form, in der eine ohne mündliche Verhandlung erlassene Entscheidung den Parteien bekanntzugeben ist, gehören systematisch in den Abschnitt Urteil und sind deshalb in §§ 303, 336 Abs. 2 des Entwurfs gebracht.

Im übrigen ist an dem Inhalt des § 7 EntlVO. nichts geändert, es bleibt also vor allem dabei, daß das Einverständnis der Parteien bis zur Erlassung der Entscheidung fortbestehen muß und daß das einmal erklärte Einverständnis nur eine Entscheidung ohne mündliche Verhandlung rechtfertigt. Beendigt diese Entscheidung den Prozeß nicht, so bedarf es eines neuen Einverständnisses der Parteien, wenn auch die folgende Entscheidung ohne mündliche Verhandlung ergehen soll.

Abs. 3 des § 228, der beabsichtigt, in das Prozeßrecht die Wahrheitspflicht der Parteien einzuführen, ist von grundsätzlicher Bedeutung. Es kann insoweit auf den allgemeinen Teil der Erläuterungen Abschn. V Nr. 6 verwiesen werden.

§ 229 entspricht den beiden ersten Absätzen des § 136. Da diese Vorschrift bisher auf das kollegialgerichtliche Verfahren zugeschnitten war, jetzt aber unter den Vorschriften über das amtsgerichtliche Verfahren steht, mußte überall das Wort »Vorsitzender« durch ein anderes ersetzt werden. Der Entwurf schlägt vor, »Vorsitzender« durch »Richter« zu ersetzen und das Wort »Gericht« nur da zu gebrauchen, wo im kollegialgerichtlichen Prozeß das Kollegium zu entscheiden hat. Dadurch wird zugleich die im Abschnitt über das landgerichtliche Verfahren vorzunehmende Anpassung der Vorschriften über das amtsgerichtliche Verfahren an die Bedürfnisse des kollegialgerichtlichen Prozesses erleichtert (vgl. hierzu § 465 d. E.).

§ 230 entspricht dem geltenden § 136 Abs. 3 und 4 und regelt näher, wann eine schriftliche Verhandlung (§ 228 Abs. 2 d. E.) als geschlossen anzusehen ist. Der Richter soll die Möglichkeit haben, den Schluß der Verhandlung ausdrücklich festzusetzen; dies kann auch in der Weise geschehen, daß er im voraus erklärt, er betrachte mit einem bestimmten Zeitpunkt die Verhandlung als geschlossen (vgl. auch § 228 Abs. 2 und die Erläuterung dazu). Hat der Richter den Schluß der Verhandlung nicht selbst bestimmt, so ist zu unterscheiden, ob die zu treffende Entscheidung der Verkündung bedarf, was auch bei den ohne mündliche Verhandlung ergehenden Urteilen der Fall ist (§ 303 d. E.) oder, wie z. B. ein ohne mündliche Verhandlung erlassener Beweisbeschluß durch Zustellung wirksam wird (§ 336 Abs. 2 d. E.). Bei den erstgenannten Entscheidungen gilt als Verhandlungsschluß im Zweifel die Anberaumung des Verkündungstermins, bei den anderen die Übergabe der Entscheidung an die Geschäftsstelle zur Herbeiführung der Zustellung. Der Verkündungstermin ist im Sinne dieser Vorschrift naturgemäß schon dann anberaumt, wenn der Richter die Terminsverfügung zur Geschäftsstelle gegeben hat, also nicht erst mit der Bekanntmachung an die Parteien.

Die **§§ 231 –234** enthalten die Neuregelung des amtsgerichtlichen Güteverfahrens. Im allgemeinen Teil dieser Erläuterungen — Abschn. IV, 2, b, α — ist die grundsätzliche Stellungnahme des Entwurfs zum Gütegedanken beleuchtet und dargelegt, weshalb an diesem Gedanken festgehalten werden soll. Dort ist aber auch bereits angedeutet, daß zu prüfen blieb, ob den gegen die bisherige Ausgestaltung des Güteverfahrens erhobenen Bedenken nicht teilweise Rechnung zu tragen ist: Zurzeit bedeutet das Güteverfahren ein vom eigentlichen Prozeß scharf getrenntes Vorverfahren. In ihm tritt noch keine Rechtshängigkeit ein. Im Falle der Zurücknahme des Güteantrags besteht nach richtiger Ansicht die für die Klagerücknahme in § 271 Abs. 3 vorgeschriebene Kostenerstattungspflicht nicht. Es kann ferner im Güteverfahren bei Anerkenntnis des Beklagten kein Anerkenntnisurteil ergehen. Erst mit dem Übergang zum Streitverfahren wird, wenn auch mit rückwirkender Kraft, die Rechtshängigkeit herbeigeführt und nunmehr erst die Möglichkeit zu einer anderen als vergleichsweisen Erledigung der Sache geschaffen. Die damit eingerichtete scharfe Zäsur zwischen Güte- und Streitverfahren hatte unter anderem auch zur Folge, daß der Antragsteller, der für das Güteverfahren nur die halbe Prozeßgebühr vorauszuzahlen brauchte, bevor zum Streitverfahren übergegangen werden kann, noch eine zweite halbe Gebühr vorauszahlen muß. Verfolgt man die Begründung der gegen das Güteverfahren gerichteten Angriffe, so zeigt sich, daß sie sich im wesentlichen gegen diese und andere aus der scharfen Zäsur zwischen Güte- und Streitverfahren sich ergebenden prozeßtechnischen Schwierigkeiten richten. Würde man die Zäsur beseitigen, so wären damit die wesentlichsten gegen das bisherige Verfahren erhobenen Bedenken ausgeräumt.

Allerdings ist damit das Ziel der Novelle, aus dem Güteverfahren ein den Prozeß selbst verhütendes, in ganz anderen Formen als dieser sich abspielendes Vorverfahren zu machen, zum Teil aufgegeben. Aber es hat sich in den 6 Jahren, in denen die Novelle von 1924 in Kraft ist, gezeigt, daß dieses Ziel unter den bestehenden Umständen auch mit den geltenden Vorschriften nicht voll erreicht werden kann. Da sich das Güteverfahren vor demselben Richter abspielt, der auch im Streitverfahren entscheidet, haben sich weder Richter noch Parteien, insbesondere auch deren Anwälte davon abbringen lassen, das Güteverfahren nach der Schablone des Prozesses zu betreiben. Wird doch vielfach der Güteantrag mit dem Wort »Güteklage« überschrieben und ganz im Stil einer Klage abgefaßt. Ob sich dieser Zustand auf der Grundlage der geltenden Vorschriften ändern läßt, erscheint recht zweifelhaft. Die überwiegende Meinung geht dahin, daß ein vom Prozeß wirklich im inneren Wesen und äußeren Verlauf verschiedenes Güteverfahren nur möglich sei, wenn es sich ausschließlich vor besonders dazu ausgewählten Güterichtern abspielt. Mit einer solchen Regelung würde man aber den Vorteil preisgeben, daß bei ergebnislosem Verlauf das Güteverfahren keinen nutzlosen Zeitaufwand bedeutet, sondern der Vorbereitung und damit Beschleunigung des folgenden Streitverfahrens dient; es würde in allen Fällen, in denen es nicht zur Einigung führt, eine starke Verzögerung des Verfahrens bedeuten und eine willkommene Gabe für säumige oder böswillige Schuldner sein.

Nach alledem bleibt nur der Ausweg, das Güteverfahren künftig als einen nach der Klageerhebung, also im Prozesse selbst eintretenden Vortermin auszugestalten. Daß dies ohne Preisgabe des eigentlichen Gütegedankens möglich ist, zeigt das Beispiel des Arbeitsgerichtsprozesses, in dem sich das so gestaltete Güteverfahren praktisch in hohem Maße vergleichsfördernd erwiesen hat. Man wird auch nicht übersehen dürfen, daß ein schon im ersten Termin nach der Klageerhebung erfolgreiches Güteverfahren der prozeßvorbeugenden Wirkung keineswegs entbehrt, da immerhin das eigentliche Streitverfahren und der mit ihm verbundene Verlust an Zeit und Arbeitskraft von Parteien, Parteivertretern und Richtern vermieden wird. Bei der ersten Einführung des Güteverfahrens hätte die Gefahr bestanden, daß es ohne die Zäsur zwischen Güte- und Streitverfahren überhaupt nicht beachtet werden, sondern ebenso wirkungslos bleiben würde, wie der durch § 18 EntlVO. alter Fassung vorgeschriebene Güteversuch. Nachdem nun aber das Güteverfahren sich eingelebt hat und, wie die Statistik ergibt, zu erheblicher Wirkung gelangt ist, wird man hoffen können, daß es auch nach Fortfall der Zäsur zwischen Güte- und Streitverfahren ernsthaft angewendet wird. Immerhin ist, damit der jetzt durch die Zäsur zwischen Güte- und Streitverfahren sich ergebende Zwang für die Parteien sich in eine Erörterung über die Möglichkeiten eines gütlichen Ausgleichs einzulassen, nicht ganz fortfällt, in § 233 Abs. 1 Satz 2 vorgesehen, daß in die Streitverhandlung erst eingetreten werden soll, nachdem die Partei, die dies beantragt, sich auf die in § 232 vorgesehene Erörterung eingelassen hat. Dieser Zwang zur Einlassung auf eine sachliche Erörterung der Ausgleichsmöglichkeiten bedeutet für die Parteien keine Unbilligkeit. Es steht jeder Partei ja frei, nach Prüfung der Vorschläge des Gegners und der Anregungen des Gerichts einen Vergleich abzulehnen. Es wäre verfehlt, den Zwang zu einer Aussprache über Vergleichsmöglichkeiten als einen Zwang zum Vergleich aufzufassen. Im übrigen hat die Erfahrung gelehrt, daß sich oft Parteien, die anfangs einen Vergleich grundsätzlich ablehnten, doch von der Nützlichkeit eines solchen überzeugten, sobald sie nur zu einer gründlichen Aussprache darüber gebracht werden konnten.

Im übrigen sind die Vorschriften der §§ 499 b Abs. 3, 499 c, 499 e und f grundsätzlich beibehalten und nur soweit abgeändert, als dies dadurch erforderlich wird, daß das Güteverfahren den Charakter eines vor der Klage liegenden Vorverfahrens verliert.

Aus der neuen Fassung ergibt sich vor allem, daß, wenn vor Eintritt in das Streitverfahren der Beklagte anerkennt oder der Kläger die Klage zurücknimmt, ebenso zu verfahren ist, als wenn sich die gleichen Vorgänge im Streitverfahren selbst abspielten, also der Beklagte nach seinem Anerkenntnis verurteilt oder dem Kläger auf Antrag des Beklagten durch Beschluß die Tragung der Prozeßkosten auferlegt wird. Die Vorschrift des § 499 f Ab. 1 g. F., wonach, wenn beide Parteien im Gütetermin ausbleiben, das Gericht den Güteantrag für zurückgenommen zu erklären hat, ist vielfach angegriffen worden; sie erledigt sich durch die neue Regelung des § 233 Abs. 3 d. E., danach soll, wenn beide Parteien ausbleiben oder beim Ausbleiben nur einer die andere den Eintritt ins Streitverfahren nicht beantragt, das Gericht je nach den Umständen entweder einen neuen Termin zur Güteverhandlung anberaumen oder das Ruhen des Verfahrens anordnen.

Aus den gleichen Gründen wie gegenwärtig gemäß § 495 a Abs. 1 Satz 2 soll auch künftig vom Güteverfahren ganz abgesehen werden können (§ 234 d. E.).

§ 235 gibt den jetzigen § 137 Abs. 1 und § 139 Abs. 1, 2 wieder. § 137 Abs. 2 und 3 sind im § 237 d. E. enthalten.

§ 236 entspricht dem jetzigen § 272 b, die zu Nr. 1 des zweiten Absatzes gemachte Einschaltung »in geeigneten Fällen unter Fristsetzung gemäß § 239« soll die zur Zeit bestehende Streitfrage, ob im Rahmen einer vorbereitenden Anordnung aus § 272 b g. F. auch eine Fristsetzung gemäß § 279 a g. F. möglich ist, in bejahendem Sinne entscheiden.

§ 237 entspricht dem Abs. 2 und 3 des § 137.

Die Änderung der Fassung des Abs. 2 will lediglich klarstellen, daß die Bezugnahme auf Schriftstücke nicht die Verhandlung ersetzen, sondern nur die mündliche Verhandlung in Einzelheiten ergänzen darf.

§ 238 Abs. 3 ist neu gefaßt worden. Mit Rücksicht auf die in § 228 Abs. 3 den Parteien auferlegte Wahrheitspflicht erschien es nicht angängig, in den hier in Betracht kommenden Fällen eine Erklärung mit Nichtwissen als »unzulässig« zu bezeichnen.

Zu § 239. Soll der in § 279 a g. F. enthaltene Gedanke der Novelle 1924 organisch in den Entwurf eingefügt werden, so muß sein erster Teil, der dem Gericht zur Pflicht macht, die Parteien unter Fristsetzung zur schriftlichen Erklärung über bestimmte, der Aufklärung bedürftige Punkte aufzufordern, unter die Vorschriften gesetzt werden, die die Erklärungslast der Parteien behandeln, während der zweite, die Folgen des Unterbleibens der Erklärung regelnde Teil an der bisherigen Stelle, also im Anschluß an § 279 g. F. (§ 261 d. E.) zu bringen ist (§ 262 d. E.).

§ 240 enthält die grundsätzlich unveränderte Wiedergabe des § 272 a, die neue Fassung nimmt jedoch darauf Rücksicht, daß die Zustellung der vorbereitenden Schriftsätze — im amtsgerichtlichen Verfahren schon jetzt und künftig auch allgemein — von Amts wegen bewirkt wird. Das Gericht wird bei der Setzung der Frist und Anberaumung des Verkündungstermins darauf achten müssen, daß genügend Zeit bleibt, um die Zustellung des eingereichten Schriftsatzes vor dem Termin zu ermöglichen, gelingt dies gleichwohl nicht, so wird eine Verlegung des Verkündungstermins erforderlich werden.

Zu § 241. Nach geltendem Recht kann — abgesehen vom eigentlichen Güteverfahren (§ 499 b Abs. 3, vgl. § 231 Abs. 2 d. E.) — zum bloßen Sühneversuch das persönliche Erscheinen der Parteien nicht mit Strafzwang angeordnet werden, da § 296 nur auf § 141 Abs. 2 Bezug nimmt. Dies wurde meist als eine unverständliche Subtilität empfunden, ja von einzelnen als bloßes Redaktionsversehen betrachtet. § 241 d. E. behandelt deshalb die verschiedenen Möglichkeiten der Anordnung des persönlichen Erscheinens gleich. Sonstige Änderungen der Fassung des geltenden § 141 erschienen nicht erforderlich, da er sich in der Praxis reibungslos eingelebt hat.

Nach § 241. Die bisherigen §§ 142, 143 erscheinen mit Rücksicht auf § 236 als entbehrlich.

Zu §§ 242—254. Hier konnten die Vorschriften der geltenden §§ 144—156 sachlich unverändert übernommen werden.

Zu § 255. Die Vorschrift des § 157 der geltenden Zivilprozeßordnung gehört zu denen, die in neuerer Zeit am heftigsten umstritten sind. Nicht nur die Rechtskonsulenten sind dauernd dagegen vorstellig geworden, daß es in das Belieben des Gerichts gestellt wird, ob sie zur Verhandlung vor den Amtsgerichten zuzulassen sind oder nicht, auch bestimmte Kreise der rechtsuchenden Bevölkerung haben sich dagegen gewendet, daß das Gesetz sie in der Auswahl ihres Prozeßbevollmächtigten vor den Amtsgerichten beschränkt. Man hat sogar geltend gemacht, die Monopolstellung, die § 157 den Anwälten gegenüber den Rechtskonsulenten einräume, sei mit dem Grundsatz der Reichsverfassung (Art. 109), daß alle Deutschen vor dem Gesetz gleich seien, unvereinbar. Diese Auffassung ist freilich nicht haltbar. Wie auch die Spitzenorganisation der Rechtskonsulenteninnungen, der Reichsbund deutscher Rechtsbeistandsverbände, anerkannt hat, befinden sich unter den Rechtskonsulenten so zahlreiche unzuverlässige Elemente, daß ihre freie Zulassung zum Auftreten vor den Gerichten eine schwere Schädigung der Rechtspflege bedeuten würde. Hiervon abgesehen würde auch die wirtschaftliche Existenz der Amtsgerichtsanwaltschaft dadurch ernstlich gefährdet, und es bedarf keines Beweises, daß die Erhaltung dieser Anwaltschaft ebenfalls im dringenden Interesse der Rechtspflege liegt.

Auf der anderen Seite läßt sich kaum bezweifeln, daß der durch § 157 der Zivilprozeßordnung g. F. geschaffene Rechtszustand keineswegs befriedigt. Der Richter wird dadurch, daß es, von geringen Ausnahmen (Abs. 4 des § 157) abgesehen, in seiner Hand liegt, ob er einen geschäftsmäßigen Vertreter zur Verhandlung zulassen will oder nicht, vielfach in eine peinliche Lage gebracht. Häufig drängen ihn die vor ihm auftretenden Anwälte, von dem Zurückweisungsrecht möglichst ausnahmslosen Gebrauch zu machen, während andererseits eine solche Maßnahme Rechtskonsulenten gegenüber, deren Geschäftsführung keinerlei Bedenken unterliegt, als unbillige Härte erscheint. Die Rechtskonsulenten wieder beklagen mit Grund die völlige Ungewißheit, der sie ausgesetzt sind. An größeren Gerichten steht ihnen oft die eine Tür offen, während ihnen die benachbarte verschlossen bleibt, und an kleinen Gerichten kann es eintreten, daß sie, nachdem sie jahrelang für ihre Klienten verhandeln durften, plötzlich bei einem Richterwechsel davon ausgeschlossen und damit in ihrer Existenz bedroht werden.

Um diese Schwierigkeiten zu vermeiden, hat die Rechtskonsulenteninnung vorgeschlagen, die in § 157 Abs. 4 vorgesehene Ausnahme dahin umzugestalten, daß die Mitglieder dieser Innung dem Ausschluß von der Verhandlung nicht unterliegen. Gleichzeitig hat sie sich bereit erklärt, die Aufnahme in die Innung von einer staatlich zu beaufsichtigenden Eignungsprüfung abhängig zu machen. Die Zivilprozeßkommission, die sich mit der Frage der Umgestaltung des § 157 der Zivilprozeßordnung besonders eingehend befaßt hat, war sich einig, daß dieser Weg, der eine bestimmte Organisation monopolisieren und einen Anwaltsstand zweiter Klasse neben den Rechtsanwälten schaffen würde, nicht gangbar ist, ganz abgesehen davon, daß die Bestimmung des Maßes von Kenntnissen, die ein zuzulassender Rechtskonsulent besitzen muß, kaum lösbare Schwierigkeiten bereiten würde.

Ferner wurde erwogen, ob man nicht, ähnlich wie im § 12 des Mieterschutzgesetzes und § 11 des Arbeitsgerichtsgesetzes, Vertreter von Organisationen unbeschränkt zulassen könnte. Aber auch dieser Weg erschien ungangbar, weil er nur in Verfahren, die Streitigkeiten bestimmter Gruppen der Bevölkerung zum Gegenstande haben, Erfolg verspricht. Im gewöhnlichen Prozeß würde eine solche Vorschrift praktisch zur Beseitigung des § 157 führen. Jeder Konsulent könnte aus seinen Klienten eine Organisation, z. B. einen Gläubigerschutzverband, bilden und als Organ dieses Verbandes vor Gericht erscheinen.

Da somit andere Wege nicht gangbar sind, bleibt zur Beseitigung der bestehenden Rechtsunsicherheit nur noch der Weg übrig, daß man nach dem Vorbild des Arbeitsgerichtsgesetzes die nicht unter die Ausnahme des geltenden § 157 Abs. 4 fallenden Konsulenten von Gesetzes wegen von der Verhandlung ausschließt, also nicht von Fall zu Fall das freie richterliche Ermessen entscheiden läßt. Nach Äußerungen aus dem Richterstande läßt sich annehmen, daß eine solche Lösung von den Richtern als Fortschritt begrüßt werden würde. Den Wünschen der Rechtskonsulenten, die auch ihrerseits die dem Gericht eingeräumte Ermessensmacht bekämpfen, würde diese Änderung ebenfalls entgegenkommen, zumal, wenn die Beschränkung, die heute § 157 Abs. 4 den Landesjustizverwaltungen hinsichtlich der Zulassung von Rechtskonsulenten auferlegt, elastischer gestaltet wird. Freilich mußte der Entwurf bei der Umgestaltung des jetzigen § 157 (Abs. 3 des § 255) sehr vorsichtig verfahren. Der Grundsatz, daß bei der Zulassung von Rechtskonsulenten die Bedürfnisfrage im Hinblick auf die Zahl der bei dem Gerichte zugelassenen Rechtsanwälte zu prüfen ist, mußte aufrechterhalten bleiben.

Für die vom Entwurf vorgeschlagene Lösung spricht namentlich die Erwägung, daß, wenn man generelle Ausnahmen wie im Arbeitsgerichtsprozeß oder im Mietaufhebungsprozeß vom Ausschluß der Konsulenten für den gewöhnlichen Prozeß nicht machen kann, die für jeden einzelnen Konsulenten gesondert erforderlich werdende Entscheidung besser einheitlich von der Verwaltungsbehörde als von dem jeweiligen Prozeßrichter nur für den einzelnen Prozeß getroffen wird.

Es wurde ferner noch erwogen, ob nicht die Ausschließung der nicht zugelassenen Rechtskonsulenten auch auf die Vertretung vor den Amtsgerichten außerhalb der mündlichen Verhandlung auszudehnen sei, wie dies im Arbeitsgerichtsgesetz geschehen ist. Einen dementsprechenden Vorschlag macht Levin S. 55 seiner Schrift »Schutz der freien Rechtsanwaltschaft«, wobei er empfiehlt, die von ihm entworfenen Vorschriften in den

Abschnitt »Prozeßbevollmächtigte und Beistände« aufzunehmen. Gegen eine solche Regelung sprechen aber zwei Erwägungen. Da einer schriftlichen Eingabe in vielen Fällen nicht ohne weiteres anzusehen ist, ob sie ein geschäftsmäßiger Parteivertreter unterzeichnet hat, würde eine große Rechtsunsicherheit eintreten, zumal auch verschiedene Instanzen die Frage, ob der Vertreter das Verhandeln vor Gericht geschäftsmäßig betreibt, verschieden beurteilen können. So wäre es z. B. möglich, daß der von einer Partei eingelegte Einspruch gegen ein Versäumnisurteil vom Amtsgericht zunächst als zulässig behandelt wird, während in der Berufungsinstanz das Landgericht zu der Annahme kommt, daß der Bevollmächtigte, der den Einspruch eingelegt hat, von der Vertretung ausgeschlossen ist. In diesem Falle wäre der Einspruch als unzulässig zu behandeln und könnte wegen Ablaufs der Frist auch nicht mehr nachgeholt werden. Selbst die Wirksamkeit von Zustellungen an Parteivertreter, kann, wie die Praxis des arbeitsgerichtlichen Verfahrens bereits gezeigt hat, noch nachträglich in Frage gestellt werden, wenn ein später mit der Sache befaßtes Gericht den vom erkennenden Gericht zugelassenen Bevollmächtigten als geschäftsmäßig handelnden Parteivertreter betrachtet. Solche Härten wären um so weniger erträglich als andererseits der praktische Erfolg der Ausschließung von Rechtskonsulenten von der Vertretung auch außerhalb der Verhandlung leicht umgangen werden kann. Der Rechtskonsulent braucht ja die Partei, die er vertritt, nur zu veranlassen, die von ihm verfaßte Eingabe selbst zu unterzeichnen, um ihre Zulassung zu erreichen.

Zu §§ 257, 258. Daß die geltenden Vorschriften über die sogenannten prozeßhindernden Einreden den heutigen prozeßrechtlichen Anschauungen nicht mehr entsprechen, wird allseitig anerkannt. Abgesehen von dem dem Wesen der Sache nicht entsprechenden Ausdruck entbehrt es der inneren Rechtfertigung, daß auch die Geltendmachung der von Amts wegen zu berücksichtigenden Voraussetzungen eines Sachurteils als prozeßhindernde Einrede behandelt wird, und infolge dieser Ungenauigkeit das Gesetz, was es in § 274 Abs. 1 ausspricht, in Abs. 3 zum großen Teil wieder zurücknehmen muß. Stein empfahl, die sämtlichen Vorschriften über prozeßhindernde Einreden in den Abschnitt Urteil zu verlegen und dort zu sagen, daß eine Sachentscheidung nur ergehen dürfe, wenn der Rechtsweg zulässig, die Parteien der deutschen Gerichtsbarkeit unterworfen seien usw. Dem Entwurf erscheint indessen diese etwas lehrbuchartige Behandlung des Gegenstandes im Gesetz nicht erforderlich. Es wird deshalb vorgeschlagen, eine einfache praktische Lösung zu wählen. Der Entwurf begnügt sich damit, unter Vermeidung des Ausdrucks »prozeßhindernde« Einreden im § 257 nur diejenigen Einreden des § 274 aufzuführen, die wirkliche Einreden sind, also Prozeßmängel betreffen, die nur berücksichtigt werden, wenn sich der Beklagte darauf beruft. Im § 258 wird dann der Grundsatz des § 275 g. F., der bereits durch die Novelle 1924 neuzeitlichem Bedürfnis angepaßt war, sachlich unverändert übernommen und nur hinzugefügt, daß ebenso wie bei den Einreden auch verfahren werden kann, wenn wegen der von Amts wegen zu berücksichtigenden Unzuständigkeit, wegen der Rechtshängigkeit, der Zulässigkeit des Rechtswegs oder der Partei- oder Prozeßfähigkeit einer Partei oder hinsichtlich ihrer gesetzlichen Vertretung Bedenken aufgetaucht sind.

In einem der Prozeßreform gewidmeten Aufsatz in der Zeitschrift »Iudicium« 1929 S. 113 hat Senatspräsident Philippi in Hamburg vorgeschlagen, das eine »prozeßhindernde Einrede« verwerfende Urteil nur dann selbständig anfechtbar zu machen, wenn das Gericht die Anfechtung zuläßt. Eine solche Maßnahme dürfte aber entbehrlich sein. Will das Gericht die selbständige Anfechtung vermeiden, so kann es über die Prozeßfrage zugleich mit der Hauptsache entscheiden. Die Vorabentscheidung wird nur dann nötig, wenn man die Ermöglichung ihrer selbständigen Anfechtung gerade für zweckmäßig erachtet.

§ 259 vereinigt die geltenden Vorschriften der §§ 276 und 506. Im Interesse der Verfahrensvereinfachung ist am Schluß des Abs. 1 vorgesehen, daß, solange die Klage noch nicht zugestellt ist, der Verweisungsbeschluß ohne Verhandlung ergehen kann; dies wird namentlich dann praktisch werden, wenn erst aus dem Mißlingen der Klagezustellung klar wird, daß der Beklagte, der im Gerichtsstand des Wohnsitzes verklagt werden sollte, seinen Wohnsitz in den Bezirk eines anderen Gerichts verlegt hatte.

Zu §§ 260—262. Diese Vorschriften entsprechen mit geringen Änderungen den geltenden §§ 278 bis 279 a. Daß ein Teil des § 279 a im Entwurf in § 239 wiedergegeben wird, ist schon in der Erläuterung zu diesem Paragraphen erwähnt und begründet worden. Der Zusatz am Schluß des § 262 soll lediglich das, was schon heute § 279 a besagt, verdeutlichen.

Hinsichtlich der grundsätzlichen Bedeutung dieser Vorschriften und der Gründe für ihre Übernahme in den Entwurf kann auf den allgemeinen Teil dieser Erläuterungen (Abschn. IV, 1 b und e sowie V, 4) verwiesen werden.

Die **§§ 263—276** geben die geltenden §§ 280—293 wieder, an deren Fassung hauptsächlich nur geringfügige sprachliche Änderungen vorgenommen sind. Die in § 270 Abs.1 d. E. am § 287 g. F. vorgenommenen Änderungen dienen der Anpassung an die in § 434 ff. vorgeschlagene Ersetzung des Eidesbeweises durch Parteivernehmung.

§ 277 entspricht dem geltenden § 294, dessen Fassung er nur insoweit ändert, als es die Rücksicht auf die Ersetzung des Parteieides durch Parteivernehmung erheischt.

§ 278 hat § 295 g. F. nur insoweit geändert, als statt »der nächsten mündlichen Verhandlung« aus den schon mehrfach erwähnten Gründen gesagt ist »der nächsten Verhandlung«.

§ 279 gestaltet den § 296 g. F. entsprechend der Eigenart des amtsgerichtlichen Prozesses und in Anlehnung an § 57 Abs. 2 ArbGG. um. Daß zum Zweck des Sühneversuchs jederzeit das persönliche Erscheinen der Parteien angeordnet werden kann, ergibt sich bereits aus § 241 (vgl. auch die Erläuterung zu dieser Vorschrift). Zur Vermeidung von Zweifeln ist endlich noch klargestellt, daß § 241 auch dann Anwendung findet, wenn der Sühneversuch von einem ersuchten Richter vorgenommen wird.

§§ 280—288 entsprechen den geltenden §§ 159—165 und 299. Es sind daran im wesentlichen nur die Änderungen vorgenommen, die durch die Anpassung der Vorschriften an das amtsgerichtliche Verfahren erforderlich wurden. Die Neufassung des § 281 Abs. 2 Nr. 2 soll der Umgestaltung des Parteieides in eine Parteivernehmung Rechnung tragen. Die in § 161 ZPO. g. F. enthaltene Vorschrift, die in gewissen Fällen die Aufzeichnung der Aussagen von Zeugen und Sachverständigen entbehrlich macht, ist in § 282 d. E. auf die Feststellung der Ergebnisse eines Augenscheins ausgedehnt, weil hier die gleichen Erwägungen wie bei der Feststellung von Zeugenaussagen durchgreifen dürften.

Zweiter Titel.

Urteil.

Die **§§ 289, 290, 291** geben §§ 300, 308 und 301 g. F. mit geringfügigen sprachlichen Änderungen wieder.

Zu § 292. Bereits in den Erläuterungen nach § 212 ist darauf hingewiesen, weshalb der Entwurf die Vorschriften der §§ 256— 259 g. F. in den Abschnitt Urteil herübergenommen hat. Die sachlich nicht erhebliche Fassungsänderung, insbesondere die Voranstellung des in Abs. 1 ausgesprochenen, bisher in der Zivilprozeßordnung nur stillschweigend vorausgesetzten Grundsatzes beruht auf einer Anregung Steins.

Zu § 293. Auch die Versetzung dieser, bisher im § 721 untergebrachten Vorschrift in den Abschnitt Urteil ist von Stein angeregt. Die Anregung erscheint um so begründeter, als es sich dabei um eine durch das Urteil zu gewährende richterliche Leistungsfrist handelt. Eines Ersatzes für die in § 721 Abs. 2 g. F. enthaltenen Verweisungen auf §§ 714, 716 g. F. wird es nicht bedürfen, da es sich von selbst versteht, daß im Urteil eine Räumungsfrist nur bewilligt werden kann, wenn der Antrag spätestens in der letzten mündlichen Verhandlung gestellt ist und da die Anwendung des geltenden § 321 auf diesen Fall durch die jetzige Fassung dieses Paragraphen (313 d. E.) gesichert ist.

Zu § 294. Die Einordnung des früheren § 256 in die Vorschriften über das Urteil beruht ebenfalls auf den in den Erläuterungen nach § 212 angestellten Erwägungen. Noch ausdrücklich hinzuzufügen — wie Stein vorgeschlagen hat —, daß fehlendes Feststellungsinteresse die Abweisung der Klage aus sachlichen Gründen nicht ausschließt, dürfte sich erübrigen, da die jetzige Einordnung und Fassung der Vorschrift deutlich erkennen läßt, daß es sich nur um die Voraussetzung eines dem Kläger günstigen Sachurteils handelt, das Gericht also schon deshalb nicht gehindert sein kann, eine Feststellungsklage, die sich als sachlich unbegründet erweist, auch dann sachlich abzuweisen, wenn das rechtliche Interesse an der Feststellung nicht dargetan ist.

Zu § 295. Im geltenden Recht ist der sogen. Gestaltungsurteile keine Erwähnung getan. Dies ist von Stein mit Recht als eine Lücke bezeichnet worden. Seinem Vorschlag, die Voraussetzungen der Gestaltungsurteile im Entwurf klarzulegen, war um so mehr zu entsprechen, als sich der Entwurf noch an anderen Stellen, z. B. in §§ 314, 335 mit den Gestaltungsurteilen zu beschäftigen hat.

Es war noch erwogen worden, ob es sich nicht empfehle, entsprechend den in Wissenschaft und Praxis ausgebildeten Grundsätzen klarzustellen, daß ein Kläger auch abgesehen von der für Feststellungsklagen in § 256 g. F. gegebenen Sonderregelung mit seiner Klage nicht durchdringen kann, wenn es am rechtlichen Interesse an der Beschreitung des Klagewegs fehlt, was z. B. der Fall ist, wenn der Kläger seinen Kostenerstattungsanspruch aus § 91 ZPO. statt in dem in §§ 103 ff. ZPO. vorgesehenen Beschlußverfahren im Klagewege verfolgt. Nach dem Ergebnis der Beratungen der Zivilprozeßkommission hat es indessen der Entwurf vorgezogen, die Lösung der Frage nach wie vor der Wissenschaft und Praxis zu überlassen, da eine gesetzgeberische Festlegung des Rechtsschutzgedankens, wenn sie sich damit begnügen wollte, bestimmte Einzelfälle des fehlenden Rechtsschutzinteresses hervorzuheben, das Problem nicht erschöpfen würde und bei einer allgemeineren Formulierung leicht Fälle getroffen werden können, in denen die Abschneidung des Klagewegs zu unbilligen Ergebnissen führen würde.

§ 296 entspricht dem § 302 g. F.

Zu § 297. Die Neufassung des bisherigen § 303 stellt die Fassung wieder her, die diese Vorschrift vor der Novelle 1924 gehabt hat. Die in der Novelle angeordnete Ausschließung eines Zwischenurteils über selbständige Angriffs- oder Verteidigungsmittel beruht auf einem Beschlusse des Rechtsausschusses des Reichstags, dem die Reichsregierung widerraten hatte. Die Praxis hat diese Änderung des § 303 als unzweckmäßig empfunden, weil das Zwischenurteil über selbständige Angriffs- und Verteidigungsmittel mit Rücksicht auf § 318 g. F. (= § 310 d. E.) ein vorzügliches Mittel ist, den Prozeßstoff zu beschränken und auf einem vom Gericht für spruchreif erachteten Teilgebiet neues Vorbringen der Parteien abzuschneiden.

Die **§§ 298—301** enthalten eine sachlich unveränderte Wiedergabe der §§ 304—307 g. F.

Zu § 302. Die Neufassung des § 309 g. F. trägt zunächst dem Umstande Rechnung, daß nach dem Entwurf (wie auch schon nach dem geltenden Recht) Entscheidungen auf Grund schriftlicher Verhandlungen ergehen können. Ferner ist eine Streitfrage entschieden, die sich bei der Anwendung der Vorschriften über Aktenlageentscheidungen ergeben hat. Man hat vielfach angenommen, daß, wenn in einem Aktenlageurteil die Ergebnisse einer voraufgegangenen mündlichen Verhandlung zu berücksichtigen seien, nur der an dieser früheren Verhandlung beteiligte Richter das Urteil fällen könne. Der Entwurf verwirft in Übereinstimmung mit der herrschenden Meinung diese Auffassung. Bei dem Aktenlageurteil findet insofern, als dabei nach der früheren mündlichen Verhandlung eingegangene Schriftsätze und Beweismaterialien zu berücksichtigen sind, eine z. T. schriftliche Verhandlung statt, die im Sinne von § 309 g. F. die Urteilsgrundlage bildet. Deshalb ist das Aktenlageurteil von dem Richter zu erlassen, der den Verhandlungstermin abgehalten hat, in dem die Voraussetzungen für die Entscheidung begründet wurden. Erscheinen also z. B. in einer spruchreifen Sache in einem nach einer früheren mündlichen Verhandlung anberaumten Verhandlungstermin beide Parteien nicht, so ist der Richter, der diesen Termin abhält, an dem Erlaß eines Aktenlageurteils auch dann nicht gehindert, wenn der voraufgegangene Verhandlungstermin von einem anderen Richter abgehalten war. Die gleichen Grundsätze sind anwendbar, wenn bei einer Entscheidung ohne mündliche Verhandlung im Sinne von § 228 Abs. 2 d. E. neben dem schriftlichen Vorbringen der Parteien das Ergebnis einer früheren mündlichen Verhandlung zu berücksichtigen ist. Deshalb ist im § 302 d. E. auch diese Frage geklärt worden.

§ 303 gibt den bisherigen § 310 wieder und schreibt die Verkündung auch für Urteile vor, die ohne mündliche Verhandlung auf Grund von § 228 Abs. 2 d. E. erlassen werden. Die bisherige Regelung des § 7 EntlVO., die bei Urteilen im schriftlichen Verfahren die Verkündung durch Zustellung der Urteilsformel ersetzte, hat in der Praxis vielfach zu unliebsamen Verwicklungen Anlaß gegeben. Insbesondere bestand Unklarheit darüber, ob, wenn statt der Urteilsformel das fertige Urteil zugestellt wurde, damit auch die für den Lauf der Rechtsmittelfristen notwendige Zustellung ersetzt sei. Die Frage würde künftig, da der Entwurf allgemein die Urteilszustellung von

Amts wegen vorsieht, erhöhte Bedeutung gewinnen. Sie ist bisher vom Reichsgericht mit Recht verneint worden. Es würde deshalb immer eine doppelte Zustellung erforderlich sein, zuerst die Zustellung der Urteilsformel, die die Verkündung ersetzt, und danach die Zustellung des vollständigen Urteils. Es ginge auch nicht an, positiv vorzuschreiben, daß die Zustellung des vollständigen Urteils auch ohne vorherige Zustellung der Urteilsformel genüge, um die Rechtsmittelfrist in Lauf zu setzen, da mit der Möglichkeit gerechnet werden muß, daß die Zustellung nur einer Partei gegenüber gelingt und dann der anderen Partei gegenüber das Urteil überhaupt noch nicht in Wirksamkeit getreten wäre. Als sicherster Weg zur Vermeidung aller dieser Schwierigkeiten erscheint es deshalb, auch bei den auf Grund schriftlicher Verhandlung ergehenden Urteilen die Verkündung vorzuschreiben.

§ 304 ändert den geltenden § 311 nur insoweit ab, als dies dadurch erforderlich wird, daß die Kostenentscheidung bei Klagerücknahme im Beschlußverfahren ergeht und wegen der Ersetzung des Parteieides durch Parteivernehmung das bedingte Endurteil fortfällt.

§§ 305 bis **308** entsprechen den geltenden §§ 312 bis 315.

Zu § 309. Im allgemeinen Teil dieser Erläuterungen, Abschn. V 1 (S. 278) ist bereits näher dargelegt, weshalb auch für die Zustellung der Urteile der Amtsbetrieb vorgesehen ist, und daß zur Vermeidung unnötiger Zustellungen Versäumnisurteile nur der Partei zuzustellen sind, zu deren Ungunsten sie ergangen sind. Damit rechtfertigt sich Abs. 1. Der Abs. 2 soll in Verbindung mit § 770 d. E., wie gleichfalls schon a. a. O. eingehender dargelegt ist, es ermöglichen, daß trotz der Zustellung von Amts wegen in den Fällen, in denen dies heute möglich ist, auch künftig die Zustellung vom Gerichtsvollzieher zugleich mit der Pfändung bewirkt werden kann. Abs. 3, 4, 5 des § 309 d. E. entsprechen den Abs. 2, 3, 4 des geltenden § 317.

§§ 310, 311 entsprechen den geltenden §§ 318, 319. § 311 ändert jedoch den geltenden § 319 insofern ab, als das Wort »offenbar«, dessen Auslegung in der Praxis, namentlich in neueren Entscheidungen des Reichsgerichts und Reichsarbeitsgerichts zu einer unerwünschten Beschränkung der Berichtigungsbefugnis des Gerichts geführt hat, durch eine Fassung ersetzt wird, die deutlicher zeigt, worauf es bei der Anwendung dieser Vorschrift ankommt.

Zu § 312. Der bisherige § 320 ist insoweit geändert, als die allgemeine Einführung der Zustellung von Amts wegen und die Abstellung der Vorschrift auf das amtsgerichtliche Verfahren dies erforderlich macht. Sodann ist zur Entlastung der Gerichte die mündliche Verhandlung über den Antrag fakultativ gemacht. Endlich läßt der Entwurf auch die im geltenden Recht für den Antrag auf Tatbestandsberichtigung vorgesehenen Fristen fallen, weil in Einzelfällen auch nach Ablauf der dreimonatigen Frist des § 320 Abs. 2 die Parteien noch nicht im Besitze einer vollständigen Urteilsausfertigung waren. Unzuträglichkeiten dürften sich aus dem Fortfall der Fristen nicht ergeben, weil es im eigenen Interesse der Beteiligten liegt, einen Berichtigungsantrag so zeitig als möglich zu stellen.

Zu § 313. Der bisherige § 321 ist ebenfalls mit den durch die Einführung des Amtsbetriebs erforderlichen Änderungen versehen, ferner ist in Abs. 1 auf § 293 Bezug genommen, zu vgl. hierzu die Erläuterung zu diesem Paragraphen.

Vor § 314. Der Entwurf bringt im Vollstreckungsteil im wesentlichen nur diejenigen Vorschriften, die das Vollstreckungsverfahren selbst betreffen.

Die Vorschriften über die Vollstreckbarerklärung von Urteilen gehören unter diesem Gesichtspunkt nicht in den Vollstreckungsteil, finden vielmehr ihren Platz besser hier in dem dem Urteil gewidmeten Abschnitt.

Zu § 314. Abs. 1 entspricht im wesentlichen dem geltenden § 709 Nr. 4, sucht aber dabei die z. Zt. zum Teil zweifelhaften Fragen, inwieweit auf Klageabweisung, auf Rechtsgestaltung oder auf Feststellung lautende Urteile für vorläufig vollstreckbar erklärt werden können, positiv zu regeln.

Abs. 2 entspricht den geltenden §§ 708 und 709 Nr. 1, 3. (709 Nr. 2 ist fortgelassen, weil diese Vorschrift mit Rücksicht auf das Arbeitsgerichtsgesetz ihre praktische Bedeutung im wesentlichen verloren hat. Zurzeit unterliegen zwar noch Streitigkeiten der Schiffsbesatzung, die in § 2 des Arbeitsgerichtsgesetzes von der Zuständigkeit der Arbeitsgerichte ausgenommen sind, der Entscheidung der ordentlichen Gerichte, es ist aber damit zu rechnen, daß hier in absehbarer Zeit durch Umgestaltung der Seemannsordnung eine Änderung eintritt.) In Nr. 1 sind den Anerkenntnisurteilen, weil dies praktisch zweckmäßig erscheint, die selbständigen Kostenurteile gleichgestellt. Die Läuterungsurteile und die in § 708 Nr. 5 g. F. erwähnten Urteile im Arrestverfahren sind im Entwurf nicht vorgesehen, mußten also aus der Aufzählung fortbleiben.

§ 315 entspricht dem geltenden § 710, **§ 316** in seinem ersten Satz dem § 704 Abs. 2 g. F. Der zugefügte zweite Satz beruht auf der Erwägung, daß die für Ehe- und Vaterschaftssachen vorgesehene Ausschließung der vorläufigen Vollstreckbarkeit auch in sonstigen Fällen angebracht ist, in denen das Urteil seinem Inhalt nach erst mit der Rechtskraft wirken kann, wie z. B. bei einer Klage aus § 1418 oder § 2342 des Bürgerlichen Gesetzbuchs. Der Fall der Verurteilung zu einer Willenserklärung fällt jedoch nicht darunter, hier ist vielmehr in § 981 (früher 895) die Wirkung der vorläufigen Vollstreckbarkeit einer solchen Verurteilung besonders geregelt.

Zu § 317. In § 869 d. E. wird in ähnlicher Weise, wie in den §§ 707, 719 g. F. die vorläufige Einstellung der Vollstreckung, z. B. weil gegen das vorläufig vollstreckbare Versäumnisurteil der Einspruch eingelegt ist, ermöglicht. Nun kann die vorläufige Vollstreckbarkeit eines Urteils aber auch noch andere als Vollstreckungswirkungen haben, z. B. nach § 106 Abs. 1 die Grundlage für eine Kostenfestsetzung bilden oder nach dem Anfechtungsgesetz die Anfechtungsklage rechtfertigen. Der neue § 317 will klarstellen, daß auch zur Abwendung dieser Vollstreckbarkeitswirkungen entsprechend den in §§ 869—872 d. E. aufgestellten Grundsätzen verfahren werden kann.

Die **§§ 318—324** entsprechen den §§ 712—717. In § 322 ist wie in § 112 die Erlassung des Beschlusses über Rückgabe einer Sicherheit dem Rechtspfleger übertragen und gleichzeitig auch ein Weg angegeben, auf dem die Wirkung der Sicherheitsleistung durch Bürgschaft beseitigt werden kann.

Zu § 324 Abs. 3 ist noch folgendes zu bemerken.

Der ihm entsprechende Abs. 3 des § 717 g. F. mildert die Schadensersatzpflicht der Partei, die ein später aufgehobenes oder abgeändertes vorläufig vollstreckbares Urteil vollstreckt hat, »für die in § 708 Nr. 7 g. F. bezeichneten Urteile der Oberlandesgerichte«. Damit waren nach der bis zur Novelle 24 geltenden Fassung alle Urteile der Oberlandesgerichte mit Ausnahme der Versäumnisurteile gemeint. Durch die Novelle 24, die in § 708 Nr. 3 g. F. alle Versäumnisurteile für vorläufig vollstreckbar erklären läßt, ist jedoch in § 708 Nr. 7 g. F. der Zusatz »mit Ausnahme der Versäumnisurteile« gestrichen worden, so daß jetzt die Ausnahmevorschrift des § 717 Abs. 3 g. F. nach dem Wortlaut des Gesetzes auf alle oberlandesgerichtlichen Urteile einschließlich der Versäumnisurteile anwendbar ist. Da diese Änderung des vor der Novelle bestehenden Rechtszustandes innerlich nicht gerechtfertigt, sondern nur darauf zurückzuführen ist, daß bei der Redaktion die Auswirkung, die die Änderung des § 708 Nr. 7 für § 717 Abs. 3 hatte, nicht genügend berücksichtigt wurde, schlägt der Entwurf vor, die Vorschrift des jetzigen § 324 Abs. 3 ausdrücklich auf kontradiktorische Urteile der Oberlandesgerichte zu beschränken.

Zu §§ 325, 326. Auch die bisherigen §§ 705, 706, die sich mit dem Eintritt und dem Nachweis der Rechtskraft befassen, finden nach dem Aufbau des Entwurfs ihren Platz am besten im Abschnitt über das Urteil.

Zu § 327. Die Vorschriften der ZPO. über die Rechtskraft gehören zu den umstrittensten Teilen des Gesetzes. Stein hat dem Gesetz namentlich zum Vorwurf gemacht, daß es lediglich die Entscheidung über den Anspruch der Rechtskraft unterwerfe, während doch auch rein prozessuale Entscheidungen, z. B. über die Zuständigkeit, der Rechtskraft fähig seien.

Man hat weiter beklagt, daß das Gesetz nicht erkennen lasse, inwieweit die Rechtskraft einer Entscheidung Einwendungen entgegenstehe, die zwar den im Urteil festgestellten Anspruch betreffen, aber im früheren Verfahren noch nicht geltend gemacht werden konnten. Ein solcher Fall liegt z. B. vor, wenn der zunächst allein die Gültigkeit des Kaufvertrags bestreitende Käufer verurteilt wird, gegen Lieferung des Kaufgegenstandes den Kaufpreis zu zahlen, und nach Rechtskraft der Entscheidung, als er dem Urteil genügen will, feststellt, daß die Ware mangelhaft sei. Solche Fragen regelt das Gesetz im § 767 ganz einseitig für das Vollstreckungsverfahren, eine allgemeine Regel, wie in solchen Fällen die Rechtskraft wirkt, fehlt.

Endlich ist bemängelt, daß in den §§ 325 ff. die Frage, inwieweit die Rechtskraft eines Urteils über die Parteien hinaus wirkt, willkürlich nur für wenige Einzelfälle behandelt sei, während es sich um ein allgemeineres Problem handele. So ergebe sich aus den Vorschriften des Gesetzes z. B. nicht, inwieweit sich die Rechtskraft des im Prozeß zwischen Hauswirt und Mieter über Beendigung des Mietsverhältnisses ergangenen Urteils auch auf einen Rechtsstreit zwischen dem Hauswirt und dem Untermieter des Mieters aus § 556 Abs. 3 BGB. auswirke. Ebensowenig sei aus den Rechtskraftvorschriften der Prozeßordnung zu entnehmen, daß das über den normativen Teil eines Tarifvertrags zwischen den Tarifvertragsparteien ergangene Urteil für und gegen die Parteien des Einzelarbeitsvertrages Recht schaffe.

Demgegenüber den Versuch zu machen, eine Formel für die Wirkung der Rechtskraft zu finden, die den Forschungsergebnissen der neueren Wissenschaft gerecht wird und zugleich eine für alle Fälle passende Begrenzung für die Ausdehnung der Rechtskraftwirkung bringt, erscheint wenig aussichtsvoll.

Auf der anderen Seite wäre es verfehlt, wenn man jetzt, nachdem sich die Praxis mit der vorhandenen, wenn auch nicht einwandfreien Regelung gut abgefunden hat, nur deshalb, weil sich eine vollkommene Lösung nicht finden läßt, auch die vorhandene Lösung aus dem Gesetz entfernen und wie die österreichische ZPO. sich im wesentlichen mit dem Grundsatz des § 322 begnügen, alles übrige der Wissenschaft überlassen wollte.

Der Entwurf schlägt deshalb vor, im wesentlichen die vorhandene Regelung zu übernehmen und nur im § 327 das Wesen der Rechtskraft unter Vermeidung des bisher hier gebrauchten Wortes Anspruch zweckentsprechender zu umschreiben, als dies bisher geschehen ist. Ferner soll im Abs. 2 klargestellt werden, daß im Fall der Aufrechnungseinrede auch die Entscheidung darüber, daß gegen die Klageforderung wirksam aufgerechnet ist, der Rechtskraft fähig sein soll.

§ 328 entspricht den Abs. 1—3 des geltenden § 323 Abs. 4, der aus den Bedürfnissen der Inflationszeit heraus durch Ges. v. 13. August 1919 eingefügt wurde, ist gestrichen worden: die Frage, inwieweit ein Vergleich oder eine vollstreckbare Urkunde infolge veränderter Umstände die bindende Kraft verliert, hat weder mit der Rechtskraft etwas zu tun noch bedarf sie überhaupt einer Regelung im Prozeßrecht, sie ist vielmehr allein nach den Grundsätzen des materiellen Rechts zu entscheiden (zu vgl. auch Stein-Jonas, Anm. IV zu § 323; ferner Lucas, JurW. 25 S. 737).

§ 329 d. E. gibt § 324 g. F. unverändert wieder.

In den §§ 330, 331, 332 sind die §§ 325, 326, 327 g. F. unverändert wiedergegeben.

Zu § 333. Die Fassung der Eingangsworte beruht auf der Erwägung, daß nicht die Anerkennung des Urteils, sondern die Wirkung seiner Rechtskraft im Inlande der entscheidende Gesichtspunkt ist.

Die Vorschrift des letzten Absatzes, die die Ausnahmen von dem in Abs. 1 Nr. 5 aufgestellten Erfordernis der Gegenseitigkeit enthält, ist in bezug auf die Scheidungsurteile, die über deutsche Ehegatten im Ausland ergangen sind, erweitert worden. Bisher konnte bei der Prüfung der Wirksamkeit solcher Urteile von dem Erfordernis der Gegenseitigkeit nur abgesehen werden, wenn in Deutschland für die Scheidungsklage überhaupt kein Gerichtsstand, auch nicht der Hilfsgerichtsstand des § 606 Abs. 2 (i. E. § 571) gegeben war. Da nun aber nach Abs. 1 Nr. 3 des § 333 in solchen Fällen die Wirksamkeit der Scheidung ohnehin davon abhängt, daß deutsches Scheidungsrecht angewendet ist, so besteht kein Grund in den Fällen, in denen die Ehegatten im Ausland einen dem deutschen Begriff des allgemeinen Gerichtsstands entsprechenden Gerichtsstand hatten, eine der Vorschrift des Abs. 1 Nr. 3 genügende ausländische Ehescheidung nur mangels Gegenseitigkeit für im Inlande unwirksam zu erklären und die Ehegatten zur Wiederholung des Scheidungsprozesses im Inlande zu nötigen.

§ 334 gibt die aus systematischen Gründen an § 333 anzuschließenden Vorschriften der §§ 722, 723 ohne sachliche Änderung inhaltlich wieder.

Zu § 335. Es liegt im Wesen der Gestaltungsurteile, daß sie eine unmittelbare rechtsändernde materiellrechtliche Wirkung ausüben. Ist nun durch ein solches in einem ausländischen Staate ergangenes Urteil nach dessen Recht eine Rechtsänderung herbeigeführt und ist bei der Beurteilung des davon betroffenen Rechtsverhältnisses von einem deutschen Gericht nach den Regeln des internationalen Privatrechts das Recht jenes Staates anzuwenden, so muß die danach durch die ausländische Entscheidung herbeigeführte Rechtsänderung berücksichtigt werden, ohne daß es darauf ankommen kann, ob die Gegenseitigkeit verbürgt ist oder nicht. Das muß z. B. gelten, wenn ein in einem ausländischen Staate ergangener Schiedsspruch durch ein Gericht dieses Staates aufgehoben ist. Denn der ausländische Schiedsspruch nimmt seine Kraft aus dem für ihn anwendbaren Recht;

ist er nach diesem Recht vernichtet, so kann er auch in anderen Ländern nicht als wirksam behandelt werden. Ebenso verhält es sich, wenn ein deutsches Gericht darüber befinden soll, ob ein Ausländer, der in Deutschland heiraten will, noch in gültiger Ehe lebt. Ist diese Ehe von dem zuständigen ausländischen Gericht geschieden worden, nach dessen Recht die Ehefähigkeit des Ausländers zu beurteilen ist, so besteht die Ehe materiell nicht mehr, ohne daß es darauf ankommen kann, ob hinsichtlich der Anerkennung von Urteilen im Verhältnis zu dem in Betracht kommenden ausländischen Staate die Gegenseitigkeit verbürgt oder der Ausnahmefall des § 328 Abs. 2 g. F. gegeben ist (zu vgl. a. Stein-Jonas, Anm. VIII C zu § 328 a. E.), ähnlich ist die Rechtslage auch bei anderen Gestaltungsurteilen, z. B. Aufhebung eines Vertrags, eines Generalversammlungsbeschlusses durch Richterspruch usw. Der neue § 335 sucht diesen Gedankengängen gesetzgeberischen Ausdruck zu geben.

Hiernach deckt der neue § 335 einen großen Teil der durch § 333 Abs. 2 Satz 1 d. E. geregelten Fälle, so daß dessen Vorschrift nur für diejenigen ausländischen Urteile praktische Bedeutung hat, die nicht unter § 335 fallen, z. B. für ein Scheidungsurteil, das über Ausländer in einem Staate erlassen ist, der nicht ihr Heimatstaat ist.

Zu § 336. Der erste Satz des bisherigen § 329 nimmt keine Rücksicht auf die in Gestalt einer Aktenlageentscheidung ergehenden Beschlüsse, die, wenn sie in Abwesenheit beider Parteien gefaßt werden, nicht auf einer mündlichen Verhandlung beruhen. Die Neufassung trägt diesem Umstande Rechnung. Beschlüsse, die in einem Verfahren ohne mündliche Verhandlung gemäß § 228 Abs. 2 erlassen werden, fallen nicht unter den Verkündungszwang, werden vielmehr nach § 336 Abs. 2 durch Zustellung wirksam. Daß Urteile im Verfahren gemäß § 228 Abs. 2 der Verkündung bedürfen, ist in § 303 Satz 2 ausgesprochen und in der Erläuterung zu diesem Paragraphen begründet. Die sonstigen Änderungen des bisherigen § 329 bezwecken lediglich, die Fassung dem amtsgerichtlichen Verfahren, bei dem der im geltenden Text mit erwähnte beauftragte Richter nicht in Betracht kommt, anzupassen.

Dritter Titel.

Versäumnisurteil und Entscheidung nach Lage der Akten.

Das Versäumnisverfahren ist in der Zivilprozeßkommission besonders eingehend beraten worden. Es gilt dies namentlich auch für die Frage, inwieweit hier eine Annäherung an die Grundsätze der österreichischen ZPO. angezeigt erscheint.

Die Besonderheiten des österreichischen Versäumnisverfahrens sind namentlich folgende:

1. Ein Versäumnisurteil ist nicht mehr möglich, nachdem der Beklagte rechtzeitig die Klagebeantwortung eingereicht hat. Bleibt danach in einem Termin eine Partei aus, so ergeht gemäß § 399 öst.ZPO. eine unserer Aktenlageentscheidung entsprechende Entscheidung.

2. Im Versäumnisverfahren gelten auch bei Säumnis des Klägers die gleichen Grundsätze, die bei uns (§ 331) bei Säumnis des Beklagten gelten (§ 396 öst.ZPO.).

3. Gegen ein Versäumnisurteil gibt es Berufung oder Wiedereinsetzung in den vorigen Stand (§§ 146 ff. öst.ZPO.).

Es läßt sich nicht verkennen, daß die unter 1 und 3 aufgeführten Grundsätze des österreichischen Rechtes sehr erhebliche Vorteile bieten. Sie verhindern es, daß eine Partei, die mutwillig oder aus Nachlässigkeit säumig wurde, das Versäumnisurteil durch eine einfache, nur an eine Frist, nicht aber an irgendwelche sachlichen Voraussetzungen gebundene Erklärung beseitigen kann, und sie verhindern ferner, daß im Verlaufe eines Prozesses das Gericht bei Säumnis einer Partei selbst dann zu deren Ungunsten entscheiden muß, wenn es den Rechtsstreit zu einer ihr günstigen Entscheidung für reif erachtet. Gleichwohl hat sich die Angleichung an die österreichische ZPO. als unausführbar erwiesen. Die hierfür maßgebenden Hauptgesichtspunkte, die in der JurW. 1928 S. 2676 ff. ausführlicher erörtert sind, sind kurz folgende:

Will man gegen ein Versäumnisurteil statt des Einspruchs nur Wiedereinsetzung in den vorigen Stand zulassen, so muß man, wie das auch die öst.ZPO. getan hat, der im Versäumnisverfahren unterlegenen Partei die Berufung eröffnen, damit sie nachprüfen lassen kann, ob in dem Versäumnisurteil aus dem als zugestanden zu betrachtenden Sachverhalt die richtigen rechtlichen Folgerungen gezogen sind. Das ist aber nur dann unbedenklich, wenn die unterlegene Partei in der Berufungsinstanz nicht mehr die Möglichkeit hat, die im bisherigen Verfahren infolge ihres Ausbleibens unterlassenen Erklärungen nachzuholen. Denn andernfalls würde die Berufung gegen ein Versäumnisurteil dahin führen, daß die sachliche Behandlung des Rechtsstreits statt in der ersten in der zweiten Instanz beginnt, die Parteien also eine Tatsacheninstanz ganz verlieren. In Österreich ist diesem Gesichtspunkt durch den völligen Ausschluß des beneficium novorum in der Berufungsinstanz Rechnung getragen. Dieser Ausschluß geht so weit, daß der im Versäumnisverfahren verurteilte Beklagte auch das einfache Bestreiten der Klagebehauptung nicht mehr nachholen kann. Der Ausschluß des Einspruchs gegen ein Versäumnisurteil hätte deshalb zur Voraussetzung, daß in Deutschland statt der geltenden freien Berufung die österreichische beschränkte Berufung eingeführt wird. Ein dahingehender Vorschlag würde jedoch ungeachtet der für ihn sprechenden erheblichen sachlichen Gründe bei der in der deutschen Wissenschaft und Praxis herrschenden Anschauung wenig Aussicht auf Erfolg haben. In den Erläuterungen zum Berufungsverfahren wird hierauf noch näher einzugehen sein.

Nur schwer durchführbar ist ferner die Übernahme der österreichischen Vorschrift, daß nach dem Eingang der Klagebeantwortung ein Versäumnisverfahren nicht mehr stattfinden kann. Denn die Übernahme der Einrichtung der ersten Tagsatzung und der Klagebeantwortungsfrist, die die Grundlage für diese Regelung des österreichischen Prozeßrechts bildet, empfiehlt sich aus mancherlei Gründen, vor allem wegen der für viele Sachen dadurch eintretenden Verschleppungsgefahr nicht. Außerdem aber wird das, was die österreichische ZPO. mit der Klagebeantwortungsfrist und der bei ihrer Versäumung bestehenden Möglichkeit der Erlassung eines Versäumnisurteils ohne mündliche Verhandlung erreicht, bei uns durch das Mahnverfahren vollwertig ersetzt.

Unter Berücksichtigung aller dieser Erwägungen erscheinen weitere Änderungen am Versäumnisverfahren als diejenigen, die bereits die Novelle von 1924 gebracht hat, nicht angezeigt. Diese Änderungen beseitigen jedenfalls den Hauptübelstand, den das bisherige Recht aufwies, nämlich die Möglichkeit, daß sich eine Partei im Vertrauen auf den an keine sachlichen Voraussetzungen gebundenen Einspruch lediglich zum Zwecke der Verschleppung kontumazieren läßt. Denn der allein erschienene Gegner hat die Möglichkeit, statt des Versäumnisurteils eine Entscheidung nach Lage der Akten zu beantragen, die den Prozeß für die Instanz erledigt. Es bleibt zwar die Möglichkeit, daß bei entscheidungsreifer Sache im Falle des Ausbleibens der Partei, die den Prozeß gewinnen müßte, ohne Berücksichtigung der Ergebnisse des voraufgegangenen Verfahrens ein Versäumnisurteil zu deren Ungunsten ergeht. Das ist aber ein Nachteil, den die davon betroffene Partei in aller Regel durch Sorgfalt abwenden kann. Auf der anderen Seite ist nicht zu verkennen, daß oft am Ende eines Prozesses eine Partei nur deshalb ausbleibt, weil sie den Verlust des Prozesses voraussieht und hinnehmen will, und in solchen Fällen ist das Versäumnisurteil die für alle Beteiligten einfachste Form der Erledigung.

Aus diesen Erwägungen erklärt es sich, daß der Entwurf die Vorschriften der §§ 330—347 g. F. in den **§§ 337—356** im wesentlichen unverändert übernommen hat.

Einer besonderen Erörterung bedürfen nur noch die **§§ 339** und **357**, die den bisherigen §§ 331 a und 251 a entsprechen und die Aktenlageentscheidung zum Gegenstande haben. Die prozeßpolitische Bedeutung der Aktenlageentscheidung als einer notwendigen Folge der Beseitigung der Parteiherrschaft über die Termine ist in Abschn. IV, 1, b (S. 255) des allgemeinen Teiles dieser Erläuterungen dargelegt. Daraus ergibt sich bereits die Notwendigkeit ihrer Beibehaltung vom Standpunkte des Entwurfs aus. In den Erläuterungen zu § 228 ist ferner näher dargelegt, weshalb der Entwurf auch bei der Aktenlageentscheidung davon absieht, die Frage, inwieweit nicht vorgetragenes Schriftsatz- und Beweismaterial zu berücksichtigen ist, gesetzgeberisch näher zu regeln. Nur in einem Punkte hat der Entwurf eine Änderung vorgenommen. Er beschränkt die Zulässigkeit des Aktenlageurteils nicht mehr auf die Fälle, in denen bereits eine mündliche Verhandlung stattgefunden hat. Berichte aus der Praxis haben gezeigt, daß diese Beschränkung oft als eine unerwünschte Abschwächung der Wirkung der neuen Einrichtung empfunden ist. Ohnehin setzt im übrigen die Aktenlageentscheidung, wenn sie gegen den Beklagten ergeht, voraus, daß dieser sich auf die Klage eingelassen hat; es besteht aber kein zwingender Grund, im ersten Verhandlungstermin eine schriftliche Einlassung der mündlichen nicht für gleichwertig zu erachten. Deshalb wird die Streichung der Worte »und nur, wenn in einem früheren Termin eine mündliche Verhandlung stattgefunden hat« vorgeschlagen. Aus der Praxis ist auch vorgeschlagen, von der Notwendigkeit eines Verkündungstermins abzusehen. Aber gerade der Umstand, daß von der Möglichkeit der ausgebliebenen Partei, bis zur Verkündung ihr Ausbleiben zu entschuldigen, sehr selten Gebrauch gemacht ist, läßt diese Vorschrift als unschädlich erscheinen. Anderseits ist sie ein nützliches Sicherheitsventil, das dazu dient, in Ausnahmefällen, die leicht vorkommen können, die Parteien vor unbilligem Schaden zu bewahren.

Zu erwähnen ist ferner noch, daß in **§ 349** der Satz 3 des ihm entsprechenden § 340 a g. F. wegen der generellen Vorschrift des § 137 d. E. fortbleiben konnte. Außerdem mußten auch die beiden ersten Sätze dieses Paragraphen in der Fassung geändert werden, da es sich nach §§ 172, 173, 134 d. E. von selbst versteht, daß die Anberaumung des Termins und die Zustellung der Einspruchsschrift von Amtswegen geschieht. Andererseits konnte die Vorschrift auch nicht ganz entbehrt werden, da sich aus ihr in Verbindung mit § 350 d. E. ergibt, daß die Zulässigkeit des Einspruchs erst in der Verhandlung zu prüfen ist, die Unzulässigkeit also nicht zur Versagung der Terminsanberaumung führen kann.

Vierter Titel.

Allgemeine Bestimmungen über die Beweisaufnahme.

Die **§§ 358—360** entsprechen den geltenden §§ 355—357. In § 358 hatte, weil er auf das amtsgerichtliche Verfahren abzustellen ist, die im geltenden § 355 Abs. 1 enthaltene Erwähnung des beauftragten Richters fortzufallen. In § 360 (bisher 357) sind die Vorschriften der geltenden §§ 367, 368 mit aufgenommen, weil sie sich systematisch am besten an den im § 360 ausgesprochenen Satz unmittelbar anschließen.

§ 361 entspricht dem bisherigen § 357 a. Der Fortfall des letzten, auf den Parteieid bezüglichen Satzes dieses Paragraphen erklärt sich aus der Ersetzung des Parteieides durch die Parteivernehmung.

§ 362 faßt die §§ 358, 359 g. F. zusammen. Das Streben des Entwurfs ist es, nach Möglichkeit Verhandlung, Beweiserhebung und Verhandlung über das Beweisergebnis in einem Termine zusammenzudrängen. Die in der Güteverhandlung gewonnene Vorbereitung in Verbindung mit §§ 236, 239 d. E. soll das ermöglichen. Wird dieses Ziel erreicht, so bedarf es keines besonderen Beweisbeschlusses. Dem trägt die Fassung des ersten Satzes Rechnung.

In Abs. 2 folgt die Änderung der Nr. 2 wie der Fortfall der Nr. 4 aus der Ersetzung des Parteieides durch Parteivernehmung.

§ 363 gibt den schon durch die Prozeßnovelle 1924 dem Bedürfnis der Praxis angepaßten § 360 g. F. unverändert wieder.

Nach § 363. Die Streichung des § 361 beruht auf der Anpassung der Vorschriften an das amtsgerichtliche Verfahren, bei dem eine Beweiserhebung durch einen beauftragten Richter nicht in Betracht kommt.

§ 364 entspricht dem geltenden § 362, überläßt jedoch die rein formale Tätigkeit des Erlasses eines Ersuchungsschreibens an ein anderes Gericht zur Entlastung der Richter für den Regelfall dem Rechtspfleger.

§ 365 entspricht dem § 363 g. F. Der § 364 g. F. ist nicht mit aufgenommen. Schon zur Zeit hat er jedenfalls nur geringe praktische Bedeutung, weil selten ein Fall eintreten wird, in dem die Parteien das Ersuchen im Ausland besser zu betreiben in der Lage wären als das Gericht. Es kommt hinzu, daß gegenwärtig die Zahl der fremden Staaten, die für einen Rechtshilfeverkehr in Betracht kommen, weit größer ist als früher und die Parteien die für jeden dieser Staaten maßgebenden Vorschriften schwer zu ermitteln vermögen. Alle diese Bedenken müssen vom Standpunkte eines Entwurfs aus, der sich grundsätzlich weitgehend zum Amtsbetrieb bekennt, besonders schwer wiegen.

§§ 366, 367 entsprechen den §§ 365, 366 g. F. mit den zur Anpassung an den amtsgerichtlichen Prozeß erforderlichen Änderungen (Fortlassung der den beauftragten Richter betreffenden Stellen). § 367 enthält außerdem auch eine sachliche Änderung gegenüber dem geltenden § 366: Das geltende Recht behält bestimmte bei Durchführung einer Beweisaufnahme von einem ersuchten Richter zu treffende Entscheidungen dem Prozeßgericht vor, während die übrigen dem ersuchten Richter überlassen bleiben. Die Abgrenzung ist in § 366 offengelassen und muß teils aus Einzelvorschriften, teils aus allgemeinen Erwägungen entnommen werden. Es wird keinen Bedenken begegnen und andererseits das Verfahren vereinfachen, wenn grundsätzlich der ersuchte Richter alle bei der Durchführung eines Beweisbeschlusses zu treffenden Entscheidungen, insbesondere auch die über die Berechtigung einer Zeugnisverweigerung selbst zu treffen befugt ist und es seinem Ermessen überlassen bleibt, ob ihm im Einzelfalle die Einholung der Entscheidung des Prozeßgerichts geboten erscheint.

§§ 368, 369 entsprechen den §§ 369, 370 g. F.

Fünfter Titel.

Beweis durch Augenschein.

Die **§§ 370, 371** geben die geltenden §§ 371, 372 im wesentlichen sachlich unverändert wieder, wobei im § 371 aus den wiederholt erwähnten Gründen die im § 372 g. F. enthaltene Erwähnung des beauftragten Richters fortgelassen ist.

Zu erwägen war, ob es auch künftig an jedem Zwang für eine Partei, die Vornahme des Augenscheins zu dulden, fehlen soll. Im Strafprozeß wird schon gegenwärtig angenommen, daß der Beschuldigte, ebenso wie die Durchsuchung seiner Wohnung zwangsweise durchgeführt werden kann, sich auch einer Augenscheinseinnahme unterwerfen muß, auch ist im Entwurf des Einführungsgesetzes zum Strafgesetzbuch vorgeschlagen, dem § 81 der Strafprozeßordnung Vorschriften anzufügen, die die Verpflichtung des Beschuldigten, eine körperliche Untersuchung zu dulden, näher regeln. Im Zivilprozeß, bei dem die Durchführung der richterlichen Sachaufklärung in weitem Umfange an die freiwillige Mitwirkung der Parteien gebunden ist, dürfte jedoch die Sachlage eine andere sein. Man würde sich mit der Einführung eines Zwanges zur Duldung der Augenscheinseinnahme auf ein sehr schwieriges Gebiet begeben, da sich leicht Fälle denken lassen, in denen ein solcher Zwang geradezu unbillig wäre, und die Formulierung der unter diesem Gesichtspunkt notwendigen Ausnahmen nicht leicht sein würde. Auf der anderen Seite ist nicht bekannt geworden, daß sich ernstliche praktische Unzuträglichkeiten aus dem Fehlen des Zwanges ergeben hätten. Die Partei, die sich ohne Angabe einleuchtender Gründe einer Augenscheinseinnahme entzieht, läuft ja auch Gefahr, daß dieser Umstand bei Würdigung des Prozeßergebnisses entscheidend zu ihren Ungunsten ins Gewicht fällt. Freilich hat sich noch nicht für alle Fälle eine einheitliche Auffassung darüber gebildet, inwiefern es zu Ungunsten einer Partei gewertet werden kann, wenn sie sich der notwendigen Mitwirkung zur Durchführung der von ihrem Gegner beantragten Beweisaufnahme entzieht, so namentlich nicht in den Fällen, wo zur Durchführung der Augenscheinseinnahme eine körperliche Untersuchung erforderlich ist. Die gleiche Frage kann auch beim Sachverständigenbeweis auftauchen, so namentlich neuerdings, wenn das Gericht eine Blutuntersuchung angeordnet hat. § 370 Abs. 2 sucht in Verbindung mit § 401 Satz 2 klarzustellen, daß in allen diesen Fällen das freie Ermessen des Richters entscheidet. Bei Ausübung des Ermessens wird das Gericht zu prüfen haben, ob nach der besonderen Lage des Falles der Partei die von ihr verlangte Mitwirkung bei der Beweiserhebung billigerweise zuzumuten ist und welcher Art die für ihre Weigerung vorgebrachten Gründe sind.

Sechster Titel.

Zeugenbeweis.

§§ 372, 373 geben die §§ 373, 375 g. F., soweit diese für das amtsgerichtliche Verfahren in Betracht kommen, sachlich unverändert wieder, wobei jedoch auch hier die in § 375 g. F. enthaltene Erwähnung des beauftragten Richters fortfallen mußte.

§ 374 entspricht dem geltenden § 376, berücksichtigt aber die Änderungsvorschläge, die Art. 80 des Entw. eines Einf. Ges. zum Strafgesetzbuch enthält.

§ 375 entspricht dem geltenden § 377 Abs. 1, 2. Er sieht aber in Abs. 2 Nr. 2 vor, daß der Gegenstand der Vernehmung nur im allgemeinen anzugeben ist, weil in vielen Fällen die wörtliche Angabe des Beweisthemas nicht ratsam ist, denn sie klärte Zeugen, die am Ausgang des Rechtsstreits nicht unbeteiligt sind, vorzeitig darüber auf, wie sie ihre Aussage einrichten müssen, um den Ausgang des Rechtsstreits in ihrem Sinne zu beeinflussen. Der letzte Absatz ist neu, er hängt damit zusammen, daß nach dem Entwurf des neuen Strafgesetzbuchs dem Zeugen eine Pflicht zur Erkundigung auferlegt werden kann (zu vgl. auch Art. 80 des Entw. e. EG. z. StGB.).

§ 376 gibt § 377 Abs. 3, 4 g. F. sachlich unverändert wieder.

§§ 377, 378 entsprechen den §§ 378, 379 g. F.

§ 379 übernimmt die in Art. 80 Nr. 12 des Entw. e. EG. z. StGB. enthaltenen Vorschläge zur Änderung des geltenden § 380.

§§ 380—385 enthalten nur diejenigen Änderungen der geltenden §§ 381 bis 386, die in Art. 80 des Entw. e. EG. z. StGB. vorgeschlagen sind. In § 385 Abs. 1 ist jedoch darüber hinaus klargestellt, daß die Berufung eines Zeugen auf die aus seiner Beamteneigenschaft sich ergebende Unzulässigkeit seiner Vernehmung (§ 374 d. E.) einer Zeugnisverweigerung gleichsteht.

§ 386 sucht die Vorschriften über das Verfahren bei Zeugnisverweigerungen (§§ 387—389 g. F.) zu vereinfachen. Dies dürfte um so mehr angebracht sein, als die Fälle, in denen es einer förmlichen Entscheidung über die Zeugnisverweigerung bedarf, praktisch äußerst selten sind. Daß künftig auch der ersuchte Richter über die Berechtigung einer Zeugnisverweigerung entscheiden kann, ergibt bereits § 367 d. E. Die Anfechtung seiner Entscheidung regelt sich nach den Vorschriften der §§ 542, 543 Abs. 4 d. E. (= §§ 576, 577 ZPO.).

Der **§ 387** ändert den geltenden § 390 nur insoweit, als dies den Vorschlägen des Entw. e. EG. z. StGB. entspricht. Dem gleichen Entwurf sind die neu vorgeschlagenen **§§ 389** und **391** Abs. 1 entnommen.

Zu § 388. Diese die geltenden §§ 391, 392 g. F. ersetzende Vorschrift nimmt zu dem schwierigen Problem Stellung, wie die von allen Seiten, insbesondere auch im Reichstag für notwendig erachtete Einschränkung des Zeugeneides erreicht werden kann und sucht es sachlich im gleichen Sinne wie der Entw. e. EG. z. StGB. (in der Anfang 1931 ihm gegebenen Fassung) zu lösen. Maßgebend waren insbesondere folgende Erwägungen:

Der Entwurf verfolgt die Richtung, die freie Beweiswürdigung des Richters in viel weiterem Umfang durchzuführen als das geltende Recht, insbesondere auch den das Gericht bindenden gestabten Parteieid durch eine frei zu würdigende Parteivernehmung zu ersetzen. Dieser Richtung entspricht es, den Richter auch hinsichtlich der Frage, welcher Druckmittel er bedarf, um Zeugen und Parteien zu einer wahrheitsgemäßen Aussage zu veranlassen, möglichst frei zu stellen.

Wer als Richter Gelegenheit gehabt hat, in großem Umfange Zeugenvernehmungen durchzuführen, wird stets die Erfahrung gemacht haben, daß absichtliche Falschaussagen viel seltener sind als die Fälle, in denen der Zeuge infolge unrichtiger Wahrnehmung, Trübung seines Erinnerungsvermögens, unbewußter Beeinflussung durch Dritte, innerer Voreingenommenheit usw. unrichtige Aussagen macht. Eine richtige Beweiswürdigung wird deshalb immer von dem psychologischen Scharfblick des Richters abhängen, der auch gegenüber subjektiv noch so gewissenhaft abgegebenen Zeugenaussagen nicht zu entbehren ist. Hat aber ein Richter das nötige psychologische Feingefühl, so wird er auch beurteilen können, wann ein Zeuge, um eine offene und vorbehaltlose Aussage von ihm zu erlangen, eines besonderen Druckes bedarf. Gewiß wird ein derartiges Druckmittel nie ganz zu entbehren sein, es genügt aber für die Regel, daß jeder Zeuge weiß, daß er mit der Möglichkeit seiner Beeidigung zu rechnen hat und daß der Richter in Einzelfällen, in denen ihm dies zweckmäßig erscheint, von dieser Möglichkeit auch Gebrauch macht. Es ist nicht erforderlich, daß jede Aussage unter Strafsanktion steht und nur der Parteiverzicht eine Ausnahme davon macht. Es kommt hinzu, daß in dem neusten deutschen Prozeßgesetz, dem Arbeitsgerichtsgesetz, diese Regelung bereits durchgeführt ist und sich in der Praxis bewährt hat. Dem kann auch nicht entgegengehalten werden, daß die Sachlage im arbeitsgerichtlichen Verfahren eine wesentlich andere ist als im gewöhnlichen Zivilprozeß. Gewiß mag die Zahl der Fälle, in denen die Sachprüfung mehr rechtlicher als tatsächlicher Art ist — Auslegung von Tarifverträgen u. dgl. — im arbeitsgerichtlichen Verfahren besonders groß sein. Gleichwohl gibt es auch dort zahlreiche Fälle mit schwierigen tatsächlichen Feststellungen, wenn es sich z. B. um Vorgänge bei Streiks und Aussperrungen, um die Berechtigung der fristlosen Entlassung eines Arbeitnehmers usw. handelt und gerade bei solchen Feststellungen hat das Arbeitsgericht in den seltensten Fällen uninteressierte Zeugen zu Gebote. Der Umstand, daß es sich in Fällen dieser Art, wie gelegentlich gesagt wird, um typische Prozesse handelt, hat mit der Frage, ob und wieweit man, um interessierte Zeugen zur Wahrheit anzuhalten, eines besonderen Druckmittels bedarf, nichts zu tun, ganz abgesehen davon, daß auch im bürgerlichen Verfahren ein großer Teil der Prozesse typisch sind, wie etwa Interventionssachen, Mietsstreitigkeiten usw. Im übrigen gibt es auch vor den Arbeitsgerichten bei der ihnen beigelegten umfassenden Zuständigkeit genug Prozesse, die außerhalb alles Typischen liegen, es sei nur an den kürzlich in letzter Instanz vom R. A. G. entschiedenen Fall erinnert, in dem eine Filmschauspielerin von einer Filmgesellschaft Schadensersatz beanspruchte, weil sie während einer Aufnahme, als sie ihrer Rolle gemäß einem anfahrenden Dreigespann in die Zügel fallen mußte, von den Pferden umgerissen und verletzt wurde. Endlich läßt sich auch aus den Vorschriften über die Wiederaufnahme des Verfahrens kein durchschlagendes Bedenken gegen die hier vorgeschlagene Regelung entnehmen. Allerdings kann zurzeit eine Wiederaufnahmeklage mit der Unrichtigkeit einer Zeugenaussage nur begründet werden, wenn der Zeuge wegen Eidesverletzung rechtskräftig verurteilt ist. Würde es nun nicht mehr in der Hand der Parteien, sondern im Ermessen des Gerichts liegen, ob ein Zeuge seine Aussage unter Strafsanktion macht, so würde den Parteien unter Umständen wider ihren Willen die Möglichkeit, durch eine Strafanzeige gegen einen Zeugen die Wiederaufnahme vorzubereiten, entzogen. Diese Erwägung kann aber für die Gestaltung des Zeugenbeweises nicht entscheidend sein. Schon heute sind die Fälle, in denen ein Zeuge grundsätzlich uneidlich zu vernehmen ist oder nur nach dem Ermessen des Gerichts zu beeidigen ist, recht häufig (§ 393). Ferner spielt der Wiederaufnahmegrund des § 580 Nr. 3 ZPO. auch unter dem heutigen Recht keine nennenswerte praktische Rolle. Im übrigen ist allen diesen Bedenken bereits durch die in § 546 Nr. 7 d. E. vorgeschlagene Umgestaltung der Wiederaufnahmevorschriften weitgehend Rechnung getragen..

§ 390 entspricht dem geltenden § 393. Nr. 3 und 4 des § 393 sind dabei fortgelassen, da hier die Beeidigung der Zeugen schon vom geltenden Recht in das Ermessen des Gerichts gestellt ist (§ 393 Abs. 2) und dieses Ermessen nach § 381 d. E. künftig allgemein Platz greift. Auch Nr. 2 wird fortfallen müssen, wenn die im Entwurf eines StGB. in Aussicht genommene Regelung, die die Unfähigkeit, als Zeuge eidlich vernommen zu werden, als Nebenfolge der Verurteilung wegen Meineides nicht mehr vorsieht, Gesetz wird.

§§ 392, 393 entsprechen den §§ 394, 395 g. F. Der Zusatz zum letztgenannten Paragraphen ist dem Art. 80 Nr. 22 des Entw. e. EG. z. StGB. entnommen.

§§ 394—397 entsprechen den §§ 396—399 ohne sachliche Änderungen.

§§ 398, 399 enthalten die den Vorschlägen des Entw. e. EG. z. StGB. sachlich entsprechende Fassung der geltenden §§ 400, 401.

Siebenter Titel.

Beweis durch Sachverständige.

Die **§§ 400—412** enthalten gegenüber den geltenden §§ 402—414 außer den durch den Entw. e. EG. z. StGB. angeregten Änderungen und dem schon in der Bemerkung zu §§ 370, 371 erwähnten Zusatz zu § 401 d. E. = 403 g. F., nur solche sprachlicher Art.

Achter Titel.

Beweis durch Urkunden.

In **§ 416** (früher 418) Abs. 2, 3 ist statt von Landesgesetzen vom Gesetz gesprochen, weil Vorschriften der hier gedachten Art auch reichsgesetzlich getroffen werden können, wie sich für den Fall des Abs. 3 usw. aus dem Personenstandsgesetz ergibt.

Im übrigen sind die wesentlichsten zu diesem Titel vom Entwurf vorgeschlagenen Änderungen in den **§§ 419—421** enthalten und betreffen den Editionseid.

Mit dem gestabten Parteieid — vgl. hierzu den folgenden Titel — wird auch der Editionseid als letzter Überrest rein formalen Beweises zu beseitigen sein. Er ist in einem ausschließlich auf freie Beweiswürdigung abgestellten Beweissystem entbehrlich. Nach § 419 (Neufassung des bisherigen § 421) ist der Gegner des Beweisführers, wenn er bestreitet, die Urkunde zu besitzen, über deren Verbleib nach den für die Parteivernehmung geltenden Vorschriften zu vernehmen. Ihm ist vor der Vernehmung aufzugeben, sorgfältig nach der Urkunde zu forschen. Die Vorlegung der Urkunde ist nur anzuordnen, wenn das Gericht in freier Würdigung der Ergebnisse der Vernehmung die Überzeugung erlangt, daß sich der Gegner des Beweisführers im Besitze der Urkunde befindet. Stellt sich bei der Vernehmung heraus, daß der Gegner die Urkunde beiseitegeschafft hat, so greift § 433 (bisher 444) ein. Entnimmt das Gericht aus der Vernehmung des Gegners des Beweisführers, daß er nach dem Verbleib der Urkunde nicht sorgfältig geforscht hat, so ist die Wirkung die gleiche, wie wenn er der Anordnung zur Vorlegung der Urkunde nicht nachkommt (§ 421 d. E.). **§ 420,** der die §§ 422, 423 zusammenfaßt, ändert diese noch insofern sachlich, als er dem Gegner des Beweispflichtigen ein Recht, die Vorlegung einer in seinem Besitz befindlichen Beweisurkunde zu verweigern, nur gibt, wenn er ein berechtigtes Interesse an der Verweigerung der Vorlegung glaubhaft macht. Diese Regelung wird manchen unfruchtbaren Streit über das Bestehen einer Vorlegungspflicht entbehrlich machen.

§ 422 sucht die geltenden §§ 428—431 nach Möglichkeit zu vereinfachen. Aus diesem Grunde ist unter anderem in § 422 Abs. 2 an Stelle der eingehenden Aufzählung des geltenden § 431 Abs. 2 der zusammenfassende Ausdruck »wenn der Beweisführer die Herbeischaffung der Urkunde verzögert« gewählt.

§ 423 entspricht dem geltenden § 432. Der zugesetzte vierte Absatz soll einem in der Praxis hervorgetretenen Bedürfnis entgegenkommen.

Zu § 424. Die Frage, inwieweit Beamte als Zeugen nur mit Genehmigung ihrer vorgesetzten Behörde vernommen werden können, war von jeher gesetzlich geregelt. Für die gleichartige Frage aber, inwieweit Akten einer Amtsstelle ohne Genehmigung der vorgesetzten Behörde den Parteien in einem Prozeß als Beweismittel zur Verfügung gestellt werden können, fehlt bisher eine Stellungnahme des Gesetzes. Der Entwurf sucht in § 424 diese Lücke dem praktischen Bedürfnis entsprechend auszufüllen.

Die ins einzelne gehenden Vorschriften über den Beweis der Echtheit von Urkunden, wie sie die geltenden §§ 441, 442 enthalten, dürften entbehrlich sein, da sie sich im wesentlichen aus den Grundsätzen der freien Beweiswürdigung von selbst verstehen und der nach § 441 Abs. 3 zur Anwendung kommende Editionseid abgeschafft ist.

Die sonstigen in diesem Titel enthaltenen Änderungen der geltenden Fassung der §§ 415—444 sind hauptsächlich sprachlicher Art.

Neunter Titel.

Beweis durch Parteivernehmung.

Den gestabten Eid mit seiner formalen Beweiskraft durch eine eidliche Parteivernehmung zu ersetzen, wird seit langem angestrebt. Auch bei den Beratungen des Reichstags über das neue Strafgesetzbuch ist die Ersetzung des Parteieides durch eine Parteivernehmung verlangt worden. Die Hauptnachteile des geltenden Systems liegen darin, daß ein Beweisverfahren, bei dem die eidespflichtige Partei nur eine kurze Formel zu beschwören hat und die freie Beweiswürdigung ausgeschaltet ist, kein geeignetes Mittel der Wahrheitserforschung darstellt. Es kann leicht der Fall eintreten, daß die Fassung der Eidesformel der eidespflichtigen Partei die Möglichkeit gibt, den Schwur zu leisten und damit den Prozeß zu gewinnen, während das Ergebnis ein anderes gewesen wäre, wenn sie sich über den ganzen Sachverhalt eingehend wie ein Zeuge hätte aussprechen müssen. Diese Gefahr ist um so größer, als es erfahrungsgemäß praktisch oft recht schwierig ist, die Eidesformel derart zu fassen, daß sie nur tatsächliche Angaben, nicht Rechtsbehauptungen enthält. So hat z. B. in Prozessen, bei denen es sich um die Gläubigeranfechtung handelt, das Reichsgericht eine Eideszuschiebung in der Form zugelassen, daß eine Partei bei einem Vertragsschluß die Absicht der Gläubigerbenachteiligung gehabt oder nicht gehabt habe.

Die österreichische Prozeßordnung (§§ 371 ff.) hat den Übergang vom gestabten Parteieid zur Parteivernehmung bereits vollzogen. In ihr ist die Beweiserhebung durch Parteivernehmung unabhängig von der Beweislast. Sie kann sowohl von Amts wegen wie auf Parteiantrag angeordnet werden und besteht in der Regel in der Vernehmung beider Parteien. Die Beeidigung erfolgt nur auf besondere Anordnung des Gerichts, es kann aber die eidliche Aussage über dieselbe Tatsache nur einer Partei aufgetragen werden. Das Beweismittel ist insofern subsidiär, als es nur stattfindet, wenn die Sachaufklärung durch die von den Parteien vorgebrachten oder etwa von Amts wegen zu erhebenden Beweise nicht zu erzielen ist.

Der Entwurf folgt in den meisten Punkten dem österreichischen Vorbild, hält es aber für zweckmäßiger, in den Fällen, in denen die Parteivernehmung auf Antrag einer Partei erfolgt, nur die Vernehmung des Gegners der beweispflichtigen Partei vorzuschreiben (**§ 434**). Die Parteivernehmung ist daher nach dem Entwurf in erster Linie ein in die Hand der Parteien gelegtes Beweismittel. Die **§§ 434** und **436** stellen klar, daß, von der in § 436 erwähnten Ausnahme abgesehen, die Vernehmung einer Partei auf Antrag ihres Gegners nur über Tatsachen angeordnet werden kann, hinsichtlich deren der Gegner beweispflichtig ist. Von einer der Zurückschiebung des Eides entsprechenden Einrichtung ist dabei abgesehen, da die Möglichkeit der Zurückschiebung des Eides mit den besonderen Eigentümlichkeiten des gestabten Eides zusammenhängt und in den Gedankengang der vom Entwurf vorgesehenen Neugestaltung nicht hineinpaßt.

Daneben besteht für das Gericht die Möglichkeit (**§ 438**), unter denselben Voraussetzungen, unter denen heute der richterliche Eid zulässig ist, von Amts wegen ohne Rücksicht auf die Beweislast die Vernehmung einer Partei oder beider anzuordnen. Daraus ergibt sich, daß das Gericht in geeigneten Fällen auch dann, wenn auf Antrag gemäß § 434 an sich nur eine Partei zu vernehmen war, von sich aus die Vernehmung auch der Gegenpartei anordnen kann.

Daß das Gericht die Vernehmung der Partei frei zu würdigen hat, ergibt sich aus § 269 d. E. (früher 286) von selbst, so daß sich eine dahingehende ausdrückliche Hervorhebung im Gesetz erübrigt. Wohl aber mußte die Bedeutung der Verweigerung der Aussage, die der Partei freistehen muß, geregelt werden. In Anlehnung an das österreichische Vorbild läßt auch hier der Entwurf (**§ 435**) freie Beweiswürdigung eintreten. Mit Rücksicht hierauf erübrigt es sich auch, besondere, die Aussageverweigerung rechtfertigende Gründe aufzuführen, die beim Zeugenbeweis nur wegen der dem Zeugen obliegenden Aussageverpflichtung notwendig sind.

Die Vorschriften der **§§ 440, 441** sind im wesentlichen an die österreichische Prozeßordnung (§§ 380 und 377) angelehnt. Die Beeidigung ist danach nur anzuordnen, wenn das Ergebnis der uneidlichen Befragung nicht ausreicht, um die Überzeugung des Gerichts zu begründen. Es steht zu erwarten, daß eine solche Regelung ähnlich wie in Österreich dahin führen wird, daß die Gerichte meist ohne Beeidigung der Parteien auskommen werden. Das Recht der freien Beweiswürdigung gilt grundsätzlich auch gegenüber einer beeideten Aussage. Praktisch wird aber das Gericht zur Beeidigung einer Partei nur gelangen, wenn es annimmt, daß sie unter dem Zwang des Eides ihre Aussage, soweit sie unwahr ist, berichtigen wird, und es wird dann nach Leistung des Eides die Aussage in der Regel für richtig halten. Gewinnt das Gericht schon aus der uneidlichen Aussage der Partei die Überzeugung, daß ihre Angaben unwahr sind, so wird es das Gericht meist zur Beeidigung nicht kommen lassen.

Daß beim Ausbleiben einer Partei im Vernehmungstermin die Aussage als verweigert gilt (**§ 442 d. E.**), bedeutet kein Abgehen von dem Grundsatz der freien Beweiswürdigung, da das Gericht frei zu bestimmen hat, welche Schlüsse es aus der Verweigerung der Aussage ziehen will. Da aber immer die Möglichkeit besteht, daß das Gericht die Aussageverweigerung einem Geständnis gleich behandelt, sieht **§ 443** in Umbildung der §§ 466, 467 g. F. die Möglichkeit nachträglichen Erbietens zur Vernehmung vor.

Zehnter Titel.

Verfahren bei der Abnahme von Eiden.

Hier sind nur die bereits in dem Entwurf zum EG. z. StGB. in Aussicht genommenen Änderungen vorgesehen, insbesondere ist in § 449 d. E. (bisher § 481) eine rein weltliche Form des Eides vorgeschlagen, um eine einheitliche Art der Eidesleistung sicher zu stellen.

Elfter Titel.

Sicherung des Beweises (§§ 452—458).

Die hier vorgenommenen Änderungen des geltenden Rechts dienen der Anpassung an den das künftige Verfahren beherrschenden Amtsbetrieb; das gilt auch für die Änderung des § 493 Abs. 2 g. F. im **§ 458** Abs. 2 d. E. Eine erhebliche Neuerung, die auf Anregungen aus der Praxis zurückgeht, enthält nur **§ 452 d. E.** Die neue Fassung berücksichtigt auch die Fälle, in denen zwar nicht mit dem Verlust von Beweismitteln zu rechnen ist, wohl aber die Gefahr besteht, daß ohne sofortige Beweiserhebung eine volle Aufklärung des Sachverhalts nicht mehr gelingen wird. Letzteres wird z. B. bei Verkehrsunfällen häufig der Fall sein, weil sich die Augenzeugen nach Verlauf längerer Zeit wichtiger Einzelheiten des Vorgangs weit weniger deutlich erinnern werden, als dies bei schleuniger Vernehmung der Fall sein würde.

Zwölfter Titel.

Schiedsurteilsverfahren (§ 459).

Die Vorschriften der Entlastungsverordnung über das auf Parteiantrag eintretende Schiedsurteilsverfahren (§§ 18, 19) haben nur geringes praktisches Leben gewonnen, insbesondere hat sich die Hoffnung, daß von § 19 reichlicher Gebrauch gemacht und dadurch das private schiedsgerichtliche Verfahren zurückgedrängt würde, nicht erfüllt. Es wird daher von der Übernahme dieser Vorschriften in die neue Prozeßordnung abzusehen sein. Dagegen hat sich das obligatorische Schiedsurteilsverfahren vor den Amtsgerichten (§ 20 EntlVO.) im allgemeinen bewährt. Wenn auch in Einzelfällen Fehlgriffe nicht ausgeschlossen sind, so fällt doch zugunsten des Schiedsurteilsverfahrens bedeutsam ins Gewicht, daß es den Amtsgerichten zahlreiche Möglichkeiten für eine besonders schleunige und zweckmäßige Erledigung der kleinen Streitigkeiten des täglichen Lebens bietet. Das Gericht kann z. B. unter Umständen ohne mündliche Verhandlung entscheiden, braucht ferner wohlbegründete Einwendungen, die ein auswärts wohnhafter Beklagter macht, nicht notwendig deshalb unberücksichtigt zu lassen, weil er wegen der zur Höhe des Objekts in keinem Verhältnis stehenden Kosten nicht in der Lage ist, zum Termin zu erscheinen oder sich vertreten zu lassen. Dadurch können in vielen Fällen unbillige Härten, die bei strenger Anwendung der für das gewöhnliche Verfahren geltenden Grundsätze unvermeidlich sind, abgewendet werden. Es wird deshalb empfohlen, § 20 EntlVO. in die ZPO. aufzunehmen, wobei ein Teil der im § 18 enthaltenen, im § 20 in bezug genommenen Vorschriften mitzuübernehmen ist. Die Möglichkeit, daß die Parteien auf schriftliche Urteilsbegründung verzichten können, liegt im Interesse der Entlastung der Amtsgerichte. Der Verzicht bedarf aber, damit sich die Parteien seiner Bedeutung bewußt werden, der Feststellung in der Niederschrift. Einer weiteren Vervollständigung des Inhalts des bisherigen § 20 EntlVO. wird es nicht bedürfen, da sich über seine Auslegung bereits eine feste Praxis gebildet hat. Klarzustellen war nur, was zurzeit vielfach in Zweifel gezogen wird, daß der Richter im Schiedsurteilsverfahren nicht gehindert ist, die Vorschriften über das Versäumnisurteil anzuwenden.

Da dem Schiedsurteilsverfahren manche der für größere Sachen unentbehrlichen prozessualen Garantien fehlen, kann es nur von vollbefähigten Richtern ohne Schaden für die Rechtspflege gehandhabt werden. Schon deshalb empfahl es sich nicht, dieses Verfahren anderen Personen als ordentlichen Richtern zuzuweisen (zu vgl. auch das im Allgemeinen Teil der Erläuterungen, Abschnitt II S. 248 zu dieser Frage Bemerkte).

Zweiter Abschnitt.
Verfahren vor den Landgerichten.

Erster Titel.
Allgemeine Vorschriften.

Da der Entwurf als das normale Verfahren das vor den Amtsgerichten regelt, sind in diesem Abschnitt die notwendigen Anpassungen der Grundsätze jenes Verfahrens an die Bedürfnisse des kollegialgerichtlichen Verfahrens vorzunehmen. Die Zahl der dazu nötigen Vorschriften kann klein gehalten werden, da der hinsichtlich der Zustellungen und Ladungen beim Amtsgericht bestehende Amtsbetrieb auf das landgerichtliche Verfahren ausgedehnt werden soll und nach der schon durch die Novelle 1924 bewirkten Verschmelzung von § 502 alter Fassung und § 139 geltender Fassung die Verhandlungsleitung in beiden Prozeßarten gleich zu handhaben ist.

§ 460 enthält eine dem § 495 g. F. analoge Vorschrift.

Zu § 461. Der für das amtsgerichtliche Verfahren notwendige Grundsatz, daß die Klageschrift, vorbereitende Schriftstäze und die im § 215 bezeichneten Anträge und Erklärungen zur Niederschrift der Geschäftsstelle angebracht werden können, paßt nicht für ein Verfahren, bei dem Anwaltzwang gilt. Dem trägt Abs. 1 Rechnung. Abs. 2 gibt der aus § 130 Nr. 6 und 253 Abs. 4 g. F. zu entnehmenden Regel Ausdruck (vgl. hierzu Erläuterung zu § 206 Nr. 4). Abs. 3 regelt die Einlassungs- und Ladungsfrist für den landgerichtlichen Prozeß entsprechend den geltenden §§ 262, 217.

Zu § 462. Abs. 1 entspricht dem geltenden § 253 Abs. 3 Nr. 1 unter Berücksichtigung der Tatsache, daß auch im Anwaltprozeß künftig Amtsbetrieb gelten soll. Wenn Satz 2 dem Vorsitzenden die Möglichkeit gewährt, dem Beklagten zur Klagebeantwortung eine bestimmte Frist zu setzen und ferner Satz 3 an die Versäumung dieser Frist die in den §§ 262, 266 Abs. 2 vorgesehene Präklusivwirkung knüpft, so sollen damit die bereits durch die Novelle 1924 eingeführten, auf Konzentrierung des Verfahrens abzielenden Maßnahmen vervollständigt werden.

§ 216 regelt für das amtsgerichtliche Verfahren nur, in welcher Frist vorbereitende Schriftsätze, die ein neues Vorbringen enthalten, einzureichen sind. Eine Verpflichtung zur Einreichung eines Schriftsatzes begründet § 216 an sich nicht, weil sie mit der Eigenart des Parteiprozesses nicht verträglich wäre. Für den Anwaltprozeß ist dagegen diese Verpflichtung wohl am Platze. Von ihrer Einhaltung hängt der prompte Verlauf des Verfahrens in besonderem Maße ab; denn alle sonstigen auf Konzentrierung der Verhandlung und Vermeidung unnötiger Vertagungen abzielenden Vorschriften sind wirkungslos, wenn es im Belieben jeder Partei steht, im Termin den Gegner mit einem neuen Vorbringen, auf das er sich ohne Vorbereitung nicht erklären kann, zu überraschen. Deshalb empfiehlt der Entwurf, auch an die Verletzung der Pflicht zur schriftlichen Vorbereitung neuen Vorbringens eine Präklusivwirkung zu knüpfen. Hieraus rechtfertigt sich die Fassung des Abs. 2. Da die Zurückweisung des neuen Vorbringens in das Ermessen des Gerichts gestellt ist und nur eintritt, wenn Verschleppungsabsicht oder grobe Nachlässigkeit anzunehmen ist, braucht nicht befürchtet zu werden, daß die neue Vorschrift in Einzelfällen zu unbilligen Härten führen kann.

Zu § 463. Bei den Vorschriften über das kollegialgerichtliche Verfahren mußte entsprechend den geltenden Grundsätzen die Möglichkeit vorgesehen werden, daß einzelne Prozeßhandlungen von einem Mitgliede des Prozeßgerichts als beauftragten Richter vorgenommen werden. Dies geschieht in § 463 Satz 1 für den in § 279 vorgesehenen Sühneversuch. (Die Beweiserhebung durch einen beauftragten Richter ist in § 467 d. E. geregelt.) Daß auf das Sühneverfahren vor dem beauftragten Richter auch der Erscheinenszwang des § 241 Anwendung findet, ergibt sich aus § 279 Satz 3 in Verbindung mit § 467 Abs. 2. Wie bisher soll auch künftig im Anwaltsprozeß das auf die Eigenart des Parteiprozesses zugeschnittene amtsgerichtliche Güteverfahren durch den dem Einzelrichter zur Pflicht gemachten Güteversuch (§ 470 Abs. 1 Satz 1) ersetzt werden (§ 463 Satz 2 d. E.).

§ 464 gibt den geltenden § 297 in Verbindung mit § 137 Abs. 4 inhaltlich unverändert wieder.

§ 465 stellt aus den §§ 136, 139 g. F. diejenigen Vorschriften zusammen, die als Besonderheiten des kollegialgerichtlichen Verfahrens anzusehen sind. Um hierbei die Abgrenzung der Befugnisse des Vorsitzenden leichter ersichtlich zu machen, ist bei den Vorschriften für das amtsgerichtliche Verfahren, wo es sich um Maßnahmen handelt, die im landgerichtlichen Verfahren der Vorsitzende zu treffen hat, überall »der Richter« und wo es sich um von dem Kollegium zu treffende Maßnahmen handelt, »das Gericht« gesagt.

§ 466 gibt die §§ 315, 320 Abs. 4 und § 140 g. F., soweit sie Besonderheiten für das kollegialgerichtliche Verfahren enthalten, unverändert wieder.

§ 467. Diese Vorschrift, die eine Beweiserhebung durch den beauftragten Richter zur seltenen Ausnahme macht, gehört in Verbindung mit § 470 Abs. 2 S. 2 zu den praktisch bedeutsamsten Neuerungen des Entwurfs. Diese Neuerungen sollen gleichzeitig der Wiederherstellung der Unmittelbarkeit dienen und die Prozeßverschleppung bekämpfen. Im allgemeinen Teil der Erläuterungen, insbesondere unter V, 3 (S. 281) ist bereits darauf hingewiesen, daß in Deutschland die Beweiserhebung durch beauftragte Richter allgemein gebräuchlich und daß die damit verbundene Zerreißung von Verhandlung, Beweiserhebung und Verhandlung über das Beweisergebnis eine der Hauptursachen für den schleppenden Prozeßgang ist. Es bedeutet diese Zerstückelung nicht nur einen großen Zeitverlust, sondern die Beweiserhebung verliert mit der Unmittelbarkeit auch die klärende Kraft, die ihr dann innewohnt, wenn sich an die Verhandlung vor dem Kollegium die Beweiserhebung und die weitere Verhandlung in einem Zuge anschließen. Von den Vorsitzenden der Arbeitsgerichte und Landesarbeitsgerichte, bei denen ein Verfahren im letzterwähnten Sinne durch das Arbeitsgerichtsgesetz zwingend vorgeschrieben ist, wird allseitig betont, die in der Verhandlung vor dem vollbesetzten Arbeitsgerichte oder Landesarbeitsgerichte erhobenen Beweise hätten meist ein so eindeutiges Ergebnis, daß im Beratungszimmer keine Debatte darüber erforderlich sei und die unterliegende Partei selbst sich dem Eindruck dieses Ergebnisses nicht entziehen könne. Umgekehrt führt das System der Beweiserhebung durch den beauftragten Richter dahin, daß an Stelle des unmittelbaren Eindrucks von der Persönlichkeit der Zeugen und der Art ihrer Aussage das Protokoll tritt, an dessen Wortlaut die Parteien zwischen dem Beweistermin und der neuen Verhandlung unter Hervorsuchen immer neuer Beweismittel herumzudeuteln suchen. Es kommt hinzu, daß, wenn Behauptung und Beweis unmittelbar einander folgen, die Feststellung der Unwahrheit einer Behauptung für eine Partei weit peinlicher wirkt, als wenn zwischen der Verhandlung und Beweiserhebung erst Wochen vergehen und bei der weiteren Verhandlung, die wieder erst später vor sich geht, statt des lebendigen Eindrucks des gesprochenen Zeugenwortes nur ein Protokoll vorliegt. Die Neigung zur Prozeßlüge kann deshalb gar nicht wirksamer bekämpft werden als durch eine energische Förderung der Unmittelbarkeit der Beweisaufnahme. Da ferner immer damit zu rechnen ist, daß das Kollegium im Anschluß an die vor ihm selbst sich abspielende Beweisaufnahme alsbald zum Spruch kommt, enthält diese Art der Beweiserhebung zugleich auch das wirksamste Druckmittel für die rechtzeitige Bereitstellung alles Parteivorbringens. Man kann auch nicht einwenden, daß die starke Belastung unserer Gerichte die Beweiserhebung durch den beauftragten Richter unentbehrlich mache, da ja diese Art der Beweiserhebung als Hauptursache der Prozeßverzögerung die Belastung der Gerichte in erster Linie verschuldet hat. Die mit dem Arbeitsgerichtsgesetze wie mit der österreichischen Prozeßordnung gemachten Erfahrungen haben zur Genüge gezeigt, daß die Unmittelbarkeit der Beweisaufnahme nicht nur durchführbar ist, sondern in hohem Maße zur Verminderung der Zahl der Termine und damit zur Entlastung der Gerichte beiträgt. Diese entlastende Wirkung der unmittelbaren Beweiserhebung wird von denen nicht beachtet, die der Meinung sind, daß sich wegen der Überlastung unserer Kollegialgerichte die Beweiserhebung vor dem Kollegium nicht durchführen lasse. Ebensowenig ist der viel gehörte Einwand stichhaltig, daß die kommissarische Zeugenvernehmung, weil sie eine ruhigere und deshalb gründlichere Befragung ermögliche, richtigere Ergebnisse liefern müsse als die vor dem vollbesetzten Gericht. Dem widersprechen vor allem die Erfahrungen, die im Strafprozeß täglich gemacht werden, wo sich oft genug in der Hauptverhandlung das in der Voruntersuchung gewonnene Bild des Sachverhalts als unwahr herausstellt und erst die Unmittelbarkeit der Beweisaufnahme vor dem erkennenden Gericht die volle Sachaufklärung bringt. Von entscheidender Bedeutung ist endlich noch folgende Erwägung: Wenn man bestimmte Arten von Prozessen deshalb vor die Kollegialgerichte bringt, weil diese die größere Gewähr für eine gute Rechtsprechung liefern, so ist es nur folgerichtig, wenn man das Kollegium so weit als möglich an dem wichtigsten und oft schwierigsten Teil aller Richtertätigkeit, der Feststellung des Sachverhalts, mitwirken läßt.

§ 468 gibt den nur für das kollegialgerichtliche Verfahren berechneten Inhalt des geltenden § 329 wieder.

Zweiter Titel.

Das Verfahren vor dem Einzelrichter.

Wie schon im allgemeinen Teil dieser Erläuterungen näher begründet wurde, sind die im Zusammenhang der Grundgedanken des Entwurfs unentbehrlichen Vorschriften der Prozeßnovelle 1924 über den Einzelrichter beibehalten und nur in Einzelpunkten unter Berücksichtigung der gemachten Erfahrungen geändert worden.

Es ist in der Praxis gelegentlich darüber geklagt worden, daß in Sachen, die in der ersten Verhandlung spruchreif seien, das Einzelrichterverfahren eine unnötige Verzögerung bedeute. Gerade zur Vermeidung dieses Übelstandes hat es der Vorsitzende in der Hand, in besonderen Fällen vom Einzelrichterverfahren abzusehen. Es muß indessen zugegeben werden, daß oft die Klageschrift allein dem Vorsitzenden keinen genügenden Anhalt für seine Entscheidung bietet. Deshalb legt es **§ 469 Abs. 1 Satz 3** dem Kläger nahe, Umstände, die ein Einzelrichterverfahren entbehrlich erscheinen lassen, in der Klageschrift anzugeben. Abs. 2 stellt klar, daß auch in den Fällen, in denen zunächst vom Einzelrichterverfahren abgesehen war, nach Beginn der Verhandlung vor der Kammer noch ein Einzelrichterverfahren stattfinden kann, daß es aber in diesem Stadium des Prozesses dazu eines Beschlusses der Kammer bedarf. Dagegen ist nicht vorgesehen, daß auch dann, wenn ein Verfahren vor dem Einzelrichter schon stattgefunden hatte und sich in der Verhandlung vor der Kammer eine weitere Sachaufklärung als notwendig erweist, noch ein neues Verfahren vor dem Einzelrichter eingeschoben werden kann. In solchen Fällen hat vielmehr die Kammer selbst die erforderliche Sachaufklärung vorzunehmen und kann nur im Falle des

§ 467 oder § 373 die Beweiserhebung einem Mitglied als beauftragten Richter oder einem ersuchten Richter übertragen.

Zu § 470. Abs. 1 sucht den Abs. 1 des geltenden § 349 im Sinne einer Erweiterung der Einzelrichterkompetenz entsprechend den aus der Praxis hervorgegangenen Anregungen zu ergänzen.

Abs. 2 beläßt zwar dem Einzelrichter die Möglichkeit, auch einzelne Beweise selbst zu erheben, sucht aber diese Möglichkeit durch eine Sollvorschrift so zu beschränken, daß wichtigere Beweiserhebungen, bei denen für die Beweiswürdigung der unmittelbare Eindruck von der Beweisaufnahme von Bedeutung ist, dem Kollegium vorbehalten bleiben. Die grundsätzlich nur vorbereitende Aufgabe des Einzelrichters wird dadurch klarer als bisher gekennzeichnet.

Abs. 3 sieht, Anregungen des Salzburger Juristentages folgend, davon ab, das Recht der Parteien, dem Einzelrichter die endgültige Entscheidung zu übertragen, auf vermögensrechtliche Sachen zu beschränken. Es kann danach künftig insbesondere auch in Ehesachen vereinbart werden, daß der Einzelrichter an Stelle der Kammer entscheidet.

Drittes Buch.

Rechtsmittel.

Erster Abschnitt.

Berufung.

§ 472 entspricht dem geltenden § 511, nimmt aber darauf Rücksicht, daß die gemäß § 459 im Schiedsurteilsverfahren erlassenen Urteile mit ihrer Verkündung rechtskräftig werden. Die Rechtslage ist bei solchen Urteilen verschieden von der anderer Urteile, bei denen nur wegen Fehlens der Berufungssumme die Berufung ausgeschlossen ist. Hat z. B. eine Partei 200 M. eingeklagt und nach Ermäßigung ihres Anspruchs auf 40 M. in dieser Höhe eine Verurteilung ihres Gegners erreicht, so ist gegen dieses Urteil zwar auch die Berufung unzulässig. Da aber über die Zulässigkeit der Berufung nur das Berufungsgericht selbst entscheiden kann, tritt die Rechtskraft eines solchen Urteils erst ein, wenn die Berufungsfrist abgelaufen oder die eingelegte Berufung als unzulässig verworfen ist. Hätte dagegen die Partei nur 40 M. eingeklagt und eine Verurteilung ihres Gegners im Schiedsurteilsverfahren erwirkt, so wäre das Schiedsurteil mit seiner Verkündung rechtskräftig geworden. Auf diesen Unterschied soll durch die Erwähnung des § 459 hingewiesen werden.

Zu § 473. In der Inflationszeit war die Bestimmung der Berufungssumme dem Reichsminister der Justiz übertragen worden. Unter den heutigen wirtschaftlichen Verhältnissen erscheint es zweckmäßiger, die Berufungssumme wieder im Gesetz selbst festzusetzen. Die für die gleichzeitig vorgeschlagene Erhöhung der Berufungssumme auf 100 M. maßgebenden Erwägungen sind bereits im allgemeinen Teil der Erläuterungen unter IV, 2, b, δ (S. 270) dargelegt worden.

In Abs. 2 ist die bisher im § 4 enthaltene Vorschrift über den für die Berechnung des Wertes des Beschwerdegegenstandes maßgebenden Zeitpunkt aufgenommen (zu vgl. die Erläuterung zu § 4).

Abs. 4 gibt den gleichen Abs. des § 511 a unverändert wieder.

§§ 474—481 geben die geltenden §§ 512—518 im wesentlichen unverändert wieder. Zu bemerken ist nur, daß im **§ 478** bei der Berufungsrücknahme die entsprechenden Änderungen vorgenommen sind, wie in § 227 bei der Klagerücknahme (zu vgl. die Erläuterungen zu § 227), daß insbesondere auch hier die Kostenentscheidung im Beschlußwege ergeht. Ferner ist im **§ 479** (= § 516 g. F.) der Satz, daß spätestens (d. h. wenn das Urteil nicht früher zugestellt wird) fünf Monate nach der Verkündung eines Urteils die Berufungsfrist zu laufen beginnt, fortgelassen, weil künftig die Urteile von Amts wegen zugestellt werden, die Gefahr willkürlicher Verzögerung der Urteilszustellung also nicht mehr besteht. Im Zusammenhang hiermit ist noch auf ein Bedenken einzugehen, das Pagenstecher aus der geltenden Fassung der §§ 315 und 317 (= 308 und 309 d. E.) herleitet. Es stützt sich darauf, daß nach § 315 Abs. 2 die Zustellung eines auch in der Urschrift abgekürzt hergestellten Urteils die Berufungsfrist in Lauf setzen kann, und somit unter Umständen nicht nur bei der Einlegung der Berufung, sondern sogar bis zum Ablauf der Begründungsfrist den Parteien eine vollständige Urteilsausfertigung noch nicht vorliegt. Demgegenüber ist indessen zu berücksichtigen, daß das Gericht im Falle der Abgabe einer abgekürzten Urteilsurschrift Tatbestand und Entscheidungsgründe alsbald nachzubringen hat, und daß, wenn einmal in einem außergewöhnlich liegenden Fall sich die Herstellung der Urteilsgründe gleichwohl verzögern sollte, eine Verlängerung der Berufungsbegründungsfrist unter allen Umständen gewährt werden wird. Tatsächlich sind auch irgendwelche Klagen aus der Praxis über diesen Punkt nicht bekannt geworden. In dem bisherigen § 518 Abs. 2 läßt **§ 481** d. E. die Verpflichtung des Berufungsklägers zum Nachweise der Zustellung des Urteils fortfallen, weil nach dem Entwurf auch die Zustellung der Urteile von Amtswegen zu bewirken ist, der Nachweis dafür sich also in den Gerichtsakten befinden muß.

Zu § 482 u. § 494. Die beiden Paragraphen, die den geltenden §§ 519, 529 entsprechen, seien wegen ihres inneren Zusammenhangs gemeinsam erörtert. Sie sind unter den für das Berufungsverfahren in Aussicht genommenen Vorschriften diejenigen, die die weittragendste grundsätzliche Bedeutung haben und deshalb zu einer grundsätzlichen Erörterung nötigen.

Das wichtigste und schwierigste Problem für die künftige Gestaltung des Berufungsverfahrens im Zivilprozeß ist die Frage der Zulässigkeit neuen Vorbringens, des sogenannten Novenrechts. Gerade hier zeigt sich besonders deutlich die Relativität des Wertes von Prozeßgrundsätzen, wird vor allem erkennbar, wie leicht ein Prozeßgrundsatz den Vorteil, den er nach einer Richtung hin bietet, bei ausnahmsloser Durchführung durch die wesentlichen Nachteile aufhebt, die nach einer anderen Richtung hin entstehen.

Der Hauptvorteil, den man sich von dem System der unbeschränkten Zulassung neuer Tatsachen in der Berufungsinstanz versprechen kann, besteht darin, daß der Richter hinsichtlich der Erforschung der materiellen Wahrheit nach keiner Richtung hin beschränkt, daß ihm insbesondere nicht zugemutet wird, aus rein prozessualen Gründen das Recht auf einen der Wirklichkeit nicht entsprechenden, gewissermaßen nur fingierten Tatbestand anzuwenden.

Demgegenüber steht aber auf der anderen Seite der Nachteil, daß dieses System bis in die letzten Folgerungen durchgeführt, notwendig prozeßverzögernd wirkt, den Schwerpunkt des Verfahrens in die zweite Instanz verlegt und damit den Wert des erstinstanzlichen Verfahrens, das häufig zu einer bloßen Versuchsstation wird, herabdrückt. Es ist unvermeidlich, daß überall, wo im Verhalten einer Partei das Bestreben der Prozeßverschleppung hervortritt, es sich um so ausgiebiger betätigen kann, je länger der Zeitraum ist, in dem den Parteien gestattet wird, durch Geltendmachung neuer Tatsachen und Antretung neuer Beweise den Streitstoff zu vermehren und damit die endgültige Entscheidung hinauszuschieben. Ebenso läßt sich umgekehrt nicht verkennen, daß die Befürchtung, mit neuen Tatsachen und Beweismitteln ausgeschlossen zu werden, für die Parteien einen Anreiz bildet, ihr Vorbringen dem Gericht rechtzeitig zu unterbreiten und ihm die Konzentrierung des Streitstoffes zu erleichtern. Deshalb wird auch bei Klein-Engel (Der Zivilprozeß Österreichs) die beschränkte Berufung als Schlußstein, als Krönung bezeichnet, ohne die alle übrigen Mittel der Konzentration zweck- und ergebnislos wären (a. a. O. S. 277). Endlich ist auch zu berücksichtigen, daß, wenn die Berufung zu einem novum judicium in vollem Ausmaße wird, darunter in vielen Fällen die Unmittelbarkeit des Verfahrens leiden muß und im Zusammenhang damit die richtige Feststellung des Sachverhalts, die man gerade fördern will, letzten Endes doch erschwert wird. Denn da das Gericht zweiter Instanz den am Prozeß beteiligten Parteien und Zeugen räumlich ferner steht als das Gericht erster Instanz, so muß es in weiterem Umfange als dieses von unmittelbarer Beweiserhebung absehen, also ohne die Zeugen selbst gesehen zu haben, auf Grund von Protokollen ersuchter Richter entscheiden. Dazu kommt, daß in der Zeit, die notwendig bis zum Beginn der zweiten Instanz verstreichen muß, mit einem merklichen Nachlassen der Erinnerung der am Prozeß beteiligten Zeugen zu rechnen ist, ein Umstand, der ebenfalls den Wert zweitinstanzlicher Beweiserhebungen erheblich beeinträchtigt. In diesen Erwägungen liegt die Rechtfertigung des allgemein anerkannten Satzes, daß in einer guten Prozeßordnung der Schwerpunkt des Verfahrens hinsichtlich der Tatsachenfeststellung in der ersten Instanz liegen muß.

Die deutsche Rechtsgeschichte zeigt uns die verschiedenartigste Ausgestaltung des Berufungsverfahrens, von der schrankenlosen Zulassung der Nova bis zu ihrem völligen Ausschluß. Wenn man den Ausführungen von Johann Christoph Schwartz (400 Jahre deutscher Zivilprozeßgeschichte) folgen darf, ist das letztgenannte System, das bis in neuere Zeit im sächsischen Recht galt und noch heute in Österreich in Kraft ist, lediglich die natürliche Fortentwicklung alter deutscher Rechtsanschauungen, denen eine strenge Ordnung des Parteivorbringens nur natürlich war und die von jeher als den Zweck des Berufungsverfahrens die Nachprüfung des erstinstanzlichen Urteils an der Hand des dem ersten Richter vorgelegten Tatbestandes betrachteten. Die Behandlung der Berufung als eines novum judicium mit unbeschränkter Möglichkeit zum Vorbringen neuer Tatsachen und Beweismittel ist nach derselben Auffassung römisch-rechtlichen Ursprungs und auf die geschichtliche Entwicklung, die die Berufung im römischen Prozeß genommen hat, zurückzuführen.

Für die Wahl zwischen den beiden entgegengesetzten Systemen können die im Schrifttum meist in den Vordergrund gestellten allgemein gehaltenen Erwägungen kaum entscheidend sein. Vor allem wird man schwerlich sagen können, daß die Zulassung neuer Tatsachen im Wesen der Berufung liege und ihren grundlegenden Unterschied von der Revision enthalte. Dem widerspricht schon die soeben erwähnte Tatsache, daß es in der deutschen Rechtsgeschichte von jeher Berufungen anderer Art gegeben hat und daß heute noch in Österreich und zum Teil in der Schweiz das System der Berufung ohne irgendwelche neuen Tatsachen in Kraft ist. Heußler geht in seiner Darstellung des schweizerischen Prozeßrechts sogar mit sehr eindrucksvoller Begründung (S. 175 f.) von dem umgekehrten Satze aus und erklärt: »Genau genommen ist die Zulassung von Nova mit dem Wesen der Appellation im Grunde unverträglich, denn sie soll nur eine Überprüfung des erstinstanzlich Verhandelten nach seiner Richtigkeit oder Unrichtigkeit, nicht einen neuen Prozeß mit verändertem Aktenmaterial hervorrufen.« Von der Revision unterscheidet sich im übrigen auch die beschränkte Berufung ganz klar dadurch, daß der Berufungsrichter innerhalb des in erster Instanz abgeschlossenen Tatsachenmaterials nicht nur die Rechtsauffassung des ersten Richters nachzuprüfen, sondern auch in die Tatsachenwürdigung einzutreten hat. Ebensowenig kann man a priori sagen, daß es im Interesse gerechter Entscheidung völlig unerträglich sei, wenn ein Richter infolge von Nichtbeachtung neuer Tatsachen in der Wahrheitserforschung gehemmt werde und über einen gewissermaßen nur fingierten Tatbestand zu entscheiden habe. Derartige Fiktionen sind im Prozeß an vielen Stellen zu finden. Es sei nur an die viel weitergehende Fiktion im Versäumnisverfahren erinnert, die oft mit dem dem Gericht bekannten übrigen Verhalten der säumigen Partei unvereinbar ist. Ferner könnte das, was gegen eine Beschränkung neuen Vorbringens in der Berufungsinstanz geltend gemacht wird, noch in viel weiterem Umfange für die Revisionsinstanz vorgebracht werden, wo ja nicht nur die Berücksichtigung neuer Tatsachen ausgeschlossen ist, sondern der Revisionsrichter auch tatsächliche Feststellungen des ersten Richters, sofern sie prozessual einwandfrei getroffen sind, selbst gegen eigene bessere Überzeugung als bindend hinnehmen muß.

Zu dem kommt, daß der Ausschluß mit neuen Tatsachen in der Berufungsinstanz nicht wie in der Revisionsinstanz eine unvermeidliche Beschränkung der davon betroffenen Partei bedeutet, sondern in aller Regel nur derjenigen zum Nachteil ausschlägt, die in der ersten Instanz in ihrer Prozeßführung nachlässig gewesen ist. Endlich darf auch nicht vergessen werden, daß das materielle Recht viel härtere und weitergreifende Präklusionen enthält. Es sei nur daran erinnert, daß ein Kaufmann, der die ihm gelieferte völlig vertragswidrige Ware nicht unverzüglich gerügt hat, sofort mit allen Einwendungen gegen den Lieferanten ausgeschlossen ist und mit der Behauptung der Mangelhaftigkeit der Ware von vornherein nicht mehr gehört werden kann. Endlich sind auch die immer wiederholten Befürchtungen, der Ausschluß der Nova in der Berufungsinstanz würde zu äußerst unerquicklichen formalen Erörterungen darüber führen, was als neu zu betrachten ist und was nicht, nur theoretisch gerechtfertigt. Dort, wo ein beschränktes Berufungsverfahren tatsächlich existiert, sind derartige Mißstände nie praktisch hervorgetreten, wie bei der Tagung der Zivilprozeßrechtslehrer in München von österreichischer Seite sehr anschaulich dargestellt wurde.

Aber aus einem anderen Grunde wird die Einführung des Systems der beschränkten Berufung für unser deutsches Zivilprozeßrecht von vornherein nicht ins Auge gefaßt werden dürfen. Auch dieser Gesichtspunkt ist schon in der soeben erwähnten Münchener Tagung zum Ausdruck gebracht worden.

Wenn sich in Österreich die beschränkte Berufung vorzüglich bewährt hat, so ist dies darauf zurückzuführen, daß man dort das System des novum judicium niemals eingeführt hatte, die rechtsuchende Bevölkerung von jeher auf die Unmöglichkeit, die Berufung zur Anführung neuer Tatsachen und Beweismittel zu benutzen, eingestellt war. Ganz anders liegen die Dinge in Deutschland. Hier ist nicht nur seit Einführung der Zivilprozeßordnung von 1877 die Bevölkerung ganz allgemein an die mit vollem Novenrecht ausgestattete Berufung gewöhnt, sondern dieser Zustand war in weiten Teilen des Deutschen Reichs, wie z. B. in Preußen, schon vorher landesrechtlich eingeführt. Dieser Tatsache gegenüber würde eine grundsätzliche Beschränkung des Novenrechts von den Rechtsuchenden als unbillige Rechtsverkürzung empfunden werden. Vor allem würde die deutsche Anwaltschaft einmütig dagegen sein, und selbst in Richterkreisen würden starke Bedenken hervortreten. Der Versuch einer Änderung des heutigen Systems in diesem Punkte böte unter solchen Verhältnissen keine Aussicht, eine Mehrheit im Reichstag zu erzielen.

Deshalb wird man davon ausgehen müssen, das bestehende System einer auch zur Nachbringung von Tatsachen und Beweismitteln dienenden Berufung aufrechtzuerhalten, was in § 494 Abs. 1 d. E. = § 529 Abs. 1 g. F. geschehen ist.

Um so mehr wird man jedoch auf der anderen Seite bemüht sein müssen, die Gefahren zu vermeiden, die nach dem eingangs Dargelegten eine restlose Durchführung dieses Systems für die Prozeßabwicklung in sich birgt. Es muß also vor allem dafür gesorgt werden, daß das Novenrecht nicht zur Prozeßverschleppung mißbraucht und nicht das Schwergewicht des Verfahrens von der ersten in die zweite Instanz verlegt wird.

In dieser Richtung kommen hauptsächlich die folgenden beiden Gruppen von Maßnahmen in Betracht:

1. Maßnahmen gegen mißbräuchliche Ausnutzung des Novenrechts und zwar
   a) unmittelbare Verhinderung des Mißbrauchs durch Zurückweisung nachgeschleppten Vorbringens,
   b) Kostennachteile.

2. Maßnahmen, die darauf hinzielen, für die in der Berufungsinstanz zulässigen neuen Tatsachen und Beweismittel eine besonders schnelle und weitgehende Konzentrierung zu sichern.

Zu 1 a enthält das geltende Recht auf Grund der Novelle von 1924 die Vorschrift, daß Angriffs- und Verteidigungsmittel sowie Beweismittel und Beweiseinreden, die nicht in erster Instanz geltend gemacht worden sind, zurückgewiesen werden können, wenn durch ihre Zulassung die Erledigung des Rechtsstreits verzögert werden würde und nach der freien Überzeugung des Gerichts die Partei in der Absicht, den Prozeß zu verschleppen oder aus grober Nachlässigkeit sie nicht früher vorgebracht hat. Die vielfach an diese Vorschrift geknüpften Befürchtungen haben sich nicht verwirklicht, im Gegenteil waren die Berichte aus der Praxis überwiegend günstig. Es liegt auch die Annahme nahe, daß die seit dem Inkrafttreten der Prozeßnovelle bemerkbar gewordene Beschleunigung des Verfahrens zweiter Instanz (zu vgl. hierüber allg. Teil der Erläuterungen IV, 1 d S. 261 f.) mit auf die geltende Neufassung des § 529 zurückzuführen ist. Allerdings ist allgemein hervorgehoben worden, daß die Berufungsgerichte von der ihnen gewährten Zurückweisungsbefugnis nur sehr sparsamen Gebrauch gemacht haben. Das liegt aber auch im Sinne der neuen Vorschriften. Ihr Ziel ist nicht, in möglichst weitem Umfange die Parteien mit wesentlichen Tatsachen, die sie vorzubringen haben, auszuschließen, sondern nur die rechtzeitige Heranbringung der Tatsachen zu gewährleisten. Und es ist nur zu begrüßen, wenn in dieser Richtung nach Mitteilungen aus der Praxis die neuen Vorschriften schon durch ihr bloßes Dasein als Warnung gewirkt und die Parteien veranlaßt haben, sich mehr als früher in erster Instanz vollständig zu erklären. Dabei wird man freilich eines nicht vergessen können. Die bisher festgestellte Wirkung ist zum Teil auf das folgende psychologische Moment zurückzuführen. Bei der Veröffentlichung der Zivilprozeßnovelle hat man sich in Anwaltskreisen von der Tragweite und Bedeutung der Präklusivvorschriften vielfach eine übertriebene Vorstellung gebildet und rigorose Zurückweisung verspäteten Vorbringens befürchtet. Hierauf haben die Anwälte ihr Verhalten eingestellt. Zeigt sich nun in der Folge, daß von der Zurückweisungsbefugnis nur in verschwindenden Ausnahmefällen und in manchen Gerichtsbezirken überhaupt nicht Gebrauch gemacht wird, so kann sehr leicht die alte Methode, einen großen Teil des tatsächlichen Vorbringens für die Berufungsinstanz aufzusparen, wieder aufgenommen werden. Eine Reihe von Oberlandesgerichten hat bereits dieser Besorgnis Ausdruck gegeben; die im allgemeinen Teil der Erläuterungen (IV, 1, d) festgestellte Verlangsamung des Prozeßganges im Jahre 1928 gegenüber 1926 und 1927 kann als teilweise Bestätigung gelten. Von einem Oberlandesgericht (Köln) ist im Zusammenhang mit solchen Erwägungen der Vorschlag gemacht, die Kann-Vorschrift des § 529 g. F. in eine Muß-Vorschrift zu verwandeln. Diese Anregung verdient sehr ernsthafte Prüfung. Es ist unverkennbar, daß die lange Gewöhnung an die Grundsätze des alten Prozeßrechts bei den meisten Richtern starke Hemmungen gegen die Anwendung der Präklusivvorschriften auslöst und diese Hemmungen vielfach auch in solchen Fällen nicht überwunden werden, wo die Anwendung der neuen Vorschriften durchaus zweckmäßig und heilsam wäre. Würde man dem Rate jenes Oberlandesgerichts folgen, so würde jeder Richter gezwungen sein, wenn ihm neue Tatsachen in der Berufungsinstanz unterbreitet werden, sich darüber schlüssig zu machen, ob die Voraussetzung der Zurückweisung vorliegt. Eine sein Gerechtigkeitsgefühl verletzende Bindung in seiner Entschlußfreiheit würde jedoch trotzdem nicht eintreten, da die Frage, ob im Einzelfall die Absicht der Prozeßverschleppung oder grobe Nachlässigkeit vorliegt, in sein freies Ermessen gestellt ist. Er brauchte insbesondere nach wie vor in den Fällen, in denen eine Partei aus irgendwelchen wohl beachtlichen Gründen mit bestimmten tatsächlichen Behauptungen in der ersten Instanz zurückgehalten hat, die Zurückweisung nicht eintreten zu lassen. Ein unerfreuliches Ergebnis würde es freilich bedeuten, wenn eine solche Regelung dazu führen könnte, daß der Gegner einer mit einer neuen Tatsache in zweiter Instanz zugelassenen Partei unter Berufung auf die neue Mußvorschrift eine Revisionsrüge auf diese Zulassung stützen könnte. Dem begegnet jedoch § 511 Abs. 2 Satz 1, der eine solche Revisionsrüge ausschließt. Zu alledem kommt, daß das Arbeitsgerichtsgesetz die hier in Betracht kommenden Präklusivvorschriften in § 67 teilweise bereits in Mußvorschriften verwandelt und diese Regelung sich in der Praxis gut bewährt hat. Deshalb wird eine dem Arbeitsgerichtsgesetz § 67 S. 2 entsprechende Neufassung auch für den bisherigen § 519 Abs. 2 (im Entw. **§ 494 Abs. 2**) vorgeschlagen. Nach dem letzten Satz des Abs. 2 beschränkt sich in gleicher Weise auch die Zulassung neuen Vorbringens, mit dem eine Partei schon in erster Instanz ausgeschlossen war. Nun kann in erster Instanz eine Partei mit einem verspäteten Vorbringen nicht nur bei grober, sondern unter Umständen (z. B. § 262 d. E., bisher § 279 a) schon bei einfacher Nachlässigkeit zurückgewiesen werden. Die Verweisung des § 494 Abs. 2 Satz 2 d. E. auf den vorhergehenden Satz stellt aber klar, daß die Zurückweisung in der ersten Instanz für die zweite nicht nachwirkt, wenn nach der freien Überzeugung des Berufungsgerichts weder Verschleppungsabsicht noch grobe Nachlässigkeit vorlag.

Die **zu 1 b** in Betracht gezogenen Kostennachteile, die eine mit neuem oder mit einem in erster Instanz zurückgewiesenen Vorbringen in der Berufungsinstanz obsiegende Partei treffen können, sind in der geltenden, vom Entwurf nicht geänderten Fassung des § 97 Abs. 2 (im Entw. § 100 Abs. 2) enthalten. Diese Vorschrift unterscheidet sich von dem älteren Recht hauptsächlich dadurch, daß die frühere Kannvorschrift in eine Mußvorschrift verwandelt ist.

Das **zu 2** erwähnte Bedürfnis besonders schneller Konzentrierung des in der zweiten Instanz zulässigen neuen Vorbringens sucht das geltende Prozeßrecht durch die von der Prozeßnovelle eingeführte Berufungsbegründung zu befriedigen. Während in erster Instanz der Grundsatz der reinen Mündlichkeit möglichst aufrechterhalten ist und deshalb vom Kläger nicht verlangt wird, daß seine Klageschrift das im Prozeß beabsichtigte Vorbringen vollständig enthält, hat man geglaubt, in der Berufungsinstanz die Nachteile der Zulassung neuen Vorbringens dadurch ausgleichen zu müssen, daß man schon in der Berufungsbegründung die vollständige Angabe der in zweiter Instanz geltend zu machenden neuen Tatsachen und Beweismittel verlangt. Bei einem Verstoß gegen diese Vorschrift ist unter den gewöhnlichen Voraussetzungen (Verschleppungsabsicht oder grobe Nachlässigkeit sowie prozeßverzögernde Wirkung der Nachbringung) die Zurückweisung der später vorgebrachten neuen Tatsachen vorgesehen (§ 529 Abs. 3). Gegen die Beibehaltung dieser Einrichtung werden Bedenken nicht zu erheben sein. Die Praxis hat sich überwiegend zu ihren Gunsten ausgesprochen. Eine besonders anschauliche Darstellung des früheren und des heutigen Zustandes hat der Senatspräsident am Kammergericht Preiser in einem Aufsatz in der Zivilprozeßnummer der Juristischen Wochenschrift 1925 S. 704 gegeben. Er hebt hervor, es sei früher eine alltägliche Erscheinung gewesen, daß im ersten Termin in der Berufungsinstanz eine Berufungsbegründung überhaupt noch nicht vorlag und erst mehrere Termine nutzlos anberaumt werden mußten, ehe überhaupt ersichtlich war, in welcher Richtung sich das Verfahren in zweiter Instanz bewegen wird, während nach Einführung der Novelle die Sache meist schon im ersten Termin verhandlungsreif sei. Hier haben sich nun aber aus der Fassung der neuen Vorschriften einige Schwierigkeiten ergeben. Die Berufungsbegründung ist in der Novelle von 1924 in gewisser Hinsicht der Revisionsbegründung angeähnelt. Ein wesentlicher Unterschied mußte sich aber daraus ergeben, daß in der Revision nur ganz bestimmte Rügen zugelassen werden, während die Berufung hinsichtlich der Anfechtungsmöglichkeiten des erstinstanzlichen Urteils grundsätzlich unbeschränkt ist. Deshalb hielt man es nicht für angängig, dem Berufungskläger die Angabe bestimmter Berufungsgründe vorzuschreiben, sondern begnügte sich damit, anzuordnen, daß außer dem Antrage, den der Berufungskläger stellen will, in der Berufungsbegründung die neuen Tatsachen anzuführen sind, die er geltend zu machen beabsichtigt. Daran knüpfte sich bei der Handhabung der Novelle in der Praxis die Frage, wie die Berufungsbegründung in den Fällen auszusehen hat, in denen der Berufungskläger nicht die Absicht hat, neue Tatsachen anzuführen. Die Antwort konnte nach der Fassung des Gesetzes nur lauten, daß in solchen Fällen sich die Berufungsbegründung auf die Hervorhebung der zu stellenden Anträge beschränken, also einen rein formalen Charakter haben kann. Auf diesen Standpunkt hat sich im Gegensatz zum 10. Zivilsenat des Kammergerichts auch das Reichsgericht gestellt. Nun wird aus der Praxis von den verschiedensten Seiten mitgeteilt, daß nach dem Bekanntwerden dieser Rechtsprechung des Reichsgerichts die heilsame Wirkung des Berufungsbegründungszwangs wesentlich nachgelassen habe. Es wird betont, auch abgesehen von den in zweiter Instanz etwa anzuführenden neuen Tatsachen sei es wesentlich, möglichst frühzeitig zu wissen, nach welcher Richtung hin sich die Anfechtung des erstinstanzlichen Urteils bewege. In der ersten Zeit nach dem Inkrafttreten der Prozeßnovelle hätten die Anwälte auch demgemäß ihre Berufungsbegründung angefertigt und es sei sehr zu bedauern, daß diese Übung unter der Einwirkung der Judikatur des Reichsgerichts vielfach wieder aufgegeben sei.

Nun ist allerdings andererseits zu berücksichtigen, daß das Berufungsgericht, soweit nicht neue Tatsachen in Betracht kommen, meist selbst aus dem Urteil der ersten Instanz ersehen kann, nach welcher Richtung die Angriffe des Berufungsklägers laufen werden, und daß die Nichtanführung neuer Tatsachen in der Berufungsbegründung in den Fällen, in denen solche Tatsachen später nachgebracht werden, durch die Zurückweisungsbefugnis des § 529 Abs. 3 g. F. genügend bekämpft werden kann, ein Umstand, auf den auch das Reichsgericht in seiner bekannten Entscheidung hinweist. Demgegenüber wird indessen von anderer Seite (Baumbach) geltend gemacht: Die Zurückweisungsbefugnis des § 529 Abs. 3 greife nur ein, wenn der Berufungskläger die neuen Tatsachen, die er vorbringe, entgegen der Vorschrift des § 519 nicht in die Berufungsbegründung aufgenommen habe. In die Berufungsbegründung brauche er aber nur diejenigen Tatsachen aufzunehmen, die er geltend zu machen beabsichtige, und es könne niemand seinen Einwand widerlegen, daß er zur Zeit der Einreichung der Berufungsbegründung eine solche Absicht noch nicht gehabt habe. Wenn auch die Künstlichkeit dieser Beweisführung nicht verkannt werden kann, so ergibt sich aus der Gesamtheit des zuvor Erörterten doch, daß die Wirkung der Einführung der Berufungsbegründung zurzeit nicht nach jeder Richtung hin befriedigt und daß der Versuch empfehlenswert ist, der Gefahr des Überhandnehmens sogenannter formaler Berufungsbegründungen vorzubeugen. In Verfolgung dieses Gedankens schlägt der Entwurf, an das Vorbild der österreichischen Berufungsbegründung anknüpfend, in § 482 Abs. 2 für den bisherigen § 519 Abs. 3 eine neue Fassung vor. Diese Fassung dürfte es verhindern, daß eine Partei die Berufung einfach mit der Erklärung, »das Vorbringen erster Instanz wird wiederholt« oder »die Rechtsauffassung (oder die Beweiswürdigung) des ersten Richters ist unzutreffend« und dergl. begründet; denn eine solche allgemeine Formel enthielte keine »bestimmte Bezeichnung der im einzelnen anzuführenden Gründe« der Anfechtung: die Partei muß vielmehr zu erkennen geben, welche bestimmte Rechtsansicht des Richters sie bekämpft und welche Gründe sie ihr entgegensetzt oder in welchen Punkten und aus welchen Gründen sie seine Beweiswürdigung für unzutreffend erachtet.

Endlich würde die Ersetzung der Worte »geltend zu machen beabsichtigt« durch die Worte »anzuführen hat« die Bedenken Baumbachs gegen die Anwendung des Zurückweisungsrechts des § 529 Abs. 3 (§ 494 Abs. 3 d. E.) in Fällen verspäteter Geltendmachung neuer Tatsachen beseitigen. Das allerdings wird nie erreicht werden können, daß eine Berufungsbegründung deshalb, weil sie neue Tatsachen nicht enthält, als formal unzulässig von vornherein verworfen wird. Denn erst im Verlauf des Verfahrens kann sich ja herausstellen, daß eine Partei, die in der Berufungsbegründung neue Tatsachen nicht vorgebracht hat, deren gleichwohl zur Begründung ihres Rechtsmittels bedarf. Sicherlich kann gegen die vorgeschlagene Neuerung auch rein theoretisch mancherlei eingewendet werden. Es ist zuzugeben, daß sich die Berufungsbegründung für den deutschen Prozeß nicht so einfach gestalten läßt wie für den österreichischen, weil dort die Berufung beschränkt ist, neue Tatsachen also überhaupt nicht mehr geltend gemacht werden können, selbst dann nicht, wenn sie nach dem Urteil der ersten Instanz entstanden sind. Ferner wird man sich darüber klar sein müssen, daß die Partei, wenn man von neuem tatsächlichen Vorbringen (§ 529 Abs. 3 g. F. = 494 Abs. 3 d. E.) absieht, keineswegs auf die in der Berufungsbegründung vorgebrachten Berufungsgründe beschränkt bleibt. Man kann es z. B. nicht verhindern, daß eine Partei, die das Urteil des ersten Richters in der Berufungsbegründung nur aus einem bestimmten Grunde, z. B. wegen unrichtiger Anwendung eines materiellen Rechtssatzes, angefochten hat, im Verlaufe des Berufungsverfahrens andere Bemängelungen vorbringt, etwa die Beweiswürdigung des ersten Richters bekämpft. Demgegenüber muß aber berücksichtigt werden, daß ähnliches auch bei den materiell rechtlichen Rechtsrügen der Revisionsbegründung möglich ist. Auch hier ist die Partei nicht gehindert, im Laufe des Revisionsverfahrens andere materielle Rügen als die in der Revisionsinstanz enthaltenen zu erheben, da ja das Revisionsgericht von Amts wegen die Entscheidung nach allen Richtungen hin nachprüft. Auf der anderen Seite wird die psychologische Wirkung der vorgeschlagenen neuen Fassung ausschlaggebend sein. Und nach dieser Richtung wird man auf Grund der bisherigen Erfahrungen hoffen können, daß sie ebenso stark sein wird wie die der geltenden Fassung im Anfang war, daß sie aber im Gegensatz zu dieser von längerem Bestande sein wird.

Im Zusammenhang mit der Frage der Konzentrierung des neuen Parteivorbringens in der Berufungsinstanz ist auch erörtert worden, ob die gleichen Maßnahmen, die durch Einführung der Berufungsbegründung gegenüber dem Berufungskläger getroffen sind, nicht auch gegenüber dem Berufungsbeklagten angebracht seien, mit anderen Worten, ob der Berufungsbegründungspflicht nicht auch eine Berufungsbeantwortungspflicht entsprechen müsse. Man hat sogar gemeint, es liege eine ungerechte Bevorzugung des Berufungsbeklagten in der gegenwärtigen Regelung (zu vgl. auch der Aufsatz von Rechtsanwalt Abraham in den Blättern für Rechtspflege im Bezirke des Kammergerichts Jahrg. 1924 S. 106). Gegen die Einführung einer Berufungsbeantwortungspflicht sprechen indessen erhebliche Bedenken. Die schon mit der Berufungsbegründungsfrist verknüpfte, aber im Hinblick auf die damit verbundenen Vorteile noch zu tragende Gefahr der Verzögerung der Terminsanberaumung würde verdoppelt werden, wenn sich an die Berufungsbegründungsfrist noch die Berufungsbeantwortungsfrist anschließen würde und der erste Termin erst anberaumt werden könnte, nachdem auch diese Frist abgelaufen ist. Das Verfahren würde dadurch schwerfällig werden und in zu weitgehendem Maße den Charakter der Schriftlichkeit annehmen. Überdies ist zu berücksichtigen, daß es in aller Regel nur der Berufungskläger sein wird, der völlig neue tatsächliche Gesichtspunkte in das Berufungsverfahren hineinbringt. Bei den Angaben des Berufungsbeklagten wird es sich meist darum handeln, daß er die neuen tatsächlichen Ausführungen der Gegenseite richtigstellt. Im übrigen besteht ein genügender Zwang für den Berufungsbeklagten, mit seinen eigenen tatsächlichen Erklärungen nicht zu zögern, schon durch die allgemeine Präklusionsgefahr, die ihm droht, wenn er nicht den ihm erreichbaren Verhandlungsstoff in der ersten mündlichen Verhandlung in der Berufungsinstanz vorbringt (§ 261 d. E.). Auch verpflichtet ihn zur rechtzeitigen schriftsätzlichen Vorbereitung völlig neuen Vorbringens gleichfalls unter Präklusionsgefahr die neue Vorschrift des § 462 Abs. 2. Ist nach der Berufungsschrift anzunehmen, daß es sich um einen verwickelten neuen tatsächlichen Stoff handelt, so bietet im übrigen die Einrichtung des Einzelrichters die zweckmäßigste Möglichkeit, zu einer schnellen Konzentrierung des Streitstoffs zu gelangen, da das neue Material am schnellsten auf das wirklich wesentliche beschränkt werden kann, wenn die Mitwirkung des Gerichts möglichst früh einsetzt. Kommt es andererseits nach dem Inhalt der Berufungsbegründung nur darauf an, daß über bestimmte Streitpunkte noch eine Erklärung des Gegners eingehen muß, damit schon im ersten Termin vor dem Berufungsgericht die Sache verhandlungsreif werde, so hat der Vorsitzende durch § 279 a g. F. in Verbindung mit § 272 b g. F. (= §§ 239, 262 u. 236 d. E.) die Handhabe, vom Berufungsbeklagten zu verlangen, daß er zur Vermeidung der Zurückweisung seine Erklärung schon vor dem Termin schriftlich einreicht. Es war weiter noch zu prüfen, ob sich nicht eine erhebliche Herabsetzung der Berufungsbegründungsfrist, etwa auf 2 Wochen empfiehlt. Für eine solche Maßnahme könnten folgende Erwägungen sprechen:

Dadurch, daß infolge der Prozeßnovelle zur Berufungsfrist noch die gleich lange Berufungsbegründungsfrist hinzutritt, ist unleugbar eine gewisse Verzögerung des Beginns der Verhandlung in der Berufungsinstanz eingetreten, insbesondere deshalb, weil nach der Fassung der in §§ 485, 486 d. E. nicht geänderten §§ 519 b und 520 allgemein angenommen wird, daß das Berufungsgericht den Termin zur mündlichen Verhandlung erst anberaumen darf, wenn es sich überzeugt hat, daß die Berufungsbegründungsfrist gewahrt ist. Es ist daher jetzt sehr gut möglich, daß bei belasteten Berufungsgerichten die erste mündliche Verhandlung in der Berufungsinstanz, wenn der Berufungskläger Berufungsfrist und Berufungsbegründungsfrist voll ausnutzt, erst etwa drei Monate nach der Zustellung des Urteils erster Instanz stattfinden kann. Hiergegen sind aus der Praxis wiederholt Bedenken erhoben worden. Interessant ist auch die Stellungnahme österreichischer Professoren bei der Zivilprozeßrechtslehrerkonferenz in München. Von dieser Seite wurde auf das österreichische Recht hingewiesen, das nur eine vierzehntägige Berufungsfrist kennt und verlangt, daß die Berufungsbegründung bereits in der Berufungsschrift enthalten sein muß. Die österreichischen Vertreter erklärten deshalb, das Bestreben der Novelle 1924 nach Prozeßbeschleunigung sei bei der Regelung von Berufungsfrist und Berufungsbegründungsfrist völlig außer acht gelassen und fügten nicht ganz mit Unrecht hinzu, es sei eine alte Erfahrung, die in der menschlichen Schwäche begründet sei, daß derjenige, dem für eine Erklärung eine noch solange Frist gesetzt werde, doch erst gegen Ende der Frist beginne, das dazu nötige Material herbeizuschaffen. Diesen Erwägungen gegenüber ist jedoch große Vorsicht geboten. Zunächst kommt es nicht darauf an, wie schnell ein Verfahren beginnt, sondern wie schnell und gut es zu Ende geführt wird. Man kann einen größeren Zeitverlust bei der Vorbereitung eines Verfahrens ruhig in Kauf nehmen, wenn man dadurch eine schleunige und sachgemäße Durchführung gewährleistet, während umgekehrt alles andere als eine Beschleunigung erreicht wird wenn ein Verfahren durch überhasteten Beginn in eine unrichtige Bahn gelenkt und durch spätere Nachholung der anfangs ersparten Vorbereitungszeit häufig ein vervielfachter Zeitverlust herbeigeführt wird. Die Äußerungen, die aus der Praxis hervorgegangen sind, bewegen sich auch überwiegend nach der Richtung, daß die bessere Vorbereitung des Berufungsverfahrens fast durchweg eine glattere und schleunigere Abwicklung im Endergebnis herbeigeführt habe. Es läßt sich ferner nicht verkennen, daß nicht in allen Fällen der Berufungskläger die Zeit, die ihm zur Entschließung darüber, ob er ein Rechtsmittel überhaupt einlegen will, zur Verfügung steht, schon zur Beschaffung des Materials für die Berufungsbegründung benutzen kann. Denn vielfach hängt die Entschließung über die Berufungseinlegung nicht nur von der Aussicht, die die neue Instanz bietet, sondern auch von außerhalb des Rechtsstreits liegenden wirtschaftlichen Erwägungen ab. Zu beachten ist für die Vergleichung des deutschen mit dem österreichischen Recht weiterhin, daß sich die Berufungsbegründung in Österreich wegen des grundsätzlichen Ausschlusses aller neuen Tatsachen und Beweismittel wesentlich einfacher gestaltet als bei uns. Endlich ist auch zu bezweifeln, ob die Verkürzung der Berufungsbegründungsfrist das Verfahren tatsächlich nennenswert beschleunigen wird, ob nicht vielmehr der Erfolg einer solchen Maßnahme dadurch vereitelt würde, daß häufiger als bisher die Berufungsfrist bis zum Ende ausgenutzt und in zahlreicheren Fällen als heute die Verlängerung der Begründungsfrist beantragt wird. Aus allen diesen Gründen hat auch die Mehrheit der Zivilprozeßkommission einer Verkürzung der Berufungsbegründungsfrist widerraten.

§ 483 entspricht dem § 519 Abs. 6 g. F. Diese Vorschrift, nach der der Termin zur Berufungsverhandlung erst anberaumt werden kann, wenn der Berufungskläger innerhalb der ihm zu setzenden Frist die Vorauszahlung der Kosten nachgewiesen hat, gehört zu den meist angefochtenen der neueren Gesetzgebung. Vielfach wird den Kostenvorschriften gegenüber, die bekanntlich nicht erst durch die Prozeßnovelle eingeführt worden sind, sondern schon vorher bei der Neufassung des Gerichtskostengesetzes vom 21. Dezember 1922 in Kraft getreten waren, darauf hingewiesen, daß es des Gerichts unwürdig sei, wenn es die Erfüllung seiner hohen Pflicht des Rechtsschutzes von vorheriger Kostenzahlung abhängig mache. Mit dieser allgemeinen Erwägung wird aber der Kern der Frage nicht getroffen. Unbestreitbar hat auf kostenlosen Rechtsschutz im Zivilprozeßverfahren nur die arme Partei einen Anspruch. Wer vermögend ist, hat für die Gewährung des Rechtsschutzes die gesetzlichen Gebühren zu entrichten. Es kann sich also nur darum handeln, ob der Staat verpflichtet ist, diese Kosten längere Zeit zu stunden. Eine solche Verpflichtung mag man vielleicht bei einem Staate anerkennen, der sich in einer besonders günstigen, wohlgeordneten Finanzlage befindet, aber in den schwierigen Zeiten, in denen Deutschland heute lebt, kann man einen solchen Satz nicht aufstellen. Es enthält nichts Ungesundes oder Unbilliges, daß derjenige, der ein gerichtliches Verfahren einleitet, von vornherein auf die damit verbundenen Kosten hingewiesen und genötigt wird, die Mittel zur Bestreitung der Kosten rechtzeitig bereit zu halten. Wenn dadurch die Parteien vor unbesonnenem Prozessieren zurückgehalten werden, so liegt darin nur ein Vorteil für die Rechtspflege und für die Gesamtbevölkerung. Nicht stichhaltig ist auch die Meinung, daß ein Bedürfnis zur Vorauszahlung der Kosten nur in der Zeit der gleitenden Währung bestanden habe. Denn die Kostenvorauszahlung bietet nicht nur einen Schutz gegen Geldentwertung, sondern hat vor allem auch den Zweck, die umfangreiche und kostspielige Arbeit, die für Ausschreibung von Kostenrechnungen, Beitreibungen usw. aufzuwenden ist, zu ersparen und den Eingang der Kostenbeträge zu sichern. Die Landesjustizverwaltungen müßten, wenn man den Grundsatz der Kostenvorauszahlung wieder aufgäbe, die Zahl der mit der Bearbeitung von Kostenangelegenheiten befaßten Beamten vervielfachen und würden doch, da die Beitreibungsversuche häufig erfolglos bleiben, nur einen Bruchteil derjenigen Kosten hereinbekommen, die heute unter dem Druck der Vorauszahlungspflicht ohne weiteres gezahlt werden. Alles Suchen nach einem Wege, die Kostenvorauszahlungspflicht durchzuführen, ohne daß die Terminsanberaumung von vorheriger Kostenzahlung abhängig gemacht wird, hat sich als aussichtslos erwiesen. An dem Grundsatz des § 519 Abs. 6 g. F. wird nach alledem auch künftig festzuhalten sein. Dagegen war zu erwägen, ob sich nicht die Härten, zu denen die geltende Fassung in Einzelfällen führen kann, wesentlich abmildern lassen. Hier ist vor allem an die Fälle zu denken, daß Parteien, die rechtzeitig gezahlt hatten, ihres Rechtsmittels verlustig gingen, nur weil es ihnen nicht gelang, den Nachweis der Zahlung innerhalb der Frist zu erbringen. Dem sucht der Entwurf dadurch abzuhelfen, daß gemäß § 483 nicht mehr der Nachweis der Kostenzahlung, sondern nur der tatsächliche Eingang der Kosten für die Fristwahrung entscheidend sein soll. Zugleich ist in § 485 Abs. 2 Satz 2 vorgesehen, daß, wenn künftig ein Berufungsgericht in Unkenntnis von der tatsächlich erfolgten Kostenzahlung die Berufung verwirft, nach Aufklärung des Sachverhalts diese Entscheidung von dem Berufungsgericht selbst wieder aufgehoben werden kann. Eine weitere Härte liegt darin, daß eine Partei von der Vorauszahlungspflicht, sofern ihr nicht Gebührenfreiheit zusteht, nur befreit werden kann, wenn ihr das Armenrecht bewilligt wird. Künftig soll nach § 483 Abs. 2 die Befreiung — ähnlich wie nach § 74 Abs. 4 GKG. bei der dem Kläger in erster Instanz obliegenden Vorauszahlungspflicht — auch dann eintreten, wenn der Berufungskläger glaubhaft macht, daß ihm die alsbaldige Zahlung der Gebühr mit Rücksicht auf seine Vermögenslage Schwierigkeiten bereiten würde. Aus dem gleichen Grunde, der dafür maßgebend war, die Versagung des Armenrechts durch das Berufungsgericht unanfechtbar zu machen (vgl. die Bemerkungen zu § 132 d. E.), mußte auch die Versagung der Kostenbefreiung im Falle des § 483 Abs. 2 unanfechtbar sein. Da somit weder gegen die Versagung des Armenrechts noch gegen die Ablehnung der Befreiung von der Kostenvorauszahlung eine Beschwerde in Frage kommt, konnte der letzte Satz des § 519 Abs. 6 g. F. in § 483 Abs. 2 d. E. wesentlich einfacher als bisher gestaltet werden.

Zu der außerdem in § 483 Abs. 2 Satz 3 aus § 519 Abs. 6 Satz 3 ZPO. vorgenommenen Fassungsänderung ist noch folgendes zu bemerken. Die frühere Fassung, wonach die Beantragung des Armenrechts die Frist zur Kostenvorauszahlung bis zum Ablauf von zwei Wochen nach Zustellung des ablehnenden Beschlusses hemmte, konnte zu sehr unerwünschten Ergebnissen führen, wie sich am besten an einem praktischen Beispiel zeigen läßt. Es legt jemand am 1. Februar Berufung ein. Die Frist zur Kostenvorauszahlung wird bis zum 1. März gesetzt. Kurz vor Ablauf beantragt er Verlängerung der Frist um einen weiteren Monat, also bis zum 1. April, die ihm auch bewilligt wird. Am 7. März beantragt er die Bewilligung des Armenrechts. Da sein Antrag Rückfragen erforderlich macht, verzögert sich die Entscheidung über das Armengesuch und es wird ihm erst am 6. April die Ablehnung des Armenrechtsgesuchs zugestellt. In diesem Falle ist nach der Vorschrift des § 519 Abs. 6 die an sich am 1. April ablaufende Kostenzahlungsfrist vom 7. März an bis zum Ablauf von zwei Wochen nach Zustellung des ablehnenden Bescheids, also bis zum 20. April gehemmt und vom 20. April ab läuft dann noch der Rest der am 7. März gehemmten Frist von noch 24 Tagen. Der Berufungskläger hat also für die Kostenvorauszahlung Zeit gewonnen bis zum 14. Mai. Es vergehen in solchen Fällen also mehr als drei Monate von Einlegung der Berufung an, bevor die erste Verhandlung stattfinden kann. Deshalb schlägt § 483 Abs. 2 vor, die Bestimmung des § 519 Abs. 6 dahin abzuändern, daß im Falle der Ablehnung des Armenrechtsgesuchs oder des Befreiungsgesuchs aus § 483 Abs. 2 Satz 2 die Frist zur Einzahlung des Kostenvorschusses nicht früher als zwei Wochen nach Zustellung des ablehnenden Bescheides abläuft. Im angenommenen Beispiel würde danach die Frist zur Kostenvorauszahlung erheblich früher als nach geltendem Recht, nämlich schon am 20. April ablaufen. Ein weiterer Fassungsunterschied zwischen § 519 Abs. 6 ZPO. und 483 d. E. besteht darin, daß die unschöne Fiktion, wonach bei Versäumung der Kostenvorauszahlungsfrist die Berufung als nicht rechtzeitig begründet gilt, fortfällt und die Wirkung der Fristversäumung in § 485 positiv geregelt wird.

Die **§§ 484—486** geben die §§ 519 a—520 g. F. sachlich unverändert wieder. Zu der Änderung in der Fassung des § 485 ist die Bemerkung zu § 483 d. E. zu vergleichen.

Auch die die Anschlußberufung behandelnden Vorschriften der geltenden §§ 521—522 a sind in **§§ 487—489** d. E. sachlich nicht geändert. Zu dem im Abs. 1 des § 487 (= 521 Abs. 1 u. 522 a Abs. 1 g. F.) gemachten Zusatz »die Vorschrift des § 264 d. E. (= 281 g. F.) bleibt unberührt« ist folgendes zu bemerken. Nach Einführung des Begründungszwanges für die Berufung konnte die Novelle 1924 auch für die Anschlußberufung von diesem Zwang nicht absehen. Damit hängt zusammen, daß auch die Form der Einlegung (bisher lediglich Vortrag in der mündlichen Verhandlung) geändert und Einreichung einer Berufungsanschlußschrift verlangt wurde (§ 522 a Abs. 1 g. F.). Gegenwärtig ist nun, wenn die in erster Instanz siegreich gebliebene Partei nach Eingang der Berufung des Gegners zwecks Erweiterung ihres Anspruchs in einem Schriftsatz Anschlußberufung einlegt, nicht unzweifelhaft, ob der erweiterte Anspruch schon mit der Einreihung des Schriftsatzes oder erst mit seiner vom Gericht zu veranlassenden Zustellung (gegebenenfalls auch mit dem Vortrag des Schriftsatzes in der mündlichen Verhandlung) rechtshängig wird. Durch den Zusatz zu § 487 Abs. 1 wird die Frage in letzterem Sinne geklärt. Es soll damit vor allem deutlich gemacht werden, daß sich die Vorschrift des § 487 Abs. 1 d. E. lediglich auf die Form der Einlegung der Anschlußberufung bezieht, während die Rechtshängigkeit eines mit ihr neu erhobenen Anspruchs sich nach § 264 d. E. = 281 g. F. richtet.

Für die Regelung der Anschlußberufung war ferner noch folgendes zu erwägen:

Wenn sich die Notwendigkeit einer Anschlußberufung im Verlaufe einer mündlichen Verhandlung herausstellt, so hindert die neue Regelung die Partei keineswegs, die Anschlußberufung noch in derselben Verhandlung einzulegen. Denn die Anschlußschrift kann in Gestalt einer Protokollanlage sofort niedergeschrieben und überreicht werden. Zweifelhaft kann nur sein, ob es in diesem Falle einer Zustellung bedarf. Dabei ist zu berücksichtigen, daß, soweit eine streitige Verhandlung in Frage kommt, die Zustellung, die ohnehin für die Wirksamkeit der Anschlußberufung als solcher nicht wesentlich ist, auch für die Rechtshängigkeit eines etwa mit ihr erhobenen neuen Anspruchs keine Bedeutung hat; dieser wird ja, auch wenn man hier § 281 g. F. = 264 d. E. für maßgebend erklärt, schon durch den mündlichen Vortrag rechtshängig. Man wird deshalb mit Heilberg (a. a. O.) annehmen können, daß die Parteien auf die Zustellung verzichten können. Einer besonderen Hervorhebung im Gesetz wird das nicht bedürfen.

Lebhaft bekämpft Heilberg die für die Anschlußberufung im Gesetz gegebene Begründungspflicht. Dabei wird man sich zunächst vor Augen halten müssen, daß die nach dieser Richtung im § 522 a (= 489 d. E.) enthaltenen Vorschriften praktisch nur für die unselbständige Anschlußberufung Bedeutung haben, also für die nach Verzicht auf die Berufung oder nach Ablauf der Berufungsfrist eingelegte Anschlußberufung. Die selbständige Anschlußberufung ist auch hinsichtlich der Begründungsfrist gemäß § 522 Abs. 2 wie eine selbständige Berufung zu behandeln (vgl. Breit Jur. W. 1924 S. 376 XV, Volkmar, Verfahrensverordnung Anm. 3 zu § 522 a, Sydow-Busch Anm. 3 zu § 522 a). Für die unselbständige Anschlußberufung kann es aber kaum unbillig erscheinen, wenn man ihre Begründung von der Partei innerhalb derselben Frist, die dem Gegner zur Begründung der Hauptberufung gesetzt ist, fordert und dementsprechend verlangt, daß eine Anschlußberufung, die nach Ablauf der für die Hauptberufung gegebenen Begründungsfrist eingelegt wird, die Begründung sofort mitenthalten muß. Das Laufen besonderer Fristen für Hauptberufung und Anschlußberufung würde den Prozeßgang unnötig verwickeln und verzögern. Wenn Heilberg meint, gerade diese Regelung der Begründungsfrist müsse insofern verzögernd wirken, als sie dem Berufungsbeklagten Anlaß bieten werde, seine Anschlußberufung so spät wie möglich einzureichen, so ist dem entgegenzuhalten, daß schon die Furcht, mit dem Anschluß zu spät zu kommen, praktisch entgegenwirken wird und daß andererseits vor Beibringung der Begründung die bloße Einreichung der Ausschlußberufung den Prozeß ohnehin nicht weiterbringt. Heilberg hat auch Zweifel, ob die Frist für die Begründung der Anschlußberufung verlängert werden kann. Da es sich jedoch um eine gesetzliche Frist handelt, bei der die Möglichkeit einer Verlängerung im Gesetz ausdrücklich zugelassen sein müßte (§ 224 g. F. = § 180 Abs. 2 d. E.), und § 522 a Abs. 3 g. F. = § 489 Abs. 2 d. E. den die Verlängerung der Berufungsbegründungsfrist behandelnden § 519 g. F. = 482 d. E. Abs. 2 nicht in Bezug nimmt, findet eine Verlängerung der Berufungsbegründungsfrist für die unselbständige Anschlußberufung nicht statt. Das entspricht auch der vorerörterten grundsätzlichen Einstellung. Es kann deshalb weder eine sachliche Änderung der bestehenden Vorschriften nach dieser Richtung vorgeschlagen werden noch bedarf es zur Klarstellung einer Änderung in der Fassung des Gesetzes.

Zu **§ 490** d. E. Der Entwurf hat § 523 a. g. F. gestrichen. Diese Vorschrift schließt es aus, daß in der Berufungsinstanz im Verfahren vor dem Einzelrichter letzterer im Einverständnis der Parteien an Stelle des Senats endgültig sachlich entscheiden kann. Hierzu ist folgendes zu bemerken:

Läßt man, wie der Entwurf vorschlägt, im Berufungsverfahren neue Tatsachen und Beweismittel grundsätzlich zu, hält man aber andererseits zur Vermeidung der damit verbundenen Gefahren eine straffe Konzentrierung des neuen Vorbringens hier für besonders notwendig, so wird man gerade in der Berufungsinstanz die Einrichtung des Einzelrichters nicht entbehren können. Besonders klar bezeichnen die Sachlage auch hier die bereits erwähnten Ausführungen des Senatspräsidenten Preiser, der unter anderem folgendes hervorhebt:

»Der Einzelrichter ist auch im Berufungsverfahren nicht mehr zu entbehren, wenn sich vielleicht auch seine Bedeutung für diesen Rechtszug vermindern wird, sobald sich erst einmal das neue Verfahren in der ersten Instanz voll ausgewirkt hat. Das ist heute nach meinen Beobachtungen noch längst nicht der Fall. Ich sehe die Hauptwirksamkeit des Einzelrichters vor allem darin, daß er bestrebt sein muß, nebensächliche Dinge in tatsächlicher und rechtlicher Beziehung durch verständige Verhandlungen mit den Parteien und ihren Prozeßbevollmächtigten zu beseitigen und dadurch die Bahn frei zu machen für eine erschöpfende Behandlung der wirklich erheblichen Streitpunkte rechtlicher und tatsächlicher Natur in der demnächstigen mündlichen Verhandlung. Wird so verfahren, so verliert diese mündliche Verhandlung durch das Einzelrichterverfahren nicht nur nicht an Bedeutung, wie von seiten mancher Anwälte befürchtet worden ist, sondern sie wird im Gegenteile eindrucksvoller gestaltet werden können als bisher. Schon jetzt macht es sich in erfreulicher Weise bemerkbar, daß die Plädoyers da, wo sie tatsächlich von wesentlichstem Einflusse auf die Entscheidung sein können, erschöpfender als früher ausfallen aus dem einfachen Grunde, weil bei der geringeren Belastung des Terminzettels für die Parteivorträge mehr Zeit bleibt.«

Diese Ausführungen bestätigen die Auffassung, daß nicht alle Berufungssachen ein umfangreiches tatsächliches Material bieten, daß dies sogar immer seltener der Fall sein wird, je besser nach den Gedankengängen des Entwurfs in der ersten Instanz vom Gericht und von den Parteien auf eine geordnete und erschöpfende Sachdarstellung hingearbeitet wird. Darauf ist auch wohl der Wunsch verschiedener Oberlandesgerichte zurückzuführen, für die Berufungsinstanz es dem freien Ermessen des Vorsitzenden zu überlassen, ob er ein Einzelrichterverfahren eintreten lassen will oder nicht. Indessen wird es einer besonderen Vorschrift in dieser Richtung nicht bedürfen, weil schon in erster Instanz der Grundsatz gilt, daß der Vorsitzende von der Bestellung eines Einzelrichters absehen kann, wenn nach seiner Überzeugung die Sache, um verhandlungsfähig zu werden, einer besonderen Vorbereitung nicht bedarf. Schon diese Vorschrift ermöglicht es dem Vorsitzenden des Berufungsgerichts, in allen den Fällen, in denen er sich von der Mitwirkung eines Einzelrichters zur Klärung des Sachverhalts keinen Erfolg verspricht, von seiner Bestellung abzusehen.

Dagegen erschien eine Änderung der geltenden Fassung des § 523 empfehlenswert, der es dem Einzelrichter untersagt, im Berufungsverfahren, auch wenn beide Parteien dies wünschen, an Stelle des Senats sachlich zu entscheiden. Diese Vorschrift steht in einem gewissen Widerspruch damit, daß man in den Fällen, in denen die Parteien vor dem Einzelrichter nicht erscheinen oder nicht verhandeln, oder eine Partei allein erscheint, die Möglichkeit einer Entscheidung nach Lage der Akten durch den Einzelrichter auch in der Berufungsinstanz zulassen mußte. Von letzterer Möglichkeit abzusehen ist nicht angängig, wenn man Verschleppungen des Verfahrens vor dem Einzelrichter verhindern will. Die Sache liegt deshalb theoretisch jetzt so, daß die Parteien, wenn sie dem Einzelrichter nach Verhandlung einer Sache die endgültige Entscheidung übertragen wollen und er das mit Rücksicht auf § 523 a ablehnt, nur zu erklären brauchten, sie weigerten sich nunmehr weiter vor ihm zu verhandeln, um ihm doch die Möglichkeit zur endgültigen Entscheidung ihres Streits zu verschaffen.

§ 491 gibt § 525 g. F. unverändert wieder und schließt die nach dem Aufbau des Entwurfs nicht mehr in den Vollstreckungsteil gehörige Vorschrift des geltenden § 718 an.

§ 492 enthält die unveränderte Wiedergabe von § 526, dagegen ist § 527, der die Klageänderung für die Berufungsinstanz noch weitergehend beschränkt als in der ersten, insbesondere das dort in § 264 (= § 220 Abs. 2 d. E.) dem Gericht eingeräumte freie Ermessen ausschließt, gestrichen worden, weil schon die Beschränkung, die der Entwurf hinsichtlich des Vorbringens neuer Tatsachen enthält, einen genügenden Schutz gegen prozeßverschleppende Wirkungen von Klageänderungen bietet und kein Anlaß besteht, die Zulassung einer Klageänderung auch dann von der Willkür des Beklagten abhängig zu machen, wenn sie den Prozeß nicht verzögert oder der Kläger sie auf Tatsachen stützt, die er in erster Instanz noch nicht vorbringen konnte.

§ 493 enthält nur redaktionelle Änderungen des geltenden § 528. Es war einmal zu berücksichtigen, daß der Entwurf in den §§ 257, 258 die sogenannten prozeßhindernden Einreden technisch anders behandelt als die geltende Prozeßordnung. Ferner war zu berücksichtigen, daß schon im geltenden § 528 die Erwähnung des ausschließlichen Gerichtsstands im Satz 2 nur für die Fälle Bedeutung haben kann, in denen für eine bei dem Amtsgericht erhobene Klage die ausschließliche Zuständigkeit des Landgerichts begründet war; denn in Fällen, in denen andere ausschließliche Gerichtsstände in Frage kommen, wird die Nachprüfung der Zuständigkeit in der Berufungsinstanz schon durch § 10 und § 512 a g. F. (= 475 d. E.) ausgeschlossen. Endlich geht der Entwurf davon aus, daß es zweckmäßig ist, die nach geltender Fassung für die Zuständigkeit von Gewerbe- und Kaufmannsgerichten (jetzt Arbeitsgerichten) gegebene Vorschrift auf alle Sondergerichte auszudehnen. Denn Grund dieser Vorschrift ist es ja, daß es sich bei der Frage, ob das ordentliche Gericht oder ein Sondergericht zu entscheiden hatte, nicht um eine Frage der Gerichtsbarkeit, sondern lediglich um eine Frage der sachlichen Zuständigkeit handelt.

§§ 495—506 entsprechen den geltenden §§ 530—544 und enthalten nur die durch die Neuerungen des Entwurfs erforderlich gewordenen redaktionellen Änderungen. So mußte in den §§ 496 und 498 (= 531 und 533 g. F.) auf die Ersetzung des Parteieides durch Parteivernehmung Rücksicht genommen werden, wobei sich § 498 weitgehend an § 489 der österreichischen Prozeßordnung anlehnt. Im § 499 (= 534 g. F.) konnte der heutige Absatz 2 fortbleiben. Diese Vorschrift, über deren Anwendung in der Praxis nichts bekannt geworden ist, sollte einen gewissen Ausgleich dafür bieten, daß die Prozeßnovelle 1924 die Zurückweisung grob schuldhaft nachgeschleppten Vorbringens auch in zweiter Instanz in das Belieben des Gerichts stellte. Sie ist vom Standpunkt des Entwurfs aus entbehrlich, da der Entwurf vorschlägt, die Zulassung solches verspäteten Vorbringens zwingend auszuschließen.

Der dem geltenden § 543 (im Entwurf § 505) beigefügte zweite Absatz hängt damit zusammen, daß der Entwurf einerseits Urteilszustellung von Amts wegen vorsieht, andererseits aber unnötige Zustellungen vermeiden will. Die Vorschrift gilt nur für die Berufungsurteile, die mit ihrer Verkündung rechtskräftig werden, das sind nur die Urteile, gegen die grundsätzlich kein Rechtsmittel zugelassen ist, also praktisch die landgerichtlichen Berufungsurteile. Unterliegt ein oberlandesgerichtliches Berufungsurteil deshalb nicht der Revision, weil die Revisionssumme nicht erreicht ist, so wird es nicht mit seiner Verkündung, sondern erst mit dem Ablauf der Rechtsmittelfrist rechtskräftig. Es gilt das hier bereits zu § 472 d. E. ausgeführte entsprechend. Selbstverständlich kann auch ein vom Landgericht erlassenes Berufungsurteil (z. B. zur Ermöglichung der Vollstreckung) der Zustellung bedürfen; in diesem Falle hat das Vollstreckungsgericht die Zustellung zu veranlassen.

Zweiter Abschnitt.

Revision.

Der Entwurf geht, wie bereits im allgemeinen Teil der Erläuterungen hervorgehoben wurde, grundsätzlich davon aus, am geltenden Recht nur dort Änderungen vorzunehmen, wo zwingende Gründe dies rechtfertigen. Unter diesem Gesichtspunkt erscheinen auf den ersten Blick die Vorschriften der Zivilprozeßordnung über das Rechtsmittel der Revision keiner Änderung bedürftig, denn Klagen über das Verfahren beim Reichsgericht sind nicht laut geworden. Wo, wie z. B. in einem Aufsatz des inzwischen verstorbenen korrespondierenden Mitglieds der Kommission Ernst Fuchs in dem zweiten Heft der »Justiz« Kritik an der Ziviljustiz des Reichsgerichts geübt wird, richtet sie sich nicht gegen die Handhabung des Verfahrens, sondern gegen die vom Reichsgericht bei der materiellen Rechtsfindung und bei der Begründung seiner Entscheidungen angewendete Methode. Es ist außerdem zu berücksichtigen, daß gerade die Vorschriften der Zivilprozeßordnung über die Revision in der Novellengesetzgebung vor dem Kriege viel weitergreifende Änderungen erfahren haben als die übrigen Teile des Prozeßrechts. Insbesondere haben die Novellen von 1905 und 1910 sehr erhebliche Umgestaltungen gebracht und nach Möglichkeit den Wünschen, die im Laufe der Zeit hinsichtlich der Ausgestaltung der Revision laut geworden waren, Rechnung getragen.

Gleichwohl ist ein sehr gewichtiger Gesichtspunkt zu berücksichtigen, der Bedenken gegen die Zweckmäßigkeit unseres Revisionsverfahrens begründen könnte, nämlich die niemals ganz überwundene, gerade in den letzten Jahren aber besonders stark hervorgetretene Überlastung des Reichsgerichts, die zur Folge hat, daß die beim Reichsgericht in Zivilsachen eingehenden Revisionen nur sehr schleppend erledigt werden können, derart daß die Frist zwischen dem Eingang der Revision und dem Termin zur mündlichen Verhandlung in einzelnen Sachen ein Jahr überstiegen hat. Daß hierdurch gerade in heutiger Zeit das Rechtsschutzbedürfnis der Parteien schwer beeinträchtigt wird, liegt auf der Hand. Aber auch die Allgemeinheit leidet darunter, wenn wirtschaftlich hoch bedeutsame Rechtsfragen erst nach unverhältnismäßig langer Zeit durch eine Entscheidung des obersten Gerichtshofs geklärt werden. Die Zivilprozeßkommission war im Zusammenhang mit der Verordnung zur Entlastung des Reichsgerichts vom 15. Januar 1924 schon früher mit diesem Übelstand befaßt worden.

Um der Überlastung des Reichsgerichts abzuhelfen, sind in der Nachkriegszeit zum Teil sehr einschneidende vorübergehende Maßnahmen getroffen worden, die dazu bestimmt waren, der dringendsten augenblicklichen Notlage abzuhelfen. Auch die Verordnung vom 15. Januar 1924, die unter anderem dem Reichsgericht den größten Teil der Revisionen in Ehesachen fernhielt, fand ihre Rechtfertigung unter dem Gesichtspunkt einer Notmaßnahme; sie ist infolgedessen auch über den von vornherein festgestellten Endtermin ihrer Gültigkeit, nämlich den 31. Dezember 1925, hinaus nicht verlängert, sondern durch das Gesetz vom 21. Dezember 1925 ersetzt worden. Dieses hielt lediglich den § 1 der Verordnung vom 15. Januar 1924 aufrecht, demzufolge eine Revision nicht auf Verletzung der Fragepflicht (§ 139 ZPO.) und der Vorschriften über die Beweiswürdigung (§§ 286, 287 ZPO.) gestützt werden kann. Auch dieses Gesetz ist am 30. Juni 1929 abgelaufen. Inzwischen ist am 15. Februar 1929 ein weiteres Gesetz zur Entlastung des Reichsgerichts in Kraft getreten. Danach kann das Reichsgericht auch ohne Einverständnis der Parteien gemäß § 7 der Entlastungsverordnung ohne mündliche Verhandlung entscheiden, wenn nach Lage der Sache eine weitere Klärung der für die Entscheidung in Betracht kommenden Rechtsfragen durch die mündliche Verhandlung nicht zu erwarten steht. Das Revisionsgericht hat, wenn es von dieser Befugnis Gebrauch machen will, den Parteien Gelegenheit zur schriftlichen Äußerung zu geben. Auch dieses Gesetz hat den Charakter einer Notmaßnahme. Seine Geltungsdauer ist bis zum 31. Dezember 1932 beschränkt.

Die hiernach festzustellende Tatsache, daß die Verhältnisse beim Reichsgericht fortdauernd die verschiedenartigsten Entlastungsversuche nötig machten, legt die Frage nahe, ob nicht bei der grundsätzlichen Reform der Zivilprozeßordnung die Revision so gestaltet werden kann, daß schon dadurch der Überlastung des Reichsgerichts vorgebeugt und die baldige Erreichung ordnungsmäßiger Geschäftsverhältnisse beim höchsten Gerichtshof gewährleistet wird.

Es ist zwar vielfach als der zunächstliegende Weg bezeichnet worden, der Überlastung des Reichsgerichts durch Vermehrung der Senate vorzubeugen. Dieser Weg hat aber, wie die Reichsregierung bei der Beratung der verschiedenen Gesetze zur Entlastung des Reichsgerichts wiederholt näher begründet hat, schwere Bedenken gegen sich. Der Richterstand des Reichsgerichts ist mit der Zahl von etwa 100 Mitgliedern schon so groß geworden, daß man eine weitere Erhöhung der Richterzahl nicht ins Auge fassen kann, wenn die Einheitlichkeit der Rechtsprechung des Reichsgerichts gewährleistet werden und wenn gleichzeitig die Möglichkeit gesichert bleiben soll, bei der Besetzung frei werdender Stellen nur wirklich hervorragende Kräfte dem höchsten Gerichtshof zuzuführen.

Die kleinen Mittel, die zur Erleichterung des Geschäftsganges beim Reichsgericht angewendet werden können, sind bereits in den früheren Maßnahmen der Gesetzgebung erschöpft. So ist insbesondere die Revisionssumme zuerst in der Novelle von 1905 auf 2500 M. und 1910 auf 4000 M. erhöht worden. Diese Höhe hatte die Revisionssumme, nachdem sie vorübergehend niedriger gewesen war, in der im Anschluß an das Gesetz zur Entlastung des Reichsgerichts erlassenen Verordnung des Reichsministers der Justiz vom 21. Dezember 1925 wieder erreicht. Inzwischen hat die Verordnung vom 8. Februar 1928 die Revisionssumme auf 6000 RM. erhöht. Damit dürfte das Höchstmaß dessen, was unter den heutigen wirtschaftlichen Verhältnissen erträglich erscheint, erreicht sein (zu vgl. a. allg. Teil der Erläuterungen IV, 2, b, δ). Ferner hat bereits die Novelle von 1910 im § 545 Abs. 2 ZPO. den Ausschluß der Revision bei Urteilen, die Arreste und einstweilige Verfügungen betreffen, gebracht. Die gleiche Novelle hat das Reichsgericht von jeder Befassung mit Beschwerden dadurch entlastet, daß es gegen Entscheidungen der Oberlandesgerichte eine Beschwerde überhaupt nicht zuläßt. Der durch die Prozeßnovelle vom 13. Februar 1924 eingeführte Satz des Abs. 3 von § 567 ZPO. schränkt diese Entlastung nur scheinbar ein, da es sich bei den hier in Betracht kommenden Beschlüssen der Oberlandesgerichte um Entscheidungen handelt, die vor der Novelle nur in Urteilsform ergehen konnten und schon deshalb der reichsgerichtlichen Nachprüfung zugänglich waren. Ferner hat schon die Novelle von 1905 im § 549 Abs. 2 bestimmt, daß in vermögensrechtlichen Streitigkeiten auf die örtliche Unzuständigkeit des Gerichts eine Revision nicht gestützt werden kann. Dieselbe Novelle hat ferner den Begründungszwang für die Revision und die Möglichkeit, unzulässige Revisionen ohne mündliche Verhandlung durch Beschluß zu verwerfen, gebracht (§§ 554, 554 a). Endlich hat die Novelle von 1910 im § 554 Abs. 7 das Erfordernis der Kostenvorauszahlung für den Revisionskläger eingeführt.

Nach alledem erhebt sich die Frage, ob nicht zum Zweck einer wirksamen und nachhaltigen Entlastung des Reichsgerichts eine tiefer greifende Umgestaltung des Revisionsverfahrens in Betracht zu ziehen ist. Hierfür käme in erster Linie als weitreichendste Maßnahme die innere Umgestaltung des Wesens der Revision in Betracht. Dabei ergibt sich folgende Problemstellung: Soll die Revision ein ordentliches Rechtsmittel in der Hand der Parteien sein oder ein außerordentlicher Rechtsbehelf, der nicht dem Interesse der Parteien, sondern ausschließlich dem öffentlichen Interesse zu dienen bestimmt ist. Nach der letztgenannten Richtung ist mit größter Folgerichtigkeit die französische Kassation ausgebildet. Dies zeigt sich schon äußerlich dadurch, daß das Kassationsverfahren nicht im »Code de procédure«, sondern in einem besonderen Gesetz geregelt ist. Sachlich kommt vor allem in Betracht, daß der Kassationshof niemals in der Sache selbst entscheiden, vielmehr, wenn er eine Gesetzesverletzung feststellt, das Urteil der Vorinstanz nur aufheben kann, und endlich darin, daß in einem solchen Falle die Instanzgerichte an die vom Kassationshof ausgesprochene Rechtsansicht nicht ohne weiteres gebunden sind. Das Wesen der französischen Kassation tritt sehr klar in einer Darstellung des Präsidenten des Kassationshofs Troplong aus dem Jahre 1849 hervor. Er führt u. a. aus: »Der Kassationshof ist nicht eine dritte Instanz. Er ist nicht eingerichtet, um tatsächliche Irrtümer und falsche Würdigungen von Umständen durch die Instanzgerichte zu verbessern. Man muß nicht vergessen, daß die Berufungsgerichte und die Gerichte, die in letzter Instanz entscheiden, souverän sind. Wenn sie sich bei der Beurteilung von

Punkten, die nur das private Interesse der Parteien berühren, irren, so ist dies zweifellos ein Unglück. Aber dieses Unglück folgt notwendig aus der Unvollkommenheit des menschlichen Denkens und läßt sich nicht vermeiden, weil alles einmal ein Ende haben muß und vor allen Dingen die Prozesse. Die verletzte Partei muß dem öffentlichen Frieden das Opfer eines solchen privaten Schadens bringen. Aber, wenn nicht mehr die Partei allein unter einem Urteil leidet, wenn der Schaden der Partei aus einer Verletzung des Gesetzes selbst hervorgeht, dann tritt eine Verwirrung des Gleichgewichts der Mächte ein, die das öffentliche Interesse berührt. Dann beginnt für den Kassationshof die Aufgabe, diesen Eingriff des Richters in den Machtbereich des Gesetzgebers wieder auf die gesetzliche Regel zurückzuführen. Dann berechtigt das private Interesse, das sich mit einem öffentlichen verbindet, die Partei vor den höchsten Gerichtshof ihre Bedenken und Klagen zu bringen, die, ausgehend von einer privaten Stelle, nichtsdestoweniger eine Verwirrung der öffentlichen Ordnung zur Grundlage haben.« Auch in der Begründung zur deutschen Zivilprozeßordnung findet sich der Gedanke, daß die dritte Instanz nur im öffentlichen Interesse geboten sei. Es heißt im § 14 des Allgemeinen Teiles der Begründung (Hahn S. 141): »Den Anforderungen, welche die Prozeßpartei an den Staat stellen muß, dürfte völlig genügt sein, wenn der Staat den Prozeßparteien die Möglichkeit gewährt, ihren Rechtsstreit in einem wohlgeordneten Verfahren zweimal zu verhandeln und die Entscheidung zweier vollbesetzter Gerichte zu erwirken ... Dennoch kann ein Staat, dessen Gebiet ein zu umfangreiches ist, als daß die Einführung eines einzigen Oberlandesgerichts zulässig wäre, für geboten erachten, im Interesse der freilich vollständig nie zu erreichenden, aber doch tunlichst zu erstrebenden Einheit des Rechtes und der Rechtsprechung eine dritte Instanz vor einem obersten Gerichtshof zu gestatten.« Gleichwohl hat man in der deutschen Zivilprozeßordnung die Revision als ein ordentliches Rechtsmittel, gewissermaßen als eine auf die Rechtsfrage beschränkte Oberberufung ausgestaltet und dem Reichsgericht die Möglichkeit gegeben, auch in der Sache selbst zu entscheiden; ebenso hat man in den Fällen, in denen es in die untere Instanz zurückverweist, diese Instanz an die Rechtsansicht des Reichsgerichts von vornherein gebunden.

Wenn auch diese Unterschiede zwischen unserer Revision und der französischen Kassation auf den ersten Blick als mehr äußerlicher Art erscheinen könnten, so sind sie doch für die praktische Ausgestaltung der Rechtsmittel von entscheidender Bedeutung gewesen. Eine sehr ausführliche Darstellung der Entwicklung, die die Rechtsprechung des Reichsgerichts in dieser Hinsicht genommen hat, findet sich bei Manigk, Revisibilität der Auslegung von Willenserklärungen (in Bd. 6 der Festgabe der jur. Fakultäten zum 50 jährigen Bestehen des Reichsgerichts). Die gleichen Fragen wurden ferner schon im Sonderheft des sächs. Archivs (Leipzig 1904), Die ersten 25 Jahre des Reichsgerichts S. 36/37 (Müller) und S. 153 ff. (Boyens) behandelt. Hiernach war im Reichsgericht anfangs eine geteilte Auffassung über das Wesen der Revision bemerkbar. Während einzelne Senate mehr dazu neigten, nur in Fällen, in denen der abstrakte Rechtssatz verletzt war, dem Rechtsmittel stattzugeben, hielten es andere Senate für ihre Aufgabe zu prüfen, ob im konkreten Fall der Streit richtig entschieden sei und suchten nach einer Möglichkeit, die Vorentscheidung immer schon dann abzuändern, wenn sie der Überzeugung waren, daß der einzelnen Partei Unrecht geschehen sei. Die letztgenannte Auffassung, die die Revision zu der französischen Kassation in dem Sinne, wie sie in dem zuvor angeführten Vortrag Troplong charakterisiert hat, in einen scharfen Gegensatz stellt, hat im Laufe der Zeit das Übergewicht erlangt und kann heute als die im Reichsgericht herrschende angesehen werden. Diese grundsätzliche Einstellung war entscheidend für die Abgrenzung zwischen Rechtsfrage und tatsächlicher Beurteilung, die ja an sich eine sehr unsichere ist und bei der es in der Hand des höchsten Gerichtshofs liegt, die Auswirkungsmöglichkeiten der Revision zu erweitern oder zu verengen. In Betracht kommen insbesondere die folgenden Fragen:

Feststellung von Tatsachen im Wege der Beweiswürdigung. Subsumtion der festgestellten Tatsachen unter einen Rechtsbegriff sowie die Auslegung von Rechtsgeschäften und die Anwendung von Erfahrungssätzen. Während in bezug auf die Feststellung von Tatsachen der französische Kassationshof mit ganz geringfügigen, engbegrenzten Ausnahmen daran festhält, daß diese Feststellung seiner Nachprüfung entzogen ist, hat das Reichsgericht, unbeschadet der Vorschrift des § 561 der Zivilprozeßordnung, vielfach die Vorschriften über das Fragerecht (§ 139) und über die Begründung und Beweiswürdigung (§ 286) dazu benutzt, um tatsächliche Feststellungen, die es für verfehlt erachtet, zu beseitigen. Ebenso ist das Reichsgericht hinsichtlich der Würdigung von Tatsachen, d. h. hinsichtlich ihrer Subsumtion unter den Rechtssatz in der Ausdehnung seiner Nachprüfung viel weiter gegangen als der französische Kassationshof, insbesondere hat es sich zu einer Nachprüfung immer dann für berechtigt erachtet, wenn die Entscheidung der Vorinstanz nach der Verkehrssitte oder nach Treu und Glauben zu erfolgen hat. Dadurch ist insbesondere die Verschuldensfrage in der Rechtsprechung des Reichsgerichts zur Rechtsfrage geworden. Handelt es sich z. B. darum, zu entscheiden, ob eine Partei durch ihr von dem Instanzgericht festgestelltes Verhalten die im Verkehr erforderliche Sorgfalt außer acht gelassen hat, so hat das Reichsgericht das Recht für sich in Anspruch genommen, auch diese Frage seiner Nachprüfung zu unterwerfen und hat sich an die nach dieser Richtung hin vom Instanzgericht vorgenommene Würdigung nicht für gebunden erachtet. Ebenso hat das Reichsgericht hinsichtlich der Frage der Auslegung von Willenserklärungen vielfach ein Nachprüfungsrecht in Anspruch genommen und auch diese Frage als eine das rechtliche Gebiet berührende betrachtet. Endlich hat das Reichsgericht, soweit die ihm unterbreiteten Urteile auf Erfahrungssätzen beruhen, stets das Recht in Anspruch genommen, diese Sätze auf ihre Richtigkeit nachzuprüfen. Es ist schon hervorgehoben worden, daß durch diese Praxis des Reichsgerichts seine Überlastung wesentlich mit herbeigeführt ist. Denn je weiter das Reichsgericht seine Nachprüfung über die Grenze reiner Rechtsfragen hinaus auf ein mehr tatsächliches Gebiet erstreckt, um so größer wird in der Bevölkerung die Neigung sein, es mit dem Rechtsmittel der Revision zu versuchen. Bei den Verhandlungen, die bisher über die Entlastung des Reichsgerichts stattgefunden haben, hat man mehrfach aus der Anwaltschaft die Bemerkung gehört, es gebe nur noch wenige Sachen, bei denen man mit Rücksicht auf die tatsächlichen Feststellungen der Vorinstanz eine Revision als von vornherein aussichtslos bezeichnen könne, da nie mit Sicherheit vorauszusagen sei, ob das Reichsgericht nicht doch in einem Teil der anscheinend nur tatsächlichen Feststellungen der Vorinstanz irgendwie eine Rechtsverletzung erblicken werde. Daß allein durch eine Änderung der Praxis des Reichsgerichts wieder eine einschränkendere Auslegung der Vorschriften über das

Revisionsverfahren eintreten könnte, ist nach dem Gang, den die Entwicklung bisher genommen hat, nicht anzunehmen. Es kann deshalb nur eine Änderung der gesetzlichen Vorschriften in Frage kommen. In dem Regierungsentwurf zur Novelle von 1910 war deshalb auch eine derartige Maßnahme vorgeschlagen worden, und zwar ging der Vorschlag dahin, in den § 549 den nachfolgenden Absatz einzustellen:

»Die Revision kann nicht darauf gestützt werden, daß das Gericht von seinem Fragerecht keinen oder keinen richtigen Gebrauch gemacht (§ 139), daß es bei der Entscheidung, ob eine tatsächliche Behauptung für wahr oder für nicht wahr zu erachten sei, den gesamten Inhalt der Verhandlungen und das Ergebnis einer etwaigen Beweisaufnahme nicht zutreffend oder nicht erschöpfend gewürdigt oder die Gründe, welche für seine Überzeugung leitend gewesen sind, nicht angegeben habe (§ 286 Abs. 1), oder daß es von seiner Befugnis zur Auferlegung eines richterlichen Eides keinen oder keinen richtigen Gebrauch gemacht habe (§§ 475, 476).«

Dieser Vorschlag hat indessen im Reichstage so große Bedenken erregt, daß er nicht Gesetz geworden ist. Man hat dem Gedanken der Regierungsvorlage lediglich darin Rechnung getragen, daß man dem § 561 eine die grundsätzliche Bindung des Reichsgerichts an die tatsächlichen Feststellungen des Oberlandesgerichts schärfer hervorhebende Fassung gab. Eine fühlbare praktische Auswirkung hat diese Änderung nicht gehabt. Auch § 1 der schon erwähnten Verordnung zur Entlastung des Reichsgerichts vom 15. Januar 1924, der auf den Gedanken des Entwurfs der Novelle von 1910 zurückgriff und zweifellos das Reichsgericht während seiner Geltungsdauer nicht unwesentlich entlastet hat, ist, wie bereits erwähnt wurde, inzwischen außer Kraft gesetzt. Bestimmend war hierfür die Auffassung des Reichstags, daß sich auf die Dauer eine derartige Beschränkung der Revision ohne Schaden für die Rechtspflege nicht aufrecht erhalten lasse. Ferner hat auch die in Berlin aus Richtern, Anwälten und Hochschullehrern zusammengesetzte Arbeitsgemeinschaft die Ausschaltung des § 139 von der Rechtsprechung des Reichsgerichts als eine überaus gefährliche Maßnahme bezeichnet. Man hat vor allem darauf hingewiesen, § 139 habe erst durch die Rechtsprechung des Reichsgerichts, die aus dem Fragerecht eine Fragepflicht gemacht habe, Leben und Bedeutung gewonnen und es sei zu befürchten, daß nach und nach die Instanzgerichte in der Anwendung der vom Reichsgericht ausgesprochenen Grundsätze zum Schaden der Rechtspflege lässiger werden würden, wenn längere Zeit hindurch eine Verletzung des § 139 eine Revision nicht mehr begründen könne.

Unter Berücksichtigung aller dieser Vorgänge wird man sich dem Gedanken nicht verschließen können, daß letzten Endes die allgemeine Meinung, vor allem die Auffassung der an der Ausgestaltung der Revision zunächst beteiligten Kreise einer grundsätzlichen Änderung des Wesens der Revision ganz überwiegend abgeneigt ist. Es ist freilich unverkennbar, daß der französische Kassationshof sich eines außerordentlich hohen Ansehens erfreut und einen richtunggebenden Einfluß auf die Rechtsprechung der unteren Gerichte ausübt. Aber es handelt sich dort um das Ergebnis einer sehr langen geschichtlichen Entwicklung, um eine Einrichtung, die im Rechtsbewußtsein des französischen Volkes feste Wurzeln geschlagen hat. Bei uns hat die Entwicklung nun einmal eine ganz andere Richtung genommen, und man wird sich der Erkenntnis nicht verschließen dürfen, daß bei uns das Ansehen des Reichsgerichts letzten Endes gerade darauf beruht, daß die Parteien das Bewußtsein haben, es würde nicht nur die abstrakte Frage der Rechtsverletzung unter dem Gesichtspunkt des öffentlichen Interesses geprüft, sondern auch wohlmeinend untersucht, ob im vorliegenden Einzelfall die Partei ihr Recht gefunden hat oder nicht. Wollte man hieran etwas gesetzlich ändern, wollte man das Reichsgericht zwingen, sich des Rechtes der Parteien nicht mehr in dem bisherigen Umfange anzunehmen, so würde man Gefahr laufen, dem hohen Ansehen unseres höchsten Gerichts und dem Vertrauen, das es in der Bevölkerung genießt, Abbruch zu tun, und um einen solchen Preis wäre selbst eine wesentliche Beschleunigung des Revisionsverfahrens zu teuer erkauft. Man darf auch nicht vergessen, daß sich eine ganz präzise Grenzziehung zwischen Rechtsfragen und Tatfragen nicht erreichen lassen wird, da auch tatsächliche Feststellungen letzten Endes auf eine irgendwie unter rechtlichen Gesichtspunkten vorzunehmende urteilende Tätigkeit hinauslaufen. Die urteilende Tätigkeit des Richters vollzieht sich nicht so einfach, daß aus dem als Obersatz fungierenden Rechtssatz und dem festgestellten Tatbestand ohne weiteres als Schluß das Urteil hergeleitet werden kann. Besagt z. B. der Obersatz, wer den Körper eines anderen unter Verletzung der im Verkehr erforderlichen Sorgfalt beschädigt, ist dem Verletzten schadensersatzpflichtig und stellt der Richter fest, daß der Beklagte, während er ohne Warnungssignal in sehr schnellem Tempo über die Straße fuhr, den Kläger körperlich verletzt hat, so bedarf es, um den Schluß der Verurteilung zum Schadensersatz zu rechtfertigen, noch eines Mittelgliedes, nämlich der Feststellung, daß und warum der Beklagte durch die Art seines Fahrens die im Verkehr erforderliche Sorgfalt verletzt hat. Hierbei wird zugleich erkennbar, daß die Frage, was die im Verkehr erforderliche Sorgfalt bedeutet, nicht nur eine Frage der Würdigung von Tatsachen und Erfahrungssätzen, sondern zugleich auch eine Rechtsfrage ist. Sie ist der eigentliche Inhalt des abstrakten Begriffes der Fahrlässigkeit. Eine einheitliche Rechtsanwendung auf diesem Gebiet wäre praktisch nie zu erreichen, wenn die hier in Betracht kommende Subsumtionsfrage dem Reichsgericht ganz entzogen würde (zu vgl. auch die eingehenden Untersuchungen von Manigk, Revisibilität der Auslegung von Willenserklärungen in der Reichsgerichtspraxis). Aus diesen Erwägungen hat der Entwurf auch nicht dazu gelangen können, sich den vom Senatspräsidenten Philippi (Judicium 1929 S. 145) gemachten Reformvorschlag zu eigen zu machen. Der Vorschlag geht dahin: »Die Revision kann nicht darauf gestützt werden, daß der Schluß aus dem vom Berufungsgericht festgestellten Tatbestand und der mit Recht angewandten, auch richtig ausgelegten Rechtsnorm auf die Entscheidung verfehlt sei.« Es kommt hinzu, daß im angegebenen Beispiel das Reichsgericht, wenn es den aus dem Tatbestand vom Berufungsgericht gezogenen Schluß, daß der Beklagte die im Verkehr erforderliche Sorgfalt verletzt habe, für verfehlt erachtet, leicht daraus auf eine falsche Auslegung des Begriffes der Fahrlässigkeit schließen und somit auch bei der Fassung Philippis der Revision Raum geben könnte. Würde man dies aber durch Änderung der Fassung Philippis ganz unmöglich machen, so müßte man letzten Endes darauf verzichten, daß das Reichsgericht über Begriffe, wie im Verkehr erforderliche Sorgfalt, Treu und Glauben usw. konkrete, die Einheitlichkeit der Rechtsanwendung sichernde Richtlinien aufstellt. Auch der Kassationshof hat die Grenze zwischen Tat und Rechtsfragen übrigens nicht völlig folgerichtig durchführen können. So hat z. B. ein Mitglied des französischen Kassationshofs, Crepon, hinsichtlich der Auslegung von Kontrakten ausgeführt: »die Instanzgerichte legen die Verträge souverän aus, aber diese Auslegung vollzieht sich unter der Kontrolle des Kassationshofs in dem Sinne, daß unter dem Vorwande von Vertragsauslegungen die Richter die Verträge nicht ihrer Wesensart entkleiden dürfen, sich nicht weigern dürfen, eine klare und bestimmte Vorschrift anzuwenden und ihr nicht einen anderen Sinn unterlegen dürfen, der nicht mehr das Werk der Parteien, sondern das Werk des Richters ist.« Eine ins einzelne gehende Darstellung der hiermit zusammenhängenden Fragen findet sich im 3. Band seines Werkes über die cour de cassation, insbesondere S. 101—103. Zu vgl. auch Glasson-Tissier, Traité de procèdure civile Bd. 3 (1929) S. 497. Die hier geschilderte französische Auffassung, bei der auch bereits die Grenzlinie zwischen reiner Rechtsanwendung und Tatsachenwürdigung undeutlich wird, ist von der des Reichsgerichts nicht grundlegend verschieden, auch das Reichsgericht läßt überwiegend den Instanzgerichten bei Vertragsauslegungen insoweit freie Hand, als die Auslegung nach dem Vertragsinhalt im Bereich des Möglichen liegt. Auch hier ist der von Philippi a. a. O. gemachte Eventualvorschlag: »Die Revision kann insbesondere nicht darauf gegründet werden, daß das Urteil auf Irrtum bei der Auslegung von Willenserklärungen, ... beruhe« nicht unbedenklich. Hat z. B. das Berufungsgericht angenommen, die Erklärung eines Arbeitgebers gegenüber einem Arbeitnehmer, »wenn es Ihnen bei mir nicht gefällt, suchen Sie sich doch eine andere Stelle« enthalte eine fristlose Entlassung, so handelt es sich hier um Irrtum bei der Auslegung einer Willenserklärung. Gleichwohl ist klar, daß dieser Irrtum auf einer Verkennung des Rechtsbegriffs der Entlassung beruht. Es besteht also die Gefahr, daß man mit derartigen Fassungen des Gesetzes entweder die Revisionsmöglichkeiten unerträglich beschränkt oder aber eine nennenswerte Wirkung nicht erzielt. Es kommt hinzu, daß Philippi selbst für Auslegung typischer Vertragsbestimmungen, Geschäftsbedingungen usw., die über den Bezirk eines Oberlandesgerichts hinaus erhebliche wirtschaftliche Bedeutung haben, sowie für die Frage der Sittenwidrigkeit solcher Vertragsbestimmungen Ausnahmen zuläßt (S. 146 a. a. O.) und in solchen Fällen sogar statt der Revision eine Oberberufung beim Reichsgericht mit Beweiserhebungsmöglichkeiten vorschlägt. Es ist sehr fraglich, ob durch diese Oberberufung nicht die etwaige entlastende Wirkung seiner übrigen Vorschläge aufgewogen wird.

Eher ließe es sich rechtfertigen, daß man die Nachprüfbarkeit der von den Instanzgerichten angewendeten Erfahrungsgrundsätze in der Revisionsinstanz ausschließt. Aber auch hier würde das Ergebnis, daß nämlich ein und dieselbe auf dem Gebiete der allgemeinen Erfahrungstatsachen liegende Frage von verschiedenen Gerichten in entgegengesetztem Sinne beantwortet werden kann, wenig erfreulich sein, auch dürfte die Ausschließung der Erfahrungstatsachen von der Nachprüfung in der Revisionsinstanz für sich allein kaum eine sehr ins Gewicht fallende Entlastung des Reichsgerichts bringen.

Konnte nach alledem der Entwurf in der Frage einer grundsätzlichen Umgestaltung des Wesens der Revision zu keinem positiven Vorschlag gelangen, so war um so sorgfältiger zu prüfen, ob nicht andere Änderungen des Revisionsverfahrens zu der notwendigen Entlastung des Reichsgerichts führen können. Daß die neuerdings von Schiffer und Abraham vorgeschlagenen Revisionsbeschränkungen erheblichen Bedenken unterliegen, ist bereits im Allgemeinen Teil der Erläuterungen (IV, 2, b, δ) erörtert worden. In Betracht kämen danach noch die beiden folgenden Mittel: Einmal Ausschluß der Revision in den Fällen, in denen gleichlautende Entscheidungen der Vorinstanzen (duae conformes) vorliegen, sog. Difformitätsprinzip, und außerdem die Ermöglichung auch der sachlichen Zurückweisung einer Revision im Beschlußwege (chambres de requête).

1. Das Difformitätsprinzip ist sehr alten Ursprungs, hat sich schon im gemeinen Prozeßrecht herausgebildet und ist, wie eine Zusammenstellung, die sich bei den Akten des Reichsjustizministeriums befindet, ergibt, in vielen Partikularrechten herrschend gewesen; es gilt noch heute, wenn auch in abgeschwächter Form, im österreichischen Prozeßrecht (§ 502 Abs. 3 der österreichischen ZPO.). In dem Regierungsentwurf zu der Novelle von 1910 hatte man ebenfalls auf das Difformitätsprinzip zurückgegriffen und zwar in der Weise, daß man dem § 549 folgenden Absatz anfügen wollte:

»Ist in Rechtsstreitigkeiten über vermögensrechtliche Ansprüche, die der Rechtskraft fähige Entscheidung nicht abgeändert und die Berufung nicht als unzulässig verworfen, so kann die Revision nur darauf gestützt werden, daß das Gesetz durch eine Auslegung verletzt sei, welche mit einer Entscheidung des Reichsgerichts oder eines obersten Landesgerichts in Widerspruch steht.«

Dieser Vorschlag hat aber die Billigung des Reichstags schon damals nicht finden können und seine Wiederaufnahme dürfte sich nicht empfehlen. Der innere Grund der Einführung des Difformitätsprinzips ist folgender Gedanke: Wenn derselbe Rechtsfall von zwei Instanzen übereinstimmend entschieden wird, hat die Partei kein berechtigtes Interesse mehr, die nochmalige Nachprüfung der Entscheidung zu verlangen. Selbst wenn man dem beitreten wollte, so bliebe doch zu berücksichtigen, daß man die Zulässigkeit der Revision bei Einführung des Difformitätsprinzips praktisch nicht auf die innere Übereinstimmung der Vorentscheidungen abstellen, sondern nur maßgebend sein lassen kann, ob äußerlich die zweite Entscheidung sich lediglich als eine Zurückweisung des gegen die erste Entscheidung eingelegten Rechtsmittels darstellt. Hiernach würde also die Revision auch in den Fällen ausgeschlossen sein, in denen die Aufrechterhaltung des Tenors der ersten Entscheidung auf ganz anderen Gründen als denen des ersten Richters beruht. In solchen Fällen greift aber der innere Grund, der das Difformitätsprinzip rechtfertigen soll, nicht durch. Wesentlich bedeutsamer ist die weitere Erwägung, daß man durch Einführung des Difformitätsprinzips die Hauptaufgabe des Reichsgerichts, der Weiterbildung des Rechtes zu dienen, in hohem Maße erschweren würde. Nicht selten hat das Reichsgericht neue Rechtsgedanken gerade gegen die übereinstimmende abweichende Auffassung beider Vorinstanzen entwickelt. So würde z. B. die entscheidende Tätigkeit des Reichsgerichts auf dem Gebiete der Aufwertungsfragen wesentlich später und weniger durchgreifend eingesetzt haben, wenn diese Frage in allen Fällen, in denen die Vorinstanzen übereinstimmend entschieden hätten, seiner Rechtsprechung entzogen gewesen wäre.

2. Die Einführung einer den chambres de requête ähnlichen Einrichtung für unser Revisionsverfahren ist schon vielfach erwogen worden. Insbesondere fand sich in dem Regierungsentwurf zu der Prozeßnovelle von 1910 ein § 554 c, der folgendes bestimmte:

»Eine Revision kann auch in anderen Fällen ohne vorgängige mündliche

Verhandlung durch Beschluß zurückgewiesen werden, wenn das Gericht einstimmig die Revision für unbegründet erachtet.«

Von der französischen Einrichtung unterscheidet sich dieser Vorschlag dadurch, daß die Vorprüfung nicht vor einem besonderen Senat stattfindet, sondern vor demselben Senat, bei dem, wenn es zur mündlichen Verhandlung kommt, diese selbst stattfinden würde, ferner darin, daß zur Verwerfung der Revision im Beschlußwege Einstimmigkeit erforderlich ist.

Dieser Vorschlag ist zwar damals aus grundsätzlichen Erwägungen nicht angenommen worden, auch hat man seine praktische Wirksamkeit in Zweifel gezogen. Man wird aber nicht vergessen dürfen, daß heute die Verhältnisse wesentlich anders liegen. Die Zahl der Revisionen, deren Unbegründetheit auch ohne mündliche Verhandlung alsbald festgestellt werden kann, ist bei den heutigen Wirtschaftsverhältnissen, unter denen der Wunsch, die Rechtskraft der Vorentscheidung hinauszuschieben häufig der Hauptgrund für die Einlegung der Revision ist, recht groß. Können alle solche Revisionen durch Beschluß zurückgewiesen werden, so werden nicht nur die Spruchsitzungen des Reichsgerichts entlastet, es fällt auch in den im Beschlußwege erledigten Sachen die zeitraubende, auf die Urteilsabsetzung zu verwendende Tätigkeit fort, so daß im Endergebnis mit einer recht fühlbaren Entlastung des Reichsgerichts zu rechnen ist. Bei der heutigen Notlage des Reichsgerichts, die den Rationalisierungsgedanken gerade für das Revisionsverfahren besonders bedeutsam werden läßt, kann auch die in dem Vorschlag liegende Einschränkung des Mündlichkeitsgrundsatzes um so weniger Bedenken erregen, als in den von dem Vorschlag erfaßten Sachen die mündliche Verhandlung vor der reinen Rechtsinstanz entbehrt werden kann. Auf diesem Gedankengang beruht der Vorschlag des **§ 519 Abs. 3** d. E. Diese Vorschrift darf nicht dahin mißverstanden werden, als ob sie nur »offensichtlich« unbegründete Revisionen im Auge habe, so daß seine Anwendung den Parteivertreter, der sie eingelegt hat, bloßstellen könnte. Auch an sich beachtlich begründete Revisionen können nach § 519 Abs. 3 d. E. behandelt werden, sofern nur der zuständige Senat die vorgebrachten Gründe einstimmig nicht für durchgreifend erachtet, z. B. weil er sich kurz vorher in einer anderen Sache mit den gleichen Fragen schon eingehend auseinandergesetzt hat.

Abgesehen von dieser grundsätzlichen Änderung sieht der Entwurf im Revisionsverfahren nur geringfügige redaktionelle Änderungen des bestehenden Rechtes vor. Der Fortfall des Abs. 2 des geltenden § 545 (im Entwurf § 507) erklärt sich daraus, daß im Arrestverfahren nach dem Entwurf nicht mehr durch Urteil, sondern ausschließlich durch Beschluß entschieden wird. In § 508 ist aus denselben Gründen, die bei der Berufungssumme maßgebend waren, auch die Revisionssumme im Entwurf selbst geregelt. Der neu eingefügte **§ 511** Abs. 2 Satz 1 (bisher § 549) ist schon in den Bemerkungen zu § 494 d. E. gerechtfertigt. **§ 516** läßt aus den bereits in der Erläuterung zu § 481 d. E. vorgesehenen Gründen die Verpflichtung zum Nachweise der Zustellung des angefochtenen Urteils fortfallen. Die Frage der Kostenvorauszahlung ist für die Revisionsinstanz nicht mehr selbständig geregelt, sondern in **§ 517** Abs. 7 **§ 518** durch Bezugnahme auf die §§ 483, 485 (vgl. die Bemerkungen zu diesen Paragraphen) geregelt.

Dritter Abschnitt.

Beschwerde.

Bei den Vorschriften des geltenden Rechtes über das Beschwerdeverfahren ist ein Bedürfnis nach grundsätzlicher Änderung nirgends hervorgetreten. Insbesondere wird man für das Beschwerdeverfahren an dem Grundsatz des § 570, wonach die Beschwerde auf neue Tatsachen und Beweise gestützt werden kann, festhalten dürfen. Eine Beschränkung des Vorbringens neuer Tatsachen und Beweise, wie sie für das Berufungsverfahren vorgesehen ist, empfiehlt sich für die Beschwerde grundsätzlich nicht, da es sich hier meist um ein schriftliches Verfahren handelt, bei dem in erster Instanz nicht die gleiche Möglichkeit erschöpfender Sachaufklärung besteht wie im Verfahren mit mündlicher Verhandlung. Für einen Fall wird sich indessen eine Ausnahme rechtfertigen. Der § 102 Abs. 2 (bisher 99 Abs. 2, 3) läßt gegen ein auf Grund mündlicher Verhandlung ergangenes Urteil die sofortige Beschwerde zu. Hier ist nicht abzusehen, warum der Beschwerdeführer hinsichtlich des Vorbringens neuer Tatsachen und Beweismittel weitergehende Befugnisse haben soll, als sie im Falle der Berufungseinlegung der Berufungskläger haben würde. Hierauf beruht der zu § 570 g. F. im **§ 536** d. E. vorgeschlagene Zusatz. Weiter wird zu überlegen sein, ob man die für die sofortige Beschwerde gegebene Sondervorschrift des § 577 Abs. 3 g. F., wonach das Gericht zu einer Änderung seiner der Beschwerde unterliegenden Entscheidung nicht befugt ist, aufrechterhalten soll. Die Vorschrift lautete in der ursprünglichen Fassung der Zivilprozeßordnung folgendermaßen:

»Das Gericht ist zu einer Abänderung seiner durch Beschwerde angegriffenen Verfügung nicht befugt.«

Diese Fassung wurde in der Praxis vielfach dahin ausgelegt, daß auch eine der sofortigen Beschwerde unterliegende Entscheidung vom Gericht noch solange abgeändert werden könne, als die Beschwerde nicht eingelegt sei. Um eine solche Auslegung auszuschließen, ist bei der Neupublikation der Zivilprozeßordnung 1898 der betreffende Absatz folgendermaßen gefaßt worden: »Das Gericht darf nur in den Fällen des § 103 Abs. 1 und des § 105 Abs. 4 seine Entscheidung gemäß der Vorschrift des § 571 abändern; zu einer weiteren Änderung der auf Grund dieser Vorschrift erlassenen Entscheidung ist es nicht befugt.« Die in dieser Fassung für die Fälle der Kostenfestsetzung gemachte Ausnahme erübrigte sich, als man die Kostenfestsetzung dem Gericht abnahm und in die Hand des Urkundsbeamten der Geschäftsstelle legte. Denn damit unterlag die Kostenfestsetzung zunächst nicht der Beschwerde, sondern nur der Erinnerung. Bei der Novelle vom Jahre 1909 erhielt deshalb der betreffende Absatz des § 577 die heute noch geltende Fassung: »Das Gericht ist zu einer Änderung seiner der Beschwerde unterliegenden Entscheidung nicht befugt.« Ob diese Regelung für die Dauer zweckmäßig ist, kann bezweifelt werden. Es sind namentlich auf dem Gebiete der durch die neuere Gesetzgebung vielfach recht verwickelt gestalteten Zwangsvollstreckung zahlreiche Fälle denkbar, in denen das Gericht eine der sofortigen Beschwerde unterliegende Entscheidung erlassen hat, bei der durch die Beschwerdeschrift die Notwendigkeit einer Abänderung ohne weiteres klar wird: sei es, daß der Beschwerdeführer offensichtlich durchgreifende neue Tatsachen vorgebracht hat, oder daß das Gericht auf ein offensichtliches Versehen aufmerksam gemacht worden ist. In diesem Falle würde die zweckmäßigste Erledigung die Abänderung der Entscheidung durch das Gericht der ersten Instanz sein. Die Abgabe an das Beschwerdegericht verursacht unnötigen Aufwand an Zeit und Kosten. Ein Beispiel für derartige Fälle liefert u. a. der § 825 g. F., bei dessen Erörterung Stein in seinem Kommentar den Ausschluß der Abänderungsmöglichkeit als besonders bedauerlich bezeichnet hat. Bei dieser Sachlage ist im **§ 543 d. E.** der bisherige Abs. 3 des § 577 g. F. fortgelassen. Im **§ 533 Abs. 3** (= § 567 Abs. 3 g. F.) mußten neben den Beschlüssen aus § 485 d. E. auch noch die Beschlüsse erwähnt werden, die die besondere Vollstreckungsbeschwerde aus § 842, 843 d. E. als unzulässig verwerfen, weil diese Beschwerde in einem Urteilsverfahren erledigt wird und § 843 Nr. 6 gegen den diese Beschwerde als unzulässig verwerfenden Beschluß eines Oberlandesgerichts ausdrücklich die sofortige Beschwerde zuläßt. Die im **§ 534 Abs. 3** dem geltenden § 568 Abs. 3 beigefügte Ausnahme entspricht der schon heute bestehenden Gerichtspraxis (Stein-Jonas Anm. III zu § 102 ZPO.).

Zu **§ 538 d. E.** (= § 572 g. F.) ist noch folgendes zu bemerken:

Man wird, was im geltenden Recht noch nicht zum Ausdruck gebracht ist, unterscheiden müssen zwischen Beschlüssen, die erst mit der Rechtskraft wirksam werden, und solchen, die sofort vollziehbar sind, deren Vollziehung aber durch die Einlegung der Beschwerde gehemmt wird. Obwohl § 109 (= 112 d. E.) im § 572 Abs. 1 g. F. mit aufgezählt wird, nimmt man hier schon für das geltende Recht an, daß der Beschluß auf Rückgabe einer Sicherheit erst mit der Rechtskraft wirksam wird, seine Vollziehung also, auch wenn Beschwerde nicht eingelegt wird, bis zum Ablauf der Beschwerdefrist gehemmt ist (Stein-Jonas, Anm. V zu § 109 ZPO.). Deshalb hat der Entwurf im § 538 Abs. 1 den § 112 nicht mehr miterwähnt, sondern im **§ 543 Abs. 3** bestimmt, daß Beschlüsse aus § 112 erst mit der Rechtskraft wirksam werden. Das gleiche ist aus Zweckmäßigkeitsgründen für den Strafbeschluß aus § 133 (Erschleichung des Armenrechts) und für die im Entmündigungsverfahren ergehenden Beschlüsse aus §§ 621, 645 d. E. angeordnet.

Viertes Buch.

Wiederaufnahme des Verfahrens.

Auch bei den Vorschriften der Zivilprozeßordnung über die Wiederaufnahme des Verfahrens, die verhältnismäßig selten zur Anwendung kommen, wird davon ausgegangen werden dürfen, daß sie sich grundsätzlich bewährt haben. Es ist gelegentlich darüber geklagt worden, daß die Frist zur Erhebung der Wiederaufnahmeklagen zu kurz bemessen sei. Für dieses Bedenken dürfte indessen nur Raum sein, wenn man mit einer sehr strengen Handhabung der Voraussetzungen, unter denen das geltende Recht die Wiedereinsetzung in den vorigen Stand gegen eine Fristversäumung zuläßt, entsprechend der geltenden Fassung des § 233 zu rechnen hätte. Demgegenüber ist aber, soweit die Monatsfrist des § 586 Abs. 1 g. F. (i. E. § 552) in Frage kommt, zu beachten, daß schon die gegenwärtige Praxis des Reichsgerichts dazu neigt, der für die Zulässigkeit der Wiedereinsetzung in den vorigen Stand im Gesetz aufgestellten Voraussetzung, daß die Partei durch Naturereignisse oder andere unabwendbare Zufälle an der Einhaltung der Frist verhindert gewesen sein muß, ihre ursprüngliche strenge Bedeutung zu nehmen und die Wiedereinsetzung in allen Fällen der unverschuldeten Fristversäumung zuzulassen. Dem hat auch der Entwurf bei der Neufassung des geltenden § 233 im § 187 Rechnung getragen. Dagegen erschien die Annahme gerechtfertigt, daß für gewisse Fälle die unbedingte, ohne Rücksicht auf die Kenntnis von dem Wiederaufnahmegrunde beginnende fünfjährige Ausschlußfrist des § 586 Abs. 2 g. F. zu kurz bemessen ist. Deshalb wurde sie in **§ 552** Abs. 2 d. E. auf zehn Jahre verlängert. Damit wird eine Übereinstimmung mit der im schiedsgerichtlichen Verfahren für die Aufhebungsklage schon jetzt bestehenden zehnjährigen Frist hergestellt.

Zu erwägen wäre weiter noch, ob nicht die in der Zivilprozeßordnung für die Restitutionsklage aufgeführten Gründe einer Erweiterung bedürfen. Diese Frage wird nach verschiedenen Richtungen bejaht werden können. Schon Stein hat darauf hingewiesen, daß im § 580 die Nr. 6 zu eng gefaßt sei, da sie die Restitutionsklage gegen ein rechtskräftiges Urteil nur dann ermöglicht, wenn ein strafgerichtliches Urteil, auf welches das angefochtene Urteil gegründet ist, durch ein anderes rechtskräftig gewordenes Urteil aufgehoben ist. Man wird Stein Recht geben müssen, daß die gleichen Gründe, die dafür sprechen, bei Aufhebung eines strafgerichtlichen Urteils die Restitutionsklage zuzulassen, in allen Fällen durchgreifen, in denen ein anderes gerichtliches Urteil, auf das sich das angefochtene Urteil stützt, aufgehoben ist. In diesem Sinne schlägt der Entwurf eine Neufassung des § 580 Nr. 6 g. F. vor (**§ 546** Nr. 8 d. E.).

Eine generelle Erweiterung der Restitutionsgründe etwa dahin, daß jede Auffindung neuer Tatsachen oder Beweismittel die Restitution rechtfertigt, wird außer Betracht zu bleiben haben, sofern man nicht die Beschränkung neuer Tatsachen in der Berufungsinstanz in weiterem Maße vorsieht, als dies für die Neugestaltung der Rechtsmittel im Entwurf vorgeschlagen worden ist. Wohl aber wird ein Bedürfnis zur Erweiterung der Restitutionsgründe nach zwei Richtungen hin anerkannt werden müssen. Einmal wird man dem Umstande Rechnung tragen müssen, daß künftig Zeugen in weit geringerem Umfang als gegenwärtig zu vereidigen sind, vor allem viel häufiger als bisher die Vereidigung auch in Fällen unterbleiben wird, in denen die Parteien nicht darauf verzichtet haben. Hier wird man die Wiederaufnahme in den Fällen zulassen müssen, in denen der Zeuge seine frühere Aussage zur Niederschrift eines Gerichts, z. B. bei der Vernehmung in einer anderen Sache oder vor dem über die Wiederaufnahme entscheidenden Gericht selbst berichtigt. Die gleichen Erwägungen müssen dann aber auch für uneidliche Parteivernehmungen gelten, die zur Grundlage eines Urteils geworden sind. Ferner waren noch die Fälle zu berücksichtigen, in denen das Reichsgericht die Anfechtung eines rechtskräftigen Urteils im Wege der actio oder exceptio doli zuzulassen pflegt. Diese Fälle werden vielleicht am besten durch die nachstehenden typischen Beispiele erläutert. Es wird eine ungerechtfertigte Klage auf Zahlung erhoben. Der Beklagte setzt sich mit dem Kläger in Verbindung und legt ihm das Unberechtigte seiner Forderung dar. Darauf erklärt sich der Kläger einverstanden, die Klage zurückzunehmen, und sagt dem Beklagten, er brauche erst gar nicht auf das Gericht zu kommen. Er nimmt dann aber im Termin die Klage nicht zurück, sondern erwirkt gegen den nicht erschienenen Beklagten ein Versäumnisurteil. Auf Vorhalt des Beklagten erklärt er diesem, es handele sich um ein Versehen seines Terminsvertreters, der Beklagte brauche weiter nichts zu veranlassen, er werde dem Gericht Mitteilung machen und das Urteil nicht vollstrecken. Dadurch veranlaßt er den Beklagten, die Einspruchsfrist verstreichen zu lassen und versucht nunmehr trotzdem das Urteil zu vollstrecken. Ein zweites Beispiel: Jemand, der gegen einen anderen einen unberechtigten Anspruch erhebt, erfährt, daß dieser seinen Wohnsitz im Auslande genommen hat. Er kennt den Wohnsitz genau, macht sich aber die Tatsache zunutze, daß bei der Polizei der neue Aufenthalt seines Gegners unbekannt ist, erreicht dadurch die öffentliche Zustellung der unberechtigt erhobenen Klage und erwirkt ein demnächst rechtskräftig werdendes Versäumnisurteil. Nach Rückkehr des Beklagten in das Inland vollstreckt er dieses Urteil. Das Reichsgericht hat in allen derartigen Fällen ohne Rücksicht darauf, ob die Möglichkeit einer Restitutionsklage besteht oder nicht, die Ansicht vertreten, die Rechtskraft des Urteils müsse zurücktreten vor dem fundamentalen Satze, daß vorsätzliche Rechtsverletzung zum Schadensersatze verpflichtet. Hat in einem solchen Falle der Kläger in einem neuen Prozeß die Rechtskraft des Urteils für sich geltend gemacht, so gibt das Reichsgericht dem Beklagten die exceptio doli. Ferner hält es, wenn gegen den Beklagten aus dem Urteil vollstreckt wurde, eine Klage auf Unterlassung der Vollstreckung und Herausgabe des Vollstreckungstitels für berechtigt (zu vgl. vor allem RGZ. Bd. 88 S. 293 u. Bd. 78 S. 393 mit den dort enthaltenen Nachweisen). Diese Stellungnahme des Reichsgerichts wurde von Dernburg, Deutsche Juristen-Zeitung 1905 S. 465 ff., und von Kohler, Grünhut Bd. 33 S. 563 ff., für berechtigt erklärt, sonst aber ist sie in der Fachliteratur energisch bekämpft worden, insbesondere von Stein (zu vgl. Stein-Jonas, Bemerkung VIII/IX zu § 322 ZPO.) und von Hellwig im »Recht« 1910 S. 713 ff., auch von Pagenstecher, Juristische Wochenschrift 1908 S. 187 ff. Die Gründe, die gegen die Praxis des Reichsgerichts angeführt werden, erscheinen nicht unbeachtlich. Der Sinn der Rechtskraft ist, daß jeder Prozeß einmal ein Ende haben muß, und daß die Autorität der staatlichen Einrichtungen die weitere Anzweifelung eines gerichtlichen Urteils, nachdem alle Rechtsmittel dagegen erschöpft sind, nicht mehr gestattet. Das Wesen der Rechtskraft wird ferner auch für die künftige Prozeßordnung nicht darin zu erblicken sein, daß ein mit der tatsächlichen Rechtslage in Widerspruch stehendes Urteil Unrecht zu Recht umschafft, also konstitutiv neue Rechte begründet, die vorher nicht bestanden, sondern darin, daß die im Urteil festgestellte Rechtsfolge zwischen denselben Parteien und in derselben Sache von künftig befaßten Gerichten nicht mehr in Zweifel gezogen werden kann. Ist dies aber richtig, so ist dem vorhin angeführten, vom Reichsgericht ausgesprochenen Satze die Grundlage entzogen. Denn ist dem A auf Grund seines arglistigen Verhaltens ein nichtbestehendes Recht rechtskräftig zugesprochen, so würde eine auf dieses arglistige Verhalten gestützte Schadensersatzklage die Feststellung voraussetzen, daß das von A in Anspruch genommene Recht tatsächlich nicht existiere. An dieser Feststellung ist aber jedes künftig angegangene Gericht gehindert, weil wegen der Rechtskraft des früheren Urteils kein Gericht mehr das Bestehen des Anspruchs in Zweifel ziehen darf. Wollte man ferner sagen, wer arglistig gehandelt hat, darf sich auf die Rechtskraft nicht berufen, so müßte das nicht nur in den Fällen gelten, in denen die betreffende Partei die Rechtskraft selbst arglistig herbeigeführt hat, sondern auch dann, wenn jemand, der bisher in gutem Glauben war, nach Eintritt der Rechtskraft das Unberechtigte seines Anspruchs erkennt und gleichwohl die Vollstreckung betreibt. Das Reichsgericht hat aber eine dahingehende Ausdehnung seiner Rechtsprechung ausdrücklich abgelehnt, RGZ. Bd. 67 S. 151 ff., doch wohl aus der Besorgnis heraus, daß mit einer solchen Ausdehnung seiner Rechtsprechung die feste Grundlage der Rechtskraft ins Wanken geraten könnte.

Lassen sich somit die gegen die Rechtsprechung des Reichsgerichts vorgebrachten Bedenken kaum abweisen, so wird man den Kritikern auch darin Recht geben können, daß der innere Grund der Rechtsprechung des Reichsgerichts das Bedürfnis einer Abhilfe gegenüber der zu engen Begrenzung der Restitutionsgründe gewesen sei. Diese Erwägung legt die Frage nahe, ob es nicht der richtige Ausweg ist, für die Fälle, in denen das Reichsgericht bisher gegen ein rechtskräftiges Urteil die exceptio doli zuließ, eine Restitutionsmöglichkeit zu schaffen. Diesen Gedankengängen soll die in § 546 d. E. neu eingefügte Nr. 6 Rechnung tragen. Die Fassung deckt sowohl die Fälle, in denen zur arglistigen Erlangung der Rechtskraft eines Urteils die Täuschung des Gerichts, wie auch die Fälle, in denen hierzu eine Täuschung des Gegners als Mittel gebraucht ist. In dem einen der vorerwähnten Beispiele hatte zwar der Kläger unmittelbar nur die öffentliche Zustellung der Klage durch Täuschung erschlichen. Da aber diese Täuschung lediglich den Zweck hatte, ein Versäumnisurteil zu erwirken, das der Gegner mangels Kenntnis vom Verfahren rechtskräftig werden lassen mußte, so wird man unbedenklich auch in solchem Verhalten eine Erschleichung der Rechtskraft des Urteils erblicken können. Die Einschränkung des § 581 g. F., die für die Fälle der Nr. 1—5 des § 580 g. F. gegeben ist und die verlangt, daß der Restitutionsgrund in einem Strafverfahren rechtskräftig festgestellt wurde, braucht für die in § 546 d. E. neu zu schaffenden Ziffern 6 u. 7 nicht vorgesehen zu werden, schon weil es zweifelhaft sein kann, ob in jedem der Fälle des § 546 Nr. 6 ein strafrechtlich faßbarer Betrug vorliegen muß und weil die Nr. 7 gerade auch auf die Fälle abgestellt ist, in denen ein strafbares Verhalten des Zeugen nicht in Betracht kommt. Man wird allerdings nicht verkennen können, daß sich die neue Nr. 6 unter Umständen mit den Fällen der Nr. 4 überschneidet. Hieraus wird aber ein durchgreifendes Bedenken nicht hergeleitet werden können, weil ja auch zwischen der Nr. 4 des geltenden § 580 und dessen Nr. 1 ein ähnliches Verhältnis besteht.

Fünftes Buch.

Urkunden- und Wechselprozeß.

In diesem Abschnitt, zu dem bestimmt formulierte Änderungswünsche nicht lautgeworden sind, schlägt der Entwurf nur diejenigen Änderungen vor, die sich aus der Ersetzung des Parteieides durch die Parteivernehmung ergeben.

Sechstes Buch.

Ehesachen.
Feststellung des Rechtsverhältnisses zwischen Eltern und Kindern.
Entmündigungssachen.

Erster Abschnitt.

Verfahren in Ehesachen.

Die Vorschriften des geltenden Rechtes über den Eheprozeß gehören mit zu denen, die — namentlich in neuerer Zeit — besonders häufig als reformbedürftig bezeichnet sind.

Wenn auch zu berücksichtigen ist, daß die Klagen über unseren Ehescheidungsprozeß zum großen Teil mit Ausstellungen an unserem materiellen Scheidungsrecht zusammenhängen, so bleiben doch noch mancherlei Beschwerden übrig, die lediglich das Verfahren selbst betreffen. Aus diesem Grunde hatte auch der Juristentag im Jahre 1928 die Reform des Eheverfahrens auf seine Tagesordnung gesetzt. Wie gerade diese Verhandlungen ergeben, richtet sich die Hauptklage dagegen, daß die Scheidungsprozesse zu lange dauern und nicht mit der gebotenen Sachlichkeit und Würde geführt werden. Es wird mit Recht hervorgehoben, daß in Scheidungsprozessen die Prozeßverzögerung ganz besonders nachteilige Folgen hat. Sie wirkt auf die Parteien zermürbend und verbitternd und trägt erheblich zu der Gehässigkeit bei, mit der solche Prozesse vielfach geführt werden. Kommt es nach langem Streit zur Scheidung, so bedeutet es für die Parteien eine unnötige seelische Qual, daß sie in dem unhaltbar gewordenen ehelichen Verhältnis so lange Zeit festgehalten wurden. Wird aber schließlich die Scheidungsklage abgewiesen, so sind die Aussichten einer innerlichen Wiederherstellung des ehelichen Verhältnisses um so geringer, je mehr in einem langwierigen Prozeß auf beiden Seiten Haß und Erbitterung gesteigert waren.

Will man hier durchgreifend bessern, so ist zunächst zu prüfen, ob die grundsätzliche Gestaltung unseres Eheverfahrens als eines unter den Parteien auszufechtenden Prozesses beibehalten werden soll. Schiffer hat in seinem auf dem Juristentage gehaltenen Referat die Frage verneint und empfohlen, die Ehesachen in einem Verfahren der freiwilligen Gerichtsbarkeit vor dem Vormundschaftsrichter zu erledigen. Dieser Vorschlag erscheint aber auch dann nicht unbedenklich, wenn die Bestrebungen nach Änderung des § 1568 des Bürgerlichen Gesetzbuchs Erfolg haben sollten und an Stelle des geltenden Verschuldungsprinzips das Zerrüttungsprinzip gesetzt würde. Nur wenn unter gewissen Voraussetzungen die Scheidung auf Grund gegenseitiger Übereinkunft zugelassen würde, wäre für den Ausspruch einer solchen Scheidung ein Verfahren der freiwilligen Gerichtsbarkeit mit vollem Amtsbetrieb am Platze. In allen Fällen dagegen, in denen nur eine Partei die Scheidung begehrt, die andere sie aber bekämpft, wird man die Regeln des Parteiprozesses nicht entbehren können. Vor allem wird es nicht angehen, daß der Richter, ohne an Parteierklärungen gebunden zu sein, den Sachverhalt von Amts wegen aufklärt. Dem widerspricht vor allem, daß nach materiellem Recht jede Partei auf Scheidungsgründe verzichten kann. Die notwendige Folge dieses Grundsatzes ist es, daß es dem Ermessen jeder Partei überlassen bleiben muß, welche Scheidungsgründe sie geltend machen und auf welche Tatsachen und Beweismittel sie sie stützen will. Ferner wird in streitig werdenden Ehesachen die Garantie der kontradiktorischen mündlichen Verhandlung am allerwenigsten entbehrt werden können. Selbst wenn man daher dem Vormundschaftsrichter die Erledigung von Ehesachen übertrüge, so müßte sein Verfahren doch so stark dem gewöhnlichen Prozeßverfahren angenähert werden, daß zwischen ihm und dem Verfahren des geltenden Rechtes, das ja wieder auf der anderen Seite starke Annäherungen an das Verfahren der freiwilligen Gerichtsbarkeit aufweist, kaum ein erheblicher praktischer Unterschied bestehen würde. Der Schiffersche Vorschlag hat denn auch auf dem Juristentag allgemein Ablehnung erfahren.

Es könnte aber weiter noch erwogen werden, ob nicht eine andere Umgestaltung des Eheverfahrens zur Beseitigung der eingangs erwähnten Mängel besonders geeignet wäre und, ohne den prozessualen Charakter des Eheverfahrens aufzugeben, doch zum Teil die Ziele verwirklichen würde, die Schiffer durch die Umwandlung des Eheprozesses in ein Verfahren der freiwilligen Gerichtsbarkeit anstrebt. Man könnte sich vorstellen, daß bei größeren Amtsgerichten (tunlichst unter dem Vorsitz eines erfahrenen Vormundschaftsrichters) Ehegerichte mit Laienbeteiligung errichtet würden, derart, daß die Zuständigkeit dieser Gerichte die Bezirke benachbarter kleinerer Amtsgerichte mitumfaßte. Ein in dieser Richtung gehender Vorschlag ist vor einiger Zeit aus der Mitte des Reichsgerichts gemacht worden und hat Anlaß gegeben, zwecks Prüfung des Vorschlags für die Zivilprozeßkommission eine genauer formulierte Fassung auszuarbeiten. Dieser Entwurf enthielt unter anderem folgende Vorschläge:

I. Im Gerichtsverfassungsgesetz ist vor dem Titel »Schöffengerichte« der folgende neue Titel einzufügen:

Ehegerichte.

a) Für die Verhandlung und Entscheidung von Ehesachen werden bei den Amtsgerichten Ehegerichte gebildet.

b) Die Ehegerichte bestehen aus dem Amtsrichter als Vorsitzenden und zwei Beisitzern. Ein Beisitzer muß ein Mann, der andere eine Frau sein. Die Beisitzer sind vorwiegend aus den in der Jugendfürsorge und auf verwandten sozialen Gebieten tätigen Personen zu entnehmen. Die erforderlichen Ausführungsvorschriften erläßt die Reichsregierung. Im übrigen finden die für Schöffen geltenden Vorschriften des 4. Titels entsprechende Anwendung.

c) Durch Anordnung der Landesjustizverwaltung kann für den Bezirk mehrerer Amtsgerichte einem von ihnen die Entscheidung in Ehesachen zugewiesen werden.

Die Landesjustizverwaltung bestimmt die für dieses Gericht erforderliche Zahl von Haupt- und Hilfsbeisitzern und die Verteilung der Zahl der Hauptbeisitzer auf die einzelnen Amtsgerichtsbezirke.

Hinter § 119 wird der folgende § 119a eingefügt:

Für die Entscheidung von Ehesachen werden bei den Oberlandesgerichten Senate gebildet, die aus drei Richtern des Oberlandesgerichts mit Einschluß des Vorsitzenden und zwei Beisitzern bestehen. Auf die Beisitzer finden die Vorschriften des Titels Ehegerichte entsprechende Anwendung.

I. Änderung der Zivilprozeßordnung.

1. § 606 wird dahin geändert:

Abs. 1 lautet:

Für die Rechtsstreitigkeiten, welche die Scheidung, Nichtigkeit oder Anfechtung einer Ehe oder die Feststellung des Bestehens oder Nichtbestehens einer Ehe zwischen den Parteien oder die Herstellung des ehelichen Lebens zum Gegenstande haben (Ehesachen), ist das Ehegericht, bei dem der Ehemann seinen allgemeinen Gerichtsstand hat, ausschließlich zuständig.

2. Die §§ 609 und 610 erhalten folgende Fassung:

§ 609.

Der Kläger hat bei dem Ehegericht, bei dem er die Klage erheben will, einen Sühnetermin zu beantragen. In dem Antrage hat er die Gründe, auf die er seine Klage stützen und den Antrag, den er stellen will, anzugeben.

§ 609 a (früher § 611).

Der Sühneversuch ist nicht erforderlich, wenn der Aufenthalt des Beklagten unbekannt oder im Ausland ist, wenn dem Sühneversuch ein anderes nicht zu beseitigendes Hindernis entgegensteht, das von dem Kläger nicht verschuldet ist, oder wenn die Erfolglosigkeit des Sühneversuchs mit Bestimmtheit vorauszusehen ist.

Über das Vorhandensein dieser Voraussetzungen entscheidet der Vorsitzende des Ehegerichts ohne vorgängiges Gehör des Beklagten.

§ 610.

Der Sühnetermin wird von dem Vorsitzenden ohne Zuziehung von Beisitzern abgehalten. Zu dem Sühnetermin ist das persönliche Erscheinen der Parteien anzuordnen. Beistände können zurückgewiesen werden. § 141 Abs. 2, 3 finden Anwendung. Dem Gegner ist mit der Ladung eine Abschrift des Antrags zuzustellen.

Erscheint der Kläger oder erscheinen beide Parteien im Sühnetermin nicht, so muß der Kläger die Anberaumung eines neuen Sühnetermins beantragen. Erscheint der Kläger, aber nicht der Beklagte, so kann der Richter auf Antrag oder von Amts wegen einen neuen Sühnetermin anberaumen. Geschieht dies nicht oder erscheint der Beklagte auch im neuen Termin nicht, so ist der Sühneversuch als mißlungen anzusehen.

§ 610 a.

In allen Fällen, in denen der Sühneversuch mißlingt oder als mißlungen gilt, kann der Kläger die Klage im Sühnetermin durch mündlichen Vortrag erheben. Hierüber ist eine Niederschrift aufzunehmen. Soweit der Vortrag von dem Inhalt des gemäß § 609 gestellten Antrags abweicht, ist dies im Protokoll festzustellen.

Der Vorsitzende hat, wenn beide Parteien erschienen sind, durch Befragung der Parteien die Verhandlung vor dem Ehegericht so weit vorzubereiten, daß sie tunlichst in einem Termin zu Ende geführt werden kann. In besonders verwickelten Fällen kann er zu diesem Zweck noch einen weiteren Vortermin anberaumen.

War der Beklagte im Sühnetermin nicht erschienen, so ist ihm mit der Ladung zur Verhandlung die Niederschrift über die Erhebung der Klage zuzustellen.

Wird die Klage nicht im Sühnetermin erhoben, so kann der Vorsitzende den ersten Termin als Vortermin ohne Zuziehung von Beisitzern anberaumen. Abs. 2 findet entsprechende Anwendung. Es bedarf eines neuen Sühnetermins, wenn die Klage später als ein Jahr nach der erfolglosen Beendigung des Sühneversuchs eingereicht wird.

Gleichzeitig hatte man auch die Gründe zusammengestellt, die für eine solche Einrichtung geltend gemacht werden können; in dieser Richtung war u. a. hervorgehoben:

»Die Errichtung von Ehegerichten bei den Amtsgerichten hätte in erster Linie den großen Vorzug, daß das Ehesühneverfahren wesentlich glücklicher als im bestehenden Recht ausgebaut werden könnte. Es würde sich ganz von selbst ergeben, daß der Vorsitzende des Ehegerichts, das später, falls es zur Klage kommt, zu entscheiden hat, auch die Sühneverhandlung vornimmt. In den Fällen, in denen die Sühne ergebnislos verläuft, wäre er dann in der Lage, durch Befragung der Parteien — ähnlich wie der Einzelrichter beim Landgericht nur in viel früherem Stadium — die Verhandlung vor dem Ehegericht erschöpfend vorzubereiten. Im übrigen wird auch die Laienbeteiligung insofern zur Beschleunigung des Verfahrens beitragen, als der vorsitzende Richter, der nicht damit rechnen kann, das Gericht in einem späteren Termin wieder mit denselben Laien besetzt zu finden, ein natürliches Interesse daran haben wird, Vertagungen zu vermeiden.

Die früher geäußerte Befürchtung, daß mit einer Verlegung an das Amtsgericht die Ehesachen gewissermaßen zu Bagatellsachen gemacht würden, erscheint bei näherer Prüfung nicht durchschlagend. Im Gegenteil wird man sagen können, daß schon allein die Rücksicht auf die mitwirkenden Laien den Vorsitzenden des Ehegerichts veranlassen wird, die Verhandlung mit der nötigen Gründlichkeit und Würde durchzuführen. Auch die Befürchtung, daß die Beseitigung des Anwaltzwanges den Eheprozeß nachteilig beeinflussen würde, ist nicht ohne weiteres berechtigt. Der Gefahr, daß das Gericht beim Fehlen von Anwälten mit unwesentlichem tatsächlichen Stoff überhäuft wird, kann der Vorsitzende im Rahmen seiner vorbereitenden Tätigkeit unter Umständen viel wirksamer steuern, als es die Anwälte zu tun vermögen, die einer sehr erbitterten Partei gegenüber sich dem Ansinnen, alles was diese gegen den anderen Ehegatten auf dem Herzen hat, auch in die Schriftsätze aufzunehmen, selten entziehen können. Die Erfahrung hat ja gelehrt, daß die Mitwirkung der Anwälte im gegenwärtigen Ehescheidungsverfahren die Anhäufung häßlicher Angriffe und die Wiedergabe peinlicher Einzelheiten keineswegs gehindert hat. Ist man aber der Meinung, daß für Ehesachen der Anwaltzwang grundsätzlich wünschenswert sei, so würde der Umstand, daß die Ehegerichte bei den Amtsgerichten errichtet werden, die Einführung des Anwaltzwangs vor den Ehegerichten nicht zu hindern brauchen.

Wichtiger ist der Einwand, daß beim Amtsgericht häufig jüngere Kräfte tätig sind, denen zur Leitung der Verhandlung in einer Ehesache noch die genügende Lebenserfahrung fehlt. Dem wird man aber leicht durch die Auswahl der Vorsitzenden von Ehegerichten abhelfen können, zumal wenn vorgesehen wird, daß nach dem Vorbild der Schöffengerichte in Strafsachen mehrere kleinere Amtsgerichtsbezirke zu dem Bezirk eines Ehegerichts vereinigt werden können. Diese Maßnahme wird sich auch deshalb empfehlen, weil bei Ehegerichten an kleinen Amtsgerichten Richter und Beisitzer den Parteien häufig persönlich so nahestehen werden, daß dies die Verhandlung gerade von Ehestreitigkeiten vor einem solchen Gericht peinlich erscheinen und die Geheimhaltung der in dem Prozeß zu erörternden intimen Vorgänge gefährden könnte. Nicht selten wird sich, wenn man Ehegerichte nur an größern Amtsgerichten errichtet, eine Vereinigung des Vorsitzes im Ehegericht mit der Tätigkeit des Vormundschaftsrichters durchführen lassen und es wird sich daraus mancher Vorteil für die Behandlung der Ehesachen ergeben, wie auch umgekehrt dem Vormundschaftsrichter die Kenntnis der Parteien, die er im Eheprozeß gewonnen hat, für die Entscheidung der sogenannten Erziehungsstreitigkeiten von Nutzen sein wird. Das setzt allerdings voraus, daß die Landesjustizverwaltungen bei der Auswahl der Vormundschaftsrichter mit ganz besonderer Sorgfalt verfahren.

Eine gewisse Schwierigkeit wird die Auswahl der Ehebeisitzer mit sich bringen. An dem Gedanken, daß der eine ein Mann, der andere eine Frau sein muß, wird man dabei festhalten müssen. Der in einer früheren Verhandlung der Kommission erhobene Einwand, daß damit ein künstlicher Gegensatz in das Verfahren in Ehesachen hineingetragen wird, erscheint nicht stichhaltig. Denn darüber wird man schwerlich hinwegkommen können, daß jede strittige Ehesache einen Konflikt zwischen der Auffassung des Mannes und dem der Frau darstellt und es wird deshalb nur sachgemäß sein, wenn durch die Auswahl der Laienbeisitzer für die gleichzeitige Vertretung des männlichen und des weiblichen Standpunkts gesorgt wird. Sehr glücklich erscheint der Vorschlag, der in der früheren Sitzung der Kommission gemacht wurde, vornehmlich solche Personen zu Beisitzern im Ehegericht zu bestimmen, die durch Tätigkeit in sozialer Fürsorge, in der Jugendwohlfahrt usw. ein besonderes soziales Verständnis erworben und einen tieferen Einblick in das Familienleben der Bevölkerung als der Durchschnittslaie getan haben. Endlich dürften auch die Bedenken wegen der Kosten der Laienbeteiligung nicht allzu schwer wiegen, da auf der anderen Seite das Ehegericht gegenüber der Ehekammer insofern eine Ersparung bildet, als nur ein einziger Richter daran beteiligt ist.«

Bei den Beratungen der Kommission ergab sich jedoch, daß in ihr die Bedenken gegen den Vorschlag überwogen und auch der Juristentag hat sich mit erheblicher Mehrheit in ablehnendem Sinne ausgesprochen. Mit Rücksicht hierauf hat der Entwurf die gegenwärtige Organisation der Ehegerichte nicht geändert, sondern geht davon aus, daß die Ehesachen künftig nach wie vor in erster Instanz bei den Landgerichten zu erledigen sind.

Gleichwohl betrachtet der Entwurf die Diskussion über das Problem noch nicht als völlig abgeschlossen. Vielmehr ist der vorerwähnte Entwurf und seine Begründung deshalb hier im einzelnen wiedergegeben, damit noch eine breitere Öffentlichkeit zu der Frage Stellung nehmen kann.

Abgesehen von der Frage einer grundsätzlichen Änderung des Ehescheidungsverfahrens konnte es sich für den Entwurf nur noch darum handeln, die Einzelvorschriften der §§ 606 ff. g. F. auf ihre Reformbedürftigkeit zu prüfen. Vorweg ist dabei zu bemerken, daß besondere Beschleunigungsvorschriften für das Eheverfahren nicht in Betracht kommen können. Der Entwurf hat bereits in den auch für Ehesachen anwendbaren Vorschriften über den gewöhnlichen Prozeß alle Maßnahmen, die zur Konzentrierung und Beschleunigung des Verfahrens dienen können und durchführbar erscheinen, vorgesehen. Diese Maßnahmen müssen sich gerade im Eheverfahren beschleunigend auswirken. Die vom Juristentag empfohlenen Sondermaßnahmen: Unmittelbarkeit der Beweisaufnahme, Stärkung der Befugnisse des Einzelrichters, Ermessen des Gerichts in der Frage der Zeugenbeeidigung, Ersetzung des Parteieides durch Parteivernehmung sieht der Entwurf sämtlich bereits für das gewöhnliche Verfahren vor.

Zu den vom Entwurf vorgeschlagenen Einzeländerungen des Eheverfahrens ist folgendes zu bemerken.

1. Zuständigkeit.

Es kann bezweifelt werden, ob die bestehende Regelung, wonach die Ehegatten gezwungen sind, ihren Ehestreit am Wohnsitze des Ehemannes auszufechten, in jedem Falle zweckmäßig ist. Namentlich in kleinen Städten, wo alle am Prozeß beteiligten Personen die Parteien kennen, kann es für die Ehegatten sehr peinlich sein, daß ihnen die Möglichkeit genommen ist, ein anderes Gericht als zuständig zu vereinbaren. Es ist bekannt, daß sich hier die Praxis vielfach durch die Vortäuschung einer Wohnsitzverlegung hilft. Es ist deshalb in der Zivilprozeßkommission erwogen worden, ob es sich empfehle, neben dem Wohnsitzgerichtsstand des Mannes noch den Gerichtsstand des Aufenthalts der Frau zuzulassen; die Mehrheit erblickte aber darin keine Verbesserung. Noch weniger hielt man es für möglich, eine Vereinbarung des Gerichtsstands in Ehesachen zuzulassen, schon weil es bedenklich wäre, wenn sich Ehegatten, die übereinstimmend die Scheidung wünschen, das Gericht aussuchen könnten, bei dem erfahrungsgemäß Scheidungen am leichtesten zu erreichen sind. Auch der Juristentag hat einen besseren Zuständigkeitsgrundsatz als den des § 606 Abs. 1 nicht aufstellen können. Dagegen wurde von mehreren Mitgliedern der Kommission warm befürwortet, mit Rücksicht auf die Unzuträglichkeiten, die sich in Einzelfällen durch die Verhandlung des Ehestreits am Wohnsitz des Ehemannes ergeben können, das dem an sich zuständigen Landgericht übergeordnete Oberlandesgericht zu ermächtigen, auf Antrag eines Ehegatten ein anderes Landgericht seines Bezirks für die Verhandlung und Entscheidung des Ehestreites zu bestimmen. Aber auch gegen diese Regelung ergeben sich erhebliche Bedenken. Gibt man dem Kläger das Recht, die Verhandlung vor einem anderen als dem an sich zuständigen Gericht zu beantragen, so muß man es, wovon auch der erwähnte Vorschlag ausgeht, dem Beklagten ebenfalls einräumen; dann entstehen aber für den Kläger, der die Klage bei dem zuständigen Gericht erhoben und dort einen Anwalt bestellt hatte, sehr erhebliche Mehrkosten. Ferner wird, wenn der Ehestreit nicht dort geführt wird, wo der Ehemann seinen Wohnsitz hat, sondern an einem fremden Gericht, die gerade für Ehesachen besonders wichtige Unmittelbarkeit der Beweiserhebung völlig in Frage gestellt, da das für die Verhandlung und Entscheidung bestimmte Gericht die Zeugen nur unter sehr großen Schwierigkeiten und Kosten an Gerichtsstelle wird vernehmen können. Endlich wird, wenn auch das Oberlandesgericht in der Auswahl des zu bestimmenden Gerichtes frei sein soll, in Ermangelung anderer Anhaltspunkte der Vorschlag des Antragstellers für die Auswahl praktisch von erheblicher Bedeutung werden und die Gefahr, daß die Wahl vorwiegend auf Gerichte fällt, bei denen eine Scheidung leichter zu erreichen ist, nicht auszuräumen sein. Alle diese Bedenken erschienen so schwerwiegend, daß der Entwurf davon abgesehen hat, den Vorschlag aufzunehmen und abwarten will, wie sich eine breitere Öffentlichkeit dazu stellen wird. Der Entwurf hat deshalb den § 606 Abs. 1 g. F. in **§ 570 Abs. 1** unverändert übernommen. Gleichzeitig hält **§ 570 Abs. 2** den Grundsatz des Abs. 4 des § 606 g. F., der eine Sondervorschrift für Scheidungsklagen ausländischer Ehegatten enthält, sachlich aufrecht, sucht ihn aber unter Berücksichtigung der Ergebnisse der reichsgerichtlichen Rechtsprechung und der Erläuterungen, die diese Vorschrift im Schrifttum gefunden hat, konkreter zu fassen (zu vgl. insbes. RGZ. 85, 156 und 104, 365). Insofern geht jedoch § 570 Abs. 2 über das geltende Recht hinaus, als er die zur Zeit auf die Scheidungsklage beschränkte Vorschrift auf alle Ehesachen ausdehnt. Bestimmend hierfür war, daß ein zwingender Grund für jene Beschränkung nicht bestehen dürfte. Abs. 3 löst die Streitfrage, ob es sich bei dem § 606 Abs. 4 g. F. um eine Beschränkung der Zuständigkeit oder der Gerichtsbarkeit der deutschen Gerichte handelt, in Übereinstimmung mit dem preußischen Kammergericht (Zeitschr. f. Standesamtswesen 1924 S. 306) im Sinne der ersteren Alternative.

§ 571 Abs. 1 entspricht dem geltenden § 606 Abs. 2. Der Satz 2 dieser Vorschrift ist nur redaktionell geändert: Nach der geltenden Fassung greift § 606 Abs. 2 nicht ein in dem Falle, daß eine Deutsche zugleich mit ihrem Mann die Reichsangehörigkeit verloren, sie später aber wiedererlangt hat, obwohl ein innerer Grund, hier eine andere Regelung zu treffen als in dem Falle, in dem die Frau ihre Reichsangehörigkeit gar nicht verloren hatte, nicht besteht. Zur Zeit soll Abs. 2 auch den Fall decken, daß die Ehegatten staatlos geworden sind. Diesen Fall scheidet § 571 Abs. 2 d. E. aus, weil die Frage der Staatlosigkeit in § 572 ausführlicher behandelt ist. Hieraus erklärt sich die vorgeschlagene Fassung des § 571 Abs. 1 Satz 2.

§ 571 Abs. 2 entspricht dem § 606 Abs. 3 g. F.; zu Satz 2 ist zu bemerken, daß schon der geltende Satz 2 des § 606 Abs. 3 wegen des Zusatzes »sofern nicht nach Abs. 2 Satz 2 ein Gerichtsstand begründet ist«, praktisch nur dann eingreift, wenn eine Deutsche einen Deutschen geheiratet hat, der die deutsche Reichsangehörigkeit verloren und eine fremde Staatsangehörigkeit derart erworben hat, daß auch die Frau Ausländerin wurde. § 571 Abs. 2 Satz 2 d. E. gibt deshalb in einfacherer Fassung das wieder, was schon heute § 606 Abs. 3 Satz 2 tatsächlich besagt. Satz 1 des § 571 Abs. 2 führt neben der Nichtigkeits- und Anfechtungsklage die Klage auf Feststellung des Nichtbestehens der Ehe ausdrücklich auf, weil ein Grund für ihre Fortlassung in § 606 Abs. 3 g. F. nicht zu erkennen ist.

Zu § 571 Abs. 3. Zur Zeit ist eine Deutsche, die einen Ausländer geheiratet hat, der sie verläßt, um in seine Heimat zurückzukehren, darauf angewiesen, die Scheidungsklage im Auslande durchzuführen, was vielfach mit den größten Schwierigkeiten verbunden ist. Hier will Abs. 3 Abhilfe schaffen. Auch wenn damit zu rechnen ist, daß ein von der Frau erlangtes Scheidungsurteil im Auslande nicht anerkannt wird, gewinnt sie doch die Möglichkeit, in Deutschland eine neue Ehe einzugehen. Selbstverständlich kann nach unserem geltenden internationalen Privatrecht die Scheidungsklage in solchem Falle auch in Deutschland nur Erfolg haben, wenn das Recht des Ehemannes die Scheidung zuläßt (Art. 17 EG. z. BGB.). Dies beeinträchtigt den praktischen Wert der neuen Vorschrift aber nur in einzelnen Fällen. Ferner drängt die neuere Rechtsentwicklung deutlich dahin, daß der starre Grundsatz des Art. 17 EG. z. BGB. zugunsten einer Deutschen, die einen Ausländer geheiratet hat, eingeschränkt wird, dies ist auch neuerdings wieder bei den Beratungen des Reichstags über den Etat des Reichsjustizministeriums im Mai 1930 zum Ausdruck gelangt. Die vorgeschlagene Regelung steht zwar mit Art. 5 des Haager Abkommens zur Regelung des Geltungsbereichs der Gesetze und der Gerichtsbarkeit auf dem Gebiete der Ehescheidung und der Trennung von Tisch und Bett vom 12. Juni 1902 nicht in Einklang; das ist aber nicht von erheblicher praktischer Bedeutung, weil die Zahl der Staaten, denen gegenüber Deutschland an dieses Abkommen gebunden ist, nur klein und die Möglichkeit künftiger Kündigung dieses Abkommens nicht ausgeschlossen ist.

§ 572 sucht die Behandlung der Staatlosen und derer, die mehreren Staaten angehören, näher zu regeln, um Zweifelsfragen, zu denen die gegenwärtige Fassung des § 606 Anlaß gibt, zu lösen.

2. Sühneversuch.

§§ 573—575 d. E. Die bisherigen Vorschriften über das Ehesühneverfahren haben sich nicht bewährt, weil das Amtsgericht, bei dem es heute stattfindet, ohne Kenntnis des Sachverhalts den Versuch vorzunehmen hat und an dem weiteren Verlauf des Ehestreits gänzlich unbeteiligt ist. Auch der Juristentag hat sich gegen die geltende Regelung ausgesprochen.

Andererseits ist es selbstverständlich, daß der Entwurf bei der Bedeutung, die er dem Gütegedanken beimißt, auf das Sühneverfahren gerade in Ehesachen nicht ganz verzichten kann. Es mußte vielmehr der Versuch gemacht werden, die Vorschriften so auszubauen, daß sie einen besseren Erfolg versprechen als die geltende Regelung. Aus diesem Grunde schlägt der Entwurf vor, daß sich das Sühneverfahren vor einem Mitglied des für den Streit selbst zuständigen Gerichts abspielen soll und daß im Sühneantrag die Gründe für die beabsichtigte Scheidungsklage angegeben werden sollen. Ein Richter, der an der späteren Behandlung des Streitfalles selbst beteiligt ist, wird der Sache mehr Interesse entgegenbringen als das Amtsgericht; für ihn ist auch die auf die Aussprache mit den Parteien verwendete Zeit keine verlorene, er kann vielmehr, wenn es nachher zum Prozesse kommt, die in der Sühneverhandlung gewonnene persönliche Anschauung von den Parteien und von dem Inhalt ihres Vorbringens zur Förderung des Prozesses verwerten. Bei dieser Gestaltung des Sühneverfahrens dürfte es auch angebracht sein, für die Parteien Erscheinenszwang vorzusehen. Ferner erschien es angemessen, das einmalige Ausbleiben des Beklagten nicht ohne weiteres dem Scheitern des Sühneversuchs gleichzusetzen, sondern dem Richter in solchem Falle die Möglichkeit der Ansetzung eines neuen Sühnetermins zu gewähren (§ 575 Abs. 2 Satz 2 d. E.). Dagegen schien es bei der Umgestaltung, die das Sühneverfahren erfährt, nicht angebracht, die in § 610 g. F. vorgesehene Ausschließung von Beiständen in der Sühneverhandlung aufrechtzuerhalten.

3. Mitwirkung der Staatsanwaltschaft.

Entsprechend den Vorschlägen des Juristentags sind die Vorschriften über die Mitwirkung der Staatsanwaltschaft in Sachen, die die Herstellung des ehelichen Lebens, die Eheanfechtung, Ehescheidung oder die Feststellung des Bestehens oder Nichtbestehens der Ehe zum Gegenstande haben, beseitigt worden, da diese Vorschriften kein praktisches Leben gewonnen haben. Der bisherige § 607 fällt deshalb fort. Dafür mußte **§ 599** d. E. für die Nichtigkeitsklage die hier unentbehrliche Mitwirkung der Staatsanwaltschaft unter Verschmelzung der bisherigen §§ 607 und 634 regeln.

4. Sonstige Einzeländerungen.

§ 581 d. E. ändert den geltenden § 617 in seinem Abs. 2 insoweit um, als die Ersetzung des Parteieides durch die Parteivernehmung dies erforderlich macht.

§ 582 d. E. läßt Abs. 1 des ihm entsprechenden § 618 g. F. fortfallen, weil die Regel des § 261 Abs. 2 g. F. künftig auch im gewöhnlichen Prozeß nicht ausnahmslos gelten soll (§ 217 d. E.). Der im Abs. 1 des § 582 dem Abs. 2 des § 618 g. F. beigefügte Zusatz soll der Förderung des Verfahrens dienen.

§ 587 ändert den geltenden § 624 nur in dem einen Punkte, daß er für Fälle, in denen es sich um Scheidung wegen Geisteskrankheit handelt, vorsieht, daß der auch nach § 624 g. F. zu vernehmende Sachverständige ein Arzt sein muß.

Zu §§ 590, 591. Der dieser Vorschrift entsprechende § 627 g. F. behandelt die in ihm vorgesehene vorläufige Regelung als einstweilige Verfügung. Ob dies zweckmäßig ist, erscheint schon deshalb zweifelhaft, weil die gewöhnlichen Voraussetzungen einer einstweiligen Verfügung (z. B. Gefährdung des Anspruchs) nicht vorzuliegen brauchen, die Regelung auch in ihrem Ausmaß über den Rahmen einer gewöhnlichen einstweiligen Verfügung hinausgeht. Der Entwurf hält es deshalb für zweckmäßiger, die einstweilige Regelung in Ehesachen als Beschluß besonderer Art zu behandeln, der gemäß § 792 Nr. 3 d. E. zu vollstrecken ist. Der dem Abs. 2 des geltenden § 627 im § 590 Abs. 2 d. E. beigefügte Zusatz bedeutet keine sachliche Änderung, sondern nur eine Klarstellung dessen, was, wie anzunehmen, bereits das geltende Recht gewollt hat (zu vgl. Stein-Jonas Anm. II, 2 a. E. zu § 627 ZPO.). Abs. 4 des § 590 beseitigt aus den angegebenen Gründen die Verweisung auf die Vorschriften über die einstweilige Verfügung. Dafür sind die Voraussetzungen für den Erlaß des Beschlusses, seine Anfechtung sowie die Abänderung wegen veränderter Umstände in §§ 590, 591 d. E. näher geregelt. Daß, solange das Verfahren vor ihm schwebt, der Einzelrichter den Beschluß erlassen kann, entspricht der auf Erweiterung der Einzelrichterbefugnisse in Ehesachen abzielenden Stellungnahme des Juristentags.

Zwei Fragen, die in den vorstehenden Erörterungen nicht berücksichtigt sind, haben noch die Zivilprozeßkommission beschäftigt:

1. die Frage des Teilurteils in Ehesachen,
2. die Frage der Verbindung von Ehesachen mit Unterhaltsansprüchen von Ehegatten und ähnlichen Angelegenheiten.

1. Zur Frage des Teilurteils ist zunächst in Übereinstimmung mit der Rechtsprechung des Reichsgerichts davon ausgegangen, daß es nach den Vorschriften des geltenden Rechtes (insbesondere wegen der im § 1574 des Bürgerlichen Gesetzbuchs vorgeschriebenen Verbindung von Scheidung und Schuldfrage) nicht möglich ist, eine Ehe auf die Klage hin unter Vorbehalt der Entscheidung über die Widerklage oder unter Vorbehalt der Entscheidung über die Schuldfrage zu scheiden. Es ist mehrfach bezweifelt worden, ob diese Regelung in allen Fällen zweckmäßig ist. Hat sich z. B. in einem Ehescheidungsprozeß schon zu Beginn herausgestellt, daß der beklagte Ehemann des Ehebruchs einwandfrei überführt ist und dreht sich die weitere Verhandlung nur darum, ob auch dem Ehemann ein Scheidungsanspruch gegen die klagende Ehefrau zur Seite steht, so kann es unter Umständen sehr förderlich sein, wenn zunächst die Ehescheidung durch ein dem Rechtsmittelzuge unterliegendes und darum der Rechtskraft fähiges Urteil ausgesprochen wird. Läßt in einem solchen Falle der Ehemann dieses Urteil rechtskräftig werden, so wird für beide Parteien die Möglichkeit der Wiederverheiratung eröffnet und es kann dadurch der nachfolgende Prozeß über die Schuldfrage, der gewöhnlich mit der größten Erbitterung geführt wird, unter Umständen für die Parteien das materielle Interesse verlieren, so z. B. wenn die am Prozeß beteiligte Ehefrau sich wiederverheiratet und schon damit sich ihr Unterhaltsanspruch gegen den früheren Mann erledigt (§ 1581 BGB.). Aber auch im umgekehrten Falle, wenn das Teilurteil sich gegen die Ehefrau richtet, würde es, wenn es rechtskräftig wird, den späteren Prozeß wesentlich erleichtern. Denn es würde schon mit der Rechtskraft des Teilurteils feststehen, daß der Frau gegen ihren Mann ein Unterhaltsanspruch, den nach dem Gesetz nur die schuldlos geschiedene Frau hat, nicht zusteht. Die Frau hätte also an der Fortsetzung des Streites um die Mitschuld kein materielles Interesse, könnte insbesondere auch dadurch ihren Unterhaltsanspruch gegen ihren Mann nicht verlängern. Es ist bekannt, daß zur Zeit Frauen, die wegen eigener, klar erwiesener Eheverfehlung geschieden sind und nur noch über die Mitschuld des Ehemannes streiten, häufig eine aussichtslose Revision nur einlegen, weil sich dadurch die Rechtskraft des Scheidungsurteils im ganzen hinauszögert und somit die Unterhaltspflicht des Mannes verlängert.

Wollte man sich auf Grund dieser Erwägungen zur Zulassung eines Teilurteils in Ehesachen entschließen, so würde man es nicht für alle Ehescheidungsgründe in Aussicht nehmen können. Dies gilt vor allem von dem relativen Scheidungsgrunde des § 1568; denn da bei der Scheidung aus diesem Grunde die Zumutungsfrage eine ausschlaggebende Rolle spielt, wird, auch wenn die Verfehlung des einen Ehegatten feststeht, die Frage der Scheidung endgültig erst sicher beantwortet werden können, sobald das Gericht auch über das Verhalten des anderen Ehegatten volle Aufklärung geschaffen hat. Ferner wird man annehmen können, daß für den Fall der Scheidung wegen Geisteskrankheit die Ermöglichung des Teilurteils keine praktische Bedeutung haben wird. Das Teilurteil würde also nur für die Scheidung aus den in §§ 1565—1567 BGB. bezeichneten Gründen in Frage zu kommen haben, und zwar würde sich etwa die folgende Fassung des Gedankens ergeben:

Ergibt sich, daß die Ehe auf Klage oder Widerklage aus einem der in den §§ 1565, 1566, 1567 BGB. enthaltenen Gründe nach dem Antrag eines Ehegatten zu scheiden ist, so kann, auch wenn der Rechtsstreit wegen der Schuldfrage oder der von dem anderen Ehegatten beantragten Scheidung noch nicht zur Entscheidung reif ist, auf Antrag eines Ehegatten über die Scheidung voraberkannt werden.

Das Urteil ist hinsichtlich der Rechtsmittel als Endurteil anzusehen.

Von einer solchen Vorschrift würde, da sie eine Kannvorschrift ist, nur Gebrauch zu machen sein, wenn der Richter sich von der Zweckmäßigkeit des Verfahrens überzeugt, also insbesondere, wenn das Gericht den Eindruck gewinnt, daß das Teilurteil nicht angefochten werden wird. In dem späteren Schlußurteil würde es dann über die Schuldfrage und unter Umständen auch, nämlich wenn eine Widerklage erhoben ist, über den Scheidungsanspruch des anderen Ehegatten befinden.

Obwohl ein solcher Vorschlag aus den schon angegebenen Gründen unverkennbare Vorteile böte, ergeben sich auf der anderen Seite wiederum daraus mancherlei Verwickelungen. Wenn auch das Teilurteil in erster Linie für die Fälle in Betracht kommt, in denen anzunehmen ist, daß sich die Parteien bei der ausgesprochenen Scheidung beruhigen werden, so muß doch mit der Möglichkeit gerechnet werden, daß Fälle vorkommen, in denen der durch Teilurteil geschiedene Ehegatte gleichwohl von der Möglichkeit der Anfechtung dieses Urteils Gebrauch macht. In einem solchen Falle wird es nicht möglich sein, den Rechtsstreit gleichzeitig in beiden Instanzen weiter zu führen, da hierzu die Akten gebraucht werden. Es bliebe also für den Fall, daß gegen das Teilurteil ein Rechtsmittel eingelegt ist, nur übrig, vorzuschreiben, daß die Verhandlung und Entscheidung über das Rechtsmittel bis zur Erledigung des ganzen Rechtsstreits in der früheren Instanz auszusetzen ist. Der von dem Teilurteil betroffene Ehegatte hätte es also, wenn er auf Verlängerung des Streites ausgeht, in der Hand, die prozeßbeschleunigenden Wirkungen des Teilurteiles illusorisch zu machen. Eine weitere Schwierigkeit würde sich aus dem Ehehindernis des § 1312 BGB. ergeben. Es könnte z. B. der folgende Fall vorkommen: Eine Ehe wird wegen Ehebruchs der Frau durch Teilurteil geschieden, nach Rechtskraft dieses Teilurteils verheiratet sich der Mann wieder, im weiteren Verlaufe des Prozesses wird festgestellt, daß auch der Mann einen Ehebruch begangen hat, und zwar mit derselben Person, die er inzwischen geheiratet hat. Im Schlußurteil wird auf die Widerklage der Ehefrau die Scheidung der Ehe auch wegen dieses Ehebruchs des Mannes ausgesprochen. Wie soll hier dem § 1312 Rechnung getragen werden? Wollte man solche Streitigkeiten vermeiden, so müßte man vorschreiben, daß die Wiederverheiratung der durch Teilurteil geschiedenen Ehegatten bis zur endgültigen Erledigung des Rechtsstreits ausgeschlossen ist. Damit würde aber der Hauptvorteil, den die Einführung eines Teilurteils böte, aus der Hand gegeben sein. Zu erwähnen ist außerdem noch, daß die Einführung eines Teilurteils in Ehesachen auch eine Änderung des bürgerlichen Rechtes erforderlich machen würde. Dies ist für § 1574 BGB. ohne weiteres ersichtlich. Aber auch die Vorschriften über die Unterhaltspflicht geschiedener Ehegatten bedürften einer Änderung. Da nämlich der Unterhaltsanspruch des geschiedenen Ehegatten davon abhängt, daß der andere Ehegatte für allein schuldig erklärt ist, so würde die Unterhaltspflicht des anderen Ehegatten an sich mit der Rechtskraft eines die Scheidung ohne Regelung der Schuldfrage aussprechenden Urteils beseitigt sein. Man würde deshalb im bürgerlichen Recht bestimmen müssen, daß die Unterhaltspflicht des auf den Antrag des anderen Teils geschiedenen Ehegatten, wenn die Ehe durch Teilurteil geschieden ist, bis zur endgültigen Erledigung des Rechtsstreits fortdauert.

Endlich würde eine materiellrechtliche Vorschrift dahin erforderlich werden, daß die Sorge für die Person der Kinder bis zur endgültigen Erledigung des Rechtsstreits vom Vormundschaftsgericht zu regeln ist.

Alle diese mit der Einführung eines Teilurteils in Ehesachen verbundenen Verwickelungen erschienen der Zivilprozeßkommission so erheblich, daß sie von der Weiterverfolgung des Gedankens abriet. Der Entwurf hat deshalb einen Vorschlag in dieser Richtung nicht gemacht.

2. Zur Frage der Verbindung von Eheprozessen mit anderen Prozessen.

Es ist mehrfach, vor allem auch in den Verhandlungen des Juristentags 1928, als unzweckmäßig bezeichnet, daß wegen der Unmöglichkeit, mit einer Ehesache die Klage wegen anderer Ansprüche zu verbinden, in vielen Fällen eine Häufung der Prozesse eintritt, nämlich nach der Erledigung der Ehesache noch Unterhaltsprozesse, Prozesse über Herausgabe des eingebrachten Gutes und ähnliche geführt werden müssen. So unerwünscht dieser Zustand an sich ist, wird man doch an der in der Zivilprozeßordnung durchgeführten Reinhaltung des Ehescheidungsprozesses von vermögensrechtlichen Ansprüchen festhalten müssen. Vor allem ist zu berücksichtigen, daß der Unterhaltsanspruch von dem Ausgange des Ehescheidungsprozesses abhängig ist. Würde also das Ehescheidungsgericht, das die Ehe aus alleinigem Verschulden eines Ehegatten scheidet, auch über die Unterhaltsansprüche des anderen Ehegatten zu befinden haben, so würden oft umständliche Erhebungen und Beweisaufnahmen erforderlich sein, die sich, wenn in einer oberen Instanz die Scheidung nicht ausgesprochen wird oder beide Parteien für schuldig erklärt werden, als völlig nutzlose Arbeit herausstellen müßten. Außerdem würde die schon jetzt beklagte Erbitterung, mit der die Ehescheidungsprozesse geführt werden, nur vermehrt werden, wenn die vermögensrechtlichen Ansprüche, die sich aus der Entscheidung in der Ehesache ergeben, im gleichen Verfahren auszutragen wären. Aus diesen Gründen hat auch der Juristentag davon abgesehen, die Verbindung von Unterhaltsansprüchen mit Ehesachen zu befürworten. Der Entwurf hat sich auf den gleichen Standpunkt gestellt. Er hat indessen berücksichtigt, daß der auf Grund des Scheidungsurteils unterhaltsberechtigte Ehegatte, nachdem das Urteil rechtskräftig geworden und damit eine nach § 590 d. E. (627 g. F.) etwa getroffene einstweilige Regelung hinfällig wird, bis zur Durchführung eines Unterhaltsprozesses unter Umständen mittellos dasteht. Deshalb ist in **§ 592 d. E.** vorgesehen, daß die Unterhaltspflicht auf Antrag in dem Scheidungsurteil vorläufig zu regeln ist. Der Entwurf lehnt sich dabei an den im Entwurf eines Gesetzes zur Änderung der Vorschriften über die Ehescheidung (Reichstagsdrucksache 13. Ausschuß Nr. 55 von 1928) gemachten Vorschlag an.

Zweiter Abschnitt.

Verfahren in Rechtsstreitigkeiten, welche die Feststellung des Rechtsverhältnisses zwischen Eltern und Kindern zum Gegenstande haben.

In diesem Abschnitt sind sachliche Änderungen nur im § 642 g. F. = 607 d. E. vorgenommen. Diese Änderungen sind lediglich die Folgerung der Fassung von §§ 570, 572 d. E. Aus den gleichen Erwägungen, aus denen in Ehesachen mit Ausnahme der Nichtigkeitsklage, von einer Mitwirkung der Staatsanwaltschaft abgesehen wurde, ist dies auch bei diesen Streitigkeiten geschehen.

Dritter Abschnitt.

Verfahren in Entmündigungssachen.

Das Entmündigungsverfahren unterscheidet sich vom Verfahren in Ehesachen dadurch, daß es hier an einander gegenüberstehenden streitenden Parteien fehlt und die Frage, ob die Voraussetzungen der Entmündigung vorliegen, in weitestem Umfange von Amts wegen ohne Beschränkung der Ermittelungsbefugnisse des Gerichts zu prüfen ist. Deshalb ist auch das Verfahren, soweit es sich vor dem Amtsgericht abspielt, so gestaltet, daß es sich von einem Verfahren der freiwilligen Gerichtsbarkeit kaum nennenswert unterscheidet. Andererseits bietet aber die zur Anfechtung eines Entmündigungsbeschlusses dienende Klage sowie die gegen Ablehnung des Antrags auf Wiederaufhebung der Entmündigung zu richtende Klage die Möglichkeit, das Entmündigungsverfahren in ein Prozeßverfahren überzuleiten. Ob diese Zweiteilung des Entmündigungsverfahrens zweckmäßig ist, könnte an sich bezweifelt werden. In einer Besprechung, die hierüber im Reichsjustizministerium unter Beteiligung von erfahrenen Entmündigungsrichtern und Psychiatern stattgefunden hat, wurde indessen überzeugend dargetan, daß sich unser Entmündigungsverfahren im großen und ganzen bewährt hat und nur in Einzelpunkten verbesserungsbedürftig ist. Auch die Zivilprozeßkommission hat sich dieser Auffassung angeschlossen.

Wegen der einzelnen danach in Aussicht genommenen Änderungsvorschläge ist folgendes zu bemerken.

Zu § 611 Abs. 2 (bisher § 646). Der hier gemachte Zusatz soll klarstellen, nach welchen Gesichtspunkten die Staatsanwaltschaft zu entscheiden hat, ob sie selbst das Entmündigungsverfahren betreiben oder dies den dazu berechtigten Privatpersonen überlassen will.

Zu § 613 (bisher § 648). Es hat sich herausgestellt, daß die sachgemäße Leitung von Entmündigungssachen eine gewisse Übung und Erfahrung des Richters voraussetzt, die sich nur die Richter erwerben können, die häufiger mit solchen Dingen befaßt werden. Deshalb ist bei der vorerwähnten Beratung vorgeschlagen, den Landesjustizverwaltungen die Möglichkeit zu geben, die Entmündigungssachen bei einzelnen Amtsgerichten zu konzentrieren. Am geeignetsten erscheinen dabei Gerichte, in deren Bezirk oder in deren Nähe sich Heilanstalten befinden. In **Abs. 2** des § 613 wird zunächst Abs. 2 des früheren § 648 unverändert wiedergegeben, es werden aber die für die Behandlung von Staatlosen und von Personen mit mehrfacher Staatsangehörigkeit im § 572 d. E. getroffenen Vorschriften in diesem Zusammenhange für entsprechend anwendbar erklärt. **Zu Abs. 3**: Da es in Fällen, in denen der zu Entmündigende in einer Heilanstalt untergebracht ist, praktisch sehr zweckmäßig sein kann, wenn das Verfahren bei dem Gericht stattfindet, in dessen Bezirk die Heilanstalt liegt, gibt **Abs. 3** eine dementsprechende fakultative Zuständigkeit neben der in Abs. 1 geregelten ausschließlichen. Mit dieser Neuerung hängt auch der zu Abs. 3 des bisherigen § 650 im **§ 615 d. E.** vorgeschlagene Zusatz zusammen.

§ 617 d. E. erweitert den nur von den Befugnissen der Staatsanwaltschaft handelnden § 652 g. F. Er stellt klar, daß auch der Antragsteller und der zu Entmündigende befugt sind, innerhalb des Verfahrens Anträge zu stellen und den Terminen beizuwohnen. Da in vielen Fällen die Zuziehung des zu Entmündigenden im Verfahren zu Unzuträglichkeiten führen könnte, sieht Abs. 2 die Möglichkeit vor, an Stelle des zu Entmündigenden einen Vertreter heranzuziehen.

§ 618 d. E. ändert den geltenden § 653 nur insoweit, als klargestellt wird, daß im Entmündigungsverfahren auch der Antragsteller als Zeuge vernommen werden kann.

§ 619 d. E. (= § 654 g. F.) sieht die Möglichkeit vor, daß der zu Entmündigende nicht nur zum Zweck der gerichtlichen Vernehmung, sondern auch zum Zwecke der ärztlichen Untersuchung vorgeführt werden kann. Dies entspricht einem dringenden Wunsche gerichtlicher Sachverständiger. Auf einer gleichen Anregung beruht die Änderung des geltenden § 655 im **§ 620 d. E.,** wonach vorgeschrieben wird, daß sich unter den vom Gericht zu vernehmenden Sachverständigen mindestens ein ärztlicher befinden muß.

§ 623 d. E. dehnt den bisher nur für die Entmündigung wegen Trunksucht beschränkten Satz des § 681 g. F., wonach das Verfahren ausgesetzt werden kann, wenn Aussicht auf Besserung des zu Entmündigenden besteht, auf alle Entmündigungsarten aus. Auch dies entspricht einer Anregung von Gerichtsärzten.

Zu § 627 d. E. Es ist vielfach darüber geklagt worden, daß bei Entmündigung wegen Geisteskrankheit und Geistesschwäche die Öffentlichkeit von dem Entmündigungsbeschluß keine Kenntnis erhalte und deshalb leicht Personen, die sich mit einem Entmündigten ohne Kenntnis von dessen Entmündigung in Geschäfte einlassen, erheblich geschädigt werden können. Da eine öffentliche Bekanntmachung, wie sie das geltende Recht in § 687 (= 653 d. E.) für die Entmündigung wegen Verschwendung oder Trunksucht ermöglicht, bei anderen Entmündigungsfällen eine unbillige Härte gegen den zu Entmündigenden enthalten würde, sucht der Entwurf durch Einführung eines beschränkt öffentlichen Entmündigungsregisters den Bedürfnissen des Verkehrs Rechnung zu tragen.

Zu § 647 d. E. Hier ist § 680 g. F. nur insoweit geändert, als hinsichtlich der Entmündigung wegen Trunksucht durch Anführung des § 611 Abs. 2 d. E. auch dem Staatsanwalt ein Antragsrecht eingeräumt ist.

Zu zwei Fragen, die für das Entmündigungsverfahren von erheblicher Bedeutung sind, hat der Entwurf keine Stellung genommen.

1. Die Frage des Schutzes von Personen gegen zwangsweise Unterbringung in einer Irrenanstalt, insbesondere die Frage, ob in solchen Fällen nicht schon vor der Einleitung eines Entmündigungsverfahrens zum Schutze der persönlichen Freiheit ein Eingreifen des Entmündigungsrichters vorzusehen ist, greift tief in das Gebiet der staat-

lichen Irrenfürsorge ein, die zurzeit landesrechtlich geregelt ist, und kann keinesfalls allein im Rahmen der Zivilprozeßordnung gelöst werden.

2. Ebenso geht die Frage, ob außer wegen Trunksucht auch wegen des Mißbrauchs anderer Rauschgifte, z. B. Morphium, Opium, Kokain, eine Entmündigung ermöglicht werden soll, über den Rahmen der Prozeßordnung hinaus und greift in das Gebiet des bürgerlichen Rechtes über.

Der Entwurf hat aus diesem Grunde nach beiden Richtungen hin von Vorschlägen abgesehen.

Siebentes Buch.

Aufgebotsverfahren.

Das geltende Aufgebotsverfahren hat sich im großen und ganzen bewährt. Der Entwurf hat deshalb die bestehenden Vorschriften im wesentlichen unverändert übernommen.

Nur in zwei Punkten sind neuerdings Wünsche nach einer Änderung des bestehenden Rechts laut geworden.

1. Im Falle der Todeserklärung kann nach § 976 auch der für tot Erklärte, wenn er zurückkehrt, die Todeserklärung nur innerhalb eines Monats seit Erlassung des die Todeserklärung aussprechenden Urteils anfechten. Das bedeutet, daß in den meisten Fällen der heimgekehrte Verschollene die Todeserklärung selbst nicht zu beseitigen vermag, sondern darauf angewiesen ist, in jedem Falle, in dem ihm die Todeserklärung entgegengehalten werden kann, die durch sie begründete Vermutung durch den Nachweis seiner Identität mit dem für tot Erklärten zu widerlegen. Dieser Zustand ist bei Gelegenheit eines Einzelfalles in der Öffentlichkeit vielfach beanstandet worden. Die Verordnung über die Todeserklärung Kriegsverschollener hat in §§ 12 ff. eine auch insoweit einwandfreie Regelung gegeben. Sie hat nicht nur die Anfechtungsklage des heimgekehrten Verschollenen von der einmonatigen Frist befreit, sondern daneben auch die Möglichkeit eines einfachen Aufhebungsverfahrens beim Amtsgericht eröffnet. Diesem Vorgang suchen sich die in §§ 684 ff. d. E. vorgeschlagenen Neuerungen anzuschließen.

2. Einem weiteren, in der Praxis hervorgetretenen Bedürfnis soll der neue Abs. 2 des § 726 (früher 1014) abhelfen. Beim Aufgebot von solchen Wertpapieren, für die von Zeit zu Zeit Zins-, Renten- oder Gewinnanteilscheine ausgegeben werden, oder für die in der Schuldurkunde eine bestimmte Verfallzeit angegeben ist, sind in den §§ 1010—1014 ZPO. g. F. besondere Vorkehrungen getroffen, die dem Schutze gutgläubiger Erwerber der aufzubietenden Papiere dienen sollen. Diese Vorschriften versagen indessen bei den nach dem Kriege in Aufnahme gekommenen Typen von Wertpapieren, die nicht mit Zinsscheinen und auch nicht mit einem bestimmten Fälligkeitstermin ausgestattet sind, sondern ausgelost werden. Auf diese Lücke hat bereits Justizobersekretär Kralle in der II. Handelsbeilage der Berliner Börsenzeitung Nr. 346 vom 20. November 1928 hingewiesen und einen Vorschlag zur Ausfüllung der Lücke des bestehenden Gesetzes gemacht. Diesem Vorschlag, den die Reichsschuldenverwaltung befürwortet hat, folgt § 726 Abs. 2 d. Entwurfs im wesentlichen. Es wird davon ausgegangen werden

können, daß der Besitzer eines Auslosungspapiers sich bald nach der Auslosung davon überzeugt, ob sein Papier ausgelost ist. Bei dieser Gelegenheit kann er die Sammelliste der aufgebotenen Papiere einsehen, meistens werden auch die Ausgeber von Auslosungspapieren, ebenso wie dies von der Reichsschuldenverwaltung bisher geschehen ist, die aufgebotenen Papiere in der Verlosungstabelle mit bekannt machen.

Achtes Buch.

Schiedsgerichtliches Verfahren.

Die Motive zur ZPO. von 1877 (Hahn I S. 489 ff.) weisen darauf hin, daß auch die beste Gestaltung des ordentlichen Prozesses nicht imstande sei, das Bedürfnis nach schiedsgerichtlicher Erledigung gewisser Streitigkeiten auszuschalten. Beständen auch manche Bedenken gegen den schiedsgerichtlichen Streitaustrag, so könne man ihnen jedoch nur dadurch Rechnung tragen, daß man das Schiedsgerichtswesen möglichst zweckmäßig regele. An dem Ausgangspunkt jener Betrachtung wird festzuhalten sein. Daß sich die im Jahre 1877 getroffene Regelung durchweg als zweckmäßig erwiesen habe, wird aber kaum behauptet werden können. Mit gutem Grunde haben gerade die Freunde des Schiedsgerichtswesens seit langem beklagt, mit welchen Umständlichkeiten das Schiedsgerichtsverfahren belastet sei. Sobald man jedoch in dieser Hinsicht Erleichterungen zu schaffen versucht, sieht man sich sogleich vor die Frage gestellt, ob damit nicht auch allen möglichen Mißbräuchen der Weg geöffnet werde, und diese Frage ist heute von größerem Gewicht als vor 50 Jahren. Nicht nur hat das Schiedsgerichtswesen einen außerordentlichen Aufschwung genommen, auch die allgemeine Auffassung von den Befugnissen und Pflichten des Staates ist eine andere als damals. Die im vergangenen Jahrhundert herrschende Anschauung, daß die jeweils Beteiligten am besten imstande seien, ihre Angelegenheiten zu ordnen, und daß der Staat gut daran tue, sich hier möglichst wenig einzumischen, hat auch auf die Regelung eingewirkt, die die ZPO. von 1877 dem Schiedsgerichtswesen gegeben hat. Denn sobald ihr zufolge die Parteien das ordentliche Gericht nicht in Anspruch nehmen wollen, erklärt sich der Staat an dem weiteren als nahezu völlig unbeteiligt. Weder die Urteilswirkung noch die Vollstreckbarkeit eines Schiedsspruchs hing davon ab, daß er materiellrechtlich gewissen Grundbedingungen genügte, sofern er nur nicht geradezu auf eine verbotene Handlung erkannte. Aber selbst dann war seine Außerkraftsetzung davon abhängig, daß eine Partei sie verlangte. War es den Parteien wichtiger, sich der Geltung gewisser staatlicher Vorschriften zu entziehen, als im Einzelfalle vor dem ordentlichen Gericht zu siegen, oder mußte die beschwerte Partei die Anfechtung unterlassen, weil sie sich sonst übermäßigen wirtschaftlichen Nachteilen ausgesetzt hätte, so blieb der Schiedsspruch in voller Kraft, auch wenn er die Gesetze grob mißachtete. Schon die Novelle von 1924 hat daher, als sie die Vollstreckbarerklärung zu erleichtern versuchte, sich gleichzeitig genötigt gesehen, die Vollstreckbarerklärung von Schiedssprüchen, die sich über unverzichtbare Vorschriften hinwegsetzten, unabhängig von einem Parteiantrag zu verhindern. Die Novelle von 1930 hatte nur die Aufgabe, gewisse technische Mißstände, die sich aus der Regelung von 1924 ergeben hatten, wieder zu beseitigen und mit Rücksicht auf das Genfer Abkommen vom 26. September 1927 (RGBl. 1930 II S. 1067) die Vollstreckung ausländischer Schiedssprüche zu sichern; sie hat sich daher auf die Umarbeitung nur einiger Teilbestimmungen beschränkt und im übrigen der allgemeinen Reform nicht vorgegriffen. Demgemäß hat sie hinsichtlich der Geltung des Schiedsspruchs nichts grundsätzliches geändert; auch nach ihr ist die Vollstreckbarerklärung abzulehnen und überdies der Schiedsspruch aufzuheben, wenn seine Anerkennung gegen die guten Sitten oder die öffentliche Ordnung verstoßen würde. Die Verfahrensformen, die die Novelle von 1930 für die Vollstreckbarerklärung und für die Aufhebung eingeführt hat, werden beizubehalten sein. Darüber hinaus aber muß jetzt auch Vorsorge dagegen getroffen werden, daß die Möglichkeit, den ordentlichen Rechtsweg zugunsten eines Schiedsgerichts auszuschließen, nicht dazu mißbraucht wird, einem abhängigen Gegner das schiedsgerichtliche Verfahren aufzuzwingen. Auch die Sicherung der Unparteilichkeit des Schiedsgerichts kann nicht mehr so weitgehend wie bisher der Parteivereinbarung überlassen bleiben; ebenso muß jeder Partei das Recht gewährleistet werden, sich vor dem Schiedsgericht von einem Rechtsanwalt vertreten oder verbeistanden zu lassen. Für Schiedsverträge über künftige Streitigkeiten ist grundsätzlich die Schriftform vorzusehen, um die Parteien von unüberlegten Schiedsverträgen abzuhalten. Weiter muß Schiedssprüchen, die gegen die guten Sitten oder gegen die öffentliche Ordnung verstoßen, unabhängig von einem den Parteien zustehenden Rechtsmittel die Anerkennung versagt werden, während sie heute solange wie rechtskräftige Urteile wirken, als sie nicht im Vollstreckbarerklärungs- oder Aufhebungsverfahren zur Aufhebung gelangt sind. Wenn auf diese Weise die Garantien für die Ordnungsmäßigkeit der schiedsgerichtlichen Spruchtätigkeit verstärkt sind, kann auf der anderen Seite das Verfahren auf mannigfache Weise vereinfacht werden.

Hieraus ergibt sich die Grundeinstellung des Entwurfs: Dem Schiedsgerichtswesen ist durch Fortfall vermeidbarer Umständlichkeiten nach Möglichkeit ein ungehinderter Verlauf zu sichern, aber nur unter der Voraussetzung, daß auf der anderen Seite nach Möglichkeit dem Mißbrauch vorgebeugt wird. Die Änderungen, die aus diesen Gründen vorgenommen wurden, werden im einzelnen an ihrem Platze zur Sprache kommen. Nur die weitesttragende Änderung bedarf schon an dieser Stelle der Erörterung, weil sie den Kern der Neuregelung bildet. Es ist dies die Änderung der Bestimmungen über Wesen und Wirkung des Schiedsspruchs.

Darauf, daß bisher die Wirkungen des Schiedsspruchs als die eines rechtskräftigen Urteils bestimmt waren (§ 1040 ZPO. g. F.) und daß weiterhin auf seinen Inhalt bezügliche Entkräftigungsgründe, auch soweit sie von der Novelle von 1930 eingeführt wurden, doch auf die prozessuale Geltendmachung verwiesen blieben, ließ sich ohne Zweifel die Theorie gründen, daß der Schiedsspruch einen delegierten staatshoheitlichen Urteilsakt darstelle. Nun ist das Urteil des staatlichen Gerichts, und zwar in dem hier in Betracht kommenden Zusammenhang auch das Gestaltungsurteil, ein Rechtserkenntnisakt, obwohl es vermöge der Rechtskraft wie ein Willensakt wirkt; seine Aufgabe besteht nicht darin, einen Tatbestand für die Zukunft zweckmäßig zu gestalten, sondern die sich aus einem ermittelten Tatbestand ergebenden Rechtsfolgen auszusprechen. Diese Rechtsfolgen sind insofern eindeutig bestimmt, als nur die sich aus dem geltenden Recht ergebenden Folgen Rechtsfolgen sind und es neben dem geltenden Recht kein anderes gibt. Es besteht z. B. keine rechtliche Möglichkeit, eine etwa eingreifende staatliche Formvorschrift nicht anzuwenden und für den Spruch dennoch den Charakter der Rechtsfolgenfeststellung in Anspruch zu nehmen. Ein für die Schiedsgerichte sehr wesentlicher Gesichtspunkt ist es jedoch gerade, daß sie dem Tatbestand anders und freier gegenüberstehen als ein Rechtserkenntnisgericht. Diese freiere Stellung läßt sich nicht daraus erklären, daß die Schiedsgerichte an das Recht nicht gebunden wären, sondern nur daraus, daß ihre Aufgabe gegenüber dem Tatbestand in etwas anderem besteht, als in der Feststellung der sich aus ihm ergebenden Rechtsfolgen. Im Gegensatz zu den ordentlichen Gerichten sind die Schiedsgerichte dazu berufen, nicht bloß die aus einem festgestellten, für die Parteien oft unerwünschten Tatbestand sich ergebenden Rechtsfolgen auszusprechen, sondern sie sind auch befugt, den Tatbestand in gewissem Umfang zweckmäßig umzugestalten. Besteht in dieser Tatbestandsumgestaltung aber eine wichtige Aufgabe der Schiedsgerichte, so können ihre Sprüche nicht als Erkenntnisakte, also nicht als Urteile, aufgefaßt werden. Wenn die Parteien ein Schiedsgericht einsetzen, so wollen sie meist, daß ihr Verhältnis nach freier Zweckmäßigkeit und Billigkeit geordnet werde. Es besteht auch kein Bedenken, den Schiedsgerichten diese Befugnis zu erteilen, denn der Staat hat kein Interesse daran, auf der Einhaltung seiner Ordnung auch dort noch zu bestehen, wo er den Parteien den Verzicht auf den zur Wahrung der Rechtsordnung bestimmten Rechtsweg gestattet. Diese Verzichtsmöglichkeit ist aber nicht unbegrenzt. Es kann den Parteien nicht freigestellt werden, sich mittels des schiedsgerichtlichen Verfahrens über Recht und Ordnung einfach hinwegzusetzen und der benachteiligten Partei kann es nicht zugemutet werden, sich dem zu fügen. Die Grenzen der Verzichtbarkeit werden durch das dargestellt, was man die guten Sitten und die öffentliche Ordnung nennt. Hierzu hat sich grundsätzlich schon die Novelle von 1930 bekannt, doch war sie an der folgerichtigen Durchführung des Grundsatzes noch dadurch gehindert, daß sie gemäß der ihr gestellten Aufgaben den § 1040 ZPO. g. F., der dem Schiedsspruch die Wirkungen eines rechtskräftigen Urteils beilegt, unberührt lassen mußte. Hat ein Schiedsspruch einen Inhalt, der gegen die guten Sitten oder die öffentliche Ordnung verstößt, so genügt es nicht, ihn nur für aufhebbar zu erklären, er kann vielmehr keinerlei Geltung beanspruchen; er muß nichtig sein, ohne daß er erst vernichtet zu werden braucht. Besteht jedoch diese Notwendigkeit, so kann der Schiedsspruch nicht als Urteil aufgefaßt werden, denn gegenüber einem rechtskräftigen Urteil ist jede Nachprüfung seiner inhaltlichen Richtigkeit gerade ausgeschlossen; auch kann die Rechtskraft nicht davon abhängen, ob ein anderer Beurteiler gewisse Rechtsgrundsätze durch das Urteil gewahrt oder verletzt findet. Daher wird im § 754 ausgesprochen, daß der Schiedsspruch die Bedeutung eines namens der Parteien über die Rechtslage geschlossenen Vertrags hat. Allerdings muß der Schiedsspruch, wenn er seine Aufgabe erfüllen soll, in wichtigen anderen Punkten dem rechtskräftigen Urteil gleichstehen. Er muß imstande sein, wie ein Urteil die Rechtslage mit dinglicher Rückwirkung zu erfassen, er muß insoweit, als er nicht nichtig ist, wie ein Urteil nur im Prozeßwege zu beseitigen und in diesem Sinne befestigt sein und er muß, ohne ein neues Anspruchsfeststellungsverfahren als Vollstreckungstitel dienen können. In dieser Hinsicht ist an der bisherigen Regelung nichts geändert (vgl. §§ 754, 756, 757 ff. und § 792 Nr. 5); auch die dreißigjährige Verjährungsfrist

(§§ 218, 220 BGB.) muß dem durch Schiedsspruch festgestellten Anspruch erhalten bleiben. Eine weitere Ähnlichkeit mit dem Urteil kann sich daraus ergeben, daß die Parteien, weil es ihnen nur auf die erwartete größere Schnelligkeit, Billigkeit und Sachkunde ankam, dem Schiedsgericht nicht die Befugnis geben wollten, die Sach- und Rechtslage im Rahmen des rechtlich Zulässigen nach Zweckmäßigkeit und Billigkeit zu gestalten, sondern nur wie ein angerufenes ordentliches Gericht zu erkennen, also nur die aus dem Tatbestand sich ergebenden Rechtsfolgen auszusprechen. Das bedeutet eine Bindung der Schiedsrichter, verändert aber nicht den Charakter ihres Spruchs, dieser bleibt vielmehr auch in solchen Fällen ein Vertragsakt eigener Art, der seine Geltung aus dem Parteiwillen herleitet und nichtig sein kann. Die Parteien wollen in diesen Fällen niemals, daß das ordentliche Gericht die rechtliche Würdigung, die das Schiedsgericht dem Tatbestand angedeihen ließ, wie ein Berufungsgericht vollständig nachprüfe, und wenn sie es wollten, so hätten sie kein den Rechtsweg ausschließendes Schiedsgericht vereinbart. Die Parteien vertrauen hier eben dem Schiedsgericht, daß es das Richtige erkennen werde, und aus diesem Vertrauen, nicht aus dem Beruf zur verbindlichen Rechtserkenntnis schöpft der Spruch auch hier seine Kraft.

Ist der Schiedsspruch nichtig, so ist er wirkungslos, ohne daß er erst noch aufgehoben werden müßte. Diese Nichtigkeit, die auch für den Fall vorgesehen ist, daß der Schiedsvertrag unwirksam oder ein Schiedsvertrag überhaupt nicht geschlossen war, läßt den Bestand des Schiedsspruchs also nicht mehr davon abhängig sein, ob eine Partei die Aufhebungsklage stellt oder im Vollstreckbarerklärungsverfahren Tatsachen geltend macht und beweist, die den Aufhebungseinwand stützen; gerade eine vom Gegner abhängige Partei wird es oft nicht wagen, sich dieser Rechtsbehelfe zu bedienen. Auch daß im Vollstreckungsverfahren gewisse Aufhebungsgründe von Amts wegen zu beachten sind, bietet dagegen keinen ausreichenden Schutz. Denn die Wirksamkeit des Schiedsspruchs ist, wenn sie als die eines rechtskräftigen Urteils bestimmt ist, unabhängig von der Vollstreckbarerklärung; auch wenn diese nicht beantragt wird, wirkt der Spruch wie ein rechtskräftiges Urteil und mit dieser Wirkung kann der Sieger sich aus mannigfachen Gründen begnügen. Verlangt der Sieger aber nicht die Vollstreckbarerklärung des Spruchs, so fällt die Möglichkeit fort, den Spruch durch Versagung der Vollstreckbarerklärung aufzuheben. Wenn dagegen der Schiedsspruch nur wie ein Vertrag besonderer Art wirkt, so kann er als solcher nichtig sein. Die Partei, die sich seiner Wirksamkeit versichern will, ist also gezwungen, seine Vollstreckbarerklärung zu beantragen und damit eine gerichtliche Nachprüfung seiner Wirksamkeit herbeizuführen, wobei nun die Nichtigkeitsgründe in der Tat von Amts wegen Beachtung finden können. Die Frage des Rechtsbestandes des Schiedsspruchs erhält für das zur Entscheidung berufene ordentliche Gericht überhaupt eine andere Bedeutung, wenn es mit seiner Nichtigkeit rechnen muß, als wenn es bloß gewisse Aufhebungsgründe in Betracht ziehen kann. Denn wenn diese Aufhebungsgründe auch von Amts wegen zu beachten sind, so ist das Gericht doch hierbei stets auf das tatsächliche Parteivorbringen angewiesen; auch daß der Spruch zunächst bedingungslos als rechtskräftiges Urteil wirkt, wird die Gerichte veranlassen, den Nachweis dafür, daß ein Aufhebungsgrund besteht, den Parteien zu überlassen. Ist dagegen ein Schiedsspruch möglicherweise nichtig, so kann das Gericht seinen Rechtsbestand von Amts wegen prüfen. Es kann also jeden tatsächlichen Anhaltspunkt, der ihm für die Nichtigkeit, insbesondere auch von dritter Seite, geliefert wird, von Amts wegen aufgreifen und ist daher weit eher in der Lage, einen Nichtigkeitsgrund aufzudecken, als wenn es wie bisher im wesentlichen auf das Parteivorbringen angewiesen wäre. Da erfahrungsgemäß nicht damit gerechnet werden kann, daß die Parteien stets das Ihre tun, um rechtswidrige Schiedssprüche zu Fall zu bringen, bedeutet die Beseitigung des Urteilscharakters des Schiedsspruchs und die damit gegebene Möglichkeit, gewisse Nichtigkeitsgründe einzuführen, eine stärkere Sicherung der Rechtsordnung gegen Ausschreitungen der Schiedsgerichte. Wird die Nichtigkeit, wie vom Entwurf (§ 755), auf die Fälle beschränkt, in denen ein Schiedsvertrag nicht geschlossen oder der geschlossene Schiedsvertrag unwirksam war oder der Spruch gegen die guten Sitten oder die öffentliche Ordnung verstößt, so wird auch nicht etwa eine so weitgehende Nachprüfbarkeit der Schiedssprüche eingeführt, daß dadurch ihr Rechtsbestand im allgemeinen erschüttert würde. Die Anerkennung des vertraglichen Charakters der Schiedssprüche, die übrigens der heute herrschenden Meinung entsprechen dürfte (Nußbaum, Internat. Jahrb. f. Schiedsgerichtswesen Bd. I S. 12 f.; Nord, Das Wesen des schiedsrichterlichen Amtes und des Schiedsspruchs S. 41), erleichtert auch wesentlich die Stellungnahme zu ausländischen Schiedssprüchen (vgl. § 763).

Der Entwurf hat davon abgesehen, gewisse Gruppen von Schiedsgerichten zu bevorzugen und diesen weitere Verfahrenserleichterungen zuzugestehen; er befürchtete, durch solche Begünstigungen die ohnedies bedrohlich angewachsene Sondergerichtsbewegung neuerdings zu stärken. Der Entwurf enthält auch kein Verbot für Richter, als Schiedsrichter tätig zu werden; die Regelung dieser Frage konnte nicht in der Verfahrensordnung getroffen, sondern mußte der Beamtengesetzgebung überlassen werden.

§ 737. Die Vorschrift gilt sowohl für Schiedsverträge, die nach Entstehung des Streitfalls, als auch für solche, die für die Zukunft geschlossen sind. Der Sinn des bisherigen § 1025 ist unverändert geblieben, es soll nur deutlicher zum Ausdruck gebracht werden, daß das Schiedsgericht grundsätzlich eine andere Aufgabe hat, als gleich einem ordentlichen Gericht das Recht zu finden, und daß es, auch wenn es von den Parteien zur Rechtsfindung berufen wurde, eine andere Stellung einnimmt, als das ordentliche Gericht. Nach wie vor muß es sich bei dem Streitgegenstand um eine des Austrags im bürgerlichen Rechtsstreit fähige Sache handeln, wie sich aus den Worten »anstatt auf dem Rechtsweg« ergibt. Der Entwurf spricht durchweg von Schiedsgerichten, nicht mehr bloß von Schiedsrichtern, um durch die auch sachlich richtigere Bezeichnung die Bedeutung der Schiedsgerichtseinrichtungen anzuerkennen.

§ 738. Für Schiedsverträge gelten die Vorschriften des Bürgerlichen Gesetzbuchs, also auch § 138 Abs. 1 BGB. Da sich in nicht seltenen Fällen die eine Partei nicht aus freien Stücken, sondern nur unter dem Druck des mächtigeren Gegners der Schiedsgerichtsbarkeit unterwirft, erschien es jedoch angezeigt, ausdrücklich klarzustellen, daß Schiedsverträge, die dadurch zustandekommen, daß der eine Teil durch die wirtschaftliche oder soziale Überlegenheit des anderen geknebelt wird, rechtsunwirksam sind. Dies soll sowohl gelten, wenn dem schwächeren Teil der ganze Vertrag auf diese Weise aufgezwungen wird, als auch dann, wenn der schwächere Teil an sich mit dem Abschluß des Schiedsvertrags einverstanden wäre, ihm aber Bestimmungen aufgenötigt werden, die das Schiedsgericht zu einem Werkzeug des mächtigen Gegners machen. Solche Bestimmungen sind insbesondere hinsichtlich der Ernennung und Ablehnung der Schiedsrichter möglich; grundsätzlich muß der Einfluß beider Parteien auf die Besetzung des Schiedsgerichts gleich bemessen sein und wenn dies auch nicht ausnahmslos durchführbar ist, so dürfen doch etwaige Ungleichheiten nicht von der einen der anderen Partei aufgezwungen sein. Verstößt ein Schiedsvertrag gegen die Vorschriften des § 738, so ist er seinem ganzen Umfange nach nichtig; ob das Gesamtgeschäft oder nur der Schiedsvertrag nichtig ist, ist Frage des Einzelfalles (§ 139 BGB.). § 738 gilt gleichmäßig für Schiedsverträge über bereits bestehende und über künftig entstehende Streitigkeiten; seine Verletzung kann durch Einlassung nicht geheilt werden, da auch diese erzwungen werden könnte. Nimmt das Schiedsgericht trotz des Verstoßes die Gültigkeit des Schiedsvertrags an, so ist sein Spruch nichtig (§ 755 Nr. 2, § 757 Nr. 2). Daß Vereinbarungen über den Ausschluß der Rechtsanwälte unwirksam sind, ist in § 748 Abs. 2 a. E., daß nicht eine Partei das Recht, einen Schiedsrichter zu ernennen, auch für die andere Partei haben kann, in § 740 Abs. 1 Satz 2 angeordnet.

Die Bestimmungen des § 738 decken sich nach Bedeutung und Zweck mit den von Heilberg in seiner Schrift »Schiedsvertrag, Schiedsgericht und schiedsrichterliches Verfahren« vorgeschlagenen §§ 1026 a und 1027 a bis e. Heilberg läßt jedoch die auf der ungleichen Bemessung der Rechte auf Ernennung und Ablehnung der Schiedsrichter beruhende Unwirksamkeit des Schiedsvertrags durch Einlassung geheilt werden (§ 1026 a Abs. 5). Dem beizutreten erschien aus dem zuvor angegebenen Grunde nicht empfehlenswert. In den Fällen des erzwungenen Schiedsgerichts erklärt Heilberg den Schiedsvertrag nicht für nichtig, sondern gibt nur in den Fällen, in denen nach den Umständen, insbesondere auch mit Rücksicht auf die beteiligten Parteien ein Zwang vermutet werden kann, jedem Teil ein Rücktrittsrecht (§ 1027 d). Allein dieses Rücktrittsrecht dürfte einerseits zu weit gehen, da auch Verträge davon betroffen werden können, die nicht zu beanstanden sind. Auf der anderen Seite wird gerade in den Fällen, in denen der schwächere Teil der Hilfe bedarf, das Rücktrittsrecht oft versagen, weil der gleiche Zwang, der ihn zum Abschluß des Vertrages nötigte, ihn auch hindern kann, den Rücktritt zu erklären. Während ferner Heilberg im Falle seines § 1026 a nur eine befristete, im Falle seiner §§ 1027 a—e nur die hier unbefristete Aufhebungsklage gewähren will (§ 1041 Nr. 3, 4 und § 1041 a seines Entwurfs), erklärt der § 755 des vorliegenden Entwurfs den Spruch, der auf einem unter § 738 fallenden Vertrag beruht, für nichtig. Bestimmend hierfür war der schon in den allgemeinen Vorbemerkungen zum schiedsgerichtlichen Verfahren näher ausgeführte Gedanke, daß ein stärkerer Schutz gegen Auswüchse des Schiedsgerichtswesens erreicht wird, wenn an gewisse dem Schiedsvertrage oder Schiedsspruche selbst anhaftende schwere Mängel die Nichtigkeit des Schiedsspruchs geknüpft wird, als wenn man hier nur die Erhebung einer Aufhebungsklage ermöglicht.

§ 739. Der erste Absatz entspricht im wesentlichen dem bisherigen § 1026. Abs. 2 schreibt abweichend von dem bisherigen § 1027 für Verträge über künftige Streitigkeiten die Schriftform vor und zwar in der Weise, daß der Schiedsvertrag ausdrücklich geschlossen und gesondert beurkundet werden muß. Das Erfordernis der Schriftform wird durch die Wichtigkeit des Schiedsvertrags gerechtfertigt, das Erfordernis der ausdrücklichen Erklärung und der gesonderten Urkunde durch das dringende Bedürfnis, das Augenmerk der Parteien eigens auf die Schiedsabrede hinzulenken; es geht nicht an, daß der ordentliche Rechtsweg durch eine einem umfangreichen Vertrag angehängte, leicht übersehbare Klausel oder gar durch die bloße Verweisung auf allgemeine Geschäftsbedingungen usw. ausgeschlossen wird. Doch soll die Einlassung auf das schiedsgerichtliche Verfahren stets heilend wirken, da sie als Bestätigung aufgefaßt werden kann.

Abs. 3 nimmt die geschäftlichen Schiedsverträge der Vollkaufleute vom Formzwang aus. Vgl. auch § 768 Abs. 2.

§ 740. Der erste Satz des ersten Absatzes deckt sich mit dem bisherigen § 1028. Abs. 1 Satz 2 soll es auch in den von § 738 nicht betroffenen Fällen unmöglich machen, daß eine Partei, z. B. weil die andere ihr Ernennungsrecht nicht rechtzeitig ausübt, das Recht erhält, den Schiedsrichter auch für den Gegner zu ernennen. Der zweite Absatz soll das praktische Institut des Obmanns fördern. Die abweichenden Vertragsbestimmungen können darin bestehen, daß sie den Obmann ausschließen oder ihn auf andere Weise bestimmen lassen; auch können nähere Anordnungen für die Wahl getroffen werden, die sonst Einstimmigkeit der Beisitzer erfordert.

§ 741 deckt sich mit dem bisherigen § 1029, nur daß das Wort »beiden« vor Parteien gestrichen wurde; wenn eine Partei das Ernennungsrecht für beide hat, sei es von Anfang an, sei es infolge eines späteren Ereignisses, so verstößt das gegen § 740 Abs. 1 Satz 2. Wenn die Schiedsrichter zum Teil durch den Vertrag bestimmt sind und sich hieraus die Folge ergibt, daß im Einzelfall nur die eine Partei für ihre Seite einen Schiedsrichter zu bestellen hat, so ist § 741 auf diese Partei ebenfalls anwendbar. Wegen des zuständigen Gerichts siehe § 765.

§ 742. Daß die Ernennung gerade durch die Partei geschah, braucht nicht länger verlangt zu werden.

§ 743. Der erste Absatz deckt sich seinem Sinne nach völlig mit dem bisherigen § 1031. Abs. 2 überträgt das Ersatzernennungsrecht nun aber, einem praktischen Bedürfnis entsprechend, auch für den Fall, daß das Ernennungsrecht einem Dritten zustand, dem zuständigen Gericht (§ 765).

§ 744 erklärt, um die gröbsten Mißgriffe bei der Besetzung der Schiedsgerichte zu verhüten, nicht voll Geschäftsfähige und nicht im Genuß der bürgerlichen Ehrenrechte Stehende für unfähig, als Schiedsrichter zu wirken. Amtiert ein solcher Schiedsrichter, so ist das Verfahren mangelhaft (§ 756 Nr. 1).

§ 745. Neu sind die Ablehnungsgründe der Geschäftsunfähigkeit (vgl. Nr. 1 mit § 744) und der Pflegschaft. Wegen des zuständigen Gerichts siehe § 766.

§ 746. Einer der Vorzüge des schiedsgerichtlichen Verfahrens besteht in der völligen Nichtöffentlichkeit. Diese mag oft für den Abschluß des Schiedsvertrags mitbestimmend sein und das Interesse an ihr könnte, was mißlich wäre, dazu führen, daß zu Schiedsrichtern nur solche Personen gewählt werden, die an dem Streitverhältnis auf irgendeine Weise beteiligt und daher mit der Angelegenheit bereits vertraut, darum aber auch oft schon befangen sind. Die Ernennung von sachkundigen Außenstehenden wird erleichtert werden, wenn für sie die Geheimhaltungspflicht ausdrücklich vorgeschrieben wird.

§ 747. Neu eingefügt sind die Nummern 2 und 3. Die neue Nr. 2 entspricht einem Vorschlag Heilbergs (§ 1031 b Abs. 2 seines Entwurfs). In der Tat ist der Schiedsvertrag undurchführbar, wenn die von ihm vorgesehene Einigung der Parteien auf die Wahl des Obmanns oder die von ihm vorgesehene Bestellung durch die Schiedsrichter nicht zustandekommt. Es ist ferner als mißlich empfunden worden, daß das Schiedsgericht auch dann, wenn es fand, eine Sache eigne sich nicht zum Austrag vor ihm, keine Möglichkeit hatte, seine Tätigkeit abzulehnen. Daher bezeichnet die Nr. 3 entsprechend einer Anregung der von Nußbaum im Auftrage der Handelskammer zu Berlin verfaßten Denkschrift (§ 1033 Nr. 2 und Abs. 2 des dort beigefügten Gesetzentwurfs) nunmehr die Ablehnung der Entscheidung durch das Schiedsgericht als einen Grund für das Außerkrafttreten des Schiedsvertrags. Wieweit die Schiedsrichter zu einer solchen Ablehnung privatrechtlich befugt sind, bemißt sich nach dem Bestellungsvertrag. Zweck der Vorschrift in Nr. 3 Halbsatz 2 ist nur, die Klage auf Erfüllung auszuschließen. Wegen des ordentlichen Gerichts siehe § 766.

Die **§§ 748, 749** entsprechen im wesentlichen den bisherigen §§ 1034, 1035. Doch ist in § 748 Abs. 2 nunmehr einem Vorschlag Levins (Schutz der freien Rechtsanwaltschaft S. 72) entsprechend sichergestellt, daß deutsche Rechtsanwälte weder durch Parteivereinbarung als Vertreter oder Beistände ausgeschlossen noch vom Schiedsgericht zurückgewiesen werden können. Enthält der Schiedsvertrag oder die Schiedsgerichtsordnung, auf die er verweist, eine solche Bestimmung, so gilt sie als nicht geschrieben; im übrigen bleibt der Schiedsvertrag bei Bestand. Die Zurückweisung eines Anwalts bedeutet einen Verfahrensverstoß, auf den nach § 756 Nr. 3 die Aufhebungsklage gestützt werden kann.

Dem Vorschlag Heilbergs (§ 1034 Abs. 2 b seines Entwurfs), den Parteien das Recht auf eine mündliche Verhandlung vor dem Schiedsgericht zu gewährleisten, ist der Entwurf nicht beigetreten, da es nicht angängig erschien, an das schiedsgerichtliche Verfahren strengere Anforderungen zu stellen als an das ordentliche Verfahren (vgl. § 228 d. E.), solche Anforderungen auch gerade gegenüber dem schiedsgerichtlichen Verfahren kaum zweckmäßig wären.

§ 750. Das Verfahren zur Erwirkung einer gerichtlichen Rechtshilfehandlung war bisher sehr umständlich. Im Zusammenhang mit § 765 ergeben sich folgende, im wesentlichen den Anregungen Nußbaums zu § 1036 entsprechende Vereinfachungen:

anstatt einer Partei kann das Schiedsgericht den Antrag stellen;

zuständig ist nicht mehr das Gericht der Hauptsache (evtl. mit Anwaltszwang), sondern das Amtsgericht, und zwar im allgemeinen das für den Sitz des Schiedsgerichts zuständige, da dieses mit den Verhältnissen am besten vertraut ist;

vor der Entscheidung des Gerichts über die Zulassung der Beweisaufnahme braucht der Gegner nicht mehr gehört zu werden (§ 765 Abs. 2).

Um die Beweisaufnahme für das schiedsgerichtliche Verfahren ergiebiger zu machen, ist nun ferner vorgesehen, daß das Schiedsgericht von dem Termin zu benachrichtigen ist, daß die Schiedsrichter bei der Beweiserhebung anwesend sein können und daß ihnen das Gericht gestatten kann, Fragen zu stellen.

Dagegen hat der Entwurf davon abgesehen, den zum Richteramt befähigten Schiedsrichtern, wie mehrfach angeregt wurde, das Recht zur Beeidigung von Zeugen und Sachverständigen zu gewähren. Die Befugnis zur Beeidigung ist eine Amtsbefugnis, für die außerhalb des Amtes kein Raum ist.

§ 751. Die Änderungen gegenüber dem bisherigen § 1037 dienen nur der Klarstellung (vgl. Nußbaum § 1037).

§ 752 entspricht inhaltlich dem bisherigen § 1038. Von einer Vorschrift darüber, nach welchen Grundsätzen das Schiedsgericht über die Kosten des Verfahrens zu entscheiden und die Kosten festzusetzen habe, wurde abgesehen, da es nicht angezeigt erschien, hier in die Schiedsgerichtspraxis regelnd einzugreifen (vgl. Stein-Jonas, Anm. VIII zu § 1042 i. d. F. der Novelle von 1930).

§ 753. Wie bisher ist für den Schiedsspruch Datierung und Unterzeichnung notwendig; statt des Abfassungstages ist der Fällungstag für maßgebend erklärt, da die Abfassung der Fällung nachfolgen kann und ihr gegenüber an Bedeutung zurücksteht. Da der förmliche Abschluß eines sachlich beendigten Schiedsverfahrens nicht selten daran scheitert, daß ein Schiedsrichter an der Unterzeichnung verhindert ist oder seine Unterschrift offenbar grundlos, z. B. weil er überstimmt wurde, verweigert, ist die Möglichkeit vorgesehen, die Unterschrift durch einen entsprechenden gerichtlichen Vermerk (§ 765) zu ersetzen. Bis zum Ende der Abstimmung kann jeder Schiedsrichter sein Amt niederlegen. Wieweit er sich damit haftbar macht ist eine andere Frage. Ist aber der Schiedsspruch gefällt, die Abstimmung also beendet (§ 752), so kann kein Schiedsrichter mehr durch die Verweigerung seiner weiteren Mitwirkung (Unterzeichnung) das Verfahren zum Stillstand bringen (vgl. Nußbaum § 1039 Abs. 1 Satz 2).

Als Perfektionsbedingung ist nunmehr nur noch die Zustellung verlangt (Abs. 2); die Niederlegung ist nur noch für die Vollstreckbarerklärung notwendig (§ 757 Nr. 1; vgl. Nußbaum §§ 1040, 1042). Die Niederlegung soll künftig mit den Akten geschehen. Der letzte Absatz dient der Erleichterung der Zustellung und Niederlegung; die Benachrichtigung der Parteien, ist entsprechend einem Vorschlag Heilbergs (§ 1039 Abs. 3 seines Entwurfs), vorgesehen.

§§ 754, 755. Im allgemeinen kann auf Abs. 3 und 4 der Vorbemerkungen zu diesem Buche verwiesen werden. Gültig ist der Schiedsspruch, wenn er den Erfordernissen des § 753 Abs. 1 und 2 genügt und weder nichtig (§ 755 Abs. 1) noch aufgehoben (§ 755 Abs. 2, § 756) ist. Nichtig ist der Schiedsspruch, wenn ein wirksamer Schiedsvertrag nicht abgeschlossen war oder der Spruch selbst gegen die guten Sitten oder gegen die öffentliche Ordnung verstößt. In letzterer Hinsicht kann auf die Novelle von 1930 (§ 1041 Nr. 2 g. F.) verwiesen werden; die Gründe, die dazu führten, aus dem bisherigen Aufhebungsgrund einen Nichtigkeitsgrund zu machen, sind in den allgemeinen Vorbemerkungen zu diesem Buche dargelegt. Der Schiedsvertrag ist unwirksam, wenn sich dies aus den Vorschriften des Bürgerlichen Gesetzbuchs oder aus §§ 737—739 ergibt. Die Nichtigkeit des Schiedsspruchs ist von dem ordentlichen Gericht, das eine Entscheidung zu fällen hat, von Amts wegen nicht nur zu beachten, sondern bei gegebenem Anlaß unabhängig von dem tatsächlichen Parteivorbringen auch zu prüfen. Sie kann auf jede Weise geltend gemacht werden, solange der Spruch nicht rechtskräftig für vollstreckbar erklärt ist (§ 761). Die Aufhebung kann nur durch gerichtliche Entscheidung herbeigeführt werden (§ 756).

§ 756 entspricht im allgemeinen der geltenden Fassung des § 1041.

Da jedoch das Fehlen und die Rechtsunwirksamkeit des Schiedsvertrags jetzt zur Nichtigkeit des Schiedsspruchs führt (§ 755 Nr. 1), mußte Nr. 1 enger gefaßt werden als bisher; den Hauptfall des Außerkrafttretens des Schiedsvertrags bildet § 747. War der Schiedsvertrag wirksam und in Kraft geblieben, hat aber das Schiedsgericht die ihm durch den Vertrag eingeräumte Zuständigkeit überschritten, so ist im Sinne der Nr. 1 das Verfahren unzulässig. Die Nr. 2 g. F. ist weggelassen, da der bisherige Aufhebungsgrund nun einen Nichtigkeitsgrund darstellt (§ 755 Nr. 2). Die Nrn. 3—5 entsprechen im wesentlichen den bisherigen Nrn. 4—6; es ist nur in Nr. 3 dem neuen § 748 Abs. 2 Rechnung getragen und vor dem Wort »Gehör« das Wort »ausreichend« eingesetzt, um kenntlich zu machen, daß die Anforderungen hier andere sind, als im ordentlichen Verfahren (vgl. auch § 763 Nr. 4). Ist kein Verfahren auf Vollstreckbarerklärung anhängig, so ist die Aufhebung durch Klage zu erwirken; im Verfahren auf Vollstreckbarerklärung kann die Aufhebung einredeweise beantragt werden (§ 757 Abs. 3). Durch Abs. 3 soll sichergestellt werden, daß der Aufhebungskläger keine besondere Klage erheben muß, um die Nichtigkeit des Schiedsspruchs geltend zu machen; das gleiche gilt im umgekehrten Fall.

Die **§§ 757—764** entsprechen im wesentlichen den §§ 1042—1044 a der geltenden Fassung. Die Änderungen, die § 757 gegenüber dem bisherigen § 1042 aufweist, erklären sich daraus, daß nach § 753 die Niederlegung nicht mehr zu den Wirksamkeitserfordernissen gehört und daß es außer den Aufhebungsgründen nun auch Nichtigkeitsgründe gibt. Der Unterscheidung der Nichtigkeit von der Aufhebung war auch in § 758 Abs. 2, 3, in §§ 761, 762 und § 763 Abs. 2, 3 Rechnung zu tragen. Der bisherige § 1042 b ist in seinem ersten Absatz durch § 137, im ersten Satz seines zweiten Absatzes durch §§ 172, 173 entbehrlich geworden; an die Stelle der Verweisung auf § 215 g. F. hatte die Verweisung auf § 213 Abs. 2 und § 462 des Entwurfs zu treten, die sich in § 758 Abs. 1 Satz 3 findet. Neu ist § 758 Abs. 3. Danach muß, wenn die Aufhebungs- oder Nichtigkeitsklage bereits erhoben und noch nicht in die Revisionsinstanz gelangt ist, die Vollstreckbarerklärung statt durch einen gesonderten Antrag durch Widerklage verfolgt werden; eine Ausnahme ist nur für den Fall gemacht, daß die Klage bei einem unzuständigen Gericht schwebt. Die Anordnung ist deshalb getroffen, weil es mißlich wäre, wenn neben dem Klageverfahren ein besonderes Vollstreckbarerklärungsverfahren stattfinden könnte. Da in beiden Verfahren die gleichen Tat- und Rechtsfragen zu entscheiden sind, kann dem Gläubiger die Widerklage auch dann zugemutet werden, wenn die Klage bereits in die Berufungsinstanz gelangt ist. Im umgekehrten Fall, wenn die Vollstreckbarerklärung zuerst beantragt ist, fehlt es für eine Nichtigkeits- oder Anfechtungsklage am Rechtsschutzinteresse (vgl. § 757 Abs. 3). Im § 759 Abs. 3 ist ein neuer zweiter Satz angefügt, durch den verhindert werden soll, daß die Wahl des Beschlußverfahrens zu einem Instanzverlust führt. Der bisherige § 1042 d Abs. 2 ist durch §§ 137, 172, 173 entbehrlich geworden. Neu ist § 760 Abs. 2, der für Widersprüche gegen amtsgerichtliche Beschlüsse den Anwaltszwang beseitigt (vgl. § 535 Abs. 2). In § 764 Abs. 1 ist lediglich die Vorschrift angefügt, daß die Parteien auch von der Niederlegung des Vergleichs benachrichtigt werden sollen (§ 753 Abs. 4); eine Zustellung kommt hier neben der Niederlegung nicht in Betracht.

§ 765. Für die gerichtliche Ernennung der Schiedsrichter (§§ 741, 743), für die Rechtshilfehandlungen (§ 750) sowie für den Unterschriftsersatz (§ 753 Abs. 1 Satz 2) und die Niederlegung (§ 753 Abs. 3) ist jetzt als ordentliches Gericht nicht mehr das Gericht der Hauptsache, sondern das Amtsgericht zuständig, in dessen Bezirk das Schiedsgericht seinen Sitz oder der betreibende Teil seinen allgemeinen Gerichtsstand hat. Dadurch wird eine Vereinfachung und Beschleunigung des Verfahrens erzielt, da dieses Amtsgericht den Dingen nähersteht und leichter erreichbar ist; der Anwaltszwang scheidet aus. Die abweichende Vereinbarung kann nur darin bestehen, daß ein anderes ordentliches Gericht für zuständig erklärt wird.

Wie bisher (§ 1045 Abs. 2 g. F.) hat das Gericht vor der Erlassung der hier in Betracht kommenden Entscheidungen den Gegner des Antragstellers zu hören, nur für den Fall des § 750 (Rechtshilfe) ist eine Ausnahme vorgesehen, weil hier, wo es sich nur darum handelt, ob die Handlung, um deren Vornahme das Gericht ersucht wurde, gesetzlich zulässig ist, eine Anhörung der Gegenpartei des Antragstellers entbehrt werden kann.

§ 766. Für die gerichtlichen Entscheidungen über die Ablehnung eines Schiedsrichters (§ 745), das Erlöschen des Schiedsvertrags (§ 747), über die Vollstreckbarerklärung (§§ 757, 763, 764), über die Unzulässigkeit des Verfahrens (§ 751), über die Nichtigkeit (§ 755) und über die Aufhebung des Spruchs (§ 756) oder der Vollstreckbarerklärung (§ 763 Abs. 4) sowie über die Rechtsunwirksamkeit eines Vergleichs (§ 764) ist die Zuständigkeit des Gerichts der Hauptsache beibehalten worden, doch wurde daneben das sachlich zuständige Gericht des Schiedsgerichtssitzes für zuständig erklärt.

§ 767 ist gegenüber dem bisherigen § 1047 nur redaktionell geändert.

§ 768 entspricht in seinem ersten Absatz dem bisherigen § 1048. Im zweiten Absatz war sicherzustellen, daß dann, wenn das Schiedsgericht in einem Statut oder Gesellschaftsvertrag vorgesehen ist und sich die Unterwerfung unter das Schiedsgericht unmittelbar aus dem Beitritt zu der Vereinigung oder aus der Mitgliedschaft ergibt, die Unterwerfung unter das Schiedsgericht ebenso in gesonderter Urkunde ausdrücklich erklärt werden muß, wie wenn das Schiedsgericht durch Parteivertrag berufen wäre (§ 739 Abs. 2).

Neuntes Buch.

Zwangsvollstreckung und Zwangsvollzug.

Allgemeine Begründung.

A. Vorbemerkungen.

I. Die bestehenden Mängel.

a) Allgemeiner Überblick.

Die Klagen über den Zustand unseres Vollstreckungswesens sind allgemein. Ein Teil der heutigen Beschwerden ist allerdings auf die Überlastung der Vollstreckungsbehörden und auf andere Folgeerscheinungen der schweren Erschütterung unseres Wirtschaftslebens zurückzuführen. Doch ergibt ein Blick auf die ungünstige Beurteilung, die unsere Vollstreckungseinrichtungen schon vor dem Kriege erfuhren, daß sie auch unter gesunderen wirtschaftlichen Verhältnissen herbem Tadel ausgesetzt waren. Damals hielten sich die

Rufe nach wirksamerem Gläubigerschutz und nach größerer Schonung der Schuldner etwa das Gleichgewicht, heute sind die Stimmen, die eine mildere Behandlung des Schuldners verlangen, spärlicher, die Klagen der Gläubiger über das Versagen der Zwangsvollstreckung dagegen umso dringender geworden. Diese Änderung erklärt sich aus der Wirtschaftslage; auf einen Wandel im Gesamturteil über die Zwangsvollstreckung läßt sie nicht schließen. Denn die Bemängelungen, die geltend gemacht werden, sind inhaltlich die gleichen, die schon vor dem Kriege laut wurden; sie beruhen in ihrem Kerne nicht auf den jeweiligen wirtschaftlichen Zuständen, sondern auf einem von diesen Zeiterscheinungen unabhängigen, tiefer liegenden Grunde, nämlich auf der Gestaltung des Vollstreckungswesens, wie sie vor dem Kriege bestand und noch heute besteht. Da es der Zweck der staatlichen Zwangsvollstreckung ist, dem Gläubiger zu der ihm gebührenden Befriedigung zu verhelfen, die ihm vorenthalten wird und die er sich wegen des Verbots der Selbsthilfe nicht selbst zu verschaffen vermag, so ist der Vorwurf, der Gläubiger finde keinen ausreichenden Schutz gegen den zahlungssäumigen und insbesondere den böswilligen Schuldner, der schwerste, der gegen eine Vollstreckungsordnung erhoben werden kann. Aber auch der Vorwurf des mangelnden Schuldnerschutzes ist von ernster Bedeutung. Ist doch die Notwendigkeit, die Person und die Wirtschaftskraft des Schuldners vor zu weitgehender Beeinträchtigung zu bewahren, der Hauptgrund für das Verbot der Vollstreckungsselbsthilfe.

Prüft man die beiden Vorwürfe auf ihre Berechtigung, so liegt es zunächst in der Natur der Sache, daß keine Vollstreckungsordnung ungeteilten Beifall finden kann; denn die Ausübung des Zwanges ist immer hart und bleibt, selbst wenn sie zum Ziele führt, doch immer nur ein mißlicher Ersatz für die freiwillige Leistung. Die Aufgabe einer Vollstreckungsordnung kann daher lediglich darin bestehen, aus der unbefriedigenden Sachlage, deren Regelung ihr obliegt, den bestmöglichen Ausweg zu finden und die unvermeidlichen Nachteile und Schäden auf ein erträgliches Maß herabzumindern. Das Urteil darüber, auf welche Weise und in welchem Umfange dies geschehen soll und geschehen kann, ist in hohem Maße von geistigen Zeitströmungen abhängig. Als die Zivilprozeßordnung von 1877 geschaffen wurde und in Kraft trat, herrschte die Auffassung vor, daß der Staat das freie Bestimmungsrecht der Einzelnen möglichst wenig beschränken solle und daß das freie Spiel der Einzelkräfte, möglichst sich selbst überlassen, in allen Dingen zum besten Ausgleich führe. Dem entspricht es, daß man sich darauf beschränkte, Befugnisse und Gegenbefugnisse zuzuteilen und den Gebrauch dem Belieben der Beteiligten anheimzugeben. So wurde die Zwangsvollstreckung zu einem Geschicklichkeitskampf zwischen Gläubigern und Schuldnern; jeder der Beteiligten mochte sich der ihm offenstehenden Rechtsbehelfe bedienen, wie es ihm sein wirtschaftliches Bedürfnis empfahl; ob ein wirkliches Rechtsschutzbedürfnis vorliege, mochte der andere Teil in Zweifel ziehen und dadurch einer Prüfung zuführen. Bei solcher Einstellung wurden viele Nachteile und Schäden, die sich ergaben, nicht als solche empfunden, sondern, zumal bei einem im allgemeinen gesicherten Wirtschaftsstand, als unvermeidliche Begleiterscheinungen einer an sich als richtig und notwendig gebilligten Ordnung in Kauf genommen. Der Gedanke, daß die Macht des Staates vor dem Recht zurücktreten muß, auch wenn es das eines Einzelnen ist, nötigt indessen nicht dazu, die auf staatlichen Beistand angewiesenen Gläubiger und Schuldner hilflos und den zahlungsfälligen Schuldner möglichst unbehelligt zu lassen. Inzwischen hat sich denn auch die Auffassung von den Aufgaben und Pflichten der Gemeinschaft wie der Einzelnen allmählich tiefgreifend geändert und, obwohl einschneidende gesetzliche Eingriffe unterblieben, hat sich dieser Wandel doch auch in der Gestaltung der Zwangsvollstreckung in bezeichnender Weise zur Geltung gebracht. So erfuhren z. B. die anfänglich sehr eng bemessenen Sachpfändungsbeschränkungen durch die Novelle von 1898 eine nicht unbeträchtliche Erweiterung, insbesondere dadurch, daß ein für zwei Wochen zur Befriedigung gewisser Lebensbedürfnisse notwendiger Geldbetrag (§ 811 Nr. 2, 3 g. F.) sowie in gewissem Umfang der gewöhnliche Hausrat (§ 812 g. F.) für unpfändbar erklärt wurden. In der gleichen Richtung liegt der Ersatz der starren Grenze für die Unpfändbarkeit von Lohnbeträgen durch eine bewegliche Grenze, eine Neuerung, die verhältnismäßig spät, nämlich erst durch die Verordnung vom 13. Dezember 1917 (RGBl. S. 1102) eingeführt wurde. In alldem tritt sichtlich die Überzeugung zutage, daß die Vollstreckungsordnung allgemeinwirtschaftlichen und gemeinschaftsethischen Gesichtspunkten in höherem Maße Rechnung tragen müsse, als es früher geboten erschienen war. In diesen Zusammenhang gehört auch ein wichtiger Vorgang, der sich außerhalb der Reichsgesetzgebung abspielte. Als die Reichsjustizgesetze im Jahre 1879 das Gerichtsvollziehersystem einführten, dachten sie wohl in erster Linie an einen Gerichtsvollzieher, dem, um seinen Geschäftseifer zu steigern, die Gebühren für seine Tätigkeit in vollem Umfang zugewiesen seien und den der Gläubiger unter den für einen größeren Bezirk zuständigen frei auswählen könne, damit er die Wahrung seiner Rechte dem tüchtigsten und erfolgreichsten anzuvertrauen imstande sei. Allerdings wurde dieser Gedanke nicht gesetzlich festgelegt, sondern die Ordnung des Gerichtsvollzieherwesens im einzelnen den Ländern überlassen (§ 155, jetzt § 154 GVG.; vgl. auch GVGebO. § 27 Nr. 2, früher § 24 Nr. 2). Um die Jahrhundertwende gingen nun einige Landesjustizverwaltungen, insbesondere die von Preußen und Bayern, die vorher eine andere Regelung getroffen hatten, von dem System der frei auswählbaren, ihre Gebühren selbst beziehenden Gerichtsvollzieher zu dem System der gegen Besoldung angestellten, in ihrer örtlichen Zuständigkeit auf den Amtsgerichtsbezirk beschränkten und dem Gläubiger ohne Auswahlmöglichkeit zur Verfügung stehenden Gerichtsvollzieher über, weil das frühere System verschiedene schwere Mißstände gezeitigt, insbesondere zu einem die Schuldner übermäßig bedrängenden Konkurrenzkampf zwischen den Gerichtsvollziehern geführt hatte. Jetzt wurde der Gerichtsvollzieher, der bisher lediglich Gehilfe des Gläubigers gewesen war, geradezu zu einem Organ des Gerichts. Demgemäß wurde auch seine rechtliche Stellung zum Gläubiger nun anders als früher aufgefaßt. Auch dem Gläubiger gegenüber wird er nicht mehr als Beauftragter im Sinne des bürgerlichen Rechtes (Reichsgericht ZS. Bd. 16 S. 396, Bd. 56 S. 84), sondern — wie schon von RG. ZS. Bd. 10 S. 233 — als Beamter angesehen (RG. ZS. Bd. 82 S. 85).

So nahe es läge, wäre es doch wohl voreilig, wollte man allein aus der veränderten Gemeinschaftsauffassung und aus den soeben aufgeführten Anzeichen für eine veränderte geistige Einstellung auch gegenüber der Vollstreckung ohne weiteres auf die Notwendigkeit einer grundsätzlichen Neuordnung des Vollstreckungswesens schließen, zumal gerade in jüngster Zeit die Wiedereinführung des in vollem Gebührenbezug stehenden, frei auswählbaren Gerichtsvollziehers als einziges Rettungsmittel aus der Gläubigernot von vielen Seiten lebhaft gefordert wird. Soll über die Frage der grundsätzlichen Änderungsbedürftigkeit der Vollstreckungsordnung ein Urteil gewonnen werden, so bedarf es vielmehr einer Untersuchung der Gefahren, die das heutige Vollstreckungsverfahren vor allem für den Gläubiger enthält, und einer Prüfung ihrer Vermeidbarkeit.

b) Nähere Prüfung der sich für den Gläubiger ergebenden Nachteile.

1. Soweit sie sich aus dem Verhältnis zwischen Prozeß und Vollstreckung ergeben.

Diese Untersuchung muß mit dem Rechtsstreit beginnen, denn ein solcher geht heute, sei es auch nur in der Gestalt des Mahnverfahrens, als häufigster Form der Beschaffung des notwendigen Vollstreckungstitels der Zwangsvollstreckung in der Regel voraus. Die Forderung, die der Gläubiger geltend macht, muß für diese Untersuchung als eine unbestreitbare angenommen werden, als eine Forderung also, gegen die begründete Einwendungen nicht erhoben werden können, denn eine anders geartete Forderung hat noch keine unmittelbare Beziehung zur Vollstreckung.

Klagt der Gläubiger eine solche an sich unstreitige, in aller Regel also bisher nicht bestrittene Forderung ein, so hat es der Schuldner in der Hand, das Klagevorbringen nunmehr trotzdem zu bestreiten, den Austrag zu verzögern und erdichtete oder doch gekünstelte Einwendungen ins Feld zu führen, alles nicht etwa, weil er sich rechtswidrig in Anspruch genommen glaubt, sondern weil er sich möglichst lange vor der Vollstreckung gesichert sehen will. Die Verfahrensordnung ist hiergegen machtlos. Sie kann zwar mit größerer oder geringerer Entschiedenheit erzwingen, daß der Schuldner das, was er vorbringen will, so schnell als möglich vorbringt, aber daß er, anstatt zu bestreiten, anerkennt oder Versäumnisurteil gegen sich ergehen läßt, kann sie nicht erzwingen. Sobald jedoch der Schuldner einmal zu Unrecht bestritten hat, liegt trotz aller Gegenmaßnahmen auch die Gefahr der förmlichen Prozeßverschleppung besonders nahe. Daß jede derartige Verzögerung den Gläubiger gefährdet, ist offensichtlich. Im günstigsten Fall gelangt er erst verspätet zu seiner Befriedigung, was für ihn nicht nur in allen Fällen einen empfindlichen Zinsverlust bedeutet, sondern vor allem ihn oft auch an der Erfüllung seiner eigenen Verbindlichkeiten hindert, wodurch das Wirtschaftsleben im allgemeinen in Mitleidenschaft gezogen wird. Jede Verzögerung steigert auch die Gefahr, daß der Gläubiger schließlich mit seiner Forderung ausfällt. Wählt er statt des förmlichen Rechtsstreits das Mahnverfahren, so kann der Schuldner gegen den Zahlungsbefehl Widerspruch einlegen, ohne daß er dafür, trotz des Wortlauts von § 696 Satz 2 a. E. g. F., einen anderen Grund als seinen Verzögerungswillen zu haben braucht. Ist die Sache durch den Widerspruch aber erst in den förmlichen Rechtsstreit gebracht, so stehen wieder alle Möglichkeiten der Prozeßverschleppung offen und wenn der Schuldner nun ein Versäumnisurteil gegen sich ergehen läßt, so zeigt dies in der Regel geradezu, daß er durch den Widerspruch nicht seine Rechte zu wahren, sondern lediglich Zeit zu gewinnen gesucht hatte. Von der Vollstreckung aus gesehen bedeutet es also eine Gefahr, wenn eine an sich unstreitige Sache in den förmlichen Rechtsstreit gebracht wird; denn hier kann sie stets zu einer äußerlich streitigen gemacht werden und wird es in der Tat häufig. Der förmliche Rechtsstreit ist daher nicht besonders geeignet und ja wohl auch seinem Wesen nach nicht dazu bestimmt, lediglich zur Einleitung eines Vollstreckungsverfahrens zu dienen. Das Mahnverfahren wiederum muß zwar auf die einfachste Weise in den förmlichen Rechtsstreit überführbar sein, aber dem bloßen Belieben des Schuldners darf das nicht anheimstehen. Hiernach würde es sich also empfehlen, das Mahnverfahren zu dem Verfahren auszubilden, mittels dessen in der Regel für unstreitige Forderungen der Vollstreckungstitel zu beschaffen ist. Dieses Mahnverfahren neuer Art braucht dem Gläubiger, der eine bisher unbestrittene Forderung zur Vollstreckung bringen will, zwar nicht aufgezwungen zu werden, wohl aber muß ihm seines eigenen Nutzens wegen nahegelegt werden, sich dieses Verfahrens zu bedienen. Und schließlich ist es notwendig, im Mahnverfahren, ungeachtet der anderen notwendigen Umgestaltungen, jedenfalls mit der völlig unbeschränkten Widerspruchsfreiheit des Schuldners zu brechen. Mit alldem würde aber bereits der das geltende Recht beherrschende Gedanke, daß sich der Wille der am Verfahren als Gegner Beteiligten im Kampfe gegeneinander möglichst frei betätigen soll, verlassen, nicht nur insofern, als das eigene Befinden der Beteiligten geleitet, ja beschränkt würde, sondern auch insofern, als der Gebrauch der zur Verfügung gestellten Rechtsbehelfe auf die Fälle des rechtlichen Bedürfnisses, des wirklichen rechtlichen Anlasses zurückgeführt würde, worauf das alte Recht so gut wie kein Gewicht legte. Es ist keineswegs an dem, daß sich den durch die Zivilprozeßordnung von 1877 geschaffenen Zustand nur einzelne, besonders böswillige Schuldner zunutze gemacht hätten. Es wurde vielmehr in immer steigendem Maße üblich und allgemeiner Brauch, die vom Gesetz gebotenen Handhaben auch auszunützen; warum sollte man törichterweise gesetzlicher sein als das Gesetz? Freilich entspricht ein solches Verhalten des Schuldners keineswegs Treu und Glauben, aber unter der Herrschaft des Grundsatzes vom freien Spiel der Kräfte wird der böswillige Schuldner für die Zahlungssitten bestimmend, zumal die größte Schärfe, die das jenem Grundsatz entsprechende System aufzubieten vermag, nämlich das rücksichtslose Vorgehen eines frei gewählten und für jede Vollstreckungshandlung durch eine Steigerung seines Einkommens belohnten Gerichtsvollziehers, sich gleichmäßig gegen gutwillige wie gegen böswillige Schuldner richten muß.

2. Soweit sie sich bei der Durchführung der Vollstreckung ergeben.

Zu demselben Ergebnis gelangt man, wenn man nun auch das eigentliche Vollstreckungsverfahren, also die Durchführung der Zwangsvollstreckung, wie sie sich unter der Einwirkung der Grundeinstellung des geltenden Rechts gestaltet hat, einer Betrachtung daraufhin unterzieht, wie weit sie Gefährdungen des Gläubigers enthält, die vermieden werden könnten. Zwar scheint auf den ersten Blick den Bedürfnissen des Gläubigers, dessen Antrag (Auftrag) notwendigerweise immer vorangeht, nicht besser gedient und die ihm gebührende Vormachtstellung in der Vollstreckung nicht wirksamer gesichert werden zu können, als dadurch, daß sein Antrag für zunächst maßgebend erklärt und insolange als gerechtfertigt behandelt wird, bis etwaige Einwendungen des Schuldners oder Dritter auf dem Wege der Erinnerung, der sofortigen Beschwerde oder der Klage geltend gemacht werden. Und dennoch sind mit diesem System drei Nachteile verbunden, die es entwerten und sich in der Praxis des täglichen Lebens denn auch in immer höherem Grade fühlbar gemacht haben. Der eine Nachteil besteht darin, daß nahezu jeder gegen die

Vollstreckung gerichtete Antrag des Schuldners oder eines Dritten zur vorläufigen Einstellung der Vollstreckung und oft zu unabsehbarer Verzögerung führt. Denn da ein ausreichender Einblick in die Sach- und Rechtslage zunächst meist nicht zu gewinnen ist, ist es nur selten möglich, den Gegenantrag sogleich als unbegründet abzuweisen. Immer unbedenklicher haben sich die Schuldner dies zunutze gemacht und immer deutlicher hat sich auch hier das Verhalten des böswilligen Schuldners als beispielgebend für das allgemeine Verhalten der Schuldner erwiesen. Der andere Nachteil ist darin zu finden, daß der auf Anträge beschränkte Gläubiger sich die Grundlagen für seine Anträge und sonstigen Entschlüsse selbst beschaffen muß, daß er dazu aber oft nur in unzulänglichem Maße imstande ist. Er kennt zwar seine Verhältnisse und weiß wohl auch am besten, worauf es ihm ankommt, aber die Verhältnisse des Schuldners kennt er nicht oder doch nicht genau genug, um den zweckmäßigsten und seinen Bedürfnissen dienlichsten Antrag zu stellen. Die Ermittelungspflichten und die Ermittelungsmöglichkeiten des Gerichtsvollziehers sind beschränkt, schon weil insoweit Zwangsbefugnisse fehlen. Das Offenbarungseidesverfahren ist selbst von Anträgen und Gegenanträgen abhängig; bis die Voraussetzungen für den Antrag vorliegen und das Verfahren durchgeführt ist, ist der Schuldner leicht imstande gewesen, seine Habe dem Zugriff zu entziehen. Dies führt auf den dritten, dem Antragsverfahren zum Schaden des Gläubigers anhaftenden Nachteil: der Gläubiger ist oft nicht in der Lage, den erforderlichen Antrag so rechtzeitig zu stellen, daß er seinen Zweck noch zu erfüllen vermag. Gibt z. B. der Schuldner in einem Offenbarungseidestermin in Abwesenheit des Gläubigers eine neue pfändbare Forderung an, so kann die Forderung nicht für den Gläubiger gesichert werden, ehe er benachrichtigt und sein Antrag auf Pfändung (oder der Auftrag zur Zustellung einer Vorpfändung) eingegangen ist; in der Zwischenzeit ist der Schuldner an der Einziehung der Forderung nicht gehindert und weiß von dieser Verfügungsfreiheit den geeigneten Gebrauch zu machen.

So zeigt sich, daß das geltende Verfahren mit Anträgen und Gegenanträgen auch bei der Durchführung der Vollstreckung zum Nachteil des Gläubigers wirkt. Freilich kann daraus nicht gefolgert werden, daß eine Vollstreckung von Amts wegen einzuführen und der dem Gläubiger gebührende Einfluß auf das Verfahren auszuschalten sei. Nicht zu stark war der Gläubiger bisher, sondern, von einzelnen Mißbrauchsmöglichkeiten abgesehen, zu schwach. Doch kann die Stellung des Gläubigers nicht dadurch gestärkt werden, daß ihm selbst weitergehende Befugnisse zugeteilt werden. Denn sowohl die Gefahren, die sich aus der regelmäßig durch einen Gegenantrag herbeiführbaren vorläufigen Einstellung, wie die, welche sich aus der Unkenntnis des Gläubigers von den Verhältnissen des Schuldners ergeben, können nur dadurch beseitigt werden, daß die Möglichkeit geschaffen wird, die Sach- und Rechtslage rechtzeitig zu ermitteln und soweit notwendig in einer die Fortsetzung der Vollstreckung gestattenden Weise schon im Vollstreckungsverfahren selbst festzustellen; Ermittelungsbefugnisse kann aber nur eine Behörde, nicht der Gläubiger erhalten. Und was die mit dem Antragsverfahren verbundene Gefahr betrifft, daß durch unvermeidliche Verzögerungen ein Schaden entsteht, so kann auch in dieser Richtung nur dadurch geholfen werden, daß eine Behörde die Befugnis erhält, auf Grund des allgemeinen Vollstreckungsantrags und ohne besondere Anträge abwarten zu müssen, die sich als notwendig ergebenden Zugriffe und Ermittelungen vorzunehmen.

c) Die Nachteile, die sich für den Schuldner und die Allgemeinheit ergeben.

Finden nach dem Ausgeführten schon die Bedürfnisse des Gläubigers, so sehr dies auch dem ersten Anschein widersprechen mag, in einem auf dem Grundsatz des möglichst reinen Parteibetriebs aufgebauten Vollstreckungsverfahren nicht den ihnen gebührenden Schutz, so gilt dies nicht minder für die gesamtwirtschaftlichen und für die gemeinschaftsethischen Erfordernisse. Von der Gestaltung des Vollstreckungswesens wird nicht nur der Gläubiger und der Schuldner, sondern, zumal in Zeiten der Kapitalknappheit, in hervorragendem Maße die Wirtschaftsgemeinschaft selbst betroffen. Sie leidet, wenn die Zwangsvollstreckung versagt, wenn sich schlechte Zahlungssitten einbürgern, wenn nutzlose Wertverschleuderungen stattfinden und vermeidbare Zusammenbrüche nicht vermieden werden. Aber auch gegen die gemeinschaftsethischen Forderungen eines geläuterten Staatsbewußtseins darf sich die Zwangsvollstreckung nicht verschließen; die Menschenwürde und der Lebenswille dürfen auch bei dem zahlungsfälligen Schuldner nicht schutzlos gelassen werden. Dem Rechnung zu tragen ist für eine Regelung, die vorwiegend auf dem Parteibetrieb fußt, erheblich erschwert; der Gläubiger ist bei ihr zu jeder vom Gesetz vorgesehenen Vollstreckungsmaßregel ohne Rücksicht darauf befugt, ob sie außer der Schädigung des Schuldners irgend einen Erfolg verspricht. Die Pfändungsbeschränkungen reichen nicht aus, um unzweckmäßige Vollstreckungshandlungen zu verhindern, denn sie sind notwendig starr und lückenhaft; auch müssen sie sich auf die Sicherung der dringendsten augenblicklichen Lebensnotwendigkeiten beschränken, weil nur dieses Mindestmaß des Schuldnerschutzes gegenüber jedem Gläubiger ohne Rücksicht auf dessen eigene Lage verantwortet werden kann. Ein zweckentsprechend ausgebildeter Schuldnerschutz kommt aber nicht nur dem Schuldner, sondern oft auch dem Gläubiger zu statten; denn oft ist dem Gläubiger mit der sofortigen Verwertung der unzulänglichen Habe des Schuldners weniger gedient, als mit einer die Wirtschaftskraft des Schuldners erhaltenden und die allmähliche Befriedigung durch Teilzahlungen ermöglichenden Schonung, auch wenn er selbst nicht geneigt ist, diese Schonung zu gewähren. Gerade die bisherigen Härten haben die Erfindungsgabe der Schuldner im Aussinnen von Möglichkeiten, sich der Vollstreckung zu entziehen, erheblich gesteigert. Anders ausgedrückt: Die geltende Prozeßordnung hat den Schuldnerschutz in gar nicht zu verantwortendem Umfang dadurch gewährt, daß sie den Schuldnern alle Mittel der Prozeß- und Vollstreckungsverschleppung zum beliebigen Gebrauch freigab.

d) Schlußfolgerungen.

Zusammenfassend läßt sich daher sagen: die Klagen über unzureichenden Gläubigerschutz und über unzureichenden Schuldnerschutz sind in der Tat berechtigt. Die, Mängel beruhen darauf, daß ein von jeder behördlichen Mitwirkung grundsätzlich freigehaltenes Antragsverfahren weder dem Gläubiger mit hinlänglicher Sicherheit und Entschiedenheit zu seinem Rechte zu verhelfen, noch den berechtigten Bedürfnissen der Allgemeinheit und der Schuldner Rechnung zu tragen vermag. Diese Erkenntnis legt die Folgerung nahe, daß eine durchgreifende Besserung unseres Vollstreckungswesens ohne Änderung des bisherigen Systems nicht erzielt werden kann und daß die Abänderung einzelner der zurzeit geltenden Bestimmungen keinen Erfolg verspricht. Das träfe insbesondere auf Einzeländerungen zu, die, wie z. B. die Wiedereinführung des früheren Gerichtsvollziehersystems, nicht auf die Abkehr von dem bisher geltenden Grundsatz, sondern auf seine Verschärfung gerichtet wären. Daß die Verwirklichung des soeben erwähnten Vorschlags nichts helfen würde, soweit es sich um die allgemeinwirtschaftlichen Zwecke und um die Schuldnernot handelt, bedarf keiner weiteren Ausführung; für die freigewählten Gerichtsvollzieher sind die Weisungen des Gläubigers wichtiger als das Gesetz und die Dienstvorschriften (so die unten angeführten preußischen Denkschriften vom Jahre 1902 Seite 1983, 1985 und vom Jahre 1907 Seite 2093, 2097) und die Weisungen der Gläubiger verfolgen andere Zwecke, als Wahrung der allgemeinwirtschaftlichen und gemeinschaftsethischen Anforderungen. Aber auch der Nutzen für den Gläubiger, an den bei jenem Vorschlag allein gedacht wird, bliebe aus. Je schärfer und rücksichtsloser der Gläubiger vorgeht, um so mehr wächst das Bestreben und die Geschicklichkeit der Schuldner, sich dem Drucke zu entziehen, um so leichter entschließen sie sich wie zur vorbeugenden Prozeßverschleppung so auch zur Verheimlichung und Verschiebung in der Vollstreckung, und der böswillige Schuldner wirkt um so sicherer beispielgebend, je weniger der gutwillige Schuldner auf eine schonendere Behandlung durch den freigewählten Gerichtsvollzieher rechnen kann. Gegen die entscheidenden Mißstände, gegen die Vollstreckungsvereitelung, ist wie der Gläubiger so auch der Gerichtsvollzieher selbst bei größter Strenge nicht nur machtlos, er trägt gerade durch Steigerung der Strenge leicht zu dem weiteren Umsichgreifen jener Mißstände bei. Auch dadurch würde die Stellung des Gläubigers geschwächt, daß der freigewählte Gerichtsvollzieher nicht in gleicher Weise wie der Bezirksgerichtsvollzieher mit den Verhältnissen der Schuldner vertraut sein kann; von dieser Vertrautheit hängt der Erfolg der Vollstreckung jedoch in hohem Maße ab. Auf die schweren dienstlichen Nachteile, die zur Aufgabe des Systems des freiwählbaren Gerichtsvollziehers geführt haben (vgl. die preußischen Denkschriften zum Etat der Justizverwaltung für das Jahr 1900, ferner Nr. 77 der Drucksachen des Abgeordnetenhauses IV. Session 1902 und Nr. 71 dieser Drucksachen III. Session 1907) braucht in diesem Zusammenhang nicht eingegangen zu werden, zumal der Antrag auf Wiedereinführung der freien Gerichtsvollzieherwahl erst kürzlich in Preußen wiederum abgelehnt wurde. Würde hiernach die Rückkehr zu dem alten System in seiner ursprünglichen Gestalt voraussichtlich zu einer Enttäuschung führen, so würden Einzeländerungen, auch wenn sie an das alte System neue Gedanken herantragen wollten, nichts Entscheidendes bessern. Würde z. B. auch das Offenbarungseidesverfahren, vielfachen berechtigten Wünschen entsprechend, dadurch wirksamer gemacht, daß der Schuldner auch zur Auskunft über anfechtbare Veräußerungen verpflichtet würde, so bliebe doch immer noch bestehen, daß der Eid erst nach einem vergeblichen Vollstreckungsversuch verlangt werden könnte und daß bis zu seiner Verwertung weitere Gläubigerbenachteiligungen möglich wären. Die Voraussetzungen für den Antrag des Gläubigers könnten nur schwer anders gefaßt werden als heute, aber auch wenn man die Möglichkeit unterstellte, müßte dem Schuldner doch stets die Befugnis belassen werden, das Vorliegen dieser Voraussetzungen zu bestreiten und so die Beschlußfassung über die Eidesleistung zu verzögern. Zu einem wirksamen Gläubigerschutzmittel kann daher der Offenbarungseid nur werden, wenn er nach dem Ermessen des

Vollstreckungsgerichts jederzeit auferlegt werden kann, sobald dies nach den Umständen zur Erreichung des Vollstreckungszwecks geboten erscheint. Selbst dann aber bliebe er noch unvollkommen, solange er das einzige Ermittelungsmittel bliebe. Das Vollstreckungsgericht müßte also befugt sein, nach eigenem Befinden die notwendigen Ermittelungen anzustellen und in deren Rahmen auch den Offenbarungseid aufzuerlegen. Einer solchen Aufgabe kann das Vollstreckungsgericht jedoch nicht gerecht werden, wenn es im übrigen auch innerhalb eines bereits eingeleiteten Vollstreckungsverfahrens nur auf Antrag tätig werden darf. Zur Erfüllung jener Aufgabe ist ferner erforderlich, daß dem Vollstreckungsgericht die sich auf eine Sachpfändung beziehenden Vorgänge gleichfalls von Anfang an bekannt sind; es ergibt sich also das Erfordernis der Vereinheitlichung der bisher in zwei von einander unabhängige Stellen (Vollstreckungsgericht und Gerichtsvollzieher) zwiegeteilten Vollstreckungsbehörden. All das sind grundsätzliche Änderungen, wie ja auch die innere Einstellung des Vollstreckungsgerichts zu seiner Aufgabe eine andere werden muß; war es bisher eine nur mit gewissen Einzelvorgängen (insbesondere Forderungspfändungen und Erinnerungsbescheiden) befaßte, dem Vollstreckungsbetrieb im ganzen fernstehende Behörde, so muß es sich künftig für den Vollstreckungsverlauf selbst mitverantwortlich fühlen und ihn, wo es nottut, sachgemäß zu leiten verstehen. Eine solche Aufgabe hatte schon bisher, freilich auf sein Sondergebiet beschränkt und demgemäß nur in engen Grenzen, der Gerichtsvollzieher. Obwohl er seiner Aufgabe im ganzen trefflich gerecht geworden ist und die Vollstreckungsmißstände nicht von ihm verschuldet sind, ginge es nicht an, alle vollstreckungsbehördlichen Aufgaben ihm zu übertragen. Es würde das nicht nur an örtlichen Zuständigkeitsschwierigkeiten scheitern, schon der sachliche Aufgabenkreis der Vollstreckung fordert unerläßlich die Mitwirkung des Richters und des Gerichts. Muß es also zu einer Vereinheitlichung der Vollstreckungsbehörden kommen, so kann nicht der Gerichtsvollzieher, sondern nur das Vollstreckungsgericht zu dieser einheitlichen Behörde ausgebaut werden; ihm wäre der Gerichtsvollzieher, soweit dies notwendig ist, zu unterstellen. Es führt dies auf einen weiteren Punkt, an dem sich zeigt, daß Einzeländerungen der bestehenden Bestimmungen, auch wenn sie von neuem Geiste getragen wären, nicht ausreichen würden. Eine starke Verlockung zu Vollstreckungsvereitelungsversuchen wäre, wie bereits hervorgehoben, beseitigt, wenn gewisse Einwendungen gegen die Vollstreckung nicht auf den zur vorläufigen Einstellung führenden Klageweg angewiesen wären, sondern im Vollstreckungsverfahren selbst ausgetragen und die schleppenden Anfechtungsrechtsstreite dadurch vermieden werden könnten, daß die Vollstreckungsbehörde selbst die Befugnis erhielte, einen anfechtbar veräußerten Gegenstand auf Grund der erforderlichen Ermittelungen zur Masse zurückzuziehen (Rückruf). Derartige Entschließungen können offenbar nicht dem Gerichtsvollzieher übertragen werden, aber es würde auch wenig Erfolg versprechen, wenn das heutige Vollstreckungsgericht mit ihnen betraut würde. Denn dieses steht der Vollstreckung als solcher zu fern und trägt keinerlei Verantwortung für ihren Gesamtverlauf. Trotz aller dem heutigen Vollstreckungsgericht durch etwaige neue Bestimmungen für den Sonderfall zugeteilten Ermittelungs- und Zugriffsbefugnisse wäre es daher an einem schnellen und sicheren Durchgreifen doch gehindert. Denn es würde nach wie vor nur mit Einzelangelegenheiten der Vollstreckung befaßt und könnte diese Einzelangelegenheiten nur als solche, nicht aber, wie es geboten wäre, als Teilerscheinungen eines auch im übrigen seiner Verantwortung unterstehenden Vollstreckungsverfahrens behandeln. Es ist daher eine grundsätzliche Neuordnung des Vollstreckungswesens unumgänglich, wenn den berechtigten Beschwerden wirksam abgeholfen werden soll. Auch eine ganz allgemein gehaltene Betrachtung führt zu diesem Ergebnis. Verfügt der Schuldner überhaupt über Mittel, aus denen der Gläubiger befriedigt werden könnte, so bietet die Vollstreckung keine besonderen Schwierigkeiten, wenn sich der Schuldner ihr nicht zu entziehen versucht. Sind die Schuldner im allgemeinen gutwillig, so ist es daher nahezu gleichgültig, welches Vollstreckungssystem gewählt wird; es muß nur in sich zweckmäßig ausgestaltet sein. Ganz anders steht es, wenn gegen schlechte Zahlungssitten und gegen Böswilligkeit angekämpft werden muß. Dieser Hang zur Vollstreckungsflucht steigert sich nun aber erheblich, je schlechter die allgemeinen wirtschaftlichen Verhältnisse sind, umgekeht ist in solchen Zeiten eine möglichst sicher zum Ziele führende Vollstreckung noch wichtiger als sonst. Heute kommt es daher besonders darauf an, Prozeßverschleppung, Vollstreckungsverschleppung und Vollstreckungsflucht mit allen Mitteln zu verhindern und lebensfähige Wirtschaftskräfte auch auf der Schuldnerseite nicht dem völligen Verfall preiszugeben, wenn dies ohne Schädigung der Gläubiger vermeidbar ist. Gerade diese Aufgaben sind für die Privatinitiative und für zersplitterte, nur mit dürftigen Befugnissen ausgestattete Vollstreckungsbehörden unlösbar, gerade an diesen Aufgaben aber muß sich eine Vollstreckungsordnung bewähren.

Für so tiefgreifender Änderungen unseres Vollstreckungssystems, wie sie hier ins Auge gefaßt sind, gilt selbstverständlich das schon im allgemeinen Teil der Begründung Gesagte, daß vor ihrer Durchführung das Für und Wider mit allen beteiligten Kreisen eingehend zu erörtern sein wird, im besonderen Maße.

II. Die notwendigen Änderungen.

a) Übersicht.

1. Vereinheitlichung der Vollstreckungsbehörden.

Die erste grundsätzliche Änderung hätte nach dem Ausgeführten darin zu bestehen, daß das Vollstreckungsgericht zu der alleinigen Vollstreckungsbehörde ausgebaut und der Gerichtsvollzieher ihm in angemessenem Umfang eingegliedert wird. Hierfür hat sich bereits bei den im Jahre 1921 vom Reichsjustizministerium herbeigeführten Beratungen über die Neugestaltung des Vollstreckungswesens neben anderen Sachverständigen Professor Friedrich Stein ausgesprochen, der damals ausführte,

> daß der durch die Zivilprozeßordnung geschaffene Rechtszustand, nämlich das Bestehen zweier voneinander unabhängiger Vollstreckungsorgane, des Gerichtsvollziehers und des Vollstreckungsgerichts, die nebeneinander statt miteinander arbeiten, von vornherein ein Mangel gewesen sei. Wenn man im künftigen Vollstreckungsverfahren einen energischen Zugriff und gleichzeitig die Schonung und Erhaltung der Erwerbskraft des Schuldners erstrebe, so könne dieses Ziel nur durch die Zusammenfassung aller Energie an einer Stelle ermöglicht werden. Es lasse sich nicht verkennen, daß die Verhältnisse Schritt für Schritt einer Zentralisation zutrieben.

Auch die überwiegende Zahl der Mitglieder der Zivilprozeßkommission ist diesem Standpunkt beigetreten. Durch die Vereinheitlichung soll nicht etwa der Gerichtsvollzieher zu einem bloßen Vollzugsorgan des Gerichts herabgedrückt werden. Es ist nicht nur die Möglichkeit gegeben, daß auch bisherige Gerichtsvollzieher bei genügender Eignung und Erfüllung der sonst dazu erforderlichen Voraussetzungen künftig als Rechtspfleger bei den Vollstreckungsgerichten verwendet werden können (vgl. § 791). Auch der künftige Gerichtsvollzieher soll seinen Dienst grundsätzlich auf Grund eigener Entschließung ausüben (§ 873). Er wird zwar die Pfändungsaufträge durch Vermittelung des Vollstreckungsgerichts erhalten (§ 770), das ihm bei besonderen Anlässen auch Weisungen erteilen kann; von diesen Ausnahmen abgesehen wird der Gerichtsvollzieher aber auch in Zukunft unmittelbar auf Grund des Gesetzes tätig werden und sein unmittelbarer Verkehr mit dem Gläubiger erhalten bleiben (§ 873; vgl. §§ 879, 884, 894, 903). Dabei kann die organisatorische Frage, ob die Gerichtsvollzieher eines Gerichts ihrerseits zu einem Amte zusammengefaßt werden sollen oder ob jeder seinen Dienst selbständig ausüben soll, offen bleiben. Schon bisher haben einige Länder Gerichtsvollzieherämter eingeführt und auch in Preußen (vgl. die oben angeführten Denkschriften von 1902 und 1907) hat dieser Gedanke schon mehrfach zur Erörterung gestanden. Um so mehr muß betont werden, daß die Zusammenfassung der Vollstreckungsbehörden zu einem einheitlichen Vollstreckungsgericht etwas von der Zusammenfassung der Gerichtsvollzieher zu Gerichtsvollzieherämtern grundsätzlich verschiedenes ist. Die Zusammenfassung der Vollstreckungsbehörden bedeutet, daß die Gerichtsvollzieher dem Vollstreckungsgericht unterstehen und von ihm Weisungen empfangen können. Für diese rechtliche Überordnung des Vollstreckungsgerichts über die Gerichtsvollzieher ist es gleichgültig, ob die einzelnen Gerichtsvollzieher auf die Bezirke verteilt oder ob sie zu einem Amt vereinigt sind. Auch hinsichtlich des Geschäftsgangs ergeben sich bei keinem der beiden Gerichtsvollziehersysteme aus der Überordnung des Vollstreckungsgerichts Schwierigkeiten. Freilich kann der einleitende Vollstreckungsantrag nach dem Entwurf nicht mehr unmittelbar bei dem Gerichtsvollzieher gestellt werden. Doch kann das Vollstreckungsgericht den Antrag dem Bezirksgerichtsvollzieher übermitteln, ohne ihn erst umständlich buchen zu müssen. Solange keine gerichtliche Handlung notwendig wird, kann der Gerichtsvollzieher die Sache wie bisher behandeln; daß der Gläubiger sich während des Verfahrens unmittelbar an ihn wenden kann, ist, wie oben ausgeführt, sichergestellt. Auch zur Wirksamkeit des gerichtlichen Weisungsrechts ist es nicht erforderlich, die Gerichtsvollzieher bei Gericht zu einem Amt zusammenzufassen. Denn das Weisungsrecht bedeutet nicht, daß das Vollstreckungsgericht für jede einzelne Sache besondere Anleitungen zu geben hätte; was der Gerichtsvollzieher zu tun hat, ergibt sich für ihn vielmehr unmittelbar aus dem Gesetz, bei dessen Anwendung er sich von seinem pflichtgemäßen Ermessen leiten läßt. Nur in Ausnahmefällen, nämlich zur Beseitigung von Zweifeln, zur Abstellung etwaiger Mißstände und dann, wenn im Einzelfall eine Vollstreckung, um ergiebig zu sein, der einheitlichen Leitung bedarf, soll das Vollstreckungsgericht mit Weisungen eingreifen können. Diese seltenen Weisungen können unschwer auch dann wirksam erteilt werden, wenn die Gerichtsvollzieher nicht bei Gericht zu einem Amt vereinigt sind.

2. Erweiterung der Befugnisse des Vollstreckungsgerichts.

Das Vollstreckungsgericht wird für den zweckentsprechenden Verlauf der Vollstreckung zu sorgen und dabei die Anregungen des Gläubigers, soweit keine Bedenken entgegenstehen, zu befolgen haben; das Einwirkungsrecht des Gläubigers erfährt daher, von den Fällen des Mißbrauchs abgesehen, keine Beeinträchtigung (§§ 770, 771). Die Hilfe des Vollstreckungsgerichts wird im Gegenteil dem Gläubiger in zahlreichen Fällen zustatten kommen, da es jederzeit Auskünfte (§ 772), insbesondere schriftliche Vermögenserklärungen der Schuldner einholen, die geboten erscheinenden Ermittelungen anstellen (§ 774), die Offenlegung des Vermögens (§ 775) verlangen, je nach Lage der Umstände zur Sicherung des Vollstreckungszwecks gewisse Zugriffe vornehmen und die erforderlichen Entscheidungen (§ 780) und Anordnungen (vgl. §§ 857, 864, 881 Abs. 3, 891, 907, 914 Abs. 2, 3, § 922) treffen kann. Dabei wird es nicht durch formelle und daher im Einzelfall oft nachteilige Bindungen behindert, auf die allerdings nicht verzichtet werden könnte, wenn der Gläubiger, wie bisher, allein mit seinen eigenen Kräften sein Recht zu verwirklichen suchen müßte. Die Mehrheit der Mitglieder der Zivilprozeßkommission billigte diesen Standpunkt. Es liegt auch auf der Hand, daß die Zwangsvollstreckung nicht nur die zunächst Beteiligten sondern die Gemeinschaft im ganzen in Mitleidenschaft zieht. Dieser Erkenntnis entspricht es, wenn die Bewältigung der Vollstreckungsaufgabe nicht dem Gläubiger allein auferlegt, sondern hierfür auch die Tätigkeit und Entschlußkraft einer Behörde, eben des Vollstreckungsgerichts, fruchtbar gemacht wird. Wird auch in einfachen Fällen das Verfahren etwa verlaufen wie bisher, nämlich so, daß der eingehende Vollstreckungsantrag dem Gerichtsvollzieher zur Vornahme der Pfändung hinausgegeben wird (§ 770 Abs. 2), und werden vor dem ersten Pfändungsversuch nur ausnahmsweise bereits Ermittelungen angezeigt sein (vgl. § 847 Abs. 2), so sind doch unlautere Machenschaften des böswilligen Schuldners schon durch den Umstand erschwert, daß er sich von der Vollstreckungsreife ab unter einer Art von Aufsicht fühlen muß. Ferner wird auch in den zunächst wie bisher verlaufenden Verfahren für den Fall der Ergebnislosigkeit des Pfändungsversuchs ein erheblicher Gewinn erzielt. Denn das Vollstreckungsgericht kann künftig gleichzeitig mit dem Pfändungsauftrag dem Gerichtsvollzieher die Aufforderung an den Schuldner zur Abgabe einer schriftlichen Vermögenserklärung (§ 774), ja die Ladung zum Offenlegungstermin (§§ 775 ff.) (Offenbarungseid) zwecks Zustellung an den Schuldner bei Ergebnislosigkeit der Pfändung mitgeben, während bisher erst die Benachrichtigung des Gläubigers von der Ergebnislosigkeit der Vollstreckung, sein Antrag auf Eidesabnahme und mindestens eine weitere Zustellung notwendig, eine nur schriftliche Vermögenserklärung aber überhaupt nicht vorgesehen war. Begnügt man sich in der Vollstreckung grundsätzlich mit e i n e m, nämlich dem einleitenden Antrag des Gläubigers, so kann nun auch sogleich zur Pfändung, sei es einer ermittelten Forderung, sei es einer beweglichen Sache, geschritten, ja in Fällen der Gefahr der Rückruf anfechtbar veräußerter Sachen (§§ 857 bis 859), unter Umständen auch nach § 834 Abs. 2 von Amts wegen eine Titelumstellung beschlossen werden. Der Verzicht auf Einzelanträge ist wiederum nur möglich, wenn mit der bisherigen Zweiteilung der Vollstreckungsbehörden gebrochen wird, denn die zweckmäßige Leitung der Vollstreckung kann nur in e i n e r Hand liegen, in der sich alle Befugnisse vereinigen.

3. Einleitung der Vollstreckung (von Geldansprüchen).

Eine weitere grundsätzliche Umgestaltung wird sich auf die Einleitung der Vollstreckung von Geldansprüchen zu beziehen haben. Wie bereits erwähnt wurde, ist das Mahnverfahren eigens auf die möglichst schleunige Beschaffung eines Vollstreckungstitels abzustellen. Gleichzeitig sind Vorkehrungen zu treffen sowohl dagegen, daß der Gläubiger statt seiner unnötiger Weise den Prozeßweg wählt, als auch dagegen, daß es der Schuldner durch Erhebung eines unbegründeten Widerspruchs mißbräuchlich in den Prozeß überführt. Die Verwirklichung des hierbei zur Geltung kommenden Grundgedankens der Scheidung der einer rechtskräftigen Entscheidung bedürftigen streitigen und der lediglich der Vollstreckung bedürftigen unstreitigen Sachen ist schon von dem 3. Deutschen Richtertag (1913) gefordert worden, wo der Antrag:

»Es ist von vornherein auf eine bessere Scheidung zwischen streitiger und nichtstreitiger Rechtspflege Bedacht zu nehmen und für letztere ein einfaches, schnelles und billiges Mahnverfahren obligatorisch zu machen.«

mit allen gegen eine Stimme (DRZ. 1913 Sp. 768) angenommen wurde. Auch Wirtschaftskreise haben sich in diesem Sinn ausgesprochen (vgl. Weisbart in Reformen i. d. preuß. Justizverwaltung 1928 S. 116, Mitteil. der Berliner Industrie- und Handelskammer 1928 S. 669). Die zum Teil ungünstigen Erfahrungen, die mittlerweile mit dem von 1915 bis 1925 in Geltung gewesenen obligatorischen Mahnverfahren gemacht worden sind, stehen den vom Entwurf geplanten Maßnahmen (vgl. S. 404, 423) nicht entgegen, weil jenes Mahnverfahren im Gegensatz zu dem jetzt geplanten zwingend vorgeschrieben war, die Ausnahmegründe viel zu eng gefaßt waren und die Widerspruchsfreiheit des Schuldners unbeschränkt fortbestand, es sich also um ein gegen Mißbräuche gerade nicht gesichertes Verfahren handelte. Die wesentlichste Änderung wird neben der Beschränkung der Widerspruchsbefugnis in dem Wegfall des urteilsartigen und daher rechtskraftfähigen Vollstreckungsbefehls und in der Entprozessualisierung des Verfahrens zu bestehen haben; der Zahlungsbefehl wird künftig durch den bloßen Ablauf der Widerspruchsfrist zum Schuldtitel werden. Ist das Mahnverfahren künftig nur noch auf die Herbeiführung der Vollstreckbarkeit, nicht mehr auf die Herbeiführung der Rechtskraft gerichtet, so wird eine ganze Reihe von Sicherungen und Umständlichkeiten entbehrlich, die bisher die reibungslose Herbeiführung der Vollstreckbarkeit erschwerten. Wenn der Zahlungsbefehl hiernach künftig im Dienst der Vollstreckung des Anspruchs steht, so empfiehlt es sich auch, zumal schon bisher ein streitgerichtlicher Austrag nur in der Minderzahl der Fälle folgte, für das Mahnverfahren die Vollstreckungsgerichte als zuständig zu erklären. Wegen der näheren Begründung und der Darstellung der Einzelheiten muß auf die Bemerkungen zu den §§ 800 ff. verwiesen werden. Obwohl manches dafür spräche, dieses Mahnverfahren in Zukunft allen Ansprüchen zugänglich zu machen und die Beschränkung auf Geldansprüche fallen zu lassen, haben praktische Gesichtspunkte den Entwurf bestimmt, von einer solchen Erweiterung abzusehen. Denn die Geld- und die ihnen gleichgestellten Ansprüche fallen zahlenmäßig am meisten ins Gewicht und die Erweiterung auf andere Ansprüche hätte zu tiefergreifenden, mit dem zu erwartenden Erfolg hier in keinem rechten Verhältnis stehenden Verfahrensänderungen genötigt; insbesondere ist die Scheidung der streitigen und unstreitigen Ansprüche wohl nur bei Geldansprüchen ausreichend durchführbar.

4. Schuldnerschutz.

Noch eine weitere Frage bedarf in diesem Zusammenhang der Erörterung. Wenn der Schuldner bisher, wie es ihm freistand, ohne rechtlichen Anlaß gegen einen Zahlungsbefehl Widerspruch einlegte und den Prozeß verschleppte, so brauchte er nicht in dem Sinne böswillig zu sein, daß er dem Gläubiger sein Geld möglichst lange oder überhaupt vorenthalten wollte; er konnte z. B. hoffen, in einiger Zeit den Gläubiger ohne Vollstreckung befriedigen zu können, und daher mit einer gewissen Berechtigung versuchen, sich die Schädigung durch die Zwangsvollstreckung, ja unter Umständen den Zusammenbruch zu ersparen (vgl. RG. ZS. Bd. 95 S. 310). Dies wird zu berücksichtigen sein, wenn, wie es angezeigt ist, mit allen Mitteln gegen die Prozeßverschleppung eingeschritten wird: dem zahlungswilligen aber augenblicklich nicht oder nicht voll zahlungsfähigen Schuldner wird ein Weg eröffnet werden müssen, auf dem er gegen die Vernichtung durch einen Gläubiger, der selbst einen Aufschub ertragen könnte, ohne Rechtsmißbrauch Schutz zu finden vermag. Will man mit ruhigem Gewissen und mit Aussicht auf Erfolg der Prozeßverschleppung entgegenwirken, so wird man daher ein geregeltes vollstreckungsgerichtliches Stundungsverfahren (vgl. §§ 950 ff.) vorsehen müssen; ein solches kann sich unter Umständen auch empfehlen, um eine bessere Befriedigung der Gläubiger zu erreichen. Die Zivilprozeßkommission sprach sich gleichfalls für ein solches Schuldnerschutzverfahren aus. Auch ein derartiges vollstreckungsgerichtliches Stundungsverfahren setzt aber voraus, daß eine einheitliche, für den Erfolg sich selbst mitverantwortlich fühlende, möglichst frühzeitig mit der Sache befaßte Behörde der Vollstreckung vorsteht.

b) Haftung und Geschäftsbelastung.

Was die Frage der Haftung des Vollstreckungsgerichts für Amtspflichtverletzungen betrifft, so sind ihm nahezu alle neuen Befugnisse durch Vorschriften übertragen, die auf das Ermessen abgestellt sind. Dies war sachlich geboten, es ergibt sich aber damit zugleich der ebenfalls sachgemäße Ausschluß der Haftung für eine sich als fehlerhaft herausstellende Ermessensausübung, da nur ganz besondere Umstände, nämlich außer offenbarem Ermessensmißbrauch oder barer Willkür nur eine mit den zu stellenden Anforderungen schlechthin unvereinbare Fehlerhaftigkeit der Ermessensausübung hier haftpflichtig machen (vgl. RG. ZS. Bd. 99 S. 256, Bd. 113 S. 20, Bd. 121 S. 233). Damit ist den Vollstreckungsbehörden kein Freibrief ausgestellt, sondern nur dem Mißstand vorgebeugt, daß sie durch Haftungsbedenken von dem zweckentsprechenden Gebrauch ihrer Befugnisse abgehalten werden könnten; schon die Rechtsmittel und die disziplinäre Verantwortlichkeit bieten einen erheblichen Schutz gegen den Ermessensmißbrauch. Ein solcher Ermessensmißbrauch läge z. B. vor, wenn das Vollstreckungsgericht zweckdienliche Anregungen des Gläubigers, ohne sachliche Gründe dafür zu haben, unbeachtet lassen würde, nicht dagegen, wenn der Gläubiger sich der Mitwirkung enthält und das Vollstreckungsgericht nun eine Handlung vornimmt, die sich als unzweckmäßig erweist. Die Gläubiger haben also alles Interesse daran, das Ihre zum Erfolg der Vollstreckung beizutragen. Auch aus Befürchtungen wegen einer übermäßigen Steigerung der Geschäftslast dürften durchschlagende Bedenken gegen die Vorschläge des Entwurfs nicht hergeleitet werden können. Gewiß muß die Einführung einer behördlichen

Mitwirkung bei der Vollstreckung an sich betrachtet eine Mehrung der Geschäftslast zur Folge haben; es werden ja gerade neue Geschäfte eingeführt, deren Fehlen bisher die Vollstreckung empfindlich schwächte. Betrachtet man jedoch die Geschäftsbelastung der Ziviljustizbehörden im ganzen, so darf gleichzeitig mit einer starken Geschäftsminderung gerechnet werden, durch die jene Mehrung wahrscheinlich ausgeglichen werden wird. Dadurch, daß eine behördliche Leitung der Vollstreckung stattfindet, wird die Vollstreckung rationalisiert und manches Vorgehen, das viel Arbeit ohne jeden greifbaren Erfolg verursachte, hintangehalten. Durch die Erschwerung des Widerspruchs (§ 807 Abs. 1 Satz 2 mit Abs. 4), durch die Beseitigung bisher notwendiger Klagen (siehe unter B IV c) wird nicht nur an sich, sondern insbesondere auch präventiv eine Fülle von Geschäften abgeschnitten. Man darf aber überhaupt nicht nur auf die Geschäftslast, sondern muß auch auf die Belastung der Gesamtwirtschaft achten: wird das Befriedigungswesen sowohl innerhalb der Vollstreckung als auch außerhalb ihrer gründlich verbessert, so werden der Gesamtwirtschaft unabsehbare Schädigungen erspart, die für die — nicht einmal mit Sicherheit verbürgte — Niedrighaltung der Belastung der Vollstreckungsbehörden einen viel zu hohen Kaufpreis darstellen.

c) Zusammenfassung.

Faßt man hiernach die Absichten des Entwurfs zusammen, so gehen sie nicht dahin, an die Stelle des heutigen Verfahrens ein im praktischen Verlauf unbedingt andersgestaltetes zu setzen; viele Verfahren werden vielmehr, wie bereits erwähnt, im wesentlichen nicht anders verlaufen als bisher, nämlich alle diejenigen, in denen keine Verwickelungen eintreten. Der von dem Entwurf verfolgte Zweck ist nur der, in den Fällen, die bisher an der formellen Konstruktion des Verfahrens und an der Ausnützung der sich aus ihr ergebenden Schwierigkeiten scheiterten, die Möglichkeit einer befriedigenderen Durchführung zu gewährleisten. Für den Gläubiger ist es z. B. gleichgültig, ob eine Anregung, die er gibt und der entsprochen wird, als förmlicher Antrag oder als eine rechtlich entbehrliche Anregung aufgefaßt wird, dagegen ist es für ihn oft sehr wichtig, daß das nach der Sachlage Gebotene, ehe es zu spät ist, verfügt werden kann, auch wenn er noch keine Anregung dazu hatte geben können. Der Einfluß des Gläubigers auf die Vollstreckung wird nicht vermindert, es wird nur dafür Sorge getragen, daß seine Interessen auch dann Schutz finden, wenn er aus irgend einem Grunde zu einer (rechtzeitigen) sachlichen Einflußnahme nicht imstande war. Dies bedeutet auch nicht etwa eine Teilung der Verantwortlichkeit. Die Gläubiger werden trotz der Hilfe, die ihnen das Vollstreckungsgericht angedeihen lassen kann, nach wie vor das Ihre zum Erfolg der Vollstreckung beizutragen suchen. Es ist nicht zu befürchten, daß sie künftig alles dem Vollstreckungsgericht überlassen und sich, weil das Vollstreckungsgericht unter Umständen auch ohne ihren förmlichen Antrag eingreifen könnte, selbst untätig und teilnahmslos verhalten werden; dazu sind die Gläubiger am Erfolg der Vollstreckung zu lebhaft interessiert. Man würde also kaum das Richtige treffen, wenn man den Entwurf dahin charakterisieren wollte, daß er schlechthin das Antragsverfahren durch eine Vollstreckung von Amts wegen ersetze. Eher ist es, was das Grundsätzliche betrifft, für den Entwurf kennzeichnend, daß er mit der bisherigen Gleichgültigkeit gegenüber dem Verhalten des Schuldners bricht. Er unterscheidet den böswilligen und den gutwilligen Schuldner und hält es für verfehlt, dem Schuldner Rechte zu geben, ohne ihrem Mißbrauch vorzubeugen. Die meisten Einzelanordnungen des Entwurfs sind denn auch nicht nur dazu bestimmt, den Verlauf der anhängigen Verfahren zu beschleunigen, sondern nicht minder dazu, dem Schuldner von vorn herein die Aussicht zu nehmen, auch mit einem mißbräuchlich benützten Rechtsbehelf das Verfahren zunächst aufhalten zu können. Es ist keine bloß moralische oder private Angelegenheit, wie sich die Schuldner gegenüber den Gläubigern verhalten, sondern eine Angelegenheit von tiefgreifender rechtlicher und allgemeiner Bedeutung. Das Verhalten der Schuldner wird auch keineswegs allein durch wirtschaftliche Tatsachen, sondern daneben sehr wesentlich durch das bestimmt, was jeweils rechtlich zulässig ist und deswegen ohne rechtliche Gefahren unternommen werden kann. Daher ist es die Pflicht der Gesetze, die das Befriedigungswesen betreffen, dem Verfall der Zahlungssitten vorzubeugen und eingerissenen Mißständen entgegenzutreten; die Gesetze müssen jeden Versuch, sich der Schuldentilgung und der Vollstreckung zu entziehen, mit allen zur Verfügung stehenden Mitteln bekämpfen.

d) Vergleich mit anderen Rechten.

Das vom Entwurf vorgeschlagene Verfahren nähert sich in gewissem Sinne den Grundsätzen der österreichischen Exekutionsordnung, wie sich schon daran zeigt, daß der Gerichtsvollzieher nach dem Entwurf dem Gericht nicht mehr völlig unabhängig gegenüberstehen soll. Im Gegensatz zu der österreichischen Regelung (§ 16 E. O.) wird aber die Fahrnisvollstreckung von dem Entwurf nicht in eine gerichtliche Vollstreckung verwandelt; das Verfahren des Gerichtsvollziehers bleibt nach wie vor lediglich durch Erinnerung anfechtbar, kann also die höheren Instanzen nur in den Ausnahmefällen beschäftigen, in denen auch heute eine Beschwerde oder Klage möglich ist. Insbesondere ist die österreichische Exekutionsbewilligung (§ 3 ff. E. O.) nicht übernommen, sondern an der Vollstreckungsklausel festgehalten. Dazu kommt, daß großes Gewicht darauf gelegt wurde, die Selbständigkeit des Gerichtsvollziehers und den unmittelbaren Verkehr des Gläubigers mit ihm nicht zu beeinträchtigen (vgl. die Begr. zu § 873 und oben II a 1), die Vorteile des bisherigen Systems also nach Möglichkeit beizubehalten und die Folgen der Unterstellung unter das Gericht auf die Fälle zu beschränken, in denen sich bisher aus der Zersplitterung der Vollstreckungsbehörden Nachteile ergeben haben. Andererseits trägt die österreichische Exekutionsordnung dem Antragsprinzip in weitergehendem Maße Rechnung als der Entwurf (vgl. §§ 47 ff., § 54 Nr. 3, § 264 E. O.) und insbesondere kennt sie nicht die von ihm zur Vermeidung entbehrlicher Klagen vorgesehenen Maßregeln. Nicht minder unterscheidet sich das Verfahren des Entwurfs von dem altpreußischen Vollstreckungsverfahren. Schon daß dieses vom Prozeßgericht geleitet wurde, bedeutete eine wesentliche Verschiedenheit. Es ist aber nach dem Entwurf auch keine Rede von einer in jedem Fall dem Gerichtsvollzieher zu erteilenden allgemeinen Vollstreckungsinstruktion. Auch in dem altpreußischen Verfahren waren zahlreiche Anträge notwendig, von denen der Entwurf der Verfahrensbeschleunigung wegen absieht, und vollends waren die wichtigen Maßnahmen zur Hintanhaltung von überflüssigen Prozessen dem altpreußischen Recht unbekannt. Das französische Vollstreckungsverfahren ist, abgesehen von dem in Frankreich anerkannten Ausgleichsprinzips (Art. 2093 code civil, Art. 609 code de proc. civile), in beträchtlichem Umfang das Vorbild für die Regelung der Zwangsvollstreckung in der geltenden

Prozeßordnung gewesen. Auch in Frankreich ist der Gerichtsvollzieher ein Organ des Gläubigers, doch ist dort für die Vollstreckung außer dem Titel ein vorgängiges Leistungsgebot an den Schuldner notwendig (Art. 583 code de proc. civ.). Der Gerichtsvollzieher kann in Frankreich auch Forderungen pfänden, aber nur mit vorläufiger Wirksamkeit; erst ein auf eine (befristete) Klage ergehendes Urteil begründet die Pfändungswirkungen endgültig (Art. 557 ff. code de proc.). Die französische Prozeßordnung kennt somit als Vollstreckungsorgan nur den Gerichtsvollzieher, dagegen nicht in unserem Sinne das Vollstreckungsgericht, sondern beruft, da die Mitwirkung eines Gerichts bei der Vollstreckung vielfach unerläßlich ist, zu dieser Mitwirkung oft ein Prozeßgericht. Die vom Entwurf vorgesehenen zur Unterstützung des Gläubigers bestimmten erweiterten Befugnisse des Vollstreckungsgerichts sind daher in Frankreich ebenso unbekannt, wie die Beseitigung des Klagezwangs. In der Schweiz, wo nur die Zwangsvollstreckung (von Geldforderungen; Art. 38), nicht die Zivilprozeßgesetzgebung vereinheitlicht ist, obliegt nach dem Bundesgesetz über Schuldbetreibung und Konkurs die Vollstreckung den Betreibungsämtern (Art. 2). Sie beginnt ohne Rücksicht darauf, ob der Gläubiger bereits einen Vollstreckungstitel besitzt oder nicht, unterschiedslos damit, daß das Betreibungsamt des Wohnsitzes oder bei wohnsitzlosen Schuldnern des Aufenthalts des Schuldners (Art. 46, 48) auf Antrag des Gläubigers einen Zahlungsbefehl erläßt (Art. 69) und zustellt, wogegen der Schuldner binnen 10 Tagen Rechtsvorschlag (Widerspruch) erheben kann (Art. 74). Dadurch wird der Gläubiger zur Klagestellung (Art. 79) oder, wenn er bereits einen Vollstreckungstitel hat, zu dem ebenfalls vom Gericht (Art. 84) zu bescheidenden Antrag auf Rechtsöffnung, d. h. auf Gestattung der Vollstreckung aus dem Titel (Art. 80), genötigt. Nach 20 Tagen seit Zustellung des Zahlungsbefehls kann der Gläubiger die Pfändung beantragen (Art. 88). Daraufhin läßt das Betreibungsamt nach vorheriger Benachrichtigung des Schuldners (Art. 90) die Pfändung vornehmen (Art. 89); der Schuldner muß erforderlichenfalls sein Vermögen angeben (Art. 91). Art. 95 regelt die Reihenfolge, in welcher die einzelnen Vermögensbestandteile zu pfänden sind. Frühestens einen Monat nach der Pfändung kann der Gläubiger die Verwertung beantragen (Art. 116); diese geschieht, auch bei Forderungen, durch Versteigerung, doch können Geldforderungen auf Verlangen aller Gläubiger ihnen an Zahlungsstatt oder auf Verlangen eines Gläubigers diesem zur Beitreibung zum eigenen Vorteil überwiesen werden (Art. 122, 125, 131). Dem Schuldner kann nach Art. 123 Stundung gewährt werden. Nach Durchführung der Verwertung verteilt das Betreibungsamt den erforderlichenfalls durch weitere Pfändungen zu ergänzenden Erlös unter die Gläubiger nach der Konkursrangordnung (Art. 144 bis 146); gemäß Art. 110 nehmen die Gläubiger, die binnen 30 Tagen nach einer Pfändung die Pfändung beantragen, an der im Bedarfsfall zu erweiternden Pfändung mit gleichem Rang teil. Auf einen urkundlichen Zahlungsnachweis gestützt, kann der Schuldner bei Gericht die Aufhebung der Vollstreckung in einem summarischen Verfahren erwirken (Art. 85); verfügt er über einen solchen Nachweis nicht, so muß er Rechtsvorschlag erheben. Wird ein Drittrecht an einer im Gewahrsam des Schuldners vorgefundenen Sache geltend gemacht, so muß der Gläubiger oder der Schuldner binnen einer ihm gesetzten Frist das Drittrecht bestreiten, worauf der Dritte binnen 10 Tagen den Klageweg beschreiten muß (Art. 106, 107). Drittrechte an einer bei einem Dritten gefundenen

Sache werden anerkannt, wenn der Gläubiger sie nicht binnen 10 Tagen durch Klage bestreitet (Art. 109). Wie diese Übersicht zeigt, entfernt sich der Entwurf etwa in gleichem Maße vom französischen Recht, in welchem er sich dem Schweizer Recht nähert. Doch unterscheiden ihn von der schweizer Regelung vor allem die abweichende Stellung des Zahlungsbefehls, die Beibehaltung des Gerichtsvollziehers, die Abschwächung des Antragsprinzips, die erweiterten Befugnisse des Vollstreckungsgerichts und die Beseitigung des Klagezwangs.

B. Behördenorganisation; Gestaltung des Verfahrens im allgemeinen.

I. Vollstreckungsgericht.

Vollstreckungsgerichte sind die Amtsgerichte (§ 769); dem Richter werden in Weiterführung der bisherigen Entwicklung (vgl. Art. VI § 1 des Gerichtsentlastungsgesetzes vom 11. März 1921, Reichsgesetzbl. S. 229) nur gewisse wichtige Handlungen vorbehalten (§§ 791, 1023). Die Gerichtsvollzieher haben die ihnen obliegenden Geschäfte auf Grund des Gesetzes kraft eigenen Entschlusses auszuführen, doch ist zur Erhaltung der einheitlichen Leitung der Vollstreckung vorgesehen, daß das Vollstreckungsgericht ihnen Weisungen erteilen kann (§ 873, § 879 Abs. 3); dadurch wird zugleich erreicht, daß das Vorgehen des Gerichtsvollziehers nicht nur nachträglich, auf dem Umweg über die Erinnerung, mit den Anschauungen des Vollstreckungsgerichts in Übereinstimmung gebracht werden kann. Als Beschwerdegerichte werden die dem Amtsgericht übergeordneten Gerichte auch im Vollstreckungsverfahren tätig (§§ 841, 843).

II. Örtliche Zuständigkeit.

Für die Vollstreckung einschließlich der Erlassung des Zahlungsbefehls ist dasjenige Vollstreckungsgericht örtlich zuständig, in dessen Bezirk sich das Wirtschaftszentrum oder wenigstens Vermögen des Schuldners befindet. Ist hierüber nichts bekannt, so wird die Zuständigkeit durch den Aufenthalt bestimmt (§ 786). Die Zuständigkeit kann durch Vereinbarungen nicht verändert werden, wie überhaupt nicht prozessuale Gesichtspunkte, sondern die Bedürfnisse der Vollstreckungsdurchführung für ihre Regelung maßgebend sein mußten. Da es mit dem Ausgleichsprinzip (§ 883 Abs. 2 Satz 2, 3; siehe unten D) nicht vereinbar wäre, wenn an verschiedenen Orten Vollstreckungsverfahren gegen denselben Schuldner unabhängig voneinander durchgeführt werden könnten, sieht § 787 einen besonderen Übernahmegerichtsstand vor. Ferner ist, um die Durchführung des Ausgleichsprinzips zu sichern, in § 788 vorgesehen, daß das für das Wirtschaftszentrum des Schuldners zuständige Vollstreckungsgericht auch von etwa auswärts anhängig werdenden Vollstreckungen benachrichtigt werden soll.

III. Gang des Verfahrens; Ermittelungen.

Die einzelnen Vollstreckungsvorgänge werden nun zu einem Verfahren zusammengefaßt, das mit dem Antrag beginnt (§ 770) und mit einer förmlichen Einstellung endet (§§ 861, 863 mit Begründung). In diesem Verfahren ist das Vollstreckungsgericht zur Vornahme von Ermittelungen und in deren Rahmen auch befugt, nach seinem Ermessen, die Offenlegung des Vermögens (den Offenbarungseid) zu verlangen (§ 774); bei Bedarf kann es eine mündliche Verhandlung anordnen (§ 772 Abs. 2). Die Ermittelungen ermöglichen es dem Vollstreckungsgericht, wenn und soweit es dies für erforderlich hält, die Verhältnisse zu klären. Zugleich ist es durch die Einführung der Ermittelungsbefugnisse möglich geworden, die Erledigung gewisser Fragen, die bisher auf den Klageweg angewiesen waren, in das Vollstreckungsverfahren selbst (einschl. des Beschwerdeverfahrens) zu verlegen. Um dies und gleichzeitig eine sachdienliche Ausgestaltung des Rechtsmittelwesens zu erreichen, war es nötig, in dem Entwurf in bestimmterer Weise als bisher zu den Vollstreckungsgrundlagen Stellung zu nehmen (§§ 780 bis 782, §§ 838 bis 843, § 882 Abs. 1, § 887).

IV. Vollstreckungsvoraussetzungen.

a) Übersicht.

Die Vollstreckung entspricht nur dann dem materiellen Recht, zu dessen Verwirklichung sie dient, wenn der zur Vollstreckung gebrachte Anspruch wirklich besteht. Dieser Anspruchsbestand wird jedoch für das Vollstreckungsverfahren durch den Schuldtitel, solange er in Geltung steht, abschließend dargetan; die Angriffe auf den Titel gehören nicht in das Vollstreckungsverfahren und können es daher nur vermittels einer vorläufigen Einstellung (§§ 869, 871 Abs. 2) berühren. Indessen belegt der Titel den Anspruchsbestand nur für den Zeitpunkt seiner Erlassung; darüber, ob der Anspruch später eine ihn beeinträchtigende Veränderung erlitten hat, ergibt der Titel nichts. Solche nachträglichen Veränderungen beeinflussen die Vollstreckung stets, aber unmittelbar berühren sie sie nur dann, wenn sich vermöge ihrer der durch die Vollstreckung erstrebte Erfolg gewissermaßen als bereits erreicht darstellt, wenn der Vollstreckung also ganz oder teilweise durch Erfüllung, durch Aufrechnung mit einer nachträglich entstandenen Gegenforderung, durch Vergleich oder durch Erlaß überhaupt oder durch Stundung zur Zeit der Boden entzogen ist. Soweit dagegen nicht die Vollstreckbarkeit des Anspruchs sondern sein Bestand als solcher in Abrede gestellt wird (etwa weil nachträglich eine auflösende Bedingung eingetreten ist oder eine Anfechtung wegen Betrugs oder eine Abtretung stattgefunden hat), handelt es sich um Fragen, die das Vollstreckungsverfahren nicht unmittelbar berühren, weil der zur Vernichtung des Anspruchs oder zur Aufdeckung seines Nichtbestandes führende Rechtsvorgang in keiner Beziehung zum Vollstreckungszweck steht. Bisher konnte auf diesem Gebiet eine nähere Unterscheidung entbehrt werden und der entscheidende Austrag aller dieser Fragen einheitlich der Vollstreckungsgegenklage überlassen werden. Sobald man aber darauf bedacht ist, entbehrliche Klagen wegen ihrer störenden Wirkung zu beseitigen, sieht man sich zu der angegebenen Unterscheidung genötigt; die nicht mit der Vollstreckung als solcher zusammenhängenden sondern nur die Anspruchsentstehung betreffenden Fragen müssen dem Klageweg vorbehalten werden (vgl. § 845), nur die unmittelbar die Vollstreckung des Anspruchs berührenden Umstände, die sogenannten vollstreckungsabwendenden Umstände (§§ 818, 819) müssen in das Vollstreckungsverfahren einbezogen und insofern den Verfahrensmängeln gleichgestellt werden, ohne daß doch, wenn die Geltendmachung im Vollstreckungsverfahren unterblieb und die Beschwerde nicht mehr möglich ist, nun der Klageweg ausgeschlossen sein müßte (§ 780 Abs. 1,

§ 845). Die andere materiellrechtliche Voraussetzung der Vollstreckung ist die der rechtlichen Zugehörigkeit des beschlagnahmten Gegenstandes zu dem haftenden Vermögen. Diese Frage konnte bisher grundsätzlich nur mittels der Klage aus § 771 g. F. (Widerspruchsklage) ausgetragen werden, obwohl sie die Vollstreckung unmittelbar betrifft. Der Entwurf bricht auch mit diesem Klagezwang. Über ein entgegenstehendes Drittrecht hat grundsätzlich das Vollstreckungsgericht zu befinden, der Austrag der Frage wird also, um Verzögerungen zu vermeiden, in das Vollstreckungsverfahren (einschließlich des Beschwerdeverfahrens) einbezogen (§§ 820, 821, § 780 Abs. 1). Da das Vollstreckungsgericht durch Ausübung seiner Befugnis zum Rückruf eines veräußerten Gegenstandes (§§ 857 ff., vgl. auch § 885) auch einen Anfechtungsprozeß entbehrlich machen kann, braucht der Austrag der Frage des Drittrechts auch dann nicht verzögert zu werden, wenn die Anfechtbarkeit des Rechtserwerbs in Betracht kommt. Neben die beiden materiellrechtlichen unmittelbaren Vollstreckungsvoraussetzungen treten die verfahrensmäßigen Voraussetzungen, die ihrer Natur nach die Vollstreckung stets unmittelbar berühren. Dahin gehören beispielsweise das Vorliegen eines Schuldtitels (§§ 792, 800, 813), der etwa erforderlichen vollstreckbaren Ausfertigung (§§ 793—799), des etwa erforderlichen Umstellungsbeschlusses (§ 834) und der erforderlichen Zustellungen (§§ 814, 834).

b) Unterscheidungen.

Innerhalb all dieser unmittelbaren Vollstreckungsvoraussetzungen muß in dreifacher Richtung unterschieden werden. Einmal hinsichtlich der rechtlichen Bedeutung eines Verstoßes, sodann hinsichtlich des Erfordernisses der Aufklärung und schließlich hinsichtlich der Rechtsmittel. Was den erstgenannten Punkt betrifft, so wird z. B. eine Vollstreckung ohne Titel anders zu behandeln sein, als eine Pfändung, die ohne besondere Erlaubnis zur Nachtzeit vorgenommen wurde. Bei dem zweiten Punkt handelt es sich um die Frage, inwieweit der Zugriff davon abhängig zu machen ist, daß alle seine Voraussetzungen als erfüllt dargetan sind. So wird man z. B. jeden Zugriff verbieten, solange der ordnungsmäßige Titel nicht vorliegt, während man nicht verlangen kann, daß vor der Vornahme eines Zugriffs bereits feststeht, daß nicht etwa schon eine freiwillige Erfüllung stattgefunden habe; trotz dieses Gegensatzes hinsichtlich des Erfordernisses der Aufklärung kann aber die rechtliche Wirkung einerseits des Fehlens des Titels, andererseits der freiwilligen Erfüllung sehr wohl gleich bemessen werden. Was die Rechtsmittelfrage betrifft, so war es notwendig, innerhalb der Vollstreckungsvoraussetzungen nach ihrer Tragweite zu unterscheiden und je nach der Bedeutung der einzelnen Voraussetzungen entweder nur die Erinnerung (§§ 838, 844) oder die gewöhnliche Vollstreckungsbeschwerde (§§ 838, 840, 841) oder die in ein förmliches Prozeßverfahren führende besondere Vollstreckungsbeschwerde (§§ 842, 843) zur Verfügung zu stellen.

1. Rechts- und Ordnungsvoraussetzungen.

In der erstgenannten Richtung unterscheidet der Entwurf zwischen Rechts- und Ordnungsvoraussetzungen. Jene sind in zwingender, diese in nicht zwingender Fassung aufgestellt (§ 780). In der Begründung zu § 780 ist der Sprachgebrauch des Entwurfs näher dargelegt, der sich im wesentlichen dem Hergebrachten anschließt, also insbesondere das Wort »muß« in zwingendem, das Wort »soll« in nicht zwingendem Sinne gebraucht; zwingend sind aber auch z. B. die Vorschriften, die eine Handlung für statthaft oder unstatthaft, nicht zwingend diejenigen, die eine Handlung für zulässig oder unzulässig erklären. Wird gegen eine zwingende Voraussetzung verstoßen, so entsteht kein Pfandrecht (§ 882 Abs. 1, vgl. § 887), auch kann der Verstoß noch im Rechtswege geltend gemacht werden (§ 780 Abs. 1). Dagegen wird durch die Verletzung einer Ordnungsvorschrift die Entstehung eines Pfandrechts nicht gehindert (§ 882 Abs. 1). Das Recht ist nur ex nunc aufzuheben und der Mangel heilt, wenn es zu dieser Aufhebung nicht kam; eine Geltendmachung im Rechtsweg ist ausgeschlossen (§ 780 Abs. 2). Selbst wenn gegen eine Rechtsvoraussetzung verstoßen war, ist der Vollstreckungsakt im übrigen trotz der Tatsache, daß ein Pfandrecht nicht entsteht, als öffentlich-rechtliche Zwangsmaßnahme nicht ohne weiteres nichtig, wie in der Begründung zu § 780 unter I näher dargelegt ist.

2. Aufklärungsbedürftigkeit.

Was das Erfordernis der Aufklärung betrifft, so wird je innerhalb der Rechts- und Ordnungsvoraussetzungen unterschieden, ob es sich um eine Voraussetzung handelt, deren Vorliegen feststehen muß oder um eine Voraussetzung, deren Vorliegen nicht feststehen darf, ein Gegensatz, den man als den der positiven und negativen Vollstreckungsvoraussetzungen oder der eigentlichen Voraussetzungen und der Vollstreckungshindernisse bezeichnen mag. In jeder Bestimmung ist durch die Wortfassung zum Ausdruck gebracht, ob es sich um eine positive oder um eine negative Voraussetzung handelt. Insbesondere werden mittels der Worte »statthaft« und »zulässig« positive, mittels der Worte »unstatthaft« und »unzulässig« negative Voraussetzungen aufgestellt; im übrigen vgl. die Begründung zu § 780 unter II. Das Vollstreckungsgericht hat jeden feststehenden Verstoß gegen die Rechts- und Ordnungsvoraussetzungen von Amts wegen zu beachten. Die Verschiedenheit, die zwischen den positiven und den negativen Voraussetzungen besteht, bezieht sich nur auf die Frage, welche Bedeutung einer Voraussetzung zukomme, solange sie nicht feststeht. Handelt es sich dabei um eine positive Voraussetzung, so darf das Verfahren nicht beginnen, solange ihr Vorliegen nicht feststeht; handelt es sich um eine negative Voraussetzung, so ist der Verfahrensbeginn und -fortgang erst gehindert, wenn ihr Vorliegen feststeht. Dürfen hinsichtlich des Vorliegens der positiven Vollstreckungsvoraussetzungen keine Zweifel bestehen, wenn das Verfahren beginnen und seinen Fortgang nehmen können soll, so folgt daraus, daß sich das Vollstreckungsgericht stets vergewissern muß, ob die positiven Voraussetzungen gegeben sind; zu diesem Zweck kann es sich auch verpflichtet finden, von Amts wegen Ermittelungen anzustellen. Dagegen braucht das Vollstreckungsverfahren, wenn eine negative Voraussetzung in Frage steht, erst eingestellt zu werden, wenn das Vorliegen der Voraussetzung feststeht; die Ungewißheit oder ein Zweifel über das Vorliegen einer negativen Voraussetzung hindern also den Verfahrensbeginn und -fortgang nicht. Daher kann kein Beteiligter mit der Berücksichtigung einer negativen Voraussetzung rechnen, wenn er sich nicht selbst durch entsprechende, mit Beweis belegte Anträge, insbesondere durch die Einlegung von Rechtsmitteln um ihre Feststellung bemüht. Wie weit das Vollstreckungsgericht das Vorliegen einer negativen Voraussetzung aus eigenem Antrieb aufklären will, steht in seinem von § 771 Abs. 1 geleiteten Ermessen. Ausdrücklich aufgestellt ist eine Ermittelungspflicht im § 858 Abs. 1 Satz 2 und § 870 Abs. 2; vgl. auch § 781 Abs. 2, § 840 Abs. 2.

3. Rechtsmittelgestaltung.

Auch die Gestaltung des Rechtsmittelwegs hängt wie bereits bemerkt mit den Unterscheidungen innerhalb der Vollstreckungsvoraussetzungen zusammen; freilich war bei ihm auch auf die Einfachheit des Gebrauchs und andere Zweckmäßigkeitsgesichtspunkte Rücksicht zu nehmen. Abgesehen von dem Widerspruch gegen den Zahlungsbefehl (vgl. auch §§ 936 f., 1003) werden zwei Rechtsmittel vorgesehen: die unbefristete Erinnerung (§§ 838, 844) und die befristete Vollstreckungsbeschwerde (§§ 838, 840—843). Die Vollstreckungsbeschwerde ist nur gegen Beschlüsse des Vollstreckungsgerichts gegeben, der Beschlußform aber muß sich das Vollstreckungsgericht bedienen, wenn es über eine zwingende Voraussetzung, also über eine Rechtsvoraussetzung (§ 780 Abs. 1) zu entscheiden hat (§ 782 Abs. 1). Handelt es sich dagegen um eine Zweckmäßigkeits- oder um eine Ordnungsfrage (§ 780 Abs. 2), über die zu entscheiden ist, oder muß eine Anordnung getroffen werden, so wird in der Form der bloßen Verfügung befunden, wenn die Beschlußform nicht eigens vorgeschrieben ist (§ 782 Abs. 1). Die Verfügungen sind, wie die Unterlassungen und wie das Verhalten des Gerichtsvollziehers durch Erinnerung anfechtbar (§ 844). Die Vollstreckungsbeschwerde führt stets zu einer der materiellen Rechtskraft fähigen Entscheidung eines übergeordneten Gerichts, über die Erinnerung wird dagegen in der Regel vom Vollstreckungsgericht endgültig befunden. Doch ist in wichtigen Fällen kraft ausdrücklicher Bestimmung auch über die Erinnerung durch beschwerdefähigen Beschluß zu befinden. Obwohl manche andere Gesichtspunkte hereinspielen, ist hiernach doch auch das Rechtsmittelwesen insofern von der Unterscheidung zwischen Rechts- und Ordnungsvoraussetzungen abhängig, als die Vollstreckungsbeschwerde sich immer nur gegen Beschlüsse richtet und die Beschlußform diejenige ist, in der über Rechtsvoraussetzungen entschieden wird. Dazu kommt, daß für einen Teil der Rechtsvoraussetzungen, nämlich für diejenigen, die bisher auf dem Klageweg geltend gemacht werden mußten, ein nach den Grundsätzen des Urteilsverfahrens gestaltetes Beschwerdeverfahren vorgesehen ist (besondere Vollstreckungsbeschwerde, §§ 842, 843).

c) Klagenfortfall.

Auf diese Weise ist es möglich geworden, alle Rechtsvoraussetzungen der Vollstreckung dem Austrag im Vollstreckungsverfahren selbst einschließlich des sich anschließenden Beschwerdeverfahrens zu überlassen und die Beschreitung des Klagewegs auch in den Fällen, in denen sie bisher notwendig war, entbehrlich zu machen (§ 780 Abs. 1). Dem Bedürfnis nach einem Urteilsverfahren wird für die Fälle, in denen es nach wie vor als bestehend anerkannt werden muß, durch die besonders gestaltete Beschwerde der §§ 842, 843 Rechnung getragen. Diese unterscheidet sich von einer Klage praktisch dadurch, daß bei ihrer Erhebung eine erstinstanzliche Klärung der Rechts- und Sachlage bereits vorliegt. Schon dadurch fällt der Anreiz fort, sich eines Rechtsbehelfs gegen die Vollstreckung nur zu dem Zwecke zu bedienen, um aus der bisherigen Ungeklärtheit der Sach- und Rechtslage den Vorteil der vorläufigen Einstellung zu ziehen. Auch künftig ist eine vorläufige Einstellung möglich (§§ 869 ff.), doch ist das Vollstreckungsgericht verpflichtet, keine Sache an das Beschwerdegericht ohne vorgängige Klärung der Frage abzugeben, ob eine vorläufige Einstellung angezeigt ist oder nicht (§ 840 Abs. 2 Satz 1). Und während hinsichtlich negativer Voraussetzungen, wie erwähnt, im allgemeinen keine Ermittelungspflicht, sondern nur die Ermittelungsbefugnis des § 774 besteht, wird das Vollstreckungsgericht zu Ermittelungen verpflichtet, auch wenn es ein Verfahren wegen einer negativen Voraussetzung vorläufig eingestellt hat (§ 870 Abs. 2). Ist hiernach das Vollstreckungsgericht nun auch befugt, über alle Rechtsvoraussetzungen selbst zu befinden, so brauchte ihm doch nicht die Pflicht auferlegt zu werden, in allen Fällen von dieser Befugnis Gebrauch zu machen. Die Beteiligten können zwar während der Anhängigkeit der Vollstreckung nicht kraft eigenen Entschlusses den Klageweg wählen (§ 780 Abs. 1; Ausnahmen: § 799 Abs. 3, § 834 Abs. 2 a. E.), wohl aber ist es dem Vollstreckungsgericht in gewissen Fällen gestattet, eine Sache auf den Rechtsweg zu verweisen, wenn es diesen zum Austrag der Sache für geeigneter hält (§ 781). Diese Verweisungsbefugnis ist im Gebiete der negativen Voraussetzungen auf zwei Fälle (vollstreckungsabwendende Umstände und Drittrecht bei Schuldnergewahrsam) beschränkt; aus dem Gebiet der positiven Voraussetzungen sind gewisse Antragsfälle gleichgestellt, die auch im Bereich des § 780 Abs. 1 eine Sonderbehandlung erheischen (nämlich die Anträge auf Erteilung der Klausel in Bedingungsfällen und auf Umstellung). Auch mittels der Verweisung auf den Rechtsweg darf das Vollstreckungsgericht eine Sache an das Streitgericht erst abgeben, wenn es zuvor die Frage der vorläufigen Einstellung geklärt hat (§ 781 Abs. 2). Ähnlich wie eine Entscheidung über Rechtsvoraussetzungen wird vom Entwurf der Rückruf eines anfechtbar veräußerten Gegenstandes behandelt (§ 857); das Vollstreckungsgericht kann entweder selbst den Rückruf beschließen oder die Anfechtungsfrage dem Austrag im Klageweg überlassen (vgl. § 862 Abs. 2). Mit Fragen aus dem Bereich der Ordnungsvoraussetzungen kann der Rechtsweg überhaupt nicht befaßt werden (§ 780 Abs. 2).

C. Einleitung und Durchführung der Vollstreckung.

I. Übersicht.

a) Einleitung der Vollstreckung.

Eingeleitet wird die Vollstreckung durch einen an das Vollstreckungsgericht zu richtenden Antrag des Gläubigers (§ 770). Hatte der Gläubiger bereits außerhalb des Vollstreckungsverfahrens einen Schuldtitel erwirkt (§ 792; vgl. § 813), so muß er ihn in vollstreckbarer Ausfertigung (§§ 793 bis 799) beifügen. Handelt es sich um einen Geldzahlungs- oder einen einem solchen gleichstehenden Anspruch, so kann der Gläubiger, wenn er noch keinen Schuldtitel besitzt, ihn beim Vollstreckungsgericht erwirken, indem er seinen Antrag auf Vollstreckung als Antrag auf Erlaß eines Zahlungsbefehls, sei es mit, sei es ohne Vorbehalt eines besonderen Durchführungsantrags stellt (§§ 800, 801). Gegen den Zahlungsbefehl, der auch als Urkunden- und Wechselzahlungsbefehl ergehen kann (§§ 811, 812), steht dem Schuldner der befristete Widerspruch zu (§ 807). Unterläßt der Schuldner den Widerspruch, so wird der Anspruch mit dem Ablauf der Widerspruchsfrist ohne weiteres vollstreckbar; der Vollstreckungsbefehl ist beseitigt (§ 800). Während aber bisher der Schuldner den Eintritt der Vollstreckbarkeit durch den bloßen Gebrauch des Wortes »Widerspruch« abwenden konnte, muß er künftig die ausdrückliche Erklärung abgeben, daß er nicht (noch nicht, nicht so viel) schulde (§ 807 Abs. 1 Satz 2). Die Einrede der Vereinbarung eines Schiedsgerichts läuft mit Rücksicht auf die Gestaltungsbefugnis des Schiedsgerichts ebenfalls darauf hinaus, daß das Nochnichtfeststehen der Schuld behauptet wird. Beschränkt sich der Schuldner auf die Erklärung, er lege Widerspruch ein, so genügt das nicht; ebensowenig genügt es natürlich, wenn er sich auf seine Zahlungsunfähigkeit beruft. Die einfache Erklärung, nichts schuldig zu sein u. dgl., kann von jedem Schuldner verlangt werden; jeder Schuldner, gegen den eine Forderung erhoben wird, muß wissen, ob er diese Forderung für begründet hält oder ob er sich durch sie ungerechtfertigt beschwert fühlt. Der Schuldner hat die Möglichkeit, über die unbedingt notwendigen Angaben hinaus seinen Widerspruch noch näher zu begründen, wie dies im Interesse des Verfahrensfortgangs läge; es ist seinem Ermessen überlassen. Hatte er aber die Forderung schon bisher bestritten oder hatte er überhaupt noch keine Kenntnis von ihr, so tut er gut daran, hierauf in seinem Widerspruch hinzuweisen, da er sonst in den Verdacht gerät, erst jetzt und nur zu Verzögerungszwecken zu bestreiten, was für ihn manche Nachteile (vgl. insbes. § 807 Abs. 4) zur Folge haben kann. Die Rechtsauffassung, die den Schuldner zum Widerspruch veranlaßt, kann irrig sein; das muß in Kauf genommen werden, denn es liegt immerhin ein ernstliches Bestreiten vor. Dagegen ist das wissentliche Bestreiten einer von dem Schuldner selbst für unbestreitbar gehaltenen Schuld ein betrügerischer Mißbrauch einer prozessualen Befugnis. Dieser Mißbrauch wird in § 807 Abs. 4 mit einer Prozeßstrafe bedroht. Das in solcher Weise umgestaltete Mahnverfahren steht wie bisher nur zur Geltendmachung von Geldansprüchen und von Ansprüchen auf Leistung anderer vertretbarer Sachen offen. Der Gläubiger kann von ihm sowohl Gebrauch machen, wenn der Schuldner schon bisher mit Bestreitungen hervorgetreten war, als auch wenn dies nicht der Fall ist. Doch stellt es nur dann den für die Zwecke des Gläubigers angemessensten Weg dar, wenn der Schuldner den Anspruch bisher nicht bestritten hatte, denn anderenfalls wird der streitgerichtliche Austrag in der Regel doch nicht vermeidbar sein. Da das Mahnverfahren gegen die mißbräuchliche Überleitung in den Prozeß gesichert ist, liegt es sowohl im Nutzen des Gläubigers als in dem der Allgemeinheit, wenn in den Fällen, in denen eine bisher nicht bestrittene Forderung geltend gemacht werden soll, dem Gläubiger die Beschreitung des Mahnweges nahegelegt wird. § 207 Abs. 2 schreibt daher vor, daß der Kläger, der einen mahnverfahrensfähigen Anspruch einklagt, in der Klage das besondere Rechtsschutzinteresse für den Klageweg darlegen soll. Kommt er dieser Auflage nicht nach, so muß er die Mehrkosten tragen, die der unnötigerweise beschrittene Prozeßweg mit sich bringt (§ 94 Abs. 2). Das besondere Rechtsschutzinteresse am Klageweg ist stets dann gegeben, wenn der Schuldner seine Schuld bereits bestritten hat. Doch kann ein Rechtsschutzinteresse für die Beschreitung des Klageweges auch aus anderen Gründen bestehen (z. B. Unstatthaftigkeit des Mahnverfahrens wegen der Notwendigkeit einer öffentlichen Zustellung oder weil es sich um einen bedingten Anspruch handelt, gesetzliche Notwendigkeit der Klage, Bedürfnis nach einem der Rechtskraft fähigen Abschluß der Sache

u. dgl.). Die Behauptungen über das Rechtsschutzinteresse gelten im Versäumnisfall als zugestanden.

b) Durchführung der Vollstreckung.

Sobald die gesetzlichen Voraussetzungen vorliegen, insbesondere der Antrag des Gläubigers gestellt ist, ist mit der Durchführung zu beginnen (§ 847). Den Anregungen des Gläubigers ist, soweit keine Bedenken bestehen, sowohl von dem Vollstreckungsgericht wie von den Gerichtsvollziehern zu entsprechen, doch hat das Vollstreckungsgericht, auch wenn Anregungen des Gläubigers nicht vorliegen, dafür zu sorgen, daß die Vollstreckung auf die rascheste und sicherste Weise unter Vermeidung jeder unnötigen Bedrückung des Schuldners zum Ziele führe (§ 771). Der Gerichtsvollzieher hat auf seinem Tätigkeitsgebiet diesen Gesichtspunkt gleichfalls zu beachten, zumal er jederzeit durch eine Weisung des Vollstreckungsgerichts in diesem Sinne angehalten werden kann (§ 873). Eines ausdrücklichen Antrags des Gläubigers bedarf es im weiteren Verlauf nur für die Anordnung der Erzwingungshaft gegen einen Schuldner, der die Vermögensoffenlegung (den Offenbarungseid) verweigert hat (§ 778), für die Vollstreckung in eine Schiffspart (§ 929), für die Immobiliarvollstreckung (§§ 941—945) und für die Vollstreckung von Ansprüchen auf die Vornahme, Unterlassung oder Duldung einer Handlung (§§ 973, 974, 976, 977). Das Einverständnis des Gläubigers ist nach näherer Maßgabe des § 857 Abs. 2 für den Rückruf und stets für die Überweisung einer Forderung zur Einziehung erforderlich (§ 916 Abs. 1). Der Gläubiger bleibt auch insofern Herr der Vollstreckung, als sie auf seinen Antrag ohne weiteres einzustellen ist (§ 771 Abs. 3, § 861 Abs. 2, § 879 Abs. 1). Er hat es daher auch nach wie vor in der Hand, einen Gegenstand freizugeben und dadurch den Austrag der Frage des Drittrechts abzuschneiden (vgl. § 846 Abs. 3). Der unmittelbare Verkehr mit dem Gerichtsvollzieher ist dadurch sichergestellt, daß der Gerichtsvollzieher, ohne einer gerichtlichen Weisung zu bedürfen, sein Amt unmittelbar auf Grund des Gesetzes ausübt (§ 873; vgl. § 771 Abs. 2, § 879 Abs. 1) und daß der Gerichtsvollzieher die von ihm gepfändeten Gelder sowie die Versteigerungserlöse regelmäßig ohne Vermittlung des Vollstreckungsgerichts an den Gläubiger abzuliefern hat (§§ 894, 903; vgl. § 884). Anträge des Schuldners sind notwendig zur Einleitung des förmlichen Schuldnerschutzverfahrens (§§ 950 bis 953) sowie zur Herbeiführung der Freilassung eines nicht in regelmäßigen Bezügen fließenden Arbeitseinkommens (§ 959). Die Wahrung der Rechte Dritter ist von einem Antrag nur in den Fällen der § 890 Abs. 2 (Widerspruch der Immobiliargläubiger gegen eine Früchtepfändung), § 895 Abs. 1 Satz 2 (Widerspruch eines Dritten hinsichtlich gepfändeten Geldes) und § 901 Abs. 2 (Widerspruch eines nach § 886 am Erlös Vorzugsberechtigten gegen den Zuschlag) abhängig. Gerade in bezug auf den Schuldner und auf Dritte ist es aber von Wichtigkeit, daß nicht alle Vollstreckungsvoraussetzungen positiv sind, also feststehen müssen, wenn die Vollstreckung soll beginnen oder festgesetzt werden dürfen, sondern daß zahlreiche Vollstreckungsvoraussetzungen negativ sind, also erst zu beachten sind, wenn sie feststehen. Dies bedeutet, wie bereits bemerkt, zwar nicht, daß sie nur auf Antrag berücksichtigt werden könnten, wohl aber, daß tatsächlich die Aufmerksamkeit des Vollstreckungsgerichts oft nur durch einen entsprechenden Antrag auf sie wird hingelenkt werden können. Zu den negativen Voraussetzungen gehört z. B. die bereits erfolgte Befriedigung des Gläubigers

(§ 818 Abs. 1) sowie die Haftungsbeschränkung des Schuldners als Erben (§ 854). Für Dritte kommt in Betracht, daß das Drittrecht an einer im Gewahrsam des Schuldners gepfändeten Sache nur eine negative Voraussetzung ist, eine Voraussetzung, deren Vorliegen nicht feststehen darf, nicht eine, deren Nichtvorliegen feststehen muß (§ 821 Abs. 1). Der Dritte wird also sein Recht an einer im Gewahrsam des Schuldners gepfändeten Sache in der Regel durch Erinnerung und die besondere Vollstreckungsbeschwerde der §§ 842, 843 geltend machen müssen, wenn er es beachtet wissen will. Die vorläufige Einstellung des Verfahrens erfordert einen auf sie gerichteten Antrag (§ 869 Abs. 1); eine von Amts wegen verfügbare vorläufige Einstellung ist in den § 858 Abs. 2, § 862 Abs. 2, ein von Amts wegen möglicher einstweiliger Aufschub in § 839 vorgesehen.

II. Folgen.

a) Stärkung der Stellung des Gläubigers.

Der Stärkung des Gläubigers dient schon die straffere Gestaltung des ganzen Verfahrens; es braucht nicht mehr auf einen Antrag gewartet zu werden, damit das Richtige angeordnet werden kann, die Zustellungen (§ 134) und der Anordnungsvollzug (§ 1020) finden von Amts wegen statt, das Vollstreckungsgericht ist zu Ermittelungen befugt. Auch die Vereinfachungen, welche die Vollstreckung im Interesse aller Beteiligten rationalisieren sollen, kommen vor allem dem Gläubiger zustatten. Im Vordergrund steht, daß es wegen der allgemeinen Befugnis des Vollstreckungsgerichts zur zweckmäßigen Leitung der Vollstreckung möglich wurde, auf formelle Bindungen, die im reinen Parteiverfahren nicht entbehrt werden können, sehr häufig aber nachteilig wirken, regelmäßig zu verzichten. Das gilt z. B. schon für die Anordnung der Vermögensoffenlegung (Offenbarungseid; § 774 Abs. 1) oder die Einholung einer schriftlichen Vermögenserklärung, aber auch für die freiere Stellung des Vollstreckungsgerichts hinsichtlich der Verwertung der Pfandgegenstände (§§ 897, 907, 922). Dadurch wird die Verwertung ertragreicher werden; dem gleichen Zweck dient die Zulassung schriftlicher Versteigerungsgebote (§ 900). Erheblich vereinfacht wurde auch das Verfahren zur Feststellung von Haftungsbeschränkungen; waren hierfür bisher u. U. fünf Prozesse und regelmäßig mindestens zwei nötig (vgl. Stein-Jonas 14 Anm. I zu § 778, Anm. zu § 785 ZPO.), so steht jetzt das vollstreckungsgerichtliche und das Beschwerdeverfahren nach §§ 780 Abs. 1, 842, 843 offen und es bedarf keines Prozesses mehr. Überhaupt wird die Stellung des Gläubigers wie durch die Erschwerung des Widerspruchs gegen den Zahlungsbefehl (§§ 807, 811 Abs. 3, § 812 Abs. 3, 4) so auch durch die Beseitigung vieler bisher erforderlich gewesener Klagen verstärkt. Der Zwang zur Klage auf Erteilung der Vollstreckungsklausel und der Umstellung (bisher § 731 ZPO.) ist beseitigt; für sie steht nun das Beschlußverfahren (§§ 780 Abs. 1, 798, 834) zur Verfügung. Ob der Gläubiger statt dessen den Klageweg betreten will, steht bei ihm (§ 799 Abs. 3, s. aber auch § 834 Abs. 2 Satz 2, 3); er kann mit dem Antrag auf Erteilung der Vollstreckungsklausel oder der Umstellung auch auf den Rechtsweg verwiesen werden (§ 781), hinsichtlich der Umstellung jedoch nur, soweit sie nicht nach § 834 Abs. 2 von Amts wegen stattfindet. Die Klage zur Anfechtung der Erteilung der Vollstreckungsklausel oder der Umstellung (bisher § 768 ZPO.) ist fortgefallen und vollständig durch das Verfahren mit besonderer Vollstreckungsbeschwerde ersetzt (§§ 842, 843 mit §§ 797 und 833). Die bisherige Klage aus § 771 ZPO. g. F. ist schlechthin zugunsten des vollstreckungsgerichtlichen Beschluß- und Beschwerdeverfahrens fortgefallen, soweit gleichzeitig der Gewahrsam eines Dritten verletzt wurde oder der Gläubiger den Gewahrsam hatte; nur wenn der Gewahrsam des Schuldners gegeben war, kann das Vollstreckungsgericht davon absehen, über die Frage des Drittrechts selbst zu entscheiden, und den Dritten auf den Rechtsweg verweisen (§§ 781 mit 820, 821). Wegen der Fälle der §§ 772, 773 ZPO. g. F. vgl. § 852. Die bisherige Klage aus § 805 ZPO. ist durch das vollstreckungsgerichtliche Beschluß- und Beschwerdeverfahren (§§ 780 Abs. 1, 842, 843, § 886 Abs. 2; vgl. § 901 Abs. 2) ersetzt. Was die bisherige Vollstreckungsgegenklage betrifft (§ 767 ZPO. g. F.), so ist, soweit mit ihr vollstreckungsabwendende Umstände geltend gemacht werden sollen, in gleicher Weise das vollstreckungsgerichtliche Beschluß- und Beschwerdeverfahren, allerdings ebenfalls mit der Möglichkeit der Verweisung auf den Rechtsweg, an ihre Stelle getreten (§§ 780 Abs. 1, 781, 842, 843 mit §§ 818, 819); im übrigen greifen die Bestimmungen über die Klage nach § 845 ein. Soweit hiernach nicht mehr der Klageweg zu beschreiten ist, findet das vollstreckungsgerichtliche Ermittelungs- und Beschlußverfahren statt (§§ 774, 780 Abs. 1, 782), das, wenn überhaupt, so erst durch die besondere Vollstreckungsbeschwerde (§§ 842, 843) in ein Streitverfahren übergeleitet werden kann; wegen der bereits vorangegangenen Klärung der Sach- und Rechtslage ist daher nicht mehr zu befürchten, daß der Rechtsweg lediglich zu dem Zwecke betreten werden wird, um eine vorläufige Einstellung zu erreichen. Von ganz besonderer Bedeutung ist es in diesem Zusammenhang, daß auch Anfechtungsprozesse vermieden werden können und das Vollstreckungsgericht z. B. künftig gleichzeitig über die Frage des Drittrechts und über die Anfechtbarkeit seines Erwerbs entscheiden kann. Es wird, wie bereits erwähnt, ermächtigt, nach seinem Ermessen, wenn eine nach dem Anfechtungsgesetz anfechtbare Veräußerung vorzuliegen scheint, den Sach- und Rechtsverhalt nach § 774 zu klären und, falls sich die Anfechtbarkeit der Veräußerung ergibt, den veräußerten Gegenstand zur Masse zurückzurufen (§ 857). Der Rückruf beseitigt die in der Zugehörigkeit zu einer fremden Rechtssphäre bestehende Vollstreckungsbehinderung und erspart somit einen Anfechtungsprozeß (§ 859 Abs. 2). Wie alle vollstreckungsgerichtlichen Beschlüsse ist auch der Rückrufbeschluß der materiellen Rechtskraft nicht fähig, er ermöglicht jedoch die Fortsetzung der Vollstreckung; durch Einlegung der besonderen Vollstreckungsbeschwerde (§§ 842, 843) kann er der rechtskraftfähigen gerichtlichen Nachprüfung unterstellt werden. Ergänzt wird die Rückrufsbefugnis durch § 885 in Verbindung mit § 834 Abs. 2. Soweit nach § 885 das Drittrecht dem Pfändungspfandrecht nachsteht, ist eine Anfechtung überflüssig und die Umstellung des Titels gegen den Dritten in bezug auf den erworbenen Gegenstand von Amts wegen möglich.

Auch mannigfache Einzelanordnungen dienen der Besserstellung des Gläubigers. Dahin gehört z. B. die Arrestierung von Amts wegen, die gegen einen unsicheren Schuldner im Falle des § 881 Abs. 3 zulässig sein soll; hierauf wird im Zusammenhang mit der Erörterung des Ausgleichsprinzips zurückzukommen sein. Hat ein zahlungsfälliger Schuldner keine pfändbare Habe, solche aber zu erwarten, so kann diese ebenfalls im Vorhinein für die Vollstreckung sichergestellt werden (§ 864); eine ähnliche Sicherung ist bei der

Forderungspfändung für den Fall des Wechsels des Dienstherrn vorgesehen (§ 914 Abs. 2, 3). Auch ein Gegenstand, dessen Rückruf erwogen wird, kann einstweilen mit einem Sicherungsbeschlag belegt werden (§ 858 Abs. 1, 2; vgl. auch § 862 Abs. 2). Der Sicherung des Gläubigers dient es ferner, daß nun der Gerichtsvollzieher von Amts wegen eine Forderung vorpfänden kann; gerade hier konnte der Gläubiger oft nicht schnell genug zugreifen (§ 923). Der Vollstreckungsvereitelung durch Sicherungsübereignungen und durch sogenannte Fünfzehnhundertmarkverträge u. ä. ist dadurch vorgebeugt, daß auch die Sicherungsübereignung nur ein Recht auf Teilnahme am Erlös gewährt (§ 886 Abs. 3) und daß den Gehaltsschiebungen angesichts der Tatsache, daß die Bestimmungen der §§ 958 ff. das Arbeitseinkommen ausreichend schützen, jeder Einfluß auf den Umfang der Vollstreckungsmasse entzogen wird (§ 960). Die pfändbaren Gegenstände haben in der Richtung eine Erweiterung erfahren, daß künftig auch Sachgesamtheiten mit wechselndem Bestand beschlagnahmt (§ 891) und Sachpfändungsbeschränkungen durch Überlassung eines Ersatzstücks abgewendet werden können (§ 955 Abs. 2). Auch die Bestimmungen über die Schwarze Liste sind verschärft (§ 867 Abs. 2, § 868).

b) Besserstellung des Schuldners und des Drittschuldners.

Die Möglichkeit der Warenlagerpfändung kommt gleichzeitig auch dem Schuldner zustatten, insofern Werte, die er in dem gepfändeten Warenlager besitzt, vor der Stillegung, Zerreißung und Entwertung zunächst bewahrt bleiben und sohin besser ausgenutzt werden können. Es ist jedoch auch im übrigen auf die Schonung des Schuldners gebührend Bedacht genommen. Das förmliche Schuldnerschutzverfahren der §§ 950 bis 954 eröffnet dem ehrlichen Schuldner, der sich bisher des Mittels der Prozeßverschleppung bedienen mußte, einen Weg, seine Gläubiger unter Erhaltung seiner Wirtschaftskraft zu befriedigen; da dieser Schuldnerschutz nur zulässig ist, soweit er dem Gläubiger zugemutet werden kann, unter dieser Voraussetzung aber auch dem Gläubiger meist mehr einbringt, als ein rücksichtsloses Vorgehen, kommt das Verfahren auch dem jeweils beteiligten Gläubiger, und da die Wirtschaftskraft des Schuldners erhalten bleibt, den Gläubigern im allgemeinen zustatten. Durch eine ausdrückliche Bestimmung wird weiterhin klargestellt, daß die Vollstreckung vor unverzichtbaren Geboten der Gemeinschaftsethik zurücktreten muß (§ 872; vgl. auch § 771 Abs. 1 a. E.). Aus dem Gebiet der eigentlichen Pfändungsbeschränkungen ist zu erwähnen, daß jetzt auch Wohnlauben und ähnliche Wohngelegenheiten unpfändbar sein sollen (§ 955 Nr. 1), daß landwirtschaftlichen Arbeitnehmern das mit den Naturalvergütungen ernährte Vieh nicht mehr gepfändet werden soll (§ 955 Nr. 5), daß die zur Erwerbstätigkeit unentbehrlichen Gegenstände nun ausdrücklich auch den geistigen Arbeitern belassen werden (§ 955 Nr. 6), daß das unfundierte Arbeitseinkommen jeder Art, nicht nur das in festen Bezügen bestehende, geschützt wird und daß sich der dem Arbeitseinkommen gewährte Schutz auch auf die ausgezahlten Beträge bis zu ihrer dauernden Anlegung erstreckt (§§ 958, 959 mit § 956).

Um den Drittschuldner einer gepfändeten Forderung gegen die Gefahren zu sichern, die aus der bisherigen mehrfachen Überweisung zur Einziehung bei einer Mehrheit von Gläubigern entstanden, zugleich aber auch weil das Institut der Überweisung als solches praktische Mängel aufwies, wurde auf die Überweisung an Zahlungsstatt verzichtet und die Überweisung zur Einziehung zu einem bloßen, nur einen der Gläubiger zur Beitreibung ermächtigenden Legitimationsakt umgestaltet, der Drittschuldner, dem die Überweisung mitzuteilen ist, aber in jedem Fall befugt, an das Vollstreckungsgericht zu leisten (§§ 909, 910, 916, 917). Dem Schutze des Drittschuldners dient es ferner, daß zu seinen Gunsten die künftig an die Stelle des Pfändungsbeschlusses tretende Pfändungsverfügung nicht nur dem Schuldner gegenüber, sondern allgemein bis zu ihrer etwaigen Aufhebung als rechtsbeständig gilt (§ 908 Abs. 2; bisher § 836 Abs. 2 ZPO.) und daß er bei der Beschlußfassung über eine anderweitige Verwertung tunlichst gehört werden soll (§ 922).

D. Prioritäts- oder Ausgleichsprinzip.

I. Die Vorschläge des Entwurfs.

Der Streit darüber, welchem der beiden Prinzipien der Vorzug zu geben sei, ist alt. Während in Frankreich [1]) und in der Schweiz [2]) das Ausgleichsprinzip gilt, das bis zum Jahre 1879 auch in dem größten Teile Deutschlands gegolten hatte, hat die Zivilprozeßordnung von 1877 das reine Prioritätsprinzip angenommen. Auch der Entwurf entscheidet sich nicht schlechthin für das Ausgleichsprinzip, sondern nimmt insofern eine vermittelnde Stellung ein, als er nicht, wie es dem reinen Ausgleichsprinzip entspräche, alle bis zum Abschluß der Vollstreckung eintreffenden oder gar aufzurufenden Gläubiger zu gleichem Rang am Erlös beteiligt, sondern den gleichen Rang nur denjenigen Pfändungspfandrechten gewährt, die binnen zehn Tagen (bei der Immobiliarvollstreckung binnen dreißig Tagen) seit der Entstehung des ersten Pfändungspfandrechts erworben wurden und mit diesem gewissermaßen eine Gruppe bilden, derart, daß bei weiteren späteren Pfändungen sich an das erste nach dem Ablauf der Zehntagefrist begründete Pfandrecht in gleicher Art innerhalb weiterer zehn Tage eine neue Gruppe anschließen kann. Im Verhältnis der Gruppen zueinander wird im übrigen das Prioritätsprinzip beibehalten (§ 883 Abs. 2, 3). Der Entwurf schlägt also eine ähnliche Lösung vor, wie sie in Artikel 110 des Schweizer Schuldbetreibungs- und Konkursgesetzes enthalten ist. Allerdings ist dort nur eine einheitliche dreißigtägige, nicht wie im Entwurf, nur für die Immobiliarvollstreckung (§ 944 Abs. 2) eine dreißigtägige und im übrigen eine zehntägige Beitrittsfrist vorgesehen, auch ist die schweizerische Frist eine Abwartefrist, das heißt, eine Frist, die abgelaufen sein muß, ehe mit der Vollstreckung fortgefahren werden kann. Nach dem Entwurf nimmt das Verfahren dagegen ohne Rücksicht darauf seinen Fortgang, ob eine der zehntägigen Fristen noch im Laufe oder bereits abgelaufen ist; die Zehntagefristen sind also nur für den Rang von Bedeutung und können eine Verfahrensverzögerung nicht zur Folge haben. Umgekehrt kommt es auch nicht darauf an, ob innerhalb der Fristen irgend eine weitere Stufe des Verfahrens erreicht werden kann; sie brauchen daher auch nicht etwa deshalb länger bemessen zu werden, weil

---

[1]) Die gemäß Art. 2093 code civil gleichberechtigten Gläubiger können nach Art. 609 code de proc. civ. ihre Beteiligung an dem Erlös einer gepfändeten Sache beanspruchen und alle Gläubiger, die eine Forderung vor dem Bestätigungsurteil beschlagnahmt haben, werden zu gleichen Anteilen befriedigt (Cézar-Bru, Voies d'exécution S. 190).

[2]) Art. 110, 111, 146 des Bundesgesetzes über Schuldbetreibung und Konkurs (30tägige Beitrittsfristen).

innerhalb zehn Tagen die Verwertung oft noch nicht möglich ist. Daß der Entwurf nicht das reine Ausgleichsprinzip übernahm, beruht auf der Befürchtung, daß unter dessen Herrschaft die Ranggleichheit allzusehr von der rascheren oder schleppenderen Arbeitsweise der einzelnen Vollstreckungsgerichte abhinge. Denn auch das reine Ausgleichsprinzip kennt einen zeitlichen Abschluß für die Ranggleichheit, nur fällt er mit dem Abschluß des Verfahrens zusammen. Je nachdem, ob dieser Abschluß schneller oder langsamer erreicht wird, nimmt eine geringere oder eine größere Zahl von Gläubigern an dem Ausgleich teil; ob die Gläubiger sich lebhafter oder weniger lebhaft um die Vollstreckung ihrer Ansprüche bemühten, ist darauf weniger von Einfluß. Spricht es gegen das reine Prioritätsprinzip, daß unter seiner Herrschaft der Rang allzu weitgehend vom Zufall bestimmt wird, so spricht also eine ähnliche Erwägung auch gegen die Zugrundelegung des reinen Ausgleichsprinzips. Die Übernahme des reinen Ausgleichsprinzips hätte ferner die Folge, daß das Geschäft der Erlösverteilung ganz bei dem Vollstreckungsgericht vereinigt werden müßte, wodurch es verzögert, auch eine starke Belastung mit Kassengeschäften eintreten würde, während mit dem Rangfristensystem die unmittelbare Auszahlung der Erlöse durch den Gerichtsvollzieher und eine Bestimmung nach Art der im § 884 des Entwurfs getroffenen vereinbar ist. Empfahl es sich daher, ein Rangfristensystem vorzusehen, so war es durch das Interesse der Verfahrensbeschleunigung geboten, die Fristen nur als Rangfristen und nicht gleichzeitig auch als Abwartefristen wirken zu lassen. Was ihre Dauer betrifft, so durften sie nicht zu lang bemessen werden, wenn die Energie der Gläubiger nicht gelähmt werden sollte; auch ist bei längeren Fristen — ähnlich wie bei dem reinen Prioritätsprinzip — die Gefahr eines »run« auf den Schuldner größer. Erscheint es unangemessen, daß ein Gläubiger vor anderen, die gleichzeitig mit ihm oder gar vor ihm tätig geworden sind, nur durch den Zufall der Erstpfändung ein jene anderen ausschließendes Pfändungspfandrecht erlangt, so galt es, eine Regelung zu treffen, vermöge welcher den Gläubigern, die sich gleichzeitig um die Vollstreckung ihrer Ansprüche bemühten, nun auch nach Möglichkeit der gleiche Erfolg gesichert erscheint. Der Entwurf sieht daher bei der Mobiliarvollstreckung zehntägige Fristen für den Gleichrang in der Annahme vor, daß zehn Tage genügen, um dem Erwerb des Vorrangs den Charakter der reinen Zufälligkeit möglichst zu nehmen. Innerhalb der Ranggruppen ist für die Verteilung des Erlöses nicht die Rangfolge der Konkursordnung maßgebend, sondern es herrscht grundsätzlich Gleichrang, da andernfalls das Verfahren allzu schleppend geworden wäre; nur gewisse Unterhaltsansprüche und bei der Zwangshypothek auch die Ansprüche öffentlicher Kassen gehen innerhalb jeder Gruppe den übrigen Ansprüchen im Range vor (§ 883 Abs. 2 a. E., § 944 Abs. 2). Die in der Schweiz getroffene Regelung, welche zahlreiche feste Fristen vorsieht (vgl. Art. 88 Abs. I, 106 Abs. II, 107 Abs. I Sch. K. Ges.) läßt sich mit der des Entwurfs nur bedingt vergleichen; insbesondere kennt das Schweizer Recht gegen eingetragene Kaufleute nur das reine Ausgleichsprinzip (Art. 219, 220 Sch. K. Ges.), da in diesen Fällen nicht die Spezialgruppenpfändung, sondern nur die Konkursbetreibung als ordentliche oder in der Form der Wechselbetreibung stattfindet (Art. 39 Sch. K. Ges.), während umgekehrt der Konkursantrag gegen nichteingetragene Schuldner nur beschränkt möglich ist (Art. 190). Soweit hier bekannt geworden, bestehen in der Schweiz zwar mannigfache Reformwünsche gegenüber dem dortigen

System, sie bewegen sich aber sämtlich in der Richtung einer besseren Ausgestaltung des Ausgleichs und von niemandem wird die Rückkehr zu dem früher auch in manchen Teilen der Schweiz in Geltung gewesenen reinen Prioritätssystem befürwortet.

II. Begründung.

In der Tat dürfte das Ausgleichsprinzip dem Prioritätsprinzip grundsätzlich überlegen sein; zum mindesten empfiehlt es sich, es an der Hand eines ausgearbeiteten Entwurfs der öffentlichen Erörterung zu unterstellen. Dieser letzteren Meinung war auch die Zivilprozeßkommission, während in ihr die Stimmen in bezug auf die Annahme des Ausgleichsprinzips geteilt waren; immerhin sprach sich die Mehrheit für das Ausgleichsprinzip aus. Letzten Endes wird es Auffassungssache bleiben, ob man sich für Beibehaltung des Prioritätsprinzips oder für Einführung des Ausgleichsprinzips einsetzt. Es kommt auf die Entscheidung darüber an, ob man die Vollbefriedigung eines, unter starker Mitwirkung des Zufalls zum ersten Rang gelangten Gläubigers und den dadurch verursachten Ausfall der Forderungen zahlreicher anderer, ihm zwar an sich, aber eben nicht nach ihrem formellen Rang gleichberechtigter Gläubiger, in Kauf nehmen soll oder ob man ein solches Ergebnis als ungerecht und, da die Inanspruchnahme der Gerichte durch die ausgefallenen Gläubiger sich als nutzloser Aufwand erwies, auch als unzweckmäßig ablehnen soll. Nicht zu leugnen ist, daß die Einführung des Ausgleichsprinzips zu einer verwickelten Verfahrensregelung nötigt und daß sie auch die praktische Durchführung des Verfahrens keineswegs erleichtert. Andererseits aber ist nicht einzusehen, warum nur im förmlichen Konkursverfahren, nicht auch in der Einzelvollstreckung, die unzulängliche Habe des Schuldners den Gläubigern möglichst gleichmäßig zugute kommen soll. Das umständliche Konkursverfahren eignet sich durchaus nicht für alle Fälle der Zahlungsunfähigkeit oder Überschuldung; es ist nur am Platze, wenn eine verhältnismäßig beträchtliche Masse zur Verfügung steht und sich daher der Gläubigeraufruf und der ganze Verwaltungsapparat lohnt. Besonders unbefriedigend wirkte die bisherige Regelung in den Fällen, in denen die Konkurseröffnung mangels Masse abgelehnt werden mußte. Abgesehen von diesen praktischen Erwägungen lassen sich zugunsten des Ausgleichsprinzips noch folgende Gründe anführen:

Der Gesichtspunkt, der das Prioritätsprinzip innerlich rechtfertigt, ist die Maßgeblichkeit des Willens des einzelnen für den Beginn und den Verlauf der Vollstreckung. Es wird daher nur insoweit wirklich zweckmäßig sein, als der für die Rangordnung maßgebende Zeitpunkt frei durch den Einzelwillen bestimmt wird. Demgemäß ist das Prioritätsprinzip ganz unbedenklich nur in einem Rechtssystem, das die Vollstreckungsselbsthilfe ungehindert zuläßt. Seine innere Rechtfertigung mindert sich aber wesentlich, wenn die Vollstreckungsselbsthilfe verboten ist und dem Zugriff des Gläubigers ein Verfahren vorausgehen muß, dessen Gang und Dauer der Gläubiger nur in geringem Maße beherrscht. Hier wird häufig der Zufall entscheiden, welcher Gläubiger eher zur Vollstreckung und damit zu einem der inneren Berechtigung entbehrenden Vorzugsrecht vor seinen Mitgläubigern gelangt. Das Ausgleichsprinzip zieht umgekehrt gewissermaßen die Konsequenz aus der Beteiligung des Staates an der Durchsetzung von Privatrechtsansprüchen. Offenbar spricht also die Folgerichtigkeit für das Ausgleichsprinzip, sobald sich der

Staat auf Grund des Verbots der Vollstreckungsselbsthilfe an der zwangsweisen Anspruchsbefriedigung beteiligt. Da dann nämlich die Zeitfolge nurmehr in untergeordnetem Maße vom Willen der beteiligten Gläubiger abhängt, ist es sachgemäß, wenn der staatliche Zugriff den gepfändeten Gegenstand für alle Gläubiger zu gleichem Range verfängt, deren Anspruch vollstreckungsreif wird, bevor das Pfandrecht durch Befriedigung erlosch. Auch hebt, während das Prioritätsprinzip dem zufälligen Sondernutzen dient, das Ausgleichsprinzip die tatsächliche Interessengemeinschaft hervor; insbesondere bringt es auch auf ganz andere Weise, als das Prioritätsprinzip, den berechtigten Gedanken zur Geltung, daß ein Zwangszugriff den Schuldner nicht nur an einer Verfügung über den Beschlagnahmegegenstand hindern, sondern seine Verfügungsfreiheit auch darüber hinaus nicht unangetastet lassen soll, ein Gedanke, der u. a. in § 881 Abs. 3, § 885, § 944 Abs. 2 zum Ausdruck kommt und in der Begründung zu diesen Paragraphen näher erläutert wird. Das Prioritätsprinzip stellt die Kreditgewährung auf eine unberechenbare, weil nur bedingt von dem tatsächlichen Vermögensstande des Schuldners abhängige Grundlage und begünstigt daher auch geheime Vorteilsgewährungen; insbesondere gewährt es der Prozeßverschleppung einen starken Einfluß auf die Beteiligung an dem Erlöse. Das Ausgleichsprinzip verweist den Kreditgewährenden unmittelbarer auf die Prüfung der Kräfte, die dem Schuldner zur Befriedigung seiner sämtlichen jeweiligen Gläubiger zur Verfügung stehen und ermöglicht eine Bevorzugung gewisser besonders dringender Forderungen, z. B. der Unterhaltsansprüche. Das Prioritätsprinzip hat auch nicht die Wirkung, daß es in erheblich höherem Maße als das Ausgleichsprinzip die Kreditgewährung erleichtert, denn da man unter der Herrschaft des Prioritätsprinzips bei der Kreditgewährung immer nur weiß, man werde zum Zuge kommen, wenn man der Erste sei, nie aber, daß man es sein werde, kann das Ausgleichsprinzip, zumal es der Zeitfolge im weiteren Rahmen ebenfalls einen Einfluß beläßt, nicht zur Verschärfung der Kreditbedingungen führen. Zu den Ausführungen der Motive der ZPO. S. 422 ff. (Hahn S. 449; vgl. auch S. 825 ff., 1022 ff.) wäre in diesem Zusammenhang folgendes zu bemerken. Wer sich ein vertragsmäßiges Pfandrecht bestellen läßt, der sichert sich und geht den Späteren vor. Aber wer das unterläßt, kann nicht verlangen, daß er von dem Beschlagnahmeakt an so behandelt werde, als hätte er sich pfandrechtlich gesichert. Angenommen, der Zeitpunkt der Antragsstellung entschiede, da dieser am ehesten in der Hand des Gläubigers liegt, kann man denjenigen, dessen Antrag einen Tag früher einging, wirklich für einen vorsichtigeren Gläubiger halten als den späteren? Hat dieser spätere die Einziehung einer fälligen Schuld »versäumt«? Von einer solchen Versäumung kann man vielleicht bei denjenigen Gläubigern sprechen, deren Ansprüche erst nach der Verfügung über den Erlös die Vollstreckungsreife erlangen und die daher zu spät kommen, um ihn noch vorzufinden, aber die Reihenfolge des Eintreffens im übrigen ist, zumal wenn die Priorität dem Einzelpfandrecht und nicht den Pfandrechtsgruppen zukommt, nicht auf die größere Sorgfalt bei der Prüfung der Kreditwürdigkeit u. dgl. sondern auf den Zufall, auf die räumliche Trennung u. ä. zurückzuführen und nicht schlechthin durch Saumsal zu erklären. Daß ein Gläubiger ein Befriedigungsobjekt erst herbeischafft, wird in einem Verfahren mit amtlicher Ermittelung und amtlicher Rückrufsbefugnis nur selten vorkommen, würde aber auch im Falle seines Vorkommens nichts daran ändern, daß der Schuldner Schuldner nicht nur des einen sondern auch der anderen Gläubiger ist. Wenn die Motive zur Zivilprozeßordnung dem Ausgleichsprinzip die Wirkung der Konkursbegünstigung beilegen, so darf man nicht vergessen, daß sie mit dem Betrieb der Vollstreckung durch einen der vollstreckungsgerichtlichen Hilfe entbehrenden Gläubiger rechnen, Pfandrecht und Ausgleichsprinzip als einander ausschließend denken und annehmen, daß der Gläubiger bei Geltung des Ausgleichsprinzips von Anfang an auf Totalvollstreckung bedacht sein müsse, um sich gegen unübersehbare Konkurrenzen zu sichern. Das trifft nach dem Entwurf nicht zu. Das Vollstreckungsgericht erweitert die Pfandmasse nach Bedarf und Möglichkeit (§ 882 Abs. 2 a. E.); dagegen, daß der Schuldner nach der ersten Pfändung seine übrige Habe verschleudert, kann der Gläubiger gesichert werden (vgl. § 881 Abs. 3, § 885). Das Ausgleichsprinzip wirkt geradezu konkurshindernd, da es eine konkursähnliche Regelung ohne Konkurs ermöglicht.

III. Ausblick auf den Konkurs.

Fand sich der Entwurf nun auch aus den eingangs erwähnten Gründen veranlaßt, sich nicht für das reine Ausgleichssystem sondern für ein Rangfristensystem zu entscheiden, so muß doch die Überlegenheit des reinen Ausgleichssystems dadurch zur Geltung gebracht werden, daß, wenn es zur Gesamtvollstreckung, also zum Konkurse kommt, in dem das reine Ausgleichsprinzip maßgebend sein muß, dem Konkurs auch wirklich die ganze Masse zugeführt und ihre Minderung durch kurz vorher erworbene Pfändungspfandrechte als ausgleichswidrig nicht mehr gestattet wird. Demgemäß wird in der Konkursordnung den Pfändungspfandrechten ein Absonderungsrecht nicht mehr zugebilligt werden dürfen, auch wird zu bestimmen sein, daß erledigte Pfändungspfandrechte, die in den letzten Monaten vor der Konkurseröffnung entstanden waren, nachträglich von selbst hinfällig werden (vgl. bereits §§ 3, 70, 84 der Vergleichsordnung).

Bemerkungen zu den einzelnen Paragraphen des 9. Buches.

Erster Abschnitt.

Zwangsvollstreckung.

Erster Titel.

Allgemeine Bestimmungen.

I. Vollstreckungsgericht.

§ 769. Dem Vollstreckungsgericht obliegt insofern die gesamte Vollstreckung, als die Gerichtsvollzieher zwar außer den Zustellungen (§ 770 Abs. 2 a. E.) die Pfändung und Verwertung beweglicher Sachen (§§ 888, 893) im eigenen Wirkungskreis vorzunehmen haben, hinsichtlich dieser Geschäfte aber im Bedarfsfall vom Vollstreckungsgericht mit Weisungen versehen werden können (§ 873) und ihm daher untergeordnet sind. Soweit die Gerichtsvollzieher auf dem Gebiete des Anordnungsvollzugs tätig werden (§§ 1020 ff.), erhalten sie ihre Aufträge von den Gerichten und können von diesen Weisungen erhalten (§ 1021). Soweit nicht der Gerichtsvollzieher für zuständig erklärt ist, ist das Vollstreckungsgericht zuständig.

§ 770. Mit § 770 beginnen die Bestimmungen, die sich auf die Verfahrensgestaltung beziehen. Zunächst wird ein Antrag des Gläubigers erfordert; auf ihm beruht die ganze Vollstreckung (vgl. auch § 771 Abs. 3, § 861 Abs. 2). In dem Antrag auf Erlassung eines Zahlungsbefehls ist der Vollstreckungsantrag nach näherer Maßgabe des § 801 Abs. 1 Satz 2 als bedingter enthalten. Bezieht sich der Vollstreckungsantrag auf einen streitgerichtlichen Titel, so kann er bei der Geschäftsstelle des Streitgerichts gestellt werden und ist von dieser an das Vollstreckungsgericht weiterzugeben (Abs. 1 Satz 1 a. E.). Der Antrag gilt in diesem Falle zugleich als Antrag auf Erteilung der Vollstreckungsklausel (§ 794 Abs. 3). Protokolliert zu werden braucht der mündliche Antrag nur, wenn er beim Streitgericht gestellt wird oder wenn er zugleich auf Erlaß eines Zahlungsbefehls gerichtet ist (§ 801 Abs. 1 Satz 1). Was den Inhalt des Vollstreckungsantrags betrifft, so braucht er, soweit kein besonderer Antrag vorgeschrieben ist (§ 929 Abs. 3, § 941 Abs. 1, §§ 973, 974, 976, 977), lediglich die Vollstreckung des in Frage stehenden Anspruchs, im Falle von § 793 Abs. 1 nach Maßgabe des in vollstreckbarer Ausfertigung beigefügten Schuldtitels zu verlangen. Es ist also grundsätzlich nicht notwendig, daß der Vollstreckungsgegenstand bezeichnet wird. Andererseits bedarf es keines besonderen Hinweises darauf, daß der Gläubiger gut daran tun wird, wie bisher anzugeben, welche Befriedigungsobjekte er ins Auge gefaßt hat, da er über Kenntnisse verfügen kann, die dem Vollstreckungsgericht zunächst mangeln. Es steht somit bei ihm, insbesondere z. B. die Pfändung einer bestimmten Forderung zu beantragen, und einem Antrag dieser Art ist grundsätzlich zu entsprechen (§ 771 Abs. 2). Während aber bisher ein solcher Antrag notwendig war, weil für die durch Beschluß vorzunehmenden und für die durch Besitzergreifung vorzunehmenden Vollstreckungshandlungen verschiedene Organe zuständig waren, hat er künftig, abgesehen von der Namhaftmachung der Forderung, nur die Bedeutung der Einwilligung in die Überweisung (§ 916 Abs. 1 Satz 2), dagegen ist er nicht mehr eine notwendige Voraussetzung der Forderungspfändung. Wird daher auch in Zukunft auf einen nichts Näheres enthaltenden Vollstreckungsantrag regelmäßig (vgl. Abs. 2 und § 847) die Vollstreckung in bewegliche Sachen, als dem im § 771 Abs. 1 aufgestellten Grundsatz entsprechend, zu versuchen sein, so ist es doch sehr wohl möglich, daß statt dessen oder daneben eine Forderung gepfändet wird, ohne daß ein darauf gerichteter Antrag vorliegen müßte; dies kann sich z. B. empfehlen, wenn dem Vollstreckungsgericht ohne Zutun des Gläubigers eine Forderung des Schuldners bekannt ist (etwa bei Gehaltsempfängern) und diese Forderung nach Lage der Sache ein zweckmäßigeres Vollstreckungsobjekt als das übrige bewegliche Vermögen darbietet (vgl. auch § 923).

Schon in der allgemeinen Begründung zu diesem Buche ist auf Seite 410 darauf hingewiesen, daß dem Gerichtsvollzieher im Falle des Abs. 2 sogleich die Aufforderung zur Abgabe einer schriftlichen Vermögenserklärung, ja die Ladung zur Vermögensoffenlegung zwecks Zustellung im Falle des Anlasses mitgegeben werden und so eine erhebliche Beschleunigung und Verschärfung der Vollstreckung erzielt werden kann. Folgt der Schuldner der Aufforderung oder Ladung nicht, so droht ihm eine von Amts wegen zu verhängende Strafe (§ 777) sowie die Behandlung als böswilliger Schuldner (Ermittelungen,

Sicherung, Verlust der Aussicht auf Schuldnerschutz; § 774, § 881 Abs. 3, § 950 Abs. 1 Satz 2, § 952). Bedenken gegen diese schärfere Behandlung des Schuldners dürften nicht bestehen. Wer seine Gläubiger nicht befriedigt, ist verpflichtet, wenigstens seine Verhältnisse offenzulegen.

§ 771. Um die gerichtliche Vollstreckungsleitung wirksam zu machen, erschien es angezeigt, für sie einen leitenden Grundsatz aufzustellen. Diesem Zwecke dient Abs. 1. Der Grundsatz gilt unmittelbar nur für das Vollstreckungsgericht, mittelbar aber auf seinem Gebiet auch für den Gerichtsvollzieher, da sein Verfahren auf dem Weg der Weisung (§ 873) oder auf Grund einer Erinnerung (§ 844) vom Vollstreckungsgericht jenem Grundsatz angepaßt werden kann.

Abs. 2 stellt klar, daß in erster Linie die Anregungen des Gläubigers zu befolgen sind, von ihnen also, außer wegen rechtlicher Bedenken, nur abgewichen werden darf, wenn sie sich als mit dem Grundsatz des Abs. 1 unvereinbar darstellen. Die Wahrung des Grundsatzes ist eine Angelegenheit des pflichtmäßigen Ermessens. Wegen der Haftung des Vollstreckungsgerichts und des Gerichtsvollziehers vgl. §839 Abs. 3 BGB. und oben S. 412 des allgemeinen Teils der Begründung zu diesem Buch.

Abs. 3 stellt sicher, daß einem Antrag des Gläubigers auf Einstellung oder Aufschub des Verfahrens unbedingt zu entsprechen ist; das gilt auch hinsichtlich einzelner Vollstreckungsmaßnahmen (z. B. im Fall der Freigabe). Der Gläubiger bleibt also auch in dieser Richtung Herr des Verfahrens; bei dem Gerichtsvollzieher kann der Gläubiger diesen Antrag unmittelbar stellen (§ 879 Abs. 1). In den Fällen dieses Absatzes sind auch die Formalien der Einstellung vereinfacht (§ 861 Abs. 2).

§ 772. Das Vollstreckungsgericht bedarf häufig gewisser Aufschlüsse und Erklärungen seitens der Beteiligten oder Dritter. Diese kann es mündlich oder schriftlich erholen. Kommt ein Dritter solchen Aufforderungen nicht nach, so fehlt es an einem Zwangsmittel, doch ist das Vollstreckungsgericht nicht gehindert, aus dem Verhalten des Dritten seine Schlüsse zu ziehen. Ist z. B. eine Sache im Gewahrsam des Schuldners gepfändet worden und hatte der Schuldner behauptet, an ihr bestehe ein Drittrecht, so kann das Vollstreckungsgericht, wenn ihm dies angezeigt erscheint, den Dritten fragen, ob er das Recht wirklich in Anspruch nehme. Schweigt der Dritte hierauf, so kann das Vollstreckungsgericht aus diesem Stillschweigen folgern, daß zu einer Entscheidung über das Drittrecht zur Zeit kein Anlaß bestehe; in ähnlicher Weise kann es zur Einleitung des Rückrufsverfahrens (§ 857) bestimmt werden. Dagegen ist dem Gläubiger und dem Schuldner gegenüber an das Ausbleiben der Antwort die ausdrückliche Fiktion der Zustimmung zu der etwa als beabsichtigt mitgeteilten Maßnahme geknüpft. Dies gilt sowohl, soweit eine Zustimmung vorgeschrieben ist (z. B. § 774 Abs. 2, § 857 Abs. 2, § 916 Abs. 1) als auch soweit sie dem Vollstreckungsgericht nur erwünscht erscheint (z. B. §§ 907, 922). Ist z. B. nach einer rechtmäßigen Pfändung ein Wechsel in den Beteiligten eingetreten und hängt sohin die Fortsetzung der Vollstreckung von der vorgängigen Umstellung des Titels ab (§ 834 Abs. 1), so kann das Vollstreckungsgericht dem Gläubiger eine Präklusivfrist für den Umstellungsantrag (§ 834 Abs. 2 a. A.) setzen und nach deren ergebnislosem Ablauf das Verfahren einstellen (§ 861 Abs. 1). Im übrigen gilt auch für die Verwertung der Nichtbeantwortung einer Frage durch den Gläubiger oder den Schuldner das hinsichtlich des Dritten Bemerkte; unwahre Auskünfte des Schuldners sind mit Strafe bedroht (§ 773). Durch diese Bestimmungen soll ein möglichst unbehinderter Verfahrensverlauf herbeigeführt werden.

Abs. 2 stellt klar, daß das Vollstreckungsgericht jederzeit eine mündliche Verhandlung anordnen kann. Besondere Folgen für die Verfahrensgestaltung treten durch eine solche Anordnung nicht ein, es ist also ohne Einfluß auf die Form der Entscheidung (§ 782), ob sie auf Grund einer Verhandlung oder ohne eine solche gefällt wird; vgl. aber § 1023 Nr. 1 (Ausschluß des Rechtspflegers). Einstweilige Verfügungen sollen in der Regel auf Grund einer Verhandlung ergehen (§ 1014 Abs. 2).

§ 773. Ein Schuldner, der eine vollstreckbare Forderung nicht erfüllt, muß für verpflichtet erachtet werden, seine Verhältnisse zu offenbaren. Damit ist bereits ausgesprochen, daß es ihm nicht gestattet werden kann, die Vollstreckung durch irreführende Angaben zu erschweren oder zu vereiteln. Die Verpflichtung zu wahrheitsgemäßen Angaben muß aber, wenn sie wirksam sein soll, durch eine Strafdrohung unterstützt werden. Daher sieht § 773 eine Prozeßstrafe für den Fall vor, daß der Schuldner zwecks Benachteiligung des Gläubigers dem Vollstreckungsgericht oder dem Gerichtsvollzieher wissentlich oder grob fahrlässig, sei es auf eine Frage, sei es aus eigenem Antrieb, etwas Unwahres angab. Die Bestrafung ist dem Richter vorbehalten (§ 1023 Nr. 10). Da die Verletzung der Offenlegungspflicht sowie der Verpflichtung zur Abgabe einer schriftlichen Vermögenserklärung unter eidesstattlicher Versicherung ihrer Richtigkeit im Falle der Verweigerung in § 777 Abs. 1, 2 mit Strafe bedroht ist (vgl. auch § 778) und im Falle der Unrichtigkeit der Angaben zu einer Bestrafung wegen Eidesverletzung oder Abgabe einer falschen Versicherung an Eidesstatt führt, beschränkt sich § 773 auf die wahrheitswidrigen Angaben, die sich der Schuldner außerhalb des Offenlegungsverfahrens und einer schriftlichen Vermögenserklärung unter eidesstattlicher Versicherung ihrer Richtigkeit zuschulden kommen läßt. Eine Strafbefugnis für den Fall des Mißbrauchs des Widerspruchsrechts gibt § 807 Abs. 4 dem Prozeßgericht.

§ 774. Das Vollstreckungsgericht kann seine Aufgaben nur erfüllen, wenn es eine selbständige Ermittelungsbefugnis hat. Welchen Gebrauch es von dieser Befugnis machen will, steht im allgemeinen in seinem Ermessen. Soweit eine Ermittelungspflicht besteht (vgl. d. Begr. zu § 780 unter II), gilt dies wenigstens für den Umfang der Ermittelungen. Für die Form der Ermittelungen und für die Zwangsmittel, auch für die Verweigerung und die Beeidigung von Aussagen, gelten, soweit es sich um prozessuale Beweismittel handelt, die Verfahrensvorschriften des zweiten Buchs. Daneben kommen als Ermittelungsbehelfe aber auch formlose Anfragen, Erkundungsaufträge an den Gerichtsvollzieher, u. U. polizeiliche Nachforschungen u. ä. in Betracht. Die Ermittelungen können sowohl Rechtmäßigkeits- und Ordnungsfragen (§ 780) als auch Zweckmäßigkeitsfragen betreffen.

In Abs. 1 ist als besonders wichtige Neuerung vorgesehen, daß das Vollstreckungsgericht vom Schuldner eine mit der eidesstattlichen Versicherung ihrer Richtigkeit zu versehende schriftliche Vermögenserklärung erfordern kann. Eine solche wird freilich nur in den einfacher gelagerten Fällen ausreichen. Daher konnte auch auf die förmliche, d. h. in einem Termin stattfindende Vermögensoffenlegung (Offenbarungseid) nicht verzichtet werden. Auch sie gehört aber nunmehr zu den dem freien Ermessen anheimgegebenen Ermittelungsbehelfen; ihre nähere Regelung ist in den §§ 775 bis 779, 866, 993 enthalten. Wie schon in der Begründung zu § 770 a. E. bemerkt, ist ein Schuldner, der seine Gläubiger nicht befriedigt, als zur Offenlegung seiner Verhältnisse verpflichtet zu erachten. Sobald diese Verpflichtung an weitere Voraussetzungen oder an einen Antrag geknüpft wird, verfehlt sie leicht ihren Zweck, da sie dann oft erst in einem Zeitpunkt verwirklicht wird, in dem der Schuldner seine Habe schon in Sicherheit gebracht hat. Es ist auch an sich nicht sachgemäß, wenn die Offenlegung, wie heute, am Schluß der Vollstreckung steht und ohne Rücksicht auf ihren Erfolg und auf das Vollstreckungsergebnis zur Eintragung in die Schuldnerliste führt. Nur der zahlungsfällig bleibende Schuldner muß in die Liste eingetragen werden; ob ein bestimmtes Ermittelungsverfahren — und ein solches ist das Offenlegungsverfahren — gegen ihn stattgefunden hat, ist dagegen für den Listeneintrag grundsätzlich gleichgültig. An die Offenlegung sind daher nachteilige Folgen nicht mehr geknüpft. Da infolge der Beseitigung des Antragserfordernisses auch der Gläubiger keinen unmittelbaren Einfluß auf die Anordnung der Offenlegung mehr hat, steht nichts im Wege, von allen besonderen Voraussetzungen, die dem Schuldner nur Verschleppungsmöglichkeiten bieten, abzusehen und die Offenlegung in jedem Verfahrenszeitpunkt zuzulassen, wenn ein Bedürfnis nach ihr besteht, insbesondere also eine schriftliche Vermögenserklärung nicht ausreichend erscheint. Auch daß der Schuldner verpflichtet ist, sich selbst zu belasten, steht der Beibehaltung des Offenbarungseides in Gestalt der Vermögensoffenlegung nicht entgegen. Denn es ist keine unzumutbare Belastung, sondern selbstverständlich, daß vorhandene Aktiven zur Gläubigerbefriedigung verwendet und daher angegeben werden müssen. Für diese Regelung erklärte sich die Mehrheit der Mitglieder der Zivilprozeßkommission.

Eine Schwierigkeit ergibt sich für das allgemeine Ermittelungsprinzip aus der Kostenfrage, da einerseits die, wenn auch nur hilfsweise, Übernahme der Kosten auf die Staatskasse (etwa nach strafprozessualen Grundsätzen) nicht in Betracht kommt und andererseits das im übrigen nahestehende Verfahren der freiwilligen Gerichtsbarkeit hier nicht als Vorbild dienen konnte, weil der Gläubiger zwar Interessent des Verfahrens ist, aber deswegen nicht für endgültig kostenpflichtig, sondern nur etwa für vorschußpflichtig und für hilfsweise kostenpflichtig erklärt werden kann; grundsätzlich kostenpflichtig muß vielmehr der Schuldner sein, doch wird der Gläubiger von jeder Minderung der Masse durch Kosten mitbetroffen. In der Regel werden besondere Ermittelungskosten vermeidbar sein; sind sie unvermeidbar und nicht nur unerheblich, so wird gemäß dem soeben Dargelegten grundsätzlich die Zustimmung des Gläubigers zu den Ermittelungen verlangt. Wie der Gläubiger mußte ein an der Kostentragung mitinteressierter Dritter behandelt werden, jedoch nur unter der Voraussetzung, daß es sich um Ermittelungen zu seinen Gunsten handelt. Hat z. B. ein Dritter Interventionsbeschwerde (§ 820 Abs. 2) eingelegt, so trägt er die Kosten, wenn er abgewiesen wird; es muß daher auch ihm ein gewisser Einfluß auf den Umfang der Ermittelungen zustehen, die aus Anlaß seiner Beschwerde stattfinden und auf die er schon wegen der Vorschrift in § 838 Abs. 2 entsprechend einwirken kann. Dagegen hat der Erwerber eines anfechtbar veräußerten Gegenstandes, obwohl er, wenn der Rückruf beschlossen wird, kostenpflichtig ist (§ 846 Abs. 4), kein Recht, mit Kostenbedenken in die Ermittelungen einzugreifen, die über die Rückrufbarkeit gepflogen werden. Werden Ermittelungen angestellt, weil das Vollstreckungsgericht die Frage des Drittrechts von Amts wegen klären will, so ist nur das Einverständnis des Gläubigers notwendig, da die Kostenpflicht des Dritten nur in Betracht kommt, wenn die Ermittelungen auf ein von ihm eingelegtes Rechtsmittel hin gepflogen werden.

Soll die Ermittelungsbefugnis des Vollstreckungsgerichts nicht lahmgelegt werden, so muß nicht nur das Zustimmungserfordernis auf den Fall der Erheblichkeit der Kosten beschränkt, sondern auch eine weitere Ausnahme für dringende Fälle gemacht werden. Ist es geboten, sofort eine, wenn auch kostspieligere, Ermittelungshandlung vorzunehmen, weil mit dem Zuwarten Gefahr verbunden wäre und etwa viele auswärtige Gläubiger beteiligt sind, so kann die Kostenfrage nicht in den Vordergrund gestellt werden; in der Regel wird hier die Zustimmung der Interessenten vermutet werden dürfen. Ein dringender Fall wird auch stets dann anzunehmen sein, wenn eine Ermittelungspflicht besteht (Begr. zu § 780 unter II). Da das Vollstreckungsgericht die Befriedigung der Gläubiger nach § 771 Abs. 1 auf die schnellste, einfachste und billigste Weise herbeizuführen hat, ist nicht zu befürchten, daß die Vollstreckungsgerichte in Verkennung ihrer Aufgaben nutzlose kostspielige Ermittelungen veranstalten werden.

Nicht selten werden nicht nur beweispflichtige Gläubiger, Schuldner oder Rechtsmittelführer (§ 798 Abs. 1 Satz 2, § 815 a. E., § 816 Abs. 1 Satz 2, § 834 Abs. 2 a. E., § 838 Abs. 2, § 950 Abs. 2 a. E., § 959 Abs. 2), sondern auch sonstige an einem Beweis Interessierte bei dem Vollstreckungsgericht die Vornahme gewisser Ermittelungen anregen. Diese Anregungen sind für das Vollstreckungsgericht in keinem Fall zwingend; ob ihnen zu entsprechen ist, soll vielmehr von ihrer Sachdienlichkeit abhängen. Wer eine bestimmte Ermittelung anregt, stimmt ihr im Sinne des Abs. 2 zu.

Der Rechtspfleger ist zur Anordnung und Entgegennahme der Offenlegung sowie zur Abnahme von Eiden nicht zuständig (§ 1023 Nr. 2).

§§ 775—779. Die §§ 775—779, ergänzt durch §§ 866, 969, 985 ff., insbes. § 993, regeln das Verfahren der förmlichen Vermögensoffenlegung; § 777 Abs. 2, 3 beziehen sich auch auf die bloß schriftliche Vermögenserklärung. Das Verfahren, das nur bei der Vollstreckung von Geldansprüchen und im Falle des § 969 in Betracht kommt, ist völlig neu gestaltet. Es ist kein Sonderverfahren mehr, das von einem Antrag des Gläubigers abhinge und eine erfolglose Vollstreckung voraussetzte, sondern ein dem Ermessen des Vollstreckungsgerichts zur Aufklärung des Massebestandes anheimgegebenes besonders geartetes Ermittelungsverfahren (vgl. aber auch § 866). Daher ist nicht mehr an die Leistung des bei der Offenlegung vom Schuldner zu erfordernden Eides, sondern an die Ergebnislosigkeit der Vollstreckung die Eintragung in die schwarze Liste geknüpft (§ 866 Abs. 1). Dem Ermittelungscharakter des Offenlegungsverfahrens entspricht es, daß im Falle der Verweigerung der Offenlegung bei gegebenen Voraussetzungen nicht nur wie bisher die Anordnung der Erzwingungshaft beantragt werden kann, sondern daß zunächst von Amts wegen eine Ordnungsstrafe verhängt wird, die in einer Geldstrafe oder in Haft bestehen kann (§ 777 Abs. 1). Dem Bestreben, die Zahl der förmlichen Eide zu vermindern trägt der Entwurf dadurch Rechnung, daß er es dem Ermessen des Vollstreckungsgerichts überläßt, an Stelle der Vermögensoffenlegung vom Schuldner nur eine schriftliche Vermögenserklärung unter eidesstattlicher Versicherung ihrer Richtigkeit zu erfordern. Dadurch soll nicht nur erreicht werden, daß die eidliche Vernehmung des Schuldners nur in wichtigeren Fällen stattfindet, in denen sie nach Lage des Falles angebracht und erforderlich ist; es soll gleichzeitig durch die sehr wesentliche Verminderung der Zahl der Eide dem Vollstreckungsgericht auch die Möglichkeit verschafft werden, die eidliche Vernehmung von Schuldnern dort, wo sie erforderlich wird, mit der wegen der Neuerungen des § 775 erforderlichen Gründlichkeit vorzunehmen. Verweigert der Schuldner auch nach einer Bestrafung gemäß § 777 Abs. 2 die Abgabe der schriftlichen Vermögenserklärung oder der eidesstattlichen Versicherung, so kann er mittels des Offenlegungsverfahrens (§§ 775, 778) zur Äußerung gezwungen werden. Der Gerichtsvollzieher kann angewiesen werden, die schriftliche Vermögenserklärung entgegenzunehmen und gleich zu verwerten. Über ihre Form und ihren Inhalt sind nähere Vorschriften nicht gegeben; das Ermessen des Vollzugsgerichts entscheidet.

Zu § 775. Vielfachen berechtigten Wünschen entsprechend ist der Inhalt des Vermögensverzeichnisses dahin erweitert worden, daß in ihm auch die unentgeltlichen und die an Verwandte geschehenen Veräußerungen der letzten zwei Jahre anzugeben sind. Außerdem soll der Schuldner verpflichtet sein, bestimmte Fragen der in Abs. 2 bezeichneten Art zu beantworten. Gegen diese Verschärfung der Offenbarungspflicht dürfte kein Bedenken bestehen, da einem Schuldner, der seinen Gläubiger nicht befriedigt, kein berechtigter Einwand dagegen zusteht, daß im Vollstreckungsverfahren sein Unvermögen von Amts wegen mit aller Strenge nachgeprüft wird.

Zu § 776. Ein Antrag des Gläubigers und ein Widerspruchsrecht des Schuldners, das (§ 900 Abs. 3 g. F.) zum Aufschub führen würde, ist nicht mehr vorgesehen. Das Vollstreckungsgericht hat die Rechtmäßigkeit der Vollstreckung von Amts wegen zu prüfen; treten Zweifel auf, so ist zu ihrer Klärung nach den allgemeinen Bestimmungen zu verfahren; besondere Voraussetzungen für die Offenlegungspflicht sind nicht mehr aufgestellt. Gegen den die Offenlegung anordnenden Beschluß hat der Schuldner die Vollstreckungsbeschwerde (§§ 838, 840, 841), der eine aufschiebende Wirkung nicht zukommt, aber eingeräumt werden kann (§ 839). Das bisherige Widerspruchsrecht des Schuldners wurde vielfach zur Verschleppung mißbraucht. Künftig spielt sich das ganze Verfahren, mit Ausnahme der Anordnung der Erzwingungshaft (§ 778), von Amts wegen ab; es wird ein Termin anberaumt, und der Schuldner geladen. Auch der Gläubiger ist zu benachrichtigen, doch ist seine Anwesenheit nicht notwendig.

Zu § 777. Bisher drohte dem Schuldner, der den Offenbarungseid verweigerte, nur die vom Gläubiger zu beantragende und auf Kosten des Gläubigers zu vollstreckende Erzwingungshaft (§§ 901, 911 g. F.). Da dem Schuldner hiernach bisher eine Gefahr nur drohte, wenn der Gläubiger sich zur Aufwendung weiterer Kosten entschloß, konnte die Verweigerung des Eides verhältnismäßig leicht gewagt werden. Der Entwurf verschärft daher die Sanktion für die Eidesweigerer; nach ihm soll von Amts wegen eine Ungehorsamsstrafe verhängt werden, wenn der Schuldner ohne rechtfertigenden Grund ausbleibt oder die Offenlegung verweigert. Es darf wohl als sicher angenommen werden, daß die Verweigerungsfälle dadurch seltener werden, weil ihnen die Strafe auf dem Fuße folgen würde. Eine starke Belastung der Staatskasse mit Strafvollzugskosten braucht also nicht befürchtet zu werden.

Obwohl die Strafe verwirkt ist, wenn der Tatbestand des Abs. 1 gegeben war, sieht Abs. 3 die Möglichkeit vor, sie nachträglich aufzuheben oder zu mildern, um den Schuldner durch die Strafe zugleich zur Erfüllung seiner Offenlegungspflicht anzuhalten. Aber auch wenn der Schuldner seine Pflicht nachträglich erfüllt, kann die Strafe ungemildert vollstreckt werden.

Die gleichen Grundsätze gelten nach Abs. 2 auch für die Verweigerung der Abgabe einer schriftlichen Vermögenserklärung. Dagegen bezieht sich § 778 nur auf die förmliche Vermögensoffenlegung (§ 775).

Zu § 778. Vgl. bisher §§ 901, 913 ZPO. Verweigert der Schuldner auch nach Verbüßung der Ungehorsamsstrafe weiterhin die Offenlegung, so kann der Gläubiger gegen ihn die Anordnung der Erzwingungshaft beantragen. Außer den allgemeinen Bestimmungen über den Vollzug der Haft (§§ 985—992) ist auch § 993 zu beachten. Im Gegensatz zu bisher wird in Abs. 2 der Antrag auf Anordnung der Erzwingungshaft und ihr Vollzug befristet, weil § 866 die Einstellung eines Vollstreckungsverfahrens wegen Vermögenslosigkeit des Schuldners unter Umständen erst zuläßt, wenn er sein Vermögen offengelegt oder die Erzwingungshaft verbüßt hat und dem der Fall gleichgestellt werden mußte, daß es weder zur Offenlegung noch zur Haftverbüßung kam. Dann war es aber notwendig, die Zulässigkeit des Verhaftungsantrags und des Haftvollzuges zu befristen, da andernfalls das Vollstreckungsverfahren auf unabsehbare Dauer in der Schwebe bleiben könnte.

Zu § 779. Vgl. bisher § 902 ZPO. Die Fassung des Schlußsatzes von Abs. 1 soll klarstellen, daß der Schuldner es sich gefallen lassen muß, wenn die Offenlegung nicht sofort, sondern erst in einem Zeitpunkt entgegengenommen wird, an dem der Gläubiger dem Termin beiwohnen kann. Dabei ist vorausgesetzt, daß dadurch das Verfahren nicht ungebührlich verzögert wird.

§ 780. I. Wie in der allgemeinen Begründung zu diesem Buch näher ausgeführt, muß dafür gesorgt werden, daß die Vollstreckung nicht ohne triftigen Grund und wirklichen Anlaß durch vorläufige Einstellungen behindert werden kann. Die Grundlage für den Kampf gegen unveranlaßte vorläufige Einstellungen bilden die §§ 780—782, ergänzt durch § 774, § 840 Abs. 2, §§ 842, 843 und § 870 Abs. 2. Der Kern der Regelung besteht darin, daß nicht nur wie bisher (§ 766 g. F.) gewisse untergeordnete Rechtsfragen und die Zweckmäßigkeitsfragen auf die Geltendmachung durch Erinnerung verwiesen sind, sondern daß wegen aller Rechtsfragen der Vollstreckung — wozu die Frage der Begründetheit des Titels zur Zeit seiner Entstehung nicht gehört — der Rechtsweg während der Anhängigkeit des Vollstreckungsverfahrens grundsätzlich überhaupt nicht oder doch nur mit Genehmigung des Vollstreckungsgerichts (§ 781) betreten werden kann. An die Stelle des Rechtswegs tritt das Vollstreckungsverfahren (§ 780 Abs. 1) einschließlich des Beschwerdeverfahrens, in den wichtigsten Fällen (§§ 842, 843) ein besonders gestaltetes

Beschwerdeverfahren. Dieses letztere ist nach Art eines Klageverfahrens gebildet, im übrigen aber werden die Entscheidungen im Vollstreckungsverfahren auf Grund der sachdienlichen Ermittelungen gefällt; die Antrags-, Behauptungs- und Beweispflicht ist — von Ausnahmen, wie etwa von den in §§ 798, 815, 816, § 834 Abs. 2 vorgesehenen Anträgen des Gläubigers und den Rechtsmitteln (§ 838 Abs. 2) abgesehen — beseitigt. Auf diese Weise ist das schleppende Klageverfahren zugunsten eines schleunigeren, unmittelbarer auf sein Ziel gerichteten Verfahrens ausgeschaltet. Kommt es zur Beschwerdeeinlegung oder zur Verweisung auf den Rechtsweg, so besteht keine Gefahr, daß mangels näherer Kenntnis der Sachlage vorsichtshalber die vorläufige Einstellung beschlossen wird, zumal das Vollstreckungsgericht keine Sache, bei der die vorläufige Einstellung in Betracht kommen könnte, an das Beschwerdegericht oder an das Streitgericht abgeben darf, ohne, sei es durch ihre Bewilligung, sei es durch den Hinweis auf ihre Unangebrachtheit, zur Frage der vorläufigen Einstellung Stellung genommen zu haben (§ 781 Abs. 2, § 840 Abs. 2).

Zur Durchführung dieses Grundsatzes bedurfte es einer eingehenderen Befassung mit den einzelnen Vollstreckungsvoraussetzungen und demgemäß einer stengeren Terminologie, als sie der geltenden ZPO. eigen sind. Die Form der Anordnungen des Vollstreckungsgerichts, das Rechtsmittel, die Prüfungspflicht und die Handhabung der Ermittelungsbefugnis, die Statthaftigkeit einer vorläufigen Einstellung, die Beschreitung des Rechtswegs, die Befugnisse des Rechtspflegers und insbesondere die Folgen eines Verstoßes hängen von Verschiedenheiten innerhalb der Vollstreckungsvoraussetzungen ab. Diese mußten daher mit Bestimmtheit festgelegt werden und zwar umsomehr, als die Prüfung der Vollstreckungsvoraussetzungen nicht mehr im wesentlichen an die Bedingung eines hierauf gerichteten Antrages (insbesondere einer Klage) geknüpft ist.

Die grundlegende Unterscheidung des Entwurfs ist die zwischen Rechts- und Ordnungsvoraussetzungen. Die Rechtsvoraussetzungen sind diejenigen, welche der Entwurf in zwingender Form aufstellt, die Ordnungsvoraussetzungen werden in Sollvorschriften gegeben (§ 780). Der zwingende Charakter einer Vorschrift ist an dem Gebrauch des Wortes »muß« kenntlich; in zwingendem Sinne werden in bezug auf die Vollstreckungsvoraussetzungen auch die Ausdrücke: »hat, hat nicht, ist zu ..., darf nicht« gebraucht. Ebenso wird mit den Worten »ist der Pfändung unterworfen« (vgl. § 928 Abs. 3, §§ 930—933) eine zwingende Voraussetzung aufgestellt; nicht minder ist die Regelung des Ranges der Pfändungspfandrechte (vgl. § 878 Abs. 2: »geht vor«, »werden ... gleichmäßig ... befriedigt«) zwingend. Auch diejenigen Vorschriften, die einen Vorgang für statthaft oder für unstatthaft erklären, stellen nach dem Sprachgebrauch des Entwurfs Mußvorschriften dar, während die einen Vorgang für zulässig oder unzulässig erklärenden Bestimmungen als Sollvorschriften gelten, also lediglich Ordnungsvoraussetzungen aufstellen. Wichtigste Beispiele für Ordnungsvoraussetzungen: die örtliche Zuständigkeit (§ 786), der Gewahrsam (§ 888 Abs. 2), die Pfändbarkeit nach §§ 955 ff.; Hauptfälle der Rechtsvoraussetzungen, abgesehen von den formellen wie Titel, Klausel, Umstellung, Zustellung: Fortbestand der Schuld (§ 818 Abs. 1, § 819), Zugehörigkeit des Pfandgegenstandes zum Vermögen des Schuldners, d. h. grundsätzlich desjenigen, gegen den der Titel errichtet oder umstellbar (§§ 833, 834) ist (§§ 820, 821).

Die rechtliche Beschaffenheit derjenigen Vollstreckungsakte, bei denen keine der zwingend aufgestellten Voraussetzungen (vgl. § 780 Abs. 1) verletzt wurde, kann man als Rechtmäßigkeit (vgl. auch §§ 1242, 1243 BGB.) bezeichnen. Es handelt sich dabei lediglich um die »Rechtmäßigkeit im Sinne der Vollstreckungsordnung«; Fragen, die außerhalb der Vollstreckung stehen, insbesondere die Frage, ob der durch den Schuldtitel belegte Anspruch überhaupt zur Entstehung gelangt war, bleiben außer Betracht. Demgemäß hat auch das Fehlen der Rechtmäßigkeit keine andere als die ihr in der Vollstreckungsordnung beigelegte Bedeutung, nämlich die, daß der mit dem Mangel behaftete Beschlagnahmeakt kein Pfandrecht zur Entstehung bringt (vgl. § 882 Abs. 1 Satz 1) und daß eine Verwertungshandlung, der die vollstreckungsmäßigen Rechtsvoraussetzungen fehlen, nur den gutgläubigen Erwerber zum Eigentümer macht (§ 887). Dagegen bedeutet das Fehlen der Rechtmäßigkeit nicht, daß der Akt als öffentlichrechtlicher nichtig wäre und die Beschlagnahme daher keinen strafrechtlichen Schutz genösse. Die öffentlichrechtliche Beschlagnahme muß allerdings — und zwar von Amts wegen — aufgehoben werden, wenn der Rechtmäßigkeitsmangel zutage tritt (vgl. § 861 Abs. 1), aber bis zu ihrer Aufhebung bleibt sie bestehen. Da die zwingend vorgeschriebene Form eines Aktes nicht zu seinen Voraussetzungen gehört, sondern Gültigkeitsbedingung ist, hat die Verletzung einer zwingenden Formvorschrift nicht einen bloßen Rechtmäßigkeitsmangel im angegebenen Sinne, sondern die volle Nichtigkeit des Aktes zur Folge (vgl. z. B. § 888 Abs. 1, § 889 Abs. 1 Satz 2 mit § 882 Abs. 1 Satz 1 a. A.). Insofern nun aber der Fortgang des Verfahrens in seiner Rechtmäßigkeit von der Gültigkeit der vorangegangenen Akte abhängt, gehören auch die zwingenden Formvorschriften mittelbar zu den Rechtsvoraussetzungen, nämlich zwar nicht für die formpflichtigen Akte selbst, wohl aber für die späteren, die auf ihnen beruhen. Ist z. B. übersehen, daß eine Pfändung an einem wesentlichen Formmangel litt und daher als Akt ungültig war und ist die Sache versteigert worden, so fehlte es an einer zwingenden Voraussetzung für die Versteigerung. Die Verwertungshandlung selbst aber ist — sofern sie nicht selber wegen eines Verstoßes gegen die für sie geltenden zwingenden Formvorschriften, z. B. § 893 Abs. 1, ungültig war — nicht ebenfalls ungültig, sondern nur nicht rechtmäßig; führt sie trotzdem wegen des guten Glaubens des Erwerbers den Rechtsübergang herbei (§ 887), so ermangelt daher doch die Befriedigung des Gläubigers aus dem Erlöse des Rechtsgrundes: das Fehlen der Rechtmäßigkeit eines Vollstreckungsaktes kann stets die Grundlage für eine Klage wegen ungerechtfertigter Bereicherung bilden. Was die Terminologie betrifft, so wird ein Akt, welcher der zu seiner Gültigkeit erforderlichen Form entbehrt oder von einem Unbefugten vorgenommen wird, als ungültig oder als nichtig bezeichnet; er entbehrt jeder beabsichtigten Rechtswirkung. Ein Akt, der zwar gültig war, aber einer zwingenden Voraussetzung ermangelte, wird als nicht rechtmäßig oder als rechtsunwirksam bezeichnet. Der Ausdruck »anfechtbar« wird nicht gebraucht, weil die Rechtmäßigkeit stets von Amts wegen zu beachten ist und die Ungültigkeit wie die Rechtsunwirksamkeit stets ipso jure (Ausnahmen: § 890 Abs. 2, § 901 Abs. 2) und ex tunc eintreten; daß sie auch durch Rechtsmittel geltend gemacht werden können, eine Anfechtbarkeit also im Sinne der Anfechtungsmöglichkeit besteht, ist rechtlich ohne Bedeutung. Ein ungültiger Akt kann nicht geheilt, sondern nur neu vorgenommen werden. Auch ein rechtsunwirksamer Akt kann keine Heilung erfahren, doch ist bei ihm u. U. rein tatsächlich eine vereinfachte Neuvornahme möglich.

Die rechtliche Beschaffenheit derjenigen Vollstreckungsakte, bei denen keine der nicht zwingend aufgestellten Voraussetzungen verletzt wurde, kann man als Ordnungsmäßigkeit bezeichnen (vgl. § 780 Abs. 2). Damit ein an sich rechtmäßiger Vollstreckungsakt zugleich auch ordnungsmäßig ist, ist also erforderlich, daß auch die Ordnungsvoraussetzungen gewahrt sind. Der bloße Verstoß gegen eine Ordnungsvoraussetzung hindert die Entstehung eines Pfandrechts nicht, doch muß die Pfändung und damit das Pfandrecht — mit Wirkung ex nunc — von Amts wegen aufgehoben werden (§ 882 Abs. 1 Satz 2, § 861). Ein nicht ordnungsmäßiger Verwertungsakt überträgt, sofern die Rechtsvoraussetzungen gewahrt waren, stets das Eigentum (vgl. § 887). Auch bei den Ordnungsvoraussetzungen handelt es sich im übrigen, wie der Zusammenhang dieser Darstellung ergibt, um Voraussetzungen rechtlicher Art, die Zweckmäßigkeit eines Aktes gehört nicht hierher, obwohl sie hinsichtlich der Anordnungsform (§ 782 Abs. 1 Satz 2) und des Rechtsmittels (§ 838 Abs. 1 Satz 2, § 844) grundsätzlich ebenso behandelt wird, wie die Ordnungsmäßigkeit.

II. Der Rechts- und Ordnungsmäßigkeit ist gemeinsam, daß sie in jeder Lage des Vollstreckungsverfahrens von Amts wegen zu beachten sind. Dies bedeutet an sich noch keine Prüfungs- oder gar Ermittelungspflicht, sondern es ist damit lediglich ausgesprochen, daß das Vollstreckungsgericht ohne Rücksicht auf die Haltung der Beteiligten zu erwägen hat, ob sich aus dem ihm vorliegenden Sachverhalt die Rechts- und Ordnungsmäßigkeit der Vollstreckung ergibt, und daß es ohne Rücksicht auf die Haltung der Beteiligten das Ergebnis dieser Erwägung zu beachten, das Verfahren also einzustellen hat, wenn die Rechts- oder Ordnungsmäßigkeit fehlt (§ 861), während es anderenfalls dem Verfahren seinen Fortgang lassen muß (§ 847). Nun ist die Vollstreckung aber rechts- und ordnungsmäßig nur dann, wenn alle Vollstreckungsvoraussetzungen gegeben sind. Müßte jedoch stets erschöpfend geprüft werden, ob keine der Voraussetzungen fehlt, so würde die Vollstreckung aufs schwerste gehemmt. Ohne Zweifel gibt es Vollstreckungsvoraussetzungen, die positiv vorliegen müssen, ehe die Vollstreckung durchgeführt werden darf. So muß z. B., was die Rechtsvoraussetzungen betrifft, ehe ein Zugriff stattfinden kann, geprüft und geklärt sein, daß ein Titel vorliegt und daß er zugestellt ist, daß er gegen den nunmehr Beteiligten umgestellt werden konnte und umgestellt ist u. dgl. Aus dem Bereich der Ordnungsvoraussetzungen muß in gleicher Weise feststehen, daß die örtliche Zuständigkeit gegeben ist und daß sich die zu pfändende bewegliche Sache im Gewahrsam des Schuldners, des Gläubigers oder eines mit der Pfändung einverstandenen Dritten befindet. Zu den zwingenden, für die Pfandrechtsentstehung wesentlichen Voraussetzungen muß aber auch gehören, daß die Schuld nicht bereits getilgt, zu den Ordnungsvoraussetzungen, daß die Sache nicht unpfändbar sei. Es könnte indessen unmöglich verlangt werden, daß vor jedem Zugriff erschöpfend geprüft und geklärt werde, ob sich auch in dieser Hinsicht alles in Richtigkeit verhalte. Dürfte z. B. erst vorgegangen werden, wenn über die Nichtzahlung Gewißheit bestände, so wäre ein sofortiger Zugriff, wie er doch in der Regel geboten ist, unmöglich. Ähnlich steht es mit der Frage des Drittrechts an einer im Gewahrsam des Schuldners vorgefundenen Sache und mit der Frage der Pfändbarkeit. Der Gewahrsam des Schuldners muß gewissermaßen eine Vermutung für sein Eigentum begründen und ebenso muß hinsichtlich der Pfändbarkeit zunächst von der Primafaciesachlage ausgegangen werden können. Trotzdem ist die Pfändung nicht rechtmäßig, wenn die Schuld in Wahrheit getilgt ist oder die Sache doch einem Dritten gehört, und nicht ordnungsmäßig, wenn dem ersten Anschein zuwider dennoch eine Pfändungsbeschränkung eingreift. Man muß also innerhalb der Vollstreckungsvoraussetzungen ungeachtet ihrer im übrigen bestehenden rechtlichen Gleichartigkeit solche unterscheiden, die nicht fehlen dürfen, und solche, die nicht vorliegen dürfen; man kann, wie bereits in dem allgemeinen Teil der Begründung zum 9. Buch bemerkt, jene die positiven oder eigentlichen, diese die negativen Vollstreckungsvoraussetzungen oder die Vollstreckungshindernisse nennen. Wollte man wegen der negativen Voraussetzungen auch in jedem Falle eine vorherige erschöpfende Prüfung vorschreiben, so würde der Verlauf der Vollstreckung unzweckmäßig erschwert. Der Entwurf geht deshalb von folgender Regelung aus: die Vollstreckung darf nur beginnen und fortgeführt werden, wenn die positiven Voraussetzungen feststehen, wenn also hinsichtlich der positiven Voraussetzungen kein Zweifel obwaltet, weil ihr Vorliegen offenkundig oder nachgewiesen oder durch einen vollstreckungsgerichtlichen Beschluß festgestellt ist. Ein solcher Beschluß kann auf eine Erinnerung hin (§ 844), bei gegebenem Anlaß aber auch von Amts wegen ergehen; in einigen Fällen ist das Vorliegen eines solchen Beschlusses selber eine positive Rechtsvoraussetzung (§ 797 mit § 793, § 815 Abs. 2 Satz 2 § 816 Abs. 1 Satz 1, § 834 Abs. 1, § 886 Abs. 2, § 960). Wenn sich eine positive Voraussetzung als nicht feststellbar erweist, ist das Vollstreckungsverfahren unter Aufhebung der bereits getroffenen Vollstreckungsmaßregeln einzustellen oder, wenn der Mangel nur eine einzelne Maßregel betrifft, diese Maßregel aufzuheben (§ 861). Ist dagegen unbekannt oder zweifelhaft, ob eine negative Voraussetzung vorliege, so wird der Fortgang der Vollstreckung nicht gehindert. Die Einstellung der Vollstreckung ist vielmehr erst notwendig, wenn das Vorliegen der negativen Voraussetzung, z. B. der Schuldtilgung feststeht, und dies gilt selbst dann noch, wenn gegen einen ihr Vorliegen verneinenden Beschluß die Beschwerde eingelegt ist. Schon bisher war ein Drittrecht erst zu beachten, wenn es durch Klage geltend gemacht wurde (§ 771 g. F., vgl. RG. ZS. Bd. 79 S. 243). Das Gleiche galt für die Tilgung der Schuld (§ 767 g. F.). Die Vorschriften der §§ 775, 815 Abs. 2 g. F. waren nur Anweisungen für das vorläufige Verhalten des Vollstreckungsorgans. Nun bedeutet die Anordnung, daß ein Umstand nur im Falle seiner Geltendmachung zu beachten sei, einmal, daß seine Berücksichtigung von einer Antragstellung abhängt, sodann aber in aller Regel auch, daß nur sein Vorliegen ein Vollstreckungshindernis darstellt, nicht aber sein Nichtvorliegen positive Voraussetzung ist. Überdies führt der Klageweg aus dem Vollstreckungsverfahren fort und nötigt darum in vielen Fällen zu einer vorläufigen Einstellung der Vollstreckung. Der Entwurf beseitigt daher den Klageweg, indem er dessen Beschreitung von der nur in bestimmten Fällen zulässigen vollstreckungsgerichtlichen Verweisung auf den Rechtsweg abhängig macht (§ 781) und den Klageweg somit für den Regelfall durch ein sich an das vollstreckungsgerichtliche Verfahren (§ 780 Abs. 1) anschließendes Rechtsmittelverfahren (§§ 840 ff., insbes.

§§ 842, 843) ersetzt. Es bleibt dann aber noch die Frage offen, ob nun die Beachtung des Mangels durch die Rechtsmitteleinlegung bedingt sein soll. Der Entwurf verneint dies. Die Rückkehr zum Antragsprinzip würde nicht nur, wie stets, eine Verschleppungsgefahr begründen, sondern auch der Tatsache nicht gerecht werden, daß einer fehlerhaften Vollstreckung der Fehler ohne Rücksicht darauf anhaftet, ob er antragsmäßig geltend gemacht wird oder nicht. Müßte eine negative Voraussetzung unberücksichtigt bleiben, solange sie nicht geltend gemacht ist, so würde das im Regelfalle zur Folge haben, daß der Ausgleich später im Prozeßwege gesucht würde; derartige Prozesse sollen nach Möglichkeit vermieden werden. Wird aber von dem Antragserfordernis abgesehen, so muß auf andere Weise der Tatsache Rechnung getragen werden, daß die Nichtzahlung und im Falle des Schuldnergewahrsams das Schuldnereigentum zunächst gewissermaßen vermutet werden müssen, weil sonst die Vollstreckung überhaupt nicht in Gang zu bringen wäre. Diesem Gedanken wird in der Weise Rechnung getragen, daß die genannten Voraussetzungen nur als negative aufgestellt werden. Für den Gerichtsvollzieher brauchten, anknüpfend an die geltenden Bestimmungen, nur Vorschriften aufgestellt zu werden, die sein vorläufiges Verhalten regeln (§ 879 Abs. 3, §§ 880, 895); auch seine Handlungen indessen sind vom Standpunkte des Entwurfs aus Handlungen, für die das Vollstreckungsgericht die Verantwortung trägt und für deren Rechts- und Ordnungsmäßigkeit es daher auf die gleiche Weise wie für die seiner eigenen Handlungen zu sorgen hat.

Die Unterscheidung der positiven und negativen Voraussetzungen ist auch für die Gestaltung des vollstreckungsgerichtlichen Ermittelungswesens von Wichtigkeit. Schon im allgemeinen Teil der Begründung zum 9. Buch ist ausgeführt, daß das Vollstreckungsgericht eine eigene Ermittelungsbefugnis erhalten muß, wenn eine wesentliche Schwäche des bisherigen Verfahrens behoben werden soll. Bei dem Gebrauch dieser Befugnis, die im § 774 festgelegt ist, wird sich das Vollstreckungsgericht auch auf dem Gebiet der Voraussetzungsermittelung von dem Grundsatz des § 771 Abs. 1, also von Zweckmäßigkeitserwägungen leiten zu lassen haben. Hierbei kann es gegenüber negativen Voraussetzungen im allgemeinen sein Bewenden haben. Zweifel darüber, ob der Vollstreckung eine negative Voraussetzung, z. B. die Schuldtilgung, entgegenstehe, wird es durch eigene Ermittelungen also nur klären, wenn es ausreichende Anhaltspunkte dafür hat, daß die negative Voraussetzung gegeben sein könnte. Andernfalls kann es die Erinnerung des Schuldners (§ 819 Abs. 1, § 844) abwarten und je nach der Triftigkeit und Beweisbarkeit des Vorgebrachten auch jetzt noch, von eigenen Ermittelungen absehend, einen Beweis für den Einwand verlangen oder den Schuldner auf den Rechtsweg verweisen (§ 781). Allerdings wäre dem Verfahren im ganzen nicht damit gedient, wenn das Vollstreckungsgericht von Ermittelungen über negative Voraussetzungen ohne Ausnahme absehen würde. Denn dann bestände die Gefahr, daß der Antragsteller das Beschwerdegericht anriefe und daß sich dieses nicht wegen der vermutlichen Begründetheit des Vorbringens, sondern allein wegen der bisherigen Ungeklärtheit des Sachverhalts zur vorläufigen Einstellung der Vollstreckung genötigt sähe. Daher ist im § 840 Abs. 2 ausdrücklich vorgesehen, daß das Vollstreckungsgericht eine Sache dem Beschwerdegericht erst vorlegen darf, wenn es sich — gegebenenfalls nach Vornahme der notwendigen Ermittelungen — darüber klar geworden ist, ob ein Anlaß zur vorläufigen Einstellung besteht oder nicht, und diese Vorschrift gilt auch dann, wenn es sich um eine negative Voraussetzung handelt. Aus den gleichen Gründen ordnet § 781 Abs. 2 etwas ähnliches für den Fall an, daß das Vollstreckungsgericht die Klärung einer der dort aufgeführten Voraussetzungen auf den Rechtsweg verweisen will und unter diesen Voraussetzungen sind die negativen die wichtigsten. Das Vollstreckungsgericht kann sich daher auch in dem früheren Verfahrensstadium gegen die Aufklärung negativer Voraussetzungen nicht einfach ablehnend verhalten, wenn es den Anforderungen eines zweckmäßigen Verfahrensbetriebs genügen will. Noch in einem weiteren Falle besteht eine Ermittelungspflicht auch in bezug auf negative Voraussetzungen. Ist nämlich ein Rechts- oder Ordnungsmangel glaubhaft gemacht (§ 871 Abs. 1) und das Verfahren vorläufig eingestellt worden (§ 869), so muß dieser Hemmungszustand möglichst schnell beseitigt werden. Die in § 870 Abs. 2 vorgesehene Ermittelungspflicht ist daher auch dann gegeben, wenn der Mangel im Vorliegen einer negativen Voraussetzung besteht. Die Ermittelungspflicht gilt für das Vollstreckungsgericht wie in den Fällen der §§ 840, 841 — nicht in denen der §§ 842, 843 — für das Beschwerdegericht. Die Ermittelungspflicht endet für das Vollstreckungsgericht mit der Verweisung auf den Rechtsweg oder mit der Aktenabgabe an das Beschwerdegericht, da die Tätigkeit des Vollstreckungsgerichts dann beendet ist. Trotz dieser Ausnahmen bleibt aber bestehen, daß sich das Vollstreckungsgericht hinsichtlich der Prüfung der negativen Voraussetzungen und ihrer Aufklärung durch eigene Ermittelungen eine gewisse Zurückhaltung auferlegen kann. Gegenüber positiven Voraussetzungen vermag dagegen eine so weitgehende Ermessensfreiheit nicht anerkannt zu werden; hier besteht vielmehr eine Prüfungspflicht und hier ergibt sich aus dem Grundsatz des § 771 Abs. 1 vielfach geradezu auch eine Ermittelungspflicht. Allerdings muß der Gläubiger zahlreiche positive Voraussetzungen seinerseits urkundlich belegen (Titel, Klausel, u. U. eine Zustellung), für andere soll er die Beweismittel angeben und die Beweisurkunden nach Möglichkeit beifügen (§ 798 Abs. 1, §§ 815, 816, § 834 Abs. 2 a. E.; vgl. auch die Liquidstellung nach § 798 Abs. 2). Das gleiche ist in § 838 Abs. 2 dem Rechtsmitteleinleger zur Pflicht gemacht. Allein das Vollstreckungsgericht ist an diese Beweisangebote nicht gebunden (§ 774 Abs. 3) und keineswegs gehindert, auch solche Beweise zu erheben, die nicht angeboten sind. Freilich kann das Vollstreckungsgericht einen Gläubigerantrag auf den Rechtsweg verweisen (§ 781), wenn der Antrag nicht mit der vorgeschriebenen Beweismittelangabe versehen ist. Da jedoch dann wie stets, wenn eine noch nicht beschlußmäßig festgestellte positive Voraussetzung sich als noch nicht ausreichend geklärt erweist und nicht unverzüglich geklärt werden kann, das Verfahren unter Aufhebung der etwa bereits getroffenen Vollstreckungsmaßregeln endgültig eingestellt oder doch die Aufhebung der von dem Mangel betroffenen Maßregel verfügt werden müßte (§ 861), können eigene Ermittelungen des Vollstreckungsgerichts besonders dann veranlaßt sein, wenn eine Pfändung bereits stattgefunden hat und die Zweifel hinsichtlich einer positiven Voraussetzung erst später hervorgetreten sind. Auch wenn das Vollstreckungsgericht, wie im Falle des § 834 Abs. 2, vgl. auch § 857, von Amts wegen einen Entschluß fassen muß oder fassen will, hat es die erforderlichen Ermittelungen selbst anzustellen. Nicht anders steht es, wenn wegen angeblicher Verletzung einer positiven Voraussetzung ein Rechtsmittel eingelegt ist. Im Falle der Beschwerde muß sich das Vollstreckungsgericht nun darüber schlüssig werden, ob es seinen Beschluß aufrechterhalten oder aufheben will (§ 840 Abs. 3) und hierbei kann es sich, wie bei der Würdigung einer Erinnerung (§ 844), zwecks rascher Klärung der Sachlage zu Ermittelungen genötigt sehen. In den Fällen des § 841, nicht in denen der §§ 842, 843, steht auch das Verfahren des Beschwerdegerichts unter den Vorschriften für das vollstreckungsgerichtliche Verfahren; das über die Ermittelungen Ausgeführte gilt daher in diesem Umfang auch für das Beschwerdegericht (§ 841 Abs. 1 Satz 3). Dazu kommt noch etwas weiteres. Nach § 861 Abs. 1 ist die Vollstreckung (sei es auch nur in bezug auf einen einzelnen Gegenstand) endgültig einzustellen, wenn die Rechts- oder Ordnungsvoraussetzungen nicht oder nicht mehr bestehen. Soweit es sich dabei um negative Voraussetzungen handelt, kann, wenn ein mit einer entsprechenden Glaubhaftmachung (§ 871) versehener Antrag (§ 869 Abs. 1) vorliegt, die endgültige Einstellung zunächst durch die vorläufige Einstellung ersetzt und die weitere Klärung abgewartet werden (§ 862 Abs. 1 Satz 1). Handelt es sich dagegen um eine positive Voraussetzung, so ist der Ersatz der endgültigen durch die vorläufige Einstellung — von gewissen eigens aufgeführten Ausnahmen abgesehen — nur möglich, wenn das Vollstreckungsgericht das Vorliegen der Voraussetzung bereits beschlußmäßig festgestellt hat, nicht dagegen, wenn es ihr Vorliegen beschlußmäßig verneint oder überhaupt noch keinen Beschluß erlassen hat (§ 862 Abs. 1 Satz 2). Es ist dies deswegen vorgesehen, weil sich bei völliger Ungeklärtheit einer positiven Voraussetzung oder wenn bereits ein Beschluß ihr Vorliegen verneint hat, eine auch nur vorübergehende Aufrechterhaltung eines Vollstreckungsaktes nicht rechtfertigen läßt; das gleiche gilt hinsichtlich eines Aufschubs nach § 839. Ist die vorläufige Einstellung statthaft, so gilt die Ermittelungspflicht des § 870 Abs. 2. Ist sie aber nach dem Ausgeführten unstatthaft, so steht das Vollstreckungsgericht vor der Frage, ob es das Verfahren endgültig einstellen muß oder das Vorliegen der positiven Voraussetzung anerkennen kann. Diese Zweifel muß es wieder durch eigene Ermittelungen klären. Solange diese Ermittelungen im Gange sind, tritt allerdings notwendig ein Schwebezustand ein, der sich aber von einer förmlichen Verfahrenshemmung schon dadurch unterscheidet, daß seine Beendigung ganz in der Hand des Vollstreckungsgerichts liegt. Eine ähnliche Ermittelungspflicht wie hinsichtlich der positiven Vollstreckungsvoraussetzungen besteht gemäß § 858 Abs. 1 Satz 2 hinsichtlich der Rückrufsvoraussetzungen, wenn der Gegenstand bereits vorläufig gesichert oder schon gepfändet (§ 858 Abs. 2) ist.

Was für die Prüfung und Ermittelung der Rechtsvoraussetzungen gilt, gilt analog auch für die der Ordnungsvoraussetzungen. Der Beginn und Fortgang der Vollstreckung ist also davon abhängig, daß die positiven Ordnungsvoraussetzungen feststehen und daß nicht das Eingreifen einer negativen Ordnungsvoraussetzung ersichtlich ist. Eine Verweisung auf den Rechtsweg kommt bei den Ordnungsvoraussetzungen nicht in Betracht.

Wegen der Bedeutung der positiven und negativen Voraussetzungen für den Gerichtsvollzieher vgl. die Begründung zu § 873.

Der Entwurf läßt bei jeder Bestimmung aus der Wortfassung ersehen, ob es sich im einzelnen Fall um eine positive oder um eine negative Voraussetzung handelt. Die Formel für die positiven Voraussetzungen lautet: »ist nur statthaft (zulässig), wenn ..., darf (soll) nur, wenn ...«; auch wenn eine Vorschrift, zwingend oder nicht zwingend, ohne einen auf den negativen

Charakter der Voraussetzung hinweisenden Zusatz gefaßt ist, stellt sie eine positive Voraussetzung auf. Die Formel für die negativen Voraussetzungen lautet: »ist unstatthaft (unzulässig), wenn ...«; auch wo gesagt ist, daß etwas nur zu beachten sei, wenn es feststehe, ist eine negative Voraussetzung aufgestellt, da deren Wesen eben darin besteht, im Stadium der Ungeklärtheit an sich noch keine hindernde Wirkung auf den Verfahrensfortgang auszuüben.

Die wichtigsten positiven Rechtsvoraussetzungen sind folgende:

Antrag (§§ 770, 801);
Schuldtitel (§§ 792, 800 mit 805, 822—832; vgl. § 820);
Vollstreckungsklausel (§§ 793, 798, 799);
Voraussetzungen für die besondere Vollstreckungsklausel (§ 797);
Zustellungen (§§ 814, 834, 909, 917, 923, 924);
Namentliche Bezeichnungen (§ 814);
Eintritt des Termins oder der Bedingung (§§ 815, 816);
Fristenablauf (§ 817);
Nichtvorliegen eines Drittrechts bei einer Pfändung außerhalb des Schuldnergewahrsams (§ 820; vgl. § 821 Abs. 2);
Umstellungsvoraussetzungen (§ 833);
Umstellungsbeschluß (§ 834);
Vollstreckungsbedingungen im Falle des § 852;
Zugehörigkeit zur haftenden Masse im Falle des § 853 (vgl. § 820);
Rangvoraussetzungen (§ 883);
Nichtbeschlagnahme als Voraussetzung für die Pfändung stehender Früchte (§ 890 Abs. 1 Satz 1);
Vollstreckungsvoraussetzungen bei Widerspruch eines Immobiliargläubigers (§ 890 Abs. 2);
Pfändungsunterworfenheit (§§ 928, 930—933);
Voraussetzungen für die Immobiliarvollstreckung, insbesondere Eigenschaft als Nichtzubehör (§§ 941 ff.);
Bestand der Forderung als Voraussetzung für Arrest und einstweilige Verfügungen (§§ 994, 1013).

Die wichtigsten negativen Rechtsvoraussetzungen sind folgende:

Vollstreckungsabwendende Umstände (§§ 818, 819),
Drittrecht bei Pfändungen innerhalb des Schuldnergewahrsams (§ 821 Abs. 1),
Bestehen einer Haftungsbeschränkung (§ 854),
Feststehen eines Vorzugsrechts eines Dritten (§ 886).

Die wichtigsten positiven Ordnungsvoraussetzungen sind:

Örtliche Zuständigkeit (§ 786);
Voraussetzungen für die Erteilung einer weiteren vollstreckbaren Ausfertigung (§ 795);
Voraussetzungen für die Vollstreckung zur Nachtzeit und an Sonn- und Feiertagen (§ 874);
Verbot der Überpfändung und der nutzlosen Pfändung (§ 881 Abs. 1 Satz 3, Abs. 2);
Gewahrsam (§ 888 Abs. 2);
Zeitliche Voraussetzungen für die Pfändung stehender Früchte (§ 890 Abs. 1 Satz 2);
Arrestgrund als Voraussetzung für Arrest und einstweilige Verfügungen (§§ 995, 996, 1012, 1017).

Die wichtigsten negativen Ordnungsvoraussetzungen sind:

Besitzpfandrecht im Falle des § 851;
Vollstreckungsbeschränkung aus dem Gesichtspunkt der guten Sitten (§ 872);
Pfändungsbeschränkungen (§§ 955—967 mit § 881 Abs. 1 Satz 2).

III. § 780 stellt den Unterschied zwischen den Rechts- und den Ordnungsvoraussetzungen auf und bestimmt, daß über die Rechtsvoraussetzungen grundsätzlich im Vollstreckungsverfahren selbst, also von dem Vollstreckungsgericht und den Beschwerdeinstanzen und nicht mehr auf dem Klageweg zu entscheiden ist (Abs. 1), sowie daß über Ordnungsvoraussetzungen überhaupt nur noch im Vollstreckungsverfahren und nicht mehr auf dem Klageweg entschieden werden kann (Abs. 2).

Bisher war eine Stellungnahme zu Rechtsvoraussetzungen der Vollstreckung ohne Klage in den Fällen der §§ 726—729 ZPO. g. F. möglich. Daran hat der Entwurf nichts wesentliches geändert. Wie bisher kann der Rechtspfleger (vgl. § 1023 Nr. 6) einem Antrag des Gläubigers auf Erteilung der besonderen Vollstreckungsklausel (§ 798 Abs. 1) und auf Erteilung der Umstellung (§ 834 Abs. 2 a. E.) ohne weiteres stattgeben, wenn die Voraussetzungen hierfür (§§ 797, 833) auf die vorgeschriebene Weise liquid gestellt sind. Der wesentliche Unterschied gegenüber dem geltenden Recht besteht aber darin, daß, wenn diesen Liquiditätserfordernissen nicht genügt ist, nicht wie bisher der Klageweg beschritten werden muß, sondern daß die Zuständigkeit des Vollstreckungsgerichts (des Richters; § 1023 Nr. 6) zur Bescheidung der Anträge auch bei fehlender Liquidität besteht, und weiter darin, daß auch wenn es sich um andere Rechtsvoraussetzungen als die genannten handelt, die Beschlußfassung dennoch dem Vollstreckungsgericht zusteht. Es muß dann die Beteiligten hören und, wenn ein Ermittelungsbedürfnis besteht, die ihm angezeigt erscheinenden Ermittelungen vornehmen. In den Fällen der § 797 Abs. 1, § 834 Abs. 2 ist der Gläubiger zur Angabe der Beweismittel verpflichtet; wie weit auf seine Beweisangebote einzugehen ist, regelt sich nach § 774 Abs. 3. In all diesen Fällen, in denen bisher im Falle der Illiquidität regelmäßig der umständliche Klageweg beschritten werden mußte, ist also nun das Vollstreckungsgericht befugt, sein einfacheres, unmittelbarer auf den Zweck gerichtetes und in aller Regel auch zur Zweckerreichung geeigneteres Verfahren eintreten zu lassen; nach den gleichen Regeln verfährt das in Einzelfällen an die Stelle des Vollstreckungsgerichts tretende Streitgericht (§ 796 Abs. 3 mit § 799 Abs. 1 Nr. 1, § 837). Während der Anhängigkeit des Vollstreckungsverfahrens, d. h. von dem Eingang des Vollstreckungsantrags an bis zur endgültigen Einstellung des Verfahrens (in bezug auf eine einzelne Sache also von der Pfändung bis zu der Aufhebung der Pfändung) ist hiernach die Beschreitung des Rechtsweges wegen einer Rechtmäßigkeitsfrage grundsätzlich ausgeschlossen. Denn anderenfalls könnte das Vollstreckungsverfahren durch Klagen über Streitpunkte behindert werden, die in dem Vollstreckungsverfahren selbst ausgetragen werden können. Eine Ausnahme von diesem Grundsatz versteht sich von selbst: Hat das Vollstreckungsgericht gemäß § 781 einen Antragsteller auf den Rechtsweg verwiesen, also gewissermaßen die Beschreitung des Rechtswegs genehmigt, so muß die Klageerhebung auch während der Anhängigkeit der Vollstreckung statthaft sein. Doch ist noch eine weitere Ausnahme notwendig. Es kann nämlich dem Gläubiger nicht zugemutet werden, einen Antrag nach § 798 Abs. 1, § 834 Abs. 2, mit dem er, wenn die in § 798 Abs. 2 vorgesehenen Belege nicht zur Verfügung stehen, auf den Rechtsweg verwiesen werden kann (§ 781), stets, auch auf die Gefahr der Verweisung hin, zunächst bei dem Vollstreckungsgericht zu stellen. Es kann vielmehr seiner Wahl überlassen werden, ob er das Vollstreckungsgericht angehen oder sogleich den Klageweg beschreiten will. Daher wird der Rechtsweg für diese Anträge (vgl. die bisherige Klage aus § 731 ZPO.) ohne Rücksicht darauf eröffnet, ob eine Verweisung stattgefunden hat (§ 799 Abs. 3, § 834 Abs. 2 a. E.). War der Vollstreckungsantrag noch nicht gestellt, so war das Verfahren noch nicht anhängig und besteht gegen die Beschreitung des Klagewegs schon an sich kein Hindernis. Der Gläubiger kann hiernach vor Beginn der Vollstreckung auf Erteilung der besonderen Vollstreckungsklausel (§ 797) oder der Umstellung (§ 833) klagen, wenn er den Antrag nicht im Beschlußverfahren stellen will; wegen der Zuständigkeit für die Klage siehe § 845 Abs. 3. Da es aber auch möglich ist, daß die Anträge erst nach Beginn der Vollstreckung notwendig werden, mußte die Zulässigkeit der Klage auch für die Zeit der Anhängigkeit des Verfahrens vorgesehen werden. Wird die Notwendigkeit der besonderen Klausel oder der Umstellung versehentlich erst nach dem Beginn der Vollstreckung entdeckt, so muß das Verfahren wegen des Fehlens einer positiven Rechtsvoraussetzung eingestellt werden und es handelt sich daher bei dem nachträglichen Antrag auf die Erteilung der Klausel oder Umstellung nicht mehr um einen während des Vollstreckungsverfahrens zu bescheidenden Antrag.

Soweit hiernach die freiwillige Beschreitung des Rechtswegs wegen einer Rechtmäßigkeitsfrage ausgeschlossen ist, steht zur Herbeiführung der materiellen Rechtskraft der Beschwerdeweg zur Verfügung (vgl. § 841 Abs. 2, § 843 Nr. 5), der in den wichtigsten Fällen — nämlich dort, wo bisher eine Klage notwendig war — zu einem mit einem Urteil schließenden, förmlichen Prozeßverfahren führt (§§ 842, 843). Mit Rücksicht darauf, daß die Beschwerde nur dem Beschwerten zusteht, daß aber auch der im Vollstreckungsverfahren mit seinen Anträgen Durchgedrungene ein Interesse daran haben könnte, den Schutz der materiellen Rechtskraft zu erlangen, ließen sich gegen die vorgeschlagene Regelung Bedenken erheben. Hat z. B. das Vollstreckungsgericht das Nichtvorliegen eines behaupteten Drittrechts beschlußmäßig festgestellt und legt der Dritte keine Beschwerde ein, so kommt es nicht zu einer der materiellen Rechtskraft fähigen Entscheidung, und der Gläubiger ist gegen eine spätere Bereicherungsklage des Dritten nicht durch die Rechtskraft geschützt. Der Entwurf vermochte diesen Bedenken durchgreifende Bedeutung nicht zuzuerkennen; der ungehinderte Verlauf der Vollstreckung, auf den es zunächst ankommt, schien ihm wichtiger. Eine spätere Klage (z. B. die Klage aus § 812 BGB.) ist ja auch im Falle einer freiwilligen Schulderfüllung stets möglich, und es fehlt dann ebenfalls an einer rechtskräftigen Feststellung des Anspruchs des Gläubigers. Vor allem aber ist für die hier in Betracht kommenden Klagen die Stellung des Klägers prozessual und oft auch materiell sehr ungünstig. Denn in der Unterlassung der Beschwerde kann geradezu ein Primafacie-Beweis für die Unbegründetheit der Klage erblickt werden (vgl. auch die ausdrückliche Umkehrung der Beweislast, welche für die Klage des Schuldners in § 845 Abs. 1 vorgesehen ist), jene Unterlassung kann sich gegebenenfalls als konkurrierendes Verschulden oder als Einverständniserklärung darstellen und dergl. Glaubt ein Beteiligter aber trotzdem, sich mit der Erreichung seines Zwecks im Vollstreckungsverfahren nicht begnügen zu können, sondern sich auch die materielle Rechtskraft sichern zu müssen, so ist er nicht gehindert, eine auf das zugrundeliegende materielle Rechtsverhältnis — in dem Beispielsfalle also auf das Eigentum — gerichtete Klage anzustellen. Diese Klage betrifft nicht die Rechtmäßigkeit der Vollstreckung, sondern eine Vorfrage, die gerade nicht in bezug auf die Vollstreckung, sondern — in dem Beispielsfalle — in bezug auf die Frage der Bereicherung angestellt wird. Aus diesem Grunde fiele eine solche Klage, wie nicht unter § 780 Abs. 1, so auch nicht unter § 869.

Was die Ordnungsvoraussetzungen betrifft, so bedeutet die in Abs. 2 getroffene Regelung, daß spätestens mit der endgültigen Einstellung des Vollstreckungsverfahrens alle bisher nicht beachteten Ordnungsmängel im Verhältnis der Beteiligten zueinander unerheblich werden, wogegen nach Abs. 1 Rechtmäßigkeitsmängel, soweit nicht über sie bereits eine rechtskräftige Entscheidung des Beschwerde- oder Streitgerichts ergangen ist, nach dem Abschluß der Vollstreckung ungehindert im Prozeß geltend gemacht werden können, allerdings nicht um die abgeschlossene Vollstreckung nachträglich rückgängig zu machen, wohl aber, um aus dem Rechtmäßigkeitsmangel Bereicherungs- oder Schadensersatzansprüche herzuleiten. Der Rechtsweg eignet sich wenig zum Austrag von Ordnungsmängeln, sein Ausschluß rechtfertigt sich überdies — auch gegenüber dem Drittschuldner — dadurch, daß die Ordnungsmäßigkeit jedes Aktes nun in jeder Verfahrenslage von Amts wegen zu beachten ist und daher auch aus nachträglich entdeckten Ordnungsmängeln von Amts wegen im Vollstreckungsverfahren die notwendigen Folgen gezogen werden müssen.

Der Gegensatz von verzichtbaren und unverzichtbaren Voraussetzungen deckt sich nicht mit dem Unterschied von Rechts- und Ordnungsvoraussetzungen. Verzichtbar sind diejenigen Voraussetzungen, die zugunsten eines Beteiligten aufgestellt sind und nur ihn als Einzelperson, nicht aber ihn neben anderen oder als Angehörigen einer Gemeinschaft angehen. Daher sind z. B. zwischen den Gläubigern abweichende Vereinbarungen über den Rang ihrer Pfandrechte möglich, obwohl die Rangregelung zwingend vorgeschrieben ist; vgl. auch S. 482 unten dieser Begründung. Andererseits kann auf die Pfändungsbeschränkungen nach §§ 955 ff., da sie überindividuelle soziale Zwecke verfolgen, nicht in einer für das Vollstreckungsgericht beachtlichen Weise verzichtet werden, obwohl es sich nur um Ordnungsvorschriften handelt. Daß Ordnungsmängel spätestens mit der Einstellung des Vollstreckungsverfahrens unerheblich werden, ist nicht eine Folge ihrer Verzichtbarkeit, da auch ihre Beachtung rechtlich nicht von einer Geltendmachung abhängt.

§ 781. Die Tätigkeit des Vollstreckungsgerichts würde ohne ausreichenden Anlaß in Anspruch genommen, wenn der Grundsatz des § 780 Abs. 1 ausnahmslos durchgeführt würde und es verpflichtet wäre, während der Anhängigkeit des Vollstreckungsverfahrens über jede Rechtmäßigkeitsfrage in erster Instanz selbst zu entscheiden. Daher gestattet es § 781 dem Vollstreckungsgericht, in bestimmten Fällen einen Antragsteller — durch Verfügung; § 782 — auf den Rechtsweg zu verweisen und sich selbst mit der Entscheidung der aufklärungsbedürftigen Fragen nicht weiter zu befassen. Aus den in den Erläuterungen zu §§ 842, 843 angegebenen Gründen hat sich der Entwurf veranlaßt gefunden, diese Verweisung auf den Rechtsweg nicht allgemein, sondern nur in einzeln aufgeführten Fällen zuzulassen und im übrigen dem

Bedürfnis nach einem Urteilsverfahren durch die Gewährung der besonderen Vollstreckungsbeschwerde (§§ 842, 843) Rechnung zu tragen. Als zur Verweisung auf den Rechtsweg geeignet erweisen sich dabei zwei Gruppen von Fällen, denen gemeinsam ist, daß sie leicht zu einer Belastung des Vollstreckungsgerichts mit Fragen führen können, die in keinem näheren Zusammenhang mit dem anhängigen Verfahren stehen. Es sind dies einmal (Abs. 1 Satz 1) die Fälle des Gläubigerantrags auf Erteilung der besonderen Vollstreckungsklausel (§ 798 Abs. 1) oder auf Umstellung eines Schuldtitels (§ 834 Abs. 2), sofern nicht nach § 798 Abs. 2 verfahren werden kann. Müßte sich das Vollstreckungsgericht mit jedem solchen Gläubigerantrag sachlich befassen, z. B. auch mit einem schlecht substanziierten, so würde es dadurch mit einer Arbeit belastet, die oft — nämlich im Fall der Ablehnung — keinem Vollstreckungsverfahren zugute käme und jedenfalls auf Kosten der bereits im Betriebe befindlichen Verfahren aufgewendet würde. Es kann sehr angemessen sein, daß das Vollstreckungsgericht einen Gläubigerantrag, der zwar den Beweisbedingungen des § 798 Abs. 2 nicht genügt, aber ausreichend mit Beweis belegt ist und durch einfache Ermittelungen liquid gestellt werden könnte, selbst bescheidet; dadurch wird die Herbeiführung der Vollstreckungsreife erheblich beschleunigt. Aber man kann dies dem Vollstreckungsgericht nicht für alle Fälle zur Pflicht machen, denn es gibt auch andersgelagerte Fälle. Ähnliche Gesichtspunkte sind es, die zu der die zweite Gruppe der verweisbaren Fälle enthaltenden Bestimmung des Abs. 1 Satz 2 geführt haben. Danach kann das Vollstreckungsgericht auch den, der einen vollstreckungabwendenden Umstand oder ein Drittrecht an einer im Gewahrsam des unbeschränkt haftenden Schuldners gepfändeten Sache — durch Erinnerung (§ 844) — geltend macht (§ 818 Abs. 1, § 819, § 821 Abs. 1, § 820 Abs. 2), auf den Rechtsweg verweisen. In diesen beiden Fällen handelt es sich um negative Rechtsvoraussetzungen (»darf nicht begonnen werden, wenn feststeht« [§ 818] und »darf begonnen werden, solange . . . nicht feststeht« [§ 821 Abs. 1]). Wie zu § 780 unter II ausgeführt, wird der Fortgang des Verfahrens durch die Möglichkeit des Vorliegens einer negativen Rechtsvoraussetzung nicht gehindert, das Verfahren braucht ihretwegen erst dann eingestellt zu werden, wenn das Vollstreckungsgericht die Überzeugung gewonnen hat, daß das Vollstreckungshindernis wirklich vorliegt. Die Verweisung auf den Rechtsweg beeinträchtigt demgemäß hier an sich die Vollstreckung überhaupt nicht. Unzuträglichkeiten ergeben sich aber auch dann nicht, wenn das Vorliegen der negativen Voraussetzung glaubhaft gemacht und etwa durch weitere Ermittelungen bestätigt wurde, ein ausreichender Beweis für die Einstellungsbedürftigkeit des Verfahrens aber trotzdem noch nicht erbracht ist und daher nur die vorläufige Einstellung beschlossen wird (§ 862 Abs. 1 Satz 1). Denn die vorläufige Einstellung (vgl. Abs. 2) soll nur beschlossen werden, wenn sie unvermeidlich ist. Ist sie aber unvermeidlich, so ist es nicht notwendig, daß jede, auch eine verwickelt gelagerte und mit den vollstreckungsgerichtlichen Mitteln nicht in geeigneter Weise aufklärbare negative Rechtmäßigkeitsfrage im Vollstreckungsverfahren ausgetragen wird. Dadurch würde es nur auf Kosten seiner eigentlichen Aufgabe mit Sachen belastet, die ebensogut oder besser und jedenfalls ohne Schaden für die Vollstreckung auf dem Rechtsweg erledigt werden können. Gerade die Frage des Drittrechts und die Frage der Schuldtilgung können auf Gebiete führen, die vom Interessenkreis des Vollstreckungsgerichts weit abliegen. Dagegen überschreitet z. B. die Frage, ob der Schuldner nur beschränkt haftet (§ 854), das Rechtsgebiet der Vollstreckung nicht. Auch das Bestehen einer solchen Haftungsbeschränkung ist eine negative Rechtsvoraussetzung, aber hier ist der Zusammenhang mit der Vollstreckung so eng, daß die Zulassung der Verweisung auf den Rechtsweg sich nicht empfahl; es genügt, daß in zweiter Instanz über diese Frage in einem Urteilsverfahren zu entscheiden ist, was sich aus §§ 842, 843 ergibt. Von vornherein war es ausgeschlossen, zwecks Klärung positiver Voraussetzungen — von den erwähnten Fällen des Gläubigerantrags abgesehen — die Verweisung auf den Rechtsweg zuzulassen. Denn wenn eine positive Voraussetzung nicht feststeht, muß das Vollstreckungsverfahren endgültig eingestellt werden; eine vorläufige Einstellung ist nicht möglich, nur verbunden mit einer solchen aber könnte die Sache auf den Rechtsweg verwiesen werden. Entstehen Zweifel hinsichtlich einer positiven Voraussetzung, so muß sie das Vollstreckungsgericht schleunig selber klären und das Verfahren, das indessen in der Schwebe bleibt, selbst in der Hand behalten. Das läßt sich nur erreichen, wenn das Vollstreckungsgericht hier ausnahmslos zur Selbstentscheidung berufen und das Bedürfnis nach einem Urteilsverfahren erst durch die Gestaltung des zweitinstanzlichen Verfahrens befriedigt wird.

Die Verweisung auf den Rechtsweg bedeutet, daß die Entscheidung einer Rechtmäßigkeitsfrage im Klagewege gesucht werden muß, sie bedeutet nicht etwa die Verweisung auf die besondere Vollstreckungsbeschwerde der §§ 842, 843. Die Verweisung ist nur dem Vollstreckungsgericht möglich und nur, ehe es einen Beschluß zur Sache gefaßt hat. Die Verweisung kann also auch noch nach der Einlegung einer Erinnerung stattfinden, nicht aber nach der Einlegung der Vollstreckungsbeschwerde (§ 840 Abs. 3). Das Vollstreckungsgericht kann auf eine Vollstreckungsbeschwerde hin seinen Beschluß allerdings ändern (§ 840 Abs. 3), aber nicht mehr beseitigen und durch die Verweisung auf den Rechtsweg ersetzen. Das Beschwerdegericht, auf dessen Verfahren zwar im allgemeinen die Vorschriften, die für das Vollstreckungsgericht gelten, anwendbar sind (§ 841 Abs. 1 Satz 3), soweit es sich nicht um die besondere Vollstreckungsbeschwerde handelt (§§ 842, 843), kann dennoch eine Sache nicht mehr auf den Rechtsweg verweisen, weil ein sachlicher vollstreckungsgerichtlicher Beschluß bereits vorliegt und in das Verfahren nach § 841 nur die an sich unverweisbaren Fälle gelangen, während die verweisbaren in dem Verfahren nach §§ 842, 843 auszutragen wären, womit sich, da das Verfahren des § 843 prozessualer Natur ist, eine Verweisung auf den Klageweg ohnehin erübrigt. Die Ablehnung der Selbsterledigung und Verweisung auf den Rechtsweg geschieht durch Verfügung, die ihrer Natur nach der Bekanntgabe an den Betroffenen bedarf (§ 782 Abs. 3) und nur durch Erinnerung anfechtbar ist (§ 844). Auf den Rechtsweg wird immer ein Antragsteller verwiesen. Daß im Falle von Abs. 1 Satz 1 der Antrag zur Herbeiführung eines Beschlusses notwendig ist, während im Falle von Abs. 1 Satz 2 der Beschluß auch von Amts wegen ergehen könnte, macht keinen Unterschied. Es muß aber über einen verweisbaren Antrag zu befinden sein. Keine Verweisung auf den Rechtsweg ist daher möglich, wenn über die Umstellung nach § 834 Abs. 2 ausnahmsweise von Amts wegen zu befinden ist oder wenn eine Unstatthaftigkeitsfrage von Amts wegen aufgegriffen wird. Um einen zu bescheidenden Antrag des Gläubigers handelt es sich auch dann nicht, wenn etwa nachträglich festgestellt wird, daß die

Umstellung erforderlich gewesen, aber nicht erteilt sei und die Pfändung daher aufgehoben werden müsse. Ein Unterschied zwischen beiden Verweisungsfällen besteht insofern, als während der Anhängigkeit des Vollstreckungsverfahrens der Rechtsweg vom Schuldner und einem Dritten wegen einer der genannten Unstatthaftigkeitsfragen nur auf Verweisung beschritten werden kann, während der Gläubiger einen verweisbaren Antrag von vornherein im Klageweg verfolgen kann (vgl. § 799 Abs. 3, § 834 Abs. 2 a. E.). Eine der Verweisung ähnliche Rechtslage (befristete vorläufige Einstellung zum Zweck der Erhebung der Anfechtungsklage) tritt im Falle des § 862 Abs. 2 ein.

Abs. 2 ergänzt die Bestimmungen über die Verweisung auf den Rechtsweg (vgl. § 840 Abs. 2 Satz 1). Bliebe nämlich die Frage, ob die vorläufige Einstellung sachlich veranlaßt ist, wie bisher dem Prozeßgericht ohne weitere vorgängige Klärung überlassen, so bestände auch wie bisher die Gefahr, daß die vorläufige Einstellung oft ohne ausreichenden Anlaß stattfände; die Glaubhaftmachung, die im § 871 verlangt wird, bietet zwar gewisse Anhaltspunkte, reicht aber zur Erkenntnis der wirklichen Sachlage oft nicht aus. Das Vollstreckungsgericht wird daher verpflichtet, zu der Frage der Angebrachtheit der vorläufigen Einstellung zunächst selbst Stellung zu nehmen und die etwa hierzu erforderlichen Ermittelungen (§ 774) anzustellen, ehe es die Sache abgibt. An das Prozeßgericht gelangt die Sache also stets entweder mit dem vorläufigen Einstellungsbeschluß des Vollstreckungsgerichts oder mit dessen Ablehnung; ist der Antrag auf vorläufige Einstellung noch nicht gestellt (§ 869 Abs. 1), so treten an Stelle dieser Beschlüsse die entsprechenden Feststellungen zu den Akten. Beides ist für das Prozeßgericht nicht bindend (vgl. § 869 Abs. 2), doch wird es nur aus besonderen Gründen, etwa wenn es die Stellungnahme des Vollstreckungsgerichts für verfehlt hält, zu einem abweichenden Beschluß gelangen können. Weitere vollstreckungsgerichtliche Ermittelungen, als zur Klärung der Frage der vorläufigen Einstellung notwendig sind, finden nicht statt. In den Fällen, in denen ein Gläubigerantrag auf den Rechtsweg verwiesen werden kann, ist stets eine der vom Gläubiger zu beschaffenden positiven Vollstreckungsvoraussetzungen noch ungewiß, das Verfahren wäre also, wenn es trotzdem versehentlich schon begonnen wurde, nicht vorläufig, sondern endgültig einzustellen (§ 862 Abs. 1 Satz 2). Hiervon gilt nur im Falle des § 834 eine Ausnahme, insofern hier der Beginn der Vollstreckung rechtmäßig gewesen sein kann (s. d. Begr. zu § 834 und zu § 862). Aus diesen Gründen beschränkt sich der die vorläufige Einstellung behandelnde Abs. 2 auf die Fälle der Verweisung wegen einer der genannten Unstatthaftigkeitsvoraussetzungen (negativer Vollstreckungsvoraussetzungen) und auf den Fall der Verweisung wegen der sich aus § 834 ergebenden besonderen positiven Vollstreckungsvoraussetzung. Beschließt das Vollstreckungsgericht die Verweisung in den Fällen des Abs. 2, so muß es die vorläufige Einstellung gemäß § 869 Abs. 3 Satz 1 befristen.

Nach § 1023 Nr. 3 ist die Verweisung auf den Rechtsweg dem Richter vorbehalten.

§ 782 zieht eine weitere Folgerung aus dem Gegensatz der Rechts- und Ordnungsvoraussetzungen, indem er den Grundsatz aufstellt, daß über Rechtsvoraussetzungen in Beschlußform zu entscheiden ist, daß dagegen die Entscheidung über Ordnungsvoraussetzungen und Fragen der Zweckmäßigkeit wie auch die Anordnungen, z. B. die vollstreckungsgerichtlichen Pfändungsakte in Form der Verfügung zu treffen sind (Abs. 1). Die Form der Entscheidungen und Anordnungen hängt also nicht davon ab, ob eine mündliche Verhandlung vorangegangen ist oder nicht (vgl. § 772 Abs. 2).

Über eine Rechtsvoraussetzung der Vollstreckung wird »entschieden«, wenn, sei es im Tenor, sei es in den Gründen, zu einer zwingenden Voraussetzung sachlich Stellung genommen wird. Es genügt also nicht, daß eine bestimmte Anordnung selbst zu den Vollstreckungsvoraussetzungen gehört, wie dies z. B. auch für die Erteilung der einfachen Vollstreckungsklausel zutrifft. Diese wird, wie der Klarstellung wegen in § 794 Abs. 1 ausdrücklich ausgesprochen ist, nicht durch Beschluß, sondern durch Verfügung erteilt, da sie keine sachliche Stellungnahme enthält, sondern im wesentlichen auf einer Formalprüfung beruht, wie denn für ihre Erteilung auch keine besonderen Voraussetzungen aufgestellt sind. Daß sie selbst zu den Vollstreckungsvoraussetzungen gehört, ist in diesem Zusammenhang gleichgültig. Auch die besondere Vollstreckungsklausel des § 798 und die Umstellung (§ 834) sind nicht deswegen durch Beschluß zu erteilen, weil sie ebenso wie die einfache Klausel selbst zu den Vollstreckungsvoraussetzungen gehören, sondern weil bei ihrer Erteilung zu zwingenden Vollstreckungsvoraussetzungen, nämlich zu den in den §§ 797, 833 enthaltenen, sachlich Stellung zu nehmen ist. Dies trifft auch dann zu, wenn nach § 798 Abs. 2 dem Antrag wegen der beigefügten urkundlichen Nachweise ohne weiteres stattzugeben ist, da auch dies nicht ohne sachliche Würdigung der Rechtslage geschehen kann.

Über eine Rechtmäßigkeitsfrage, ebenso wie über die Ordnungsmäßigkeit der Vollstreckung hat das Vollstreckungsgericht eine Entscheidung zu erlassen, wenn hierfür ein Anlaß besteht. Ein solcher Anlaß kann einmal deswegen gegeben sein, weil ein Rechts- oder Ordnungsmangel feststeht und das Verfahren daher einzustellen oder eine einzelne Maßregel aufzuheben ist (§ 861). Er kann weiter dadurch gegeben sein, daß Zweifel, die aufgetaucht waren, durch die Ermittelungen von Amts wegen zerstreut wurden und das Vollstreckungsgericht dieses Ergebnis — um die Rechtsmitteleinlegung zu ermöglichen — in einem Beschluß oder in einer Verfügung förmlich festgelegt hat. Solche Beschlüsse und Verfügungen können auch auf eine Erinnerung hin ergehen. Anträge der Beteiligten haben im übrigen, soweit nichts anderes vorgeschrieben ist, nur die Bedeutung einer Anregung, aus der sich für das Vollstreckungsgericht unter Umständen ein Anlaß zu Ermittelungen und Beschlüssen oder Verfügungen ergeben wird.

Mit dem Ablauf der Beschwerdefrist werden die Beschlüsse des Vollstreckungsgerichts unanfechtbar, d. h. es besteht kein Anspruch mehr auf ihre Aufhebung. Dagegen erlangen sie niemals materielle Rechtskraft, selbst dann nicht, wenn sie über Rechtsfragen befinden; die materielle Rechtskraft ist vielmehr den Beschlüssen (§ 841 Abs. 2) und Urteilen (§ 843) des Beschwerdegerichts vorbehalten. Der Grund für die Vorenthaltung der materiellen Rechtskraft besteht darin, daß das Vollstreckungsgericht über Rechtsfragen nur im Rahmen der Vollstreckungsdurchführung zu entscheiden hat und daß es bei ihm zu sehr auf ein schleuniges Verfahren ankommt, als daß die in einem auf materielle Rechtskraft gerichteten Verfahren notwendigen Garantien angebracht wären. Anders liegt dies beim Beschwerdegericht. Hier ist stets ein erstinstanzliches Verfahren vorangegangen; ist dieses einmal zu summarisch gewesen, so ist nun die Gelegenheit zur Nachprüfung gegeben. Daher kann unbedenklich den Entscheidungen des Beschwerdegerichts, wenn sie unanfechtbar geworden sind, auch materielle Rechtskraft zukommen, während die in dieser liegende Rechtsverwirkung das vollstreckungsgerichtliche Entscheidungsverfahren entweder von seinem eigentlichen Zwecke abziehen müßte oder in ihm keine sie rechtfertigende Grundlage fände. Hat z. B. das Vollstreckungsgericht ein Drittrecht beschlußmäßig verneint und ist dieser Beschluß unanfechtbar geworden, so kann zwar die auf ihm beruhende Versteigerung nicht mehr rückgängig gemacht werden, aber ob sie wirklich rechtmäßig war und nicht doch noch ein Bereicherungsanspruch im Klageweg verfolgt werden kann, steht dahin. Ist dagegen der Beschluß des Vollstreckungsgerichts vom Beschwerdegericht bestätigt worden, so steht nun die Rechtmäßigkeit der Versteigerung fest und die materielle Rechtskraft einer Wiederaufrollung der Frage entgegen. Vgl. zu der Frage der Rechtskraft auch die Begründung zu § 780 unter III. Daß ein Beschluß des Vollstreckungsgerichts unanfechtbar geworden ist, bedeutet noch nicht, daß er für das Vollstreckungsgericht unabänderlich wäre. Stellt sich heraus, daß die in dem Beschluß vertretene Auffassung der Rechtslage nicht haltbar ist oder wird, ehe eine Rechtsänderung eingetreten ist, die nur unter Benachteiligung eines Beteiligten rückgängig gemacht werden könnte, über eine Zweckmäßigkeitsfrage ein anderes Urteil gewonnen, so ist das Vollstreckungsgericht nicht gehindert, auch ohne Rechtsmittel, also auch außerhalb des § 840 Abs. 3, einen von ihm erlassenen Beschluß durch einen anderen zu ersetzen. Ausgenommen sind die Beschlüsse, die einen Schuldtitel darstellen, nämlich die Zahlungsbefehle. Ist dagegen z. B. die Vollstreckungsklausel erteilt und nicht rechtskräftig bestätigt worden, so kann nicht nur später die Rechtswidrigkeit ihrer Erteilung und der ganzen Vollstreckung durch Klage geltend gemacht werden, sondern das Vollstreckungsgericht, das die Klausel erteilt hat, sie auch selbst aufheben. Solange sie nicht aufgehoben ist, stehen ihre Voraussetzungen im Sinne des zu § 780 unter II Ausgeführten fest. Dieses Feststehen genügt für die Vollstreckungsdurchführung; spätere Aufhebungen werden also nur in Ausnahmefällen in Betracht kommen können.

Von besonderen Ausnahmevorschriften abgesehen, wird über andere Fragen als Rechtsvoraussetzungen nicht in der Form des Beschlusses, sondern in der der Verfügung entschieden, d. h. sachlich Stellung genommen. Dies gilt also für die Entscheidung über Ordnungsvoraussetzungen (§ 780 Abs. 2) und über Zweckmäßigkeitsfragen. Die Verfügungsform ist aber auch die regelmäßige Form für die Anordnungen des Vollstreckungsgerichts, insbes. für seine Vollstreckungsakte. Der in Abs. 1 Satz 2 gebrauchte Ausdruck „befinden" umfaßt die Entscheidungen und die Anordnungen.

Die Beschlüsse unterscheiden sich von den Verfügungen dadurch, daß sie, falls sie über eine Rechtsvoraussetzung entscheiden (Ausnahme: § 861 Abs. 2) oder dies sonst eigens vorgeschrieben ist (z. B. § 978), das Gehör der Beteiligten voraussetzen (Ausnahmen: § 798 Abs. 2, § 803 Abs. 1, § 834 Abs. 2 a. E.) und daß sie (Ausnahme: § 805) mit einer Begründung versehen und den Beteiligten oder wenigstens dem Antragsteller (Abs. 2) zugestellt werden müssen (Ausnahmen: § 798 Abs. 2, § 806 Abs. 4), während die Verfügungen (Ausnahme: § 803 Abs. 2 Satz 2) keiner Begründung bedürfen und es bei ihnen (mit der erwähnten Ausnahme) dem Ermessen des Vollstreckungsgerichts anheimgegeben ist, ob und in welcher Form sie den Beteiligten eröffnet werden sollen (Abs. 3). Ferner richtet sich danach, ob ein Beschluß oder eine Verfügung angefochten wird die Art des zulässigen Rechtsmittels: gegen jene findet die befristete Vollstreckungsbeschwerde, gegen diese die unbefristete Erinnerung statt (§ 838 Abs. 1). In zahlreichen Fällen erschien es jedoch angezeigt, die Anrufung des höheren Gerichts nicht auszuschließen, obwohl über eine bloße Ordnungsvoraussetzung oder nur über eine Zweckmäßigkeitsfrage zu befinden ist. Es ist daher nicht selten, abweichend von dem Grundsatz des Abs. 1, an Stelle der Verfügungsform die Beschlußform ausdrücklich vorgeschrieben (§ 773, § 774 Abs. 1 a. E., §§ 777, 778, § 786 Abs. 3, § 787, § 807 Abs. 4, § 858 Abs. 1 Satz 1, § 864, § 881 Abs. 3, §§ 891, 907, § 914 Abs. 2, § 922, § 928 Abs. 4, §§ 951 bis 954, § 969 Abs. 3, § 978). In anderen Fällen ist dies, weil die betreffenden Beschlüsse für unanfechtbar erklärt sind, zwar nicht wegen des Rechtsmittels geschehen, wohl aber, weil der Begründungs- und Zustellungszwang erwünscht erschien (§§ 810, 839, 870). Ergänzt werden die Ausnahmen durch den Vorbehalt des § 844 Abs. 1 a. E. über die ausnahmsweise geforderte Beschlußform der auf eine Erinnerung ergehenden Entscheidung; vgl. die Begründung zu § 844. Ausnahmen von dem Grundsatz des Abs. 1 nach anderer Richtung enthalten die § 803 Abs. 2, § 862 Abs. 2, § 896 Abs. 1 (mit § 903 Abs. 2, § 907 Abs. 2), § 910 Abs. 1 (mit § 922 Abs. 2) und § 960. Eine Sonderstellung nimmt auch der Rückrufsbeschluß ein (§§ 857 ff.).

Auf Weisungen bezieht sich § 782 nicht, ihre Form ist freigestellt, sie sind den Beteiligten nicht mitzuteilen und unterliegen keinem Rechtsmittel; vgl. die Begr. zu § 873.

§ 783. Der Gläubiger und der Schuldner haben grundsätzlich das Recht, die Akten des Vollstreckungsgerichts, einschließlich der des Gerichtsvollziehers, einzusehen und Abschriften daraus zu erhalten. Das gleiche gilt für Dritte, die an dem Verfahren beteiligt, d. h. durch einen zur Wahrung ihrer Rechte gestellten Antrag Verfahrensteilnehmer geworden sind. Anderen Dritten, mögen ihre Rechte von dem Verfahren betroffen sein oder nicht, steht die gleiche Berechtigung nur zu, wenn sie ihr Einsichtsbedürfnis glaubhaft machen.

Da, insbesondere infolge der Ermittelungsbefugnisse, damit gerechnet werden muß, daß die Akten manches enthalten werden, dessen Offenlegung sich nicht rechtfertigen ließe, wird der Grundsatz des Abs. 1 sowohl den Beteiligten wie den Unbeteiligten gegenüber durch Abs. 2 eingeschränkt. Mit Rücksicht auf diese Schutzbestimmung konnte auf die Zustimmung der Beteiligten (vgl. § 288, bisher § 299 Abs. 2 ZPO.) um so eher verzichtet werden, als der Kreis der Beteiligten u. U. sehr umfangreich sein kann. Hat der Rechtspfleger gegen eine erbetene Akteneinsicht mit Rücksicht auf Abs. 2 Bedenken, so ist die Entscheidung des Richters einzuholen (§ 1023 Nr. 4).

Rechtsmittel gegen die Gewährung (vgl. auch § 839) und gegen die Versagung der Einsicht ist die Erinnerung (§ 844), über die jedoch nach Abs. 3 durch beschwerdefähigen (§§ 840, 841) Beschluß zu entscheiden ist.

§ 784. Vgl. bisher §§ 792, 896 ZPO. Da jetzt nicht mehr der Gläubiger allein, sondern auch das Vollstreckungsgericht zum Betriebe des Verfahrens eines Erbscheins und anderer Urkunden bedürfen kann, ist die bisher auf den Gläubiger beschränkte Befugnis, die Erteilung zu erwirken, auch dem Vollstreckungsgericht zugesprochen.

§ 785 verallgemeinert die bisher in § 779 Abs. 2 und § 787 g. F. geregelte

Vertreterbestellung, fügt den Fall des § 60 bei und bezieht auch den Fall der Abwesenheitspflegschaft hierher; auch für den Gläubiger kann jetzt ein Vertreter bestellt werden. Das Erfordernis der Gefahr im Verzug ist allgemein aufgestellt, das Antragserfordernis dagegen beseitigt. Verzugsgefahr liegt vor, wenn der Umweg über das Vormundschaftsgericht zur Rechtsvereitelung führen würde.

Die **§§ 786** bis **790** regeln die örtliche Zuständigkeit (vgl. auch §§ 796, 799, 837, § 929 Abs. 2, § 945, § 978 Abs. 2, §§ 997, 998, 1014, 1018). Die Zuständigkeit ist eine ausschließliche, d. h. andere Zuständigkeitsgründe, insbesondere die der Vereinbarung, kommen nicht in Betracht. Das ist von besonderer Bedeutung, weil diese Zuständigkeitsregeln nun auch für den Zahlungsbefehl gelten sollen (§ 801 Abs. 2). Aus § 786 Abs. 3 ergibt sich, daß die Zuständigkeitsvorschriften bloß als Sollvorschriften gegeben sind, da andernfalls die Beschlußform für die Entscheidungen über sie nicht eigens hätte vorgeschrieben zu werden brauchen. Die Zuständigkeit ist also keine Rechts-, sondern nur eine (positive) Ordnungsvoraussetzung (§ 780 Abs. 2). Eine von einem unzuständigen Gericht vorgenommene Vollstreckungshandlung ist demgemäß weder ungültig (z. B. als Pfändung), noch im übrigen (z. B. hinsichtlich der Pfandrechtsentstehung) in ihrer Rechtswirksamkeit beeinträchtigt; sie muß nur, wenn der Mangel, sei es von Amts wegen, sei es aus Anlaß eines Rechtsmittels, rechtzeitig (vgl. § 780 Abs. 2) entdeckt wird, aufgehoben werden (vgl. § 882 Abs. 1 Satz 2).

Der Entwurf unterscheidet in § 786 eine Reihe primärer und einen eventuellen Zuständigkeitsgrund. Ist nämlich ein anderer Zuständigkeitsgrund nicht bekannt, so ist das Vollstreckungsgericht des Aufenthaltsorts zuständig; Ermittelungen über das Vorhandensein eines der anderen Zuständigkeitsgründe brauchen nicht angestellt zu werden. Doch gehen die übrigen Zuständigkeitsgründe dem des Aufenthalts vor. Sie bestehen im Wohnsitz (bei natürlichen Personen), im Sitz (bei juristischen Personen und den ihnen gleichgestellten), wozu bei Handels- und Gewerbetreibenden noch der Zuständigkeitsgrund der geschäftlichen Niederlassung kommt. Neben diesen auf das Wirtschaftszentrum des Schuldners abgestellten Zuständigkeiten besteht eine Zuständigkeit auch an dem Orte, an dem sich Vermögen des Schuldners befindet. Diese vier primären Zuständigkeitsgründe stehen untereinander in keinem Eventualverhältnis, vielmehr hat der Gläubiger unter ihnen die Wahl; Verschiedenheiten unter ihnen ergeben sich nur hinsichtlich der Übernahmepflicht (§ 787) und der erforderlichen Benachrichtigungen (§ 788). Bestimmend für die Wahl der Zuständigkeitsgründe war, daß die Vollstreckung am zweckmäßigsten dort betrieben wird, wo der Zwang ausgeübt werden soll, und daß die Notwendigkeit, zunächst — außer wegen eines Prozesses — die Behörden eines anderen Ortes angehen zu müssen, die Vollstreckung nur erschweren würde. Besteht für die Vollstreckung eines Anspruchs eine mehrfache Zuständigkeit, so wird sie durch den ersten Antrag auf das zunächst angegangene Vollstreckungsgericht konzentriert (§ 786 Abs. 2). Da es angezeigt erschien, die Zuständigkeitsfragen, obwohl es sich um bloße Ordnungsfragen handelt, der beschwerdegerichtlichen Nachprüfung nicht zu entziehen (vgl. § 780, § 782 Abs. 1), ist im § 786 Abs. 3 für die Entscheidungen über Zuständigkeitszweifel ausdrücklich die Beschlußform ausdrücklich vorgeschrieben, was u. a. zur Folge hat, daß als Rechtsmittel gegen das Vollstreckungsgericht nicht die Erinnerung, sondern die Vollstreckungsbeschwerde (§§ 840, 841) zum Landgericht gegeben ist (§ 838 Abs. 1 Satz 1).

Wird die Vollstreckung verschiedener Ansprüche bei verschiedenen Vollstreckungsgerichten betrieben, so wirken die Pfändungen für alle beteiligten Gläubiger (§ 882 Abs. 4). Die sämtlichen Verfahren müssen jedoch in eine Hand übergehen, da sie sonst nicht ersprießlich zu Ende gebracht werden können. Die Übernahmepflicht ist in § 787 dahin geregelt, daß, wenn eines der Verfahren bei dem Vollstreckungsgericht des Wirtschaftszentrums (Wohnsitz, Sitz, Hauptniederlassung) anhängig ist und das Wirtschaftszentrum nicht mittlerweile gewechselt hat, alle bei anderen Vollstreckungsgerichten anhängigen Verfahren auf dieses Vollstreckungsgericht übergehen, während in den übrigen Fällen, insbesondere also wenn das Vollstreckungsgericht des jetzigen Wirtschaftszentrums nicht beteiligt ist oder wenn alle Verfahren bei einem der Vollstreckungsgerichte der Wirtschaftszentren anhängig sind, alle Verfahren bei dem zuletzt tätig gewordenen Vollstreckungsgericht vereinigt werden. Der Grund für diese Regelung ist der, daß dem Wirtschaftszentrum ein Vorrang vor den übrigen Zuständigkeitsgründen gebührt, daß aber, falls dieser Gesichtspunkt ausscheidet, die Verfahren am zweckmäßigsten von demjenigen Vollstreckungsgericht weiterbetrieben werden, dessen Verfahren von dem Stadium der Verwertung noch am weitesten entfernt ist.

Wie in § 787, so tritt auch in den Bestimmungen des § 788 eine Bevorzugung des Zuständigkeitsgrundes des Wirtschaftszentrums zutage. Sowohl das Ausgleichsprinzip (§ 883 Abs. 2 Satz 2) wie die für das Vollstreckungsgericht erwünschte Kenntnis von der Gesamtlage des Schuldners könnten es angezeigt erscheinen lassen, für jeden Schuldner überhaupt nur e i n e n ordentlichen Zuständigkeitsgrund, den Wohnsitz oder Sitz (vgl. Schw. Schuldbetr.Ges.Art. 46), anzuerkennen. Es besteht jedoch kein ausreichender Anlaß, den Zwangszugriff nicht an jedem Orte, an dem er möglich ist, zuzulassen; daher wurde auch der Zuständigkeitsgrund des Vermögens aufgenommen. Es mußte dann nur dafür Sorge getragen werden, daß sämtliche auswärts anhängigen Vollstreckungen dem Vollstreckungsgericht des Wirtschaftszentrums wenigstens bekannt werden, ohne daß es darauf ankommen kann, ob bei ihm ebenfalls ein Verfahren anhängig ist. Demgemäß wird im § 788 Abs. 3 (vgl. auch § 1001 Abs. 2) bestimmt, daß das Vollstreckungsgericht der Niederlassung oder des Vermögens dem Vollstreckungsgericht des Wohnsitzes oder des Sitzes und, wenn als Wirtschaftszentren nur Niederlassungen in Betracht kommen, das Vollstreckungsgericht der Zweigniederlassung dem der Hauptniederlassung von anhängig gewordenen Vollstreckungen Nachricht geben soll. Dadurch wird zugleich, wenn auch bei dem bevorzugten Vollstreckungsgericht oder zwar nicht bei diesem, aber bei mehreren anderen ein Verfahren anhängig ist, die Erfüllung der Übernahmepflicht (§ 787) gesichert. Deswegen wird, wenn zeitlich eine Übernahme noch in Betracht kommen kann, weil beide Verfahren noch schweben, eine entsprechende Benachrichtigungspflicht auch für den Fall des Wechsels des Wirtschaftszentrums vorgeschrieben, d. h. es hat das Vollstreckungsgericht des jetzigen Wirtschaftszentrums, wenn bei ihm ein Verfahren anhängig wird, hiervon das des früheren Wirtschaftszentrums zu benachrichtigen, und umgekehrt. Aus den allgemeinen Grundsätzen (§ 771 Abs. 1, § 774) ergibt sich sodann für die beteiligten Vollstreckungsgerichte die Notwendigkeit, sich auch weiterhin über den Gang ihrer Verfahren auf dem laufenden zu erhalten. Um den Vollstreckungsgerichten diese Benachrichtigungen zu erleichtern, sind dem Gläubiger, der einen Zahlungsbefehl beantragt, entsprechende Angaben durch § 802 Abs. 2 nahegelegt; für die übrigen Vollstreckungsanträge erschien die Vorschrift in § 770 Abs. 1 Satz 2 ausreichend. In aller Regel spielen sich sämtliche gleichzeitigen Vollstreckungen gegen einen Schuldner an ein und demselben Ort ab; Fälle, in denen eine Übernahme oder eine Benachrichtigung in Betracht kommt, werden stets Ausnahmen sein.

Schwierigkeiten, die sich aus der Zuständigkeitsregelung ergeben, können einmal dadurch ausgeglichen werden, daß auswärtige Vollstreckungsgerichte um einzelne Handlungen ersucht werden können (§ 789 Abs. 2). Hat z. B. ein Vollstreckungsgericht gemäß § 787 Abs. 2 das Verfahren hinsichtlich einer auswärts befindlichen Sache zu übernehmen, so kann es um die Versteigerung und um die Ausführung der Erlösverteilung das auswärtige Vollstreckungsgericht ersuchen. Überdies sieht § 789 Abs. 1 aber auch eine Abgabe des ganzen Verfahrens an ein anderes zuständiges Vollstreckungsgericht für den Fall vor, daß dies zur zweckmäßigen Durchführung der Vollstreckung geboten erscheint. Die Abgabe ist nur möglich, wenn das andere Vollstreckungsgericht übernahmebereit ist. Indessen erscheint die Übernahme in allen Fällen, in denen sie zulässig und nach Lage der Sache zweckmäßig ist, als selbstverständliche Pflicht des darum ersuchten Vollstreckungsgerichts. Wenn gleichwohl für den Fall der Ablehnung eines Übernahmeverlangens die Anweisung einer höheren Instanz nicht vorgesehen ist, so geschah dies nur, um Verzögerung zu vermeiden.

Wie bereits am Eingang vermerkt, ist die — wie alle Voraussetzungen von Amts wegen zu beachtende — örtliche Zuständigkeit eine bloße Zulässigkeits-, also Ordnungsvoraussetzung im Sinne des § 780 Abs. 2, die Unzuständigkeit kann also insbesondere auch nicht außerhalb des Vollstreckungs- und Beschwerdeverfahrens geltend gemacht werden. Eine weitere Beschränkung enthält § 790. Es wäre nämlich mißlich, wenn aus dem bloßen Grunde der örtlichen Unzuständigkeit das bei einem Vollstreckungsgericht anhängig gewordene Verfahren noch angefochten werden könnte, wenn bereits ein Beschluß gefaßt und unangefochten geblieben ist. Der Beschluß braucht nicht zu der Zuständigkeitsfrage oder einer anderen Rechts- oder Ordnungsfrage Stellung genommen zu haben, es muß nur irgendeine beschlußmäßige Anordnung unanfechtbar geworden sein; eine Verfügung (vgl. § 782 Abs. 1 Satz 2) genügt dagegen nicht. Von Bedeutung ist § 790 insbesondere für den Zahlungsbefehl. Er wird durch Beschluß erlassen (§ 800 Abs. 1), gegen ihn steht neben dem zur Geltendmachung der materiellen Einwendungen bestimmten Widerspruch (§ 807) die Vollstreckungsbeschwerde für die Verfahrenseinwendungen, insbesondere für die Zuständigkeitsrüge zu (§ 838 Abs. 1 Satz 1). Wird die Zuständigkeit nicht durch Vollstreckungsbeschwerde gegen den Zahlungsbefehl angefochten, so ist die Rüge für das weitere Verfahren ausgeschaltet und kann nicht mehr gegen die einzelnen Durchführungsakte gerichtet werden. Aber auch für das Verfahren mit den anderen Schuldtiteln (§ 792) ist der Ausschluß der Rüge von Belang, da er ohne die Bestimmung des § 790 während der Anhängigkeit des Vollstreckungsverfahrens nur im Fall einer rechtskräftig gewordenen Beschwerdeentscheidung über die Zuständigkeit und im übrigen erst mit dem Abschluß des Vollstreckungsverfahrens eintreten würde.

§ 791. Anknüpfend an die bisherige Entwicklung wird im Vollstreckungsverfahren weitgehend die Verwendung des Rechtspflegers vorgesehen, und zwar in der Weise, daß er überall dort zu handeln befugt ist, wo nicht ein ausdrücklicher Vorbehalt für den Richter besteht. Diese Vorbehalte sind in § 1023 zusammengestellt (vgl. auch § 844 Abs. 2 Satz 2). Da es zu unnötigen Weiterungen führen würde, wenn ein sachlich richtiger Beschluß usw. nur deswegen unwirksam wäre, weil er versehentlich von einem Rechtspfleger erlassen wurde und da der Richter stets an Stelle des Rechtspflegers handeln kann, ist in Abs. 2 eigens ausgesprochen, daß ein Verstoß gegen die Vorschriften über die Verteilung der Geschäfte zwischen Richtern und Rechtspflegern die Gültigkeit eines Aktes nicht berührt, daß die Vorschriften also nur Ordnungsbestimmungen sind.

II. Voraussetzungen für die Durchführung der Vollstreckung.

1. Schuldtitel.

§ 792. Die Zwangsvollstreckung setzt einen Schuldtitel voraus. Als solche werden vorgesehen: die Urteile und die meisten Titel, die bisher in § 794 ZPO. aufgeführt waren (§§ 792 bis 799), die Zahlungsbefehle (§§ 800 bis 812) sowie etwaige landesgesetzliche Titel (§ 813); außerdem können wie bisher andere Reichsgesetze weitere Titel schaffen.

Die Nr. 1 des § 792 gibt den bisherigen § 704 Abs. 1 ZPO. wieder; das Urteil ist einer der Schuldtitel, aber nicht der typische, daher ist es neben anderen im § 792 aufgeführt. Mit Rücksicht auf die arbeitsgerichtlichen Urteile ist statt „für vorläufig vollstreckbar erklärt" nun gesagt: „vorläufig vollstreckbar". Der zweite Absatz des § 704 g. F. betrifft die vorläufige Vollstreckbarerklärung, die nun in den §§ 314 bis 324 und § 491 Abs. 2 geregelt ist, da sie nicht dem Vollstreckungsgericht, sondern dem Streitgericht obliegt.

Die Nr. 2 deckt sich im wesentlichen mit der bisherigen Nr. 1 des § 794 ZPO. Neu ist die Erwähnung der im Arrest- und einstweiligen Verfügungsverfahren geschlossenen Vergleiche; damit wird eine Klarstellung bezweckt.

Die bisherigen Nrn. 2 und 3 des § 794 sind in der jetzigen Nr. 3 zusammengefaßt und neu gestaltet. Die Kostenfestsetzungsbeschlüsse waren in der bisherigen Nr. 2 gesondert aufgeführt, weil sie seit 1909 zunächst der Erinnerung und nicht mehr, worauf die bisherige Nr. 3 abstellte, sogleich der Beschwerde unterlagen. Mit der Erweiterung des Tätigkeitsgebiets des Rechtspflegers ist die Zahl der zunächst der Erinnerung unterliegenden Entscheidungen gewachsen, die Sondererwähnung der Kostenfestsetzungsbeschlüsse allein würde also heute nicht mehr genügen. Die bisherige Fassung der Nr. 3 war insofern unzutreffend, als auch Entscheidungen, die, weil in letzter Instanz ergangen, in concreto nicht beschwerdefähig waren, mitbetroffen sein sollten. Dazu kommt, daß nunmehr die vom Gläubiger zu betreibende Anspruchsvollstreckung und der von Amts wegen stattfindende Anordnungsvollzug geschieden sind und letzterer unter die Sonderbestimmungen der §§ 1020 ff. fällt, bei Aufzählung der Vollstreckungstitel also nicht mehr zu berücksichtigen war. Daher scheiden die Beschlüsse nach §§ 105, 241 Abs. 3 (bisher § 141), 379 (bisher 380), 387 (bisher 390), 407 (bisher 409), 583 (619), soweit sie Strafen oder Staatskostenersatz verhängen, ferner die Beschlüsse und Verfügungen in der Vollstreckungsinstanz (vgl.

bisher §§ 887 ff., 830, 836 Abs. 3, jetzt §§ 973 ff., 911, 917 Abs. 2) und die in § 133, § 621 (bisher 656), §§ 773, 777, § 807 Abs. 4 vorgesehenen Beschlüsse aus der Reihe der Vollstreckungstitel aus; es handelt sich bei ihnen nun um vollziehbare Anordnungen. Dagegen fallen die Beschlüsse der §§ 112, 322 (bisher 109, 715) unter Nr. 3. Um den Eintritt der sofortigen Wirksamkeit einer Entscheidung anzuordnen, ist die Aufnahme unter die Vollstreckungstitel nicht das geeignete Mittel; die Bestimmungen über den Wirksamkeitseintritt finden sich daher jetzt in den § 538, § 542 Abs. 1 a. E., § 839 (vgl. auch § 543 Abs. 3 und bisher § 572). Kam es hiernach darauf an, in der Nr. 3 diejenigen nicht in Urteilsform ergehenden Entscheidungen aufzuführen, die der von einem Antrag abhängigen Vollstreckung zugeführt werden sollen, so bot sich als nächstliegende Kennzeichnung ihr Inhalt. Ist dieser dem eines vollstreckbaren Urteils gleichartig, d. h. spricht die Entscheidung die Verpflichtung zur Leistung an einen Beteiligten, den Gläubiger, aus, so soll auch die Vollstreckung wie bei Urteilen vom Gläubiger betrieben werden. Ebenso wie bei Nr. 1 bedurfte es dann nur noch einer näheren Bestimmung hinsichtlich des Eintritts der Vollstreckbarkeit. Auch hier war wie bei Nr. 1 auf die formelle Rechtskraft und auf die vorläufige Wirksamkeit abzustellen (wegen letzterer vgl. §§ 538, 542 Abs. 1 a. E., 839). Bei der inhaltlichen Kennzeichnung ist das Wort „soweit" gebraucht, weil es Beschlüsse gibt, die zum Teil eine Leistungspflicht gegenüber einer Partei aussprechen, zum Teil dagegen einen von Amts wegen zu verwirklichenden Inhalt haben und insoweit nicht vollstreckbar, sondern vollziehbar (§§ 1020 ff.) sind. Das trifft z. B. auf den Fall des § 105 und die obenerwähnten ähnlichen Fälle zu, in denen neben einer von Amts wegen vollziehbaren Strafe eine Kostenersatzpflicht gegenüber einer Partei ausgesprochen wird; insbesondere ist in dieser Richtung der Beschluß eine Grundlage für die Kostenfestsetzung (§ 106). Unter Nr. 3 fällt z. B. auch der Beschluß nach § 478 Abs. 2 (bisher Urteil nach § 515 Abs. 3). Das isolierte Kostenurteil (§§ 102), das bisher, freilich nicht unbestritten, dem § 794 Nr. 3 unterstellt wurde, ist nun unter die für vorläufig vollstreckbar zu erklärenden Urteile aufgenommen (§ 314 Nr. 1). Nicht unter Nr. 3 fallen auch die Zahlungsbefehle (§ 800), da sie nicht eine Leistungspflicht derart aussprechen, daß nur dieser Ausspruch in seiner Wirksamkeit durch den Ablauf der Widerspruchsfrist bedingt wäre, sondern bei ihnen umgekehrt die Wirksamkeit sofort eintritt, aber die Leistungspflicht nur bedingt angeordnet ist; es gibt auch sachlich beim Zahlungsbefehl hinsichtlich des Anspruchs weder eine formelle Rechtskraft noch — von den Sonderfällen des Vorbehalts (§ 811 Abs. 3, § 812) abgesehen — eine vorläufige Wirksamkeit. Die Pfändungsverfügungen (§ 908) und ähnliche vollstreckungsgerichtliche Anordnungen fallen nicht unter Nr. 3, sondern unter §§ 1020 ff., sie sind nicht vollstreckbare Schuldtitel, sondern von Amts wegen vollziehbar. Weder beruht die Leistungspflicht des Drittschuldners auf ihnen, noch enthalten sie einen Ausspruch, durch den die Nebenpflichten des Schuldners (§ 917 Abs. 2, § 921) begründet würden; diese ergeben sich vielmehr als Folgen aus der Pfändungsverfügung. Die Arrestbefehle und einstweiligen Verfügungen sind nach dem Entwurf ebenfalls keine Schuldtitel mehr, sondern vollziehbare Anordnungen, und zwar auch im Falle des § 1017 Abs. 2, weil auch in diesem Fall die allgemeinen Voraussetzungen für eine Sicherungsregelung vorliegen müssen, beim Vorliegen solcher Voraussetzungen das Sicherungsverfahren aber stets zur sofortigen Vollziehung führen muß. Die Fälle des bisherigen

§ 627 sind jetzt, da bei ihnen andere Voraussetzungen in Betracht kommen, aus dem Bereich der einstweiligen Verfügungen herausgenommen und in den §§ 590 ff. als vorläufige Regelungsbeschlüsse gestaltet, die unter Nr. 3 fallen. Während die einstweilige Verfügung nach § 1017 Abs. 2 nicht einen sei es auch nur vorläufig über die Verpflichtung des Schuldners erkennenden Ausspruch enthält, sondern die Leistung nur aus Sicherheitsgründen einstweilen anordnet, wird in den Fällen der §§ 590 ff. vor allem über Pflichten des Schuldners vorläufig erkannt und kann die etwa erforderliche Vollstreckung des vorläufig zuerkannten Anspruchs dem Gläubiger überlassen bleiben.

Die Nr. 4 gibt den vollstreckungsrechtlichen Teil des bisherigen § 722 ZPO. wieder; die Vollstreckungsklage selbst ist in §§ 334, 335 geregelt, da nicht die Vollstreckungsgerichte, sondern die Streitgerichte mit ihr befaßt werden. Die bisherige Nr. 4 ist gestrichen, da der Vollstreckungsbefehl beseitigt ist (vgl. § 800).

Die Nr. 5 bezieht sich auf die vollstreckbaren schiedsgerichtlichen Titel; vgl. § 794 Nr. 4a in der Fassung vom 25. Juli 1930 (RGBl. I S. 361).

Die Nr. 6 entspricht der bisherigen Nr. 5 des § 794 ZPO. Neu ist nur, daß es nicht mehr heißt: »sofern die Urkunde über einen Anspruch errichtet ist« sondern: »sofern die Urkunde einen Anspruch betrifft«. Dadurch soll klargestellt werden, daß nur die Unterwerfungserklärung, nicht auch die Anspruchsbegründung der Beurkundung bedarf; erforderlich ist nur, daß die Unterwerfungserklärung sich auf einen Anspruch der bezeichneten Art bezieht.

Die Nr. 7 ist neu. Die Vergleiche des Vollstreckungsgerichts setzen stets eine schon auf Grund anderer Bestimmungen bestehende oder eintretende Vollstreckbarkeit gegen den Schuldner voraus, und bedürften insofern hier keiner Erwähnung (vgl. § 950 Abs. 2). Es besteht aber die Möglichkeit, daß die Verpflichtung des Schuldners in dem Vergleich geändert, insbesondere auch erweitert wird, oder daß sich ein Dritter neben dem Schuldner mitverpflichtet. Deshalb mußten auch die vollstreckungsgerichtlichen Vergleiche als Vollstreckungstitel aufgeführt werden. Einer Vollstreckungsklausel (§ 793) bedürfen sie nicht, weil sie dem Gläubiger nicht ausgehändigt werden. Muß der Vergleich umgestellt werden (§ 834), so ist zu der Umstellung das Vollstreckungsgericht zuständig, das ihn beurkundet hat (§ 837 Abs. 2 Satz 1). Zur Durchführung der Vollstreckung gegen einen Dritten ist das Vollstreckungsgericht seines Wohnsitzes usw. (§ 786) zuständig.

§ 793. Die vom Vollstreckungsgericht ausgehenden Schuldtitel (§§ 792 Nr. 7, 800) werden dem Gläubiger nicht ausgehändigt; er kann sie daher nicht mißbrauchen. Bei den übrigen Titeln (§ 792 Nr. 1—6) ist zur Vermeidung mehrfacher Vollstreckung des gleichen Anspruchs an dem Erfordernis der vollstreckbaren Ausfertigung festgehalten worden. Die Vollstreckungsklausel ist entweder die einfache (§§ 794, 796) oder — in den Fällen des bisherigen § 726 — die besondere (§§ 797 bis 799). Abs. 2 entspricht dem bisherigen § 795 a, Abs. 3 befreit die Beschlüsse nach §§ 590 ff. (bisher 627) von dem Erfordernis der Klausel. Diese Beschlüsse waren bisher den Regeln über einstweilige Verfügungen unterstellt, also ebenfalls der Klausel nicht bedürftig (bisher § 929 Abs. 1). Wird eine Umstellung nötig (§ 833), so vertritt der Umstellungsbeschluß (§ 834) die bisher für diese Fälle notwendig gewesene Klausel.

§ 794. § 794 handelt von der einfachen Vollstreckungsklausel, die ohne Anhörung des Schuldners auf Antrag erteilt wird, und zwar, da sie keine sachliche Stellungnahme enthält, sondern eine rein formelle Bescheinigung darstellt, durch Verfügung. Dies ist, um Zweifel abzuschneiden, ausdrücklich ausgesprochen. Stellt der Gläubiger den Vollstreckungsantrag durch Vermittelung der streitgerichtlichen Geschäftsstelle (§ 770 Abs. 1 Satz 1 a. E.), so soll damit der Vereinfachung wegen der Antrag auf Klauselerteilung als stillschweigend mitgestellt gelten. Zuständig ist auch der Rechtspfleger (§ 791). Die Erteilung wie die Versagung sind durch Erinnerung (§§ 838, 844), gegebenenfalls weiter durch die Vollstreckungsbeschwerde anfechtbar (§§ 840, 841).

§ 795. Auch eine weitere Ausfertigung wird künftig vom Rechtspfleger erteilt (§ 791), ohne daß er erst eine höhere Anordnung einholen müßte. Die Erteilung einer solchen Ausfertigung setzt jedoch voraus, daß das rechtliche Bedürfnis glaubhaft gemacht wird.

§ 796. Grundsätzlich wird die einfache Vollstreckungsklausel (auch als weitere) von der Stelle erteilt, von der der Schuldtitel ausgeht (Nr. 1) oder verwahrt wird (Nr. 2); doch ist für die Erteilung weiterer Ausfertigungen an Stelle einer verwahrenden Behörde, falls diese weder ein Gericht noch ein Notar ist, das Vollstreckungsgericht zuständig (Abs. 2). Auch an die Stelle einer außergerichtlichen Gütestelle tritt das Vollstreckungsgericht, und zwar für weitere Ausfertigungen stets (Abs. 2), für die erste nur, wenn nicht der Vorsteher zur Klauselerteilung ermächtigt ist (Nr. 3).

Durch Abs. 3 werden alle Stellen, die mit der Klauselerteilung befaßt werden können, insoweit auch dem vollstreckungsgerichtlichen Verfahren unterworfen, als die Erteilung nicht mittels einer Klage verlangt wird (§ 799 Abs. 3). Dies ist von wesentlicher Bedeutung für die Erteilung der besonderen Klausel (§§ 798, 799), gilt aber auch in Ansehung der Verfügungsform, der Rechtsmittel, der Zuständigkeit des Rechtspflegers, der Ermittelungsbefugnis (z. B. im Fall der weiteren Ausfertigung) und ist daher auch für die Erteilung der einfachen Klausel von Wichtigkeit.

§ 797. Wie bisher kann die Klausel erteilt werden, auch wenn ein kalendermäßiger Termin noch aussteht (Abs. 2, vgl. § 815 Abs. 1 Satz 2), wenn dem Gläubiger eine Sicherheitsleistung obliegt (Abs. 2) oder wenn — außer in den Fällen einer Willenserklärung — die Haftung von einer Zug-um-Zug-Leistung des Gläubigers abhängt (Abs. 3, vgl. § 816 Abs. 1 und § 980 Abs. 2). Hinzugekommen sind die Fälle der § 211, § 212 Abs. 3 (Abs. 2 a. E., vgl. § 816 Abs. 2 und wegen § 212 Abs. 3 den § 815 Abs. 1).

Im übrigen darf die Klausel erst erteilt werden, wenn der Termin oder die aufschiebende Bedingung eingetreten ist; steht eine auflösende Bedingung aus, so kann die einfache Klausel (§ 794) erteilt werden. Die Würdigung eines Antrages auf Erteilung der besonderen Klausel erfordert eine sachliche Stellungnahme zu den im Abs. 1 aufgestellten zwingenden Voraussetzungen; die Erteilung und Versagung entscheidet also über die Rechtmäßigkeit der Vollstreckung und hat daher in Beschlußform stattzufinden (§ 782). Ist das Vorliegen der Voraussetzungen liquid gestellt, so wird die besondere Klausel wie bisher ohne Gehör des Schuldners ohne weiteres erteilt (§ 798 Abs. 2). Da aber die vollstreckungsgerichtlichen Vorschriften auch für das Streitgericht gelten (§ 796 Abs. 3), ist die Beschreitung des Klageweges jetzt selbst dann in keinem Falle mehr notwendig, wenn die Voraussetzungen für die Erteilung der Klausel nicht liquid sind (§ 780). Vielmehr hat hier das Streitgericht (§ 799 Nr. 1) ebenfalls die Befugnis, Ermittelungen anzustellen und die Klausel zu erteilen oder den Antragsteller auf den Rechtsweg zu verweisen (§ 781). Der Gläubiger kann den Rechtsweg auch von vornherein beschreiten (§ 799 Abs. 3), es steht ihm also der Antrag und die Klage zur Wahl. Wenn die Beschaffung der Klausel auch Sache des Gläubigers ist, so sind doch auch bei mangelnder Liquidität Fälle denkbar, in denen es zwecks beschleunigter Vollstreckungseinleitung angezeigt sein kann, daß ihm ein einfacheres Verfahren als der Klageweg und daß ihm amtliche Hilfe zur Verfügung steht.

§§ 798, 799. § 798 Abs. 1 stellt das Antragserfordernis auf; der Antrag muß eine Begründung enthalten und soll die Beweismittel angeben, auch die Beweisurkunden nach Möglichkeit beifügen. Genügt dies zur Herstellung der Liquidität (§ 798 Abs. 2), so wird der Schuldner nicht gehört und die Klausel vom Rechtspfleger erteilt (§ 791 mit § 1023 Nr. 6). Fehlt es dagegen an der im § 798 Abs. 2 vorgesehenen Liquidität, so ist der Schuldner zu hören (§ 782 Abs. 1 Satz 1) und tritt nach § 799 an die Stelle des Rechtspflegers des Streitgerichts (§ 796 Nr. 1) der Vorsitzende und an die Stelle der nach § 796 Nr. 2, 3 zuständigen Stellen stets das Vollstreckungsgericht, und zwar der Richter, da diese Beschlüsse mit der besonderen Vollstreckungsbeschwerde anfechtbar sind (§§ 842, 843, 1023 Nr. 6). Doch tritt nach § 799 Abs. 2 in den Fällen, in denen der Gläubiger die Zulassung der Klausel in einem Prozeß erstritten hat, die im § 796 angeordnete Zuständigkeit wieder ein, da die Rechtsfragen dann geklärt sind.

Die Beschlüsse nach § 797 Abs. 1 u. 3 sind begründungs- und zustellungsbedürftig (§ 782 Abs. 2); für die Fälle des § 798 Abs. 2 gilt die Besonderheit, daß die Zustellung an den Gläubiger durch dessen Benachrichtigung von der Erteilung der Klausel ersetzt werden kann. Vor der Zustellung des die Klausel erteilenden Beschlusses an den Schuldner ist die Vollstreckung nicht statthaft (§ 814 Abs. 2), doch bedarf es neben der nach § 782 Abs. 2 notwendigen Zustellung an den Schuldner keiner weiteren Zustellung an ihn. Wird die Klausel erteilt, so muß im Falle des § 798 Abs. 2 in der Begründung die Liquidität dargelegt werden (Ersatz für die bisher im § 750 Abs. 2 a. E. vorgesehene Urkundenzustellung), in den übrigen Fällen — wie in der Begründung des bisher notwendig gewesenen Urteils — ausgeführt werden, woraus sich die Statthaftigkeit der Klauselerteilung ergibt. Das Rechtsmittel gegen die Erteilung und Versagung der besonderen Klausel ist stets — auch in den Fällen des § 798 Abs. 2 — die in ein prozeßartiges Verfahren führende besondere Vollstreckungsbeschwerde der §§ 842, 843. Ist die Klausel erteilt gewesen, so konnte mit der Durchführung der Vollstreckung begonnen werden, doch konnte dies auch gemäß § 839 aufgeschoben bleiben, wie in diesem Falle ja auch die einstweilige Einstellung möglich ist (§ 862 Abs. 1 a. E.). War die Erteilung der Klausel abgelehnt worden, so mußte die etwa schon begonnene Durchführung der Vollstreckung unter Aufhebung der bereits getroffenen Maßregeln endgültig eingestellt werden; eine Verzögerung dieser Einstellung nach § 839 und eine vorläufige Einstellung sind hier nicht möglich (§ 862 Abs. 1 a. E.), da jede Vollstreckungsmaßregel unrechtmäßig ist, wenn die erforderliche Klausel nicht erteilt war. Wird gegen einen Beschluß nach § 798 die besondere Vollstreckungsbeschwerde eingelegt, so kann das Vollstreckungsgericht, wie stets, seinen Beschluß noch ändern, also die erteilte Klausel zurücknehmen oder die bisher versagte erteilen, dagegen ist eine Verweisung auf den Rechtsweg jetzt nicht mehr möglich (§ 840 Abs. 3). War die Klausel erteilt, so ist eine vorläufige Einstellung möglich (§ 862 Abs. 1 a. E.); in diesem Fall soll das Vollstreckungsgericht, wenn es nicht zu einer Änderung seines Beschlusses gelangt, doch jedenfalls prüfen, ob etwa die vorläufige Einstellung veranlaßt ist (§ 840 Abs. 2).

§ 799 Abs. 3 stellt dem Gläubiger neben dem Beschlußverfahren den Klageweg zur freien Wahl zur Verfügung, damit er nicht im Beschlußverfahren vorzugehen gezwungen ist, auch wenn er voraussieht, daß er auf den Rechtsweg verwiesen werden wird (§ 781; vgl. die Begründung zu § 780). Die Zuständigkeit für die Klage regelt § 845 Abs. 3.

§ 800. Das bisherige Mahnverfahren war als eine besondere Prozeßart gestaltet und schloß demgemäß mit einem Akt, der einem Urteil gleichstand und der materiellen Rechtskraft fähig war, nämlich mit dem Vollstreckungsbefehl. Da die Vollstreckung weder ein rechtskräftiges noch, wie die vollstreckbaren Vergleiche und Urkunden beweisen, überhaupt ein Urteil erfordert, war das Mahnverfahren bisher nicht eigentlich ein einfaches Verfahren zur Einleitung der Vollstreckung, sondern ein schriftliches Verfahren zur Herbeiführung der rechtskräftigen Feststellung eines Anspruchs und nur mittelbar ein vereinfachtes Vollstreckungseinleitungsverfahren. Dem entsprach es, daß auch der Rechtsstreit nicht als ein Verfahren zum Austrag streitiger Ansprüche, sondern mindestens ebenso sehr als ein Verfahren zur Beschaffung des notwendigen Vollstreckungstitels gedacht und daher ohne weiteres auch in unstreitigen Fällen verwendbar war, wie das Fehlen jeder Bestimmung beweist, durch die der Rechtsstreit auf streitige Sachen hätte beschränkt werden können. Galt doch der Rechtsstreit als das normale Verfahren zur Einleitung einer Vollstreckung und das Urteil als der Typus des Vollstreckungstitels. Die Folge war, daß die unstreitigen Sachen in keiner Weise dem Rechtsstreit ferngehalten wurden, wodurch dieser seinem wahren Zweck entfremdet und überdies mannigfachen Verschleppungsgefahren ausgesetzt wurde, und daß andererseits das Mahnverfahren wegen des rechtskraftfähigen Abschlusses mit Förmlichkeiten belastet war (mehrfache Anträge, Zustellungen, Vollstreckungsbefehl), deren ein bloßes Vollstreckungseinleitungsverfahren nicht bedarf und die zur Rechtfertigung der Rechtskraft nicht einmal genügten. Die der prozessualen Auffassung freilich entsprechende freie Widerspruchsbefugnis des Schuldners mußte sich als besonders nachteilig erweisen, solange das obligatorische Mahnverfahren galt, doch ist in ihr auch an sich ein schwerer Mangel des Verfahrens (Verschleppung) zu erblicken. Das Gesamtergebnis der bisherigen Regelung war sowohl eine Verzögerung der Prozesse wie eine Verzögerung der Vollstreckung.

Der Entwurf versucht daher, in dem Zahlungsbefehlsverfahren für die praktisch wichtigsten Ansprüche, nämlich für die auf Geldzahlungen und ähnliche Leistungen, ein Verfahren zur Verfügung zu stellen, das nur der Vollstreckungseinleitung, nicht auch der rechtskräftigen Schuldfeststellung dient und daher von allen störenden Umständlichkeiten freigehalten werden konnte. Der Anspruch, über den der Zahlungsbefehl erging, wird durch einfachen Fristablauf vollstreckbar, weiterer Anträge und Zustellungen oder gar eines Vollstreckungsbefehls bedarf es nicht; § 218 Abs. 1 BGB. wäre dahin zu ergänzen, daß der vollstreckbar gewordene Zahlungsbefehl dem Anspruch die dreißigjährige Verjährungsfrist sichert. Der Fortfall des Vollstreckungsbefehls ist dadurch gerechtfertigt, daß dem Gläubiger, der eine Forderung hat, die nicht freiwillig erfüllt wird, an einer rechtskräftigen Feststellung dann nichts gelegen sein kann, wenn er nichts weiter als seine Befriedigung sucht, der Schuldner aber dadurch, daß er binnen der Frist dem Zahlungsbefehl nicht widerspricht, sich der Vollstreckung stillschweigend unterwirft; die Lage ist nicht wesentlich anders, als bei einer freiwilligen Erfüllung, die ja ebenfalls keine rechtskräftige Schuldfeststellung voraussetzt. Ist die Widerspruchsfrist abgelaufen und der Anspruch damit vollstreckbar geworden, so kann der Schuldner gegen den Gläubiger aus § 845 Abs. 1 klagen, wenn er sich durch den Zahlungsbefehl zu Unrecht in Anspruch genommen glaubt. Diese Klage bedeutet für den Gläubiger schon deswegen keine Gefahr, weil der Schuldner die Beweislast für sein Vorbringen trägt (§ 845 Abs. 1) und die vorläufige Einstellung der Vollstreckung nur zulässig ist, wenn die Unrichtigkeit des Zahlungsbefehls glaubhaft gemacht wird (§ 871 Abs. 2). Der Gläubiger kann einen Zahlungsbefehl auch in streitigen Fällen beantragen, d. h. in Fällen, in denen ihm der Schuldner die Schuld bereits bestritten hatte. Dann wird der Schuldner, wenn er sich jetzt nicht fügen will, Widerspruch einlegen und dabei zweckmäßig auf sein bisheriges Bestreiten hinweisen. Hatte der Schuldner bisher nicht bestritten, sondern nur zu erkennen gegeben, daß er freiwillig nicht erfüllen könne oder wolle, so wird auf den Gläubiger ein Druck dahin ausgeübt, daß er das ihm günstigere Zahlungsbefehlsverfahren wähle. Der Gläubiger wird durch § 207 Abs. 2 angehalten, wenn er wegen eines mahnverfahrensfähigen Anspruchs eine Klage erhebt, sein Rechtsschutzinteresse an der Beschreitung dieses Weges (z. B. Bestrittenheit, Bedürfnis nach einer rechtskräftigen Feststellung) in der Klage zu begründen. Kommt er dieser Verpflichtung nicht nach, so trägt er im Falle der Versäumnis des Beklagten die Prozeßkosten, soweit sie die des Mahnverfahrens übersteigen (§ 94 Abs. 2). Findet sich der Schuldner ein, so gilt im Falle des sofortigen Anerkenntnisses das gleiche. Bestreitet der Schuldner das vom Gläubiger behauptete Rechtsschutzinteresse an der Beschreitung des Klagewegs, so muß wie bisher nach § 93 ZPO. die Frage geklärt werden, ob Anlaß zur Klagestellung bestand. Es ist also nicht so, wie zur Zeit des obligatorischen Mahnverfahrens, daß eine Klage, die das Rechtsschutzinteresse nicht darlegte, als Antrag auf Erlassung eines Zahlungsbefehls behandelt würde; es treten nur Kostenfolgen ein. Auch wird eine Glaubhaftmachung und gar die Glaubhaftmachung der bevorstehenden Einlassung (vgl. früher § 2 EntlVO.) nicht verlangt. Die Geneigtheit der Gläubiger, sich in allen dazu geeigneten Fällen des Mahnverfahrens zu bedienen, wird überhaupt weniger durch diese, freilich nicht entbehrliche Kostenbestimmung, als durch die Einfachheit und Raschheit des Verfahrens herbeizuführen sein. Hier fällt der Kampf gegen den Mißbrauch des Widerspruchsrechts (§ 807) erheblich ins Gewicht; erst dadurch wird ein Zwang zur Benutzung des Mahnverfahrens, auch wenn er so gelinde ist wie der vorgesehene, dem Gläubiger zumutbar.

In der Frage, ob das Mahnverfahren, wie vom Entwurf vorgesehen, zu einem Vollstreckungseinleitungsverfahren ohne Vollstreckungsbefehl, mit entsprechender Beschränkung der Widerspruchsfreiheit und unter Zugrundelegung der vollstreckungsrechtlichen Zuständigkeitsgründe ausgebaut werden oder ob das bisherige Mahnverfahren beibehalten werden solle, hielten sich in der Zivilprozeßkommission die Meinungen die Waage. Im einzelnen darf zu den Bestimmungen des § 800 noch folgendes bemerkt werden:

Der — ohne sachliche Änderung nicht mehr als bedingter bezeichnete — Zahlungsbefehl wird durch Beschluß auf Antrag erlassen (§§ 800 ff.); einer

Begründung bedarf der Beschluß nicht (§ 805). Zuständig zur Erlassung und Versagung ist auch der Rechtspfleger (§ 791), soweit nicht ein Fall der in § 1023 Nr. 5 erwähnten Art vorliegt. Das Rechtsmittel gegen den Zahlungsbefehl ist zwiespältig. An sich besteht gegen ihn die nicht aufschiebende Vollstreckungsbeschwerde, da aber für materielle Einwendungen der Widerspruch vorgesehen ist (§ 807), ist ihr Anwendungsbereich auf Verfahrensrügen, z. B. die der Zuständigkeit, beschränkt (§ 838 Abs. 1). Die einen Zahlungsbefehlsantrag ablehnende Verfügung bedarf nach § 803 Abs. 2 der Begründung, ist aber nur mit Erinnerung (§ 844) anfechtbar. Wie bisher setzt der Erlaß eines Zahlungsbefehls einen Anspruch auf Geldzahlung oder auf Leistung einer bestimmten Menge anderer vertretbarer Sachen oder Wertpapiere voraus; als Geldzahlungsanspruch gilt wie bisher auch der Anspruch aus einer Hypothek usw. Neu aufgeführt sind die Ansprüche auf Duldung der Vollstreckung wegen solcher Forderungen; es ist das lediglich eine Klarstellung.

§ 801. Abs. 1 Satz 1 regelt die Antragsform insofern abweichend von dem bisherigen § 702 ZPO., als ein mündlicher Antrag nunmehr protokolliert werden muß; es ist dies vorgesehen, weil die Bedeutung des Antrags gestiegen ist. Die Bestimmungen des Abs. 1 Satz 2 sind durch den Mißstand veranlaßt worden, daß der Gläubiger bisher häufig übersah, den Antrag auf Erlassung des Vollstreckungsbefehls nach Ablauf der Widerspruchsfrist eigens zu stellen was nach den bisherigen Vorschriften notwendig war. Man hat einen solchen besonderen Antrag für notwendig gehalten, weil man annahm, daß sonst häufig gepfändet würde, obwohl die Schuld mittlerweile schon bezahlt worden sei und dergl. Über die Zahlung wird jedoch der Schuldner stets einen Nachweis haben, der ihn gegen eine Pfändung schützt, und vergebliche Gänge des Gerichtsvollziehers lassen sich dadurch vermeiden, daß das Vollstreckungsgericht nach dem Ablauf der Widerspruchsfrist zunächst noch den ersten in Betracht kommenden Posteingang abwartet. Der Gläubiger, der einen Zahlungsbefehl beantragt hat, nun aber befriedigt wurde, ist verpflichtet, dies dem Vollstreckungsgericht mitzuteilen. Unterläßt er diese gebotene Zurücknahme seines Vollstreckungsantrags, so haftet er für die unnötigerweise verursachten Kosten, es sei denn, daß der Schuldner so spät zahlte, daß dem Gläubiger nach Lage des Falles eine rechtzeitige Benachrichtigung des Vollstreckungsgerichts nicht mehr möglich war; dann treffen die Kosten den Schuldner. Die Vereinfachung und Beschleunigung des Verfahrens, die durch die Beseitigung der Notwendigkeit eines zweiten Antrags erzielt werden kann, ist so groß, daß die Bedenken wohl zurücktreten müssen, zumal es nach Abs. 1 Satz 2 dem Gläubiger freisteht, sich (etwa weil er mit freiwilliger Zahlung rechnet) einen besonderen Durchführungsantrag vorzubehalten. Der Zahlungsbefehlsantrag hat für den Fall des Widerspruchs zugleich die Bedeutung des bisherigen Antrags auf Terminsanberaumung (vgl. § 802 Abs. 2, § 808 Abs. 1) und muß daher auch dann zurückgenommen werden, wenn kein Termin anberaumt werden soll.

Abs. 2 stellt klar, daß die Zuständigkeitsvorschriften der §§ 786 ff. auch für die Erlassung des Zahlungsbefehls gelten. Dies steht im Gegensatz zu den Bestimmungen der bisherigen ZPO., nach denen die streitgerichtlichen Zuständigkeitsgrundsätze auch für das Mahnverfahren maßgebend waren. Die prozessuale Zuständigkeit ist folgerichtig, wenn das Mahnverfahren eine Prozeßart ist. Aber zur Erleichterung des Mahnverfahrens als eines Vollstreckungseinleitungsverfahrens trägt sie nicht bei. Denn wo vollstreckt werden muß, kann ausschließlich nach Vollstreckungsgesichtspunkten bestimmt werden; grundsätzlich ist der Ort maßgebend, an dem sich das Wirtschaftszentrum des Schuldners befindet, denn da findet die Beschlagnahme ihre Gegenstände. Wird nun für die Vollstreckungseinleitung eine andere Zuständigkeit vorgesehen, so bedeutet das nur, daß, um zur Beschlagnahme zu gelangen, anstatt einer Stelle zwei Stellen angegangen werden müssen. Auch das Interesse daran, daß das Vollstreckungsgericht von anhängig werdenden Vollstreckungen möglichst frühzeitig Kenntnis erhält, da es nur dann die Lage des Schuldners richtig erkennen kann, bliebe unbefriedigt, wenn der Zahlungsbefehlsantrag bei einer anderen Stelle als dem Vollstreckungsgericht gestellt werden müßte. Es besteht auch keinerlei Bedürfnis danach, den Zahlungsbefehl dem nach prozessualen Grundsätzen zuständigen Gericht, also insbesondere dem Gericht des vereinbarten Gerichtsstandes zu übertragen. Denn wie die Statistik ergibt, geht stets nur der weitaus kleinere Teil der anhängig gewordenen Mahnsachen (bis 1915 rund ein Viertel, von da bis 1925 etwa ein Drittel, seitdem bis 1927 wieder kaum mehr als ein Viertel) aus dem Mahnverfahren in den Rechtsstreit über. Dies wird sich künftig noch deutlicher ausprägen, weil die Erschwerung unbegründeter Widersprüche (vgl. § 807) und die Bevorzugung der unstreitigen Sachen den Übergang in den Prozeß noch seltener machen wird. Geht aber wirklich eine Sache aus dem Mahnverfahren in den Rechtsstreit über, so wird es sich wohl auch künftig wie schon bisher meistens nur um die Abgabe der Akten an eine andere Abteilung des gleichen Gerichts handeln. Und wo eine Aktenversendung nötig wird, bedeutet sie ebenfalls keine irgendwie erhebliche Erschwerung oder Verzögerung der Rechtsverfolgung. Viel wichtiger ist es jedenfalls, daß, wenn kein Widerspruch erhoben wird, nun nicht die Pfändung verzögert wird, denn diese ist eilig und schon gegen kurze Verzögerungen und unerhebliche Erschwerungen weit empfindlicher, als der Streitbeginn in Streitfällen, zumal der Gesichtspunkt, gegen den böswilligen Schuldner möglichst schnell ein Versäumnisurteil zu erhalten, infolge der Erschwerung des Widerspruchs an Bedeutung beträchtlich verliert.

§ 802. Die im Abs. 1 aufgestellten Erfordernisse des Antrags auf Erlassung des Zahlungsbefehls entsprechen im wesentlichen dem § 690 g. F. In Nr. 3 ist zu den Erfordernissen der bisherigen Nr. 3 das der Angabe der Fälligkeit der Schuld hinzugetreten, weil § 804 unter bestimmten Voraussetzungen einen Zahlungsbefehl schon vor der Fälligkeit zuläßt.

Abs. 2 ist neu. Das Vollstreckungsgericht muß in der Lage sein, seine Zuständigkeit zu prüfen. Dazu kommt, daß nach § 788 gewisse Benachrichtigungspflichten gegenüber anderen Vollstreckungsgerichten bestehen. Daraus ergab sich das Bedürfnis nach den Ordnungsvorschriften des Abs. 2 Satz 1. Ist bei einem Schuldner nur der Wohnort angegeben, so wird dies im allgemeinen als Angabe des Wohnsitzes genügen und weiteres nicht erforderlich sein. Läßt aber z. B. der angegebene Wohnort nur einen Aufenthalt vermuten, so muß die Zuständigkeit näher begründet werden (§ 786 Abs. 1 Satz 2). Die Angaben des Gläubigers bedürfen keines Beweises, sie müssen nur schlüssig sein. Sind sie falsch, so kann der Schuldner gegen den Zahlungsbefehl wegen der fehlenden Zuständigkeit die Vollstreckungsbeschwerde einlegen. Gemäß Satz 2 soll der Antrag außerdem das Streitgericht benennen, dem der Zahlungsbefehl im Falle des Widerspruchs vorgelegt werden soll. Diese Angabe ist notwendig, weil die streitgerichtliche und die vollstreckungsgerichtliche örtliche Zuständigkeit sich nicht mehr zu decken brauchen. Doch ist die Unterlassung der Angabe insofern unschädlich, als im Zweifel das Amtsgericht als benannt gelten soll, dem das Vollstreckungsgericht angehört. Auch für ein auf diese Weise als bezeichnet geltendes Amtsgericht gilt die Vermutung der sachlichen Zuständigkeit, die im § 808 Abs. 2 Satz 1 vorgesehen ist.

§ 803. Abs. 1 Satz 1 bezweckt die schleunige Behandlung der Anträge. Der Zahlungsbefehl ist ein Beschluß, jedoch nicht begründungsbedürftig, da § 805 eine Sondervorschrift gegenüber § 782 Abs. 2 darstellt. Die Vollstreckungsbeschwerde gegen den Zahlungsbefehl ist nur in bezug auf Verfahrensmängel statthaft, da der materiellen Anfechtung nach § 807 der Widerspruch dient. Wie bisher wird nicht die Wahrheit der Behauptungen des Antragstellers, sondern nur ihre Schlüssigkeit und Vollständigkeit geprüft. Daher ist der Schuldner nicht zu hören und sind Ermittelungen ausgeschlossen. Damit ist nicht gesagt, daß das Vollstreckungsgericht nicht von Amts wegen Erkundigungen einziehen könnte, etwa um sich über seine Benachrichtigungspflicht (§ 788) Klarheit zu verschaffen, nur darf der Erlaß des Zahlungsbefehls, der von solchen Ermittelungen unabhängig ist, dadurch nicht verzögert werden.

Abs. 2 entspricht dem bisherigen § 691 Abs. 1 ZPO. Die Zurückweisung geschieht nicht, wie es der allgemeinen Regel entspräche (§ 780 Abs. 1), durch Beschluß, sondern ausnahmsweise durch eine begründungs- und zustellungsbedürftige Verfügung, gegen die nur die Erinnerung stattfindet. Auch über die Erinnerung ist durch Verfügung zu befinden und daher ein weiteres Rechtsmittel ausgeschlossen. Diese Regelung beruht auf der Erwägung, daß dem abgewiesenen Gläubiger der Prozeßweg offensteht, und es daher eines Instanzenzuges hinsichtlich der Abweisung nicht bedarf.

Abs. 3 enthält eine Abweichung von dem bisherigen § 691 Abs. 2 ZPO. Da der Widerspruch nicht mehr im Belieben des Schuldners steht, sondern nur statthaft ist, wenn der Schuldner seine Verpflichtung und Haftung wirklich bestreiten will (§ 807), bietet der Zahlungsbefehl dem Gläubiger eine gewisse Sicherung dagegen, daß der Schuldner die Sache auf den Prozeßweg leiten werde. Diese Sicherung muß dem Gläubiger auch für einen Anspruchsteil zukommen können.

§ 804. Nach § 804 kann ein Zahlungsbefehl auch erlassen werden, solange ein kalendermäßig bestimmter Termin noch nicht eingetreten ist, doch soll das ohne weiteres nur möglich sein hinsichtlich später fällig werdender Teilbeträge. Im übrigen wird eine Glaubhaftmachung der Gefährdung des Gläubigers verlangt, da in der Regel die Einleitung der Vollstreckung vor der Fälligkeit eines Anspruchs (anders § 292 Abs. 2 für die Klage) nicht veranlaßt ist. Besteht für die Schuld eine andere als eine kalendermäßige Befristung oder eine aufschiebende Bedingung, so kann ein Zahlungsbefehl nicht erlassen werden, sondern ist die Klagestellung notwendig und das Rechtsschutzinteresse für sie gegeben. Die Erlassung des Zahlungsbefehls ist in den Fällen des § 804 dem Richter vorbehalten (§ 1023 Nr. 5). Ist ein Zahlungsbefehl über eine kalendermäßig befristete Leistung ergangen, so ergibt sich aus § 815 Abs. 1, daß die Vollstreckung erst durchgeführt werden darf, wenn nicht nur die Widerspruchsfrist abgelaufen (§ 805 Abs. 1 a. E.), sondern auch der Fälligkeitstermin eingetreten ist; an der Dauer der Widerspruchsfrist wird hierdurch nichts geändert. Wenn ein Zahlungsbefehl erlassen worden ist, obwohl ein nur durch

Klage verfolgbarer befristeter oder bedingter Anspruch vorlag, so ist zu unterscheiden. Ist die unzulässige Befristung oder Bedingung im Zahlungsbefehl nicht aufgeführt, so wird der Anspruch unbefristet und unbedingt vollstreckbar, wenn der Schuldner keinen Widerspruch einlegt. Ist dagegen im Zahlungsbefehl die Befristung oder Bedingung aufgeführt, so hat der Schuldner gegen ihn zur Geltendmachung dieses prozessualen Verstoßes die Vollstreckungsbeschwerde (§§ 840, 841). Unterließ er sie, so tritt mit dem Ablauf der Beschwerde- und Widerspruchsfrist die Vollstreckbarkeit ein, doch ist gemäß § 815 Abs. 1 Satz 1 wenigstens die Durchführung der Vollstreckung erst nach dem Eintritt des Termins oder der Bedingung statthaft.

§ 805. Bisher war ein alternativer Befehl des Inhalts vorgeschrieben, zu leisten oder Widerspruch einzulegen (§ 692 ZPO.). Künftig lautet der Befehl nur auf die Leistung. Daß nach dem Ablauf der Widerspruchsfrist die Vollstreckung einsetzt, wird lediglich mitgeteilt.

Da der Widerspruch nicht mehr ins Belieben gestellt ist, sondern die Erklärung des Nichtverpflichtetseins enthalten muß (§ 807), empfahl es sich, anknüpfend an eine bereits jetzt manchenorts bestehende Übung, dem Zahlungsbefehl eine Belehrung über das Recht zum Widerspruch und über die Erfordernisse des Widerspruchs anfügen zu lassen. Auch wenn die Belehrung fehlt, ist der Zahlungsbefehl eine vollwirksame Vollstreckungsgrundlage; er leidet nur an einem unwesentlichen Formverstoß.

§ 806. Für die Zustellung gilt in gleicher Weise wie bei der besonderen Vollstreckungsklausel im Falle des § 798 Abs. 2 die Besonderheit, daß sie in Abweichung von § 782 Abs. 2 nur an den Schuldner (Abs. 1) stattfinden muß während dem Gläubiger gegenüber die Benachrichtigung von dem Erlaß und der Zustellung des Zahlungsbefehls genügt (Abs. 4). Ähnlich wie die besondere Vollstreckungsklausel (vgl. Abs. 2 der Begr. zu §§ 798, 799) braucht auch der Zahlungsbefehl dem Schuldner nur einmal zugestellt zu werden (§ 814 Abs. 1 a. E.).

Die Zustellung an den Schuldner findet, wie von wenigen Ausnahmen abgesehen alle Zustellungen, von Amts wegen statt (§ 134). Abs. 2 entspricht dem bisherigen § 693 Abs. 2 ZPO. unter Anpassung der Fassung an den bisherigen § 207 Abs. 1 (vgl. auch §§ 171, 218 Abs. 2). Die öffentliche Zustellung und die Zustellung im Ausland ist wie bisher (§ 688 Abs. 2 ZPO. g. F.) ausgeschlossen. Die Zustellung unterbricht die Verjährung (vgl. § 209 Abs. 2 Nr. 1 BGB.).

§ 807. Während der Schuldner bisher ein völlig seinem Belieben anheimgegebenes Widerspruchsrecht hatte, soll er in Zukunft nur noch Widerspruch einlegen können, wenn er seine Schuld wirklich bestreiten will. Er muß daher eine Erklärung abgeben, aus der eine solche Bestreitung hervorgeht. Das bloße Wort „Widerspruch" genügt nicht; es muß vielmehr auf irgendeine Weise zum Ausdruck gebracht werden, daß der Schuldner sich für nicht, für noch nicht oder für nicht in dem behaupteten Umfang verpflichtet hält. Eine solche Erklärung kann jedem zugemutet werden, eine Begründung wird nicht verlangt. Die Erklärung kann zwar bewußt wahrheitswidrig abgegeben werden, doch lassen sich hieran nachteilige Folgen anknüpfen (Abs. 4), die von diesem Mißbrauch abschrecken. Ein Schuldner, der die Forderung schon bisher bestritten hatte oder der durch die Forderung völlig überrascht wurde, wird gut daran tun, hierauf in seinem Widerspruch hinzuweisen, weil er sonst in den Verdacht der Verschleppung gerät.

Mit dem Widerspruch kann nur geltend gemacht werden, daß der Anspruch zur Zeit der Erlassung des Zahlungsbefehls nicht bestanden habe. Ist also vor der Erlassung des Zahlungsbefehls, d. h. vor der Beschlußfassung, deren Zeitpunkt sich aus dem Datum des Zahlungsbefehls ergibt, gezahlt worden oder eine aufrechenbare Gegenforderung entstanden gewesen, so ist der Einwand durch Widerspruch zu verfolgen. Dieser Zeitpunkt wurde deswegen für maßgebend erklärt, weil anzunehmen ist, daß in ihm die Lage noch ebenso ist, wie zur Zeit der Antragstellung des Gläubigers. Geschah die Zahlung später oder ist die Gegenforderung später, wenn auch vor Eintritt der Vollstreckbarkeit entstanden, so ist der Widerspruch nicht für statthaft erklärt, da es in diesen Fällen eines sofortigen Prozesses nicht bedarf. Das eingeleitete Vollstreckungsverfahren ist vielmehr wegen Zweckerreichung einzustellen (§§ 818, 861); unterbleibt dies, so ist die Erinnerung (§§ 838, 844) und weiter die besondere Vollstreckungsbeschwerde (§§ 818, 842, 843) gegeben. Die Schuldtilgung ist eine negative Voraussetzung, der Schuldner kann mit ihrer Berücksichtigung also nur rechnen, wenn er sie geltend macht. Doch ist auch der Gläubiger verpflichtet, seinen Vollstreckungsantrag zurückzunehmen, wenn er ihn sich nicht vorbehalten hatte.

Die Widerspruchsfrist ist einheitlich auf eine Woche festgesetzt. Da der Schuldner in Zukunft nicht mehr ohne weitere Überlegung Widerspruch einlegen soll, durfte die Frist nicht allzu kurz bemessen werden. Spielt sich das weitere Verfahren schnell ab, so liegt nicht viel an einem kleinen Zeitverlust zu Beginn. Auf Antrag des Gläubigers kann die Frist durch Verfügung verkürzt und damit besonderen Dringlichkeitsgründen Rechnung getragen werden (Abs. 2). Wie bisher ist die Widerspruchsfrist keine Notfrist; siehe aber § 810. Der Ablauf der Widerspruchsfrist ist vom Vollstreckungsgericht zu überwachen. Ist die Vollstreckbarkeit eingetreten, so vermerkt das Gericht dies auf dem Zahlungsbefehl und übergibt ihn in der Regel dem Gerichtsvollzieher kurzhändig zur Pfändung (§ 770 Abs. 2), nachdem es eine angemessene Frist wegen der Möglichkeit des nachträglichen Eingangs einer Zahlungsnachricht hat verstreichen lassen. Hatte sich der Gläubiger einen besonderen Antrag vorbehalten (§ 801 Abs. 1 Satz 2), so ist dieser Antrag abzuwarten.

So gut der Gläubiger in der Regel wissen muß, ob sein Schuldner die Forderung bisher bestritten hatte und ob er daher befugt ist, den Klageweg zu wählen (§ 207 Abs. 2), so gut weiß in der Regel der Schuldner, ob er sich gegen eine Forderung wehrt, weil er sie für unbegründet hält oder weil er sie nicht erfüllen kann oder will. Ist das Recht zur Widerspruchseinlegung an die Voraussetzung geknüpft, daß der Schuldner sich — wenn auch irrtümlich — zu Unrecht in Anspruch genommen glaubt, so kann diese wichtige Beschränkung gefahrlos verletzt werden, wenn die Verletzung nicht mit einem empfindlichen Nachteil bedroht wird. Abs. 4 sieht daher eine Prozeßstrafe vor. Sie ist vom Streitgericht zu verhängen, das dabei aber nach den Regeln des vollstreckungsgerichtlichen Verfahrens (Ermittelungsmöglichkeit, Entscheidungsform, Rechtsmittel) verfährt. Das Geschäft ist dem Richter vorbehalten (§ 1023 Nr. 10). Das Streitgericht ist — unter Ausschluß der vollstreckungsgerichtlichen Zuständigkeitsgründe — für zuständig erklärt, weil der Mißbrauch des Widerspruchsrechts sich in aller Regel erst vor ihm ergeben wird. Für das Vollstreckungsgericht hätte die Strafbefugnis nach § 773 genügt. Die Handhabung der Strafvorschrift ist nicht so gedacht, daß nun in jedem Falle, in dem der Schuldner nach Widerspruchseinlegung verurteilt wird, umfangreiche Ermittlungen darüber gepflogen werden sollten, ob er sein Widerspruchsrecht etwa mißbraucht habe. Der strafbare Tatbestand ist nur dann gegeben, wenn der Schuldner der Wahrheit zuwider erklärt hat, er glaube nichts schuldig zu sein. Der Schuldner muß sich also dessen bewußt gewesen sein, daß er keine berechtigte Einwendung erheben könne. Wenn dieser Tatbestand vorliegt, so wird es sich in der Regel im Lauf des Prozesses ohne weiteres Zutun des Gerichts herausstellen; nur wenn ein letzter Zweifel zu klären ist, wird das Gericht von seiner Ermittelungsbefugnis Gebrauch zu machen Anlaß haben. Das Wort „ergibt" soll anzeigen, daß im wesentlichen der offenkundige Tatbestand der Würdigung zugrunde gelegt werden soll. Es muß natürlich damit gerechnet werden, daß keineswegs alle Fälle des mißbräuchlichen Widerspruchs aufgedeckt werden. Aber der Zweck der Vorschrift ist auch nicht der strafrechtliche, möglichst jeden einzelnen Täter zu fassen. Es soll vielmehr nur mit aller Deutlichkeit sichtbar werden, daß der Mißbrauch des Widerspruchsrechts vom Gesetzgeber entschieden mißbilligt wird, und daher soll das Gericht befugt sein, in den Fällen, in denen sich der Tatbestand vor ihm enthüllt hat, diese Mißbilligung in Form einer Strafe fühlbar zu machen. Das Bewußtsein, eine rechtswidrige Handlung zu begehen, für die sie unter Umständen eine Bestrafung zu gewärtigen haben, wird zwar nicht stets, aber doch in sehr vielen Fällen die Entschließung der Schuldner entscheidend beeinflussen. Eine Bestrafung wegen Betrugs ist in der Regel nicht möglich, weil das Gericht über die Berechtigung des Widerspruchs als solchen nicht zu befinden hat und daher durch ihn nicht getäuscht wird. Eine notwendige Ergänzung zu der Verschärfung der Widerspruchsbedingungen besteht in den nach §§ 950 ff. möglichen Schuldnerschutzmaßnahmen. Sie eröffnen dem Schuldner einen Weg, in den Fällen, in denen ein Aufschub veranlaßt ist, ihn auf einwandfreie Weise zu erreichen.

§§ 808, 809. Der form- und fristgerechte Widerspruch leitet die Sache wie bisher in den Prozeß über, das beabsichtigte Vollstreckungsverfahren ist damit erledigt; ein besonderer Antrag auf Terminsanberaumung wird nicht mehr verlangt (vgl. die Begr. zu § 801). Das Vollstreckungsgericht benachrichtigt wie bisher den Gläubiger von dem Widerspruch und gibt ihm außerdem auf, den Antrag erforderlichenfalls im Hinblick auf § 206 Nr. 3 und § 207 Nr. 3 zu ergänzen; dadurch soll erreicht werden, daß der Zahlungsbefehlsantrag, der sich bisher häufig für den Prozeß inhaltlich als zu dürftig erwiesen hatte, den Klageerfordernissen ausreichend entspricht. Die Akten werden an das Streitgericht übersandt, und zwar an das vom Gläubiger bezeichnete oder als von ihm bezeichnet geltende (§ 802 a. E.). Um eine Sache an das zuständige Landgericht zu bringen, ist hiernach ein Verweisungsantrag und -beschluß nicht mehr notwendig (bisher § 697 ZPO.). Die in § 462, § 213 Abs. 2 vorgesehene Aufforderung ist mit der Zustellung der Ladung und des genannten Nachtragsschriftsatzes zu verbinden. Die Rechtshängigkeit gilt als mit der Zustellung des Zahlungsbefehls eingetreten (§ 809 Abs. 1 Satz 2).

Es wurde bisher oft als mißlich empfunden, daß es der Schuldner in der Hand hatte, landgerichtliche Sachen an das Landgericht zu bringen und dann, wenn der Gläubiger einen Anwalt bestellt hatte, dort Versäumnisurteil gegen sich ergehen zu lassen. Ist nun auch in Zukunft nicht in gleichem

Maße mit einem derartigen Verhalten des Schuldners zu rechnen, weil er damit zugeben würde, den Widerspruch mißbräuchlich eingelegt zu haben (vgl. § 807 Abs. 4), so erschien es doch angezeigt, eine Vermutung für die sachliche Zuständigkeit des Amtsgerichts aufzustellen, wenn der Gläubiger ein Amtsgericht als zuständig bezeichnet hat oder nach § 802 a. E. ein solches als von ihm bezeichnet gilt (§ 808 Abs. 2). Der Schuldner läuft dabei keine Gefahr, da er im Termin vor dem Amtsgericht dessen sachliche Zuständigkeit bestreiten kann und sich daher der Erlaß des Urteils zu seinen Gunsten verzögert, wenn die Zuständigkeitsbehauptung des Gläubigers falsch war. Andererseits ist der Gläubiger mit Sicherheit dagegen geschützt, die Umständlichkeiten des landgerichtlichen Verfahrens nur zu dem Zwecke auf sich nehmen zu müssen, daß der Schuldner vom Landgericht anstatt vom Amtsgericht kontumaziert wird. Es soll dem Gläubiger auch die Notwendigkeit erspart werden, in den Fällen, in denen sich eine Sache nach der Abgabe an das Landgericht durch Zahlung erledigt, lediglich zum Zweck der Zurücknahme der (durch den Zahlungsbefehlsantrag vertretenen) Klage einen Anwalt aufstellen zu müssen. Es ist daher in § 808 Abs. 2 Satz 2 vorgesehen, daß diese Zurücknahme zur Niederschrift der Geschäftsstelle erklärt werden kann (vgl. § 79 Abs. 2).

§ 810. Bisher gab es keine Wiedereinsetzung gegen die Versäumung der Widerspruchsfrist, wohl aber eine solche gegen die Versäumung der Frist für den Einspruch gegen den Vollstreckungsbefehl. Nun steht zwar der Zahlungsbefehl nach Ablauf der Widerspruchsfrist dem Vollstreckungsbefehl insofern nicht gleich, als keine materielle Rechtskraft eintritt und die materielle Rechtslage auf dem Wege des § 845 Abs. 1 vom Schuldner noch zu anderweitiger Feststellung gebracht werden kann; auch ist die Widerspruchsfrist im Gegensatz zur bisherigen Einspruchsfrist keine Notfrist. Bei der Klage aus § 845 Abs. 1 trifft jedoch den Schuldner die Beweislast und es sind Fälle denkbar, in denen es eine Härte bedeuten würde, wenn dem Schuldner nicht ein einfacherer und weniger kostspieliger Weg zur Beseitigung der eingetretenen Vollstreckbarkeit auch nach dem Ablauf der Widerspruchsfrist eröffnet wäre; vgl. auch Abs. 4 der Begründung zu § 833. Dem Schuldner wird daher gestattet, binnen zwei Wochen seit Ablauf der Widerspruchsfrist den Widerspruch in Verbindung mit einem Wiedereinsetzungsgesuch nachzuholen; hat er von der Zustellung des Zahlungsbefehls keine Kenntnis erhalten, so beginnt die Frist erst mit der Kenntniserlangung (vgl. § 187 Abs. 2). In jedem Falle muß der Schuldner jedoch die Unverschuldetheit der Versäumnis und die Wahrscheinlichkeit eines für ihn günstigen Prozeßausgangs glaubhaft machen. Das Vollstreckungsgericht ist sodann nach § 869 befugt, die Vollstreckung vorläufig einzustellen. Die Wiedereinsetzung wird durch einen unanfechtbaren Beschluß gewährt und versagt; er ist dem Richter vorbehalten (§ 1023 Nr. 10).

§ 811. Um die schriftliche Niederlegung von Schuldverpflichtungen wegen der Beweiserleichterung, die sie darbietet, zu begünstigen (vgl. auch § 95), erschien es angezeigt, an dem Urkundenzahlungsbefehl festzuhalten und ihn zweckmäßiger zu gestalten. Er ist durch eine kürzere Widerspruchsfrist (Abs. 2: 5 Tage statt 1 Woche) bevorzugt, jedoch (im Gegensatz zu § 4 Nr. 3 Entl.VO.) an die Voraussetzungen des Urkundenprozesses gebunden. Auf der anderen Seite gelten die Bedingungen des Urkundenprozesses jetzt insofern auch für den Schuldner, als er in seinem Widerspruch seine Einwendungen und seine Beweismittel angeben muß; diese Angaben sind notwendig, um erkennen zu können, ob der Schuldner seiner Beweispflicht mit urkundenprozessualen Beweismitteln genügen kann. Unterläßt er die Angabe oder benennt er zur Führung des ihm obliegenden Beweises Beweismittel, die im Urkundenprozeß unzulässig sind (§ 560 Abs. 2, 3), so wird der Widerspruch — abweichend von § 807 Abs. 3 — zurückgewiesen, gleichzeitig jedoch das ordentliche Streitverfahren vorbehalten; der Anspruch wird also vollstreckbar (§ 800 Abs. 1 a. E.) und bleibt nur daneben im ordentlichen Streitverfahren anhängig (Abs. 3). Hierüber soll der Schuldner belehrt werden (Abs. 4).

Bisher konnte der Schuldner unbeschränkt Widerspruch einlegen und die Sache damit in den Urkundenprozeß bringen, auch wenn er in diesem mit seinen Einwendungen scheitern mußte, weil er keinen urkundenprozessualen Beweis anzubieten vermochte. Um diesen sachlich unnötigen Aufschub zu ersparen, ist der Widerspruch nach dem Entwurf nur dann mit der Kraft versehen, den Zahlungsbefehl völlig zu entkräften und in den Urkundenprozeß zu führen, wenn aus dem Widerspruch ersichtlich ist, daß der Schuldner sich im Urkundenprozeß zu verteidigen vermag. Ein Vorbehaltsantrag im Widerspruch (§ 4 Nr. 4 Entl.VO.) brauchte nicht mehr vorgesehen zu werden; die ohne Angabe zulässiger Beweismittel abgegebene Erklärung, nichts zu schulden, hat nunmehr die Vorbehaltswirkung zur Folge. Genügt der Widerspruch schon nicht dem § 807 Abs. 1 Satz 2, so ist er einfach unbeachtlich (§ 807 Abs. 3 Satz 2).

Die Geschäfte des § 811 sind dem Richter vorbehalten (§ 1023 Nr. 5 und 10).

§ 812. Der Wechsel- und Scheckzahlungsbefehl ist eine Unterart des Urkundenzahlungsbefehls und diesem gleichgestaltet. Die Widerspruchsfrist ist auf 2 Tage verkürzt, die Widerspruchseinlegung insofern weiter erschwert, als der Widerspruch nur auf wechselmäßige Einwendungen gestützt werden kann und daher solche Einwendungen angeben muß. Werden keine Einwendungen angegeben oder sind die angegebenen nicht wechselmäßig, so ist der Widerspruch zurückzuweisen, ohne daß die Sache im ordentlichen Verfahren anhängig bleibt, da auch in diesem nur wechselmäßige Einwendungen durchdringen können. Außerdem müssen die Beweismittel angegeben werden; für sie gilt § 811 Abs. 3 entsprechend. Der Widerspruch ist also unter Vorbehalt des ordentlichen Prozesses zurückzuweisen, wenn der Schuldner wechselmäßige Einwendungen vorgebracht, für diese aber keine oder keine im Urkundenprozeß zulässigen Beweismittel angegeben hat. Auch die Belehrungspflicht ist wie beim Urkundenzahlungsbefehl geregelt (Abs. 4), sie erstreckt sich auch auf das in Abs. 3 aufgestellte Erfordernis.

Weiterzugehen und die Wechsel etwa unter die vollstreckbaren Urkunden aufzunehmen, erschien nicht angezeigt, weil Mißbrauch zu befürchten wäre; jeder gefälschte Wechsel könnte dann nach der Protesterhebung zur Vollstreckung führen.

Nachtrag zu **§§ 800—812.** Die bisherigen §§ 701—703 ZPO. sind fortgeblieben. Für § 701 erklärt sich dies daraus, daß der Vollstreckungsbefehl beseitigt ist. Daß das Zahlungsbefehlsgesuch und der Widerspruch dem Gegner nicht abschriftlich mitgeteilt werden, folgt aus § 803 Abs. 1 Satz 2 und § 808 Abs. 1 Satz 2. Das Gesuch und der Widerspruch müssen künftig bei mündlicher Anbringung protokolliert werden (§ 801 Abs. 1 Satz 1, § 807

Abs. 1 Satz 1), was bei dem Gesuch auch in der Form eines unterschriebenen Verweises auf einen nebenstehenden Zahlungsbefehl geschehen kann. Das Gesuch hat jetzt zugleich die Bedeutung eines (bedingten) Vollstreckungs- und Terminsanberaumungsantrags, der Widerspruch besteht nicht mehr in einer in ihrer Fassung gleichgültigen Erklärung; daher ist die Protokollierung für geboten zu erachten, obwohl auf die Protokollierung eines beim Vollstreckungsgericht mündlich gestellten bloßen Vollstreckungsantrags verzichtet werden konnte (§ 770 Abs. 1 Satz 3). Aus den gleichen Gründen kann auch von dem Vollmachtsnachweis eines Vertreters nicht mehr abgesehen werden, wie er denn auch schon bisher für den Antrag auf Vollstreckbarerklärung des Zahlungsbefehls verlangt wurde.

§ 813 entspricht in seinem ersten Absatz dem bisherigen § 801. Der zweite Absatz ist neu. Er soll klarstellen, daß landesgesetzliche Titel in allen anderen deutschen Ländern als Vollstreckungstitel anzuerkennen sind, wenn ein Gericht um die Vollstreckung ersucht. Darauf, ob die Gesetzgebung des ersuchten Landes gleichartige Schuldtitel kennt, soll es nicht ankommen.

2. Die übrigen Voraussetzungen.

Die §§ 814—837 führen die weiteren Voraussetzungen auf, die außer dem vollstreckbaren Schuldtitel gegeben sein müssen, wenn die Durchführung der Vollstreckung (die Pfändung und Verwertung) rechtmäßig sein soll. Es sind dies die namentliche Bezeichnung der Beteiligten und gewisse Zustellungen (§ 814), der Eintritt des Termins oder der Bedingung (§ 815), bei den Bedingungen der Sicherheitsleistung und der Vorleistung auch gewisse Nachweise, Beschlüsse und Zustellungen (§ 815 Abs. 2, § 816 Abs. 1), im Falle des § 211 die Ergebnislosigkeit der Herausgabevollstreckung (§ 816 Abs. 2), ferner der Ablauf gewisser Fristen (§ 817). Außerdem darf die Leistung noch nicht erfüllt usw. sein (§ 818) und nicht ein „Dritter" in Anspruch genommen werden (§§ 820, 821). Der näheren Ausführung des § 820 dienen die §§ 822—832. Die §§ 833—837 handeln von der Titelumstellung; sie ist statthaft, wenn in dem Kreis der Beteiligten in der näher bestimmten Weise ein Wechsel eingetreten ist, und sie bewirkt, daß die Vollstreckung für und gegen den Neuhinzugekommenen statthaft wird.

§ 814. Nach § 814 muß der Schuldtitel wie bisher dem Schuldner zugestellt sein, ehe die Durchführung beginnt. Bei Zahlungsbefehlen genügt der Ablauf der Widerspruchsfrist; eine neue Zustellung findet nicht statt.

Bei den Urteilen ergibt sich gegenüber dem bisherigen Zustand insofern eine Besonderheit, als nun auch die Urteile von Amts wegen zugestellt werden sollen (§§ 134, 309, 505 Abs. 2). Die im § 309 vorgeschriebene Urteilszustellung dient dem Prozeßfortgang, nicht Vollstreckungszwecken, wie umgekehrt die nach § 814 notwendige Urteilszustellung stattfinden muß, auch wenn das Urteil nach §§ 309, 505 des Prozeßfortganges wegen nicht zugestellt zu werden braucht. In letzterem Fall kann die Urteilsabschrift mit dem Vollstreckungsantrag beim Vollstreckungsgericht eingereicht werden; dieses veranlaßt die Zustellung (§ 770 Abs. 2 Satz 2), und zwar regelmäßig an den Schuldner selbst, da der Zwang, an den Prozeßbevollmächtigten zuzustellen, für das Vollstreckungsverfahren, das den Schuldner doch ganz unmittelbar betrifft, beseitigt ist. Ist das Urteil sowohl des Prozeßfortganges wegen als auch, um dem § 814 zu genügen, zuzustellen, so sind nicht etwa zwei Zustellungen notwendig. Vielmehr kann der Gläubiger in diesem Fall den Vollstreckungsantrag bei der Geschäftsstelle des Streitgerichts stellen; diese gibt ihn, ohne die Zustellung vorzunehmen, dem Vollstreckungsgericht weiter und dieses veranlaßt die Zustellung, die dann gleichzeitig den Erfordernissen der §§ 309, 505 wie denen des § 814 genügt. Es kann also nach der vom Entwurf getroffenen Regelung wie bisher so auch künftig der Vollstreckungsbeginn mit der Zustellung verbunden werden (§ 309 Abs. 2). Dieses Zustellungsverfahren, nicht auch die Möglichkeit, den Vollstreckungsantrag beim Streitgericht zu stellen, ist im § 309 Abs. 2 allerdings auf die Fälle beschränkt, in denen der Schuldner nicht durch einen Prozeßbevollmächtigten vertreten wird, da anderenfalls die Verbindung des Vollstreckungsbeginns mit der Zustellung ohnehin wie bisher unmöglich ist. Doch ist, auch wenn der Schuldner einen Prozeßbevollmächtigten hat, eine einzige Zustellung genügend, freilich, wenn eine Zustellungsbedürftigkeit auch nach §§ 309, 505 gegeben ist, nur die an den Prozeßbevollmächtigten. Denn es ist zwar nicht mehr für den Bereich der Vollstreckung, wohl aber nach wie vor für den Bereich des Erkenntnisverfahrens in §§ 145, 146 vorgeschrieben, daß die Zustellung an den Prozeßbevollmächtigten gerichtet werden muß. Eine solche an den Prozeßbevollmächtigten gerichtete Zustellung genügt jedoch dann gleichzeitig dem Zustellungserfordernis des § 814, da in dieser Hinsicht die Regelvorschriften der §§ 82, 140 eingreifen, wonach die Zustellung an den Vertreter in gleicher Weise statthaft ist wie die an die Partei selbst. Diese Regelung gilt entsprechend für vollstreckbare Beschlüsse. Arrestbeschlüsse und einstweilige Verfügungen werden nach dem Entwurf von Amts wegen vollzogen (§§ 1005, 1020 ff.), der Vollzug obliegt, wie die Zustellung, der Arrestbehörde (§ 997 Abs. 1, §§ 1013, 1021) und ist wie bisher — abweichend von § 814 — vor der Zustellung möglich (§ 1005 Abs. 1, § 1013). Die für den Verfahrensfortgang notwendigen Zustellungen sind auch im Arrestverfahren an den Prozeßbevollmächtigten zu richten (§§ 145, 146); die für den Vollzug, wenn auch nicht vorgängig, notwendigen Zustellungen können nach §§ 82, 140 an den Prozeßbevollmächtigten oder, da §§ 145, 146 im Vollzugsverfahren wieder nicht anwendbar sind, an den Schuldner selbst gerichtet werden. Da Verfahren und Vollzug hier stets in derselben Hand liegen, brauchte eine Bestimmung nach Art von § 309 Abs. 2 hier nicht getroffen zu werden und bleibt § 770 Abs. 1 Satz 1 außer Anwendung.

Ferner müssen die Beteiligten im Titel oder in der Klausel namentlich bezeichnet sein. Das Erfordernis der namentlichen Bezeichnung unterscheidet sich von dem sich aus § 820 mit §§ 792 ff. ergebenden Erfordernis des Vorliegens eines Titels dadurch, daß z. B. ein Titel gegen die Erben des X. auch vorliegt, wenn »die Erben des X.« verurteilt sind, während es in solchen Fällen an der namentlichen Bezeichnung fehlt. Nur die Verletzung des § 820 Abs. 1, nicht die des § 814 kann mit der besonderen Vollstreckungsbeschwerde (§§ 842, 843) geltend gemacht werden; bei einer Verletzung des § 814 ist nur die gewöhnliche Vollstreckungsbeschwerde gegeben (§§ 840, 841). Die Zustellung der Klausel ist wie bisher nur notwendig, wenn es sich um die besondere Klausel des § 797 handelt (vgl. auch § 834), doch genügt nach die § 782 Abs. 2 vorgenommene Zustellung. Auf die Vorschrift des § 814 Abs. 2 konnte nicht etwa mit Rücksicht auf § 782 Abs. 2 verzichtet werden, weil danach ein dem Schuldner noch nicht zugestellter Beschluß überhaupt noch nicht perfekt geworden sei, also schon deshalb keine Vollstreckungsgrundlage bilden könne, denn wie

§ 1005 Abs. 1 ergibt, kann ein Beschluß auch vor der Zustellung an den Schuldner perfekt werden.

Die im § 814 aufgestellten Voraussetzungen sind zwingender Natur und positive Voraussetzungen (vgl. die Begr. zu § 780 unter II). Wird gepfändet, bevor sie vorliegen, so ist der Pfändungsakt also zwar nicht als öffentlichrechtlicher Beschlagnahmeakt nichtig, es entsteht aber kein Pfandrecht und die Pfändung muß aufgehoben werden; es darf nicht etwa das Verfahren vorläufig eingestellt werden, bis das Fehlende nachgebracht wird (§ 882 Abs. 1, § 861 Abs. 1, § 862 Abs. 1 Satz 2).

§ 815. Nach § 797 darf (von den Ausnahmefällen abgesehen) die Vollstreckungsklausel erst erteilt werden, wenn der Termin oder die (aufschiebende) Bedingung eingetreten ist; nach § 815 Abs. 1 Satz 1 darf in den Ausnahmefällen doch die Durchführung erst beginnen, wenn der Eintritt des Termins oder die aufschiebende Bedingung feststeht. Die Bedeutung von Abs. 1 Satz 1 geht jedoch noch weiter. Ist die Vollstreckungsklausel erteilt, aber mangels Beschwerdeeinlegung nicht rechtskräftig bestätigt worden, so bedeutet sie doch die Feststellung des Bedingungs- usw. Eintritts (vgl. die Begr. zu § 780 unter II). Aber sie ermöglicht nur die Durchführung der Vollstreckung; nach deren Abschluß kann, da keine Rechtskraft entgegensteht, immer noch im Klageweg geltend gemacht werden, in Wahrheit sei die Bedingung usw. nicht eingetreten, die Klausel aber falsch gewesen und eine positive Rechtsvoraussetzung verletzt. Die Statthaftigkeit der Vollstreckung hängt nicht nur davon ab, daß die Klausel erteilt, sondern auch davon, daß sie mit Recht erteilt sei, die bloße Unanfechtbarkeit hindert auch das Vollstreckungsgericht nicht an einer späteren abweichenden Stellungnahme (vgl. die Begr. zu § 782). Aus Abs. 1 Satz 1 ergibt sich sohin auch, daß die Rechtmäßigkeit der Vollstreckung trotz der Erteilung der (nicht rechtskräftig bestätigten) Klausel noch unter Berufung darauf bestritten werden kann, daß die Klausel nicht hätte erteilt werden dürfen (§ 845 Abs. 3). Ist ein Zahlungsbefehl erlassen worden, der unzulässigerweise eine Befristung oder Bedingung enthielt, so greift ebenfalls Abs. 1 Satz 1 ein. Die Durchführung darf jedenfalls nicht vor dem Eintritt der Bedingung usw. beginnen (vgl. die Begr. zu § 804).

Im übrigen entspricht die Regelung der bisherigen. Eine auflösende Bedingung hindert den Beginn der Durchführung nicht, für ihre Geltendmachung gilt, soweit nicht § 818 Abs. 1 eingreift, § 818 Abs. 2. Steht ein Kalendertag in Frage — dies ist auch bei Zahlungsbefehlen möglich, § 804 — so muß er abgelaufen sein. Ist ein Urteil nur gegen eine Sicherheitsleistung des Gläubigers vollstreckbar, so darf die Durchführung erst beginnen, wenn die Sicherheit geleistet ist. Außerdem muß die Sicherheitsleistung urkundlich nachgewiesen und diese Urkunde zugestellt sein; an die Stelle des urkundlichen Nachweises tritt ein zugestellter Feststellungsbeschluß des Vollstreckungsgerichts, wenn die Sicherheit auf andere als die im § 234 Abs. 1, 3 BGB. bezeichnete Art, insbesondere also durch Bürgschaft geleistet und der Beweis nicht durch eine öffentliche und zugestellte Urkunde geführt wird. Das Rechtsmittel gegen den Feststellungsbeschluß ist die Vollstreckungsbeschwerde nach §§ 840, 841, nicht die besondere Vollstreckungsbeschwerde nach §§ 842, 843. Der Rechtspfleger ist daher hier zuständig (§ 791, vgl. § 1023 Nr. 6). Der Beschluß wird auf Antrag erlassen; der Antrag muß eine Begründung enthalten und soll die Beweismittel angeben; etwaige Beweisurkunden sind beizulegen.

§ 816. Kann nur Zug um Zug vollstreckt werden, so ist ein Zahlungsbefehl nicht möglich (§ 804 a. E.). Wohl aber kann zu anderen Titeln wie bisher die Klausel, sofern nicht eine Willenserklärung geschuldet ist, erteilt werden, ohne daß die Vorleistung des Gläubigers oder der Annahmeverzug des Schuldners schon festzustehen braucht (§ 797 Abs. 3). Dagegen ist die Durchführung der Vollstreckung davon abhängig, daß der Gläubiger seine Verpflichtung erfüllt hat. Handelt es sich um eine Vollstreckung durch den Gerichtsvollzieher (Abs. 1 Satz 3), so genügt es, daß er die Leistung bewirkt oder den Schuldner in Annahmeverzug setzt; er soll darüber einen Vermerk in seine Niederschrift aufnehmen. Handelt es sich dagegen um eine gerichtliche Vollstreckungshandlung, so muß erst wieder ein urkundlicher Nachweis oder ein Feststellungsbeschluß des Vollstreckungsgerichts vorliegen und zugestellt sein. Wegen des Antrags, des Rechtsmittels und der Zuständigkeit des Rechtspflegers gilt das zu § 815 Bemerkte.

Abs. 2 bezieht sich auf die Fälle des § 211 (vgl. auch die Begründung zu § 969). Hier ist die Klauselerteilung ebenfalls möglich, ehe die Bedingung feststeht, die Durchführung der Vollstreckung aber wieder von dem Eintritt der Bedingung abhängig, dessen Prüfung hier zunächst dem Gerichtsvollzieher obliegt. Im Fall des § 212 Abs. 3 ist die Klauselerteilung gleichfalls sofort möglich (§ 797 Abs. 2 a. E.), doch handelt es sich hier um die Erfüllung als Vollstreckungshindernis; daher ist § 818 Abs. 1 anwendbar und waren besondere Vorschriften nicht notwendig.

§ 817. Die einwöchige Frist des bisherigen § 798 hat sich bei Kostenfestsetzungsbeschlüssen als zu kurz erwiesen, sie wurde daher auf zwei Wochen verlängert. Im übrigen ist des Schuldners wegen daran festgehalten, daß es sich bei diesen Fristen nicht nur um Ordnungsvoraussetzungen, sondern um Rechtsvoraussetzungen handelt, deren Verletzung also die Entstehung eines Pfandrechts verhindert.

§ 818. Bisher konnte die Frage, ob der Vollstreckungszweck schon erreicht sei, im Vollstreckungsverfahren nur vorläufig (§ 775 Nr. 4, 5 ZPO.), nicht endgültig zur Entscheidung kommen. Dazu war vielmehr während der Vollstreckung die Klage aus § 767 ZPO. vorgesehen, nach Abschluß der Vollstreckung konnte der Schuldner aus dem Gesichtspunkt der ungerechtfertigten Bereicherung klagen. Gestützt auf die (wenn auch zunächst noch nicht gestellte) Klage aus § 767 konnte der Schuldner die vorläufige Einstellung der Vollstreckung auf die Dauer des Prozesses erreichen, wenn er seine tatsächlichen Behauptungen glaubhaft machte. Oft war ihm an der vorläufigen Einstellung mehr gelegen, als am Prozeßausgang; sie zu verweigern, war nicht leicht, weil das Gericht, auch das Vollstreckungsgericht (§ 769 Abs. 2 ZPO.), sich nur schwer ein Bild von der wirklichen Sachlage machen konnte. Es ist daher zweckmäßig, diejenigen den Anspruch betreffenden Umstände, die den Vollstreckungszweck als erreicht oder den Vollstreckungsbetrieb als gegenstandslos geworden erscheinen lassen (z. B. Erfüllung, auch im Falle des § 212 Abs. 3, Aufrechnung, Erlaß, Stundung), im Vollstreckungsverfahren selbst zur Feststellung bringen zu lassen und dem Schuldner die Beschreitung des Rechtswegs während der Vollstreckung nur mit Genehmigung des Vollstreckungsgerichts zu gestatten. Die Zwangsvollstreckung wird zwar vom Gläubiger veranlaßt, ausgeführt wird sie jedoch durch Handlungen von Staatsorganen. Es ist wenig angemessen, wenn die Rechtmäßigkeit dieser Handlungen nicht von Amts wegen erwogen werden kann, sondern die Herbeiführung der endgültigen Prüfung völlig dem privaten Rechtsstreit unter den Beteiligten überlassen bleibt.

Die Umstände, die hier in Betracht kommen, werden vollstreckungsabwendende genannt, weil sie unmittelbar gegen die Vollstreckung gerichtet sind. Zu ihnen gehört nicht die Leugnung der Entstehung des Anspruchs, denn diese Entstehung ist für die Vollstreckung durch den Schuldtitel belegt und der Nachprüfung im Vollstreckungsverfahren entzogen. Auch ob der Anspruch durch den Eintritt einer nicht unter Abs. 1 fallenden auflösenden Bedingung u. dgl. vernichtet worden sei, kann im Vollstreckungsverfahren nicht geprüft und berücksichtigt werden, außer im Hinblick auf eine vorläufige Einstellung (Abs. 3). Eine weitere Einschränkung ergibt sich auch für die Umstände, die ihrer Natur nach zu den vollstreckungsabwendenden gehören, daraus, daß der vollstreckungsabwendende Umstand nach der Titelerrichtung (Schlußverhandlung, Erlassung des Zahlungsbefehls; vgl. die Begr. zu § 807) entstanden sein muß, wenn er im Vollstreckungsverfahren selbst soll Berücksichtigung finden können; bei der Aufrechnung muß wie bisher die Aufrechenbarkeit nach jenem Zeitpunkt eingetreten sein. Diese Einschränkung ist aus praktischen Gründen vorgesehen. Gegen Urteile können ohnehin nur Umstände geltend gemacht werden, die nach dem Zeitpunkt eingetreten sind, auf den sich die Rechtskraft oder die mittels der Vollstreckbarerklärung vorverlegte Feststellungswirkung bezieht; alles, was vor der Schlußverhandlung sich ereignet hat und in ihr zu berücksichtigen war, kann daher schon wegen der Rechtskraft und der vorläufigen Vollstreckbarkeit nicht mehr berücksichtigt werden. Bei anderen Titeln fällt dieser Gesichtspunkt weg. Allein bei Zahlungsbefehlen ist für die vor ihrem Erlaß entstandenen Einwendungen der Widerspruch gegeben (§ 807 Abs. 1). Bei Vergleichen und Urkunden spricht die Vermutung offenbar dagegen, daß sie über eine nicht oder nicht in der von ihnen angenommenen Weise bestehende Schuld geschlossen und errichtet worden wären; daher kann auch ihnen gegenüber der ausnahmsweise etwa einmal zutreffende Einwand, die Schuld habe schon zur Zeit ihrer Errichtung nicht, nicht mehr oder nicht mehr ganz bestanden, unbedenklich dem Austrag auf dem Klageweg überlassen werden (§ 845 Abs. 1).

Die vollstreckungsabwendenden Umstände sind von Amts wegen zu beachten, ihre Geltendmachung ist also rechtlich unnötig. Jedoch ist nicht das Nichtvorliegen des Umstands als positive, sondern das Vorliegen als negative Rechtsvoraussetzung aufgestellt. Es braucht also nicht ohne weiteren Anlaß ermittelt zu werden, ob der Anspruch etwa schon erfüllt sei. Zu solchen Ermittelungen hat das Vollstreckungsgericht vielmehr erst einen Anlaß, wenn triftige Zweifel hervorgetreten sind, ob der Vollstreckung nicht ein solcher Umstand entgegenstehe. Meist wird es also Sache des Schuldners sein, hierwegen das Erforderliche vorzubringen und mit Beweis zu belegen (vgl. die Begr. zu § 780 unter II). Macht der Schuldner die Einwendung geltend und glaubhaft, so kann das Vollstreckungsgericht die förmliche vorläufige Einstellung beschließen (§ 869, § 862 Abs. 1 Satz 1), muß aber dann den Sachverhalt von Amts wegen ermitteln (§ 870 Abs. 2), wenn es den Schuldner nicht nach eingelegter Erinnerung auf den Rechtsweg verweist (§ 781) oder nach eingelegter Vollstreckungsbeschwerde (§§ 842, 843) seinen Beschluß nicht selbst ändert (§ 840 Abs. 3). Ob es in der Sache selbst befinden oder ob es nach eingelegter Erinnerung den Schuldner auf den Rechtsweg verweisen, nach eingelegter Vollstreckungsbeschwerde die Entscheidung dem Beschwerdegericht überlassen will, steht im Ermessen des Vollstreckungsgerichts. Entschließt es sich zur Verweisung auf den Rechtsweg oder zur Aktenvorlegung an das Beschwerdegericht, so beschränkt es von diesem Entschluß ab seine Ermittelungen auf die Frage der vorläufigen Einstellung (§ 781 Abs. 2, § 840 Abs. 2). Es ist also ausgeschlossen, daß die Sache gegen den Willen des Vollstreckungsgerichts in den Rechtsweg oder in das prozessuale Beschwerdeverfahren der §§ 842, 843 gelangt und daß die Frage der vorläufigen Einstellung dann nicht geklärt ist. Das Streitgericht kann zwar die vorläufige Einstellung auch dann beschließen, wenn das Vollstreckungsgericht sie nicht für angezeigt hielt (§ 869 Abs. 2); doch wird es dazu nur unter besonderen Umständen einen Anlaß finden können (z. B. wenn ein Irrtum des Vollstreckungsgerichts zutage liegt).

Ist ein vollstreckungsabwendender Umstand festgestellt, so ist das Verfahren endgültig einzustellen (§ 861 Abs. 1). Da eine negative Voraussetzung in Frage steht und deshalb gegebenenfalls eine vorläufige Einstellung möglich ist (§ 862 Abs. 1 Satz 1), kann, wenn Zweifel bleiben, nach § 839 die Wirksamkeit der Einstellung zunächst suspendiert und durch diesen einstweiligen Aufschub des Verfahrensfortganges ein etwa geboten erscheinender Schutz gegen eine mit der sofortigen Aufhebung des Beschlagnahmeaktes verbundene Schädigung des Gläubigers erreicht werden. Sowohl gegen den die Vollstreckung wegen eines vollstreckungsabwendenden Umstandes einstellenden (§ 861 Abs. 1) wie gegen den einen vollstreckungsabwendenden Umstand verneinenden Beschluß des Vollstreckungsgerichts ist die besondere Vollstreckungsbeschwerde (§§ 842, 843) gegeben. Der Rechtspfleger ist daher zu den Beschlüssen nicht zuständig (§ 1023 Nr. 6); vgl. aber auch § 861 Abs. 2. Ist die Vollstreckung beendet und eine rechtskräftige Entscheidung über den vollstreckungsabwendenden Umstand nicht herbeigeführt worden, so kann dieser Umstand nach näherer Maßgabe des § 845 noch im Rechtsweg geltend gemacht werden.

Für den Gerichtsvollzieher gilt § 879; vgl. auch die Begründung zu § 873.

Soweit ein Umstand seiner Natur nach nicht zu den vollstreckungsabwendenden gehört oder doch nicht erst nach der Titelerrichtung entstanden ist, kann er nicht im Vollstreckungsverfahren, also nicht mittels Erinnerung und Vollstreckungsbeschwerde, sondern nur im Klageweg geltend gemacht werden. Ist der Schuldtitel ein Urteil gewesen, so kann auch der Klageweg natürlich nicht mehr beschritten werden, soweit die Rechtskraft oder die Rechtshängigkeit (vorläufige Vollstreckbarkeit) entgegenstehen (Abs. 2). Die unter Abs. 2 fallenden Umstände sind, da sie auf den Klageweg verwiesen sind, für die Vollstreckung negativer Natur, d. h. erst im Fall ihrer urteilsmäßigen Feststellung oder im Fall der vorläufigen Einstellung (§ 869) zu beachten. Was insbesondere die auflösenden Bedingungen betrifft, so ist die auflösende Bedingung der Schuldtilgung ein vollstreckungsabwendender Umstand nach Abs. 1. Wie eine auflösende Bedingung muß auch die Verfallsklausel behandelt werden. Wenn also in einer vollstreckbaren Urkunde vereinbart ist, die Schuld sei sofort ganz fällig, wenn der Schuldner nicht bestimmte Ratentermine einhalte, so kann die Vollstreckungsklausel erteilt und die Vollstreckung durchgeführt werden, solange die Innehaltung der Ratenzahlungen nicht feststeht. Es gibt aber auch andere auflösende Bedingungen, und zwar nicht nur von der Art des Nichterlebens eines Unterhaltstermins. Insbesondere können in einer Urkunde gewisse nicht auf die

Zahlung bezügliche Auflagen gemacht sein, deren Nichteinhaltung die sofortige Schuldfälligkeit zur Folge haben soll. Sind diese Auflagen, was möglich ist, als auflösende Bedingungen gemeint, so fallen sie doch nicht unter Abs. 1, da sie nicht die Vollstreckung, sondern den Anspruchsbestand als solchen betreffen und sich zum Austrag im Vollstreckungsverfahren nicht eignen; sie sind im Hinblick auf dieses aber ebenfalls negativer Natur.

Abs. 3 sieht vor, daß Abs. 1 nicht etwa die Vorschrift des § 862 Abs. 1 Satz 1 außer Kraft setzen will, daß daher eine vorläufige Einstellung nach § 869 und demgemäß auch ein einstweiliger Verfahrensaufschub (§ 839) unter Aufrechterhaltung der Beschlagnahme möglich ist und daß im Falle des Abs. 2, in welchem § 839 gegenstandslos ist, eine vollstreckungsgerichtliche vorläufige Einstellung nicht etwa deswegen unterbleiben müßte, weil der sie veranlassende Umstand nur auf dem Klageweg ausgetragen werden kann.

§ 819 dient lediglich der Klarstellung (vgl. auch § 820 Abs. 2). Will der Schuldner einen vollstreckungsabwendenden Umstand geltend machen, so steht ihm hierzu die Erinnerung (§§ 838, 844) zu, wenn er nicht einen Beschluß anficht; in dem letzteren Fall ist ihm die besondere Vollstreckungsbeschwerde gegeben (§§ 838, 842, 843). Mit einer Erinnerung kann der Schuldner auch auf den Rechtsweg verwiesen werden (§ 781 Abs. 1 Satz 2); auf die Vollstreckungsbeschwerde hin hat das Vollstreckungsgericht die Wahl, ob es selbst entscheidet oder die Entscheidung dem Beschwerdegericht überlassen will (§ 840 Abs. 3). Das Vollstreckungsgericht kann, wenn eine Erinnerung oder Beschwerde eingeht, das Verfahren bei gegebenen Voraussetzungen auf Antrag vorläufig einstellen (§ 869) und die Wirksamkeit eines von ihm erlassenen Beschlusses nach § 839 von Amts wegen einstweilen aufschieben (§ 862 Abs. 1 Satz 1). Verweist es den Schuldner mit einer Erinnerung auf den Rechtsweg oder überläßt es die Entscheidung über die Beschwerde gegen einen Beschluß dem Vollstreckungsgericht, so muß es die Frage klären, ob die vorläufige Einstellung am Platz ist (§ 781 Abs. 2, § 840 Abs. 2). Im übrigen kann es die Aufklärung des Sachverhalts dann unterlassen und dem Verfahren seinen Fortgang gewähren, z. B. wenn das Rechtsmittel des Schuldners offenbar unbegründet ist. Der Schuldner ist verpflichtet, in seinem Rechtsmittel die Beweismittel zu benennen und nach Möglichkeit beizufügen (§ 838 Abs. 2). Das Vollstreckungsgericht kann die benannten Beweise, soweit sie ihm sachdienlich erscheinen (§ 774 Abs. 3), erheben; es kann, wenn es dies für geboten hält, auch Beweise erheben, die nicht vom Schuldner benannt sind. Kostspielige Beweiserhebungen erfordern das Einverständnis des Gläubigers (§ 774 Abs. 2).

Der Gläubiger wird in der Regel dann beschwert sein, wenn das Vollstreckungsgericht den abwendenden Umstand für gegeben gehalten und daher das Verfahren durch Beschluß endgültig eingestellt hat (§ 861 Abs. 1). Als Rechtsmittel ist dem Gläubiger dann die besondere Vollstreckungsbeschwerde (§§ 842, 843) gegeben. Doch sind auch Fälle denkbar, in denen ihm zunächst die Erinnerung zusteht, so z. B. wenn der Gerichtsvollzieher oder das Vollstreckungsgericht ohne Beschlußfassung eine Pfändung unterlassen hat, weil angenommen wurde, die Schuld sei getilgt. Da § 819 Abs. 1 nur den Zweck verfolgt, klarzustellen, welche Rechtsbehelfe dem Schuldner künftig statt der Vollstreckungsgegenklage in der Vollstreckung zur Verfügung stehen, sind die Rechtsmittel des Gläubigers, die sich wie die des Schuldners aus §§ 838, 842, 843, 844 ergeben, nicht eigens aufgeführt.

Nach dem Abschluß des Vollstreckungsverfahrens steht der Rechtsweg offen (§§ 780 a. A., 845).

Abs. 2 stellt klar, daß, wenn der Schuldtitel ein Urteil ist, die Rechtskraft und die vorläufige Vollstreckbarkeit (vorbehaltlich § 869 Abs. 3, § 871 Abs. 2) für das Vollstreckungsverfahren bindend sind und daß, wenn ein abwendender Umstand bereits im Rechtsweg geltend gemacht ist, die Rechtshängigkeit dem Austrag im Vollstreckungsverfahren entgegensteht; ist der Prozeß durch ein rechtskräftiges oder vorläufig vollstreckbares Urteil beendet, so steht dieses entgegen.

§ 820. Soweit keine besonderen Ausnahmen vorgesehen sind, muß gegen jeden, der von der Vollstreckung in einem die Veräußerung hindernden Rechte betroffen wird, ein Titel vorliegen oder umstellbar (§ 833) sein, und zwar ist gegen jeden, der schon zur Zeit der Titelerrichtung (der Zustellung des Zahlungsbefehls, des Eintritts der Rechtshängigkeit) Beteiligter war (Simultanbeteiligte; Ausnahme: § 833 Abs. 2), ein auf ihn lautender Titel notwendig, während gegen nachträglich Hinzugetretene (Sukzessivbeteiligte, einschließlich des Falles § 833 Abs. 2) kein eigener Titel notwendig, sondern der vorhandene unter den Voraussetzungen des § 833 umstellbar ist (§ 834). Ob der Titel auf Leistung oder auf Duldung zu lauten hat, richtet sich nach der materiellrechtlichen Art der Haftung des Betroffenen. Wer von der Vollstreckung betroffen wird, obwohl gegen ihn der erforderliche Titel weder vorliegt noch umstellbar ist, ist für die Vollstreckung ein Dritter. Von diesem Satze sind in den §§ 822, 826, 827, § 829 Abs. 1, §§ 830, 832, § 859 Abs. 5 Ausnahmen enthalten, insofern hier vorgesehen ist, daß ein bestimmt gearteter Titel ohne weiteres auch zur Vollstreckung gegen Mitbeteiligte genügt. Diese Mitbeteiligten werden von der Vollstreckung betroffen, aber es braucht gegen sie kein Titel erwirkt und der gegen den Schuldner erwirkte nicht gegen sie umstellbar zu sein. Sie sind also nicht Dritte, sondern im Sinne der Vollstreckungsordnung Schuldner; man kann sie als mittelbare Schuldner bezeichnen. Sachen, die sich im Gewahrsam solch eines mittelbaren Schuldners befinden, befinden sich »im Gewahrsam des Schuldners« (§ 888 Abs. 2). Während zur Überwindung des Gewahrsams eines nicht einverstandenen Dritten (freilich hier wegen § 888 Abs. 2 ausnahmsweise als bloße Ordnungsvoraussetzung; vgl. § 780 Abs. 2), ein Titel gegen diesen notwendig ist, reicht der gegen den Schuldner erwirkte Titel ohne weiteres auch zum Eingriff in den Gewahrsam des mittelbaren Schuldners aus; daher ist z. B. zur Überwindung des Gewahrsams der Ehefrau am Gesamtgut, da sie mittelbare Schuldnerin ist (§ 826), kein Titel und keine Umstellung gegen sie notwendig. Natürlich müssen in jedem Vollstreckungsfall nicht nur ein Titel oder seine Umstellbarkeit (§ 833), sondern auch die übrigen Voraussetzungen gegeben sein; es muß also der Titel auch zugestellt, der etwa notwendige Umstellungsbeschluß ergangen und zugestellt sein (§§ 814, 834). Das ergibt sich aus den allgemeinen Bestimmungen, § 820 bezieht sich nicht darauf; während eine Verletzung des § 820 (Fehlen des Titels oder der Umstellbarkeit gegen einen von der Vollstreckung in einem die Veräußerung hindernden Rechte Betroffenen) mittels der besonderen Vollstreckungsbeschwerde der §§ 842, 843 geltend gemacht werden kann, ist die wegen der Verletzung der genannten anderen Voraussetzungen zustehende Beschwerde die gewöhnliche Vollstreckungsbeschwerde der §§ 840, 841. In der Richtung gegen mittelbare Schuldner fallen aber mit dem Erfordernis des Titels oder seiner Umstellbarkeit auch diese anderen Voraussetzungen fort; ihm gegenüber ist also z. B. auch keine eigene Titelzustellung notwendig.

Von der Vollstreckung betroffen ist derjenige, dem ein Drittrecht der im Abs. 1 erwähnten Art zusteht oder doch nur unter gewissen Bedingungen, die erst aufgedeckt werden müssen (z. B.: böser Glaube, Nachrang nach § 885), der äußeren Rechtslage zuwider nicht zusteht. Der Begriff des Drittrechts entspricht der bisherigen Gesetzeslage in der Gestalt, die sie in der Rechtsprechung erhalten hat; unter ihn fällt auch das bisher in § 774 geregelte Recht des Ehemanns (vgl. die Begr. zu § 827). Wegen der §§ 772, 773 g. F. siehe § 852. Die Rechtsprechung zu § 771 der geltenden Fassung hat den Begriff des die Veräußerung hindernden Drittrechts so weitgehend geklärt, daß es nicht angezeigt erschien, an der Begriffsbestimmung etwas Wesentliches zu ändern; es ist jetzt nur ausdrücklich gesagt, daß auch die Herausgabeansprüche zu diesen Drittrechten gehören. Auch die Sonderbestimmung für die nicht die Veräußerung hindernden, sondern nur ein Teilnahmerecht am Erlös gewährenden Drittrechte (bisher § 805 ZPO.; § 886 des Entwurfs) ist beibehalten. Ist ein unter Abs. 1 fallendes Drittrecht verletzt, so ist eine zwingende Voraussetzung verletzt (§ 780 Abs. 1); durch die Pfändung entsteht kein Pfandrecht (§ 882 Abs. 1 Satz 1). Die Frage des Gewahrsams (§ 888 Abs. 2) ist dagegen eine Frage lediglich der Ordnungsmäßigkeit der Vollstreckung (§ 780 Abs. 2); durch eine Verletzung des § 888 Abs. 2 wird daher die Entstehung eines Pfandrechts nicht gehindert (§ 882 Abs. 1 Satz 2). Da auch der Besitz als Drittrecht in Betracht kommen kann, wenn in ihn eingegriffen wird und dies nicht auf Grund eines dem Besitzrecht des Dritten vorgehenden Rechts geschieht, bedarf es der Aufklärung, wieweit der Besitz unter Abs. 1 fällt und wie er von dem nicht unter Abs. 1 fallenden bloßen Gewahrsam (§ 882 Abs. 2) abzugrenzen ist. Wie bisher ist unter dem Gewahrsam der unmittelbare Besitz zu verstehen, jedoch dies nur insoweit, als er nicht zugleich die Veräußerung hindert. Er hindert die Veräußerung, wenn er für den Schuldner nicht jederzeit aufhebbar ist, der Dritte also gegen den Schuldner ein Vermögensrecht auf Belassung im Besitz hat und dieses Recht gegenüber dem Gläubiger wirksam ist. Das gleiche gilt für den Eingriff in einen mittelbaren Besitz; er fällt unter §§ 820, 842, 843 nur, wenn der Besitz im angegebenen Sinne der Veräußerung entgegensteht. Liegt bei dem Dritten bloßer Gewahrsam vor, wie z. B. bei einer stets widerruflichen Leihe oder bei dem Garagenbesitzer hinsichtlich eingestellter jederzeit entfernbarer Automobile u. dgl., so entsteht, wenn ohne Zustimmung des Dritten gepfändet wird, dennoch ein Pfandrecht und der Dritte hat nur die Erinnerung und die gewöhnliche Vollstreckungsbeschwerde der §§ 840, 841. Ist der Dritte in einem die Veräußerung hindernden Besitz, wie z. B. der Mieter gegenüber dem Vermieter, so entsteht bei einer seiner Zustimmung ermangelnden Pfändung kein den Rechten des Besitzers vorgehendes Pfandrecht und die Vollstreckungsbeschwerde ist die der §§ 842, 843; wieweit der Titel gegen den Mieter umstellbar ist, ist eine Frage für sich, die sich nach § 833 beantwortet. Stimmt der im Besitz befindliche Mieter der Pfändung zu, so kommt jedoch ein volles Pfandrecht zur Entstehung, weil das Erfordernis des Titels und der Umstellung nur den Schutz des Dritten bezweckt, also verzichtbar ist, und ein öffentlichrechtlicher Akt, wie die Pfändung, durch die Zustimmung des von ihm betroffenen bürgerlichrechtlich Beteiligten materiell legitimiert wird, ohne daß es einer dem bürgerlichen Recht entsprechenden Rechtseinräumung bedarf. Im Gegensatz zu dem die Veräußerung hindernden Besitz ist der bloße Gewahrsam hiernach kein unter § 820 Abs. 1 fallendes Recht; er ist nicht durch § 820, sondern nur durch § 888 Abs. 2 geschützt. Hat z. B. der in Gütertrennung lebende Ehemann den Gewahrsam an den beweglichen Sachen der verurteilten Frau, so können diese Sachen nur mit seiner Einwilligung gepfändet werden, obwohl nach § 820 ein Titel gegen ihn nicht notwendig ist; doch hindert ein Verstoß nicht die Entstehung eines Pfandrechts. Daß dieser Ehemann nur Gewahrsamsinhaber, nicht Besitzer im Sinne des Vollstreckungsrechts ist, folgt daraus, daß er gegen die Ehefrau kein Vermögensrecht auf Belassung im Besitz hat. Auf die Erteilung der Einwilligung des Ehemanns oder auf die Duldung der Vollstreckung kann ein Zahlungsbefehlsantrag oder eine Klage gerichtet werden. Es kann also der Gewahrsam, ähnlich wie ein unter § 820 Abs. 1 fallendes Recht, nur durch die Erwirkung eines Titels gegen den nicht einwilligenden Dritten überwunden werden, obwohl die Verletzung des bloßen Gewahrsams die Entstehung eines Pfandrechts nicht hindert und das Erfordernis des Titels hier sonach eine bloße Ordnungsvoraussetzung darstellt, während im Fall der Verletzung eines unter § 820 Abs. 1 fallenden Drittrechts ein Pfandrecht nicht entsteht. Von den Fällen der mittelbaren Schuldnerschaft, in denen gegen einen gemäß § 820 Abs. 1 Beteiligten kein Titel vorzuliegen braucht, sondern ein Titel gegen einen anderen Beteiligten genügt und daher auch keine Umstellung in Betracht kommt, unterscheidet sich der Fall des bloß mit dem Gewahrsam Beteiligten dadurch, daß in jenen Fällen die Entbehrlichkeit des Titels zugleich den Gewahrsam betrifft (vgl. oben Abs. 1 a. E.).

Ähnlich wie § 819 eine Vorschrift über die anstelle der bisherigen Klage aus § 767 getretenen Rechtsmittel des Schuldners gibt, legt Abs. 2 dar, welche Rechtsbehelfe dem Dritten anstelle der bisherigen Klage aus § 771 zustehen. Es kann daher im allgemeinen auf die Begründung zu § 819 verwiesen und braucht hier nur folgendes hervorgehoben zu werden. Abs. 2 bezieht sich nur auf das Erfordernis des Titels oder der Umstellbarkeit; daß der Titel zugestellt, die Umstellung beschlossen und zugestellt sein muß, fällt nicht unter § 820 und daher auch nicht unter §§ 842, 843, sondern in den Bereich der gewöhnlichen Vollstreckungsbeschwerde (§§ 840, 841). Die Beschränkungen des § 845 Abs. 1 kommen für den Dritten nicht in Betracht (§ 845 Abs. 3). Während das Vorliegen eines vollstreckungsabwendenden Umstandes stets nur eine negative Voraussetzung ist, ist das Nichtvorliegen eines Drittrechts grundsätzlich eine positive Voraussetzung; nur im Falle des § 821 Abs. 1 (Pfändung im Gewahrsam eines nicht nur beschränkt haftenden Schuldners) ist das Vorliegen des Drittrechts negative Voraussetzung. Soweit das Nichtvorliegen des Drittrechts positive Voraussetzung ist, kann der Dritte mit einer Erinnerung nicht auf den Rechtsweg verwiesen werden (§ 781 Abs. 1 a. E.) und ist eine vorläufige Einstellung (§ 869) und ein Aufschub (§ 839) nur möglich, wenn das Nichtvorliegen des Drittrechts bereits beschlußmäßig festgestellt ist (§ 862 Abs. 1 Satz 2). Von besonderer Bedeutung für die Vollstreckungsbeschleunigung ist es, daß das Vollstreckungsgericht jetzt nicht nur über Drittrechte beschlußmäßig entscheiden, sondern nun auch ein anfechtbar begründetes Drittrecht selber durch einen Rückrufsbeschluß seiner die Vollstreckung hindernden Wirkung entkleiden kann; auch wenn das Drittrecht feststeht, kann dann die Beschlagnahme zunächst aufrechterhalten bleiben (§§ 857 ff., § 862 Abs. 1 Satz 2 vgl. auch § 862 Abs. 2). Das

Rechtsmittel gegen den Rückruf ist ebenfalls die besondere Vollstreckungsbeschwerde der §§ 842, 843. Eine unmittelbare Beschränkung der Wirksamkeit des Erwerbs eines Drittrechts mit der Folge der Umstellbarkeit des Titels enthält § 885.

Für den Gerichtsvollzieher gilt § 880; vgl. auch die Begr. zu § 873. Sonderbestimmungen finden sich außer in §§ 821 und 885 in den § 846 Abs. 3, § 852, § 886 mit § 901 Abs. 2, § 890 Abs. 2, § 895, § 903 Abs. 2, § 942 Abs. 3.

§ 821. Für den zu erfüllenden Anspruch haftet nur das Vermögen des Schuldners; die Beschlagnahme einer fremden Sache ist ein rechtswidriger Übergriff. Ehe eine Pfändung vorgenommen werden darf, muß daher feststehen, daß der Gegenstand, der gepfändet werden soll, zur haftenden Masse, d. h. dem Schuldner gehört und daß keinem Dritten daran ein die Veräußerung hinderndes Recht zusteht. Daher stellt § 820 das Nichtvorliegen eines Drittrechts als positive Rechtsvoraussetzung auf. Wie aber schon in den Vorbemerkungen zu diesem Buch und in der Begründung zu § 780 unter II ausgeführt, läßt sich dieser Standpunkt nicht in voller Strenge gegenüber solchen Sachen aufrechterhalten, die im Gewahrsam des Schuldners gepfändet wurden; der Gewahrsam des Schuldners — nicht auch der des Gläubigers oder eines zustimmenden Dritten — muß vielmehr eine Vermutung dafür begründen, daß die Sache zur haftenden Masse gehört. § 821 Abs. 1 verwandelt daher das Drittrecht für diesen Fall in eine lediglich negative Rechtsvoraussetzung; vgl. auch § 827 Satz 2. Die Voraussetzungen, die außer dem Titel und seiner Umstellbarkeit vorliegen müssen (Beispiele: Vollstreckungsklausel, Zustellung, Umstellungsbeschluß), sind je nach ihrer Art Rechts- oder Ordnungsvoraussetzungen, positiv oder negativ; doch verwandeln auch sie sich, soweit sie positive Voraussetzungen sind, im Falle des § 821 Abs. 1, wenn sie gegenüber dem Schuldner erfüllt sind, in negative. Aus der Ergänzung, die § 820 durch § 821 Abs. 1 erfährt, ergibt sich daher folgendes. Positive Ordnungsvoraussetzung für die Pfändung ist der Gewahrsam des Schuldners oder des Gläubigers oder eines zustimmenden Dritten (§ 888 Abs. 2). Hat an einer bei einem nicht zustimmenden dritten Gewahrsamsinhaber gepfändeten Sache der Dritte kein entsprechendes Recht (§ 820), sondern steht sie im freien Eigentum des Schuldners, so ist § 820 nicht verletzt und der Dritte auf die Erinnerung (§ 844) und die gewöhnliche Vollstreckungsbeschwerde (§§ 840, 841) beschränkt. Gehört die Sache aber dem Dritten, so ist gegen § 820 verstoßen und daher eine positive Rechtsvoraussetzung verletzt [Pflichtermittelungen nach der Begr. zu § 780 unter II; Einstellung, wenn Schuldnereigentum nicht feststellbar (§ 861 Abs. 1); vorläufige Einstellung (§ 869) und Aufschub (§ 839), von den in § 862 Abs. 1 Satz 2 aufgeführten Ausnahmen abgesehen, nur statthaft, wenn das Drittrecht durch Beschluß verneint ist; Verweisung auf den Rechtsweg ausgeschlossen (§ 781 Abs. 1 Satz 2 a. E.)]. Gehört dagegen eine im unmittelbaren Besitz des Schuldners gepfändete Sache einem Dritten, so ist zwar ebenfalls § 820 verletzt, aber kraft der Sonderbestimmung des § 821 Abs. 1 handelt es sich hier nicht um die Verletzung einer positiven, sondern einer negativen Rechtsvoraussetzung (keine Pflichtermittelungen vor der vorläufigen Einstellung; Einstellungszwang erst bei Feststehen des Dritteigentums, § 861 Abs. 1; vorläufige Einstellung und Aufschub, §§ 869, 839, stets möglich, ebenso Verweisung auf den Rechtsweg, § 781 Abs. 1 Satz 2 a. E.). Vgl. auch die Begr. zu §§ 888, 889.

Für den Gerichtsvollzieher gilt folgendes: er hat bei gegebenem Gewahrsam des Schuldners Drittrechte nur zu beachten, wenn sie offensichtlich (§ 880), bei Geld auch, wenn sie glaubhaft gemacht sind (§ 895 Abs. 1 Satz 1); ist ein Drittrecht an Geld glaubhaft gemacht, so hängt seine endgültige Berücksichtigung von einer ausdrücklichen Geltendmachung ab (§ 895 Abs. 1 Satz 2).

Eine Ausnahme von Abs. 1, nach welchem bei einer Pfändung innerhalb des Schuldnergewahrsams ein Drittrecht nur als negative Voraussetzung wirkt, macht Abs. 2. Wird nämlich eine Sache im Gewahrsam des Schuldners vorgefunden, haftet dieser aber, sei es als Erbe, sei es als Vertreter, Ehemann u. dergl., nur mit bestimmten Vermögensstücken, so ist er im übrigen Dritter. Nach der allgemeinen Regel des Abs. 1, die sich allerdings ihrerseits als eine Ausnahme von § 820 darstellt, würde sein Drittrecht nur als negative Voraussetzung wirken. Ist aber der Schuldner in Hinsicht auf bestimmte Massen selbst Dritter, so kann aus seinem Gewahrsam ein Schluß auf die Zugehörigkeit der Sache zu dem haftenden Vermögen nicht gezogen werden. Daher wird das Nichtvorliegen eines solchen Schuldnerdrittrechts hier als positive Rechtsvoraussetzung aufgestellt, der Gewahrsam des Schuldners als Dritten also so behandelt, wie nach § 820 unberührt von der Ausnahme des § 821 Abs. 1 der Gewahrsam eines wirklichen Dritten. Dies entspricht, soweit es sich um Fremdvermögen im Schuldnergewahrsam handelt, der bisherigen Praxis, während hinsichtlich nichthaftenden Eigenvermögens, z. B. des beschränkt haftenden Erben, bisher meist eine bloß negative Voraussetzung angenommen wurde. Zu dieser Unterscheidung dürfte jedoch kein zureichender Grund bestehen. Der Unterschied zwischen nichthaftendem Eigenvermögen und nichthaftendem Fremdvermögen im Schuldnergewahrsam ist nur der, daß die Nichthaftung des Eigenvermögens feststehen muß, ehe sie berücksichtigt werden kann (§ 854 mit Begr. zu § 780 unter II), während diese Einschränkung bei nichthaftendem Fremdvermögen nicht besteht. Steht aber jene Nichthaftung des Eigenvermögens fest, so ist es, zumal auch die auf die verschiedenen Massen angewiesenen Gläubiger mitbetroffen sind, nicht veranlaßt, alles, was im Gewahrsam des Schuldners gefunden wird, ohne weiteres als haftendes Vermögen des Schuldners zu behandeln. Eine wichtige Erweiterung erfährt das Anwendungsgebiet des Abs. 2 durch § 885, wie überhaupt durch die Vollstreckbarkeit im Falle eines die Haftung vermittelnden Sacherwerbs (vgl. die Begr. zu §§ 833, 834). Der Dritte, gegen den nach diesen Vorschriften der Titel umgestellt ist, wird dadurch zum Vollstreckungsschuldner nur in bezug auf die erworbene Sache, er haftet nur mit ihr, und jeder Übergriff auf sein übriges Vermögen verletzt ein Drittrecht; daß kein solches Drittrecht entgegenstehe, daß also die gepfändete Sache die haftende sei, ist wieder positive Rechtsvoraussetzung. Wegen § 821 Abs. 3 vgl. § 818 Abs. 3.

§§ 822—832. Die §§ 822—832, ergänzt durch § 833, entsprechen, sachlich im wesentlichen unverändert, den bisherigen §§ 735—749 ZPO., jedoch werden von diesen Bestimmungen hier nur diejenigen wieder gebracht, welche die Titelerfordernisse (§§ 738, 742, 744, 749) gegenüber Simultanbeteiligten (vgl. die Begr. zu § 820) regeln. Soweit die §§ 735—749 ZPO. auch Fälle der Sukzessivbeteiligung betrafen, sind sie in der allgemeinen Bestimmung des § 833 aufgegangen. Grundsätzlich ist gegen alle Simultanbeteiligten ein Titel notwendig; die Ausnahmen, die in den §§ 822, 826, 827, § 829 Abs. 1, §§ 830, 832 (vgl. auch § 859 Abs. 5, § 960) enthalten sind, sind jedoch, wie bisher, nicht die einzigen. So kann sich z. B. aus der ausschließlichen Prozeßführungs- und Verpflichtungsbefugnis eines Simultanbeteiligten die Entbehrlichkeit eines eigenen Titels gegen einen anderen Simultanbeteiligten ergeben (Titel, die gegen den Konkursverwalter wirken, wirken in Ansehung der Konkursmasse auch gegen den an ihr als Eigentümer simultanbeteiligten Gemeinschuldner). Ist ein Titel gegen einen Simultanbeteiligten entbehrlich, so bedarf es keiner Umstellung. Der mit seinen Rechten auf solche Weise Ausgeschaltete ist »mittelbarer« Schuldner, sein Gewahrsam Schuldnergewahrsam und daher nicht geschützt. Einen Ausnahmefall, in welchem gegen einen Simultanbeteiligten eine Umstellung erforderlich ist, führt § 833 Abs. 2 auf (Vollstreckung gegen den Erben auf Grund eines gegen den Testamentsvollstrecker erwirkten Urteils); davon und von analog zu behandelnden Fällen abgesehen, kommt die Umstellung nur bei Sukzessivbeteiligten vor (§ 833 Abs. 1). Fällt das Verhältnis, auf dem die Entbehrlichkeit eines Titels gegen einen Simultanbeteiligten beruhte, später weg, so verwandelt sich die Simultanbeteiligung in eine Sukzessivbeteiligung. Im einzelnen ist zu den §§ 822—832 folgendes zu bemerken:

Zu § 822. Obwohl die Vereinsmitglieder als Eigentümer des Vereinsvermögens Simultanbeteiligte sind, bedarf es zur Vollstreckung in das Vereinsvermögen keines eigenen Titels gegen die Mitglieder. Da vermöge dieser Ausnahme von § 820 die Mitglieder nicht Dritte, sondern »mittelbare Schuldner« sind, ist auch ihr Gewahrsam nicht geschützt und nicht etwa eine Titelumstellung notwendig, um ihren Gewahrsam zu brechen.

Zu § 823. Die Bestimmung entspricht dem § 820 und dient nur zur Klarstellung, daß das Vermögen der bürgerlichrechtlichen Gesellschaft lediglich als Vermögen der Gesellschafter erfaßt werden kann.

Zu § 824. Auch § 824 dient nur zur Klarstellung. Die früheren Gläubiger können nach § 1086 BGB. (vgl. auch § 1089 BGB.) »ohne Rücksicht auf den Nießbrauch« das Nießbrauchsvermögen angreifen. Dies wird dahin erläutert, daß dazu ein Duldungstitel gegen den Nießbraucher notwendig ist.

Zu § 825. Diese Bestimmung ist wie § 824 zu beurteilen. Auch hier handelt es sich um die Mitberechtigung an einer haftenden Vermögensmasse. Im Falle des gegen eine Ehefrau ausgesprochenen Rückrufs findet § 825 keine Anwendung, d. h. es ist der Duldungstitel gegen den Ehemann entbehrlich (§ 859 Abs. 5).

Zu § 826. Die Rechtslage ähnelt der von § 822 betroffenen. Die Ehefrau ist mittelbare Schuldnerin.

Zu § 827. Ist das Rechtsgeschäft dem Manne gegenüber wirksam, so ist er mittelbarer Schuldner; es kommt dann also auch sein Gewahrsam nicht hindernd in Betracht. Ist das Rechtsgeschäft dem Manne gegenüber nicht wirksam, so ist ein Titel gegen ihn notwendig. Die Bestimmung im zweiten Satze nimmt aber insofern eine Sonderstellung ein, als zwar auf den Ehemann zunächst keine Rücksicht zu nehmen ist, er aber nicht mittelbarer Schuldner, sondern mit seinem Recht nur in den Bereich der negativen Voraussetzungen verwiesen wird, während nach § 820 das Titelerfordernis im allgemeinen eine positive Voraussetzung bedeutet. Der Grund für diese Ausnahme ist, ähnlich wie bei § 821 Abs. 1, der, daß wie dort der unmittelbare Besitz des Schuldners, so hier der Geschäftsbetrieb einen Primafaciebeweis für die Haftung darbietet.

Zu § 828. Die Bestimmung entspricht dem § 820 und dient nur zur Klarstellung.

Zu § 829. Vgl. zu Abs. 1 die Begr. zu §§ 822, 826, zu Abs. 2 die Begr. zu § 828.

Zu § 830. Auf das elterliche Nutzungsrecht wird wie bisher bei der Vollstreckung eines gegen das Kind gerichteten Titels keine Rücksicht genommen. Die Eltern sind mittelbare Schuldner; vgl. die Begr. zu §§ 822, 826.

Zu § 831. Die Rechtslage entspricht der des § 828.

Zu § 832. Soweit dem Testamentsvollstrecker nicht nach § 2213 Abs. 1 BGB. für Ansprüche gegen den Nachlaß die Passivlegitimation fehlt, wird der Erbe hinsichtlich des Nachlasses als mittelbarer Schuldner behandelt. Vgl. auch die Begr. zu § 822 und für die Vollstreckung in das persönliche Vermögen des Erben § 833 Abs. 2. Zur Vollstreckung in den der Verwaltung des Testamentsvollstreckers unterstehenden Nachlaß ist ein Titel gegen den Erben nicht ausreichend, der Testamentsvollstrecker ist nicht mittelbarer Schuldner; vgl. auch § 2213 Abs. 3 BGB.

§ 833. Die Vorschriften über den subjektiven Umfang der Vollstreckbarkeit (also über die Umstellbarkeit eines Schuldtitels) müssen eigens aufgestellt werden; eine einfache Verweisung auf die für den subjektiven Umfang der Rechtskraft eines Urteils geltenden Bestimmungen (§§ 330—332) empfiehlt sich nicht. Schon daß es Schuldtitel gibt, denen keine Rechtskraft zukommt, weist auf die grundsätzliche Unabhängigkeit der Vollstreckbarkeit von der Rechtskraft hin. Aber auch bei dem rechtskräftigen und darum vollstreckbaren Urteil bestehen zwischen der Rechtskraft und der Vollstreckbarkeit wichtige Verschiedenheiten; sie beruhen darauf, daß die Rechtskraft eine Feststellung, die Vollstreckbarkeit aber eine Inanspruchnahme bedeutet. Daher kann die Fortwirkung der Vollstreckbarkeit auch erst verwirklicht werden, wenn der Titel umgestellt ist, während die Fortwirkung der Rechtskraft einer solchen Umstellung nicht bedarf. Wenn die Rechtskraft gegen einen Dritten fortwirkt und nun die Frage entsteht, was für eine Bedeutung dieser Rechtskraftfortwirkung für die Vollstreckbarkeit gegen den Dritten zukomme, so kann die Antwort nur lauten: Aus der Rechtskraftfortwirkung folgt noch keineswegs die Vollstreckbarkeit gegen den Dritten, es muß vielmehr außer der Rechtskraftfortwirkung noch ein ganz bestimmt geartetes Verhältnis des Dritten zu einer der Parteien hinzukommen. Auch die Rechtskraft kann — da das Urteil, dem sie zukommt, sehr wesentlich von Parteidispositionen abhängt —, nicht gegen jedermann wirken, sondern erfordert zu ihrer Fortwirkung irgend einer Beziehung des von ihr Betroffenen zu einer Partei, diese Beziehung ist aber grundsätzlich anders beschaffen, als ein Verhältnis, welches die Fortwirkung der Vollstreckbarkeit vermitteln könnte. Ist z. B. zwischen A und B ein Streit über das Eigentum an einer Sache X rechtskräftig dahin entschieden worden, daß A der Eigentümer sei und B die Sache dem A herausgeben müsse, und hat B die Sache vor oder nach der Schlußverhandlung an C weiterveräußert, so steht nichts im Wege, die Rechtskraft grundsätzlich auch gegen C wirken zu lassen, und zwar ohne jede Rücksicht darauf, ob er gut- oder bösgläubig erworben hat. Diese Rechtskraftwirkung würde bedeuten: es steht nicht nur gegen B, sondern auch gegen C fest, daß das Eigentum nicht dem B, sondern dem A zustand und daß B daher gegenüber A herausgabepflichtig ist. Über das Eigentum des C und über seine Herausgabepflicht stände dagegen noch gar nichts fest, außer dem einen, daß er vom Nichteigentümer erworben habe und daher nur im Falle des guten Glaubens gegen die Eigentumsklage des A geschützt sei. Ob C etwa beim

Vorliegen eines Mißbrauchs der Parteidispositionsrechte diese Rechtskrafterstreckung sollte abwenden können, kann hier dahingestellt bleiben; jedenfalls stände niemals gegen ihn fest, daß er Nichteigentümer und daher ebenfalls gegenüber A herausgabepflichtig sei, denn von C und seinem etwaigen Eigentum war in dem Prozeß zwischen A und B überhaupt nicht die Rede. Die gegen B eingetretene Vollstreckbarkeit des Urteils jedoch kann gegen C ungeachtet einer weitergehenden Rechtskraftfortwirkung, nur fortwirken, wenn C bösgläubig war und daher nicht Eigentümer wurde, sondern gegenüber A herausgabepflichtig ist. Während also die Rechtskraft ohne Rücksicht auf den guten Glauben fortwirken kann, ist die Fortwirkung der Vollstreckbarkeit an den bösen Glauben gebunden, denn anderenfalls unterliegt C nicht der Haftungsverpflichtung des B. Dabei ist unter dem bösen Glauben der materiellrechtliche, d. h. der auf das Eigentum bezügliche zu verstehen, da sich die Haftung nach dem materiellen Recht richtet. Zur Vermittelung der Fortwirkung der Rechtskraft kann nach dem Ausgeführten die bloße Tatsache der Tradition genügen, dagegen kann die Fortwirkung der Vollstreckbarkeit nur durch einen bösgläubigen Erwerb vermittelt werden; die Vollstreckbarkeitsfortwirkung tritt nur gegen diejenigen ein, deren Rechtslage durch die der Partei bedingt ist, während die Rechtskraft u. a. auch gegen solche fortzuwirken vermag, deren Rechtslage zwar auf einer Rechtshandlung einer Partei (hier der Tradition) beruht, aber (wegen des guten Glaubens) nicht durch die Rechtslage der Partei bedingt ist. Die Rechtskraftfortwirkung hat hiernach hinsichtlich der Vollstreckbarkeit gegen den von ihr Betroffenen insofern nur vorläufige Bedeutung, als sie zwar gegebenenfalls eine Teilvoraussetzung für die Vollstreckbarkeit ist, jedoch nichts darüber enthält, ob die Vollstreckbarkeit wirklich endgültig vorliegt. Andererseits ist die bloße Vollstreckbarkeit insofern im Verhältnis zur Rechtskraft etwas nur Vorläufiges, als der Titel, auf dem sie beruht, wenn er bloß Vollstreckbarkeit, nicht Rechtskraft begründet, die Rechtsfrage nicht endgültig beantwortet, während die Rechtskraft — von der Wiederaufnahme u. ä. abgesehen — die Rechtsfrage endgültig erledigt. Wegen dieser Endgültigkeit wirkt die Rechtskraft auf den von ihr nachteilig Betroffenen einschneidender als die u. U. noch durch Rechtsbehelfe abwendbare Vollstreckbarkeit. Andererseits wirkt wieder die Vollstreckbarkeit auf ihn unmittelbarer als die Rechtskraft, weil sie nicht wie diese eine bloße Feststellung, sondern eine wirkliche Inanspruchnahme bedeutet. Ohne Zweifel kommt einem rechtskräftigen Leistungsurteil Vollstreckbarkeit zu, weil es alle schon bestehenden Einwendungen als widerlegt zum Schweigen bringt und damit die Grundlage für die Zwangsausübung schafft. Aber dies gilt eben auch nur in dem Umfang, in welchem die Einwendungen zum Schweigen gebracht werden. Gegen den Verurteilten selbst geht daher Rechtskraft und Vollstreckbarkeit Hand in Hand. Soweit dagegen die Urteilswirkung auf Dritte in Frage kommt, können sie auseinanderfallen, da, wie sich schon an der verschiedenen Bedeutung der Bösgläubigkeit des Dritten zeigt, für die Vollstreckbarkeitsfortwirkung Gesichtspunkte von Erheblichkeit sein können, die für die Rechtskraftfortwirkung ohne Bedeutung sind.

Diese Erwägungen haben den Entwurf bestimmt, die Fortwirkung der Vollstreckbarkeit, und zwar auch für die Fälle, in denen der Titel ein rechtskräftiges Urteil ist, selbständig zu regeln. Die Vollstreckbarkeit wirkt danach nur für und gegen diejenigen fort, die nach der Zustellung des Zahlungsbefehls, nach dem Eintritt der Rechtshängigkeit oder nach der Errichtung eines anderen Titels (§ 833) auf der Aktiv- oder auf der Passivseite derart eingetreten sind, daß sie durch die Rechtslage ihres Vorgängers — mag dieser ausgeschieden oder neben ihnen beteiligt geblieben sein — in ihrer eigenen Rechtslage bedingt sind. Gegen wen der Zwang stattfinden soll, gegen den muß, soweit nicht ausdrücklich das Gegenteil bestimmt ist (mittelbare Schuldner), ein Titel vorliegen oder umstellbar sein (§ 820); welcher Titel erforderlich ist, hängt also von der beabsichtigten Richtung des Zwanges ab. Gegen wen ein Titel erwirkt werden kann, bestimmt das bürgerliche Recht, doch steht für die Zwangsvollstreckung immer bereits fest, daß derjenige im Sinne des bürgerlichen Rechts haftet, gegen den der Titel lautet. Auch die Frage, gegen wen ein vorhandener Titel umstellbar ist, hängt vom bürgerlichen Recht ab, nämlich von der Bedingtheit seiner Rechtslage durch die des Vorgängers, außerdem aber gemäß § 833 davon, daß diese bedingte Rechtslage erst nach der Titelerrichtung (und den gleichgestellten Ereignissen) eingetreten sei. Eine Umstellung ist also nur gegen Sukzessivbeteiligte möglich, nicht gegen Simultanbeteiligte (d. h. solche, die schon zur Zeit der Titelerrichtung in einem Verhältnis standen, das gegen sie einen Titel erforderlich machte). Daß nur Sukzessivbeteiligte in Betracht kommen, erklärt sich daraus, daß der Zwang grundsätzlich nur gegen diejenigen soll gerichtet werden können, die auch an dem Verfahren zur Titelerrichtung beteiligt waren, und daß eine Ausnahme hiervon, nämlich die Umstellbarkeit eines in anderer Richtung erwirkten Titels, nur hinsichtlich derer sich rechtfertigt, die an der Titelerrichtung nicht beteiligt werden konnten, weil sie sachlich noch nicht zu den Beteiligten gehörten, und das sind eben die Sukzessivbeteiligten. Andererseits kann man diesen gegenüber unbedenklich von dem Erfordernis eines neuen Titels absehen und sich mit der Umstellung des vorhandenen begnügen, soweit ihre Rechtslage durch die des Vorgängers bedingt ist. Es gibt jedoch von dem Grundsatz, daß gegen alle Simultanbeteiligte, soweit sie nicht mittelbare Schuldner sind, ein eigener Titel vorliegen müsse und nicht ein vorhandener umstellbar sei, eine ausdrückliche Ausnahme: § 833 Abs. 2. Danach kann ein gegen den Testamentsvollstrecker erwirktes Urteil zur Vollstreckung auch in das persönliche Vermögen des Erben, und zwar noch während der Testamentsvollstreckung, verwendet (umgestellt) werden (bisher § 728 Abs. 2 Satz 2 ZPO.). Diese Ausnahme muß für alle Fälle gelten, in denen ein Urteil gegen Simultanbeteiligte wirkt und nicht wegen der alleinigen Prozeßlegitimation des am Prozeß Beteiligten (z. B. des Konkursverwalters hinsichtlich der Konkursmasse) eine Umstellung (z. B. gegen den Gemeinschuldner) überhaupt nicht erforderlich ist. Letztere Fälle stehen denen gleich, in denen es nach §§ 822 ff. gegen einen Simultanbeteiligten eines Titels nicht bedarf (mittelbare Schuldner). Anders liegt dagegen z. B. der Fall eines Herausgabeurteils des Eigentümers A gegen einen Nichteigentümer B, der eine Sache vermietet oder verpfändet hat. Hier kann die Rechtskraft dieses Urteils gegen den Mieter oder Pfandgläubiger ohne Rücksicht darauf wirken, ob der Mietbesitz oder das Pfandrecht vor oder nach dem Eintritt der Rechtshängigkeit entstand. Denn es wäre unzweckmäßig, wenn der Mieter oder Pfandgläubiger ein Urteil dahin erlangen könnte, daß er, wenn er herauszugeben habe, nicht an A, sondern an B herausgeben müsse, obwohl doch vermöge der zwischen A und B bestehenden Rechtskraft B an A weiter herauszugeben hätte. Über die Fortwirkung der Vollstreckbarkeit des zwischen A und B ergangenen Urteils ergibt sich aber nach dem zuvor Ausgeführten aus diesen Erwägungen nichts. Auch wenn der Mieter oder Pfandgläubiger, selbst wenn sein Recht schon zur Zeit des Eintritts der Rechtskraft bestand, der zwischen A und B eingetretenen Rechtskraft unterworfen ist, so ist doch B nicht allein zur Prozeßführung über den Herausgabeanspruch passiv legitimiert, sondern ebenso der Mieter oder Pfandgläubiger. Deshalb ist eine Vollstreckung gegen diesen nur nach Umstellung des von A gegen B erwirkten Titels möglich, und diese kommt, wenn der Mieter oder Pfandgläubiger sein Recht schon vor der Rechtshängigkeit der von A gegen B erhobenen Klage erlangt hatte, nicht in Frage; in diesem Falle ist eine Vollstreckung gegen den Mieter oder Pfandgläubiger also nur möglich, wenn er mitverklagt und verurteilt war oder nachträglich ein besonderer Vollstrekkungstitel gegen ihn erwirkt wird.

Bei anderen Titeln als Urteilen kommt die hier erörterte Simultanfortwirkung überhaupt nicht in Betracht. Endet das Verhältnis, auf dem die Entbehrlichkeit des Titels beruhte, so werden die bisherigen mittelbaren Schuldner, obwohl sachlich Simultanbeteiligte, dadurch im Sinne der Vollstreckungsordnung zu Sukzessivbeteiligten, und zwar auch dann, wenn eine ausschließliche Prozeßlegitimation bestanden hatte; in diesem Sinne ist z. B. der Gemeinschuldner nach der Konkursbeendigung Rechtsnachfolger des Konkursverwalters.

Was den Zeitpunkt betrifft, der für die Frage maßgebend sein soll, ob Simultan- oder Sukzessivbeteiligung vorliegt, so ist bei Zahlungsbefehlen nicht deren Erlaß und auch nicht der Ablauf der Widerspruchsfrist, sondern die Zustellung an den Schuldner (§ 806 Abs. 1 mit Abs. 3) für maßgebend erklärt worden. Der Titel ist mit dieser Zustellung errichtet, wenngleich die Vollstreckbarkeit in diesem Zeitpunkt noch nicht gegeben ist und noch nicht feststeht. Der Erlaß des Zahlungsbefehls ist ein Internum und daher wenig geeignet, eine Zeitgrenze für die rechtliche Bedeutung von Veränderungen im Bestand des Beteiligtenkreises zu bilden, die auch rechtsgeschäftlicher Natur sein können; die Verhältnisse liegen anders als im Fall der §§ 807, 818. Der Ablauf der Widerspruchsfrist ist deshalb nicht als der maßgebende Zeitpunkt betrachtet, weil bei einer solchen Regelung, wenn der Gläubiger oder der Schuldner vor dem Ablauf der Widerspruchsfrist stürbe, ein neuer Zahlungsbefehl erwirkt werden müßte, was unnötige Kosten verursachen würde. Dadurch, daß, wenn eine Partei nach Zustellung des Zahlungsbefehls stirbt, dessen Umstellung auf den Rechtsnachfolger ermöglicht wird, tritt auch im Falle dieser Rechtsnachfolge auf der Schuldnerseite eine Verkürzung der Widerspruchsfrist für den neuen Schuldner nicht ein. Denn wie bisher soll § 192 (bisher § 239 ZPO.) entsprechend gelten. Es tritt also durch den Tod des Schuldners eine Unterbrechung des Verfahrens ein, der Gläubiger kann es zugleich mit dem Umstellungsantrag gegen den Erben aufnehmen. Mit der Zustellung des umgestellten Zahlungsbefehls läuft die Frist gegen den Erben von neuem (§ 202; bisher § 249 ZPO.). Ist auf der Passivseite vor dem Ablauf der Widerspruchsfrist durch ein anderes Ereignis als einen Erbfall ein Wechsel herbeigeführt worden (Beispiel: Schuldübernahme, Eintritt eines Ehemannes als Gesamtgutvertreter an Stelle der bisher allein haftenden Ehefrau, § 1459 BGB.), so muß im Notfall die Wiedereinsetzung gegen die Fristversäumung helfen (§ 810). Im übrigen entscheidet die Errichtung des Titels; bei prozessualen Titeln tritt an deren Stelle der

Zeitpunkt des Beginns der Rechtshängigkeit, weil die Veräußerung des Streitgegenstandes und die Abtretung des Anspruchs auf den Prozeß keinen Einfluß ausübt (§ 224; bisher § 265 ZPO.).

Die Voraussetzung, daß die Rechtslage des Nachfolgers durch die des Vorgängers bedingt sei, verweist, wie bereits bemerkt, auf das bürgerliche Recht. Danach liegt in den Fällen der Universalsukzession eine solche Bedingtheit stets vor. Es kann ein auf der Aktiv- oder Passivseite später Eintretender aber auch dann in seiner Rechtslage durch die des Vorgängers bedingt sein, wenn er nicht Rechtsnachfolger des Gläubigers oder des Schuldners ist, sondern, wie z. B. der Nacherbe gegenüber dem Vorerben, seine Rechte von einem anderen herleitet. Die Handlungen des Vorerben wirken sowohl zugunsten als im Rahmen seiner Verfügungsmacht auch zu Lasten des Nacherben; dessen Rechtslage ist daher in diesen Grenzen durch die des Vorerben bedingt. Aus dem allgemeinen Grundsatz, der die Fortwirkung der Vollstreckbarkeit an die Bedingtheit der Rechtslage knüpft, ergeben sich daher die Folgerungen, die in § 326, § 738 Abs. 1 ZPO. g. F. ausdrücklich gezogen wurden. Liegt eine Singularsukzession auf der Aktivseite (Anspruchsabtretung) vor, so ist der Zessionar Rechtsnachfolger des Zedenten und daher in seiner Rechtslage von dessen Rechtslage abhängig. Weniger einfach liegen die Verhältnisse bei einer Singularsukzession auf der Passivseite. Der Wechsel auf der Passivseite kann entweder dadurch eintreten, daß die Schuld einschließlich der Haftung, oder dadurch, daß nur die Haftung auf einen anderen übergeht oder miterstreckt wird. Der bloße Haftungsübergang in bezug auf eine bestimmte Sache wird einmal durch den bösgläubigen Erwerb eines Rechtes an einer herauszugebenden Sache herbeigeführt, ferner, ohne Rücksicht auf den guten Glauben, gemäß § 885 Satz 1 durch den Erwerb eines Rechtes an einem gepfändeten Gegenstand und schließlich nach § 885 Satz 2 auch durch den Erwerb eines Rechtes an einem ungepfändeten Gegenstand, wenn das erworbene Recht den späteren Pfandgläubigern nachsteht. In all diesen Fällen wirkt, sei es die Herausgabepflicht, sei es das Pfändungspfandrecht, sei es die Verfügungsbeschränkung des Schuldners auch gegen den Erwerber, d. h. dieser haftet mit dem erworbenen Gegenstand fort und ist in diesem Sinne Rechtsnachfolger des Schuldners. Der Erwerber einer zur Zeit der Titelerrichtung im Vermögen des Schuldners befindlichen, aber noch nicht gepfändeten Sache haftet mit ihr im übrigen grundsätzlich nur nach Durchführung eines Anfechtungs- oder Rückrufsverfahrens (vgl. §§ 857 f.), das dann gewissermaßen an die Stelle der (einfacheren) Umstellung tritt. Doch gibt es, auch abgesehen von § 885 Satz 2 und von dem Fall des bösgläubigen Erwerbs einer herauszugebenden Sache, einen unmittelbaren Eintritt in die Haftung durch Sacherwerb vor einer Pfändung. So haftet der Vermögensübernehmer nach § 419 BGB. mit den übernommenen Vermögensteilen ohne weiteres für die Schuld des Veräußerers fort und unterliegt daher im Falle der Sukzessivbeteiligung der Umstellung; in gleicher Weise haftet der Mann mit seinen Rechten am eingebrachten Gut oder am Gesamtgut für voreheliche Schulden der Frau (§§ 1412, 1460 BGB.), und daher kann der gegen die Frau vorliegende Titel gegen ihn umgestellt werden, wenn der Güterstand erst nach der Titelerrichtung eintrat. Für den Übergang der Haftung als Folge des Überganges auch der Schuld können die verschiedenen Arten des Eintritts in eine fremde Schuld als Beispiel dienen: Wer sich für eine bereits titulierte Schuld verbürgt oder sie kumulativ oder privativ übernommen hat, ist der Umstellung des

Titels gegen sich ausgesetzt. Steht dem Bürgen die Einrede der »Vorausklage« zu, so haftet er erst, wenn diese nicht mehr durchgreift, da er vorher in seiner Rechtslage nicht durch die des Schuldners bedingt ist. Ob auch die Rechtskraft gegen den Sukzessivbürgen usw. wirken soll, ist eine andere Frage; man kann sehr wohl die Fortwirkung auf die Vollstreckbarkeit beschränken, so daß er ein selbständiges, außerhalb der Vollstreckung zu verfolgendes, aber deren vorläufige Einstellung (§ 869) ermöglichendes Angriffsrecht gegen den Titel behält (§ 845), während er es bei Fortwirkung auch der Rechtskraft verlöre. Daß aber die Vollstreckbarkeit fortwirke, läßt sich deswegen rechtfertigen, weil dem Hauptschuldner gegenüber die Hauptschuld für die Vollstreckung feststeht und darüber, ob eine Bürgschaft vorliegt und ob nicht irgendwelche etwa die Haftung des Bürgen beschränkende und dadurch die Bedingtheit seiner Rechtslage beseitigende Einreden bestehen, im Umstellungsverfahren und in dem anschließenden Verfahren auf besondere Vollstreckungsbeschwerde (§§ 842, 843) entschieden werden kann. Der gegen den Hauptschuldner, den Hauptbeteiligten, bestehende, die Schuld feststellende Titel wird in der Regel richtig sein; warum sollte es zur Vollstreckung dieser Schuld gegen den Sukzessivbürgen der Erwirkung eines neuen Titels über sie bedürfen? Es genügt durchaus, daß dieser die volle Freiheit hat, die Richtigkeit des Titels anzufechten, auch wenn dieser ein rechtskräftiges Urteil ist. Wie bemerkt, können dem Bürgen besondere, auf einer Vereinbarung mit dem Gläubiger beruhende Einreden zustehen; ähnlich verhält es sich mit dem Vorliegen des guten Glaubens, wenn die Fortwirkung der Haftung auf eine Tradition gestützt ist und, z. B. weil es sich um eine herauszugebende Sache handelt, nur im Fall der Bösgläubigkeit eintritt oder wenn von einem ausländischen Erben nicht der Erbanfall, sondern etwa nur die Vererblichkeit der konkreten Schuld bestritten wird. In solchen Fällen liegt stets ein primärer Tatbestand (Tradition, Bürgschaft, Erbgang) vor, der gewissermaßen einen Primafaciebeweis für das Vorliegen der Voraussetzungen darbietet, die den Haftungsübergang vermitteln. Ob diese wirklich sämtlich, z. B. einschließlich des bösen Glaubens, gegeben sind, darüber mag bei gegebenem Anlaß von Fall zu Fall in eine Prüfung eingetreten werden. Es steht darum nichts im Wege, den primären Tatbestand (z. B. die Tradition) als positive, das Vorliegen eines der entgegenstehenden Umstände (z. B. des guten Glaubens) als negative Voraussetzung zu behandeln. Der Entwurf geht davon aus, daß ähnlich wie bisher (vgl. RG. ZS. Bd. 79 S. 168) die Umstellung zunächst zu gewähren ist, wenn kein ausreichendes Indiz für einen der Gegentatbestände vorliegt. Beweislastgesichtspunkte kommen nicht für das vollstreckungsgerichtliche Verfahren, sondern erst bei dem Austrag auf dem Beschwerdeweg der §§ 842, 843 oder auf dem Klageweg (§ 845) in Betracht. Wie weit der Gläubiger die Haftungsbedingung der Bösgläubigkeit, für die er im Prozesse beweispflichtig ist, darlegen muß, darüber bestimmt das Vollstreckungsgericht nach Lage des Falles; in den wichtigsten Fällen muß es ohnedies von Amts wegen vorgehen (§ 834 Abs. 2). Daher kann sich das Vollstreckungsgericht auch mit dem Nachweis der Tradition usw. begnügen und den Einwand der Gutgläubigkeit dem Schuldner überlassen, ein Fall des § 798 Abs. 2 liegt dann nicht vor, so daß der Rechtspfleger ausgeschlossen ist (§ 1023 Nr. 6). Vergleicht man hiernach die Fälle, in denen bisher die Umstellung möglich war, mit denen, in welchen sie nach dem Entwurf möglich sein soll, so ergeben sich als Neuerungen vor allem die

Umstellbarkeit gegen den Sukzessivbürgen und den Sukzessivschuldübernehmer sowie gemäß § 885 gegen den Erwerber eines Rechts an einem gepfändeten, ja, wenn schon eine Pfändung gegen den Schuldner vorlag, selbst an einem noch ungepfändeten Gegenstand. Gerade der Erwerb einer gepfändeten Sache ist ein nicht seltener Fall der Vollstreckungsvereitelung; bei ihm ist daher nach § 834 Abs. 2 über die Umstellung von Amts wegen zu befinden. Bisher war gegen den Erwerber einer gepfändeten Sache ein neuer Titel notwendig, auch wenn nur sein Gewahrsam entgegenstand. Denn es lag weder eine Rechtsnachfolge noch ein Besitzerwerb am Streitgegenstand vor. Künftig wird sowohl der bloße Gewahrsamsinhaber wie der Erwerber eines an sich die Veräußerung hindernden Besitzes, da er mit der Sache haftet, ohne weiteres auch der Umstellung — mit Beschränkung auf die bestimmte Sache — ausgesetzt sein. Im übrigen führt ein Vergleich mit der bisherigen Regelung zu der Feststellung, daß die bisher in den §§ 727—729, 738, 742, 744, 749 ZPO. ausdrücklich geregelten Fälle durch die allgemeine Fassung des § 833 Abs. 1 gedeckt werden, während der Sonderfall der Umstellbarkeit gegen einen Simultanbeteiligten (bisher § 728 Abs. 2 a. E.) in § 833 Abs. 2 wiederkehrt. An Verschiedenheiten wäre hervorzuheben, daß im Falle des bisherigen § 729 ZPO. nicht wie bisher der Zeitpunkt der Rechtskraft, sondern der der Titelerrichtung usw. wie auch sonst maßgebend sein soll, da auch materiellrechtlich die Haftung für alle zur Zeit der Vermögensübernahme bestehenden Schulden eintritt. Bisher wirkte die Rechtskraft in diesen Übernahmefällen nicht fort. Mag man an der Beschränkung der Fortwirkung auf die Vollstreckbarkeit festhalten oder nicht, für die Zwangsvollstreckung wäre der Unterschied nur der, daß der von der Umstellung betroffene Übernehmer, falls die Rechtskraft nicht gegen ihn wirkt, den Titel außerhalb der Vollstreckung, aber mit der Möglichkeit einer vorläufigen Einstellung frei anfechten könnte, während einer solchen Anfechtung anderenfalls die Rechtskraft entgegenstände. Was § 833 Abs. 2 betrifft, so greift er nur den bisher im § 728 Abs. 2 a. E. enthaltenen Fall der Simultanbeteiligung heraus, da die Sukzessivfälle bereits durch die allgemeine Formel (§ 833 Abs. 1) gedeckt sind; die Besonderheit besteht darin, daß die Simultanbeteiligtheit nicht, wie z. B. im Falle des § 832, zur Außerachtlassung der Erbenrechte und zur Entbehrlichkeit eines Titels und einer Umstellung gegen die Erben führt, sondern gerade eine Umstellung für erforderlich erklärt wird. Es beruht dies darauf, daß der Testamentsvollstrecker kein Vertretungsrecht in bezug auf das eigene Vermögen des Erben hat und das Urteil dennoch gegen den Erben wirken soll. Die bisherigen §§ 738, 742, 744, 749 ZPO. regeln Sukzessivfälle, die von § 833 Abs. 1 erfaßt werden. Nur ist auch in den Fällen des bisherigen § 738 ZPO. (vgl. §§ 1086, 1089 BGB.) wieder die Titelerrichtung (Rechtshängigkeit), nicht die Rechtskraft für maßgebend erklärt.

§ 834. Die Statthaftigkeit der Vollstreckung hängt nicht nur davon ab, daß eines der im § 833 bezeichneten Verhältnisse vorliegt, sondern nach § 834 außerdem davon, daß dieses Vorliegen durch einen zugestellten Beschluß (Umstellungsbeschluß) festgestellt ist. Die Vollstreckung ist im Falle eines Wechsels auf der Aktiv- oder Passivseite also nur rechtmäßig, wenn der Titel nicht nur umstellbar, sondern auch umgestellt ist. Das gilt auch in den Fällen, in denen eine Vollstreckungsklausel nicht notwendig ist (§ 793 Abs. 3, § 1020 Abs. 2). Fehlt es an der in § 833 vorausgesetzten bedingten Rechtslage, so ist letzten Endes die besondere Vollstreckungsbeschwerde der §§ 842, 843 zum Austrag bestimmt; fehlt es nur an dem nach § 834 notwendigen Beschluß oder an seiner Zustellung, so ist letzten Endes nur die gewöhnliche Vollstreckungsbeschwerde (§§ 840, 841) gegeben, doch gelangt auch in diesem Falle ein Pfandrecht nicht zur Entstehung (§ 882 Abs. 1 Satz 1). Auch in den Fällen, in denen der dritte Erwerber einer Sache mit ihr wegen bösen Glaubens oder gemäß § 885 wegen Nachranges haftet, ist eine Umstellung notwendig, da der Dritte, von außen betrachtet, sich zunächst in einer die Vollstreckung gegen ihn hindernden Rechtslage befindet und ihm das die Vollstreckung hindernde Recht nur unter gewissen Bedingungen, die erst aufgedeckt werden müssen, abgesprochen werden kann.

Auf das Erfordernis eines Umstellungsbeschlusses und seiner Zustellung wird wie bisher verzichtet, wenn eine Vollstreckungsdurchführung gegen den Erblasser begonnen hatte und nun, wenn auch in andere Gegenstände, gegen den Erben fortgesetzt werden soll; in diesem Falle bleibt auch die Zuständigkeit des gegen den Erblasser zuständigen Vollstreckungsgerichts erhalten, weil das anhängige Verfahren ohne Rücksicht auf den Wechsel in der Person des Schuldners seinen Fortgang nimmt. Im übrigen ist zu unterscheiden, ob das Umstellungsbedürfnis schon zur Zeit der Pfändung vorlag oder erst nachher eintrat. Im ersten Fall muß die Pfändung aufgehoben werden (§ 861 Abs. 1) und zwar selbst dann, wenn die Umstellungsvoraussetzungen vorlagen, denn es fehlt an dem zwingenden Erfordernis der beschlußmäßigen Umstellung und ihrer Zustellung; über die Möglichkeit einer vereinfachten Neuvornahme der Pfändung vgl. die Begründung zu § 814. Im zweiten Fall dagegen ist das bisherige Verfahren rechtmäßig und nur die Fortsetzung vor der Umstellung nicht statthaft. Daher ist, wenn nach einer Pfändung die gepfändete Sache oder das haftende Vermögen, dem sie angehört, in andere Hände übergeht, nicht die endgültige Einstellung geboten, sondern die einstweilige Einstellung gestattet (§ 862 Abs. 1 Satz 2) und das Verfahren nach der Zustellung des Umstellungsbeschlusses fortzusetzen. Dies gilt insbesondere auch dann, wenn nach der Pfändung ein Wechsel auf der Aktivseite eintritt. Darüber, ob die erforderliche Umstellung stattgefunden habe, kann auch der Rechtspfleger befinden. Vornehmen kann er sie nur, soweit § 798 Abs. 2 in Betracht kommt (§ 1023 Nr. 6).

Der Inhalt des Umstellungsbeschlusses ist der Rechtslage anzupassen. Haftet der Neueintretende mit einer bestimmten Vermögensmasse oder, wie insbesondere in den Fällen des § 885, nur mit einer bestimmten Sache, so erhält der Beschluß den Inhalt, daß der Neueingetretene aus dem vorliegenden Titel die Vollstreckung in jene Masse oder Sache zu dulden habe. Umgestellt werden in den Fällen der § 792 Nr. 7, § 800, da hier eine vollstreckbare Ausfertigung nicht in Betracht kommt, die Schuldtitel, ferner die im § 792 Nr. 1—6 bezeichneten Titel, solange eine vollstreckbare Ausfertigung nicht erteilt ist; sie wird dann in der Form der Umstellung erteilt. Ist eine vollstreckbare Ausfertigung in den Fällen des § 792 Nr. 1—6 schon erteilt, so wird diese umgestellt.

Nach Abs. 2 hat in der Regel der Gläubiger die Umstellung zu beantragen und mit Beweis zu belegen; § 798 Abs. 1 gilt entsprechend. Auch § 798 Abs. 2 ist anwendbar. Stellt also der Gläubiger im Sinne dieser Bestimmungen die Umstellungsvoraussetzungen liquid, so entscheidet der Rechtspfleger über den Antrag (§ 791 mit § 1023 Nr. 6) und ist die Anhörung des Schuldners unnötig; der Gläubiger braucht von der Umstellung bloß benachrichtigt zu werden. Tritt das Umstellungsbedürfnis erst hervor, nachdem eine Pfändung stattgefunden hatte und handelt es sich um einen durch den Sacherwerb herbeigeführten Wechsel auf der Passivseite, so ist über die Umstellung von Amts wegen zu befinden, damit gegen die hier besonders gefährlichen Sach- und Vermögensverschiebungen sofort eingeschritten werden kann; vgl. auch § 885 Satz 1. Ist das Drittrecht, das an einem noch ungepfändeten Gegenstand erworben wurde, nach § 885 Satz 2 relativ unwirksam, so kann die Umstellung von Amts wegen oder auf Antrag vorgenommen werden. Hier liegen die Verhältnisse ähnlich wie bei der Rückrufsbefugnis, deren Handhabung ebenfalls im Ermessen des Vollstreckungsgerichts steht; doch ist stets die vorläufige statt der endgültigen Einstellung möglich (§ 862 Abs. 1 Satz 2).

Gemäß dem für anwendbar erklärten § 799 Abs. 3 kann der Gläubiger auch während der Anhängigkeit der Vollstreckung den Umstellungsantrag in Abweichung von § 780 auf dem Klageweg stellen (Zuständigkeit: § 845 Abs. 3). Hat er ihn beim Vollstreckungsgericht gestellt, so kann er nach § 781 Abs. 1 Satz 1 auf den Rechtsweg verwiesen werden. In diesem Fall ist nach § 837 Abs. 3 mit § 799 Abs. 2 an Stelle einer förmlichen Begründung des Umstellungsbeschlusses (§ 782 Abs. 2) ein Hinweis auf dieses Urteil genügend.

§§ 835, 836. Die Bestimmungen der bisherigen §§ 799, 801 ZPO. werden wiederholt. Da an die Stelle der Mitteilung der Nachweisurkunden überall die Beschlußbegründung getreten ist, wird nicht die Mitteilung der Urkunden für entbehrlich, sondern als Beschlußbegründung ein Hinweis auf das Grundbuch für genügend erklärt. Dem Eigentümer ist der Erbbauberechtigte gleichgestellt.

§ 837. Was die Zuständigkeit zur Umstellung betrifft, so wird einerseits unterschieden, ob der Durchführungsantrag schon gestellt ist (hierfür ist auch § 801 Abs. 1 Satz 2 von Bedeutung), andererseits, um was für einen Titel es sich handelt.

Ist der Durchführungsantrag bereits gestellt, so ist stets das mit der Sache schon befaßte Vollstreckungsgericht zur Umstellung zuständig, auch wenn die Durchführung gegen den Umstellungsschuldner nicht bei ihm stattfinden kann. Geeignetenfalls kann diese Zuständigkeit dadurch herbeigeführt werden, daß der Durchführungsantrag mit dem Umstellungsantrag verbunden wird. Bei streitgerichtlichen Titeln ist daneben der Rechtspfleger (§ 791) oder der Vorsitzende (§ 1023 Nr. 6) des betreffenden Streitgerichts (§ 796 Nr. 1) zuständig. Dem Gläubiger soll dadurch, daß er zwischen dem Vollstreckungsgericht und dem bezeichneten Streitgericht wählen kann, die Möglichkeit gegeben werden, auf dem ihm gelegensten Wege die Umstellung zu erreichen. Auf die Fälle, in denen die Umstellung von Amts wegen vorgenommen wird, ist dies nicht erstreckt (Abs. 1 a. E. mit § 834 Abs. 2). Sind für die Durchführung gegen verschiedene Beteiligte verschiedene Vollstreckungsgerichte zuständig, so ist für die Umstellung auch das schon bisher mit der Sache befaßte Vollstreckungsgericht und entsprechend das Streitgericht usw., das den Titel erließ, zuständig. Dies entspricht, was die örtliche Zuständigkeit betrifft, im wesentlichen dem bisherigen Zustand und vereinfacht die Herbeiführung der Umstellung.

War die Durchführung noch nicht beantragt, so ist bei vollstreckungsgerichtlichen Titeln (§ 800, § 792 Nr. 7) das Vollstreckungsgericht, von dem der Titel herrührt, bei streitgerichtlichen Titeln das Streitgericht zuständig; bei anderen Titeln ist die Wahl zwischen dem Vollstreckungsgericht des Durchführungsorts und des Urkundenverwahrungsorts usw. freigestellt. Daß das Streitgericht hier nicht neben einem Vollstreckungsgericht, sondern allein zuständig ist, beruht darauf, daß noch kein Vollstreckungsgericht mit der Sache befaßt ist. Daß in den zuletzt erwähnten Fällen zwischen mehreren Vollstreckungsgerichten die Wahl gelassen wird, geschieht mit Rücksicht darauf, daß bei einer Wohnsitzverschiedenheit der Schuldner ein einheitliches Umstellungsgericht vorhanden sein soll, auch wenn der Gläubiger sich wegen der Durchführung dann an verschiedene Gerichte zu wenden hat, und daß andererseits der Gläubiger die Möglichkeit haben soll, bei dem für die Durchführung zuständigen Vollstreckungsgericht auch die Umstellung zu betreiben, selbst wenn dieses ein anderes als das Verwahrungsgericht usw. ist. Fehlt es an einer anderen Zuständigkeit, so ist stets das Vollstreckungsgericht zuständig, dem die Durchführung der Vollstreckung obliegt (Abs. 3 mit § 796 Abs. 4).

Auch wenn das Streitgericht mit der Umstellung im Beschlußverfahren (nicht im Falle des § 799 Abs. 3) befaßt wird, gelten die Vorschriften des vollstreckungsgerichtlichen Verfahrens (über die Zuständigkeit des Rechtspflegers, die Ermittelungen, die Verweisung auf den Rechtsweg, die Rechtsmittel usf.). Dies wird durch die Verweisung auf § 796 Abs. 3 in Abs. 3 klargestellt. Wird über die Umstellung durch Urteil entschieden, so gilt § 799 Abs. 2 für die Zuständigkeit zur Umstellung und für die Pflicht, ein etwaiges Urteil im Umstellungsbeschluß zu erwähnen, entsprechend.

III. Rechtsmittel und Kosten der Vollstreckung.

§ 838. Die allgemeinen Rechtsmittel des Vollstreckungsverfahrens sind die befristete Vollstreckungsbeschwerde und die fristlose Erinnerung. Die Vollstreckungsbeschwerde führt zu einer rechtskraftfähigen Entscheidung einer höheren gerichtlichen Instanz, die in den Fällen der §§ 842, 843 sogar in der Form eines Urteils ergeht; die Erinnerung endet grundsätzlich beim Vollstreckungsgericht. Die Vollstreckungsbeschwerde ist das Rechtsmittel gegen Beschlüsse (§ 782 Abs. 1 Satz 1); eine Ausnahme macht nur der Zahlungsbefehl, insofern der Schuldner die materiellen Einwendungen gegen diesen nur auf dem Wege des Widerspruchs geltend machen kann (§ 807) und lediglich die prozessualen Einwendungen des Schuldners gegen den Zahlungsbefehl auf die Vollstreckungsbeschwerde verwiesen sind. Die Erinnerung ist das Rechtsmittel gegen den Gerichtsvollzieher, aber auch gegen alle nach außen wirksamen Handlungen und Unterlassungen des Vollstreckungsgerichts, soweit die Handlungen nicht in Beschlüssen bestehen. Insbesondere ist also die Erinnerung das Rechtsmittel gegen Verfügungen (§ 782 Abs. 1 Satz 2). Weisungen (§ 873 a. E.) sind unanfechtbar.

Zur Rechtsmitteleinlegung ist nicht nur der Gläubiger und der Schuldner, sondern jeder in seiner Rechtslage Betroffene als befugt zu erachten. Wenn ein Rechtsmittel falsch benannt ist, so ist dies unschädlich; es ist also jede Erinnerung bei gewahrter Frist in die gewöhnliche Vollstreckungsbeschwerde und bei Erfüllung der weiteren Formalien auch in die besondere Vollstreckungsbeschwerde der §§ 842, 843 umdeutbar. Hat das Vollstreckungsgericht versehentlich einen Beschluß statt einer Verfügung erlassen (oder umgekehrt) oder hat es seine Anordnung falsch benannt, so geht der Entwurf von der schon heute im Schrifttum mit guten Gründen vertretenen Auffassung aus, daß dem Beschwerten sowohl das Rechtsmittel offensteht, das dem unrichtigen Verfahren des Vollstreckungsgerichts entspricht, als auch das im Falle des richtigen Verfahrens gegebene.

Jedes Rechtsmittel muß mit einer Begründung versehen sein. Die Begründung muß ersehen lassen, auf welchen Gründen die Anfechtung beruht [Rechtsgründe (§ 780 Abs. 1), Ordnungsgründe (§ 780 Abs. 2), Zweckmäßigkeitsgründe] und auf welche Tatsachen sie sich beruft; in den Fällen der §§ 842, 843 sind an die Begründung besondere Anforderungen gestellt (§ 843 Nr. 3). Außerdem soll jedes Rechtsmittel die Beweismittel bezeichnen und nach Möglichkeit gleich beifügen. Durch diese Bestimmungen des Abs. 2 soll die Stellungnahme zu der Beschwerde erleichtert werden.

§ 839. Die Rechtsmittel des Vollstreckungsverfahrens haben keinerlei Suspensiveffekt, auch nicht einen von der Einlegung abhängigen (vgl. § 538 Abs. 1); es kann im allgemeinen nur die vorläufige Einstellung nach § 869 erwirkt werden, wenn sie nach § 862 Abs. 1 statthaft ist. Da jedoch zweifelhafte Fälle denkbar sind und — z. B. bei endgültigen Einstellungen wegen negativer Voraussetzungen — das Rechtsmittel und die vorläufige Einstellung des Vollzugs des Einstellungsbeschlusses zu spät kommen könnte, auch die Voraussetzungen für ein Inderschwebehalten des Verfahrens bis zum Abschluß etwaiger Ermittelungen hier nicht vorliegen können, ist dem Vollstreckungsgericht die Befugnis gegeben, von Amts wegen die Wirksamkeit seiner Beschlüsse aufzuschieben; handelt es sich um einen Einstellungsbeschluß, dessen Wirksamkeit aufgeschoben werden soll, so ist der Aufschub nur insoweit statthaft, als gemäß § 862 die endgültige durch die vorläufige Einstellung ersetzt werden kann. Daß bisher diese Aufschubmöglichkeit gegenüber Einstellungsbeschlüssen nicht bestand, ist besonders dann oft als mißlich empfunden worden, wenn das Vollstreckungsgericht eine Pfändungsbeschränkung anerkannt, das Beschwerdegericht sie jedoch für nichtvorliegend erklärt hatte und die Pfändung, die infolge der Anerkennung der Pfändungsbeschränkung durch die erste Instanz aufgehoben war, bei dem weiteren Pfändungsversuch nicht wiederhergestellt werden konnte. Das Hauptanwendungsgebiet für die vorläufige Suspension der Wirkung eines Einstellungsbeschlusses bietet die Einstellung wegen Vorliegens einer negativen Vollstreckungsvoraussetzung (zu welchen nach § 881 Abs. 1 Satz 2 des Entwurfs die Pfändungsbeschränkungen der §§ 955 ff. gehören). Denn da das Vorliegen einer negativen Voraussetzung die Vollstreckung nur im Falle ihres Feststehens hindert, steht nichts im Wege, trotz des sich vielleicht ergebenden Vorliegens einer solchen negativen Voraussetzung die Pfändung einstweilen noch bei Bestand zu lassen, bis die endgültige Entscheidung getroffen wird. Handelt es sich dagegen um eine positive Voraussetzung, so ist die Vollstreckung nur statthaft, wenn das Vorliegen dieser Voraussetzung feststeht. Dieses Feststehen kann angenommen werden, wenn das Vollstreckungsgericht zur beschlußmäßigen Bejahung des Vorliegens der Voraussetzung gelangt ist, sodaß also grundsätzlich, soweit positive Voraussetzungen in Frage stehen, § 839 Satz 2 nicht bei Einstellungsbeschlüssen, sondern nur bei Beschlüssen anwendbar ist, die das Vorliegen der positiven Voraussetzung und damit die Statthaftigkeit der Vollstreckung festgestellt haben (§ 862 Abs. 1 a. E.) Wird ein Schuldtitel vorläufig vollstreckbar aufgehoben, so ist für eine nur' vorläufige Hemmung der Einstellung kein Raum, da die Vollstreckung, wenn der Titel wirksam beseitigt ist, ihrer Grundvoraussetzung entbehrt; soll die Einstellung der Vollstreckung erst stattfinden, wenn die Aufhebung des Schuldtitels rechtskräftig geworden ist, so muß von der vorläufigen Vollstreckbarerklärung abgesehen werden. Lautet der Beschluß dagegen auf Einstellung der Vollstreckung wegen Fehlens einer positiven Voraussetzung, so ist ein Aufschub der Einstellungswirkung nach § 839 nur dann möglich, wenn einer der in § 862 aufgeführten Sonderfälle vorliegt, in denen an Stelle der endgültigen die vorläufige Einstellung statthaft ist. Der Beschluß ist wie im Falle des § 869 (§ 870 Abs. 1 Satz 2) unanfechtbar.

§ 840. Die Vollstreckungsbeschwerde hat in §§ 840 ff. eine eigene Regelung erfahren; die Vorschriften des Dritten Abschnitts des Dritten Buchs sind nur insoweit anwendbar, als sie in § 840 Abs. 3 für anwendbar erklärt sind.

Die Einlegung der Vollstreckungsbeschwerde ist an eine Notfrist (Wiedereinsetzung: §§ 185 ff.) geknüpft, die in der Regel eine Woche, in den Fällen der §§ 842, 843 zwei Wochen beträgt (§ 843 Nr. 1); will der Beschwerdeführer die vorläufige Einstellung der Vollstreckung erreichen, so muß er diese beantragen und die im § 871 Abs. 1 verlangte Glaubhaftmachung beibringen. Die Beschwerde ist — auch in den Fällen der §§ 842, 843 — bei dem Vollstreckungsgericht einzulegen, da dieses nicht nur (§ 840 Abs. 3 a. A.) seinen Beschluß ändern kann, sondern auch (§ 840 Abs. 2), wenn es an ihm festhält, zunächst die Frage der vorläufigen Einstellung klären soll, damit das Beschwerdegericht zu ihr nicht ohne Unterlagen Stellung zu nehmen braucht. Bei dem Beschwerdegericht kann die Beschwerde nicht eingelegt werden, auch nicht in den Fällen der §§ 842, 843. Der Beschwerte hat also nicht etwa die Wahl, ob seine Beschwerde zunächst als Gegenvorstellung bei der Vorinstanz behandelt werden soll, sondern jede Beschwerde ist zunächst Gegenvorstellung.

Das Vollstreckungsgericht hat die Wahl, ob es die Entscheidung der Beschwerde dem Beschwerdegericht überlassen (Abs. 2) oder seinen Beschluß selbst abändern will (Abs. 3). Im ersteren Fall ist die Frage der vorläufigen Einstellung zu klären, soweit eine solche nach § 862 in Betracht kommen kann; von weiteren Ermittelungen ist abzusehen. Im zweiten Fall kann das Vollstreckungsgericht die benannten Beweise erheben, auch selbst die Ermittelungen anstellen, die ihm zur Vorbereitung seiner Stellungnahme angezeigt erscheinen. Sowohl die Aktenabgabe an das Beschwerdegericht wie die eigene Abhilfe ist dem Richter vorbehalten (§ 1023 Nr. 10, 11). Eine Verweisung auf den Rechtsweg ist nach eingelegter Beschwerde nicht mehr zugelassen, da es unzweckmäßig wäre, in diesem Stadium des Verfahrens noch die Verweisung in ein andersartiges Verfahren zu gestatten, auch die §§ 842, 843 für die des Prozesses bedürftigen Fälle ein prozessuales Anschlußverfahren ermöglichen.

§ 841. § 841 bezieht sich nur auf die gewöhnliche Vollstreckungsbeschwerde, nicht auf die in §§ 842, 843 geregelte besondere Vollstreckungsbeschwerde. Beschwerdegericht ist bei der gewöhnlichen Vollstreckungsbeschwerde das zunächst vorgesetzte Gericht. Die weitere Beschwerde ist nur bedingt statthaft (Abs. 3). Gegen eine oberlandesgerichtliche Entscheidung ist die Beschwerde — von §§ 842, 843 abgesehen — ausgeschlossen. Landgerichtliche Prozeßkostenentscheidungen unterliegen nicht der weiteren Beschwerde (§ 533 Abs. 3, § 534 Abs. 3). Das Beschwerdegericht entscheidet durch Beschluß; eine Verhandlung ist nicht notwendig. Das Beschwerdegericht hat zugleich die Aufgaben eines Vollstreckungsgerichts höherer Instanz, sowohl hinsichtlich des Verfahrens wie hinsichtlich der zu treffenden Anordnung. Vor allem aber hat es die Aufgabe, rechtlich über die Beschwerde zu entscheiden. Daher kommt seinen unanfechtbar gewordenen Entscheidungen über die Rechts- und Ordnungsvoraussetzungen auch materielle Rechtskraft zu (Abs. 2), während vollstreckungsgerichtliche Beschlüsse und Verfügungen nur unanfechtbar, nicht materiell rechtskräftig werden können (vgl. die Begründung zu § 782). Zugleich ergibt sich hieraus ein Unterschied zwischen den Befugnissen des Beschwerdegerichts und des Vollstreckungsgerichts: das Vollstreckungsgericht kann seine unanfechtbar gewordenen Beschlüsse unter Umständen noch ändern, das Beschwerdegericht ist an seine materiell rechtskräftig gewordenen Beschlüsse gebunden, weil die materielle Rechtskraft in dem Bereich, auf den sie sich bezieht, jeder Änderung entgegensteht. Selbstverständlich gilt diese Bindung an die rechtskräftigen Beschlüsse des Beschwerdegerichts auch für das Vollstreckungsgericht.

§§ 842, 843. Wenn in den Fällen, in denen bisher eine Klage notwendig war, auf den Klagezwang mit Rücksicht auf die ihm unvermeidlich anhaftenden, insbesondere mit der Einstellungsmöglichkeit zusammenhängenden Mißstände verzichtet wird, so muß doch gleichzeitig dafür Sorge getragen werden, daß in diesen Fällen das Vollstreckungsverfahren in ein Klageverfahren oder doch in ein dem Klageverfahren gleichwertiges Verfahren übergehen kann.

Der Entwurf hat sich im wesentlichen für die zweite dieser Möglichkeiten entschieden, er hat die Verweisung auf den Rechtsweg nur unter ganz bestimmten Voraussetzungen zugelassen (§ 781), dagegen im allgemeinen für die Fälle, denen eine urteilsmäßige Erledigung nicht vorenthalten werden kann, das Vollstreckungsgericht zur erstinstanzlichen Entscheidung berufen (§ 780) und erst gegen dessen Beschlüsse ein Rechtsmittel vorgesehen, das in den in Betracht kommenden Fällen in zweiter Instanz ein dem Klageverfahren gleichwertiges Verfahren herbeiführt. Dieses Rechtsmittel ist die besondere Vollstreckungsbeschwerde, über welche in dem in § 843 näher geregelten Verfahren wie über eine Klage durch Endurteil zu entscheiden ist. Nur auf diese Weise erschien es möglich, das Ziel des Entwurfs zu erreichen und eine schleunige Beseitigung der Vollstreckungshemmnisse ohne Rechtsverlust für die Parteien sicherzustellen. Hätte man statt dessen in den Fällen des § 842 den gewöhnlichen Vollstreckungsbeschwerdeweg beibehalten und den Instanzen dieses Verfahrens nur die Befugnis gegeben, Sachen, die sie nicht selbst entscheiden wollen, dem Rechtsweg zu überweisen, so wären nicht nur Verzögerungen und unerwünschte vorläufige Einstellungen wieder unvermeidlich geworden; es wäre die vereinfachte Erledigung voraussichtlich auch nur einer sehr geringen Zahl von Sachen zustatten gekommen, und zwar schon deswegen, weil die Abstandnahme von der Verweisung auf den Rechtsweg zugleich die endgültige Erledigung in einem Verfahren bedeutet hätte, in welchem die Parteien der Garantien des Klageverfahrens entbehrten. Dem nur in gewissen Fällen, nämlich in bestimmten Antragsfällen und nur in bestimmten Fällen des Streits über negative Voraussetzungen (§ 781) praktischen Verfahren der Verweisung auf den Rechtsweg ist daher das Verfahren mit besonderer Vollstreckungsbeschwerde grundsätzlich vorzuziehen. Bei ihm behält das Vollstreckungsgericht die Sache zunächst in der Hand, es kann beschleunigt die erforderliche Klärung herbeiführen und seine Entscheidung in der Gewißheit treffen, daß den Parteien eine zweite Instanz offensteht, welche die Angelegenheit in einem dem ordentlichen Streitverfahren durchaus gleichgearteten Verfahren nachprüfen kann. Auf diese Weise werden auch mit größerer Sicherheit die Fälle erfaßt, auf die es ankommt, die Fälle nämlich, in denen der Angriff gegen die Vollstreckung lediglich zu Verzögerungszwecken unternommen wird. Hat in solchen Fällen das Vollstreckungsgericht nur die Wahl, die Sache im summarischen Vollstreckungsverfahren enden zu lassen oder den Angreifer auf die förmliche Klage zu verweisen, so wird es, um sicherzugehen, nur allzu oft den letzteren Weg wählen. Denn es wird einerseits unnötige Verzögerungen vermeiden wollen, wie sie eintreten müßten, wenn die Verweisung auf den Rechtsweg erst in einem späteren Stadium seines Verfahrens verfügt würde, und es wird andererseits in einer zunächst undurchsichtigen Sache den Parteien den ordentlichen Rechtsschutz nicht verkürzen wollen. Das würden sich die Schuldner wieder zunutze machen und so würde schließlich alles beim alten bleiben. Muß dagegen der Schuldner damit rechnen, daß das Vollstreckungsgericht die Sach- und Rechtslage sogleich selbst aufklären und die veranlaßte Entscheidung selbst treffen kann, so wird er es weit seltener für aussichtsvoll halten, den Versuch der Vollstreckungshemmung überhaupt zu unternehmen, und wenn er ihn unternahm, weit seltener die zweite Instanz anrufen, als er heute Klage erhebt, denn nur in Ausnahmefällen wird er künftig die vorläufige Einstellung der Vollstreckung erreichen können. Ähnlich liegt die Sache bei anfechtbar erworbenen Drittrechten. Auch hier wird sich das Vollstreckungsgericht nur dann entschließen, von seiner Rückrufsbefugnis Gebrauch zu machen, wenn es damit rechnen darf, daß die Frage der Anfechtbarkeit in einer zweiten Instanz ganz so zum Austrag gebracht werden kann, wie mittels einer Anfechtungsklage. Daß zur Klärung einer positiven Rechtsvoraussetzung die Verweisung auf den Rechtsweg grundsätzlich nicht in Betracht kommt und daß in solchen Fällen daher das Bedürfnis nach einem Urteilsverfahren nur durch die Gestaltung des zweitinstanzlichen Verfahrens befriedigt zu werden vermag, ist in der Begründung zu § 781 dargelegt.

Zu § 842. Was die der besonderen Vollstreckungsbeschwerde unterstellten Fälle betrifft, so ist für ihre Auswahl derselbe Gesichtspunkt entscheidend gewesen, der bisher dazu geführt hat, den Klageweg zu verlangen. Es sind daher keineswegs alle Rechtsvoraussetzungen dem Verfahren des § 843 zugänglich, sondern nur folgende:

daß die Bedingung oder der Termin eingetreten ist, ehe die Klausel erteilt wird (§ 797 Abs. 1, 3, bisher §§ 731, 768 ZPO.; nicht unter § 842 fällt die Voraussetzung, daß die Klausel erteilt und zugestellt ist, § 798, § 814 Abs. 2);

daß die Bedingung oder der Termin eingetreten ist, ehe die Durchführung beginnt (§ 815 Abs. 1 Satz 1);

daß kein vollstreckungsabwendender Umstand gegeben ist (§ 818 Abs. 1; vgl. bisher § 767 ZPO.);

daß der erforderliche Titel vorhanden ist (§ 820 mit Erläuterungen, vgl. bisher §§ 771, 774 ZPO. Hierher gehört nicht die Voraussetzung, daß der Titel vollstreckbar ausgefertigt und zugestellt ist, § 793, § 814 Abs. 1), wohl aber, mit Beschränkung auf die Verwertung, auch der Fall des § 852, bisher §§ 772, 773 ZPO.; ferner gehört hierher die Vollstreckung gegen einen Erben oder einen Nachlaß usw. unter Mißachtung einer Haftungsbeschränkung (§§ 853, 855, 856);

daß die Umstellungsvoraussetzungen, zu denen auch z. B. § 932 BGB., § 885 des Entw. gehören, vorliegen (§ 833; vgl. bisher §§ 731, 768 ZPO.; nicht unter § 842 fällt die Voraussetzung, daß der Umstellungsbeschluß erlassen und zugestellt ist, § 834);

daß dem Dritten, dessen Recht durch Beschluß des Vollstreckungsgerichts anerkannt wurde, das Recht zustehe (§ 886 Abs. 2 Satz 2, bisher § 805 ZPO.);

daß die gepfändeten Sachen weder als Grundstückszubehör noch wegen der Grundstücksbeschlagnahme der Mobiliarvollstreckung entzogen sind (§ 942 Abs. 2, 3, vgl. bisher Stein-Jonas Anm. V zu § 865 ZPO.).

Ferner werden die Beschlüsse nach §§ 854, 856 (Bestehen einer Haftungsbeschränkung), nach § 890 Abs. 2 (Beschlüsse auf Anträge der Immobiliargläubiger gegen Pfändung ungetrennter Früchte) sowie die Rückrufsbeschlüsse (§§ 857 ff.) mit der Beschwerde der §§ 842, 843 angefochten; der erste Fall entspricht dem bisherigen § 785 ZPO., der zweite dem bisherigen § 810 Abs. 2 ZPO., der Rückruf (die Anfechtung) war bisher ebenfalls nur auf dem Klageweg erreichbar. Soweit die Statthaftigkeit der besonderen Vollstreckungsbeschwerde davon abhängig ist, daß das Vollstreckungsgericht über eines der aufgeführten Rechtsverhältnisse entschieden hat, gehören hierher sowohl die Beschlüsse, die eine solche Entscheidung unmittelbar aussprechen, als auch diejenigen, die — wie z. B. Beschlüsse, die ein Verfahren wegen Schuldtilgung (§ 818) einstellen — auf der Entscheidung über eine der genannten Rechtsvoraussetzungen beruhen. Die Rückrufsbeschlüsse stehen hinsichtlich ihres Erlasses bei gegebenen Voraussetzungen im Ermessen, daher ist hier die besondere Vollstreckungsbeschwerde nur gegeben, wenn der Rückruf beschlossen, nicht wenn er abgelehnt wurde. Soweit an Stelle des Vollstreckungsgerichts das Streitgericht zuständig ist (§ 799 Nr. 1, § 837), ist § 842 ebenfalls anwendbar; in diesen Fällen umfaßt der Begriff des Vollstreckungsgerichts auch den des Streitgerichts.

Zu § 843. Was das Verfahren bei der besonderen Vollstreckungsbeschwerde betrifft, so ist es zu einem — anstatt durch Klage — durch Beschwerde (Nr. 3) eingeleiteten Prozeßverfahren ausgestaltet, das hinsichtlich der Zuständigkeit (Nr. 2), der Formalienprüfung (Nr. 4 mit § 540) und des Rechtsmittels (Nr. 6) einem Streitverfahren zweiter Instanz gleicht, im übrigen aber nach den Grundsätzen des Streitverfahrens erster Instanz behandelt wird (Nr. 5). Auch die besondere Beschwerde des § 843 ist eine Vollstreckungsbeschwerde, daher gelten die Vorschriften der §§ 837—840, soweit sie in § 843 nicht abgeändert sind. Die Notfrist (§ 840 Abs. 1) ist auf 2 Wochen erstreckt (Nr. 1), die Einlegungsformalien sind in Nr. 3 gegenüber § 838 Abs. 2, § 840 Abs. 1 verschärft. § 839 und § 840 Abs. 2—4 sind entsprechend anwendbar. Dagegen ist § 841 ganz durch § 843 ersetzt. Da die Beschwerde des § 843 Berufungscharakter hat, unterliegt sie dem Anwaltszwang (Nr. 3, 5); die Einlegung ist aber durch jeden deutschen Anwalt möglich (Nr. 3), zumal wegen § 840 Abs. 3 nicht feststeht, ob der judex ad quem überhaupt mit der Beschwerde befaßt werden wird. Nicht selten wird das Bedürfnis bestehen, mit der besonderen Vollstreckungsbeschwerde, für die an sich § 208 (bisher § 260 ZPO.) gilt, eine Schadensersatz- oder Bereicherungsklage zu verbinden;

der Schluß von Nr. 5 trifft Vorsorge dafür, daß dies nicht an den Erfordernissen scheitert, die § 208 für die Klagenverbindung aufstellt. Die verbundenen Klagen teilen dann die Eigenart der besonderen Vollstreckungsbeschwerde. Scheut der Kläger diesen Instanzverlust, so muß er die Ansprüche gesondert geltend machen. Aus Nr. 5 in Verbindung mit Nr. 6 und der Nichtanwendbarkeit des § 841 ergibt sich, daß über die besondere Vollstreckungsbeschwerde durch Urteil entschieden wird.

§ 844. Die Erinnerung hat keinen Devolutiveffekt. Das Vollstreckungsgericht befindet über sie in der Regel durch Verfügung, gegen die eine weitere Erinnerung nicht stattfindet (Abs. 1 Satz 2, Abs. 2). Die Erinnerung ist jedoch häufig auch das Rechtsmittel, mit dem das Fehlen einer Rechtsvoraussetzung zunächst geltend gemacht werden muß; so z. B. wenn gegen eine Pfändung ein Drittrecht oder ein vollstreckungsabwendender Umstand eingewendet werden soll (vgl. § 819, § 820 Abs. 2). Da über die Rechtsvoraussetzungen durch Beschluß zu befinden ist (§ 780 Abs. 1), muß auch über die Erinnerung durch Beschluß befunden werden, wenn sie nicht die Ordnungsmäßigkeit oder die Zweckmäßigkeit des Verfahrens, sondern seine Rechtmäßigkeit angreift; dieser Beschluß ist dann je nach der Art der Rechtmäßigkeitsfrage mit der gewöhnlichen (§§ 840, 841) oder der besonderen Vollstreckungsbeschwerde (§§ 842, 843) anfechtbar; der Rechtsmittelführer kann mit einer eingelegten Erinnerung auch, soweit dies nach § 781 zulässig ist, noch auf den Rechtsweg verwiesen werden, da eine beschlußmäßige Stellungnahme des Vollstreckungsgerichts noch nicht vorliegt. Es ist ferner möglich, daß der Erinnerungsbescheid eine Anordnung enthält, für welche die Beschlußform eigens vorgeschrieben ist. In einem solchen Falle muß dann auch über die Erinnerung durch Beschluß befunden werden. Um auch gewisse Ordnungs- und Zweckmäßigkeitsfragen der Nachprüfung durch eine höhere Instanz zugänglich zu machen, ist überdies für eigens aufgeführte Fälle die Beschlußform für den Erinnerungsbescheid ausdrücklich vorgeschrieben, obwohl mit der Erinnerung keine Rechtsvoraussetzung usw. geltend gemacht wird; derartige Beschlüsse sind mit der gewöhnlichen Vollstreckungsbeschwerde nach §§ 840, 841 anfechtbar. Die Verfügungsfälle, um die es sich hier handelt, sind folgende: Gewährung und Versagung der Akteneinsicht (§ 783 Abs. 3), Verweisung des Gläubigers auf eine vorhandene Deckung (§ 851 Abs. 2), Einstellung des Vollstreckungsverfahrens wegen Aussichtslosigkeit (§ 863 Abs. 3), Entscheidung über das Vorliegen der allgemeinen Vollstreckungsbeschränkung des § 872 (§ 872 Abs. 2), über die Löschung im Schuldnerverzeichnis (§ 867 Abs. 2 Satz 1 a. E.), über die Frage des Gewahrsams (§ 888 Abs. 2 Satz 2), über die Sicherheitsleistung im Falle des § 921 Satz 2, 3, über die Pfändungsbeschränkungen und die Beachtung des Verbots der Überpfändung (§ 881 Abs. 1 Satz 3 a. E., § 968), über die Zulässigkeit des Haftvollzugs (§ 992).

Richtet sich eine Erinnerung gegen den Rechtspfleger, so befindet über sie der Richter, wenn der Rechtspfleger nicht abhelfen will (Abs. 2 Satz 2), während bei einer Beschwerde in jedem Fall der Richter über die Abhilfe zu entscheiden hat (§ 1023 Nr. 10 mit § 840 Abs. 3).

Eine Sonderbestimmung enthält § 803 Abs. 2 a. E.

§ 845. Die Vollstreckung kann auf einem Titel beruhen, dem keine materielle Rechtskraft zukommt (Zahlungsbefehl, vollstreckbare Urkunde, Prozeßvergleich) oder dessen materielle Rechtskraft sich wenigstens nicht auf den Vollstreckungsschuldner erstreckt (vgl. die Begr. zu § 833). Es steht in diesen

Fällen nichts im Wege, daß der Inanspruchgenommene den Klageweg betritt, um den Rechtsbestand des Schuldtitels anzufechten, also geltend zu machen, daß die Schuld nicht oder nicht so bestanden habe, wie es der Schuldtitel annahm. War der Titel ein Zahlungsbefehl, so kann demgemäß auch die Versäumung des Widerspruchs noch durch diese Klage gutgemacht werden. Die Klage ist aber auch möglich, wenn nicht der Titel als solcher angefochten, sondern nur geltend gemacht werden soll, daß er noch zur Vollstreckung benutzt wurde, obwohl die Leistung schon erfolgt (vgl. § 818 Abs, 1) oder die Leistungspflicht aus einem nicht zu den vollstreckungsabwendenden Umständen gehörenden Grunde weggefallen war (§ 818 Abs. 2). Soweit dieses Erlöschen der Leistungspflicht nach der Schlußverhandlung eingetreten sein soll, kann also mit dieser Klage, da die Rechtskraft nur die Rechtslage zur Zeit der Schlußverhandlung deckt, auch gegen rechtskräftige Urteile vorgegangen werden. Für die Einwendung vollstreckungsabwendender Umstände war allerdings auch im Vollstreckungsverfahren selbst Raum (§ 818 Abs. 1, §§ 819, 842, 843), doch kann die Beschwerde aus irgendeinem Grunde unterblieben sein; da materielle Rechtskraft nur durch die Beschwerde herbeigeführt werden kann (Begr. zu § 782), ist die auf einen vollstreckungsabwendenden Umstand gestützte Klage also, wenn die Beschwerde unterlassen wurde, und die auf einen anderen durch die Urteilsrechtskraft nicht ausgeschlossenen Erlöschensgrund gestützte Klage ohne weiteres auch gegenüber rechtskräftigen Urteilen möglich. Solange die Vollstreckung noch schwebt, richtet sich die Klage gegen den Vollstreckungsbetrieb (vgl. § 869), nach ihrem Abschluß auf Schadensersatz oder auf Herausgabe der Bereicherung. Solange der Widerspruch oder die Vollstreckungsbeschwerde oder — gegenüber prozessualen Titeln — ein prozessuales Rechtsmittel noch offensteht, ist die Klage mangels Rechtsschutzinteresses unzulässig; die auf einen vollstreckungsabwendenden Umstand gestützte Klage ist ferner unzulässig, solange das Vollstreckungsverfahren schwebt, es sei denn die Verweisung auf den Rechtsweg verfügt (§§ 780, 781). Nach dem Abschluß des Vollstreckungsverfahrens ist ein Rechtsmittel im Vollstreckungsverfahren nicht mehr möglich, wohl aber diese Klage.

Eine Gefahr für den Gläubiger bedeutet die Klage nicht. Für die Einwendungen des Schuldners gilt wie bisher (§ 767 Abs. 3 g. F.) die Eventualmaxime, auch trägt er die Beweislast und muß wohl schon ganz besondere Umstände geltend machen können, um trotz seines bisherigen Verhaltens mit der Klage die vorläufige Einstellung (§ 869) der noch schwebenden Vollstreckung oder ihre nachträgliche Gutmachung zu erreichen. Es können aber in seltenen Fällen solche Umstände vorliegen, daher besteht kein Anlaß, die Vollstreckung für ganz unanfechtbar zu erklären. Unter der Bestreitung der Leistungspflicht ist zugleich die Bestreitung der bloßen Haftung zu verstehen.

Dritte, die sich durch eine Vollstreckung geschädigt fühlen (§ 820) und kein Vollstreckungsrechtsmittel eingelegt haben, z. B. weil ihnen die Vollstreckung nicht bekannt wurde, können gegen den Gläubiger nach den allgemeinen Regeln (vgl. aber auch §§ 780, 781) klagen; hierfür ist — von § 845 Abs. 3 abgesehen — keine Sonderbestimmung getroffen.

Örtlich zuständig für die Klage des Schuldners ist bei streitgerichtlichen Titeln ausschließlich das Streitgericht erster Instanz (vgl. bisher § 767 Abs. 1), im übrigen das für den Bezirk des Vollstreckungsgerichts sachlich zuständige Streitgericht. Diese letztere Zuständigkeitsbestimmung weicht von der des bisherigen § 797 Abs. 5 nicht wesentlich ab, weil die Zuständigkeit des Vollstreckungsgerichts ebenfalls durch den Gesichtspunkt des allgemeinen Gerichtsstandes oder des Vermögens bestimmt wird (§ 786).

Soweit die Klage des Schuldners auf einen vollstreckungsabwendenden Umstand gestützt ist, betrifft sie eine Rechtsvoraussetzung der Vollstreckung; wird über eine andere Rechtsvoraussetzung der Vollstreckung gestritten, so soll nach Abs. 3 die gleiche Zuständigkeitsregelung gelten, insbesondere also für die Geltendmachung eines Drittrechts (§ 820), das für den Bezirk des Vollstreckungsgerichts sachlich zuständige Streitgericht zur Entscheidung berufen sein (vgl. bisher § 771 Abs. 1). Dagegen hat über die Klage auf Bejahung oder Verneinung der Voraussetzungen für die Erteilung der besonderen Vollstreckungsklausel zu einem streitgerichtlichen Titel oder für die Umstellung eines solchen Titels wie bisher (§§ 731, 768 g. F.) das Streitgericht des ersten Rechtszuges zu entscheiden. Die Hauptfälle bilden die gemäß § 799 Abs. 3 und § 834 Abs. 2 Satz 4 zulässigen unmittelbaren Klagen auf Erteilung der Klausel oder der Umstellung. Doch gehören hierher ferner nicht nur auch die Klagen, die in diesen Fällen kraft einer Verweisung auf den Rechtsweg gestellt werden (§ 781), sondern auch z. B. die nachträglichen Schadensersatz- oder Bereicherungsklagen, die die Unrechtmäßigkeit einer nicht rechtskräftig bestätigten Klauselerteilung oder Umstellung geltend machen.

§ 846. Für die Kosten des Vollstreckungsverfahrens gelten subsidiär die §§ 92 ff., insbesondere auch § 100. Die Vollstreckungskosten fallen im allgemeinen dem Schuldner zur Last und belasten die Masse an erster Stelle. Daß zu den Kosten auch die der Ausfertigung und der Zustellung gehören, ist als selbstverständlich nicht mehr erwähnt. Was die Erstattung der Kosten betrifft, die aus einer unberechtigten Vollstreckung erwuchsen, so ist an Stelle der Urteilsaufhebung als Voraussetzung nunmehr die rechtskräftige Aberkennung des Anspruchs aufgestellt.

Abs. 3 legalisiert die herrschende Praxis.

Die Kosten, die auf ein Rückrufverfahren (§§ 857 ff.) erwachsen, trägt der Schuldner, wenn der Rückruf nicht beschlossen wird, andernfalls der Dritte, gegen den der Rückruf ergeht. Die allgemeine Kostentragungspflicht der Schuldners rechtfertigt sich daraus, daß er den Gläubiger nicht rechtzeitig befriedigt hat.

Hinsichtlich der Gebührenregelung ist eine möglichst weitgehende Pauschalierung und die grundsätzliche Beibehaltung der Vorschußpflicht des Gläubigers in Aussicht genommen.

Zweiter Titel.

Durchführung der Vollstreckung.

I. Allgemeine Bestimmungen.

§ 847. Die Durchführung der Vollstreckung wird nicht besonders angeordnet; das Vollstreckungsgericht übergibt ohne weiteres den Titel dem Gerichtsvollzieher zur Pfändung oder pfändet (eine Forderung) selbst. Vorher prüft es zwar, ob dem Antrag des Gläubigers entsprochen werden kann, ob also die positiven Vollstreckungsvoraussetzungen feststehen, aber es ist nicht gezwungen, das Ergebnis der Prüfung schriftlich festzulegen, wenn es bejahend ausfällt. Auch durch Ermittelungen soll, wenn die positiven Voraussetzungen nachgewiesen sind, der erste Zugriff nicht verzögert werden (Abs. 2).

§§ 848—850. Vgl. bisher §§ 789—791 ZPO. Im Falle des § 849 Abs. 2 wird der Gerichtsvollzieher nun vom Vollstreckungsgericht bezeichnet; die bisherige Anzeigepflicht nach § 752 g. F. ist beseitigt. Die Ersuchen nach § 850 sind dem Richter vorbehalten (§ 1023 Nr. 7).

§ 851. Im wesentlichen entspricht § 851 dem bisherigen § 777 ZPO. Nur wird nicht mehr eine Einwendung des Schuldners verlangt, sondern es wird die Berücksichtigung der anderweitigen Sicherung des Gläubigers der Beachtung von Amts wegen unterstellt. Doch handelt es sich um eine bloße Ordnungsvoraussetzung und überdies um eine lediglich negative; sie ist also nur zu beachten, wenn sie feststeht, wozu in der Regel der Schuldner die nötigen Angaben wird machen müssen. Über eine auf den § 851 gestützte Erinnerung ist durch Beschluß zu befinden (Abs. 2); gegen den Beschluß findet die gewöhnliche Vollstreckungsbeschwerde statt (§§ 840, 841).

§ 852. Bisher war nach §§ 772, 773 ZPO. ein mit einem Veräußerungsverbot behafteter oder ein für den Nacherben verfangener Vorerbschaftsgegenstand zwar pfändbar, doch sollte von Amts wegen seine Veräußerung oder Überweisung unterbleiben. Außerdem konnte auf Grund des Veräußerungsverbots usw. Widerspruchsklage nach § 771 ZPO. erhoben werden; ob nur gegen die Verwertung oder auch gegen die Pfändung, war bestritten. Da das Veräußerungsverbot und § 2115 BGB. einer Arrestierung nicht entgegenstehen, wird im Einklang mit der bisherigen Regelung nur die Verwertung ausgeschlossen. Die Beschwerde wegen Verletzung dieses Verbots ist die besondere der §§ 842, 843; voran geht regelmäßig die Erinnerung. Daß kein Veräußerungsverbot und kein Nacherbenrecht entgegenstehe, ist eine positive Rechtsvoraussetzung; es handelt sich um Drittrechte, welche die Veräußerung hindern (§ 820 Abs. 1). Abweichend von der allgemeinen Regel wird jedoch hier nicht schon die Entstehung eines Pfandrechts, sondern nur die Verwertung gehindert; daher beschränkt sich auch die Beschwerde der §§ 842, 843 hier auf die Anfechtung der Verwertungshandlung. Der Grund für die Sonderregelung liegt darin, daß die hier erwähnten Rechte nicht von dauerndem Bestand zu sein brauchen; sie müssen daher zwar Berücksichtigung finden, aber, da eine bloße Sicherung in sie noch nicht eingreift, nicht in der Weise, daß dem Gläubiger schon der Anspruch auf die ihm gebührende Sicherung versagt werden müsste (vgl. § 855 Abs. 2); von der Bezugnahme auf den Arrest wurde abgesehen, weil die Arrestpfändung nur noch ein Verfügungsverbot (§ 1006 Abs. 1), kein Pfandrecht mehr erzeugt.

§§ 853 bis **856.** § 853 — in Verbindung mit §§ 820, 842, 843 — entspricht dem bisherigen § 778 ZPO. in Verbindung mit dem bisherigen § 771, § 856 dem bisherigen § 786 ZPO.; wegen § 779 Abs. 2 g. F. siehe § 834 Abs. 1 a. E. Dagegen sind die bisherigen §§ 780—785 ZPO. völlig umgestaltet worden, und zwar einmal dadurch, daß auf den urteilsmäßigen Vorbehalt der Haftungsbeschränkung verzichtet wurde und andererseits dadurch, daß zur Geltendmachung der Haftungsbeschränkung keine Klage mehr verlangt wird. Auf diese Weise wird gegenüber dem bisherigen Zustand eine erhebliche Vereinfachung erreicht.

Zu § 854. Die Vollstreckung einer Nachlaßschuld in das persönliche Vermögen des Erben ist nicht rechtmäßig, wenn der Erbe nur mit dem Nachlaß haftet. Doch ist von der Aufstellung einer positiven Rechtsvoraussetzung abgesehen und wie bisher lediglich eine negative Voraussetzung (die allerdings nicht nur auf Antrag zu beachten ist) aufgestellt. Es kann also in das eigene Vermögen des Erben vollstreckt werden, solange nicht feststeht, daß er beschränkt haftet, und es braucht nicht, ehe ein Zugriff auf sein Vermögen vorgenommen wird, umgekehrt erst aufgeklärt zu werden, ob er als Erbe beschränkt oder unbeschränkt haftet. Ist dem Vollstreckungsgericht die Haftungsbeschränkung nicht bekannt, so muß sich also der Erbe rühren. Ist der Eintritt der Beschränkung von der Geltendmachung eines Weigerungsrechts des Erben abhängig (§§ 1973, 1974, 1990, 2014 ff. BGB.), so kann die Beschränkung vor der Geltendmachung dieses Weigerungsrechts nicht feststehen; es ist also hier, wenn die Einrede nicht bereits in einem vorangegangenen Prozeß erhoben wurde, ihre förmliche Erhebung gegen die Vollstreckung notwendig. Eine Haftungsbeschränkung steht fest, wenn ihre Voraussetzungen offenkundig oder nachgewiesen oder durch Beschluß oder Urteil festgestellt sind. Der Erbe kann vor Beginn der Vollstreckung (§ 780 Abs. 1) die Feststellung seiner beschränkten Haftung auch auf dem Rechtsweg betreiben (§ 845), nachträglich auf den Rechtsweg verwiesen werden kann er nicht (§ 781), da die Entscheidung über die Haftungsbeschränkung während der Anhängigkeit der Vollstreckung des Austrags im förmlichen Klageweg nicht bedarf. Der Beschluß, der über das Bestehen der Haftungsbeschränkung entscheidet, unterliegt der besonderen Vollstreckungsbeschwerde nach §§ 842, 843. Hat das Vollstreckungsgericht eine Haftungsbeschränkung angenommen, einen Beschluß wegen Offenkundigkeit oder erbrachten Nachweises aber nicht für erforderlich gehalten, so steht dem Gläubiger zur Verfechtung der unbeschränkten Haftung zunächst die Erinnerung zu, über die dann nach § 844 Abs. 1 durch einen der besonderen Vollstreckungsbeschwerde unterliegenden Beschluß zu befinden ist. Ist das Vollstreckungsgericht, ohne beschlußmäßig Stellung zu nehmen, davon ausgegangen, daß eine Haftungsbeschränkung nicht gegeben war und hat es die Vollstreckung demgemäß begonnen, so kann der Schuldner Erinnerung erheben, für die das gleiche gilt.

Zu § 855. Die Haftungsbeschränkung des Erben kann entweder sachlich (§§ 1975, 1981 ff., 1988 ff., 1973 ff., 1990 BGB.) oder zeitlich (§§ 2014, 2015 BGB.) sein. Die sachliche Haftungsbeschränkung hat zur Folge, daß Nachlaßschulden nur in den Nachlaß, eigene nur in das eigene Vermögen des Erben vollstreckt werden können. Dies ist von Amts wegen zu beachten, und zwar, wenn das Vorliegen der negativen Voraussetzung feststeht (§ 854), als positive Rechtsvoraussetzung (§ 820 Abs. 1; vgl. § 821 Abs. 2). Die Vollstreckungsbeschwerde wegen Verletzung dieser Vorschrift ist — nach vorgängiger Erinnerung — die der §§ 842, 843. Der Gewahrsam des Erben genügt nicht, um den Übergriff auf das eigene Vermögen oder — für eine eigene Schuld — auf den Nachlaß als bloß unstatthaft erscheinen zu lassen (§ 821 Abs. 2 entgegen § 821 Abs. 1). Rechtsmittelberechtigt sind auch die betroffenen Gläubiger.

Ist die Haftung noch zeitlich beschränkt, so ist wie bisher vor dem Ablauf der Fristen nur die Pfändung, nicht die Verwertung statthaft. Auch dies ist von Amts wegen zu beachten und, wenn mit Beschwerde, so mit der der §§ 842, 843 geltend zu machen (§ 820). Wegen der Fassung der Vorschrift vgl. den Schluß der Begründung zu § 852.

§§ 857 bis **859.** Das geltende Anfechtungsrecht ist insbesondere wegen des

Zwanges zur streitgerichtlichen Geltendmachung wenig befriedigend. Ähnlich wie die Umstellung den Zugriff auf die nach der Pfändung oder dem § 885 zuwider veräußerten Gegenstände ermöglicht (Begr. zu § 833), ist eine erfolgreiche Anfechtung Voraussetzung für den Zugriff auf Gegenstände, die gemäß § 885 mit einem Vorrang des Dritten, insbesondere also zu einer Zeit aus dem Schuldnervermögen ausschieden, als noch keine Pfändung bei dem Schuldner vorgenommen war; jede Schwäche des Anfechtungsrechts ist daher eine Schwäche der Zwangsvollstreckung. Auch das materielle Anfechtungsrecht wird mancher Änderung bedürfen, doch mußte sich die Vollstreckungsordnung im wesentlichen auf die Beseitigung des Klagezwangs (i. w. S.) und auf die sich aus § 885 ergebenden Verbesserungen beschränken. Der Anreiz zu Vermögensverschiebungen ist für den Schuldner besonders groß, wenn sie nur durch einen umständlichen und fast immer ungewissen Prozeß rückgängig gemacht werden können. Hat das Vollstreckungsgericht die Befugnis (§ 774), die Zugehörigkeit eines Gegenstandes zur haftenden Masse von Amts wegen zu klären, so muß es auch über die Anfechtbarkeit einer Veräußerung selbst befinden können.

Daher wird das Vollstreckungsgericht durch § 857 Abs. 1 für befugt erklärt, unter den gleichen Voraussetzungen, unter denen der Gläubiger auf Grund des Anfechtungsgesetzes verlangen kann, daß ein vom Schuldner veräußerter Gegenstand als noch zu seinem Vermögen gehörig zurückgewährt werde (§ 7 des Anfechtungsgesetzes), den »Rückruf« eines anfechtbar veräußerten Gegenstandes zu beschließen, sofern er nicht der Immobiliarvollstreckung unterliegt. Der Rückruf beseitigt die Hindernisse (§§ 820, 888 Abs. 2), die ein Drittrecht oder ein Drittgewahrsam der Pfändung entgegenstellen (§ 859 Abs. 2). Er kommt daher nur in Betracht, wenn die Veräußerung nicht ohnedies nichtig oder durch eine Titelumstellung (§ 885 mit §§ 833, 834) überwindbar ist, macht aber dann die Erhebung einer Anfechtungsklage oder einer Anfechtungseinrede überflüssig. Mit Rücksicht auf § 885 ist also der Rückruf einmal von Bedeutung für die Fälle, in denen die anfechtbare Rechtseinräumung vor der ersten Pfändung stattfand und sodann für eine Rechtseinräumung, die gegenüber späteren Pfändungsgläubigern ein Rangvorrecht hat. Zieht das Vollstreckungsgericht den Rückruf in Erwägung, so muß es von Amts wegen durch Ermittelungen klären, ob die Voraussetzungen für die Anfechtung vorliegen. Liegen sie vor, so steht es in seinem von dem Grundsatz des § 771 Abs. 1 geleiteten Ermessen, ob es den Rückruf beschließen will, wie es schon in seinem Ermessen lag, das Rückrufsverfahren einzuleiten oder nicht; der Gläubiger kann auch seinerseits den Rückruf anregen (§ 771 Abs. 2). Das Vollstreckungsgericht wird das Verfahren einleiten und die erforderlichen Ermittelungen anstellen, wenn prima facie ein Verdacht der Anfechtbarkeit gegeben ist; fallen die Ermittelungen positiv aus, so wird es dann in der Regel den Rückruf auch beschließen, wenn er zur Befriedigung der Gläubiger notwendig ist. Doch ist die Ablehnung des Rückrufs der Anfechtung entzogen (§ 858 Abs. 3), da das Beweisergebnis mehrdeutig sein kann und es dem Vollstreckungsgericht nicht zugemutet werden soll, sich in Fällen, die ihm zweifelhaft erscheinen, auf den Rückruf einlassen zu müssen. Der Gläubiger mag die Anfechtungsklage erheben, wenn der Rückruf unterbleibt. Eine förmliche Verweisung auf den Rechtsweg (§ 781) liegt in der Ablehnung des Rückrufs nicht, da kein Antrag vorausgesetzt wird und überhaupt kein Anspruch auf amtliche Stellungnahme besteht. Über die Möglichkeit, in solchen Fällen die endgültige durch die vorläufige Einstellung zu ersetzen, vgl. § 862 Abs. 2.

Eine Beschränkung der Rückrufsbefugnis ergibt sich daraus, daß der Rückruf nur in bezug auf Mobilien stattfinden kann (§ 857 Abs. 1). Ein Antrag des Gläubigers wird nicht verlangt, weil sich aus dem Antragserfordernis in eilbedürftigen Fällen schädliche Verzögerungen ergeben können. Immerhin ist aber vorgesehen, daß der Gläubiger nach Möglichkeit gehört wird und daß er dem Rückruf widersprechen kann (§ 857 Abs. 2). Der Gläubiger muß in der Lage sein, die Unterlassung oder Aufhebung eines Rückrufs zu erwirken, mit dem er nicht einverstanden ist. Denn da der Rückruf in materielle Rechtskraft nur dadurch erwachsen kann, daß das Streitgericht ihn auf besondere Vollstreckungsbeschwerde hin (§§ 842, 843) bestätigt, hindert der Rückruf an sich den Dritten nicht daran, außerhalb des Vollstreckungsverfahrens (§ 780) geltend zu machen, daß sein Recht zu Unrecht für anfechtbar gehalten worden sei. Wird er mit dieser Klage auch nur durchdringen können, wenn er zu rechtfertigen vermag, warum er nicht gegen den Rückruf rechtzeitig Beschwerde erhob, so muß es doch dem Gläubiger freistehen, die Aufrollung der Anfechtbarkeitsfrage im Vollstreckungsverfahren von vornherein hintanzuhalten.

Zieht das Vollstreckungsgericht den Rückruf eines Gegenstandes in Betracht, so darf es ihn gemäß § 858 Abs. 1 sogleich durch Beschluß (Beschwerde: §§ 840, 841) sicherstellen und in Ausführung dieses Beschlusses z. B. pfänden lassen (§ 1020); der Beschluß ist dem Richter vorbehalten (§ 1023 Nr. 10). Da dieser Eingriff in das Drittrecht jedoch schleunig gerechtfertigt werden muß, wird das Vollstreckungsgericht durch die Anordnung einer derartigen Sicherungsmaßnahme zur Anstellung der erforderlichen Ermittelungen verpflichtet. War der Gegenstand bereits gepfändet, als das Rückrufsverfahren eingeleitet wurde, so braucht die Vollstreckung in den Gegenstand nicht, wie es der Liquidität des Drittrechts entspräche (§ 861 Abs. 1), endgültig eingestellt zu werden, sondern es genügt die von Amts wegen zu beschließende vorläufige Einstellung (§ 858 Abs. 2), da sonst das Rückrufsverfahren gegenstandslos würde; auch durch diese vorläufige Einstellung wird gemäß § 870 Abs. 2 die Ermittelungspflicht ausgelöst. Hieraus ergibt sich, daß auch der Gerichtsvollzieher den Rückruf durch eine Pfändung vorbereiten und sichern kann (vgl. die Begründung zu § 873).

Nach § 859 Abs. 1 wird der Rückruf mit der Zustellung an den Dritten wirksam, diese Wirksamkeit wird jedoch auf den Zeitpunkt einer etwa bereits vorliegenden Pfändung zurückbezogen, womit die Beschränkung der Einstellung auf eine bloß vorläufige nachträglich ihre Grundlage erhält. Die Beschwerde gegen den Rückruf ist die der §§ 842, 843; der Rechtspfleger kann den Rückruf nicht beschließen (§ 1023 Nr. 6). Die Wirkung des Rückrufs besteht darin, daß die Pfändung und Verwertung ermöglicht wird, wie wenn der Gegenstand dem Recht des Dritten nicht unterläge (§§ 820, 821) und nicht in seinem Gewahrsam (§ 888 Abs. 2) stände. Wird der zurückgerufene Gegenstand nicht mehr vorgefunden, so tritt an seine Stelle der seinem Wert entsprechende Geldbetrag (§ 859 Abs. 3); vertretbare Sachen können gepfändet werden, auch wenn sie nicht mit den anfechtbar veräußerten identisch sind, und statt eines zurückgerufenen Geldbetrags können Sachen und Rechte von gleichem Wert gepfändet werden (§ 859 Abs. 4). Der Rückruf ist eine vollstreckbare Anordnung (§§ 1020 ff.), er muß also gegen alle Simultanbeteiligten ergangen sein, wenn er gegen alle vollziehbar sein soll (§ 1020). Hiervon macht § 859 Abs. 5 für die Fälle eine Ausnahme, in denen der Rückruf gegen den Ehegatten des Schuldners erging und der Schuldner nach dem für die Ehe geltenden Güterstandsrechte an dem Vermögen seines Ehegatten mitberechtigt ist (vgl. §§ 825 ff.). Ist also z. B. in einem gegen einen Ehemann eingeleiteten Vollstreckungsverfahren der Rückruf gegen die Ehefrau beschlossen worden, so kann dieser Rückruf ohne weiteres in das eingebrachte Gut vollzogen werden.

§ 860 entspricht im wesentlichen den bisherigen §§ 757, 720 ZPO. Von der Aushändigung des Titels an den Schuldner ist abgesehen, weil der Titel der Vollständigkeit der vollstreckungsgerichtlichen Akten wegen bei diesen verbleiben soll. Wegen des Quittungszwanges ist damit eine Gefahr für den Schuldner nicht verbunden.

§§ 861 bis **863.** Wenn das Vollstreckungsverfahren ein förmliches, gerichtlich geleitetes Verfahren ist, muß es auch durch eine förmliche Einstellung abgeschlossen werden. Denn einerseits muß mit Rücksicht auf die an die Anhängigkeit eines Vollstreckungsverfahrens geknüpften Rechtsfolgen (§ 780) feststellbar sein, ob es beendigt ist oder noch schwebt und anderseits verschafft die vorgeschlagene Regelung mit Rücksicht darauf, daß der Einstellungsbeschluß mit den Rechtsmitteln der Vollstreckungsordnung, in den wichtigsten Fällen mit der besonderen Vollstreckungsbeschwerde der §§ 842, 843 anfechtbar ist, den Parteien die Möglichkeit, auch in bezug auf die Beendigung des Vollstreckungsverfahrens durch Ausnützung der ihnen zustehenden Rechtsmittel den ihnen gebührenden Einfluß auszuüben, wodurch sich die Beseitigung des Klagezwangs erst endgültig rechtfertigt. Der Entwurf kennt eine Einstellung aus Rechtsgründen (§ 861) und eine aus Zweckmäßigkeitsgründen (§ 863). Durch § 862 wird § 861, durch die §§ 864—868 wird für die Vollstreckung von Geldansprüchen § 863 ergänzt.

Wäre die weitere Vollstreckung nicht rechtmäßig oder nicht ordnungsmäßig, so muß die Vollstreckung endgültig durch Beschluß eingestellt werden (§ 861 Abs. 1). Diese Notwendigkeit liegt abgesehen von dem Falle, daß der Vollstreckungszweck erreicht ist (§ 818 Abs. 1), stets vor, wenn eine positive Voraussetzung nicht festgestellt werden kann oder eine negative feststeht. Diese Grundsätze gelten entsprechend für die Ablehnung des Durchführungsbeginns und für die Aufhebung einzelner Maßregeln. Zur Aufhebung rechts- oder ordnungswidriger Maßregeln bedarf es keines Antrags. Der Einstellungsbeschluß ist durch die Vollstreckungsbeschwerde anfechtbar, und zwar, soweit er auf einer der im § 842 aufgeführten Rechtsvoraussetzungen beruht, durch die besondere Vollstreckungsbeschwerde der §§ 842, 843. Die Wirksamkeit des Einstellungsbeschlusses kann nach § 839 vorläufig aufgeschoben werden, wenn auf die Beschwerde hin die vorläufige Einstellung statthaft wäre. Dies ist stets der Fall, wenn das Verfahren wegen Vorliegens einer negativen Voraussetzung eingestellt wurde (vgl. § 862 Abs. 1 Satz 1). Besteht der Einstellungsgrund jedoch im Fehlen einer positiven Voraussetzung, so ist ein Aufschub nach § 839 und eine vorläufige Einstellung, d. h. eine Hemmung des Verfahrens unter Aufrechterhaltung der Beschlagnahme nur möglich, wenn das Vorliegen der positiven Voraussetzung entweder bereits beschlußmäßig festgestellt ist und nur nachträglich in Zweifel gezogen wurde, oder wenn mit Rücksicht auf eine zu erwartende Anfechtung

(§ 862 Abs. 2) oder mit Rücksicht auf ein eingeleitetes Rückrufsverfahren (§ 858 Abs. 2) der einstweilige Fortbestand der Beschlagnahme auch im Falle des Bestehens des Drittrechts gerechtfertigt erscheint. Ähnlich liegen die Verhältnisse in den Fällen der §§ 885, 960 Abs. 3. § 885 betrifft die Fälle, in denen ein an sich bestehendes Drittrecht einen schlechteren Rang hat, als ein Pfändungspfandrecht. Soweit das Drittrecht gemäß § 820 Abs. 1 erst zu beachten ist, wenn es als ein dem Pfändungspfandrecht vorgehendes feststeht, ist bis zur Klärung dieser Frage die vorläufige Einstellung anstatt der endgültigen schon nach Abs. 1 Satz 1 möglich. Ist die Pfändung aber nicht im Gewahrsam des Schuldners vorgenommen — es ist dies insbesondere für Forderungspfändungen wichtig —, so ist die Pfändung erst statthaft, wenn feststeht, daß kein rangbesseres Drittrecht besteht (§ 820); das bedeutet, daß die Pfändung im Zweifelsfall aufgehoben werden müßte. Um dieses unpraktische Ergebnis zu vermeiden, gestattet § 862 Abs. 1 Satz 2 auch in diesen Fällen die vorläufige Einstellung. Nach § 960 ist es möglich, daß eine Forderungspfändung erst nachträglich durch einen sie zulassenden Beschluß rechtmäßig wird. Auch hier müßte also die Pfändung als nicht rechtmäßig aufgehoben werden, wenn sich ergibt, daß die Voraussetzungen des § 960 vorlagen, ehe der Beschluß erging. Auch hier besteht aber ein großes Interesse daran, daß die Pfändung rückwirkend bei Bestand bleibt. Darum ist hier gleichfalls gestattet, das Verfahren vorläufig einzustellen, die verfügte Pfändung also einstweilen bei Bestand zu lassen, bis die Entscheidung darüber gefallen ist, ob der Zulassungsbeschluß ergeht oder nicht. Eine weitere Möglichkeit für eine ausnahmsweise statthafte vorläufige Einstellung ergibt sich aus § 834 Abs. 1, insofern hier, wenn das Umstellungsbedürfnis erst nachträglich eingetreten ist, der Beginn der Vollstreckung rechtmäßig war und daher eine Beschlagnahme bis zur nachträglichen Erwirkung der Umstellung aufrechterhalten werden kann, obwohl an sich das Fehlen der Umstellung das Fehlen einer positiven Voraussetzung bedeutet (Abs. 1 Satz 2). Daß die vorläufige Einstellung nicht nur nach Abs. 1 überhaupt statthaft sein muß, sondern daß im Einzelfall auch ihre eigenen Voraussetzungen (Antrag, Glaubhaftmachung) vorliegen müssen, wenn sie — nicht ein Aufschub nach § 839 — soll angeordnet werden können, ergibt sich aus §§ 869 ff.

Die endgültige Einstellung wird in der Regel durch Beschluß angeordnet. Dies ist durch § 861 Abs. 1 über den grundsätzlichen Rahmen des § 782 Abs. 1 hinaus gemäß dem dortigen Vorbehalt vorgeschrieben, weil sich an die Einstellung stets Rechtswirkungen knüpfen, auch wenn sie nur wegen eines Ordnungsmangels beschlossen wurde. Hat aber der Gläubiger selbst die Einstellung beantragt oder ist der Vollstreckungszweck zweifellos erreicht, so ist ein begründeter und zuzustellender Beschluß nicht notwendig; hier genügt daher nach § 861 Abs. 2 eine einfache Verfügung zu den Akten. Der Rechtspfleger kann die Einstellungsverfügung stets und den Einstellungsbeschluß dann erlassen, wenn die Einstellung nicht wegen einer der im § 842 aufgeführten Rechtsvoraussetzungen stattfindet (§ 1023 Nr. 6).

Das Vollstreckungsverfahren muß auch dann eingestellt werden können, wenn seine Fortsetzung wegen der Vermögenslosigkeit des Schuldners zwecklos wäre. Dies sieht § 863 vor. Während in den Fällen des § 861 die Einstellung rechtlich geboten und das Rechtsmittel daher gegebenenfalls die besondere Vollstreckungsbeschwerde der §§ 842, 843 ist, stellt § 863 eine bloße Zweckmäßigkeitsvorschrift auf. Die Anordnungsform ist die der Verfügung, über die Erinnerung gegen die Einstellungsverfügung ist jedoch durch Beschluß zu befinden (§ 863 Abs. 3). Die Beschwerde gegen den Beschluß ist stets nur die der §§ 840, 841. Die Einstellung nach § 863 soll bei Geldansprüchen in der Regel erst nach der Vermögensoffenlegung verfügt werden (§ 866). Ist zwar nicht die sofortige, wohl aber die allmähliche Befriedigung des Gläubigers möglich (Dauervollstreckung), so ist bei Geldansprüchen kein Platz für die Einstellung nach § 863 (§ 865). Ebenso kann von der Einstellung nach § 863 abgesehen werden, wenn der Schuldner zwar zur Zeit vermögenslos ist, aber Vermögen zu erwarten hat (§ 864). Die Wiederaufnahme eines nach § 863 eingestellten Verfahrens ist durch dessen Abs. 2 erleichtert: sobald das Vollstreckungsgericht von einem Vermögenserwerb Kenntnis erhält, kann es ohne neuen Antrag zur Pfändung schreiten und damit das Vollstreckungsverfahren von neuem anhängig machen.

§§ 864, 865. Die §§ 864, 865 ergänzen den § 863 für die Fälle der Vollstreckung von Geldansprüchen. § 864 gibt dem Vollstreckungsgericht die Befugnis, künftige Mittel der Verfügung des Schuldners unter Strafdrohung zu entziehen und dadurch für die Befriedigung der Gläubiger zu sichern. Die Gläubiger sind nicht in der Lage, den Schuldner so zu überwachen, daß sie von einem nachträglichen Vermögensanfall rechtzeitig Kenntnis erlangen. Weit eher vermag sich das Vollstreckungsgericht diese Kenntnis zu verschaffen; überdies bietet die Anzeigepflicht und die Strafdrohung einen nicht zu unterschätzenden Schutz gegen die verbotswidrige Verheimlichung oder Verschiebung eines nachträglich angefallenen Vermögens. Da der Schuldner zur Befriedigung seiner Gläubiger verpflichtet ist und berechtigte Ansprüche auf Schonung im Schuldnerschutzverfahren Berücksichtigung finden können, besteht aller Anlaß, ihn an dem Mißbrauch eines später anfallenden Vermögens nach Möglichkeit rechtzeitig zu verhindern. Auch liegt ein praktisches Bedürfnis hierfür vor. Insbesondere ist dabei an familienrechtliche Gläubiger gedacht, deren Befriedigung oft nur aus einem künftig anfallenden Vermögen möglich ist und denen schweres Unrecht geschieht, wenn ihnen dieses Vermögen entzogen wird. Beispiele: Künftige Erbanfälle, Erträgnisse aus künftigen Lizenzverträgen, aus späteren Auflagen eines Buches u. dergl. Mit dem Grundsatz des § 312 BGB. steht die Bestimmung nicht in Widerspruch. Die Anordnung ergeht in Beschlußform; die Beschwerde ist die der §§ 840, 841, der Rechtspfleger ist nicht zuständig (§ 1023 Nr. 10).

§ 865 spricht lediglich aus, daß die Einstellung nach § 863 nicht schon dann stattfinden soll, wenn der Schuldner zwar nicht auf einmal, wohl aber durch Teilzahlungen (z. B. als Gehaltsempfänger) den Gläubiger befriedigen kann.

§§ 866 bis **868.** Auch §§ 866 bis 868 ergänzen den § 863 für die Fälle der Vollstreckung von Geldansprüchen.

Zu § 866. Wie bisher soll der Gläubiger grundsätzlich dagegen gesichert sein, daß ein Verfahren ergebnislos endet, ohne daß der Schuldner sein Vermögen offengelegt (§ 775) hat. Die Einstellung ist daher grundsätzlich erst nach der Offenlegung oder nach der Verbüßung der Erzwingungshaft bzw. nach dem Ablauf der in § 778 Abs. 2 für den Antrag auf Verhängung der Erzwingungshaft und deren Vollzug vorgesehenen Fristen zulässig. Während im allgemeinen die Offenlegung ein dem Ermessen des Vollstreckungsgerichts anheimgegebenes Ermittelungsmittel darstellt (§ 774), wird durch § 866 eine Verpflichtung des Vollstreckungsgerichts zur Anordnung und Entgegennahme der Offenlegung begründet. Indessen sind hiervon zwei Ausnahmen vorgesehen, da es einerseits dringend notwendig ist, die Offenlegungstermine zu entlasten und die Offenlegung nur im Fall des wirklichen Aufklärungsbedürfnisses zu fordern, andererseits ein rein schematischer, die Lage des Einzelfalles außer Betracht lassender Zwang zur Offenlegung auf keinerlei berechtigte Interessen zu seiner Rechtfertigung verweisen könnte. Daher kann das Vollstreckungsgericht nach Abs. 1 Satz 1 a. A. bei offensichtlich vermögenslosen Schuldnern die Einstellung nach § 863 verfügen, ohne die Offenlegung zu verlangen. Aber auch wenn der Schuldner nicht offensichtlich vermögenslos ist, das umständliche Verfahren der förmlichen Offenlegung jedoch mit Rücksicht auf seine Verhältnisse nicht erforderlich erscheint, braucht diese der Einstellung nicht voranzugehen. Das Vollstreckungsgericht hat dann vielmehr nach Abs. 1 Satz 2 die Wahl, ob es die förmliche Offenlegung (§ 775) verlangen oder ob es sich nach der Lage des Falles, insbesondere der Persönlichkeit und der Erwerbsverhältnisse des Schuldners mit der Einholung einer schriftlichen Vermögenserklärung (§ 774) begnügen zu können glaubt. Für deren Form und Inhalt sind keine Vorschriften gegeben; das Vollstreckungsgericht kann die Auskünfte verlangen, die es nach seinem Ermessen für erforderlich hält. Gibt der Schuldner die Vermögenserklärung nicht rechtzeitig (§ 777 Abs. 2) ab, so wird er von Amts wegen zu der im § 133 vorgesehenen Strafe verurteilt. Verweigert er die Abgabe der Vermögenserklärung weiterhin, so muß er zur förmlichen Vermögensoffenlegung geladen werden, deren Verweigerung dann zur Erzwingungshaft führen kann.

Entsprechend dem bisherigen § 903 ZPO., jedoch unter Verkürzung der Frist von 5 Jahren auf 3 Jahre und angepaßt an die veränderte Stellung der Offenlegung soll ferner auch künftig eine Einstellung nach § 863 ohne Offenlegung zulässig sein, wenn der Schuldner in den letzten Jahren sein Vermögen offengelegt und kein neues Vermögen erworben hat; in diesen Fällen braucht auch keine schriftliche Vermögenserklärung erholt zu werden. Im Gegensatz zu bisher kann die Offenlegung oder die Abgabe einer schriftlichen Vermögenserklärung aber auch in den ausgenommenen Fällen verlangt werden, sie ist nur nicht, wie im Falle des Abs. 1, vorgeschrieben.

Zu § 867. Auch die bisherige Schwarze Liste (§ 915 ZPO.) ist erheblich umgestaltet. Zwar soll sie nach wie vor bei dem Vollstreckungsgericht geführt werden. Die Führung beim Gericht des Geburtsorts hätte Weiterungen zur Folge, die angesichts der im Verhältnis zur Strafliste und zur Liste der Entmündigten (§ 627) größeren Publizität der Schwarzen Liste (§ 868) nicht gerechtfertigt wären; die Führung beim Landgericht würde die Einsichtnahme erschweren. Doch ist in das Verzeichnis nicht mehr die Tatsache der Vermögensoffenlegung oder die Haftanordnung, sondern die Einstellung nach § 863 einzutragen. Die Offenlegung kann nicht eingetragen werden, weil sie zu einem bloßen Ermittelungsbehelf geworden ist; auch ist an sich nicht die Offenlegung als solche, sondern die Ergebnislosigkeit der Vollstreckung von Interesse. Daher ist in dem Eintrag auch der Schuldrest und der Befriedigungsbruchteil zu vermerken, da diese Angaben erst ein richtiges Bild vom Ergebnis des Verfahrens vermitteln. Daß die Anordnung der Erzwingungshaft nicht mehr einzutragen ist, beruht darauf, daß diese einen Antrag des Gläubigers voraussetzt (§ 778 Abs. 1), aber kein Anlaß besteht, einen zahlungsfälligen Schuldner vor dem Eintrag zu bewahren, weil der Gläubiger aus irgendeinem Grunde auf die Verhaftung keinen Wert legt; überdies kommt es nach Verbüßung der Erzwingungshaft oder nach Ablauf der im § 778 Abs. 2 vorgesehenen Fristen ohnehin zur Eintragung der Einstellung nach § 863. Auch die Eintragung einer Bestrafung nach §§ 773, 777 ist unnötig, weil die Eintragung der Einstellung nach § 863 genügt. Die Vorschriften über die Löschung eines Eintrags sind ebenfalls geändert (Abs. 2). Zunächst ist bestimmt, daß die nachträgliche Befriedigung die Löschung nach sich zieht; über die Erinnerung wegen einer unterbliebenen oder vorgenommenen Löschung ist durch Beschluß (Beschwerde: §§ 840, 841) zu befinden (Abs. 2 Satz 1 a. E.). Im Gegensatz zum geltenden Rechtszustand ist von einer Löschung nach einer bestimmten Zeitdauer abgesehen, es wird nur vorgesehen, daß die Eintragungen nicht länger als 10 Jahre aufzuheben sind. Hieraus ergibt sich zwar für die Fälle, in denen es nicht noch nachträglich zur Befriedigung des Gläubigers kommt, daß der Schuldner doppelt so lange als gegenwärtig in der Liste verbleibt. Dies erscheint jedoch zum Schutze der Gläubiger zweckmäßig und auch nicht unbillig. Denn die Tatsache der Eintragung hängt nicht mehr vom Verhalten des Gläubigers, sondern allein von objektiven Umständen ab und der redliche Schuldner hat durch die im Entwurf enthaltenen Schuldnerschutzmaßnahmen weit größere Möglichkeiten als heute, seine Aufnahme in die Schuldnerliste zu verhindern.

Zu § 868. Das Recht auf Auskunft aus der Liste wird erweitert. So ist z. B. die Erteilung fortlaufender Abschriften durch Abs. 2 ausdrücklich für zulässig erklärt, sofern nur Sicherheit dafür besteht, daß eine nachträgliche Befriedigung auch von dem Empfänger der Abschrift zur Löschung verwertet wird; die nähere Regelung wird dem Reichsjustizminister übertragen, da sie einheitlich für das ganze Reichsgebiet getroffen werden muß. Auch können die Listen in internen Veröffentlichungen (z. B. Berichten der Handelskammern) wiedergegeben werden; verboten ist nur die Veröffentlichung in öffentlichen Blättern (Abs. 3), weil die Bloßstellung des Schuldners vor einer sachlich unbeteiligten Öffentlichkeit unveranlaßt und hart ist. Dadurch wird nicht ausgeschlossen, daß die öffentliche Presse von einem Zusammenbruch Notiz nimmt, der ihr berichtet wird, wohl aber wird ausgeschlossen, daß die Einträge in die Schwarze Liste zu diesem Zweck verwendet werden. Die Bestimmung stellt sich als ein Schutzgesetz im Sinne des § 823 Abs. 2 BGB. dar; wer eine ihm aus der Schwarzen Liste erteilte Auskunft in der Presse veröffentlicht, muß also einen Schadensersatzanspruch gewärtigen.

§§ 869 bis **871.** Die geltenden Bestimmungen über die vorläufige Einstellung sind in den bisherigen §§ 707, 719, 732 Abs. 2, 766, 769, 770, 771 Abs. 3, 805 Abs. 4, 815 Abs. 2 ZPO. zerstreut. Die einzelnen Bestimmungen folgen hinsichtlich der Einstellungsgründe, des Einstellungsumfangs und der Anfechtbarkeit der Einstellung verschiedenen Grundsätzen. Die §§ 869 bis 871 des Entwurfs fassen die Bestimmungen über die vorläufige Einstellung zusammen und geben ihr eine einheitliche Regelung. Sie werden lediglich durch die § 839 Abs. 1 Satz 2, § 862, sowie für den Gerichtsvollzieher durch § 879 Abs. 1, 3, § 895 ergänzt. Die in § 862 aufgeführten Sonderfälle der §§ 834, 858 Abs. 2, 885, 960 Abs. 3 betreffen zunächst sämtlich eine — wie der Aufschub nach § 839 — von keinem Antrag abhängige, von Amts wegen stattfindende vorläufige Verfahrenshemmung, während § 869 stets einen auf die vorläufige

Einstellung gerichteten Antrag und einen Antrag zur Hauptsache voraussetzt; doch ist auch die vorläufige Einstellung nur insoweit zulässig, als nicht nach § 862 mit Rücksicht auf einen im Vollstreckungsverfahren zu berücksichtigenden Voraussetzungsmangel die endgültige Einstellung notwendig ist. Daß ein Verfahren formlos einstweilen in der Schwebe zu halten ist, solange Ermittelungen im Gange sind, von deren Ergebnis seine Fortsetzung abhängt, ist als selbstverständlich nicht eigens ausgesprochen. Gemäß seiner veränderten allgemeinen Stellung ist das Vollstreckungsgericht auch auf dem Gebiet der vorläufigen Einstellung zu größerem Einfluß gelangt. Es hat häufiger als bisher über die vorläufige Einstellung zu befinden und soll keine bei ihm schwebende Sache ohne Stellungnahme zur vorläufigen Einstellung einem Streit- oder Beschwerdegericht vorlegen (§ 781 Abs. 2, § 840 Abs. 2 Satz 1). Dadurch werden nicht nur unveranlaßte vorläufige Einstellungen hintangehalten, sondern es wird zugleich verhindert, daß unbegründete Angriffe gegen die Vollstreckung nur zu dem Zwecke erhoben werden, zunächst einmal den Vorteil der vorläufigen Einstellung zu erlangen.

§ 869 verlangt zur Hauptsache einen Antrag auf Erlaß einer die Vollstreckung rechtlich beeinflussenden Entscheidung in weiterem, d. h. die Anordnungen mitumfassenden Sinn; eine solche Entscheidung kann auch eine Zweckmäßigkeitsentscheidung sein. Der Antrag zur Hauptsache braucht nicht einen im Vollstreckungsverfahren austragbaren Umstand geltend zu machen, sondern kann auch z. B. den Rechtsbestand des Schuldtitels anfechten. Die Durchführung der Vollstreckung kann dann mit oder ohne Sicherheitsleistung vorläufig eingestellt oder ihre Fortsetzung von einer Sicherheitsleistung abhängig gemacht werden; auch können Vollstreckungsmaßregeln gegen Sicherheitsleistung aufgehoben werden. Im § 771 Abs. 3 ZPO. war bisher eine Aufhebung auch ohne Sicherheitsleistung vorgesehen; dazu besteht kein Anlaß mehr, da das Drittrecht nun auch nach der Pfändung von Amts wegen zu beachten ist und daher bei gegebenen Voraussetzungen zur Freigabe von Amts wegen führt (§ 861 Abs. 1 Satz 2; vgl. § 880 Abs. 2).

Zuständig ist grundsätzlich das Vollstreckungsgericht, insbesondere auch in den Fällen der bisherigen §§ 769, 771 ZPO., da sie nunmehr dem Vollstreckungsverfahren angehören. Als Vollstreckungsgericht ist auch das im Einzelfall zu einer Beschlußfassung im Vollstreckungsverfahren (vgl. § 799 Abs. 1 Nr. 1 mit § 796 Abs. 3 und § 837 Abs. 3) berufene Streitgericht sowie das Beschwerdegericht (§ 841 Abs. 1 Satz 2) zu erachten. In dringenden Fällen kann das Vollstreckungsgericht wie bisher (§ 769 Abs. 2 ZPO.) die vorläufige Einstellung auch dann beschließen, wenn es in der Hauptsache nicht zuständig ist, sondern über diese ein Streitgericht als Prozeßgericht zu entscheiden hat (z. B. bei prozessualen Rechtsmitteln, bei Klagen außerhalb des Vollstreckungsverfahrens nach § 818 Abs 2, § 871 Abs. 2 u. dgl.); doch muß es die vorläufige Einstellung dann wie bisher befristen (§ 869 Abs. 3 Satz 2). Eine solche Befristung ist auch dann notwendig, wenn das Vollstreckungsgericht eine Sache auf den Rechtsweg verweist, da sonst keine Gewähr für den Weiterbetrieb bestände (§ 869 Abs. 3 Satz 1). Als selbstverständlich ist nicht ausgesprochen, daß die vorläufige Einstellung wie bisher auch davon abhängig gemacht werden kann, daß die Klage binnen einer bestimmten Frist zugestellt wird. Der Ablauf der Fristen ist nunmehr von Amts wegen zu überwachen, nach Fristablauf die Vollstreckung also von Amts wegen fortzusetzen, da infolge des allgemeinen Überganges des Verfahrensbetriebs vom Gläubiger auf das Vollstreckungsgericht der Fortfall der vorläufigen Einstellung nicht mehr dem Gläubiger, sondern den Vollstreckungsorganen die Fortsetzung der Vollstreckung freigibt.

Das Streitgericht (§ 869 Abs. 2) ist zuständig, wenn es auf Grund einer Verweisung oder ohne solche mit einem Antrag befaßt ist, der auf eine die Vollstreckung rechtlich beeinflussende Entscheidung abzielt. Das Streitgericht ist nach Abs. 2 a. E. dem Vollstreckungsgericht auch in der Frage der vorläufigen Einstellung übergeordnet; für das Beschwerdegericht ist dies als selbstverständlich nicht ausgesprochen.

Die Beschlußform (§ 870) ist des Begründungs- und Zustellungszwanges (§ 782 Abs. 2) wegen vorgeschrieben; die Anfechtung des Beschlusses ist abweichend von einem Teil der bisherigen Bestimmungen durchweg ausgeschlossen. Es soll dadurch vermieden werden, daß neben dem Verfahren über die Hauptsache ein solches über die Frage der vorläufigen Einstellung läuft. Doch ist damit lediglich der Anspruch der Beteiligten auf einen neuen Bescheid ausgeschlossen, während die allgemeine Regel, daß das Vollstreckungsgericht seine Beschlüsse nachträglich ändern und daß dies auch durch eine entsprechende Anregung bewirkt werden kann, ebenso unberührt bleibt, wie die Befugnis des Beschwerdegerichts und — nach § 869 Abs. 2 des Streitgerichts — zu einer von der des Vollstreckungsgerichts abweichenden Stellungnahme zur Frage der vorläufigen Einstellung. Hat das Vollstreckungsgericht wegen eines Umstandes, der im Vollstreckungsverfahren ausgetragen werden kann — also nicht z. B. nach § 818 Abs. 2, § 869, Abs. 3 Satz 2, § 871 Abs. 2 — die vorläufige Einstellung beschlossen, so muß es auf schleunige Behebung der Verfahrenshemmung bedacht sein und daher gemäß § 870 Abs. 2 den Sach- und Rechtsverhalt zur Hauptsache stets, also auch wenn eine negative Voraussetzung aufklärungsbedürftig ist, durch die erforderlichen Ermittelungen klären. Diese Pflicht endet mit der Verweisung auf den Rechtsweg, soweit diese zulässig ist (§ 781), und mit der Aktenvorlegung an das Beschwerdegericht (§ 840 Abs. 2).

Die vorläufige Einstellung steht im Ermessen der zuständigen Stelle. Ob sie angezeigt ist, kann das Vollstreckungsgericht durch Ermittelungen klären. Doch soll der Antragsteller stets selber glaubhaft machen, daß die vorläufige Einstellung am Platze sei; dadurch wird den Gerichten die Stellungnahme erleichtert. Glaubhaft zu machen ist stets der Grund, aus welchem das angefochtene Verfahren anfechtbar erscheint; vgl. § 871.

Auf §§ 869 ff. wird im § 317 verwiesen.

§ 872. Unter die allgemeinen Bestimmungen über das Durchführungsverfahren ist mit dem § 872 eine Vorschrift aufgenommen, die nicht so sehr den Schuldnerschutz im einzelnen (vgl. darüber §§ 950—968) als, in Ausführung des § 771 Abs. 1 a. E., die Gesamteinstellung der Vollstreckungsorgane zu den Schuldnern betrifft. Der Vollstreckungszwang, den die staatlichen Organe üben, darf sich danach nicht als eine das allgemeine sittliche Empfinden verletzende Härte darstellen; Satz 2 gibt zur Erläuterung ein Beispiel. Da die Meinung vertreten worden ist, eine den gesetzlichen Vorschriften entsprechende Art der Vollstreckung eines gerichtlichen Urteils könne nie als ein Verstoß gegen die guten Sitten mit Erfolg beanstandet werden, erschien eine ausdrückliche Bestimmung angezeigt. Nicht ob der Anspruch und seine Geltendmachung sittlich oder unsittlich ist, haben die Vollstreckungsorgane zu prüfen, sondern ob nach Lage der Umstände, insbesondere auch im Hinblick auf das Schutzbedürfnis des Gläubigers, nicht der Vollstreckungszwang als eine sittenwidrige Härte erscheint. Der nähere Inhalt des dem Schuldner Zumutbaren wird durch seine Zahlungsfälligkeit erheblich beeinflußt; auf dem Gebiet der Vollstreckung ist vieles zumutbar, was im freien Rechtsverkehr unzulässig wäre. Wenn aber z. B. ein Anspruch in dem Zeitpunkt vollstreckt wird, in dem der Schuldner in tiefer Trauer um einen noch in seiner Wohnung liegenden Toten ist, so wird kaum bezweifelt werden können, daß die Störung dieses Gefühls durch das Vollstreckungsorgan gegen § 872 verstößt.

§ 872 stellt nur eine Ordnungsvoraussetzung auf. Die Entstehung des Pfandrechts ist sohin unabhängig von der Wahrung des § 872. Auch ist die Ordnungsvoraussetzung nur eine negative; ob § 872 der Vollstreckung entgegensteht, ist also nur bei gegebenem Anlaß zu prüfen. Diese Prüfung obliegt auch dem Gerichtsvollzieher; auch Weisungen über sein Verhalten (§ 873) sind möglich.

Wird wegen einer Verletzung des § 872 Erinnerung eingelegt, so ist über sie durch Beschluß zu befinden (Abs. 2). Der Fragenkreis des § 872 ist so wichtig, daß er der gerichtlichen Entscheidung einer höheren Instanz (§§ 840, 841) zugänglich gemacht werden muß.

§ 873 stellt klar, daß der Gerichtsvollzieher auf seinem Zuständigkeitsgebiet (vgl. §§ 875 ff., 888 ff., 969—971, 979, 1005, 1021) wie bisher selbständig ist; vgl. auch § 923. Neu ist nur, daß der allgemeine Vollstreckungsantrag beim Vollstreckungsgericht eingereicht sein muß (§ 770), daß der Gerichtsvollzieher nicht mehr in demselben Maße wie bisher an Weisungen des Gläubigers gebunden ist (§ 771 Abs. 2) und daß sich das Vollstreckungsgericht nicht mehr nur auf ein Rechtsmittel hin, also nachträglich, mit seinem Verfahren befassen, sondern es von vornherein durch Weisungen beeinflussen kann (§ 873). Das ist vom Standpunkt der Verfahrensökonomie aus geboten.

Der Gerichtsvollzieher muß auch künftig selber wissen, was er zu tun hat; auf die Erhaltung seiner eigenen Urteils- und Entschlußkraft muß das größte Gewicht gelegt werden. Das Rechtsmittel zur Anfechtung seines Verhaltens ist stets die Erinnerung (§ 844). Weisungen sollen dem Gerichtsvollzieher nur dort erteilt werden, wo dies zur Aufrechterhaltung der Einheitlichkeit der Vollstreckung oder im Einzelfall zur zweckmäßigen Erledigung unerläßlich ist. Die Weisungen sind bestimmte, generell oder für den Einzelfall erteilte Anweisungen über die Art des Vorgehens und sowohl über Fragen der Rechts- und Ordnungsmäßigkeit (§ 780) als auch über Zweckmäßigkeitsfragen möglich. Ein Verfahren kann auch durch Weisung an den Gerichtsvollzieher in der Schwebe gehalten werden, z. B. wenn das Vollstreckungsgericht Ermittelungen über das Vorliegen einer Rechtsvoraussetzung anstellt, um Klarheit darüber zu gewinnen, ob das Verfahren fortgesetzt werden kann oder eingestellt werden muß (§ 861 Abs. 1). Vermöge des Weisungsrechtes stellen sich die Handlungen des Gerichtsvollziehers gewissermaßen als vorläufige Handlungen des Vollstreckungsgerichts dar. Der Grundsatz, daß keine Vollstreckungsmaßnahme gestattet ist, wenn nicht die positiven Voraussetzungen feststehen, gilt in vollem Umfang erst für das Vollstreckungsgericht, nicht mit gleicher Strenge schon für den Gerichtsvollzieher. Dieser muß zwar, wenn eine positive Voraussetzung offensichtlich fehlt, von der Pfändung absehen (vgl. § 880). Wenn dagegen Zweifel möglich sind, ob die

Voraussetzung nicht doch gegeben sei, kann er, um jede Schädigung des Gläubigers fernzuhalten, die Pfändung zunächst vornehmen, er muß dann nur sofort von Amts wegen dafür sorgen, daß die Sach- und Rechtslage vom Vollstreckungsgericht geprüft wird, und erst für dieses gilt der Satz, daß die Pfändung aufgehoben werden muß, wenn sich eine positive Voraussetzung als nicht feststehend erweist. Daher kann z. B. auch ein Rückruf (§ 857) oder ein Umstellungsbeschluß nach §§ 834, 885 vom Gerichtsvollzieher durch Pfändung vorbereitet werden. Ist dem Gerichtsvollzieher zweifelhaft, ob nicht etwa eine negative Voraussetzung vorliege, so kann er es in der Regel den Beteiligten überlassen, ihre Rechte gegen die Pfändung geltend zu machen (vgl. auch §§ 879, 880, 895). Die Weisungen sind innerdienstlicher Natur und jeder Anfechtung entzogen. Für sie bestehen weder Formvorschriften noch gelten für sie die Bestimmungen, in denen die Voraussetzungen für den Erlaß von Beschlüssen und Verfügungen geregelt sind (z. B. § 782). Da aber, wenn die Weisung ausgeführt wird, ein Verfahrensakt des Gerichtsvollziehers vorliegt, der durch Erinnerung angefochten werden kann, ist das Vollstreckungsgericht mittelbar genötigt, jene Voraussetzungen schon bei dem Erlaß seiner Weisungen zu beachten; denn im Falle der Erinnerung ist es gezwungen, sie nun im Hinblick auf jene Voraussetzungen zu rechtfertigen.

Die gebotene nähere Verbindung des Gerichtsvollziehers mit dem Vollstreckungsgericht wird durch das Gerichtsverfassungsgesetz herzustellen sein.

§§ 874 bis **878.** Die §§ 874—878 entsprechen inhaltlich den bisherigen §§ 761, 758, 759, 762, 763 ZPO. Hervorzuheben ist nur die Bestimmung im § 877 Nr. 2 (bisher § 762 Nr. 2 ZPO.), wonach im Pfändungsprotokoll auch der Schätzungswert vermerkt werden soll; vgl. dazu § 892, insbesondere Abs. 2, und § 1 Abs. 3 der Bekanntmachung vom 8. Oktober 1914 (Reichsgesetzbl. S. 427).

§ 879. Soweit die Vollstreckung dem Vollstreckungsgericht selbst obliegt, gelten in bezug auf die Einstellung der Vollstreckung und die Aufhebung einzelner Maßregeln die §§ 861—863. Diese Bestimmungen gelten für den Gerichtsvollzieher nicht, da er zu Beschlußfassungen und Anordnungen in Verfügungsform nicht befugt ist. Wohl aber gelten die Rechts- und Ordnungsvoraussetzungen mittelbar auch für den Gerichtsvollzieher, ebenso hat er im Sinne des § 771 Abs. 1 die Zweckmäßigkeit seines Vorgehens zu prüfen und sich nötigenfalls Weisungen des Vollstreckungsgerichts zu erholen. Hiernach muß er sich im Rahmen seines Tätigkeitsgebiets im allgemeinen selbständig darüber schlüssig werden, ob er eine Pfändung vornehmen darf oder nicht. Dagegen ist er, von den Ausnahmefällen der § 879, § 880 Abs. 2 abgesehen, nicht befugt, eine nachträglich als nicht recht- oder als nicht ordnungsmäßig erkannte Pfändung selbständig aufzuheben; hierzu ist vielmehr ein — von Amts wegen möglicher — Beschluß des Vollstreckungsgerichts notwendig (§ 861).

§ 879 Abs. 1 stellt klar, daß der Gläubiger den Antrag (§ 771 Abs. 3) auf Unterlassung, Beschränkung oder Aufhebung der Pfändung bei dem Gerichtsvollzieher unmittelbar stellen kann; der Gerichtsvollzieher wird dann das Vollstreckungsgericht in geeigneter Weise in Kenntnis setzen. Abs. 2 zählt die allgemeinen Voraussetzungen auf, unter denen der Gerichtsvollzieher unabhängig von einem Antrag des Gläubigers zur Abstandnahme von einer Pfändung und zur Aufhebung einer Pfändung befugt ist. Im allgemeinen sind die Vorschriften der bisherigen §§ 775, 776 beibehalten, in Abs. 2 Nr. 4 ist jetzt auch der Möglichkeit der Post-Überweisung Rechnung getragen. Doch ist nun auch im Fall der Nr. 3 und 4 (bisher § 775 Nr. 4 und 5) die Pfändung aufzuheben, erforderlichenfalls nach eingeholter Weisung; der Fall der zeitweiligen Stundung (bisher § 775 Nr. 4) fällt nun unter Abs. 3. Vollstreckungsgerichtliche Weisungen kommen in den Fällen des Abs. 2 nicht in Betracht, da § 861 einen Beschluß verlangt. Abs. 3 bestimmt die Voraussetzungen, unter denen der Gerichtsvollzieher sein Verfahren vorläufig einstellen darf (vgl. auch § 895); zu einer vorläufigen Einstellung nach § 869 fehlt ihm, weil er keine Beschlüsse fassen kann, die Befugnis. Da das Vollstreckungsgericht unter Umständen ein Verfahren auch ohne einen Beschluß auf vorläufige Einstellung einstweilen in der Schwebe halten kann (vgl. S. 445, 514 dieser Begründung) ist hier auch eine vollstreckungsgerichtliche Weisung als Grundlage für den vorläufigen Stillstand des Verfahrens des Gerichtsvollziehers denkbar.

§ 880. § 880 ergänzt den § 879 hinsichtlich der Frage des entgegenstehenden Drittrechts durch Sonderbestimmungen, die denen des § 879 vorgehen; vgl. auch § 895. Nur im Falle der Offensichtlichkeit des Drittrechts darf der Gerichtsvollzieher die Pfändung einer im unmittelbaren Besitz des Schuldners vorgefundenen Sache unterlassen. Stellt sich die Offensichtlichkeit des Drittrechts erst nach der Pfändung heraus, so darf der Gerichtsvollzieher die Pfändung auch selbständig aufheben. Die Offensichtlichkeit ist z. B. gegeben, wenn ein Buch den noch gültigen Stempel einer öffentlichen Bibliothek trägt. Diese Bestimmungen gelten jedoch nur, wenn der unmittelbare Besitz des Schuldners feststeht, nicht auch für die Feststellung dieses unmittelbaren Besitzes. Der Gerichtsvollzieher muß also die Frage des unmittelbaren Besitzes und des Drittrechts an einer nicht im unmittelbaren Besitz des Schuldners vorgefundenen Sache nach den allgemeinen Grundsätzen vor der Pfändung klarstellen und darf, wenn er in solchen Fällen die Pfändung vorgenommen hat, diese nachträglich nicht selbst als irrig wieder aufheben.

II. Zwangsvollstreckung von Geldansprüchen.

1. Zwangsvollstreckung in das bewegliche Vermögen.

A. Allgemeine Bestimmungen.

§ 881. Vgl. bisher § 803 ZPO. Besteht eine Pfändungsbeschränkung nach §§ 955 ff., so ist die Pfändung ordnungswidrig; die Voraussetzung ist nur negativ (Begründung zu § 780 unter II). Dagegen stellen die Erfordernisse der Einhaltung der Befriedigungsgrenze (Abs. 1 a. E.) und der sachlichen Ergiebigkeit (Abs. 2) positive Ordnungsvoraussetzungen dar. Wird ihretwegen oder wegen Verletzung einer Pfändungsbeschränkung Erinnerung eingelegt, so ist über sie durch Beschluß zu befinden (Abs. 1 Satz 2 a. E., § 968), gegen den die gewöhnliche Vollstreckungsbeschwerde (§§ 840, 841) zusteht.

Das sachlich notwendige Verbot der Überpfändung (Abs. 1 a. E.), das auch für die Erweiterung der Pfandmasse (§ 882 Abs. 2 a. E., Abs. 4) gilt, läßt sich auch bei Einführung des Ausgleichsprinzips (§ 883 Abs. 2) aufrechterhalten. Es muß dann nur dafür Sorge getragen werden, daß ein verdächtiger Schuldner seine ungepfändete Habe nicht der Vollstreckung entziehen kann, ehe das Bedürfnis nach Erweiterung der Pfandmasse hervortrat und die weitere Pfändung vorgenommen werden konnte. Daher gibt Abs. 3 dem Vollstreckungsgericht die Befugnis, Gegenstände, deren Heranziehung zur Deckung der bisher vorliegenden Ansprüche nicht erforderlich ist, durch Beschluß einstweilen zu arrestieren; ein Pfandrecht wird dadurch nicht begründet (§ 1006 Abs. 1). Voraussetzung ist, daß weitere Vollstreckungen zu besorgen sind und dem Schuldner Böses zugetraut werden muß; um Rechtsvoraussetzungen handelt es sich dabei nicht. Nach § 885 stehen zwar gewisse Rechtseinräumungen an Dritte jedenfalls den Pfändungspfandrechten im Range nach, doch wird die Sicherheit der Vollstreckungsgläubiger verstärkt, wenn solche Rechtseinräumungen von vornherein verhindert werden können. Der Rechtspfleger kann den Beschluß nicht erlassen (§ 1023 Nr. 10); Rechtsmittel ist die gewöhnliche Vollstreckungsbeschwerde der §§ 840, 841.

Aus § 771 Abs. 1 ergibt sich in Ergänzung zu § 881, daß die Pfändung nicht auf Gegenstände gelenkt werden soll, die der Schuldner schwer entbehren kann, wenn andere zur Verfügung stehen, die in jeder Hinsicht gleichwertig und für ihn leichter entbehrlich sind.

§ 882. War die Pfändung formgültig (§ 888 Abs. 1, § 889 Abs. 1, §§ 908 ff.) und war sie, da die positiven Rechtsvoraussetzungen gegeben waren und keine negative vorlag, auch rechtmäßig (vgl. § 780 Abs. 1), so entsteht durch die Pfändung ein Pfandrecht für den Gläubiger. Eine etwaige Ordnungswidrigkeit der Pfändung (vgl. § 780 Abs. 2) hindert die Entstehung eines Pfandrechts nicht; ein ordnungswidriges Pfandrecht erlischt vielmehr erst, wenn es aufgehoben wird und erst mit der Aufhebung (ex nunc). Die Entstehung des Pfandrechts hängt also nicht schlechthin, sondern nur soweit dies eine Rechtsvoraussetzung für die Vollstreckung ist (§ 818), von dem Bestehen der Forderung ab; im übrigen ist für die Frage, ob die Forderung besteht und daher ein Pfandrecht entstanden ist, der Titel und seine Aufrechterhaltung oder Aufhebung maßgebend. Daß auch dann, wenn kein Pfandrecht entstanden ist, die Verwertung den gutgläubigen Erwerber zum Eigentümer macht, ergibt § 887. War der Pfändungsakt ungültig gewesen, so ist die Verwertung nicht ebenfalls ungültig, sondern nur nicht rechtswirksam; vgl. die Begründung zu § 780 I. An der Rechtsform des Pfandrechts ist festgehalten worden, weil sie sich eingelebt hat und die Art des durch die Beschlagnahme entstehenden Gläubigerrechts am schärfsten zum Ausdruck bringt.

Abs. 2 sieht vor, daß ein Pfändungspfandrecht an einem Gegenstand, falls er bereits für einen Anspruch gepfändet ist, auch für den bloßen Eingang des Antrags auf Vollstreckung eines weiteren vollstreckungsreifen Anspruchs für den Gläubiger dieses Anspruchs entsteht. Das gleiche gilt hinsichtlich des Erlöses aus einem gepfändeten Gegenstand. Die Vermerke und Benachrichtigungen haben nur deklarative Bedeutung; auch der mit der Sache befaßte Gerichtsvollzieher muß Kenntniß erhalten. Wird die Vollstreckung der Ansprüche bei verschiedenen Vollstreckungsgerichten betrieben, so folgt die Benachrichtigungspflicht aus § 788, die Übernahmepflicht aus § 787; vgl. auch § 915 Abs. 1 Nr. 3. Die Gläubiger, die auf diese Weise ohne Pfändungsakt ein Mitpfandrecht erwerben, werden beitretende Gläubiger genannt, ihr Rang richtet sich nach § 883 Abs. 2. Reicht der gepfändete Gegenstand nicht zur Befriedigung aller Pfändungspfandgläubiger aus, so muß die Pfandmasse von Amts wegen durch einen Pfändungsakt erweitert werden (Abs. 2 a. E.). Da aus dem Pfändungsprotokoll des Gerichtsvollziehers (§ 877 Nr. 2, § 892 Abs. 2) wie aus der Forderungspfändungsverfügung (§ 908) die Höhe des Anspruchs und der Wert des Pfandgegenstandes ersichtlich ist, ist stets erkennbar, ob die Pfandmasse ausreicht oder durch einen Pfändungsakt erweitert werden muß. Das Pfandrecht an der erweiterten Pfandmasse steht ebenfalls allen beigetretenen Gläubigern gemeinsam zu; für die Rangbestimmung ist die Erweiterung ohne Bedeutung (§ 883 Abs. 3).

Weitere Gläubigerbeitritte sind an sich ausgeschlossen, sobald die Pfandmasse verwertet und der Erlös ausgeschüttet ist. Gemäß § 882 Abs. 3 soll dieser Ausschluß weiterer Beitritte jedoch zur Vermeidung von Verzögerungen schon in dem Zeitpunkt eintreten, in dem die Bestimmung über die Verteilung des Verwertungsergebnisses vorliegt, bei förmlichen Verteilungsverfahren schon dann, wenn der Teilungsplan aufgestellt ist. Wer später kommt, steht also nicht nur — wie nach § 884 — im Range nach, sondern erwirbt überhaupt kein Mitpfandrecht mehr; für ihn muß daher in Ermangelung anderer Mittel der etwaige Anspruch des Schuldners auf die Hyperocha förmlich gepfändet werden.

Da es trotz der in § 788 vorgesehenen Benachrichtigungen möglich ist, daß verschiedene Vollstreckungsgerichte für verschiedene Ansprüche verschiedene Sachen desselben Schuldners real pfänden, bestimmt Abs. 4, daß in diesen Fällen den Gläubigern die durch die Pfändungen begründeten Pfandrechte gemeinsam zustehen sollen; dies entspricht dem Grundsatz des Abs. 2 Satz 1. In der Regel wird in diesen Fällen ohnedies eine Erweiterung der Pfandmasse (Abs. 2 a. E.) nötig gewesen sein. Die Verfahren vereinigen sich dann in der Hand des nach § 787 übernahmepflichtigen Vollstreckungsgerichts.

§§ 883 bis **885.** Zu § 883. Abs. 1 entspricht dem bisherigen § 804 Abs. 2 ZPO. Es wird auch im Abs. 2 an dem im § 804 Abs. 3 aufgestellten Prioritätsprinzip insofern festgehalten, als sich der Rang der Pfändungspfandrechte grundsätzlich nach ihrem Entstehungszeitpunkt richten soll. Allein dieser Grundsatz erfährt dadurch eine Durchbrechung im Sinne des Ausgleichsprinzips, daß die innerhalb von zehn Tagen seit der Entstehung des am Beginne der Frist stehenden Pfandrechts erworbenen Pfändungspfandrechte (§ 882 Abs. 2, 4) an dem Rang des zuerst entstandenen teilnehmen sollen. Das Prioritätsprinzip gilt also nicht mehr für die Einzelpfandrechte, sondern für die Pfandrechtsgruppen: Die je von zehn zu zehn Tagen entstandenen Pfändungspfandrechte bilden je eine Gruppe, diese Gruppen genießen den Vorrang vor den späteren Gruppen, innerhalb jeder Gruppe aber gilt das Ausgleichsprinzip. Ist nach Ablauf der zehn Tage der in § 882 Abs. 3 bezeichnete Zeitpunkt noch nicht eingetreten, so entsteht also zwar ein Pfandrecht, es steht jedoch denen der vorgehenden Gruppe im Range nach. Über die Erwägungen, die zu dieser Neuerung führten, gibt die allgemeine Begründung Rechenschaft; hier bleibt nur übrig, die Ausgestaltung zu rechtfertigen, die der Gedanke im einzelnen erfahren hat.

Es ist beabsichtigt, das Ausgleichsprinzip in grundsätzlich gleicher Weise wie in die Mobiliarvollstreckung, jedoch mit verlängerter Rangfrist auch in die Immobiliarvollstreckung einzuführen. Schon an sich geht es nicht an, den Rang der Beschlagnahmegläubiger auf beiden Gebieten nach ganz verschiedenen Grundsätzen zu bemessen; dazu kommt, daß z. B. bei der Zwangsversteigerung viel dafür spricht, nicht dem zufällig mit seinem Beschlagnahmeantrag zuerst eintreffenden persönlichen Gläubiger den Vorrang (§ 11 Abs. 2 ZVG.) in der fünften Klasse (§ 10 Nr. 5) einzuräumen. Die Einzelausgestaltung muß späterer Erwägung vorbehalten bleiben, da sich der Entwurf wie die bisherige Zivilprozeßordnung mit den Einzelheiten der Immobiliarvollstreckung nicht befaßt und er aus ihrem Bereich nur die Zwangshypothek näher regelt (vgl. §§ 944—946). — Die vorgesehene zehntägige Frist ist nicht, wie die schweizerische dreißigtägige (Art. 110, 116 SchKG.), eine Abwartefrist (vgl. aber auch die Begründung zu § 893). Das Verfahren nimmt vielmehr ohne alle Rücksicht auf den Rangfristenlauf seinen Fortgang. Findet z. B. die Versteigerung an dem frühesten Termin statt, den § 893 Abs. 2 vorsieht, nämlich am 16. Tag seit der Pfändung, so kann über den Erlös sofort verfügt werden, obwohl die Frist für die Teilnahme an der zweiten Ranggruppe noch im Lauf ist (vgl. hierzu auch § 884); ebensowenig braucht die Versteigerung bis zum Ablauf dieser Frist verschoben zu werden. Daß der Rang der Pfandrechtsgruppen von Fristen abhängt, kann also nicht zu einer Verzögerung der Verfahrenserledigung führen. Gegen das System der Rangfristen könnte eingewendet werden, daß es dem Schuldner die Möglichkeit gebe, durch die Verschleppung von Prozessen u. ä. den Rang der Gläubiger zu beeinflussen. Allein dadurch unterscheidet es sich unvorteilhaft nur von dem reinen Ausgleichsprinzip, d. h. von dem System, wonach alle bis zur Beendigung der Vollstreckung entstehenden Pfändungspfandrechte den gleichen Rang haben, und selbst bei diesem System stände eine gewisse Beeinflussung des Kreises der Teilnahmeberechtigten in der Macht des Schuldners. Jedenfalls ist die Möglichkeit eines mißbräuchlichen Einflusses des Schuldners unter der Herrschaft des reinen Prioritätsprinzips, das bisher galt, bei weitem größer als unter der Herrschaft des Systems der Rangfristen. Denn, wenn das Prioritätsprinzip gilt, ist jeder einzelne Tag von Wichtigkeit, während bei der Geltung des Rangfristensystems eine Verzögerung erst ins Gewicht fällt, wenn sie den Eintritt der Vollstreckungsreife bis zum Beginn einer späteren Zehntagefrist hinausschiebt.

Abs. 2 a. E. stattet gewisse Unterhaltsansprüche mit einem gleichartigen Vorrang in ihrer Gruppe aus; der materiellrechtliche Rang, der mehreren Unterhaltsansprüchen untereinander zukommt, bleibt außer Betracht. Durch diese Bevorzugung der Unterhaltsansprüche soll insbesondere auch vermieden werden, daß die Abkehr vom reinen Prioritätsprinzip zu ihrem Schaden ausschlägt. Von weiteren Bevorrechtigungen (siehe aber auch § 944 Abs. 2 a. E.) ist abgesehen worden, um die Handhabung der Rangordnung nicht zu erschweren; es dürfte auch kein dringendes Bedürfnis nach weiteren Vorrechten anzuerkennen sein (vgl. auch bisher § 850 Abs. 4 ZPO.).

In Abs. 3 werden die näheren Bestimmungen über den Beginn der Zehntagefristen getroffen. Für den Beginn der ersten Frist ist die Pfändung maßgebend; eine Erweiterungspfändung (§ 882 Abs. 2 a. E.) setzt keine neue Frist in Lauf; der Rang der an der Gesamtmasse bestehenden Pfändungspfandrechte ist der gleiche, wie der ihnen in bezug auf den zuerst gepfändeten Gegenstand zukommende. Ist eine Zehntagefrist abgelaufen, so beginnt die nächste nicht mit dem Tag des Ablaufs, sondern mit dem Tag, an dem das erste nicht mehr in die vorige Frist fallende Pfandrecht entstand. Im Falle des § 882 Abs. 4 beginnt die Frist mit der zeitlich ersten Pfändung, da die Masse als einheitliche behandelt werden muß. Sonderbestimmungen über die Fristberechnung enthalten § 914 Abs. 3, § 944 Abs. 2, § 950 Abs. 3 Satz 2).

Zu § 884. Wäre für den Rang der Pfandrechte nur der Fristenlauf maßgebend, so könnte der Gerichtsvollzieher über gepfändetes Geld oder einen Verwertungserlös niemals sofort verfügen, da der Vollstreckungsantrag bei dem Vollstreckungsgericht gestellt werden muß (§ 770) und dem Gerichtsvollzieher daher nicht bekannt sein kann, ob nicht mittlerweile weitere Pfändungspfandrechte entstanden sind (§ 882 Abs. 2, 4). Da an der Möglichkeit der sofortigen Verfügung über den Vollstreckungserlös festgehalten werden soll, verweist § 884 alle Pfandrechte, die später als am Tage vor einer Geldpfändung oder vor dem Eingang eines Verwertungserlöses zur Kenntnis des Vollstreckungsgerichts gelangt sind, ohne Rücksicht darauf, in welche Gruppe sie nach Maßgabe des Fristenlaufes gehören würden, in die nachstehende Gruppe. Da ein solches Pfandrecht auch bei einem auswärtigen Vollstreckungsgericht entstanden sein kann, ist nicht auf die Entstehung des Pfandrechts sondern auf den Eingang der Benachrichtigung von seiner Entstehung (§ 788) abgestellt. Das gleiche gilt, wenn das Vollstreckungsgericht über die Leistung des Drittschuldners einer gepfändeten Forderung zu verfügen hat (§ 909 Abs. 1).

Daß bei der Verteilung des Erlöses usw. die angeordnete Rangfolge der Pfändungspfandgläubiger gewahrt wird, soweit keine abweichenden Vereinbarungen unter den Gläubigern getroffen sind, ist eine positive Rechtsvoraussetzung. Hat kein förmliches Verteilungsverfahren stattgefunden (§§ 934 ff. insbesondere §§ 936, 939), so ist eine gegen die Rangordnung verstoßende Verteilung nach vorgängiger Erinnerung, über die durch Beschluß zu befinden ist (§ 844), mit der gewöhnlichen Vollstreckungsbeschwerde der §§ 840, 841 anfechtbar, solange das Verfahren nicht eingestellt und die Beschwerdefrist nicht abgelaufen ist. Wegen der Rangfrage allein kann sohin der Beschwerdeweg der §§ 842, 843 nicht betreten werden, wohl aber dann, wenn gleichzeitig eine der im § 842 aufgeführten Bestimmungen verletzt ist, z. B. der Verstoß gegen die Rangordnung darauf beruht, daß ein Pfandrecht berücksichtigt wurde, das wegen eines unter § 842 fallenden Mangels nicht zur Entstehung gelangt war.

Zu § 885. Die Vorschriften dieses Paragraphen ziehen aus der Ersetzung des Prioritätsprinzips durch das Ausgleichsprinzip die notwendigen Folgen für den rechtsgeschäftlichen Erwerb des Eigentums und anderer dinglicher Rechte und für gesetzliche Pfandrechte. An sich gilt für diese Rechte das reine Prioritätsprinzip des BGB., z. T. verbunden mit dem Prinzip des gutgläubigen Erwerbs. Es wäre aber eine Gefahr für die Pfändungspfandgläubiger, wenn an einer gepfändeten Sache gutgläubig noch ein Vorrecht erworben werden könnte und es wäre mit dem Ausgleichsprinzip unverträglich, wenn eine zur Befriedigung von im Range gleichstehenden Pfändungsgläubigern notwendige Erweiterung der Pfandmasse (§ 882 Abs. 2 Satz 3) daran scheitern müßte, daß vorher ein Dritter an einem für diese Erweiterung an sich in Betracht kommenden noch ungepfändeten Gegenstand des Schuldners ein Vorrecht erwarb. § 885 läßt daher die Drittrechte zwar zur Entstehung gelangen, verweist sie aber, wenn sie an einer bereits gepfändeten Sache erworben wurden, auf den Nachrang nach den an dem bestehenden Pfändungspfandrecht beteiligten Pfändungsgläubigern und, wenn sie nach der Pfändung eines anderen Gegenstandes an einem noch ungepfändeten Gegenstand begründet wurden, auf den Nachrang nach den Pfändungspfandrechten, die, wenn der Gegenstand dann gepfändet wird, in der zur Zeit des rechtsgeschäftlichen oder gesetzlichen Rechtserwerbs laufenden Zehntagefrist rangberechtigt sind. Ob die Voraussetzungen für die relative Unwirksamkeit des Drittrechts vorliegen, ist gemäß §§ 820, 833 im Umstellungsverfahren zu prüfen; die Frage fällt daher in den Bereich der besonderen Vollstreckungsbeschwerde (§ 842, 843). Bis zur Klärung der Rangfrage ist trotz des unter Umständen positiven Drittrechts eine vorläufige Einstellung statt der endgültigen möglich (§ 862 Abs. 1 Satz 2). Der Schuldner ist gemäß § 885 also rechtlich in gewissem Umfang in seiner Verfügungsmacht beschränkt (vgl. auch § 944 Abs. 2), auch wenn eine tatsächliche Verfügungsbeschränkung (§ 881 Abs. 3) nicht angeordnet wurde. Die sich aus § 885 ergebende Verfügungsbeschränkung verengert zugleich das Gebiet der Anfechtungsklage und des an die Voraussetzungen des Anfechtungsgesetzes gebundenen Rückrufs; bei einem Schuldner, gegen den bereits eine Pfändung vorliegt, kann über die verhältnismäßig engen Bedingungen des Anfechtungsgesetzes unbedenklich hinausgegangen werden. Die Umstellung, die gegen Dritte notwendig ist, deren Recht im Range nachsteht und daher den Vollstreckungsgläubigern haftet (§ 833), wird im Falle des § 885 Satz 1 von Amts wegen vorgenommen (vgl. § 834 Abs. 2 Satz 2. In den Fällen des § 885 Satz 2 kann sie ähnlich wie der Rückruf von Amts wegen stattfinden, z. B. wenn die Pfändungsmasse sofort erweitert werden muß, oder der Erwirkung durch den Vollkreckungsgläubiger überlassen bleiben (§ 834 Abs. 2 Satz 3). Da die Veräußerungen, die unter § 885 fallen, den anfechtbaren ähneln, kann auch nach ihnen bei der Offenlegung gefragt werden (§ 775 Abs. 2).

§ 886. § 805 ZPO. wird durch § 886 in mehrfacher Richtung geändert. Wie bisher hindert das Recht eines nicht im unmittelbaren oder mittelbaren Besitz befindlichen Pfandgläubigers usw. die Pfändung einer Sache nicht. Wie bisher ist dieses Recht aber bei der Ausschüttung des Erlöses zu berücksichtigen. Voraussetzung ist dafür jedoch nicht mehr, daß es durch Klage geltend gemacht ist; auch ein Antrag beim Vollstreckungsgericht ist nicht erforderlich. Vielmehr ist das Recht, wenn sich sein Vorhandensein herausstellt, von Amts wegen beschlußmäßig festzustellen; gegen den Beschluß ist als Ersatz für den aus Beschleunigungsgründen beseitigten Klagezwang die besondere Vollstreckungsbeschwerde nach §§ 842, 843 gegeben; der Rechtspfleger kann den Beschluß nicht erlassen (§ 1023 Nr. 6). Daß über das Recht von Amts wegen zu befinden ist, rechtfertigt sich dadurch, daß die im Falle seiner Übergehung jederzeit mögliche nachträgliche Austragung im Prozeßwege tunlichst vermieden werden soll. Da das Recht bei der Verteilung nur zu berücksichtigen ist, wenn es anerkannt ist, wenn es also feststeht, ist nicht sein Nichtvorliegen positive, sondern nur sein Vorliegen negative Voraussetzung für die Rechtmäßigkeit der Verteilung. Es ist daher nur bei besonderem Anlaß, insbesondere also auf eine entsprechende Anregung des angeblich Vorzugsberechtigten hin vor der Verteilung zu prüfen, ob nicht etwa ein solches Recht vorliege. Hat kein förmliches Verteilungsverfahren (§§ 934 ff., insbesondere §§ 936, 939) stattgefunden, so kann, solange die Vollstreckung anhängig ist, nach vorgängiger, durch Beschluß zu bescheidender Erinnerung (§ 844) ein fälschlich nicht zur Anerkennung gelangtes Vorzugsrecht mit der besonderen Vollstreckungsbeschwerde der §§ 842, 843 geltend gemacht werden; vgl. auch §§ 780, 845 Abs. 3.

Diese Grundsätze werden nun wegen Gleichheit der Sachlage einmal auch dann angewendet, wenn der Gegenstand der Pfändung ein Recht ist, was aus der Fassung des Absatzes 1 Halbsatz 1 hervorgeht; nur die die Besitzfrage betreffende Vorschrift des Abs. 1 Halbsatz 2 ist auf Sachen beschränkt. Sodann wird aber dem nichtbesitzenden Pfandgläubiger auch der nicht im unmittelbaren Besitz befindliche Sicherheitseigentümer gleichgestellt. Bei der Sicherungsübereignung gilt dies schlechtweg, beim Eigentumsvorbehalt nur, wenn die Beschränkung des Eigentümers auf die bloße Erlösteilnahme dadurch gerechtfertigt wird, daß er infolge weit vorgeschrittener Abzahlungen die Rechte eines Volleigentümers billigerweise nicht mehr beanspruchen kann. Die im Schlußsatz enthaltene Ausnahme von § 267 Abs. 2 BGB. entspricht dem § 268 BGB.

§ 887. Vgl. bisher § 806 ZPO. Der Ausschluß der Mängelhaftung ist erhalten geblieben (Abs. 2; vgl. ZVG. § 56 a. E.). Doch ist durch den neuen Abs. 1 klargestellt, daß eine Haftung für Rechtsmängel regelmäßig überhaupt nicht in Betracht kommt. War nämlich die Veräußerung als Akt gültig, d. h. ihrer Form nach gehörig (§ 893 Abs. 1, §§ 907, 922), so wird der Erwerber freier Eigentümer, wenn die Veräußerung rechtmäßig war oder er den Rechtmäßigkeitsmangel nicht kannte. Die Veräußerung ist rechtmäßig, wenn den zwingenden Vorschriften genügt ist, also die Rechts- und Gültigkeitsvoraussetzungen für die Pfändung bestanden und die zwingenden Vorschriften über die sachliche Seite der Veräußerung (§ 899 Abs. 2, § 901) erfüllt sind (vgl. § 780 Abs. 1).

B. Zwangsvollstreckung in Sachen.

§§ 888, 889. Wie bisher besteht die Pfändung im Besitzerwerb durch den Gerichtsvollzieher (§ 888 Abs. 1); von der Pfändung ist der Schuldner wie bisher in Kenntnis zu setzen (§ 889 Abs. 3). Liegen die Voraussetzungen vor, unter denen sich der Gerichtsvollzieher mit dem mittelbaren Besitz begnügen kann (§ 889 Abs. 1), so muß er wie bisher die Pfändung mittels einer Siegelanlegung u. ä. vornehmen. Es ist jedoch, zumal bei der jetzigen Gestaltung der Pfändung Nachpfändungen anderer Gerichtsvollzieher nicht mehr vorgesehen sind (§ 882 Abs. 2), nicht notwendig, daß das Pfandsiegel jedem Beschauer sogleich ins Auge fällt. Der Entwurf hält es vielmehr, um die Schonung berechtigter Interessen der Schuldner zu ermöglichen, für ausreichend, daß das Siegel bei näherer Betrachtung der Sache nicht übersehen werden kann. Da bisher der in § 808 der Zivilprozeßordnung gebrauchte Ausdruck »ersichtlich« im Sinne der Augenfälligkeit ausgelegt wurde, wurde er im Entwurf durch »erkennbar« ersetzt. Durch eine Pfändung unter Belassung des unmittelbaren Besitzes wird an sich das Benutzungsrecht des Schuldners nicht ausgeschlossen. Da aber Fälle denkbar sind, in denen die Fortbenutzung durch den Schuldner den Gläubiger besonders gefährdet (z. B. bei Automobilen), wird dem Gerichtsvollzieher in § 889 Abs. 2 nun ausdrücklich gestattet, eine solche gefährliche Fortbenutzung zu hindern oder an Auflagen zu knüpfen.

Positive Ordnungsvoraussetzung für die Pfändung ist, daß die Sache im Gewahrsam des Schuldners, des Gläubigers oder eines herausgabebereiten Dritten vorgefunden wird (§ 888 Abs. 2). Fehlt es an einem solchen Gewahrsam, so entsteht zwar dennoch ein Pfandrecht, sofern die Sache zum haftenden Vermögen, das ist dem des Schuldners, gehört und kein Drittrecht entgegensteht. Doch ist gegen die Pfändung die Erinnerung gegeben und über sie durch Beschluß zu befinden (§ 888 Abs. 2 Satz 2), da über die Gewahrsamsfrage rechtskräftige Entscheidungen möglich sein sollen; der Beschluß ist mit der gewöhnlichen Vollstreckungsbeschwerde (§§ 840, 841) anfechtbar. Unter dem Gewahrsam ist der unmittelbare Besitz zu verstehen, jedoch, soweit es sich um den unmittelbaren Besitz eines Dritten handelt, nur dann, wenn der Besitz nicht die Veräußerung hindert, dem Dritten also ein gegenüber dem Gläubiger wirksames Vermögensrecht auf Belassung im Besitz nicht zusteht (vgl. die Begründung zu § 820). Ist der unmittelbare Besitz eines Dritten in diesem Sinne ein bloßer Gewahrsam, so kann die fehlende Einverständniserklärung nur durch die Erwirkung eines Schuldtitels überwunden werden, doch stellt hier das Erfordernis eines Titels ausnahmsweise eine bloße Ordnungsvoraussetzung dar, weil das Einverständnis nach § 888 Abs. 2 selber eine bloße Ordnungsvoraussetzung ist. Ist der unmittelbare Besitz eines Dritten nicht bloßer Gewahrsam im Sinne des soeben Ausgeführten, so entsteht im Falle seiner Nichtbeachtung kein ihm vorgehendes Pfandrecht (§ 882 Abs. 1 Satz 1). Auch ein unter § 820 fallender Besitz kann zwar durch eine Zustimmung zur Pfändung seinen Charakter als entgegenstehendes Drittrecht verlieren, aber auch diese Zustimmung ist dann Rechtsvoraussetzung, nicht wie die des Abs. 2 bloße Ordnungsvoraussetzung.

§ 890. Wie bisher können stehende Früchte gepfändet werden, jedoch nur vor der Immobiliarbeschlagnahme. Daß eine solche noch nicht stattgefunden habe, ist eine positive Rechtsvoraussetzung und daher vor der Pfändung von Amts wegen zu prüfen. Im übrigen bleibt das Recht der Immobiliargläubiger zunächst außer Betracht. Sie können aber wie bisher, soweit sie dem Pfändungsgläubiger nicht nachstehen, ihr Recht wie ein unter § 820 fallendes, durch Erinnerung und besondere Vollstreckungsbeschwerde (§§ 842, 843) geltend machen. Die Fassung des erforderlichen Beschlusses ist dem Richter vorbehalten (§ 1023 Nr. 6). Abweichend von der allgemeinen Regel kann also das Immobiliargläubigerrecht nicht auch von Amts wegen beachtet werden, und zwar deswegen, weil das Recht an sich der Mobiliarvollstreckung nicht entgegensteht und es wegen der Gefahr der Zwangsversteigerung ganz vom Willen des Immobiliargläubigers abhängen muß, ob er es geltend machen will oder nicht. Unterläßt er die Geltendmachung, so bleibt das Pfandrecht bei Bestand und nach dem Abschluß der Vollstreckung besteht kein Anspruch wegen ungerechtfertigter Bereicherung. Macht dagegen der Immobiliargläubiger sein Recht geltend, so wird das Pfandrecht ex tunc, nicht wie bei Ordnungsvoraussetzungen (§ 882 Abs. 1 Satz 2) nur ex tunc hinfällig. § 890 Abs. 2 geht dem § 886 vor, doch kann ein nach § 890 Abs. 2 widerspruchsberechtigter Gläubiger sich auch eines bloßen Antrags nach § 886 bedienen und damit auf § 890 verzichten.

§ 891. Bisher war die Pfändung eines Warenlagers, einer Herde u. ä. nur in der Weise möglich, daß die Sachgesamtheit in ihrem gegebenen Bestand beschlagnahmt wurde. Dieser erfuhr damit eine Festlegung, wodurch die Sachgesamtheit ihre bisherige wirtschaftliche Funktion verlor; der Händler, dem sein Lager gepfändet wurde, mußte sein Geschäft schließen. Es ist jedoch denkbar, daß ein solcher Händler, wenn ihm trotz der Pfändung das Weiterwirtschaften ermöglicht wird, seine Gläubiger aus den Geschäftserträgen befriedigen kann, und da der Verkauf des Lagers im gewöhnlichen Geschäftsgang mehr erbringt, als die Versteigerung, können noch andere berechtigte Interessen an der Erhaltung des Betriebs bestehen, wenn er lebensfähig ist. Voraussetzung ist allerdings, daß das Warenlager fortlaufend ergänzt wird, und zwar nicht nur im Hinblick auf die (durch Teilzahlungen sich mindernde) Sicherungsbedürftigkeit der Gläubiger, sondern auch deswegen, weil der Geschäftsbetrieb möglichst erhalten bleiben soll. Mag nun auch oft die Aussicht nicht groß sein, daß ein Geschäftsmann, dessen Lager gepfändet ist, neue Waren zu freier Verfügung geliefert bekommt, so kann doch dadurch, daß das Warenlager seinem wirtschaftlichen Zweck erhalten bleibt und die alten Gläubiger erforderlichenfalls durch eine gleichzeitige Schuldnerschutzmaßnahme (§§ 950 ff.) zurückgehalten werden, immerhin die Möglichkeit geschaffen werden, neue Gläubiger fortlaufend zu befriedigen. Dann bleibt das Geschäft im Gang und daraus werden die Mittel gewonnen, um die Forderungen der alten Gläubiger, sei es vor der im gewöhnlichen Verfahrensverlauf anstehenden Versteigerung, sei es binnen einer über diesen Zeitpunkt hinaus bewilligten Frist (§ 952) zu decken. Eine vorübergehende Minderung der Sicherheit der Gläubiger (Verkleinerung des ihnen haftenden Warenbestandes) kann in Kauf genommen werden, wenn das Geschäft fortlaufende Teilzahlungen ermöglicht und erfolgreich im Gang bleibt. Da er Teile des Warenlagers nur in den Grenzen ordnungsmäßiger Wirtschaft veräußern darf, ist dem Schuldner nicht gestattet, das haftende Lager, ehe die Gläubiger befriedigt sind, ganz auszuverkaufen, ohne für entsprechenden Ersatz zu sorgen. Für die Einhaltung dieser Beschränkung muß die Überwachung sorgen. Darüber, ob im Einzelfall diese Warenlagerpfändung angezeigt ist, hat das Vollstreckungsgericht durch Beschluß zu befinden; es muß dann den Betrieb, schon um Warenverschiebungen vorzubeugen, einer zweckentsprechenden Überwachung (vgl. § 881 Abs. 3) unterstellen. In der Regel wird die Warenlagerpfändung nach § 891 insbesondere in Verbindung mit einer Schuldnerschutzmaßnahme (Fristbewilligung u. ä.) in Betracht kommen.

Sobald sich herausstellt, daß die Befriedigung der Gläubiger doch nur durch die Zwangsverwertung erreicht werden kann, muß diese Verwertung stattfinden. Da sie im engen Zusammenhang mit der Anordnung der Lagerpfändung und mit der Aufhebung einer etwaigen Schuldnerschutzmaßnahme steht, ist die Entscheidung darüber dem Gerichtsvollzieher abgenommen und dem Vollstreckungsgericht übertragen (Abs. 2).

Die Pfändung findet an sich in der gewöhnlichen Weise statt. Hat das Vollstreckungsgericht einen Beschluß nach Abs. 1 erlassen und dadurch den Wechsel im Bestand der gepfändeten Sachen ermöglicht, so ist dem Pfandrecht zunächst nur der jeweilige Bestand der gepfändeten Sachgesamtheit unterworfen, erst mit der Zustellung des die Verwertung anordnenden Beschlusses verwandelt sich das Pfandrecht in ein solches an den zu dieser Zeit in der Sachgesamtheit enthaltenen Einzelsachen (Abs. 2). Ist mit dem Warenlager die Ladeneinrichtung gepfändet, so muß das Vollstreckungsgericht dafür sorgen, daß der Gerichtsvollzieher den Zweck der Lagerpfändung nicht durch eine Vorwegversteigerung der Einrichtung durchkreuzt.

Die im § 891 vorgesehenen Beschlüsse sind dem Richter vorbehalten (§ 1023 Nr. 10) und mit der gewöhnlichen Vollstreckungsbeschwerde (§§ 840, 841) anfechtbar.

§ 892. Die geltende ZPO. enthält Schätzungsvorschriften nur in §§ 813, 814, doch wurde mit Rücksicht auf das Mindestgebot durch die Bekanntmachung vom 8. 10. 1914 die Schätzung allgemein vorgeschrieben. Da das Mindestgebot beibehalten wird (§ 901), die Wertfeststellung überdies wegen § 882 Abs. 2 a E. notwendig ist, wurden die Schätzungsvorschriften der Bekanntmachung mit denen der ZPO. im § 892 verbunden. Auch die instruktionellen Vorschriften über die Sachverständigenzuziehung sind geblieben. Nur ergibt sich aus dem allgemeinen Weisungsrecht des Vollstreckungsberichts (§ 873), daß außer der Landesjustizverwaltung auch dieses von Fall zu Fall wie allgemein die Schätzung durch Sachverständige anordnen kann.

§ 893. Wie bisher sind gepfändete Sachen (mit Ausnahme von Geld § 894, börsen- und marktgängigen vertretbaren Sachen § 904 und Wertsachen § 901 Abs. 3) öffentlich durch den Gerichtsvollzieher zu versteigern, soweit das Vollstreckungsgericht keine andere Verwertung anordnet (§ 907). Die Frist zwischen Pfändung und Versteigerung ist auf 14 Tage verlängert, einmal weil die einwöchige Frist schon bisher wohl keine praktische Bedeutung hatte, ferner weil es nicht angemessen wäre, die Versteigerung noch vor dem Ablauf der ersten Zehntagefrist des § 883 Abs. 2, 3 vorzunehmen. Wie bisher ist eine frühere Versteigerung zulässig, aber es befindet darüber nunmehr das Vollstreckungsgericht; die Ausnahmegründe sind nur noch beispielsweise genannt. Die Einigung zwischen Gläubiger und Schuldner ist nicht mehr erwähnt, kann aber, wenn mit ihr nicht eine Durchkreuzung des Ausgleichs bezweckt wird, das Vollstreckungsgericht zu einer Vorverlegung des Termins veranlassen. Die Zehntagefrist des § 883 Abs. 2, 3 ist zwar im allgemeinen keine abzuwartende Frist, wie sich insbesondere bei der Geldpfändung zeigt. Doch könnte die durch das Ausgleichsprinzip anderen Gläubigern eröffnete Gleichberechtigung fraudulös umgangen werden, wenn der erste Gläubiger in Verbindung mit dem Schuldner ohne weiteres die Vorverlegung der Versteigerung herbeiführen könnte. Die vierzehntägige Frist läuft jeweils von dem Vollzug der realen Pfändung ab; § 883 Abs. 3 Satz 1 ist nicht analog anwendbar.

§§ 894 bis **896.** Die §§ 894 bis 896 entsprechen im wesentlichen dem bisherigen § 815 ZPO. Der Gerichtsvollzieher hat das Geld nach § 894 Abs. 1 grundsätzlich den beteiligten Gläubigern sofort abzuliefern; über ihren Rang ist er gemäß § 884 in der Regel im klaren. Ein Überschuß, der nicht dem Schuldner abgeliefert werden dürfte, weil mittlerweile weitere Gläubiger, wenn auch mit schlechterem Rang, noch ein Pfandrecht nach § 882 Abs. 2 erworben haben könnten, kann sich hier bei richtigem Verfahren wegen des Verbots der Überpfändung (§ 881 Abs. 1 a. E.) nicht ergeben. Reicht umgekehrt der Geldbetrag nicht zur Befriedigung aller beteiligten Gläubiger aus, so kann die Lösung der Rangfrage gelegentlich schwierig sein, insbesondere wenn auswärtige Pfandrechte mitzuberücksichtigen sind und daher unter Umständen schon zweifelhaft ist, ob der Betrag für alle beteiligten Gläubiger ausreicht. Daher empfiehlt es sich, auch die Möglichkeit einer vollstreckungsgerichtlichen Verteilung vorzusehen; ob diese förmlich oder formlos stattzufinden hat, richtet sich nach § 934. Das Vollstreckungsgericht hat dabei gegebenenfalls auch die Frage der Abgabe oder der Übernahme eines auswärtigen Verfahrens (§ 787, § 789 Abs. 1) zu prüfen.

§ 895 Abs. 1 (vgl. bisher § 815 Abs. 2 ZPO.) stellt sich als eine Ergänzung von § 821 Abs. 1 dar; ist Geld im Gewahrsam des Schuldners gepfändet, so soll das entgegenstehende Recht eines Dritten, vom Falle der Offensichtlichkeit (§ 880) abgesehen, nur beachtet werden, wenn es glaubhaft gemacht ist, und der Dritte sich binnen einer Woche um die Anerkennung seines Rechts bemüht. Unterläßt der Dritte die Geltendmachung seines Rechts, so wird dadurch die Rechtswidrigkeit jedoch nicht geheilt; daher bleibt eine spätere Bereicherungsklage möglich. Der Beschluß über das Drittrecht ist nach § 820 mit §§ 842, 843 durch die besondere Vollstreckungsbeschwerde anfechtbar und dem Richter vorbehalten (§ 1023 Nr. 6). Ist Geld in der Annahme, es gehöre dem Schuldner, außerhalb des Gewahrsams des Schuldners gepfändet worden, so gilt nicht § 895 Abs. 1 mit § 821 Abs. 1, sondern § 820. Das Geld darf also nur gepfändet werden, wenn seine Pfändbarkeit nach dem Ermessen des Gerichtsvollziehers feststeht und die Eigentumsfrage muß unabhängig von Anträgen und Glaubhaftmachungen geklärt sein, ehe das Geld dem Gläubiger ausgehändigt wird. Die vollstreckungsgerichtliche Klärung der Eigentumsverhältnisse an einem nach Lage der Umstände zunächst gepfändeten Geldbetrag muß der Gerichtsvollzieher selber herbeiführen (vgl. die Begründung zu § 873).

Außer den bisherigen Pfändungsbeschränkungen der Nr. 2 und 3 des § 811 (vgl. § 955 Nr. 2 und 3) kommt für Geldbeträge neu die Pfändungsbeschränkung des § 956 (vgl. bisher § 811 Nr. 8 ZPO.), ferner unter Umständen die allgemeine Bestimmung des § 872 in Betracht. In all diesen Fällen soll der Gerichtsvollzieher befugt sein, selbst Stellung zu nehmen oder nach einer Weisung (§ 873) zu verfahren, doch soll er auch, wenn er sich zur richtigen Beurteilung des Sachverhalts außerstande sieht, dem Vollstreckungsgericht die Verfügung über das gepfändete Geld überlassen können (§ 895 Abs. 2).

Soweit das Vollstreckungsgericht die Bestimmung über das Geld zu treffen hat, trifft es sie — obwohl zu Rechtsvoraussetzungen Stellung zu nehmen ist — durch Verfügung, wenn nicht das förmliche Verteilungsverfahren (§ 934) beantragt oder von ihm für zweckmäßig gehalten wird (§ 896 Abs. 1). § 896 Abs. 2 entspricht im wesentlichen dem bisherigen Abs. 3 des § 815 ZPO.

§ 897 entspricht dem bisherigen § 816 ZPO., doch ist die Befugnis des Vollstreckungsgerichts zur Bewilligung von Abweichungen von der Regel beträchtlich erweitert, da sich die Starrheit der bisher geltenden Vorschriften häufig als für die Ergiebigkeit der Versteigerung nachteilig erwiesen hat.

§ 898 bezweckt nicht nur die Klarstellung des Hausrechts des Gerichtsvollziehers; wer der Wegweisung nicht folgt, macht sich des Hausfriedensbruchs schuldig, sofern die Wegweisung nicht etwa ihrerseits unzulässig war. Aus § 898 ergibt sich aber die weitere Befugnis des Gerichtsvollziehers, die Gebote des Weggewiesenen unberücksichtigt zu lassen. Die Vorschrift soll es vor allem dem Gerichtsvollzieher auch ermöglichen, gegen Personen vorzugehen, die nicht durch Ungebührlichkeiten die Vollstreckungshandlung stören, sondern sie in anderer Weise beeinträchtigen, z. B. gegen die Mitglieder sogenannter Händlerringe, die, um die Pfandsachen möglichst billig erwerben zu können, Privatpersonen das Mitbieten dadurch unmöglich machen, daß sie jeden Außenseiter, der mitbieten will, auf Verabredung und auf gemeinsame Kosten überbieten.

§ 899. Gegenüber § 817 ZPO. ist lediglich auf die Änderung zu verweisen, welche Abs. 4 insofern erfährt, als der Gläubiger wegen § 883 Abs. 2, 3 regelmäßig nicht mehr ein einziger und darum die Quote, die er nicht in bar zu bezahlen braucht, meist eine geringere sein wird, als bisher.

§ 900. Um die Ergiebigkeit der Versteigerungen zu verbessern, werden auch schriftliche Gebote zugelassen. Die Bekanntmachungen nach § 897 Abs. 2 werden zwar oft zu spät bekannt werden, als daß sie eine große Wirkung haben könnten, doch steht nichts im Wege, auf voraussichtlich bevorstehende Versteigerungen der Interessentenkreise schon hinzuweisen, ehe der Zeitpunkt für die Bekanntmachung nach § 897 Abs. 2 herangekommen ist. Jedenfalls durfte der Versuch nicht unterlassen werden, die Teilnahme an Versteigerungen auch Auswärtigen zu erleichtern. Die Schwierigkeit, die sich aus § 899 Abs. 2, 3 ergibt und mangels besonderer Bestimmungen wohl stets ergeben würde, da die schriftlichen Bieter selten geneigt sein werden, ihrem Gebot einen Barbetrag beizufügen, läßt sich dadurch umgehen, daß die Zurverfügungstellung des Betrags durch Hinterlegung oder durch die Zahlungsbereitschaftserklärung einer Bank als instruktionelles Zuschlagserfordernis aufgestellt wird. Für die Ablieferung gilt dann § 899 Abs. 2, 3.

§ 901. Abs. 1 hält das bisher durch die Bekanntmachung vom 8. 10. 1914 vorgeschriebene Mindestgebot aufrecht. Scheitert die Versteigerung, so hat sich das Vollstreckungsgericht nach § 907 schlüssig zu werden; bleibt nichts anderes übrig, so wird eine unveräußerliche Sache schließlich an den Schuldner zurückzugeben sein. Die Vorschrift über das Mindestgebot ist zwingend, doch steht ihre Verletzung dem gutgläubigen Erwerb nicht entgegen (§ 887). Der gute Glaube wird in der Regel nicht bezweifelt werden können, wenn der geschätzte Verkaufswert (§ 892) für die Bemessung des Mindestgebots bestimmend war.

Einen neuen Zuschlagsversagungsgrund bringt Abs. 2. Es wäre ganz unangemessen, wenn ein vorgehender Vorzugsberechtigter, dessen Recht nach § 886 Abs. 2 bereits anerkannt ist, z. B. ein Sicherheitseigentümer, es geschehen lassen müßte, daß eine Sache, die zu seiner Sicherung bestimmt war, veräußert wird, obwohl er selbst dabei keine ihm genügende Deckung findet. Wird trotz eines hiernach statthaften Widerspruchs der Zuschlag erteilt, so wird der Erwerber nur bei gutem Glauben Eigentümer (§ 887); ist das Recht noch nicht anerkannt gewesen, obwohl es bestand, oder der Widerspruch unterblieben und das Recht daher übergangen worden, oder ist wegen des guten Glaubens das Eigentum übergegangen, so kann der Ausgleich im Bereicherungsklageweg herbeigeführt werden.

Wie bisher werden Gold- und Silbersachen dadurch weiter bevorzugt, daß bei ihnen nicht nur der halbe Verkaufswert, sondern auch der volle Metallwert durch das Mindestgebot gedeckt werden muß. Sind beide Bedingungen erfüllt, so kann der Gerichtsvollzieher auch eine freihändige Veräußerung vornehmen, ohne daß es einer vollstreckungsgerichtlichen Anordnung bedürfte.

§ 902. Vgl. bisher § 818 ZPO.

§ 903. Wie nach § 894 über gepfändetes Geld kann der Gerichtsvollzieher auch sogleich über den Versteigerungserlös verfügen (vgl. § 884). Da sich hier aber ein Überschuß ergeben kann, der dem Schuldner nur dann gebührt, wenn nicht weitere, dem Gerichtsvollzieher noch nicht bekannte Ansprüche mittlerweile, wenn auch mit Nachrang, vollstreckungsreif geworden sind, ist vorgesehen, daß ein etwaiger Überschuß dem Vollstreckungsgericht zu übergeben ist, das durch Verfügung (Abs. 2 mit § 896 Abs. 1) über ihn bestimmen kann.

§§ 904 bis **906.** § 904 entspricht dem § 821 ZPO. Neu ist einmal, daß der Tageskurs nicht mehr unbedingt bindend sein soll, sondern daß, wenn ein höherer Preis erzielbar erscheint, die Veräußerung zu diesem Preise stattfinden kann (Inflationserfahrungen). Neu ist ferner, daß alle börsen- oder marktgängigen Waren der freihändigen Veräußerung zum Tageskurs oder einem erzielbaren höheren Preis unterstellt werden, da der feste Kurs die Versteigerung überflüssig macht.

§ 905 entspricht den §§ 822, 823 ZPO. An Stelle der Ermächtigung des Vollstreckungsgerichts ist jetzt die eigene Handlung des Vollstreckungsgerichts vorgesehen, das sich bei ihr des Gerichtsvollziehers bedienen kann.

§ 906 entspricht dem § 824 ZPO.

§ 907. Der Beschluß des Vollstreckungsgerichts (Beschwerde nach §§ 840, 841) auf anderweitige Verwertung ist von einem förmlichen Antrag nicht mehr abhängig. Dadurch werden, zumal wenn das Ausgleichsprinzip zu einer Mehrheit gleichstehender Gläubiger führt, Verzögerungen vermieden; insbesondere wird es dem Schuldner unmöglich, den Antrag zu Verschleppungszwecken zu stellen, denn das Vollstreckungsgericht hat nur darauf zu achten, ob im Augenblick seiner Stellungnahme die Anordnung der anderweitigen Verwertung nach Lage der Sache im Sinne des § 771 Abs. 1 zweckmäßiger ist, als die Vornahme der Versteigerung.

Das Vollstreckungsgericht ist bei seinem Beschluß nur an die Versteigerungsfrist (§ 893 Abs. 2) und an die Mindestgebotsbestimmungen (§ 901 Abs. 1, 3) gebunden. Von letzteren kann es auch nicht abweichen, und zwar deswegen, weil es dem Gläubiger freisteht, die Sachen zum halben Schätzungswert (soweit er bei Edelmetallen den Metallwert erreicht) zu übernehmen und es dem Schuldner nicht zugemutet werden kann, sie trotzdem zu einem niedrigeren Ansatz zu verlieren.

C. Zwangsvollstreckung in Forderungen und andere Vermögensrechte.

§§ 908, 909. Der bisherige § 828 ZPO. ist in seinem Abs. 1 durch § 769 ersetzt. Eine besondere Zuständigkeitsbestimmung (Abs. 2 des § 828) ist nicht mehr notwendig, da die allgemeine Zuständigkeitsregelung der §§ 786 bis 790 ausreicht.

Die Forderungspfändung gehört dem inneren Vollstreckungsdienst an; sie besteht nicht in einer Besitzergreifung, sondern in einer bloßen Beschlagnahmeverfügung. Daß der innere Vollstreckungsdienst von anderen Beamten als den im Außendienst mit Besitzergreifungen befaßten vorgenommen wird, ist sachgemäß. Die Vereinheitlichung der Vollstreckungsorgane hätte aber, auch hiervon abgesehen, nicht durch die Übertragung aller Pfändungen auf den Gerichtsvollzieher hergestellt werden können. Denn die eigentlich vollstreckungsgerichtlichen Aufgaben hätten doch noch immer einer anderen Stelle als dem Gerichtsvollzieher obliegen müssen; diese eigentlich vollstreckungsgerichtlichen Aufgaben sind aber ebenfalls Aufgaben des Innendienstes. Daher empfahl es sich, dem Vollstreckungsgericht auch die Pfändungen als Aufgaben des Innendienstes zu belassen.

Die Forderungspfändung setzt einen eigenen Antrag des Gläubigers nicht mehr voraus; der allgemeine Vollstreckungsantrag (§ 770) genügt. Hierdurch soll ermöglicht werden, daß Forderungen, die dem Vollstreckungsgericht bekanntgeworden sind, ohne Verzug gepfändet werden können. Daß das Vollstreckungsgericht an Stelle einer sicheren Sachpfändung nicht eine unsichere Forderungspfändung wählen darf, ergibt sich aus § 771 Abs. 1. Der Einfluß des Gläubigers ist dadurch sichergestellt, daß er die Pfändung einer Forderung bei dem Vollstreckungsgericht beantragen (anregen) kann (§ 770 Abs. 1 Satz 2, § 771 Abs. 2). Wer die Pfändung einer Forderung beantragt, muß damit rechnen, daß ihm ihre Einziehung übertragen wird (§ 916 Abs. 1 a. E.).

Sachlich entsprechen die § 908 Abs. 1, § 909 Abs. 1, 2 dem bisherigen § 829 mit § 834 ZPO. Es ist nur klargestellt, daß die Pfändung durch Verfügung und nicht durch Beschluß vorzunehmen, sohin nicht zu begründen (§ 782) und nur mit Erinnerung anfechtbar ist (§ 844). Ferner ist klargestellt, daß dem Schuldner nur die Verfügungen verboten sind, welche die Gläubiger benachteiligen würden. Die Zustellung an den Drittschuldner (§ 909 Abs. 1) ist wie die an den Schuldner (§ 909 Abs. 2) nun von Amts wegen vorzunehmen § 134). Neu ist auch die Berechtigung und Verpflichtung des Drittschuldners an das Vollstreckungsgericht zu leisten (§ 909 Abs. 1 Satz 2). Sie entlastet den Drittschuldner von der Prüfung der Berechtigung des Pfandgläubigers und erleichtert ihm die Erfüllung insbesondere in den Fällen des Gleichranges mehrerer Gläubiger. Da die bisherige Überweisung zu einer bloßen Einziehungslegitimation umgestaltet ist (§ 916), der Drittschuldner zur Leistung an den Gläubiger anstatt an den Schuldner also schon auf Grund der Pfändung und nicht erst nach der Überweisung berechtigt und verpflichtet ist (vgl. § 1282 BGB.), war diese Folge der Pfändung bereits in § 909 aufzunehmen. Aus demselben Grund war der bisher für die Überweisung geltende § 836 Abs. 2 ZPO. in den § 908 (Abs. 2) einzustellen und auf die Pfändungsverfügung abzustellen. Zugleich wurde der dem Drittschuldner durch § 836 Abs. 2 ZPO. gewährte Schutz von der Einschränkung »dem Schuldner gegenüber« befreit und gilt daher nunmehr, wie billig, auch anderen Forderungsprätendenten gegenüber.

Die Pfändungsverfügung hat gemäß § 915 Abs. 3 zugleich die Aufforderung zur Drittschuldnererklärung zu enthalten, da das Vollstreckungsgericht möglichst schnell in die Lage versetzt werden soll, die Einbringlichkeit der Forderung zu beurteilen.

Über die Leistungen des Drittschuldners verfügt das Vollstreckungsgericht; im Falle des § 860 Abs. 3 muß es sie hinterlegen und kann daher auch nicht die unmittelbare Leistung an den Gläubiger anordnen.

§ 910. Nach § 909 Abs. 1 Satz 2 a. E. hat der Drittschuldner auf Grund der Pfändung an das Vollstreckungsgericht zu leisten; hierauf kann auch der Schuldner, solange die Forderung nicht einem Gläubiger zur Einziehung überwiesen ist, noch klagen, da ihm nur benachteiligende Verfügungen verboten sind (§ 918 Abs. 1 a. E.). Über die bei ihm eingehenden Leistungen des Drittschuldners hätte das Vollstreckungsgericht an sich durch Beschluß zu verfügen, da dabei zu Rechtsvoraussetzungen Stellung zu nehmen ist (§ 782). Um das Verfahren zu vereinfachen, sieht jedoch § 910 Abs. 1 vor, daß zur Verteilung der Drittschuldnerleistungen eine Verfügung genügt, so daß also die Verteilung der Leistungen durch das Vollstreckungsgericht ebenso mit Erinnerung anfechtbar ist, wie die entsprechende Verteilung des Verwertungserlöses, die der Gerichtsvollzieher vornimmt (vgl. §§ 894, 903). Über die Erinnerung ist dann durch Beschluß zu befinden (§ 844), der in der Regel nur der gewöhnlichen Vollstreckungsbeschwerde unterliegt (§§ 840, 841), jedoch wenn eine der in § 842 aufgeführten Voraussetzungen in Frage steht, mit besonderer Vollstreckungsbeschwerde (§ 843) anfechtbar ist.

Das Vollstreckungsgericht kann nach Abs. 2 auch die unmittelbare Leistung an den Gläubiger anordnen, z. B. wenn die erste Zehntagefrist abgelaufen ist oder ein nach § 883 Abs. 2 a. E. Vorzugsberechtigter allein in Betracht kommt. Eine solche Anordnung soll aber für den Drittschuldner nicht verpflichtend, sondern nur berechtigend sein, wenn wider Erwarten doch mehrere Pfandgläubiger in Betracht kommen, was insbesondere möglich ist, wenn die Pfändung der Forderung in Verfahren stattfand, die bei verschiedenen Vollstreckungsgerichten betrieben wurden (§ 787).

Während die Forderungspfändung ohne weiteres auch später fällig werdende Teilbeträge einer gepfändeten Gehalts- usw. forderung ergreift (§ 913), können später fällig werdende Teilbeträge der Forderung des Gläubigers ein Pfandrecht nur durch Pfändung (oder Beitritt) nach dem Eintritt ihrer Fälligkeit erwerben. Ein Unterhaltsberechtigter, der hinsichtlich der fälligen Teilbeträge seiner Forderung ein Vorrecht gemäß § 883 Abs. 2 a. E. vor anderen Gläubigern erworben hat, hat es damit noch nicht auch für die später fällig werdenden Teilbeträge seiner Forderung erworben. Es kann aber, wie der Zahlungsbefehl (§ 804), so auch der Vollstreckungsantrag zugleich auf die künftigen Fälligkeiten der Aktivforderung abgestellt werden, da Zahlung und Nichterleben auflösende Bedingungen kassatorischer Art (negative Voraussetzungen) sind (vgl. § 818 Abs. 1 und 2). Das Vollstreckungsgericht hat dann die späteren Fälligkeitstermine zu überwachen und, sobald sie eingetreten sind, ohne weiteres auf Grund des allgemeinen Antrags eine neue Pfändung vorzunehmen oder den Beitritt zu vermerken. Auf diese Weise können sich Unterhaltsberechtigte ihren Vorrang für die Zukunft sichern. Vgl. auch die Begründung zu § 958 Abs. 5.

§ 911 ist gegenüber § 830 g. F. nur insofern geändert, als der Ausdruck »Pfändungsbeschluß« durch »Pfändungsverfügung« ersetzt ist, ferner ausdrücklich ausgesprochen wird, daß die Wegnahme des Hypothekenbriefs ein Vollzug der zugestellten Pfändungsverfügung ist (§§ 1020 ff.), und weiter vorgesehen ist, daß der Brief nicht dem Gläubiger, sondern dem Vollstreckungsgericht zu übergeben ist (Folge des Ausgleichsprinzips).

§ 912 entspricht dem bisherigen § 831, nur daß die gepfändeten Papiere zwar für den Gläubiger, aber zu Händen des Vollstreckungsgerichts weggenommen werden (Folge des Ausgleichsprinzips). Die Bedeutung der Vorschrift besteht nach wie vor darin, daß indossable Papiere, die nicht anders als andere Wertpapiere wie Sachen zu pfänden sind, hinsichtlich der Verwertung wie Forderungen behandelt werden.

§ 913 entspricht dem bisherigen § 832.

§ 914. Abs. 1 und Abs. 2 Satz 1 entsprechen dem bisherigen § 833. Neu ist die Bestimmung des Abs. 2 Satz 2, wonach sich der Schuldner nicht mehr durch einen Wechsel der Dienststelle dem Zugriff entziehen kann. Um das zu erreichen, ist vorgesehen, daß das Vollstreckungsgericht durch einen dem Richter vorbehaltenen (§ 1023 Nr. 10) Beschluß (Beschwerde: §§ 840, 841) den Schuldner unter Androhung einer — als Geldstrafe den Pfändungsbeschränkungen nicht unterliegenden — Strafe zur Angabe seines neuen Dienstherrn verpflichten kann und daß der Schuldner (Abs. 3) sich durch die Nichtabführung der durch die Pfändung gedeckten Beträge eines strafbaren Pfandbruchs schuldig macht, da die Pfändung ihm gegenüber als fortbestehend gilt. Außerdem gilt die Pfändung, obwohl sie dem Dienstherrn gegenüber erneuert werden muß, hinsichtlich der Rangfrage (§ 883 Abs. 2, 3) als fortbestehend, so daß also durch die Forderungspfändung eines Dritten der Rang des alten Pfandrechts nicht berührt wird. Bleibt die frühere Pfändung in dem neuen Verfahren verborgen, so ist eine Rechtsvoraussetzung der Verwertung verletzt und sowohl die Vollstreckungsbeschwerde (§§ 840, 841) als auch eine Bereicherungsklage möglich.

§ 915. Die Drittschuldnererklärung ist, da die Forderungspfändung nach dem Entwurf einen besonderen Antrag des Gläubigers nicht voraussetzt, nicht mehr von einem Verlangen des Gläubigers abhängig gemacht und nicht mehr dem Gläubiger, sondern dem Vollstreckungsgericht gegenüber abzugeben, da dieses sich schnell über die weiter gebotenen Schritte muß schlüssig werden können. Die Erklärungsfrist ist darum auch auf eine Woche herabgesetzt. Die besonderen Förmlichkeiten der Erklärungsaufforderung und -abgabe sind als unnötig beseitigt (bisher § 840 Abs. 2, 3). Dagegen ist die Erklärungspflicht auf den für das weitere Verfahren wichtigen Umstand der Leistungsfähigkeit ausdehnt worden. Auch wird jetzt die Angabe eines etwa bereits beteiligten Vollstreckungsgerichtes (§ 882 Abs. 2, 4, §§ 787, 788) verlangt (Abs. 1 Nr. 1 und 3).

Als Sanktion für die nichtordnungsmäßige Befolgung der Aufforderung zur Erklärungsabgabe war bisher ausdrücklich eine Schadensersatzpflicht vorgesehen (§ 840 Abs. 2 Satz 2 g. F.), die von manchen als von einem Verschulden unabhängig aufgefaßt wurde. In dieser Hinsicht dürfte jedoch die allgemeine Bestimmung des § 823 Abs. 2 BGB. genügen, die ein Verschulden, auf das nicht gut verzichtet werden kann, voraussetzt; § 915 bezweckt den Schutz der Pfandgläubiger gegen Vollstreckungshandlungen, die infolge falscher oder unterlassener Angaben des Drittschuldners fehlgehen. In Betracht kommt auch, daß das Vollstreckungsgericht jetzt zu Zeugenvernehmungen befugt ist (§ 774).

§§ 916 bis **918.** Die Überweisung an Zahlungsstatt ist beseitigt und nur noch nach § 922 möglich; ihre praktische Bedeutung war gering. Die Überweisung zur Einziehung ist als technischer Begriff beibehalten. Sie bedeutet aber nicht mehr einen Verwertungsakt, sondern ist, da zur Begründung der materiellen Rechte des Gläubigers die Pfändung genügt und das Fehlen der Verwertungsmöglichkeit im Arrestfall nicht erst durch die Unterlassung einer Überweisung ersichtlich gemacht zu werden braucht (vgl. § 1006), zu einem bloßen Legitimationsbehelf geworden. Sie ist nur noch dazu bestimmt, dem Gläubiger in den Fällen, in denen gegen den Drittschuldner Zwang notwendig ist oder der Gläubiger aus anderen Gründen zur Geltendmachung der Forderung einer Legitimation bedarf, diese zu gewähren; sie kann nur einem der am Ausgleich beteiligten Gläubiger erteilt werden. Der eigentliche Wert der Forderungspfändung als Vollstreckungsmaßregel liegt in der Erfassung derjenigen Forderungen des Schuldners, die der Drittschuldner widerspruchslos erfüllt; in solchen Fällen genügt die Pfändung.

Wenn der Drittschuldner auf Grund der Pfändung nicht freiwillig und auch infolge eines etwa vom Schuldner ausgeübten Zwanges (vgl. § 918 Abs. 1 a. E.) nicht leistet, hat das Vollstreckungsgericht die Wahl zwischen der Herbeiführung der Einziehung (§§ 916 ff.) und der anderweitigen Verwertung (§ 922). Die Einziehung ist einem Gläubiger zu übertragen und ist, da sie eine Belastung darstellt, die wegen des Ausgleichsprinzips auch anderen Gläubigern zugute kommen kann, nur mit dem Einverständnis des in Aussicht genommenen Gläubigers gestattet (§ 916 Abs. 1 Satz 1). Der Gläubiger, dem die Forderung zur Einziehung überwiesen ist, ist allein zur Einziehung befugt (§ 916 Abs. 2) und darum zu ihr verpflichtet (§ 918 Abs. 1 Satz 1, 2). Da aber durch die Pfändung das Einziehungsrecht des Schuldners noch nicht beseitigt wird, kann auch von der Überweisung abgesehen und die Einziehung zugunsten der Gläubiger dem Schuldner überlassen werden (§ 918 Abs. 1 Satz 3); sowohl der Gläubiger wie der Schuldner kann nur Leistung an das Vollstreckungsgericht oder nach dessen Weisung verlangen (§ 909 Abs. 1). Hatte der Schuldner gegen den Drittschuldner bereits einen Titel erwirkt, als die Pfändung stattfand, so ist der Titel auf den mit der Einziehung betrauten Gläubiger umstellbar (§ 833). Das gleiche gilt für einen

Titel, den der Schuldner nach der Pfändung vor der Überweisung erwirkt hat. Zwar war das materielle Recht des Gläubigers hier schon zur Zeit der Titelentstehung entstanden, da er aber erst durch die Überweisung zur Geltendmachung legitimiert wird, ist er als Sukzessivbeteiligter zu behandeln (vgl. S. 481, 485 ff. dieser Begründung). Findet sich kein Gläubiger, der zur Übernahme der Einziehung bereit ist, so wird die Forderung in der Regel unverwertbar und daher, wenn auch eine andere Verwertung keinen Erfolg verspricht (§ 922) freizugeben sein. Die Bereitschaft eines Gläubigers zur Übernahme der Einziehung ist auch in einem, an sich nicht notwendigen Antrag auf Pfändung der Forderung und in einer Vorpfändung nach § 924 zu erblicken (§ 916 Abs. 1 Satz 2). Liegt eine solche Einverständniserklärung schon zur Zeit der Pfändung vor, so kann wie bisher Pfändung und Überweisung verbunden werden; zweckmäßig wird es allerdings häufig sein, zunächst den Eingang der Drittschuldnererklärung abzuwarten.

Die Überweisung bezieht sich nicht nur auf die Beitreibung, sondern auch auf die etwa gebotene Verwaltung der Forderung (Kündigung, Wechselpräsentation u. dgl.). Die Pfändung genügt nur dazu, den Drittschuldner, soweit er zur Leistung an den Schuldner verpflichtet wäre, zur Leistung an die Gläubiger (zu Händen des Vollstreckungsgerichts) zu verpflichten und dem Schuldner benachteiligende Verfügungen zu verbieten, dagegen reicht sie nicht dazu aus, einen anderen an Stelle des Schuldners zu Verwaltungshandlungen einschließlich der Beitreibung zu befugen. Dazu bedarf es stets der Überweisung, und auch die Handlungen, die zur Aufrechterhaltung der Forderung dienen, gehören zur Geltendmachung der Forderung. Bis zur Überweisung stehen auch diese Handlungen dem Schuldner (zugunsten der Gläubiger) zu. Ist die Geltendmachung einer Forderung von dem Besitz einer Urkunde abhängig, so muß diese Urkunde dem durch die Überweisung bestimmten Gläubiger herausgegeben werden (vgl. § 917 Abs. 2). Solange die Forderung nicht überwiesen ist, obliegen dringende Verwaltungshandlungen, falls der Schuldner die Urkunde besitzt, diesem, falls das Vollstreckungsgericht sie besitzt (vgl. § 912), dem Vollstreckungsgericht (vgl. § 771 Abs. 1).

Die Überweisungsverfügung wird dem Gläubiger, auf den sie lautet, zugestellt; der Schuldner ist von der Überweisung zu benachrichtigen, weil er durch sie in der Regel das Verwaltungs- und Beitreibungsrecht verliert. War dieses Recht aber an den Besitz einer Urkunde geknüpft (Hypothekenbrief, Wechsel), deren Besitz ihm bereits entzogen ist, so bedarf es der Benachrichtigung des Schuldners ebensowenig, wie wenn sich der Verlust des Geltendmachungsrechts bereits aus dem Grundbuch ergibt. Von der Überweisung ist auch dem Drittschuldner und den mitbeteiligten Gläubigern Kenntnis zu geben (§ 917 Abs. 1 Satz 1). Die Überweisung wirkt wie eine vom Schuldner und den Mitgläubigern ausgehende Bevollmächtigung des Gläubigers, auf den sie lautet (§ 917 Abs. 1 Satz 2). Wenn eine Überweisungsverfügung ergangen ist, kann das Vollstreckungsgericht (der Richter: § 1023 Nr. 8) wie die Urkundenherausgabe jetzt auch die Auskunfterteilung durch Vollzug der Pfändungsverfügung (§§ 1020 ff.) erzwingen (§ 917 Abs. 2).

Abweichend von dem bisherigen § 843 kann der Gläubiger auf die einmal verfügte Überweisung nicht ohne Zustimmung der anderen Gläubiger verzichten; auch durch den Verzicht auf sein Pfandrecht kann er sich den ihn infolge der Überweisung treffenden Pflichten nicht entziehen, doch kann das Vollstreckungsgericht eine andere Regelung treffen, z. B. wenn der Gläubiger, dem die Forderung zunächst überwiesen war, die Beitreibung für aussichtslos hält, während ein anderer Gläubiger anderer Meinung ist, diesem die Forderung überweisen (§ 918 Abs. 2). Welche prozessuale Folgen eintreten, wenn während eines gegen den Drittschuldner auf Grund der Pfändung geführten Prozesses die Person des zur Einziehung berechtigten Gläubigers wechselt, hat der Entwurf nicht näher geregelt. Die nähere Prüfung, ob es hier besonderer Vorschriften bedarf, oder schon mit der rechtsähnlichen Anwendung der für den Wechsel des gesetzlichen Vertreters gegebenen Vorschriften alle Fragen gelöst werden können, wird vorzunehemen sein, wenn im Fortgang der Reformarbeit das Ausgleichsprinzip zugrunde gelegt wird. Denn die Vorschriften des § 918 sind Auswirkungen des Ausgleichsprinzips und würden sich erübrigen, wenn man sich schließlich zur Beibehaltung des Prioritätsprinzips entschlösse.

§ 919. Vgl. bisher § 841. Auf das Mahnverfahren bezieht sich § 919 nicht.

§ 920. Der bisherige § 856 Abs. 1 ist infolge der Umgestaltung der Überweisung gegenstandslos: die Forderung kann nicht mehr mehreren Gläubigern zu eigenem Recht überwiesen werden. Im übrigen ist der bisherige § 856 mit der Maßgabe beibehalten, daß im Abs. 1 des § 920 von Pfandrecht statt von der Pfändung gesprochen wird, da das Pfandrecht jetzt auch auf andere Weise als durch Pfändung entstehen kann (§ 882 Abs. 2).

§ 921. Während bisher die Pfandherausgabe nur durch Klage verfolgt werden konnte, kann sie nunmehr vom Vollstreckungsgericht durch Vollzug der Pfändungsverfügung erzwungen werden (§§ 1020 ff.), wenn eine Überweisungsverfügung erlassen ist. Dies rechtfertigt sich aus demselben Grunde, auf dem die Bestimmungen im § 911 Abs. 1 Satz 2 und im § 917 Abs. 2 beruhen: es handelt sich um eine bloße Folge der Pfändung. Obwohl das Pfand jetzt dem Vollstreckungsgericht herauszugeben ist, erschien es angezeigt, die Herausgabepflicht des Schuldners nicht schlechthin von einer Sicherheitsleistung unabhängig zu machen. Doch soll über die Notwendigkeit wie über die Höhe der Sicherheit das Vollstreckungsgericht befinden. Gegen die Anordnung der Sicherheitsleistung ist wie gegen die Abstandnahme von einer solchen Anordnung die Erinnerung gegeben, über die durch einen mit der gewöhnlichen Vollstreckungsbeschwerde (§§ 840, 841) anfechtbaren Beschluß zu entscheiden ist (§ 921 a. E.).

Der gesamte Vollzug der Pfändungsverfügung ist im Falle des § 921 dem Richter vorbehalten (§ 1023 Nr. 8).

§ 922. Ein Antrag wird für den Beschluß auf anderweitige Verwertung nicht mehr erfordert, wohl aber ist hier im Gegensatz zu § 907 eine gewisse Anhörungspflicht aufgestellt; zu den Beteiligten, die tunlichst gehört werden sollen, gehört auch der Drittschuldner. Der Beschluß ist mit der gewöhnlichen Vollstreckungsbeschwerde (§§ 840, 841) anfechtbar.

§§ 923, 924. Die Vorpfändung, die bisher nur in der Form möglich war, daß der Gläubiger dem Drittschuldner und dem Schuldner eine Pfändungsankündigung zustellen ließ, ist nach dem Entwurf auf doppelte Weise möglich. Entweder wird wie bisher eine Erklärung des Gläubigers zugestellt (§ 924) oder es wird eine Vorpfändungserklärung vom Gerichtsvollzieher von Amts wegen abgegeben (§ 923). Es kommt nicht selten vor, daß der Gerichtsvollzieher bei einem Pfändungsversuch zwar keine pfändbaren Sachen, wohl aber eine pfändbare Forderung ermittelt; diese muß sogleich mit Beschlag belegt werden können, da sie anderenfalls für die Gläubiger meist verloren sein wird.

§ 923 Abs. 1 gibt daher dem Gerichtsvollzieher eine Vorpfändungsbefugnis. Die Vorpfändung ist eine Pfändung im Sinne des § 882 Abs. 2. Zu ihrem Vollzug kann der Gerichtsvollzieher auch bereits Legitimationspapiere, z. B. Sparkassenbücher, dem Schuldner fortnehmen (vgl. § 917 Abs. 2).

Die Vorpfändung nach § 923 setzt volle Vollstreckungsreife der Forderung voraus, da andernfalls der Gerichtsvollzieher nicht in die Lage käme, sie vorzunehmen. Die Wirkungen dieser Pfändung brauchen daher nicht auf die des Arrestes beschränkt zu werden, vielmehr kann diese Vorpfändung einer gerichtlichen Pfändung mit der Maßgabe gleichgestellt werden, daß nur die Verwertung erst nach der (auch zugunsten eines anderen Anspruchs möglichen, § 882 Abs. 2) gerichtlichen Pfändung zulässig sein soll (§ 923 Abs. 2). Für den Rang des Pfandrechts (§ 883) ist die Zustellung an den Drittschuldner maßgebend. Daß die Vorpfändung nach § 923 nicht auf Arrestwirkungen beschränkt ist, ist wichtig, weil der Arrestvollzug keine Rangsicherung mehr gewährt (vgl. §§ 1006 ff.). Die Wirkung der Vorpfändung tritt mit der Zustellung an den Drittschuldner ein. Sie würde jedoch ihren Zweck verfehlen, wenn bis dahin der Schuldner das Verfügungsrecht behielte. Daher läßt § 923 Abs. 2 Satz 1 die Vorpfändung gegenüber dem Schuldner sogleich wirksam werden. Ist die vorgepfändete Forderung bereits, wenn auch für einen anderen Gläubiger, gepfändet gewesen, ohne daß der Gerichtsvollzieher davon wußte, so ist die Vorpfändung gegenstandslos (§ 882 Abs. 2). Die Vorpfändung verpflichtet den Drittschuldner zur Abgabe der im § 915 vorgesehenen Erklärung (§ 923 Abs. 1 a. E.).

Etwas anders liegen die Verhältnisse bei einer Vorpfändung durch den Gläubiger (§ 924), da dieser nicht Vollstreckungsorgan ist und sein Anspruch auch noch nicht einmal vollstreckungsreif zu sein braucht (§ 924 Abs. 1). Diese Vorpfändung kann daher nur Arrestwirkungen auslösen, die allerdings im Verhältnis zum Schuldner ebenfalls schon mit der Zustellung an diesen eintreten sollen (§ 924 Abs. 2 Satz 1). Die Wirksamkeitsbedingung, daß eine endgültige Pfändung binnen drei Wochen seit der Zustellung an den Drittschuldner nachfolge (bisher § 845 Abs. 2), ist nicht mehr notwendig, da die Arrestpfändung nach § 1006 Abs. 1 kein Pfandrecht und keinen Rang mehr, sondern nur noch ein Verfügungsverbot begründet und dieses zunächst durch das Vorliegen des Schuldtitels ausreichend gerechtfertigt ist. Freilich kann die Vorpfändung nicht unbeschränkt dauern, auch kann sie nicht unanfechtbar sein. Um dies zu erreichen, genügt es aber, wenn, wie Abs. 2 Satz 2 vorsieht, die Arrestwirkung mit Ablauf von drei Wochen seit der Zustellung an den Drittschuldner erlischt und die Arrestpfändung schon vorher, weil eine Rechtsvoraussetzung oder eine Ordnungsvoraussetzung fehlte, z. B. eine Pfändungsbeschränkung verletzt ist, vom Vollstreckungsgericht ex tunc beseitigt werden kann (Abs. 3). Binnen drei Wochen kann die Forderung unschwer gerichtlich gepfändet werden, zumal die Vorpfändung dem Vollstreckungsgericht mitzuteilen ist (Abs. 1 Satz 2).

§§ 925 bis **927.** Bei Ansprüchen auf Herausgabe beweglicher Sachen wird der Drittschuldner anstatt zur Zahlung an das Vollstreckungsgericht (§ 909 Abs. 1) zur Herausgabe an den Gerichtsvollzieher aufgefordert; sachlich bedeutet das die Aufrechterhaltung des bisherigen § 847. Um die Sequesterbestellung wird künftig das Vollstreckungsgericht der belegenen Sache von dem betreibenden Vollstreckungsgericht ersucht; für einen förmlichen Gläubigerantrag ist kein Raum mehr (§ 927 Abs. 1 gegenüber bisher § 848 Abs. 1). Die

Vollstreckung nach § 927 ist dem Richter vorbehalten (§ 1023 Nr. 9). Die bisherigen §§ 853 bis 855 sind als nunmehr entbehrlich gestrichen, da der Gerichtsvollzieher nicht mehr als selbständiges Vollstreckungsorgan neben dem Vollstreckungsgericht steht und im Fall der Beteiligung mehrerer Vollstreckungsgerichte § 787 eingreift; vgl. auch § 910.

§ 928. Gegenüber dem bisherigen § 857 ist nichts Wesentliches geändert. Im Abs. 6 ist ein Satz angefügt, wonach die Pfändung der forderungslosen Eigentümerhypothek und der Eigentümergrundschuld (§§ 1163, 1170, 1172 ff., 1177, 1196 BGB.) sich nach § 928 und nicht nach § 911 richtet, da es sich um schuldnerlose Rechte an der eigenen Sache handelt.

Daß ein Recht der Pfändung unterworfen sei, stellt eine positive Rechtsvoraussetzung dar (vgl. die Begründung zu § 780 unter II), ebenso die Überlaßbarkeit einer Rechtsausübung und die Veräußerlichkeit eines Rechtes (Abs. 3—5).

Die Vollstreckung nach § 928 ist dem Richter vorbehalten (§ 1023 Nr. 9).

§ 929. Wie bisher erfordert die Vollstreckung in eine Schiffspart einen besonderen Antrag; da dies nunmehr eine Ausnahme darstellt, ist es besonders ausgesprochen (Abs. 3 Satz 1). Zuständig für die Durchführung der Vollstreckung ist das Schiffsvollstreckungsgericht (Abs. 2); an dieses kann sich der Gläubiger mit einer vollstreckbaren Ausfertigung unmittelbar wenden, wenn er die Vollstreckung des Anspruchs noch nicht bei einem Vollstreckungsgericht beantragt hat. Hat er einen solchen Antrag schon gestellt, insbesondere also einen Zahlungsbefehl ohne Vorbehalt für den Antrag erwirkt, so wird das Schiffsvollstreckungsgericht auf Antrag des Gläubigers vom Vollstreckungsgericht um die Vollstreckung ersucht (Abs. 3). Das Schiffsvollstreckungsgericht beschließt (§ 922) auch über die Veräußerung der Part. Der Veräußerungserlös steht außer den vorgehenden eingetragenen Pfandgläubigern dem Pfändungspfandgläubiger, jedoch in gleichem Rang mit ihm auch den nach § 883 Abs. 2 gleichberechtigten Vollstreckungsgläubigern und mit Nachrang den weiter gemäß § 882 Beteiligten zu. Daher wird die Verteilung dem Schiffsvollstreckungsgericht nur unter der Voraussetzung übertragen, daß das Vollstreckungsgericht, das von der Pfändungsverfügung und dem Veräußerungsbeschluß zu benachrichtigen ist (Abs. 5), einwilligt. Diese Einwilligung ist z. B. angezeigt, wenn nur die eingetragenen Gläubiger und der Antragsteller zu berücksichtigen sind, nicht aber wenn an dem Erlös noch Beitrittspfandrechte bestehen und er selbst nur einen Teil der Gesamtmasse darstellt. Die im Abs. 5 vorgesehene Benachrichtigung ist entweder an das Vollstreckungsgericht zu richten, das den Anspruch vollstreckt oder, wenn nur der Sonderantrag auf Partpfändung gestellt ist, an das Vollstreckungsgericht, welches das für den Schuldner grundsätzlich zuständige ist, nämlich das des Wohnsitzes, des Sitzes und eventuell der Hauptniederlassung.

Die Vollstreckung nach § 929 ist dem Richter vorbehalten (§ 1023 Nr. 9).

§§ 930 bis **933.** Die Bestimmungen darüber, welche Rechte der Pfändung unterworfen sind, stellen positive Rechtsvoraussetzungen für die Pfändung auf. Hierher gehört der bisherige § 852, nun § 933, und hierher gehören die bisherigen §§ 859, 860, nun §§ 930, 931. Dagegen gehört von dem bisherigen § 861 nur Abs. 1 Satz 1 und von dem bisherigen § 862 nur Abs. 1 hierher (jetzt § 932). Der übrige Inhalt der bisherigen §§ 861, 862 sowie der bisherige § 863 bezweckt den Schuldnerschutz und findet sich daher im Entwurf in anderem Zusammenhang (§§ 966, 967); das gleiche gilt für die Pfändungsbeschränkung der Unübertragbarkeit (bisher § 851, jetzt § 965). Die Pfändungsbeschränkungen stellen im Gegensatz zu den Bestimmungen über die der Pfändung unterworfenen Gegenstände nicht Rechts- sondern Ordnungsvoraussetzungen dar (vgl. § 780).

D. Verteilungsverfahren.

§ 934. Das Verteilungsverfahren findet statt:

wenn das Vollstreckungsgericht über einen ihm vom Gerichtsvollzieher abgelieferten gepfändeten unzureichenden Geldbetrag zu verfügen hat (§ 894 Satz 2, vgl. § 895),

wenn es über einen vom Gerichtsvollzieher abgelieferten unzureichenden Versteigerungserlös (§ 903 Abs. 2 mit § 894 Satz 2) oder über einen überschießenden Versteigerungserlös (§ 899 Abs. 1) zu verfügen hat, der unzureichend ist,

wenn das Vollstreckungsgericht über einen unzureichenden Betrag zu verfügen hat, der vom Drittschuldner einer gepfändeten Forderung (§ 909 Abs. 1) entrichtet worden ist, wenn ein anderer Verwertungserlös, der nicht ausreicht, zu verteilen ist (§§ 907, 922)

und entweder ein Gläubiger die Abhaltung des förmlichen Verteilungsverfahrens beantragt oder das Vollstreckungsgericht ein solches Verfahren mit Rücksicht auf die Rechts- und Sachlage auch ohne besonderen Antrag für geboten hält. Hat ein Gläubiger die Ablieferung eines Betrages an das Vollstreckungsgericht beantragt (§ 894 Satz 2, § 903 Abs. 2), so bedeutet das noch nicht, daß das Vollstreckungsgericht das förmliche Verteilungsverfahren einleiten müsse.

Die von den §§ 934 ff. nicht betroffene formlose Verteilung durch das Vollstreckungsgericht geschieht, obwohl sie zu Rechtsvoraussetzungen Stellung zu nehmen hat, durch Verfügung (§ 896 Abs. 1, § 903 Abs. 2, § 907 Abs. 2, § 910 Abs. 1, § 922 Abs. 2). Das Rechtsmittel gegen sie ist die Erinnerung, über die, wenn sie eine Rechtsvoraussetzung betrifft, durch Beschluß zu befinden ist (§ 844). Gegen den Beschluß ist die gewöhnliche Vollstreckungsbeschwerde (§§ 840, 841) und, wenn es sich um eine der in § 842 aufgeführten Rechtsvoraussetzungen handelt, mit der Folge der Unzuständigkeit des Rechtspflegers für den Beschluß (§ 1023 Nr. 6) die besondere Vollstreckungsbeschwerde (§ 843) gegeben. Das Vollstreckungsgericht ist nicht gehindert, die Verteilungsverfügung zu begründen und zuzustellen.

§ 935. Die Aufforderung nach § 873 ZPO. g. F. ist nunmehr entbehrlich, da die beteiligten Ansprüche dem Vollstreckungsgericht bekannt sind.

§ 936. Das Widerspruchsverfahren ist jetzt schriftlich. Jedem Gläubiger ist der Teilungsplan zuzustellen.

§§ 937, 938. Erst über den Widerspruch findet ein Termin statt; vgl. im übrigen §§ 876, 877 ZPO. g. F. Den Termin hält der Richter ab (§ 1023 Nr. 11).

§ 939. Die Klagenachweisfrist ist auf 2 Wochen herabgesetzt. Abs. 2 des § 878 ZPO. g. F. ist als selbstverständlich gestrichen, da die Anordnungen des Vollstreckungsgerichts keine materielle Rechtskraft haben und die bloße Versäumung der Klagefrist ebenfalls zu einem materiellen Rechtsverlust nicht führen kann.

§ 940. Vgl. § 879 ZPO. g. F.; sachlich ist nichts Abweichendes angeordnet. Die §§ 880 bis 882 ZPO. g. F. sind als überflüssig fortgelassen. Für §§ 881,

882 ZPO. bedarf dies keiner Ausführung, es gilt aber auch für § 880 ZPO. Denn ob das Gericht in seinem Urteil einen vollzugsreifen Teilungsplan über die streitige Masse zu geben hat, hängt von dem Umfang der Widersprüche ab, über die es befinden muß. Erkennt es über die Verteilung im ganzen, so ist dies für das Vollstreckungsgericht maßgebend, nicht minder aber ist auch ein Einzelerkenntnis über einen Widerspruch für das Vollstreckungsgericht bindend. Nur muß es im letzteren Fall den neuen Plan selbst aufstellen, während er ihm im ersteren Fall vom Streitgericht geliefert wird.

2. Zwangsvollstreckung in das unbewegliche Vermögen.

Der Entwurf hat sich hier auf die Anpassung der bisherigen Vorschriften an die neuen Vollstreckungsgrundsätze beschränkt. Die Nachprüfung der Einzelbestimmungen ist späterer Erwägung (Reform der Immobiliarvollstreckung) vorbehalten.

§ 941. Die Immobiliarvollstreckung setzt einen besonderen Antrag voraus (Ausnahme von § 770) und ist auch hinsichtlich der Zuständigkeit und des unmittelbaren Betriebs durch den Gläubiger (vgl. § 945 Abs. 1) abweichend von den allgemeinen Normen geregelt. Im übrigen vgl. § 864 ZPO.

§ 942 entspricht inhaltlich dem bisherigen § 865 ZPO. Der neue Absatz 3 legitimiert die bisherige Praxis; ein Verstoß gegen Abs. 2, 3 ist nach vorgängiger, durch einen dem Richter vorbehaltenen (§ 1023 Nr. 6) Beschluß zu bescheidender Erinnerung (§ 844) mittels der besonderen Vollstreckungsbeschwerde (§§ 842, 843) geltend zu machen (vgl. § 820 Abs. 2).

§ 943. Vgl. § 866 Abs. 1, 2 ZPO.

§ 944. Zu Abs. 1 vgl. § 866 Abs. 3 ZPO. Maßgebend für die Wertberechnung ist künftig der Zeitpunkt, in dem die Eintragung zu erfolgen hat.

Abs. 2 überträgt das Ausgleichsprinzip auf die Zwangshypothek und schließt zugleich, als mit dem Grundbuchsystem schwer vereinbar, an Zwangshypotheken die Pfandrechtsanwachsung (§ 882 Abs. 2) aus. Eine Zwangshypothek kann vielmehr nur durch Eintragung (auf Antrag oder auf Ersuchen) erworben werden; doch erhalten alle Eintragungen, die innerhalb von 30 Tagen seit der ersten Eintragung beantragt werden, den gleichen Rang, soweit nicht eines der sogleich zu erwähnenden Vorrechte in Betracht kommt; den Anträgen stehen die vollstreckungsgerichtlichen Ersuchen gleich. Man kann sich also für die Zwangsversteigerung kein Vorrecht sichern, an dem nicht, wie bei der Mobiliarvollstreckung, die binnen der — hier allerdings auf 30 Tage erstreckten — Beitrittsfrist hinzutretenden weiteren Vollstreckungsgläubiger, die den Bedingungen genügen, zu gleichem Rang teilnähmen. Die Folge dieser Bestimmung ist allerdings, daß vertragliche Nachbelastungen binnen 30 Tagen seit der Eintragung der ersten Zwangshypothek nicht rätlich sind, weil es ungewiß ist, mit welchem vorgehenden Gesamtbetrag sie zu rechnen haben. Dies wird indessen — vgl. auch § 885 — in Kauf genommen werden können, da die Eintragung der Zwangshypothek beweist, daß die freiwillige Kreditaufnahme ohnedies auf Schwierigkeiten stößt.

Innerhalb der einzelnen Gruppen sollen nicht nur, wie bei der Mobiliarvollstreckung, die Unterhaltsforderungen (§ 883 Abs. 2 a. E.) ein Vorrecht genießen, sondern, und zwar mit ihnen zu gleichem Rang, auch die Forderungen öffentlicher Kassen.

§ 945. Die Eintragung der Zwangshypothek muß beantragt werden. Hat der Gläubiger bereits die Vollstreckung des Anspruchs beantragt, so muß er den

Antrag ohne Rücksicht auf die Art seines Titels stets bei dem Vollstreckungsgericht stellen, das sodann um die Eintragung ersucht. Hat der Gläubiger die Vollstreckung des Anspruchs noch nicht beantragt, so kann er sich mit einem vollstreckbar ausgefertigten Titel (§ 792 Nr. 1—6) unmittelbar an das Grundbuchamt wenden und bei diesem die Eintragung beantragen. Das Vollstreckungsgericht braucht dann mit der Sache und mit der Vollstreckung des Anspruchs nicht weiter befaßt zu werden, doch ist das Vollstreckungsgericht des für den Schuldner bestehenden Wirtschaftszentrums durch das Grundbuchamt von der Eintragung zu benachrichtigen (Abs. 2, vgl. § 788, § 929 Abs. 5).

Zu Abs. 3, 4 vgl. § 867 Abs. 1 Satz 3, Abs. 2 ZPO. g. F.

§ 946. Vgl. § 868 ZPO. g. F. Die bisher einzeln aufgezählten Fälle sind (mit Ausnahme des letzten) unter dem Verlust der Rechtsgrundlage zusammengefaßt. Darunter wird verstanden, daß der Vollstreckungsmaßregel die Rechts- oder Ordnungsmäßigkeit abgesprochen oder der Titel entzogen ist.

§§ 947—949. Vgl. §§ 869 bis 871 ZPO. g. F.

3. Schuldnerschutzbestimmungen.

§§ 950—954. Die Schuldnerschutzbestimmungen (vgl. auch § 872, § 881 Abs. 1 Satz 3, Abs. 2, § 293) zerfallen in zwei Teile. Die §§ 950 bis 954 regeln die allgemeine Schutzgewährung durch Hemmung der Anspruchsvollstreckung, die §§ 955 bis 968 enthalten die eigentlichen Pfändungsbeschränkungen, d. h. die Bestimmungen, nach denen die Pfändung eines einzelnen Vermögensgegenstandes mit Rücksicht auf seine Beschaffenheit unzulässig ist. Ob das Vollstreckungsgericht eine Schuldnerschutzmaßnahme nach § 950 bis 954 anordnen will, steht in seinem Ermessen; wurde eine solche Schuldnerschutzmaßnahme angeordnet, so verstößt ein trotzdem stattfindender Fortbetrieb der Vollstreckung gegen eine positive Rechtsvoraussetzung. Eine Verletzung der §§ 955 bis 967 bedeutet (mit Ausnahme einer Sonderbestimmung im § 960) stets nur die Verletzung einer negativen Ordnungsvoraussetzung. Damit ist nicht gesagt, daß der Schuldner auf den Schutz aus §§ 955 ff. verzichten könnte; vielmehr sind die Vollstreckungsorgane wie bisher ohne Rücksicht darauf an die Schutzvorschriften gebunden, ob der Schuldner den Schutz genießen will oder nicht. Daß die Pfändungsbeschränkungen, wie § 881 Abs. 1 Satz 2 ergibt, nur negative Ordnungsvoraussetzungen sind, erklärt sich daraus, daß ihre Geltendmachung außerhalb des Vollstreckungsverfahrens ausgeschlossen sein sollte (§ 780 Abs. 2) und daß die Vollstreckung von der Primafacie-Sachlage soll ausgehen können, auch bei Zweifeln hinsichtlich einer Pfändungsbeschränkung die Pfändung vermöge eines einstweiligen Aufschubs bis zur endgültigen Entscheidung soll aufrechterhalten bleiben können (§ 839 mit § 862).

Wie schon in der allgemeinen Begründung bemerkt, kann der Schuldner an einer mißbräuchlichen Beschreitung des Rechtswegs nur gehindert werden, wenn ihm die Möglichkeit gegeben wird, sich eine Schonung, deren er würdig und die dem Gläubiger zumutbar ist, auf andere, legitime Weise zu verschaffen. Außerdem ist es nicht die Aufgabe der Zwangsvollstreckung, den Schuldner einem Zwange auszusetzen, der vom Gläubiger in Ausnutzung seines formalen Rechtes zu einem anderen Zwecke, als zur Beitreibung der ihm geschuldeten Befriedigung herbeigeführt wird. Dies wäre z. B. der Fall, wenn ein Gläubiger, obwohl der Schuldner von der in voller Höhe fälligen Schuldsumme einen erheblichen Teil bereits abgezahlt hat und die Zahlung der Restbeträge in absehbarer Zeit sicher zu erwarten ist, auf der sofortigen Beitreibung der ganzen Summe nur besteht, um sich an dem Zusammenbruch des Schuldners zu bereichern, z. B. ihm gehörigen Grundbesitz billig zu ersteigern. Es kann wohl auch das Ziel der besonderen Pfändungsbeschränkungen auf zweckentsprechende Weise nur erreicht werden, wenn ergänzend ein allgemeiner Schuldnerschutz eintreten kann. Denn die einzelnen Pfändungsbeschränkungen werden immer kasuistisch und wegen der nur schwer übersehbaren Fortwirkung auf die Lage der Gläubiger verhältnismäßig eng gehalten werden müssen. Der allgemeine Schutz ermöglicht es, dem Schuldner in angemessener Weise entgegenzukommen, ohne daß dabei im Einzelfall die Bedürfnisse des Gläubigers außer Betracht bleiben.

Der Entwurf sieht drei allgemeine Schutzmaßnahmen vor, die sämtlich dem Richter vorbehalten sind (§ 1023 Nr. 11): die Vermittelung eines Übereinkommens (§§ 950, 951), die Fristgewährung (§ 952) und die Anordnung der Dauervollstreckung unter Schonung der übrigen Habe (§ 953). Zur Anordnung einer allgemeinen Schuldnerschutzmaßnahme wird ein mit einer Begründung versehener und mit Beweis belegter Antrag des Schuldners verlangt, der, auch zu Protokoll des Gerichtsvollziehers, gestellt werden kann, sobald ein Zahlungsbefehl ergangen ist oder ein Titel nach § 792 vorliegt (§ 950 Abs. 2). Darüber, ob die Voraussetzungen für die Schutzgewährung vorliegen, kann das Vollstreckungsgericht Ermittelungen anstellen (§ 774). In der Regel muß die Pfändung ohne Rücksicht auf den Antrag des Schuldners stattfinden. Würde sie aber lediglich eine unnötige Härte für den Schuldner bedeuten, so kann das Vollstreckungsgericht von ihr absehen; der Fristenlauf nach § 883 Abs. 2, 3 wird dadurch nicht aufgehalten (§ 950 Abs. 3). Ist der Antrag des Schuldners nach Erlaß eines Zahlungsbefehls unter gleichzeitiger Anerkennung der Schuld und der Haftung gestellt, so tritt die Vollstreckbarkeit wie stets erst mit dem Ablauf der Widerspruchsfrist ein.

Zu §§ 950, 951. Die Übereinkommensvermittelung setzt voraus, daß das Übereinkommen auch für die Gläubiger nützlich ist. Bei Schuldnern, die unverschuldet in Zahlungsschwierigkeiten geraten sind und die Erledigung der Angelegenheit nicht verschleppt haben, kann die Vermittelung jedoch auch übernommen werden, wenn sie für die Gläubiger zwar nicht von Vorteil, aber doch für sie nicht gefährlich ist (§ 950 Abs. 1). Der Schuldner muß in diesen Richtungen das Erforderliche angeben und mit Beweis belegen. Das Übereinkommen, dessen Abschluß das Vollstreckungsgericht vermittelt hat, bedarf seiner Bestätigung (§ 951 Abs. 1), weil verhindert werden muß, daß einzelne Gläubiger benachteiligt oder begünstigt werden; dies gilt insbesondere auch hinsichtlich nachstehender Gläubiger. Das Vollstreckungsgericht hat für die Beiziehung aller beteiligten Gläubiger zu sorgen und auch zu prüfen, ob das Übereinkommen inhaltlich zweckmäßig ist. Eine Majorisierung widerstrebender Gläubiger ist ausgeschlossen; siehe aber auch § 952 Abs. 1 a. E. Der Bestätigungsbeschluß ist durch die gewöhnliche Vollstreckungsbeschwerde (§§ 840, 841) anfechtbar. Abgelehnt wird die Bestätigung durch eine nur mit Erinnerung (§ 844) anfechtbare Verfügung (§ 780 Abs. 2).

Die Ansprüche sind stets bereits vollstreckbar und bleiben es; dies ist für den Fall des Widerrufs des Schutzes (§ 954) von Bedeutung. Solange jedoch das Übereinkommen nicht widerrufen ist, ist die Vollstreckung nur nach Maßgabe seines Inhalts statthaft (§ 951 Abs. 2). Das Vollstreckungsgericht hat darüber zu wachen, daß das Übereinkommen vom Schuldner richtig erfüllt wird; er erhält durch es die Möglichkeit, die vereinbarten Leistungen ohne weitere Zwangseinwirkung zu erfüllen und muß es sich daher gefallen lassen, daß er entsprechend überwacht wird (§ 951 Abs. 3).

Zu § 952. Während im Falle des § 950 die Gewährung des Schutzes auf dem Willen der Gläubiger beruht, können Fristen auch gegen den Willen der Gläubiger gewährt werden, jedoch nur, wenn der Schuldner zahlungswillig ist und sonst in wirtschaftlichen Verfall geriete. Dann steht aber auch nicht entgegen, daß ein Vermittelungsversuch nach § 950 (etwa an der Hartnäckigkeit eines einzelnen Gläubigers) gescheitert ist. Wie im § 950 Abs. 1 Satz 2 ist für die Fristbewilligung ferner Voraussetzung, daß die wirtschaftliche Lage des Gläubigers nicht gefährdet wird (sie steht also in erster Linie), und daß bei Berücksichtigung aller Umstände der Aufschub als dem Gläubiger zumutbar erscheint. Die Frist wird durch Beschluß (Vollstreckungsbeschwerde nach §§ 840, 841) bewilligt, abgelehnt wird sie durch Verfügung (Erinnerung § 844). Mit der Fristbewilligung können besondere Auflagen verbunden werden; § 951 Abs. 1 Satz 2 u. Abs. 2, 3 sind entsprechend anwendbar. Die Frist hat nur prozessuale, nicht auch materielle Bedeutung. Sie kann vom Gerichtsvollzieher nicht bewilligt werden und zwar deswegen, weil dieser die Gesamtverhältnisse nicht immer ausreichend übersehen kann und Gegensätze zwischen der Haltung des Gerichtsvollziehers und des Vollstreckungsgerichts vermieden werden müssen.

Zu § 953. Anstatt durch die Bewilligung von Fristen zur freiwilligen Erfüllung kann dem Schuldner auch dadurch entgegengekommen werden, daß, obwohl eine andere Vollstreckungsweise möglich wäre, die Vollstreckung gegen ihn als Dauervollstreckung stattfindet. So kann z. B. von einer Mobiliarpfändung abgesehen und statt dessen eine nur in Raten zur Befriedigung führende Gehaltspfändung angeordnet werden. Die Voraussetzungen sind im übrigen die des § 952.

Zu § 954. Sobald auf der Seite des Gläubigers oder auf der des Schuldners Änderungen eintreten oder bekannt werden, die bei früherer Berücksichtigbarkeit von der Schutzgewährung abgehalten hätten, ist der Widerruf oder die Einschränkung des Schutzes geboten. Auch Pflichtverletzungen des Schuldners können mit der Entziehung des Schutzes bestraft werden. Die Beschlußform ist sowohl für die Ablehnung eines beantragten Widerrufs wie für die Anordnung des Widerrufs vorgesehen (Vollstreckungsbeschwerde nach §§ 840, 841).

§ 955 enthält die Sachpfändungsbeschränkungen des bisherigen § 811 ZPO. ohne dessen Nummer 8, da diese nun verallgemeinert in § 956 enthalten ist. Neu eingestellt ist die Nr. 5. Sie trägt Wünschen landwirtschaftlicher Arbeitnehmer Rechnung, die bereits in einem Antrag vom 15. Dezember 1930 Reichstagsdrucks. Nr. 602 im Reichstag zur Sprache gebracht sind. Es erscheint billig, daß einem Arbeitnehmer, der neben seinem Barlohn als Deputat Futtermittel erhält, das mit diesen ernährte Vieh gegen Pfändungen geschützt wird. Ein Unterschied zwischen solchen Tieren, die nur für die persönlichen Bedürfnisse des Schuldners und seiner Familie und solchen, die zum Zweck des Verkaufs gehalten werden ist nicht gemacht. Es ist gleichwohl nicht zu befürchten, daß die Vorschrift zu einer unbilligen Bevorzugung von Deputatarbeitern führen wird, da der Wert der Naturalbezüge bei der Bemessung des der Pfändung unterliegenden Lohnes mit berücksichtigt wird, eine sehr reichliche Bemessung der Deputatleistung also eine entsprechende Erhöhung des pfändbaren Teils der Barvergütung zu Folge haben würde. Erhebliche Änderungen sind im übrigen nicht vorgenommen, insbesondere ist die Unpfändbarkeit des zur Bezahlung der Miete notwendigen Betrags nicht vorgesehen, da eine weitere Zugriffsbeschränkung, bei der die Lage des Gläubigers außer Betracht bleiben muß, nicht rätlich erscheint; ist im Einzelfall die Freilassung des Mietgeldbetrags am Platz, so kann auf dem Wege des § 952 geholfen werden. Es läßt sich zwar nicht verkennen, daß sich die Verhältnisse aus die § 811 ZPO. zugeschnitten war, inzwischen grundlegend geändert haben, und der heute noch geltende Wortlaut deshalb um den Bedürfnissen der Gegenwart zu genügen, noch weiterer als der hier vorgeschlagene Änderungen bedarf, aber auch die Vornahme dieser Änderungen hat der Entwurf einem späteren Stadium der Reformarbeit vorbehalten, da hierzu eine eingehende Fühlungnahme mit den beteiligten Wirtschaftskreisen erforderlich wird.

Nr. 1 ist jetzt so gefaßt, daß auch Wohnlauben und ähnliche Wohngelegenheiten (als zur Führung des Haushalts unentbehrlich) an der Unpfändbarkeit teilnehmen.

In Nr. 2 und 3 ist hinsichtlich des Geldbetrags ein Vorbehalt für § 956 eingefügt: soweit ein nach § 956 ausgezahlter Lohn unpfändbar ist, ist nach Nr. 2, 3 ein Geldbetrag nicht freizulassen, wenn der unpfändbare Lohnteil sich auf den gleichen Zeitraum bezieht. In Nr. 3 ist der bisher nur in Nr. 2 befindliche Vorbehalt einer anderen Beschaffungsmöglichkeit übernommen. Zur Unpfändbarkeit von Geldbeträgen ist auch § 895 Abs. 2 zu vergleichen.

Zur Klarstellung sind in Nr. 6 die geistigen Arbeiter jetzt ausdrücklich genannt.

Außer den Büchern sind nach Nr. 10 jetzt auch andere Gegenstände unpfändbar, wenn sie einem der angegebenen Zwecke dienen (z. B. Rosenkränze, Kruzifixe). Als Zweck ist nunmehr auch die berufliche Ausbildung anerkannt (Geige des Musikschülers). Der Schutz fällt jedoch fort, soweit es sich um Unnötiges oder um Kostbarkeiten handelt. Nach Nr. 11 sollen, falls es sich nicht um Kostbarkeiten handelt, auch Familienbriefe, Familienbilder und Verlobungsringe unpfändbar sein. In Nr. 13 ist neben der Bestattung auch die Taufe und die Eheschließung aufgeführt, dafür aber eine allgemeine Ausnahme für Kostbarkeiten gemacht.

Der Gerichtsvollzieher hat bei der Pfändung zu prüfen, ob eine Pfändungsbeschränkung vorliegt. Doch handelt es sich nur um negative Ordnungsvoraussetzungen, so daß er also von der Pfändung erst abzusehen hat, wenn die Pfändungsbeschränkung feststeht. Über eine Erinnerung ist — wie stets in den Fällen der §§ 955 ff. — durch Beschluß zu entscheiden (§ 968), gegen den die gewöhnliche Vollstreckungsbeschwerde (§§ 840, 841) gegeben ist. Ist fraglich, ob ein vorgefundener Geldbetrag pfändbar ist, so kann ihn der Gerichtsvollzieher zwecks Prüfung der Frage dem Vollstreckungsgericht übergeben (§ 895 Abs. 2). Auch andere Sachen kann der Gerichtsvollzieher im Zweifelsfall pfänden und die Klärung dem Vollstreckungsgericht überlassen (vgl. die Begründung zu § 873).

Abs. 2 und 3 des § 955 sind neu. Abs. 2 ist durch den Mißstand veranlaßt, daß dem Schuldner nicht selten ein wertvoller Gegenstand belassen werden mußte, obwohl ihm vom Gläubiger ein minder wertvoller freiwillig zur Verfügung gestellt wurde, dessen Annahme dem Schuldner zumutbar war. Abs. 3

ermöglicht es, Sachen, deren Unentbehrlichkeit, z. B. wegen eines zu erwartenden Berufswechsels, voraussichtlich demnächst wegfällt, unter Belassung des unmittelbaren Besitzes des Schuldners einstweilen wenigstens zu pfänden, um sie dem Gläubiger für den Fall der Beendigung der Unentbehrlichkeit zu sichern.

§ 956. Es war ein anerkannter Mangel der bisherigen Lohnpfändungsbeschränkungen, daß sie, von § 811 Nr. 8 ZPO. abgesehen, nur galten, solange die Forderung als solche bestand, nicht mehr aber nach ihrer Auszahlung. In der Praxis wurde zwar meist angenommen, daß die Pfändung des ausgezahlten Betrags erst nach Ablauf des Zahlungstags zulässig sei, doch genügt diese Milderung nicht, um dem Zweck der Lohnpfändungsbeschränkungen gerecht zu werden. Daher ist der bisher in § 811 Nr. 8 ZPO. enthalten gewesene Schutz auf alle ausgezahlten Beträge geschützter Löhne erstreckt worden.

Der Schutz verpflichtet den Schuldner. Dieser darf also nicht den pfändbaren Teil seines Geldes, anstatt zur Befriedigung seiner Gläubiger, zu überflüssigen Aufwendungen benutzen und den Gläubigern dann die Unpfändbarkeit des Übrigen entgegenhalten; daraus wird zu folgern sein, daß die Unpfändbarkeit in der Höhe solcher Aufwendungen erlischt. Der Gläubiger ist nicht gezwungen, sich an einen etwa mittels solcher Aufwendungen beschafften Gegenstand zu halten, sondern es wird dann der an sich unpfändbare Geldbetrag, wenn ein solcher noch vorhanden ist, gepfändet werden können; der Schuldner mag seinen Unterhalt durch Wiederveräußerung des überflüssig Erworbenen suchen. Hat aber der Gläubiger durch Verwertung eines solchen Gegenstandes Befriedigung gefunden, so wird insoweit der Schutz wieder einzutreten haben.

Bei unregelmäßigem, geschütztem Einkommen tritt der Schutz nur auf ausdrücklichen Antrag ein; auch kann er eingeschränkt werden (§ 959).

§ 957 entspricht dem bisherigen § 812 ZPO.

§ 958. § 958 schützt das bürgerlichrechtliche Arbeitseinkommen, § 962 das öffentlichrechtliche. Die Unpfändbarkeit ist lediglich eine negative Ordnungsvoraussetzung auch soweit die Unpfändbarkeit auf der Unübertragbarkeit beruht. Im Gegensatz zu bisher soll jedes Arbeitsentgelt, auch das unständige (§ 959), im vorgesehenen Rahmen geschützt sein. Ausgeschlossen ist nur das Einkommen, das durch Arbeit aus der Verwertung wirtschaftlicher Anlagen erworben wird, d. h. der Arbeitseinkommensteil im Unternehmergewinn; daß eine Arbeit durch gewisse sachliche Einrichtungen (Werkstatt, Instrumentarium und dgl.) unterstützt wird, entzieht ihr den Schutz nicht. Während bisher nur Lohnforderungen, also die Ansprüche aus abhängiger Arbeit geschützt waren, soweit ein ständiges Verhältnis vorlag, soll künftig auch das Einkommen aus freier Arbeit (Handwerker, Ärzte, Rechtsanwälte usw.) und das Einkommen aus abhängiger Arbeit, auch wenn kein ständiges Verhältnis zugrunde liegt (§ 959), des Schutzes teilhaftig sein. Auch das Erfordernis, daß die Erwerbstätigkeit die einzige oder hauptsächliche Einkommensquelle bilde, ist beseitigt; mehrere Einkommensteile sind also zusammenzurechnen, werden sie von verschiedenen Drittschuldnern geschuldet, so können sie sowohl gegenüber einem als auch gegenüber beiden gepfändet werden, es müssen nur im Gesamtergebnis die pfandfreien Beträge frei bleiben (vgl. auch § 962 Abs. 3). Der Arbeit als dem wertvollsten Gut der Gemeinschaft muß ein Ertrag gesichert bleiben, der sie der Mühe wert erhält. Diese Schutzgewährung wird möglich, da die Ermittelungen des Vollstreckungsgerichts ihre Voraussetzungen klären können und der in den Fällen der freien und unständigen Arbeit notwendige Antrag (§ 959) die erforderliche Grundlage gibt.

Was die Pfändungsgrenze betrifft, so ist an der beweglichen Grenze festgehalten, ebenso innerhalb einer absoluten Höchstgrenze an der Erhöhung des pfandfreien Betrags mit Rücksicht auf Unterhaltsberechtigte (Abs,. 1 a. E., 2, 3). Was die Höhe der pfandfreien Beträge betrifft, so wollte der Entwurf den Erörterungen, die mit Rücksicht auf den bevorstehenden Ablauf der Verordnung über Lohnpfändung über diese Frage erforderlich werden, nicht vorgreifen und hat es deshalb vorläufig bei der bestehenden Pfändungsgrenze belassen. Grundsätzlich ist nur hervorzuheben, daß das Bestreben des Entwurfs mit Entschiedenheit gegen Lohnverschiebungen vorzugehen, um so besser durchzusetzen ist, je auskömmlicher die pfandfreien Beträge bemessen sind (vgl. § 960). Abs. 4 stellt klar, daß der nach Abrechnung der gesetzlichen Abzüge verbleibende Reinlohn zugrunde zu legen ist; auf Vertrag beruhende Abzüge mindern den Lohn nicht.

Nach Abs. 5 soll für die im Satz 1 genannten Unterhaltsansprüche das Arbeitseinkommen ohne Rücksicht auf die Pfändungsbeschränkungen gepfändet werden können. An die Stelle der Pfändungsbeschränkungen tritt hier das Ermessen des Vollstreckungsgerichts, das aber dem Schuldner nur höchstens den Betrag belassen darf, der nach Abs. 1, 2 unpfändbar wäre. Das Vollstreckungsgericht soll hierbei den Schuldner jeweils nur insoweit schützen, als es sein und seiner hausverbundenen Familie notdürftiger Unterhalt erfordert. Hat der Schuldner noch andere Unterhaltspflichten zu erfüllen und gehen diese nach dem BGB. der Unterhaltspflicht gegenüber dem Gläubiger vor oder stehen sie ihr wenigstens gleich, so ist auch hierauf bei der Bemessung des unpfändbaren Betrags je nach Lage der Umstände Rücksicht zu nehmen; unnötig ist eine Erhöhung des freibleibenden Betrages zwecks Befriedigung solcher weiterer Unterhaltsansprüche z. B. dann, wenn keine Gewähr für ihre Erfüllung besteht. Bei dieser Regelung ist vorausgesetzt, daß das Gesetz über die unehelichen Kinder deren Unterhaltsansprüche denen der minderjährigen ehelichen Kinder gleichstellen wird; sollte sich diese Voraussetzung nicht verwirklichen, so wird diese Ranggleichheit in der ZPO. selber vorzusehen sein. Zu der Frage, ob das in § 4 Nr. 2 Lohnbeschl.Ges. vorgesehene Vorrecht der öffentlichen Kassen, das durch § 369 RAbgO. zurzeit außer Anwendung gesetzt ist, wiederherzustellen ist, hat der Entwurf noch nicht abschließend Stellung genommen und nur vorläufig die Beibehaltung des bestehenden Rechtszustandes vorgeschlagen.

Wenn die Lohnforderung ausbezahlt ist, erlischt der Schutz aus § 958 und tritt der Schutz aus § 956 ein. Wie im Falle des § 956 der Schutz nicht zu unveranlaßten Aufwendungen dienen soll, so soll er im Falle des § 958 nicht fortbestehen, wenn der Schuldner die Forderung als dauernde Anlage stehen läßt. Denn damit verliert die Forderung ihren Charakter als Arbeitseinkommen und wird zu Kapital. Dagegen bleibt die Unpfändbarkeit bestehen, wenn nur auf die sofortige Auszahlung verzichtet wird.

§ 959. Freie Arbeiter werden immer nur fallweise bestimmbare Bezüge haben, aber auch abhängige Arbeit kann unständig sein (z. B. die Tätigkeit eines Taglöhners, eines Dienstmanns). Ein innerlicher Grund, darum den Schutz zu versagen, besteht nicht, doch ist die Ermittelung der Schutzvoraussetzungen hier schwieriger. Deshalb wird in diesen Fällen ein den Anforderungen des

Abs. 2 entsprechender Antrag des Schuldners verlangt; im übrigen hilft auch die Ermittelungsbefugnis des Vollstreckungsgerichts (§ 774). Das Vollstreckungsgericht muß sich ein Bild davon machen, für welchen Zeitraum eine den Schutz beanspruchende Forderung zum Einkommen des Schuldners beiträgt und in welchem Maße sie dies für diesen Zeitraum im Rahmen des Gesamteinkommens tut; die einzelnen Einkommensbestandteile sind zusammenzurechnen. Auf diese Weise wird es gelingen, Jahres-, Monatsbeiträge zu errechnen und sie gemäß § 958 zu behandeln; Beträge, die auf eine bereits verflossene Zeit zu verrechnen wären, sind regelmäßig frei pfändbar. Es ist freilich nicht zu verkennen, daß der Gläubiger in den Fällen des § 959 besonderen Gefahren ausgesetzt ist. Es ist z. B. möglich, daß ein erwartetes weiteres Einkommen ausbleibt und der Gläubiger nun leer ausgeht. Daher gibt Abs. 3 dem Vollstreckungsgericht die Befugnis, den Schutz auch in geringerem als in dem von § 958 vorgesehenen Umfang zu gewähren, wenn es andernfalls die Befriedigung des Gläubigers für gefährdet halten müßte.

§ 960. Die unter dem Schlagwort der Fünfzehnhundertmarkverträge zusammengefaßten Umgehungen der Pfändungsgrenze ließen sich früher in gewissem Umfang dadurch rechtfertigen, daß die Pfändungsgrenze starr und wohl überhaupt zu niedrig gegriffen war. Auf die Pfändungsgrenzen des Entwurfs trifft das nicht mehr zu, zumal auch der allgemeine Schuldnerschutz angerufen werden kann. Daher wird im Abs. 1 bestimmt, daß trotz einer vor Anfall verabredeten Auszahlung an einen Dritten der Bezug wie ein dem Schuldner geschuldetes Arbeitseinkommen behandelt werden kann, und im Abs. 2, daß eine nichtvereinbarte Vergütung zu Pfändungszwecken als vereinbart fingiert werden kann, wenn sie tatsächlich durch Gewährung eines die Pfändungsgrenze übersteigenden Wertbetrags, sei es auch nur durch die Gewährung von Unterhalt, geleistet wird. Damit soll der gerichtlichen Praxis, die bereits in ähnlicher Richtung eine Abhilfe gesucht hat, eine sichere Unterlage geboten werden. Ein Beispiel für den Abs. 1 wäre der Fall, daß von vornherein vereinbart ist, der pfandfreie Betrag solle nicht dem Schuldner, sondern seiner Frau ausbezahlt werden, ein Anwendungsfall für Abs. 2 wäre gegeben, wenn der Schuldner im Betriebe »seiner Frau« verwendet und dafür tatsächlich durch reichlichen Unterhalt entlohnt wird, ein Anspruch auf Entlohnung aber nicht vereinbart ist. Abs. 2 berücksichtigt aber auch den Fall, daß ein Schuldner im elterlichen Betrieb verwendet wird. In diesem Fall kann trotz § 1617 BGB. ein Arbeitsverhältnis angenommen und das, was dem Schuldner von den Eltern gewährt wird, als Lohn angesehen werden. Ob im Sinne des Arbeitsrechts ein Arbeitsverhältnis vorliegt, ist nicht ausschlaggebend. Auch ist für die Bemessung des angemessenen Lohnes nicht etwa der Tariflohn maßgebend; es sind Fälle denkbar, in denen der Ehefrau oder den Eltern die Einstellung einer tarifmäßig entlohnten Arbeitskraft wirtschaftlich unmöglich gewesen wäre und es dennoch durchaus angemessen ist, daß der gegen Unterhalt beschäftigte Ehemann oder Sohn einen entsprechenden Teil seines tatsächlichen Lohnes zur Befriedigung seiner Gläubiger verwendet. Übersteigt der sich errechnende Betrag die Pfändungsgrenze (§ 958 Abs. 1, 2, gegenüber Unterhaltsforderungen § 958 Abs. 5 Satz 2, 3), so kann er wie eine Forderung des Sohnes an die Eltern gepfändet werden. Steht ein künftiger Vermögenswert in Aussicht, so kann er nach § 864 gesichert werden. Ist eine Vergütung erst nachträglich einem Dritten zugewendet worden, so kann der Rückruf beschlossen werden (§§ 857 ff.).

Die Pfändbarkeit tritt in den Fällen des § 960 erst — jedoch rückwirkend (Abs. 3) — ein, wenn und soweit das Vollstreckungsgericht sie für zulässig erklärt hat; dies, nämlich der Erlaß des Beschlusses, ist eine positive Rechtsvoraussetzung. Dagegen befindet kraft ausdrücklicher Bestimmung der Beschluß inhaltlich nur über eine Ordnungsvoraussetzung; ist er ergangen, so entsteht daher durch die Pfändung das Pfandrecht, auch wenn er nicht hätte ergehen sollen. Im Rechtsweg kann hiernach die Frage der inhaltlichen Richtigkeit des Beschlusses nicht nachgeprüft werden (§ 780 Abs. 2). Der Beschluß ist dem Richter vorbehalten (§ 1023 Nr. 10); daß er mit der Vollstreckungsbeschwerde (§§ 840, 841) anfechtbar ist, folgt aus der ausdrücklich vorgeschriebenen Beschlußform (§ 838 Abs. 1 Satz 1).

Die Beschlüsse nach Abs. 1, 2 vermögen gemäß Abs. 3 auch eine bereits vorgenommene Pfändung zu legitimieren; diese bleibt also bei Bestand, auch wenn der Beschluß erst nachträglich ergeht.

§ 961. Vgl. §§ 3, 4 Lohnpf.VO.

§ 962. An der Sonderbehandlung des Pfändungsschutzes der Beamten- usw.-Gehälter wird festgehalten, weil die Erhaltung der wirtschaftlichen Unabhängigkeit der Beamten durch das öffentliche Interesse dringend gefordert wird und auf der anderen Seite der Gläubiger eines Beamten schon wegen der grundsätzlichen Unauflösbarkeit des Beamtenverhältnisses eine erhöhte Sicherheit genießt.

Wie bisher wird das öffentlichrechtliche Arbeitseinkommen insofern von dem bürgerlichrechtlichen abweichend behandelt, als der Überschuß über monatlich 195 RM. nicht zu zwei Dritteln pfändbar, sondern zu zwei Dritteln unpfändbar ist und als die Unterhaltspflichten nicht durch Erhöhung des unpfändbaren Einkommensteils, sondern durch die Anordnung der Unpfändbarkeit und der Nichteinrechnung der Unterhaltszulagen Berücksichtigung erfahren. Auch hier hat die in den Entwurf eingesetzte Pfändungsgrenze nicht den Charakter eines endgiltigen Vorschlags, es gilt vielmehr das in Abs. 2 der Erläuterung zu § 958 gesagte entsprechend. Im übrigen vgl. bisher ZPO. § 850 Nr. 8, Nr. 9 und Abs. 2, 4, sowie die entsprechend anwendbaren Absätze 4 bis 6 des § 958.

Abs. 3 trägt dem Sonderfall Rechnung, daß ein privatrechtliches mit einem öffentlichrechtlichen Einkommen zusammentrifft. Dann sind die Einkommen nach der allgemeinen Regel (s. die Begr. zu § 958) zusammenzurechnen und ist auf die Gesamtsumme der in § 962 vorgesehene Schutz anzuwenden. Hierfür sprach einmal, daß Rechnungsumständlichkeiten nach Möglichkeit vermieden werden sollten, andererseits der Umstand, daß der beamtete Schuldner auch hinsichtlich seines Privateinkommens in der Regel ein sichererer Schuldner ist, als eine Privatperson (oben Abs. 1).

§ 963. Vgl. bisher § 850 Nr. 7 und Nr. 8 a. E. ZPO. Die Sterbe- und Gnadenbezüge sind jetzt schlechthin, nicht nur innerhalb einer Pfändungsgrenze für unpfändbar erklärt.

§ 964. Vgl. bisher § 850 Nr. 2—6 ZPO. In Nr. 2 (bisher Nr. 3) sind auch die Einkünfte aus Altenteils- und Auszugsverträgen, deren der Schuldner zur Bestreitung des notdürftigen Unterhalts bedarf, aufgenommen worden. Wegen der Versorgungsgesetze (bisher Nr. 5) vgl. Abs. 2.

§ 965. Vgl. bisher § 851 ZPO. Während bisher angenommen wurde, daß die Übertragbarkeit der Forderung eine zwingende Voraussetzung darstelle, ist sie hinsichtlich der Pfändbarkeit nun ebenfalls zu einer bloßen (negativen)

Ordnungsvoraussetzung geworden. Es wäre wenig zweckmäßig, wenn nur die Forderungspfändungsbeschränkungen als zwingende Voraussetzungen auftreten würden, andererseits wäre es auch nicht angebracht, die Rechtmäßigkeit einer Pfändung (die Entstehung eines Pfandrechts) stets von der Wahrung der jeweiligen Pfändungsbeschränkungen abhängig zu machen. Eine Ordnungsvoraussetzung genügt nicht nur für Vollstreckungszwecke, sie empfiehlt sich auch deswegen, weil nur auf diese Weise eine spätere Aufrollung der Frage im Rechtsweg ausgeschlossen wird. Daß ein rechtsgeschäftlicher Verstoß weitergehende Folgen hätte, bedeutet keinen Widerspruch, weil die gerichtliche Pfändung an eine strenge Prüfung auch der Ordnungsfragen gebunden ist und daher mit einem rechtsgeschäftlichen Privatakt nicht verglichen werden kann. Hiernach gilt für alle Pfändungsbeschränkungen, daß ein Verstoß gegen sie die Entstehung eines Pfandrechts nicht hindert und daß der Verstoß (auch vom Drittschuldner) nur im Vollstreckungsverfahren einschließlich des gewöhnlichen Vollstreckungsbeschwerdeverfahrens (§§ 840, 841) geltend gemacht werden kann (§ 882 Abs. 1, § 780 Abs. 2).

Abs. 3 ist neu angefügt, um die Zweifel über die Pfändbarkeit des Berichtigungsanspruchs abzuschneiden.

§§ 966, 967. Vgl. bisher ZPO. § 861 Abs. 1 Satz 2, § 862 Abs. 2, § 863, sowie die Begr. zu §§ 930 bis 932.

§ 968. Sind die Pfändungsbeschränkungen auch als bloße Ordnungsvoraussetzungen aufgestellt, so erfordert es doch ihre Wichtigkeit, daß über eine auf ihre Verletzung gestützte Erinnerung die Entscheidung einer höheren Instanz herbeigeführt werden kann. Daher ist in § 968 bestimmt, daß über diese Erinnerungen durch Beschluß zu entscheiden ist; er unterliegt der gewöhnlichen Vollstreckungsbeschwerde (§§ 840, 841). Daß ein Beschluß, der die Pfändungsbeschränkung bejaht, nicht zur sofortigen Aufhebung der Pfändung führen muß, sondern daß die Pfändung bis zur endgültigen Entscheidung aufrecht erhalten werden kann, ergibt sich daraus, daß die Pfändungsbeschränkungen nur als negative Voraussetzungen wirken (§§ 839, 862).

III. Zwangsvollstreckung von Ansprüchen auf Herausgabe und auf Handlungen und Unterlassungen.

§§ 969, 970. Vgl. bisher §§ 883, 884 ZPO. Ist ein Anspruch auf Herausgabe zu vollstrecken, so übergibt das Vollstreckungsgericht den Antrag (§ 770) wie einen Sachpfändungsauftrag dem Gerichtsvollzieher zur Ausführung der Vollstreckung. Die Verpflichtung zur Versicherung an Eides statt (§ 969 Abs. 2) ist entsprechend der auf § 774 beruhenden Umgestaltung des Offenlegungswesens nicht mehr von einem Antrag des Gläubigers abhängig und nicht mehr an die auch sachlich zu enge Voraussetzung eines ergebnislosen Vollstreckungsversuchs gebunden; es muß nur nach dem Ermessen des Vollstreckungsgerichts ein entsprechendes Ermittelungsbedürfnis gegeben sein. Hält das Vollstreckungsgericht eine eidesstattliche Versicherung nicht für ausreichend, so kann es die Beeidigung der Angaben fordern (§ 969 Abs. 4). Das Verfahren ist dem Richter vorbehalten (§ 1023 Nr. 2). Die Auskunftspflicht des Schuldners ist insofern gesteigert, als er auch zu einer Aussage darüber angehalten werden kann, wie er den Besitz verlor und wo die Sache sich befindet (Abs. 3 a. E.); dies ist wegen § 972 (bisher § 886 ZPO.) von Bedeutung, auch können sich daraus Anhaltspunkte für den Rückruf (§§ 857 ff.) und die Umstellung (§§ 833 ff.) ergeben.

Ist die Sache nicht zu finden, so wird das Verfahren wegen Unerreichbarkeit des Zweckes eingestellt (§ 863), sofern sich nicht sogleich die Vollstreckung des Schadensersatzanspruchs anschließen kann (§ 816 Abs. 2). Daß durch das Scheitern des Vollstreckungsversuchs eine Schadensersatzpflicht nicht ausgeschlossen wird, ist als selbstverständlich (vgl. bisher § 893 ZPO.) nicht mehr ausgesprochen, ebenso, daß sie im Rechtsweg geltend zu machen ist; nach einer besonderen Zuständigkeitsvorschrift besteht kein Bedürfnis. Die Einstellung des Verfahrens führt zum Eintrag in die schwarze Liste (§ 867 Abs. 1); wie die §§ 775 Abs. 3, 776 bis 779, so finden auch §§ 866, 867 Abs. 2 auf das Verfahren des § 969 Anwendung; vgl. auch § 993.

Abs. 6 spricht jetzt ausdrücklich aus, was schon bisher angenommen wurde, nämlich, daß die Ansprüche auf Herausgabe von Kindern usw. ebenfalls gemäß § 969 zu vollstrecken sind. Mit Rücksicht hierauf wurden auch in der Überschrift dieses Teils die Worte »von Sachen« weggelassen.

Soweit die Vollstreckung in der von §§ 969, 970 vor gesehenenForm stattzufinden hat, ist der Vollstreckungsweg der §§ 973, 974 wie bisher ausgeschlossen.

§ 971. Vgl. bisher § 885 ZPO. Die Vollstreckung des Anspruchs wird bei dem Vollstreckungsgericht beantragt (§ 770); dieses gibt den Antrag dem Gerichtsvollzieher zur Ausführung der Vollstreckung. Die dem Prozeßgericht zustehende Befugnis, eine Räumungsfrist zu bewilligen (bisher § 721 ZPO.), ist nun im § 293 enthalten. Der Beschluß nach Abs. 4 ist dem Richter vorbehalten (§ 1023 Nr. 10).

§ 972. Vgl. bisher § 886 ZPO. Der Gewahrsam des Dritten kann sich auch aus den gemäß § 969 Abs. 2, 3 erwirkten Bekundungen ergeben. Wie bisher ist der etwaige Herausgabeanspruch des Schuldners gegen den Dritten zu pfänden, doch ist ein Antrag hierfür nicht mehr erforderlich und gilt auch für die Verwertung die allgemein getroffene Regelung, wonach eine Überweisung nur bei gegebenem Bedürfnis und nur im Falle des Einverständnisses des Gläubigers zu verfügen ist (§ 916). Stellt der Gerichtsvollzieher den Gewahrsam eines Dritten fest, so kann er den Herausgabeanspruch vorpfänden (§ 923). Ergibt sich der Gewahrsam des Dritten durch die Bekundung nach § 969 Abs. 2, 3, so kann das Gericht den Anspruch sofort pfänden. In beiden Fällen wären unliebsame Verzögerungen unvermeidlich, wenn ein Antrag des Gläubigers zu den Pfändungsvoraussetzungen gehören würde. An Stelle der Pfändung des Herausgabeanspruchs kann auch eine Titelumstellung (vgl. §§ 833 ff.) in Betracht kommen.

§ 973. Vgl. bisher § 887 ZPO. Die Ermächtigung, die einen besonderen Antrag voraussetzt, wird nun vom Vollstreckungsgericht erteilt, neben welchem aber nach § 978 Abs. 2 bei streitgerichtlichen Titeln das Streitgericht zuständig ist. Der Gläubiger hat also in diesen Fällen die Wahl, da er ein Interesse daran haben kann, daß über die Verpflichtung des Schuldners zur Handlung und über die Befugnis, sie auf Kosten des Schuldners vornehmen zu lassen, von der gleichen Stelle entschieden werde.

Über die Anträge nach Abs. 1, 2 ist durch Beschluß zu befinden, der Schuldner ist vor der Anordnung zu hören (§ 978). Die Anordnung nach Abs. 2 wird auf dem Wege der §§ 1020 ff., also von Amts wegen, vollzogen.

§ 974. Vgl. bisher § 888 ZPO. Für die Zuständigkeit und das Verfahren gilt das zu § 973 Bemerkte. Für die Haft gelten die Bestimmungen der §§ 985 ff. Der Haftvollzug ist also von der Kostenvorauszahlung des Gläubigers abhängig (§ 993). Zum Vollzug ist daher eine Mitwirkung des Gläubigers notwendig, während die Geldstrafe ohne weiteres von Amts wegen vollzogen wird (§§ 1020 ff.). Bisher war der Vollzug dieser Strafbeschlüsse, wie eine Anspruchsvollstreckung, vom Gläubiger zu betreiben, also auch eine vollstreckbare Ausfertigung des Strafbeschlusses zu erwirken und der Strafbeschluß zuzustellen. Die Zustellung ist nach wie vor erforderlich, doch geschieht sie jetzt von Amts wegen (§ 134), eine vollstreckbare Ausfertigung ist nicht mehr notwendig (vgl. § 1020 Abs. 2).

§ 975. Vgl. bisher § 888 a. ZPO.

§ 976. Vgl. bisher § 889 ZPO. Wegen der Zuständigkeit und des Verfahrens vgl. die Begr. zu §§ 973, 974.

§ 977. Vgl. bisher § 890 ZPO. Wegen der Zuständigkeit und des Verfahrens siehe die Begr. zu § 974. Die Androhung (Abs. 2) muß in dem Titel enthalten sein; fehlt sie, so ist sie auf Antrag von der Stelle nachzuholen, die den Titel erließ. Die Strafen des § 977 werden von Amts wegen vollzogen (§§ 1020 ff.). Dazu ist erforderlich, daß der Strafbeschluß zugestellt sei; dagegen ist hier eine Haftkostenvorauszahlung nicht notwendig.

§ 978. Vgl. bisher § 891 ZPO. Die Anträge zielen nicht auf Entscheidungen über Rechtsvoraussetzungen (§§ 780, 782), sondern auf die Vornahme von Vollstreckungshandlungen ab. Die Beschlußform versteht sich daher hier nicht von selbst, doch war sie wegen der Wichtigkeit der Akte vorzusehen. Die Beschlüsse sind dem Richter vorbehalten (§ 1023 Nr. 10) und mit der gewöhnlichen Vollstreckungsbeschwerde anfechtbar (§§ 840, 841). Auch für die Ablehnung der Anträge gilt die Beschlußform. Zu Abs. 2 vgl. die Begr. zu § 973.

§ 979. Vgl. bisher § 892 ZPO. Der Gerichtsvollzieher kann vom Gläubiger unmittelbar angegangen werden (vgl. § 873).

§§ 980 bis **984.** Vgl. bisher §§ 894 bis 898 ZPO. Neben dem Urteil ist in § 980 Abs. 1 jetzt auch der (durch Urteil oder Beschluß) rechtskräftig für vollstreckbar erklärte Schiedsspruch als Grundlage für die Vollstreckung eines Anspruchs auf Abgabe einer Willenserklärung aufgeführt. Der bisherige § 894 Abs. 2 ist als zeitlich überholt gestrichen (vgl. § 333 Nr. 4, § 334, § 755 Abs. 2 Nr. 2). Daß der Gläubiger die Erteilung der notwendigen Urkunden an Stelle des Schuldners verlangen kann (bisher § 896 ZPO.), ergibt sich schon aus § 784 Abs. 2. § 982 gibt dem Gläubiger die Befugnis, auf Grund eines Urteils oder Schiedsspruchs die Eintragung bei dem Grundbuchamt zu betreiben, ohne vorher das Vollstreckungsgericht angehen zu müssen. Hatte sich der Gläubiger mit dem Urteil an das Vollstreckungsgericht gewandt, so ersucht dieses um die Eintragung.

Dritter Titel.

Ordnungs- und Erzwingungshaft.

§§ 985 bis **993.** Die §§ 985 bis 991 bringen die für alle Haftfälle gemeinsamen Bestimmungen; § 992 bringt eine Sonderbestimmung für die Entscheidungsform bei Rechtsmitteln, § 993 Sonderbestimmungen für die Erzwingungshaft. Die Vollziehung der Haft wird vom Vollstreckungsgericht veranlaßt. Ob sie ohne weiteres zulässig ist, hängt davon ab, ob die Haft schlechthin von Amts wegen zu vollziehen ist (wie z. B. bei den Strafen nach §§ 773, 777, § 807 Abs. 4, § 977) oder ob ihr Vollzug von einem Haftkostenvorschuß des Gläubigers abhängt (wie bei der Erzwingungshaft wegen Verweigerung der Offenlegung und der anderen Eide, §§ 778, 969, 976, und in den Haftfällen des § 974). Auch in den letztgenannten Fällen bedarf es keines weiteren Antrags und kann der Haftbefehl vom Vollstreckungsgericht dem Gerichtsvollzieher ohne weiteres zum Vollzug übergeben werden, wenn der Gläubiger den Haftkostenvorschuß zur Verfügung gestellt hat. Über eine auf §§ 986, 988 bis 990 gestützte Erinnerung ist durch einen dem Richter vorbehaltenen (§ 1023 Nr. 10) Beschluß zu befinden (§ 992; Beschwerde: §§ 840, 841).

§ 993 bringt in seinem ersten Absatz die bisher in § 913 Satz 1 enthaltene Vorschrift wieder; daß der Schuldner nach sechs Monaten von Amts wegen aus der Haft zu entlassen ist, bedurfte nicht mehr des ausdrücklichen Ausspruchs. Der zweite und dritte Absatz entspricht dem bisherigen § 911. Während aber die Haftkosten bisher für einen Monat vorauszubezahlen waren, ist die Verpflichtung jetzt auf die Vorauszahlung der Kosten für eine Woche herabgesetzt worden, da kein Anlaß besteht, den Haftvollzug zu erschweren und die Offenlegungspflicht meist binnen kurzem erfüllt wird.

Zweiter Abschnitt.

Arrest und einstweilige Verfügungen.

Die geltende Prozeßordnung kennt zur Sicherung der Vollstreckung von Geldforderungen den Arrest (§ 916), zur Sicherung der Vollstreckung anderer Forderungen die einstweilige Verfügung (§ 935) und bezeichnet als einstweilige Verfügung auch die einstweiligen Zustandsregelungen (§ 940); daneben hat sich aus § 627 in Verbindung mit § 940 ZPO. eine besondere Art provisorischer Zuerkennungen (z. B. von Unterhalt) entwickelt, die auf Grund eines summarisch beschafften Titels zur wirklichen Vollstreckung, nicht nur zur Sicherung führen (vgl. § 1017 Abs. 2 des Entw.). All dies läßt der Entwurf unberührt und ändert auch nichts an der hergebrachten Terminologie; doch sind die bisher im § 627 vorgesehenen einstweiligen Verfügungen nun in §§ 590 ff., § 793 Abs. 3 als vollstreckbare (§ 792 Nr. 3) Regelungsbeschlüsse besonderer Art gestaltet. Die Änderungen, die der Entwurf vornimmt, lassen sich unter drei Gesichtspunkte bringen: Vereinfachung des Verfahrens, Verstärkung der Amtsbefugnisse, Zurückführung des Arrestes auf Sicherungsmaßnahmen von rein vorläufiger, d. h. keinen Vorrang begründender Wirkung. Dieser letzte — nunmehr ebenso wie in Österreich (Exekutionsordnung § 379) und wie bis zum Jahre 1879 in Deutschland geregelte Punkt (vgl. auch RG. ZS. Bd. 3 S. 416) — bedarf hier der Erörterung. Über die anderen (Fortfall der Urteile, Fortfall der Unterscheidung zwischen Arrest- und Vollstreckungsgericht, Arrestvollzug von Amts wegen) wird bei den einzelnen Bestimmungen das Erforderliche gesagt.

In der Begründung zu dem Entwurf von 1877 war zu §§ 754 bis 758 unter Nr. 5 bemerkt (Hahn Bd. 1 S. 477), daß die Arrestvollziehung an dem Punkt einhalten müsse, in dem die bloße Sicherung aufhören und die Befriedigung des Gläubigers beginnen würde. Dieser Gedanke ist durchaus zutreffend. Der Arrest wird bewilligt, bevor ein Titel vorliegt, und kann sogar vor dem Eintritt der Fälligkeit der Forderung vollzogen werden; jede die Befriedigung des Gläubigers vorwegnehmende Verschiebung der Rechtslage wäre in diesem Zeitpunkt ungerechtfertigt. Das gilt aber nicht nur gegenüber dem Schuldner, sondern auch gegenüber den anderen Vollstreckungsgläubigern. Es ist daher widerspruchsvoll, daß die geltende ZPO. durch die Arrestbeschlagnahme ein Pfandrecht entstehen läßt, das nach §§ 930, 804 Abs. 3 ZPO. g. F. dem der titulierten Gläubiger vorgehen kann, und daß demgemäß die Begründung a. a. O. unter Nr. 4 ausführt, der Zweck des Arrestes sei die Sicherung der Zwangsvollstreckung, daher müßten der Vollziehung des Arrestes dieselben Wirkungen beigelegt werden wie der Zwangsvollstreckung selbst. Wenn es gilt, die für eine künftige Vollstreckung in Betracht kommenden Gegenstände bis zum Eintritt der Vollstreckungsreife des Anspruchs einstweilen zu sichern, weil sonst die Gefahr besteht, daß der Schuldner sie durch tatsächliche oder rechtsgeschäftliche Verfügungen der Vollstreckung entziehe, so kommt es offenbar nur darauf an, diesen Sicherungserfolg zu erreichen, also den Schuldner an nachteiligen Handlungen zu hindern. Dagegen ist es zur Erreichung dieses Zweckes nicht nur unnötig, sondern mit ihr auch nicht vereinbar, wenn die Sicherung gleichzeitig zur Entstehung eines einen bestimmten Rang sichernden Pfandrechts für den Gläubiger führt; denn das bedeutet im Verhältnis zu den anderen Vollstreckungsgläubigern den Beginn der Befriedigung des Arrestgläubigers. Es ist allgemein anerkannt, daß die drohende Konkurrenz anderer Vollstreckungsgläubiger keinen Arrestgrund darstellt, daß das Arrestverfahren also nicht als ein summarisches Verfahren zur Vorrangsicherung gedacht ist. Tatsächlich hat es aber heute diese Wirkung, da es den Rang des späteren Vollstreckungspfandrechts nach dem Zeitpunkt des Arrestvollzugs bemißt. Ein solches Recht bedeutet zwar einen Vorteil für den ersten Arrestgläubiger, aber wenn man daraus den Schluß ziehen wollte, man müsse das Arrestverfahren darum gerade auch auf den Zweck der Rangsicherung zuschneiden und die drohende Konkurrenz anderer Vollstreckungsgläubiger als Arrestgrund genügen lassen, so würde man nur erreichen, daß der Arrestprozeß in weitem Umfang an die Stelle des ordentlichen Prozesses träte. Läßt man aber die drohende Konkurrenz anderer Vollstreckungsgläubiger wie bisher nicht als Arrestgrund genügen, so wirkt die Vorrangsicherung durch Arrest als Unbilligkeit gegenüber den konkurrierenden bereits titulierten Gläubigern, die doch schon ein wirkliches vollstrekkungsreifes Befriedigungsrecht haben und denen es auf dem Wege des Arrestvollzugs von einem untitulierten, ja womöglich zunächst nur bedingt berechtigten Gläubiger abgewonnen werden kann (vgl. § 916 Abs. 2, § 804 Abs. 3 ZPO. g. F., § 1209 BGB.). Liegt ein Arrestgrund vor, so ist jeder Gläubiger gleichmäßig und nicht etwa der das Arrestverfahren betreibende Gläubiger vorzugsweise bedroht. Daß er das Verfahren betreibt, reicht nicht aus, um ihm einen Vorrang zu gewähren, da, wenn sein Vorgehen begründet ist, also der Arrestbefehl erlassen und vollzogen werden kann, die Kosten nicht ihn, sondern die haftende Masse treffen. Obwohl die Frage, ob die Arrestpfändung ein Pfandrecht erzeugen soll, mit der anderen, ob für die Vollstreckungspfandrechte das Prioritätsprinzip oder das Ausgleichsprinzip gelten soll, an sich nichts zu tun hat, muß schließlich auch noch folgendes in Betracht gezogen werden. Nach der heutigen Ordnung wirkt die Priorität des Arrestpfandrechts auch in den Konkurs hinein (§ 49 Nr. 2 KO.); die Rangwirkung als Nebenerfolg der Sicherung gewährt also heute wie das Pfändungspfandrecht ein Recht auf Bevorzugung sogar im Konkurse. Wird dies künftig für das Pfändungspfandrecht geändert, weil es ausgleichswidrig ist, wenn die Masse durch kurz zuvor erworbene Pfändungspfandrechte gemindert werden kann, so muß es erst recht für die Arrestwirkung geändert werden. Ein bestehender Arrest wird also künftig durch die Konkurseröffnung gegenstandslos werden, da sie, solange sie bei Bestand bleibt, ohnedies einen Generalarrest zur Folge hat. Es bliebe dann nur noch die Rangwirkung des Arrestes für die Spezialvollstreckung übrig. Nun ist es aber keineswegs so, daß alle unzureichenden Massen auf dem Wege des Konkursverfahrens liquidiert würden. Die Ablehnung mangels Kostendeckung steht entgegen, vor allem aber auch die offenbare Ungeeignetheit des Konkursverfahrens zur raschen und billigen Liquidation einfacherer Vermögenskomplexe. Sachlich ist die Lage für Gläubiger und Schuldner nun aber ganz die gleiche, ob sich ein Vermögen im Konkurs oder in der Spezialvollstreckung als nicht ausreichend erweist. War dies schon einer der Gründe, die den Entwurf bestimmten, auch außerhalb des Konkurses eine Art Ausgleich vorzusehen und jedenfalls das reine Prioritätsprinzip aufzugeben, so spricht dieser Sachverhalt ganz besonders auch gegen die Rangsicherung durch Arrestvollziehung. Sobald die Masse durch Vollstreckungsakte sichergestellt ist, muß der Arrest seine Bedeutung verlieren und kann nicht in Gestalt eines durch nichts begründeten Vorzugsrechts auf Kosten der titulierten Gläubiger fortwirken. Der Entwurf läßt daher durch die Arrestpfändung nur die Beschlagnahmewirkungen der Pfändung, dagegen kein Pfandrecht zur Entstehung gelangen (§§ 1006 bis 1008). Die Beschlagnahme steht nur dem späteren rechtsgeschäftlichen Erwerb, nicht auch dem Erwerb von Pfändungspfandrechten entgegen, auch nimmt sie selbst von dem Pfändungspfandrecht nur das Verfügungsverbot vorweg. Demgemäß kann die Gefahr, daß der Schuldner seine Habe einem anderen Gläubiger rechtsgeschäftlich übertrage, ein Arrestgrund sein, nicht aber die drohende Konkurrenz anderer Vollstreckungsgläubiger. Immerhin hat diese drohende Konkurrenz die natürliche Folge, daß der Arrestgläubiger auf eine möglichst schleunige Herbeiführung einer ordnungsmäßigen Vollstreckungspfändung bedacht sein muß, wodurch die Dauer der bloßen Sicherungspfändung eine erwünschte Abkürzung erfährt.

§ 994. Vgl. bisher ZPO. § 916. Es ist nur im Abs. 2 das Wort »Zulässigkeit« durch »Statthaftigkeit« ersetzt worden, da es sich bei dem Vorliegen des Anspruchs um ein im ordentlichen Prozeß nachprüfbares (§ 780) zwingendes Erfordernis handelt. Wie bisher ist eine Vollstreckungsklausel auch in den Fällen der Bedingung nicht erforderlich (vgl. § 1005 Abs. 2, § 1020 Abs. 2) und braucht mit dem Vollzug des Arrestes nicht bis zum Fälligkeitstag gewartet zu werden, da der Arrest damit seinen Zweck verlöre (§ 1005 Abs. 1). Hiergegen bestehen jetzt um so weniger Bedenken, als der Arrestvollzug ohnehin keinen Vorrang mehr gewährt (vgl. § 1209 BGB. einerseits, §§ 726, 751 ZPO. g. F. andererseits).

§ 995. Von § 917 ZPO. g. F. ist nur dadurch abgewichen, daß im Abs. 1 der Charakter des Arrestgrundes als einer bloßen Ordnungsvoraussetzung, also einer im ordentlichen Prozeß nicht nachprüfbaren Voraussetzung (§ 780 Abs. 2) klargestellt ist, und die schon bisher als zu eng nicht zutreffenden und überflüssigen Worte »des Urteils« gestrichen wurden.

§ 996. Vgl. bisher § 918 ZPO.; doch ist der Arrestgrund nur noch Ordnungsvoraussetzung (§ 780 Abs. 2).

§ 997. Sachlich ist der erste Absatz unverändert gegenüber § 919 ZPO. g. F., nur wurde an die Stelle des Amtsgerichts das Vollstreckungsgericht (§ 769) gesetzt.

Da das Arrestverfahren ein Verfahren zur Sicherung der Vollstreckung ist und die Prüfung des Gesuchs nur daraufhin stattfindet, ob es eine sichernde Vorwegnahme der Beschlagnahme rechtfertigt, sollen auch für das Gericht der Hauptsache, soweit keine Sonderbestimmungen vorgesehen sind, die Regeln des vollstreckungsgerichtlichen Verfahrens gelten. Es gilt also unter Vorbehalt ausdrücklicher Abweichungen der Grundsatz, daß die Arrestbehörde, auch wenn sie das Gericht der Hauptsache ist, eine Ermittelungsbefugnis hat, daß sie die Beteiligten hören, auch eine Verhandlung anordnen kann und daß sie in der Form des Beschlusses oder der Verfügung entscheidet, die durch die Vollstreckungsbeschwerde oder durch Erinnerung anfechtbar sind (§§ 772, 774, 782, 838). Auch § 791 (Zuständigkeit des Rechtspflegers; vgl. aber § 1023 Nr. 11) ist anwendbar. Ebenso — wenn dies besondere Ausnahmeumstände rechtfertigen — §§ 839, 869 (vorläufige Einstellung des Vollzugs). Ähnlich wie bisher (§ 944 ZPO. g. F.) soll bei dem Gericht der Hauptsache, wenn es ein Kollegialgericht ist, der Vorsitzende an Stelle des Kollegiums tätig werden können, vorausgesetzt, daß er nicht, sei es kraft Ermessens, sei es kraft zwingender Vorschrift, eine vorgängige Verhandlung anordnet (§ 772 Abs. 2, § 1014 Abs. 2, § 1003 Abs. 3). Immerhin kann auch künftig zwischen dem Arresterkenntnis — und dem Arrestvollzugsverfahren unterschieden werden. In jenem gilt z. B. § 145 Abs. 1 Satz 1, in diesem nicht (§ 145 Abs. 1 Satz 2). Wegen der Zuständigkeit des Vorsitzenden zum Arrestvollzug vgl. § 1021.

Die Zuständigkeit ist eine ausschließliche (vgl. § 786). Mit Rücksicht auf die Eilbedürftigkeit der Arrestanlegung wurde an den bisherigen Zuständigkeitsgründen festgehalten, doch ist das Vollstreckungsgericht des Wirtschaftszentrums von dem ergehenden Beschluß zu benachrichtigen (§ 1001 Abs. 2).

§ 998 entspricht sachlich dem bisherigen § 943 ZPO.

§ 999 unterscheidet sich nur redaktionell von § 920 ZPO. g. F., und zwar dadurch, daß im Abs. 2 das schon bisher eine Soll-Bestimmung darstellende »sind glaubhaft zu machen« ausdrücklich als solche gefaßt und daß in Abs. 3 der Ausdruck »Protokoll« durch »Niederschrift« ersetzt wurde.

§ 1000. Vgl. bisher § 921 Abs. 2 ZPO. Der Abs. 1 des § 921 g. F. ist durch § 772 Abs. 2 ersetzt.

§ 1001. Im Gegensatz zum bisherigen § 922 Abs. 1 wird nunmehr vorgeschrieben, daß über das Gesuch stets durch Beschluß zu befinden ist. Auch über den Widerspruch wird nicht mehr durch Urteil entschieden (§ 1003 Abs. 3). Die Ersetzung des Urteils und der Berufung durch den Beschluß und die Vollstreckungsbeschwerde rechtfertigt sich dadurch, daß damit eine beträchtliche Vereinfachung und Beschleunigung des Verfahrens erzielt wird und daß das umständlichere Urteils- und Berufungsverfahren entbehrlich ist, wo es sich, wie bei der Arrestverhängung, nicht um eine der materiellen Rechtskraft fähige Entscheidung über den Bestand eines Anspruchs, sondern nur um die Anordnung einer Sicherungsmaßregel auf Grund einer summarischen Prüfung handelt. An der Zulässigkeit (§ 772 Abs. 2) sowie für die Fälle des Widerspruchs und für gewisse Fälle der Vollstreckungsbeschwerde (§ 1003 Abs. 3; vgl. auch § 1014 Abs. 2) einer Notwendigkeit der Verhandlung ist festgehalten. Wird eine Verhandlung angeordnet, so hat sie nicht den Charakter einer auf Klage stattfindenden Verhandlung; ein Versäumnisurteil ist also nicht möglich. Für den Beschluß gilt § 782 Abs. 2 (vgl. bisher § 922 Abs. 2, 3 ZPO.). Im Unterschied zu § 922 Abs. 2 ZPO. g. F. ist also jetzt bestimmt, daß der nicht verkündete Arrestbefehl beiden Parteien von Amts wegen zuzustellen ist (vgl. auch § 134). Ist der Arrestbefehl verkündet worden und nach Antrag ergangen, so ist er nur dem Gegner zuzustellen. Wie bisher kann die Zustellung an den Schuldner dem Arrestvollzug nachfolgen (§ 1005 Abs. 1). Ist der Arrest abgelehnt worden und der Gegner nicht gehört gewesen, so ist der Beschluß nach § 782 Abs. 2 nur dem Antragsteller zuzustellen. Da der Arrestvollzug der Arrestbehörde, also dem Gericht der Hauptsache, obliegt, wenn dieses den Arrest erlassen hat (§ 1021 Abs. 1), brauchte eine Bestimmung nach Art von § 309 Abs. 2 hier nicht getroffen zu werden. Als ablehnender Beschluß ist auch die vorgängige Anordnung einer Sicherheitsleistung aufzufassen (vgl. bisher § 922 Abs. 3 ZPO.). Um die immer noch nicht ausgetragene Streitfrage abzuschließen, ob in dem Arrestbeschluß auch über die Kosten zu befinden sei, ist eine ausdrückliche Vorschrift dieses Inhalts aufgenommen. Für die Beitreibung der Kosten stehen die Mittel der Zwangsvollstreckung zur Verfügung.

Da über die Arrestverhängung nicht das Vollstreckungsgericht des Wirtschaftszentrums zu befinden hat, dieses Vollstreckungsgericht von dem Arrestbeschluß aber Kenntnis erhalten muß, wenn es seiner Aufgabe soll gerecht werden können, ist eine dem § 788 entsprechende Benachrichtigungspflicht ausdrücklich vorgesehen. Wegen der Anwendbarkeit von § 787 siehe die Begründung zu § 1005.

Die Entscheidung über das Arrestgesuch ist dem Richter vorbehalten (§ 1023 Nr. 11).

§ 1002. Entsprechend den bisherigen §§ 923, 926 ZPO. wird vorgeschrieben, daß im Arrestbefehl — durch den Richter, § 1023 Nr. 11 — ein Abwendungsgeldbetrag festgesetzt und daß — erforderlichenfalls — eine Klagefrist bestimmt werden soll. Obwohl die Arrestpfändung kein Pfandrecht mehr erzeugt und daher keinen Vorrang mehr sichert, der Arrestgläubiger also schon dadurch gezwungen ist, möglichst schnell eine ordentliche Vollstreckungspfändung herbeizuführen, erschien es angezeigt, dem Schuldner die Möglichkeit der Fristerwirkung zu belassen. Was die Hinterlegung des Geldbetrags betrifft, so soll sie, wie bisher, nur zur Aufhebung des Arrestvollzugs, nicht zur Aufhebung des Arrestbefehls führen. Doch soll diese Vollzugsaufhebung nicht mehr von einem Antrag des Schuldners abhängen, sondern von Amts wegen stattfinden (vgl. § 1011), da für den Arrestvollzug der Amtsbetrieb gilt. Was die Fristbestimmung anlangt, so ist jetzt der Klageerhebung die Zustellung eines Zahlungsbefehls ausdrücklich gleichgestellt. Wie bisher ist die Fristsetzung und die Aufhebung des Arrestbefehls durch einen — jetzt nicht mehr dem Anwaltszwang unterliegenden (Abs. 3) — Antrag des Schuldners bedingt, da hier der Bestand des Titels und nicht nur der Vollzug betroffen wird.

Die Aufhebung nach Abs. 2 erfolgt durch Beschluß, nicht mehr durch Urteil, eine vorgängige Verhandlung ist also nicht mehr erforderlich. Für die Anfechtung der Beschlüsse gelten die §§ 840, 841 (Vollstreckungsbeschwerde).

§ 1003. Vgl. bisher §§ 924, 925 ZPO. Obwohl über den Arrest in keinem Falle mehr durch Urteil befunden wird, ist an einer Zweiteilung der Rechtsmittel festgehalten. War der Schuldner nicht gehört — ob in einer förmlichen Verhandlung oder anderweit ist gleichgültig — so steht ihm gegen den Arrestbefehl der unbefristete Widerspruch zu, über den der judex a quo nach vorgängiger Verhandlung durch Beschluß befindet; war der Schuldner gehört, so hat er die Vollstreckungsbeschwerde, über welche das übergeordnete Gericht entscheidet (§§ 838, 840, 841). Wird der Arrest abgelehnt, so hat der Gläubiger die Vollstreckungsbeschwerde. Wie über den Widerspruch, so ist auch über die Vollstreckungsbeschwerde des Schuldners, sowie, wenn der Arrest auf Widerspruch aufgehoben wurde, über die des Gläubigers nach vorgängiger Verhandlung zu entscheiden (bisherige Urteilsfälle). Dadurch wird die Beschwerde jedoch nicht zu einer nach §§ 842, 843, da die besondere Vollstreckungsbeschwerde nur in den in § 842 ausdrücklich aufgeführten Fällen stattfindet. Wie für die Beschwerde (§ 838 Abs. 2) besteht auch für den Widerspruch, entsprechend dem bisherigen § 924 Abs. 2 ZPO., Begründungszwang. Beide entbehren (vgl. bisher §§ 924 Abs. 3) der aufschiebenden Wirkung (§ 839 a. A., § 1003 Abs. 2 a. E.), doch ist eine vorläufige Einstellung des Vollzugs nach §§ 839, 869 möglich. Materiell rechtskräftig hinsichtlich ihrer Voraussetzungen wird die Arrestanordnung nur, wenn sie von der Beschwerdeinstanz beschlossen oder bestätigt wird (§ 841 Abs. 2). Da der Arrestgrund und die Glaubhaftmachung nur Zulässigkeitsvoraussetzungen sind (§§ 995, 996, 999, 1012, 1013, 1017), kann ihr Fehlen vom Schuldner gegenüber dem Gläubiger nur im Arrestverfahren, nicht mehr nachträglich auf dem Rechtsweg geltend gemacht werden (§ 780 Abs. 2). Daher bedeutet es für den Gläubiger keinen Nachteil, daß der Arrestbefehl materielle Rechtskraft nur im Falle seiner Bestätigung durch das Beschwerdegericht erlangt.

Die Entscheidungen sind dem Richter vorbehalten (§ 1023 Nr. 11).

§ 1004 entspricht dem bisherigen § 927 ZPO., nur daß auch hier für die Entscheidung statt der Form des Urteils die des Beschlusses vorgesehen ist; zuständig ist der Richter (§ 1023 Nr. 11). Ist der Arrest durch Zahlung u. dgl. erledigt, so soll statt des Beschlusses eine Verfügung genügen (§ 861 Abs. 2).

§ 1005. Im Gegensatz zu bisher soll der Arrest künftig sogleich nach seinem Erlaß von Amts wegen vollzogen werden. Dies erscheint geboten, um die Wirksamkeit des Verfahrens zu steigern. Der Arrestantrag gilt also gewissermaßen gleichzeitig als Antrag auf Erlaß und Vollzug des Arrestes, was seinem Zweck entsprechen dürfte. Die Fälle der sofortigen Zahlung werden Ausnahmefälle sein; übrigens wird auch bisher der Gläubiger die Geschäftsstelle meist um sofortige Übermittelung des Arrestbefehls an den Gerichtsvollzieher (§ 753 Abs. 2 ZPO. g. F.) ersucht haben. Eine Gefahr läuft der Schuldner nicht, da der Zahlungsnachweis (Quittung) zur Unterlassung des Vollzuges führt (§§ 818, 879 Abs. 2 Nr. 3, 4). Für den Vollzug gelten, soweit nicht die Sonderbestimmungen des ersten Absatzes sowie §§ 1006 ff. Abweichendes anordnen, die Vorschriften über den Vollzug von Verfügungen (§§ 1020 bis 1022), die ihrerseits wieder die grundsätzliche Anwendbarkeit der Vorschriften über die Zwangsvollstreckung vorsehen. Hat das Gericht der Hauptsache den Arrest erlassen und ist es ein Kollegialgericht, so ist der Vollzug Sache des Vorsitzenden (§ 1021 Abs. 2). Von den Vorschriften über das Vollstreckungsverfahren ist auch § 787 entsprechend anwendbar.

Der Entwurf hat weder die bisherige Zustellungsfrist noch die bisherige Vollzugsfrist (§ 929 Abs. 2, 3 ZPO. g. F.) übernommen. Eine Unterlassung der Zustellung ist nicht zu befürchten, da sie von Amts wegen stattzufinden hat (§ 134). Da auch der Vollzug sich an die Arrestverhängung von Amts wegen anschließt und der Gläubiger mit einem Aufschubsverlangen nicht gehört werden könnte, weil es die Verneinung des Arrestgrundes bedeuten würde, besteht keine Gefahr, daß der Arrest zu spät vollzogen werden wird.

Um ihm den vorläufigen Charakter zu sichern, ist eine Befristung nicht notwendig, da § 1002 Abs. 2 für die Überführung in die endgültige Vollstreckung sorgt; vgl. auch § 1006 Abs. 1 Satz 2.

Die Herbeiführung des Arrestvollzugs ist stets Sache des Richters (§ 1023 Nr. 11).

§ 1006. Wie schon in der zusammenfassenden Begründung zu diesem Abschnitt bemerkt, bedeutet es eine widerspruchsvolle und die titulierten Gläubiger grundlos benachteiligende oder doch gefährdende Regelung, wenn die Arrestpfändung die Entstehung eines Pfandrechts zur Folge hat. Der Entwurf läßt daher zwar die Pfändung wie bisher vornehmen, als ihre Folge aber nur ein Verfügungsverbot zugunsten des Arrestgläubigers einschließlich des Zahlungsverbots gegenüber dem Drittschuldner einer gepfändeten Forderung eintreten. Das Verfügungsverbot steht Pfändungen nicht entgegen; dies wird durch den Ausschluß der gegenteiligen Vorschriften des BGB. klargestellt (vgl. §§ 41, 54 Vgl.O.).

Der Arrestbefehl betrifft, wenn er nicht beschränkt ist, das ganze Vermögen des Schuldners, vollzogen soll er jedoch nur insoweit werden, als dies zur Sicherung der Forderung des betreibenden Gläubigers notwendig ist (§ 881 Abs. 1 Satz 3). Da aber dieser Gläubiger die Gefahr läuft, daß ihm der Arrestgegenstand von titulierten Gläubigern entwunden wird und der Schuldner sich inzwischen im übrigen vermögenslos macht, ist auch § 881 Abs. 3 (Erstreckung des Arrestes von Amts wegen) entsprechend anwendbar. Die Arrestanordnung bedeutet also, wie die Vollstreckungsreife eines Anspruchs, eine durch Pfändung bedingte Verfügungsbehinderung des zahlungsfälligen Schuldners in bezug auf sein gesamtes Vermögen. Die Arrestpfändung sichert einen Gegenstand nicht nur zugunsten der betreibenden, sondern zugunsten aller Gläubiger; daher ist der Arrest insbesondere am Platze, wenn ein einziges brauchbares Vollstreckungsobjekt vorhanden ist und dieses für die Gläubiger gesichert werden soll.

§ 1007. Wenn durch die Arrestpfändung ein Pfandrecht nicht mehr zur Entstehung gelangt, so kann auch die Arrestpfändung in ein Schiff nur noch als Verfügungsverbot unter Angabe des Geldbetrags in das Schiffsregister eingetragen werden. Eine besondere Vorschrift über das Verhältnis zur Zwangsversteigerung erübrigt sich, da die Beschlagnahme zum Zwecke der Versteigerung während der Dauer ihres Bestandes das Schiff bereits sichert und einen Arrest daher überflüssig macht.

§ 1008. Vgl. bisher § 932 ZPO. Da die Arrestanlegung keine vollstreckungsrechtliche Rangwirkung mehr haben soll, hat der Vollzug in Grundstücke nicht mehr durch die Eintragung einer Sicherungshypothek, sondern durch die Eintragung eines entsprechenden Verfügungsverbots zu geschehen.

§ 1009 entspricht dem bisherigen § 933 ZPO. Zuständig für die vorgesehenen Anordnungen ist nur der Richter (§ 1023 Nr. 11).

§ 1010. In Erweiterung des bisherigen § 941 ZPO. wird, da der Arrest jetzt von Amts wegen vollzogen wird, die Herbeiführung der Eintragung im Grundbuch und in den Registern der Arrestbehörde übertragen.

§ 1011. Vgl. bisher § 934 ZPO. An die Stelle des Vollstreckungsgerichts ist die Arrestbehörde gesetzt, da ihr nunmehr der Arrestvollzug obliegt.

In den Fällen des Abs. 2 ist der Beschluß dem Richter vorbehalten (§ 1023 Nr. 11).

§§ 1012 bis **1018.** Die Vorschriften entsprechen den bisherigen §§ 935-

bis 940 und 942. Es ist lediglich § 1014 Abs. 2 (§ 937 Abs. 2 ZPO.) sowie § 1016 (§ 939 ZPO.) ohne Änderung des Sinnes anders gefaßt, im § 1018 (§ 942 ZPO.) an Stelle des Amtsgerichts das Vollstreckungsgericht eingesetzt und das Wort »Rechtmäßigkeit« entsprechend dem Sprachgebrauch des Entwurfs zu »Recht- und Ordnungsmäßigkeit« erweitert worden. § 942 Abs. 4 g. F. ist als bereits aus den allgemeinen Bestimmungen folgend (§ 772 Abs. 2) gestrichen. Wegen bisher § 941 ZPO. vgl. § 1010, wegen bisher § 943 vgl. § 998, wegen bisher § 944 vgl. § 997 Abs. 2 Satz 2. Der Abs. 2 von § 1017 ist neu angefügt, um die tatsächliche Übung zu legitimieren. Auch die nach § 1017 Abs. 2 ergehenden einstweiligen Verfügungen werden von Amts wegen vollzogen, es sind nur für den Vollzug die Mittel der Zwangsvollstreckung und nicht lediglich sichernde Maßnahmen zugelassen; ein Antrag und eine vorgängige Titelzustellung sind nicht erforderlich. Die Beschlüsse nach §§ 590 ff. (bisher § 627, vgl. § 793 Abs. 3 des Entwurfs) sind nun Vollstreckungstitel (§ 792 Nr. 3) und bedürfen daher nicht des Vollzuges (§ 1020 Abs. 1).

§ 1019. Die Vorschrift entspricht dem bisherigen § 945 ZPO. »Ungerechtfertigt« bedeutet wie bisher: vorschriftswidrig, also z. B. in Widerspruch mit § 994 und § 995. Da aber nur § 994 ein Rechtserfordernis im Sinne von § 780 Abs. 1 enthält, während der Arrestgrund eine bloße Ordnungsvoraussetzung darstellt, kann die Verletzung des § 995 zu einem Schadensersatzprozeß aus § 1019 nur führen, wenn der Mangel noch im Arrestverfahren zur Feststellung gelangt ist (§ 780 Abs. 2).

Dritter Abschnitt.

Vollzug gerichtlicher und vollstreckungsgerichtlicher Anordnungen.

Der Entwurf unterscheidet von der Vollstreckung, d. h. von der zwangsweise erfolgenden Verwirklichung von Ansprüchen, auf die sich der erste Abschnitt des Neunten Buchs bezieht, den Anordnungsvollzug, d. h. die zwangsweise erfolgende Verwirklichung vollstreckungs- oder streitgerichtlicher Willensverfügungen. Dem Gebiet der Vollstreckung gehören alle gerichtlichen Entscheidungen an, die einen den Schuldner gegenüber dem Gegner zu einer Leistung verpflichtenden Ausspruch enthalten (vgl. § 792 Nr. 1 und 3), in den Bereich des Vollzugs fallen alle anderen gerichtlichen Anordnungen. An vollstreckungsgerichtlichen Anordnungen kommen für den Vollzug z. B. in Betracht: Zeugenungehorsamsstrafen (§ 774 mit §§ 379, 387, 407, 409), andere Strafen (§§ 773, 777, 977), die Anordnung der Erzwingungshaft (§§ 778, 969, 974, 976) unter Beachtung der gemäß § 993 bestehenden Kostenvorschußpflicht des Gläubigers, Rückrufsbeschlüsse (§§ 857 ff.), Sicherungsbeschlüsse (§ 881 Abs. 3, § 864), Vollzug der Pfändungsverfügung hinsichtlich des Hypothekenbriefs (§ 911 Abs. 1) und der Auskunftspflicht und Herausgabepflichten (§ 917 Abs. 2, § 921), die endgültigen und vorläufigen Einstellungsanordnungen (§§ 839, 861, 863, 869 ff.), die Arrestbefehle und einstweiligen Verfügungen (§§ 1005 ff., 1013). An streitgerichtlichen Anordnungen können beispielsweise genannt werden: die bisher aufgeführten, soweit sie auch vom Streitgericht ausgehen können, ferner die in § 807 Abs. 4, §§ 105, 133, 583 vorgesehenen.

§ 1020. Die Anspruchsvollstreckung muß vom Gläubiger beantragt werden, während jede Stelle ihre Anordnungen von Amts wegen vollzieht (§ 1020).

Abs. 2 des § 1020 stellt klar, daß die Anordnungen keiner Vollstreckungsklausel bedürfen; daß sie gegebenenfalls der Umstellung (§§ 833 f.) bedürfen, folgt aus § 1022 (vgl. bisher z. B. § 929 Abs. 1). Vollzugsreif sind die Anordnungen, sobald sie wirksam geworden, also rechtskräftig oder schon vor dem Eintritt der formellen Rechtskraft wirksam sind (vgl. insbesondere § 839 Abs. 1 Satz 1); die Regelung entspricht der im § 792 Nr. 1 und 3 getroffenen.

§ 1021. § 1021 regelt die Herbeiführung des Vollzugs. Soweit äußere Verwirklichungshandlungen notwendig sind, können sie geeignetenfalls dem Gerichtsvollzieher übertragen werden. Zu diesem Zwecke dient das Weisungsrecht des Vollstreckungsgerichts (§ 873) und das im Abs. 2 Satz 2 vorgesehene Weisungsrecht des Streitgerichts. Geht die Anordnung von einem Streitgericht aus, so kann an Stelle des Kollegiums der Vorsitzende oder ein von ihm beauftragtes Gerichtsmitglied tätig werden (Abs. 2 Satz 1 und Abs. 4); das Streitgericht kann um den Vollzug auch das Vollstreckungsgericht ersuchen. Der Rechtspfleger ist im § 1023 nicht generell vom Anordnungsvollzug ausgeschlossen, siehe aber § 1023 Nr. 8; er kann also den Vollzug von Anordnungen herbeiführen, die er nicht selbst erlassen konnte.

§ 1022. § 1022 verweist wegen der für den Vollzug geltenden Bestimmungen auf die für die Vollstreckung geltenden, soweit deren Anwendung nicht durch §§ 1020 und 1021 ausgeschlossen ist (Antrag, Klausel). Hieraus ergibt sich, daß die Anordnung den Schuldner benennen muß (§ 814 Abs. 1). Ist ein Wechsel auf der Schuldnerseite eingetreten, so muß die Anordnung umgestellt werden; §§ 833 ff. gelten entsprechend. Die entsprechende Anwendung der Vollstreckungsvorschriften läßt dagegen die Benennung des Gläubigers nicht immer in der gleichen Weise wie bei der Vollstreckung als notwendig erscheinen, da er nicht stets unmittelbar beteiligt ist; das gleiche gilt hinsichtlich der Notwendigkeit der Umstellung im Fall eines Gläubigerwechsels. Daher wird z. B. bei dem Vollzug einer Strafe die Benennung des Gläubigers nur ein Ordnungserfordernis sein, das vorwiegend der richtigen Sachbezeichnung dient, während bei Arrestbefehlen die Benennung des Gläubigers und die Umstellung auf einen neuen Gläubiger Rechtsvoraussetzungen für den Vollzug sind. Der Vollzug setzt weiter die spätestens gleichzeitige (Ausnahme: § 1005 Abs. 1; vgl. auch § 985 Abs. 2 Satz 2) Zustellung der Anordnung und eines etwaigen Umstellungsbeschlusses, den etwaigen Fristablauf und Bedingungseintritt voraus (§§ 814, 815; Ausnahme: § 1005 Abs. 1), ferner darf z. B. kein vollstreckungsabwendender Umstand entgegenstehen (§ 818) und muß die Anordnung gegen jeden vom Vollzug Betroffenen vorliegen (§ 820; Ausnahme: § 859 Abs. 5). Anwendbar sind z. B. auch die §§ 872, 874, § 888 Abs. 2, §§ 955 ff. Als Zwangsmittel stehen die allgemein und für die Vollstreckung besonders zugelassenen (Pfändung, Verwertung, Erfüllungs- und Unterlassungszwang, Widerstandsbruch nach §§ 875, 876, 979) zur Verfügung.

Vierter Abschnitt.

Vorbehalte für den Richter.

§ 1023. Hier werden, an § 791 anknüpfend, die Geschäfte zusammengestellt, die der Rechtspfleger nicht vornehmen soll. In der Begründung zu den einzelnen aufgeführten Bestimmungen ist jeweils der Vorbehalt für den

Richter hervorgehoben. Daß eine Verletzung der Vorbehalte ein Geschäft nicht ungültig macht, ist in § 791 Abs. 2 ausgesprochen.

Was die vorbehaltenen Geschäfte im einzelnen betrifft, so war bei der Auswahl der Grundsatz leitend, daß die Erledigung der alltäglich anfallenden und keine Besonderheiten bietenden Geschäfte dem Rechtspfleger obliegen und daß der Richter nur dort zur Erledigung berufen sein soll, wo es sich um besonders wichtige oder um besonders schwierige Dinge handelt. Dem Richter ist daher zunächst die nach § 772 Abs. 2 zulässige Anordnung einer mündlichen Verhandlung einschließlich der Beschlüsse und Verfügungen, zu denen sie führt, vorbehalten (Nr. 1) und darüber hinausgehend die Beschlußfassung über alle Fragen, derentwegen die besondere Vollstreckungsbeschwerde (§§ 842, 843) gegeben ist; es sind dies kurz gesagt die Fälle, in denen bisher eine Klage notwendig war (Nr. 6). Ausgenommen von diesem Vorbehalt der Nr. 6 ist aber die Beschlußfassung, wenn sie auf liquider Unterlage stattzufinden hat (§ 798 Abs. 2 mit § 834 Abs. 2 a. E.; es sind dies die bisherigen Fälle der §§ 726 Abs. 1 mit §§ 727, 730 g. F.). Umgekehrt ist der Vorbehalt über den Rahmen des § 842 insofern erweitert, als die Verweisung auf den Rechtsweg (§ 781) immer nur dem Richter zustehen soll (Nr. 3). Über den Antrag auf Erlassung eines Zahlungsbefehls hat nach Nr. 5 der Richter zu entscheiden, wenn darüber zu befinden ist, ob der Zahlungsbefehl trotz fehlender Fälligkeit erlassen werden kann (§ 804) oder wenn er als Urkunden- oder Wechselzahlungsbefehl ergehen soll (§§ 811, 812). Weiter gehören hierher gewisse Einzelhandlungen und einzeln aufgeführte Beschlüsse und Geschäfte, nämlich gemäß Nr. 2 alle Beeidigungen (§ 774) sowie die Anordnung und Entgegennahme der Vermögensoffenlegung (§§ 774 ff.) und der nach § 969 Abs. 2, § 976 bei der Sachherausgabe und auf Grund des bürgerlichen Rechtes abzugebenden Versicherungen und Eide, gemäß Nr. 4 die Entscheidung über die Gewährung der Akteneinsicht im Falle eines entgegenstehenden höheren Interesses (§ 783 Abs. 2), gemäß Nr. 7 die Ersuchen um Vollstreckung im Ausland (§ 850), gemäß Nr. 8 der Vollzug der Forderungspfändungsverfügung durch Erzwingung der Auskunftserteilung und Urkundenherausgabe (§ 917 Abs. 2) und durch Erzwingung der Pfandherausgabe (§ 921), gemäß Nr. 9 die Pfändungsverfügung und ihre Ablehnung, wenn Ansprüche auf Herausgabe unbeweglicher Sachen, »andere« Vermögensrechte oder Schiffsparten gepfändet werden sollen (§§ 927 bis 929), gemäß Nr. 10 die Bestrafungen nach §§ 773, 777 und § 807 Abs. 4, die Anordnung der Erzwingungshaft (§ 778 Abs. 1), die Wiedereinsetzung gegen die Versäumung der Widerspruchsfrist (§ 810), die Zurückweisung von Widersprüchen gemäß § 811 Abs. 3, § 812 Abs. 3, 4, die Entscheidung darüber, ob ein Beschluß auf eine Beschwerde hin geändert werden soll (§ 840 Abs. 3; im Fall der Erinnerung kann der Rechtspfleger selbst abhelfen; vgl. § 844 Abs. 2 Satz 2), der Sicherungsbeschluß nach § 858 Abs. 1, die Vollstreckungssicherung für die Zukunft nach § 864, § 881 Abs. 3, die vorläufige Einstellung (§ 869), der Beschluß über eine auf die Sittenwidrigkeit der Vollstreckung gestützte Erinnerung (§ 872), die Anordnungen über Pfändung und Verwertung von Sachgesamtheiten (§ 891), die besonderen Auflagen im Falle des Stellenwechsels (§ 914 Abs. 2), die Beschränkung der Pfändung unregelmäßigen Arbeitseinkommens (§ 959; vgl. § 956 Abs. 2), die Außerkraftsetzung von Gehaltsschiebungen (§ 960), der Mobiliarverkaufsbeschluß bei Herausgabe unbeweglicher Sachen (§ 971 Abs. 4), die Beschlüsse zur Erzwingung von Handlungen und

Unterlassungen (§§ 973 bis 977, 978) sowie die Beschlüsse auf eine den Haftvollzug in den Fällen der §§ 986, 988 bis 990 betreffende Erinnerung (§ 992) und schließlich gemäß Nr. 11 die Aktenvorlegung an das Beschwerdegericht (§ 840 Abs. 2), die Abhaltung des Verteilungstermins (§ 937), die Geschäfte bei Eintragung einer Zwangshypothek (§§ 944, 945), das förmliche Schuldnerschutzverfahren (§§ 950 bis 954) und bei Arresten und einstweiligen Verfügungen (§ 1013) die Anordnung (§ 1001 Abs. 1), Feststellung des Geldbetrags (§ 1002 Abs. 1), die Entscheidung über den Widerspruch (§ 1003), die Aufhebung in den Fällen der §§ 1004, 1011 Abs. 2 und die Herbeiführung des Vollzugs (§§ 1005 bis 1010).

Paragraphenverzeichnis A.

Dieses Verzeichnis geht aus von den Paragraphenzahlen der geltenden Zivilprozeßordnung und gibt an, welche Paragraphen des Entwurfs ihnen entsprechen.

§§ der ZPO.	die entsprechenden §§ des Entwurfs	§§ der ZPO.	die entsprechenden §§ des Entwurfs	§§ der ZPO.	die entsprechenden §§ des Entwurfs
1—34	1—34	82	83	129	214
35	36	83	84	130	461, vgl. a. 215, 207
36	37	84	85		
37	38	85	86	131	207
38	39	86	87	132	216
39	40	87	88	133	cf. 137
40	41, 39	88	89	134	—
41	42	89	90	135	—
42	43	90	91	136	229, 230, 465
43	44	91	92	137	235, 237, 230, 464
44	45	92	93	138	238
45	46	93	94	139	235, 465
46	47	94	97	140	466
47	48	95	98	141	241
48	49	96	99	142	—
49	50	97	100	143	—
50	52	98	101	144	242
51	54	99	102	145	243
52	53	100	103	146	244
53	55	101	104	147	245
54	56	102	105	148	246
55	57	103	106	149	247
56	58	104	107	150	248
57	60	105	108	151	249
58	61	106	109	152	250
59	62	107	110	153	251
60	63	108	111	154	252
61	64	109	112	155	253
62	65	110	113	156	254
63	66	111	114	157	255
64	35	112	115	158	256
65	—	113	116	159	280
66	67	114	117, 118	160	281
67	68	115	119	161	282
68	69	116	120	162	283
69	70	117	121	163	284
70	71	118	123	163 a	285
71	72	118 a	124	164	286
72	73	119	125	165	287
73	74	120	122	166	135, 169
74	75	121	126	167	169
75	76	122	127	168	177
76	77	123	128	169	137, 167
77	78	124	129	170	136
78	79	125	130	171	141
79	80	126	131	172	148
80	81	127	132	173	142
81	82	128	228	174	144

§§ der ZPO.	die entsprechenden §§ des Entwurfs	§§ der ZPO.	die entsprechenden §§ des Entwurfs	§§ der ZPO.	die entsprechenden §§ des Entwurfs
175	144, 160	230	185	285	268
176	145	231	186	286	269
177	147	232	187	287	270
178	145	233	187	288	271
179	—	234	188	289	272
180	151	235	—	290	273
181	153	236	189	291	274
182	156	237	190	292	275
183	153	238	191	293	276
184	153, 156	239	192	294	277
185	153	240	193	295	278
186	155	241	194	296	279, 463
187	139	242	195	297	464
188	152	243	196	298	—
189	138	244	197	299	288, 783
190	150, 157	245	198	300	289
191	158	246	199	301	291
192	160	247	200	302	296
193	135, 150, 169	248	201	303	297
194	135, 150. 169	249	202	304	298
195	135, 150, 157,	250	203	305	299
	158, 169	251	204	306	300
196	136	251 a	357	307	301
197	—	252	205	308	290
198	170	253	206, 207, 461, 462	309	302
199	166	254	209	310	303
200	166	255	212; vgl. a. 510 b	311	304
201	167	256	294	312	305
202	135, 166	257	292, 804	313	306
203	162	258	292, 804	314	307
204	135, 163	259	292, 804	315	308, 466
205	163	260	208	317	309
206	164	261	217	318	310
207	171	262	217, 461	319	311
208	168	263	219	320	312, 466
209	135	264	220	321	313
210	136	265	224	322	327
210 a	146, 147	266	225	323	328
211	135, 150	267	226	324	329
212	150, 157, 158	268	220	325	330
212 a	159	269	221	326	331
213	160	270	223	327	332
214	—	271	227	328	333
215	—	272	216	329	336
216	172	272 a	240	330	337
217	173, 461	273	—	331	338
218	174	274	257	331 a	339
219	175	275	258	332	340
220	176	276	259	333	341
221	168, 177	278	260	334	342
222	178	279	261	335	343
223	179	279 a	262, 239	336	344
224	180	280	263	337	345
225	181	281	264	338	346
226	182	282	265	339	347
227	183	283	266	340	348
229	184	284	267	340 a	349

§§ der ZPO.	die entsprechenden §§ des Entwurfs	§§ der ZPO.	die entsprechenden §§ des Entwurfs	§§ der ZPO.	die entsprechenden §§ des Entwurfs
341	350	402	400	460	439
342	351	403	401	461	439
343	352	404	402	462	—
344	353	405	403	463	—
345	354	406	404	464	—
346	355	407	405	465	442
347	356	408	406	466	443
348	469	409	407	467	442, 443
349	470	410	408	468	444
350	471	411	409	469	—
355	358	412	410	470	vgl. § 441 Abs. 3
356	359	413	411	471	—
357	360	414	412	472	437
357 a	361	415	413	473	445
358	362	416	414	474	445
359	362	417	415	475	438
360	363	418	416	476	437
361	467	419	417	477	—
362	364	420	418	478	446
363	365	421	419	479	447
364	—	422	420	480	448
365	366	423	420	481	449
366	367	424	—	483	450
367	360	425	—	484	451
368	360	426	—	485	452
369	368	427	421	486	453
370	369	428	422	487	454
371	370	429	422	490	455
372	371	430	422	491	—
373	372	431	422	492	457
375	373, 467	432	423	493	458
376	374	434	425	494	456
377	375, 376	435	426	495	460
378	377	436	427	495 a	234
379	378	437	428	496	137, 206, 215
380	379	438	429	497	172, 173
381	380	439	430	498	213
382	381	440	431	499	217
383	382	441	—	499 a	—
384	383	442	—	499 b	231
385	384	443	432	499 c	232
386	385	444	433	499 d	—
387	386	445	434	499 e u. f	233
388	386	446	434	500	—
389	386	447	—	500 a	—
390	387	448	—	504	—
391	388	449	—	506	259
392	388	450	436	507	—
393	390	451	—	508	—
394	392	452	435	510	430
395	393	453	439	510 a	281
396	394	454	—	510 b	212
397	395	455	435	511	472
398	396	456	—	511 a	473
399	397	457	—	512	474
400	398	458	—	512 a	475, 790
401	399	459	—	513	476

§§ der ZPO.	die entsprechenden §§ des Entwurfs	§§ der ZPO.	die entsprechenden §§ des Entwurfs	§§ der ZPO.	die entsprechenden §§ des Entwurfs
514	477	566 a	532	625	—
515	478	567	533	626	589
516	479	568	534	627	590, 591
517	480	569	535	628	593
518	481	570	536	629	594
519	482	571	537	630	595
519 a	484	572	538, vgl. a. 839	631	596
519 b	485	573	539	632	597
520	486	574	540	633	598
521	487	575	541	634	599
522	488	576	542, vgl. a. 844	635	600
522 a	487, 489	577	543	636	601
523	490	578	544	637	602
523 a	—	579	545	638	603
525	491	580	546	639	604
526	492	581	547	640	605
527	—	582	548	641	606
528	493	583	549	642	607
529	494	584	550	643	608
530	495	585	551	644	609
531	496	586	552	645	610
532	497	587	553	646	611
533	—	588	554	647	612
534	499	589	555	648	613
535	—	590	556	649	614
536	500	591	557	650	615
537	501	592	558	651	616
538	502	593	559	652	617
539	503	595	560	653	618
542	504	596	561	654	619
543	505	597	562	655	620
544	506	598	563	656	621
545	507	599	564	657	622
546	508	600	565	658	624
547	509	602	566	659	625
548	510	603	567	660	626
549	511, vgl. a. 790	604	568	661	628
550	512	605	569	662	629
551	513	606	570, 571	663	630
552	514	607	599	664	631
553	515	608	574	665	632
553 a	516, vgl. a. 137	609	573	666	633
544	517	610	575	667	634
554 a	518	611	574	668	635
555	519	612	576	669	636
556	520	613	577	670	637
557	521	614	578	671	638
557 a	522	615	579	672	639
558	523	616	580	673	640
559	524	617	581	674	641
560	525	618	582	675	642
561	526	619	583	676	643
562	527	620	584	677	644
563	528	621	585	678	645
564	529	622	586	679	646
565	530	623	587	680	647
566	531	624	588	681	623

§§ der ZPO.	die entsprechenden §§ des Entwurfs	§§ der ZPO.	die entsprechenden §§ des Entwurfs	§§ der ZPO.	die entsprechenden §§ des Entwurfs
682	648	737	824	792	784
683	649	738	833	793	838, 840, 841
684	650	739	825	794	792, 800, 1020
685	651	740	826	795	793, 1022
686	652	741	827	795 a	793
687	653	742	833	796	837
688	800, 806	743	828	797	796, 837
689	769, 786, 800, 801	744	833	797 a	796, 837
690	802	745	829	798	817
691	803	746	830	799	835
692	805	747	831	800	836
693	806	748	832	801	813
694	807	479	833	802	786
695	—	750	814, 834	803	881
696	808, 809	751	815	804	882, 883
697	808	752	—	805	842, 886
698	808	753	769, 770	806	887
699	800	754	770, 873	807	774, 775, 776, 866
700	800	755	770, 873	808	888, 889
701	—	756	816	809	888, 889
702	800, 801, 803	757	860	810	842, 890
703	—	758	875	811	955, 956
704	316, 792	759	876	812	957
705	325	760	783	813	892
706	326	761	874	814	892, 893
707	869	762	877	815	894, 895, 896
708	314	763	878	816	893, 897
709	314	764	769, 786	817	899
710	315	765	816	818	902
712	318	766	838, 844, 869	819	860, 903
713	319	767	780, 781, 818, 819,	820	901
713 a	320		842, 845	821	904
714	321	768	842	822	905
715	322	769	869	823	905
716	323	770	869	824	906
717	324	771	780, 781, 820, 821,	825	907
718	491		842, 869	826	vgl. 882
719	869	772	842, 852	827	786
720	860	773	842, 852	828	769, 770, 786
721	293	774	820, 821	829	908, 909
722	334, 792	775	818, 819, 879	830	911
723	334	776	879	831	912
724	793, 796, 833, 837	777	851	832	913
725	794, 833	778	853	833	914
726	780, 781, 797, 798,	779	785, 834	834	908
	833	780	—	835	916
727	780, 781, 833	781	854	836	908, 917
728	780, 781, 833	782	855	837	917
729	780, 781, 833	783	855	838	921
730	780, 781, 837	784	855	839	860
731	780, 781, 799, 837,	785	842	840	915
	842	786	856	841	919
732	838, 869	787	785	842	918
733	795	788	846	843	918
734	794	789	848	844	922
735	822	790	849	845	924
736	823	791	850	846	925

§§ der ZOP.	die entsprechenden §§ des Entwurfs	§§ der ZPO.	die entsprechenden §§ des Entwurfs	§§ der ZPO.	die entsprechenden §§ des Entwurfs
847	926	902	779	959	667
848	927	903	866	960	668
849	—	904	988	961	669
850	958, 962, 963, 964	905	989	962	670
		906	990	963	671
851	965	907	991	964	672
852	933	908	985	965	673
853	786, 910	909	985	966	674
854	786, 925	910	986	967	675
855	786, 925	911	993	968	676
856	920	912	987	969	677
857	928	913	778, 993	970	678
858	929	914	866	971	679
859	930	915	867, 868	972	680
860	931	916	994	973	681
861	932, 966	917	995	974	682
862	932, 966	918	996	975	683
863	967	919	997	976	684
864	941	920	999	977	689
865	842, 942	921	1000	978	690
866	943, 944	922	1001	979	691
867	945	923	1002	980	692
868	946	924	1003	981	963
869	947	925	1003	982	694
870	948	926	1002	983	695
871	949	927	1004	984	696
872	934	928	1005	985	697
873	769, 770, 786, 936	929	1005, 1020, 1022	986	698
874	935	930	1006	987	699
875	936, 937	931	1007	988	700
876	936, 937	932	1008	989	701
877	938	933	1009	990	702
878	939	934	1011	991	703
879	940	935	1012	992	704
880	—	936	1013	993	705
881	—	937	1014	994	706
882	—	938	1015	995	707
883	769, 770, 969	939	1016	996	708
884	970	940	1017	997	709
885	971	941	1010	998	710
886	972	942	1018	999	711
887	769, 770, 973	943	998	1000	712
888	974	944	997	1001	713
888 a	975	945	1019	1002	714
889	976	946	654	1003	715
890	977	947	655	1004	716
891	978	948	656	1005	717
892	979	949	657	1006	718
893	—	950	658	1007	719
894	980	951	659	1008	720
895	981	952	660	1009	721
896	784, 982	953	661	1010	722
897	983	954	662	1011	723
898	984	955	663	1012	724
899	769, 786	956	664	1013	725
900	776	957	665	1014	726
901	778	958	666	1015	727

§§ der ZPO.	die entsprechenden §§ des Entwurfs	§§ der ZPO.	die entsprechenden §§ des Entwurfs	§§ der ZPO.	die entsprechenden §§ des Entwurfs
1016	728	1029	741	1042	757
1017	729	1030	742	1042 a	758
1018	730	1031	743	1042 b	758
1019	731	1032	744, 745	1042 c	759
1020	732	1033	747	1042 d	760
1021	733	1034	748	1043	761, 762
1022	734	1035	749	1044	763
1023	735	1036	750	1044 a	764
1024	736	1037	751	1045	765
1025	737	1038	752	1046	766
1026	739	1039	753	1047	767
1027	739	1040	754	1048	768
1028	740	1041	756		

Paragraphenverzeichnis B.

Dieses Verzeichnis geht aus von den Paragraphenzahlen des Entwurfs und gibt an, welche Paragraphen der geltenden Zivilprozeßordnung ihnen entsprechen.

§§ des Entwurfs	die entsprechenden §§ der ZPO.	§§ des Entwurfs	die entsprechenden §§ der ZPO.	§§ des Entwurfs	die entsprechenden §§ der ZPO.
1—34	1—34	82	81	130	125
35	64	83	82	131	126
36	35	84	83	132	127
37	36	85	84	133	—
38	37	86	85	134	—
39	38, 40 Abs. 2	87	86	135	166, 193, 195,
40	39	88	87		202, 204, 209,
41	40 Abs. 1	89	88		211
42	41	90	89	136	170, 196, 210
43	42	91	90	137	169 Abs. 1, 496
44	43	92	91		Abs. 2 Satz 2
45	44	93	92	138	189
46	45	94	93	139	187
47	46	95	—	140	—
48	47	96	—	141	171
49	48	97	94	142	173
50	49	98	95	143	—
51	—	99	96	144	174, 175 Abs. 1
52	50	100	97	145	176, 178
53	52	101	98	146	210 a Abs. 1
54	51	102	99	147	177, 210 a Abs. 2
55	53	103	100	148	172
56	54	104	101	149	—
57	55	105	102	150	190, 193, 194,
58	56	106	103		195, 211, 212
59	—	107	104	151	180
60	57	108	105	152	188
61	58	109	106	153	188, 183, 184,
62	59	110	107		185
63	60	111	108	154	—
64	61	112	109	155	186
65	62	113	110	156	182, 184 Abs. 2,
66	63	114	111		190 Abs. 1 u. 4
67	66	115	112	157	195 Abs. 2 u. 3,
68	67	116	113		212
69	68	117	114 Abs. 1	158	191, 195 Abs. 2,
70	69	118	114 Abs. 2		212
71	70	119	115	159	212 a
72	71	120	116	160	175, 192, 213
73	72	121	117	161	—
74	73	122	120	162	203
75	74	123	118	163	204, 205
76	75	124	118 a	164	206
77	76	125	119	165	—
78	77	126	121	166	199, 200, 202
79	78	127	122		Abs. 2
80	79	128	123	167	201
81	80	129	124	168	208, 221 Abs. 2

§§ des Entwurfs	die entsprechenden §§ der ZPO.
169	166 Abs. 1, 167 Abs. 1, 169, 193, 194 Abs. 1, 195
170	198
171	207
172	497 Abs. 1 Satz 2 216 Abs. 2, 3
173	497, 217
174	218
175	219
176	220
177	221 Abs. 1, 221 Abs. 2 ist jetzt 168 Abs. 2
178	222
179	223
180	224
181	225
182	226
183	227
184	229
185	230
186	231
187	233, 232 Abs. 2
188	234
189	236, 235 ist fortgefallen
190	237
191	238
192	239
193	240
194	241
195	242
196	243
197	244
198	245
199	246
200	247
201	248
202	249
203	250
204	251
205	252
206	253 Abs. 1, 2, 496 Abs. 2
207	253 Abs. 3, 4 in Verb. m. 130, 131
208	260
209	254
210	—
211	—
212	255, vgl. a. 510 b
213	498 Abs. 1, 2
214	vgl. 129 Abs. 2
215	vgl. 496 Abs. 2 u. 4

§§ des Entwurfs	die entsprechenden §§ der ZPO.
216	vgl. 132 u. 272
217	262, 499, 261 Abs. 2
218	vgl. 263 Abs. 1, 498 Abs. 3, 496 Abs. 3
219	263 Abs. 2
220	268, 264
221	269
222	—
223	270
224	265
225	266
226	267
227	271
228	128 u. § 7 EntlVO.
229	136 Abs. 1 u. 2.
230	136 Abs. 3 u. 4
231	54 AGG. u. 499 b Abs. 3
232	499 c
233	vgl. 499 e u. f.
234	vgl. 495 a Abs. 1 S. 2
235	137 Abs. 1, 139 Abs. 1 u. 2
236	272 b
237	137 Abs. 2 u. 3
238	138
239	vgl. 279 a
240	272 a
241	141
242	144
243	145
244	146
245	147
246	148
247	149
248	150
249	151
250	152
251	153
252	154
253	155
254	156
255	157
256	158
257	274
258	275
259	276 u. 506
260	278
261	279
262	279 a
263	280
264	281
265	282
266	283

§§ des Entwurfs	die entsprechenden §§ der ZPO.
267	284
268	285
269	286
270	287
271	288
272	289
273	290
274	291
275	292
276	293
277	294
278	295
279	296
280	159
281	160, 510 a
282	161
283	162
284	163
285	163 a
286	164
287	165
288	299
289	300
290	308
291	301
292	257—259
293	721
294	256
295	—
296	302
297	303
298	304
299	305
300	306
301	307
302	309
303	310
304	311
305	312
306	313
307	314
308	315
309	317
310	318
311	319
312	320
313	321
314	vgl. 708, 709
315	710
316	704 Abs. 2
317	—
318	712
319	713
320	713 a
321	714
322	715
323	716

§§ des Entwurfs	die entsprechenden §§ der ZPO.	§§ des Entwurfs	die entsprechenden §§ der ZPO.	§§ des Entwurfs	die entsprechenden §§ der ZPO.
324	717	381	382	438	475
325	705	382	383	439	460, 461, 453
326	706	383	384	440	vgl. 380 öst. ZPO.
327	322	384	385	441	377 öst. ZPO.
328	323	385	386	442	465, 467
329	324	386	387—389	443	466, 467
330	325	387	390	444	468
331	326	388	391, 392	445	473, 474
332	327	389	cf. EGStGB.	446	478
333	328	390	393	447	479
334	722, 723	391	cf. EGStGB.	448	480
335	—	392	394	449	481
336	329	393	395	450	483
337	330	394	396	451	484
338	331	395	397	452	485
339	331 a	396	398	453	486
340	332	397	399	454	487
341	333	398	400	455	490
342	334	399	401	456	494
343	335	400	402	457	492
344	336	401	403	458	493
345	337	402	404	459	§ 20 EntlVO.
346	338	403	405	460	vgl. 495
347	339	404	406	461	vgl. zu Abs. 2:
348	340	405	407		130 Nr. 6, 253
349	340 a	406	408		Abs. 4; zu Abs.
350	341	407	409		3: 262, 217
351	342	408	410	462	zu vgl. 253 Abs.
352	343	409	411		3 Nr. 1
353	344	410	412	463	296
354	345	411	413	464	297, 137 Abs. 4
355	346	412	414	465	vgl. 136, 139
356	347	413	415	466	140, 315, 320
357	251 a	414	416		Abs. 4
358	355	415	417	467	361, 375
359	356	416	418	468	329
360	357, 367, 368	417	419	469	348
361	357 a	418	420	470	349
362	358, 359	419	421	471	350
363	360	420	422, 423	472	511
364	362	421	427	473	511 a
365	363	422	428—431	474	512
366	365	423	432	475	512 a
367	366	424	—	476	513
368	369	425	434	477	514
369	370	426	435	478	515
370	371	427	436	479	516
371	372	428	437	480	517
372	373	429	438	481	518
373	375	430	439, 510	482	519
374	376	431	440	483	519 Abs. 6
375	377	432	443	484	519 a
376	377 Abs. 3, 4	433	444	485	519 b
377	378	434	vgl. 445, 446	486	520
378	379	435	452, 458	487	521, 522 a Abs. 1
379	380	436	450	488	522
380	381	437	472, 476	489	522 a Abs. 2, 3

§§ des Entwurfs	die entsprechenden §§ der ZPO.	§§ des Entwurfs	die entsprechenden §§ der ZPO.	§§ des Entwurfs	die entsprechenden §§ der ZPO.
490	523	547	581	604	639
491	525, 718	548	582	605	640
492	526	549	583	606	641
493	528	550	584	607	642
494	529	551	585	608	643
495	530	552	586	609	644
496	531	553	587	610	645
497	532	554	588	611	646
498	vgl. 489 öst. ZPO.	555	589	612	647
499	534	556	590	613	648
500	536	557	591	614	649
501	537	558	592	615	650
502	538	559	593	616	651
503	539	560	595	617	652
504	542	561	596	618	653
505	543	562	597	619	654
506	544	563	598	620	655
507	545	564	599	621	656
508	546	565	600	622	657
509	547	566	602	623	681
510	548	567	603	624	658
511	549	568	604	625	659
512	550	569	605	626	660
513	551	570	606 Abs. 1 u. 4	627	—
514	552	571	606 Abs. 2, 3	628	661
515	553	572	—	629	662
516	553 a	573	vgl. 609	630	663
517	554	574	611, 608	631	664
518	554 a	575	610	632	665
519	555	576	612	633	666
520	556	577	613	634	667
521	557	578	614	635	668
522	557 a	579	615	636	669
523	558	580	616	637	670
524	559	581	617	638	671
525	560	582	618	639	672
526	561	583	619	640	673
527	562	584	620	641	674
528	563	585	621	642	675
529	564	586	622	643	676
530	565	587	623	644	677
531	566	588	624	645	678
532	566 a	589	626	646	679
533	567	590	627	647	680
534	568	591	627	648	682
535	569	592	—	649	683
536	570	593	628	650	684
537	571	594	629	651	685
538	572	595	630	652	686
539	573	596	631	653	687
540	574	597	632	654	946
541	575	598	633	655	947
542	576	599	607, 634	656	948
543	577	600	635	657	949
544	578	601	636	658	950
545	579	602	637	659	951
546	580	603	638	660	952

§§ des Entwurfs	die entsprechenden §§ der ZPO.	§§ des Entwurfs	die entsprechenden §§ der ZPO.	§§ des Entwurfs	die entsprechenden §§ der ZPO.
661	953	716	1004	770	753-755, 828 Abs.
662	954	717	1005		1, 873, 883 ff.,
663	955	718	1006		887 ff.
664	956	719	1007	771	—
665	957	720	1008	772	—
666	958	721	1009	773	—
667	959	722	1010	774	vgl. 807
668	960	723	1011	775	807
669	961	724	1012	776	807, 900
670	962	725	1013	777	—
671	963	726	1014	778	901, 913
672	964	727	1015	779	902
673	965	728	1016	780	726—731, 767,
674	966	729	1017		771
675	967	730	1018	781	vgl. 726—731,
676	968	731	1019		767, 771
677	969	732	1020	782	—
678	970	733	1021	783	299, 760
679	971	734	1022	784	792, 896
680	972	735	1023	785	779 Abs. 2, 787
681	973	736	1024	786	689 Abs. 2, 764
682	974	737	1025		Abs. 2, 802, 827,
683	975	738	—		828, 853—855,
684	TodeserklVO. § 12	739	1026, 1027		873, 899
	Abs. 2; 976	740	1028	787	—
685	TodeserklVO. § 13	741	1029	788	—
686	TodeserklVO.	742	1030	789	—
	§§ 14, 15	743	1031	790	vgl. 512 a, 549
687	TodeserklVO. § 16	744	vgl. 1032 Abs. 3		Abs. 2
688	TodeserklVO. § 17	745	1032	791	Ger. Entl. Ges.
689	977	746	—	792	704, 722, 794
690	978	747	1033	793	724, 795, 795 a
691	979	748	1034	794	725, 734
692	980	749	1035	795	733
693	981	750	1036	796	724 Abs. 2, 797,
694	982	751	1037		797 a
695	983	752	1038	797	726
696	984	753	1039	798	726 Abs. 1
697	985	754	1040	799	731
698	986	755	—	800	794 Nr. 4, 688,
699	987	756	1041		689, 693, 700, 702
700	988	757	1042	801	702, 689 Abs. 2
701	989	758	1042 a, 1042 b	802	690
702	990	759	1042 c	803	691, 702
703	991	760	1042 d	804	vgl. 257—259
704	992	761	1043 Abs. 1	805	692
705	993	762	1043 Abs. 2, 3	806	693, 688 Abs. 2
706	994	763	1044	807	694
707	995	764	1044 a	808	696—698
708	996	765	1045	809	696 Abs. 4
709	997	766	1046	810	—
710	998	767	1047	811	Entl.VO. §§ 3, 4
711	999	768	1048	812	Entl.VO. §§ 3, 4
712	1000	769	689 Abs. 1, 753,	813	801
713	1001		764, 828 Abs.	814	750
714	1002		1, 873, 883 ff.,	815	751
715	1003		887, 899	816	756, 765

§§ des Entwurfs	die entsprechenden §§ der ZPO.
817	798
818	767, 775
819	767, 775
820	771, 774
821	771, 774
822	735
823	736
824	737
825	739
826	740
827	741
828	743
829	745
830	746
831	747
832	748
833	724—729, 738, 742, 744, 749
834	750 Abs. 2, 779 Abs. 1
835	799
836	800
837	724 Abs. 2, 730, 731, 796 Abs. 3, 797 Abs. 5, 797 a, Abs. 3
838	732, 766, 793
839	vgl. 572
840	793
841	793
842	731, 767, 771, 772, 773, 768, 785, 805, 810, 865
843	—
844	766, 576
845	vgl. 767
846	788
847	—
848	789
849	790
850	791
851	777
852	772, 773
853	778
854	781
855	782, 783, 784
856	786
857	—
858	—
859	—
860	757, 720, 839, vgl. 819
861	—
862	—
863	—
864	—

§§ des Entwurfs	die entsprechenden §§ der ZPO.
865	—
866	807, 903, 914
867	915
868	915
869	707, 719, 732 Abs. 2, 766 Abs. 1 Satz 2, 769, 770, 771 Abs. 3
870	—
871	—
872	—
873	vgl. 754, 755
874	761
875	758
876	759
877	762
878	763
879	vgl. 775, 776
880	—
881	803
882	804
883	804
884	—
885	—
886	805
887	806
888	808, 809
889	808, 809
890	810
891	—
892	813, 814, § 1 Bek. 8. X. 14
893	814, 816 Abs. 1
894	815 Abs. 1
895	815 Abs. 2
896	815 Abs. 3
897	816 Abs. 2
898	—
899	817
900	—
901	820, Bek. 8. X. 14
902	818
903	819
904	821
905	822, 823
906	824
907	825
908	829, 834, 836 Abs. 2
909	829
910	853
911	830
912	831
913	832
914	833

§§ des Entwurfs	die entsprechenden §§ der ZPO.
915	840
916	835
917	836, vgl. 837
918	842, 843
919	841
920	856
921	838
922	844
923	—
924	845
925	846 vgl. 854, 855
926	847
927	848
928	857
929	858
930	859
931	860
932	861 Abs. 1 Satz 1, 862 Abs. 1
933	852
934	872
935	874
936	vgl. 873, 875, 876
937	876, 875 Abs. 2
938	877
939	878
940	879
941	864
942	865
943	866
944	866 Abs. 3
945	867
946	868
947	869
948	870
949	871
950	—
951	—
952	—
953	—
954	—
955	811 Nr. 1—7, 9—13
956	vgl. 811 Nr. 8
957	812
958	850 Nr. 1, LohnpfVO. 1, 2, 850 Abs. 4
959	—
960	—
961	Lohnpf.VO. 3, 4
962	850 Nr. 8, 9
963	850 Nr. 7, 8 a. E.
964	850 Nr. 2 bis 6
965	851
966	861 Abs. 1 Satz 2, 862 Abs. 2

§§ des Entwurfs	die entsprechenden §§ der ZPO.	§§ des Entwurfs	die entsprechenden §§ der ZPO.	§§ des Entwurfs	die entsprechenden §§ der ZPO.
967	863	987	912	1007	931
968	—	988	904	1008	932
969	883	989	905	1009	933
970	884	990	906	1010	941
971	885	991	907	1011	934
972	886	992	—	1012	935
973	887	993	913, 911	1013	936
974	888	994	916	1014	937
975	888 a	995	917	1015	938
976	889	996	918	1016	939
977	890	997	919, 944	1017	940
978	891	998	943	1018	942
979	892	999	920	1019	945
980	894	1000	921 Abs. 2	1020	vgl. 794 Nr. 3,
981	895	1001	vgl. 922		929 Abs. 1
982	896	1002	923, 926	1021	—
983	897	1003	924, 925	1022	vgl. 795, 929
984	898	1004	927		Abs. 1
985	908, 909	1005	928, 929	1023	Ger. Entl. Ges.
986	910	1006	930		

Kolibri 360 GmbH
Ferdinand-Jühlke-Straße 7
99095 Erfurt, Deutschland
produktsicherheit@kolibri360.de